[제 2 판]

가사소송 서식대전

김 덕 원 편저

- 가사(가족관계)사건 사례와 해설
- 생활법률(가사) 상담사례 모음
- 소가·인지산정 및 예시(가사)
- 재판실무자료 및 법률·규칙

진 원 사

제2판 머리말

이 책은 제2판으로, 제1판 발간 이후 민법의 개정과 함께 가사소송법과 가사소송규칙 등이 개정됨에 따라 이 책을 대폭 수정, 보완하였다.

민법의 개정으로 성년연령을 만 20세에서 만 19세로 낮추었고, 금치산·한정치산제도를 폐지하고 그 대신에 성년후견, 한정후견, 특별후견제도를 도입하여 시행하고 있고, 이혼 등의 경우에는 미성년자인 자의 친권을 지정, 미성년 양자의 입양에 대한 가정법원허가, 미성년양자의 협의파양 폐지, 금전의 정기적 지급 또는 유아의 인도명령을 위반한 자에 대한 감치기간이 변경되는 등 많은 변화를 가져왔다.

따라서 이 책은 위와 같이 개정된 내용을 충분히 반영하여 실무에 어려움이 없도록 하였다.

이 책의 구성과 특징으로는,

제1편에서는 친족·상속·가사(가족관계 포함)소송 등으로 나누어, 제1장에서는 가사사건을, 제2장에서는 가사소송사건을, 제3장에서는 가사비송사건을, 제4장에서 국제가사사건에 관한 이론과 서식 및 사례와 함께 자세한 해설을 부가하였고, 제2편에서는 일상생활에서 자주 접하게 되는 상담사례를, 제3편에서는 소가 및 인지산정방법을 구체적으로 실었고, 제4편에서는 재판실무자료를, 제5편에서는 법률과 규칙을 수록하였다.

나름대로 최상이 책이 될 수 있도록 열과 성을 다하였지만 미흡한 부분이 있거나 오류가 있다면 독자제현께서 너그러이 충고해 주시기 바라며, 이 책을 출간하기까지 도움을 주신 진원사 양진수 사장님을 비롯한 편집부 등 직원들에게 깊은 감사를 드린다.

2019. 5. .

편저자 김 덕 원

머 리 말

현대사회는 날로 복잡하고 빠르게 변화하고 있는 만큼 가정 내에서 발생하는 이혼사건 등과 관련된 가족법의 개편으로 새로운 제도들이 도입되어 시행하고 있다.

최근 민법과 가사소송법 등을 살펴보면 재혼가정 자녀의 보호 등을 위하여 성과 본의 변경제도를 신설하고 친권행사 기준을 명문화 하였으며, 협의이혼절차를 개선하였다. 비양육친으로부터 미성년자녀의 양육비를 쉽고 빠르게 받을 수 있도록 양육비부담조서, 재산분할과 부양료 및 양육비청구사건에 대하여 재산명시제도와 재산조회제도, 양육비 직접지급명령, 일시금지급명령제도 등을 신설, 시행함으로써 가족구성원의 가치관 및 행동변화에 많은 변화를 가져왔다.

이 점을 중시하여 필자는 독자로 하여금 가사사건의 변화된 흐름과 소송절차 및 서식 등을 꼼꼼하게 정리 수록하여 소송에 유용하게 사용할 수 있도록 하였다.

이 책은 서식위주로 되었으나 실무에서 반드시 필요한 이론 등을 포함하여 서식, 판례, 해설, 상담사례 등을 새 가사소송법에 맞게 수록하였으므로 법률전문가들 뿐만 아니라 일반인들도 쉽게 이해하고 실무에도 효과적으로 활용할 수 있을 것으로 기대한다.

특히 이 책의 특징으로는 저자의 오랜 실무경험과 실무자들의 애로사항을 잘 알고 있기에 실무에 필요한 이론과 다양한 서식 및 상담사례 뿐만 아니라 가사소송과 관련한 청구취지 및 소가·산정사례를 수록함으로써 다른 책과는 차별을 두었다.

제1편에서는 친족·상속·가사(가족관계포함)소송 등의 이론과 서식 및 사례위주로 다루면서 이해를 돕기 위해 해설을 부가하였고, 제2편에서는 서울가정법원 등의 자료를 토대로 일상생활에서 자주 접하게 되는 상담사례를, 제3편과 4편에서는 청구취지에 관한 기재례와 소가·인지산정방법을 구체적으로 실었고, 제5편에서는 재판실무자료를, 제6편에서는 법률 및 규칙을 수록하였다.

아무쪼록 본 서가 실무자들에게 많은 도움이 되기를 희망하며, 본서를 출간하기까지 여러모로 도움을 주신 진원사 양진수 사장님과 편집부 직원들에게 깊은 감사를 드린다.

2011. 4. .

편저대표 김 덕 원

주요 참고자료

- 법원실무제요 가사(Ⅰ,Ⅱ) 2010 법원행정처
- 가사소송실무 2010 법원공무원교육원
- 가족법연구 2010 사법연수원
- 가사재판연구 2017 사법연수원
- 가사재판연구 2011 서울가정법원 가사재판연구회
- 성년후견제도해설 2013 법원행정처
- 가사소송법실무 백성기 외 2, 2013 진원사
- 가사소송이론 및 실무 김동근 외 1, 2017 진원사
- 미성년·성년후견소송 김동근 외 1, 2014 진원사
- 가족관계법 백성기, 2010 진원사
- 친족상속법 백성기, 2010 진원사
- 서울가정법원 상담사례집 2009 서울가정법원
- 가족관계등록비송사례집 2011 서울가정법원 가족관계등록과
- 신법률서식대전(Ⅱ) 이택규 외 6, 법률신문사
- 청구·신청취지작성방법 김덕원, 2010 진원사
- 신모델과 요건사실(2004) 법원행정처
- 법률사무도우미 편집부, 2010 로북스
- 나홀로 하는 민사일반부터 강제집행까지 장종운, 2010 진원사
- 나홀로 하는 가족관계등록절차 이병일, 2008 진원사
- 알아두면 힘이되는 생활법률(Ⅲ) 김정선 외 140, 2007 대한법률구조공단
- 소가·인지산정 사례집 김덕원, 2010 진원사
- 답변서·준비서면 총서 김덕원, 2010 진원사
- 한손에 잡히는 이혼해결 박근영, 2008 법문북스
- 한손에 잡히는 상속해결 박근영, 2008 법문북스
- 개정 민법·가사소송법 해설 2010 사법발전재단

목 차

제1편 친족·상속·가사_ 1

제1장 가사사건 ………… 3
제1절 총 론 ………… 3
1. 가사사건 의의 ………… 3
2. 가사소송사건의 종류 ………… 3
3. 가사비송사건의 종류 ………… 4
4. 가사소송법이 정한 가사사건과 다른 법령에 의한 가사사건 ………… 8
5. 가사사건에서의 당사자 호칭 ………… 8
6. 가사사건의 부호 ………… 9
제2절 가사사건의 관할법원 ………… 9
1. 관할의 원칙 ………… 9
2. 가정법원과 지방법원 사이의 사건 분담 ………… 9
3. 가사조사관제도 ………… 11
제3절 가사조정절차 ………… 12
1. 가사조정의 의의 ………… 12
2. 조정전치주의 ………… 12
3. 조정기관 ………… 13
4. 조정의 시행 ………… 13
5. 조정의 종료 ………… 14
6. 소송 또는 심판절차로의 이행·회부 ………… 16
제2장 가사소송 ………… 64
제1절 법 원 ………… 64
1. 적용법률 ………… 64

2. 관 할 ········· 65

제2절 가류사건 ········· 67

1. 혼인의 무효 ········· 67
2. 이혼의 무효 ········· 95
3. 인지의 무효 ········· 106
4. 양친자관계 존부의 확인 ········· 120
5. 친생자관계 존부의 확인 ········· 121
6. 입양의 무효 ········· 144
7. 파양의 무효 ········· 154

제3절 나류사건 ········· 158

1. 사실상 혼인관계 존부확인청구 ········· 158
2. 혼인의 취소 ········· 169
3. 협의이혼 ········· 180
4. 이혼의 소 ········· 186
5. 이혼의 취소 ········· 238
6. 아버지의 결정 ········· 246
7. 친생부인 ········· 255
8. 인지의 취소 ········· 262
9. 인지의 무효 ········· 264
10. 인지청구 ········· 267
11. 입양의 취소 ········· 289
12. 친양자입양 ········· 296
13. 친양자입양의 취소 ········· 309
14. 파양취소 ········· 313
15. 재판상 파양 ········· 316
16. 친양자의 파양 ········· 322

제4절 다류사건 ········· 334

1. 약혼해제 및 사실혼관계부당파기로 인한 손해배상 ········· 334
2. 이혼, 친권자 지정 및 재산분할청구 ········· 355
3. 추완항소 ········· 416

제3장 가사비송사건 ········ 419

1. 부재자의 재산관리에 관한 처분 ········ 419
2. 부재선고 등에 관한 특별조치법에 의한 부재선고 ········ 448
3. 실종의 선고와 그 취소 ········ 450
4. 성과 본의 창설 등에 관한 사건 ········ 468
5. 부부재산약정의 변경허가 ········ 500
6. 친권행사방법의 결정 ········ 510
7. 자의 감화 또는 교정기관에 위탁함에 대한 허가 ········ 514
8. 재산관리인의 선임 또는 개임과 재산관리에 관한 처분 ········ 516
9. 특별대리인의 선임 ········ 520
10. 성년후견인 ········ 547
11. 미성년후견인 ········ 584
12. 한정후견인 ········ 597
13. 특정후견인 ········ 630
14. 임의후견인 ········ 642
15. 미성년후견감독인, 성년후견감독인, 한정후견감독인, 특정후견감독인 등 ········ 644
16. 후견인의 변경 ········ 686
17. 후견인의 사임에 대한 허가 ········ 688
18. 피후견인 또는 피한정후견인의 격리 등 ········ 691
19. 피미성년후견인, 피성년후견인, 피한정후견인의 재산관리 등 후견임무 수행 ········ 705
20. 미성년후견인, 성년후견인, 한정후견인, 특정후견인, 미성년후견감독인, 성년후겸감독인, 한정후견감독인, 특정후견감독인, 임의후견감독인에 대한 보수의 수여 ········ 706
21. 후견인의 재산목록작성을 위한 기간의 연장허가 ········ 709
22. 후견종료시의 관리계산기간의 연장허가 ········ 712
23. 상속의 승인 또는 포기를 위한 기간의 연장에 대한 허가 ········ 712
24. 상속재산의 보존을 위한 처분 ········ 717
25. 한정승인 또는 상속포기신고 ········ 719
26. 한정승인·재산분할 또는 상속인 부존재의 경우의 감정인의 선임 ········ 813
27. 공동상속재산을 위한 관리인의 선임 ········ 816

28. 상속재산의 분리 및 상속재산분리 후의 상속재산의 관리를 위한 처분 ………… 820
29. 상속인이 분명하지 않은 경우 관리인의 선임 및 그 공고와 재산관리에 관한 처분 ………… 825
30. 상속인수색의 공고 ………… 834
31. 상속재산의 분여 ………… 837
32. 피인지자 등의 상속분에 상당한 가액의 지급청구 ………… 845
33. 유언의 검인 ………… 848
34. 유언의 증서검인 ………… 855
35. 유언집행자의 선임 등 ………… 871
36. 유언집행자에 대한 보수의 규정 ………… 874
37. 유언집행자의 사퇴에 대한 허가 ………… 876
38. 유언집행자 해임 ………… 878
39. 유언의 취소 ………… 883
40. 유류분 반환 ………… 890
41. 부부의 동거심판청구 ………… 895
42. 부부의 부양·협조·생활비용 부담에 관한 처분 ………… 900
43. 재산분할의 심판 ………… 904
44. 양육비 청구의 심판 ………… 918
45. 친권행사자 및 양육자의 지정 및 변경 심판 ………… 922
46. 면접교섭권의 심판 ………… 944
47. 친권의 상실선고 등 ………… 955
48. 친권자의 법률행위대리권 및 재산관리권의 사퇴 또는 회복에 대한 허가 ………… 961
49. 재산관리인의 선임 또는 개임과 재산관리에 관한 처분 ………… 963
50. 부양에 관한 처분 ………… 966
51. 상속재산분할 및 기여분 청구 ………… 970
52. 재산명시와 재산조회 ………… 992
53. 양육비 직접지급명령제도 ………… 995
54. 양육비의무자에 대한 담보제공명령 ………… 1007
55. 일시금지급명령제도 ………… 1012
56. 이행명령 ………… 1014
57. 개 명 ………… 1026

58. 가족관계등록제도 …… 1067
59. 가족관계등록사항의 신고 …… 1068
60. 가족관계등록창설허가신청 …… 1071
61. 가족관계등록창설신고 …… 1081
62. 등록기준지변경신고 …… 1081
63. 등록부정정허가신청 …… 1082
64. 시·읍·면장의 처분에 대한 불복신청 …… 1101
65. 자의 성과 본의 변경신고 …… 1104

제4장 국제가사사건 …… 1109

제1절 총 론 …… 1109
1. 의 의 …… 1109
2. 국제가사소송의 재판관할 …… 1109
3. 준 거 법 …… 1109
4. 외국판결의 승인과 집행 …… 1109

제2절 국제재판관할권 …… 1110
1. 의 의 …… 1110
2. 국제재판관할의 판정기준 …… 1110

제3절 국제가사사건 …… 1110
1. 국제혼인사건 …… 1110
2. 혼인무효확인의 소 …… 1111
3. 이 혼 …… 1111
4. 친자관계 …… 1115
5. 입양 및 파양과 그 동의 …… 1116
6. 후견 및 상속 …… 1116

제2편 상담사례 모음_ 1133

제1장 가사조사 ········· 1135

1. 가사조사절차 ········· 1135
2. 가사조사기일에 출석 여부 ········· 1135
3. 가사조사기일 소환장 ········· 1135
4. 소년보호사건의 조사 ········· 1135
5. 소년보호사건의 영향 ········· 1136
6. 가정보호사건의 조사 ········· 1136

제2장 협의이혼 ········· 1137

7. 협의이혼의 관할 ········· 1137
8. 미성년인 자가 있는 부부의 협의이혼 ········· 1137
9. 숙려기간의 단축 ········· 1138
10. 외국거주 배우자와의 협의이혼 ········· 1139
11. 외국인과의 협의이혼 ········· 1139
12. 이혼의사 확인기일 불출석 ········· 1140
13. 협의이혼의사확인의 효력 ········· 1140
14. 협의이혼의사확인서 등본의 멸실 ········· 1141
15. 협의이혼의사확인 후 이혼의사의 철회 ········· 1141
16. 변호사나 대리인에 의한 협의이혼 신청 ········· 1142
17. 협의상 이혼이 무효로 되는 경우 ········· 1142
18. 양육비부담조서의 이행확보 수단 ········· 1142

제3장 혼인관계 ········· 1144

19. 형부와 처제간에 혼인할 수 있는지 ········· 1144
20. 동성동본간의 혼인이 가능한지 ········· 1144
21. 실종선고받은 전 남편이 돌아온 경우 처의 재혼이 취소되는지 ········· 1145
22. 사실혼 직후부터 혼인신고없이 파탄된 경우 손해배상청구권 ········· 1145
23. 법률혼배우자의 장기 가출 중 발생한 동거관계도 사실혼인지 ········· 1146

24. 부부재산약정의 변경허가 ······ 1146

제4장 재판상이혼 ······ 1147

25. 이혼소송 제기할 때의 첨부서류 ······ 1147
26. 유책배우자의 이혼청구 여부 ······ 1147
27. 약혼기간 중 다른 남자와 바람피워 임신한 것이 이혼사유인지 ······ 1148
28. 일방적 혼인신고사실을 알고도 계속 동거한 경우의 효력 ······ 1148
29. 사실상 이혼상태에서의 간통 ······ 1148
30. 간통행위로 인한 자녀들에 대한 불법행위책임 ······ 1149
31. 임신불능을 이유로 한 이혼청구 ······ 1149
32. 재산분배 후 이혼청구 ······ 1150
33. 간통현장 촬영을 위해 상간자의 주거에 침입한 행위가 정당행위인지 ······ 1150
34. 이혼 후 재혼하였는데, 이혼확정심판이 재심에 의해 취소된 경우 재혼의 효력 ······ 1151
35. 외국법원에서 받은 이혼판결 ······ 1151

제5장 위자료·재산분할 ······ 1152

36. 사실혼관계를 부당하게 파기한 경우 손해배상책임 ······ 1152
37. 혼인비용에 대하여 손해배상청구 ······ 1152
38. 성적 불능을 이유로 한 이혼청구시 위자료 ······ 1152
39. 성년자녀에 대한 부양의무 부담의 재산분할액의 참작 여부 ······ 1153
40. 배우자의 불륜대상자에 대한 위자료 청구 ······ 1153
41. 부당한 대우를 한 시부모에 대한 위자료 청구 ······ 1153
42. 이혼의 방식에 따른 위자료청구 ······ 1154
43. 이혼으로 인한 위자료청구권의 상속 ······ 1154
44. 위자료지급 불이행시 강제방법 ······ 1155
45. 사실혼관계가 파탄시 재산분할청구권 ······ 1155
46. 장래에 받을 퇴직금도 재산분할의 대상여부 ······ 1156
47. 배우자가 장래에 얻게 될 수입의 재산분할여부 ······ 1156
48. 이혼하기 전에 한 재산분할 협의의 효력 ······ 1157
49. 이혼하기 전 재산분할 ······ 1157
50. 이혼과 혼인이 수차례 반복이 되는 경우 재산분할 ······ 1158

51. 혼인파탄 후에 취득한 재산의 분할대상 ··· 1158
52. 재산분할청구권의 포기 ··· 1159
53. 재산분할을 합의 후 해제 ··· 1160
54. 이혼위자료 명목으로 유일한 재산을 증여한 경우, 사해행위 여부 ··· 1160
55. 부모로부터 증여받은 돈으로 구입한 부동산에 대한 재산분할 ··· 1161
56. 부부일방이 명의신탁한 부동산도 재산분할청구의 대상여부 ··· 1161
57. 보험금의 재산분할 대상여부 ··· 1162
58. 유책배우자의 재산분할청구권 ··· 1163

제6장 양육문제 ··· 1164

59. 미성년 자녀의 인도를 위한 사전처분 ··· 1164
60. 양육자변경 가능여부 ··· 1164
61. 양육권자에게 유아인도를 거절하는 경우 ··· 1165
62. 양육자 부담책임 ··· 1165
63. 양육권 없는 자의 양육비청구 ··· 1166
64. 양육비를 정하는 기준 ··· 1166
65. 양육비를 청구할 수 있는 경우 ··· 1167
66. 양육비 직접지급명령제도 ··· 1167
67. 양육비 직접지급명령신청 ··· 1168
68. 양육권과 부모의 권리 ··· 1169
69. 양육비 채권과 위자료 및 재산분할청구권의 상계 ··· 1169
70. 양부가 양자를 친양자로 입양 ··· 1169
71. 면접교섭권의 제한 또는 배제 ··· 1170
72. 친양자입양 후 면접교섭권의 불인정 ··· 1170
73. 유책배우자의 면접교섭권 ··· 1170
74. 외국 국적의 남자와 대한민국 국적의 여자가 우리나라에서 혼인한 후 거주하다가 이혼하는 경우 그 관할법원 ··· 1171

제7장 상 속 ··· 1172

75. 재산상속에 있어서 법정상속인의 상속순위 ··· 1172
76. 아버지와 아들이 동일한 사고로 동시에 사망 경우의 상속인 ··· 1172
77. 태아도 상속지분이 있는지 ··· 1173

78. 친양자의 친생부모도 상속인이 될 수 있는지 ······ 1173
79. 양자와 친생자의 상속순위에 차이가 있는지 ······ 1173
80. 대습상속이란 ······ 1174
81. 이혼시의 재산분할청구권이 상속되는지 ······ 1174
82. 이혼으로 인한 위자료가 상속이 가능한지 ······ 1175
83. 생명침해로 인한 위자료청구권이 상속되는지 ······ 1176
84. 생명보험금 청구권이 상속되는지 ······ 1176
85. 상해의 결과로 사망하여 사망보험금이 지급되는 상해보험에 있어서 보험수익자가 지정되어 있지 않아 피보험자의 상속인이 보험수익자로 되는 경우 보험금청구권이 상속인의 고유재산인지 ······ 1177
86. 사망퇴직금이 상속재산인지 ······ 1177
87. 금전채무가 공동상속된 경우, 상속재산분할의 대상이 되는지 ······ 1178
88. 미성년자의 자와 함께 상속받은 재산을 모(母)명의로 명의이전 할 수 있는지 ······ 1178
89. 대습상속의 상속분 ······ 1178
90. 상속포기시 대습상속 ······ 1179
91. 상속재산분할청구 ······ 1179
92. 특별요양간호자의 기여분결정 청구 ······ 1180
93. 교통사고를 당한 남편을 아내가 간병한 경우 이를 특별한 기여로 볼 것인지 ······ 1181
94. 기여분 결정방법 ······ 1181
95. 공동상속인은 자기의 상속분을 제3자에게 양도할 수 있는지 ······ 1181
96. 상속재산분할협의 불성립시 상속재산 분할방법 ······ 1182
97. 상속재산분할협의에 이미 상속을 포기한 자가 참가하는 경우의 효력 ······ 1182
98. 상속재산분할협의가 채권자취소권의 대상이 되는지 ······ 1183
99. 상속개시 전 상속포기의 효력 ······ 1183
100. 재산상속인의 존재가 분명하지 아니한 상속재산에 관한 소송에 있어서 피고적격 ······ 1184
101. 특별연고자 등의 상속재산분여 ······ 1184

제8장 유 언 ······ 1185

102. 유언에 대한 증인이 될 수 없는 자 ······ 1185

103. 유언의 집행 ············ 1185
104. 특정적 수증자도 유언집행자가 될 수 있는지 ············ 1186

제9장 유류분제도 ············ 1187

105. 유류분 반환소송의 관할 ············ 1187
106. 유증으로 유류분이 침해된 경우 상속인의 구제 ············ 1187
107. 유류분반환청구의 행사 방법 ············ 1187

제10장 가족관계등록 및 국적 ············ 1189

108. 가족관계등록정정(연령정정) ············ 1189
109. 가족관계등록정정(연령정정) ············ 1189
110. 등록관서공무원의 직권정정사항 ············ 1190
111. 직권으로 정정된 자녀의 재 정정허가신청 ············ 1190
112. 재 정정허가신청이 허용될 수 있는 특별한 사정 ············ 1190
113. 부만 정정허가를 받은 경우 그 자녀의 성의 표기 ············ 1191
114. 자녀의 출생신고시 성의 표기 ············ 1191
115. 자녀의 성이 직권정정되는 경우 첨부서면 ············ 1191
116. 자녀의 성을 새아빠의 성으로 변경으로 인한 친자관계 ············ 1192
117. 자녀의 성과 본의 변경 ············ 1192
118. 혼인관계 중 자녀의 성과 본의 변경 ············ 1192
119. 사망한 조부 성의 정정 등 ············ 1193
120. 제적부상의 정정 ············ 1193
121. 부의 한자 성의 한글표기 정정허가 후 가족관계등록부가 편제된 성년 자녀에 대한 정정 ············ 1194
122. 부와 자녀의 본적과 주소가 다른 경우 관할 ············ 1194
123. 정정허가에 의한 주민등록증상의 표시 ············ 1194
124. 정정허가결정 후 재 정정허가신청 ············ 1194
125. 인명용 한자 근거규정 ············ 1195
126. 이혼경력의 문제 ············ 1195
127. 이혼경력문제 ············ 1195
128. 형재자매의 확인문제 ············ 1196
129. 각 증명서의 발급문제 ············ 1196

130. 미복구지구 잔류자에 대한 부재선고 ······ 1196
131. 대한민국국민과 혼인한 외국인의 대한민국국적 취득방법 ······ 1197
132. 국적통보에 의한 가족관계등록부의 작성 ······ 1198
133. 국적회복허가시 종전 성과 본의 계속사용 ······ 1198

제3편 소가 · 인지산정 사례_ 1199

제1장 가사사건 ······ 1201

제1절 총 설 ······ 1201

제2절 가사소송절차 ······ 1201
1. 소의 제기 ······ 1201
2. 상 소 ······ 1202
3. 반 소 ······ 1202
4. 재 심 ······ 1204

제3절 가사비송절차 ······ 1204
1. 심판청구 ······ 1204
2. 항 고 ······ 1207
3. 반대청구 ······ 1207
4. 준 재 심 ······ 1208
5. 다른 법률에 의한 사건 ······ 1209

제4절 병합청구 ······ 1209
1. 원시적 병합 ······ 1209
2. 후발적 병합 ······ 1213
3. 친권자지정청구 ······ 1214

제5절 가사조정절차 ······ 1215
1. 수 수 료 ······ 1215
2. 소제기 또는 심판청구가 있는 것으로 의제되는 경우에 추가납부할 수수료 ····· 1215

제6절 그 밖의 신청 ······ 1229

제2장 가사사건의 소가산정 기준 ······ 1230

1. 가사소송사건의 소제기 수수료 ······ 1230
2. 가사비송사건의 소제기 수수료 ······ 1231

제4편 재판실무자료_ 1235

[자료 1] 소멸시효일람표 ······ 1237
[자료 2] 어음·수표채권의 소멸시효 ······ 1238
[자료 3] 송달료조견표 ······ 1239
[자료 4] 인지액산정방법 ······ 1241
[자료 5] 소가계산방법 ······ 1242
[자료 6] 민법개정에 따른 상속지분의 변천 ······ 1244
[자료 7] 가사접수서류에 붙일 인지액 ······ 1246

제5편 법률·규칙_ 1249

- 민 법 ······ 1251
- 가사소송법 ······ 1297
- 가사소송규칙 ······ 1319
- 가족관계의 등록 등에 관한 법률 ······ 1351
- 가족관계의 등록 등에 관한 규칙 ······ 1375

❖ 사항색인 ······ 1401

[서식목록]

[서식 1] 친권행사정지 사전처분신청서 ······ 17
[서식 2] 유아인도 사전처분신청서 ······ 19
[서식 3] 사전처분신청서(이혼 등으로 인한 사정의 생계비지급처분신청) ······ 20
[서식 4] 사전처분신청서(양육비, 부양료지급처분신청) ······ 22
[서식 5] 면접교섭의 사전처분신청서(1) ······ 24
[서식 6] 면접교섭의 사전처분신청서(2) ······ 25
[서식 7] 유아인도청구서 ······ 27
[서식 8] 접근금지가처분신청서(1) ······ 29
[서식 9] 접근금지가처분신청서(2) ······ 32
[서식 10] 접근금지가처분신청서(3) ······ 34
[서식 11] 접근금지가처분신청서(4) ······ 37
[서식 12] 이혼조정신청서(1) ······ 39
[서식 13] 이혼조정신청서(2) ······ 42
[서식 14] 이혼조정신청서(3) ······ 44
[서식 15] 남녀관계 해소로 인한 위자료 조정신청서 ······ 47
[서식 16] 약혼해제로 인한 손해배상 조정신청서(1) ······ 49
[서식 17] 약혼해제로 인한 손해배상 조정신청서(2) ······ 50
[서식 18] 사실혼 부당파기에 따른 손해배상청구의 조정신청서 ······ 53
[서식 19] 재산분할 및 기여분결정조정신청서 ······ 58
[서식 20] 강제조정에 대한 이의신청서 ······ 63
[서식 21] 혼인무효확인 청구의 소장(일방적인 혼인신고) ······ 71
[서식 22] 혼인무효확인 청구의 소장(합의없이 한 혼인신고) ······ 73
[서식 23] 혼인무효확인 청구의 소장(위조된 혼인신고) ······ 76
[서식 24] 혼인무효확인 청구의 소장(일방적인 혼인신고) ······ 78
[서식 25] 혼인무효확인 청구의 소장(일방적인 혼인신고) ······ 80
[서식 26] 혼인무효확인 청구의 소장(일방적인 혼인신고) ······ 82
[서식 27] 혼인무효확인 청구의 소장(원고의 의사에 반한 혼인신고) ······ 85
[서식 28] 혼인무효확인 청구의 소장(원고의 의사에 반한 혼인신고) ······ 87
[서식 29] 혼인무효확인 청구의 소장(원고의 의사에 반한 혼인신고) ······ 90
[서식 30] 반소장(혼인무효확인 청구사건) ······ 92
[서식 31] 이혼무효확인 청구의 소장(가장하여 신고한 협의이혼) ······ 97
[서식 32] 이혼무효확인의 소장(인장 등을 위조하여 한 협의이혼) ······ 99
[서식 33] 이혼무효확인 청구의 소장(가장하여 신고한 협의이혼) ······ 101
[서식 34] 이혼무효확인 청구의 소장(미국 영주권 취득목적으로 가장하여 신고한 협의이혼) ··· 103

[서식 35] 인지무효확인 청구의 소장(일시 동거를 이용한 인지신고) ··· 109
[서식 36] 인지무효확인 청구의 소장(진실에 반하는 인지신고) ··· 111
[서식 37] 인지무효확인 청구의 소장(원고의 의사에 반한 인지신고) ··· 113
[서식 38] 인지무효확인 청구의 소장(원고의 의사에 반한 인지신고) ··· 115
[서식 39] 인지무효확인 청구의 소장(원고의 의사에 반한 인지신고) ··· 117
[서식 40] 친생자관계 부존재확인 청구의 소장(적출자로 출생신고) ··· 124
[서식 41] 친생자관계 부존재확인 청구의 소장(사실에 반한 출생신고) ··· 127
[서식 42] 친생자관계 부존재확인 청구의 소장(사실에 반한 출생신고) ··· 131
[서식 43] 친생자관계 부존재확인 청구의 소장(자녀가 없는 관계로 입적) ··· 135
[서식 44] 친생자관계 부존재확인 청구의 소장(허위의 출생신고) ··· 139
[서식 45] 감정신청서(친생자관계 부존재) ··· 143
[서식 46] 입양무효확인 등 청구의 소장(사후양자 등 자격요건 결여) ··· 147
[서식 47] 입양무효확인 청구의 소장(입영특례를 받고자 입양신고) ··· 149
[서식 48] 입양무효확인 청구의 소장(부부 중 한쪽에 입장의사가 없는 경우) ··· 152
[서식 49] 파양무효확인 청구의 소장 ··· 156
[서식 50] 호주상속을 이유로 사실상 혼인관계존재 확인청구의 소 ··· 160
[서식 51] 사실상 혼인관계존재 확인청구의 소장(결혼식을 미루다가 사망) ··· 162
[서식 52] 사실상 혼인관계존재 확인청구의 소장(지병으로 인한 별거) ··· 164
[서식 53] 사실상 혼인관계부존재 확인청구의 소장(무단 가출) ··· 167
[서식 54] 혼인취소 청구의 소장(성불구자) ··· 171
[서식 55] 혼인취소 청구의 소장(정신병자 등) ··· 173
[서식 56] 혼인취소 청구의 소장(과격한 성격 등) ··· 175
[서식 57] 혼인취소 청구의 소장(허위의 혼인신고) ··· 177
[서식 58] 중혼을 이유로 혼인취소 청구의 소 ··· 179
[서식 59] 협의이혼의사확인신청서 ··· 184
[서식 60] 협의이혼의사확인신청취하서 ··· 186
[서식 61] 이혼청구의 소장(배우자에게 부정한 행위가 있었을 때 등) ··· 198
[서식 62] 이혼청구의 소장(배우자가 악의로 다른 일방을 유기한 때 등) ··· 202
[서식 63] 이혼청구의 소장(자기의 직계존속이 배우자로부터 심히 부당한 대우를 받았을 때 등) ··· 205
[서식 64] 이혼청구의 소장(배우자가 악의로 다른 일방을 유기한 때 등) ··· 209
[서식 65] 유체동산가압류신청서(이혼으로 인한 위자료 청구) ··· 212
[서식 66] 부동산가압류신청서(이혼 및 재산분할 청구) ··· 214
[서식 67] 채권가압류신청서(이혼 및 재산분할 청구) ··· 216
[서식 68] 담보제공명령 변경신청서 ··· 218
[서식 69] 채권가압류신청서(이혼 및 재산분할 청구) ··· 223
[서식 70] 자동차가압류신청서(이혼 및 재산분할 청구) ··· 226

[서식 71] 부동산처분금지가처분신청서(이혼 및 재산분할 청구) ······ 231
[서식 72] 부동산처분금지가처분신청서(이혼 및 재산분할 청구) ······ 233
[서식 73] 혼인금지가처분신청서(사실상혼인관계존재확인청구) ······ 237
[서식 74] 이혼취소 청구의 소장(피고의 기만으로 인한 협의이혼) ······ 240
[서식 75] 이혼취소 청구의 소장(피고의 기만으로 인한 협의이혼) ······ 242
[서식 76] 아버지 결정 청구의 소장(1) ······ 249
[서식 77] 아버지 결정 청구의 소장(2) ······ 251
[서식 78] 수검명령신청 ······ 254
[서식 79] 친생부인 청구의 소장(1) ······ 256
[서식 80] 친생부인 청구의 소장(2) ······ 259
[서식 81] 친자관계사건의 감정신청 ······ 261
[서식 82] 인지취소의 소장 ······ 263
[서식 83] 인지무효의 소장 ······ 266
[서식 84] 인지청구의 소장(원고의 신분확인) ······ 270
[서식 85] 인지청구의 소장(원고의 성만을 이어받음) ······ 272
[서식 86] 인지청구의 소장(혼인외 자로 출생신고) ······ 275
[서식 87] 인지청구의 소장(양육비 때문) ······ 278
[서식 88] 인지청구의 소장(혼인외 자) ······ 281
[서식 89] 인지청구의 소장(원고의 생부 사망) ······ 283
[서식 90] 인지청구의 소장(인지를 하지 않고 사망) ······ 286
[서식 91] 친자감정신청서 ······ 288
[서식 92] 입양취소 청구의 소장(1) ······ 292
[서식 93] 입양취소 청구의 소장(2) ······ 294
[서식 94] 친양자입양의 심판청구서(공동입양) ······ 298
[서식 95] 친양자입양의 심판청구서(공동입양) ······ 303
[서식 96] 친양자입양의 심판청구서(단독입양) ······ 305
[서식 97] 친양자입양의 심판청구서(친모의 배우자 단독신청) ······ 307
[서식 98] 친양자입양취소 청구의 소장(친생부모의 친양자입양에 동의한 사실이 없음) ······ 311
[서식 99] 파양취소 청구의 소장 ······ 314
[서식 100] 파양 청구의 소장(1) ······ 318
[서식 101] 파양 청구의 소장(2) ······ 320
[서식 102] 친양자파양 청구의 소장(친양자를 학대) ······ 324
[서식 103] 친양자파양 청구의 소장(친양자의 양친에 대한 패륜행위) ······ 326
[서식 104] 친양자파양 청구의 소장(친양자를 학대) ······ 328
[서식 105] 친양자파양 청구의 소장(친양자를 학대) ······ 330
[서식 106] 친양자파양 청구의 소장(친양자를 학대) ······ 332
[서식 107] 약혼해제로 인한 손해배상 청구의 소장(1) ······ 336

[서식 108] 약혼해제로 인한 손해배상 청구의 소장(2) …… 338
[서식 109] 사실혼 부당파기로 인한 손해배상 청구의 소장 …… 340
[서식 110] 사실혼 부당파기로 인한 손해배상 등 청구의 소장 …… 345
[서식 111] 사실혼 관계해소 등 청구의 소장 …… 347
[서식 112] 혼인무효로 인한 손해배상 청구의 소장 …… 351
[서식 113] 사해행위취소 및 원상회복 청구의 소장 …… 353
[서식 114] 이혼, 친권행사자·양육자지정, 위자료, 재산분할 청구의 소장(1) …… 355
[서식 115] 이혼, 친권행사자·양육자지정, 위자료, 재산분할 청구의 소장(2) …… 362
[서식 116] 이혼, 친권행사자·양육자지정, 위자료, 재산분할 청구의 소장(3) …… 368
[서식 117] 이혼, 친권행사자·양육자 지정, 위자료, 양육비 청구의 소장 …… 374
[서식 118] 이혼, 친권행사자·양육자 지정, 위자료, 양육비, 재산분할 청구의 소장 …… 380
[서식 119] 이혼, 친권행사자·양육자 지정 청구의 소장 …… 388
[서식 120] 이혼, 양육자 지정 청구의 소장 …… 391
[서식 121] 이혼, 위자료 청구의 소장(1) …… 393
[서식 122] 이혼, 위자료 청구의 소장(2) …… 396
[서식 123] 이혼, 위자료, 재산분할 청구의 소장 …… 399
[서식 124] 재산분할 청구의 소장 …… 403
[서식 125] 손해배상 청구의 소장(간통피해) …… 406
[서식 126] 반소장(이혼 등)(1) …… 408
[서식 127] 반소장(이혼 등)(2) …… 413
[서식 128] 추완항소장(이혼청구사건) …… 416
[서식 129] 부재자 재산관리인 선임청구서(10년 이상 행불) …… 421
[서식 130] 부재자 재산관리인 선임청구서(1.4후퇴때 행불) …… 423
[서식 131] 부재자 재산관리인 선임청구서(무단 가출) …… 425
[서식 132] 부재자 재산관리인 선임청구서(구직차 행불) …… 427
[서식 133] 부재자 재산관리인 선임청구서(국적이탈) …… 428
[서식 134] 부재자 재산관리인 개임청구서(1) …… 430
[서식 135] 부재자 재산관리인 개임청구서(2) …… 432
[서식 136] 부재자의 재산목록제출서 …… 434
[서식 137] 부재자의 재산목록 작성명령청구 …… 435
[서식 138] 부재자 재산관리인 권한초과행위 허가청구서(1) …… 436
[서식 139] 부재자 재산관리인 권한초과행위 허가청구서(2) …… 438
[서식 140] 부재자 재산관리인 권한초과행위 허가청구서(3) …… 440
[서식 141] 부재자 재산관리인 권한초과행위 허가청구서(4) …… 442
[서식 142] 부재자 재산관리인에 대한 보수지급청구서 …… 444
[서식 143] 부재자 재산관리인 사임신고서 …… 445
[서식 144] 재산관리인선임 취소청구서 …… 446

[서식 145] 부재선고 심판청구서 ··· 449
[서식 146] 실종선고청구서(무단 가출) ··· 453
[서식 147] 실종선고청구서(행불)(1) ··· 455
[서식 148] 실종선고청구서(행불)(2) ··· 456
[서식 149] 실종선고청구서(행불)(3) ··· 459
[서식 150] 실종선고청구서(행불)(4) ··· 460
[서식 151] 실종선고취소청구서(1) ··· 462
[서식 152] 실종선고취소청구서(2) ··· 464
[서식 153] 실종선고취소청구서(3) ··· 466
[서식 154] 성과 본의 창설허가심판청구서(1) ··· 471
[서식 155] 성과 본의 창설허가심판청구서(2) ··· 476
[서식 156] 성과 본의 창설허가심판청구서(3) ··· 478
[서식 157] 성 및 본의 창설허가심판청구서(4) ··· 481
[서식 158] 성 및 본의 창설허가심판청구서(5) ··· 483
[서식 159] 성 및 본의 창설허가심판청구서(6) ··· 485
[서식 160] 성과 본의 창설 및 개명허가신청(귀화자의 성과 본의 창설과 개명) ··· 488
[서식 161] 자의 성과 본의 계속사용허가청구서(1) ··· 490
[서식 162] 자의 성과 본의 계속사용허가청구서(2) ··· 492
[서식 163] 자의 성과 본의 변경허가심판청구서(1) ··· 494
[서식 164] 자의 성과 본의 변경허가심판청구서(2) ··· 496
[서식 165] 부부재산계약서 ··· 502
[서식 166] 부부재산약정의 변경에 대한 허가청구서(1) ··· 503
[서식 167] 부부재산약정의 변경에 대한 허가청구서(2) ··· 504
[서식 168] 부부재산계약변경서 ··· 506
[서식 169] 부부재산관리자의 변경심판청구서(1) ··· 507
[서식 170] 부부재산관리자의 변경심판청구서(2) ··· 509
[서식 171] 친권행사방법의 결정청구서(1) ··· 511
[서식 172] 친권행사방법의 결정청구서(2) ··· 512
[서식 173] 감화 또는 교정기관에 위탁함에 대한 허가 ··· 515
[서식 174] 재산관리인선임심판청구서(1) ··· 517
[서식 175] 재산관리인선임심판청구서(2) ··· 519
[서식 176] 특별대리인 선임청구서(협의분할계약)(1) ··· 525
[서식 177] 특별대리인 선임청구서(협의분할계약)(2) ··· 527
[서식 178] 특별대리인 선임청구서(협의분할계약)(3) ··· 529
[서식 179] 특별대리인 선임청구서(협의분할계약)(4) ··· 532
[서식 180] 특별대리인 선임청구서(증여계약) ··· 534
[서식 181] 특별대리인 선임청구서(근저당권설정계약) ··· 536

[서식 182] 특별대리인 선임청구서(주택청약정기예금에 대한 명의변경절차) ······ 538
[서식 183] 특별대리인 선임청구서(친자관계부존재확인의 소 제기시) ······ 541
[서식 184] 특별대리인 선임청구서(청약주택예금통장에 대한 명의변경절차) ······ 543
[서식 185] 특별대리인 선임청구서(재산상속포기) ······ 545
[서식 186] 성년후견인선임심판청구서(1) ······ 549
[서식 187] 성년후견인선임심판청구서(2) ······ 551
[서식 188] 성년후견인선임심판청구서(3) ······ 552
[서식 189] 성년후견개시심판청구서(1) ······ 554
[서식 190] 성년후견개시심판청구서(2) ······ 560
[서식 191] 임시후견인 선임 사전처분 ······ 564
[서식 192] 성년후견인변경청구서 ······ 566
[서식 193] 성년후견인의 법정대리권의 범위변경청구서 ······ 568
[서식 194] 피성년후견인이 입양을 허가하는 것에 대한 허가청구서 ······ 570
[서식 195] 취소할 수 없는 피성년후견인의 법률행위범위변경청구서 ······ 571
[서식 196] 피성년후견인에 대한 의료행위의 동의에 대한 허가청구서 ······ 573
[서식 197] 피성년후견인이 거주하는 건물 또는 대지의 매도청구 등에 대한 허가 청구서 ······ 575
[서식 198] 성년후견인의 임무수행에 필요한 처분명령청구서 ······ 576
[서식 199] 성년후견인의 재산목록 작성기간 연장허가청구서 ······ 578
[서식 200] 성년후견인 사임에 대한 허가청구서 ······ 579
[서식 201] 성년후견종료심판청구서 ······ 581
[서식 202] 성년후견종료시 관리계산기간 연장허가청구서 ······ 583
[서식 203] 미성년후견인 선임청구서(1) ······ 586
[서식 204] 미성년후견인 선임청구서(2) ······ 588
[서식 205] 미성년후견인 변경청구서 ······ 589
[서식 206] 피미성년후견인의 재산상황조사 및 임무수행에 관하여 필요한 처분명령청구서 ······ 591
[서식 207] 미성년후견인 사임에 대한 허가청구서 ······ 592
[서식 208] 미성년후견종료 및 친권자지정청구 ······ 594
[서식 209] 미성년후견종료시 관리계산기간 연장허가청구서 ······ 596
[서식 210] 한정후견인선임심판청구서 ······ 600
[서식 211] 한정후견개시심판청구서(1) ······ 602
[서식 212] 한정후견개시심판청구서(2) ······ 608
[서식 213] 한정후견인의 동의를 갈음하는 허가청구서 ······ 610
[서식 214] 한정후견인의 동의를 필요로 하는 행위의 범위결정심판청구서 ······ 611
[서식 215] 한정후견인의 동의를 받아야 하는 행위의 범위변경청구서 ······ 613
[서식 216] 피한정후견인의 재산상황조사청구서 ······ 615
[서식 217] 한정후견인의 대리권의 범위변경청구서 ······ 617
[서식 218] 한정후견인의 임무수행에 필요한 처분명령청구서 ······ 621

[서식 219] 한정후견인변경청구서 ···· 622
[서식 220] 한정후견인 사임에 대한 허가청구서 ···· 624
[서식 221] 한정후견종료심판청구서 ···· 627
[서식 222] 한정후견종료시 관리계산 연장허가청구서 ···· 628
[서식 223] 특정후견심판청구서 ···· 632
[서식 224] 특정후견개시심판청구서 ···· 634
[서식 225] 특정후견인변경청구서 ···· 635
[서식 226] 특정후견인의 임무수행에 필요한 처분명령청구서 ···· 637
[서식 227] 특정후견인 사임에 대한 허가청구서 ···· 639
[서식 228] 특정후견종료시 관리계산기간 연장허가청구서 ···· 641
[서식 229] 임의후견인해임청구서 ···· 643
[서식 230] 미성년후견감독인 선임심판청구서 ···· 647
[서식 231] 성년후견감독인 선임심판청구서 ···· 649
[서식 232] 한정후견감독인 선임청구서 ···· 651
[서식 233] 임의후견감독인 선임심판청구서 ···· 653
[서식 234] 특정후견감독인 선임청구서 ···· 655
[서식 235] 성년후견감독인의 동의를 갈음하는 허가청구서 ···· 657
[서식 236] 미성년후견감독인의 동의를 갈음하는 허가청구서 ···· 658
[서식 237] 한정후견감독인의 동의를 갈음하는 허가청구서 ···· 660
[서식 238] 성년후견감독인의 의사표시를 갈음하는 재판청구서 ···· 662
[서식 239] 한정후견감독인의 의사표시를 갈음하는 재판청구서 ···· 663
[서식 240] 임의후견감독인의 의사표시를 갈음하는 재판청구서 ···· 666
[서식 241] 미성년후견감독인변경청구서 ···· 667
[서식 242] 성년후견감독인변경청구서 ···· 669
[서식 243] 한정후견감독인변경청구서 ···· 671
[서식 244] 임의후견감독인변경청구서 ···· 673
[서식 245] 특정후견감독인변경청구서 ···· 675
[서식 246] 미성년후견감독인 사임에 관한 허가청구서 ···· 677
[서식 247] 성년후견감독인 사임에 관한 허가청구서 ···· 678
[서식 248] 한정후견감독인 사임에 대한 허가청구서 ···· 680
[서식 249] 임의후견감독인 사임에 대한 허가청구서 ···· 682
[서식 250] 특정후견감독인 사임에 대한 허가청구서 ···· 684
[서식 251] 후견인 변경심판청구서 ···· 687
[서식 252] 후견인 사퇴허가청구서 ···· 689
[서식 253] 신상결정(격리)관련 허가청구서 ···· 693
[서식 254] 신상결정(신체침해 의료행위)관련 허가청구서 ···· 694
[서식 255] 신상결정(신체침해 의료행위)관련 사후허가심판청구서 ···· 696

[서식 256] 신상결정(주거용 부동산의 처분)관련 사후허가심판청구서 ······ 697
[서식 257] 성년후견인이 피성년후견인의 신상에 관하여 결정할 수 있는 권한의 범위변경청구서 ······ 699
[서식 258] 피성년후견인의 격리에 대한 허가청구서(1) ······ 702
[서식 259] 피한정후견인의 격리에 대한 허가청구서(2) ······ 703
[서식 260] 미성년후견(감독)인에 대한 보수의 수여청구서 ······ 707
[서식 261] 임의후견감독인에 대한 보수의 수여 청구서 ······ 708
[서식 262] 후견인의 재산목록작성을 위한 기간의 연장허가청구서 ······ 710
[서식 263] 상속승인기간 연장허가청구서 ······ 714
[서식 264] 상속승인(포기)기간 연장허가청구서 ······ 715
[서식 265] 상속재산 보존명령청구서 ······ 718
[서식 266] 상속한정승인심판청구서(1) ······ 721
[서식 267] 상속한정승인심판청구서(2) ······ 727
[서식 268] 상속한정승인신판청구서(3) ······ 730
[서식 269] 상속한정승인심판청구서(4) ······ 734
[서식 270] 상속한정승인심판청구서(5) ······ 738
[서식 271] 상속한정승인심판청구서(6) ······ 741
[서식 272] 상속한정승인심판청구서(7) ······ 745
[서식 273] 상속한정승인심판청구서(8) ······ 749
[서식 274] 상속한정승인심판청구서(9) ······ 753
[서식 275] 상속한정승인심판청구서(10) ······ 757
[서식 276] 상속한정승인심판청구서(11) ······ 761
[서식 277] 상속한정승인심판청구서(12) ······ 765
[서식 278] 상속한정승인공고 ······ 770
[서식 279] 상속포기 심판청구서(1) ······ 771
[서식 280] 상속포기 심판청구서(2) ······ 775
[서식 281] 상속포기 심판청구서(3) ······ 779
[서식 282] 상속포기 심판청구서(4) ······ 784
[서식 283] 상속포기 심판청구서(5) ······ 788
[서식 284] 상속포기 심판청구서(6) ······ 792
[서식 285] 상속포기 심판청구서(7) ······ 796
[서식 286] 상속포기 심판청구서(8) ······ 800
[서식 287] 상속포기 심판청구서(9) ······ 805
[서식 288] 청구이의의 소장(한정승인자의 대응) ······ 809
[서식 289] 제3자이의의 소장(한정승인자의 대응)(민사사건임) ······ 811
[서식 290] 상속재산 감정인 선임청구서 ······ 814
[서식 291] 공동상속재산을 위한 관리인선임청구서(1) ······ 817

[서식 292] 공동상속재산을 위한 관리인선임청구서(2) ······ 818
[서식 293] 상속재산분리청구서(1) ······ 821
[서식 294] 상속재산분리청구서(2) ······ 823
[서식 295] 상속재산관리인 선임청구서(1) ······ 828
[서식 296] 상속재산관리인 선임청구서(2) ······ 830
[서식 297] 상속재산관리인 선임청구서(3) ······ 832
[서식 298] 상속인 수색공고청구 ······ 835
[서식 299] 상속재산 분여청구서(1) ······ 838
[서식 300] 상속재산 분여청구서(2) ······ 840
[서식 301] 특별연고자에 대한 상속재산의 분여청구서 ······ 843
[서식 302] 상속분 상당 가액지급청구서 ······ 846
[서식 303] 유언검인청구서(1) ······ 849
[서식 304] 유언검인청구서(2) ······ 851
[서식 305] 유언검인청구서(3) ······ 853
[서식 306] 유언검인청구서(자필증서)(1) ······ 856
[서식 307] 유언검인청구서(자필증서)(2) ······ 858
[서식 308] 유언검인청구서(자필증서)(3) ······ 860
[서식 309] 유언검인청구서(비밀증서) ······ 861
[서식 310] 유언검인청구서(녹음테이프) ······ 869
[서식 311] 유언집행자 선임청구서(1) ······ 871
[서식 312] 유언집행자 선임청구서(2) ······ 873
[서식 313] 유언집행자 보수청구서 ······ 875
[서식 314] 유언집행자 사퇴허가청구서 ······ 877
[서식 315] 유언집행자 해임청구서(1) ······ 879
[서식 316] 유언집행자 해임청구서(2) ······ 882
[서식 317] 유언취소청구서(1) ······ 884
[서식 318] 유언취소청구서(2) ······ 886
[서식 319] 유언무효확인 등 청구의 소장(민사사건) ······ 888
[서식 320] 유류분 청구의 소장(민사사건) ······ 893
[서식 321] 부부의 동거에 관한 청구서(1) ······ 896
[서식 322] 부부의 동거에 관한 청구서(2) ······ 898
[서식 323] 부양료 및 생활부담 심판청구서 ······ 901
[서식 324] 부양료 심판청구서 ······ 903
[서식 325] 재산분할청구서 ······ 907
[서식 326] 재산분할 및 면접교섭 청구서(1) ······ 910
[서식 327] 재산분할 및 면접교섭 청구서(2) ······ 913
[서식 328] 양육비심판청구서 ······ 920

[서식 329] 양육자지정등 심판청구서 ······ 924
[서식 330] 양육 및 친권자지정 및 유아인도청구서 ······ 926
[서식 331] 친권행사자 및 양육자지정 심판청구서 ······ 930
[서식 332] 친권자 및 양육자지정 심판청구서 ······ 933
[서식 333] 양육자변경 및 양육비 심판청구서 ······ 936
[서식 334] 친권행사 및 양육자변경 심판청구서 ······ 939
[서식 335] 친권자 및 양육자변경 심판청구서 ······ 942
[서식 336] 면접교섭권허가청구서(1) ······ 948
[서식 337] 면접교섭권허가청구서(2) ······ 950
[서식 338] 면접교섭권허가청구서(3) ······ 952
[서식 339] 면접교섭권허가청구서(4) ······ 954
[서식 340] 친권상실선고 심판청구서(1) ······ 957
[서식 341] 친권상실선고 심판청구서(2) ······ 959
[서식 342] 친권자의 법률행위대리권 및 재산관리권의 사퇴허가청구서 ······ 962
[서식 343] 재산관리인 선임심판청구서 ······ 964
[서식 344] 친권행사정지 사전처분신청서 ······ 968
[서식 345] 상속재산분할심판청구서(1) ······ 971
[서식 346] 상속재산분할심판청구서(2) ······ 973
[서식 347] 기여분결정심판청구(1) ······ 975
[서식 348] 기여분결정심판청구(2) ······ 977
[서식 349] 상속재산분할 및 기여분심판청구서(1) ······ 980
[서식 350] 상속재산분할 및 기여분심판청구서(2) ······ 983
[서식 351] 기여분결정 및 상속재산분할심판청구서(1) ······ 985
[서식 352] 기여분결정 및 상속재산분할심판청구서(2) ······ 989
[서식 353] 재산명시신청 ······ 993
[서식 354] 재산조회신청서(가사사건) ······ 994
[서식 355] 양육비 직접지급명령신청서(1) ······ 999
[서식 356] 양육비 직접지급명령신청서(2) ······ 1002
[서식 357] 양육비 직접지급명령 취소신청서 ······ 1004
[서식 358] 소득세원천징수의무자에 대한 진술최고신청서 ······ 1005
[서식 359] 양육비채무자 소득원 변경사유 통지서 ······ 1006
[서식 360] 담보제공명령신청서 ······ 1009
[서식 361] 담보취소(담보물변경)신청서 ······ 1010
[서식 362] 일시금지급명령신청서 ······ 1013
[서식 363] 이행명령신청서(1) ······ 1016
[서식 364] 이행명령신청서(2) ······ 1018
[서식 365] 이행명령신청서(3) ······ 1019

[서식 366] 감치명령신청서(1) ······ 1021
[서식 367] 감치명령신청서(2) ······ 1023
[서식 368] 금전임치신청서 ······ 1025
[서식 369] 개명허가신청(실제 통칭명과 다른 경우 등)(1) ······ 1032
[서식 370] 개명허가신청(실제 통칭명과 다른 경우 등)(2) ······ 1036
[서식 371] 개명허가신청(실제 통칭명과 다른 경우 등)(3) ······ 1040
[서식 372] 개명허가신청(실제 통칭명과 다른 경우 등)(4) ······ 1042
[서식 373] 개명허가신청(실제 통칭명과 다른 경우 등)(5) ······ 1044
[서식 374] 개명허가신청(한글 발음상 적대적 의미) ······ 1046
[서식 375] 개명허가신청(놀림의 대상)(1) ······ 1048
[서식 376] 개명허가신청(놀림의 대상)(2) ······ 1050
[서식 377] 개명허가신청(부르기 어려움) ······ 1052
[서식 378] 개명허가신청(성명발음이 힘들고 의미가 좋지 않은 경우) ······ 1055
[서식 379] 개명허가신청(항렬자와 일치 않는 경우) ······ 1058
[서식 380] 개명허가신청(건강상의 이유로) ······ 1060
[서식 381] 가족관계등록창설허가신청서(6·25동란 당시 월남) ······ 1073
[서식 382] 가족관계등록창설허가신청서(무적자로서 부모도 무적인 채 사망한 경우) ······ 1075
[서식 383] 가족관계등록기록의 정정허가신청서(사망신고말소, 가족관계등록부 부활) ······ 1088
[서식 384] 가족관계등록기록의 정정허가신청서(일가창립으로 인한 가족관계등록 기록의 말소) ······ 1090
[서식 385] 가족관계등록기록의 정정허가신청서(출생월일 정정) ······ 1092
[서식 386] 가족관계등록기록의 정정허가신청서(성의 정정) ······ 1093
[서식 387] 가족관계등록기록의 정정허가신청서(이름이 착오 기재된 경우) ······ 1094
[서식 388] 가족관계등록기록의 정정허가신청서(배우자가 누락됨) ······ 1096
[서식 389] 가족관계등록기록의 정정허가신청서(이중등록부 정정) ······ 1097
[서식 390] 가족관계등록기록의 정정허가신청서(성전환자) ······ 1099
[서식 391] 구정창의 처분에 대한 불복신청서 ······ 1102
[서식 392] 자의 성과 본의 변경허가심판청구서(재혼한 모가 자녀를 새아버지의 성과 본으로 변경 청구하는 경우) ······ 1105
[서식 393] 혼인무효확인의 소장 ······ 1118
[서식 394] 이혼 청구의 소장(1) ······ 1120
[서식 395] 이혼 청구의 소장(2) ······ 1122
[서식 396] 친생부인등의 소장 ······ 1123
[서식 397] 친생부인의 소장 ······ 1126
[서식 398] 친생관계부존재확인의 소장 ······ 1128
[서식 399] 파양 청구의 소장 ······ 1130

제 1 편

친족·상속·가사

제1장 가사사건
제2장 가사소송
제3장 가사비송사건
제4장 국제가사사건

제1장 가사사건

제1절 총 론

1. 가사사건 의의

가사사건은 가족, 친족 사이의 분쟁사건으로써 가사소송법 기타 법령에 의하여 가정법원이 처리할 모든 소송·비송·조정사건을 말한다. 가사사건의 종류에는 가사소송법상 ① 가사소송사건, ② 가사비송사건, ③ 가사조정사건의 세 종류가 있다.

2. 가사소송사건의 종류

가. 가류 가사소송사건

① 혼인의 무효
② 이혼의 무효
③ 인지의 무효
④ 친생자관계 존부확인
⑤ 입양의 무효
⑥ 파양의 무효

나. 나류 가사소송사건

① 사실상혼인관계 존부확인
② 혼인의 취소
③ 이혼의 취소
④ 재판상이혼
⑤ 아버지의 결정
⑥ 친생부인
⑦ 인지의 취소
⑧ 인지에 대한 이의

⑨ 인지청구
⑩ 입양의 취소
⑪ 파양의 취소
⑫ 재판상 파양
⑬ 친양자입양의 취소
⑭ 친양자의 파양

다. 다류 가사소송사건

① 약혼해제 또는 사실혼관계부당파기로 인한 손해배상청구(제3자에 대한 청구 포함한다) 및 원상회복의 청구(혼인예약불이행으로 인한 손해배상청구도 포함한다)
② 혼인의 무효·취소, 이혼의 무효·취소 또는 이혼을 원인으로 하는 손해배상청구(제3자에 대한 청구를 포함한다) 및 원상회복의 청구
③ 입양의 무효·취소, 파양의 무효·취소 또는 파양을 원인으로 하는 손해배상청구(제3자에 대한 청구를 포함한다) 및 원상회복의 청구
④ 「민법」 제839조의3에 따른 재산분할청구권 보전을 위한 사해행위취소 및 원상회복의 청구

3. 가사비송사건의 종류

가. 라류 가사비송사건

① 성년후견 개시의 심판과 그 종료의 심판(민법 9조 1항, 11조, 14조의3 2항, 959조의 20)
①의 ② 취소할 수 없는 미성년후견인의 법률행위의 범위 결정 및 그 변경(민법 10조, 10조 2항 및 3항)
①의 ③ 한정후견 개시의 심판과 그 종료의 심판(민법 12조 1항, 14조, 14조의3 1항 및 959조의20)
①의 ④ 한정후견인이 한정후견인의 동의를 받아야 하는 행위의 범위 결정과 그 변경 및 한정후견인의 동의를 갈음하는 허가(민법 13조 1항부터 3항)
①의 ⑤ 특정후견인의 심판과 그 종료의 심판(민법 14조의3 및 959조의 20)
② 부재자 재산의 관리에 관한 처분(민법 22조 내지 26조)
③ 실종의 선고와 그 취소(민법 27조 내지 29조)
④ 성과 본의 창설과 허가(민법 781조 4항)

⑤ 자녀의 종전의 성과 본의 계속 사용허가(민법 781조 5항)

⑥ 자녀의 성과 본의 변경허가(민법 781조 6항)

⑦ 부부재산약정의 변경에 대한 허가(민법 829조 2항)

⑧ 후견인의 입양승낙에 대한 허가(민법 869조 단서)

⑨ 후견인의 입양동의 또는 파양동의에 대한 허가(민법 871조, 900조)

⑩ 친양자입양 허가(민법 908조의2)

⑪ 친권행사방법의 결정(민법 909조 2항)

⑫ 감화 또는 교정기관에 위탁함에 대한 허가(민법 915조, 945조)

⑬ 재산관리인의 선임 또는 개임과 재산관리에 관한 처분(민법 918조)

⑭ 특별대리인의 선임(민법 921조)

⑮ 친권자의 법률행위대리권 및 재산관리인의 사회 또는 회복에 대한 허가(민법 927조)

⑯ 미성년후견감독인·성년후견감독인·한정후견감독인·특정후견감독인의 선임 또는 변경(민법 940조의7, 940조, 940조의3, 940조의4, 959조의5, 959조의10)

⑯의 ② 성년후견인의 법정대리인의 범위 결정과 그 변경 및 성년후견인이 피성년후견인의 신상에 관하여 결정할 수 있는 권한의 범위 결정과 그 변경(민법 938조 1항부터 4항)

⑯의 ③ 미성년후견감독인·성년후견감독인·한정후견감독인·특정후견감독인의 선임 또는 변경(민법 940조의7, 940조와 940조의3, 940조의4, 959조의5 및 959조의10)

⑰ 미성년후견인·성년후견인·한정후견인·특정후견인·미성년후견감독인·성년후견감독인·한정후견감독인·특정후견감독인·임의후견감독인의 사임에 대한 허가(민법 939조, 940조의7, 959조의3 2항, 959조의5 2항, 959조의9 2항, 959조의10 2항, 959조의16 3항, 940조의7)

⑱ 후견인의 재산목록 작성을 위한 기간의 연장허가(민법 941조 1항)

⑲ 피성년후견인 또는 피한정후견인의 격리에 대한 허가 및 피미성년후견인, 피성년후견인 또는 피한정후견인에 대한 의료행위의 동의에 대한 허가(민법 947조의2 2항, 959조의6, 947조의2 4항, 940조의7, 959조의5 2항, 959조의6)

⑲의 ② 피미성년후견인, 피성년후견인 또는 피한정후견인이 거주하는 건물 또는 그 대지에 대한 매도 등에 대한 허가(민법 947조의2 5항, 940조의7, 959조의5 2항, 959조의6)

⑲의 ③ 여러 명의 성년후견인·한정후견인·특정후견인·성년후견감독인·한정후견감독인·특정후견감독인·임의후견감독인의 권한 행사에 관한 결정과 그 변경 또는 취소 및 성년후견인·한정후견인·특정후견인·성년후견감독인·한정후견감독인·특정후견감독인·임의후견감독인의 의사표시를 갈음하는 결정(민법 949조의2, 940조의7, 959조의5 2항, 959조의6,

959조의10 2항, 959조의12, 959조의16 3항, 940조의7)

⑲의 ④ 미성년후견감독인·성년후견견감독인·한정후견감독인의 동의를 갈음하는 허가(민법 950조 2항, 948조, 959조의6)

⑳ 피미성년후견인, 피성년후견인, 피한정후견인 또는 피특정후견인의 재산상황에 대한 조사 및 그 재산관리 등 후견임무 수행에 관하여 필요한 처분명령(민법 954조, 948조, 959조의6, 959조의12)

㉑ 미성년후견인·성년후견인·한정후견인·특정후견인·미성년후견감독인·성년후견감독인·한정후견감독인·특정후견감독인·임의후견감독인에 대한 보수의 수여(민법 955조, 940조의7, 948조, 959조의5 2항, 959조의6, 959조의10 2항, 959조의12, 959조의 16 3항, 940조의7)

㉒ 후견종료시의 관리 계산기간의 연장허가(민법 957조 1항)

㉒의 ② 한정후견인에게 대리권을 수여하는 심판과 그 범위 변경 및 한정후견인이 피한정후견인의 신상에 관하여 결정할 수 있는 권한의 범위 결정과 그 변경(민법 959조의4)

㉒의 ③ 피특정후견인의 후원을 위하여 필요한 처분명령(민법 959조의8)

㉒의 ④ 특정후견인에게 대리권을 수여하는 심판(민법 959조의11)

㉒의 ⑤ 임의후견감독인의 선임 또는 변경(민법 959조의16 3항, 940조의7, 940조 및 959조의15 1항·3항·4항)

㉒의 ⑥ 임의후견감독인에 대한 감독사무에 관한 보고 요구, 임의후견인의 사무 또는 본인의 재산상황에 대한 조사명령 또는 임의후견감독인의 직무에 관하여 필요한 처분명령(민법 959조의16 2항)

㉒의 ⑦ 임의후견인의 해임(민법 959조의 17 2항)

㉒의 ⑧ 후견계약 종료의 허가(민법 959조의18 2항)

㉓ 상속의 승인 또는 포기를 위한 기간의 연장허가(민법 1019조)

㉔ 상속재산보존을 위한 처분(민법 1023조)

㉕ 상속의 한정승인 또는 포기신고의 수리와 그 취소신고의 수리(민법 1024조 2항, 1030조, 1041조)

㉖ 감정인의 선임(민법 1035조 2항, 1113조 2항)

㉗ 공동상속재산을 위한 관리인의 선임(민법 1040조 1항)

㉘ 상속재산의 분리(민법 1045조)

㉙ 상속재산의 분리 후의 상속재산 관리에 관한 처분(민법 1047조)

㉚ 관리인의 선임 및 그 공고와 재산에 관한 처분(민법 1053조)

㉛ 상속인수색의 공고(민법 1057조)

㉜ 상속재산의 분여(민법 1057조의2)

㉝ 유언의 검인(민법 1070조 2항)

㉞ 유언의 증서 또는 녹음의 검인(민법 1091조)

㉟ 유언증서의 개봉(민법 1092조)

㊱ 유언집행자의 선임 및 그 임무에 관한 처분(민법 1096조)

㊲ 유언집행자의 승낙 또는 사퇴를 위한 통지의 수단(민법 1097조)

㊳ 유언집행자에 대한 보수의 결정(민법 1104조 1항)

㊴ 유언집행자의 사퇴에 대한 허가(민법 1105조)

㊵ 유언집행자의 해임(민법 1106조)

㊶ 부담 있는 유언의 취소(민법 111조)

그 외에 특별법에서 인정하고 있는

① 부재선고 등에 관한 특별조치법에 의한 부재선고 사건(가소 2조 3항)

② 입양촉진 및 절차에 관한 특례법에 의한 국외입양의 인가 사건(가소 2조 3항)

③ 혼인신고 특례법에 따른 사망자와 사이의 사실혼존재 확인(가소 2조 2항)

④ 가족관계등록법 제96조에 의한 국적취득자의 성과 본의 창설허가(가소 2조 3항)

⑤ 보호시설에 있는 미성년자의 후견사무에 관한 법률에 의한 후견인지정 허가사건(가소 2조 3항)

나. 마류 가사비송사건

① 부부의 동거·부양, 협조 또는 생활비용의 부담에 관한 처분(민법 826조, 833조)

② 재산관리자의 변경 또는 공유물의 분할을 위한 처분(민법 829조 3항)

③ 자의 양육에 관한 처분과 그 변경, 면접교섭권의 제한 또는 배제(민법 837조, 837조의2)

④ 재산분할에 관한 처분(민법 839조의2 2항)

⑤ 친권을 행사할 자의 지정과 변경(민법 909조 4항, 6항)

⑥ 친권, 법률행위대리권, 재산관리권의 상실선고 및 실권회복의 선고(민법 924조 내지 926조)

⑦ 부양에 관한 처분(민법 976조 내지 978조)

⑧ 기여분의 결정(민법 1008조의2 2항, 4항)

⑨ 상속재산의 분할에 관한 처분(민법 1013조 2항)

4. 가사소송법이 정한 가사사건과 다른 법령에 의한 가사사건

가사소송법 제2조 제1항이 '가사사건'이라고 규정하여 분류, 열거하고 있는 사건들을 가사소송법이 정한 가사사건 또는 최협의의 가사사건이라고 한다면, 가사소송법 이외의 다른 법률이나 대법원규칙에 의하여 가정법원이의 심리, 재판하게 되는 사건(가소법 2조 2항)은 다른 법령에 따른 가사사건이라고 할 수 있다.

가. 가사소송법이 정한 가사사건

앞에서 열거한 가류, 나류 및 다류 가사소송사건과 라류 및 마류 가사비송사건이 이에 해당한다.

나. 다른 법률에 의한 가사사건

① 부재선고에 관한 특별조치법 제6조에 따른 부재선고 또는 그 취소
② 입양촉진 및 절차에 관한 특례법 제16조에 따른 국내에서의 국외입양인가
③ 혼인신고특례법 제2조에 따른 전사자외의 혼인관계확인
④ 보호시설에 있는 미성년자의 후견직무에 관한 법률 제3조 제3항에 따른 고의 아닌 미성년자의 후견인지정허가

다. 가사소송규칙에 의한 가사사건

① 후견인의 순위확인
② 만법 제1014조에 따른 피인지자 등의 상속분에 상당한 가액의 지급청구
③ 양친자관계 존부확인

5. 가사사건에서의 당사자 호칭

가. 가사소송 : 원고와 피고
나. 가사비송사건 : 청구인과 상대방, 사건본인
다. 가사조정 : 신청인과 피신청인

6. 가사사건의 부호

가사제1심합의사건 '드', 가사제1심단독사건 '드단', 가사항소사건 '르', 가사상고사건 '므', 가사항고사건 '브', 가사재항고사건 '스', 가사특별항고사건 '으', 가사조정사건 '너', 가사공조사건 'ㅊ', 가사가압류, 가처분등 합의사건 '즈합', 가사가압류,가처분등 단독사건 '즈단', 기타가사신청사건 '즈기', 가사비송합의사건 '느합', 가사비송단독사건 '느단', 개명사건 '호명', 가족관계등록(제적)비송사건 '호기', 협의이혼의사확인 신청사건 '호협'

제2절 가사사건의 관할법원

1. 관할의 원칙

가사소송은 가사소송법에 의한 특별히 다른 관할을 규정하고 있지 아니하는 한 피고의 보통재판적이 있는 곳의 가정법원에 제기하여야 하며(가소법 13조 1항), 가사비송사건은 가사소송법과 대법원규칙으로 관할법원을 정하지 아니한 경우에는 대법원이 있는 곳의 가정법원에 제기하여야 한다(가소법 35조 1항).

2. 가정법원과 지방법원 사이의 사건 분담

가. 가정법원 가사사건에 대한 전속관할

가사소송법 제2조는 가사사건을 제한적 열거에 의하여 엄격히 제한하면서 가정법원의 전속관할에 속하게 하고 있다. 따라서 가사사건이 지방법원에 제소되거나, 반대로 민사사건이 가정법원에 제소된 경우에는 각각 상대법원으로 이송하게 된다. 또한 가사사건에 관하여 지방법원에 민사소송법상 합의관할, 변론관할이 생길 여지가 없고, 가정법원이 가사사건을 지방법원에 편의이송할 수도 없다. 이를 위반하여 이들 가사사건을 지방법원에서 심리, 재판한 때에는 전속관할위반이 되어 제1심 판결의 취소사유가 되고, 절대적 상고이유도 된다.

(1) 관할의 지정

가사사건과 민사사건의 구별이 언제나 분명한 것은 아니므로 사건의 성격을 잘못 파악하여 가정법원에 이송하지 아니하고 지방법원에서 심리, 재판한 때에는 제1심의 절차 전체가 무효가 될 위험이 있다. 그리하여 가사소송법 제3조는 가정법원과 지방법원 사이의 관할에 관하여 민사소송법 제28조의 관할지정과 유사한 관할지정 규정을 두어, 어느 사건이 가사사건인지, 일반 민사사건인지가 분명하지 않을 때에는 관할법원의 공통되는 고등법원이 관할법원을 지정하도록 하고, 그 지정에 의하여 그 사건의 실질에 관계없이 가정법원의 관할로 지정된 사건은 가사소송법의 절차에 따라, 지방법원의 관할로 지정된 사건은 민사소송법의 절차에 따라 각기 처리하도록 하였다.

(2) 관련 민사사건의 병합 가부

가사사건은 민사사건과는 다른 종류의 소송절차에 따르는 것이므로, 원칙적으로 위와 같은 가사사건에 관할 소송에서 통상의 민사사건에 속하는 청구를 병합할 수는 없다.

그러나 가정법원에 계속된 가사소송사건 또는 상대방이 있는 가사비송사건 청구의 당부의 전제가 되거나 재판결과가 모순저촉될 우려가 있어 이와 동시에 해결할 필요성이 있는 약정이행청구 또는 손해배상청구, 그 밖의 양육비, 재산분할, 상속재산분할 등과 관련된 민사사건(제3자와의 소송을 포함)은 그 내용이 가사사건에 유사하므로 가정법원에서 재판하도록 하는 것이 타당하다. 따라서 이러한 사건이 지방법원에 계속된 경우 당해 가정법원은 직권 또는 당사자의 신청에 의하여 심판으로 당해 지방법원에 관련 민사사건의 이송을 요청할 수 있고, 이러한 이송요청은 받은 지방법원은 관련 민사사건의 절차가 명백히 지연된다는 특별한 사정이 없는 한 민사사건은 당해 가정법원으로 이송하게 할 필요가 있다. 아울러 당사자도 당해 가사사건이 계속된 가정법원의 허가를 받아 관련 민사사건의 소를 당해 가정법원에 제기할 수 있어야 한다. 이러한 경우 관련 민사사건은 재산관계 가사소송사건의 절차에 따르게 된다.

나. 토지관할에 관한 이송

(1) 관할위반으로 인한 이송

가정법원은 사건의 전부 또는 일부에 대하여 관할권이 없음을 인정한 경우에는 결정으로 관할법원에 이송하여야 한다(가소법 13조 3항, 35조 2항, 51조 2항).

(2) 토지관할 있는 사건의 이송

가정법원이 관할을 조사한 결과 관할권이 있다고 인정하는 경우에도 현저한 손해 또는 지연을 피하기 위하여 필요한 경우에는 직권 또는 당사자의 신청에 따른 결정으로 전부 또는 일부를 다른 관할가정법원으로 이송할 수 있다(가소법 13조 4항, 35조 2항, 51조 2항). 이는 관할이 경합하는 경우이다. 따라서 이송받을 법원도 그 사건에 관하여 관할권이 있어야 한다.

(3) 이송의 절차

관할위반 사건의 이송은 가정법원이 직권으로 하는 것으로서 당사자에게는 이송신청권이 없어 이를 이유로 이송신청을 하면 직권발동을 촉구하는 의미밖에 없다. 따라서 법원이 이송신청 기각결정을 하였더라도 항고는 물론 특별항고도 허용되지 않으므로 그러한 항고는 각하하여야 한다. 이때 이송의 재판은 결정으로 한다. 법원은 이송신청이 있을 때에는 결정에 앞서 상대방에게 의견을 진술할 기회를 주어야 하고, 직권으로 이송결정을 하는 때에는 당사자의 의견을 들을 수 있다(가소규 14조, 민사소송법규 11조).

3. 가사조사관제도

가. 가사조사관의 직무

가사조사관은 심판에 필요한 자료의 수집·조사 그 밖에 필요한 조사업무, 가사소송법에 따른 조사업무를 수행한다. 이 조사업무에는 사실의 조사, 의무이행상태를 점검하며 당사자 또는 사건관계인의 가정 기타의 환경의 조정할 필요가 있을 때에는 가사조사관으로 하여금 사회복지기관의 연락, 기타의 조정조치를 하게 할 수 있다(가소규 8조, 9조, 12조, 122조). 가사사건의 기일에 출석과 의견진술(가소규 13조)이 포함된다.

나. 조사보고서의 작성

가사조사관은 당사자 본인들의 진술서가 제출되거나 사안의 내용과 쟁점을 어느 정도 파악할 수 있는 자료가 제출되면 당사자를 소환하여 조사를 실시한다. 이때 가사조사관은 조사를 위하여 필요한 경우 자녀 등 이해관계인을 대동하여 출석하게 하여, 그들의 진술을 참작하고, 조사진행 내용이나 결과를 고려하여 화해나 조정을 권유한다, 쌍방이 불출석한 경우에는 조사불응의 의사가 명백하지 아니하는 한 1회에 한하여 재소환하되, 조사불응의 의사가 구체적으로 확인된 경우에는 그 사유를 조사보고서에 기록으로 남겨둔다

가사조사는 원칙적으로 12개월 내(3회 정도)에 완료한 후 조사보고서를 작성하여야 하는데,

조사보고서에는 조사관의 의견을 기재하여야 한다(가소규 11조 3항). 만일, 조사 후 사건관계인의 가정 기타 환경을 조정할 필요가 있을 때에는 사회복지기관과의 연락 기타 조정조치(예 : 심리적 조정조치 등)를 취할 수도 있다.

제3절 가사조정절차

1. 가사조정의 의의

가사소송사건 및 상대방이 있는 가사비송사건은 재산법상 분쟁과 달라서 그 분쟁이 일회적으로 끝나는 것이 아니고, 관계 당사가 사이에 분쟁이 계속되는 과정에 있고, 관계당사자의 이해관계에 그치는 것이 아니라 그들의 미성년 자녀 등 가족의 장래에 막대한 영향을 줄 수 있는 등의 특징을 가지고 있기 때문에 법률판단에 의한 재판은 오히려 분쟁의 시작을 초래할 가능성이 있다. 그러므로 이들 분쟁은 법원 또는 전문적인 기관이 당사자들에게 가장 바람직한 해결방안을 제시하고 설득하여 분쟁을 평화적으로 해결하는 것이 가장 이상적이다.

가사조정은 이러한 목적을 달성하기 위하여 인간관계의 합리적이고 합목적적인 조정을 통하여 당사자가 자주적으로 종국적이고도 포괄적인 분쟁 해결방안의 합의에 이르도록 유도하는 절차이다.

2. 조정전치주의

나류 가족관계 가사소송사건, 재산관계 가사소송사건, 상대방이 있는 가사비용사건에 관하여 가정법원에 소를 제기하거나 심판을 청구하고자 하는 자는 먼저 조정을 신청하여야 한다(가소법 50조 1항).

위 조정사건에 관하여 조정을 신청하지 아니하고 소를 제기하거나 심판을 청구한 때에는 가정법원은 그 사건을 필요적으로 조정에 회부하여야 한다.

다만, 공시송달에 의하지 아니하고는 당사자를 소환하지 할 수 없는 사건이나 조정에 회부하더라도 조정이 성립될 수 없다고 인정하는 사건은 그러하지 아니하다(가소법 50조 2항). 사건을 조정에 회부하더라도 조정이 성립될 수 없다고 인정할 것인지 여부에 대한 판단은 가정법원의 재량에 맡겨져 있다.

3. 조정기관

가. 조정위원회

조정위원회는 각 가정법원별로 미리 구성되어 있는 조정위원들 또는 당사자들이 합의한 자들 중 매사건마다 조정장이 지정하는 2인 이상의 조정위원과 가정법원장 또는 가정법원지원장이 지정하는 판사인 조정장으로 구성되는 합의체의 독립기관이다(민조법 40조).

나. 조정담당판사

조정담당판사는 상당한 이유가 있고 당사자가 반대의사를 명백하게 표시하지 않는 경우에 단독으로 조정할 수 있다.

다. 수소법원

제1심 수소법원이 조정에 회부한 사건으로서 수소법원이 스스로 조정함이 상당하다고 인정한 사건의 경우에는 스스로 처리할 수 있다.

4. 조정의 시행

가. 사실의 사건조사

가사조정에서는 특별한 사정이 없는 한 조정장이나 조정담당판사는 가사조사관으로 하여금 사전에 기한을 정하여 사실을 조사하게 하여야 한다(가소법 56조).

나. 조정기일의 지정 및 당사자의 출석

당사자 쌍방이 가정법원에 출석하여 가사조정신청을 하는 때에는 특별한 사정이 없는 한 그 신청일을 조정기일로 한다. 그 밖의 경우에는 조정기일은 조정장 또는 조정담당판사가 정하여, 당사자에게 통지하여 소환한다(민조법 15조). 조정기일에 소환을 받은 조사당사자는 특별한 사정이 없는 한 본인이 출석하여야 한다(가소법 7조). 소환을 받은 당사자가 정당한 이유 없이 출석하지 아니한 때에는 200만원 이하의 과태료에 처할 수 있고, 구인할 수 있다(가소법 66조).

신청인이 조정기일에 출석하지 않으면 기일을 지정하여 다시 소환하고, 2회 이상 불출석하면 그 조정신청이 취하된 것으로 본다(민조법 31조). 다만, 수소법원이 조정에 회부한 사건의 경우에는 상당한 이유가 없는 한 조정에 갈음하는 심판을 하도록 한다. 피신청인이 조정기일에 출석하지 아니한 경우에는 조정기관은 상당한 이유가 없는 한 직권으로 조정을 갈음하는 심판을 하여야 한다(민조법 32조, 30조, 40조).

다. 격지조정

당사자가 장기간 와병, 신체장애, 노령 등의 사유로 동시에 같은 장소에 출석하여 조정할 수 없는 사정이 있는 경우에는 조정기관은 서면으로 조정안을 작성하여 조정위원을 지명하여 당사자에게 이를 제시하게 하고, 당사자가 동의하면 그 면전에서 기명날인하게 하여, 당사자 전원이 조정안에 동의하면 조정이 성립된 것으로 본다(가소규 119조).

5. 조정의 종료

가. 조정신청의 각하

당사자에 대하여 기일을 통지할 수 없는 때에는 조정장 또는 조정담당판사는 상당한 기간을 정하여 주소보정을 명하고 신청인이 주소를 보정하지 아니한 때에는 명령으로 조정신청을 각하하여야 하며, 다만 공시송달에 의한 소송진행이 가능하다고 인정되는 때에는 조정이 성립되지 아니한 것으로 사건을 종결시킬 수 있다(민조법 25조, 40조, 민조규 2조의2), 그러나 조정에 회부된 사건은 사건을 다시 수소법원에 회부하여야 한다.

조정신청서에 인지의 미첨 등 보정할 수 없거나 보정을 명하여도 당사자가 보정명령에 불응하는 흠결이 있는 경우에도 조정신청을 각하할 수 있다.

나. 조정의 취하·취하간주

조정신청은 조정이 성립하거나 다른 사유로 절차가 종료하기 전까지는 언제든지 이를 취하할 수 있다. 취하에 상대방의 동의는 필요하지 않다. 조정신청에 의하여 절차가 개시된 경우에 신청인이 2회 이상 조정기일에 출석하지 아니하면 조정신청이 취하된 것으로 본다(민조법 31조).

다. 조정을 하지 아니하는 심판

조정의 대상이 된 사건이 성질상 조정을 함에 적당하지 않거나, 당사자가 부당한 목적으로 조정신청을 한 것으로 인정한 때에는 조정위원회 또는 조정담당판사는 조정을 하지 아니하는 결정으로 사건을 종결시킬 수 있다(민조법 26조, 40조).

라. 조정의 성립

조정은 당사자 사이에 합의된 사항을 조서에 기재함으로써 성립한다(가소법 59조 1항).

합의는 격지조정의 경우가 아닌 한 원칙적으로 조정기일에서 당사자 쌍방이 출석하여 그 의사표시가 합치됨으로써 성립한다. 당사자의 합의는 상당하다고 인정되는 것이어야 한다(민조법 27조). 조정은 당사자가 임의로 처분할 수 없는 사항을 제외하고는 확정판결 또는 심판과 동일한 효력이 있다(가소법 59조 2항). 그러나 조정조항이 불분명하거나 불확정적이거나 불가능한 경우에는 당연무효로 보아야 하고, 또 사망한 자를 당사자로 한 조정, 당사자가 임의로 처분할 수 없는 사항에 대한 조정 등도 당연무효이다.

마. 조정에 갈음하는 심판

조정기관은, ① 합의가 성립되지 아니한 사건, ② 당사자 사이에 성립된 합의의 내용이 상당하지 아니하다고 인정한 사건, ③ 피신청인이 조정기일에 출석하지 아니한 사건에 대하여는, 상당한 이유가 없는 한 직권으로 당사자의 이익이나 그 밖의 모든 사정을 참작하여 신청인의 신청취지에 반하지 아니하는 한도에서 사건의 공평한 해결을 위한 심판을 하여야 한다(가소법 49조, 민조법 30조, 32조, 40조).

조정에 갈음하는 결정에 대하여 당사자는 조서정본이 송달된 날부터 2주일이 되는 날까지 이의를 신청할 수 있고, 또 이의신청을 한 당사자는 해당 심급의 판결선고시까지 상대방의 동의를 받아 이를 취하할 수 있다(민조법 34조 1항, 3항). 조정에 갈음하는 심판은 이의신청기간 내에 이의신청이 없거나, 이의신청이 취하되거나, 이의신청이 부적법하여 각하심판이 확정된 때에는 확정판결 또는 심판과 동일한 효력이 있다(가소법 59조 2항).

바. 조정의 불성립

당사자 사이에 합의가 성립되지 않거나 성립된 합의의 내용이 상당하지 않다고 인정되고,

조정기관이 조정에 갈음하는 심판을 하지 아니할 때에는 조정은 불성립으로 종결된다(민사조정법 27조).

사. 당사자의 사망

이혼조정에서 당사자 일방이 사망한 경우, 양육자지정청구에서 사건본인인 미성년자가 사망한 경우와 같이 당사자 또는 사건본인의 사망으로 소송 또는 심판절차가 종료된 경우에는 가사조정절차 역시 당연히 종료된다. 이때에는 사망사실을 간과한 대리인 등에 의하여 조정이 성립하더라도 그 조정은 무효이다.

6. 소송 또는 심판절차로의 이행·회부

조정신청에 의하여 조정절차가 개시된 경우에, ① 조정을 하지 아니하는 심판이 있거나, ② 조정이 불성립되거나, ③ 조정에 갈음하는 심판에 대하여 이의신청기간 내에 이의신청이 있는 때에는 조정신청을 한 때에 소의 제기 또는 심판청구가 있는 것으로 간주되므로(가소법 49조, 민조법 36조 1항), 사건은 당연이 소송 또는 비송절차로 이행된다.

수소법원의 조정회부에 의하여 조정절차가 개시된 경우에, ① 당사자의 일방 또는 쌍방에 대하여 공시송달에 의하지 아니하고는 조정기일을 통지할 수 없을 때, ② 당사자 중 일방 또는 쌍방의 불출석으로 인하여 조정기일을 2회 이상 진행하지 못한 경우에 조정을 갈음하는 심판을 하지 아니하는 때, ③ 민사조정법 제26조 또는 제27조에 의하여 사건이 종결된 때, ④ 조정을 갈음하는 심판에 대하여 적법한 이의신청이 있는 때에는 가사조정절차를 종결하고 사건을 다시 수소법원에 회부하여야 한다.

당사자 간의 분쟁을 일시에 해결할 필요가 있어 조정위원회 또는 조정담당판사의 허가를 받아 조정의 목적인 청구와 관련 있는 민사사건의 청구를 병합하여 조정신청한 경우 민사사건의 청구는 기본이 되는 가사사건의 청구와 병합하여서만 가사조정의 대상이 될 수 있을 뿐이므로, 병합된 민사사건의 청구에 관하여 조정이 성립되지 아니하면 가정법원은 심판으로 그 민사사건을 관할법원에 이송하여야 한다(가소법 60조).

조정사건이 가사소송 또는 가사비송절차로 이행 또는 회부되는 경우 조정장 또는 조정담당판사는 조정기관이 송부하는 사건기록에 의견을 첨부하여야 한다(가소법 61조). 이 의견서는 가사조정신청의 목적인 사항에 대한 당부의 판단이 아니고 사건의 공평한 해결방안에 관한 의견을 제시하는 것으로서 소송 또는 비송절차에서 재판하는데 참고자료로 삼기 위한 것이다.

[서식 1] 친권행사정지 사전처분신청서

친권행사정지 사전처분신청

신 청 인　　이 ○ ○ (000000-0000000) (전화 :　　　　)
등록기준지 ○○시 ○○구 ○○로 ○○
주　　소 ○○시 ○○구 ○○로 ○○ (우편번호 : 00000)

피신청인　　김 ○ ○ (000000-0000000) (전화 :　　　　)
등록기준지 ○○시 ○○구 ○○로 ○○
주　　소 ○○시 ○○구 ○○로 ○○ (우편번호 : 00000)

사건본인　　이 ○ ○ (000000-0000000) (전화 :　　　　)
등록기준지 ○○시 ○○구 ○○로 ○○
주　　소 ○○시 ○○구 ○○로 ○○ (우편번호 : 00000)

신 청 취 지

귀원 2017너 1234호 친권상실조정신청사건이 종결될 때까지 피신청인의 사건본인에 대한 친권자로서의 직무집행을 정지하고 ○○시 ○○구 ○○로 ○○ 변호사 정○○를 대행자로 선임한다.
라는 결정을 구합니다.

신 청 원 인

1. 신청인은 사건본인의 백부로서 사건본인을 양육하고 있습니다.
2. 피신청인은 사건본인의 부가 사망 후 재혼한 모로서 사건본인의 친권자이나 재혼한 후부 사이에 자가 출생한 후부터는 사건본인의 양육비 지급을 소홀히 할 뿐 아니라 사건본인과의 공동상속재산인 별지 목록 기재의 부동산을 처분하여 후부의 사업자금으로 사용하려고 인근 부동산중개소에 내놓고 있습니다.
3. 그러므로 사건본인을 위하여 신청인은 피신청인을 상대로 귀원에 2017너 1234호 친권상실조정신청을 한 바 있으나, 위 조정사건이 종결될 때까지 기다려서는 사건본인에게 회복할 수 없는 손해를 줄 급박한 사정이 있으므로 동 조정사건이 종결될 때까지 피신청인의 사건본인에 대한 친권자로서의 직무집행을 정지하고, 사건본인의 망부와

생전에 친밀한 관계가 있었던 다음의 사람을 그 대행자로 선임하고자 본 신청에 이르렀습니다.

다 음

성 명 정 ○ ○
주 소 ○○시 ○○구 ○○로 ○○
직 업 변 호 사

첨 부 서 류

1. 가족관계증명서	1통
1. 부동산등기사항전부증명서	2통
1. 주민등록등본	2통
1. 친권상실조정사건의 접수증명원	1통
1. 기타 소명서류	1통

20○○. ○. ○.

신청인 이 ○ ○ (인)

○○ 가정법원 귀중

접수방법

1. 신청인 : 당사자이다.
2. 수입인지 : 1,000원의 인지를 납부한다.
3. 송달료 : 당사자수×4,800원(우편료)×5회분을 납부한다.
4. 관할법원 : 본안이 담당하고 있는 가정법원, 조정위원회 또는 조정담당판사의 관할이다.
5. 사전처분은 담보제공이 없음이 원칙이다.

[서식 2] 유아인도 사전처분신청서

유아인도 사전처분신청

신 청 인　　이 ○ ○ (000000-0000000) (전화 : 　　　)
　　　　　　등록기준지 ○○시 ○○구 ○○로 ○○
　　　　　　주　　소 ○○시 ○○구 ○○로 ○○ (우편번호 : 00000)

피신청인　　김 ○ ○ (000000-0000000) (전화 : 　　　)
　　　　　　등록기준지 ○○시 ○○구 ○○로 ○○
　　　　　　주　　소 ○○시 ○○구 ○○로 ○○ (우편번호 : 00000)

사건본인　　이 ○ ○ (000000-0000000) (전화 : 　　　)
　　　　　　등록기준지 ○○시 ○○구 ○○로 ○○
　　　　　　주　　소 ○○시 ○○구 ○○로 ○○ (우편번호 : 00000)

신 청 취 지

귀원 20○○느단 1234 양육자변경심판 청구사건의 심판확정시까지 피청구인은 청구인에게 사건본인을 인도하라.
라는 결정을 구합니다.

신 청 원 인

1. 사건본인은 청구인과 피청구인 사이에 혼인 중에 출생한 자입니다.
2. 청구인과 피청구인은 20○○. 3. 8. 협의이혼하고 사건본인의 친권자는 청구인으로, 양육자는 피청구인으로 정하고 청구인은 피청구인에게 양육비로 매월 400,000원을 지급하였습니다.
3. 그런데 피청구인은 얼마 전부터 술집 종업원으로 근무하게 되면서 밤늦게 귀가함은 물론이고 외박하는 날이 잦아 사건본인의 정상적인 양육이 불가능한 상태입니다.
4. 따라서 사건본인의 양육자를 변경하여 신청인이 양육하고자 귀원 20○○느단 1234호로 양육자변경신청을 하였으나 그 심판확정시까지 사건본인의 보호와 양육이 시급하고 이를 위하여서는 사건본인을 청구인에게 임시로 인도함이 필요하므로 본 신청에 이르렀습니다.

첨 부 서 류

1. 가족관계증명서 1통
1. 주민등록등본 2통
1. 진술서 1통
1. 진술인의 주민등록등본 1통
1. 소제기증명원 1통

20○○. ○. ○.

신청인 이 ○ ○ (인)

○○ 가정법원 귀중

접수방법

1. 신청인 : 당사자이다.
2. 수입인지 : 1,000원의 인지를 납부한다.
3. 송달료 : 당사자수×4,800원(우편료)×3회분을 납부한다.
4. 관할법원 : 본안이 담당하고 있는 가정법원, 조정위원회 또는 조정담당판사의 관할이다.
5. 사전처분은 담보제공이 없음이 원칙이다.

[서식 3] 사전처분신청서(이혼 등으로 인한 사정의 생계비지급처분신청)

사 전 처 분 신 청

본안사건 20○○드단 1234 이혼 등

신 청 인 박 ○ ○ (000000-0000000) (전화 :)
등록기준지 ○○시 ○○구 ○○로 ○○
주 소 ○○시 ○○구 ○○로 123 (우편번호 : 00000)

피신청인 김 ○ ○ (000000-0000000) (전화 :)
등록기준지 ○○시 ○○구 ○○로 ○○
주 소 ○○시 ○○구 ○○로 123
송 달 장 소 ○○시 ○○구 ○○로 234 (우편번호 : 00000)

사건본인 김 ○ ○ (000000-0000000)
등록기준지 ○○시 ○○구 ○○로 ○○
주 소 ○○시 ○○구 ○○로 123 (우편번호 : 00000)

신 청 취 지

귀원 20○○드단 1234 이혼 및 위자료 청구사건이 종결될 때까지 매월 생계비로 금 1,000,000원씩 지급하라.
라는 재판을 구합니다.

신 청 원 인

1. 신청인과 피신청인은 20○○. 3. 10. 결혼하여 1남 1녀가 있는 법률상의 부부인 바, 피신청인의 부정한 행위로 계속하여 혼인생활을 할 수 없어 귀원에 이혼 및 위자료 청구의 소를 제기(20○○드단 1234호)하였으나 신청인은 소득이 없어 판결선고시까지 자녀의 생계가 막막합니다(※ 보다 구체적으로 기재한다).
2. 그런데 피신청인 ○○주식회사에서 매월 250만원의 급여를 수령하고 있음에도 불구하고 가족을 돌보지 않고 있으므로 부득이 이 건 신청에 이른 것입니다.

소명방법 및 첨부서류

1. 가족관계증명서 1통
1. 기본증명서 1통
1. 주민등록등본 1통
1. 급여명세서 사본 1통
1. 소제기증명원 1통

20○○. ○. ○.

신청인 박 ○ ○ (인)

○○ 가정법원 귀중

접수방법

1. 신청인 : 당사자이다.
2. 수입인지 : 1,000원의 인지를 납부한다.
3. 송달료 : 당사자수 × 4,800원(우편료) × 3회분을 납부한다.
4. 관할법원 : 본안이 담당하고 있는 가정법원, 조정위원회 또는 조정담당판사의 관할이다.
5. 사전처분은 담보제공이 없음이 원칙이다.

[서식 4] 사전처분신청서(양육비, 부양료지급처분신청)

사 전 처 분 신 청

신 청 인 박 ○ 순 (000000-0000000) (전화 :)
등록기준지 ○○시 ○○구 ○○로 ○○
주 소 ○○시 ○○구 ○○로 123 (우편번호 : 00000)

피신청인 김 ○ 동 (000000-0000000) (전화 :)
등록기준지 ○○시 ○○구 ○○로 ○○
주 소 ○○시 ○○구 ○○로 123
송달장소 ○○시 ○○구 ○○로 234 (우편번호 : 00000)

사건본인 김 ○ 철 (000000-0000000)
등록기준지 ○○시 ○○구 ○○로 ○○
주 소 ○○시 ○○구 ○○로 123 (우편번호 : 00000)

신 청 취 지

피신청인은 신청인에게 사건본인의 양육비(또는 신청인의 생활비나 부양료) 일부로서

20○○. ○. ○.부터 귀원 20○○드단 1234 이혼 청구사건이 종료될 때까지 매월 금 1,000,000원을 그 달 20일까지 신청인의 주소지에 지참하거나 통장으로 송금하여 지급하라.

라는 재판을 구합니다.

신 청 원 인

1. 신청인과 피신청인은 현재 귀원에 이혼소송중에 있으며 사건본인은 현재 신청인이 거주한 위 주소지에서 신청인이 양육하고 있습니다.
2. 그런데 현재 피신청인은 가출한 상태에서 신청인에게 사건본인의 양육비와 신청인의 생활비 일체를 지급하지 않고 있습니다. 이 사건의 판결이 선고될 때까지는 상당한 기간이 걸릴 것으로 예상되고 신청인이 일정한 직업이 없어서 하루하루 생계를 이어 가기가 막연하므로 이 사건 신청을 하기에 이르렀습니다.

소명방법 및 첨부서류

1. 가족관계증명서 1통
1. 기본증명서 1통
1. 주민등록등본 1통
1. 소제기증명원 1통

20○○. ○. ○.

신청인 박 ○ 순 (인)

○○ 가정법원 귀중

접수방법

1. 신청인 : 당사자이다.
2. 수입인지 : 1,000원의 인지를 납부한다.
3. 송달료 : 당사자수 × 4,800원(우편료) × 3회분을 납부한다.
4. 관할법원 : 본안이 담당하고 있는 가정법원, 조정위원회 또는 조정담당판사의 관할이다.
5. 사전처분은 담보제공이 없음이 원칙이다.

[서식 5] 면접교섭의 사전처분신청서(1)

면접교섭의 사전처분신청서

사　　건　　20○○르 2151 이혼 및 위자료

신 청 인　　문 ○ 순 (000000-0000000) (전화 :)
등록기준지 충남 논산시 은진면 교촌로 237
주　　소 안양시 동안구 호계로 655-2, 비동 207호 (그린빌라)

피신청인　　김 ○ 양 (000000-0000000)
등록기준지 및 주소 : 위 신청인과 같음

사건본인　1. 김 ○ 은 (0000000-000000)
2. 김 ○ 연 (000000-0000000)
사건본인들 등록기준지 및 주소 : 위 신청인과 같음

신 청 취 지

1. 신청인은 매월 2회 귀원이 지정하는 장소에서 사건본인들을 면접교섭할 수 있다.
2. 피신청인은 위에서 정한 신청인과 사건본인들의 면접교섭이 원만히 이루어지도록 협조하여야 하고, 이를 방해해서는 아니된다.

라는 결정을 구합니다.

신 청 원 인

1. 사건본인들은 신청인과 피신청인 사이에 혼인 중의 출생자로 현재 사건본인들은 피신청인이 양육하고 있습니다.
2. 신청인과 피신청인은 귀원 20○○르 2151 이혼 및 위자료 청구사건으로 항소심 진행중인 바, 재판이 1심에 이어 2심으로 오래가면서 향후 상고심까지 감안하면 재판확정시까지 상당한 시일이 소요될 것인 바, 이에 신청인이 사건본인들을 오랜기간 만나보지 못하고 있어 재판확정 전이라도 사건본인들을 우선으로 면접교섭할 수 있기를 몹시 갈망합니다.
3. 따라서 사건본인들과의 위 청구사건이 확정시까지 신청인이 갖는 생래적 면접교섭을 할 수 있도록 이 신청에 이른 것입니다.

첨 부 서 류

1. 가족관계증명서 1통
1. 주민등록등본 1통
1. 나의사건검색 1통
1. 심판접수증명원(또는 계류증명원) 1통

20○○. ○. ○.

위 신청인 문 ○ 순 (인)

○○ 가정법원 항소 제1부 귀중

접수방법

1. 신청인 : 당사자이다.
2. 수입인지 : 1,000원의 인지를 납부한다.
3. 송달료 : 당사자수×4,800원(우편료)×3회분을 납부한다.
4. 관할법원 : 본안이 담당하고 있는 가정법원, 조정위원회 또는 조정담당판사의 관할이다.
5. 사전처분은 담보제공이 없음이 원칙이다.

[서식 6] 면접교섭의 사전처분신청서(2)

면접교섭의 사전처분신청서

사 건 20○○르 2151 이혼 및 위자료

신 청 인 문 ○ 순 (000000-0000000) (전화 :)
등록기준지 : 충남 논산시 은진면 교촌로 237
주 소 : 안양시 동안구 호계로 655-2, 비동 207호 (그린빌라)

피신청인 김 ○ 양 (000000-0000000)
등록기준지 및 주소 : 위 신청인과 같음

사건본인 김 ○ 은 (0000000-000000)
등록기준지 및 주소 : 위 신청인과 같음

신 청 취 지

1. 피신청인은 신청인에게 귀원 20○○르 2151 이혼 청구사건의 판결이 선고될 때까지 매주 토요일 10:00부터 22:00까지 사건본인을 면접교섭하게 한다.
2. 피신청인은 신청인과 사건본인의 면접교섭이 원만히 이루어지도록 협조하여야 하고, 이를 방해해서는 아니된다.

라는 결정을 구합니다.

신 청 원 인

1. 신청인과 피신청인은 현재 귀원에 이혼소송중에 있으며 사건본인은 현재 같은 거주자에서 신청인, 피신청인과 함께 생활하고 있습니다. 그러나 피신청인은 같은 집에서 함께 거주하고 있음에도 불구하고 신청인이 귀가하면 방문을 걸어 잠그고 사건본인을 일체 만나지 못하게 하고 있습니다.
2. 사건본인의 건전한 성장과 발달을 위해서는 사건본인이 어머니뿐만 아니라 아버지도 만나야 하며 이 사건의 판결이 선고될 때까지는 상당한 기간이 걸릴 것이 으로 예상되므로 이 신청에 이른 것입니다.

첨 부 서 류

1. 가족관계증명서 1통
1. 주민등록등본 1통
1. 인우보증서 1통

20○○. ○. ○.

위 신청인 문 ○ 순 (인)

○○ 가정법원 귀중

접수방법

1. 신청인 : 당사자이다.
2. 수입인지 : 1,000원의 인지를 납부한다.
3. 송달료 : 당사자수×4,800원(우편료)×3회분을 납부한다.
4. 관할법원 : 본안이 담당하고 있는 가정법원, 조정위원회 또는 조정담당판사의 관할이다.
5. 사전처분은 담보제공이 없음이 원칙이다.

[서식 7] 유아인도청구서

유 아 인 도 청 구

청 구 인 1. 김 ○ ○ (000000-0000000) (전화 :)
등록기준지 ○○시 ○○구 ○○로 ○○
주 소 ○○시 ○○구 ○○로 ○○ (우편번호 : 00000)

2. 이 ○ ○ (000000-0000000) (전화 :)
등록기준지 및 주소 신청인 1. 김○○와 같음

피신청인 1. 박 ○ ○ (000000-0000000) (전화 :)
등록기준지 ○○시 ○○구 ○○로 ○○
주 소 ○○시 ○○구 ○○로 ○○ (우편번호 : 00000)

2. 최 ○ ○ (000000-0000000) (전화 :)
등록기준지 및 주소 피신청인 1. 박○○와 같음

사건본인 김 ○ 미 (000000-0000000) (전화 :)
(유 아) 등록기준지 및 주소 청구인 1. 김○○와 같음

청 구 취 지

피신청인들은 청구인들에게 사건본인 김○○를 인도하라.
라는 심판을 구합니다.

청 구 원 인

1. 청구인 김○○와 청구인의 모 이○○는 20○○. 1. 20. 혼인신고를 마친 부부로서 슬하에 자녀로 김○철과 사건본인 김○미를 낳았는데, 위 김○미가 생후 18개월이 될 무렵인 20○○. 6. 경 청구인들의 가정불화로 신청인 이○○가 친정으로 돌아가 버리자 청구인 김○○가 2명의 자녀를 양육하기가 어려워 위 김○미를 이웃사람의 소개로 청구인 이○○의 승낙도 없이 피신청인들에게 양녀로 주었던 것입니다.
2. 그 후 청구인 이○○가 5개월 만에 친정에서 돌아와 보니 위와 같은 사실을 뒤늦게 알게 되었고, 이에 청구인들이 피신청인들에게 수차례 찾아가 유아(사건본인)를 인도해 줄 것을 요청하자 피신청인들은 8개월 동안의 양육비로 상당한 금액을 요구하고 있고, 더욱이 피신청인 박○○는 막노동판에서 잡역인부로 일하는 형편이라 이곳저곳으로 이주를 자주하고 사건본인을 잘 양육시킬 형편도 되지 않는 실정입니다.
3. 그렇다면 피신청인들은 청구인들에게 사건본인 김○미를 마땅히 인도해 주어야 할 것이므로 청구취지와 같은 심판을 구하고자 이 건 신청에 이른 것입니다.

첨 부 서 류

1. 가족관계증명서	1통
1. 주민등록등본	2통
1. 출생증명서	1통

20○○. ○. ○.

청구인 김 ○ ○ (인)
이 ○ ○ (인)

○○ 가정법원 귀중

접수방법 및 유의사항

1. 청구권자 : 부모의 일방이 다른 일방을 상대로 청구하는 것이 원칙이고, 그들 사이에는 양육자의 지정, 또는 변경이 반드시 전제되어야 하는 것을 아니다.
2. 수입인지 : 10,000원의 인지를 납부한다. 사건본인마다 각 1개의 청구로 본다. 즉 사건본인이 2명이면 20,000원의 인지를 납부한다.

3. 송달료 : 당사자수×4,800원(우편료)×12회분을 납부한다.
4. 관할법원 : 피신청인의 주소지를 관할하는 가정법원에 제출한다. 제3자를 공동상대방으로 하여 자의 인도를 구하는 경우에는 민사소송법 중 공동소송에 관한 규정이 준용되므로 피신청인으로 되는 부모의 일방과 제3자의 보통재판적이 다를 때에는 관련 재판적으로 규정에 따라 그 중 1인의 보통재판적이 있는 가정법원에 심판청구할 수 있다.
5. 양육자로 지정되지 아니한 부모의 일방이 다른 일방으로부터 자를 불법적으로 탈취해 간 경우 양육자인 부모의 다른 일방이 양육자의 지정·변경의 청구 없이 자의 인도만을 청구할 수 있다. 부모 아닌 자가 자(子)를 양육하고 있을 때는 그 자를 공동 상대방으로 하여 자(子)의 인도를 청구할 수 있으므로(가소규 99조 2항), 이때에는 예외적으로 부모아닌 제3자에게 상대방적격이 인정된다.

[서식 8] 접근금지가처분신청서(1)

접근금지가처분신청

신 청 인 김 ○ ○ (000000-0000000) (전화 :)
○○시 ○○구 ○○로 ○○ (우편번호 : 00000)

피신청인 박 ○ ○ (000000-0000000) (전화 :)
○○시 ○○구 ○○로 ○○ (우편번호 : 00000)

피 보 전 권 리

접근금지이행 청구

신 청 취 지

1. 피신청인은 신청인의 의사에 반하여 신청인에게 접근하여서는 아니된다.
2. 피신청인은 신청인에 대하여 면접교섭을 강요하거나 폭언 또는 폭력을 행사하는 등의 방법 및 불안을 느끼게 하는 전화 등으로 신청인의 평온한 생활 및 업무를 방해하여서는 아니된다.
3. 위 명령을 위반한 피신청인은 위반행위 1회당 200만원씩을 신청인에게 지급한다.

라는 결정을 구합니다.

신 청 원 인

1. 신청인과 피신청인의 관계

신청인과 피신청인은 혼인신고를 마친 법률상 부부로 슬하에 ○○○(2010. 10. 3.생)과 ○○○(2012. 4. 12.생)을 출생한 부모인 바, 상호 뜻이 맞지 아니하여 ○○○○. ○. ○. ○○지방법원에서 협의이혼의사확인을 받아 같은 해 7. 4. 관할구청에 이혼신고를 하여 수리된 바 있고, 양인은 이미 ○○○○. ○. ○.부터 별거생활을 하고 있습니다.

2. 이 건 신청에 이른 경위

가. 피신청인은 협의이혼을 한 다음날 신청인을 찾아와서 서류상엔 도장을 찍었지만 사실은 이혼한 게 아니라고 엉뚱한 소리를 일삼고 수시로 신청인이 경영하는 서울 ○○구 ○○로 ○○○ 소재 ○○회사에 찾아와서 "얘기 좀 하자, 술 마시자"라는 등 접근을 하고 인근에 사람이 없는 틈을 노려 몸을 끌어안고 키스를 요구하는 등 신청인은 전신에 소름이 끼치고 창피한 생각이 들어 그때마다 완강히 반항을 하고 있습니다.

나. 신청인이 화가나 있지만 피신청인은 욕설과 폭언을 일삼고 입에 담을 수 없는 험담을 하기도 합니다.

다. 신청인은 피신청인의 모습이 한없이 저주스러워 피하게 되면, 신청인의 가족에게 전화하여 심한 욕설과 협박을 함으로써 신청인은 물론 신청인의 가족들도 더 이상 참을 수 없을 정도로 괴로움을 당하고 있습니다.

라. 아울러 피신청인은 신청인이 만나주지 않는다고 신청인이 재직하는 회사를 방문하여 난동을 부리므로 말미암아 신청인은 할 수 없이 피신청인의 손에 이끌려 나갔는데, 피신청인은 신청인을 끌고 가 폭력을 행사하고 호텔로 끌고 가려고 수작을 부렸으나 신청인의 강력한 반항으로 뜻을 이루지 못하였습니다.

마. 최근 피신청인은 신청인의 거주지를 밤 12시가 지난 시간에 술을 잔뜩 마시고 방문하여 소란을 피우고 문을 열지 아니하면 문을 부셔 버리겠다고 고함을 치기도 하였으나 경찰에 신고하기까지 하였습니다.

3. 결 어

현재 피신청인은 일반인들이 생각할 수 없는 차원을 넘어서 언제 어떠한 불미스러운 행동을 저지를지 모르고 기습적으로 신청인을 찾아와 위와 같은 방법으로 괴롭힐 것이 분명함으로 신청인은 하루하루 불안한 가운데 공포와 두려움에 떨고 있습니다. 그러므로 신청인은 피신청인에 대하여 신청취지 기재와 같은 재판을 받음으로써 직장생활은 물론 마음 놓고 평온한 사생활을 누리면서 살아갈 수 있을 것임으로 이건 신청에 이른 것입니다.

4. 본 가처분에 대한 손해담보조로 제공할 공탁금은 지급보증위탁계약을 체결한 문서를 제출하는 방법에 의하여 담보를 제공할 것을 허가하여 주시기 바랍니다.

입 증 방 법

1. 갑 제1호증　　가족관계증명서
1. 갑 제2호증　　혼인관계증명서
1. 갑 제3호증의 1 내지 3　　각 진단서
1. 갑 제4호증의 1 내지 3　　입원동의서 및 입퇴원확인서

첨 부 서 류

1. 위 입증서류　　각 1통
1. 주민등록등본　　1통

20○○. ○. ○.

신청인 김 ○ ○ (인)

○○ 가정법원 귀중

접수방법

1. 수입인지 : 10,000원의 인지를 납부한다.
2. 송달료 : 당사자수 × 4,800원(우편료) × 3회분을 납부한다.
3. 관할 : 민사사건이므로, 서울의 경우 가정법원에 제출할 수 없고, 피신청인의 주소지 관할법원에 제출하여야 한다. 만약, 가정법원에 제출하려고 한다면 사전처분신청을 하여야 한다.

주 접근금지가처분이란 갑이 을을 상대로 본안의 소(이혼 및 재산분할청구 등)를 제기하기 전 또는 제기 중에 을이 갑에 대한 원망으로 수시로 자신과 처남에게 욕설과 행패를 부려 일상생활이 불가능하다며 자신과 처남 근처에 오지 못하도록 막아달라는 것으로, 법원은 피신청인을 채무자를 소환하지 않고 심리한다.

[서식 9] 접근금지가처분신청서(2)

접근금지가처분신청

신 청 인 이 ○ ○ (000000-0000000) (전화 :)
○○시 ○○구 ○○로 ○○ (우편번호 : 00000)

피신청인 박 ○ ○ (000000-0000000) (전화 :)
○○시 ○○구 ○○로 ○○
송달장소 : ○○시 ○○구 ○○로 ○○ (우편번호 : 00000)

신 청 취 지

인격권에 기하여 평온한 사생활을 추구할 권리

신 청 취 지

피신청인은 신청인의 주거지 및 직장 등에 100m 이내의 접근을 금지한다.
라는 결정을 구합니다.

신 청 원 인

1. 당사자 관계
   신청인과 피신청인은 2010. 5. 12. 혼인신고를 하여 2018. 6. 14. 협의이혼한 사실이 있습니다.

2. 혼인의 파탄에 이르게 된 경위
   가. 피신청인은 신청인과 같이 일식집을 하며 단란하게 살던 중 피신청인은 주식에 빠져 많은 돈을 날리고 또 일식집 운영에는 신경을 쓰지 않고 하여 점차 손님이 줄었습니다. 그러자 피신청인은 신청인과 친정식구들에게 돈을 요구하기 시작하였고, 상습적으로 1주일에 3회 정도 외박을 하면서 다른 여자와 불륜관계를 가진 바 있으며, 피신청인은 오히려 신청인에게 억지를 부리면서 툭하면 "어떤 손님하고 바람났느냐"며 자식이 보는 앞에서 막말을 하여 신청인을 모욕하여 협의이혼을 하였습니다.
   나. 그러나 이혼 후에도 피신청인은 신청인을 찾아와 이유 없이 상습적으로 신청인의

온 몸을 폭행을 하고 난동을 부리는 등 행패를 저지르고 있습니다. 이와 같이 피신청인은 신청인을 찾아와 폭력을 행사하고 난동을 부리게 될 경우 신청인으로서는 유일한 생계수단은 일식집을 운영하여 얻은 수입으로 자녀를 양육해야 하는 신청인으로서는 엄청난 피해를 감당할 수 없음이 명백하므로 피신청인의 신청인에 대한 주거 및 사업장(○○식당)에 접근금지의 결정을 받기 위하여 이 건 신청에 이른 것입니다.

입 증 방 법

1. 갑 제1호증　　가족관계증명서
1. 갑 제2호증의 1 내지 3　　각 진단서
1. 갑 제3호증의 1 내지 3　　입원동의서 및 입퇴원확인서

첨 부 서 류

1. 위 입증서류　　각 1통
1. 주민등록등본　　1통

20○○. ○. ○.

신청인 이 ○ ○ (인)

○○ 가정법원 귀중

[서식 10] 접근금지가처분신청서(3)

접근금지가처분신청

신 청 인 이 ○ ○ (000000-0000000) (전화 :)
○○시 ○○구 ○○로 ○○ (우편번호 : 00000)

피신청인 박 ○ ○ (000000-0000000) (전화 :)
○○시 ○○구 ○○로 ○○
송달장소 : ○○시 ○○구 ○○로 ○○ (우편번호 : 00000)

피 보 전 권 리

인격권에 기하여 평온한 사생활을 추구할 권리

신 청 취 지

피신청인은 신청인의 주거지 및 직장 등에 100m 이내의 접근을 금지한다.
라는 결정을 구합니다.

신 청 원 인

1. 당사자 관계
   신청인과 피신청인은 2012. 1. 20. 혼인신고를 하여 2015. 9. 12. 협의이혼한 사실이 있습니다.
2. 혼인의 파탄에 이르게 된 경위
   가. 피신청인은 신청인과 같이 자동차 화물운송업을 하며 단란하게 살던 중 2016. 8. 초순경 피신청인의 형인 소외 ○○○의 사업에 보증을 서주는 등의 사유로 인해 피신청인의 사업이 부도가 나면서 재산을 잃게 되자, 피신청인은 신청인과 채권자 친정식구들에게 돈을 요구하기 시작하였고, 상습적으로 1주일에 2회 정도 외박을 하면서 다른 여자와 불륜관계를 가진 바 있으며, 피신청인은 오히려 신청인에게 억지를 부리면서 툭하면 "어떤 놈에게 내돌리느냐"며 자식이 보는 앞에서 신청인을 모욕하고, 이유 없이 상습적으로 신청인의 온몸을 발로 차고, 때리고, 주먹이나 물건으로 닥치는 대로 던져 폭행하면서 죽여 버린다가 위협하는 등 수

없이 아래와 같이 신청인 및 신청인의 친정부모를 폭행, 협박하였습니다.

나. 피신청인은 2017. 8. 중순경 사소한 말다툼으로 신청인을 심하게 구타하였으며, 자녀인 ○○○에게도 심한 욕설과 함께 폭력을 행사하였습니다. 피신청인의 형의 사업보증으로 살고 있던 집과 가재도구가 경매되었는데, 친정집의 도움으로 가재도구를 겨우 건졌으며, 신청인이 생계유지를 위해 직장에 출근하려면 폭행을 일삼아 출근을 하지 못한 것이 한두 번이 아니었습니다.

가까스로 출근을 하면 피신청인은 신청인의 직장에까지 찾아와 온갖 행패를 부린 적도 몇번 있습니다.

다. 피신청인은 친정어머니에게 수시로 용돈을 요구해 돈을 가져간 바 있으며, 자신의 요구에 신청인이 응하지 않으면 신청인의 친정부모님을 폭행하는 등 함부로 대하고, 이로 인해 친정어머니는 심한 신경쇠약증에 걸린 바 있습니다.

라. 피신청인은 2018. 4. 초순경 피신청인이 신청인의 직장인 ○○마트에 찾아와 신청인에게 이혼을 요구하여 이혼하기로 협의하면서 자녀 ○○○은 신청인이 키울테니 피신청인에게 양육비와 위자료를 달라고 하자, 피신청인은 신청인의 직장동료들은 아랑곳하지 않고 신청인이 피신청인에게 위자료, 양육비 및 재산분할을 청구하지 않겠으며 아이의 양육도 신청인이 책임지겠다는 합의각서를 쓰라고 하면서 "안 쓰면 죽이겠다"며 공갈협박하기에, 신청인은 직장동료들에게 창피하여 피신청인이 미리 준비하여 온 합의각서에 도장을 찍은 후 법원으로 가게 되었는데, 피신청인이 신청인에게 판사 앞에서 딴소리하면 재미없을 줄 알라고 협박하여 신청인은 부득이 피신청인이 시키는 대로 강제로 협의이혼을 하였습니다.

3. 이 건 신청에 이르게 된 경위

피신청인의 강압에 못이겨 강제로 협의이혼을 하고 난 후 위자료 및 양육비를 지급하지 않아 귀원 2018드 1234호로 위자료 및 재산분할 등의 청구의 소를 제기하였는바, 피신청인의 과거행위를 보면 신청인의 주거지 및 직장에 찾아와 폭행을 하고 난동을 부리는 등 행패를 저지를 수 있고, 만약 피신청인은 신청인을 찾아와 폭력을 행사하고 난동을 부리게 될 경우 신청인으로서는 유일한 수단이고, 직장의 수입으로 자녀를 양육해야 하는 신청인으로서는 직장을 그만두게 될 뿐만 아니라 폭력행사를 감당할 수 없음이 명백하므로 피신청인의 신청인에 대한 주거 및 직장에 접근금지의 결정을 받고자 이 건 신청에 이르렀습니다.

입 증 방 법

1. 갑 제1호증　　　　가족관계증명서
1. 갑 제2호증　　　　진단서

1. 갑 제3호증의 1 내지 3　　　입원동의서 및 입퇴원확인서

첨 부 서 류

1. 위 입증서류　　　각 1통
1. 주민등록초본　　　2통

20○○. ○. ○.

신청인 이 ○ ○ (인)

○○ 가정법원 귀중

접수방법

1. 수입인지 : 10,000원의 인지를 납부한다.
2. 송달료 : 당사자수×4,800원(우편료)×3회분을 납부한다.
3. 관할 : 민사사건이므로, 서울의 경우 가정법원에 제출할 수 없고, 채무자의 주소지 관할법원에 제출하여야 한다. 만약, 가정법원에 제출하려고 한다면 사전처분신청을 하여야 한다.

주 접근금지가처분이란 갑이 을을 상대로 본안의 소(이혼 및 재산분할청구 등)를 제기하지 전 또는 제기 중에 을이 갑에 대한 원망으로 수시로 자신과 처남에게 욕설과 행패를 부려 일상생활이 불가능하다며 자신과 처남 근처에 오지 못하도록 막아 막아달라는 것으로, 법원은 피신청인을 채무자를 소환하지 않고 심리한다.

[서식 11] 접근금지가처분신청서(4)

접근금지가처분신청서

신 청 인 이 ○ 옥 (000000-0000000) (전화 :)
등록기준지 : 경기도 연천군 미산면 우정로 123
주 소 : 서울 마포구 아현로 570

피신청인 최 ○ 석 (000000-0000000)
등록기준지 : 경기도 연천군 미산면 우정로 123
주 소 : 서울 마포구 아현로 570

목적물가액 : 금 50,000,000원

피보전권리의 요지 : 인격권에 기하여 평온한 사생활을 추구할 권리 및 자신의 의사에 반하는 행위를 강요당하지 아니할 권리

신 청 취 지

1. 피신청인은 신청인에 대하여, 신청인의 의사에 반하여 서울 마포구 아현로 570 주택의 출입을 금지하고,
2. 피신청인은 신청인에 대하여 면담을 강요하거나 신청인에게 전화를 걸거나 팩스를 보내는 등의 방법으로 신청인의 평온한 생활 및 업무를 방해하여서는 아니된다.
3. 소송비용은 피신청인이 부담한다.

라는 재판을 구합니다.

신 청 원 인

1. 신청인과 피신청인은 20○○. 3. 초순경 동대문 나이트클럽에서 만난 후 같은 해 8. 6. 정식 혼인신고를 마친 법률상 부부입니다.
2. 피신청인은 신청인과 처음 만날 때부터 일정한 직업 없이 먹고 놀면서 평소 의처증 비슷하게 늘 신청인을 따라다니고 신청인이 시장에 가도 따라다니고 항상 감시 감독하며 늘 조그만 일에도 화를 잘내고 또 자신의 비위에 거슬리면 무조건 따라와 장소를 가리지 않고 폭행하여 도저히 가정생활을 할 수 없었습니다.
3. 그러면서 처음 만나서 얼마 안되어서부터 20○○. 4. 중순 경 오후 5:00경 서울 종로구

창신동 소재 족발집에서 술과 음식을 먹다가 10만원을 달라고 해서 신청인은 피신청인에게 금 10만원을 주고 나서 이런 사람과 더 이상 만날 수 없다고 판단되어 그만 만나자고 하였더니 갑자기 이런 년이 다 있느냐며 내가 너를 자유롭게 놔둘 것 같냐면서 주먹과 발로 폭행하기 시작하여 20○○. 1. 25. 오후 2:00부터 오후 6:00까지 약 20여 차례에 걸쳐 수시로 폭행하여 갈비뼈도 다치고 얼굴과 가슴 등을 수 십차례 폭행 당하였습니다.

4. 그러면서 피신청인은 신청인이 도망갈 수 없게 여러 차례를 불법감금하고 계속해서 감시하며 붙어 다니기도 하였습니다. 뿐만 아니라 피신청인 자신은 일체의 직업도 가지지 아니하고 원고가 서울시 용산구 동자동 소재에서 조그마한 호프집을 운영하여 생계를 잇고 있음에도 가게에서도 신청인이 손님과 이야기만 하고 있어도 이것을 트집잡아 폭행하는 등 수시로 폭행을 일삼고 잠시도 자유롭지 못하게 하였습니다.

5. 이와 같이 피신청인은 신청인을 무조건 폭행하고 감시하며 만약 네가 혼자 도망가면 끝까지 쫒아가서 너를 아예 죽여버린다고 공갈 협박하는 상황에서 신청인은 더 이상 정상적인 생활이 곤란할 지경에 이르렀습니다.
피신청인의 평상시 가혹행위와 신청인에 대한 태도 등을 종합적으로 검토해 볼 때 언제 어디에서 신청인의 신체에 대하여 위해를 가할지 알 수가 없어서, 신청인은 피신청인을 상대로 귀원에 20○○. 2. 3.자 20○○드단 9876호로 이혼소송을 제기함과 동시에 피신청인의 가혹행위를 금지시키고자 신청취지와 같은 결정을 구하고자 이건 신청을 합니다.

6. 담보제공의 허가에 대하여는 지급보증위탁체결문서의 제출에 의한 담보제공으로 허가하여 주시기 바랍니다.

소 명 방 법

1. 소 갑제1호증 1 내지 2	각 가족관계증명서
1. 소 갑제2호증 1 내지 2	각 혼인관계증명서
1. 소 갑제3호증	주민등록등본
1. 소 갑제4호증 1 내지 3	각 진단서
1. 소 갑제5호증	치료확인서
1. 소 갑제6호증	사건사고사실확인원
1. 소 갑제7호증 1 내지 6	각 사진
1. 소 갑제8호증	소접수증명원

20○○. ○. ○.

위 신청인 이 ○ 옥 (인)

○○ 가정법원 귀중

접수방법

1. 수입인지 : 10,000원의 인지를 납부한다.
2. 송달료 : 당사자수×4,800원(우편료)×3회분을 납부한다.
3. 관할 : 민사사건이므로, 서울의 경우 가정법원에 제출할 수 없고, 채무자의 주소지 관할법원에 제출하여야 한다. 만약, 가정법원에 제출하려고 한다면 사전처분신청을 하여야 한다.

주 접근금지가처분이란 갑이 을을 상대로 본안의 소(이혼 및 재산분할청구 등)를 제기하지 전 또는 제기 중에 을이 갑에 대한 원망으로 수시로 자신과 처남에게 욕설과 행패를 부려 일상생활이 불가능하다며 자신과 처남 근처에 오지 못하도록 막아달라는 것으로, 법원은 피신청인을 채무자를 소환하지 않고 심리한다.

[서식 12] 이혼조정신청서(1)

이 혼 조 정 신 청

신 청 인 이 ○ ○ (000000-0000000) (전화 :)
등록기준지 : ○○시 ○○구 ○○로 ○○
주 소 : ○○시 ○○구 ○○로 ○○

피 신 청 인 박 ○ ○ (000000-0000000) (전화 :)
등록기준지 및 주소 : 위 신청인과 같음

사 건 본 인 이 ○ ○ (000000-0000000)
등록기준지 및 주소 : 위 신청인과 같음

신 청 취 지

1. 신청인과 피신청인은 이혼한다.
2. 신청인과 피신청인의 자 이○○의 양육 및 친권자로 신청인을 지정한다.

라는 조정을 구합니다.

신 청 원 인

1. 당사자의 지위
   신청인과 피신청인은 20○○. 6. 22. 혼인신고를 한 법률상 부부입니다.
2. 이 사건의 경위
   신청인과 피신청인은 결혼한 이후 10년간 서로 성격이 불일치로 계속해서 불화 속에 살다가 현재 별거중에 있으며 서로간에 이혼을 하기로 합의는 하였지만 위자료 등 제반문제에 대해 합의가 이루어지지 않아 합의이혼에는 이르지 못하고 있습니다.
3. 따라서 본 이혼조정신청에 이르게 된 것이므로 청구취지와 같은 조정을 내려 주시기 바랍니다.

입 증 방 법

1. 갑 제1호증	제적등본
1. 갑 제2호증	기본증명서
1. 갑 제3호증	가족관계증명서
1. 갑 제4호증	혼인관계증명서
1. 갑 제5호증	사실확인서

첨 부 서 류

1. 위 입증서류	1통
1. 주민등록초본	2통

20○○. ○. ○.

신청인 이 ○ ○ (인)

○○ 가정법원 귀중

접수방법

1. 수입인지 : 5,000원의 인지를 납부한다.
2. 송달료 : 당사자수×4,800원(우편료)×5회분을 납부한다.
3. 관할 : 가사조정사건은 그에 상응하는 가사소송이나 가사비송사건을 관할하는 가정법원 또는 당사자가 합의로 정한 가정법원이 관할한다(가소 51조 1항).

주 1. 가사조정절차

조정이란 양 당사자간 처분가능한 신분상 또는 재산상의 이해관계를 조율하여 법률관계를 확정짓는 절차를 말한다. 가사소송에서의 원고는 소장을 바로 제출할 수도 있고 조정신청을 먼저 할 수도 있는데, 가사소송에는 특수하게 "조정전치주의"라는 제도가 있어 가사소송법의 나류 가사소송사건(사실상 혼인관계존부확인, 혼인의 취소, 이혼의 취소, 재판상 이혼 등) 및 다류 가사소송사건(약혼해제 또는 사실혼관계부당파기로 인한 손해배상청구, 혼인의 무효·취소 또는 재판상 이혼을 원인으로 하는 손해배상청구 등)의 경우 소를 제기하더라도 가정법원은 원칙적으로 사건을 조정절차에 회부하여야 한다(가사 50조 2항).

처음부터 조정신청이 된 사건이나 담당재판부인 수소법원이 조정에 회부하면 수소법원이 스스로 조정기관이 될 수도 있고, 가사조정위원회에서 사건을 맡을 수도 있다. 가사조정위원회는 조정장(판사) 1인과 일반조정위원 2인 이상으로 구성되며 조정이 성립되면 내용에 따라 '조정조서'가 작성되며 조정조서는 확정판결과 같은 효력을 지니기 때문에 조정내용에 따라 기판력 및 집행력을 가진다.

2. 가사조사절차

가사조사는 재판장, 조정장 또는 조정담당판사의 조사명령(가소 6조 1항, 가소소송규칙 8조, 12조, 13조)을 통해 이루어진다. 주요 분쟁상황에 대한 사실관계 뿐만 아니라 현재의 갈등 원인 등을 전반적으로 이해하고 심층적으로 접근하기 위해 기본적인 인적사항, 성장과정, 결혼 전후의 사정, 문제 해결의 가능성 등을 조사하게 된다.

조사기일은 일반적으로 한 달에 한번 정도 지정되며, 보통 2~3회에 걸쳐 진행되지만 사건의 특성에 따라 달라질 수 있다.

[서식 13] 이혼조정신청서(2)

이 혼 조 정 신 청

신 청 인 이 ○ ○ (000000-0000000) (전화 :)
등록기준지 ○○시 ○○구 ○○로 ○○
주 소 ○○시 ○○구 ○○로 ○○ (우편번호 : 00000)

피신청인 박 ○ ○ (000000-0000000)
등록기준지 ○○시 ○○구 ○○로 ○○
주 소 ○○시 ○○구 ○○로 ○○ (우편번호 : 00000)

신 청 취 지

신청인과 피신청인은 이혼한다.
라는 조정을 구합니다.

신 청 원 인

1. 결혼한 경위
   가. 신청인과 피신청인은 20○○. 6. 초순경 결혼식을 올리고 20○○. 6. 22. 혼인신고를 한 법률상 부부로서 슬하에는 1녀 ○○(여 8세), 1남 ○○(남, 만 7세)을 근 10년간 결혼생활을 해왔습니다.
   나. 신청인은 19○○. 2. 20. ○○여상을 졸업하였으나, 졸업 전인 19○○. 11. 하순경 서울 ○○증권에 취직하여 서울 동대문구 신설동 소재 서울 동대문지점에서 경리로 근무하면서 같은 직장 내에서 피신청인을 알게 되었고, 피신청인은 19○○년 ○○대학교 경제학과를 졸업, 19○○년 해군장교를 제대한 후 동 회사에 입사하였고, 신청인과 피신청인은 약 3년여간 교제하였습니다.
2. 피신청인의 이상성격과 폭력
   가. 피신청인은 3년간이나 신청인과 교제하면서 보이지 않던 행동을, 결혼날짜를 받으면서도 사소한 일에 생트집을 잡는 등 하지 않던 행동과 항상 찌뿌린 얼굴을 하고 있는 포악한 성품이 튀어나와 옆에서 보는 사람도 역겨워 볼 수 없을 정도의 행동을 하였습니다.
   나. 신청인은 피신청인이 폭력을 일삼는 등 이상성격의 소유자임을 뒤늦게 알았지만

자식을 낳고 살면서 시간이 지나면 좀 성격이 달라지겠지 믿었습니다.

다. 그러나 피신청인은 봉급생활을 하면서도 술과 도박으로 밤을 낮으로 삼고 외박이 잦으며 신청인에게 툭하면 "개", "쌍"년이란 말을 섞어 넣어 가면서 장소를 불문하고 못된 욕지거리와 폭력을 가하였고, 특히 결혼 후인 20○○. 6월 일자 미상경 서울 명동으로 쇼핑을 갔다가 명동 한복판에서 특별한 이유로 없이 피신청인은 신청인의 머리채를 잡고 때리면서 상스러운 욕설을 하였고 신청인은 이러한 상태로 부평까지 끌려간 적이 있습니다.

라. 20○○. 5. 초순경 서울 성북구 보문동 소재 신청인의 친정집 및 옆 단칸방에서 지내는데 이때 피신청인은 새 승용차를 구입하여 출, 퇴근을 하면서 신청인에게는 월 생활비는 월 금 ○○○원씩만 주거나 아니면 아예 주지 않고 그런가 하면 설상가상으로 낯 모르는 여자한테서 전화가 번갈아 걸려오고, 피신청인의 직장에도 어떤 여자와 신청인이 바람핀다는 소문이 파다하게 펴졌습니다.

3. 신청인은 위와 같은 사정으로 이에 더 이상 견딜 수 없어 부득이 이 건 조정신청에 이르게 된 것이므로 청구취지와 같은 조정을 내려 주시기 바랍니다.

첨 부 서 류

1. 가족관계증명서	1통
1. 주민등록등본	1통

20○○. ○. ○.

신청인 이 ○ ○ (인)

○○ 가정법원 귀중

접수방법

1. 수입인지 : 5,000원의 인지를 납부한다.
2. 송달료 : 당사자수×4,800원(우편료)×5회분을 납부한다.
3. 관할 : 가사조정사건은 그에 상응하는 가사소송이나 가사비송사건을 관할하는 가정법원 또는 당사자가 합의로 정한 가정법원이 관할한다(가소 51조 1항).

주 1. 가사조정절차

조정이란 양 당사자간 처분가능한 신분상 또는 재산상의 이해관계를 조율하여 법률관계를 확정짓는 절차를 말한다. 가사소송에서의 원고는 소장을 바로 제출할 수도 있고 조정신청을 먼저 할 수도 있는데, 가사소송에는 특수하게 "조정전치주의"라는 제도가 있어 가사소송법의 나류 가사소송사건(사실상 혼인관계존부확인, 혼인의 취소, 이혼의 취소, 재판상 이혼 등) 및 다류 가사소송사건(약혼해제 또는 사실혼관계부당파기로 인한 손해배상청구, 혼인의 무효·취소 또는 재판상 이혼을 원인으로 하는 손해배상청구 등)의 경우 소를 제기하더라도 가정법원은 원칙적으로 사건을 조정절차에 회부하여야 한다(가소 50조 2항).

처음부터 조정신청이 된 사건이나 담당재판부인 수소법원이 조정에 회부하면 수소법원이 스스로 조정기관이 될 수도 있고, 가사조정위원회에서 사건을 맡을 수도 있다. 가사조정위원회는 조정장(판사) 1인과 일반조정위원 2인 이상으로 구성되며 조정이 성립되면 내용에 따라 '조정조서'가 작성되며 조정조서는 확정판결과 같은 효력을 지니기 때문에 조정내용에 따라 기판력 및 집행력을 가진다.

2. 가사조사절차

가사조사는 재판장, 조정장 또는 조정담당판사의 조사명령(가소 6조 1항, 가소소송규칙 8조, 12조, 13조)을 통해 이루어진다. 주요 분쟁상황에 대한 사실관계 뿐만 아니라 현재의 갈등 원인 등을 전반적으로 이해하고 심층적으로 접근하기 위해 기본적인 인적사항, 성장과정, 결혼 전후의 사정, 문제 해결의 가능성 등을 조사하게 된다.

조사기일은 일반적으로 한 달에 한번 정도 지정되며, 보통 2~3회에 걸쳐 진행되지만 사건의 특성에 따라 달라질 수 있다.

[서식 14] 이혼조정신청서(3)

이 혼 조 정 신 청

신 청 인 부 이 ○ 우 (李 ○ 雨) (000000-0000000) (전화 :)
등록기준지 : 경기도 의정부시 가능로 622
주 소 : 서울 동대문구 12, 120동 101호 (이문동, 동아아파트)

피신청인 처 홍 ○ 자 (洪 ○ 慈) (000000-0000000)
등록기준지 : 위 신청인과 같음
주 소 : 위 신청인과 같음
송 달 장 소 : 충남 홍성군 홍성읍 소향로 125

사건본인 1. 이 ○ 준 (000000-0000000)

2. 이 ㅇ 길 (000000-0000000)
   사건본인들의 등록기준지 : 위 신청인과 같음
   사건본인들의 주 소 : 위 신청인과 같음

신 청 의 취 지

1. 신청인과 피신청인은 이혼한다.
2. 신청인과 피신청인의 자 이○준과 자 이○길의 각 양육 및 친권자로 신청인을 지정한다.

라는 조정을 구합니다.

신 청 의 이 유

1. 신청인과 피신청인은 20○○. 4. 4. 결혼한 법률상 부부입니다. 동인들은 10년 동안 살면서 성격의 불일치로 계속적인 불화가 있어왔습니다. 그러다가 최근 어떠한 사유로 피신청인이 별거를 하게 되었고 급기야 이혼을 하기로 쌍방 합의는 했으나 위자료 등의 문제로 합의가 안되어 합의이혼에 이르지 못하고 있는 것입니다.
2. 아이들은 피신청인의 경우 경제능력이 없을 뿐만 아니라 아이를 부양하고 키울 적절한 조건을 갖지 못하고 있습니다. 기타 이혼에 이르게 된 경위를 기재합니다. (중략)
3. 따라서 본 이혼조정에 이르게 된 것입니다.

입 증 방 법

1. 갑 제1호증 제적등본
1. 갑 제2호증의 1 내지 2 각 가족관계증명서
1. 갑 제3호증 혼인관계증명서
1. 갑 제4호증의 1 내지 2 각 주민등록등본
1. 갑 제5호증 확인서

20○○. ○. ○.

위 신청인 부 이 ○ 우 (인)

ㅇㅇ 가정법원 귀중

접수방법

1. 수입인지 : 5,000원의 인지를 납부한다.
2. 송달료 : 당사자수×4,800원(우편료)×5회분을 납부한다.
3. 관할 : 가사조정사건은 그에 상응하는 가사소송이나 가사비송사건을 관할하는 가정법원 또는 당사자가 합의로 정한 가정법원이 관할한다(가소 51조 1항).

주 1. 가사조정절차

조정이란 양 당사자간 처분가능한 신분상 또는 재산상의 이해관계를 조율하여 법률관계를 확정짓는 절차를 말한다. 가사소송에서의 원고는 소장을 바로 제출할 수도 있고 조정신청을 먼저 할 수도 있는데, 가사소송에는 특수하게 "조정전치주의"라는 제도가 있어 가사소송법의 나류 가사소송사건(사실상 혼인관계존부확인, 혼인의 취소, 이혼의 취소, 재판상 이혼 등) 및 다류 가사소송사건(약혼해제 또는 사실혼관계부당파기로 인한 손해배상청구, 혼인의 무효·취소 또는 재판상 이혼을 원인으로 하는 손해배상청구 등)의 경우 소를 제기하더라도 가정법원은 원칙적으로 사건을 조정절차에 회부하여야 한다(가소 50조 2항).

처음부터 조정신청이 된 사건이나 담당재판부인 수소법원이 조정에 회부하면 수소법원이 스스로 조정기관이 될 수도 있고, 가사조정위원회에서 사건을 맡을 수도 있다. 가사조정위원회는 조정장(판사) 1인과 일반조정위원 2인 이상으로 구성되며 조정이 성립되면 내용에 따라 '조정조서'가 작성되며 조정조서는 확정판결과 같은 효력을 지니기 때문에 조정내용에 따라 기판력 및 집행력을 가진다.

2. 가사조사절차

가사조사는 재판장, 조정장 또는 조정담당판사의 조사명령(가소 6조 1항, 가소소송규칙 8조, 12조, 13조)을 통해 이루어진다. 주요 분쟁상황에 대한 사실관계 뿐만 아니라 현재의 갈등 원인 등을 전반적으로 이해하고 심층적으로 접근하기 위해 기본적인 인적사항, 성장과정, 결혼 전후의 사정, 문제 해결의 가능성 등을 조사하게 된다.

조사기일은 일반적으로 한 달에 한번 정도 지정되며, 보통 2~3회에 걸쳐 진행되지만 사건의 특성에 따라 달라질 수 있다.

[서식 15] 남녀관계 해소로 인한 위자료 조정신청서

남녀관계 해소로 인한 위자료 조정신청

신 청 인　　양 ○ ○ (000000-0000000) (전화 :　　　　)
　　　　　　등록기준지 ○○시 ○○구 ○○로 ○○
　　　　　　주　　소 ○○시 ○○구 ○○로 ○○ (우편번호 : 00000)

피신청인　　김 ○ ○ (000000-0000000) (전화 :　　　　)
　　　　　　등록기준지 ○○시 ○○구 ○○로 ○○
　　　　　　주　　소 ○○시 ○○구 ○○로 ○○ (우편번호 : 00000)

신 청 취 지

1. 신청인과 피신청인은 남녀관계를 해소한다.
2. 피신청인은 신청인에 대하여 30,000,000원을 지급하라.

라는 조정을 구합니다.

신 청 원 인

1. 신청인은 본 남편이 1남 1녀를 두고 간암으로 20○○. 4. 14. 졸지에 사망하는 바람에 생계가 어려워 2남매 자식들의 학비 뒷바라지 때문에 파출부를 하다가 20○○. 8. 초순경 서울 ○○구 ○○로 ○○ 소재 ○○식당을 경영하였습니다.

2. 그런데 피신청인은 신청인 가게와 약 200m 거리에 거주하고 있으면서 20○○. 12. 20.경 신청인 가게를 출입하여 단골로 식사 등을 하였기 때문에 신청인은 나이도 연만하기에 친절히 대해주었는데 피신청인은 1남을 출산한 외아들이 19 ○○년에 교통사고로 사망하고 19○○년에는 처마저 지병으로 사망하여 10년간 홀아비로 외롭게 지내고 있어, 모든 것이 불편하다며 아들 하나 낳아 줄 수 있는 과부를 소개해 달라고 간청하기에 50대 초반의 여자를 소개해 주었던 바 적합하지 않다는 이유로 헤어지고 나서 신청인에게 접근하여 당신 "나 하고 살면 어떻냐"하고 간청하기에 "나는 자식들 때문에 개가할 수가 없다"고 거절한 바 있습니다.

3. 그러나 피신청인은 신청인에게 접근하면서 간청하였으나 신청인은 위 식당으로서는 생활이 어려워 기왕 고생할 바에 가게를 늘려 해 보겠다고 하였더니 피신청인은 금

50,000,000원이면 되겠느냐고 하면서 20○○. 2. 10.경 내집에 가자기에 신청인은 따라 갔었는데, 피신청인은 시가 5억 상당의 주택이라고 하며 금 50,000,000원을 주겠다고 계약금조로 5,000,000원을 건네 주기에 신청인은 피신청인의 말을 진실로 믿고 운영하고 있던 가계를 처분하고 매일밤 11시경까지 피신청인의 거처에 동거하였습니다.

4. 그후 피신청인은 변심하여 신청인이 임신되지 않는다는 이유로 20○○. 3.부터 만나지 말자고 하며 생활비마저 주지 않고 있어 사실상 남녀 관계를 해소하게 되었는 바, 피신청인은 노령으로 통상적으로 남녀관계를 원만하게 이루어지지 못했더라도 정신적인 사랑의 부부관계로 계속하여 맺었기 때문에 위자료를 받고자 청구취지와 같은 조정을 구합니다.

첨 부 서 류

1. 가족관계증명서	1통
1. 주민등록등본	1통
1. 임대차계약서	1통

20○○. ○. ○.

신청인 양 ○ ○ (인)

○○ 가정법원 귀중

접수방법

1. 수입인지 : 가사조정신청수수료 5,000원과 민사조정신청의 수수료 28,000원[{(3,000만원×0.0045)+5,000원}×1/5] 중 다액인 28,000원의 수수료를 납부한다.
2. 송달료 : 당사자수×4,800원(우편료)×5회분
3. 관할 : 가사조정사건은 그에 상응하는 가사소송이나 가사비송사건을 관할하는 가정법원 또는 당사자가 합의로 정한 가정법원이 관할한다(가소 51조 1항).

[서식 16] 약혼해제로 인한 손해배상 조정신청서(1)

약혼해제로 인한 손해배상조정신청

신 청 인 문 ○ ○ (000000-0000000) (전화 :)
등록기준지 ○○시 ○○구 ○○로 ○○
주 소 ○○시 ○○구 ○○로 ○○ (우편번호 : 00000)

피신청인 신 ○ ○ (000000-0000000) (전화 :)
등록기준지 ○○시 ○○구 ○○로 ○○
주 소 ○○시 ○○구 ○○로 ○○ (우편번호 : 00000)

신 청 취 지

피신청인은 신청인에 대하여 20,000,000원을 지급한다.
라는 조정을 구합니다.

신 청 원 인

1. 신청인은 ○○교육대학을 졸업하고 ○○고등학교에서 교사로 근무하고 있을 때 같은 학교의 국어교사인 피신청인을 알게되어 6개월간의 교제 끝에 결혼할 것을 합의하고 20○○. 12. 5. ○○회관에서 약혼식 올린 후 결혼 날짜만을 기다리고 있었습니다.
2. 그런데 피신청인은 2회에 걸쳐 결혼예정일을 변경하는 등 결혼 날짜를 차일피일 미루게 되었습니다. 이에 신청인이 이를 수상하게 생각하고 신청인이 수소문한 바에 의하면, 피신청인은 신청외 이영숙 사이에 2살 된 딸이 있는 것을 알게 되었습니다.
3. 이에 신청인은 피신청인에게 약혼해제하는 의사표시를 명백히 하여 약혼을 해제하기에 이르렀는 바, 피신청인으로부터 약혼비용 금 10,000,000원과 정신적 고통에 대한 위자료 금 10,000,000원을 배상받고자 이 신청에 이른 것입니다.

첨 부 서 류

1. 가족관계증명서 1통
1. 주민등록등본 1통
1. (약혼비용)영수증 1통

1. 신청서 부본 1통

20○○. ○. ○.

신청인 문 ○ ○ (인)

○ ○ 가 정 법 원 귀중

접수방법

1. 수입인지 : 민사조정신청의 수수료 19,000원[{(2,000만원×0.0045)+5,000원}×1/5]의 수수료를 납부한다.
2. 송달료 : 당사자수×4,800원(우편료)×5회분을 납부한다.
3. 관할 : 가사조정사건은 그에 상응하는 가사소송이나 가사비송사건을 관할하는 가정법원 또는 당사자가 합의로 정한 가정법원이 관할한다(가소 51조 1항).

㈜ 약혼 및 혼인연령

종전에는 남자 만 18세, 여자 만 16세에 달할 때에 약혼 및 혼인할 수 있도록 하였는데, 개정법에서는 양성평등의 원칙을 구현하기 위하여 남녀 공히 만 18세가 되어야만 부모 또는 후견인의 동의를 얻어 약혼 및 혼인을 할 수 있도록 하였다(민법 801조, 807조, 2007. 12. 21.부터 시행).

[서식 17] 약혼해제로 인한 손해배상 조정신청서(2)

약혼해제로 인한 손해배상조정신청

신 청 인 김 ○ ○ (000000-0000000) (전화 :)
등록기준지 ○○시 ○○구 ○○로 ○○
주 소 ○○시 ○○구 ○○로 ○○ (우편번호 : 00000)

피신청인 이 ○ ○ (000000-0000000) (전화 :)
등록기준지 ○○시 ○○구 ○○로 ○○

주　　소 ○○시 ○○구 ○○로 ○○ (우편번호 : 00000)

신 청 취 지

1. 피신청인은 신청인에게 50,000,000원과 이에 대하여 이 사건 소장부본 송달다음날부터 다 갚는 날까지 연 5%의 비율로 계산한 돈을 지급하라.
2. 조정비용은 피신청인이 부담한다.
3. 제1항은 가집행할 수 있다.

라는 조정을 구합니다.

신 청 원 인

1. 혼인의 합의성립

신청인과 피신청인은 양가의 친지 되는 이○선의 소개로 20○○. 5. 16. 맞선을 보고 교제를 하던 중 서로 좋아지게 되었고 같은 해 11. 20.에는 서로 선물을 교환하고 친지들 앞에서 약혼식을 올렸습니다. 그래서 신청인은 피신청인 가정에 피신청인은 신청인의 집에 때때로 드나들었고, 장래의 설계를 하면서 결혼일자를 20○○. 1. 25.로 결정하고 신청인은 피신청인과 같이 결혼식장을 예약하고 피로연의 준비, 청첩장 등을 매일 같이 바쁘게 준비하게 되었습니다.

2. 약혼의 해제

그러나 피신청인의 어머니는 신청인과 피신청인간의 결혼에 대하여 처음부터 별로 적극적이지 않았고 결혼식 날이 다가옴에 따라서 신청인의 용모와 옷차림 등에 흉을 보면서 점차 반대의 태도를 나타내게 되었습니다. 홀어머니 밑에 자라난 피신청인은 어머니의 강력한 태도에 눌려 망설이고 있다가 결국 결혼식 일주일 남짓 앞둔 같은 달 14. 신청인에 대하여 약혼의 해제를 제의하여 왔습니다만 신청인은 이를 번의할 것을 강력히 요구하였습니다.

그러나 피신청인은 이에 응하지 아니하고 신청인 가(家)집에서 준 선물을 신청인에게 일방적으로 반환하고 약혼을 해제하였습니다.

3. 정신적 손해

신청인은 결혼일자를 정하여 친척이나 친구들에게 알리고, 2009. 12.말에는 다니던 회사를 퇴직하고 결혼식 초청장을 발송하고 신혼살림도구 등을 구입하는 등 결혼준비가 거의 완료된 때에 돌연 피신청인의 일방적인 약혼의 부당파기에 의하여 신청인은 심대한 정신적 피해를 입었습니다.

결혼식직전에 약혼을 파기당한 신청인의 정신적 고통은 말로 헤아릴 수 없지만 그것을 금전으로 평가하면 50,000,000원으로도 부족할 것입니다.

4. 결 론

따라서 신청인은 신청취지와 같은 조정을 구하고자 이건 신청에 이르렀습니다.

첨 부 서 류

1. 약혼사진	1통
1. 결혼초청당	1통
1. 결혼예식장계약서 사본	1통
1. 주민등록초본	2통

20○○. ○. ○.

신청인 김 ○ ○ (인)

○ ○ 가 정 법 원 귀중

접수방법

1. 수입인지 : 민사조정신청의 수수료 46,000원[{(5,000만원×0.0045)+5,000원}×1/5]의 수수료를 납부한다.
2. 송달료 : 당사자수×4,800원(우편료)×5회분을 납부한다.
3. 관할 : 가사조정사건은 그에 상응하는 가사소송이나 가사비송사건을 관할하는 가정법원 또는 당사자가 합의로 정한 가정법원이 관할한다(가소 51조 1항).

주 약혼 및 혼인연령

종전에는 남자 만 18세, 여자 만 16세에 달할 때에 약혼 및 혼인할 수 있도록 하였는데, 개정법에서는 양성평등의 원칙을 구현하기 위하여 남녀 공히 만 18세가 되어야만 부모 또는 후견인의 동의를 얻어 약혼 및 혼인을 할 수 있도록 하였다(민법 801조, 807조, 2007. 12. 21.부터 시행).

[서식 18] 사실혼 부당파기에 따른 손해배상청구의 조정신청서

사실혼해소에 따른 손해배상조정신청

신 청 인　　김 ○ ○ (000000-0000000) (전화 :)
등록기준지 ○○시 ○○구 ○○로 ○○
주　　소 ○○시 ○○구 ○○로 ○○ (우편번호 : 00000)

피신청인　　이 ○ ○ (000000-0000000) (전화 :)
등록기준지 ○○시 ○○구 ○○로 ○○
주　　소 ○○시 ○○구 ○○로 ○○ (우편번호 : 00000)

손해배상(기) 청구의 조정신청

신 청 취 지

1. 피신청인은 신청인에게 50,000,000원과 이에 대하여 20○○. 5. 27.부터 이 사건 신청서부본 송달일까지는 연 5%, 그 다음날부터 다 갚는 날까지는 연 15%의 각 비율로 계산한 돈을 지급하라.
2. 조정비용은 피신청인이 부담한다.
3. 제1항은 가집행할 수 있다.

라는 조정을 구합니다.

신 청 원 인

1. 당사자 관계

   신청인은 피신청인의 부당한 사실혼관계 및 혼인예약(약혼) 파기를 당한 피해자이고, 피신청인은 신청인과 혼인을 전제로 1년 이상 동거관계를 유지하며 혼례식 날짜까지 정해진 상황에서 별다른 사유 없이 사실혼관계 및 혼인예약을 중단해버려 신청인에게 심한 정신적, 물적 피해를 준 가해자입니다.

2. 혼인을 전제로 한 사실혼관계

   가. ○○동 빌라에서 동거를 시작함.

   (1) 신청인은 20○○. 3. 경 우연히 친구들과 나이트클럽에 놀러갔다가 거기서 피신청인을 만나 알게 되었는데, 당시 피신청인이 신청인을 배려하는 태도가

너무 마음에 들어 이후 자주 연락하며 교제하기 시작하였습니다.

(2) 6개월여 교제를 하던 중 피신청인은 신청인에게 결혼하자는 말을 하여 이후 혼인을 전제로 20○○. 9. 경부터 피신청인은 신청인이 사는 서울 강남구 ○○동 빌라(이하 '○○동 빌라'라 한다)에 들어와 서로 동거하기에 이르렀습니다.

신청인과 피신청인의 관계에 대하여는 신청인과 피신청인의 각 직장 동료와 친구들 모두가 자연스레 알게 되었으며 곧 결혼할 관계였다는 것은 주변 사람들에게 주지의 사실이 된 상태였습니다(갑 제2호증).

(3) 위 피신청인과의 동거가 시작되면서 신청인은 신혼살림을 위하여 새로이 침대, 소파, 컴퓨터, 책상, TV책상, 화장대, 식탁, 식기류일체, 소파테이블, 밥솥, 정수기 등 살림살이 약 1,500만원 가량을 신청인이 돈을 들여 장만해 놓았습니다.

나. 혼례식 일자를 정함

(1) 신청인과 피신청인은 ○○동 빌라에서 동거하다가 20○○. 11. 경 구체적으로 결혼식을 올리는 문제를 논의하게 되면서부터, 같은 해 11. 중순경 성북구 ○○에 사시는 피신청인의 부모님을 찾아뵙고 인사를 드리고, 이어 12. 중순경 경북 ○○에 사는 신청인의 부모님과 피신청인 부모님과의 상견례를 진행토록 하였으며, 이에 따라 신청인과 피신청인과의 혼례식 날짜를 20○○. 5. 29.로 정하기에 이른 것입니다.

(2) 이에 따라 신청인은 피신청인과 상의하여 20○○. 1. 9. 여행사에 신혼여행계약을 체결하고, 이어 서초동 ○○뷔페 예식장과 예식장이용계약을 하고, 한복을 맞추고, 모든 결혼을 위한 준비를 했고, 20○○. 3. 7. 새로이 신혼살림을 할 아파트로 서울 중랑구 ○○동 ○○○ ○○아파트 ○○○동 ○○○호를 전세보증금 1억 4,000만원에 임차하는 임대차계약을 체결하고(계약명의는 신청인의 친동생 김○○임) 입주자는 등으로 모든 준비를 완벽히 하였습니다(갑 제3호증의 1, 2, 갑 제4호증, 갑 제5호증).

(3) 위 ○○동아파트에 20○○. 3. 7. 입주하면서 신청인은 자비를 들여 김치냉장고(137만원), 디지털TV(212만원), 장롱(203만원), 세탁기(131만원), 한복(135만원), 도합 818만원 상당도 구입하였습니다(갑 제7호증 내지 9호증). 그 때 피신청인은 이 ○○동아파트에 들어와 원고에게 결혼약정을 일방적으로 파기하고 자신의 짐을 싸서 나가던 20○○. 5. 27.까지 동거하였던 것입니다.

3. 결혼식전 부당한 약혼 파기

가. 피신청인 주장의 혼인예약 파기 사유

(1) 신청인과 피신청인은 1년 이상을 동거해 오면서 급기야 양가부모님의 승낙하

에 20○○. 5. 29.자로 결혼식을 정하고, 이 준비를 위하여 신청인은 많은 비용을 감당하며 준비를 한 것이고, 이후 결혼에 대한 부푼 기대를 하여 왔습니다.

그런데 피신청인은 20○○. 4. 중순경부터 같은 해 5. 27. 헤어지기까지 매일 새벽 04:00경 술을 먹고 귀가하였는데, 이로 인하여 신청인과 약간의 말다툼이 있었습니다.

(2) 20○○. 4. 10. 혼례식을 1달여를 남겨놓은 시기에, 갑자기 피신청인은 신청인에게 향후 결혼이후의 조건이라며 이 조건이 들어지지 않을 시 결혼은 무효로 한다고 엄포를 놓으면서 그 조건을 말하였는데, 그 내용은 첫째, 혼인신고는 결혼식 이후 2년 뒤에 한다. 둘째, 아이는 2년 뒤에 갖는다. 셋째, 생활비는 반반씩 부담하되 자기 돈은 자기가 관리해야 한다는 것이었는데, 이들은 여자입장에서 받아들일 수 없는 조건이기에 받아들이기 힘들다고 했습니다.

(3) 신청인은 일정 시간이 지나면 피고의 생각이 달라지리라 기대하면서도 한편으로는 이래서는 안되겠다싶어 신청인은 다니던 직장도 그만두고 피신청인과의 관계가 좋아지도록 노력을 하였습니다.

그러나 피신청인은 20○○. 5. 27.경 신청인에게 다시한번 위 조건들을 제시하며 수락 여부에 대한 확답을 하라고 추궁하여, 신청인이 "너무 심한 것이 아니냐"고 하자 당일 묵동아파트에서 자신의 짐을 싸서 나가 버린 것입니다. 이에 신청인이 피신청인을 붙잡고 매달리며 '왜 그러느냐'며 수차 울며 애원하였지만 붙잡고 매달리는 신청인에게 주먹을 휘두르며 "결혼하지 말자"며 끝내 짐을 싸가지고 나간 것입니다.

나. 피신청인의 의도된 파기

신청인의 계속적이고 화해적인 태도에도 불구하고 피신청인은 위 조건들을 이행하지 않을 것이라면 아예 미리 헤어지는 것이 좋다며, 너무도 쉽게 관계 청산을 선언한 것인데, 헤어지기 전에 이미 피신청인은 다른 곳(현재의 피신청인 주소지)에 들어갈 집을 마련한 상태였던 것과 다른 여자가 생겼다는 사실을 알게 되었습니다.

4. 손해배상의 범위(위자료)

가. 신청인의 상처

(1) 신청인은 위 이해할 수 없는 피신청인의 행동으로 인하여 마음의 상처를 깊이 입고, 아무리 생각해도 피신청인의 행동에 대하여 이해할 수가 없어 심한 분노를 느끼고 있고, 상상할 수 없는 충격을 받았습니다.

피신청인은 달랑 자신의 짐만을 가지고 들어와서 달랑 자신의 짐만 가지고 떠났고 신청인을 이용만 한 것입니다.

(2) 그러나 ① 신청인은 초혼인 점,

② 그간 신청인은 피신청인을 신랑이라며 부모님을 비롯 주위 친구, 직장동료들에게 소개까지 하였는데 결혼식이 예정된 상황에서 일방적으로 결혼파기를 당하여 여자로서 도저히 다른 사람과의 관계형성이 정상화되기 어렵게 되었고,

③ 무엇보다도 결혼을 전제로 하였지만 성관계를 지속적으로 맺으면서 '동거'를 해온 상황에서 결혼파기는 여자에게 감당할 수 없는 너무도 큰 수치를 느낄 수밖에 없는 점.

④ 신혼집을 위하여 전세금 1억 4,000만원의 전세아파트를 마련하고 신혼살림을 마련하느라 금전적으로 너무나 큰 손실을 보았고,(중간생략)

⑤ 피신청인이 내세운 결혼조건이 통상 남녀가 좋아하는 감정과 사랑만으로 결합되는 순수성을 결여한 너무도 비인격적인 조건이라는 점 등을 감안해 볼 때 너무도 감당하기 힘든 큰 고통을 받은 것입니다.

나. 손해배상금액

이와 같이 상호 결혼을 전제로 동거한 경위와 혼례식 날짜가 정하여졌음에도 갑작스럽게 이상한 조건을 내세워 결혼파기요구로 약혼관계가 해지되는 상황은 결과적으로 피신청인이 받은 피해가 거의 없는데 반하여, 신청인은 결혼을 꿈꾸며 동거하는 삶속에서 여성이 받는 파혼으로 인한 정신적 충격, 그리고 피신청인에 비할 데 없이 많은 금전적 손실을 감안하여 보았을 때 이의 위자금은 최소한 5,000만원 상당이 되어야 할 것입니다.

5. 결 론

그렇다면 피신청인은 신청인에게 위 금 50,000,000원과 이에 대하여 이 신청서부본 송달다음날부터 다 갚는 날까지 소송촉진등에관한특례법 소정의 연 15%의 비율로 계산한 지연손해금을 지급받고자 이 건 조정신청에 이르렀습니다.

입 증 방 법

1. 갑 제1호증	주민등록등본
1. 갑 제2호증	증인진술서(박○○)
1. 갑 제3호증	증인진술서(장○○)
1. 갑 제4호증의 1	국내여행계약서
1. 갑 제4호증의 2	신혼여행일정표
1. 갑 제5호증	예식장사용계약서
1. 갑 제6호증	한복계약서

1. 갑 제7호증	부동산임대차계약서
1. 갑 제8호증의 1	인터넷쇼핑몰가격표(TV)
1. 갑 제8호증의 2	사진
1. 갑 제9호증의 1	인터넷쇼핑몰가격표(김치냉장고)
1. 갑 제9호증의 2	사진
1. 갑 제10호증의 1	인터넷쇼핑몰가격표(드럼세탁기)
1. 갑 제10호증의 2	사진(세탁기)
1. 갑 제10호증의 3	사진(장농)

첨 부 서 류

1. 위 입증서류	각 1통
1. 주민등록초본	2통
1. 소장부본	1통

20○○. ○. ○.

위 신청인 김 ○ ○ (인)

○○ 가정법원 귀중

접수방법

1. 수입인지 : 민사조정신청의 수수료 46,000원[{(5,000만원 × 0.0045) + 5,000원} × 1/5]의 수수료를 납부한다.
2. 송달료 : 당사자수 × 4,800원(우편료) × 5회분을 납부한다.
3. 관할 : 가사조정사건은 그에 상응하는 가사소송이나 가사비송사건을 관할하는 가정법원 또는 당사자가 합의로 정한 가정법원이 관할한다(가소 51조 1항).

주 약혼 및 혼인연령

종전에는 남자 만 18세, 여자 만 16세에 달할 때에 약혼 및 혼인할 수 있도록 하였는데, 개정법에서는 양성평등의 원칙을 구현하기 위하여 남녀 공히 만 18세가 되어야만 부모 또는 후견인의 동의를 얻어 약혼 및 혼인을 할 수 있도록 하였다(민법 801조, 807조, 2007. 12. 21.부터 시행).

[서식 19] 재산분할 및 기여분결정조정신청서

상속재산분할 및 기여분결정조정신청

신 청 인 김 정 균(金 ○ ○) (전화 :)
주민등록번호 : 000000-0000000
등록기준지 : ○○시 ○○구 ○○로 ○○
주 소 : ○○시 ○○구 ○○로 ○○ (우편번호 : 00000)

피신청인 1. 박 선 자(朴 ○ ○) (전화 :)
주민등록번호 : 000000-0000000
등록기준지 : ○○시 ○○구 ○○로 ○○
주 소 : ○○시 ○○구 ○○로 ○○ (우편번호 : 00000)

2. 김 철 주(金 ○ ○) (전화 :)
주민등록번호 : 000000-0000000
등록기준지 : ○○시 ○○구 ○○로 ○○
주 소 : ○○시 ○○구 ○○로 ○○ (우편번호 : 00000)

3. 김 선 주(金 ○ ○) (전화 :)
주민등록번호 : 000000-0000000
등록기준지 : ○○시 ○○구 ○○로 ○○
주 소 : ○○시 ○○구 ○○로 ○○ (우편번호 : 00000)

4. 김 광 주(金 ○ ○) (전화 :)
주민등록번호 : 000000-0000000
등록기준지 : ○○시 ○○구 ○○로 ○○
주 소 : ○○시 ○○구 ○○로 ○○ (우편번호 : 00000)

신 청 취 지

1. 신청인에게 별지 목록 1 부동산 및 그 지상 점포의 소유권을, 피신청인 박선자에게 별지 목록 2 부동산의 소유권을 각 귀속시키고 신청인은 피신청인 김철주, 김선주, 김광주에게 신청인 소유의 별지 목록 제3 부동산의 각 3분의 1 지분을 이전하는 것(단, 전세보증금 50,000,000원의 채무는 신청인이 부담함)으로 하는 내용의 조정을 구합니다.

라는 조정을 구합니다.

신 청 원 인

1. 상속관계 및 상속분

   신청인은 망 김봉규(19○○. 4. 18.생)의 아들입니다. 위 김봉규는 20○○. 8. 24. 사망하였습니다. 망인의 상속인은 신청인 및 피신청인 등 5인입니다. 피신청인 박선자는 20○○년 위 김봉규와 혼인한 신청인의 계모입니다. 위 김봉규는 피신청인 박선자와 동거하던 중 갑자기 사망하여 미처 유언을 하지 못하였습니다. 법정상속지분은 위 박선자가 11분의 3, 신청인 등 나머지 상속인들이 각 11분의 2씩입니다.

2. 상속재산

   가. 별지 목록 1 : 부동산 그 지상 점포(점포는 미등기임)

   나. 별지 목록 2 : 부동산

   다. 동산, 현금은 피신청인 박선자가 관리하였으나 구체적 금액은 알 수 없음

3. 신청인의 기여분

   신청인은 20○○년부터 서울 중구 남창동로 146 소재 점포에서 부친이 김봉규가 경영하는 등산장비점(상호 : 강원산악)의 일일 도와주다가 20○○년부터 20○○○. 2.까지는 "도와요"라는 상호로 여성구두매장을 직접 운영하였고 20○○. 3. 이후는 "몽블랑"이란 상호로 의료취급점을 직접 경영하고 있습니다. 신청인은 위 상점을 운영하면서 매월 2,500,000원을 김봉규에게 지급하였습니다. 위 김봉규 및 피신청인, 주위사람 모두 신청인의 점포임을 알고 있었습니다. 위 점포의 토지 감정가는 264,200,000원 정도이나 권리금 등을 포함하면 위 금액 이상입니다.

   그 부가가치는 모두 15년간에 걸친 신청인의 노력으로 조성된 것입니다. 따라서 위 점포는 신청인에게 마땅히 귀속되어야 합니다.

4. 위와 같은 점을 인정하고 피신청인 김철주, 김선주, 김광주는 신청인 소유주택(별지 목록 3) 각 3분의 1 지분이전 받고, 전세보증금채무는 신청인이 맡는 것으로 하고 신청인에게 상속분을 양도하기로 약정하였습니다. 그런데 피신청인 박선자만 협의에 불응하고 있어 이에 조정을 신청합니다.

첨 부 서 류

1. 갑 제1호증의 1 내지 3 각 가족관계증명서
1. 갑 제2호증 제적등본

1. 갑 제3호증의 1 내지 5 각 주민등록등본

20○○. ○. ○.

신청인 김 정 균 (인)

○○ 가정법원 귀중

접수방법

1. 수입인지 : 가사조정신청의 수수료는 5,000원이다. 1개의 가사사건의 청구를 조정신청하는 경우이든, 수개의 가사사건의 청구를 병합하여 조정신청하는 경우에든 동일하다.
2. 송달료 : 당사자수×4,800원(우편료)×5회분을 납부한다.
3. 관할 : 가사조정사건은 그에 상응하는 가사소송이나 가사비송사건을 관할하는 가정법원 또는 당사자가 합의로 정한 가정법원이 관할한다(가소 51조 1항).

[사 례] 가사조항 사례

조정조항 사례

(1) 이혼·위자료·재산분할·양육자지정 등의 경우

「1. 신청인과 피신청인은 이혼한다.
2. 피신청인은 신청인에게 위자료로 20○○. ○. ○.까지 2,000만원을 지급한다.
3. 신청인은 나머지 청구를 포기한다.
4. 조정비용은 각자 부담한다.」

「1. 신청인과 피신청인은 이혼한다.
2. 피신청인은 신청인에게 위자료로 2,000만원을 지급하되, 20○○. ○. ○.부터 20○○. ○. ○.까지 매월 말일에 100만원씩을 20회에 걸쳐 분할하여 지급한다. 피신청인이 위 분할지급을 1회라도 지체할 때에는 기한의 이익을 상실한다.
3. 신청인은 나머지 청구를 포기한다.
4. 조정비용은 각자 부담한다.」

「1. 신청인과 피신청인은 지금까지의 불화를 해소하고 혼인관계를 유지하여 부부로서 동거하기로 한다.
2. 신청인은 나머지 청구를 포기한다.
3. 조정비용은 각자 부담한다.」

「1. 신청인과 피신청인은 이혼한다.
2. 사건본인 ○○○(신청인과 피신청인 사이의 미성년자인 자녀)의 친권자 및 양육자로 피신청인을 지정한다.
3. 피신청인은 신청인에게 별지 목록 기재 부동산에 관하여 재산분할을 원인으로 한 소유권이전등기절차를 이행한다.
4. 신청인은 나머지 청구를 포기한다.
5. 조정비용은 각자 부담한다.」

「1. 신청인과 피신청인은 이혼한다.
2. 사건본인 ○○○(신청인과 피신청인 사이의 미성년자인 자녀)의 친권자 및 양육자로 신청인을 지정한다.
3. 피신청인은 신청인에게 사건본인의 양육비로 이 조정성립일부터 사건 본인이 성년이 될 때까지 매월 말일에 50만원씩을 지급한다.
4. ① (가) 피신청인은 매월 둘째, 넷째 토요일 15:00부터 그 다음날 17:00까지 피신청인이 원하는 장소에서 사건본인을 면접교섭할 수 있다.
(나) 신청인(양육자)은 사건본인을 위 토요일 15:00 ○○○○에서 피신청인에게 인도하고, 피신청인은 그 다음날 17:00 같은 장소에서 사건본인을 신청인에게 다시 인도한다.
(다) 만일 신청인이 위 (나)항의 의무를 이행하지 않는 경우에는 그 의무불이행의 회수마다 100만원의 손해배상금을 피신청인에게 지급한다.
② 사건본인이 유치원 또는 초등학교에 취학하기 이전에는, 피신청인은 신청인과 합의하여 1년에 2회씩 피신청인의 휴가기간 중 피신청인이 희망하는 각 7일간 피신청인의 주소지 또는 피신청인이 책임질 수 있는 장소에서 사건본인과 함께 지낼 수 있다.
③ 사건본인이 취학한 이후에는, 피신청인은 매년 1월과 2월 사이 및 7월과 8월 사이 사건본인의 방학기간 중 각 1회씩 피신청인이 지정하는 7일 동안 피신청인의 주거지 또는 피신청인이 책임질 수 있는 장소에서 사건본인과 함께 지낼 수 있다.
④ 피신청인은 설·추석 연휴기간 동안 사건본인과 함께 지낼 수 있다.
5. 신청인은 나머지 청구를 포기한다.

6. 조정비용은 각자 부담한다.」

(2) 사실혼 해소 등의 경우

「1. 신청인과 피신청인 사이의 사실혼관계를 해소한다.
2. 피신청인은 신청인에게 피신청인의 주소지에 보관되어 있는 별지 목록 기재 물건을 인도하고, 20○○. ○. ○.까지 위자료로 1,000만원을 지급한다.
3. 신청인은 나머지 청구를 포기한다.
4. 조정비용은 각자 부담한다.」

「1. 피신청인은 20○○. ○. ○.까지 신청인으로부터 별지 목록 기재 물건(약혼예물로 교부하였던 시계, 반지 등)을 인도받음과 동시에 신청인에게 3,000만원을 지급한다.
2. 신청인은 20○○. ○. ○.까지 피신청인으로부터 3,000만원을 지급받음과 동시에 별지 목록 기재 물건(약혼예물로 교부받은 시계, 반지 등)을 피신청인에게 인도한다.
3. 신청인은 나머지 청구를 포기한다.
4. 조정비용은 각자 부담한다.」

(3) 그 밖의 경우

「1. 신청인과 피신청인은 20○○. ○. ○.까지 별거하기로 한다.
2. 위 기간 동안 신청인이 사건본인(신청인과 피신청인 사의의 미성년자의 자녀)을 양육한다.
3. 위 기간 동안 피신청인은 신청인에게 매월 말일에 100만원씩을 부양료로 지급한다.
4. 신청인은 나머지 청구를 포기한다.
5. 조정비용은 각자 부담한다.」

[서식 20] 강제조정에 대한 이의신청서

조정에 갈음한 결정에 대한 이의신청

사 건 20○○너 ○○○ 이혼조정

신 청 인 김 ○ 수
○○시 ○○구 ○○로 ○○ (우편번호 : 00000)

신 청 인 유 ○ 숙
○○시 ○○구 ○○로 ○○ (우편번호 : 00000)

위 사건에 관하여 20○○. 10. 19. 귀원에서 한 조정에 갈음하는 결정을 20○○. 10. 26. 송달받았으나 신청인은 이 결정에 불복이므로 이의신청합니다.

20○○. ○. ○.

신청인 김 ○ 수 (인)

○○ 가정법원 귀중

주 조정에 갈음하는 결정에 대하여 당사자는 조서정본의 송달 전 또는 조서정본이 송달된 날로부터 2주일 이내에 강제조정을 내린 법원에 이의신청을 할 수 있다.

제2장 가사소송

제1절 법 원

1. 적용법률

가사소송절차에 관하여는 이 법에 특별한 규정이 있는 경우를 제외하고는 민사소송법에 따른다. 다만, 가류 및 나류 가사소송사건에 관하여는 민사소송법 제147조 제2항, 제149조, 제150조 제1항, 제284조 제1항, 제285조, 제349조, 제350조, 제410조의 규정 및 같은 법 제220조 중 청구의 인낙에 관한 규정과 같은 법 제288조 중 자백에 관한 규정은 적용하지 아니한다(가소 12조).

◉ 가사소송사건

가 류 사 건	나 류 사 건	다 류 사 건
1. 혼인의 무효 2. 이혼의 무효 3. 인지의 무효 4. 친생자관계존부확인 5. 입양의 무효 6. 파양의 무효	1. 사실상 혼인관계존부확인 2. 혼인의 취소 3. 이혼의 취소 4. 재판상 이혼 5. 부의 결정 6. 친생부인 7. 인지의 취소 8. 인지에 대한 이의 9. 인지청구 10. 입양의 취소 11. 파양의 취소 12. 재판상 파양 13. 친양자입양의 취소 14. 친양자의 파양	1. 약혼해제·사실혼관계 부당파기로 인한 손해배상청구(제3자에 대한 청구 포함) 및 원상회복의 청구 2. 혼인의 무효·취소, 이혼의 무효·취소 또는 이혼을 원인으로 하는 손해배상청구(제3자에 대한 청구를 포함) 및 원상회복의 청구 3. 입양의 무효·취소, 파양의 무효·취소 또는 파양을 원인으로 하는 손해배상청구(제3자에 대한 청구를 포함) 및 원상회복의 청구 4. 「민법」 제839조의3에 따른 재산분할청구권 보전을 위한 사해행위취소 및 원상회복의 청구

◉ 사건부호표

사건	부호
가사조정사건	너
가사비송 합의사건	느합
가사비송 단독사건	느단
가사제1심소송 합의사건	드합
가사제1심소송 단독사건	드단
가사항소사건	르
가사상고사건	므
가사항고사건	브
가사가압류가처분(합의)	즈합
가사가압류가처분(단독)	즈단
가족관계등록(호적)비송	호파
기타 가사신청사건	즈기
가사재항고사건	스
가사특별항고사건	으
가사신청 합의사건	즈합
가사신청 단독사건	즈단
가사공조사건	츠
감치·과태료재판사건	정
감치·과태료항고사건	정로
감치·과태료특별항고사건	정모
의무불이행자감치등사건	정드
의무불이행자감치등항고사건	정브
의무불이행자감치재항고사건	정스

2. 관 할

가사소송법은 이 법에 특별한 규정이 있는 경우를 제외하고는 피고의 보통재판적이 있는 곳의 가정법원이 관할한다(가소 13조 1항).

당사자 또는 관계인의 주소, 거소 또는 마지막 주소에 따라 관할이 정하여지는 경우에 그 주소, 거소 또는 마지막 주소가 국내에 없거나 이를 알 수 없을 때에는 대법원 소재지가 있는 곳의 가정법원이 관할한다(가소 13조 2항).

가정법원은 소송의 전부 또는 일부에 대하여 관할권이 없음을 인정한 경우에는 결정으로 관할법원에 이송하여야 하고(가소 13조 3항), 그 관할에 속하는 가사소송사건에 관하여 현저한 손해 또는 지연을 피하기 위한 필요가 있는 때에는 직권으로 또는 당사자의 신청에 의하여 다른 관할가정법원에 이송할 수 있다(가소 13조 4항).

이송결정과 이송신청의 기각결정에 대하여는 즉시항고를 할 수 있다(가사법 13조 5항).

◉ 가정법원과 그 지원의 관할구역

<table>
<tr><th>고등법원</th><th>가정법원</th><th>지원</th><th colspan="2">관할구역</th></tr>
<tr><td rowspan="4">서울</td><td rowspan="2">서울</td><td rowspan="2"></td><td>가사·소년보호·가정보호</td><td>가족관계등록</td></tr>
<tr><td>서울특별시</td><td>서울특별시 종로구·중구·강남구·서초구·관악구·동작구</td></tr>
<tr><td rowspan="2">인천</td><td></td><td colspan="2">인천광역시. 다만, 소년보호사건은 앞의 광역시 외에 부천시·김포시</td></tr>
<tr><td>부천</td><td colspan="2">부천시·김포시</td></tr>
<tr><td rowspan="6">대전</td><td rowspan="6">대전</td><td></td><td colspan="2">대전광역시, 세종특별자치시·금산군.
다만, 소년보호사건은 대전광역시·세종특별자치시·충청남도</td></tr>
<tr><td>홍성</td><td colspan="2">보령시·홍성군·예산군·서천군</td></tr>
<tr><td>공주</td><td colspan="2">공주시·청양군</td></tr>
<tr><td>논산</td><td colspan="2">논산시·계룡시·부여군</td></tr>
<tr><td>서산</td><td colspan="2">서산시·당진시·태안군</td></tr>
<tr><td>천안</td><td colspan="2">천안시·아산시</td></tr>
<tr><td rowspan="8">대구</td><td rowspan="8">대구</td><td></td><td colspan="2">대구광역시, 영천시·경산시·칠곡군·성주군·고령군·청도군
다만, 소년보호사건은 대구광역시·경상북도</td></tr>
<tr><td>안동</td><td colspan="2">안동시·영주시·봉화군</td></tr>
<tr><td>경주</td><td colspan="2">경주시</td></tr>
<tr><td>포항</td><td colspan="2">포항시·울릉군</td></tr>
<tr><td>김천</td><td colspan="2">김천시·구미시</td></tr>
<tr><td>상주</td><td colspan="2">상주시·문경시·예천군</td></tr>
<tr><td>의성</td><td colspan="2">의성군·군위군·청송군</td></tr>
<tr><td>영덕</td><td colspan="2">영덕군·영양군·울진군</td></tr>
<tr><td>부산</td><td>부산</td><td></td><td colspan="2">부산광역시</td></tr>
<tr><td rowspan="5">광주</td><td rowspan="5">광주</td><td></td><td colspan="2">광주광역시, 나주시·화순군·장성군·담양군·곡성군·영광군
다만, 소년보호사건은 광주광역시·전라남도</td></tr>
<tr><td>목포</td><td colspan="2">목포시·무안군·신안군·함평군·영암군</td></tr>
<tr><td>장흥</td><td colspan="2">장흥군·강진군</td></tr>
<tr><td>순천</td><td colspan="2">순천시·여수시·광양시·구례군·고흥군·보성군</td></tr>
<tr><td>해남</td><td colspan="2">해남군·완도군·진도군</td></tr>
</table>

제2절 가류사건

1. 혼인의 무효

가. 의 의

(1) 우리나라법상 혼인은 가족관계의 등록 등에 관한 법률에 정한 바에 의하여 신고함으로써 그 효력이 생긴다(민법 812조, 외국에 있는 본국민 사이의 혼인은 대사·공사·영사에게 신고할 수 있다 ; 민법 814조).

(2) 그런데 우리 민법 제815조는 혼인무효사유로 ① 당사자간에 혼인의 합의가 없는 때, ② 8촌 이내의 혈족(친양자의 입양 전의 혈족을 포함한다) 사이에서는 혼인하지 못한다는 규정을 위반한 때, ③ 당사자간에 직계인척관계가 있거나 있었던 때, ④ 당사자간에 양부모계의 직계혈족관계가 있었던 때를 규정하고 있다.

나. 당 사 자

(1) 원 고 : 당사자, 법정대리인 또는 4촌 이내의 친족은 언제든지 혼인무효의 소를 제기할 수 있다(가소 23조).

(2) 피 고 : 당사자, 즉 부부 중 어느 한쪽이 혼인무효의 소를 제기할 때에는 배우자를 상대방으로 한다(가소 24조 1항). 다만, 부부 중 어느 한 쪽이 사망한 경우에는 그 생존자를 상대방으로 하고(가소 24조 2항), 상대방이 될 자가 사망한 경우에는 검사를 상대방으로 한다(가소 24조 3항).

다. 관 할

(1) 부부가 같은 가정법원의 관할 구역 내에 보통재판적이 있을 때에는 그 가정법원(가소 22조 1호)

(2) 부부가 마지막으로 같은 주소를 가졌던 가정법원의 관할구역 내에 부부 중 어느 한쪽의 보통재판적이 있을 때에는 그 가정법원(가소 22조 2호)

(3) 제1호와 제2호에 해당되지 아니하는 경우로서 부부 중 어느 한쪽이 다른 한쪽을 상대로 하는 경우에는 상대방의 보통재판적이 있는 곳의 가정법원, 부부 모두를 상대로 하는 경우에는 부부 중 어느 한쪽의 보통재판적이 있는 곳의 가정법원(가소 22조 3호)

(4) 부부중 어느 한쪽이 사망한 경우에는 생존한 다른 한쪽의 보통재판적이 있는 곳의 가정법원(가소 22조 4호)

(5) 부부가 모두 사망한 경우에는 부부 중 어느 한쪽의 마지막 주소지의 가정법원(가소 22조 5호)

라. 판결 후 가족관계등록부 정정

혼인무효판결이 확정된 경우 원고는 그 판결확정일로부터 1개월 이내에 판결의 등본 및 그 확정증명을 첨부하여 가족관계등록부정정신청을 하여야 한다(가족관계의등록등에관한법률 107조).

마. 청구취지 기재례

(1) 통설 – 확인의 소

1. 원고와 피고 사이에 20○○. ○. ○. ○○시 ○○구청장에게 신고하여 한 혼인은 무효임을 확인한다. 2. 소송비용은 피고가 부담한다.

(2) 부부의 일방이 배우자를 상대로 청구하는 경우

1. 원고와 피고 사이에 20○○. ○. ○. ○○시 ○○구청장에게 신고하여 한 혼인은 무효임을 확인한다. 2. 소송비용은 피고가 부담한다.

(3) 부부의 일방이 사망한 배우자 대신 검사를 상대로 청구하는 경우

1. 원고와 소외 망 ○○○(19○○. ○. ○.생 등록기준지 ○○시 ○○구 ○○로 ○○○) 사이에 20○○. ○. ○. ○○시 ○○구청장에게 신고하여 한 혼인은 무효임을 확인한다. 2. 소송비용은 국고가 부담한다.

(4) 제3자가 부부쌍방을 상대로 청구하는 경우

1. 피고들 사이에 20○○. ○. ○. ○○시 ○○구청장에게 신고하여 한 혼인은 무효임을 확인한다.
2. 소송비용은 피고가 부담한다.

(5) 제3자가 사망한 부부 쌍방 대신 검사를 상대방으로 하는 경우

1. 소외 망 김○○(19○○. ○. ○.생 등록기준지 ○○시 ○○구 ○○로 ○○○)와 망 이○○(19○○. ○. ○.생, 등록기준지 위와 같은 곳) 사이에 20○○. ○. ○. ○○시 ○○구청장에게 신고하여 한 혼인은 무효임을 확인한다.
2. 소송비용은 국고가 부담한다.

(6) 제3자가 부부 중 생존한 일방만을 상대로 청구하는 경우

1. 피고와 소외 망 ○○○(19○○. ○. ○.생 등록기준지 ○○시 ○○구 ○○로 ○○○) 사이에 20○○. ○. ○. ○○시 ○○구청장에게 신고하여 한 혼인은 무효임을 확인한다.
2. 소송비용은 피고가 부담한다.

(7) 제3자가 사망한 부부쌍방 대신 검사를 상대로 청구하는 경우

1. 소외 망 ○○○(19○○. ○. ○.생 등록기준지 ○○시 ○○구 ○○로 ○○○)과 같은 망 ○○○(19○○. ○. ○.생, 등록기준지 ○○시 ○○구 ○○로 ○○○) 사이에 20○○. ○. ○. ○○시 ○○구청에게 신고하여 한 혼인은 무효임을 확인한다.
2. 소송비용은 피고가 부담한다.

(8) 자(子)의 양육에 관한 청구가 병합된 경우

1. 피고와 피고 사이에 20○○. ○. ○. ○○시 ○○구청장에게 신고하여 한 혼인은 무효임을 확인한다.

2. 원고와 피고 사이에 ○○○(20○○. ○. ○.생)의 양육자로 원고를 지정한다.
3. 피고는 원고에게 위 미성년자를 인도하라.
4. 피고는 원고에게 미성년자의 양육비로 20○○. ○. ○.부터 위 미성년자가 만 ○○세에 이를 때까지 매월 금 ○○○○원씩을 매월 말일에 지급하라.
5. 소송비용은 피고가 부담한다.

(9) 다류 가사소송사건과 병합된 경우

1. 원고와 피고 사이에 20○○. ○. ○. ○○시 ○○구청장에게 신고하여 한 혼인은 무효임을 확인한다.
2. 피고는 원고에게 위자료 30,000,000원을 지급하고, 별지 목록 기재 물건을 인도하라.
3. 소송비용은 피고가 부담한다.
4. 제2항은 가집행할 수 있다.

(10) 위자료, 친권행사자 및 양육자지정청구 등과 병합한 경우

1. 원고와 피고 사이에 20○○. ○. ○. ○○시 ○○구청장에게 신고하여 한 혼인은 무효임을 확인한다.
2. 피고는 원고에게 위자료 50,000,000원을 지급하라.
3. 사건본인(이몽룡, 20○○. ○. ○.생)의 친권행사자를 원고로 지정한다.
4. 피고는 원고에게 사건본인의 과거양육비로 10,000,000원과 20○○. ○. ○.부터 사건본인이 성년에 달할 때까지 월 400,000원씩을 매월 말일에 지급하라.
5. 소송비용은 피고가 부담한다.
6. 제2항과 제4항은 가집행할 수 있다.

(11) 기타 혼인무효인 경우

1. 소외 망 김○○의 20○○. ○. ○. ○○시 ○○구청장에게 신고하여 이루어진 가족관계등록창설에 의하여 편제된 가족관계등록부 중 소외 망 김○○ 사이의 혼인은 무효임을 확인한다.
2. 소송비용은 피고가 부담한다.

1. ○○시장이 주 일본국 삿포로 한국총영사로부터 송부된 피고와 등록기준지 ○○시 ○○구 ○○로 ○○○ 소외 망 김○○ 사이의 20○○. ○. ○.자 혼인신고서에 기하여 같은 해 ○○. ○. ○. 접수 기재한 혼인은 무효임을 확인한다.
2. 소송비용은 피고가 부담한다.

[서식 21] 혼인무효확인 청구의 소장(일방적인 혼인신고)

소 장

원 고 이 ○ ○ (000000-0000000) (전화 :)
등록기준지 ○○시 ○○구 ○○로 ○○
주 소 ○○시 ○○구 ○○로 ○○ (우편번호 : 00000)

피 고 김 ○ ○ (000000-0000000) (전화 :)
등록기준지 ○○시 ○○구 ○○로 ○○
주 소 ○○시 ○○구 ○○로 ○○ (우편번호 : 00000)

혼인무효확인 청구의 소

청 구 취 지

1. 원고와 피고 사이에 20○○. 8. 13. 서울특별시 ○○구청장에게 신고하여 한 혼인은 무효임을 확인한다.
2. 소송비용은 피고가 부담한다.

라는 판결을 구합니다.

청 구 원 인

1. 원고와 피고는 20○○. 1. 26. 혼인신고를 하고 슬하에 2남을 두었으나 극심한 성격차이로 서로 이혼하기로 합의하고 20○○. 2. 5. 협의이혼신고를 마쳤습니다.

원고와 피고는 협의이혼할 당시 원고가 위자료조로 피고에게 금 100,000,000원을 주고, 두 아들의 양육비로 두 아들이 성인이 될 때까지 매월 1,500,000원씩 지급하기로 하여 원고는 현재까지 매월 양육비로 지급하고 있습니다.

2. 원고와 피고는 위와 같이 협의이혼한 후 현재까지 10년째 각각 별개의 생활을 해오고 있고, 원고는 최근 한 여인을 만나 결혼하였습니다.

3. 따라서 원고와 피고간의 20○○. 8. 13. ○○구청장에게 한 혼인신고는 피고가 원고의 동의 없이 일방적으로 한 것이어서 무효라고 할 것이므로 원고는 청구취지와 같은 판결을 구하고자 이 사건 청구에 이르렀습니다.

입 증 방 법

1. 갑 제1호증의 1 내지 2	각 가족관계증명서
1. 갑 제2호증	부동산등기사항전부증명서

첨 부 서 류

1. 위 입증서류	각 1통
1. 주민등록초본	2통
1. 소장부본	1통

20○○. ○. ○.

위 원고 이 ○ ○ (인)

○○ 가정법원 귀중

접수방법

1. 수입인지 : 20,000원의 인지를 납부한다.
2. 송달료 : 당사자수×4,800원(우편료)×12회분을 납부한다.
3. 혼인관계소송의 관할(가소 22조)
   가. 부부가 같은 가정법원의 관할구역 내에 보통재판적이 있을 때에는 그 가정법원(가소 22조 1호)
   나. 부부가 최후의 공통의 주소지를 가졌던 가정법원의 관할구역 내에 부부 중 일방의 보통재판적이 있을 때에는 그 가정법원(가소 22조 2호)

다. 제1호 및 제2호에 해당되지 아니하는 경우로서 부부의 일방이 타방을 상대로 하는 때에는 상대방의 보통재판적소재지, 부부의 쌍방을 상대로 하는 때에는 부부 중 일방의 보통재판적소재지의 가정법원(가소 22조 3호)

라. 부부의 일방이 사망한 경우에는 생존한 타방의 보통재판적소재지의 가정법원(가소 22조 4호)

마. 부부 쌍방이 사망한 경우에는 부부중 일방의 최후 주소지의 가정법원(가소 22조 5호)

4. 혼인무효 및 이혼무효의 소의 제기권자(가소 23조)

당사자, 법정대리인 또는 4촌 이내의 친족은 언제든지 혼인무효나 이혼무효의 소를 제기할 수 있다.

주 위장결혼 해소와 가족관계등록부 정리

혼인의 합의가 없는 혼인, 예를 들어 혼인의 의사 없이 오로지 외국인을 국내에 입국시키거나 대한민국 국적을 취득하기 위하여 혼인신고를 한 경우에 그 혼인은 무효이다. 이때에는 혼인무효확인의 소를 통하여 가족관계등록부에 기재된 혼인사실을 말소함이 원칙이다.

다만, 위장혼인으로 인하여 공전자기록불실기재죄의 형사판결이 확정되어 법무부에서 가족관계등록관서로 그 사실을 통지한 경우에는 해당 혼인이 무효임이 명백해졌으므로 혼인무효의 소보다 간단한 절차인 가족관계등록정정신청이라는 비송절차를 통하여 혼인사실을 말소할 수 있다. 만일 당사자가 가족관계등록정정신청을 하지 않는 경우에는 해당 가족관계등록관서에서 감독법원의 허가를 얻어 직권으로 혼인사실을 말소할 수도 있다.

[서식 22] 혼인무효확인 청구의 소장(합의없이 한 혼인신고)

소 장

원 고 김 ○ 휘 (000000-0000000) (전화 :)
등록기준지 ○○시 ○○구 ○○로 ○○
주 소 ○○시 ○○구 ○○로 ○○ (우편번호 : 00000)

피 고 이 ○ 연 (000000-0000000) (전화 :)
등록기준지 ○○시 ○○구 ○○로 ○○
주 소 ○○시 ○○구 ○○로 ○○ (우편번호 : 00000)

혼인무효확인 청구의 소

청 구 취 지

1. 원고와 피고 사이에 20○○. 4. 5. 서울특별시 ○○구청장에게 신고하여 한 혼인은 무효임을 확인한다.
2. 소송비용은 피고가 부담한다.

라는 판결을 구합니다.

청 구 원 인

1. 가족등록부의 기재에 의하면 원고는 피고와 20○○. 6. 23. 혼인하고 20○○. 4. 5.자 가족관계등록신청에 의하여 두 사람의 혼인사실이 가족관계등록부에 등재된 것으로 되어 있습니다.
   그러나 원고와 피고는 혼인한 사실이 전혀 없습니다.
   원고측에서 우연히 위와 같은 사정을 발견하고 그 경위를 알아 보았더니 갑제3호증의 1, 2, 3의 각 기재와 같이 원고명의로 된 가족관계등록부정리신청(필리핀국에서 작성된 결혼증명서가 첨부된)이 ○○가정법원에 송부되자 위 법원에서는 이를 다시 관할 ○○구청장에게 송부하여 그렇게 등재된 것이었습니다.
   그러나 원고는 그와 같은 가족관계등록부정리신청을 한 바도 전혀 없습니다.
2. 원고와 피고는 도대체 혼인할 만한 사이가 아닙니다.
   원고는 김성원과 이숙희 사이에서 태어났으며 이숙희는 이정태의 딸입니다.
   피고는 이석태와 신정숙 사이에서 태어났습니다.
   그런데 위 이정태와 이석태는 친형제간입니다(갑 제1, 2호증).
   따라서 원고의 어머니인 이숙희와 피고는 4촌 자매간이고 결국 피고는 5촌 이모가 되는 것입니다.
   이러한 사이에 혼인이 이루어진다는 것은 상상조차 할 수 없습니다.
3. 더구나 원고와 피고는 이미 다른 사람과 결혼하여 자녀까지 두고 있는 처지입니다.
   피고는 미합중국 법원에서 발급한 혼인기록(갑제4호증)에 나타나 있는 바와 같이 20○○. 5. 10. 소외 김영철과 혼인하고 같은 해 5. 18. 한인교회에서 결혼식까지 올렸으며(갑제5호증) 현재 미국에서 살면서 두 자녀를 두고 있습니다.
   원고는 역시 미합중국 법원에서 발급한 혼인허가서(갑제6호증), 대한민국 시카고 총영사가 발급한 결혼증명서(갑제7호증)에 나타나 있는 바와 같이 20○○. 8. 20. 소외 이성실과 혼인하고 20○○. 6. 10. 천주교회에서 결혼식을 올렸으며(갑 제8, 9호증) 현재 명원(20○○. 3. 18.생)과 명진(20○○. 5. 10.생)의 두 자녀를 두고 있습니다.
   그러한 사람들이 서로 혼인한다는 것이 말이나 되겠습니까.

4. 원고나 피고는 갑제3호증의 2, 3에 나오는 주소지인 필리핀국 마닐라시에는 도대체 가본일 조차 없습니다.
어떻게 하여 그런 엉터리 결혼증명서가 발급되었는지 작성명의인과 그 작성권한 조차 불분명한 필리핀에서 작성된 결혼증명서가 첨부되었다 하여 어떻게 원고 단독명의로 작성되어 우편제출된 가족관계등록부정리 신청을 적법한 혼인신고로 받아들여 그대로 가족관계등록부에 등재하였는지 의아할 따름입니다.

5. 위에서 본 바와 같이 본건 혼인의 합의도 없고 그 신고도 부존재 내지는 부적법한 경우에 해당하여 무효라고 아니할 수 없습니다.
이에 그 무효확인을 구하기 위하여 이 사건 청구에 이르렀습니다.

입 증 방 법

1. 갑 제1호증	가족관계증명서
1. 갑 제2호증	가족관계증명서
1. 갑 제3호증의 1	송부서 사본
1. 갑 제3호증의 2	가족관계등록부정리신청
1. 갑 제3호증의 3	결혼증명서
1. 갑 제4호증	혼인기록
1. 갑 제5호증	교회주보 사본
1. 갑 제6호증	혼인허가서
1. 갑 제7호증	혼인관계증명서
1. 갑 제8호증의 1	편지봉투 사본
1. 갑 제8호증의 2	청첩장 사본
1. 갑 제9호증	교회주보 사본

첨 부 서 류

1. 위 입증서류	각 1통
1. 주민등록초본	2통
1. 소장부본	1통

20○○. ○. ○.

위 원고 김 ○ 휘 (인)

○○ 가정법원 귀중

접수방법

1. 수입인지 : 20,000원의 인지를 납부한다.
2. 송달료 : 당사자수 × 4,800원(우편료) × 12회분을 납부한다.
3. 혼인관계소송의 관할(가소 22조)
   가. 부부가 같은 가정법원의 관할구역 내에 보통재판적이 있을 때에는 그 가정법원(가소 22조 1호)
   나. 부부가 최후의 공통의 주소지를 가졌던 가정법원의 관할구역 내에 부부 중 일방의 보통재판적이 있을 때에는 그 가정법원(가소 22조 2호)
   다. 제1호 및 제2호에 해당되지 아니하는 경우로서 부부의 일방이 타방을 상대로 하는 때에는 상대방의 보통재판적소재지, 부부의 쌍방을 상대로 하는 때에는 부부 중 일방의 보통재판적소재지의 가정법원(가소 22조 3호)
   라. 부부의 일방이 사망한 경우에는 생존한 타방의 보통재판적소재지의 가정법원(가소 22조 4호)
   마. 부부 쌍방이 사망한 경우에는 부부 중 일방의 최후 주소지의 가정법원(가소 22조 5호)
4. 혼인무효 및 이혼무효의 소의 제기권자(가소 23조)
   당사자, 법정대리인 또는 4촌 이내의 친족은 언제든지 혼인무효나 이혼무효의 소를 제기할 수 있다.

[서식 23] 혼인무효확인 청구의 소장(위조된 혼인신고)

소 장

원 고 신 ○ 화 (000000-0000000) (전화 :)
등록기준지 ○○시 ○○구 ○○로 ○○
주 소 ○○시 ○○구 ○○로 ○○ (우편번호 : 00000)

피 고 박 ○ 열 (000000-0000000) (전화 :)
등록기준지 ○○시 ○○구 ○○로 ○○
주 소 ○○시 ○○구 ○○로 ○○ (우편번호 : 00000)

혼인무효확인 청구의 소

청 구 취 지

1. 원고와 피고 사이에 20○○. 3. 8. 서울특별시 ○○구청장에게 신고하여 한 혼인은

무효임을 확인한다.
2. 소송비용은 피고가 부담한다.
라는 판결을 구합니다.

청 구 원 인

1. 원고와 피고는 20○○. 9.경 우연한 기회에 알게 되어 교제를 하던 중 20○○. 2.월경 피고가 청혼을 하였습니다.
2. 그러나 원고는 피고와 성격이 너무 맞지 않는 등 마음이 내키지 않아 그 자리에서 한마디로 거절하였습니다.
3. 그럼에도 불구하고 피고는 원고와의 결혼을 열망한 나머지 혼인신고를 하면 원고가 결혼을 할지도 모른다고 생각하였음인지 원고의 인장과 혼인신고서 등을 위조하여 20○○. 3. 8. 혼인신고를 하였습니다. 청구인은 최근 필요하여 가족관계증명서를 발급받아 보고 비로소 위와 같이 혼인신고가 된 사실을 알게 되었습니다.
4. 사정이 이와 같다면 위 혼인은 당사자간에 혼인의 합의가 없을 때에 해당되므로 그 무효확인을 구하기 위하여 본 소 청구에 이르렀습니다.

입 증 방 법

1. 갑 제1호증 가족관계증명서
1. 갑 제2호증 주민등록등본

첨 부 서 류

1. 위 입증서류 각 1통
1. 주민등록초본 2통
1. 소장부본 1통

20○○. ○. ○.

위 원고 신 ○ 화 (인)

○○ 가정법원 귀중

접수방법

1. 수입인지 : 20,000원의 인지를 납부한다.
2. 송달료 : 당사자수×4,800원(우편료)×12회분을 납부한다.
3. 혼인관계소송의 관할(가소 22조)
   가. 부부가 같은 가정법원의 관할구역 내에 보통재판적이 있을 때에는 그 가정법원(가소 22조 1호)
   나. 부부가 최후의 공통의 주소지를 가졌던 가정법원의 관할구역 내에 부부 중 일방의 보통재판적이 있을 때에는 그 가정법원(가소 22조 2호)
   다. 제1호 및 제2호에 해당되지 아니하는 경우로서 부부의 일방이 타방을 상대로 하는 때에는 상대방의 보통재판적소재지, 부부의 쌍방을 상대로 하는 때에는 부부 중 일방의 보통재판적소재지의 가정법원(가소 22조 3호)
   라. 부부의 일방이 사망한 경우에는 생존한 타방의 보통재판적소재지의 가정법원(가소 22조 4호)
   마. 부부 쌍방이 사망한 경우에는 부부 중 일방의 최후 주소지의 가정법원(가소 22조 5호)
4. 혼인무효 및 이혼무효의 소의 제기권자(가소 23조)
   당사자, 법정대리인 또는 4촌 이내의 친족은 언제든지 혼인무효나 이혼무효의 소를 제기할 수 있다.

[서식 24] 혼인무효확인 청구의 소장(일방적인 혼인신고)

소 장

원 고 박 ○ ○ (000000-0000000) (전화 :)
등록기준지 ○○시 ○○구 ○○로 ○○
주 소 ○○시 ○○구 ○○로 ○○ (우편번호 : 00000)

피 고 정 ○ ○ (000000-0000000) (전화 :)
등록기준지 ○○시 ○○구 ○○로 ○○
주 소 ○○시 ○○구 ○○로 ○○ (우편번호 : 00000)

혼인무효확인 청구의 소

청 구 취 지

1. 원고와 피고 사이에 20○○. ○. ○. 서울특별시 ○○구청장에게 신고하여 한 혼인은

무효임을 확인한다.
2. 소송비용은 피고가 부담한다.
라는 판결을 구합니다.

청 구 원 인

1. 피고는 원고와 초등학교 동창으로서 최근 동창회에서 몇 번 만났을 뿐 혼인에 관한 말을 꺼낸 적도 없으며, 혼인할 의사도 없었습니다.
2. 그럼에도 피고는 20○○. ○. ○. 서울특별시 ○○구청장에게 원고도 모르게 일방적으로 혼인신고를 하였습니다.
3. 따라서 피고와 원고의 혼인은 당사자간에 합의가 없이 이루어진 무효의 혼인이므로 청구취지와 같은 판결을 받고자 본 소 청구에 이르렀습니다.

입 증 방 법

1. 갑 제1호증 가족관계증명서
1. 갑 제2호증 혼인관계증명서

첨 부 서 류

1. 위 입증서류 각 1통
1. 주민등록등본 1통
1. 소장부본 1통

20○○. ○. ○.

위 원고 박 ○ ○ (인)

○○ 가정법원 귀중

접수방법

1. 수입인지 : 20,000원의 인지를 납부한다.

2. 송달료 : 당사자수 × 4,800원(우편료) × 12회분을 납부한다.
3. 혼인관계소송의 관할(가소 22조)
   가. 부부가 같은 가정법원의 관할구역 내에 보통재판적이 있을 때에는 그 가정법원(가소 22조 1호)
   나. 부부가 최후의 공통의 주소지를 가졌던 가정법원의 관할구역 내에 부부 중 일방의 보통재판적이 있을 때에는 그 가정법원(가소 22조 2호)
   다. 제1호 및 제2호에 해당되지 아니하는 경우로서 부부의 일방이 타방을 상대로 하는 때에는 상대방의 보통재판적소재지, 부부의 쌍방을 상대로 하는 때에는 부부 중 일방의 보통재판적소재지의 가정법원(가소 22조 3호)
   라. 부부의 일방이 사망한 경우에는 생존한 타방의 보통재판적소재지의 가정법원(가소 22조 4호)
   마. 부부 쌍방이 사망한 경우에는 부부 중 일방의 최후 주소지의 가정법원(가소 22조 5호)
4. 혼인무효 및 이혼무효의 소의 제기권자(가소 23조)
   당사자, 법정대리인 또는 4촌 이내의 친족은 언제든지 혼인무효나 이혼무효의 소를 제기할 수 있다.

[서식 25] 혼인무효확인 청구의 소장(일방적인 혼인신고)

소 장

원 고 박 ○ ○ (000000-0000000) (전화 :)
등록기준지 ○○시 ○○구 ○○로 ○○
주 소 ○○시 ○○구 ○○로 ○○ (우편번호 : 00000)

피 고 정 ○ ○ (000000-0000000) (전화 :)
등록기준지 ○○시 ○○구 ○○로 ○○
주 소 ○○시 ○○구 ○○로 ○○ (우편번호 : 00000)

혼인무효확인 청구의 소

청 구 취 지

1. 원고와 피고 사이에 20○○. ○. ○. 서울특별시 ○○구청장에게 신고하여 한 혼인은 무효임을 확인한다.
2. 소송비용은 피고가 부담한다.

라는 판결을 구합니다.

청 구 원 인

1. 원고와 피고는 중학교 동창으로 서로 알고 있었던 사이로, 대학교 졸업 후 그동안 소식을 모르다가 버스정류장에서 우연히 만나게 되었고, 이후 전화상으로 연락을 하곤 하였습니다.
2. 그런데 피고의 아버지인 소외 정○○는 원고에게 호감을 가지게 되었고 원고를 자신의 사위로 삼으려고 했습니다.
3. 그래서 소외 정○○와 피고는 원고 몰래 원고와 피고간의 혼인신고를 하여 두면 어쩔 수 없이 혼인할 것으로 생각하여 원고의 동의 없이 일방적으로 20○○. ○. ○. 원고의 등록기준지인 서울 ○○구 구청장에게 진정하게 혼인이 성립된 것 처럼 혼인신고를 한 것입니다.
4. 그 후 원고는 취업차 가족관계증명서가 필요하여 위 등록기준지에서 가족관계증명서를 교부받아 확인해 본 결과 원고와 피고가 혼인한 것처럼 혼인신고가 되어 있는 것을 알았습니다.
5. 위와 같이 20○○. ○. ○. 서울 ○○구 구청장에게 신고 된 피고의 혼인신고는 원고의 의사와 무관하게 이루어진 것이므로 이를 바로잡고자 이 건 청구에 이른것입니다.

입 증 방 법

1. 갑 제1호증　　　　가족관계증명서
1. 갑 제2호증　　　　혼인관계증명서

첨 부 서 류

1. 위 입증서류　　　　각 1통
1. 주민등록초본　　　　1통
1. 소장부본　　　　1통

20○○. ○. ○.

위 원고 박 ○ ○ (인)

○○ 가정법원 귀중

접수방법

1. 수입인지 : 20,000원의 인지를 납부한다.
2. 송달료 : 당사자수×4,800원(우편료)×12회분을 납부한다.
3. 혼인관계소송의 관할(가소 22조)
   가. 부부가 같은 가정법원의 관할구역 내에 보통재판적이 있을 때에는 그 가정법원(가소 22조 1호)
   나. 부부가 최후의 공통의 주소지를 가졌던 가정법원의 관할구역 내에 부부 중 일방의 보통재판적이 있을 때에는 그 가정법원(가소 22조 2호)
   다. 제1호 및 제2호에 해당되지 아니하는 경우로서 부부의 일방이 타방을 상대로 하는 때에는 상대방의 보통재판적소재지, 부부의 쌍방을 상대로 하는 때에는 부부 중 일방의 보통재판적소재지의 가정법원(가소 22조 3호)
   라. 부부의 일방이 사망한 경우에는 생존한 타방의 보통재판적소재지의 가정법원(가소 22조 4호)
   마. 부부 쌍방이 사망한 경우에는 부부 중 일방의 최후 주소지의 가정법원(가소 22조 5호)
4. 혼인무효 및 이혼무효의 소의 제기권자(가소 23조)
   당사자, 법정대리인 또는 4촌 이내의 친족은 언제든지 혼인무효나 이혼무효의 소를 제기할 수 있다.

[서식 26] 혼인무효확인 청구의 소장(일방적인 혼인신고)

소 장

원 고 이 ○ 희 (000000-0000000) (전화 :)
등록기준지 : 경기도 연천군 미산면 우정로 332
주 소 : 서울시 광진구 화양로 36

피 고 민 ○ 기 (000000-0000000)
등록기준지 : 경기도 연천군 미산면 우정로 332
주 소 : 서울시 서대문구 북아현로 137

혼인무효 등 청구의 소

청 구 취 지

1. 원고와 피고 사이에 20○○. 8. 20. 경기도 연천군수에게 신고하여 한 혼인은 무효임

을 확인한다.
2. 피고는 원고에게 30,000,000원과 이에 대하여 이 사건 소장부본 송달다음날부터 다 갚는 날까지 연 15%의 비율로 계산한 돈을 지급하라.
3. 소송비용은 피고가 부담한다.
4. 제2항은 가집행할 수 있다.

라는 판결을 구합니다.

청 구 원 인

1. 원고는 피고와는 전혀 관계없는 사람입니다. 다만 피고는 원고에게 1여년 동안 줄기차게 구애를 하며 스토커식으로 추근덕 거려 왔으나 원고는 따로 결혼을 약속한 사람이 있어 피고와의 만남을 단호히 거부하여 왔던 것입니다.
2. 그런데 피고는 원고의 동의 없이 20○○. 8. 20. 연천군청에서 혼인신고를 하였는바, 이 사실을 전혀 모른 채 원고는 소외 이○영과 동원예식장에서 20○○. 11. 7. 결혼식을 올리고 12월경 혼인신고를 하려던 중 이미 피고와 혼인신고가 되어 있음을 알게 되었습니다. 이에 원고는 이러한 연유로 소외 이○영으로부터 관계의 추궁을 받게 되었고 끝내 헤어지는 아픔을 겪게 된 것입니다.
3. 이에 원고는 피고의 무분별한 행동으로 인하여 정신적 충격을 받고 심한 우울 증세에 시달리고 있습니다. 원고는 소외 이○영과는 3년 이상 교제를 하여 왔으며 결혼 이후의 장래에 대하여 마음이 부풀었다가 피고의 무분별한 허위신고로 인하여 소외 이○영과의 관계가 절단된 것은 물론 일가친지 앞에서 결혼식까지 올린 상태에서 겪는 주위의 따가운 시선으로 인한 대인기피증세가 아주 심한 바, 이러한 피해를 금전으로 따지는 것은 어려우나 일단 금 3,000만원이 상당하다고 할 것입니다.
4. 따라서 원고는 피고와의 혼인의사가 전혀 없음을 이유로 혼인무효를 구함은 물론 피고의 불법행위에 따른 손해배상 금 3,000만원을 청구하기에 이른 것입니다.

입 증 방 법

1. 갑 제1호증	제적등본
1. 갑 제2호증의 1 내지 2	각 혼인관계증명서
1. 갑 제3호증의 1 내지 2	각 가족관계증명서
1. 갑 제4호증의 1 내지 2	각 주민등록초본
1. 갑 제5호증	진술서

1. 갑 제6호증의 1 내지 9 각 결혼식 사진

20○○. ○. ○.

위 원고 이 ○ 희 (인)

○○ 가정법원 귀중

접수방법

1. 수입인지 : 혼인무효청구의 수수료 20,000원과 위자료청구의 수수료 140,000원(3,000만원×0.0045+5,000원) 중 다액인 140,000원의 수수료를 납부한다.
2. 송달료 : 당사자수×4,800원(우편료)×12회분을 납부한다.
3. 혼인관계소송의 관할(가소 22조)
   가. 부부가 같은 가정법원의 관할구역 내에 보통재판적이 있을 때에는 그 가정법원(가소 22조 1호)
   나. 부부가 최후의 공통의 주소지를 가졌던 가정법원의 관할구역 내에 부부 중 일방의 보통재판적이 있을 때에는 그 가정법원(가소 22조 2호)
   다. 제1호 및 제2호에 해당되지 아니하는 경우로서 부부의 일방이 타방을 상대로 하는 때에는 상대방의 보통재판적소재지, 부부의 쌍방을 상대로 하는 때에는 부부 중 일방의 보통재판적소재지의 가정법원(가소 22조 3호)
   라. 부부의 일방이 사망한 경우에는 생존한 타방의 보통재판적소재지의 가정법원(가소 22조 4호)
   마. 부부 쌍방이 사망한 경우에는 부부 중 일방의 최후 주소지의 가정법원(가소 22조 5호)
4. 혼인무효 및 이혼무효의 소의 제기권자(가소 23조)
   당사자, 법정대리인 또는 4촌 이내의 친족은 언제든지 혼인무효나 이혼무효의 소를 제기할 수 있다.

[서식 27] 혼인무효확인 청구의 소장(원고의 의사에 반한 혼인신고)

소 장

원 고 김 ○ ○ (000000-0000000) (전화 :)
등록기준지 ○○시 ○○구 ○○로 ○○
주 소 ○○시 ○○구 ○○로 ○○ (우편번호 : 00000)

피 고 이 ○ ○ (000000-0000000) (전화 :)
등록기준지 ○○시 ○○구 ○○로 ○○
주 소 ○○시 ○○구 ○○로 ○○ (우편번호 : 00000)

혼인무효확인 청구의 소

청 구 취 지

1. 원고와 피고 사이에 20○○. 10. 15. 서울특별시 ○○구청장에게 신고하여 한 혼인은 무효임을 확인한다.
2. 소송비용은 피고가 부담한다.

라는 판결을 구합니다.

청 구 원 인

1. 원고와 피고는 전혀 모르는 관계입니다.
2. 원고는 20○○. ○. ○. 프랑스 이민을 생각하고 이민업무를 주로 하는 ○○주식회사에 이민에 필요한 서류를 제출한 바 있습니다.
3. 또한 이민을 주관하는 위 회사에서는 결혼을 하지 않았던 원고에게 전혀 일면식도 없는 피고와 허위로 혼인을 하고 이를 신고하면 이민을 신청할 경우 프랑스 이민에 대한 결정이 빠르게 진행된다고 하여 이를 믿고 원고는 혼인에 필요한 서류를 위 이민전문회사에 제공하였고, 서울 ○○구청에 혼인신고까지 하게 된 것입니다.
4. 그런데 이민을 주관하였던 위 ○○회사가 갑자기 문을 닫고 폐업신고를 하였고, 원고는 이민도 가지 못하였습니다.
5. 위와 같이 20○○. 10. 15. 서울 ○○구청장에게 신고된 피고의 혼인신고는 원고의

의사에 의하지 않고 이루어진 것이므로 이를 시정하기 위하여 본 소 청구에 이르렀습니다.

입 증 방 법

1. 갑 제1호증　　　　　　가족관계증명서
1. 갑 제2호증　　　　　　혼인관계증명서

첨 부 서 류

1. 위 입증서류　　　　　　각 1통
1. 주민등록초본　　　　　　2통
1. 소장부본　　　　　　　　1통

20○○. ○. ○.

위 원고 김 ○ ○ (인)

○○ 가정법원 귀중

접수방법

1. 수입인지 : 20,000원의 인지를 납부한다.
2. 송달료 : 당사자수×4,800원(우편료)×12회분을 납부한다.
3. 혼인관계소송의 관할(가소 22조)
   가. 부부가 같은 가정법원의 관할구역 내에 보통재판적이 있을 때에는 그 가정법원(가소 22조 1호)
   나. 부부가 최후의 공통의 주소지를 가졌던 가정법원의 관할구역 내에 부부 중 일방의 보통재판적이 있을 때에는 그 가정법원(가소 22조 2호)
   다. 제1호 및 제2호에 해당되지 아니하는 경우로서 부부의 일방이 타방을 상대로 하는 때에는 상대방의 보통재판적소재지, 부부의 쌍방을 상대로 하는 때에는 부부 중 일방의 보통재판적소재지의 가정법원(가소 22조 3호)
   라. 부부의 일방이 사망한 경우에는 생존한 타방의 보통재판적소재지의 가정법원(가소 22조 4호)
   마. 부부 쌍방이 사망한 경우에는 부부 중 일방의 최후 주소지의 가정법원(가소 22조 5호)
4. 혼인무효 및 이혼무효의 소의 제기권자(가소 23조)
   당사자, 법정대리인 또는 4촌 이내의 친족은 언제든지 혼인무효나 이혼무효의 소를 제기할 수 있다.

[서식 28] 혼인무효확인 청구의 소장(원고의 의사에 반한 혼인신고)

소　　　장

원　고　　김 ○ 태 (000000-0000000) (전화 :　　　　)
등록기준지 : 서울 노원구 상계로 101
주　　소 : 서울 노원구 상계로 116

피　고　　박 ○ 순 (000000-0000000)
등록기준지 : 서울 노원구 상계로 101
주　　소 : 서울 노원구 상계로 116

청 구 취 지

주위적으로,
1. 원고와 피고 사이에 20○○. 4. 29. 서울특별시 노원구청장에게 신고하여 한 혼인은 무효임을 확인한다.
2. 소송비용은 피고가 부담한다.

예비적으로,
1. 원고와 피고는 이혼한다.
2. 소송비용은 피고가 부담한다.
라는 판결을 바랍니다.

청 구 원 인

1. 당사자 관계
원고는 당 71세이고 피고는 당 70세인 바, 20○○. 4. 23.경 처음 만났으며 만난지 7일째 되는 4. 29.에 노원구청에 혼인 신고되어 형식상은 법률상 부부지간이지만, 다음에서 보는 바와 같이 혼인신고는 무효입니다.

2. 원고와 피고의 만남 경위
가. 원고는 원고의 주소지와 같은 빌라에 사는 지하층 세입자인 부부로 보여지는 이씨(여자)와 김씨(남자) 소개로 20○○. 4. 23.경 피고를 만났습니다.
나. 원고는 2년 전 처와 사별하고 노년의 외로움을 느끼던 중 마침 아래층 이씨 부부

의 제안에 대하여 관심을 보인 것인데, 만난 자리에서 보니 피고는 자신의 나이는 66세이고, 자녀는 4남 1녀 이렇게 5남매를 두고, 딸1명만 춘천에 살고 나머지 아들들은 모두 외국에 나가 산다고 말하였습니다.

3. 혼인신고 과정

가. 원고는 피고와 만난지 7일째 되는 20○○. 4. 29. 피고, 이씨 부부 3명이 억지로 끌고 가다시피 하여 혼인신고를 위한 서류를 떼기 위하여 노원구청을 방문하였습니다.

원고는 피고와 민원인 편의장소에 앉아 있었고, 민원창구에서 필요로 하는 서류는 모두 이씨의 남편 김씨가 대신 뗀 것입니다. 즉 원고는 김씨가 요구하는 대로 신분증과 도장을 건네고는 김씨가 알아서 가족관계증명서 등 필요한 서류를 떼었던 것입니다.

나. 그때까지 원고는 자녀들 어느 누구에게도 피고를 만난 사실과 혼인하는 사실을 전혀 알리지도 못하여 피고 등에 이끌려 구청을 방문한 것입니다. 원고는 서류를 뗀 후에 인륜지대사인 혼인 과정이 무엇인가 잘못되어 가는 것 같고, 원고가 피고를 배우자로 맞이할 마음이 진정으로 있는지 여부와, 자녀들에게 의견을 구하지 못한 것이 마음에 걸려, 원고는 위와 같이 일이 이상하게 진행되는 것 같아 피고와 이씨 부부에게 혼인 신고는 나중에 하자고 하면서 이내 구청을 혼자서 빠져 나왔습니다.

다. 그런데 피고와 이씨 부부는 가족관계증명서, 혼인증명서 등 필요한 서류를 떼는 것뿐만 아니라 원고의 신분증 및 원고의 도장을 가지고 있던 것을 기화로 원고가 없던 상태에서 원고의 반대에도 불구하고 혼인신고까지 마쳐버린 것입니다. 혼인신고가 된 것을 알게 된 것은 나중에야 알게 되었습니다.

4. 혼인의 무효

위와 같이 원고와 피고간에 형성된 혼인관계는 원고의 진정한 혼인의 의사 없이 이루어진 것으로서 무효라 할 것입니다. 또한 뒤에서 보는 바와 같이 피고 또한 진정으로 혼인할 의사를 가지고 원고와 혼인을 한 것이 아니라 원고의 잿간이 탐이나 가장으로 혼인을 한 것이므로 피고 또한 진정한 혼인의 의사 없이 원고와 혼인관계를 이룬 것이므로 어느모로 보나 이 사건 혼인은 무효를 면치 못 할 것입니다.

5. 예비적 청구에 관하여

예비적 청구로, 피고가 원고를 속이고 원고와 사기 결혼을 한 것으로서 더 이상 당사자가 혼인관계를 계속하기 어려운 중대한 사유가 되는 것인 바, 이는 이혼 사유에 해당한다고 할 것입니다. 그러므로 이 사건 혼인이 무효여부를 떠나 당연히 이혼사유는 성립된다 할 것이므로 예비적으로 원고와 피고의 이혼을 청구합니다.

입 증 방 법

1. 갑 제1호증의 1, 2 각 주민등록초본
1. 갑 제2호증의 1, 2 각 가족관계증명서
1. 갑 제3호증의 1, 2 각 혼인관계증명서

20○○. ○. ○.

위 원고 김 ○ 태 (인)

○○ 가정법원 귀중

접수방법

1. 수입인지 : 혼인무효청구의 수수료 20,000원과 이혼청구의 수수료 20,000원 중 다액인 20,000원의 수수료를 납부한다.
2. 송달료 : 당사자수 × 4,800원(우편료) × 12회분을 납부한다.
3. 혼인관계소송의 관할(가소 22조)
   가. 부부가 같은 가정법원의 관할구역 내에 보통재판적이 있을 때에는 그 가정법원(가소 22조 1호)
   나. 부부가 최후의 공통의 주소지를 가졌던 가정법원의 관할구역 내에 부부 중 일방의 보통재판적이 있을 때에는 그 가정법원(가소 22조 2호)
   다. 제1호 및 제2호에 해당되지 아니하는 경우로서 부부의 일방이 타방을 상대로 하는 때에는 상대방의 보통재판적소재지, 부부의 쌍방을 상대로 하는 때에는 부부 중 일방의 보통재판적소재지의 가정법원(가소 22조 3호)
   라. 부부의 일방이 사망한 경우에는 생존한 타방의 보통재판적소재지의 가정법원(가소 22조 4호)
   마. 부부 쌍방이 사망한 경우에는 부부 중 일방의 최후 주소지의 가정법원(가소 22조 5호)
4. 혼인무효 및 이혼무효의 소의 제기권자(가소 23조)
   당사자, 법정대리인 또는 4촌 이내의 친족은 언제든지 혼인무효나 이혼무효의 소를 제기할 수 있다.

[서식 29] 혼인무효확인 청구의 소장(원고의 의사에 반한 혼인신고)

소 장

원 고 김 ○ ○ (000000-0000000) (전화 :)
등록기준지 ○○시 ○○구 ○○로 ○○
주 소 ○○시 ○○구 ○○로 ○○ (우편번호 : 00000)

피 고 박 ○ ○ (000000-0000000) (전화 :)
등록기준지 ○○시 ○○구 ○○로 ○○
주 소 ○○시 ○○구 ○○로 ○○ (우편번호 : 00000)

혼인무효확인 청구의 소

청 구 취 지

1. 원고와 피고 사이에 20○○. ○. ○. 서울 ○○구청장에게 신고하여 한 혼인은 무효임을 확인한다.
2. 소송비용은 피고가 부담한다.

라는 판결을 구합니다.

청 구 원 인

1. 원고와 피고는 동일한 직장 선후배로서 회사에 회식을 하거나 업무관계로 계속 만나게 되었습니다.
2. 원고와 피고는 자주 만나게 되면서 피고는 원고에게 결혼을 하자고 신청하였으나 원고는 피고와의 혼인을 결정하지 못하여 이를 계속 미루던 차에 원고는 다른 이성을 만나게 되었습니다. 원고가 피고를 만나지 아니하고 다른 남성을 사귄다는 말을 듣게 된 피고는 원고와 피고가 마치 결혼을 한 사이처럼 보이기 위하여 원고 모르게 원고와 피고간의 혼인신고를 하여 두면 어쩔 수 없이 서로 혼인할 것으로 생각하여 일방적으로 20○○. ○. ○. 원고의 등록기준지인 서울 서초구 서초구청장에게 마치 원고와 피고가 혼인한 것처럼 혼인신고를 한 것입니다.
3. 이러한 사실을 전혀 모르던 원고는 회사 내부에 원고가 피고와 혼인을 하였다는 소문

이 돌고 가족관계등록정리까지 끝났다는 소문이 일기에 이를 확인하기 위하여 원고의 가족관계등록부를 발급하여 확인한 결과 뜻밖에도 피고와 혼인한 것처럼 혼인신고가 되어 있는 것을 알게 되었습니다.

4. 위와 같이 20○○. ○. ○. 서울 서초구 구청장에게 신고된 피고의 혼인신고는 원고의 의사에 의하지 않고 이루어진 것이므로 이를 시정하기 위하여 본 소 청구에 이른 것입니다.

입 증 방 법

1. 갑 제1호증 　　　혼인관계증명서

첨 부 서 류

1. 위 입증서류 　　　1통
1. 주민등록초본 　　　2통
1. 소장부본 　　　1통

20○○. ○. ○.

위 원고 김 ○ ○ (인)

○○ 가정법원 귀중

접수방법

1. 수입인지 : 20,000원의 인지를 납부한다.
2. 송달료 : 당사자수×4,800원(우편료)×12회분을 납부한다.
3. 혼인관계소송의 관할(가소 22조)
   가. 부부가 같은 가정법원의 관할구역 내에 보통재판적이 있을 때에는 그 가정법원(가소 22조 1호)
   나. 부부가 최후의 공통의 주소지를 가졌던 가정법원의 관할구역 내에 부부 중 일방의 보통재판적이 있을 때에는 그 가정법원(가소 22조 2호)
   다. 제1호 및 제2호에 해당되지 아니하는 경우로서 부부의 일방이 타방을 상대로 하는 때에는 상대방의 보통재판적소재지, 부부의 쌍방을 상대로 하는 때에는 부부 중 일방의 보통재판적소재지의 가정법원(가소 22조 3호)

라. 부부의 일방이 사망한 경우에는 생존한 타방의 보통재판적소재지의 가정법원(가소 22조 4호)
마. 부부 쌍방이 사망한 경우에는 부부 중 일방의 최후 주소지의 가정법원(가소 22조 5호)

4. 혼인무효 및 이혼무효의 소의 제기권자(가소 23조)
당사자, 법정대리인 또는 4촌 이내의 친족은 언제든지 혼인무효나 이혼무효의 소를 제기할 수 있다.

[서식 30] 반소장(혼인무효확인 청구사건)

소 장

반소원고 이 ○ 숙 (李 ○ ○) (전화 :)
(본소피고) 주민등록번호 : 000000-0000000
등록기준지 : ○○시 ○○구 ○○로 ○○
주 소 : ○○시 ○○구 ○○로 ○○ (우편번호 : 00000)

반소피고 안 ○ 남 (安 ○ ○) (전화 :)
(본소원고) 주민등록번호 : 000000-0000000
등록기준지 및 주소 : 위와 같음

사건본인 안 ○ 연 (安 ○ ○)
주민등록번호 : 000000-0000000
등록기준지 및 주소 : 위와 같음

위 당사자간의 귀원 20○○드단 1234호 혼인무효확인 청구사건에 관하여 반소원고(본소피고)는 다음과 같이 반소를 제기합니다.

반 소 청 구 취 지

1. 본 소피고(반소원고)와 본소원고(반소피고)는 이혼한다.
2. 본소원고(반소피고)는 본소피고(반소원고)에게,
   가. 위자료 50,000,000원과 이에 대하여 이 사건 소송부본 송달다음날부터 이 사건 판결선고일까지는 연 5%, 그 다음날부터 다 갚는 날까지는 연 15%의 각 비율로 계산한 돈을 지급하라.

나. 재산분할로써 30,000,000원과 이에 대하여 재산분할확정일로부터 연 5%의 비율로 계산한 돈을 지급하라.

3. 본소피고(반소원고)와 본소원고(반소피고) 사이의 안○연(20○○. ○. ○.생)의 친권행사자와 양육자로서 본소피고(반소원고)를 지정한다.

4. 본 소원고(반소피고)는 본소피고(반소원고)에게 이 사건 판결선고일 다음날부터 위 미성년자가 20세에 이를 때까지 매월 말일 400,000원씩을 지급하라.

반 소 청 구 원 인

1. 반소원고(피고), 반소피고(원고)의 관계

반소원고(이하 '피고'라 한다)와 반소피고(이하 '원고'라 한다)는 20○○. 3. 13. 혼인신고를 마쳤는데, 20○○. 6. 23. 편의상 협의이혼신고를 한 후 사실혼관계를 유지해오다가 20○○. 6. 25. 다시 혼인신고를 마친 법률상 배우자입니다.

2. 이혼 사유

원고가 20○○. 9. 20.경에 학업을 마치고 귀국하자 피고는 10월 한달은 계속 원고와 같이 시댁에서 지냈는데, 당시 원고는 일본에서 같이 놀러 다니던 여자들의 사진을 많이 가지고 왔으며 귀국한 날 밤에는 위 여자 중 1인으로부터 안부전화까지 왔습니다.

그러나 원고는 피고의 존재가 불편했는지 피고에게 친정에 가 있으라고 강요하고 피고가 가지 않겠다고 하자 그러면 원고 자신이 나가겠다고 피고를 협박하고 시어머니까지 피고에게 친정에 가 있으라고 하여 피고는 하는 수 없이 20○○. 10.경부터 친정으로 쫓겨나게 되었습니다.

그러다가 피고는 장염으로 20○○. 1. 20. 구로병원에 입원하게 되었는데 같은 달 19. 원고가 갑자기 위 병원에 나타나서 피고에게 왜 혼인신고를 하였느냐며 물건을 집어 던지고 폭행하였습니다.

피고의 추측으로는 시어머니에게 꼼짝 못하는 원고가 혼인신고문제로 시어머니로부터 크게 혼이 난 것 같습니다.

그후 원고는 20○○. 4.경 피고를 상대로 이건 본소로서 혼인무효확인의 소를 제기한 것입니다.

따라서 원고의 위와 같은 일련의 행위는 민법 소정의 배우자에 대한 심히 부당한 대우 및 배우자가 다른 일방을 유기한 때에 해당하고 혼인을 계속하기 어려운 중대한 사유에 해당하므로 피고는 이를 이혼사유로 이 사건 이혼을 청구하는 바입니다.

3. 위자료 및 재산분할청구
피고는 친정어머니로부터 돈을 받아 사건본인의 양육을 해오면서 철저한 내핍생활을 해 왔으나 원고는 혼인 후 피고에게 생활비를 한번도 준 적이 없고 오히려 피고를 일방적으로 내쫓아 유기하면서 혼자 방탕한 생활을 하였는데 현재 서울 중구 행당동 234-10 소재 대 106㎡, 같은 동 555-45 대 26㎡, 같은 동 46-7 소재 3층 건물, 같은 동 234-6 소재 주택 외 전북 전주에 임야 15,687㎡를 소유하여 그 시가 합계금이 500,000,000원을 상회하는 바, 피고는 후일 입증의 정도에 따라 청구취지를 확장하기로 하고 우선 그 일부로서 청구취지와 같은 50,000,000원과 재산분할로써 30,000,000원을 청구합니다.

4. 친권행사자, 양육자지정 및 양육비
원고와 피고 사이의 자 안○연은 평소에 원고의 무책임하고 무절제한 행동으로 나쁜 영향을 많이 받았을 것이며, 원고는 아들의 정서와 가정교육상 도움은 커녕 동인의 정상적인 성장에 악영향을 미쳐 왔으므로 위 안○연의 친권행사자 및 양육자로 피고를 지정하는 것이 동인의 건전한 성장과 복리를 위하여 바람직하다 할 것이고, 원고는 피고에게 위 미성년자에 대한 양육비조로 매월 말일 400,000원씩을 지급하여야 할 것이므로 청구취지와 같이 청구합니다.

입 증 방 법

1. 갑 제1호증의 1, 2	각 부동산등기사항전부증명서
1. 갑 제2호증의 1, 2	각 부동산등기사항정부증명서
1. 갑 제3호증의 1, 2	각 부동산등기사항전부증명서
1. 갑 제4호증	가족관계증명서

그 외는 변론시 필요에 따라 수시로 제출하겠습니다.

첨 부 서 류

1. 위 입증서류	각 1통
1. 주민등록초본	2통
1. 소장부본	1통

20○○. ○. ○.

반소원고(본소피고) 이 ○ 숙 (인)

○○ 가정법원 귀중

접수방법

1. 수입인지 : 나류 사건인 이혼의 소 인지액은 1건당 20,000원, 다류 위자료 청구사건은 민사소송법 제2조의 규정에 의하여 230,000원(소송물가액 5천만원×0.0045+5,000원), 재산분할청구는 10,000원, 1인의 양육자지정청구 및 양육비지급청구는 1개의 사건당 10,000원이고, 사건별로 각 1개의 청구이므로 10,000원(10,000원×1인)이고, 이혼을 전제로 한 친권자의 지정청구는 민법 909조 5항에 따라 가정법원의 직권발동을 촉구하는 신청에 불과하므로 인지를 납부하지 않는다. 그런데 가사소송법 14조 1항의 규정에 의해 수개의 가사소송청구 또는 가사비송청구와 가사비송청구를 병합하는 경우에는 수개의 청구 중 다액인 인지를 붙인다. 따라서 이 사건에 대한 인지액은 수개의 청구중 가장 다액인 230,000원을 납부한다.
2. 송달료 : 당사자수×4,800원(우편료)×12회분을 납부한다.

2. 이혼의 무효

가. 의 의

이혼무효의 소는 당사자 협의에 따른 이혼신고가 수리되어 있으나 당사자의 쌍방이나 일방에게 이혼의사가 없으므로, 협의상 이혼이 무효임을 판결로 명백히 하여야 한다고 주장하는 소로서 항상 협의이혼의 무효만을 의미한다.

나. 당 사 자

(1) 원 고

당사자(남편이나 아내), 법정대리인 또는 4촌 이내의 친족은 언제든지 이혼무효의 소를 제기할 수 있다(가소 23조).

(2) 피 고

혼인무효의 소와 같이 당사자, 즉 부부 중 어느 한쪽이 이혼무효의 소를 제기한 때에는 배우자를 상대방으로 한다(가소 24조 1항). 다만 부부 중 어느 한쪽이 사망한 경우에는 그 생존자를 상대방으로 하고(가소 24조 2항), 상대방이 될 사람이 사망한 경우에는 검사를 상대방으로 한다(가소 24조 3항).

다. 관 할

혼인무효의 경우와 같이 ① 부부가 같은 가정법원의 관할 구역 내에 보통재판적이 있을 때에는 그 가정법원(가소 22조 1호), ② 부부가 마지막으로 같은 주소지를 가졌던 가정법원의 관할구역 내에 부부 중 어느 한쪽이 보통재판적이 있을 때에는 그 가정법원(가소 22조 2호), ③ 부부 중 어느 한쪽이 다른 한쪽을 상대로 하는 경우에는 상대방의 보통재판적이 있는 곳의 가정법원, 부부 모두를 상대방으로 하는 경우에는 부부 중 어느 한쪽의 보통재판적이 있는 곳의 가정법원(가소 22조 3호), ④ 부부 중 어느 한쪽이 사망한 경우에는 생존한 다른 한쪽의 보통재판적이 있는 곳의 가정법원(가소 22조 4호), ⑤ 부부가 모두 사망한 경우에는 부부 중 어느 한쪽의 마지막 주소지의 가정법원(가소 22조 5호)이다.

라. 판결확정 후의 절차

이혼무효판결이 확정된 경우 원고는 그 판결확정일로부터 1개월 이내에 판결의 등본 및 그 확정증명을 첨부하여 가족관계등록부정정신청을 하여야 한다(가족관계의등록등에관한법률 107조). 이 판결의 효력은 제3자에게도 미친다(가소 21조).

마. 청구취지 기재례

(1) 이혼무효의 청구를 형성의 소로 보는 경우

1. 원고와 피고 사이에 20○○. ○. ○. ○○시 ○○구청장에게 신고하여 한 이혼은 무효로 한다.
2. 소송비용은 피고가 부담한다.

(2) 통설이나 실무상은 확인의 소로 본다.

1. 원고와 피고 사이에 20○○. ○. ○. ○○시 ○○구청장에게 신고하여 한 혼인은 이혼은 무효임을 확인한다.
2. 소송비용은 피고가 부담한다.

(3) 제3자가 부부 중 생존한 일방만을 상대방으로 하는 경우

1. 피고와 소외 망 장○○(19○○. ○. ○.생, ○○시 ○○구 ○○로 ○○○) 사이에 20○○. ○. ○. ○○시 ○○구청장에게 신고하여 한 이혼은 무효임을 확인한다.
2. 소송비용은 피고가 부담한다.

(4) 협의이혼의 경우

1. 원고와 피고 사이에 20○○. ○. ○. ○○시 ○○구청장에게 신고하여 한 협의상이혼은 무효임을 확인한다.
2. 소송비용은 피고가 부담한다.

(5) 미국에서 진행된 이혼판결

1. 미합중국 네바다주 크라트 카운티 제8사업재판소가 20○○. ○. ○. 선고한 원고와 피고 사이의 이혼판결에 의한 이혼은 무효임을 확인한다.
2. 소송비용은 피고가 부담한다.

[서식 31] 이혼무효확인 청구의 소장(가장하여 신고한 협의이혼)

소　　　장

원　고　　강 ○ ○ (000000-0000000) (전화 :　　　　)
　　　　　등록기준지 ○○시 ○○구 ○○로 ○○
　　　　　주　　소 ○○시 ○○구 ○○로 ○○ (우편번호 : 00000)

피　고　　이 ○ ○ (000000-0000000) (전화 :　　　　)
　　　　　등록기준지 ○○시 ○○구 ○○로 ○○
　　　　　주　　소 ○○시 ○○구 ○○로 ○○ (우편번호 : 00000)

이혼무효확인 청구의 소

청 구 취 지

1. 원고와 피고 사이에 20○○. 3. 10. 서울특별시 ○○구청장에게 신고하여 한 이혼은 무효임을 확인한다.
2. 소송비용은 피고가 부담한다.

라는 판결을 구합니다.

청 구 원 인

1. 원고와 피고는 20○○. 5. 20. 결혼식을 올리고 20○○. 6. 11. 혼인신고를 마친 법률상 부부로서 그 후 피고와 계속하여 동거생활을 하여 왔는데 피고는 서울 동대문구 ○○로 소재 과자제과점 점원인 김양과 불륜관계를 맺어 오면서 20○○. 10. 원고의 주소지를 서울 동대문구 ○○로 162로 전출시켜놓고 위 김양을 원고로 가장하여 원고도 모르게 20○○. 3. 10. ○○구청장에게 원고와 피고의 협의이혼신고를 하였습니다.
2. 그러므로 원고와 피고의 협의이혼은 원고가 전혀 모르는 사실이며 원고는 피고와 이혼할 의사가 없기 때문에 ○○구청장에게 신고한 원고와 피고의 협의이혼은 무효이므로 청구취지와 같이 판결을 구하고자 본 소 청구에 이른 것입니다.

입 증 방 법

1. 갑 제1호증	가족관계증명서
1. 갑 제2호증	기본증명서
1. 갑 제3호증	혼인관계증명서

첨 부 서 류

1. 위 입증서류	1통
1. 주민등록초본	2통
1. 소장부본	1통

20○○. ○. ○.

위 원고 강 ○ ○ (인)

○○ 가정법원 귀중

접수방법

1. 수입인지 : 20,000원의 인지를 납부한다.
2. 송달료 : 당사자수 × 4,800원(우편료) × 12회분을 납부한다.
3. 관할 : 이혼무효의 소는 부부생활의 실태와 사건의 유형에 따라 토지관할을 달리한다.
   가. 부부가 같은 관할구역 내에 주소가 있을 때에는 그 가정법원
   나. 부부가 최후의 공통의 주소지를 가졌던 가정법원의 관할구역 내에 부부 중 일방의 주소가 있을 때에는 그 가정법원
   다. 위 가. 나.항에 해당되지 아니한 경우에는 상대방 주소지의 관할 가정법원
   라. 부부의 일방이 사망한 경우에는 생존한 타방의 보통재판적소재지의 가정법원
   마. 부부의 쌍방이 모두 사망한 경우에는 부부 중 일방의 최후의 주소지의 가정법원에 제출한다.

[서식 32] 이혼무효확인의 소장(인장 등을 위조하여 한 협의이혼)

소 장

원 고 변 ○ 향 (000000-0000000) (전화 :)
등록기준지 : 강원도 동해시 천곡로 987
주 소 : 의정부시 금오로 23, 202동 707호 (금오동, 미류아파트)

피 고 백 ○ 업 (000000-0000000)
등록기준지 : 경기도 의정부시 신곡로 567
주 소 : 경기도 의정부시 가능로 63, 303호 (가능동, 대동빌라)

이혼무효확인 청구의 소

청 구 취 지

1. 원고와 피고 사이에 20○○. 9. 20. 의정부시장에게 신고한 협의이혼신고는 무효임을 확인한다.
2. 소송비용은 피고가 부담한다.

라는 판결을 구합니다.

청 구 원 인

1. 원고와 피고는 20○○. 3. 23. 혼인 신고한 법률상 부부로서 이후 혼인생활을 유지해 오던 중 20○○. 12.경 부터 피고가 잦은 외박을 하더니 아예 20○○. 2.경에는 연락도 없이 집을 나가버렸습니다.

2. 원고는 이미 임신 3개월째라 피고가 돌아오기만을 기다리며 지내던 중 20○○. 7.경 피고로부터 전화가 걸려왔고 다른 여자와 동거하고 있으니 이혼해 달라고 요구하였는바, 원고는 임신사실을 이야기하며 이혼은 할 수 없다고 하였고, 이후에도 몇 차례 이혼을 종용하는 전화가 걸려왔으나 같은 이유로 거절하였습니다.

3. 그러던 20○○. 8. 3. 피고가 임의로 의정부지방법원 가족관계등록계(당시 호적계)에 나와 달라고 하여 아무 생각 없이 나갔다가 협의이혼신청서를 가정법원에 접수시켰는데 이후 법원에서 나와 달라고 한 날짜인 8. 4. 출두하여 이혼의사가 없음을 밝히기도 하였습니다.

4. 20○○. 1. 5. 원고는 피고의 아이를 출산하였고 아이의 출생신고를 위해 20○○. 1. 29. 의정부시청에 갔다가 원고와 피고간에 협의이혼 신고(20○○. 9. 20. 의정부시장 접수)가 되어있음을 알게 되었습니다.
이는 원고는 전혀 모르는 사실이었으므로 협의이혼신고시 제출된 서류들을 열람한 결과, 협의이혼의사확인서 등본이 교묘히 위조되었음을 확인하였고, 이에 피고를 공정증서원본부실기재죄로 고소해 둔 상태입니다.

※ 또는 아래와 같이 다른 사유를 기재할 수 있다.
(피고는 협의이혼확인서를 받고 난 후에 원고와 자녀들에 대하여 이혼하지 않기로 확약하고, 또 협의이혼서를 찢어버렸다고 말하였음에도 불구하고 남몰래 협의이혼확인서를 가지고 혼인신고를 한 것은 원고의 이혼의사가 없었다고 할 것이기 때문에 적법한 이혼신고로서의 효력이 발생하지 아니한다고 할 것입니다.)

5. 이와 같이 원고와 피고의 협의이혼은 원고가 전혀 모르는 사실이고 원고는 피고와 이혼할 의사가 없기 때문에 의정부시장에게 신고한 원고와 피고의 협의이혼은 무효이므로 청구취지와 같이 본 건 청구에 이른 것입니다.

입 증 방 법

1. 갑 제1호증의 1, 2	각 제적등본
1. 갑 제2호증	각 가족관계증명서
1. 갑 제3호증	혼인관계증명서

1. 갑 제4호증의 1, 2	각 주민등록초본
1. 갑 제5호증	협의이혼의사확인서
1. 갑 제6호증	고소장

20○○. ○. ○.

위 원고 변 ○ 향 (인)

○○ 가정법원 귀중

접수방법

1. 수입인지 : 20,000원의 인지를 납부한다.
2. 송달료 : 당사자수×4,800원(우편료)×12회분을 납부한다.
3. 관할 : 이혼무효의 소는 부부생활의 실태와 사건의 유형에 따라 토지관할을 달리한다.
   가. 부부가 같은 관할구역 내에 주소가 있을 때에는 그 가정법원
   나. 부부가 최후의 공통의 주소지를 가졌던 가정법원의 관할구역 내에 부부 중 일방의 주소가 있을 때에는 그 가정법원
   다. 위 가. 나.항에 해당되지 아니한 경우에는 상대방 주소지의 관할 가정법원
   라. 부부의 일방이 사망한 경우에는 생존한 타방의 보통재판적소재지의 가정법원
   마. 부부의 쌍방이 모두 사망한 경우에는 부부 중 일방의 최후의 주소지의 가정법원에 제출한다.

[서식 33] 이혼무효확인 청구의 소장(가장하여 신고한 협의이혼)

소 장

원 고 강 ○ ○ (000000-0000000) (전화 :)
등록기준지 ○○시 ○○구 ○○로 123
주 소 ○○시 ○○구 ○○로 234 (우편번호 : 00000)

피 고 이 ○ ○ (000000-0000000) (전화 :)
등록기준지 ○○시 ○○구 ○○로 345

주　　소 ○○시 ○○구 ○○로 456 (우편번호 : 00000)

이혼무효확인 청구의 소

청 구 취 지

1. 원고와 피고 사이에 20○○. ○. ○. 서울특별시 ○○구청장에게 신고하여 한 이혼은 무효임을 확인한다.
2. 소송비용은 피고가 부담한다.

라는 판결을 구합니다.

청 구 원 인

1. 원고와 피고는 20○○. ○. ○. 혼인신고를 하고 그 후 계속하여 오늘에 이르기까지 동거하고 있습니다.
2. 원고는 피고와 협의이혼에 관한 협의를 한 바 없고, 협의이혼을 위하여 법원에 다녀온 사실이 없습니다.
3. 그런데 피고는 원고가 모르는 사이에 20○○. ○. ○. ○. 서울특별시 ○○.서구청에게 원고와 피고의 협의이혼신고를 하였습니다.
4. 따라서 원고와 피고의 협의이혼은 원고가 전혀 모르는 사실이고, 또한 원고는 이혼할 의사가 없기 때문에 위 협의이혼은 무효이므로 이 사건 청구에 이른 것입니다.

입 증 방 법

1. 갑 제1호증	가족관계증명서
1. 갑 제2호증	기본증명서
1. 갑 제3호증	혼인관계증명서

첨 부 서 류

1. 위 입증서류	1통
1. 주민등록초본	2통
1. 소장부본	1통

20○○. ○. ○.

위 원고 강 ○ ○ (인)

○○ 가정법원 귀중

접수방법

1. 수입인지 : 20,000원의 인지를 납부한다.
2. 송달료 : 당사자수 × 4,800원(우편료) × 12회분을 납부한다.
3. 관할 : 이혼무효의 소는 부부생활의 실태와 사건의 유형에 따라 토지관할을 달리한다.
   가. 부부가 같은 관할구역 내에 주소가 있을 때에는 그 가정법원
   나. 부부가 최후의 공통의 주소지를 가졌던 가정법원의 관할구역 내에 부부 중 일방의 주소가 있을 때에는 그 가정법원
   다. 위 가. 나.항에 해당되지 아니한 경우에는 상대방 주소지의 관할 가정법원
   라. 부부의 일방이 사망한 경우에는 생존한 타방의 보통재판적소재지의 가정법원
   마. 부부의 쌍방이 모두 사망한 경우에는 부부 중 일방의 최후의 주소지의 가정법원에 제출한다.

[서식 34] 이혼무효확인 청구의 소장(미국 영주권 취득목적으로 가장하여 신고한 협의이혼)

소 장

원 고 강 ○ ○ (000000-0000000) (전화 :)
등록기준지 ○○시 ○○구 ○○로 123
주 소 ○○시 ○○구 ○○로 234 (우편번호 : 00000)

피 고 이 ○ ○ (000000-0000000) (전화 :)
등록기준지 ○○시 ○○구 ○○로 345
주 소 ○○시 ○○구 ○○로 456 (우편번호 : 00000)

이혼무효확인 청구의 소

청 구 취 지

1. 원고와 피고 사이에 20○○. ○. ○. 서울특별시 ○○구청장에게 신고하여 한 이혼은 무효임을 확인한다.
2. 소송비용은 피고가 부담한다.

라는 판결을 구합니다.

청 구 원 인

1. 원고와 피고는 20○○. ○. ○. 혼인신고를 하고 그 사이에 사건본인들을 낳은 법률상 부부이고, 원, 피고는 모두 재혼으로서, 원고는 20○○. ○. ○. 교통사고로 사망한 전처와 1남 1녀를 낳아 원고가 양육하고 있으며, 피고는 전남편과 사이에 1남이 있었으나 전남편이 양육하고 있습니다.

2. 결혼 전부터 원고는 ○○공무원으로, 피고는 고등학교 ○○교사로 각 근무하고 있었는데, 피고는 일시 휴직을 한 뒤 20○○. ○. ○.경부터 자녀들을 데리고 미국으로 가 그곳 학교에 진학시켜 돌보다가 20○○. ○. ○.경 귀국하였으나, 자녀들이 국내 학교에 다니기 어렵게 되어 다시 같은 해 ○. ○.경 자녀들만 미국에 있는 피고의 동생 소외 ○○○의 집에 보내게 되었는데, 원고가 20○○. ○. ○.경 정년퇴직을 하게 되자, 같은 해 ○. ○.경 원, 피고 및 여름방학을 이용해 잠시 귀국해 있던 자녀들이 함께 미국으로 가 집을 임차하여 이사하였고, 피고가 20○○. ○. ○. 귀국한 뒤로는 원고와 자녀들과 함께 생활하게 되었습니다.

3. 원, 피고는 원고가 퇴직을 하고 미국에서 자녀들과 함께 생활을 시작한 20○○. ○. ○. 무렵부터 사건본인들이 미국에서 계속 공부할 수 있는 방법으로 영주권 취득문제를 상의하게 되었는데, 그 방법으로 취업이민을 추진하였으나 원고가 고령으로 별다른 소득이 없는 반면 그 조건이 까다로워 어려움에 처하게 되자, 다시 다른 방법으로 원, 피고가 이혼을 하고 피고가 미국 시민권자와 가장결혼을 한 다음 영주권을 취득한 후 미국 시민권자와는 이혼을 하고 다시 원고와 혼인신고를 하기로 하여, 피고가 20○○. ○.경 ○○가정법원에 협의이혼신고서에 서명날인함에 따라 원, 피고는 20○○. ○. ○. ○○가정법원으로부터 자녀들에 대한 친권행사자로 피고를 지정한 협의이혼 의사의 확인을 받아(20○○호 1234) 같은 해 ○. ○. 서울 ○○구청장에게 신고하여 이혼을 하였습니다.

4. 위 협의이혼 뒤, 원고는 이혼 전과 마찬가지로 6개월이 넘는 기간 동안 미국에서 자녀들을 양육하며 생활하였고, 피고는 국내에서 계속 교사 생활을 하며 방학을 이용하여 20○○. ○. ○.부터 같은 해 ○. ○.경까지, 20○○. ○. ○.부터 같은 해 ○. ○.경까

지 미국을 방문하여 원고 및 사건본인들과 생활하였으며, 역시 위 기간 동안 원고에 대한 연금이 들어오는 원고 명의의 통장을 소지, 관리하면서 위 통장에서 ○○○원 가량을 인출하여 사건본인들에게 "피고는 유학생 신분으로 미국에서 대학을 다니면서 미국 시민권자와의 결혼을 추진할 것이고, 자녀들도 피고가 직접 돌보겠으며, 그러기 위해서 서울에 가면 근무하던 학교에 사표를 내고, 아파트를 팔아서 그 돈으로 미국에서 집을 사겠다."라고 말한 뒤 귀국하였고, 20○○. ○. ○. 다시 미국으로 간 피고는 "학교에 사표를 제출하고, 서울에 있는 아파트를 팔아 가재도구도 미국으로 보냈으며, 독일에서 유학하고 있는 피고 동생 소외 ○○○의 부인이 미국으로 유학을 와서 자녀들을 돌보아 주기로 하였으나, 원고는 귀국하여도 된다."라고 하여, 원고는 그 동안 피고가 사용하던 자신 명의의 예금통장과 도장을 가지고 20○○. ○. ○. 귀국하게 되었습니다.

5. 위와 같이 귀국한 원고는 전 처 소생 딸의 집에 거주하면서 미국으로 전화를 하였으나 전화가 되지 아니하였고, 피고가 상의 없이 협의이혼 당시 보유하고 있던 아파트를 매도한 뒤 다른 아파트를 매수하여 이사를 하여 버린 사실을 뒤늦게 알게 되었으며, 그 뒤 피고가 20○○. ○. ○.경 귀국을 하자, 원고는 피고가 새로 구입한 아파트 앞에서 기다리다가 피고를 만났으나, 피고는 "이제 남남이 되었으니 접근하지 마라."고 하면서 원고를 피하였고, 이에 원고가 피고에게 아파트에 있는 원고 소유의 물건들을 돌려 달라고 다툼이 생겨 경찰이 출동하기도 하였으며, 경찰의 입회 아래 원고 소유 물건의 일부를 반환 받기도 하였고, 그 뒤 원고는 20○○. ○. ○. 미국에 있는 자녀들에게 원, 피고가 다시 결합할 수 있도록 자녀들이 노력하여 달라는 편지를 보냈으나 아무런 답변이 없었습니다.

6. 이처럼 피고가 원고에게 "자녀들이 미국에서 계속 학교를 다니기 위해서는 자녀들에게 미국 영주권이 필요하고, 자녀들이 미국 영주권을 취득하기 위해서는 원, 피고가 가장이혼을 한 후 원, 피고 중 한사람이 미국의 시민권자와 형식적인 서류상의 결혼을 하는 것이 가장 편한 방법이며, 영주권을 취득한 후 미국 시민권자와는 이혼절차를 밟고 다시 원, 피고가 혼인을 하면, 자녀들은 미국에서 계속 학교에 다닐 수 있고 원, 피고의 부부로서의 관계에도 아무런 변화가 없으니, 자녀들을 위하여 같이 하자."고 제의하자, 원고가 이에 동의하여 이루어진 것으로서, 통정허위표시에 의한 가장이혼으로 무효이므로 이 사건 청구에 이른 것입니다.

입 증 방 법

1. 갑 제1호증 가족관계증명서
1. 갑 제2호증 기본증명서

1. 갑 제3호증 혼인관계증명서
1. 갑 제4호증의 1 내지 2 편지

첨 부 서 류

1. 위 입증서류 1통
1. 주민등록초본 2통
1. 소장부본 1통

20○○. ○. ○.

위 원고 강 ○ ○ (인)

○○ 가정법원 귀중

접수방법

1. 수입인지 : 20,000원의 인지를 납부한다.
2. 송달료 : 당사자수×4,800원(우편료)×12회분을 납부한다.
3. 관할 : 이혼무효의 소는 부부생활의 실태와 사건의 유형에 따라 토지관할을 달리한다.
   가. 부부가 같은 관할구역 내에 주소가 있을 때에는 그 가정법원
   나. 부부가 최후의 공통의 주소지를 가졌던 가정법원의 관할구역 내에 부부 중 일방의 주소가 있을 때에는 그 가정법원
   다. 위 가. 나.항에 해당되지 아니한 경우에는 상대방 주소지의 관할 가정법원
   라. 부부의 일방이 사망한 경우에는 생존한 타방의 보통재판적소재지의 가정법원
   마. 부부의 쌍방이 모두 사망한 경우에는 부부 중 일방의 최후의 주소지의 가정법원에 제출한다.

3. 인지의 무효

가. 의 의

혼인 외의 자에 대하여 법률상 부모자의 관계가 형성된 것으로 가족관계등록부에 기재되어 있으나 그 성립과정의 흠으로 인하여 그 효력이 발생하지 않는 것을 말한다.

나. 인지무효의 사유

(1) 인지자와 피인지자 사이에 친생자관계가 존재하지 않는 경우

(2) 인지신고가 인지자의 의사에 기하지 아니하거나 다른 국가 관서에 친생자로 출생신고한 경우

(3) 피인지자가 다른 사람의 친생자로 추정되는데도 친생부인의 판결에 의하여 그 추정을 번복시키지 아니한 채 인지신고한 경우

(4) 인지자가 사망 전에 유언으로 인지한 경우를 제외하고 인지자 사망 후의 인지신고가 있는 경우 등

다. 당 사 자

원 고	피 고	근 거 규 정
인지자(부모), 자녀, 이해관계인(제3자) : 법정대리인, 4촌 이내의 친족	자식(인지된 자) : 인지자, 검사 인지자와 자 쌍방(필요적 공동) 살아있는 인지자와 피인지자, 인지자와 자의 직계비속, 검사	가소 23조, 24조 1항·3항, 28조, 가소 24조 2항·3항, 28조

라. 관 할

인지무효의 소는 자녀의 보통재판적이 있는 곳의 가정법원의 전속관할로 하고, 자녀가 사망한 경우에는 자녀의 마지막 주소지의 가정법원의 전속관할로 한다(가소 26조 1항).

마. 심 리

(1) 소송요건

인지무효의 소를 확인의 소로 보는 이상 그 소송요건으로서 확인의 이익이 있어야 한다.

(2) 당사자 추가 경정

필요한 공동소송인의 일부를 누락하였거나 당사자 적격없는 자를 피고로 잘못 지정한 경우에는 사실심의 변론종결시까지 당사자의 추가 경정으로 바로 잡을 수 있다.

(3) 혈액형 등의 수검명령

가정법원은 당사자 또는 관계인 사이의 혈족관계의 유무를 확정할 필요가 있는 경우에 다른

증거조사에 의하여 심증을 얻지 못한 때에는 검사를 받을 사람의 건강과 인격의 존엄을 해치지 아니하는 범위에서, 당사자 또는 관계인에게 혈액채취에 의한 혈액형의 검사 등 유전인자의 검사나 그 밖에 적당하다고 인정되는 방법에 의한 검사를 받을 것을 명할 수 있다(가소 29조 1항).

바. 판결확정 후의 절차

인지무효판결이 확정되면 인지는 소급적으로 효력을 잃게 되고 인지자와 피인지자 사이의 부자관계의 부존재가 확정된다.

원고는 판결확정일로부터 1개월 이내에 가족관계등록부정정신청을 하여야 한다.

사. 청구취지 기재례

(1) 인지무효의 소를 형성의 소로 보는 경우

1. 피고가 20○○. ○. ○. ○○시 ○○구청장에게 신고하여 한 원고에 대한 인지는 무효로 한다.
2. 소송비용은 피고가 부담한다.

(2) 인지무효의 소를 확인의 소로 보는 경우(실무상)

① 피고 ○○○이 20○○. ○. ○. ○○읍장에게 신고하여 한 피고 ○○○에 대한 인지는 무효임을 확인한다.

② 피고가 20○○. ○. ○. ○○시 ○○구청장에게 신고하여 한 원고에 대한 인지는 무효임을 확인한다.

③ 원고가 20○○. ○. ○. ○○시 ○○구청장에게 신고하여 한 피고에 대한 인지는 무효임을 확인한다.

[서식 35] 인지무효확인 청구의 소장(일시 동거를 이용한 인지신고)

소　　　　장

원　고　　김 ○ ○ (000000-0000000) (전화 : 　　　　)
등록기준지 ○○시 ○○구 ○○로 ○○
주　　소 ○○시 ○○구 ○○로 ○○ (우편번호 : 00000)
위 원고는 미성년자이므로 법정대리인
친권자 모 이○○

피　고　　박 ○ ○ (000000-0000000) (전화 : 　　　　)
등록기준지 ○○시 ○○구 ○○로 ○○
주　　소 ○○시 ○○구 ○○로 ○○ (우편번호 : 00000)

인지무효확인 청구의 소

청 구 취 지

1. 피고가 원고와 피고 사이에 20○○. 7. 10. 서울특별시 ○○구청장에게 신고하여 한 원고에 대한 인지는 무효로 한다.
2. 소송비용은 피고가 부담한다.

라는 판결을 구합니다.

청 구 원 인

1. 원고의 어머지는 피고와 동거하는 사이에서 원고를 피고의 자식으로 20○○. 7. 10. 인지신고를 하여 위 피고 박○○의 가족관계등록부에 등재한 사실이 있습니다.
2. 원고는 피고의 자식이 아닐뿐 아니라 원고의 어머니와 일시 동거하였다고 하여 소생이 아닌 자임에도 불구하고 인지신고한 것은 무효가 명백합니다.
3. 이상과 같은 사실이므로 원고 김○○에 대한 인지는 명백한 무효이므로 청구 취지와 같이 판결을 구하고자 본 소 청구에 이른 것입니다.

입 증 방 법

1. 갑 제1호증　　　　가족관계증명서

첨 부 서 류

1. 위 입증서류	1통
1. 주민등록초본	2통
1. 소장부본	1통

20○○. ○. ○.

위 원고 김 ○ ○
미성년자이므로 법정대리인
친권자 모 이 ○ ○ (인)

○○ 가정법원 귀중

접수방법

1. 당사자 : 인지무효확인의 소를 제기할 수 있는 자는 인지자(부모), 인지자의 법정대리인 또는 4촌 이내의 친족, 피인지자(혼인 외의 자), 피인지자의 법정대리인 또는 4촌 이내의 친족이다. 인지자가 소를 제기한 경우에는 상대방은 피인지자이고, 피인지자가 소를 제기한 경우는 인지자가 상대방이 된다. 제3자가 소를 제기한 때에는 인지자와 피인지자 쌍방을 상대방으로 하되, 그 중 일방이 사망한 때에는 생존자를 상대방으로 하며, 상대방으로 될 자가 모두 사망할 때에는 검사를 상대방으로 한다(가소 24조, 28조).
2. 수입인지 : 20,000원의 인지를 납부한다.
3. 송달료 : 당사자수×4,800원(우편료)×12회분을 납부한다.
4. 관할법원 : 피인지자의 주소지를 관할하는 가정법원에 제출한다. 피인지자가 사망한 때에는 그 최후 주소지의 가정법원에 제출한다.

[서식 36] 인지무효확인 청구의 소장(진실에 반하는 인지신고)

소 장

원 고 김 ○ 식 (000000-0000000) (전화 :)
등록기준지 : ○○시 ○○구 ○○로 ○○
주 소 : ○○시 ○○구 ○○로 ○○ (우편번호 : 00000)
위 원고는 미성년자이므로 법정대리인
친권자 모 이○○

피 고 김 ○ 수 (000000-0000000) (전화 :)
등록기준지 및 주소 : 원고와 같음

인지무효확인 청구의 소

청 구 취 지

1. 피고가 20○○. 8. 1 ○○광역시 ○○구청장에게 신고한 원고에 대한 인지는 무효로 한다.
2. 소송비용은 피고가 부담한다.

라는 판결을 구합니다.

청 구 원 인

1. 소외 임○순은 20○○. 1.경 소외 정○윤과 결혼식을 올리지 않고 동거하던 중 원고를 임신하여 20○○. 2. 17. 원고를 출산하였던 바, 두 사람은 그 후 바로 헤어졌습니다.
2. 위 임○순은 20○○. 4. 10. 원고를 데리고 피고에게 개가하였던 바, 피고는 위 임기순의 부탁에 따라 원고의 장래를 생각하여 20○○. 8. 1. 위 임기순과 혼인신고를 할 때 원고의 인지신고도 함께 하였습니다.
3. 위 임○순이 20○○. 4. 3. 사망하면서 원고에게 위와 같은 내용을 밝힘으로서 원고는 비로소 모든 사실을 알았기 때문에 진실에 반하는 위 인지의 무효확인을 구하기 위하여 본 소 청구에 이르렀습니다.

입 증 방 법

1. 갑 제1호증 가족관계증명서

첨 부 서 류

1. 위 입증서류 1통
1. 주민등록초본 2통
1. 소장부본 1통

20○○. ○. ○.

위 원고 김 ○ 식 (인)

○○ 가정법원 귀중

접수방법

1. 당사자 : 인지무효확인의 소를 제기할 수 있는 자는 인지자(부모), 인지자의 법정대리인 또는 4촌 이내의 친족, 피인지자(혼인 외의 자), 피인지자의 법정대리인 또는 4촌 이내의 친족이다. 인지자가 소를 제기한 경우에는 상대방은 피인지자이고, 피인지자가 소를 제기한 경우는 인지자가 상대방이 된다. 제3자가 소를 제기한 때에는 인지자와 피인지자 쌍방을 상대방으로 하되, 그 중 일방이 사망한 때에는 생존자를 상대방으로 하며, 상대방으로 될 자가 모두 사망할 때에는 검사를 상대방으로 한다(가소 24조, 28조).
2. 수입인지 : 20,000원의 인지를 납부한다.
3. 송달료 : 당사자수×4,800원(우편료)×12회분을 납부한다.
4. 관할법원 : 피인지자의 주소지를 관할하는 가정법원에 제출한다. 피인지자가 사망한 때에는 그 최후 주소지의 가정법원에 제출한다.

[서식 37] 인지무효확인 청구의 소장(원고의 의사에 반한 인지신고)

소 장

원 고 정 ○ 일 (000000-0000000) (전화 :)
등록기준지 ○○시 ○○구 ○○로 ○○
주 소 ○○시 ○○구 ○○로 ○○ (우편번호 : 00000)

피 고 정 ○ 이 (000000-0000000) (전화 :)
등록기준지 ○○시 ○○구 ○○로 ○○
주 소 ○○시 ○○구 ○○로 ○○ (우편번호 : 00000)

인지무효확인 청구의 소

청 구 취 지

1. 원고가 피고에 대하여 한 인지(20○○. ○. ○. ○○구청장 접수)는 무효임을 확인한다.
2. 소송비용은 피고가 부담한다.

라는 판결을 구합니다.

청 구 원 인

1. 원고와 피고의 생모 소외 신○○는 20○○. ○. ○. 결혼을 하고 약 2개월 후 원고의 직업상 일본에서 약 6개월을 지내면서 피고의 생모와 6개월간 헤어져서 지내게 되었는데 6개월 후 원고가 피고의 생모를 찾았을 때에는 피고의 생모는 집을 비우고 없었습니다.
2. 원고는 사방으로 피고의 생모를 찾아 헤매던 중 피고의 생모로부터 이혼을 하자는 전화통보를 받았고, 이에 원고는 협의이혼을 하였습니다. 후일에 알게 되었지만 피고의 생모는 원고가 일본에 간 이후 성명불상의 남자와 살림을 차리고 동거를 하고 있었고, 원고와 협의이혼 이후에도 계속 다른 남자와 동거를 하였던 것입니다.
3. 협의이혼을 하고 약 2년이 지난 20○○. ○.경 피고의 생모는 피고를 출산하자 성명불상의 동거인과 헤어지게 되었고, 원고를 찾아와서 피고가 원고의 자식이라는 주장을

하였던 것입니다. 피고를 출산한지 2개월이 되었고, 원고와 피고의 생모는 2년 이상을 단 1회도 만나지 못했는데 피고가 원고의 자식이라는 말은 현실적으로 어불성설에 불과합니다.

4. 피고의 생모는 원고가 피고를 양육하기를 기대하면서 원고의 자식이라고 말한 것으로 추정되지만 원고는 그러한 의사가 전혀 없습니다. 그러한 일이 발생한 후 약 2년이 지난 20○○. ○.경 우연한 기회에 원고의 가족관계등록부를 발급하여 확인한 결과 깜짝 놀라지 않을 수 없었습니다. 피고가 20○○. ○. ○. 인지신고에 의하여 원고의 가족관계등록부에 입적되어 있었던 것입니다.

5. 위와 같이 원고가 모르는 사이에 원고 의사에 반하여 원고의 이름으로 인지신고가 된 것은 무효이므로 원고는 그 무효를 구하기 위하여 이 건 청구에 이르렀습니다.

입 증 방 법

1. 갑 제1호증 가족관계증명서

첨 부 서 류

1. 위 입증서류 1통
1. 주민등록초본 2통
1. 소장부본 1통

20○○. ○. ○.

위 원고 정 ○ 일 (인)

○○ 가정법원 귀중

접수방법

1. 당사자 : 인지무효확인의 소를 제기할 수 있는 자는 인지자(부모), 인지자의 법정대리인 또는 4촌 이내의 친족, 피인지자(혼인 외의 자), 피인지자의 법정대리인 또는 4촌 이내의 친족이다. 인지자가 소를 제기한 경우에는 상대방은 피인지자이고, 피인지자가 소를 제기한 경우는 인지자가 상대방이 된다. 제3자가 소를 제기한 때에는 인지자와 피인지자 쌍방을 상대방으로 하되, 그 중 일방이 사망한 때에는 생존자를 상대방으로 하며, 상대방으로 될 자가 모두 사망할 때에는 검사를 상대방으로

한다(가소 24조, 28조).
2. 수입인지 : 20,000원의 인지를 납부한다.
3. 송달료 : 당사자수×4,800원(우편료)×12회분을 납부한다.
4. 관할법원 : 피인지자의 주소지를 관할하는 가정법원에 제출한다. 피인지자가 사망한 때에는 그 최후 주소지의 가정법원에 제출한다.

[서식 38] **인지무효확인 청구의 소장**(원고의 의사에 반한 인지신고)

소 장

원 고 정 ○ 영 (000000-0000000)
등록기준지 : 서울 종로구 신내로 234
주 소 : 서울 동대문구 회기로 34, 102동 507호 (회기동, 나리아파트)
위 원고는 미성년자이므로 법정대리인
친권자 모 김○란 (전화 :)
등록기준지 및 주소 : 원고와 같음
송달장소 : 서울 서초구 서초로 1170, 707호 (서오동, 대한빌딩)

피 고 정 ○ 남 (000000-0000000)
등록기준지 : 서울 종로구 신내로 38
주 소 : 경기도 양주시 삼숭로 23, 201동 1204호 (삼승동, 나래빌라)

인지무효확인 청구의 소

청 구 취 지

1. 피고가 20○○. 5. 3. 서울 종로구청장에게 신고하여 한 원고에 대한 인지는 무효임을 확인한다.
2. 소송비용은 피고가 부담한다.

라는 판결을 구합니다.

청 구 원 인

1. 원고는 원고의 생모인 김○란과 소외 박○서 사이에 출생한 모의 혼인외 출생자인데 생부인 소외 박○서가 인지를 하지 않아 생모인 친권자 위 김○란의 출생신고에 의하여 모의 성과 본을 따라 성명은 김○영으로 하여 모의 제적(호적)에 자로 입적된 것입니다.

2. 피고는 원고가 출생하고 나서 원고의 생모와 관계를 맺은 사실도 있었으나, 두 사람 사이에는 태어난 자녀가 없었으며 결혼을 할 만한 정신적, 경제적 여유도 없었기에 원고의 생모와 피고는 헤어지기로 하였습니다.

3. 그러나 피고는 계속하여 결혼을 요구하였고, 이에 원고의 생모는 결혼할 수 없음을 설득하던 중, 피고가 원고와 원고의 생부 부지중에 20○○. 5. 3. 원고의 본래 이름인 김○영의 성을 정○영으로 정정하여 원고를 자신의 제적에 자로 입적하였습니다.

4. 따라서 위 입적은 원고와 피고 사이에 친생자관계가 존재하지 않음에도 불구하고 원고의 의사에 반한 피고의 일방적인 허위의 사실에 기한 인지이므로 원고는 청구취지와 같은 무효확인의 판결을 구하고자 이 건 청구에 이른 것입니다.

입 증 방 법

1. 갑 제1호증	제적등본
1. 갑 제2호증의 1, 2	각 가족관계증명서
1. 갑 제3호증	기본증명서
1. 갑 제4호증의 1, 2	각 주민등록초본

20○○. ○. ○.

위 원고의 친권자 모 김 ○ 란 (인)

○○ 가정법원 귀중

접수방법

1. 당사자 : 인지무효확인의 소를 제기할 수 있는 자는 인지자(부모), 인지자의 법정대리인 또는 4촌 이내의 친족, 피인지자(혼인 외의 자), 피인지자의 법정대리인 또는 4촌 이내의 친족이다. 인지자가 소를 제기한 경우에는 상대방은 피인지자이고, 피인지자가 소를 제기한 경우는 인지자가 상대방이

된다. 제3자가 소를 제기한 때에는 인지자와 피인지자 쌍방을 상대방으로 하되, 그 중 일방이 사망한 때에는 생존자를 상대방으로 하며, 상대방으로 될 자가 모두 사망할 때에는 검사를 상대방으로 한다(가소 24조, 28조).
2. 수입인지 : 20,000원의 인지를 납부한다.
3. 송달료 : 당사자수×4,800원(우편료)×12회분을 납부한다.
4. 관할법원 : 피인지자의 주소지를 관할하는 가정법원에 제출한다. 피인지자가 사망한 때에는 그 최후 주소지의 가정법원에 제출한다.

[서식 39] **인지무효확인 청구의 소장**(원고의 의사에 반한 인지신고)

소 장

원 고 정 ○ 일 (000000-0000000) (전화 :)
등록기준지 ○○시 ○○구 ○○로 123
주 소 ○○시 ○○구 ○○로 234 (우편번호 : 00000)

피 고 정 ○ 동 (000000-0000000) (전화 :)
등록기준지 ○○시 ○○구 ○○로 345
주 소 ○○시 ○○구 ○○로 456 (우편번호 : 00000)

인지무효확인 청구의 소

청 구 취 지

1. 원고가 피고에 대하여 한 인지(20○○. ○. ○. ○○구청장 접수)는 무효임을 확인한다.
2. 소송비용은 피고가 부담한다.

라는 판결을 구합니다.

청 구 원 인

1. 원고와 피고의 모인 소외 ○○○와 내연관계를 맺고 20○○. ○. ○.부터 20○○.

○. ○.까지 동거생활을 한 사실이 있으며, 피고의 모인 소외 ○○○는 원고와 헤어지자 마자 곧바로 소외 ○○○와 동거한 사실이 있었습니다.

2. 피고의 모는 원고와 헤어진 후 20○○. ○. ○. 피고를 출산하였고, 피고가 출산하자 원고의 아이라고 주장하며 원고에게 인지신고를 하여 달라고 수차례에 걸쳐 촉구하였으나 원고는 거절하였습니다.

3. 그 후 2년이 지난 무렵 가족관계등록부를 교부하여 본 바 피고가 20○○. ○. ○. 인지신고에 의하여 원고의 가족관계등록부에 등록되어 있음을 알았습니다.

4. 위와 같이 원고가 모르는 사이에 원고 의사와 무관하게 원고의 이름으로 인지신고가 된 것은 무효이므로 그 무효를 구하기 위하여 이 건 청구에 이른 것입니다.

입 증 방 법

1. 갑 제1호증 가족관계증명서
1. 갑 제2호증 기본증명서

첨 부 서 류

1. 위 입증서류 1통
1. 주민등록초본 2통
1. 소장부본 1통

20○○. ○. ○.

위 원고 정 ○ 일 (인)

○○ 가정법원 귀중

접수방법

1. 당사자 : 인지무효확인의 소를 제기할 수 있는 자는 인지자(부모), 인지자의 법정대리인 또는 4촌 이내의 친족, 피인지자(혼인 외의 자), 피인지자의 법정대리인 또는 4촌 이내의 친족이다. 인지자가 소를 제기한 경우에는 상대방은 피인지자이고, 피인지자가 소를 제기한 경우는 인지자가 상대방이 된다. 제3자가 소를 제기한 때에는 인지자와 피인지자 쌍방을 상대방으로 하되, 그 중 일방이 사망한 때에는 생존자를 상대방으로 하며, 상대방으로 될 자가 모두 사망할 때에는 검사를 상대방으로

한다(가소 24조, 28조).
2. 수입인지 : 20,000원의 인지를 납부한다.
3. 송달료 : 당사자수×4,800원(우편료)×12회분을 납부한다.
4. 관할법원 : 피인지자의 주소지를 관할하는 가정법원에 제출한다. 피인지자가 사망한 때에는 그 최후 주소지의 가정법원에 제출한다.

[참조 Ⅰ] 문례 – 수검명령

○ ○ 법 원
수 검 명 령

○ ○ ○ 귀하
사 건 20○○드단 1234 인지의 무효
원 고 임 ○ 순
피 고 권 ○ 길

위 사건에 관하여 귀하와 ○○○와의 사이의 혈족관계의 유무 확정을 위하여 귀하에 대하여 아래와 같이 검사를 실시하게 되었으니 아래의 검사일시 및 장소에 출석하여 검사를 받으시기 바랍니다.

정당한 이유 없이 이 수검명령에 위반한 때에는 1,000만원 이하의 과태료에 처하며 그 과태료의 제재를 받고도 다시 정당한 이유 없이 수검명령에 위반한 때에는 30일의 범위 내에서 감치에 처할 수 있습니다.

1. 검사의 일시 : 20○○. ○. ○. 14시 00분
2. 검사의 장소 : ○○대학교 의과대학 법의학실 연구동 ○○○호
3. 감 정 료 : ○○○○원(법원에 법원 보관금으로 납부할 것),
   검 사 료 : ○○○○원 (1인당 ○○○원)
4. 근 거 법 령 : 가사소송법 제29조, 제67조, 가사소송규칙 제19조
5. 주 의 사 항 : 검사료는 당일 지참하시고 주민등록증(혹은 주민등록등본) 및 도장 등 신분을 확인할 수 있는 증명서를 지참하시고 검사에 응하여 주시기 바랍니다.

20○○. ○. ○.

판사 ○ ○ ○ (인)

4. 양친자관계 존부의 확인

가. 의 의

입양무효사유나 협의상 파양의 무효사유 이외의 사유에 기하여 양친자라는 신분관계의 존재 또는 부존재의 확인을 구하는 소이다. 그 사유로는 입양의 실질적 요건을 갖추고 양친자관계를 형성하려는 의사로 출생신고를 함으로써 입양의 효력의 발생하였는데 파양 등을 위하여 양친자관계의 존재확인을 구하는 경우이다.

나. 사 유

(1) 입양의 부존재

① 당사자에게 입양신고를 하지 아니한 때
② 입양신고가 수리되었을 당시 당사자가 이미 사망하였을 때
③ 국제입양이 준거법을 따르지 아니하였을 때

(2) 입양의 존재

① 당사자에게 파양신고를 하지 않았을 때
② 파양신고가 수리되었을 당시 당사자가 이미 사망하였다든지 그 외의 입양이 해소되어 있었을 때
③ 국제파양이 준거법에 따르지 않았을 때
④ 외국의 파양판결이 국내에 승인을 받지 못하였을 때

다. 정당한 당사자

(1) 친생자관계 존부확인의 소와 같다. 민법 제777조 소정의 친족은 그 신분관계만으로 소를 제기할 이익이 있다.
(2) 친생자관계 존부확인의 소에 준하여 가족관계부 기록상 양친자관계에 있는 어느 한쪽의

당사자가 소를 제기할 때에는 다른 한쪽의 당사자(그가 사망한 때에는 검사)를 상대방으로 하고, 제3자가 소를 제기할 때에는 위 기록상 양친자관계가 있는 당사자 양쪽(어느 한쪽의 당사자가 사망한 때에는 생존한 다른 한쪽 당사자, 양쪽이 모두 사망한 때에는 검사)을 상대방으로 한다.

라. 심 리

피고가 되어야 할 자가 모두 사망하여 검사를 상대로 소를 제기할 때에는 그 사망을 안 날로부터 2년 내에 제기하여야 한다. 일반적으로 친생자관계 존부확인의 소와 같다.

마. 관 할

양친자관계존부확인소송은 단독판사의 사물관할에 속한다(민사및가사소송의사물관할에관한규칙 2조 2항). 상대방의 주소지를 관할하는 가정법원에 제출한다. 상대방이 모두 사망하면 그의 마지막 주소지를 관할하는 가정법원에 제출한다.

바. 청구취지 기재례

1. 피고들은 원고 ○○드 보예테, 같은 ○○희 보예테와 같은 김○수 사이에 양친자관계가 존재함을 확인한다.
2. 소송비용은 피고들이 부담한다.

5. 친생자관계 존부의 확인

가. 의 의

친생자관계존부확인의 소는 민법 제865조의 규정에 의하여 제기하는 소를 말한다. 즉, 법원에 의한 부의 결정(민법 845조), 자의 친생부인(민법 846조), 인지에 대한 이의의 소(민법 862조), 인지청구의 소(민법 863조) 및 인지의 무효에 해당하지 아니하는 다른 사유를 원인으로 하여 친생자관계의 존재 또는 부존재의 확인을 구하는 소이다.

나. 당 사 자

원 고	피 고	근 거 규 정
자와 자의 직계비속 부 또는 모, 모의 전부(前夫) 이해관계 있는 제3자 (민법 777조 소정의 친족)	부 또는 모자, 검사 부 또는 모와 자(고유필요적 공동) 부모와 자 살아 있는 부 또는 모, 자 검사(피고가 될 자가 모두 사망한 경우)	가소 27조 1항 민법 845조·846조 848조·850조 851조·862조 863조·865조 가소 24조·28조

다. 청구취지 기재례

(1) 자(子)가 부모의 일방 또는 쌍방을 상대방으로 한 경우

> 1. 원고와 피고(들) 사이에는 각기 친생자관계가 존재하지 아니함을 확인한다.
> 2. 소송비용은 피고(들)이 부담한다.

(2) 부부의 일방 또는 쌍방이 자(子)를 상대방으로 한 경우

> 1. 원고들과 피고 사이에는 친생자관계가 존재하지 아니함을 확인한다.
> 2. 소송비용은 피고(들)이 부담한다.

(3) 자(子)가 검사를 상대방으로 한 경우

> 1. 원고와 소외 망 ○○○ 사이에는 친생자관계가 존재하지 아니함을 확인한다.
> 2. 소송비용은 국고가 부담한다.

(4) 부(父)가 자(子)를 상대방으로 하여 자기와 자(子) 사이 및 망 처(亡 妻)와 자(子) 사이의 각 친생자관계부존재확인을 병합 청구한 경우

> 1. 원고와 소외 망 ○○○는 피고와의 사이에 각기 친생자관계가 존재하지 아니함을 확인한다.
> 2. 소송비용은 피고가 부담한다.

(5) 제3자가 부모의 일방 또는 쌍방 자(子)를 상대방으로 한 경우

1. 피고 김○○와 피고 이○○ 및 피고 박○○ 사이에는 각기 친생자관계가 존재하지 아니함을 확인한다.
2. 피고 김○○은 나머지 피고들의 친생자가 아님을 확인한다.
3. 피고들 사이에는 친생자관계가 존재하지 아니함을 확인한다(부모 중 일방과 자만을 상대방으로 한 경우).
4. 소송비용은 피고(들)이 부담한다.

(6) 제3자가 자(子)를 상대방으로 한 경우

1. 피고 김○○와 소외 망 이○○(및 같은 박○○) 사이에는 각 친생자관계가 존재하지 아니함을 확인한다.
2. 소송비용은 피고(들)이 부담한다.

(7) 제3자가 검사를 상대방으로 한 경우

1. 소외 망 김○○와 같은 이○○ 및 박○○ 사이에는 각 친생자관계가 존재하지 아니함을 확인한다.
2. 소송비용은 피고가 부담한다.

※ 제척기간 : 당사자의 일방이 사망하여 검사를 상대방으로 하여 소를 제기할 때에는 그 사망사실을 안 날로부터 1년 내에 소를 제기하여야 한다.

[서식 40] 친생자관계 부존재확인 청구의 소장(적출자로 출생신고)

소 장

원 고 김 ○ 숙 (000000-0000000) (전화 :)
등록기준지 ○○시 ○○구 ○○로 ○○
주 소 ○○시 ○○구 ○○로 ○○ (우편번호 : 00000)

피 고 이 ○ 현 (000000-0000000) (전화 :)
등록기준지 ○○시 ○○구 ○○로 ○○
주 소 ○○시 ○○구 ○○로 ○○ (우편번호 : 00000)

친생자관계부존재확인 청구의 소

청 구 취 지

1. 원고와 피고 사이에는 친생자관계가 존재하지 아니함을 확인한다.
2. 소송비용은 피고가 부담한다.

라는 판결을 구합니다.

청 구 원 인

1. 원고는 남편 소외 망 이기동이 생존할 당시인 20○○. 9.경 원고 내외와 전혀 혈연관계가 없는 피고를 입양하였으나 가족관계등록부상은 두 사람 사이에 20○○. 3. 9. 출생한 적출자인 것처럼 출생신고 하였습니다.
2. 원고는 위와 같이 잘못 신고된 가족관계등록부를 바로 잡고자 본 건 청구에 이른 것입니다.

입 증 방 법

1. 갑 제1호증 가족관계증명서

첨 부 서 류

1. 위 입증서류 1통

1. 주민등록초본 2통
1. 소장부본 1통

20○○. ○. ○.

위 원고 김 ○ 숙 (인)

○○ 가정법원 귀중

접수방법

1. 수입인지 : 20,000원의 인지를 납부한다.
2. 송달료 : 당사자수 × 4,800원(우편료) × 12회분을 납부한다.
3. 관할법원 : 상대방(상대방이 수인인 때에는 그 중 1인) 주소지 관할법원이 전속관할이다. 상대방이 모두 사망하면 그의 최후 주소지를 관할하는 가정법원에 제출한다.

주 1. 가족관계등록부상 모와 친생자관계가 없는 경우

가족관계등록부상 친자로 기재되어 있으나 실제로 친자관계가 아닌 경우로서 부의 결정, 친생부인, 인지 등 소송으로 해결할 수 없는 때에는 친생자관계부존재 확인의 소를 통하여 친자관계를 바로 잡을 수 있다. 예컨대 혼인 외의 자녀가 혼인 중의 자녀로 가족관계등록부에 기재되어 있는 경우 그 자녀는 가족관계등록부상 모를 상대(만일 상대방이 사망하였다면 관할 검찰청의 검사를 상대로 한다)로 친생자관계부존재 확인의 소를 제기하여 승소판결을 얻은 후 그 판결에 의해 자의 가족관계등록부를 정정하여 달라는 취지의 가족관계등록관서에 할 수 있다.

위 신청을 받은 해당관서는 자의 가족관계등록부 일반등록사항에 그 사유를 기록하고 모의 특정등록사항을 말소한다.

한편 종래에는 친생자관계부존재확인 판결문의 "이유"에 친생모와의 관계 등이 기재되면 이에 따라 가족관계등록부에 친생모를 기록할 수 있었으나, 2009. 7. 20.부터는 판결문의 '이유'에 친생모와의 관계가 표시된 것만으로는 친생모를 기록할 수 없게 되었다{'친자관계의 판결에 의한 가족관계등록부 정정절차예규'(대법원 가족관계등록부예규 제300호)제4호 제3항}. 따라서 실부모 출생 당시 동거친족, 분만에 관여한 의사, 조산자 등 출생신고의 무자가 출생신고의 추후 보완신고를 하면 가족관계등록부에 친생모를 기록하게 되고, 출생신고의 추후 보완신고를 할 수 없을 경우에는 별도로 자와 친생모 사이의 친생자관계존재 확인 등의 판결을 받아 친생모를 기록할 수 있다.

2. 입양의 의사로 출생신고를 경우 파양절차

양자로 하려는 아이를 자기의 출생자로서 출생신고를 한 경우에는 양친자관계가 발생한다(대법원 1977. 7. 26. 선고 77다492 판결). 따라서 아이와의 친자관계를 해소하기 위해서는 친생자관계부존재 확인의 소가 아닌 재판상 파양을 하여야 한다.

종래에는 파양 판결을 얻은 당사자가 그 판결을 소명자료로 하여 가족관계등록부정정허가결정을 얻어서 친생자관계를 양친자관계로 바로잡는 가족관계등록정정신청(가족관계등록정정허가결정문 첨부) 및 양친자 관계를 해소하는 파양신고(파양 판결문 첨부)를 할 수 있었으나 2009. 7. 20부터는 파양 판결만으로는 허위의 출생신고로 기록한 친생자관계를 정정할 수 없게 되었고, 별도로 양친자관계존재확인 판결을 받아야 하는 것으로 변경되었다{'양친자관계존재확인판결에 의한 가족관계등록부 정정절차 예규'(대법원 가족관계등록예규 제301호) 제6조} 따라서 입양의 의사로 출생신고를 하였다가 파양하려고 할 경우에는 파양 청구를 함과 동시에 양친자관계존재확인의 소를 제기하여야 할 것이다.

3. 배우자의 혼인 외의 자가 가족관계등록부에 친생자로 기록되어 있는 경우

혼인중의 자로 추정되는 자녀에 대한 친생부인은 반드시 소로써 하여야 한다. 친생자임은 부인할 대상인 자녀가 친생자로 추정되고 있음을 그 전제로 하므로 혼인성립의 날로부터 200일 뒤에 태어난 아이이거나 혼인해소의 날로부터 300일 안에 태어난 아이가 아니면 안된다(민법 844조).

다만, 혼인성립의 날로부터 200일 뒤에 태어나거나 혼인해소의 날로부터 300일 안에 태어난 자녀라 하더라도 남편이 수감 중이거나 외국에 체류 중이라든지 그 아이가 부부 사이에 태어난 아이가 아님이 명백한 경우에는 친생부인의 소를 제기할 필요 없이 친생자관계부존재 확인의 소를 제기할 수 있다.

친생부인의 소는 부 또는 처가 다른 일방 또는 자녀를 상대로 하여 친생자 관계가 존재하지 않음을 안 날로부터 2년 내에 제기하여야 한다(민법 847조). 친생부인의 판결이 확인되면 원고는 그 확정일로부터 1개월 안에 가족관계등록정정신청을 하여야 한다.

4. 친생자관계부존재확인판결에 따른 가족관계등록부의 정리(가족관계등록부상 부모를 상대로 하여 친생자관계부존재확인 판결을 받았고 출생신고를 해 줄 가족이 없으며 친부모가 누구인지 모르는 경우 가족관계등록부 정리절차) :

친생자관계부존재확인 판결은 그 판결의 형태에 따라 가족관계등록부 정리방법이 달라진다. 부의 출생신고에 의하여 혼인 중의 자녀로 기록된 자녀가 모와 사이에서 친생자관계부존재확인 판결을 받아 가족관계등록부 정정신청을 한 경우에는 자녀의 가족관계등록부 일반등록사항에 그 사유를 기록하고 모의 특정등록사항을 말소한 후 친생모의 특정등록사항을 기록한다. 이 경우 주의할 점을 친생모의 특정등록사항을 기록하기 위해서는 판결문에 친생모에 대한 사항이 기록되어야 한다. 친생모에 대한 사항이 판결주문에 나타나야 하는지 여부에 관해서는 다소 논란이 있는데 선례는 판결주문 뿐만 아니라 판결이유에 친생모에 대한 사항이 나타나도 상관없으나, 이 경우 친모가 특정되어야 하기 때문에 판결

문에 친생모의 성명 외에 등록기준지나 주민등록번호가 함께 기재되어 있어야 한다.

부에 의하여 출생신고된 자녀가 부와의 관계에서 친생자관계부존재확인 판결을 받은 경우에는 가족관계등록정리절차가 좀 복잡하다. 이를 순서적으로 나열하면 다음과 같다.

– 출생신고 의무자가 있는 경우 –

판결문 첨부하여 가족관계등록정정신청(구청) → 가족관계등록부폐쇄(정정신청에 따라 구청에서 폐쇄) → 출생신고(구청) → 가족관계등록부 작성(출생신고에 따라 구청에서 작성) → 가족관계등록정정허가신청(가정법원, 폐쇄등록부에 기록된 신분사항을 이기하기 위하여, 혼인사유기록의 경우에는 법원 허가 불필요함) → 가족관계등록정정신청(구청, 정정허가결정문 첨부) → 배우자 및 직계비속의 등록기준지에 존재신고

– 출생신고 의무자가 없는 경우 –

판결문 첨부하여 가족관계등록정정신청(구청) → 가족관계등록부폐쇄(정정신청에 따라 구청에서 폐쇄) → 가족관계등록창설허가신청(가정법원, 부를 알 수 없다면 성과 본의 창설허가도 법원에 신청하여야함) → 가족관계등록창설신고(구청) → 가족관계등록부작성(창설신고에 따라 구청에서 작성) → 가족관계등록정정허가신청(가정법원, 폐쇄등록부에 기록된 신분사항을 이기하기 위하여, 혼인사유 기록의 경우에는 법원 허가 불필요함) → 가족관계등록정정신청(구청, 정정허가결정문 첨부) → 배우자 및 직계비속의 등록기준지에 가족관계등록부 존재신고

[서식 41] 친생자관계 부존재확인 청구의 소장(사실에 반한 출생신고)

소 장

원 고 1. 김 ○ 석 (부) (전화 :)
주민등록번호 : 000000-0000000
등록기준지 : ○○시 ○○구 ○○로 ○○
주 소 : ○○시 ○○구 ○○로 ○○ (우편번호 : 00000)

2. 유 ○ 숙 (모) (전화 :)
주민등록번호 : 000000-0000000
등록기준지 : ○○시 ○○구 ○○로 ○○
주 소 : ○○시 ○○구 ○○로 ○○ (우편번호 : 00000)

피　고　　김 ○ 호 (전화 :　　　　)
　　　　　주민등록번호 : 000000-0000000
　　　　　등록기준지 : 원고들과 같음
　　　　　주　　　소 : ○○시 ○○구 ○○로 ○○ (우편번호 : 00000)

친생자관계부존재확인 청구의 소

청 구 취 지

1. 원고들과 피고 사이에는 각기 친생자관계가 존재하지 아니함을 확인한다.
2. 소송비용은 피고가 부담한다.

라는 판결을 구합니다.

청 구 원 인

1. 피고는 가족관계등록부상 원고들의 2남으로 기재되어 있으나 사실은 피고의 생모인 소외 김미숙이 혼인 외의 관계에서 20○○. 3. 4. 출생한 자입니다.
2. 피고의 모는 피고를 혼인 외의 자로 출생신고하는 것을 꺼려 오빠인 원고 김○석에게 상의한 결과 원고들이 피고의 장래를 생각하여 피고를 원고들의 2남으로 출생신고를 하였습니다.
3. 그러나 피고는 출생 이래 실모와 함께 생활하여 왔는 바 최근 성장하면서부터 가족관계등록부를 사실대로 정정하여 달라고 조르고 있습니다.
4. 그러므로 원고들과 피고간의 친자관계를 부정하기 위하여 본 소 청구에 이른 것입니다.

입 증 방 법

1. 갑 제1호증의 1, 2　　　　각 가족관계증명서

첨 부 서 류

1. 위 입증서류　　　　1통
1. 주민등록초본　　　　3통

1. 소장부본 1통

20○○. ○. ○.

위 원고 김 ○ 석 (인)
유 ○ 숙 (인)

○○ 가정법원 귀중

접수방법

1. 수입인지 : 20,000원의 인지를 납부한다.
2. 송달료 : 당사자수×4,800원(우편료)×12회분을 납부한다.
3. 관할법원 : 상대방(상대방이 수인인 때에는 그 중 1인) 주소지 관할법원이 전속관할이다. 상대방이 모두 사망하면 그의 최후 주소지를 관할하는 가정법원에 제출한다.

주 1. 가족관계등록부상 모와 친생자관계가 없는 경우

가족관계등록부상 친자로 기재되어 있으나 실제로 친자관계가 아닌 경우로서 부의 결정, 친생부인, 인지 등 소송으로 해결할 수 없는 때에는 친생자관계부존재 확인의 소를 통하여 친자관계를 바로 잡을 수 있다. 예컨대 혼인 외의 자녀가 혼인 중의 자녀로 가족관계등록부에 기재되어 있는 경우 그 자녀는 가족관계등록부상 모를 상대(만일 상대방이 사망하였다면 관할 검찰청의 검사를 상대로 한다)로 친생자관계부존재 확인의 소를 제기하여 승소판결을 얻은 후 그 판결에 의해 자의 가족관계등록부를 정정하여 달라는 취지의 가족관계등록관서에 할 수 있다.

위 신청을 받은 해당관서는 자의 가족관계등록부 일반등록사항에 그 사유를 기록하고 모의 특정등록사항을 말소한다.

한편 종래에는 친생자관계부존재확인 판결문의 "이유"에 친생모와의 관계 등이 기재되면 이에 따라 가족관계등록부에 친생모를 기록할 수 있었으나, 2009. 7. 20.부터는 판결문의 '이유'에 친생모와의 관계가 표시된 것만으로는 친생모를 기록할 수 없게 되었다{'친자관계의 판결에 의한 가족관계등록부 정정절차예규'(대법원 가족관계등록부예규 제300호)제4호 제3항}. 따라서 실부모 출생 당시 동거친족, 분만에 관여한 의사, 조산자 등 출생신고의 무자가 출생신고의 추후 보완신고를 하면 가족관계등록부에 친생모를 기록하게 되고, 출생신고의 추후 보완신고를 할 수 없을 경우에는 별도로 자와 친생모 사이의 친생자관계존재 확인 등의 판결을 받아 친생모를 기록할 수 있다.

2. 입양의 의사로 출생신고를 경우 파양절차

양자로 하려는 아이를 자기의 출생자로서 출생신고를 한 경우에는 양친자관계가 발생한다(대법원 1977. 7. 26. 선고 77다492 판결). 따라서 아이와의 친자관계를 해소하기 위해서는 친생자관계부존재 확인의 소가 아닌 재판상 파양을 하여야 한다.

종래에는 파양 판결을 얻은 당사자가 그 판결을 소명자료로 하여 가족관계등록부정정허가결정을 얻어서 친생자관계를 양친자관계로 바로잡는 가족관계등록정정신청(가족관계등록정정허가결정문 첨부) 및 양친자 관계를 해소하는 파양신고(파양 판결문 첨부)를 할 수 있었으나 2009. 7. 20부터는 파양 판결만으로는 허위의 출생신고로 기록한 친생자관계를 정정할 수 없게 되었고, 별도로 양친자관계존재확인 판결을 받아야 하는 것으로 변경되었다{'양친자관계존재확인판결에 의한 가족관계등록부 정정절차 예규'(대법원 가족관계등록예규 제301호) 제6조} 따라서 입양의 의사로 출생신고를 하였다가 파양하려고 할 경우에는 파양 청구를 함과 동시에 양친자관계존재확인의 소를 제기하여야 할 것이다.

3. 배우자의 혼인 외의 자가 가족관계등록부에 친생자로 기록되어 있는 경우

혼인중의 자로 추정되는 자녀에 대한 친생부인은 반드시 소로써 하여야 한다. 친생자임은 부인할 대상인 자녀가 친생자로 추정되고 있음을 그 전제로 하므로 혼인성립의 날로부터 200일 뒤에 태어난 아이이거나 혼인해소의 날로부터 300일 안에 태어난 아이가 아니면 안된다(민법 844조).

다만, 혼인성립의 날로부터 200일 뒤에 태어나거나 혼인해소의 날로부터 300일 안에 태어난 자녀라 하더라도 남편이 수감 중이거나 외국에 체류 중이라든지 그 아이가 부부 사이에 태어난 아이가 아님이 명백한 경우에는 친생부인의 소를 제기할 필요 없이 친생자관계부존재 확인의 소를 제기할 수 있다.

친생부인의 소는 부 또는 처가 다른 일방 또는 자녀를 상대로 하여 친생자 관계가 존재하지 않음을 안 날로부터 2년 내에 제기하여야 한다(민법 847조). 친생부인의 판결이 확인되면 원고는 그 확정일로부터 1개월 안에 가족관계등록정정신청을 하여야 한다.

4. 친생자관계부존재확인판결에 따른 가족관계등록부의 정리(가족관계등록부상 부모를 상대로 하여 친생자관계부존재확인 판결을 받았고 출생신고를 해 줄 가족이 없으며 친부모가 누구인지 모르는 경우 가족관계등록부 정리절차) :

친생자관계부존재확인 판결은 그 판결의 형태에 따라 가족관계등록부 정리방법이 달라진다. 부의 출생신고에 의하여 혼인 중의 자녀로 기록된 자녀가 모와 사이에서 친생자관계부존재확인 판결을 받아 가족관계등록부 정정신청을 한 경우에는 자녀의 가족관계등록부 일반등록사항에 그 사유를 기록하고 모의 특정등록사항을 말소한 후 친생모의 특정등록사항을 기록한다. 이 경우 주의할 점을 친생모의 특정등록사항을 기록하기 위해서는 판결문에 친생모에 대한 사항이 기록되어야 한다. 친생모에 대한 사항이 판결주문에 나타나야 하는지 여부에 관해서는 다소 논란이 있는데 선례는 판결주문 뿐만 아니라 판결이유에 친생모에 대한 사항이 나타나도 상관없으나, 이 경우 친모가 특정되어야 하기 때문에 판결

문에 친생모의 성명 외에 등록기준지나 주민등록번호가 함께 기재되어 있어야 한다.

부에 의하여 출생신고된 자녀가 부와의 관계에서 친생자관계부존재확인 판결을 받은 경우에는 가족관계등록정리절차가 좀 복잡하다. 이를 순서적으로 나열하면 다음과 같다.

– 출생신고 의무자가 있는 경우 –

판결문 첨부하여 가족관계등록정정신청(구청) → 가족관계등록부폐쇄(정정신청에 따라 구청에서 폐쇄) → 출생신고(구청) → 가족관계등록부 작성(출생신고에 따라 구청에서 작성) → 가족관계등록정정허가신청(가정법원, 폐쇄등록부에 기록된 신분사항을 이기하기 위하여, 혼인사유기록의 경우에는 법원 허가 불필요함) → 가족관계등록정정신청(구청, 정정허가결정문 첨부) → 배우자 및 직계비속의 등록기준지에 존재신고

– 출생신고 의무자가 없는 경우 –

판결문 첨부하여 가족관계등록정정신청(구청) → 가족관계등록부폐쇄(정정신청에 따라 구청에서 폐쇄) → 가족관계등록창설허가신청(가정법원, 부를 알 수 없다면 성과 본의 창설허가도 법원에 신청하여야함) → 가족관계등록창설신고(구청)→ 가족관계등록부작성(창설신고에 따라 구청에서 작성) → 가족관계등록정정허가신청(가정법원, 폐쇄등록부에 기록된 신분사항을 이기하기 위하여, 혼인사유 기록의 경우에는 법원 허가 불필요함) → 가족관계등록정정신청(구청, 정정허가결정문 첨부) → 배우자 및 직계비속의 등록기준지에 가족관계등록부 존재신고

[서식 42] 친생자관계 부존재확인 청구의 소장(사실에 반한 출생신고)

소 장

원 고 진 ○ 희 (부의 처 겸 생모) (전화 :)
(주민등록번호 : 000000-0000000)
등록기준지 ○○시 ○○구 ○○로 ○○
주 소 ○○시 ○○구 ○○로 ○○ (우편번호 : 00000)

피 고 1. 정 ○ 숙 (등록부상 : 모) (전화 :)
주민등록번호 : 000000-0000000
등 록 기 준 지 : ○○시 ○○구 ○○로 ○○
주 소 : ○○시 ○○구 ○○로 ○○ (우편번호 : 00000)

2. 임 ○ 호 (미성년자) (전화 :)
주민등록번호 : 000000-0000000)
등록기준지 : ○○시 ○○구 ○○로 ○○
주 소 : ○○시 ○○구 ○○로 ○○
피고 2는 미성년자이므로 특별대리인 임○○
주 소 : ○○시 ○○구 ○○로 ○○ (우편번호 : 00000)

친생자관계부존재확인 청구의 소

청 구 취 지

1. 피고 정○숙(등록부상 모)와 피고(미성년자) 임○호 사이에는 친생자관계가 존재하지 아니함을 확인한다.
2. 소송비용은 피고들이 부담한다.

라는 판결을 구합니다.

청 구 원 인

1. 소외 망 임○철은 피고 전○숙과 20○○. 2. 5. 혼인신고를 한 법률상 부부입니다.
2. 위 망 임○철과 20○○. 8.월경부터 내연의 관계를 맺어오다가 20○○. 4. 20. 피고(미성년자) 임○호를 출산하였습니다.
3. 그런데 망 임○철은 피고 임○호를 법률상 처인 정○숙과 자신 사이의 출생자로 출생신고를 하였습니다.
4. 피고 정○숙은 망 임○철과 20○○. 10. 20. 협의이혼한 후 다른 사람과 재혼하였고, 원고가 망 임○철과 혼인을 하여 현재는 가족관계등록부상 부의 처로 되어 있으나, 피고 임○호의 생모로서 가족관계등록부정정을 하여야 할 것이고 피고 정○숙(등록부상 모)은 피고 임○호의 친모가 아니므로 이 건 청구에 이른 것입니다.

입 증 방 법

1. 갑 제1호증 제적등본
1. 갑 제2호증 가족관계증명서
1. 갑 제3호증 특별대리인결정정본

첨 부 서 류

1. 위 입증서류 1통
1. 주민등록초본 3통
1. 소장부본 2통

20○○. ○. ○.

위 원고 진 ○ 희 (인)

○○ 가정법원 귀중

접수방법

1. 수입인지 : 20,000원의 인지를 납부한다.
2. 송달료 : 당사자수×4,800원(우편료)×12회분을 납부한다.
3. 관할법원 : 상대방(상대방이 수인인 때에는 그 중 1인) 주소지 관할법원이 전속관할이다. 상대방이 모두 사망하면 그의 최후 주소지를 관할하는 가정법원에 제출한다.

주 1. **가족관계등록부상 모와 친생자관계가 없는 경우**

가족관계등록부상 친자로 기재되어 있으나 실제로 친자관계가 아닌 경우로서 부의 결정, 친생부인, 인지 등 소송으로 해결할 수 없는 때에는 친생자관계부존재 확인의 소를 통하여 친자관계를 바로 잡을 수 있다. 예컨대 혼인 외의 자녀가 혼인 중의 자녀로 가족관계등록부에 기재되어 있는 경우 그 자녀는 가족관계등록부상 모를 상대(만일 상대방이 사망하였다면 관할 검찰청의 검사를 상대로 한다)로 친생자관계부존재 확인의 소를 제기하여 승소판결을 얻은 후 그 판결에 의해 자의 가족관계등록부를 정정하여 달라는 취지의 가족관계등록관서에 할 수 있다.

위 신청을 받은 해당관서는 자의 가족관계등록부 일반등록사항에 그 사유를 기록하고 모의 특정등록사항을 말소한다.

한편 종래에는 친생자관계부존재확인 판결문의 "이유"에 친생모와의 관계 등이 기재되면 이에 따라 가족관계등록부에 친생모를 기록할 수 있었으나, 2009. 7. 20.부터는 판결문의 '이유'에 친생모와의 관계가 표시된 것만으로는 친생모를 기록할 수 없게 되었다{'친자관계의 판결에 의한 가족관계등록부 정정절차예규'(대법원 가족관계등록부예규 제300호)제4호 제3항}. 따라서 실부모 출생 당시 동거친족, 분만에 관여한 의사, 조산자 등 출생신고의 무자가 출생신고의 추후 보완신고를 하면 가족관계등록부에 친생모를 기록하게 되고, 출생신고의 추후 보완신고를 할 수 없을 경우에는 별도로 자와 친생모 사이의 친생자관계존재 확인 등의 판결을 받아 친생모를 기록할 수 있다.

2. 입양의 의사로 출생신고를 경우 파양절차

양자로 하려는 아이를 자기의 출생자로서 출생신고를 한 경우에는 양친자관계가 발생한다(대법원 1977. 7. 26. 선고 77다492 판결). 따라서 아이와의 친자관계를 해소하기 위해서는 친생자관계부존재 확인의 소가 아닌 재판상 파양을 하여야 한다.

종래에는 파양 판결을 얻은 당사자가 그 판결을 소명자료로 하여 가족관계등록부정정허가결정을 얻어서 친생자관계를 양친자관계로 바로잡는 가족관계등록정정신청(가족관계등록정정허가결정문 첨부) 및 양친자 관계를 해소하는 파양신고(파양 판결문 첨부)를 할 수 있었으나 2009. 7. 20,부터는 파양 판결만으로는 허위의 출생신고로 기록한 친생자관계를 정정할 수 없게 되었고, 별도로 양친자관계존재확인 판결을 받아야 하는 것으로 변경되었다{'양친자관계존재확인판결에 의한 가족관계등록부 정정절차 예규'(대법원 가족관계등록예규 제301호) 제6조} 따라서 입양의 의사로 출생신고를 하였다가 파양하려고 할 경우에는 파양 청구를 함과 동시에 양친자관계존재확인의 소를 제기하여야 할 것이다.

3. 배우자의 혼인 외의 자가 가족관계등록부에 친생자로 기록되어 있는 경우

혼인중의 자로 추정되는 자녀에 대한 친생부인은 반드시 소로써 하여야 한다. 친생자임은 부인할 대상인 자녀가 친생자로 추정되고 있음을 그 전제로 하므로 혼인성립의 날로부터 200일 뒤에 태어난 아이이거나 혼인해소의 날로부터 300일 안에 태어난 아이가 아니면 안된다(민법 844조).

다만, 혼인성립의 날로부터 200일 뒤에 태어나거나 혼인해소의 날로부터 300일 안에 태어난 자녀라 하더라도 남편이 수감 중이거나 외국에 체류 중이라든지 그 아이가 부부 사이에 태어난 아이가 아님이 명백한 경우에는 친생부인의 소를 제기할 필요 없이 친생자관계부존재 확인의 소를 제기할 수 있다.

친생부인의 소는 부 또는 처가 다른 일방 또는 자녀를 상대로 하여 친생자 관계가 존재하지 않음을 안 날로부터 2년 내에 제기하여야 한다(민법 847조). 친생부인의 판결이 확인되면 원고는 그 확정일로부터 1개월 안에 가족관계등록정정신청을 하여야 한다.

4. 친생자관계부존재확인판결에 따른 가족관계등록부의 정리(가족관계등록부상 부모를 상대로 하여 친생자관계부존재확인 판결을 받았고 출생신고를 해 줄 가족이 없으며 친부모가 누구인지 모르는 경우 가족관계등록부 정리절차) :

친생자관계부존재확인 판결은 그 판결의 형태에 따라 가족관계등록부 정리방법이 달라진다. 부의 출생신고에 의하여 혼인 중의 자녀로 기록된 자녀가 모와 사이에서 친생자관계부존재확인 판결을 받아 가족관계등록부 정정신청을 한 경우에는 자녀의 가족관계등록부 일반등록사항에 그 사유를 기록하고 모의 특정등록사항을 말소한 후 친생모의 특정등록사항을 기록한다. 이 경우 주의할 점을 친생모의 특정등록사항을 기록하기 위해서는 판결문에 친생모에 대한 사항이 기록되어야 한다. 친생모에 대한 사항이 판결주문에 나타나야 하는지 여부에 관해서는 다소 논란이 있는데 선례는 판결주문 뿐만 아니라 판결이유에 친생모에 대한 사항이 나타나도 상관없으나, 이 경우 친모가 특정되어야 하기 때문에 판결

문에 친생모의 성명 외에 등록기준지나 주민등록번호가 함께 기재되어 있어야 한다.

부에 의하여 출생신고된 자녀가 부와의 관계에서 친생자관계부존재확인 판결을 받은 경우에는 가족관계등록정리절차가 좀 복잡하다. 이를 순서적으로 나열하면 다음과 같다.

– 출생신고 의무자가 있는 경우 –

판결문 첨부하여 가족관계등록정정신청(구청) → 가족관계등록부폐쇄(정정신청에 따라 구청에서 폐쇄) → 출생신고(구청) → 가족관계등록부 작성(출생신고에 따라 구청에서 작성) → 가족관계등록정정허가신청(가정법원, 폐쇄등록부에 기록된 신분사항을 이기하기 위하여, 혼인사유기록의 경우에는 법원 허가 불필요함) → 가족관계등록정정신청(구청, 정정허가결정문 첨부) → 배우자 및 직계비속의 등록기준지에 존재신고

– 출생신고 의무자가 없는 경우 –

판결문 첨부하여 가족관계등록정정신청(구청) → 가족관계등록부폐쇄(정정신청에 따라 구청에서 폐쇄) → 가족관계등록창설허가신청(가정법원, 부를 알 수 없다면 성과 본의 창설허가도 법원에 신청하여야함) → 가족관계등록창설신고(구청)→ 가족관계등록부작성(창설신고에 따라 구청에서 작성) → 가족관계등록정정허가신청(가정법원, 폐쇄등록부에 기록된 신분사항을 이기하기 위하여, 혼인사유 기록의 경우에는 법원 허가 불필요함) → 가족관계등록정정신청(구청, 정정허가결정문 첨부) → 배우자 및 직계비속의 등록기준지에 가족관계등록부 존재신고

[서식 43] 친생자관계 부존재확인 청구의 소장(자녀가 없는 관계로 입적)

소 장

원 고 김 ○ ○ (金 ○ ○) (전화 :)
주민등록번호 : 000000-0000000
등록기준지 : ○○시 ○○구 ○○로 ○○
주 소 : ○○시 ○○구 ○○로 ○○ (우편번호 : 00000)

피 고 이 ○ ○ (李 ○ ○) (전화 :)
주민등록번호 : 000000-0000000
등록기준지 : ○○시 ○○구 ○○로 ○○
주 소 : ○○시 ○○구 ○○로 ○○ (우편번호 : 00000)

친생자관계부존재확인 청구의 소

청 구 취 지

1. 원고는 피고와 청구외 망 김○이 사이에 친생자관계가 존재하지 아니함을 확인한다.
2. 소송비용은 피고가 부담한다.

라는 판결을 구합니다.

청 구 원 인

1. 원고는 피고의 자로 등록된 자이고, 피고는 가족관계등록부에 원고의 모이며, 소외 김○이는 가족관계등록부에서 원고의 부친입니다.
2. 원고는 소외 김○이의 친부인 소외 김○일의 자이지만 소외 김○일이가 60세의 나이에 원고를 출산하였고, 당시 소외 김○이가 결혼을 하고 자녀가 없는 관계로 인하여 원고의 친부 김○일이 소외 김○이의 자녀로 당시 가족관계등록부에 입적을 하면서 소외 김○이의 자로 등재하였던 것입니다.
3. 원고 및 가족들은 이러한 사실을 모두 인지하고 있으나 최근 원고의 친부인 청구외 김○일이 사망하자 소외 김○일에 대한 상속문제로 원고의 가족 및 피고 등이 말다툼을 발생하게 되었습니다.
4. 따라서 원고는 부득이 처제에 피고의 자로서 청구취지와 같은 판결을 받아 피고의 가족관계등록부를 정리하고자 본 소 청구에 이른 것입니다.(대부분 친부모 중 어느 일방을 대상으로 할 때 신청함)

입 증 방 법

1. 갑 제1호증	제적등본(원고의 부친 관련)
1. 갑 제2호증	가족관계증명서(원고 관련)
1. 갑 제3호증	확인서(친인척) 사본

첨 부 서 류

1. 위 입증서류	1통
1. 주민등록초본	2통
1. 소장부본	1통

20○○. ○. ○.

위 원고 김 ○ ○ (인)

○○ 가정법원 귀중

접수방법

1. 수입인지 : 20,000원의 인지를 납부한다.
2. 송달료 : 당사자수×4,800원(우편료)×12회분을 납부한다.
3. 관할법원 : 상대방(상대방이 수인인 때에는 그 중 1인) 주소지 관할법원이 전속관할이다. 상대방이 모두 사망하면 그의 최후 주소지를 관할하는 가정법원에 제출한다.

주 1. **가족관계등록부상 모와 친생자관계가 없는 경우**

가족관계등록부상 친자로 기재되어 있으나 실제로 친자관계가 아닌 경우로서 부의 결정, 친생부인, 인지 등 소송으로 해결할 수 없는 때에는 친생자관계부존재 확인의 소를 통하여 친자관계를 바로 잡을 수 있다. 예컨대 혼인 외의 자녀가 혼인 중의 자녀로 가족관계등록부에 기재되어 있는 경우 그 자녀는 가족관계등록부상 모를 상대(만일 상대방이 사망하였다면 관할 검찰청의 검사를 상대로 한다)로 친생자관계부존재 확인의 소를 제기하여 승소판결을 얻은 후 그 판결에 의해 자의 가족관계등록부를 정정하여 달라는 취지의 가족관계등록관서에 할 수 있다.

위 신청을 받은 해당관서는 자의 가족관계등록부 일반등록사항에 그 사유를 기록하고 모의 특정등록사항을 말소한다.

한편 종래에는 친생자관계부존재확인 판결문의 "이유"에 친생모와의 관계 등이 기재되면 이에 따라 가족관계등록부에 친생모를 기록할 수 있었으나, 2009. 7. 20.부터는 판결문의 '이유'에 친생모와의 관계가 표시된 것만으로는 친생모를 기록할 수 없게 되었다{'친자관계의 판결에 의한 가족관계등록부 정정절차예규'(대법원 가족관계등록부예규 제300호)제4호 제3항}. 따라서 실부모 출생 당시 동거친족, 분만에 관여한 의사, 조산자 등 출생신고의 무자가 출생신고의 추후 보완신고를 하면 가족관계등록부에 친생모를 기록하게 되고, 출생신고의 추후 보완신고를 할 수 없을 경우에는 별도로 자와 친생모 사이의 친생자관계존재 확인 등의 판결을 받아 친생모를 기록할 수 있다.

2. **입양의 의사로 출생신고를 경우 파양절차**

양자로 하려는 아이를 자기의 출생자로서 출생신고를 한 경우에는 양친자관계가 발생한다(대법원 1977. 7. 26. 선고 77다492 판결). 따라서 아이와의 친자관계를 해소하기 위해서는 친생자관계부존재 확인의 소가 아닌 재판상 파양을 하여야 한다.

종래에는 파양 판결을 얻은 당사자가 그 판결을 소명자료로 하여 가족관계등록부정정허가결정을 얻어서 친생자관계를 양친자관계로 바로잡는 가족관계등록정정신청(가족관계등록정정허가결정문 첨부) 및 양친자 관계를 해소하는 파양신고(파양 판결문 첨부)를 할 수 있었으나 2009. 7. 20,부터는 파양 판결만으로는 허위의 출생신고로 기록한 친생자관계를 정정할 수 없게 되었고, 별도로 양친자관계존재확인 판결을 받아야 하는 것으로 변경되었다{'양친자관계존재확인판결에 의한 가족관계등록부 정정절차 예규'(대법원 가족관계등록예규 제301호) 제6조} 따라서 입양의 의사로 출생신고를 하였다가 파양하려고 할 경우에는 파양 청구를 함과 동시에 양친자관계존재확인의 소를 제기하여야 할 것이다.

3. **배우자의 혼인 외의 자가 가족관계등록부에 친생자로 기록되어 있는 경우**

혼인중의 자로 추정되는 자녀에 대한 친생부인은 반드시 소로써 하여야 한다. 친생자임은 부인할 대상인 자녀가 친생자로 추정되고 있음을 그 전제로 하므로 혼인성립의 날로부터 200일 뒤에 태어난 아이이거나 혼인해소의 날로부터 300일 안에 태어난 아이가 아니면 안된다(민법 844조).

다만, 혼인성립의 날로부터 200일 뒤에 태어나거나 혼인해소의 날로부터 300일 안에 태어난 자녀라 하더라도 남편이 수감 중이거나 외국에 체류 중이라든지 그 아이가 부부 사이에 태어난 아이가 아님이 명백한 경우에는 친생부인의 소를 제기할 필요 없이 친생자관계부존재 확인의 소를 제기할 수 있다.

친생부인의 소는 부 또는 처가 다른 일방 또는 자녀를 상대로 하여 친생자 관계가 존재하지 않음을 안 날로부터 2년 내에 제기하여야 한다(민법 847조). 친생부인의 판결이 확인되면 원고는 그 확정일로부터 1개월 안에 가족관계등록정정신청을 하여야 한다.

4. **친생자관계부존재확인판결에 따른 가족관계등록부의 정리(가족관계등록부상 부모를 상대로 하여 친생자관계부존재확인 판결을 받았고 출생신고를 해 줄 가족이 없으며 친부모가 누구인지 모르는 경우 가족관계등록부 정리절차) :**

친생자관계부존재확인 판결은 그 판결의 형태에 따라 가족관계등록부 정리방법이 달라진다. 부의 출생신고에 의하여 혼인 중의 자녀로 기록된 자녀가 모와 사이에서 친생자관계부존재확인 판결을 받아 가족관계등록부 정정신청을 한 경우에는 자녀의 가족관계등록부 일반등록사항에 그 사유를 기록하고 모의 특정등록사항을 말소한 후 친생모의 특정등록사항을 기록한다. 이 경우 주의할 점을 친생모의 특정등록사항을 기록하기 위해서는 판결문에 친생모에 대한 사항이 기록되어야 한다. 친생모에 대한 사항이 판결주문에 나타나야 하는지 여부에 관해서는 다소 논란이 있는데 선례는 판결주문 뿐만 아니라 판결이유에 친생모에 대한 사항이 나타나도 상관없으나, 이 경우 친모가 특정되어야 하기 때문에 판결문에 친생모의 성명 외에 등록기준지나 주민등록번호가 함께 기재되어 있어야 한다.

부에 의하여 출생신고된 자녀가 부와의 관계에서 친생자관계부존재확인 판결을 받은 경우에는 가족관계등록정리절차가 좀 복잡하다. 이를 순서적으로 나열하면 다음과 같다.

– 출생신고 의무자가 있는 경우 –

판결문 첨부하여 가족관계등록정정신청(구청) → 가족관계등록부폐쇄(정정신청에 따라 구청에서 폐쇄) → 출생신고(구청) → 가족관계등록부 작성(출생신고에 따라 구청에서 작성) → 가족관계등록정정허가신청(가정법원, 폐쇄등록부에 기록된 신분사항을 이기하기 위하여, 혼인사유기록의 경우에는 법원 허가 불필요함) → 가족관계등록정정신청(구청, 정정허가결정문 첨부) → 배우자 및 직계비속의 등록기준지에 존재신고

– 출생신고 의무자가 없는 경우 –

판결문 첨부하여 가족관계등록정정신청(구청) → 가족관계등록부폐쇄(정정신청에 따라 구청에서 폐쇄) → 가족관계등록창설허가신청(가정법원, 부를 알 수 없다면 성과 본의 창설허가도 법원에 신청하여야함) → 가족관계등록창설신고(구청) → 가족관계등록부작성(창설신고에 따라 구청에서 작성) → 가족관계등록정정허가신청(가정법원, 폐쇄등록부에 기록된 신분사항을 이기하기 위하여, 혼인사유 기록의 경우에는 법원 허가 불필요함) → 가족관계등록정정신청(구청, 정정허가결정문 첨부) → 배우자 및 직계비속의 등록기준지에 가족관계등록부 존재신고

[서식 44] **친생자관계 부존재확인 청구의 소장**(허위의 출생신고)

소 장

원 고 조 창 현 (000000-0000000) (전화 :)
등록기준지 ○○시 ○○구 ○○로 ○○
주 소 ○○시 ○○구 ○○로 ○○ (우편번호 : 00000)

피 고 대구지방검찰청 검사 (전화 :)

친생자관계부존재확인 청구의 소

청 구 취 지

1. 원고와 소외 망 최병식 사이에는 친생자관계가 존재하지 아니함을 확인한다.
2. 소송비용은 국고가 부담한다.

라는 판결을 구합니다.

청 구 원 인

1. 원고는 20○○. 8. 10. 소외 망 최병식과 이순자 사이에서 출생한 혼인 중의 자인

바, 부모가 일찍 사망하였습니다.

2. 소외 망 조영길과 정옥희는 자녀를 출산하지 못하고 있던 중 20○○. 7. 8. 당시 고아원에 있던 원고를 데려다 키우다가 20○○. 5. 5. 자기들간의 친생자인 것처럼 출생신고를 하였습니다.

3. 그런데 20○○. 11. 20. 소외 망 조영길 부부는 연탄가스 중독으로 사망하였기 때문에 청구인은 가족관계등록부를 바로 정정하기 위하여 청구취지와 같이 본소 청구에 이르렀습니다.

입 증 방 법

1. 갑 제1호증의 1, 2　　　　각 가족관계증명서

첨 부 서 류

1. 위 입증서류　　　　1통
1. 주민등록초본　　　　2통
1. 소장부본　　　　1통

20○○. ○. ○.

위 원고　조 창 현　(인)

○○ 가정법원　귀중

접수방법

1. 수입인지 : 20,000원의 인지를 납부한다.
2. 송달료 : 당사자수×4,800원(우편료)×12회분을 납부한다.
3. 관할법원 : 상대방(상대방이 수인인 때에는 그 중 1인) 주소지 관할법원이 전속관할이다. 상대방이 모두 사망하면 그의 최후 주소지를 관할하는 가정법원에 제출한다.

주 **1. 가족관계등록부상 모와 친생자관계가 없는 경우**

가족관계등록부상 친자로 기재되어 있으나 실제로 친자관계가 아닌 경우로서 부의 결정, 친생부인, 인지 등 소송으로 해결할 수 없는 때에는 친생자관계부존재 확인의 소를 통하여 친자관계를 바로 잡을 수 있다. 예컨대 혼인 외의 자녀가 혼인 중의 자녀로 가족관계등록부에 기재되어 있는 경우 그 자녀는 가족관계등록부상 모를 상대(만일 상대방이 사망하였다면 관할 검찰청의 검사를 상대로 한다)로 친생자관계부존재 확인의 소를 제기하여 승소판결을 얻은 후 그 판결에 의해 자의 가족관계등록부를 정정하여 달라는 취지의 가족관계등록관서에 할 수 있다.

위 신청을 받은 해당관서는 자의 가족관계등록부 일반등록사항에 그 사유를 기록하고 모의 특정등록사항을 말소한다.

한편 종래에는 친생자관계부존재확인 판결문의 "이유"에 친생모와의 관계 등이 기재되면 이에 따라 가족관계등록부에 친생모를 기록할 수 있었으나, 2009. 7. 20.부터는 판결문의 '이유'에 친생모와의 관계가 표시된 것만으로는 친생모를 기록할 수 없게 되었다{'친자관계의 판결에 의한 가족관계등록부 정정절차예규'(대법원가족관계등록부예규 제300호)제4호 제3항}. 따라서 실부모 출생 당시 동거친족, 분만에 관여한 의사, 조산자 등 출생신고의 무자가 출생신고의 추후 보완신고를 하면 가족관계등록부에 친생모를 기록하게 되고, 출생신고의 추후 보완신고를 할 수 없을 경우에는 별도로 자와 친생모 사이의 친생자관계존재 확인 등의 판결을 받아 친생모를 기록할 수 있다.

2. 입양의 의사로 출생신고를 경우 파양절차

양자로 하려는 아이를 자기의 출생자로서 출생신고를 한 경우에는 양친자관계가 발생한다(대법원 1977. 7. 26. 선고 77다492 판결). 따라서 아이와의 친자관계를 해소하기 위해서는 친생자관계부존재 확인의 소가 아닌 재판상 파양을 하여야 한다.

종래에는 파양 판결을 얻은 당사자가 그 판결을 소명자료로 하여 가족관계등록부정정허가결정을 얻어서 친생자관계를 양친자관계로 바로잡는 가족관계등록정정신청(가족관계등록정정허가결정문 첨부) 및 양친자 관계를 해소하는 파양신고(파양 판결문 첨부)를 할 수 있었으나 2009. 7. 20부터는 파양 판결만으로는 허위의 출생신고로 기록한 친생자관계를 정정할 수 없게 되었고, 별도로 양친자관계존재확인 판결을 받아야 하는 것으로 변경되었다{'양친자관계존재확인판결에 의한 가족관계등록부 정정절차 예규'(대법원 가족관계등록예규 제301호) 제6조} 따라서 입양의 의사로 출생신고를 하였다가 파양하려고 할 경우에는 파양 청구를 함과 동시에 양친자관계존재확인의 소를 제기하여야 할 것이다.

3. 배우자의 혼인 외의 자가 가족관계등록부에 친생자로 기록되어 있는 경우

혼인중의 자로 추정되는 자녀에 대한 친생부인은 반드시 소로써 하여야 한다. 친생자임은 부인할 대상인 자녀가 친생자로 추정되고 있음을 그 전제로 하므로 혼인성립의 날로부터 200일 뒤에 태어난 아이이거나 혼인해소의 날로부터 300일 안에 태어난 아이가 아니면 안된다(민법 844조).

다만, 혼인성립의 날로부터 200일 뒤에 태어나거나 혼인해소의 날로부터 300일 안에 태어난 자녀라 하더라도 남편이 수감 중이거나 외국에 체류 중이라든지 그 아이가 부부 사이에 태어난 아이가 아님이 명백한 경우에는 친생부인의 소를 제기할 필요 없이 친생자관계부존재 확인의 소를 제기할 수 있다.

친생부인의 소는 부 또는 처가 다른 일방 또는 자녀를 상대로 하여 친생자 관계가 존재하지 않음을 안 날로부터 2년 내에 제기하여야 한다(민법 847조). 친생부인의 판결이 확인되면 원고는 그 확정일로부터 1개월 안에 가족관계등록정정신청을 하여야 한다.

4. 친생자관계부존재확인판결에 따른 가족관계등록부의 정리(가족관계등록부상 부모를 상대로 하여 친생자관계부존재확인 판결을 받았고 출생신고를 해 줄 가족이 없으며 친부모가 누구인지 모르는 경우 가족관계등록부 정리절차) :

친생자관계부존재확인 판결은 그 판결의 형태에 따라 가족관계등록부 정리방법이 달라진다. 부의 출생신고에 의하여 혼인 중의 자녀로 기록된 자녀가 모와 사이에서 친생자관계부존재확인 판결을 받아 가족관계등록부 정정신청을 한 경우에는 자녀의 가족관계등록부 일반등록사항에 그 사유를 기록하고 모의 특정등록사항을 말소한 후 친생모의 특정등록사항을 기록한다. 이 경우 주의할 점을 친생모의 특정등록사항을 기록하기 위해서는 판결문에 친생모에 대한 사항이 기록되어야 한다. 친생모에 대한 사항이 판결주문에 나타나야 하는지 여부에 관해서는 다소 논란이 있는데 선례는 판결주문 뿐만 아니라 판결이유에 친생모에 대한 사항이 나타나도 상관없으나, 이 경우 친모가 특정되어야 하기 때문에 판결문에 친생모의 성명 외에 등록기준지나 주민등록번호가 함께 기재되어 있어야 한다.

부에 의하여 출생신고된 자녀가 부와의 관계에서 친생자관계부존재확인 판결을 받은 경우에는 가족관계등록정리절차가 좀 복잡하다. 이를 순서적으로 나열하면 다음과 같다

– 출생신고 의무자가 있는 경우 –

판결문 첨부하여 가족관계등록정정신청(구청) → 가족관계등록부폐쇄(정정신청에 따라 구청에서 폐쇄) → 출생신고(구청) → 가족관계등록부 작성(출생신고에 따라 구청에서 작성) → 가족관계등록정정허가신청(가정법원, 폐쇄등록부에 기록된 신분사항을 이기하기 위하여, 혼인사유기록의 경우에는 법원 허가 불필요함) → 가족관계등록정정신청(구청, 정정허가결정문 첨부) → 배우자 및 직계비속의 등록기준지에 존재신고

– 출생신고 의무자가 없는 경우 –

판결문 첨부하여 가족관계등록정정신청(구청) → 가족관계등록부폐쇄(정정신청에 따라 구청에서 폐쇄) → 가족관계등록창설허가신청(가정법원, 부를 알 수 없다면 성과 본의 창설허가도 법원에 신청하여야함) → 가족관계등록창설신고(구청)→ 가족관계등록부작성(창설신고에 따라 구청에서 작성) → 가족관계등록정정허가신청(가정법원, 폐쇄등록부에 기록된 신분사항을 이기하기 위하여, 혼인사유 기록의 경우에는 법원 허가 불필요함) → 가족관계등록정정신청(구청, 정정허가결정문 첨부) → 배우자 및 직계비속의 등록기준지에 가족관계등록부 존재신고

[서식 45] 감정신청서(친생자관계 부존재)

감 정 신 청 서

사 건 20○○드단 1234 친생자관계부존재

원 고 조 ○ 국

피 고 조 ○ 영

위 사건에 관하여 원고는 그 주장 사실을 입증하기 위하여 아래와 같이 감정을 신청합니다.

아 래

1. 감정 대상
   원 고 조 ○ 국 (000000-0000000)
   피 고 조 ○ 영 (000000-0000000)
2. 감정 사항
   피고 조○영이 원고의 친생자인지의 여부
3. 감정인 : 귀원이 적의 선정한 감정인
4. 감정의 방법 : 위 감정 대상인의 혈액을 채취하여 시행하는 적당한 의학적 방법

20○○. ○. ○.

위 원고 조 ○ 국 (인)

○○ 가정법원 귀중

접수방법

1. 변론준비절차 기간에 상대방의 부인의 답변이 있는 경우, 감정신청서 1부를 제출한다.
2. 수검명령에 따른 예납비용은 의뢰기관마다 방법마다 다르지만 약 80여만원 정도를 재판부의 고지

에 따라 법원보관금 납부방식으로 예납한다. 이후 대상자들은 법원 지정의 병원을 방문하여 검사를 받는다.

6. 입양의 무효

가. 의 의

(1) 민법 제883조는 입양무효의 사유로 ① 당사자 사이에 입양의 합의가 없는 때, ② 미성년자 또는 피성년후견인을 입양하는 경우에 가정법원의 허가가 없는 때(민법 867조 1항, 873조 2항), ③ 양자가 될 사람이 13세 미만인 경우에 법정대리인의 승낙이 없는 때(민법 869조 2항), ④ 존속 또는 연장자를 양자로 한 때(민법 제877조)를 규정하고 있다.

(2) 입양무효의 소는 확인소송이고, 따라서 반드시 소에 의하지 아니하고도 이를 주장할 수 있다.

나. 당 사 자

(1) 원고적격

당사자, 법정대리인 또는 4촌 이내의 친족은 언제든지 입양무효의 소를 제기할 수 있다. 입양무효의 소의 성질이 확인소송인 이상 그 밖의 사람도 확인의 이익이 있으면 원고가 될 수 있다.

(2) 피고적격

양친자 중 어느 한쪽이 제기할 때에는 다른 쪽을 상대방으로 하고, 제3자가 제기할 때에는 양친자 양쪽을 상대방으로 하고, 그 중 어느 한쪽이 사망한 경우에는 그 생존자를 상대방으로 한다. 상대방이 될 사람이 사망한 경우에는 검사를 상대방으로 한다(가소 31조, 24조 1, 2, 3항).

다. 관 할

입양무효의 소는 양부모 중 1명의 보통재판적 소재지(양부모가 모두 사망한 때에는 그 중 1명의 마지막 주소지) 가정법원의 관할에 전속한다(가소 30조).

라. 판결확정 후의 절차

(1) 입양무효의 소에서 원고승소의 판결이 선고되면 입양무효원인의 존재가 인정되고 입양이 당초부터 무효이었다는 것이 확정된다.

(2) 원고는 판결확정일로부터 1개월 이내에 판결의 등본 및 그 확정증명서를 첨부하여 가족관계등록부정정신청을 하여야 한다(가족관계의등록등에관한법률 107조).

(3) 판결선고 후 그 확정 전에 원고가 사망한 때에는 그 사건은 당연히 종료되고 판결의 효력은 생기지 않는다.

※ 입양의 의사가 문제되는 경우

1. 동일상의 착오로 인한 입양 : 갑을 을로 착각한 경우를 말하며 입양무효의 원인이 된다. 그러나 상대방의 성질, 자산 등에 관한 착오는 여기에 해당하지 않는다.
2. 당사자의 한쪽이나 양쪽이 모르는 사이에 다른 한쪽이나 제3자가 임의로 입양신고를 한 경우 : 입양신고의사조차 없는 경우로 무효가 된다.
3. 입양당사자가 의사능력이 없는 경우 : 입양의사는 신고서 작성시뿐만 아니라 제출시에도 존재하여야 하므로 제출당시 의사능력이 없는 경우로 무효이다.
4. 입양합의 후 입양신고 전에 입양의사를 철회한 경우 : 입양의사가 없는 것으로 무효이다.
5. 가장입장된 경우(병역의무를 면하기 위하여 입양되어 독자가 된 경우 등) : 당사자간에 입양신고를 할 의사가 있었다고 하더라도 어떤 방편을 위한 것이라서 진실로 입양을 할 의사가 없는 경우로 입양의사를 어떻게 볼 것인가에 따라 효과는 달라진다. 형식적의사설에 의하면 유효하게 되고 실체적 의사설이나 법률적 정형설에서는 무효가 된다.
6. 양자가 될 사람이 13세 미만인 경우 법정대리인이 대신 승낙하는 입장인 대략입양에서 대략권이 없는 경우 : 원고 갑이 망인과 동거하면서 망인이 다른 남자와의 사이에 출산하여 데리고 들어온 딸인 피고가 취학적령에 이르게 되자 호적을 만들어 입양시키고자 본처인 원고 을과의 사이에서 출생한 것처럼 신고한 것만으로써는 원고들이 피고를 입양하려는 의사가 있었고 출생신고 당시 15(개정전)세에 미만의 미성년이었던 피고의 생모인 소외 망인의 승낙 등 입양에 관한 요건이 갖추어졌다고 할 수 없다(대법원 1984. 5. 15. 84므4 판결).
7. 부부공동입양의 경우 한쪽에 입양의사가 없는 경우 : 대법원은 입양전체가 무효로 되는 공동설(입양의사는 전체로서 1개로서 일방의 의사가 없는 경우 전체가 무효)이 아닌 입양의사가

없는 당사자만 무효로 되는 개별설(부부 각각 입양행위가 존재하므로 일방의 의사가 없을 때는 그 자만 무효)에 가까운 태도를 보이고 있다(대법원 1998. 5. 26. 97무25 판결). 또한 일단 입양이 성립된 후 양부모가 이혼하는 것은 양친자관계에 영향을 미칠 수 없다고 한다.

8. 자기의 친생자를 양자로 하는 경우 : 자기의 친생자를 양자로 맞이하는 것을 민법이 특히 금지하고 있지 않지만 양자란 친자관계가 없는 자를 법률상 친자로 의제하는 것이므로 그 본질상 친생자를 양자로 하는 것은 입양제도 본래의 취지에 비추어 보아 입양의사가 없는 것으로서 무효라고 보아야 할 것이다.
9. 양손입양 : 민법상 아무 근거가 없는 양손입양은 강행법규인 신분법규정에 위반되어 무효이다(대법원 1988. 3. 22. 87므105 판결).

마. 청구취지 기재례

(1) 통설과 실무 – 확인의 소

1. 원고와 피고 사이에 20○○. ○. ○. ○○시 ○○구청장에게 신고하여 한 입양은 무효임을 확인한다.
2. 소송비용은 피고가 부담한다.

(2) 입양신고의 부적법·부존재

1. 원고와 피고 사이에 20○○. ○. ○. ○○시 ○○구청장에게 신고하여 한 입양은 무효임을 확인한다.
2. 소송비용은 피고가 부담한다.

(3) 그 외에 당사자가 달라짐으로서 인한 청구취지의 예는 혼인무효의 소와 같다.

[서식 46] 입양무효확인 등 청구의 소장(사후양자 등 자격요건 결여)

소 장

원 고 1. 김 ○ 근 (000000-0000000) (전화 :)
등록기준지 ○○시 ○○구 ○○로 ○○
주 소 ○○시 ○○구 ○○로 ○○ (우편번호 : 00000)

2. 김 ○ 훈 (000000-0000000) (전화 :)
등록기준지 ○○시 ○○구 ○○로 ○○
주 소 ○○시 ○○구 ○○로 ○○ (우편번호 : 00000)

피 고 김 ○ 현 (000000-0000000) (전화 :)
등록기준지 ○○시 ○○구 ○○로 ○○
주 소 ○○시 ○○구 ○○로 ○○ (우편번호 : 00000)

입양무효확인 등 청구의 소

청 구 취 지

1. 가. 피고가 19○○. 9. 2. 소외 망 김정민, 소외 이성자의 사후 양자로 된 입양은 무효임을 확인하고,
   나. 피고의 소외 망 이성자의 19○○. 10. 28. 사망으로 개시된 호주승계는 무효임을 확인한다.
2. 소송비용은 피고가 부담한다.

라는 판결을 구합니다.

청 구 원 인

1. 원, 피고 관련 가계(家系)에 관하여,
   - 생 략 -
2. 따라서 피고는 이 사건 망 김정민을 위한 사후차양자 또는 망 김중곤의 사후양자가 될 요건을 갖추지 못했을 뿐 아니라, 그렇게 선정된 사실도 없으므로, 피고의 이 사건 입양은 당연히 무효라 할 것입니다.

3. 피고의 이 사건 입양이 무효로 돌아가 피고가 위 김정민, 이성자의 양자로서의 지위를 상실한다면, 망 이성자의 19○○. 10. 28. 사망으로 개시된 피고의 호주승계는 당연히 무효라 할 것입니다.

4. 그러므로 원고들은 가사소송법에 의하여, 이 사건 입양당사자의 4촌 이내의 친족으로서 생존한 당사자인 피고를 상대로 피고가 19○○. 9. 2.자 소외 망 김정민, 소외 이성자의 사후양자로 된 입양의 무효를 확인하고, 그에 기초하여 피승계인의 8촌 이내의 친족으로서 19○○. 10. 28. 소외 망 이성자의 사망으로 개시된 피고의 호주승계의 무효를 확인받고자 이 건 청구에 이른 것입니다.

입 증 방 법

1. 갑 제1호증 1 내지 4 각 가족관계증명서
1. 갑 제2호증 병적증명원서

첨 부 서 류

1. 위 입증서류 1통
1. 주민등록초본 3통
1. 소장부본 1통

20○○. ○. ○.

위 원고 김 ○ 근 (인)
김 ○ 훈 (인)

○○ 가정법원 귀중

접수방법 및 유의사항

1. 수입인지 : 20,000원의 인지를 납부한다.
2. 송달료 : 당사자수 × 4,800원(우편료) × 12회분을 납부한다.
3. 관할법원 : 양부모 중 1인의 주소지가 있는 관할 가정법원, 양부모가 모두 사망한 때에는 그 중 1인의 최후 주소지를 관할하는 가정법원에 제출한다(가소 30조). 따라서 양부모의 주소 또는 최후의 주소지가 각기 다른 경우에는 전속관할이 경합하게 된다.

4. 가장 입양이 무효라는 사례
 ① 징병을 면할 목적으로 아들이 없는 집의 양자로 형식상 가족관계등록부상으로만 들어간 경우
 ② 혼인 등을 하려고 상대방의 가격(家格)과 걸맞게 여자의 가격을 올리기 위한 양자
 ③ 유족부조료수급자격을 취득할 목적으로 한 양자
 ④ 여러 해 봉사하기 위한 기생사업을 목적으로 한 양자
 ⑤ 유명한 학교에 입학하기 위한 목적으로만 한 입양
 ⑥ 단지 성이나 가명(家名)의 존속만을 위한 양자
 ⑦ 모의 친정에 양자가 될 자를 인수시킬 목적으로 명목상 이루어진 입양
 ⑧ 서자를 가족관계등록부에서 제외시킬 목적으로만 이루어진 양자
 ⑨ 친자관계존부의 감정을 회피함과 동시에 친권자변경심판사건을 본안의 판단에까지 갈 필요 없이 종료시킬 편법으로 한 입양
 ⑩ 입양신고가 고소사건으로 인한 처벌 등을 모면하게 할 목적으로 가족관계등록부상 형식적으로만 입양한 것처럼 가장하기로 하여 이루어진 것일 뿐 당사자 사이에 실제로 양친자로서의 신분적 생활관계를 형성한다는 의사의 합치가 없었던 것이라면, 이는 당사자 간에 입양의 협의가 없는 때에 해당하여 무효이다.

5. 가장 입양이 유효라는 사례
 ① 양친에게서 재산상속을 받는 것만을 목적으로 한 양자
 ② 첩양자

[서식 47] 입양무효확인 청구의 소장(입영특례를 받고자 입양신고)

소 장

원 고 김 ○ 순 (양모) (전화 :)
주민등록번호 : 000000-0000000
등록기준지 : ○○시 ○○구 ○○로 ○○
주 소 : ○○시 ○○구 ○○로 ○○ (우편번호 : 00000)

피 고 장 ○ 훈 (양자)
주민등록번호 : 000000-0000000
등록기준지 : ○○시 ○○구 ○○로 ○○
주 소 : ○○시 ○○구 ○○로 ○○ (우편번호 : 00000)

입양무효확인 청구의 소

청 구 취 지

1. 원고와 피고 사이의 입양(20○○. ○. ○. ○○시 ○○구청장 접수)은 무효임을 확인한다.
2. 소송비용은 피고가 부담한다.

라는 판결을 구합니다.

청 구 원 인

1. 원고와 피고는 먼 친족 간으로 원고의 남편은 후손 없이 19○○. ○. ○. 사망하였으므로 피고를 데려다 기르고 있었습니다.
2. 그런데 얼마 전 가족관계증명서를 교부받아 본 즉, 뜻밖에도 피고가 입양이 되어 있어 피고에게 그 사유를 물어본 바, 3대 독자의 입영특례를 받기 위하여 일방적으로 입양신고를 하였다는 것입니다.
3. 따라서 원고가 모르는 사이에 이루어진 입양신고는 당연무효이므로 이 건 청구에 이르렀습니다.

입 증 방 법

1. 갑 제1호증 가족관계증명서
1. 갑 제2호증 피고의 진술서

첨 부 서 류

1. 위 입증서류 1통
1. 주민등록초본 2통
1. 소장부본 1통

20○○. ○. ○.

위 원고 김 ○ 순 (인)

○○ 가정법원 귀중

접수방법 및 유의사항

1. 수입인지 : 20,000원의 인지를 납부한다.
2. 송달료 : 당사자수×4,800원(우편료)×12회분을 납부한다.
3. 관할법원 : 양부모 중 1인의 주소지가 있는 관할 가정법원, 양부모가 모두 사망한 때에는 그 중 1인의 최후 주소지를 관할하는 가정법원에 제출한다(가소 30조). 따라서 양부모의 주소 또는 최후의 주소지가 각기 다른 경우에는 전속관할이 경합하게 된다.
4. 가장 입양이 무효라는 사례
   ① 징병을 면할 목적으로 아들이 없는 집의 양자로 형식상 가족관계등록부상으로만 들어간 경우
   ② 혼인 등을 하려고 상대방의 가격(家格)과 걸맞게 여자의 가격을 올리기 위한 양자
   ③ 유족부조료수급자격을 취득할 목적으로 한 양자
   ④ 여러 해 봉사하기 위한 기생사업을 목적으로 한 양자
   ⑤ 유명한 학교에 입학하기 위한 목적으로만 한 입양
   ⑥ 단지 성이나 가명(家名)의 존속만을 위한 양자
   ⑦ 모의 친정에 양자가 될 자를 인수시킬 목적으로 명목상 이루어진 입양
   ⑧ 서자를 가족관계등록부에서 제외시킬 목적으로만 이루어진 양자
   ⑨ 친자관계존부의 감정을 회피함과 동시에 친권자변경심판사건을 본안의 판단에까지 갈 필요 없이 종료시킬 편법으로 한 입양
   ⑩ 입양신고가 고소사건으로 인한 처벌 등을 모면하게 할 목적으로 가족관계등록부상 형식적으로만 입양한 것처럼 가장하기로 하여 이루어진 것일 뿐 당사자 사이에 실제로 양친자로서의 신분적 생활관계를 형성한다는 의사의 합치가 없었던 것이라면, 이는 당사자 간에 입양의 협의가 없는 때에 해당하여 무효이다.
5. 가장 입양이 유효라는 사례
   ① 양친에게서 재산상속을 받는 것만을 목적으로 한 양자
   ② 첩양자

[서식 48] 입양무효확인 청구의 소장(부부 중 한쪽에 입장의사가 없는 경우)

소 장

원 고 김 ○ 순 (000000-0000000) (전화 :)
등록기준지 ○○시 ○○구 ○○로 ○○
주 소 ○○시 ○○구 ○○로 ○○ (우편번호 : 00000)

피 고 김 ○ 철 (000000-0000000)
등록기준지 ○○시 ○○구 ○○로 ○○
주 소 ○○시 ○○구 ○○로 ○○ (우편번호 : 00000)

입양무효확인 청구의 소

청 구 취 지

1. 원고와 피고 사이의 입양(20○○. ○. ○. ○○시 ○○구청장 접수)은 무효임을 확인한다.
2. 소송비용은 피고가 부담한다.

라는 판결을 구합니다.

청 구 원 인

1. 원고와 소외 정○○은 20○○. ○. ○. 혼인신고를 한 부부입니다. 그런데 소외 정○○에게는 이미 전남편과의 사이에 태어한 피고가 있었습니다.
2. 그런데 20○○. ○. ○. 피고가 ○○.시 ○○.구청장에게 신고한 입양신고에 따라 원고가 양친이 되고 피고가 양자가 되는 입양의 기재가 되었고, 소외 정○○은 20○○년에 사망한 상태입니다.
3. 그러나 원고는 피고를 양자로 삼을 의사인 입양을 할 의사가 전혀 없었고 이 사건 입양신고를 할 의사도 없었기 때문에 이 사건 입양은 무효라 할 것입니다.
4. 위와 같이 부부 중 한쪽에 입양의사가 없이 한 입양신고는 무효이므로 이 사건 청구에 이르렀습니다.

입 증 방 법

1. 갑 제1호증 가족관계증명서
1. 갑 제2호증 피고의 진술서

첨 부 서 류

1. 위 입증서류 1통
1. 주민등록초본 2통
1. 소장부본 1통

20○○. ○. ○.

위 원고 김 ○ 순 (인)

○○ 가정법원 귀중

접수방법 및 유의사항

1. 수입인지 : 20,000원의 인지를 납부한다.
2. 송달료 : 당사자수 × 4,800원(우편료) × 12회분을 납부한다.
3. 관할법원 : 양부모 중 1인의 주소지가 있는 관할 가정법원, 양부모가 모두 사망한 때에는 그 중 1인의 최후 주소지를 관할하는 가정법원에 제출한다(가소 30조). 따라서 양부모의 주소 또는 최후의 주소지가 각기 다른 경우에는 전속관할이 경합하게 된다.
4. 가장 입양이 무효라는 사례
   ① 징병을 면할 목적으로 아들이 없는 집의 양자로 형식상 가족관계등록부상으로만 들어간 경우
   ② 혼인 등을 하려고 상대방의 가격(家格)과 걸맞게 여자의 가격을 올리기 위한 양자
   ③ 유족부조료수급자격을 취득할 목적으로 한 양자
   ④ 여러 해 봉사하기 위한 기생사업을 목적으로 한 양자
   ⑤ 유명한 학교에 입학하기 위한 목적으로만 한 입양
   ⑥ 단지 성이나 가명(家名)의 존속만을 위한 양자
   ⑦ 모의 친정에 양자가 될 자를 인수시킬 목적으로 명목상 이루어진 입양
   ⑧ 서자를 가족관계등록부에서 제외시킬 목적으로만 이루어진 양자
   ⑨ 친자관계존부의 감정을 회피함과 동시에 친권자변경심판사건을 본안의 판단에까지 갈 필요 없이 종료시킬 편법으로 한 입양

⑩ 입양신고가 고소사건으로 인한 처벌 등을 모면하게 할 목적으로 가족관계등록부상 형식적으로만 입양한 것처럼 가장하기로 하여 이루어진 것일 뿐 당사자 사이에 실제로 양친자로서의 신분적 생활관계를 형성한다는 의사의 합치가 없었던 것이라면, 이는 당사자 간에 입양의 협의가 없는 때에 해당하여 무효이다.

5. 가장 입양이 유효라는 사례
① 양친에게서 재산상속을 받는 것만을 목적으로 한 양자
② 첩양자

7. 파양의 무효

가. 의 의

협의상 파양의 무효사유에 관하여는 민법에 따로 규정이 없으나, ① 파양의 합의가 없는 때와 ② 양자가 미성년자 또는 피성년후견인인 경우 그 파양은 효력이 없다.

파양무효의 소는 확인소송이고, 따라서 반드시 소에 의하지 아니하고도 이를 주장할 수 있다.

나. 파양무효원인

(1) 임의로 파양신고를 한 경우
(2) 파양신고 당시 당사자에게 의사능력이 없는 경우
(3) 파양신고가 수리되기 전에 파양의사를 철회한 경우
(4) 대의파양에서 대의권이 없는 경우
(5) 부부공동입양에서 부부의 일방에게 파양의사가 없었던 경우

다. 당 사 자

(1) 원고적격

당사자, 법정대리인 또는 4촌 이내의 친족은 언제든지 파양무효의 소를 제기할 수 있다. 파양무효의 소의 성질이 확인소송인 이상 그 밖의 사람도 확인의 이익이 있으면 원고가 될 수 있다.

(2) 피고적격

양친자 중 어느 한쪽이 제기할 때에는 다른 쪽을 상대방으로 하고, 제3자가 제기할 때에는 양친자 양쪽을 상대방으로 하고, 그 중 어느 한쪽이 사망한 경우에는 그 생존자를 상대방으로 한다. 상대방이 될 사람이 사망한 경우에는 검사를 상대방으로 한다(가소 31조, 24조 1, 2, 3항).

라. 관 할

피양무효의 소는 양부모 중 1명의 보통재판적 소재지(양부모가 모두 사망한 때에는 그 중 1명의 마지막 주소지) 가정법원의 관할에 전속한다(가소 30조).

마. 판결확정 후의 절차

(1) 파양무효의 판결이 선고되어 확정되면 파양무효청구권의 존재가 확정된다. 따라서 그 협의파양은 당초부터 존재하지 않았던 것으로, 다시 말하면 양친자관계는 계속되어 왔다는 효력을 가지는 것이라서 이 판결은 확인판결이다.

(2) 원고는 판결확정일로부터 1개월 이내에 판결의 등본 및 그 확정증명서를 첨부하여 가족관계등록부정정신청을 하여야 한다(가족관계의등록등에관한법률 107조).

(3) 판결선고 후 그 확정 전에 원고가 사망한 때에는 그 사건은 당연히 종료되고 판결의 효력은 생기지 않는다.

바. 청구취지 기재례

1. 원고와 피고들 사이에 파양(20○○. ○. ○. ○○시 ○○구청장 접수)은 무효임을 확인한다.
2. 소송비용은 피고들이 부담한다.

---

1. 원고와 피고 사이에 20○○. ○. ○. ○○시 ○○구청장에게 신고하여 한 파양은 무효임을 확인한다.
2. 소송비용은 피고들이 부담한다.

1. 원고와 피고 사이에 파양 20○○. ○. ○. ○○시 ○○구청장에게 신고하여 한 협의파양은 무효임을 확인한다.
2. 소송비용은 피고가 부담한다.

[서식 49] 파양무효확인 청구의 소장

소 장

원 고 안 ○ 석 (양자) (전화 :)
주민등록번호 : 000000-0000000
등록기준지 : ○○시 ○○구 ○○로 ○○
주 소 : ○○시 ○○구 ○○로 ○○ (우편번호 : 00000)

피 고 1. 문 ○ 환 (양부) (전화 :)
주민등록번호 : 000000-0000000
등록기준지 : ○○시 ○○구 ○○로 ○○
주 소 : ○○시 ○○구 ○○로 ○○ (우편번호 : 00000)

2. 박 ○ 자 (양모) (전화 :)
주민등록번호 : 000000-0000000
등록기준지 : ○○시 ○○구 ○○로 ○○
주 소 : ○○시 ○○구 ○○로 ○○ (우편번호 : 00000)

파양무효 확인의 소

청 구 취 지

1. 원고와 피고들간에 파양신고(20○○. 6. 5. ○○구청장 접수)는 무효임을 확인한다.
2. 소송비용은 피고들이 부담한다.

라는 판결을 구합니다.

청 구 원 인

1. 원고는 원래 서울특별시 중구 신당동 123번지 안○주와 이○정 사이에 출생한 자입

니다.

2. 생가의 형편으로 20○○. 4.경 양부모에게 인계되어 부양을 받아오다가 20○○. 7.경 입양신고를 하고 현재까지도 같이 살고 있습니다.

3. 그런데 원고 자신도 모르는 사이에 20○○. 6. 5.자로 협의 파양된 것으로 가족관계등록부에 기재된 것을 20○○. 7.경 알았습니다.

4. 탐문한 바, 피고 등이 이민을 가려면 양자가 있으면 장남을 데려갈 수 없다는 말을 듣고 편의상 그렇게 한 것이라고 합니다.

5. 따라서 원고는 피고 등과 하등의 협의 파양한 사실이 없으므로 이 건 청구에 이른 것입니다.

입 증 방 법

1. 갑 제1호증의 1, 2　　　각 가족관계증명서
1. 갑 제2호증　　　피고 등의 진술서

첨 부 서 류

1. 위 입증서류　　　각 1통
1. 주민등록초본　　　2통
1. 소장부본　　　2통

20○○. ○. ○.

위 원고　안 ○ 석 (인)

○○ 가정법원　귀중

접수방법

1. 수입인지 : 20,000원의 인지를 납부한다.
2. 송달료 : 당사자수×4,800원(우편료)×12회분을 납부한다.
3. 관할법원 : 양부모 중 1인의 주소지를 관할하는 가정법원에, 양부모가 모두 사망한 때에는 그 중 1인의 최후 주소지를 관할하는 가정법원에 제출한다.

제3절 나류사건

1. 사실상 혼인관계 존부확인청구

가. 의 의

(1) 사실혼은 주관적으로는 혼인의 의사가 있고 객관적으로는 사회관념상 가족질서적인 면에서 부부공동생활을 인정할 만한 혼인생활의 실체를 갖추고 있으면서도 혼인신고를 하지 아니한 상태에 있는 남녀의 결합관계를 의미한다. 사실상혼인관계존재확인의 재판이 확정된 경우 그 소를 제기한 사람은 혼인신고를 하여야 하므로 사실혼관계에 있는 당사자의 일방적 신고에 의하여 사실혼이 법률혼으로 격상된다(가족관계등록등에관한법률 72조).

(2) 사실상혼인관계존재확인의 확정판결이 있더라도 이로써 혼인관계가 형성되는 것은 아니고 가족관계의 등록 등에 관한 법률에 의한 신고(창설적 신고)가 있어야만 비로소 혼인이 성립하므로 사실상혼인관계존부확인의 소는 확인의 소에 해당한다.

나. 당 사 자

(1) 사실혼관계존부에 관하여 확인의 이익이 있는 사람이 원고적격이 있고, 반대의 이익을 가지는 사람이 피고적격을 가진다.

(2) 제3자와 부부간에 소가 청구되었을 때에는 부부는 필요적공동소송의 관계에 있다.

다. 관 할

사실혼관계존부확인청구의 관할에 대하여는 특별한 규정이 없으므로 민사소송법의 원칙에 의하여 피고의 보통재판적이 있는 지(地)를 관할하는 가정법원의 관할에 속한다 할 것이다(합의관할, 응소관할규정 준용).

라. 청구취지 기재례

1. 원고와 피고 사이에는 사실혼관계(또는 사실상혼인관계)가 존재함을(또는 존재하지 아니함을) 확인한다.
2. 소송비용은 피고가 부담한다.

1. 원고와 소외 망 ○○○(19○○. ○. ○.생, 20○○. ○. ○. 사망, 등록기준지 ○○시 ○○구 ○○로 ○○○)사이에 20○○. ○. ○.부터 20○○. ○. ○.까지 사실혼 관계가 존재하였음을 확인한다. 2. 소송비용은 국가가 부담한다.

1. 소외 망 김○○의 사망 당시 원고와 소외 망 박○○ 사이에는 사실상 혼인관계가 존재하였음을 확인한다. 2. 소송비용은 국가가 부담한다.

1. 원고와 소외 망 ○○○ 사이에는 사실상 혼인관계가 존재하였음을 확인한다. 2. 소송비용은 국가가 부담한다.

1. 원고와 피고 사이에는 사실상 혼인관계가 존재하지 아니함을 확인한다. 2. 소송비용은 피고가 부담한다.

마. 판결확정 후의 절차

사실혼관계의 존재를 확인하는 판결이 확정되면 원고는 그 판결확정일로부터 1개월 내에 재판서의 등본 및 확정증명서를 첨부하여 혼인신고를 하여야 한다(가족관계의등록등에관한법률 72조).

[서식 50] 호주상속을 이유로 사실상 혼인관계존재 확인청구의 소

소 장

원 고 안 ○ 자 (000000-0000000) (전화 :)
등록기준지 ○○시 ○○구 ○○로 ○○
주 소 ○○시 ○○구 ○○로 ○○ (우편번호 : 00000)

피 고 장 ○ 연 (000000-0000000) (전화 :)
등록기준지 ○○시 ○○구 ○○로 ○○
주 소 ○○시 ○○구 ○○로 ○○ (우편번호 : 00000)

사실상 혼인관계존재확인 청구의 소

청 구 취 지

1. 원고와 피고 사이에는 사실상혼인관계가 존재함을 확인한다.
2. 소송비용은 피고가 부담한다.

라는 판결을 구합니다.

청 구 원 인

1. 원고와 피고는 서울시 강남구 압구정동 123 이○호 부처의 중매로 20○○. 8. 10. 서울시내 희망예식장에서 결혼식을 올렸고 그 후 1남 1녀를 두고 단란한 가정을 영위하여 왔습니다.
2. 원고는 피고에게 혼인신고와 아이들의 출생신고를 하자고 여러번 말하였던 바, 피고는 호주상속신고 후에 한다고 하면서 뒷날로 미루어 현재에 이르기까지 혼인신고를 하지 못하였습니다.
3. 그런데 피고가 사업관계로 20○○. 3. 15.부터 대구지방에 가서 장기간 체류하더니 그곳 레스토랑의 종업원과 교제하고 있다는 사실을 알게 되었습니다.
4. 그러므로 조속히 법률상의 부부가 되고 이 기회에 아이들의 출생신고를 하고저 청구취지와 같이 판결을 구하는 바입니다.

입 증 방 법

1. 갑 제1호증	가족관계증명서
1. 갑 제2호증	중매인의 진술서
1. 갑 제3호증	결혼기념사진
1. 갑 제4호증	인우의 사실상혼인관계증명서

첨 부 서 류

1. 위 입증서류	각 1통
1. 주민등록초본	2통
1. 소장부본	1통

20○○. ○. ○.

위 원고 안 ○`자 (인)

○○ 가정법원 귀중

접수방법

1. 수입인지 : 20,000원의 인지를 납부한다.
2. 송달료 : 당사자수 × 4,800원(우편료) × 12회분을 납부한다.
3. 관할법원 : 가정법원 합의부의 사물관할에 속하고 피고의 주소지를 관할하는 가정법원에 제출한다. 이는 임의관할이다. 따라서 관할법원에 대한 합의가 있었다면 합의한 법원에 소장을 제출 할 수 있고, 원고가 관할법원이 아닌 곳에 소를 제기하였으나 피고가 이를 다투지 않는 경우 관할의 합의가 있었던 것과 마찬가지로 취급하는 응소관할(피고가 제1심 법원에서 관할위반이라고 항변하지 아니하고 본안에 대하여 변론하거나 변론준비기일에서 진술하면 그 법원이 관할 것을 가지는 것)이 적용된다.
4. 사실혼관계존재확인의 소는 나류 가사소송이므로 소를 제기하고자 하는 자는 먼저 조정을 신청하여야 한다.

㈜ 사실혼관계존재확인 청구

사실혼이란 사회적으로 정당하다고 인정되는 부부이나 아직 혼인신고를 하지 않았기 때문에 법률상으로 정당한 부부로 인정받지 못하는 남녀관계를 말한다. 사실혼으로 인정받기 위해서는 당사자간에 혼인의사의 합치가 있어야 하고 공연성이 있어야 한다. 공연성이란 누구 보아도 그들을 부부로 인정하는 것을 말하며 반드시 혼례식을 거행할 필요는 없다.

당사자 일방이 사망한 경우에도 사실상 혼인관계존재확인이 법적 분쟁을 한꺼번에 해결하는 수단이 될 수 있는 때에는 검사를 상대로 법원에 사실관계존재확인청구를 할 수 있다.

사실상 혼인관계가 존재한다는 확인판결이 확정되거나, 또는 조정이 성립된 때, 원고는 혼자서 재판의 확정일로부터 1개월 안에 재판서의 등본과 확정증명서를 붙여서 가족관계등록관서에 혼인신고를 하여야 한다(가족관계의등록등에관한 법률 72조). 이로서 사실혼은 법률혼으로 전환된다.

[서식 51] 사실상 혼인관계존재 확인청구의 소장(결혼식을 미루다가 사망)

소 장

원 고 홍 ○ ○ (000000-0000000) (전화 :)
등록기준지 ○○시 ○○구 ○○로 ○○
주 소 ○○시 ○○구 ○○로 ○○ (우편번호 : 00000)

피 고 ○○지방검찰청 검사

사실상 혼인관계존재확인 청구의 소

청 구 취 지

1. 원고와 소외 망 신○○과 사이에는 사실상혼인관계가 존재함을 확인한다.
2. 소송비용은 국가가 부담한다.

라는 판결을 구합니다.

청 구 원 인

1. 원고와 20○○. 2.경 소외 망 신○○(사망 전 등록기준지 ○○시 ○○구 ○○로 123)을 만나 교제해 오다가, 혼인신고를 하지 않은 채 20○○. 8. 중순경 혼인생활을 시작하여 ○○시 ○○구 ○○로 ○○에서 시댁식구들과 함께 단란한 가정생활을 영위하여 왔습니다.

2. 원고는 위 신○○의 생전에 결혼식을 올리고자 하였으나 위 신○○의 친정 오빠인 소외 신○○의 반대로 결혼식을 올리지 못하게 되자, 위 신○○는 후일에 결혼식을 올리기로 하자면서 뒤로 미루다가 지금까지 결혼식 및 혼인신고를 하지 못하였습니다.

3. 그런데 원고와 위 신○○는 20○○. 4. 6. 여름휴가 기간 동안 강원도 삼척을 다녀오던 중 승용차가 가드레일을 추돌하는 사고가 발생하여 신○○는 즉사하게 된 것입니다.

4. 그러므로 원고는 검사를 상대방으로 하여 원고와 위 망 신○○ 사이에 사실상혼인관계가 있음을 확인을 구하기 위하여 이 건 청구에 이르게 된 것입니다.

입 증 방 법

1. 갑 제1호증 1, 2　　　각 가족관계증명서
1. 갑 제2호증 1, 2　　　각 기본증명서
1. 갑 제3호증　　　확인서(사고증명원)

그 밖의 입증방법은 변론시 수시 제출하겠습니다.

첨 부 서 류

1. 위 입증서류　　　각 1통
1. 주민등록초본　　　1통
1. 소장부본　　　1통

20○○. ○. ○.

위 원고 홍 ○ ○ (인)

○○ 가정법원 귀중

접수방법

1. 수입인지 : 20,000원의 인지를 납부한다.
2. 송달료 : 당사자수 × 4,800원(우편료) × 12회분을 납부한다.
3. 관할법원 : 가정법원 합의부의 사물관할에 속하고 피고의 주소지를 관할하는 가정법원에 제출한다.

이는 임의관할이다. 따라서 관할법원에 대한 합의가 있었다면 합의한 법원에 소장을 제출 할 수 있고, 원고가 관할법원이 아닌 곳에 소를 제기하였으나 피고가 이를 다투지 않는 경우 관할의 합의가 있었던 것과 마찬가지로 취급하는 응소관할(피고가 제1심 법원에서 관할위반이라고 항변하지 아니하고 본안에 대하여 변론하거나 변론준비기일에서 진술하면 그 법원이 관할 것을 가지는 것)이 적용된다.

4. 사실혼관계존재확인의 소는 나류 가사소송이므로 소를 제기하고자 하는 자는 먼저 조정을 신청하여야 한다.

㊟ **사실혼관계존재확인 청구**

사실혼이란 사회적으로 정당하다고 인정되는 부부이나 아직 혼인신고를 하지 않았기 때문에 법률상으로 정당한 부부로 인정받지 못하는 남녀관계를 말한다. 사실혼으로 인정받기 위해서는 당사자간에 혼인의사의 합치가 있어야 하고 공연성이 있어야 한다. 공연성이란 누구 보아도 그들을 부부로 인정하는 것을 말하며 반드시 혼례식을 거행할 필요는 없다.

당사자 일방이 사망한 경우에도 사실상 혼인관계존재확인이 법적 분쟁을 한꺼번에 해결하는 수단이 될 수 있는 때에는 검사를 상대로 법원에 사실관계존재확인청구를 할 수 있다.

사실상 혼인관계가 존재한다는 확인판결이 확정되거나, 또는 조정이 성립된 때, 원고는 혼자서 재판의 확정일로부터 1개월 안에 재판서의 등본과 확정증명서를 붙여서 가족관계등록관서에 혼인신고를 하여야 한다(가족관계의 등록 등에 관한 법률 72조). 이로서 사실혼은 법률혼으로 전환된다.

[서식 52] 사실상 혼인관계존재 확인청구의 소장(지병으로 인한 별거)

소 장

원 고 신 ○ 경 (000000-0000000) (전화 :)
등록기준지 : 서울 도봉구 도봉로 198
주 소 : 서울 강남구 개포로 345, 86동 707호 (개포동, 우성아파트)

피 고 안 ○ 수 (000000-0000000)
등록기준지 : 서울 강남구 대치로 599
주 소 : 서울 강남구 논현로 34, 302호 (논현동, 동부센트레빌)

사실상혼인관계존재확인의 소

청 구 취 지

1. 원고와 피고 사이에는 사실상 혼인관계가 존재함을 확인한다.
2. 소송비용은 피고가 부담한다.

라는 판결을 구합니다.

청 구 원 인

1. 결혼 과정

원고와 피고는 20○○. 4. 중매에 의하여 맞선을 보고 상호 교제를 하다가 같은 해 8. 27.에 약혼식을 하고 20○○. 12. 28. 논현동 소재 열린 웨딩홀에서 결혼식을 거행하였으며, 20○○. 10. 20.까지 피고의 집에서 함께 생활하여 왔습니다.

2. 별거하게 된 사유

그런데 원고는 결혼식 전부터 우측발목으로부터 대퇴까지 혈세혈종이라는 불치의 병이 있었으며 피고의 시모인 소외 강○자는 위와 같은 보기 흉한 종기가 있다는 것을 알고 이를 구실삼아 현대여성으로서 양장을 하기에 부적당하다고 하여 원고에게 병을 완치하여 오라는 이유로 20○○. 10. 21. 친가로 돌려보내 원고는 현재 친가에서 기거한 채 피고와 별거하고 있는 것입니다.

3. 아이의 출산

원고는 친가에 돌아온 후 20○○. 3. 3. 피고와 사이에서 포태한 여아를 출산하고 양육하면서 시댁에 돌아가기만 기다리고 있습니다. 그런데 위 여아의 출생신고를 하려고 피고에게 작명부탁과 원고와의 혼인신고를 할 것을 종용하였으나 피고는 아무런 이유 없이 수차례나 이를 거절하므로 청구취지와 같이 원고와 피고사이에 사실상혼인관계가 있음을 확인하는 판결을 받고자 이 사건 청구에 이른 것입니다.

입 증 방 법

1. 갑 제1호증의 1 내지 2	각 제적등본
1. 갑 제2호증	가족관계증명서
1. 갑 제3호증의 1 내지 10	각 결혼사진

20○○. ○. ○.

위 원고 신 ○ 경 (인)

○○ 가정법원 귀중

접수방법

1. 수입인지 : 20,000원의 인지를 납부한다.
2. 송달료 : 당사자수 × 4,800원(우편료) × 12회분을 납부한다.
3. 관할법원 : 가정법원 합의부의 사물관할에 속하고 피고의 주소지를 관할하는 가정법원에 제출한다. 이는 임의관할이다. 따라서 관할법원에 대한 합의가 있었다면 합의한 법원에 소장을 제출 할 수 있고, 원고가 관할법원이 아닌 곳에 소를 제기하였으나 피고가 이를 다투지 않는 경우 관할의 합의가 있었던 것과 마찬가지로 취급하는 응소관할(피고가 제1심 법원에서 관할위반이라고 항변하지 아니하고 본안에 대하여 변론하거나 변론준비기일에서 진술하면 그 법원이 관할 것을 가지는 것)이 적용된다.
4. 사실혼관계존재확인의 소는 나류 가사소송이므로 소를 제기하고자 하는 자는 먼저 조정을 신청하여야 한다.

주 사실혼관계존재확인 청구

사실혼이란 사회적으로 정당하다고 인정되는 부부이나 아직 혼인신고를 하지 않았기 때문에 법률상으로 정당한 부부로 인정받지 못하는 남녀관계를 말한다. 사실혼으로 인정받기 위해서는 당사자간에 혼인의사의 합치가 있어야 하고 공연성이 있어야 한다. 공연성이란 누구 보아도 그들을 부부로 인정하는 것을 말하며 반드시 혼례식을 거행할 필요는 없다.

당사자 일방이 사망한 경우에도 사실상 혼인관계존재확인이 법적 분쟁을 한꺼번에 해결하는 수단이 될 수 있는 때에는 검사를 상대로 법원에 사실관계존재확인청구를 할 수 있다.

사실상 혼인관계가 존재한다는 확인판결이 확정되거나, 또는 조정이 성립된 때, 원고는 혼자서 재판의 확정일로부터 1개월 안에 재판서의 등본과 확정증명서를 붙여서 가족관계등록관서에 혼인신고를 하여야 한다(가족관계의 등록 등에 관한 법률 72조). 이로서 사실혼은 법률혼으로 전환된다.

[서식 53] 사실상 혼인관계부존재 확인청구의 소장(무단 가출)

소 장

원 고 신 ○ 숙 (000000-0000000) (전화 :)
등록기준지 : 서울 도봉구 도봉로 198
주 소 : 서울 강남구 개포로 345, 86동 707호 (개포동, 우성아파트)

피 고 김 ○ 철 (000000-0000000)
등록기준지 : 서울 강남구 대치로 599
주 소 : 서울 강남구 논현로 34, 302호 (논현동, 동부센트레빌)

사실상혼인관계 부존재확인의 소

청 구 취 지

1. 원고와 피고 사이에는 사실상 혼인관계가 존재하지 아니함을 확인한다.
2. 피고는 원고에게 위자료로 10,000,000원을 지급하라.
3. 소송비용은 피고가 부담한다.

라는 판결을 구합니다.

청 구 원 인

1. 당사자 관계
   원고와 20○○. 5.경 소외 정○○과 중매에 서로 알게되어 교제해 오다가, 혼인신고를 하지 않는 채, 20○○. 8. 중순경부터 혼인생활을 시작하여 ○○시 ○○구 ○○로 ○○○에서 시댁식구들과 함께 단란한 가정생활을 영위하여 왔습니다.

2. 이 사건의 경위
   그런데 피고는 20○○. 2.경부터 자기는 아이를 갖지 않는다는 등 트집을 잡의면서 직장을 핑계로 외박을 일삼더니 20○○. 6. 15.부터는 가출을 한 후 집에 들어오지 않는 채 혼인신고도 협조하지 않고 있습니다.

3. 결 론
   그러므로 원고는 피고 사이에 사실상혼인관계가 존재하지 아니함을 확인하는 판결을 구하고자 이 사건 청구에 이른 것입니다.

입 증 방 법

1. 갑 제1호증 가족관계증명서
1. 갑 제2호증의 1 내지 8 결혼사진
1. 갑 제3호증 사실확인서

그 밖의 입증방법은 변론시 수시 제출하겠습니다.

첨 부 서 류

1. 위 입증서류 각 1통
1. 주민등록초본 2통
1. 소장부본 1통

20○○. ○. ○.

위 원고 신 ○ 철 (인)

○○ 가정법원 귀중

접수방법

1. 수입인지 : 사실상혼인관계존부청구의 수수료 20,000원과 위자료청구의 수수료 50,000원(1,000만원×0.005) 중 다액인 50,000원의 수수료를 납부한다.
2. 송달료 : 당사자수×4,800원(우편료)×12회분을 납부한다.
3. 관할법원 : 가정법원 합의부의 사물관할에 속하고 피고의 주소지를 관할하는 가정법원에 제출한다. 이는 임의관할이다. 따라서 관할법원에 대한 합의가 있었다면 합의한 법원에 소장을 제출 할 수 있고, 원고가 관할법원이 아닌 곳에 소를 제기하였으나 피고가 이를 다투지 않는 경우 관할의 합의가 있었던 것과 마찬가지로 취급하는 응소관할(피고가 제1심 법원에서 관할위반이라고 항변하지 아니하고 본안에 대하여 변론하거나 변론준비기일에서 진술하면 그 법원이 관할 것을 가지는 것)이 적용된다.
4. 사실혼관계부존재확인의 소는 나류 가사소송이므로 소를 제기하고자 하는 자는 먼저 조정을 신청하여야 한다.

2. 혼인의 취소

가. 의 의

혼인의 취소는 혼인의 성립과정에 일정한 흠이 있는 경우 그 혼인의 효력을 장래에 향하여 소멸시키는 소송을 말한다. 그 사유로 ① 혼인의 연령위반, 동의 없는 혼인, 근친혼·중혼·재혼금지위반 등에 해당 하는 것인 때, ② 혼인 당시 당사자 일방에 부부생활을 계속할 수 없는 악질 기타 중대한 사유가 있음을 알지 못한 때, ③ 사기 또는 강박으로 인하여 혼인의 의사를 표시한 때(민법 816조) 등이다.

나. 당 사 자

(1) 원고적격

① 혼인적령(남자 18세, 여자 16세미만)위반의 경우 : 당사자 또는 그 법정대리인
② 미성년자 피성년후견자가 부모 또는 성년후견인의 동의 없는 혼인한 경우 : 당사자 또는 그 법정대리인
③ 근친혼의 경우 : 당사자, 그 직계존속 또는 4촌 이내의 방계혈족
④ 중혼의 경우 : 당사자 및 그 배우자, 직계혈족, 4촌 이내의 방계혈족 또는 검사
⑤ 당사자 일방에 혼인을 계속할 수 없는 악질 기타 중대한 사유가 있음을 할지 못한 때와 사기 또는 강박으로 인하여 혼인의 의사표시를 한 때의 혼인취소 청구권자에 관하여는 아무런 규정이 없으나, 성질상 그 혼인의 의사표시를 한 자에 한하여 원고 적격이 있다고 할 것이다.

(2) 피고적격

부부 중 어느 한쪽이 혼인취소의 소를 제기할 때에는 배우자를 상대방으로 하고, 상대방이 될 사람이 사망한 경우에는 검사를 상대방으로 한다. 제3자가 혼인취소의 소를 제기한 때에는 부부를 상대방으로 하고, 부부 어느 한쪽이 사망한 경우에는 그 생존자를 상대방으로 한다(가소 24조 1, 2, 3항).

다. 관 할

(1) 부부가 같은 가정법원의 관할구역 내에 보통재판적이 있을 때는 그 가정법원이,

(2) 부부가 최후의 공통의 주소지를 가졌던 가정법원의 관할구역 내에 부부 중 일방의 보통재판적이 있을 때는 그 가정법원이,

(3) 위 (1), (2)에 해당하지 않을 경우로써 부부의 일방이 타방을 상대로 하는 때에는 상대방의 보통재판적 소재지의 가정법원이,

(4) 부부의 일방이 사망한 경우에는 생존한 타방의 보통재판적소재지의 가정법원이,

(5) 부부 쌍방이 사망한 경우에는 부부 중 일방이 최후의 주소지 가정법원이 각각 관할법원으로 되고, 그 관할은 전속관할이다(가소 22조).

라. 제척기간

(1) 동의 없는 혼인의 경우에는 그 당사자가 성년에 달한 후 3월이 경과하거나 혼인 중에 포태한 때

(2) 근친혼의 경우에는 당사자가 혼인중의 자를 출산한 때

(3) 혼인을 계속할 수 없는 악질, 기타 중대한 사유 있는 경우에는 그 사유 있음을 안날로부터 6월을 경과한 때

(4) 사기, 강박으로 인한 혼인의사표시의 경우에는 사기를 안 날 또는 강박을 면한 날로부터 3월을 경과한 때

(5) 혼인미달의 경우와 중혼의 경우에는 각각 제척기간의 정함이 없다. 그러나 혼인적령미달의 경우에는 동의 없는 혼인의 경우를 유추 적용하여, 당사자가 혼인적령에 도달한 후 3월이 경과하거나 혼인 중에 포태한 때에는 그 혼인의 취소를 청구하지 못한다고 해석하여야 할 것이다.

마. 청구취지 기재례

(1) 당사자 일방이 타방을 상대로 하는 경우

1. 원고와 피고 사이에 20○○. ○. ○. ○○시 ○○구청장에게 신고하여 한 혼인은 이를 취소한다.
2. 소송비용은 피고가 부담한다.

1. 피고들 사이에 20○○. ○. ○. ○○시 ○○구청장에게 신고하여 한 혼인은 이를 취소한다.

2. 소송비용은 피고들이 부담한다.

(2) 검사를 상대로 한 경우

1. 원고와 소외 망 ○○○(19○○. ○. ○.생, 등록기준지 : ○○시 ○○구 ○○로 ○○○) 사이에 20○○. ○. ○. ○○시 ○○구청장에게 신고하여 한 혼인은 이를 취소한다.
2. 소송비용은 국고가 부담한다.

(3) 관련사건의 청구가 병합된 경우

1. 원고와 피고 사이에 20○○. ○. ○. ○○시 ○○구청장에게 신고하여 한 혼인은 이를 취소한다.
2. 피고는 원고에게 위자료 30,000,000원을 지급하라.
3. 사건본인 ○○○에 대한 친권행사자 및 양육자로 원고를 지정한다.
4. 소송비용은 피고가 부담한다.

[서식 54] 혼인취소 청구의 소장(성불구자)

소 장

원 고 정 ○ 라 (000000-0000000) (전화 :)
등록기준지 ○○시 ○○구 ○○로 ○○
주 소 ○○시 ○○구 ○○로 ○○ (우편번호 : 00000)

피 고 박 ○ 석 (000000-0000000) (전화 :)
등록기준지 ○○시 ○○구 ○○로 ○○
주 소 ○○시 ○○구 ○○로 ○○ (우편번호 : 00000)

혼인취소 청구의 소

청 구 취 지

1. 원고와 피고 사이에 20○○. 5. 10. 서울 ○○구청장에게 신고하여 한 혼인은 이를 취소한다.
2. 소송비용은 피고가 부담한다.

라는 판결을 구합니다.

청 구 원 인

1. 원고와 피고는 중매로 20○○. 5. 1. 결혼식을 올리고 같은 해 5. 10. 혼인신고를 한 부부입니다.
2. 피고는 신혼여행을 갔을 때 술만 먹고, 잠잘 때 원고와 같이 한 이불속에서 자는 것을 회피하여 이상히 여기던 중 혼인신고를 마치고 나서 20○○. 5. 14. 피고는 성불구자라는 사실을 눈물로 호소하면서 계속 함께 살자고 애원하였습니다.
3. 그러나 피고는 위와 같이 중대한 사유를 혼전을 밝히지 않고 숨겼다는 사실이 불쾌하였을 뿐만 아니라 동정만으로는 결혼생활을 유지할 수 없는 것이어서 원고는 그 이튿날 피고의 부모에게 알리고 친정으로 돌아왔습니다.
4. 그러므로 원고는 피고가 결혼 당시 부부생활을 계속할 수 없는 중대한 사유를 알리지 아니함에 따라 청구취지와 같은 판결을 구하고자 본 소 청구에 이르렀습니다.

입 증 방 법

1. 갑 제1호증 가족관계증명서

첨 부 서 류

1. 위 입증서류 1통
1. 주민등록초본 2통
1. 소장부본 1통

20○○. ○. ○.

위 원고 정 ○ 라 (인)

○○ 가정법원 귀중

접수방법

1. 수입인지 : 20,000원의 인지를 납부한다.
2. 송달료 : 당사자수 × 4,800원(우편료) × 12회분을 납부한다.
3. 관할법원 : ① 부부가 같은 가정법원의 관할구역 내에 보통재판적이 있을 때는 그 가정법원이, ② 부부가 최후의 공통의 주소지를 가졌던 가정법원의 관할구역 내에 부부 중 일방의 보통재판적이 있을 때는 그 가정법원이, ③ 위 ①, ②에 해당하지 않을 경우 부부의 일방이 타방을 상대로 하는 때에는 상대방의 보통재판적 소재지의 가정법원이, ④ 부부의 일방이 사망한 경우에는 생존한 타방의 보통재판적소재지의 가정법원이, ⑤ 부부 쌍방이 사망한 경우에는 부부 중 일방이 최후의 주소지 가정법원이 각각 관할법원으로 되고, 그 관할은 전속관할이다(제22조), ⑥ 사물관할 : 가정법원 합의부(민사 및 가사소송의 사물관할에 관한 규칙 2조 2항).

주 근친결혼으로 인한 혼인취소

민법에 따르면, 8촌 이내의 혈족(친양자의 입양 전의 혈족을 포함한다) 사이에서는 혼인하지 못하고 혼인신고를 했더라도 그 혼인은 무효이다(민법 815조), 또한 6촌 이내의 혈족의 배우자, 배우자의 6촌 이내의 혈족, 배우자의 4촌 이내의 혈족의 배우자인 인척이거나 이러한 인척이었던 자 사이에도 혼인하지 못하며 이 경우에는 혼인을 취소할 수 있다(민법 816조).

혼인취소사유가 근친혼의 경우 혼인취소의 소는 당사자 뿐만 아니라 직계존속 또는 4촌 이내의 방계혈족이 제기할 수 있다. 다만 혼인 중에 아이를 출산하거나 임신한 경우에는 그 혼인을 취소할 수 없다.

[서식 55] 혼인취소 청구의 소장(정신병자 등)

소 장

원 고 이 ○ 자 (000000-0000000) (전화 :)
등록기준지 : ○○시 ○○구 ○○로 ○○
주 소 : ○○시 ○○구 ○○로 ○○ (우편번호 : 00000)

피 고 김 ○ 돌 (000000-0000000) (전화 :)
등록기준지 및 주소 : 위고와 같음

혼인취소 청구의 소

청 구 취 지

1. 원고와 피고 사이에 20○○. ○. ○. 서울 ○○구청장에게 신고하여 한 혼인은 이를 취소한다.
2. 소송비용은 피고가 부담한다.

라는 판결을 구합니다.

청 구 원 인

1. 원고와 피고는 소외 김○자의 중매로 20○○. ○. ○. 결혼식을 올리고 20○○. ○. ○. 혼인신고를 마친 법률상의 부부입니다.

2. 그런데 피고는 의처증이 심한 정신병자일 뿐만 아니라 알콜중독자입니다. 신혼초부터 매일 같이 밤늦게까지 술을 마시고, 만취한 상태에서 밤중에 귀가하면 그날 원고의 주변에 일어난 사소한 일까지 꼬치꼬치 캐어묻고는 다른 남자와 만났는지 여부 또는 만나서 무엇을 했는지 등을 물으면서 원고를 의심하기 시작하더니, 급기야는 원고를 의심한 나머지 욕설과 폭행을 하게 되었고, 음주량과 횟수도 더욱 더 많아져 도저히 정상적인 가정생활을 할 수 없는 상태에 이르렀습니다.

3. 피고는 이러한 알콜중독증과 의처증이 혼인 전에도 가지고 있었으면서도 이러한 사실을 숨기고 원고와 결혼을 하였던 것입니다.

4. 따라서 이는 민법 제816조 제2호의 혼인취소사유에 해당되므로 청구취지와 같은 판결을 구하고자 본 소 청구에 이르렀습니다.

입 증 방 법

1. 갑 제1호증 가족관계증명서

첨 부 서 류

1. 위 입증서류	1통
1. 주민등록초본	2통
1. 소장부본	1통

20○○. ○. ○.

위 원고 이 ○ 자 (인)

○○ 가정법원 귀중

접수방법

1. 수입인지 : 20,000원의 인지를 납부한다.
2. 송달료 : 당사자수×4,800원(우편료)×12회분을 납부한다.
3. 관할법원 : ① 부부가 같은 가정법원의 관할구역 내에 보통재판적이 있을 때는 그 가정법원이, ② 부부가 최후의 공통의 주소지를 가졌던 가정법원의 관할구역 내에 부부 중 일방의 보통재판적이 있을 때는 그 가정법원이, ③ 위 ①, ②에 해당하지 않을 경우 부부의 일방이 타방을 상대로 하는 때에는 상대방의 보통재판적 소재지의 가정법원이, ④ 부부의 일방이 사망한 경우에는 생존한 타방의 보통재판적소재지의 가정법원이, ⑤ 부부 쌍방이 사망한 경우에는 부부 중 일방이 최후의 주소지 가정법원이 각각 관할법원으로 되고, 그 관할은 전속관할이다(제22조), ⑥ 사물관할 : 가정법원 합의부(민사 및 가사소송의 사물관할에 관한 규칙 2조 2항).

[서식 56] 혼인취소 청구의 소장(과격한 성격 등)

소 장

원 고 정 ○ 자 (000000-0000000) (전화 :)
등록기준지 : ○○시 ○○구 ○○로 ○○
주 소 : ○○시 ○○구 ○○로 ○○ (우편번호 : 00000)

피 고 박 ○ 철 (000000-0000000) (전화 :)
등록기준지 및 주소 : 위고와 같음

혼인취소 청구의 소

청 구 취 지

1. 원고와 피고의 혼인신고(20○○. ○. ○. 서울 ○○구청장 접수)는 이를 취소한다.

2. 소송비용은 피고가 부담한다.
라는 판결을 구합니다.

청 구 원 인

1. 원고와 피고는 소외 ○○○의 소개로 약 2개월 전(20○○. ○. ○.) 결혼식을 올리고 20○○. ○. ○. 혼인신고를 마친 법률상의 부부입니다.

2. 피고는 20○○. ○. ○. 무단가출하여 며칠씩 그 행방을 감추는가 하면 술을 마신 다음날에는 칼을 들고 가족들을 모두 죽이겠다는 협박을 일삼아서 정신병원에 문의한 결과 정신병을 가지고 있으며, 후일에 알게 되었지만 결혼 전에는 정신분열증으로 ○○정신병원에 입원한 사실도 있으며, 갈수록 증세가 심하여 앞으로 결혼생활을 같이 할 수 없는 실정입니다.

3. 위와 같이 피고는 결혼 전부터 악질이 있음에도 불구하고 이를 숨기고 원고와 결혼하였으므로 청구취지와 같은 판결을 구하고자 본 소 청구에 이르렀습니다.

입 증 방 법

1. 갑 제1호증	혼인관계증명서
1. 갑 제2호증	가족관계증명서
1. 갑 제3호증	입원사실증명서 사본
1. 갑 제4호증	진단서 사본

첨 부 서 류

1. 위 입증서류	1통
1. 주민등록초본	2통
1. 소장부본	1통

20○○. ○. ○.

위 원고 정 ○ 자 (인)

○○ 가정법원 귀중

[서식 57] 혼인취소 청구의 소장(허위의 혼인신고)

소 장

원 고 김 ○ 필 (000000-0000000) (전화 :)
등록기준지 : 경기도 연천군 군남면 삼거로 234
주 소 : 서울 광진구 자양로 87, 311동 707호 (자양동, 우성아파트)

피 고 1. 김 ○ 란 (000000-0000000)
등록기준지 : 경기도 연천군 군남면 삼거로 234
주 소 : 경기도 양주시 덕계로 234, 302호 (덕계동, 동서빌라)

2. 이 ○ 철 (000000-0000000)
등록기준지 : 전남 고흥군 과역면 석봉로 387
주 소 : 경기도 양주시 덕계로 234, 302동 (덕계동, 동서빌라)

혼인취소청구의 소

청 구 취 지

1. 피고 김○란과 피고 이○철 사이의 20○○. 2. 7.자 양주시장에게 한 혼인신고는 이를 취소한다.
2. 소송비용은 피고들이 부담한다.

라는 판결을 구합니다.

청 구 원 인

1. 피고 김○란은 원고의 친딸로 현재 고등학교 재학 중인 만 18세의 미성년자이고, 피고 이○철은 20○○. 2. 7. 피고 김○란과 혼인신고를 필한 법률상 배우자로 되어 있습니다(또는 원고는 피고 김○란의 친부이고, 피고 이○철은 20○○. 2. 7. 피고 김○란과 혼인신고를 마친 법률상 부부입니다).
2. 피고 이○철은 처와 이혼한 후 직업 없이 방황하고 있는 자로 아직 미성년자인 원고의 딸을 유혹하여 원고의 동의도 없이 혼인신고까지 마치고 교제를 계속하고 있는 사실을 뒤늦게 알게 되었습니다(또는 피고 이○철은 원고의 딸인 피고 김○란과 20○○. 2. 7. 혼인신고를 하였지만 피고 김○ 은 아직 미성년자로서 원고의 동의 없이 혼인신

고를 한 것입니다).

3. 이에 원고는 20○○. 2. 7.자 신고된 피고들 사이의 혼인은 민법 제808조를 위반하므로 피고들 사이의 혼인의 취소를 구하기 위하여 본 소 청구에 이른 것입니다.

입 증 방 법

1. 갑 제1호증 제적등본
1. 갑 제2호증의 1, 2 각 가족관계증명서
1. 갑 제3호증 혼인관계증명서
1. 갑 제4호증의 1, 2 각 주민등록초본

20○○. ○. ○.

위 원고 김 ○ 필 (인)

○○ 가정법원 귀중

접수방법

1. 수입인지 : 20,000원의 인지를 납부한다.
2. 송달료 : 당사자수×4,800원(우편료)×12회분을 납부한다.
3. 관할법원 : ① 부부가 같은 가정법원의 관할구역 내에 보통재판적이 있을 때는 그 가정법원이, ② 부부가 최후의 공통의 주소지를 가졌던 가정법원의 관할구역 내에 부부 중 일방의 보통재판적이 있을 때는 그 가정법원이, ③ 위 ①, ②에 해당하지 않을 경우 부부의 일방이 타방을 상대로 하는 때에는 상대방의 보통재판적 소재지의 가정법원이, ④ 부부의 일방이 사망한 경우에는 생존한 타방의 보통재판적소재지의 가정법원이, ⑤ 부부 쌍방이 사망한 경우에는 부부 중 일방이 최후의 주소지 가정법원이 각각 관할법원으로 되고, 그 관할은 전속관할이다(제22조), ⑥ 사물관할 : 가정법원 합의부(민사 및 가사소송의 사물관할에 관한 규칙 2조 2항).

[서식 58] 중혼을 이유로 혼인취소 청구의 소

소 장

원 고 김 ○ 헌 (000000-0000000) (전화 :)
등록기준지 : 경기도 연천군 미산면 우정로 427
주 소 : 경기도 연천군 미산면 우정로 439
송 달 장 소 : 경기도 의정부시 가능로 369, 2층 201호

피 고 이 ○ 림 (000000-0000000)
등록기준지 : 경기도 연천군 미산면 우정로 427
주 소 : 경기도 연천군 미산면 우정로 439

혼인취소청구의 소

청 구 취 지

1. 원고와 피고 사이의 20○○. 10. 7.자 연천군수에게 한 혼인신고는 이를 취소한다.
2. 소송비용은 피고가 부담한다.

라는 판결을 구합니다.

청 구 원 인

1. 원고와 피고는 20○○. 10. 7. 혼인신고를 마친 법률상 부부인데, 결혼 후 얼마 지나지 아니하여 피고 및 소외 피고의 어머니에 의하여 일방적으로 쫓겨나 현 주소지에 살고 있었습니다.
2. 그런데 피고는 원고가 위 주소지인 경기도 연천군 미산면 우정로 439에 거주하고 있음을 잘 알고 있었음에도 불구하고 원고가 무단가출하여 행방불명된 것처럼 하여 공시송달에 의한 방법으로 의정부지방법원 20○○드단 232 이혼심판 청구의 소를 제기하여 승소심판을 받아 이혼 신고한 후, 피고 박○식과 혼인신고를 하였습니다.
3. 원고는 위 사실을 우연히 알게 되어 재심을 청구하게 되었고, 재심의 소에서 원고가 승소하여 원고와 피고 이○림은 이혼한다는 원심판이 취소됨으로써 피고 이○림과 피고 박○식의 혼인신고는 민법 제816조의 규정에 따라 중혼이므로 피고들 사이의

혼인의 취소를 구하기 위하여 본 소 청구에 이르렀습니다.

입 증 방 법

1. 갑 제1호증 제적등본
1. 갑 제2호증의 1, 2 각 가족관계증명서
1. 갑 제3호증 혼인관계증명서
1. 갑 제4호증의 1, 2 각 주민등록초본
1. 갑 제5호증의 1, 2 각 판결문
1. 갑 제6호증 혼인관계증명서

20○○. ○. ○.

위 원고 김 ○ 헌 (인)

○○ 가정법원 귀중

접수방법

1. 수입인지 : 20,000원의 인지를 납부한다.
2. 송달료 : 당사자수×4,800원(우편료)×12회분을 납부한다.
3. 관할법원 : ① 부부가 같은 가정법원의 관할구역 내에 보통재판적이 있을 때는 그 가정법원이, ② 부부가 최후의 공통의 주소지를 가졌던 가정법원의 관할구역 내에 부부 중 일방의 보통재판적이 있을 때는 그 가정법원이, ③ 위 ①, ②에 해당하지 않을 경우 부부의 일방이 타방을 상대로 하는 때에는 상대방의 보통재판적 소재지의 가정법원이, ④ 부부의 일방이 사망한 경우에는 생존한 타방의 보통재판적소재지의 가정법원이, ⑤ 부부 쌍방이 사망한 경우에는 부부 중 일방이 최후의 주소지 가정법원이 각각 관할법원으로 되고, 그 관할은 전속관할이다(제22조), ⑥ 사물관할 : 가정법원 합의부(민사 및 가사소송의 사물관할에 관한 규칙 2조 2항).

3. 협의이혼

가. 의 의

이혼을 하고자 하는 사람은 가정법원으로부터 확인서 등본을 교부 또는 송달받은 날로부터

3개월 이내에 그 등본을 첨부하여 신고를 행하여야 하고 3개월의 기간이 경과한 때에는 그 가정법원의 확인은 효력을 상실한다. 그리고 협의이혼 신고서에 가정법원의 이혼의사확인서 등본을 첨부한 경우에는 증인 2인의 연서가 있는 것으로 본다.

부부 중 한쪽이 재외국민이거나 교도소에 수감자로써 출석하기 어려운 경우에는 다른 쪽이 출석하여 신청서를 제출할 수 있다.

나. 관 할

등록기준지 또는 주소지를 관할하는 가정법원(지원)이나 시·군법원의 확인을 받아 신고하여야 한다. 부부 쌍방의 주소지가 서로 다른 경우에는 각 주소지를 관할하는 가정법원이 관할법원이 된다.

다. 준비서류

(1) 협의이혼의사확인신청서 1통(부부가 함께 작성하며 법원에 비치되어 있음)
(2) 남편과 처의 가족관계증명서와 혼인관계증명서 각 1통
(3) 이혼신고서 3통{신고서 양식은 시(구)·읍·면사무소 및 법원에 비치되어 있음. 이혼신고서에는 증인 2명의 성명, 주소, 주민등록번호를 적고 도장을 찍는 난이 있으므로 미리 준비해야 하고, 증인이 직접 출석할 필요가 없으며 인감도장이 아니어도 무방하다}
(4) 미성년자가 있는 경우에는 양육자 및 친권자결정에 관한 협의서 1통과 사본 2통 또는 가정법원의 심판정본 및 확정증명서 3통
(5) 주민등록등본(주소지 관할법원에 신청하는 경우) 1통
(6) 부부 중 일방이 외국에 있거나 교도소(구치소)에 수감 중인 경우에는 재외국민등록부등본 1통(재외공관 및 외교통상부 발행) 또는 수용증명서(교도소 및 구치소장이 발행) 1통을 첨부한다.
(7) 각자 신분증 및 도장(인감도장이 아니어도 무방)
(8) 진술요지서(재외공관에 접수한 경우) 1통
(9) 송달료 : 4,800원×2회분×2명

라. 이혼숙려제도

(1) 2008. 6. 22.부터 전국 가정법원에서는 협의이혼 확인신청서를 접수한 부부에게 상담에

관하여 전문적인 지식과 경험을 갖춘 전문상담인의 상담을 받을 것을 권고할 수 있으며, 일정의 숙려기간을 고지하게 된다.

(2) 가정법원에 이혼의사의 확인을 신청한 당사자는 가정법원으로부터 위의 안내를 받은 날로부터 양육하여야할 자가 있는 경우에는 3개월, 그 외의 경우에는 1개월(단, 폭력으로 인하여 당사자 일방에게 참을 수 없는 고통이 예상되는 등 이혼을 하여야 할 급박한 사정이 있는 경우에는 위 1개월의 기간을 단축 또는 면제할 수 있다)이 지난 후에 이혼의사의 확인을 받을 수 있다.

마. 양육자 결정

이혼당사자에게 양육하여야 할 자가 있는 경우 당사자는 민법 제837조에 따른 자의 양육과 제909조 제4항에 따른 자의 친권자결정에 관한 협의서 또는 제837조 및 제909조 제4항에 따른 가정법원의 심판정본을 제출하여야 한다.

바. 양육에 관한 협의

(1) 당사자는 그 자의 양육에 관한 사항을 협의에 의하여 정한다.

(2) 위 (1)항의 협의를 할 때에는 양육자의 결정, 양육비용의 부담, 면접교섭권의 행사여부 및 그 방법에 관한 사항을 포함하여야 한다.

(3) 위 (1)항에 따른 협의가 자의 복리에 반하는 경우에는 가정법원은 보정을 명하거나 직권으로 그 자의 의사, 연령과 부모의 재산상황, 그 밖의 사정을 참착하여 양육에 필요한 사항을 정하여야 한다.

(4) 자의 양육에 관하여 협의가 이루어지지 아니하거나 협의할 수 없을 때에는 가정법원은 직권 또는 당사자의 청구에 따라 결정한다.

(5) 가정법원은 자의 복리를 위하여 필요하다가 인정되는 경우에는 부, 모, 자 및 검사의 청구 또는 직권으로 자의 양육에 관한 사항을 변경하거나 다른 적당을 처분을 할 수 있도록 하였다.

(6) 위 (3)항 내지 (5)항까지의 규정은 양육에 관한 사항 외에는 부모의 권리의무에 변경을 가져오기 때문이다.

사. 양육비부담조서제도

협의이혼시 양육비를 효율적으로 확보하기 위하여 양육비의 부담에 대하여 당사자가 협의하여 그 부담내용이 확정된 경우, 가정법원은 그 내용을 확인하는 양육비부담조서를 작성하여야 하며, 이러한 양육비부담조서는 그 자체로 집행권원이 되므로(가소 41조), 양육비부담조서에 기재된 양육비를 그 의무자가 지급하지 아니할 경우 권리자는 별도의 소송절차 없이 당해 양육비부담조서에 의하여 의무자에 재산에 강제집행을 할 수 있게 되었다(민법 836조의2 신설, 2009. 5. 8. 개정, 2009. 8. 9. 시행).

아. 이혼의사의 합치

(1) 이혼의사는 부부로서의 결합을 해소하는 것이기 때문에 이혼신고서를 시(구)·읍·면장에게 제출할 때까지 유효하게 존속하고 있어야 한다.

(2) 협의이혼의 사유로는 성격불일치, 불화, 애정상실, 성적불만, 금전문제, 건강문제 등 어떤 명목이든지 이혼의 합치만 있으면 가능하다.

자. 협의이혼의사의 철회

이혼의사확인을 받았다 하더라도 실제 이혼할 의사가 없는 경우에는 이혼신고를 하지 않거나 이혼의사철회표시를 하고자 하는 사람의 등록기준지, 주소지 또는 현재의 시·구·읍·면의 장에게 이혼의사철회서를 제출할 수 있다. 그러나 이혼신고서가 이혼의사철회서보다 먼저 접수되면 철회서를 제출하였더라도 이혼의 효력이 발생한다.

차. 협의이혼의사확인 후의 절차

(1) 협의이혼의 의사를 확인한 후 즉석에서 의혼의사확인서 등본을 당사자에게 각 1부씩 나누어 주며, 이혼 당사자는 양가의 가족관계등록사항별증명서 각 2통을 첨부하여 위 등본을 받은 날로부터 3개월 이내에 등록기준지 또는 양당사자의 주소지 소재 가족관계등록관서(서울의 경우에는 구청)에 신고함으로써 혼인관계는 해소된다.

(2) 이혼 후에도 자녀에 대한 부모의 권리와 의무는 협의이혼과 관계없이 그대로 유지된다.

[서식 59] 협의이혼의사확인신청서

협의이혼의사확인신청서

당사자 부 홍 ○ ○ (洪 ○ ○)
주민등록번호 : 000000-0000000
등록기준지 : ○○시 ○○구 ○○로 ○○○
주 소 : ○○시 ○○구 ○○로 ○○
연 락 처 : 000-000-0000

처 신 ○ ○ (洪 ○ ○)
주민등록번호 : 000000-0000000
등록기준지 : ○○시 ○○구 ○○로 ○○○
주 소 : ○○시 ○○구 ○○로 ○○
연 락 처 : 000-0000-0000

신 청 취 지

1. 위 당사자간 사이에는 진의에 따라 서로 이혼하기로 합의하였다.
2. 위와 같이 이혼의사가 확인되었다.

라는 확인을 구함

첨 부 서 류

1. 남편의 혼인관계증명서와 가족관계증명서 각 1통
   처의 혼인관계증명서와 가족관계증명서 각 1통
1. 미성년자가 있는 경우 양육 및 친권자결정에 관한 협의서 1통과 사본 2통 또는 가정법원의 심판정본 및 확정증명서 각 3통(제출____, 미제출____)
1. 주민등록표등본(주소지 관할법원에 신청하는 경우) 1통
1. 진술요지서(재외공관에서 접수한 경우) 1통

20○○. ○. ○.

신청인 (부) 홍 ○ ○ (인)
(처) 신 ○ ○ (인)

○○ 가정법원 귀중

• 협의이혼의 절차 •

1. 숙려제도

(1) 2008. 6. 22.부터는 협의상 이혼을 하려는 자는 가정법원이 제공하는 이혼에 관한 안내를 받아야 하고, 가정법원은 필요한 경우 당사자에게 상담에 관하여 전문적인 지식과 경험을 전문상담인의 상담을 받을 것을 권고할 수 있다(재836조의 2)

(2) 가정법원에 이혼의사의 확인을 신청한 당사자는 가정법원으로부터 위의 안내를 받은 날부터 다음 각 호의 기간이 지난 후에 이혼의사의 확인을 받을 수 있다.

① 양육하여야 할(포태중인 자 포함, 이하 이 조에서 같다)가 있는 경우에는 3개월

② 제1항에 해당하지 아니하는 경우에는 1개월

(3) 가정법원은 폭력으로 인하여 당사자 일방에게 참을 수 없는 고통이 예상되는 등 이혼을 하여야 할 급박한 사정이 있는 경우에는 위 (2)번 제2항의 기간을 단축 또는 면제할 수 있다.

2. 양육자 결정

이혼당사자에게 양육하여야 할 자가 있는 경우 당사자는 제847조에 따른 자(자)의 양육과 제909조 제4항에 따른 자(子)의 친권자결정에 관한 협의서 또는 제837조 및 제909조 제4항에 따른 가정법원의 심판정본을 제출하여야 한다(836조의 2).

접수방법 및 유의사항

1. 수입인지 : 인지를 납부하지 않는다.
2. 송달료 : 당사자수×4,800원(우편료)×2회분을 납부한다.
3. 관할 : 협의이혼을 하고자 하는 자는 이혼당사자의 등록기준지 또는 주소지를 관할하는 가정법원(서울의 경우 각 지방법원에도 신청가능)이나 시·군법원에 부부가 '함께' 출석하여 협의이혼의사확인신청서를 제출한다.
4. 종전의 협의이혼제도는 당사자 사이에 자녀 양육사항 및 친권자지정에 관한 합의 없이도 이혼이 가능하도록 되어 있어 이혼 가정 자녀의 양육환경이 침해되는 문제가 있었는데, 개정법에서는 협의

이혼하고자 하는 부부에게 양육자의 결정, 양육비용의 부담, 면접교섭의 행사여부 및 그 방법 등이 기재된 양육사항과 친권자결정에 관한 협의서 또는 가정법원의 심판정본을 협의이혼확인시 의무적으로 제출하도록 하였다(민법 836조의2 4항 신설 및 837조, 909조 4항, 2008. 6. 22.부터 시행).
5. 부부 양쪽이 이혼에 관한 안내를 받은 후에 협의서는 확인기일 1개월 전까지, 심판정본 및 확정증명서는 확인기일까지 제출할 수 있다.
6. 이혼에 관한 안내를 받지 아니한 경우에는 접수한 날부터 3개월이 경과하면 취하한 것으로 본다.

[서식 60] 협의이혼의사확인신청취하서

협의이혼의사확인신청취하서

당사자　　부　홍　○　○
　　　　　처　신　○　○

위 당사자간 20○○. ○. ○.에 접수한 제1234호 협의이혼확인신청은 이를 취하합니다.

20○○. ○. ○.

신청인　홍 ○ ○　(인)
　　　　신 ○ ○　(인)

○○ 가정법원 귀중

4. 이혼의 소

가. 의 의

(1) 재판상 이혼은 민법 제840조에서 정한 이혼사유가 있는데도 당사자 사이에 이혼의 합의가 이루어 지지 않는 경우 판결에 의하여 이혼의 효과를 발생시키는 것을 말한다.

민법 제840조는 재판상이혼 원인으로 ① 배우자에 부정한 행위가 있었을 때, ② 배우자가 악의로 다른 일방을 유기한 때, ③ 배우자 또는 그 직계존속으로부터 심히 부당한 대우를 받았을 때, ④ 자기의 직계존속이 배우자로부터 심히 부당한 대우를 받았을 때, ⑤ 배우자의 생사가 3년 이상 분명하지 아니한 때, ⑥ 기타 혼인을 계속하기 어려운 중대한 사유가 있을 때의 6가지를 들고 있다.

(2) 재판상이혼은 소로써만 청구할 수 있고 그 청구인용 판결의 확정에 의하여 당사자간의 혼인이 해소되는 효과가 발생되는 것으로서 형성의 소이다.

나. 정당한 당사자

재판상이혼은 부부만이 당사자적격을 가진다. 즉 부부 중 일방이 원고로 되어 타방을 상대방으로 하여 청구하는 것이고, 제3자는 당사자로 될 수 없다. 혼인은 당사자 일방의 사망으로 인하여 해소되는 것이므로 검사를 상대방으로 할 여지는 없다. 다만, 재심에 있어서는 확정판결을 받은 당사자의 일방이 사망한 때에는 검사에게 재심피고적격이 인정됨은 전술한 바와 같다.

다. 이혼소송시 준비서류

(1) 증거의 수집확보

(2) 준비서류

① 가족관계등록부, 주민등록등(초)본(당사자) 각 1통

② 부동산등기사항증명서

③ 진술서(공증)(원고, 증인 등)

④ 배우자의 폭행이나 배우자 부모의 학대사실을 증언을 해 줄 수 있는 증인

⑤ 증인에 대한 공증된 사실확인서

⑥ 폭행이나 파괴행위 등을 담은 사진

⑦ 배우자의 폭행으로 입은 상해진단서 및 신체부위 사진촬영

⑧ 배우자의 귀책사유에 해당하는 녹음(녹취록), 단 제3자들 사이에서 대화내용을 녹음하는 행위는 위법행위가 될 수 있으므로 각별히 유의하여야 한다.

라. 이혼소송청구절차

이혼소송의 제기[이혼, 위자료, 재산분할, 양육자 지정신청, 친권자 지정신청] → 조정위원회 또는 조정담당판사 → 제소신청 → 판결심판

마. 관 할

(1) 재판상이혼 청구의 소는 토지관할은 부부생활의 실태에 따라 달라진다. 즉, ① 부부가 같은 가정법원의 관할구역 내에 보통재판적이 있을 때에는 그 가정법원이, ② 부부가 최후의 공통의 주소지를 가졌던 가정법원의 관할구역 내에 부부 중 일방의 보통재판적이 있을 때에는 그 가정법원이, ③ 위의 각 경우에 해당하지 아니하는 때에는 상대방의 보통재판적 소재지의 가정법원이, 각각 관할법원으로 되고, 그 관할은 전속관할이다.

(2) 재판상 이혼의 소는 단독판사의 사물관할에 속한다(민사및민사소송의사물에관한규칙 2조 2항).

바. 제척기간

민법 제840조 제1호의 사유(부정한 행위)에 대하여는 다른 일방이 사전에 동의하거나 사후에 용서를 한 때에는 이혼청구권이 소멸하며, 또 위 이혼사유 및 같은 조 제6호 사유인 혼인을 계속하기 어려운 중대한 사유가 있을 때의 경우에는 다른 일방이 그 사유를 안 날로부터 6월, 그 사유 있은 날로부터 2년을 경과하면 이혼을 청구하지 못한다(민법 841조, 842조). 다만 위 제6호의 사유가 이혼소송 제기시까지 계속되고 있는 경우에는 그러한 사유의 최초발생이 언제였는가는 묻지 않기 때문에 성질상 제척기간이 적용될 여지가 없다, 나머지 사유에 기한 이혼청구는 위 제척기간에 관한 규정이 유추적용되지 아니하고, 10년의 제척기간에 걸린다.

사. 법에서 규정한 이혼소송에서의 원인(민법 제840조)

(1) 840조 1호 : 배우자의 부정한 행위가 있을 때

간통보다는 더 넓은 개념으로써 간통에까지는 이르지 않았으나 부부의 정조의무에 충실하지 않는 일체의 행위를 말한다.

자신의 자유로운 의사에 의하여 혼인의 순결성을 저버린 행위로서 단지 1회로 족하고 계속적일 것은 필요치 않다고 본다.

① 부정한 행위라고 본 구체적 사례

- 처가 있는 남자가 다른 여자와 지속적인 교제관계를 맺어 왔다면 간통행위에 대한 확증이 없더라도 부정행위로 본다(서울가정법원 1997. 8. 20. 선고 97드4672 판결, 확정).
- 정조의무는 단순히 육제척인 것이 아니라 정신적인 것까지 포함한다(하급심 1996. 10. 4. 선고 96드77812).
- 간통죄로 무죄판결을 받았다고 할지라도 정조의무에 위반하였다고 본 사례(대법원 1993. 4. 9. 선고 92므938 판결).
- 고령이고 중풍으로 성교능력이 없어 실제로 성교를 갖지 못했다 하더라도 배우자 아닌 자와 동거한 행위는 부정한 행위로 본다(대법원 1992. 11. 10. 선고 92므68 판결).
- 배우자 일방이 다른 여자와 여관에 투숙하여 팬티만 입고 앉아있고, 다른 여자는 팬티차림으로 욕실에 들어가 있다가 발각된 경우 이는 부정한 행위에 해당한다고 본다(대법원 1998. 5. 24. 선고 88므7 판결).
- 배우자 일방이 상대방이 출타하고 없음을 기회로 다른 남자를 불러 이불을 깔고 누운채 자금의 대여금 부탁하면서 소곤거리다가 적발된 경우에 가령 위 배우자 일방이 다방 경영자이더라도 부정한 행위에 해당한다(대법원 1963. 3. 14. 선고 63다54 판결).

② 부정한 행위가 아니라고 본 사례

- 카바레에서 다른 남자를 사귀었다는 사실(대법원 1990. 7. 24. 선고 89므1115 판결, 대법원 1986. 6. 10. 선고 86므8 판결).
- 부와 처간에 차이가 있는 것은 아니며, 일회성이든 계속적인 것이든 불문한다. 다만 혼인중의 행위여야 하므로 혼인전의 행위는 그것이 약혼중의 행위라 하더라도 부정한 행위라 할 수 없다(대법원 1991. 9. 13. 선고 87므5,6 판결).
- 남편이 본가와는 한 가족같이 친하게 지내는 갑을 아내가 남편이 없는 사이에 하룻밤 재워주었고, 비에 젖은 갑의 옷을 다려주었고, 옷을 다리는 사이에 갑은 내의와 잠옷파자마만 입고 방에 앉아 있었다"는 사실만으로 부정행위가 있었다고 할 수 없다(대법원 1968. 3. 19. 선고 68므2 판결).
- 부인이 부정행위를 한데 대하여 남편에게 책임이 있는 경우 그 부정행위만을 들어 이혼을 구할 수 없다(대법원 1987. 9. 29. 선고 87므23 판결).
- 남편이 부인에게 사업자금을 요구하자 부인은 사업자금을 마련하기 위해 다른 남자(A)와 식사를 하였고, 친구들과 함께 카바레에서 춤을 추고 A와 함께 차를 타고 귀가한 경우

부정한 행위가 아니다(대법원 1986. 6. 10. 선고 86므8 판결).

(2) 840조 2호 : 배우자가 악의로 다른 일방을 유기한 때

- 악의의 유기

  유기란 정당한 이유가 없이 동거, 부양, 협조의무를 포기하는 것으로서, 상대방을 내쫓거나 또는 두고 나가버린다든지, 상대방으로 하여금 나가지 않을 수 없게 만든 다음 돌아오지 못하게 함으로써 계속해서 동거에 응하지 않는 경우를 말한다.

① 악의의 유기라고 본 사례

- 남편이 정신이상 증세가 있는 처를 두고 가출하여 비구승이 된 경우(대법원 1990. 11. 9. 선고 90므583 판결).
- 시어머니와의 불화를 이유로 별거하게 된 처자식을 돌보지 않는 경우(대법원 1990. 10. 12. 선고 90므514 판결).
- 처가 아기를 낳을 수 없다는 것을 이유로 남편이 학대한 경우(대법원 1990. 11. 27. 선고 90므484 판결).
- 혼인신고 후 20일간 동거하다가 가출한 경우(대법원 1986. 10. 28. 선고 86므83 판결).
- 채무를 견디다 못하여 가출하여 6년간 처자식을 돌보지 않는 경우 (대법원 1983. 4. 25. 선고 82므63 판결).
- 남편이 처의 만류에도 불구하고 그의 형수와 매사를 논의하고 같이 외출, 여관 출입을 하여 처가 가출한 경우(대법원 1986. 5. 27. 선고 86므26 판결).
- 정신박약자인 아들의 감호양육을 소홀히 하고 춤바람 나서 가출한 경우 (대법원 1984. 7. 10. 선고 84므27 판결).
- 아내가 혼인신고를 한 후 20년 동안 동거하다가 농사일이 힘들고 남편의 건강이 나쁘다'는 이유로 집을 나가서 돌아오지 아니한 경우(대법원 1986. 10. 28. 선고 86므83,84 판결).
- 직장생활을 하는 처가 가정생활을 충실히 하라는 시어머니의 타이름에 불만을 품고 남편에게 시어머니와 별거를 주장하였으나 남편이 이를 거절하다 의복 등을 챙겨 집을 나가 별거한 경우(대법원 1985. 7. 9. 선고 85므5 판결).
- 생활이 어려워지고 숙직 때문에 남편이 가끔 집에 들어오지 못하게 되자 아내가 남편의 동료직원과 학부형들에게 '남편이 축첩하였다"고 비방하고, 심지어 근무처인 학교의 교장 선생님을 찾아가 '남편이 축첩하였다'고 항의하는 한편 일간지에 보도하겠다고 위협하여

오다가 마침내 생후 1년 5개월밖에 안된 자식을 포함한 전가족을 내버려 둔 채 집을 나간 경우(대법원 1969. 9. 23. 선고 69므19 판결).

② 악의의 유기가 아니라고 본 사례

- 남편이 처에게 혼인 전부터 가진 신앙을 포기하도록 요구하면서 폭행함으로써 처가 가출한 경우(대법원 1990. 8. 10. 선고 90므408 판결)
- 남편의 행패를 견디다 못하고 가출한 자(대법원 1990. 3. 23. 선고 89므1085 판결).
- 가정사정이나 직장 때문에 일시 별거한 경우는 물론, 처가 부의 폭행 등을 견디지 못하고 가출한 경우(대법원 1983. 6. 28. 선고 82므55, 1990. 8. 10. 선고 90므408 판결)
- 가정불화가 심하여 처와 자녀들의 냉대에 부가 일시 가출하고 생활비를 안 준 경우(대법원 1986. 6. 24. 선고 85므6 판결)
- 처가 남편을 버리고 8년간 자식집을 전전하게 된 원인이 남편의 주벽과 사업실패로 인한 가정파탄 때문인 경우(대법원 1986. 8. 19. 선고 86므75 판결).
- 남편이 처에 대하여 자주 폭행과 폭언을 하였기 때문에 처가 가출하여 자식들의 집을 전전한 경우(서울가정법원 1993. 4. 8. 선고 92므66545 판결, 확정).
- 자살을 기도하여 병원에 입원치료를 받아야 하고 그 상태가 호전되지 않는 경우(대법원 1986. 8. 19. 선고 86므18 판결).
- 주거에서 나와 별거하게 된 원인이 상대방의 폭행 때문일 경우(대법원 1986. 5. 27. 선고 85므87 판결).
- 처가 시가에서 쫓겨난 경우(대법원 1990. 7. 8. 선고 80므23 판결).

(3) 840조 3호 : 배우자 또는 그 직계존속으로부터 심히 부당한 대우를 받았을 때

- 부당한 대우

  혼인관계의 지속을 강요하는 것이 참으로 가혹하다 여겨질 정도의 폭행이나 학대 또는 중대한 모욕을 받았을 경우를 말한다.

  부부생활의 계속에 관하여 사회통념상 고통을 느낄 정도의 신체, 정신에 대한 학대 또는 명예에 대한 모욕을 의미한다.

① 부당한 대우라고 본 사례

- 배우자의 결백을 알면서도 간통죄로 고소하고 제3자에게 거짓 진술을 부탁한 경우(대법원

1990. 2. 13. 선고 88므501 판결).

- 지참금을 가져오지 아니하였다하여 처를 구타한 경우(대법원 1986. 5. 27. 선고 86므14 판결).
- 처가 교수인 남편이 직장인으로서의 본분을 다할 수 없게끔 한 경우(대법원 1986. 3. 25. 선고 86므72 판결).
- 처가 남편을 정신병자로 몰아 정신병원이나 요양원에 보내기 위해 강제로 납치를 기도한 경우(대법원 1985. 11. 26. 선고 85므51 판결).
- 무단가출(대법원 1985. 7. 9. 선고 85므5 판결).
- 옛 애인을 못잊어 배우자를 학대하는 경우(대법원 1983. 10. 25. 선고 82므28 판결).
- 남편이 혼인 초부터 처가 아기를 낳을 수 없다는 트집을 잡아 학대하고 이혼을 요구하며, 이에 응하지 않으면 자살을 하겠다고 소동을 벌여 이를 견디지 못한 처가 친정에 복귀한 경우(대법원 1990. 11. 27. 선고 90므484 판결).
- 처가 가사를 소홀이 하고 외간남자와 전화로 애정표현을 주고받았다 할지라도 남편이 사소한 금전지출까지 간섭하고 처의 옷을 벗기고 혁대 등으로 심하게 구타하여 상해를 입힌 경우(서울가정법원 1997. 4. 2. 선고 96드56454 판결, 확정).
- 처와 제3자의 남자와의 관계가 결백한데 남편이 그 결백함을 알면서도 처를 간통죄로 고소하고 위 제3자로 하여금 간통사실 등에 관한 거짓 진술을 하도록 부탁한 경우(이 경우 처는 남편으로부터 심히 부당한 대우를 받은 때, 또는 혼인을 계속하기 어려운 중대한 사유가 있는 때에 해당된다)(대법원 1990. 2. 13. 선고 88므504,511 판결)

② 부당한 대우가 아니라고 본 사례

- 만 75세의 처가 민법 제840조 제3호, 제6호 소정의 이혼사유가 있음을 전제로 만 83세의 남편을 상대로 이혼소송을 제기하였다하여 이를 심히 부당한 대우를 받았다거나 혼인관계가 회복할 수 없을 정도로 파탄에 이르렀다고 볼 수 없다(소위 황혼이혼사례)(대법원 1999. 11. 26. 선고 99므180 판결).
- 부부일방의 부모에게 뺨을 맞은 경우(소극)(대법원 1990. 10. 30. 선고 90므569 판결).
- 남편의 직장에 찾아가 행패를 부린 경우(소극)(대법원 1989. 10. 30. 선고 89므785 판결).
- 남편을 멸시하지 않고 가정을 돌보지 아니한 처가 친정아버지로부터 몇차례 구타당하여 경미한 상처를 입은 경우(대법원 1986. 9. 9. 선고 86므68 판결).
- 처가 집안일을 돌보지 않고 가출하는 등 행위를 하여 남편이 처를 구타하여 1주일간 치료를 요하는 상처를 입히고 자식들 앞에서 모욕적인 말을 한 경우(대법원 1986. 9. 9. 선고

86므56 판결).

- 가정불화의 와중에서 서로 몇 차례 폭행 및 모욕적인 언사를 하였을 경우(대법원 1986. 9. 9. 선고 86므6 판결).
- 시어머니에 대한 다소 불손한 행위(대법원 1986. 2. 11. 선고 85므37 판결)

(4) 840조 4호 : 자기의 직계존속이 배우자로부터 심히 부당한 대우를 당했을 때

- 부당한 대우

자기의 직계존속이 배우자로부터 심히 부당한 대우를 받았을 때란 신체 및 정신에 대한 학대 또는 명예에 대한 모욕, 폭행 등을 받았을 경우를 말한다. 즉, 결혼지참금이 적다고 장인·장모에게 행패를 부린 경우, 며느리가 시부모를 구타한 경우, 남편이 장인·장모를 구타한 경우 등 이혼사유가 될 수 있다.

① 부당한 대우라고 본 사례

- 시어머니에게 옷을 제대로 해주지 않고 폭언을 하고 얼굴을 밀쳐 집에서 나가게 함으로써 딸네 집으로 전전하게 만들었고, 시어머니 방에 고추를 깔아 놓아 기거하지 못하게 하는 등의 경우(대법원 1972. 4. 25. 선고 71므1292 판결).
- 폭행사실이 없음에도 불구하고 남편이 장모를 상대로 폭행죄로 경찰서에 처벌을 요구하는 고소장을 제출한 경우(대법원 1958. 10. 16. 선고 4290민상828 판결).

② 부당한 대우가 아니라고 본 사례

- 오랫동안 행방을 모르는 남편의 행방을 알려고 시모(媤母)집에 간 처에게 시모가 욕설을 하며 머리채를 끌어당기자 처가 돌발적으로 그 시모의 손등을 물고 가슴을 밀며 상해를 입힌 경우(대법원 1962. 10. 4. 선고 62다445 판결).
- 시아버지가 며느리를 나무라는 과정에서 가난한 친정집에 금전적인 도움을 주었다는 말을 퍼뜨린 것이 시비가 되어 시아버지와 전화로 불려온 처의 친정어머니가 다투게 되자 처가 이를 뜯어 말리다 시아버지가 넘어져서 상처를 입게 된 것 이라면 그로 말미암이 처가 존속상해죄로 구속되고 유죄판결을 받게 된 경우{서울고등법원 1990. 11. 16. 선고 90르1908(본심), 90르1915(반심) ; 확정}.
- 처가 부엌에서 말을 듣고 시아버지가 거처하는 방문에 들이대며 더러운 물을 끼얹는 등 불손한 행동을 하였으며, 쇠젓가락으로 시아버지의 얼굴을 찔러 흉터를 내었고, 손톱으로

남편의 얼굴을 할퀸 사실은 있으나 처는 결혼 후 말을 잘 못하고 귀머거리인데다가 고집이 세고 눈만 뜨면 처에게 소리를 지르고 행패를 부리는 시아버지를 잘 모시고 농사일을 도우고 살아오는 동안에 몸이 허약해지고, 신경이 예민하여 있던 중 정신분열의 증세를 나타내게 되어 본의 아니게 시아버지에게 부당한 대우를 하고 남편을 폭행한 경우(이 경우 처가 시아버지를 부당하게 대우하였거나 기타 남편과 사이에 혼인을 계속하기 어려운 중대한 사유가 있는 때에 해당한다고는 할 수 없다(대법원 1984. 8. 21. 선고 84므49 판결).

(5) 840조 5호 : 배우자의 생사가 3년 이상 분명하지 아니한 때

- 생사가 3년 이상 분명하지 아니한 때

말 그대로 3년 이상 생사불명이어야 하고 현재도 생사불명이어야 한다. 생사불명의 원인은 묻지 않는다. 문제는 생존을 하고 있으나 부재인 경우인데, 이때는 생사불명이 아니라 악의의 유기가 되느냐 여부에 관한 문제이다.

생사불명이 3년 이상인 경우 이혼청구는 공시송달과 결석재판에 의하게 된다. 이혼판결이 확정된 후에는 상대방이 살아서 돌아오더라도 혼인이 당연이 부활하는 것이 아니다.

(6) 840조 6호 : 기타 혼인을 계속하기 어려운 중대한 사유가 있을 때

- 혼인을 계속하기 어려운 사유가 있을 때(840조 6호)

혼인을 계속하기 어려운 사유란 부부에 따라 천차만별이고, 또 추상적, 상대적 개념이 넘어서 그 기준을 잡기가 매우 어려우나 보통은 혼인관계가 심각하게 파탄되어 다시는 혼인에 적합한 생활공동관계를 회복할 수 없을 정도에 이르고 이러한 경우 혼인생활의 계속을 강요하는 것이 일방 당사자에게 참을 수 없는 고통을 주는 경우를 말한다.

① 인용을 한 구체적 사례

- 과도한 신앙생활로 인하여 가정 및 혼인생활을 소홀한 경우(대법원 1996. 11. 15. 선고 96므851 판결).
- 혼인 중 발생한 중증의 조울증도 이혼사유에 해당한다(대법원 1997. 3. 20. 선고 96므608 판결).
- 부부 중 일방이 불치의 정신병에 이환된 경우(대법원 1995. 5. 16. 선고 95므90 판결).
- 아내가 합리적 이유 없이 남편과의 성행위를 장기에 걸쳐 지속적으로 거부하는 경우(대법원 1966. 1. 31. 선고 65므65 판결, 대법원 2002. 3. 29. 선고 2002므74 판결).

- 성격상 차이에서 생기는 부부간의 갈등을 수습하지 못하고 이혼과 별거를 강요한 경우(대법원 1990. 4. 27. 선고 90므95 판결).
- 부부가 20년간 별거하면서 각각 다른 사람과 동거하는 경우(대법원 1991. 1. 11. 선고 90므522 판결).
- 부부일방이 그동안 살던 집을 팔아버리고 다른 거처로 옮겨버린 경우(대법원 1990. 4. 24. 선고 89므214 판결).
- 상습적인 가출(대법원 1984. 7. 10. 선고 84므27,28 판결).
- 혼담이 오가는 과정에서 학력과 직업을 속이고 혼인 후 이를 추궁하는 상대방을 구타한 경우(대법원 1987. 7. 21. 선고 87므24 판결).
- 부부일방이 징역 15년과 자격정지 15년의 형을 선고 받은 경우(대법원 1987. 4. 13. 선고 86르358 판결).
- 배우자가 상대방에게 부당하게 가정생활과 신앙생활의 양자택일을 강요한 경우(대법원 1981. 7. 14. 선고 81므26 판결).
- 부부가 별거하면서 각기 다른 사람과 내연관계를 맺고 자녀까지 출산한 경우(대법원 1986. 3. 25. 선고 85므85 판결).
- 남편은 가출하여 행방불명되고 남아 있는 아내는 간통한 경우(대법원 1983. 4. 26. 선고 82므63 판결).
- 처가 외박을 하면서 도박한 경우(대법원 1991. 11. 26. 선고 91므559 판결).
- 가정주부로서 가사에 등한시하고 계에 관계하여 가정경제에 위협을 주고 가정의 평화를 깨뜨린 경우(대법원 1966. 1. 31. 선고 65므50 판결).
- 처가 남편의 월급여 대부분을 수령하여 부부만이 생활하면서도 뚜렷한 소비처로 밝히지 않는 채 이를 탕진하고 집안에 연탄이나 쌀도 전혀 남겨 놓지 아니하고 부채로 인하여 친정집으로 간 경우(대법원 1987. 8. 18. 선고 87므33,34 판결).
- 남편이 유부녀 강간 등의 범죄로 징역 4년의 장기복역형를 선고받아 이혼심판청구서가 제1심 법원에 접수된 이후까지 복역하고 있는 경우(대법원 1974. 10. 22. 선고 74므1 판결).
- 남편이 결혼 전에 에이즈에 걸렸다는 사실을 숨기고 결혼한 이후 도박에 빠져 불성실한 가정생활을 한 경우(서울가정법원 1995. 6. 5. 가사1부, 1995. 6. 7.자 동아일보 기사내용).
- 당사자일방이 자신의 혼인 전력을 감추고 노총각이라고 속여 상대방과 결혼한 경우(대구고법 1989. 3. 29. 선고 88르413(본심), 420(반심) 판결 ; 확정).
- 처가 부의 인감도장을 도용하여 부 명의로 채무부담 행위를 하여 다액의 손해를 입히고

시어머니로부터 다액을 편취하였고, 이것이 발각되어 부로부터 협의이혼을 강력히 요구받자 부의 요구를 받아들여 협의이혼 할 것처럼 속이고 아이들마저 데리고 미국으로 가 그곳에 살고 있다면, 처가 미국으로 도피할 당시에 이미 혼인관계는 파탄되었다고 보아야 한다(대법원 1994. 2. 25. 선고 93므317 판결).

- 남편이 성기능이 불완전함에도 불구하고 이를 숨긴 채 그 처와 형식상 혼례식을 거행하고 젊은 부부로서 약 6개월간에 걸쳐 신혼생활을 하는 동안 한번도 성교관계가 없었다면 정상적인 혼인생활을 원하는 처로서는 정신상의 고통을 받은 경우(대법원 1996. 1. 31. 선고 65므65 판결).
- 78세의 처가 92세의 남편을 상대로 제기한 이혼 청구의 사례로 황혼이혼의 경우(대법원 2000. 9. 5. 선고 99므1886 판결).
- 알콜중독의 경우(서울가정법원 1965. 11. 2. 선고 65드445 판결, 서울가정법원 1965. 2. 9. 선고 64드443 판결).
- 마약중독의 경우(서울가정법원 1965. 2. 9. 선고 64드443 판결, 서울가정법원 1960. 11. 22. 4293민2025, 서울지방법원 1962. 8. 14. 62가2063).

② 부정을 한 구체적인 사례

- 혼인 중 우울증 증세를 보였으나 병세가 호전되어 일상생활을 하는데 지장이 없는 경우(대법원 1995. 12. 22. 선고 95므8661 판결).
- 종가집 종손인 남편의 처가 임신불능한 경우(대법원 1991. 2. 26. 선고 89므365 판결).
- 종교에 대한 신앙을 심중에 표시하는 행위(하급심 1990. 2. 23. 선고 89르3755 판결).
- 이혼에 합의와 기타의 사정으로 이혼사유가 되지 않는 사례(대법원 1996. 4. 26. 선고 96므226 판결).
- 이혼에 합의하고 위자료 명목으로 금전을 주고 받은 경우(대법원 1990. 9. 25. 선고 89므112 판결, 대법원 1991. 11. 22. 선고 91므23 판결).
- 간통한 남편과 폭행한 시아버지를 고소하고 이혼조건으로 고소를 취하한 경우(대법원 1991. 11. 22. 선고 91므23 판결).
- 약혼기간 중 다른 남자와 정교하고 임신하고는 남편의 자인양 속여 출생신고를 한 행위(대법원 1991. 9. 13. 선고 91므85 판결).
- 협의이혼의사의 확인을 하였으나 이혼신고를 하지 않은 경우(대법원 1988. 4. 25. 선고 87므28 판결).

- 6·25사변때 부역한 사실이 있는 경우(대법원 1987. 7. 21. 선고 87므16 판결).
- 배우자 사이 또는 그와 배우자의 친족사이에 심한 감정대립이 생긴 경우(대법원 1965. 10. 5. 선고 65므16 판결). 따라서 애정냉각·성격차이·감정대립 등은 이혼사유에 해당하지 않는다.
- 사업실패로 인한 채무부담 등의 경우, 즉 남편의 인장을 도용하여 남편과 합의한 가계경영자금을 차용하고 가옥에 담보가등기를 한 경우(대법원 1982. 4. 13. 선고 81므56 판결).
- 학업을 이유로 장기간의 별거로 인한 애정 냉각의 경우(대법원 1966. 4. 26. 선고 66므4 판결).
- 대가족생활에서 오는 불화의 경우(대법원 1978. 12. 26. 선고 78므27 판결).
- 이혼하기로 합의하고 위자료를 지급하거나 재산분배를 하는 경우(대법원 1991. 11. 22. 91므23, 1996. 4. 26. 96므226 판결 등).
- 과거의 범죄가 이혼사유가 되지 않는 사례(대법원 1987. 7. 21. 선고 87므16 판결).
- 남편이 무정자증으로 생식불능이고 성적기능이 다소 원활하지 못하다는 사실만으로는 다른 특별한 사정이 없는 한 이혼사유가 되지 않는다(대법원 1982. 11. 23. 선고 82므36 판결). 따라서 발기불능 등 성생활의 장애사유는 이혼사유가 될 수 있어도 단지 여자의 불임이나 남자의 생식불능은 이혼사유가 되지 못한다.
- 처가 전자궁적출술의 수술결과 임신불능이 되자, 남편이 종가의 종손임을 이유로 이혼을 주장하여 혼인관계가 파탄에 이르렀다면 남편이 더 큰 책임이 있다{대법원 1991. 2. 26. 선고 89므365,367(반심) 판결}.
- 부부간의 연령차가 10년이고 학력과 재력이 심히 한쪽으로 기울어져 있어 부부간의 애정이 상실된 경우(대법원 1979. 2. 13. 선고 78므34 판결).
- 시어머니가 중풍으로 누워있을 때 처가 3년간이나 그 용변을 받아내면서 간호하느라고 그 용변 냄새 때문에 가끔 담배를 피운 일이 있고 남편의 여자관계 때문에 다툰 경우(대법원 1984. 6. 26. 선고 83므46 판결).
- 신앙생활과 가정생활이 양립할 수 없는 객관적 상황이 아님에도 상대방 배우자가 양자택일을 강요하기 때문에 부득이 신앙생활을 택하여 혼인관계가 파탄에 이르게 되었다면 그 파탄의 주된 책임은 양자택일을 강요한 상대방에게 있다(대법원 1981. 7. 14. 선고 81므26 판결).

(7) 유책배우자의 배우자의 이혼청구권

부부관계가 회복할 수 없을 정도로 파탄되었으나, 그 파탄의 책임이 전적으로 또는 주로 있는 일방에게 이혼청구권을 주느냐 마느냐하는 문제이다. 원칙적으로 파탄의 책임이 전적으로 또는 주로 있는 유책배우자는 이혼청구를 할 수 없다.
다만, 부부관계는 상호적인 것이므로 혼인파탄의 책임이 많든 적든 남편이나 아내에게 조금씩 있기 마련이다. 따라서 청구인과 피청구인 쌍방에게 같은 정도의 파탄의 책임이 있는 경우(쌍방유책)에는 이혼청구를 할 수 있다고 보아야 한다.

(8) 예외적으로 유책배우자가 이혼청구를 할 수 있는 경우

혼인생활 파탄에 대하여 주된 책임이 있는 배우자는 그 파탄을 사유로 하여 이혼을 청구할 수 없는 것이 원칙이다. 다만 상대방도 그 파탄 이후 혼인을 계속할 의사가 없음이 객관적으로 명백하고, 다만 오기나 보복적 감정에서 이혼에 응하지 않고 있을 뿐이라는 등의 특별한 사유가 있는 경우에만 예외적으로 이혼을 청구할 수 있다.

[서식 61] 이혼청구의 소장(배우자에게 부정한 행위가 있었을 때 등)

소 장

원 고 김 ○ 희 (000000-0000000) (전화 :)
등록기준지 ○○시 ○○구 ○○로 ○○
주 소 ○○시 ○○구 ○○로 ○○ (우편번호 : 00000)

피 고 차 ○ 민 (000000-0000000) (전화 :)
등록기준지 원고와 같음
주 소 원고와 같음

이혼 청구의 소

청 구 취 지

1. 원고와 피고는 이혼한다.
2. 소송비용은 피고가 부담한다.

라는 판결을 구합니다.

청 구 원 인

1. 원고와 피고는 20○○. 9. 8. 혼인하여 동거생활을 하다가 20○○. 3. 30. 혼인신고를 한 법률상 부부입니다.
   원고와 피고 사이에는 아들 차○만(20○○. 6. 7.생)을 슬하에 두고 있습니다.
2. 피고는 결혼 초부터 일정한 직업이 없었고 직업을 가지려고 노력조차 하지 아니하면서 가정생활을 돌보지 아니하였습니다.
   이에 원고는 하는 수 없이 가족들의 생계를 위하여 20○○. 5. 6. 인천에 식당을 차려놓고 피고 및 아들과 동거생활을 하면서 식당을 운영하였으나 경험부족과 자금부족으로 운영되지 아니하여 4개월 만에 폐업하게 되었습니다.
3. 생활이 어려워지자 원고와 피고는 20○○. 4. 1. 생활기반이 잡힐 때까지 당분간 별거하기로 하여 원고는 친정집(서울 압구정로 소재 현재 원고의 주소지)에 몸을 의탁하여 생활하였고, 피고는 부모가 사는 경주시 동부로 126(현재 피고의 주소지)에 내려가서 그의 부모와 함께 생활하여 왔습니다.
4. 그런데 피고는 가정형편상 위와 같은 합의하에 일시 별거하게 됨을 기화로 다른 여자(26세)와 동거생활을 하면서 원고와의 관계를 완전히 끊어버리고 일체의 연락이나 왕래를 하지 아니하고 있고, 원고의 입장에서도 피고가 다른 여자와 동거생활을 하고 있으므로 원고의 집에 갈 수도 없게 되어 현재까지 친정생활을 계속하고 있는 실정입니다.
5. 피고는 원고에 대한 부양의무를 전혀 이행하여 오지 아니했음을 말할 것도 없고, 위와 같은 다른 여자와 동거생활을 하고 있어 원고와 피고의 혼인관계는 수년전부터 파탄상태에 이르고 말았습니다.
6. 위와 같은 경위로 원고와 피고의 혼인관계는 파탄에 이르렀는 바, 이는 민법 제840조 제1호의 배우자에게 부정한 행위가 있었을 때 및 동조 제6호의 기타 혼인을 계속하기 어려운 중대한 사유가 있을 때에 해당하므로 원고는 피고와 이혼하기 위하여 이 사건 청구에 이르렀습니다.

입 증 방 법

1. 갑 제1호증　　　　　　가족관계증명서

첨 부 서 류

1. 위 입증서류　　　　　　1통

1. 주민등록초본 2통
1. 소장부본 1통

20○○. ○. ○.

위 원고 김 ○ 희 (인)

○○ 가정법원 귀중

접수방법

1. 수입인지 : 20,000원 인지를 납부한다.
2. 송달료 : 당사자수 × 4,800원(우편료) × 12회분을 납부한다.
3. 관할법원 : 재판상이혼은 다음 각 항의 가정법원(가정법원이 설치되어 있지 않은 지방법 그 지방을 관할하는 지방법원 또는 지방법원 지원의 전속관할로 한다).
   (1) 부부가 같은 가정법원의 관할구역 내에 있을 때에는 그 가정법원
   (2) 부부가 최후의 공통의 주소지를 가졌던 가정법원의 관할구역 내에 부부 중 일방의 주소가 있을 때에는 그 가정법원
   (3) 위 (1), (2)항에 해당되지 아니할 경우에는 상대방 주소지의 관할 가정법원
   (4) 기타

주 1. **행방불명배우자에 대한 이혼청구**

공시송달은 당사자가 주민등록상 주소지에 사실상 살지 않고 있으며, 기타 거소 또는 송달하여야 할 장소를 알지 못하여 통상의 방법으로는 소장부본 등을 송달 할 수 없을 때에 하는 송달방법이다. 당사자의 주민등록이 말소된 경우에는 공시송달의 요건에 해당된다고 할 있다. 따라서 이 경우에는 소장을 제출하면서 공시송달신청을 함께 하는 것이 좋다.

다만, 공시송달 신청을 했다고 해서 처음부터 바로 공시송달이 되는 것이 아니다. 주민등록이 말소된 경우에는 최후주소지로 송달을 하고 송달불능이 되면 친족사실조회를 통해 거주지를 확인해 본 후 거주지를 알 수 없으면 비로서 공시송달을 실시하는 것이 실무이다.

2. **외국인 배우자에 대한 이혼 청구**

이혼소송의 한쪽이 외국인이고 다른 한쪽이 대한민국 국민인 경우에는 우리나라 법원에 이혼의 소를 제기할 수 있다. 외국인이 국내에 거소를 가지고 있는 때에는 그 거소를 관할하는 가정법원이, 아직 국내에 입국하지 않은 때에는 서울가정법원이 되며, 후자의 경우에는 소장을 번역·공증받아 3부를 추가로 제출하여야 한다. 외국인과 이혼소송에서 혼인 당사자가 국내에 들어오지도 못했으므로 혼인 자체가 무효에 해당한다고 주장하여 혼인무

효의 소를 제기하려는 경우가 종종 있다. 그러나 혼인의사를 가지고 혼인신고를 한 이상 혼인무효라고 볼 수는 없다. 그러므로 이때에는 이혼의 소를 제기하여야 한다.

3. 간통한 배우자를 상대로 한 이혼청구

민법이 열거하고 있는 이혼 사유는 ① 배우자에게 부정한 행위가 있었을 때, ② 배우자가 악의로 다른 일방을 유기한 때, ③ 배우자 또는 그 직계존속으로부터 심히 부당한 대우를 받았을 때, ④ 자기의 직계존속이 배우자로부터 심히 부당한 대우를 받았을 때, ⑤ 배우자의 생사가 3년 이상 분명하지 아니한 때, ⑥ 기타 혼인을 계속하기 어려운 중대한 사유가 있을 때 등이다. 위 사유 중 ①, ⑥에 해당하는 경우에는 그 사유를 안날로부터 6개월, 그 사유가 있는 날로부터 2년 내에 이혼청구를 하여야 한다(민법 840조, 841조, 842조).

위 이혼사유 중에서 '부정한 행위'란 배우자로서 정조의무에 충실치 못한 일체의 부정한 행위를 포함하는 것으로 간통보다 넓은 개념이다. 어떤 행위가 부정한 행위인지는 단정적으로 정의하기 어렵고 구체적 사안에 따라 그 정도의 상황을 참작하여 평가할 수밖에 없다.

부정한 행위에 대하여 부부 중 다른 한편이 사전에 동의하였거나 또는 그 부정한 행위를 알고서 사후에 용서한 경우에는 이혼청구를 할 수 없다(민법 841조).

4. 유책배우자의 이혼청구

혼인의 파탄에 대한 책임이 전적으로 또는 주로 있는 배우자에 의한 이혼청구는 배우자에 의한 이혼청구는 인정될 수 없다는 것이 판례의 주된 입장이다.

다만, 피고에게도 혼인의사가 있는 경우, 혼인관계파탄에 관하여 원고에게 가벼운 책임이 있고 피고에게 무거운 책임이 있는 경우, 상대방이 파탄 이후 혼인을 계속할 의사가 없음이 객관적으로 명백함에도 오기나 보복적 감정에서 이혼에 응하지 아니하고 있을 뿐인 경우 등에 있어서는 유책배우자의 이혼청구권이 인정되기도 한다.

5. 북한이탈주민 이혼소송

북한 이탈주민이 남한에서 취적시 혼인사항란에 북한에서의 혼인여부 및 배우자를 기재하게 되어 있어 남한에서의 재혼시 이혼소송을 할 수밖에 없는 문제가 제기되어 소송이 증가하게 되자 2007. 1. 26. "북한이탈주민의 보호 및 정착지원에 관한 법률"을 개정하여 이혼의 특례를 신설하였다. 그에 따르면 취적 특례에 의해 취적한 자 중 북한에 배우자가 있는 자는 그 배우자가 남한 지역에 거주하는지 여부가 불명(공시송달로 진행)한 경우 이혼을 청구할 수 있다(19조의 20).

6. 이혼판결확정 후 절차

재판상이혼의 경우 당사자가 이혼신고를 하지 않아도 판결확정과 동시에 이혼으로서의 법적인 효력은 발생한다. 다만, 이혼신고를 하지 않으면 과태료가 부과될 수 있을 뿐이다.

간혹, 재판상이혼을 했음에도 불구하고 이혼신고를 하지 않아 서류상으로는 부부로 되어 있는 경우가 있다. 부부로 남아 있다고 하더라고 법적으로 이혼이 성립된 것이며, 언제든지 부부 중 한명이 관련된 서류를 구비하여 이혼신고를 하면 정리된다. 대신 늦게 신고한 대가로 상당한 과태료가 부과된다.

[서식 62] 이혼청구의 소장(배우자가 악의로 다른 일방을 유기한 때 등)

소 장

원 고 이 ○ 동 (000000-0000000) (전화 :)
등록기준지 : ○○시 ○○구 ○○로 ○○
주 소 : ○○시 ○○구 ○○로 ○○ (우편번호 : 00000)

피 고 김 ○ 미 (000000-0000000) (전화 :)
등록기준지 및 주소 : 원고와 같음
주 소 : ○○시 ○○구 ○○로 ○○ (우편번호 : 00000)

이혼 청구의 소

청 구 취 지

1. 원고와 피고는 이혼한다.
2. 소송비용은 피고가 부담한다.

라는 판결을 구합니다.

청 구 원 인

1. 원고와 피고는 20○○. 11. 20. 혼인신고를 마친 법률상의 부부로서 슬하에 2남 1녀를 출산하였습니다.
2. 원고와 피고는 부부로서 동거하여 오다가 점차 성격차이가 심하게 나타나 반목하게 되고, 결국에는 애정상실로 별거에 들어가는 등 혼인관계가 원만치 못하였습니다. 그러다가 20○○. 9.경 원고가 잠시 해외여행을 떠나 있음을 기화로 피고는 원고와 더 이상 함께 살지 않겠다는 말을 주위에 남긴 채 살던 집을 처분하고 무단 가출하여 그 행방을 감추고 말았습니다.
   원고가 탐문한 바에 의하면 피고는 그 즉시 해외로 이주하여 국내에 거주하지 않고 있다는 것입니다.
   그 후 원고는 피고가 개심하여 가정에 복귀해 줄 것을 기다렸으나, 피고는 가출 후 6년이 지난 현재까지도 그 소재가 불명한 채 귀가하지 않고 있습니다.
3. 그렇다면 위와 같은 소위는 부부로서의 동거협조 및 부양의무에 위배하여 일방적으로

부부공동생활을 폐지하였을 분 아니라 원고와의 혼인관계를 더 이상 지속할 의사도 없음이 명백하여 민법 제840조 제2호 또는 제6호 소정의 재판상 이혼사유에 해당한다 할 것이므로 원고는 청구취지와 같은 판결을 구하기 위하여 이 사건 청구에 이른 것입니다.

입 증 방 법

1. 갑 제1호증　　　　가족관계증명서
1. 갑 제2호증　　　　출입국에 관한 사실증명

첨 부 서 류

1. 위 입증서류　　　　각 1통
1. 주민등록초본　　　　2통
1. 소장부본　　　　1통

20○○. ○. ○.

위 원고 이 ○ 동 (인)

○○ 가정법원 귀중

접수방법

1. 수입인지 : 20,000원 인지를 납부한다.
2. 송달료 : 당사자수 × 4,800원(우편료) × 12회분을 납부한다.
3. 관할법원 : 재판상이혼은 다음 각 항의 가정법원(가정법원이 설치되어 있지 않은 지방법 그 지방을 관할하는 지방법원 또는 지방법원 지원의 전속관할로 한다).
   (1) 부부가 같은 가정법원의 관할구역 내에 있을 때에는 그 가정법원
   (2) 부부가 최후의 공통의 주소지를 가졌던 가정법원의 관할구역 내에 부부 중 일방의 주소가 있을 때에는 그 가정법원
   (3) 위 (1), (2)항에 해당되지 아니할 경우에는 상대방 주소지의 관할 가정법원
   (4) 기타

주 1. 행방불명배우자에 대한 이혼청구
공시송달은 당사자가 주민등록상 주소지에 사실상 살지 않고 있으며, 기타 거소 또는 송달

하여야 할 장소를 알지 못하여 통상의 방법으로는 소장부본 등을 송달 할 수 없을 때에 하는 송달방법이다. 당사자의 주민등록이 말소된 경우에는 공시송달의 요건에 해당된다고 할 있다. 따라서 이 경우에는 소장을 제출하면서 공시송달신청을 함께 하는 것이 좋다. 다만, 공시송달 신청을 했다고 해서 처음부터 바로 공시송달이 되는 것이 아니다. 주민등록이 말소된 경우에는 최후주소지로 송달을 하고 송달불능이 되면 친족사실조회를 통해 거주지를 확인해 본 후 거주지를 알 수 없으면 비로서 공시송달을 실시하는 것이 실무이다.

2. 간통한 배우자를 상대로 한 이혼 청구

민법이 열거하고 있는 이혼 사유는 ① 배우자에게 부정한 행위가 있었을 때, ② 배우자가 악의로 다른 일방을 유기한 때, ③ 배우자 또는 그 직계존속으로부터 심히 부당한 대우를 받았을 때, ④ 자기의 직계존속이 배우자로부터 심히 부당한 대우를 받았을 때, ⑤ 배우자의 생사가 3년 이상 분명하지 아니한 때, ⑥ 기타 혼인을 계속하기 어려운 중대한 사유가 있을 때 등이다. 위 사유 중 ①, ⑥에 해당하는 경우에는 그 사유를 안날로부터 6개월, 그 사유가 있는 날로부터 2년 내에 이혼청구를 하여야 한다(민법 840조, 841조, 842조). 위 이혼사유 중에서 '부정한 행위'란 배우자로서 정조의무에 충실치 못한 일체의 부정한 행위를 포함하는 것으로 간통보다 넓은 개념이다. 어떤 행위가 부정한 행위인지는 단정적으로 정의하기 어렵고 구체적 사안에 따라 그 정도의 상황을 참작하여 평가할 수 밖에 없다.

부정한 행위에 대하여 부부 중 다른 한편이 사전에 동의하였거나 또는 그 부정한 행위를 알고서 사후에 용서한 경우에는 이혼청구를 할 수 없다(민법 841조).

3. 유책배우자의 이혼청구

혼인의 파탄에 대한 책임이 전적으로 또는 주로 있는 배우자에 의한 이혼청구는 배우자에 의한 이혼청구는 인정될 수 없다는 것이 판례의 주된 입장이다.

다만, 피고에게도 혼인의사가 있는 경우, 혼인관계파탄에 관하여 원고에게 가벼운 책임이 있고 피고에게 무거운 책임이 있는 경우, 상대방이 파탄 이후 혼인을 계속할 의사가 없음이 객관적으로 명백함에도 오기나 보복적 감정에서 이혼에 응하지 아니하고 있을 뿐인 경우 등에 있어서는 유책배우자의 이혼청구권이 인정되기도 한다.

4. 이혼판결확정 후 절차

재판상이혼의 경우 당사자가 이혼신고를 하지 않아도 판결확정과 동시에 이혼으로서의 법적인 효력은 발생한다. 다만, 이혼신고를 하지 않으면 과태료가 부과될 수 있을 뿐이다.

간혹, 재판상이혼을 했음에도 불구하고 이혼신고를 하지 않아 서류상으로는 부부로 되어 있는 경우가 있다. 부부로 남아 있다고 하더라고 법적으로 이혼이 성립된 것이며, 언제든지 부부 중 한명이 관련된 서류를 구비하여 이혼신고를 하면 정리된다. 대신 늦게 신고한 대가로 상당한 과태료가 부과된다.

[서식 63] 이혼청구의 소장(자기의 직계존속이 배우자로부터 심히 부당한 대우를 받았을 때 등)

소 장

원 고 김 ○ 호 (000000-0000000) (전화 :)
등록기준지 : ○○시 ○○구 ○○로 ○○
주 소 : ○○시 ○○구 ○○로 ○○ (우편번호 : 00000)

피 고 이 ○ 애 (000000-0000000) (전화 :)
등록기준지 및 주소 : 원고와 같음
송달장소 : ○○시 ○○구 ○○로 ○○ (우편번호 : 00000)

이혼 청구의 소

청 구 취 지

1. 원고와 피고는 이혼한다.
2. 소송비용은 피고가 부담한다.

라는 판결을 구합니다.

청 구 원 인

1. 시부모가 며느리로부터 부당한 대우를 받았습니다.
   가. 원고와 피고는 중매로 만나 짧은 교제기간을 거쳐 20○○. 가을에 결혼하고 그 이듬해 20○○. 3. 5. 혼인신고를 마쳤습니다.
   원고의 아버지 김○길은 오랫동안 행정공무원으로 봉직하다가 정년퇴직하고 원고의 어머니도 고등교육을 받았습니다.
   20○○. 12. 10.경 피고가 산후에 어깨통증이 있다고 하여 어린아이를 시가집에 두고 친정에 가서 돌아오지 않기에 병원에 갈 때에는 시부모가 애기를 봐 줄테니 집에 들어오라고 하여 다시 집에 들어온지 하룻만에 원고와 피고가 말다툼을 하고 피고가 다시 가출을 하려고 나가기에 시아버지가 할 이야기가 있으니 방으로 들어오라고 하면서 못나가게 말렸더니 신발을 신은 채 마루로 올라와서 시아버지 코앞에서 삿대질을 하면서 발을 동동 구르다가 하이힐 신은 발로 시아버지 발등을 밟아 시아버지가 상해를 입고 수일간 치료를 받은 사실이 있습니다.

나. 20○○. 1. 2. 원고는 미국으로 유학을 떠나고 피고는 친정집에 체류하였습니다. 그러던 어느날 일요일에 시아버지가 손자를 데리고 시가집에 다녀가라고 하였습니다.

피고는 못온다고 해서 전화로 야단을 쳤더니 밤 10시경에 애기를 데리고 왔습니다.

느닷없이 애기(생후 7개월)를 시아버지에게 던지듯이 안겨주고 나가버리니까 애기가 까무러치며 울었고 시아버지가 애기를 달래느라고 쩔쩔매고 있을 때 피고가 다시 자기 방에서 뛰어나오면서 "내새끼 죽여"라고 반말로 고함을 지르면서 시아버지에게 달려들었습니다.

다. 시어머니에게 삿대질하는 것이 한두번이 아니고 "어른이라는 게 뭐 이따위야, 너무너무 못된 사람" 등등의 언사를 내뱉기도 했으며 심지어는 시어머니에게 베개를 집어 던지지도 했습니다.

이와 같이 시부모가 며느리로부터 부당한 대우를 받았는데 이는 명백하게 이혼사유에 해당합니다.

2. 원고와 피고의 혼인생활은 이미 파탄되어 돌이킬 수 없는 지경에 이르렀습니다. 혼인생활이 파탄이 된 원인은 다음과 같습니다.

원고와 피고는 중매로 만나서 교제기간이 짧았기 때문에 처갓집 가계에 대해서 잘 모른 채 결혼을 하였는데 그 후에 알고 보니 피고의 어머니가 정신질환을 앓고 있고 피고의 큰오빠도 정신질환이 있어 정상적인 사회생활을 하지 못하고 있으며 그래서 그런지는 모르나 피고가 극도로 흥분하면 간질증세 비슷하게 발작을 합니다.

3. 피고는 결혼 전 남자관계가 복잡합니다.

가. 피고가 처녀시절에 수원의 독신자아파트에서 7~8개월 생활하였는데 이때에 피고의 큰오빠 고등학교 동창생인 남자와 동거생활을 하였습니다. 이 남자와 헤어지고 나서 곧바로 원고와 맞선을 봤습니다.

혼인한 후 일본에서 피고에게 전화가 3, 4회 왔습니다.

20○○. 2. 14. 밤 10시 30분 일본에서 김○동이라는 하는 남자가 피고에게 전화를 걸어와 "사랑해 보고 싶다. 정애"라고 통화하는 것을 엿들은 사실이 있습니다. 김○동이라는 남자는 피고가 수원에서 동거생활하였던 남자가 아닌 또 다른 남자입니다.

피고는 원고와 동거하면서도 자기는 일본으로 유학가겠다는 말을 수시로 하였습니다.

나. 원고와 피고는 성격, 생활환경, 성장과정 등에 있어 너무 판이하게 달라서 화합이 되지 않습니다.

원고는 깔끔하고 약속을 잘 지키고 가정교육을 잘 받은 신사입니다.

반면에 피고는 자유분방하고 속박을 싫어하며 시간관념이 없고 주위를 정돈할 줄을 모릅니다.

원고의 옷이나 양말을 제때에 챙겨주지 않는 것은 약과이고 자기의 내의도 아무렇게나 집어던져 버리기 일쑤이고 화장실 청소 등을 하지 않고 약속을 제대로 지키는 일이 없습니다.

이러한 것들은 사소한 것들이지만 원고와 피고가 말다툼을 하는 원인들입니다.

다. 피고는 이미 원고와 이혼하기로 마음을 먹고 있습니다.

20○○. 3. 29. 미국에서 귀국할 때 원고와 피고는 서로 이혼하기로 합의하고 각기 따로따로 집을 꾸렸으며 귀국한 후 무슨 이유에서인지는 모르겠으나 자기집으로 바로 가지 않고 일단 시가집으로 들어왔다가 이미 친정으로 돌아간 이후 현재까지 친정에 머무르고 있습니다.

그 후 애기를 원고의 집 앞 관리사무실에 던져 놓고 가버려서 늙은 할머니가 애기를 맡아 키우고 있습니다.

20○○. 4. 20.에는 피고가 원고의 집에 찾아와서 온 동네가 시끄럽도록 고함을 지르고 욕설을 퍼붓고 갔습니다.

이제는 더 이상 참을 수 없어 이혼소송을 제기하기에 이르렀습니다.

입 증 방 법

1. 갑 제1호증 가족관계증명서

첨 부 서 류

1. 위 입증서류 1통
1. 주민등록초본 2통
1. 소장부본 1통

20○○. ○. ○.

위 원고 김 ○ 호 (인)

○○ 가정법원 귀중

접수방법

1. 수입인지 : 20,000원 인지를 납부한다.
2. 송달료 : 당사자수×4,800원(우편료)×12회분을 납부한다.
3. 관할법원 : 재판상이혼은 다음 각 항의 가정법원(가정법원이 설치되어 있지 않은 지방법 그 지방을 관할하는 지방법원 또는 지방법원 지원의 전속관할로 한다).
   (1) 부부가 같은 가정법원의 관할구역 내에 있을 때에는 그 가정법원
   (2) 부부가 최후의 공통의 주소지를 가졌던 가정법원의 관할구역 내에 부부 중 일방의 주소가 있을 때에는 그 가정법원
   (3) 위 (1), (2)항에 해당되지 아니할 경우에는 상대방 주소지의 관할 가정법원
   (4) 기타

주 1. 행방불명배우자에 대한 이혼청구

공시송달은 당사자가 주민등록상 주소지에 사실상 살지 않고 있으며, 기타 거소 또는 송달하여야 할 장소를 알지 못하여 통상의 방법으로는 소장부본 등을 송달 할 수 없을 때에 하는 송달방법이다. 당사자의 주민등록이 말소된 경우에는 공시송달의 요건에 해당된다고 할 있다. 따라서 이 경우에는 소장을 제출하면서 공시송달신청을 함께 하는 것이 좋다. 다만, 공시송달 신청을 했다고 해서 처음부터 바로 공시송달이 되는 것이 아니다. 주민등록이 말소된 경우에는 최후주소지로 송달을 하고 송달불능이 되면 친족사실조회를 통해 거주지를 확인해 본 후 거주지를 알 수 없으면 비로서 공시송달을 실시하는 것이 실무이다.

2. 간통한 배우자를 상대로 한 이혼 청구

민법이 열거하고 있는 이혼 사유는 ① 배우자에게 부정한 행위가 있었을 때, ② 배우자가 악의로 다른 일방을 유기한 때, ③ 배우자 또는 그 직계존속으로부터 심히 부당한 대우를 받았을 때, ④ 자기의 직계존속이 배우자로부터 심히 부당한 대우를 받았을 때, ⑤ 배우자의 생사가 3년 이상 분명하지 아니한 때, ⑥ 기타 혼인을 계속하기 어려운 중대한 사유가 있을 때 등이다. 위 사유 중 ①, ⑥에 해당하는 경우에는 그 사유를 안날로부터 6개월, 그 사유가 있는 날로부터 2년 내에 이혼청구를 하여야 한다(민법 840조, 841조, 842조).

위 이혼사유 중에서 '부정한 행위'란 배우자로서 정조의무에 충실치 못한 일체의 부정한 행위를 포함하는 것으로 간통보다 넓은 개념이다. 어떤 행위가 부정한 행위인지는 단정적으로 정의하기 어렵고 구체적 사안에 따라 그 정도의 상황을 참작하여 평가할 수밖에 없다.

부정한 행위에 대하여 부부 중 다른 한편이 사전에 동의하였거나 또는 그 부정한 행위를 알고서 사후에 용서한 경우에는 이혼청구를 할 수 없다(민법 841조).

3. 유책배우자의 이혼청구

혼인의 파탄에 대한 책임이 전적으로 또는 주로 있는 배우자에 의한 이혼청구는 배우자에 의한 이혼청구는 인정될 수 없다는 것이 판례의 주된 입장이다.

다만, 피고에게도 혼인의사가 있는 경우, 혼인관계파탄에 관하여 원고에게 가벼운 책임

이 있고 피고에게 무거운 책임이 있는 경우, 상대방이 파탄 이후 혼인을 계속할 의사가 없음이 객관적으로 명백함에도 오기나 보복적 감정에서 이혼에 응하지 아니하고 있을 뿐인 경우 등에 있어서는 유책배우자의 이혼청구권이 인정되기도 한다.

4. 이혼판결확정 후 절차

재판상이혼의 경우 당사자가 이혼신고를 하지 않아도 판결확정과 동시에 이혼으로서의 법적인 효력은 발생한다. 다만, 이혼신고를 하지 않으면 과태료가 부과될 수 있을 뿐이다. 간혹, 재판상이혼을 했음에도 불구하고 이혼신고를 하지 않아 서류상으로는 부부로 되어 있는 경우가 있다. 부부로 남아 있다고 하더라고 법적으로 이혼이 성립된 것이며, 언제든지 부부 중 한명이 관련된 서류를 구비하여 이혼신고를 하면 정리된다. 대신 늦게 신고한 대가로 상당한 과태료가 부과된다.

[서식 64] 이혼청구의 소장(배우자가 악의로 다른 일방을 유기한 때 등)

소 장

원 고 박 ○ 숙 (000000-0000000) (전화 :)
등록기준지 : ○○시 ○○구 ○○로 ○○
주 소 : ○○시 ○○구 ○○로 ○○
송달장소 : ○○시 ○○구 ○○로 ○○ (우편번호 : 00000)

피 고 장 ○ 수 (000000-0000000) (전화 :)
등록기준지 및 주소 : 원고와 같음

이혼 청구의 소

청 구 취 지

1. 원고와 피고는 이혼한다.
2. 소송비용은 피고가 부담한다.

라는 판결을 구합니다.

청 구 원 인

1. 원고와 피고는 20○○. 12. 20. 결혼식을 하고, 20○○. 3. 20. 혼인신고를 한 적법한 부부입니다.

2. 피고는 결혼 후부터 오늘 이 시간까지 생활비는 고사하고 하고한 날 외박과 구타로 일관하다가 20○○. 6. 13.경 서울시 강서구 기양로 소재 연립주택에서 성명미상의 여자와 동침한 현장을 경찰관과 동행하여 적발하였으나 이혼 접수증명이 없다하여 풀려나자 피고는 기고만장하여 원고를 더욱 더 구타하기 시작하였습니다.

3. 그리고 피고는 외박하는 날이 헤아릴 수 없을 정도로 늘어만 가고 생활비는 전혀 주지 않아 원고는 두 아이와 근근히 생활을 하고 있으나 도저히 생활을 할 수가 없는 바, 민법 제840조 제2호, 제6호에 의거 청구취지와 같은 판결을 구하고자 이 청구에 이른 것입니다.

입 증 방 법

1. 갑 제1호증 가족관계증명서
1. 갑 제2호증 확인서

첨 부 서 류

1. 위 입증서류 각 1통
1. 주민등록초본 2통
1. 소장부본 1통

20○○. ○. ○.

위 원고 박 ○ 숙 (인)

○○ 가정법원 귀중

접수방법

1. 수입인지 : 20,000원 인지를 납부한다.
2. 송달료 : 당사자수 × 4,800원(우편료) × 12회분을 납부한다.

3. 관할법원 : 재판상이혼은 다음 각 항의 가정법원(가정법원이 설치되어 있지 않은 지방법 그 지방을 관할하는 지방법원 또는 지방법원 지원의 전속관할로 한다).
   (1) 부부가 같은 가정법원의 관할구역 내에 있을 때에는 그 가정법원
   (2) 부부가 최후의 공통의 주소지를 가졌던 가정법원의 관할구역 내에 부부 중 일방의 주소가 있을 때에는 그 가정법원
   (3) 위 (1), (2)항에 해당되지 아니할 경우에는 상대방 주소지의 관할 가정법원
   (4) 기타

주 1. 행방불명배우자에 대한 이혼청구

공시송달은 당사자가 주민등록상 주소지에 사실상 살지 않고 있으며, 기타 거소 또는 송달하여야 할 장소를 알지 못하여 통상의 방법으로는 소장부본 등을 송달 할 수 없을 때에 하는 송달방법이다. 당사자의 주민등록이 말소된 경우에는 공시송달의 요건에 해당된다고 할 있다. 따라서 이 경우에는 소장을 제출하면서 공시송달신청을 함께 하는 것이 좋다. 다만, 공시송달 신청을 했다고 해서 처음부터 바로 공시송달이 되는 것이 아니다. 주민등록이 말소된 경우에는 최후주소지로 송달을 하고 송달불능이 되면 친족사실조회를 통해 거주지를 확인해 본 후 거주지를 알 수 없으면 비로서 공시송달을 실시하는 것이 실무이다.

2. 간통한 배우자를 상대로 한 이혼 청구

민법이 열거하고 있는 이혼 사유는 ① 배우자에게 부정한 행위가 있었을 때, ② 배우자가 악의로 다른 일방을 유기한 때, ③ 배우자 또는 그 직계존속으로부터 심히 부당한 대우를 받았을 때, ④ 자기의 직계존속이 배우자로부터 심히 부당한 대우를 받았을 때, ⑤ 배우자의 생사가 3년 이상 분명하지 아니한 때, ⑥ 기타 혼인을 계속하기 어려운 중대한 사유가 있을 때 등이다. 위 사유 중 ①, ⑥에 해당하는 경우에는 그 사유를 안날로부터 6개월, 그 사유가 있는 날로부터 2년 내에 이혼청구를 하여야 한다(민법 840조, 841조, 842조).

위 이혼사유 중에서 '부정한 행위'란 배우자로서 정조의무에 충실치 못한 일체의 부정한 행위를 포함하는 것으로 간통보다 넓은 개념이다. 어떤 행위가 부정한 행위인지는 단정적으로 정의하기 어렵고 구체적 사안에 따라 그 정도의 상황을 참작하여 평가할 수 밖에 없다.

부정한 행위에 대하여 부부 중 다른 한편이 사전에 동의하였거나 또는 그 부정한 행위를 알고서 사후에 용서한 경우에는 이혼청구를 할 수 없다(민법 841조).

3. 유책배우자의 이혼청구

혼인의 파탄에 대한 책임이 전적으로 또는 주로 있는 배우자에 의한 이혼청구는 배우자에 의한 이혼청구는 인정될 수 없다는 것이 판례의 주된 입장이다.

다만, 피고에게도 혼인의사가 있는 경우, 혼인관계파탄에 관하여 원고에게 가벼운 책임이 있고 피고에게 무거운 책임이 있는 경우, 상대방이 파탄 이후 혼인을 계속할 의사가 없음이 객관적으로 명백함에도 오기나 보복적 감정에서 이혼에 응하지 아니하고 있을 뿐인 경우 등에 있어서는 유책배우자의 이혼청구권이 인정되기도 한다.

4. 이혼판결확정 후 절차
재판상이혼의 경우 당사자가 이혼신고를 하지 않아도 판결확정과 동시에 이혼으로서의 법적인 효력은 발생한다. 다만, 이혼신고를 하지 않으면 과태료가 부과될 수 있을 뿐이다. 간혹, 재판상이혼을 했음에도 불구하고 이혼신고를 하지 않아 서류상으로는 부부로 되어 있는 경우가 있다. 부부로 남아 있다고 하더라고 법적으로 이혼이 성립된 것이며, 언제든지 부부 중 한명이 관련된 서류를 구비하여 이혼신고를 하면 정리된다. 대신 늦게 신고한 대가로 상당한 과태료가 부과된다.

[서식 65] 유체동산가압류신청서(이혼으로 인한 위자료 청구)

유체동산가압류신청

채 권 자 박 ○ 숙 (000000-0000000) (전화 :)
○○시 ○○구 ○○로 ○○

채 무 자 장 ○ 수 (000000-0000000) (전화 :)
○○시 ○○구 ○○로 ○○

청구채권의 표시 및 피보전 권리의 요지

금 50,000,000원, 이혼으로 인한 위자료청구채권

신 청 취 지

채권자는 채무자에 대한 채권의 집행을 보전하기 위하여 위 채권액에 이르기까지 채무자 소유의 유체동산을 가압류한다.
라는 재판을 구합니다.

신 청 원 인

1. 채권자와 채무자는 20○○. 11. 20. 혼인신고를 마친 법률상 부부로서 슬하에 1남 1녀를 두고 있습니다.

2. 이혼사유

- 생 략 -

3. 따라서 채권자는 채무자를 상대로 본안의 소를 제기하려고 준비 중에 있으나 채무자는 별다른 재산이 없고 채무자 소유의 유체동산만이 채무자의 유일한 재산인데 채무자가 이건 유체동산을 타에 처분해 버리면 후일 위 소송에서 승소한다고 할지라도 현저히 집행이 곤란하거나 집행이 불가능하게 될 염려가 농후하므로 본 신청에 이른 것입니다.

4. 담보제공은 공탁보증보험증권을 제출하는 방법에 의할 수 있도록 허가하여 주시기 바랍니다.

소명방법 및 첨부서류

1. 가족관계증명서	1통
1. 기본증명서	1통
1. 상해진단서 사본	1통
1. 주민등록초본	2통
1. 가압류신청진술서	1통

20○○. ○. ○.

위 채권자 박 ○ 숙 (인)

○○ 가정법원 귀중

접수방법

1. 수입인지 : 10,000원의 인지를 납부한다.
2. 송달료 : 당사자수×4,800원(우편료)×3회분을 납부한다.
3. 관할 : 유체동산 소재지를 관할하는 법원 또는 본안의 가정법원에 제출한다.

[서식 66] 부동산가압류신청서(이혼 및 재산분할 청구)

부동산가압류신청

채 권 자　　박 ○ 숙 (000000-0000000)　(전화 :　　　　　)
　　　　　　○○시 ○○구 ○○로 ○○

채 무 자　　장 ○ 수 (000000-0000000)　(전화 :　　　　　)
　　　　　　○○시 ○○구 ○○로 ○○

청구채권의 표시 및 피보전 권리의 요지

금 50,000,000원, 이혼 및 재산분할청구

가압류 할 부동산의 표시

별지 목록 기재와 같음

신 청 취 지

채권자는 채무자에 대하여 가지는 위 청구채권의 표시 기재 채권집행을 보전하기 위하여 채무자 소유의 별지 부동산 목록 기재 부동산을 가압류한다.
라는 재판을 구합니다.

신 청 원 인

1. 채권자와 채무자는 20○○. 11. 20. 혼인신고를 마친 법률상 부부로서 슬하에 1남 1녀를 두고 있습니다.

2. 이혼사유
   - 생 략 -

3. 따라서 채권자는 채무자를 상대로 본안의 소를 제기하려고 준비 중에 있으나 채무자는 별다른 재산이 없고 단지 이건 가압류할 별지 부동산 목록 기재 부동산만이 채무자의 유일한 재산인데 본건 외에 다른 많은 부채를 부담하고 있어 위 부동산을 타에

매도하여 버리면 후일 채권자가 위 소송에서 승소한다고 할지라도 현저히 집행이 곤란하거나 집행이 불가능하게 될 염려가 농후하므로 부득이 본 신청에 이른 것입니다.

4. 담보제공은 공탁보증보험증권을 제출하는 방법에 의할 수 있도록 허가하여 주시기 바랍니다.

소명방법 및 첨부서류

1. 가족관계증명서 1통
1. 기본증명서 1통
1. 상해진단서 사본 1통
1. 주민등록초본 2통
1. 가압류신청진술서 1통
1. 부동산등기사항전부증명서 1통

20○○. ○. ○.

위 채권자 박 ○ 숙 (인)

○○ 가정법원 귀중

접수방법

1. 등록세 및 교육세 : 부동산가액의 2/1000, 교육세는 등록세의 20/100이다.
2. 수입인지 : 10,000원의 인지를 납부한다.
3. 대법원증지 : 1필지당 3,000원이다.
4. 송달료 : 당사자수×4,800원(우편료)×3회분을 납부한다.
5. 관할 : 부동산 소재지를 관할하는 법원 또는 본안소송(예컨대 이혼소송 및 위자료 청구 등)을 할 가정법원에 제출한다.

[서식 67] 채권가압류신청서(이혼 및 재산분할 청구)

채 권 가 압 류 신 청

채 권 자 박 ○ 숙 (000000-0000000) (전화 :)
○○시 ○○구 ○○로 ○○

채 무 자 장 ○ 수 (000000-0000000) (전화 :)
○○시 ○○구 ○○로 ○○

제3채무자 대한민국
법률상대표자 법무부장관 ○○○

청구채권의 표시 및 피보전 권리의 요지

금 50,000,000원, 이혼 및 위자료청구채권

가압류 할 채권의 표시

별지 목록 기재와 같음

신 청 취 지

1. 채권자는 채무자에 대하여 가지는 위 청구채권의 표시 기재 채권집행을 보전하기위하여 별지 목록 기재 채권을 가압류한다.
2. 제3채무자는 채무자에게 위 가압류된 채권을 지급하여서는 아니된다.

라는 재판을 구합니다.

신 청 원 인

1. 채권자와 채무자는 20○○. 11. 20. 혼인신고를 마친 법률상 부부로서 슬하에 1남 1녀를 두고 있습니다.
2. 이혼사유
   - 생 략 -

3. 따라서 채권자는 채무자를 상대로 본안의 소를 제기하려고 준비 중에 있으나 채무자는 별다른 재산이 없고 단지 이건 제3채무자로부터 지급받을 별지 목록 기재 채권만이 채무자의 유일한 재산인데 다른 채권자들로부터 위 채권에 전부명령이 있게 되면 후일 채권자가 위 소송에서 승소한다고 할지라도 현저히 집행이 곤란하거나 집행이 불가능하게 될 염려가 농후하므로 부득이 본 신청에 이른 것입니다.

4. 담보제공은 공탁보증보험증권을 제출하는 방법에 의할 수 있도록 허가하여 주시기 바랍니다.

소명방법 및 첨부서류

1. 가족관계증명서	1통
1. 기본증명서	1통
1. 상해진단서 사본	1통
1. 주민등록초본	2통
1. 가압류신청진술서	1통

20○○. ○. ○.

위 채권자 박 ○ 숙 (인)

○○ 가정법원 귀중

접수방법

1. 수입인지 : 10,000원의 인지를 납부한다.
2. 송달료 : 당사자수 × 4,800원(우편료) × 3회분을 납부한다.
3. 관할 : 채무자의 주소지를 관할하는 가정법원에 제출한다.

[서식 68] 담보제공명령 변경신청서

담보제공명령 변경신청서

사　　건　　20○○카단 1234 부동산가압류
채 권 자　　박 ○ 숙
채 무 자　　장 ○ 수

피보전채권의 종류과 금액

이혼에 따른 재산분할 청구 100,000,000원과 위자료 50,000,000원

위 사건에 관하여 채권자는 20○○. ○. ○. 귀원에 부동산가압류신청을 하였던 바, 귀원에서는 이에 대한 담보제공명령으로 채권자는 7일 이내에 담보공탁으로 현금 30,000,000원을 공탁하라는 명령을 받았습니다.

그러나 채권자는 현재 거의 무자력 상태에 있어 채무자는 상당한 자력을 보유하고 있으면서 채권자를 유기하고 있는 상태에 있고 재산분할 청구액수를 50,000,000원으로, 위자료 청구액수를 30,000,000원으로 감액 청구하고자 하오니, 위 현금공탁을 공탁보증 보험으로 대체하여 제공할 수 있도록 허가하여 주시기 바랍니다.

소명방법 및 첨부서류

1. 소변경신청서 사본　　　　1통

20○○. ○. ○.

위 채권자 박 ○ 숙 (인)

○○ 가정법원 귀중

[참조 11] 가압류신청 진술서

가압류신청 진술서

채권자는 가압류 신청과 관련하여 다음 사실을 진술합니다. 다음의 진술과 관련하여 고의로 누락하거나 허위로 진술한 내용이 발견된 경우에는, 그로 인하여 보정명령 없이 신청이 기각되거나 가압류이의 절차에서 불이익을 받을 것임을 잘 알고 있습니다.

20○○. ○. ○.

채권자 김 ○ 영 (인)

1. 신분관계와 관할의 확인, 기타 기본적 사항의 특정을 위하여

가. 채권자와 채무자의 최근에 발급받은 각 가족관계증명서 및 주민등록동본을 첨부하였나요?

☑ 예 □ 아니오

나. 본안사건이 가사소송법상 가정법원에 관할이 있나요?(예를 들어, 이혼에 따른 위자료나 재산분할청구는 가정법원에 관할이 있으나, 협의이혼을 하였는데 협의이혼을 전후하여 위자료나 재산분할에 관하여 약정서가 작성되었다면 민사사안임)

☑ 예 □ 아니오

다. 신청서에 가압류할 대상을 명백히 특정하고, 그에 관한 자료를 첨부하였나요? (예를 들어, 부동산의 경우 별지 표시를 등기부에 맞게 기재하고 최근의 부동산등기사항증명서 첨부, 최근의 경우 제3채무자가 법인이라면 등기기록에 맞게 대표자를 표시하고 법인등기사항증명서를 첨부)

☑ 예 □ 아니오

라. 피보전권리의 특정과 관련하여

(1) 피보전권리와 청구금액을 명백히 특정하였나요? (예를 들어, '이혼을 원인으로 한 위자료청구권 등 30,000,000원'이라고 기재하면 피보전권리가 특정되지 않은 것임)

☑ 예 □ 아니오

(2) 여러 개의 피보전권리를 기재한 경우 피보전권리별로 가압류할 청구금액을 개별적으로 특정하였나요? (예를 들어, '이혼을 원인으로 한 위자료청구권 및 재산분할청구권 50,000,000'이라고 기재하면 가압류할 청구금액이 피보전권

리별로 특정된 것이 아님)

☑ 예　　　　　　　　　□ 아니오

2. 피보전권리와 관련하여

가. 피보전권리 전제사실과 관련하여

(1) [법률혼] 혼인의 파탄사유에 관한 객관적 소명자료(진단서, 각서, 제3자의 진술서 등)를 첨부하였나요? (이미 본안소송을 제기하고 본안소장사본 및 접수증명원을 첨부하였으면 불필요)

☑ 예　　　　　　　　　□ 아니오

(2) [사실혼 기타] 채권자와 채무자가 사실혼관계 등에 있었음에 관한 소명자료(결혼사진, 청첩장, 제3자의 진술서 등)를 첨부하였나요?

□ 예　　　　　　　　　□ 아니오

나. 채권자가 신청서에 기재한 청구금액은 채무자의 유책의 정도, 채권자와 채무자의 재산상태 등에 비추어 본안소송에서 승소할 수 있는 금액으로 적정하게 산출된 것입니까? (과도한 가압류로 인해 채무자가 손해를 입으면 배상하여야 함, 위자료 청구금 속에 재산분할청구금도 포함되어 있다면 분리하여 특정하여야 함)

☑ 예　　　　　　　　　□ 아니오

다. 피보전권리에 관한 소명자료를 첨부하였나요? (예를 들어, 위자료금 산정에 관련된 진단서, 각서, 제3자의 진술서 등 소명자료, 재산분할금 산정에 관련된 채권자와 채무자의 각 재산내역 및 그 시가 등에 대한 소명자료, 양육비의 산정근거에 관한 소명자료)

☑ 예　　　　　　　　　□ 아니오

라. [양육비나 부양료청구권을 피보전권리로 하는 경우] 과거의 양육비나 부양료 이외에 장래의 양육비나 부양료 전부를 일시금으로 청구하고 있나요?

□ 예 : 장래의 양육비나 부양료는 3년분에 한하여 청구할 것을 검토할 것

□ 아니오

3. 보전의 필요성과 관련하여

가. 채권자가 채무자의 재산에 대하여 가압류하지 않으면 향후 강제집행이 불가능하거나 매우 곤란해질 사유의 내용은 무엇입니까? (필요하면 소명자료를 첨부할 것)
: 채무자에게는 이건 부동산외에 달리 재산이 없고, 이마저도 곧 처분하려고 중개업소에 내놓으려고 하는바, 그렇게 되면 후일 재산분할 등의 권리확보가 불가능해짐

나. [유체동산, 임금채권, 영업상채권, 예금채권 가압류사건인 경우] 채무자에게는 가압류할 부동산이나 다른 채권(임대차보증금반환채권 등)이 있습니까?

□ 예

□ 아니오- 채무자의 주소지 부동산등기사항전부증명서 또는 임대차계약서를 첨부

다. ["예"라고 대답한 경우] 가압류할 부동산이나 다른 채권(임대차보증금반환채권 등)이 있다면, 부동산가압류나 임대차보증금반환채권가압류 이외에 이 사건 가압류 신청을 하는 이유는 무엇입니까?

4. 본안소송과 관련하여

가. 채권자는 신청서에 기재한 청구채권(피보전권리)의 내용과 관련하여 채무자를 상대로 본안소송을 제기하였거나 채무자가 채권자를 상대로 소송을 제기한 사실이 있습니까?

□ 예 ☑ 아니오

나. ["예"로 대답한 경우] 본안소송을 제기한 법원·사건번호·사건명과 현재 진행상황은? (본안소장사본 및 접수증명을 첨부할 것, 채무자가 이미 본안소송을 제기하였으면 그 소장 사본과 채권자가 제기한 본안반소장사본 및 접수증명을 첨부할 것)

다. ["아니오"로 대답한 경우] 채권자는 본안소송을 제기할 예정입니까?

□ 예 → 본안소송 제기 예정일 : 20○○. ○. ○.경

□ 아니오

5. 중복보전처분과 관련하여

가. 채권자는 이 신청 이전에 채무자를 상대로 동일한 가압류를 신청하여 기각된 적이 있습니까?

□ 예 → 법원·사건번호·사건명은?

☑ 아니오

나. 채권자는 신청서에 기재한 청구채권을 원인으로, 이 신청과 동시에 또는 이 신청 이전에 채무자의 다른 재산에 대하여 가압류나 가처분을 신청한 적이 있습니까?

□ 예 ☑ 아니오

다. [나.항을 "예"로 대답한 경우]

(1) 동시 또는 이전에 가압류나 가처분을 신청한 법원·사건번호·사건명은?

(2) 여러 건의 가압류나 가처분을 신청하는 이유는? (소명이 곤란하면 일부 취하를 검토할 것)

(3) 신청결과(취하/각하/인용/기각 등)는?

6. 과잉가압류와 관련하여

가. 채권자는 이 신청으로 여러 개의 부동산 또는 채권에 대하여 가압류를 신청하고 있나요?

□ 예 ☑ 아니오

나. [가.항을 "예"로 대답한 경우]

(1) 별지에 각 부동산 또는 채권별로 가압류할 피보전권리 및 청구금액을 개별적으로 기재하였나요?

☐ 예 ☐ 아니오

(2) 여러 개의 부동산 또는 채권에 대하여 가압류를 신청하는 이유는? (소명이 곤란하면 보전의 필요성이 낮은 재산 부분은 취하를 검토할 것)

가압류신청진술서 관련 유의사항

법원은 가압류신청진술서와 관련하여 그 심사를 실질적으로 하고 있음에 따라 보정명령을 많이 내리고 있는 실정이다. 따라서 다음 아래의 점을 주의하도록 한다.

- 다 음 -

1. 진술서 3-나.

「유체동산가압류 또는 채권가압류사건의 경우 채무자에게는 가압류할 부동산이 있습니까」라는 물음에 대하여 「아니오」라고 답변한 경우

▸ 반드시 채무자 주소지 소재 〈부동산등기사항증명서〉를 첨부하여야 한다. 과연 진술대로 부동산가압류를 않은 것인지 확인하기 위함이다.

2. 진술인의 서명, 날인

▸ 진술서에는 반드시 진술하는 채권자 또는 소송대리권한 있는 자의 서명과 날인이 필요하다. 주의할 점은 기명날인이 아닌 〈서명날인〉이라는 점이다.

3. 진술서 4-나

본안소송을 제기한 사실이 있는가의 물음에 대하여 「예」 또는 「아니오」라고 답변한 경우

▸ 「예」라고 답변한 경우 사건번호등의 기재는 물론 소제기하였음을 증명하는 '소제기증명원' 또는 '소계류증명원' 등을 첨부하여야 한다.

▸ 본안 소송을 제기할 예정일을 구체적으로 표기하여야 한다. 즉 일자를 특정하거나 가압류결정문 송달받은 후 며칠이내라는 식으로 특정을 해야 한다.

이상과 같은 점에 주의하여 신청서 및 진술서를 작성하여야 하며 그렇지 않은 경우 대부분 보정명령이 내리고 있음을 유의한다.

[서식 69] 채권가압류신청서(이혼 및 재산분할 청구)

채권가압류신청서

채 권 자 양 ○ 경 (000000-0000000) (전화 :)
서울 광진구 구의로 611, 204동 1404호 (구의동, 현대아파트)

채 무 자 전 ○ 식 (000000-0000000)
서울 광진구 구의로 611, 204동 1404호 (구의동, 현대아파트)

제3채무자 삼성증권 주식회사 (000000-0000000)
서울 중구 을지로 232
대표이사 김○직

청구채권의 표시

금 50,000,000원, 단, 채권자가 채무자에 대하여 갖는 이혼으로 인한 재산분할청구 채권

가압류 할 채권의 표시

별지 기재와 같음

신 청 취 지

1. 채권자가 채무자에 대하여 가지고 있는 위 채권의 집행을 보전하기 위하여 채무자의 제3채무자에 대한 위 채권을 가압류한다.
2. 제3채무자는 채무자에 대하여 위 가압류된 채무를 지급을 하여서는 아니된다.

라는 재판을 구합니다.

신 청 원 인

1. 혼인생활 및 혼인파탄에 이르게 된 경위
   가. 채권자와 채무자는 20○○. 11. 12. 대전광역시 중앙예식장에서 결혼식을 올리고 같은 달 28.에 혼인신고를 마친 법률상 부부로서 슬하에 신청외 사건본인 2남매를 두고 있습니다.

나. 채무자는 그의 매형이 회장으로 있는 쌍용정유해상 대리점인 (주) 천유의 이사직으로 재직중이며, 채권자는 주로 자녀들을 양육하고 가사에 종사하며 채무자의 뒷바라지를 하며 살아오다가 이건 채무자의 가족에 대한 무관심과 부정행위로 인하여 20○○. 3.경부터 천호동 소재의 교원아카데미 상담교사로 재직중입니다. 살림과 가사에 관한 모든 일은 채권자가 도맡아 하고 있었고 채무자는 가사 및 양육에는 전혀 관심이 없었습니다.

무엇보다도 결혼초부터 지금까지 15여년간 채무자는 포커, 고스톱, 유흥업소 출입, 외박 등으로 채권자에게 정신적 육체적 고통을 안겨주었습니다. 그 결과 채권자는 신경정신과 치료를 2년 이상 받아오고 있고 지금도 비상약을 먹을 정도입니다.

다. 무엇보다도 채무자는 신청외 장○경과 부정(不貞)한 관계를 맺으며 지금까지 채권자를 괴롭혀왔습니다. 채권자가 둘간의 관계를 안 것은 20○○. 12. 26.이었습니다. 채무자 핸드폰의 음성사서함의 이상한 메시지를 듣고 나서 채무자에게 추궁한 일이 있었는데 당시 이일로 인하여 채권자는 아이들이 보는 앞에서 심하게 구타를 당하였습니다.

채권자는 채무자에게 위 장○경과의 관계를 청산하라고 말하였고, 채무자 또한 둘간의 관계를 부인하다가 수차례에 걸쳐 만나지 않겠다고 다짐을 한 바 있으며, 신청외 장○경 역시 채무자와 전화연락을 하지 않겠노라고 다짐을 하였지만 확인된 통화내역서(20○○. 1월초부터 20○○. 7월경말까지) 현재까지 거의 매일 통화한 것이 밝혀졌습니다.

라. 채무자는 자신의 부정한 행위는 아랑곳하지 않으면서 채권자에 대한 의처증세는 아주 심한 정도입니다. 예를 들어 채권자가 어떤 남자를 쳐다보았다는 이유로 3일간 채권자를 냉대시하고, 채권자가 친하게 지내는 동네 아줌마들과의 만남도 못하도록 하였을뿐더러 채권자 혼자 저녁에 외출하지 못하게 심한 감시를 하였던 것입니다.

마. 채무자는 채권자에 대하여 아이들 앞에서건 공공연한 장소이건 가리지 않고 폭력적 행위를 자주 일삼아 왔습니다. 20○○. 7. 24. 한신상호저축은행 테헤란로 지점에서 적금만기가 되어 같이 은행에 방문한 적 있는데, 당시 1억 2천만원을 타기에 그동안 밀린 3개월분 600만원을 달라고 하니깐 은행직원들이 지켜보는 가운데서도 채권자의 얼굴을 주먹으로 휘갈겨 채권자는 얼굴부위가 심한 타박상을 입은 바 있습니다. 채권자는 이 일로 인하여 눈밑에 멍이 들어 2주 동안 출근을 하지 못했던 것입니다. 이날 채무자는 채권자를 폭행한 후 장○경과 통화하였다는 사실은 기가 막힐 정도였습니다.

바. 20○○. 7. 25. 채권자는 숙대입구 전철역 앞 국민은행에서 채무자가 장○경과 만나는 장면을 목격하였고, 7. 29. 채무자는 채권자에게 다시는 장○경과 전화통화는 물론 만나지 않겠노라고 각서까지 써 주었는데 이후 둘간은 핸드폰으로는 전화통화를 않고 공중전화로 연락을 취하고 있었던 것입니다.

2. 본안의 소제기
따라서 채권자는 위와 같은 사유로 현재 채무자를 상대로 귀원 가정법원에 이혼 등 청구의 소를 20○○. 9. 30.자로 귀원 20○○드단 2343호로 제기하였습니다.

3. 이혼 등 청구의 내용
채권자는 채무자 상대의 이혼청구 소장에서 위 (a) 이혼청구 외에 (b) 피고의 잘못으로 말미암아 혼인생활이 파탄에 이르게 됨으로써 정신적인 고통을 받은 것에 대한 위자료 청구를 금 3,000만원, (c) 재산분할로써 금 3억원을 청구하였고, (d) 자녀 2명에 대한 성년에 이를 때까지의 양육비 각 1명당 50만원씩을 청구한 상태입니다.

4. 보전 청구의 내용
따라서 채권자는 위 이혼청구내용 중 재산분할청구금 3억원 중에서 일부금인 금 5,000만원으로 정하여 채무자가 제3채무자에 대하여 가지고 있는 채권을 가압류하려고 하는데, 이건 보전처분을 하지 않으면 채무자의 계좌예금 수령으로 인하여 채권자의 채권확보가 불가능하여 지게 되어 부득이 이건 가압류를 신청하게 된 것입니다.

5. 이건 보전처분을 위하여 가능한 무담보로 하여 주시옵고, 담보제공명령을 해야한다고 보면 보증보험증권으로 제공할 수 있도록 선처하여 주시기 바랍니다.

소 명 방 법

1. 소갑 제1호증 이혼소장
1. 소갑 제2호증 소장접수증명원
1. 소갑 제3호증 각서 사본

20○○. ○. ○.

위 채권자 양 ○ 경 (인)

○○ 가정법원 귀중

[별　지]

가압류할 채권의 표시

금 50,000,000원,
채무자(000000-0000000)가 제3채무자 삼성증권 주식회사에 대하여 가지고 있는 예치금(계좌번호 : 000-00000-00) 반환 채권 중 위 청구금액에 이를 때까지의 금액

접수방법

1. 수입인지 : 10,000원의 인지를 납부한다.
2. 송달료 : 당사자수×4,800원(우편료)×3회분을 납부한다.
3. 관할 : 채무자의 주소지를 관할하는 가정법원에 제출한다.

[서식 70] 자동차가압류신청서(이혼 및 재산분할 청구)

자동차가압류신청

채 권 자　　박 ○ 숙 (000000-0000000)　(전화 :　　　　　)
　　　　　　○○시 ○○구 ○○로 ○○

채 무 자　　장 ○ 수 (000000-0000000)　(전화 :　　　　　)
　　　　　　○○시 ○○구 ○○로 ○○

청구채권의 표시 및 피보전 권리의 요지

금 50,000,000원, 이혼 및 재산분할청구

가압류할 자동차의 표시

별지 자동차 등록원부의 기재와 같음

신 청 취 지

채권자는 채무자에 대하여 가지는 위 청구채권의 표시 기재 채권집행을 보전하기 위하여 채무자 소유의 별지 자동차 등록원부의 기재 자동차를 가압류한다.
라는 재판을 구합니다.

신 청 원 인

1. 채권자와 채무자는 20○○. 11. 20. 혼인신고를 마친 법률상 부부로서 슬하에 1남 1녀를 두고 있습니다.
2. 이혼사유
   - 생 략 -
3. 따라서 채권자는 채무자를 상대로 본안의 소를 제기하려고 준비 중에 있으나 채무자는 별지 자동차등록원부 기재 자동차 이외에는 별다른 재산이 없고 단지 이건 가압류할 자동차마저도 언제 처분할지 모르며 만일 그렇게 되면 후일 채권자가 위 소송에서 승소한다고 할지라도 현저히 집행이 곤란하거나 집행이 불가능하게 될 염려가 농후하므로 부득이 본 신청에 이른 것입니다.
4. 담보제공은 공탁보증보험증권을 제출하는 방법에 의할 수 있도록 허가하여 주시기 바랍니다.

소명방법 및 첨부서류

1. 가족관계증명서 1통
1. 기본증명서 1통
1. 상해진단서 사본 1통
1, 주민등록초본 2통
1. 가압류신청진술서 1통
1. 자동차등록원부 1통

20○○. ○. ○.

위 채권자 박 ○ 숙 (인)

○○ 가정법원 귀중

접수방법

1. 등록세 : 자동차 1대당 15,000원이다(교육세는 폐지되었음).
2. 수입인지 : 10,000원의 인지를 납부한다.
3. 송달료 : 당사자수×4,800원(우편료)×3회분을 납부한다.
4. 관할 : 채무자의 주소지를 관할하는 가정법원에 제출한다.

[참조 Ⅳ] 처분금지가처분신청 진술서

처분금지가처분신청 진술서

채권자는 가처분 신청과 관련하여 다음 사실을 진술합니다. 다음의 진술과 관련하여 고의로 누락하거나 허위로 진술한 내용이 발견된 경우에는, 그로 인하여 보정명령 없이 신청이 기각되거나 가처분이의절차에서 불이익을 받을 것임을 잘 알고 있습니다.

20○○. ○. ○.

채권자 김 ○ 실 (인)

다 음

1. 신분관계와 관할의 확인, 기타 기본적 사항의 특정을 위하여
   가. 채권자와 채무자의 최근에 발급받은 각 가족관계증명서 및 주민등록등본을 첨부하였나요?
   ☑ 예 □ 아니오
   나. 본안사건이 가사소송법상 가정법원에 관할이 있나요? (예들 들어, 이혼에 따른 채산분할청구는 가정법원에 관할이 있으나, 협의이혼을 하였는데 협의이혼을 전후하여 재산분할에 관하여 약정서가 작성되었다면 민사사안임)
   ☑ 예 □ 아니오
   다. 신청서에 가처분할 대상 재산을 명백히 특정하고, 그에 관한 자료를 첨부하였나요? (예를 들어, 대상 재산이 부동산이라면 신청서의 별지 표시를 등기부에 맞게 기재하고 최근에 발급받은 부동산등기사항증명서를 첨부)
   ☑ 예 □ 아니오

라. 피보전권리의 특정과 관련하여

(1) 피보전권리를 명백히 특정하였나요? (예를 들어, '이혼을 원인으로 한 재산분할청구권 등' 이라고 기재하면 피보전권리가 특정되지 않은 것임)

☑ 예 ☐ 아니오

(2) 신청서에 기재한 피보전권리가 법률적으로 처분금지가처분의 피보전권리가 될 수 있나요? (예를 들어, 이혼에 있어서는 재산분할청구권만이 처분금지가처분의 피보전권리가 될 수 있고, 위자료청구권 등은 그 피보전권리가 될 수 없음)

☑ 예 ☐ 아니오

2. 피보전권리 및 보전의 필요성과 관련하여

가. 피보전권리의 전제사실과 관련하여

(1) [법률혼] 혼인의 파탄사유에 관한 객관적 소명자료(진단서, 각서, 제3자의 신술서 등)를 첨부하였나요? (이미 본안소송을 제기하고 본안소장사본 및 접수증명을 첨부하였으면 불필요)

☑ 예 ☐ 아니오

(2) [사실혼 기타] 채권자와 채무자가 사실혼관계 등에 있었음에 관한 소명자료(결혼사진, 청첩장, 제3자의 진술서 등)를 첨부하였나요?

☐ 예 ☐ 아니오

나. 처분금지가처분 대상 재산은 채권자와 채무자의 혼인기간, 대상 재산의 취득·유지에 관한 채권자의 기요내용 및 기여정도, 대상 재산의 이용 상황 등에 비추어 본안에서 채권자에게 현물분할 될 개연성이 있나요? (과도한 가처분으로 인해 채무자가 손해를 입으면 배상하여야 하고, 본안에서 대상 재산이 채권자에게 현물분할이 되지 않으면 가처분의 실효성이 없어짐)

☑ 예 ☐ 아니오

다. 피보전권리에 관한 소명자료를 첨부하였나요? (예를 들어, 이혼을 원인으로 한 재산분할청구권인 경우 채권자와 채무자의 각 재산내역 및 그 시가에 관한 소명자료)

☑ 예 ☐ 아니오

라. 채권자가 채무자의 재산에 대하여 가처분하지 않으면 향후 권리이전이 불가능하거나 매우 곤란해질 사유의 내용은 무엇입니까? (필요하면 소명자료를 첨부할 것)
: 채무자에게 이건 가처분 대상외에 재산이 전혀 없고, 이마저도 타에 처분하려고 하는바 만일 그렇게 되면 후일 권리확보가 불가능해지기 때문임.

3. 본안소송과 관련하여

가. 채권자는 신청서에 기재한 청구채권(피보전권리)의 내용과 관련하여 채무자를 상

대로 본안소송을 제기하였거나 채무자가 채권자를 상대로 소송을 제기한 사실이 있습니까?

☐ 예 ☑ 아니오

나. ["예"로 대답한 경우]

(1) 본안소송을 제기한 법원·사건번호·사건명과 현재 진행상황은? (본안소장사본 및 접수증명을 첨부하고, 채무자가 이미 본안소송을 제기하였으면 그 소장 사본과 채권자가 제기한 본안반소장사본 및 접수증명을 첨부할 것)

(2) 본안소송에서도 대상 재산에 대하여 현물분할을 구하였나요?

☑ 예

☐ 아니오 → 현물분할을 구하는 본안의 청구취지변경서사본 및 접수증명 첨부할 것

(3) 현재 진행상황(소송이 계속 중인 경우)은?

다. ["아니오"로 대답한 경우] 채권자는 본안소송을 제기할 예정입니까?

☐ 예 → 본안소송 제기 예정일 : 20○○. ○. ○.경

☐ 아니오

4. 중복보전처분과 관련하여

가. 채권자는 이 신청 이전에 채무자를 상대로 동일한 가압류를 신청하여 기각된 적이 있습니까?

☐ 예 → 법원 · 사건번호 · 사건명은?

☑ 아니오

나. 채권자는 신청서에 기재한 청구채권을 원인으로, 이 신청과 동시에 또는 이 신청 이전에 채무자의 다른 재산에 대하여 가압류나 가처분을 신청한 적이 있습니까?

☐ 예 ☑ 아니오

다. [나.항을 "예"로 대답한 경우]

(1) 동시 또는 이전에 가압류나 가처분을 신청한 법원·사건번호·사건명은?

(2) 여러 건의 가압류나 가처분을 신청하는 이유는?

(3) 신청결과(취하/각하/인용/기각 등)는?

5. 과잉가처분과 관련하여

가. 채권자는 이 신청으로 여러 개의 부동산 등에 대하여 가처분을 신청하고 있나요?

☐ 예 ☑ 아니오

나. 여러 개의 부동산 등에 대하여 가처분을 신청하는 이유는? (소명이 곤란하면 보전의 필요성이 낮은 재산 부분은 취하를 검토할 것)

접수방법

- 가처분신청서 첨부서류로 첨부한다.
- 일반 민사사건에서는 가압류신청진술서를 제출하여야 하지만, 위 가사사건과 같은 가처분신청진술서제도는 없다.

[서식 71] 부동산처분금지가처분신청서(이혼 및 재산분할 청구)

부동산처분금지가처분신청

신 청 인　　박 ○ 숙 (000000-0000000) (전화 :　　　　)
　　　　　　○○시 ○○구 ○○로 ○○

피신청인　　장 ○ 수 (000000-0000000) (전화 :　　　　)
　　　　　　○○시 ○○구 ○○로 ○○

목적물의 가격의 표시

금 130,000,000원

가처분 할 목적물의 표시

별지 목록 기재와 같음

피보전 권리의 요지

이혼 및 재산분할청구권

신 청 취 지

피신청인은 별지 목록 기재 부동산에 대하여 매매, 증여, 전세권, 저당권, 임차권의 설정 기타 일체의 처분을 하여서는 아니된다.
라는 재판을 구합니다.

신 청 원 인

1. 신청인과 피신청인은 20○ ○. 11. 20. 혼인신고를 마친 법률상 부부로서 슬하에 1남 1녀를 두고 있습니다.

2. 이혼사유
   - 생 략 -

3. 신청인은 바로 이혼 및 재산분할청구의 소를 제기하려고 준비중에 있으나 최근 신청인이 조사한 바로는 신청인의 위와 같은 소송을 미연에 방지하고자 피신청인은 별지 목록 기재 부동산을 제3자에게 처분하려고 하는 움직임이 있어, 만일 위와 같이 되면 신청인은 피신청인을 상대로 한 본안소송에서 승소한다 하더라도 그 집행불능 상태에 이를 위험이 있으므로, 본건 신청취지와 같은 재판을 구하고져 이건 신청에 이른 것입니다.

4. 담보제공은 공탁보증보험증권을 제출하는 방법에 의할 수 있도록 허가하여 주시기 바랍니다.

소명방법 및 첨부서류

1. 가족관계증명서	1통
1. 기본증명서	1통
1. 상해진단서 사본	1통
1, 주민등록초본	2통
1. 부동산등기사항전부증명서	1통
1. 토지대장	1통

20○ ○. ○. ○.

위 신청인 박 ○ 숙 (인)

○○ 가정법원 귀중

접수방법

1. 수입인지 : 10,000원의 인지를 납부한다.
2. 대법원증지 : 1필지당 3,000원이다.

3. 송달료 : 당사자수×4,800원(우편료)×3회분을 납부한다.
4. 관할 : 본안의 소, 예컨대 이혼 및 재산분할을 청구할 법원 또는 본안의 소를 제기하려고하는 법원에 제출한다.

[서식 72] 부동산처분금지가처분신청서(이혼 및 재산분할 청구)

부동산처분금지가처분신청서

채 권 자 권 ○ 영 (000000-0000000) (전화 :)
등록기준지 : 강원도 명주군 왕산면 고단로 49
주 소 : 서울 강북구 미아로 454

채 무 자 이 ○ 용 (000000-0000000)
등록기준지 : 강원도 명주군 왕산면 고단로 49
주 소 : 서울 강북구 미아로 454

목 적 물 의 가 액

금 50,000,000원

피보전권리의 내용

이혼에 따른 재산분할을 원인으로 한 소유권이전등기청구권

가처분할 부동산의 표시

별지목록기재와 같음.

신 청 취 지

채무자는 별지 목록 기재 부동산에 대하여 양도, 전세권, 저당권, 임차권의 설정 및 기타 일체의 처분행위를 하여서는 아니된다.

라는 재판을 구합니다.

신 청 원 인

1. 당사자 관계

채권자와 채무자는 20○○. 4. 20. 혼인신고를 필한 법률상 부부이고, 두 사람 사이에는 미성년자인 2녀 1남(큰딸 이○라 만 15세, 작은 딸 이○원 만 12세, 막내아들 이○원 만 10세)의 자녀가 있습니다(소갑제1호증 가족관계증명서, 소갑제2호증 혼인관계증명서, 소갑제3호증 주민등록등본)

2. 이혼사유(부당한 대우)

가. 두 딸을 낳았다는 이유

결혼 전부터 성격이 남달랐던 채무자는 결혼이후로 채권자를 자주 윽박지르고 대화를 하려 하면 처음부터 욕을 하고는 하였습니다. 그러나 채권자는 내가 맞춰가며 살다보면 나아지겠지 하는 마음에 꾹 참고 살던 중, 20○○. 8. 17. 첫 딸인 이○라를 낳게 되었는데, 당시 외국에 있던 채무자는 전화 한통화도 없다가 나중에 묻기를, 산모의 건강을 묻기는 커녕 아이가 병신은 아니냐며 채권자에게 정신적 고통을 주었습니다.

나. 욕설, 모욕, 이유 없는 폭력행사

채무자는 그 후로 술만 마시고 들어오면 어린 자식들 앞에서도 제 성격을 이기지 못하고 차마 입에 담지 못할 욕설과 갖은 행패를 부렸고, 하루는 현관문을 들어오자마자 난데없이 채권자를 넘어뜨린 후 목을 졸라 죽이려고 해 함께 있던 아이 셋이 모두 달려들어 울고 때리고 뜯어 말려 간신히 목숨을 건질 수는 있었으나 목에는 시퍼런 멍이 들었고 두 딸은 이유 없는 폭력행사에 아무런 대꾸도 못하는 채권자가 원망스러운지 더 이상 아빠랑 살지 마라, 이혼해라며 오히려 가방을 싸주며 등을 떠밀었고, 그 날 채권자는 큰 딸과 함께 나와 근처 사우나에서 자야만 했습니다. 위 일이 발생한 며칠 후 채권자를 더욱 가슴 아프게 한 것은 막내아들인 이○원이 창문을 열어젖히고는 채무자에게 또 다시 엄마를 때리면 창문 밖으로 뛰어내려 죽어버리겠다고 말한 사실로 어떻게 12세의 어린 자식이 그런 말을 할 수 있는지 채무자의 폭력행사는 이미 정상인의 도를 넘어섰습니다(소갑제4호증1 내지 3 각 사실확인서).

3. 재산내역

채무자는 시아버지 살아생전 그가 소유하고 있던 땅에 19○○.경 현재 채권자 가족들이 살고 있는 건물(별지 목록 기재 부동산)을 신축하였고 그 후 19○○. 12. 17.시아버지가 돌아가신 후 그 땅까지 전부 상속받았습니다(소갑제5호증1, 2 각 부동산등기사항전부증명서).

채무자는 결혼 생활 중에도 이유를 말해 주지도 않은 채 채권자로부터 종종 돈을 받아갔는데, 최근에는 땅을 사겠다며 20○○. 10. 9. 금 2,000만원, 같은 해 11. 7. 8,700만원 합계 금 1억 7천만원을 받아가고는 어디에 있는 무슨 땅을 매수하였는지 전혀 말이 없었고 오히려 돈이 이것밖에 없느냐며 구박까지 하였습니다(소갑제6호증 통장 사본).

그 외에도 채무자는 상당한 재산을 보유하고 있는 듯하나 비밀스럽게 이를 보관하고 있어서 정확한 내역을 알아내기 곤란한 상황이며 표면적으로 드러난 재산이라고는 별지 목록 기재 부동산과 그 소재지 토지뿐입니다.

4. 보전의 필요성

따라서 채권자는 채무자를 상대로 이혼 소송 제기하면서 위자료 및 재산분할, 양육비 등의 청구를 구하려고 하나 별다른 재산을 알 수 없는 상태에서, 이혼 후 특별한 주거가 없게 될 채권자와 자녀들이 생활을 영위할 최소한의 공간을 확보하고자 이혼에 따른 재산분할을 원인으로 한 별지 목록 기재 부동산에 대한 소유권이전등기 청구권을 행사고자 하나, 만일 채무자가 이를 눈치 채고 위 부동산에 대한 가장채권을 원인으로 한 근저당권 설정 및 매매 등의 방법으로 이를 처분, 은닉하려 한다면 후일 본안의 소에서 승소하더라도 이에 대한 강제집행이 불가능할 우려가 있기에 이 건 신청에 이른 것입니다.

5. 담보제공에 대하여는 보증보험회사와 지급보증위탁계약을 체결한 문서를 제출하고자 하오니 이를 허가하여 주시기 바랍니다.

소 명 방 법

1. 소갑 제1호증 1 내지 2 각 가족관계증명서
1. 소갑 제2호증 1 내지 2 각 혼인관계증명서
1. 소갑 제3호증 주민등록등본
1. 소갑 제4호증 1 내지 3 각 사실확인서
1. 소갑 제5호증 1 내지 2 각 부동산등기사항증명서
1. 소갑 제6호증 통장 사본

첨 부 서 류

1. 위 소명방법 각 1부
1. 가처분 진술서 1부

1. 토지대장 및 일반건축물물관리대장 각 1부

20○○. ○. ○.

위 채권자 권 ○ 영 (인)

○○ 가정법원 귀중

[별 지]

부 동 산 의 표 시

1. 서울특별시 강북구 미아동 862-23 대 80㎡
2. 위 같 은 동 862-23
   [도로명주소] 서울특별시 강북구 미아로 278
   철근콘크리트조 및 벽돌조 슬래브지붕 3층 주택 및 근린생활시설
   1층 48.45㎡ 2층 54.35㎡
   3층 48.47㎡ 지층 56.42㎡
   옥탑 04.83㎡. 끝.

접수방법

1. 수입인지 : 10,000원의 인지를 납부한다.
2. 대법원증지 : 1필지당 3,000원이다.
3. 송달료 : 당사자수×4,800원(우편료)× 3회분을 납부한다.
4. 관할 : 본안의 소, 예컨대 이혼 및 재산분할을 청구할 법원 또는 본안의 소를 제기하려고하는 법원에 제출한다.

[서식 73] 혼인금지가처분신청서(사실상혼인관계존재확인청구)

혼인금지가처분신청

신 청 인　　박 ○ 숙 (000000-0000000) (전화 :)
　　　　　　○○시 ○○구 ○○로 ○○

피신청인　　장 ○ 수 (000000-0000000) (전화 :)
　　　　　　○○시 ○○구 ○○로 ○○

피보전 권리의 요지

사실상 혼인관계존재확인 청구

신 청 취 지

1. 피신청인은 ○○가정법원 20○○드단 1234호 사실상혼인관계존재확인청구에 대한 심판이 확정될 때까지 신청인 이외의 다른 사람과 혼인하지 못한다.
2. 피신청인의 등록기준지인 ○○도 ○○군 ○○면 면장은 피신청인과 신청인 이외의 사람과의 혼인신고는 이를 접수하여서는 아니된다.
3. 피신청인의 주소지인 ○○시 ○○구 구청장은 피신청인과 신청인 이외의 사람과의 혼인신고는 이를 접수하여서는 아니된다.

라는 재판을 구합니다.

신 청 원 인

1. 신청인은 피신청인이 부당한 사실혼관계 및 혼인예약(약혼) 파기를 당한 피해자로서, 피신청인을 신청인과 혼인을 전제로 1년이상 동거를 하면서 혼례식 날짜까지 정해진 상황에서 별다른 사유없이 사실혼관계 및 혼인예약을 중단해버려 20○○. ○. ○. ○○가정법원에 사실상혼인관계존재확인청구 조정신청을 하였습니다.
2. 그 후 4회에 걸쳐 조정을 시도하였으나 피신청인은 이무런 이유 없이 불응하므로 조정이 성립되지 않아 소로 이행되었습니다.
3. 그런데 피신청인은 신청인 몰래 다른 여자와 혼인을 하고 혼인신고를 하려고 하고 있으므로 이 건 신청에 이른 것입니다.

소명방법 및 첨부서류

1. 가족관계증명서 1통
1. 기본증명서 1통
1. 진단서 사본 1통
1. 주민등록초본 2통

20○○. ○. ○.

위 신청인 박 ○ 숙 (인)

○○ 가정법원 귀중

접수방법

1. 수입인지 : 10,000원의 인지를 납부한다.
2. 송달료 : 당사자수×4,800원(우편료)×3회분을 납부한다.
3. 관할 : 본안의 소를 제기하려고 하는 법원에 제출한다.

5. 이혼의 취소

가. 의 의

이혼의 취소는 협의상 이혼의 성립과정에서 사기 또는 강박으로 인하여 이혼의 의사표시를 한 경우 그 이혼의 효력을 소급하여 소멸시키는 것이다. 이혼의 취소는 법원에 대한 소의 청구에 의하여서만 주장할 수 있는 것으로서 형성의 소이다.

나. 당 사 자

성질상 사기 또는 강박으로 인하여 이혼의 의사표시를 한 자와 이혼의 타방 당사자로 하고, 상대방이 될 사람이 사망할 경우에는 검사를 상대방으로 한다.

다. 관 할

(1) 부부가 같은 가정법원의 관할구역 내에 보통재판적이 있을 때에는 상대방의 보통재판적 소재지의 가정법원이,

(2) 부부가 최후의 공통의 주소지를 가졌던 가정법원의 관할구역 내에 부부 중 일방의 보통재판적이 있을 때에는 그 가정법원이.

(3) 위 (1), (2)의 각 경우에 해당하지 아니하는 때에는 상대방의 보통재판적소재지 가정법원이.

(4) 부부의 일방이 사망한 경우에는 생존한 타방의 보통재판적 소재지 가정법원익 각각 관할법원으로 되고, 그 관할은 전속관할이다(가소 22조).

라. 제척기간

당사자가 사기를 안 날 또는 강박을 면할 날로부터 3월을 경과한 때에는 이혼취소청구권은 소멸한다(민법 839조, 823조).

마. 청구취지 기재례

1. 피고와 소외 망 ○○○(19○○. ○. ○.생), 등록기준지 ○○시 ○○구 ○○로 ○○○) 사이에 20○○. ○. ○. ○○시 ○○구청장에게 신고하여 한 이혼은 이를 취소한다. 2. 소송비용은 피고가 부담한다.

1. 피고와 피고 사이에 20○○. ○. ○. ○○시 ○○구청장에게 신고하여 한 협의상 이혼은 이를 취소한다. 2. 소송비용은 피고가 부담한다.

1. 원고와 피고의 이혼신고(20○○. ○. ○. ○○. ○○시 ○○구청장 접수)는 이를 취소한다. 2. 소송비용은 피고가 부담한다.

[서식 74] 이혼취소 청구의 소장(피고의 기만으로 인한 협의이혼)

소　　　장

원　고　　안 ○ 영 (000000-0000000) (전화 :　　　　)
　　　　　등록기준지 ○○시 ○○구 ○○로 ○○
　　　　　주　　소 ○○시 ○○구 ○○로 ○○ (우편번호 : 00000)

피　고　　송 ○ 수 (000000-0000000) (전화 :　　　　)
　　　　　등록기준지 ○○시 ○○구 ○○로 ○○
　　　　　주　　소 ○○시 ○○구 ○○로 ○○ (우편번호 : 00000)

이혼취소 청구의 소

청 구 취 지

1. 원고와 피고 사이에 20○○. 4. 10. 서울 동대문구청장에게 신고하여 한 이혼은 이를 취소한다.
2. 소송비용은 피고가 부담한다.

라는 판결을 구합니다.

청 구 원 인

1. 원고와 피고는 20○○. 4. 5. 혼인하여 같은 해 4. 20. 혼인신고를 마친 적법한 부부로서 2녀를 출산하여 행복한 가정생활을 누려왔습니다.

2. 피고는 원고에게 피고가 경영하고 있는 ○○건설주식회사가 불경기라서 채무가 많아 도산위기에 처해 있다고 하면서 만약 부도가 나면 현재 살고 있는 집마저 채권자로부터 빼앗기에 된다며 하루 빨리 협의이혼을 해 놓고 집을 원고의 명의로 변경해 놓으면 자식들과 함께 살 수 있다고 하며 이것은 어디까지나 형식에 불과한 것이어서 부부의 관계는 종전과 다름이 없고 채무변제에 급급하지 않으니 생활비도 걱정이 없을 것이라는 등 감언이설로 원고를 기만하여, 원고는 이에 속아 20○○. 3. 25. ○○가정법원에서 협의이혼을 하게 되어 피고는 20○○. 4. 10. 동대문구청장에게 이혼신고를 하였습니다.

3. 그 후 피고는 외박이 잦아지고 출장을 이유로 며칠간 집에 돌아오지 않고 또한 살고 있는 집마저 원고에게로 명의변경을 해 주지 않아 원고는 피고의 뒷조사를 해 본 결과 피고는 상당한 기간 전부터 내연관계를 맺어오던 소외 이○자와 동거하고 있는 사실과 위 회사의 채무가 많다는 것은 모두 허위의 사실임을 알게 되었습니다.

4. 따라서 원고는 피고에게 기만당하여 협의이혼할 의사표시를 한 것이므로 청구취지와 같은 판결을 구하고자 이 사건 청구에 이른 것입니다.

입 증 방 법

1. 갑 제1호증 가족관계증명서
1. 갑 제2호증 기본증명서

첨 부 서 류

1. 위 입증서류 1통
1. 주민등록초본 2통
1. 소장부본 1통

20○○. ○. ○.

위 원고 안 ○ 영 (인)

○○ 가정법원 귀중

접수방법 및 유의사항

1. 수입인지 : 20,000원의 인지를 납부한다.
2. 송달료 : 당사자수×4,800원(우편료)×12회분을 납부한다.
3. 관할 : 이혼취소의 소는 부부생활의 실태와 사건의 유형에 따라 토지관할을 달리한다.
   가. 부부가 같은 관할구역 내에 주소가 있을 때에는 그 가정법원
   나. 부부가 최후의 공통의 주소지를 가졌던 가정법원의 관할구역 내에 부부 중 일방의 주소가 있을 때에는 그 가정법원
   다. 위 가. 나.항에 해당되지 아니한 경우에는 상대방 주소지의 관할 가정법원
   라. 부부의 일방이 사망한 경우에는 생존한 타방의 보통재판적소재지의 가정법원

마. 부부의 쌍방이 모두 사망한 경우에는 부부 중 일방의 최후의 주소지의 가정법원에 제출한다.

4. 이혼취소는 사기 또는 강박에 의하여 이혼의 의사표시를 한 자가 사기를 안 날 또는 강박을 면한 날로부터 3월 이내에 이혼취소청구의 소를 제기하여야 한다.
5. 이혼취소의 소는 조정전치주의 적용을 받는다. 그러나 이혼취소의 소의 소송물에 관하여 임의처분이 허용되지 않는다고 해석되므로 조정은 소송물 그 자체에 관한 것이 아니라 예컨대, 당사자가 소를 취하여야 이혼의 효력을 유지하기로 한다거나 반대로 이미 이혼이 유효하게 성립된 것과 같이 간접적으로 우회적인 조정이어야 한다.

   이혼무효 청구가 선택적으로 병합되거나 이혼취소의 청구가 인용될 것을 전제로 하여 부부간의 동거·부양·협조·생활비용의 분담에 관한 처분의 청구를 병합하는 것을 들 수 있다.

㊟ 이혼의 취소

사기나 강박으로 이혼의 의사표시를 한 때에는 당사자가 스스로 속은 것을 안 날 또는 강박을 면한 날로부터 3개월 이내에 이혼취소청구를 할 수 있다(민법 838조, 839조), 상대방이 사기나 강박을 한 경우는 물론, 제3자가 사기나 강박을 한 경우에도 이혼취소청구가 가능하다(예 : 협의이혼을 할 생각이 전혀 없었는데 남편의 강박으로 법원으로부터 협의이혼의사확인을 받았고 이에 따라 이혼신고가 된 경우)

[서식 75] 이혼취소 청구의 소장(피고의 기만으로 인한 협의이혼)

소 장

원 고 안 ○ 영 (000000-0000000) (전화 :)
등록기준지 ○○시 ○○구 ○○로 ○○
주 소 ○○시 ○○구 ○○로 ○○ (우편번호 : 00000)

피 고 송 ○ 수 (000000-0000000) (전화 :)
등록기준지 ○○시 ○○구 ○○로 ○○
주 소 ○○시 ○○구 ○○로 ○○ (우편번호 : 00000)

이혼취소 청구의 소

청 구 취 지

1. 원고와 피고 사이에 20○○. ○. ○. 서울 ○○구청장에게 신고하여 한 이혼은 이를

취소한다.
2. 소송비용은 피고가 부담한다.
라는 판결을 구합니다.

청 구 원 인

1. 원고는 20○○. ○.경 우연히 피고를 알게 되어 약 3년 동안 사귀다가 첫 아이를 낳게 되었고, 원고와 피고는 20○○. ○. ○. 결혼식을 올리고 20○○. ○. ○. 혼인신고를 마쳤으며, 슬하에 자녀인 ○○○(20○○. ○. ○.생)과 ○○○(20○○. ○. ○.생)을 두고 있었으나 원고와 피고 사이에 20○○. ○. ○. 서울 ○○구청장에게 신고하여 이혼한 것으로 가족관계등록부상 기재되어 있어 현재 위 두 아이들의 친권행사자는 원고입니다.

2. 피고는 ○○사업을 하는 둘째 형님의 회사에 근무하였고, 사업체가 지방이라는 핑계로 일주일에 한번 꼴로 집에 오는 주말부부로 지냈으며, 사업차 중국에 자주 간다고 하여 집에 오는 횟수도 점차 줄어 한 달에 한번 오는 등 가족과 함께 하는 시간들이 적었습니다. 그 후 피고는 전라북도에 공장을 지어 운영한다고 하였고, 원고는 피고가 운영한다는 회사 이름이나 전화번호, 위치 등도 전혀 모르고 살았으며 한번 물어 보면 "여자가 알아서 뭐하느냐, 집안 살림이나 잘하면 되지"라고 그냥 넘어가 원고는 아무 대꾸도 하지 않고 아이들을 잘 키우며 피고를 철두철미하게 믿었고, 따라서 원고뿐만 아니라 두 아이들도 피고의 핸드폰 번호만 알고 있었고 회사 전화번호도 전혀 모르고 공장을 운영한다고만 알고 살아왔습니다.

3. 피고는 20○○. ○.경 오지도 않던 집에 아이들이 학교에 간 틈을 타 갑자기 찾아와 "공장이 잘 되지 않고, 형님도 사업이 잘 되지 않아 몇 억의 빚을 졌다. 채권자들이 곧이어 집에 닥칠 것이다. 그러면 살고 있는 아파트도 온전하지 못한다. 따라서 협의이혼을 하여 빨리 부동산을 당신 앞으로 해야 한다. 나중에 정리되면 다시 합치자."라고 하여 당시 원고는 너무 당황하여 누구에게도 상의할 사람도 없었으며, 또한 피고는 형님들이나 가족 및 아이들에게도 비밀로 해 달라는 신신당부를 하여 어떻게 대처할지 전혀 알 수 없었습니다. 따라서 혼자 많은 생각을 하였으나 결국 피고 말이 사실이라면 두 아이들을 키울 생각을 하여 피고 말을 들을 수 밖에 없는 상황이었고, 피고가 얼마나 채권자들에게 시달리면 가족을 위해 이혼까지 하려고 한다는 피고의 희생에 감동하여 추후 잘되면 다시 합친다는 사실을 굳게 믿고 20○○. ○. ○. 서울 ○○구 ○○동 ○○아파트 ○○○동 ○○○호의 소유권은 두 아이들과 원고를 위해 원고에게 이전하고 양육비는 매월 ○일자 ○○○원씩 지급하기로 하고 피고는 매월 2회

자녀 접견권을 보장받는다는 합의각서를 받았고, 원고와 피고는 20○○. ○. ○. 15:00경 ○○가정법원에 협의이혼의사확인을 받았고, 피고가 ○○시 ○○구청에 위와 같은 이혼신고를 하였습니다.

4. 원고와 피고는 협의이혼을 한 후 원고가 아이들을 데리고 그대로 살던 집에서 살았으며, 피고는 채권자들에게 쫓기고 있다며 아이들을 보러 올 때면 집에 들어오지 않고 아이들만 불러내어 만나고 가곤하여 아무런 의심이 없었고 빨리 빚 정리가 되면 다시 합치자고 하여 두 아이들만 열심히 키우고 살았습니다.
   그런데 20○○. ○. ○.자 원고가 두 아이들의 장래를 위해 적금을 가입하려고 은행에 찾아갔으나 두 아이들의 모(母)라는 사실을 입증하라고 하여 서류상 협의이혼하였으므로 어떻게 할지 몰라 동사무소에 물어본 바, 피고의 가족관계증명서를 발급 받아 보았으나 피고가 20○○. ○. ○. ○○○○이라는 중국여성과 혼인신고가 되어 있다는 사실을 알게 되었습니다.

5. 그동안 의심하지 않았던 일들을 하나씩 생각해 보면, 원고와 피고는 법률상 부부였지만 20○○부터 피고는 직장 일을 핑계대고 집에 들어오는 횟수가 적었고, 또한 부부관계도 전혀 맺지 않았으며, 피고가 무엇을 하는지 원고와 두 아이들도 전혀 몰랐던 점, 협의이혼 후에도 빚이 있다면 그 상태에서 피고 명의의 부동산을 원고 앞으로 소유권이전등기를 한다고 하여도 채권자들의 사해행위취소 소송으로 그 부동산이 온전하지 못할 텐데 채권자 한 명도 집에 찾아 온 사실이 없었고 부동산도 그대로 있었다는 점(이 사실은 법률적 조언을 받아서 알게 됨) 등의 사실에 관하여 이제야 그 원인을 알 수 있었습니다. 피고는 협의이혼을 하기 전 오래 전부터 중국을 드나들며 중국 여성을 알게 되었고, 결국 그 중국여성과 혼인을 하려면 원고와 이혼을 하여야 할 수 있음으로 혼인을 계속할 의사가 없음에도 불구하고 빚 때문에 가족을 위해서 협의이혼을 하여야 한다는 당위성으로 원고를 설득하고 추후 빚이 정리될 때를 지켜보아 마치 혼인생활을 계속할 것처럼 원고를 기만하였으며 이에 속은 원고는 협의이혼을 하게 되었고, 피고는 사전에 준비한 소외 ○○○○와의 혼인관련 서류를 준비사하여 원고와 협의이혼 한 때로부터 불과 15일 만에 혼인신고를 마쳤다는 것입니다.

6. 이와 같이 피고는 빚 때문에 가족을 위해 협의이혼을 하여야 한다고 하였고, 채권자들의 태도 변화를 지켜보아 혼인생활을 계속할 것처럼 원고를 기망하였고, 원고는 이에 속아 피고와의 혼인생활을 계속할 목적으로 20○○. ○. ○.자 피고로부터 각서를 교부받고 위와 같은 협의이혼을 하였습니다. 협의이혼에 이르게 된 경위와 제반사정에 비추어, 원고가 남편의 기망에 속아 이혼의 의사표시를 한 때에 해당하므로 이 사건 청구에 이르게 된 것입니다.

입 증 방 법

1. 갑 제1호증 가족관계증명서
1. 갑 제2호증 기본증명서
1. 갑 제3호증 각서 사본

첨 부 서 류

1. 위 입증서류 1통
1. 주민등록초본 2통
1. 소장부본 1통

20○○. ○. ○.

위 원고 안 ○ 영 (인)

○○ 가정법원 귀중

접수방법 및 유의사항

1. 수입인지 : 20,000원의 인지를 납부한다.
2. 송달료 : 당사자수 × 4,800원(우편료) × 12회분을 납부한다.
3. 관할 : 이혼취소의 소는 부부생활의 실태와 사건의 유형에 따라 토지관할을 달리한다.
   가. 부부가 같은 관할구역 내에 주소가 있을 때에는 그 가정법원
   나. 부부가 최후의 공통의 주소지를 가졌던 가정법원의 관할구역 내에 부부 중 일방의 주소가 있을 때에는 그 가정법원
   다. 위 가. 나.항에 해당되지 아니한 경우에는 상대방 주소지의 관할 가정법원
   라. 부부의 일방이 사망한 경우에는 생존한 타방의 보통재판적소재지의 가정법원
   마. 부부의 쌍방이 모두 사망한 경우에는 부부 중 일방의 최후의 주소지의 가정법원에 제출한다.
4. 이혼취소는 사기 또는 강박에 의하여 이혼의 의사표시를 한 자가 사기를 안 날 또는 강박을 면한 날로부터 3월 이내에 이혼취소청구의 소를 제기하여야 한다.
5. 이혼취소의 소는 조정전치주의 적용을 받는다. 그러나 이혼취소의 소의 소송물에 관하여 임의처분이 허용되지 않는다고 해석되므로 조정은 소송물 그 자체에 관한 것이 아니라 예컨대, 당사자가 소를 취하여야 이혼의 효력을 유지하기로 한다거나 반대로 이미 이혼이 유효하게 성립된 것과 같이 간접적으로 우회적인 조정이어야 한다.

이혼무효 청구가 선택적으로 병합되거나 이혼취소의 청구가 인용될 것을 전제로 하여 부부간의 동거·부양·협조·생활비용의 분담에 관한 처분의 청구를 병합하는 것을 들 수 있다.

주 이혼의 취소

사기나 강박으로 이혼의 의사표시를 한 때에는 당사자가 스스로 속은 것을 안 날 또는 강박을 면한 날로부터 3개월 이내에 이혼취소청구를 할 수 있다(민법 838조, 839조), 상대방이 사기나 강박을 한 경우는 물론, 제3자가 사기나 강박을 한 경우에도 이혼취소청구가 가능하다(예 : 협의이혼을 할 생각이 전혀 없었는데 남편의 강박으로 법원으로부터 협의이혼의사확인을 받았고 이에 따라 이혼신고가 된 경우)

6. 아버지의 결정

가. 의 의

혼인 중의 포태 추정에 관하여 전혼 종료 후 추정기간은 300일이고 신혼 성립일부터의 추정기간은 200일이므로, 재혼한 여자가 전혼 종료 후 300일 이내이면서 재혼 성립 후 200일이 지난 뒤에 자녀를 출산하면, 그 자녀는 전혼부(前婚夫)와 후혼부(後婚夫) 등 두 사람 이상의 친생자로 추정되어 친생추정이 경합하는 경우가 생긴다. 이러한 경우에는 법원이 그 아버지로 추정받는 사람들 중 누구의 친생자로 할지를 정하여 주게 되는데 이것이 아버지를 정하는 소이다.

또한 여자가 중혼 성립 후 200일이 지난 뒤에 자녀를 출산한 경우에는 자녀는 그 여자의 각각의 부(夫)의 친생자로 추정될 수 있다. 명문의 규정은 없으나 이 경우에도 당사자는 아버지를 정하는 소를 제기할 수 있다.

나. 당 사 자

(1) 원 고

자녀, 어머니, 어머니의 배우자 또는 어머니의 전 배우자가 이를 제기할 수 있다(가소 27조 1항). 전 배우자란 친생추정을 받는 전혼의 배우자를 말한다.

(2) 피 고

① 자녀가 소를 제기하는 경우에는 어머니, 어머니의 배우자 및 어머니의 전 배우자

② 어머니가 원고인 때에는 그의 배우자 및 전 배우자

③ 어머니의 배우자가 소를 제기하는 경우에는 어머니 및 어머니의 전 배우자
④ 어머니의 전 배우자가 소를 제기하는 경우에는 어머니 및 어머니의 배우자를 상대방으로 한다, 어느 경우에나 피고가 복수로 규정되어 있으므로, 그들은 필수적 공동소송관계에 있다.
⑤ 피고가 될 사람 중 일부가 사망한 때에는 생존자가, 모두 사망한 때에는 검사가 피고가 된(가소 27조 4항).

다. 관 할

아버지를 정하는 소는 자녀의 보통재판적이 있는 곳의 가정법원의 전속관할에 속하고, 자녀가 사망한 경우에는 자녀의 마지막 주소지의 가정법원의 전속관할에 속한다(가소 26조 1항).

라. 심 리

(1) 아버지를 정하는 소는 나류 가사소송사건이므로 조정전치주의의 적용을 받기는 하지만(가소 50조), 성질상 아버지를 정하는 소의 소송물에 대해 당사자의 임의처분이 허용되지 않기 때문에(가소 50조) 조정의 성립만으로 아버지를 정하는 효력이 발생하지 않으므로 큰 의미는 없다.
(2) 미성년자인 자가 소를 제기하는 경우에는 그 법정대리인인 어머니가, 어머니의 배우자 및 전 배우자가 모두 피고로 되어야 하므로 민사소송법 제58조에 의한 특별대리인을 선임하여야 한다.
(3) 가정법원은 아버지를 정하는 소의 심리를 함에 있어 당사자 또는 관계인 사이의 혈족관계의 존부에 관하여 다른 증거조사에 의하여 심증을 얻지 못한 때에는 검사의 받을 자의 인격의 존엄을 해치지 아니하는 범위 내에서 당사자 또는 관계인에게 혈액채취에 의한 혈액형의 검사 등 유전인자의 검사, 기타 상당하다고 인정되는 방법에 의한 검사를 받을 것을 명할 수 있다(가소 29조).

마. 청구취지 기재례

(1) 자녀가 소를 제기한 경우

1. 피고 ○○○를 원고의 아버지로 정한다. 2. 소송비용은 피고들이 부담한다.

(2) 어머니 또는 그 배우자나 전 배우자가 소를 제기하여 상대방 중의 1인이 아버지로 결정되는 경우

1. 피고 ○○○를 사건본인 ○○○(20○○. ○. ○.생)의 아버지로 정한다. 2. 소송비용은 피고들이 부담한다.

(3) 소를 제기한 어머니의 배우자 또는 전 배우자가 아버지로 결정되는 경우

1. 원고를 사건본인 ○○○(20○○. ○. ○.생)의 아버지로 정한다. 2. 소송비용은 피고들이 부담한다.

(4) 어머니의 배우자 또는 전 배우자 중 일방이 사망하여 생존자를 상대방으로 한 소송에서 그 사망자를 아버지로 정하는 경우

1. 소외 망○○○를 사건본인 ○○○(20○○. ○. ○.생)의 아버지로 정한다. 2. 소송비용은 피고(들)이 부담한다.

(5) 검사를 상대방으로 한 경우

1. 소외 망 ○○○를 사건본인 ○○○(20○○. ○. ○.생)의 아버지로 정한다. 2. 소송비용은 국고가 부담한다.

(6) 피고 모두가 아버지가 아닌 경우

1. 피고 ○○○와 피고 ○○○는 모두 사건본인 ○○○의 아버지가 아님을 확인한다. 2. 소송비용은 피고가 부담한다.

[서식 76] 아버지 결정 청구의 소장(1)

소 장

원 고 김 ○ 길 (000000-0000000) (전화 :)
등록기준지 : ○○시 ○○구 ○○로 ○○
주 소 : ○○시 ○○구 ○○로 ○○ (우편번호 : 00000)

피 고 1. 김 ○ 자 (모) (전화 :)
주민등록번호 : 000000-0000000
등록기준지 및 주소 : 원고와 같음

2. 강 ○ 일 (모의 배우자) (전화 :)
주민등록번호 : 000000-0000000
등록기준지 및 주소 : 원고와 같음

3. 이 ○ 호 (모의 전배우자) (전화 :)
주민등록번호 : 000000-0000000
등록기준지 : ○○시 ○○구 ○○로 ○○
주 소 : ○○시 ○○구 ○○로 ○○ (우편번호 : 00000)

아버지 결정 청구의 소

청 구 취 지

1. 원고와 이○호를 원고의 아버지로 정한다.
2. 소송비용은 피고들이 부담한다.

라는 판결을 구합니다.

청 구 원 인

1. 원고의 생모인 피고 김○자는 20○○. 4. 5.경 피고 이○호와 동거를 하다가 20○○. 9.경 중순경 헤어진 후 같은 해 11. 25. 피고 강○일과 결혼하였으나 7개월 후인 그 이듬 해 6. 23. 원고를 임신 10개월 만에 정상 출산하였다고 합니다.
2. 그런데 피고 강○일은 원고가 자기의 소생자가 아니라는 이유로 출생신고를 거부하고

원고의 생모와 별거하여 원고는 부득이 모의 성에 따라 부 미정이라 하여 출생신고를 하게 되었다고 합니다.

3. 그렇다면 피고 이○호는 원고의 부임이 역수상 명백하고 이러한 사실은 원고의 출생 당시 진료기록에도 명백히 나타나 있고(위 진료기록은 나중에 만약의 일을 위해 원고의 생모가 병원으로부터 원본을 미리 입수하여 놓은 것임) 그 당시 주치의 의사도 현재 생존하고 있어 입증이 가능하므로 원고는 부득이 청구취지와 같은 판결을 구하고자 본 소 청구에 이른 것입니다.

입 증 방 법

1. 갑 제1호증	가족관계증명서
1. 갑 제2호증	출생증명서
1. 갑 제3호증	진료카드 사본

첨 부 서 류

1. 위 입증서류	각 1통
1. 주민등록초본	4통
1. 소장부본	3통

20○○. ○. ○.

위 원고 김 ○ 길 (인)

○○ 가정법원 귀중

접수방법 및 유의사항

1. 당사자 : 소의 제기권자는 자(子), 모의 현배우자, 모의 전배우자이다(가소 27조 1항). 전배우자는 친생추정을 받은 전혼의 배우자를 말한다. 상대방은 ① 자가 소를 제기한 경우 상대방은 모, 모의 현배우자, 모의 전배우자, ② 모가 소를 제기한 경우 상대방은 현배우자 및 전배우자, ③ 모의 현배우자가 소를 제기한 경우 상대방은 모 및 전배우자, ④ 모의 전배우자가 소를 제기한 경우 상대방은 모 및 모의 현배우자, ⑤ 상대방이 될 자 중에서 사망한 자가 있는 때에는 생존자를 상대방으로 하고, 생존자가 없을 때에는 그 사망을 안 날로부터 1년 내에 검사를 상대방으로 할 수 있다.
2. 수입인지 : 20,000원의 인지를 납부한다.

3. 송달료 : 당사자수 × 4,800원(우편료) × 12회분을 납부한다.
4. 관할법원 : 자(子)의 주소지를 관할하는 가정법원에 제출한다. 자가 사망한 때에는 그 최후의 주소지의 관할 가정법원에 제출한다.
5. 부를 정하는 소는 조정전치주의 적용을 받는다. 그러나 부를 정하는 소는 소송물에 관하여는 당사자의 임의처분이 허용되지 않으므로 조정은 당사자의 주변 환경의 조정에 집중되게 한다.

㊟ 이중으로 친생자추정이 되는 경우

처가 혼인 중에 포태한 자는 부의 자로 추정하고, 혼인성립의 날로부터 2백일 후 또는 혼인관계 종료의 날로부터 3백일 내에 출생한 자는 혼인 중에 포태한 것으로 추정한다(민법 844조). 그러므로 재혼한 여자가 전혼 종료일부터 300일 이내, 후혼 성립일부터 200일 이후에 아이를 출산한 경우 그 아이는 전혼부의 친생자로 추정되는 동시에 후혼부의 친생자로도 추정된다. 위와 같이 이중으로 친생자추정을 받아 자가 누구의 친생자인지 알 수 없는 경우에는 법원에 부를 정하는 소를 제기하여 부를 확정할 수 있다(민법 845조). 자가 원고가 되는 경우에는 모, 모의 전·현 배우자를 공동피고로 하여야 하고, 모가 원고가 될 경우에는 전·현 배우자를 피고로 삼아야 한다. 모의 배우자가 원고가 될 때는 모 및 그 전배우자, 모의 전배우자가 원고가 될 때는 모 및 그 현 배우자가 피고가 되어야 한다.

상대방으로 될 자 중에 사망한 자가 있을 때는 생존자를 상대방으로 하고 생존자가 없을 대는 검사를 상대방으로 한다.

부를 정하는 소는 판결이 확정되면 원고는 판결확정일로부터 1개월 안에 가족관계등록정정을 신청하여야 한다.

[서식 77] 아버지 결정 청구의 소장(2)

소 장

원 고 홍 ○ 동 (000000-0000000) (전화 :)
등록기준지 : ○○시 ○○구 ○○로 ○○
주 소 : ○○시 ○○구 ○○로 ○○ (우편번호 : 00000)

피 고 1. 김 ○ 자 (000000-0000000)
등록기준지 : ○○시 ○○구 ○○로 ○○
주 소 : ○○시 ○○구 ○○로 ○○ (우편번호 : 00000)

2. 이 ○ 석 (000000-0000000)

등록기준지 : ○○시 ○○구 ○○로 ○○
주　　소 : ○○시 ○○구 ○○로 ○○ (우편번호 : 00000)

3. 홍 ○ 자 (000000-0000000)
등록기준지 및 주소 : 원고와 같음

아버지 결정 청구의 소

청 구 취 지

1. 원고와 이○석을 원고의 아버지로 정한다.
2. 소송비용은 피고들이 부담한다.

라는 판결을 구합니다.

청 구 원 인

1. 피고 이○석은 슈퍼마켓 종업원으로 근무하던 중 같은 건물에서 꽃가게를 운영하고 있던 피고 김○자를 알게 되어 20○○. 10. 29. 결혼식을 거행하고, 같은 해 11. 15. 혼인신고를 마치고 같은 해 4. 20. 협의이혼을 하였습니다.

2. 피고 이○석은 고등학교 3학년에 재학 중이던 20○○년부터 피고 홍○자를 알게 되어 20○○년까지 교제를 하였고, 피고 이○석이가 같은 김○자와 혼인한 것을 알게된 피고 홍○자의 요청으로 원고와 피고 홍○자는 20○○. 1.경 다시 만나기 시작하여 20○○. 6.경 성관계를 갖게 되었고, 피고 홍○자는 20○○. 5. 20.경 아들인 원고를 출산하였습니다.

3. 그러나 피고 이○석은 원고가 지기의 소생자가 아니하는 이유로 출생신고를 거부하여 부득이 생모인 홍○자가 모의 성에 따라 부 미정이라 하여 원고의 출생신고를 마친 것입니다.

4. 이와 같이 피고 이○석이 원고의 아버지임을 역수상 명백하고, 원고는 혈핵형 및 유전자형 감정을 한 결과 피고 이○석이가 아버지임을 밝혀졌습니다.

5. 그렇다면 피고 이○석이가 원고의 아버지이므로 청구취지와 같은 판결을 구하고자 본 소 청구에 이른 것입니다.

입 증 방 법

1. 갑 제1호증　　　　　　가족관계증명서

1. 갑 제2호증 기본증명서
1. 갑 제3호증 사실확인서

첨 부 서 류

1. 위 입증서류 각 1통
1. 주민등록초본 4통
1. 소장부본 3통

20○○. ○. ○.

위 원고 홍 ○ 동 (인)

○○ 가정법원 귀중

접수방법 및 유의사항

1. 당사자 : 소의 제기권자는 자(子), 모의 현배우자, 모의 전배우자이다(가소 27조 1항). 전배우자는 친생추정을 받은 전혼의 배우자를 말한다. 상대방은 ① 자가 소를 제기한 경우 상대방은 모, 모의 현배우자, 모의 전배우자, ② 모가 소를 제기한 경우 상대방은 현배우자 및 전배우자, ③ 모의 현배우자가 소를 제기한 경우 상대방은 모 및 전배우자, ④ 모의 전배우자가 소를 제기한 경우 상대방은 모 및 모의 현배우자, ⑤ 상대방이 될 자 중에서 사망한 자가 있는 때에는 생존자를 상대방으로 하고, 생존자가 없을 때에는 그 사망을 안 날로부터 1년 내에 검사를 상대방으로 할 수 있다.
2. 수입인지 : 20,000원의 인지를 납부한다.
3. 송달료 : 당사자수×4,800원(우편료)×12회분을 납부한다.
4. 관할법원 : 자(子)의 주소지를 관할하는 가정법원에 제출한다. 자가 사망한 때에는 그 최후의 주소지의 관할 가정법원에 제출한다.
5. 부를 정하는 소는 조정전치주의 적용을 받는다. 그러나 부를 정하는 소는 소송물에 관하여는 당사자의 임의처분이 허용되지 않으므로 조정은 당사자의 주변 환경의 조정에 집중되게 한다.

㊟ 이중으로 친생자추정이 되는 경우

처가 혼인 중에 포태한 자는 부의 자로 추정하고, 혼인성립의 날로부터 2백일 후 또는 혼인관계 종료의 날로부터 3백일 내에 출생한 자는 혼인 중에 포태한 것으로 추정한다(민법 844조). 그러므로 재혼한 여자가 전혼 종료일부터 300일 이내, 후혼 성립일부터 200일 이후에 아이를 출산한 경우 그 아이는 전혼부의 친생자로 추정되는 동시에 후혼부의 친생자로도 추정된다.

위와 같이 이중으로 친생자추정을 받아 자가 누구의 친생자인지 알 수 없는 경우에는 법원에 부를 정하는 소를 제기하여 부를 확정할 수 있다(민법 845조). 자가 원고가 되는 경우에는 모, 모의 전·현 배우자를 공동피고로 하여야 하고, 모가 원고가 될 경우에는 전·현 배우자를 피고로 삼아야 한다. 모의 배우자가 원고가 될 때는 모 및 그 전배우자, 모의 전배우자가 원고가 될 때는 모 및 그 현 배우자가 피고가 되어야 한다.

상대방으로 될 자 중에 사망한 자가 있을 때는 생존자를 상대방으로 하고 생존자가 없을 대는 검사를 상대방으로 한다.

부를 정하는 소는 판결이 확정되면 원고는 판결확정일로부터 1개월 안에 가족관계등록정정을 신청하여야 한다.

[서식 78] 수검명령신청

수 검 명 령 신 청

사　건　　20○○드단 1234　아버지의 결정
원　고　　홍　○　동
피　고　　김　○　자 외 2명

위 사건에 관하여 원고와 이○석과의 사이에 혈족관계의 존부확정을 위하여 아래와 같이 검사를 실시할 수 있도록 아래의 검사일시 및 장소를 지정하여 주시기 바랍니다.

1. 검사의 일시 및 장소 :

2. 검 사 방 법 :

3. 검　사　자 :

20○○. ○. ○.

위 신청인 원고　홍　○　동 (인)

7. 친생부인

가. 의 의

혼인 중에 처가 포태한 자녀로서 부(夫)의 친생자로 추정되는 자가 실제로는 친생자가 아닌 경우 부 또는 처가 소송에 의하여 그 친생추정을 번복하여 법률상 부자관계를 부정하는 것이다. 이는 친생추정에 의하여 성립한 부자관계를 소급적으로 소멸시키는 효과를 발생시키는 형성소송이다.

친생추정을 받는 자에 대하여는 친생부인의 소에 의하지 아니하고 친생자관계부존재확인의 소를 제기하는 것은 부적법하다. 그러나 부적법한 청구일지라도 법원이 그 잘못을 간과하고 청구를 받아들여 친생자관계가 존재하지 않는다는 확인의 판결을 선고하고 그 판결이 확정된 이상 위 확정판결의 기판력은 제3자에게도 미치므로 친생추정이 깨어지는 결과가 된다.

나. 당 사 자

(1) 친생추정의 효과를 받은 부부의 한쪽이 원고적격을 가진다. 여기에서 부부의 일방은 민법 제844조의 경우에 해당하는 부부의 일방, 즉 민법 제844조 제1항에서의 부와 자를 혼인 중에 포태한 처를 가리키고, 이 경우의 처는 자의 생모를 의미하여, 민법 제847조 제1항에서의 처도 민법 제846조에 규정된 부부의 일방으로서의 처를 의미하므로 결국 친생부인의 소를 제기할 수 있는 처는 자의 생모를 의미한다.

다만 남편이나 아내가 피성년후견인인 경우에는 그의 성년후견인이 성년후견감독인 또는 가정법원의 동의를 받아(민법 848조 1항), 남편이나 아내가 유언으로 친생부인의 의사표시를 한 때에는 유언집행자가(민법 850조), 남편이 자녀의 출생 전에 사망하거나 남편 또는 아내가 제척기간 내에 사망한 때에는 남편 또는 처의 직계존속이자 직계비속이(민법 851조) 각 친생부인의 소를 제기할 수 있다.

(2) 상대방은 부부의 다른 한쪽 또는 자녀이고, 위 상대방이 될 사람이 모두 사망한 때에는 검사이다(민법 847조). 또 자녀가 사망한 후에도 그 자녀들에게 직계비속이 있는 경우 상대방은 그 자의 직계비속이 아니라 그 어머니를 상대로, 어머니가 없으면 검사를 상대로 소를 제기할 수 있다(민법 849조).

(3) 이와 같이 아버지 또는 어머니가 사망하여 없을 때에는 자녀를 상대로 하여야 하지만 자녀가 미성년자인 경우에는 법원이 특별대리인을 선임하여야 한다.

다. 관 할

자녀의 보통재판적이 있는 곳의 가정법원의 전속관할에 속하고, 자녀가 사망한 경우에는 자녀의 마지막 주소지의 가정법원의 전속관할로 한다(가소 26조 1항).

라. 제척기간

(1) 부부의 한쪽이 소를 제기하는 경우에는 그 사유가 있음을 안 날로부터 2년이고, 상대방이 모두 사망하여 검사를 상대로 하는 경우에는 그 사망을 안 날로부터 2년이다(민법 847조). 피성년후견인의 친생부인, 자녀 사망 후의 친생부인, 유언에 의한 친생부인의 경우에도 민법 제847조 제2항이 유추적용된다. 남편이나 아내가 피성년후견인인 경우 성년후견인이 친생부인의 소를 제기하지 아니하는 경우에는 피성년후견인은 성년후견 종료의 심판이 있은 날부터 2년 안에 소를 제기할 수 있다(민법 848조 2항). 민법 제851조에 따라 남편 또는 처의 직계존속이나 직계비속이 소를 제기 할 때에는 그 사망을 안 날부터 2년 내에 하여야 한다.

(2) 자녀가 출생 후에 친생자임을 승인한 자는 다시 친생부인의 소를 제기하지 못한다. 다만 그 승인이 사기 또는 강박으로 인한 것인 때에는 이를 취소할 수 있다(민법 852조, 854조). 아버지를 정하는 소에서 아버지를 정한 판결이 확정된 때에는 친생부인의 소를 제기할 수 없다.

[서식 79] 친생부인 청구의 소장(1)

소 장

원 고 박 ○ 운 (000000-0000000) (전화 :)
등록기준지 : ○○시 ○○구 ○○로 ○○
주 소 : ○○시 ○○구 ○○로 ○○ (우편번호 : 00000)

피 고 박 ○ 숙 (000000-0000000) (전화 :)
등록기준지 : 원고와 같음
주 소 : ○○시 ○○구 ○○로 ○○ (우편번호 : 00000)
법정대리인 친권자 모 윤○자

등록기준지 및 주소 : 원고와 같음

친생부인 청구의 소

청 구 취 지

1. 피고는 원고의 친생자가 아님을 확인한다.
2. 소송비용은 피고가 부담한다.

라는 판결을 구합니다.

청 구 원 인

1. 원고와 피고의 모인 윤○자는 20○○. 3. 10. 서울 강남구 역삼로 소재 희망예식장에서 결혼식을 올리고 같은 해 3. 20. 혼인신고까지 하였으나 원고는 경제적인 사정 등으로 당분간 아기를 출산하지 않으려고 피임방법을 취하였습니다.
   그런데 위 윤○자가 임신을 하여 20○○. 4. 21. 서울 강남구 ○○종합병원에서 피고를 출산하여 출생신고까지 하였습니다.
   원고는 그동안 이상하게 생각하고 있던 중 20○○. 11. 28. 위 윤○자는 피고를 데리고 집을 나가 버렸습니다.
2. 원고는 처인 윤○자를 찾기 위하여 수소문 끝에 친정부모를 통해 서울 동대문구 제기로 소재 모 다방에서 윤○자를 만나 가출한 이유를 물었더니 동인이 ○○대학교 시절의 친구인 소외 신○철과 20○○. 10.경부터 정을 통하여 왔다고 고백하여 그 결과를 알게 되었습니다.
3. 그와 같은 이유로 피고는 원고의 친생자가 아님이 명백하므로 청구취지와 같은 판결을 구하고자 본 소 청구에 이른 것입니다.

입 증 방 법

1. 갑 제1호증	가족관계증명서
1. 갑 제2호증	기본증명서
1. 갑 제3호증	자인서

첨 부 서 류

1. 위 입증서류	각 1통

1. 주민등록초본 2통
1. 소장부본 1통

20○○. ○. ○.

위 원고 박 ○ 운 (인)

○○ 가정법원 귀중

접수방법 및 유의사항

1. 수입인지 : 20,000원의 인지를 납부한다. 수개의 가사소송청구(가, 나, 다류사건) 또는 가사소송청구(가, 나, 다류사건)와 가사비송청구(라, 마류사건)를 병합 청구하는 경우에는 수개의 청구 중 다액인 수수료에 의한다.
2. 송달료 : 당사자수×4,800원(우편료)×12회분을 납부한다.
3. 관할법원 : 자의 주소지를 관할하는 가정법원에 제출한다. 자가 사망한 때에는 그 최후의 주소지의 관할 가정법원에 제출한다.
4. 친생부인의 소의 소송물은 임의처분은 허용되지 아니하므로, 조정은 인간관계의 조정을 중심으로 한 간접적이고 우회적인 것이어야 한다.
5. 친생부인의 소는 부 또는 처가 다른 일방 또는 자를 상대로 하여 그 사유를 안 날부터 2년 내에 제기하여야 한다.

주 **1. 배우자의 혼인 외의 자가 가족관계등록부에 친생자로 기록되어 있는 경우**

혼인중의 자로 추정되는 자녀에 대한 친생부인은 반드시 소로써 하여야 한다. 친생자임은 부인할 대상인 자녀가 친생자로 추정되고 있음을 그 전제로 하므로 혼인성립의 날로부터 200일 뒤에 태어난 아이이거나 혼인해소의 날로부터 300일 안에 태어난 아이가 아니면 안된다(민법 844조).

다만, 혼인성립의 날로부터 200일 뒤에 태어나거나 혼인해소의 날로부터 300일 안에 태어난 자녀라 하더라도 남편이 수감 중이거나 외국에 체류 중이라든지 그 아이가 부부 사이에 태어난 아이가 아님이 명백한 경우에는 친생부인의 소를 제기할 필요 없이 친생자관계부존재 확인의 소를 제기할 수 있다.

친생부인의 소는 부 또는 처가 다른 일방 또는 자녀를 상대로 하여 친생자 관계가 존재하지 않음을 안 날로부터 2년 내에 제기하여야 한다(민법 847조). 친생부인의 판결이 확인되면 원고는 그 확정일로부터 1개월 안에 가족관계등록정정신청을 하여야 한다.

2. 친생부인의 소의 제소기간 연장 등

친생부인의 소의 제소권자를 부(夫)뿐만 아니라 처(妻)까지 확대하고, 제소기간도 친생부인의 사유를 안날부터 2년 내로 연장하는 등 친생부인제도를 합리적으로 개선하였다(민법 846조, 847조, 2005. 3. 31.부터 시행).

[서식 80] 친생부인 청구의 소장(2)

소 장

원 고 박 ○ 규 (000000-0000000) (전화 :)
등록기준지 : ○○시 ○○구 ○○로 ○○
주 소 : ○○시 ○○구 ○○로 ○○ (우편번호 : 00000)

피 고 박 ○ 수 (000000-0000000) (전화 :)
등록기준지 : 원고와 같음
주 소 : ○○시 ○○구 ○○로 ○○ (우편번호 : 00000)
위 피고는 미성년자이므로
법정대리인 친권자 모 정○자
등록기준지 및 주소 : 원고와 같음

친생부인 청구의 소

청 구 취 지

1. 피고는 원고의 친생자가 아님을 확인한다.
2. 소송비용은 피고가 부담한다.
라는 판결을 구합니다.

청 구 원 인

1. 원고와 피고의 생모인 ○○○은 20○○. ○. ○. 결혼하여 동거하다가 성격차이로 다음해인 20○○. ○. ○.경부터 별거 중에 있었습니다.

2. 원고와 별거 중인 피고의 생모는 피고를 잉태할 당시에는 소외 ○○○와 동거 중이었

으므로 청구취지와 같은 판결을 받고자 본 소 청구에 이르렀습니다.

입 증 방 법

1. 갑 제1호증 가족관계증명서
1. 갑 제2호증 기본증명서

첨 부 서 류

1. 위 입증서류 각 1통
1. 주민등록초본 2통
1. 소장부본 1통

20○○. ○. ○.

위 원고 박 ○ 규 (인)

○○ 가정법원 귀중

접수방법 및 유의사항

1. 수입인지 : 20,000원의 인지를 납부한다. 수개의 가사소송청구(가, 나, 다류사건) 또는 가사소송청구(가, 나, 다류사건)와 가사비송청구(라, 마류사건)를 병합 청구하는 경우에는 수개의 청구 중 다액인 수수료에 의한다.
2. 송달료 : 당사자수×4,800원(우편료)×12회분을 납부한다.
3. 관할법원 : 자의 주소지를 관할하는 가정법원에 제출한다. 자가 사망한 때에는 그 최후의 주소지의 관할 가정법원에 제출한다.
4. 친생부인의 소의 소송물은 임의처분은 허용되지 아니하므로, 조정은 인간관계의 조정을 중심으로 한 간접적이고 우회적인 것이어야 한다.
5. 친생부인의 소는 부 또는 처가 다른 일방 또는 자를 상대로 하여 그 사유를 안 날부터 2년 내에 제기하여야 한다.

주 1. **배우자의 혼인 외의 자가 가족관계등록부에 친생자로 기록되어 있는 경우**
혼인중의 자로 추정되는 자녀에 대한 친생부인은 반드시 소로써 하여야 한다. 친생자임은 부인할 대상인 자녀가 친생자로 추정되고 있음을 그 전제로 하므로 혼인성립의 날로부터 200일 뒤에 태어난 아이이거나 혼인해소의 날로부터 300일 안에 태어난 아이가 아니면

안된다(민법 844조).

다만, 혼인성립의 날로부터 200일 뒤에 태어나거나 혼인해소의 날로부터 300일 안에 태어난 자녀라 하더라도 남편이 수감 중이거나 외국에 체류 중이라든지 그 아이가 부부 사이에 태어난 아이가 아님이 명백한 경우에는 친생부인의 소를 제기할 필요 없이 친생자 관계부존재 확인의 소를 제기할 수 있다.

친생부인의 소는 부 또는 처가 다른 일방 또는 자녀를 상대로 하여 친생자 관계가 존재하지 않음을 안 날로부터 2년 내에 제기하여야 한다(민법 847조). 친생부인의 판결이 확인되면 원고는 그 확정일로부터 1개월 안에 가족관계등록정정신청을 하여야 한다.

2. 친생부인의 소의 제소기간 연장 등

친생부인의 소의 제소권자를 부(夫)뿐만 아니라 처(妻)까지 확대하고, 제소기간도 친생부인의 사유를 안날부터 2년 내로 연장하는 등 친생부인제도를 합리적으로 개선하였다(민법 846조, 847조, 2005. 3. 31.부터 시행).

[서식 81] 친자관계사건의 감정신청

혈액(또는 유전자) 감정신청

사 건 20○○드단 2345 인지(친생부인, 친자관계부존재확인등)
원 고 ○ ○ ○
피 고 ○ ○ ○

위 사건에 관하여 원고는 아래와 같이 유전자 감정을 신청하오니 이를 채택하여 주시기 바랍니다.

1. 검사의 목적 : 원고와 피고 사이의 혈연관계(친자관계) 존부확인
2. 감정의 목적 : 원고와 피고의 혈액을 채취하거나 기타 유전자를 비교 검사
3. 감정기관 : ○○대학교 의과대학

20○○. ○. ○.

위 신청인 원고 ○ ○ ○ (인)

○○ 가정법원 귀중

8. 인지의 취소

가. 의 의

한번 인지를 한 자는 그 인지를 취소할 수 없다. 그러나 사기, 강박 또는 중대한 착오로 인한 것임을 이유로 이를 취소하는 것을 말한다(민법 861조). 사기·강박 또는 중대한 착오로 인하여 인지를 한 때에는 사기나 착오를 안 날 또는 강박을 면한 날로부터 6월 내에 가정법원에 인지를 청구할 수 있다.

나. 당 사 자

원고는 인지의 의사표시를 한 자이고, 피고는 피인지자이다(가소 28조, 24조 1항), 피인지자가 사망한 때에는 검사를 상대방으로 한다(가소 24조 3항).

다. 관 할

자녀(피인지자의 보통재판적 소재지 가정법원, 자녀가 사망한 때에는 그 최후 주소지의 가정법원의 토지관할에 전속하고. 단독판사의 사물관할에 속한다.

라. 제척기간

인지의 취소는 사기나 착오를 안 날 또는 강박을 면한 날로부터 6월 내에 하여야 한다(민법 861조). 그러나 제척기간이 경과해도 무효사유가 있는 경우에는 인지무효의 소를 제기할 수 있다.

마. 청구취지 기재례

1. 피고가 20○○. ○. ○. ○○시 ○○구청장에게 신고하여 한 피고 김○○에 대한 인지는 이를 취소한다. 2. 소송비용은 피고가 부담한다.

1. 원고가 피고에 대한 인지(20○○. ○. ○. ○○시 ○○구청장 접수)는 이를 취소한다. 2. 소송비용은 피고가 부담한다.

1. 소외 망 정○○이 20○○. ○. ○. ○○시 ○○구청장에게 신고하여 한 피고 김○○에 대한 인지는 이를 취소한다.
2. 소송비용은 피고가 부담한다.

[서식 82] 인지취소의 소장

소 장

원 고 홍 ○ 희 (000000-0000000) (전화 :)
등록기준지 : 없음
주 소 : 없음
거 소 : ○○시 ○○구 ○○로 ○○ (우편번호 : 00000)
위 법정대리인 친권자 모 김○화 (000000-0000000)
등록기준지 : ○○시 ○○구 ○○로 ○○
주 소 : ○○시 ○○구 ○○로 ○○ (우편번호 : 00000)

피 고 신 ○ 봉 (000000-0000000) (전화 :)
등록기준지 : ○○시 ○○구 ○○로 ○○
주 소 : ○○시 ○○구 ○○로 ○○ (우편번호 : 00000)

인지취소 청구의 소

청 구 취 지

1. 피고가 20○. ○. ○. 서울 ○○구청장에게 신고하여 한 원고에 대한 인지는 이를 취소한다.
2. 소송비용은 피고가 부담한다.

라는 판결을 구합니다.

청 구 원 인

1. 원고의 생모 박○화는 서울시 서초구 서초로에서 경양식 음식점을 운영하면서 피고를 알게 되어 피고와 내연관계를 맺고 동거를 하였습니다.

2. 그러던 중 원고의 생모는 전남편과의 사이에서 원고를 출산하였으나 피고는 이러한 사실을 알고도 원고의 생모를 기망하여 원고를 피고의 친생자인 것처럼 하여 원고를 인지신고하여 피고의 가족관계등록부에 올렸던 것입니다.

3. 따라서 원고와 피고는 실제로 부자관계가 아니며 이에 피고가 임의로 한 인지신고 또한 취소되어야 할 것이므로 이 사건 청구에 이른 것입니다

입 증 방 법

1. 갑 제1호증 가족관계증명서

첨 부 서 류

1. 위 입증서류 각 1통
1. 주민등록등본 1통
1. 소장부본 1통

20○○. ○. ○.

위 원고 홍 ○ 희

○○ 가정법원 귀중

접수방법

1. 수입인지 : 20,000원의 인지를 납부한다.
2. 송달료 : 당사자수 × 4,800원(우편료) × 12회분을 납부한다.
3. 관할법원 : 자의 주소지로 한다. 자의 사망시 취후주소지로 한다.

9. 인지의 무효

가. 의 의

혼인 외의 자에 대하여 임의인지로 인하여 법률상 부모자관계가 형성된 것으로 가족관계등

록부에 기록되어 있으나 그 성립과정의 흠으로 인하여 그 효력이 발생하지 아니함을 확인하는 소송이다. 이는 확인의 소이므로 인지무효의 사유가 있는 경우 반드시 인지무효의 소로 주장하여야 하는 것은 아니고 누구나 어떤 방법으로든지 무효를 주장할 수 있다.

나. 당 사 자

(1) 당사자, 법정대리인 또는 4촌 이내의 친족은 언제든지 인지무효의 소를 제기할 수 있다(가소 28조, 23조). 이들은 그러한 신분관계에 의하여 당연히 확인의 이익이 인정된다는 취지이므로, 다른 사람도 확인의 이익이 있음을 스스로 입증하여 소를 제기할 수 있다. 인지자는 인지무효의 소를 제기할 수 있을 뿐이고, 인지자에 대한 이의의 소를 제기할 수 없으나, 자 기타 이해관계인은 두 가지 소를 선택적으로 제기할 수 있다.

(2) 인지자 또는 피인지자 중 어느 한쪽이 소를 제기할 때에는 다른 한쪽이 상대방이 되고, 제3자가 소를 제기할 때에는 인지자와 피인지자 모두를 상대방으로 하되, 그 중 한쪽이 사망한 때에는 생존한 다른 한쪽을 상대방으로 하며, 상대방이 될 사람이 모두 사망한 경우에는 검사를 상대방으로 한다(가소 28조, 24조).

다. 인지무효의 사유

(1) 인지자와 피인지자 사이에 친생자관계가 존재하지 않는 경우

(2) 인지신고가 부적법한 것, 즉 인지자의 의사에 기하지 아니한 인지신고가 있거나, 다른 국가 관서에 친생자로 출생신고한 경우

(3) 피인지자가 다른 사람의 친생자로 추정되는 데도 친생부인의 판결에 의하여 그 추정을 번복시키지 아니한 채 인지신고된 경우

(4) 인지자가 사망 전에 유언으로 인지한 경우를 제외하고 인지자 사망 후의 인지신고가 있는 경우 등이다.

라. 제소기간

인지에 무효원인이 있으면 그 인지는 당연무효이므로 인지무효의 소에는 제소기간의 제한이 없다.

[서식 83] 인지무효의 소장

소 장

원 고 한 ○ 희 (000000-0000000) (전화 :)
등록기준지 : ○○시 ○○구 ○○로 ○○
주 소 : ○○시 ○○구 ○○로 ○○ (우편번호 : 00000)
원고는 미성년자이므로
법정대리인 친권자 모 강○진 (000000-0000000)
등록기준지 및 주소 : 원고와 같음

피 고 한 ○ 운 (000000-0000000) (전화 :)
등록기준지 : ○○시 ○○구 ○○로 ○○
주 소 : ○○시 ○○구 ○○로 ○○ (우편번호 : 00000)

인지무효 청구의 소

청 구 취 지

1. 피고가 20○○. 3. 15. 대전시 중구청장에게 신고하여 한 원고에 대한 인지를 무효로 한다.
2. 소송비용은 피고가 부담한다.

라는 판결을 구합니다.

청 구 원 인

1. 원고는 원고의 생모인 소외 강○진과 소외 이○호와의 사이에 출생한 모의 혼인외 출생자인데 생부인 소외 이○호는 인지를 하지 아니하므로 생모인 친권자 위 강○진의 출생신고에 의하여 모의 성과 본을 따라 성명은 강○희로 하여 모의 가족관계등록부에 자로 등록된 자입니다.
2. 피고는 원고가 출생하고 나서 원고의 생모와 깊은 관계를 맺고 동거한 적이 있었으나, 두사람 사이에는 소생 자녀가 없었습니다.
3. 그런데 피고는 원고와 원고의 생모가 모르는 사이에 20○○. 4. 7. 원고의 본래 이름인 강○희의 성을 한○희로 정정하여 원고를 자신의 가족관계등록부에 자로 등록하였습니다.

4. 따라서 위 등록은 원고의 의사에 반한 피고의 일방적인 허위의 사실에 기한 인지이므로 원고는 부득이 민법 제862조에 의하여 청구취지와 같은 판결을 구하고자 본 소 청구에 이른 것입니다.

입 증 방 법

1. 갑 제1호증 가족관계증명서
1. 갑 제2호증 기본증명서

첨 부 서 류

1. 위 입증서류 1통
1. 주민등록초본 2통
1. 소장부본 1통

20○○. ○. ○.

위 원고 한 ○ 희
미성년자이므로 친권자
모 강 ○ 진 (인)

○○ 가정법원 귀중

접수방법

1. 수입인지 : 20,000원의 인지를 납부한다.
2. 송달료 : 당사자수×4,800원(우편료)×12회분을 납부한다.
3. 관할법원 : 피고(피고가 수인일 때에는 그 중 1인)의 주소지 관할법원 전속관할이다.

10. 인지청구

가. 의 의

인지청구는 가정법원의 확정판결에 의하여 혼인외의 자와 법률상의 부자 관계를 형성하거나 확인할 것을 구하는 소이다.

법률상의 부자관계에는 친생추정을 받지 못하는 혼인외의 자인 경우 ① 부모가 혼인함으로써 혼인중의 출생자로 간주되는 준정, ② 부가 혼인 중의 자로 출생신고를 하는 것, ③ 부가 자유로운 의사로 자신의 친생자임을 인지하는 임의인지, ④ 부의 의사에 불구하고 그 친생자임을 인정한 것을 재판상 청구하여 그 확정판결에 의하여 친생자로 인정되는 강제인지에 의하여 비로소 형성된다, 따라서 아버지에 대한 인지청구는 형성의 소에 해당한다.

나. 당 사 자

자녀와 그 직계비속 또는 그 법정대리인이고, 상대방은 부 또는 모가 되고, 부 또는 모가 사망한 경우에는 검사가 피고로 된다(민법 863조, 864조).

다. 관 할

상대방(상대방이 여러 명일 때에는 그 중 1명)의 보통재판적이 있는 곳의 가정법원의 전속관할로 하고, 상대방이 모두 사망한 경우에는 그 중 1명의 마지막 주소지의 가정법원의 전속관할로 한다(가소 26조 2항).

라. 제척기간 등

생존하는 부 또는 모를 상대로 한 인지청구에는 특별한 제한이 없으나, 부 또는 모가 사망하여 검사를 상대로 소를 제기할 때에는 그 사망사실을 안 날로부터 2년 내에 하여야 한다(민법 864조).

인지청구권은 본인의 신분관계상의 권리로서 포기할 수 없다. 따라서 인지청구권을 포기하여도 무효이고, 거기에 실효의 법리가 적용될 수도 없다.

마. 청구취지 기재례

(1) 자(子)가 원고인 경우(일반적)

1. 원고는 피고의 친생자임을 인지한다.
2. 소송비용은 피고가 부담한다.

1. 원고를 피고의 친생자로 인지한다. 2. 소송비용은 피고가 부담한다.

1. 피고는 원고를 친생자로 인지한다. 2. 소송비용은 피고가 부담한다.

1. 피고는 원고를 인지한다. 2. 소송비용은 피고가 부담한다.

(2) 자(子)의 직계비속 또는 법정대리인이 원고인 경우

1. 사건본인{또는 소외 ○○○(등록기준지 : ○○시 ○○구 ○○로 ○○○)}은 피고의 친생자임을 인지한다. 2. 소송비용은 피고가 부담한다.

(3) 검사가 피고인 경우

1. 원고는 소외 망 ○○○(20○○. ○. ○.생, 등록기준지 : ○○시 ○○구 ○○로 ○○○)의 친생자임을 인지한다. 2. 소송비용은 국고가 부담한다.

[서식 84] 인지청구의 소장(원고의 신분확인)

소 장

원 고 장 ○ 희 (000000-0000000) (전화 :)
등록기준지 없음
주 소 없음
거 소 ○○시 ○○구 ○○로 ○○ (우편번호 : 00000)
위 법정대리인 친권자 모 김○화 (000000-0000000)
등록기준지 ○○시 ○○구 ○○로 ○○
주 소 ○○시 ○○구 ○○로 ○○ (우편번호 : 00000)

피 고 장 ○ 봉 (000000-0000000) (전화 :)
등록기준지 ○○시 ○○구 ○○로 ○○
주 소 ○○시 ○○구 ○○로 ○○ (우편번호 : 00000)

인지 청구의 소

청 구 취 지

1. 피고는 원고를 인지한다.
2. 소송비용은 피고가 부담한다.

라는 판결을 구합니다.

청 구 원 인

1. 원고의 생모인 김○화는 지금으로부터 8년 전 직장 동료분의 소개로 피고를 알게 되어 피고와 내연관계를 맺어오던 중 20○○. 4. 23. 원고를 출산하였습니다.
2. 피고는 20○○. 1. 20.까지는 거의 규칙적으로 월 2~3회 원고와 생모가 사는 집을 방문하여 원고의 자라는 모습을 보고 생활비를 주고 가곤 하였는데, 20○○. 1. 21. 이래 일체 교섭을 끊고 김○화의 전화도 받지 않고 회피하고만 있습니다.
3. 원고와 생모 김○는 심적타격은 둘째치고 당장 모녀의 호구지책이 막막한 상태에서 우선 원고의 신분만이라도 명확히 하기 위하여 이 사건 청구에 이르렀습니다.

입 증 방 법

1. 갑 제1호증 가족관계증명서
1. 갑 제2호증 출생증명서

첨 부 서 류

1. 위 입증서류 각 1통
1. 주민등록초본 3통
1. 소장부본 1통

20○○. ○. ○.

위 원고 장 ○ 희
법정대리인 친권자 모 김 ○ 화 (인)

○○ 가정법원 귀중

접수방법

1. 당사자 : 혼인 외의 자와 그 직계비속 또는 그 법정대리인이 소를 제기할 수 있고, 실제로는 모가 자의 친권자로서 제기하는 경우가 많다. 또한 태아 또는 무효인 혼인중의 자라도 인지를 청구할 수 있는 경우도 있으므로 자가 어떤 지위에 있는지에 따라 인지청구를 할 수 있는지의 여부가 정해진다. 상대방(피고)은 부 또는 모이다. 부·모가 사망한 때에는 그 사망을 안 날로부터 2년 이내에 검사를 상대로 제기할 수 있다.
2. 수입인지 : 20,000원의 인지를 납부한다.
3. 송달료 : 당사자수×4,800원(우편료)×12회분을 납부한다.
4. 관할법원 : 상대방(상대방이 수인일 때에는 그 중 1인)의 주소지 관할법원 전속관할이다. 상대방이 사망하였다면 그의 최후주소지를 관할하는 가정법원에 제출한다. 부가 이미 사망하여 검사를 상대로 인지의 소를 제기하는 청구에는 부 사망 당시 부의 주소지가 있는 관할 가정법원의 전속관할에 속하고, 당초부터 부의 주소지가 없거나 알 수 없을 때에는 대법원의 소재지의 지방법원의 관할에 전속한다.

주 1. 혼인 외의 출생자

(1) 법률상 혼인관계가 없는 남녀 사이에 출생한 자를 '혼인 외의 출생자' 또는 '혼외자(婚外子)'라 한다.

(2) 간통관계, 사실혼관계, 첩관계, 무효혼인관계로부터 출생한 자는 물론 친생부인의 판결 또는 친생자관계부존재확인의 판결에 의하여 친생자가 아님이 확정된 자도 혼인 외의 출생자이다.

(3) 이러한 혼인 외의 출생자는 모(母)의 성과 본을 따르고(민법 824조), 친자관계는 부(父)로부터 인지를 받기 전에는 모와의 사이에서만 생긴다. 즉 혼인 외 출생자와 생모간에는 모의 인지나 출생신고를 기다리지 않고 자의 출생으로 당연히 법률상의 친족관계가 생긴다(대판 86도 1982).

2. 강제인지

혼인 외의 출생자와 그 사실상의 부 사이에 법률상 부자관계가 형성되기 위해서는 인지가 필요하다. 부가 스스로 인지를 한 경우(임의인지)에는 굳이 인지청구를 할 필요가 없으나 부가 인지를 하지 않고 있는 동안에는 인지청구를 함으로서 혼인 외의 출생자와 부 사이에 법률상 부자관계를 형성할 수 있다.

인지청구는 자와 그 직계비속 또는 그 법정대리인이 부 또는 모를 상대로 하여 할 수 있다(민법 863조), 부 또는 모가 사망한 때에는 그 사망을 안 날로부터 2년 내에 검사를 상대로 하여 인지청구의 소를 제기할 수 있다(민법 864조). 인지의 재판이 확정된 경우에 소를 제기한 사람은 재판의 확정일로부터 1개월 이내에 그 취지를 가족관계등록관서에 신고하여야 한다.

[서식 85] 인지청구의 소장(원고의 성만을 이어받음)

소 장

원 고 강 ○ 일 (000000-0000000) (전화 :)
등록기준지 없음
주 소 없음
거 소 ○○시 ○○구 ○○로 ○○ (우편번호 : 00000)
위 법정대리인 친권자 모 김○화 (000000-0000000)
등록기준지 ○○시 ○○구 ○○로 ○○
주 소 ○○시 ○○구 ○○로 ○○ (우편번호 : 00000)

피 고 강 ○ 호 (000000-0000000) (전화 :)
등록기준지 ○○시 ○○구 ○○로 ○○
주 소 ○○시 ○○구 ○○로 ○○ (우편번호 : 00000)

인지 청구의 소

청 구 취 지

1. 원고는 피고의 친생자임을 인지한다.
2. 소송비용은 피고가 부담한다.

라는 판결을 구합니다.

청 구 원 인

1. 원고의 어머니인 소외 이○희는 20○○년 봄 서울 성북구 길음로 소재 "동양다방"에서 피고를 만나 서로 교제하여 오다가 20○○년 가을부터 서로 장래를 약속하고 정교관계를 맺은 후 그 동안 수차에 걸쳐 정교관계를 맺어 왔었습니다.
2. 그러던 중 위 이○희는 피고와의 사이에 원고를 잉태하여 20○○. 3. 10.까지 원고를 출산하였으나, 피고 부모의 반대로 혼인을 하지 못하였고 원고는 피고의 가족관계등록부에 등재되지 못하고, 다만 피고의 "성"만을 이어 받은 채 위 이○희의 가족관계등록부에 입적하게 되었던 것입니다.
3. 원고는 피고와 위 이○희 사이에 태어나 피고의 자임이 분명하고 그와 같은 사실에 관하여 피고는 물론 그의 부모들조차 이러한 사실을 부인하지 아니하였던 관계로 원고는 출생 후 약 3개월간을 피고의 어머니인 소외 김○자에 의하여 부양되어 온 일까지 있었습니다.
4. 그런데 피고는 소외 오○자와 혼인한 후 원고와 원고의 모인 위 이○희를 회피하면서 이를 인정하지 아니하려는 태도를 취하고 있는 바, 원고로서는 피고의 인지를 마냥 기다리고만 있을 수 없어 부득이 청구취지와 같은 판결을 구하고자 본 소 청구에 이른 것입니다.

입 증 방 법

1. 갑 제1호증　　　　제적등본
1. 갑 제2호증　　　　가족관계증명서

첨 부 서 류

1. 위 입증서류　　　　각 1통

1. 주민등록초본 2통
1. 소장부본 1통

20○○. ○. ○.

위 원고 강 ○ 일 (인)

○○ 가정법원 귀중

접수방법

1. 당사자 : 혼인 외의 자와 그 직계비속 또는 그 법정대리인이 소를 제기할 수 있고, 실제로는 모가 자의 친권자로서 제기하는 경우가 많다. 또한 태아 또는 무효인 혼인 중의 자라도 인지를 청구할 수 있는 경우도 있으므로 자가 어떤 지위에 있는지에 따라 인지청구를 할 수 있는지의 여부가 정해진다. 상대방(피고)은 부 또는 모이다. 부·모가 사망한 때에는 그 사망을 안 날로부터 2년 이내에 검사를 상대로 제기할 수 있다.
2. 수입인지 : 20,000원의 인지를 납부한다.
3. 송달료 : 당사자수 × 4,800원(우편료) × 12회분을 납부한다.
4. 관할법원 : 상대방(상대방이 수인일 때에는 그 중 1인)의 주소지 관할법원 전속관할이다. 상대방이 사망하였다면 그의 최후주소지를 관할하는 가정법원에 제출한다. 부가 이미 사망하여 검사를 상대로 인지의 소를 제기하는 청구에는 부 사망 당시 부의 주소지가 있는 관할 가정법원의 전속관할에 속하고, 당초부터 부의 주소지가 없거나 알 수 없을 때에는 대법원의 소재지의 지방법원의 관할에 전속한다.

㊟ 1. 혼인 외의 출생자

(1) 법률상 혼인관계가 없는 남녀 사이에 출생한 자를 '혼인 외의 출생자" 또는 혼외자(婚外子)"라 한다.

(2) 간통관계, 사실혼관계, 첩관계, 무효혼인관계로부터 출생한 자는 물론 친생부인의 판결 또는 친생자관계부존재확인의 판결에 의하여 친생자가 아님이 확정된 자도 혼인외의 출생자이다.

(3) 이러한 혼인 외의 출생자는 모(母)의 성과 본을 따르고(민법 824조), 친자관계는 부(父)로부터 인지를 받기 전에는 모와의 사이에서만 생긴다. 즉 혼인 외 출생자와 생모간에는 모의 인지나 출생신고를 기다리지 않고 자의 출생으로 당연히 법률상의 친족관계가 생긴다(대판 86도 1982).

2. 강제인지

혼인 외의 출생자와 그 사실상의 부 사이에 법률상 부자관계가 형성되기 위해서는 인지가 필요하다. 부가 스스로 인지를 한 경우(임의인지)에는 굳이 인지청구를 할 필요가 없으나 부가 인지를 하지 않고 있는 동안에는 인지청구를 함으로서 혼인 외의 출생자와 부 사이에 법률상 부자관계를 형성할 수 있다.

인지청구는 자와 그 직계비속 또는 그 법정대리인이 부 또는 모를 상대로 하여 할 수 있다(민법 863조), 부 또는 모가 사망한 때에는 그 사망을 안 날로부터 2년 내에 검사를 상대로 하여 인지청구의 소를 제기할 수 있다(민법 864조). 인지의 재판이 확정된 경우에 소를 제기한 사람은 재판의 확정일로부터 1개월 이내에 그 취지를 가족관계등록관서에 신고하여야 한다.

[서식 86] 인지청구의 소장(혼인외 자로 출생신고)

소 장

원 고 윤 ○ 자 (000000-0000000) (전화 :)
등록기준지 : ○○시 ○○구 ○○로 ○○
주 소 : ○○시 ○○구 ○○로 ○○ (우편번호 : 00000)
위 원고는 미성년자이므로 법정대리인
친권자 모 임○순 (000000-0000000)
등록기준지 및 주소 : 원고와 같음

피 고 윤 ○ 수 (000000-0000000) (전화 :)
등록기준지 : ○○시 ○○구 ○○로 ○○
주 소 : ○○시 ○○구 ○○로 ○○ (우편번호 : 00000)

인지 청구의 소

청 구 취 지

1. 원고는 피고의 친생자로 인지한다.
2. 소송비용은 피고가 부담한다.

라는 판결을 구합니다.

청 구 원 인

1. 원고의 모 임○순은 20○○. 6.부터 서울 구로구 구로로 소재 ○○주식회사에 근무 중 같은 직장동료인 피고를 알게 되어 정교를 맺어오던 중 원고를 임신하여 20○○. 4. 3. 피고의 자인 원고를 출산하여 원고의 모의 혼인 외 자로서 출생신고를 하였습니다.
2. 원고가 출생한 이후 피고는 위 회사를 퇴직하고서 부터 피고는 원고의 모에 대하여 차츰 관심이 없어지더니 20○○. 4. 중순경 끝내 절연을 선언하였습니다.
3. 원고의 모는 그동안 여러 차례 피고에게 원고를 인지하여 줄 것을 요구하였으나 이에 응하지 않고 있으므로 부득이 청구취지와 같은 판결을 구하고자 본 소 청구에 이른 것입니다.

입 증 방 법

1. 갑 제1호증 가족관계증명서
1. 갑 제2호증 분만증명서

첨 부 서 류

1. 위 입증서류 각 1통
1. 주민등록초본 2통
1. 소장부본 1통

20○○. ○. ○.

위 원고 윤 ○ 자
위 법정대리인 친권자
모 임 ○ 순 (인)

○○ 가정법원 귀중

접수방법

1. 당사자 : 혼인 외의 자와 그 직계비속 또는 그 법정대리인이 소를 제기할 수 있고, 실제로는 모가 자의 친권자로서 제기하는 경우가 많다. 또한 태아 또는 무효인 혼인 중의 자라도 인지를 청구할 수 있는 경우도 있으므로 자가 어떤 지위에 있는지에 따라 인지청구를 할 수 있는지의 여부가 정해진다. 상대방(피고)은 부 또는 모이다. 부·모가 사망한 때에는 그 사망을 안 날로부터 2년 이내에 검사를 상대로 제기할 수 있다.
2. 수입인지 : 20,000원의 인지를 납부한다.
3. 송달료 : 당사자수×4,800원(우편료)×12회분을 납부한다.
4. 관할법원 : 상대방(상대방이 수인일 때에는 그 중 1인)의 주소지 관할법원 전속관할이다. 상대방이 사망하였다면 그의 최후주소지를 관할하는 가정법원에 제출한다. 부가 이미 사망하여 검사를 상대로 인지의 소를 제기하는 청구에는 부 사망 당시 부의 주소지가 있는 관할 가정법원의 전속관할에 속하고, 당초부터 부의 주소지가 없거나 알 수 없을 때에는 대법원의 소재지의 지방법원의 관할에 전속한다.

주 1. 혼인 외의 출생자

(1) 법률상 혼인관계가 없는 남녀 사이에 출생한 자를 "혼인 외의 출생자" 또는 "혼외자(婚外子)"라 한다.

(2) 간통관계, 사실혼관계, 첩관계, 무효혼인관계로부터 출생한 자는 물론 친생부인의 판결 또는 친생자관계부존재확인의 판결에 의하여 친생자가 아님이 확정된 자도 혼인 외의 출생자이다.

(3) 이러한 혼인 외의 출생자는 모(母)의 성과 본을 따르고(민법 824조), 친자관계는 부(父)로부터 인지를 받기 전에는 모와의 사이에서만 생긴다. 즉 혼인 외 출생자와 생모간에는 모의 인지나 출생신고를 기다리지 않고 자의 출생으로 당연히 법률상의 친족관계가 생긴다(대판 86도 1982).

2. 강제인지

혼인 외의 출생자와 그 사실상의 부 사이에 법률상 부자관계가 형성되기 위해서는 인지가 필요하다. 부가 스스로 인지를 한 경우(임의인지)에는 굳이 인지청구를 할 필요가 없으나 부가 인지를 하지 않고 있는 동안에는 인지청구를 함으로서 혼인 외의 출생자와 부 사이에 법률상 부자관계를 형성할 수 있다.

인지청구는 자와 그 직계비속 또는 그 법정대리인이 부 또는 모를 상대로 하여 할 수 있다(민법 863조), 부 또는 모가 사망한 때에는 그 사망을 안 날로부터 2년 내에 검사를 상대로 하여 인지청구의 소를 제기할 수 있다(민법 864조). 인지의 재판이 확정된 경우에 소를 제기한 사람은 재판의 확정일로부터 1개월 이내에 그 취지를 가족관계등록관서에 신고하여야 한다.

[서식 87] 인지청구의 소장(양육비 때문)

소 장

원 고	김 ○ 자 (000000-0000000) (전화 :)
	등록기준지 ○○시 ○○구 ○○로 ○○
	주 소 ○○시 ○○구 ○○로 ○○ (우편번호 : 00000)
피 고	이 ○ 석 (000000-0000000) (전화 :)
	등록기준지 ○○시 ○○구 ○○로 ○○
	주 소 ○○시 ○○구 ○○로 ○○ (우편번호 : 00000)
사건본인	박 ○ 균 (000000-0000000)
(미성년자)	등록기준지 ○○시 ○○구 ○○로 ○○
	주 소 ○○시 ○○구 ○○로 ○○

인지 청구의 소

청 구 취 지

1. 사건본인 박○균은 피고의 친생자임을 인지한다.
2. 소송비용은 피고가 부담한다.

라는 판결을 구합니다.

청 구 원 인

1. 원고는 사건본인의 생모이며, 피고는 원고가 운영하는 커피숍의 손님으로서 방문하여 약 3년 동안 피고와 동거생활을 한 자입니다.

2. 원고는 20○○년 2.경부터 20○○. 4.경까지 서울시 강남구 소재 ○○커피숍을 운영하면서 피고를 만나게 되었고, 피고는 이혼 경력이 있지만 원고가 운영하는 커피숍 근처에서 직장생활을 하던 자로서 위 기간 동안 동거를 시작하였습니다.

3. 동거를 하였던 기간에 아이를 잉태하여 낙태한 경험이 한 차례 있었고, 원, 피고 모두 직업에 바쁘다는 이유로 아이를 출산하지 아니하였지만 20○○년 말에는 정식으로 혼인신고를 하고 결혼생활을 하기로 약속하였습니다.

4. 그런데 피고는 20○○년말 원고가 결혼식을 하자고 말하자 20○○년 초에 다시 결정하기로 하는 등 결혼을 차일피일 미루더니 20○○. 4. 원고가 임신을 하게 되었고, 아이를 출산하기 전에 커피숍을 정리하고 결혼 날짜를 지정하자고 말하자 피고는 원고와 헤어지자는 말을 하였습니다.

5. 원고는 피고와 동거를 하는 동안 비록 결혼식은 하지 아니하였지만 부부로서 책임과 의무를 다 하였고, 아이까지 잉태한 시점에서 서로 헤어진다는 생각을 하지 못하고 피고와 헤어진 이후 혼자서 아이를 출산하기에 이르렀고 현재까지 미혼모로서 아이를 양육하고 있습니다.

6. 위와 같이 사건본인에 대항 양육은 원고가 부담하고 있으나 사건본인의 친부가 일정한 부분에 대하여 양육비를 부담하여야 하기에 원고는 청구취지 기재와 같은 판결을 구하고자 본 소 청구에 이르렀습니다.

입 증 방 법

1. 갑 제1호증의 1, 2　　　　각 가족관계증명서
1. 갑 제2호증　　　　　　　확인서 사본

첨 부 서 류

1. 위 입증서류　　　　　　　각 1통
1. 주민등록초본　　　　　　　2통
1. 소장부본　　　　　　　　　1통

20○○. ○. ○.

위 원고 김 ○ 자

○○ 가정법원 귀중

접수방법

1. 당사자 : 혼인 외의 자와 그 직계비속 또는 그 법정대리인이 소를 제기할 수 있고, 실제로는 모가 자의 친권자로서 제기하는 경우가 많다. 또한 태아 또는 무효인 혼인 중의 자라도 인지를 청구할

수 있는 경우도 있으므로 자가 어떤 지위에 있는지에 따라 인지청구를 할 수 있는지의 여부가 정해진다. 상대방(피고)은 부 또는 모이다. 부·모가 사망한 때에는 그 사망을 안 날로부터 2년 이내에 검사를 상대로 제기할 수 있다.

2. 수입인지 : 20,000원의 인지를 납부한다.
3. 송달료 : 당사자수×4,800원(우편료)×12회분을 납부한다.
4. 관할법원 : 상대방(상대방이 수인일 때에는 그 중 1인)의 주소지 관할법원 전속관할이다. 상대방이 사망하였다면 그의 최후주소지를 관할하는 가정법원에 제출한다. 부가 이미 사망하여 검사를 상대로 인지의 소를 제기하는 청구에는 부 사망 당시 부의 주소지가 있는 관할 가정법원의 전속관할에 속하고, 당초부터 부의 주소지가 없거나 알 수 없을 때에는 대법원의 소재지의 지방법원의 관할에 전속한다.

주 1. 혼인 외의 출생자

(1) 법률상 혼인관계가 없는 남녀 사이에 출생한 자를 '혼인 외의 출생자" 또는 혼외자(婚外子)"라 한다.

(2) 간통관계, 사실혼관계, 첩관계, 무효혼인관계로부터 출생한 자는 물론 친생부인의 판결 또는 친생자관계부존재확인의 판결에 의하여 친생자가 아님이 확정된 자도 혼인 외의 출생자이다.

(3) 이러한 혼인 외의 출생자는 모(母)의 성과 본을 따르고(민법 824조), 친자관계는 부(父)로부터 인지를 받기 전에는 모와의 사이에서만 생긴다. 즉 혼인 외 출생자와 생모간에는 모의 인지나 출생신고를 기다리지 않고 자의 출생으로 당연히 법률상의 친족관계가 생긴다(대판 86도1982).

2. 강제인지

혼인 외의 출생자와 그 사실상의 부 사이에 법률상 부자관계가 형성되기 위해서는 인지가 필요하다. 부가 스스로 인지를 한 경우(임의인지)에는 굳이 인지청구를 할 필요가 없으나 부가 인지를 하지 않고 있는 동안에는 인지청구를 함으로서 혼인 외의 출생자와 부 사이에 법률상 부자관계를 형성할 수 있다.

인지청구는 자와 그 직계비속 또는 그 법정대리인이 부 또는 모를 상대로 하여 할 수 있다(민법 863조), 부 또는 모가 사망한 때에는 그 사망을 안 날로부터 2년 내에 검사를 상대로 하여 인지청구의 소를 제기할 수 있다(민법 864조). 인지의 재판이 확정된 경우에 소를 제기한 사람은 재판의 확정일로부터 1개월 이내에 그 취지를 가족관계등록관서에 신고하여야 한다.

[서식 88] 인지청구의 소장(혼인외 자)

소 장

원 고 1. 김 일 녀 (000000-0000000)
2. 김 이 녀 (000000-0000000)
원고들의 등록기준지 및 주소 : ○○시 ○○구 ○○로 ○○
법정대리인 친권자 모 김○순 (000000-0000000)
등록기준지 및 주소 : 위와 같음

피 고 서울중앙지방검찰청 검사

인지 청구의 소

청 구 취 지

1. 원고들은 망 홍철기(등록기준지 : ○○시 ○○로 ○○○)의 친생자임을 인지한다.
2. 소송비용은 국고가 부담한다.

라는 판결을 구합니다.

청 구 원 인

1. 원고들은 모두 소외 망 홍철기와 소외 김○순 사이에서 각 출생한 혼인 외 자입니다.
2. 원고들의 생모인 소외 이순자는 20○○년경 우연한 기회에 소외 망 홍철기를 알게 되어 내연관계를 맺고 동거하면서 원고들을 출산하여 양육하여 오면서 그간 소외 망 홍철기의 친 어머니를 모시고 생활하면서 오늘에 이르고 있습니다.
3. 그런데 원고들의 친생부인 소외 망 홍철기가 20○○. 5. 10. 타살 추정에 의하여 사망하였으므로(갑 제2호증의 1, 2 참조), 원고들은 친생관계를 확인하고자 청구취지와 같은 판결을 구하고자 본 소 청구에 이른 것입니다.

입 증 방 법

1. 갑 제1호증 가족관계증명서

1. 갑 제2호증의 1　　　　20○○. 11.자 ○○일보
1. 갑 제2호증의 2　　　　20○○. 11.자 ○○○일보

첨 부 서 류

1. 위 입증서류　　　　각 1통
1. 주민등록초본　　　　3통
1. 소장부본　　　　1통

20○○. ○. ○.

위 원고 김 일 녀
김 이 녀
원고들의 법정대리인 친권자
모 김 ○ 순 (인)

○○ 가정법원 귀중

접수방법

1. 당사자 : 혼인 외의 자와 그 직계비속 또는 그 법정대리인이 소를 제기할 수 있고, 실제로는 모가 자의 친권자로서 제기하는 경우가 많다. 또한 태아 또는 무효인 혼인 중의 자라도 인지를 청구할 수 있는 경우도 있으므로 자가 어떤 지위에 있는지에 따라 인지청구를 할 수 있는지의 여부가 정해진다. 상대방(피고)은 부 또는 모이다. 부·모가 사망한 때에는 그 사망을 안 날로부터 2년 이내에 검사를 상대로 제기할 수 있다.
2. 수입인지 : 20,000원의 인지를 납부한다.
3. 송달료 : 당사자수×4,800원(우편료)×12회분을 납부한다.
4. 관할법원 : 상대방(상대방이 수인일 때에는 그 중 1인)의 주소지 관할법원 전속관할이다. 상대방이 사망하였다면 그의 최후주소지를 관할하는 가정법원에 제출한다. 부가 이미 사망하여 검사를 상대로 인지의 소를 제기하는 청구에는 부 사망 당시 부의 주소지가 있는 관할 가정법원의 전속관할에 속하고, 당초부터 부의 주소지가 없거나 알 수 없을 때에는 대법원의 소재지의 지방법원의 관할에 전속한다.

주 1. 혼인 외의 출생자

(1) 법률상 혼인관계가 없는 남녀 사이에 출생한 자를 “혼인 외의 출생자 또는 혼외자(婚外

子)"라 한다.

(2) 간통관계, 사실혼관계, 첩관계, 무효혼인관계로부터 출생한 자는 물론 친생부인의 판결 또는 친생자관계부존재확인의 판결에 의하여 친생자가 아님이 확정된 자도 혼인 외의 출생자이다.

(3) 이러한 혼인 외의 출생자는 모(母)의 성과 본을 따르고(민법 824조), 친자관계는 부(父)로부터 인지를 받기 전에는 모와의 사이에서만 생긴다. 즉 혼인 외 출생자와 생모간에는 모의 인지나 출생신고를 기다리지 않고 자의 출생으로 당연히 법률상의 친족관계가 생긴다(대판 86도1982).

2. 강제인지

혼인 외의 출생자와 그 사실상의 부 사이에 법률상 부자관계가 형성되기 위해서는 인지가 필요하다. 부가 스스로 인지를 한 경우(임의인지)에는 굳이 인지청구를 할 필요가 없으나 부가 인지를 하지 않고 있는 동안에는 인지청구를 함으로서 혼인 외의 출생자와 부 사이에 법률상 부자관계를 형성할 수 있다.

인지청구는 자와 그 직계비속 또는 그 법정대리인이 부 또는 모를 상대로 하여 할 수 있다(민법 863조), 부 또는 모가 사망한 때에는 그 사망을 안 날로부터 2년 내에 검사를 상대로 하여 인지청구의 소를 제기할 수 있다(민법 864조). 인지의 재판이 확정된 경우에 소를 제기한 사람은 재판의 확정일로부터 1개월 이내에 그 취지를 가족관계등록관서에 신고하여야 한다.

[서식 89] 인지청구의 소장(원고의 생부 사망)

소　　　장

원　고　　이 ○ ○ (000000-0000000)
등록기준지 : ○○시 ○○구 ○○로 ○○
주　　소 : ○○시 ○○구 ○○로 ○○ (우편번호 : 00000)
법정대리인 친권자 모 박○순 (000000-0000000)
등록기준지 및 주소 : 위와 같음

피　고　　서울중앙지방검찰청 검사

인지 청구의 소

청 구 취 지

1. 원고는 소외 망 이○○(등록기준지 : ○○시 ○○구 ○○로 ○○○ 20○○. ○. ○. 생)의 친생자임을 인지한다.
2. 소송비용은 국고가 부담한다.

라는 판결을 구합니다.

청 구 원 인

1. 원고의 생모인 소외 박○순은 소외 망 이○○과 혼인을 약속하고 20○. ○. ○.경부터 동거하여 왔고, 20○○. ○. ○. 둘 사이에 원고 이○○를 출산하였습니다.

2. 위 망 이○○은 20○○. ○. ○. 심장마비로 갑자기 사망함으로서 아들의 출생을 보지 못했습니다.

3. 따라서 생모인 법정대리인은 원고의 생부가 사망하였으므로 민법 제864조에 의하여 본 소 청구에 이른 것입니다.

입 증 방 법

1. 갑 제1호증	제적등본(소외 망 이○○)
1. 갑 제2호증	기본증명서(소외 망 이○○)
1. 갑 제3호증	가족관계증명서
1. 갑 제4호증	출산증명서

첨 부 서 류

1. 위 입증서류	각 1통
1. 주민등록초본	1통
1. 소장부본	1통

20○○. ○. ○.

위 원고 이 ○ ○

원고는 미성년자이므로 법정대리인

친권자 모 박 ○ 순 (인)

○○ 가정법원 귀중

접수방법

1. 당사자 : 혼인 외의 자와 그 직계비속 또는 그 법정대리인이 소를 제기할 수 있고, 실제로는 모가 자의 친권자로서 제기하는 경우가 많다. 또한 태아 또는 무효인 혼인 중의 자라도 인지를 청구할 수 있는 경우도 있으므로 자가 어떤 지위에 있는지에 따라 인지청구를 할 수 있는지의 여부가 정해진다. 상대방(피고)은 부 또는 모이다. 부·모가 사망한 때에는 그 사망을 안 날로부터 2년 이내에 검사를 상대로 제기할 수 있다.
2. 수입인지 : 20,000원의 인지를 납부한다.
3. 송달료 : 당사자수×4,800원(우편료)×12회분을 납부한다.
4. 관할법원 : 상대방(상대방이 수인일 때에는 그 중 1인)의 주소지 관할법원 전속관할이다. 상대방이 사망하였다면 그의 최후주소지를 관할하는 가정법원에 제출한다. 부가 이미 사망하여 검사를 상대로 인지의 소를 제기하는 청구에는 부 사망 당시 부의 주소지가 있는 관할 가정법원의 전속관할에 속하고, 당초부터 부의 주소지가 없거나 알 수 없을 때에는 대법원의 소재지의 지방법원의 관할에 전속한다.

주 1. 혼인외의 출생자

(1) 법률상 혼인관계가 없는 남녀 사이에 출생한 자를 '혼인 외의 출생자" 또는 혼외자(婚外子)"라 한다.

(2) 간통관계, 사실혼관계, 첩관계, 무효혼인관계로부터 출생한 자는 물론 친생부인의 판결 또는 친생자관계부존재확인의 판결에 의하여 친생자가 아님이 확정된 자도 혼인 외의 출생자이다.

(3) 이러한 혼인 외의 출생자는 모(母)의 성과 본을 따르고(민법 824조), 친자관계는 부(父)로부터 인지를 받기 전에는 모와의 사이에서만 생긴다. 즉 혼인 외 출생자와 생모간에는 모의 인지나 출생신고를 기다리지 않고 자의 출생으로 당연히 법률상의 친족관계가 생긴다(대판 86도1982).

2. 강제인지

혼인 외의 출생자와 그 사실상의 부 사이에 법률상 부자관계가 형성되기 위해서는 인지가 필요하다. 부가 스스로 인지를 한 경우(임의인지)에는 굳이 인지청구를 할 필요가 없으나 부가 인지를 하지 않고 있는 동안에는 인지청구를 함으로서 혼인 외의 출생자와 부 사이에 법률상 부자관계를 형성할 수 있다.

인지청구는 자와 그 직계비속 또는 그 법정대리인이 부 또는 모를 상대로 하여 할 수 있다(민법 863조), 부 또는 모가 사망한 때에는 그 사망을 안 날로부터 2년 내에 검사를 상대로 하여 인지청구의 소를 제기할 수 있다(민법 864조). 인지의 재판이 확정된 경우에 소를 제기한 사람은 재판의 확정일로부터 1개월 이내에 그 취지를 가족관계등록관서에 신고하여야 한다.

[서식 90] 인지청구의 소장(인지를 하지 않고 사망)

소 장

원 고 김 갑 동 (000000-0000000)
등록기준지 : ○○시 ○○구 ○○로 ○○
주 소 : ○○시 ○○구 ○○로 ○○ (우편번호 : 00000)
위 원고는 미성년자이므로 법정대리인
친권자 모 이○숙 (000000-0000000) (전화 :)
등록기준지 및 주소 : 위와 같음

피 고 ○○지방검찰청 검사

인지 청구의 소

청 구 취 지

1. 원고는 소외 망○○○(등록기준지 : ○○시 ○○구 ○○로 ○○○ 20○○. ○. ○. 생)의 자임을 인지한다.
2. 소송비용은 국고가 부담한다.

라는 판결을 구합니다.

청 구 원 인

소외 망○○○(20○○. ○. ○. 사망)는 20○○. ○. ○.부터 20○○. ○. ○.까지 소외 ○○○와 동거하는 동안 20○○. ○. ○. 원고를 출산하였으나 인지를 하지 아니하고 사망하였으므로 검사를 상대로 하여 본 소 청구에 이르렀습니다.

입 증 방 법

1. 겁 제1호증 제적등본
1. 갑 제2호증 가족관계증명서
1. 갑 제3호증 출산증명서

첨 부 서 류

1. 위 입증서류 각 1통
1. 주민등록초본 2통
1. 소장부본 1통

20○○. ○. ○.

위 원고 김 갑 동
원고는 미성년자이므로 법정대리인
친권자 모 이 ○ 숙 (인)

○○ 가정법원 귀중

접수방법

1. 당사자 : 혼인 외의 자와 그 직계비속 또는 그 법정대리인이 소를 제기할 수 있고, 실제로는 모가 자의 친권자로서 제기하는 경우가 많다. 또한 태아 또는 무효인 혼인 중의 자라도 인지를 청구할 수 있는 경우도 있으므로 자가 어떤 지위에 있는지에 따라 인지청구를 할 수 있는지의 여부가 정해진다. 상대방(피고)은 부 또는 모이다. 부·모가 사망한 때에는 그 사망을 안 날로부터 2년 이내에 검사를 상대로 제기할 수 있다.
2. 수입인지 : 20,000원의 인지를 납부한다.
3. 송달료 : 당사자수 × 4,800원(우편료) × 12회분을 납부한다.
4. 관할법원 : 상대방(상대방이 수인일 때에는 그 중 1인)의 주소지 관할법원 전속관할이다. 상대방이 사망하였다면 그의 최후주소지를 관할하는 가정법원에 제출한다. 부가 이미 사망하여 검사를 상대로 인지의 소를 제기하는 청구에는 부 사망 당시 부의 주소지가 있는 관할 가정법원의 전속관할에 속하고, 당초부터 부의 주소지가 없거나 알 수 없을 때에는 대법원의 소재지의 지방법원의 관할에 전속한다.

주 1. **혼인 외의 출생자**

(1) 법률상 혼인관계가 없는 남녀 사이에 출생한 자를 '혼인 외의 출생자" 또는 혼외자(婚外子)"라 한다.

(2) 간통관계, 사실혼관계, 첩관계, 무효혼인관계로부터 출생한 자는 물론 친생부인의 판결 또는 친생자관계부존재확인의 판결에 의하여 친생자가 아님이 확정된 자도 혼인 외의 출생자이다.

(3) 이러한 혼인 외의 출생자는 모(母)의 성과 본을 따르고(민법 824조), 친자관계는 부(父)로부터 인지를 받기 전에는 모와의 사이에서만 생긴다. 즉 혼인 외 출생자와 생모간에는 모의 인지나 출생신고를 기다리지 않고 자의 출생으로 당연히 법률상의 친족관계가 생긴다(대판 86도1982).

2. 강제인지

혼인 외의 출생자와 그 사실상의 부 사이에 법률상 부자관계가 형성되기 위해서는 인지가 필요하다. 부가 스스로 인지를 한 경우(임의인지)에는 굳이 인지청구를 할 필요가 없으나 부가 인지를 하지 않고 있는 동안에는 인지청구를 함으로서 혼인 외의 출생자와 부 사이에 법률상 부자관계를 형성할 수 있다.

인지청구는 자와 그 직계비속 또는 그 법정대리인이 부 또는 모를 상대로 하여 할 수 있다(민법 863조), 부 또는 모가 사망한 때에는 그 사망을 안 날로부터 2년 내에 검사를 상대로 하여 인지청구의 소를 제기할 수 있다(민법 864조). 인지의 재판이 확정된 경우에 소를 제기한 사람은 재판의 확정일로부터 1개월 이내에 그 취지를 가족관계등록관서에 신고하여야 한다.

[서식 91] 친자감정신청서

친 자 감 정 신 청

사 건 ○ ○ ○

원 고 ○ ○ ○

피 고 ○ ○ ○

위 당사자간 인지 청구사건에 관하여 원고는 다음과 같이 친자감정을 신청합니다.

다 음

1. 감정대상자

1) 김 ○ 미 (000000-0000000)

등록기준지 : ○○시 ○○구 ○○로 ○○

주　　소 : ○○시 ○○구 ○○로 ○○
2) 이 ○ 동 (000000-0000000)
등록기준지 : ○○시 ○○구 ○○로 ○○
주　　소 : ○○시 ○○구 ○○로 ○○

2. 감정대상자
위 이○동이가 김○미의 친생자가 아닌가

3. 감정의 방법
친자관계의 존부를 확인할 수 있는 현대의학이 발견한 최신의 확실한 방법

4. 감정의 목적
피고가 원고의 친생자임을 입증키 위함

5. 감정 촉탁할 기관
법원에서 상당하다고 인정하는 병원 또는 전문의사

20○○. ○. ○.

위 원고 김 ○ 미 (인)

○○ 가정법원 귀중

11. 입양의 취소

가. 의 의

입양의 취소는 입양의 성립과정에 일정한 흠이 있는 경우 그 입양의 효력을 장래에 향하여 소멸시키는 것이다. 사유로는 ① 성년에 달하지 아니한 자가 입양한 때, ② 양자가 될 사람이 13세 이상의 미성년자인 경우 입양승낙에 대한 법정대리인의 동의가 없거나, 법정대리인의 소재를 알 수 없는 등의 정당한 사유 없이 동의를 받지 못하였음에도 법원의 입양허가를 받은 경우, ③ 양자가 될 사람의 부모의 동의가 없는 때, ④ 피성년후견인이 성년후견인의 동의 없이 입양을 하거나 양자가 된 때, ⑤ 배우자 있는 자가 배우자와 공동으로 입양하지 아니하거나 배우자의 동의 없이 양자가 된 때, ⑥ 입양 당시 양친자의 한쪽에서 악질 기타 중대한

사유가 있음을 알지 못한 때, ⑦ 사기 또는 강박으로 인하여 입양의 의사표시를 한 때이다(민법 884조).

나. 당 사 자

(1) 원고적격자는

① 미성년자 입양한 때에는 양부모, 그 법정대리인, 직계혈족

② 양자가 될 사람이 13세 이상의 미성년자인 때 입양승낙에 대한 법정대리인의 동의가 없거나, 법정대리인의 소재를 알 수 없는 등의 정당한 사유 없이 동의를 받지 못하였음에도 법원의 입양허가가 있었던 경우, 양자가 될 사람이 미성년자인 경우 부모의 동의가 없는 때에는 양자나 동의권자

③ 양자가 될 사람이 성년인 경우 부모의 동의가 없는 때에는 동의권자

④ 피성년후견인이 성년후견인의 동의 없이 입양을 하거나 양자가 될 때에는 피성년후견인이나 성년후견인

⑤ 배우자 있는 자가 배우자와 공동으로 입양하지 아니하거나 배우자의 동의 없이 양자가 된 때에는 배우자

⑥ 입양 당시 양친자의 한쪽에서 악질 기타 중대한 사유가 있음을 알지 못한 때에는 양친자의 다른 쪽

⑦ 사기 또는 강박으로 인하여 입양의 의사표시를 한 때에는 그 의사표시를 한 사람

(2) 피고적격자는

양친자 중 일방이 소를 제기할 때에는 타방을 상대방으로 하고, 제3자가 소를 제기할 때에는 양친자 쌍방을 상대방으로 하되, 그 중 일방이 사망한 때에는 생존자를 상대방으로 한다. 상대방으로 될 자가 모두 사망한 때에는 검사를 상대방으로 한다. 따라서 제3자가 소를 제기하는 경우에는 양친과 양자 3명이 필수적 공동소송인으로 한다.

다. 관 할

양부모 중 1인의 주소지를 관할하는 가정법원이다. 만약 양부모가 모두 사망시에는 양부모의 최후주소지 법원에 검사를 상대로 할 수 있고, 단독판사의 사물관할에 속한다.

라. 제척기간

① 미성년자가 입양한 경우에는 그 미성년자가 성년에 달한 때

② 양자가 될 사람이 13세 이상의 미성년자임에도 입양승낙에 대한 법정대리인의 동의가 없거나, 법정대리인의 소재를 알 수 없는 등의 정당한 사유 없이 동의를 받지 못하였음에도 법원의 입양허가가 있었던 경우, 양자가 될 사람이 미성년자인 경우에는 부모의 동의가 없는 경우 양자가 성년이 된 후 3개월이 지나거나 사망한 때 또는 그 사유가 있음을 안 날로부터 6개월, 그 사유가 있었던 날로부터 1년이 지난 때

③ 양자가 될 사람이 성년인데 부모의 동의가 없는 경우 양자가 사망한 때 또는 그 사유가 있음을 안 날로부터 6개월, 그 사유가 있었던 날로부터 1년이 지난 때

④ 피성년후견인이 성년후견인의 동의 없이 입양을 하거나 양자가 된 경우에는 성년후견개시의 심판이 취소된 후 3개월이 지난 때 또는 그 사유가 있음을 안 날로부터 6개월, 그 사유가 있었던 날로부터 1년이 지난 때

⑤ 배우자 있는 자가 배우자와 공동으로 입양하지 아니하거나 배우자의 동의 없이 양자가 된 경우에는 그 사유가 있음을 안 날로부터 6개월, 그 사유가 있었던 날로부터 1년이 지난 때

⑥ 입양 당시 양친자의 한쪽에게 악질 기타 중대한 사유가 있음을 알지 못한 경우는 양부모와 양자 중 어느 한쪽이 그 사유가 있음을 안 날로부터 6개월이 지난 때

⑦ 사기 또는 강박으로 인하여 입양 또는 파양의 의사표시를 한 경우에는 사기를 안 날 또는 강박을 면한 날로부터 3개월이 지난 때는 각각 입양의 취소를 청구하지 못한다.

마. 청구취지 기재례

(1) 양친자간의 소송인 경우

1. 원고들과 피고 사이에 20○○. ○. ○. ○○시 ○○구청장에게 신고하여 한 입양은 이를 취소한다.
2. 소송비용은 피고들이 부담한다.

---

1. 피고 ○○○, 같은 ○○○와 피고 ○○○사이에 20○○. ○. ○. ○○시 ○○구청장에게 신고하여 한 입양은 이를 취소한다.
2. 소송비용은 피고들이 부담한다.

> 1. 원고와 피고 사이의 입양은 이를 취소한다.
> 2. 소송비용은 피고가 부담한다.

(2) 제3자가 소를 제기한 경우

> 1. 피고 김○○, 같은 이○○와 피고 김○○ 사이에 20○○. ○. ○. ○○시 ○○구청장에게 신고하여서 한 입양은 이를 취소한다.
> 2. 소송비용은 피고들이 부담한다.

[서식 92] 입양취소 청구의 소장(1)

소 장

원 고 박 ○ 수 (000000-0000000) (전화 :)
등록기준지 : ○○시 ○○구 ○○로 ○○
주 소 : ○○시 ○○구 ○○로 ○○ (우편번호 : 00000)

피 고 1. 박 ○ 호 (000000-0000000) (전화 :)
등록기준지 및 주소 : 원고와 같음
송달장소 : ○○시 ○○구 ○○로 ○○ (우편번호 : 00000)

2. 손 ○ 자 (000000-0000000) (전화 :)
등록기준지 및 주소 : 원고와 같음

입양취소 청구의 소

청 구 취 지

1. 원고와 피고들 사이에 20○○. 10. 4. ○○구청장에게 신고하여 한 입양은 이를 취소한다.
2. 소송비용은 피고가 부담한다.

라는 판결을 구합니다.

청 구 원 인

1. 원고는 부 박○화, 모 김○자 사이에 출생한 3남 1녀 중 2남으로서 백부인 피고 박○호와 같은 손○자 사이에 가족관계등록부에 등재된 자입니다.
2. 원고는 끼니조차 걱정하여야 할 빈곤한 가정에서 태어나 자라던 중 마친 백부와 백모들인 피고들에게 아들이 없었던 관계로 원고를 피고들의 자로 입양하게 되었습니다.
3. 그런데 원고가 피고들에게 입양된 후 피고들에게 아들인 소외 박○우가 태어나게 되자 피고들은 원고를 구박하고 학대하기 시작하여 원고는 무학으로 주야로 일만 하면서 자라게 되었습니다.
4. 그동안 피고들은 원고를 자식으로 생각하지 아니하고 힘든 농사일만 시키면서 의무교육조차 시키지 아니하였을 뿐만 아니라 노동을 착취하여 왔었고, 원고로서도 더 이상 피고들과 고통스러운 양자관계를 유지하기가 어렵고 이에 원고는 만 19세의 건강한 청년으로서 혼자 힘으로 살아갈 수 있을 뿐만 아니라 피고들에게는 자신들을 부양할 아들이 있으므로 더 이상 양자관계를 지속할 이유가 없으므로 부득이 청구취지와 같은 판결을 구하고자 본 소 청구에 이른 것입니다.

입 증 방 법

1. 갑 제1호증 가족관계증명서

첨 부 서 류

1. 위 입증서류 1통
1. 주민등록초본 3통
1. 소장부본 2통

20○○. ○. ○.

위 원고 박 ○ 수 (인)

○○ 가정법원 귀중

접수방법

1. 수입인지 : 20,000원의 인지를 납부한다.
2. 송달료 : 당사자수 × 4,800원(우편료) × 12회분을 납부한다.
3. 관할법원 : 양부모 중 1인의 주소지가 있는 관할 가정법원, 양부모가 모두 사망한 때에는 그 중 1인의 최후 주소지를 관할하는 가정법원에 제출한다(가소 30조).

주 입양취소의 사유(민법 제884조)

1. 미성년자가 양자를 하였을 때
2. 양자가 될 자가 부모 또는 기타 직계존속의 동의를 얻지 않았을 때, 또는 동의권자의 순위에 위반하였을 때
3. 미성년자를 양자로 할 때에 부모 또는 기타 직계존속이 없는 경우 후견인의 동의를 얻지 않았을 때
4. 후견인이 피후견인을 가정법원의 허가를 얻지 않고 양자로 하였을 때
5. 금치산자가 후견인의 동의 없이 양자를 하였거나 양자가 되었을 때
6. 배우자와 공동으로 하지 않고 양자를 한 때와 배우자 있는 자가 다른 일방의 동의를 얻지 않고 양자가 된 때
7. 입양 당시 양친자의 일방에게 악질, 기타 중대한 사유가 있음을 알지 못한 때
8. 입양이 사기 또는 강박으로 인하여 이루어진 때

[서식 93] 입양취소 청구의 소장(2)

소 장

원 고 김 ○ 석 (000000-0000000) (전화 :)
등록기준지 : ○○시 ○○구 ○○로 ○○
주 소 : ○○시 ○○구 ○○로 ○○ (우편번호 : 00000)

피 고 1. 김 ○ 돌 (000000-0000000) (전화 :)
등록기준지 및 주소 : 원고와 같음
송달장소 : ○○시 ○○구 ○○로 ○○ (우편번호 : 00000)

2. 이 ○ 자 (000000-0000000) (전화 :)
등록기준지 및 주소 : 원고와 같음

입양취소 청구의 소

청 구 취 지

1. 원고와 피고들 사이에 20○○. 10. 4. ○○구청장에게 신고하여 한 입양은 이를 취소한다.
2. 소송비용은 피고가 부담한다.

라는 판결을 구합니다.

청 구 원 인

1. 원고는 부 김○수, 모 정○경 사이에서 출생한 자인데, 원고의 부모가 모두 사고로 사망하는 바람에 피고 김○돌이 원고의 후견인으로 취임하였습니다.
2. 원고는 취업관계로 가족관계증명서를 발급받아 본즉, 원고가 피고 등의 양자로 등재되어 있는 것을 알게 되었습니다.
3. 그러나 당시 원고의 후견인이었던 피고들이 입양신고를 하려면 당연히 법원의 허가를 얻어야 하는데도 이를 얻지 않고 무단히 신고한 것입니다.
4. 따라서 이는 이 사건 입양에 대한 취소사유에 해당하므로 청구취지와 같은 판결을 구하고자 이 사건 청구에 이른 것입니다.

입 증 방 법

1. 갑 제1호증 가족관계증명서

첨 부 서 류

1. 위 입증서류 1통
1. 주민등록초본 3통
1. 소장부본 2통

20○○. ○. ○.

위 원고 김 ○ 석 (인)

○○ 가정법원 귀중

접수방법

1. 수입인지 : 20,000원의 인지를 납부한다.
2. 송달료 : 당사자수×4,800원(우편료)×12회분을 납부한다.
3. 관할법원 : 양부모 중 1인의 주소지가 있는 관할 가정법원, 양부모가 모두 사망한 때에는 그 중 1인의 최후 주소지를 관할하는 가정법원에 제출한다(가소 30조).

주 입양취소의 사유(민법 제884조)

1. 미성년자가 양자를 하였을 때
2. 양자가 될 자가 부모 또는 기타 직계존속의 동의를 얻지 않았을 때, 또는 동의권자의 순위에 위반하였을 때
3. 미성년자를 양자로 할 때에 부모 또는 기타 직계존속이 없는 경우 후견인의 동의를 얻지 않았을 때
4. 후견인이 피후견인을 가정법원의 허가를 얻지 않고 양자로 하였을 때
5. 금치산자가 후견인의 동의 없이 양자를 하였거나 양자가 되었을 때
6. 배우자와 공동으로 하지 않고 양자를 한 때와 배우자 있는 자가 다른 일방의 동의를 얻지 않고 양자가 된 때
7. 입양 당시 양친자의 일방에게 악질, 기타 중대한 사유가 있음을 알지 못한 때
8. 입양이 사기 또는 강박으로 인하여 이루어진 때

12. 친양자입양

가. 의 의

친양자제도는 친생자친양자를 하려는 자는 혼인기간 등 일정한 요건을 갖추어 가정법원에 친양자입양을 청구할 수 있도록 하고, 가정법원의 인용심판이 확정되면 곧바로 친양자로 입양되는 자는 친생부모 및 그 혈족과의 친족관계가 종료되고 양친과의 친족관계만을 갖게 하는 것이다.

나. 친양자입양의 요건(민법 908조의2)

(1) 친양자로 될 자는 미성년자이어야 한다. 양친이 되려는 자는 3년 이상 혼인 중인 부부로서 공동으로 입양하여야 한다. 다만 1년 이상 혼인 중인 부부의 한쪽이 그 배우자의 친생자로 하는 경우에는 그러하지 아니한다. 여기서의 혼인은 법률혼을 말하고 사실혼은 해당하지 않는다.

(2) 친양자입양을 위하여는 친양자로 될 자의 친생부모가 입양에 동의하여야 한다. 다만, 부모가 친권상실의 선고를 받거나 소재를 알 수 없거나 그 밖의 사유로 동의할 수 없는 경우에는 그러하지 아니하다. 친생부모의 동의는 가정법원의 심판에 의하여 친양자입양을 성립시키는 것을 인용하는 뜻의 관념의 표시로서 상대방 없는 단독행위이고, 그 방식에는 제한이 없다. 친생자입양청구를 인용하는 심판이 확정될 때까지는 그 동의를 철회할 수 있다.

(3) 친양자가 될 사람이 13세 이상인 경우에는 법정대리인의 동의를 받아 입양을 승낙하여야 하고, 친양자가 될 사람이 13세 미만인 경우에는 법정대리인이 그를 갈음하여 입양을 승낙하여야 한다.

(4) 그러나 ① 법정대리인이 정당한 이유 없이 동의 또는 승낙을 거부하는 경우(다만, 법정대리인이 친권자인 경우에는 다음의 ②, ③의 사유가 있어야 한다), 친생부모가 자신에게 책임이 있는 사유로 3년 이상 자녀에 대한 부양의무를 이행하지 아니하고 면접교섭을 하지 아니한 경우, 친생부모가 자녀를 학대 또는 유기하거나 그 밖에 자녀의 복리를 현저히 해친 경우에는 가정법원은 위 동의 또는 친양자입양청구를 인용할 수 있다.

다. 청구권자

친양자입양의 청구는 친양자를 하려는 자, 즉 양친이 되려는 자이다.

라. 관 할

친양자가 될 사람의 주소지의 가정법원이 관할한다(가소 44조의4).

[서식 94] 친양자입양의 심판청구서(공동입양)

친양자입양의 심판청구

청 구 인 1. 김 ○ 철 (000000-0000000) (전화 :)
등록기준지 : ○○시 ○○구 ○○로 ○○
주 소 : ○○시 ○○구 ○○로 ○○ (우편번호 : 00000)

2. 이 ○ 숙 (000000-0000000) (전화 :)
등록기준지 및 주소 : 위와 같음

사건본인 박 ○ 신 (000000-0000000) (전화 :)
등록기준지 : ○○도 ○○군 ○○읍 ○○로 ○○
주 소 : ○○도 ○○군 ○○면 ○○로 ○○ (우편번호 : 00000)

청 구 취 지

사건본인을 청구인들의 친양자로 한다.
라는 심판을 구합니다.

청 구 원 인

1. 청구인들은 20○○. 10. 12. 혼인하여 5년 이상 혼인중인 부부로서 공동으로 사건본인을 친양자로 입양하고자 합니다.
2. 청구인 김○○과 사건본인은 6촌간으로 친족 사이로서 사건본인의 부모가 20○○. 3. 20. 사고로 모두 사망한 이후 현재까지 청구인들이 사건본인을 잘 양육하고 있습니다.
3. 청구인들은 사건본인이 더 행복하고 명랑하게 자랄 수 있도록 하기 위하여 사건본인을 친양자로 입양하는 것이 좋겠다고 생각하여 이 사건 청구를 하게 되었습니다.
4. 사건본인도 청구인들 부부를 그 누구보다도 날 따르고 부모 이상의 정을 붙이고 있습니다.
5. 이 사건 청구와 관련된 사항(가사소송규칙 제62조의 2 규정사항)은 별지 목록기재와 같습니다.

첨 부 서 류

1. 청구관련사항 목록 1통
2. 기본증명서(사건본인) 1통
3. 가족관계증명서(사건본인) 1통
4. 혼인관계증명서(청구인들) 1통
5. 주민등록등본(청구인들 및 사건본인) 각1통
   (다만, 청구인들과 사건본인이 함께 주민등록이 되어 있는 경우는 1통만 제출하면 됩니다)
6. 친양자입양동의서(친생부모) 및 인감증명서 각1통
   (단, 인감증명서는 작성자가 직접 제출하지 않는 경우에만 필요합니다)
7. 법정대리인의 입양승낙서 및 인감증명서 각1통
   (단, 인감증명서는 작성자가 직접 제출하지 않는 경우에만 필요합니다.)
8. 법정대리인(후견인의 법정대리인인 경우)의 입양승낙에 대한 가정법원의 허가서 1통

20○○. ○. ○.

위 청구인 김 ○ ○ (인)
이 ○ ○ (인)

○○ 가정법원 귀중

접수방법

1. 신청인은 연락처란에 언제든지 연락 가능한 전화번호나 휴대전화번호(팩스번호, 이메일 주소 등도 포함)을 기재한다.
2. 청구권자 : 3년 이상 혼인 중인 부부 또는 1년 이상 혼인 중인 부부의 일방이다.
3. 수입인지 : 사건본인 1인당 5,000원의 인지를 납부한다.
4. 송달료 : 청구인수×4,800원(우편료)×4회분을 납부한다.
5. 관할 : 친양자로 될 자의 주소지의 가정법원

[청구 관련 사항 목록]

<table>
<tr><th>구 분</th><th colspan="3">내 용(□에 ✓표시를 하거나 해당 사항을 기재 하십시오)</th></tr>
<tr><td rowspan="6">1. 친양자로 될 자의 친생부모가 친양자입양에 동의하였는지 여부</td><td rowspan="3">부
(父)</td><td>□ 동의함
□ 동의하지 아니함</td><td>동의할 수 없는 사정(「민법」 제908조의2 제1항 제3호 단서 참조)</td></tr>
<tr><td>이 름</td><td>주 소</td></tr>
<tr><td>망 ○ ○ ○</td><td>○○시 ○○구 ○○로 ○○○</td></tr>
<tr><td rowspan="3">모
(母)</td><td>□ 동의함
□ 동의하지 아니함</td><td>동의할 수 없는 사정 (「민법」 제908조의2 제1항 제3호 단서 참조)</td></tr>
<tr><td>이 름</td><td>주 소</td></tr>
<tr><td>○ ○ ○</td><td>○○시 ○○구 ○○로 ○○○</td></tr>
<tr><td rowspan="5">2. 친양자로 될 자에 대하여 친권을 행사하는 자로서 부모 이외의 자의 이름과 주소</td><td rowspan="4">□
있
음</td><td>이 름</td><td>주 소</td></tr>
<tr><td></td><td></td></tr>
<tr><td></td><td></td></tr>
<tr><td></td><td></td></tr>
<tr><td colspan="3">□ 해당 없음</td></tr>
<tr><td rowspan="3">3. 친양자로 될 자의 부모의 후견인의 이름과 주소</td><td rowspan="2">□
있
음</td><td>이 름</td><td>주 소</td></tr>
<tr><td></td><td></td></tr>
<tr><td colspan="3">□ 해당 없음</td></tr>
<tr><td>4. 「민법」 제869 조에 의한 법정 대리인의 입양 승낙</td><td colspan="3">□ 승낙함
□ 승낙하지 아니함</td></tr>
<tr><td rowspan="5">5. 「사회복지법인 사업법」에 의한 사회복지법인의 입양 알선에 의한 청구인지 여부</td><td rowspan="4">□
해
당
함</td><td>사회복지법인의 명칭</td><td>소재지</td></tr>
<tr><td></td><td></td></tr>
<tr><td>친양자로 될 자가 보호되고 있는 보장시설명칭</td><td>소재지</td></tr>
<tr><td></td><td></td></tr>
<tr><td colspan="3">□ 해당 없음</td></tr>
</table>

유의사항

1. 친생부모가 동의를 할 수 없는 사정은 민법 제906조의2 제1항 제3호 단서의 '부모의 친권이 상실되거나 사망 그 밖의 사유로 동의할 수 없는 경우'이다.
2. 친양자로 될 자에 대하여 친권을 행사하는 자로서 부모 이외의 자는 사건본인의 부 또는 결혼하지 아니한 미성년자인 경우(즉 혼인하지 않은 미성년자가 자를 출산한 경우)에 이에 대신하여 친권을 대행하는 그 미성년자의 친권자(민법 제910조) 또는 후견인(민법 제948조) 등이다.
3. 수입인지 : 사건본인 1명당 수입인지 5,000원의 인지를 납부한다.
4. 송달료 : 청구인수 × 4,800원(우편료) × 4회분을 납부한다.
5. 관할법원 : 친양자가 될 자의 주소지의 가정법원(가정법원 또는 가정지원이 설치되지 아니한 지역은 해당 지방법원 또는 지방법원 지원)에 제출한다.

친양자입양 동의서

1. 친양자입양 청구 관계인

구 분		성 명	주민등록번호
친양자입양 청구인	양부로 될 자	○ ○ ○	000000-0000000
	양모로 될 자	○ ○ ○	000000-0000000
친양자로 될 자		○ ○ ○	000000-0000000
친양자로 될 자의 친생부모	친생부	○ ○ ○	000000-0000000
	친생모	○ ○ ○	000000-0000000

2. 친양자입양에 대한 동의

위 친양자로 될 자 ○○○의 친생부 ○○○과 친생모 ○○○은 친양자입양의 심판이 확정된 때에 친생부모와 친양자의 친족관계는 종료한다는 것을 잘 알면서, 민법 제908조의2 제1항에 따라 친양자입양 청구인들이 ○○○을 친양자로 입양함에 동의합니다.

20○○. ○. ○.

구분	동의인 성명	친양자입양에 대한 동의 여부	서명 또는 날인
친생부	○ ○ ○	동의함	
친생모	○ ○ ○	동의함	

접수방법

1. 위는 '친생부모'가 친생자를 친양자로 보내는 것에 대한 동의서이다.
2. 작성명의인(친생부모)의 인감도장을 날인하고 인감증명서를 첨부한다.
3. 위 동의서는 친양자입양청구에 첨부하여 법원에 제출한다.

친양자입양 승낙서

1. 친양자입양 청구 관계인

구 분		성 명	주민등록번호
친양자입양 청구인	양부로 될 자	○ ○ ○	000000-0000000
	양모로 될 자	○ ○ ○	000000-0000000
친양자로 될 자		○ ○ ○	000000-0000000
친양자로 될 자의 친생부모	친생부	○ ○ ○	000000-0000000
	친생모	○ ○ ○	000000-0000000

2. 친양자입양에 대한 승낙

위 친양자로 될 자 ○○○의 법정대리인 친권자 부 ○○○과 친권자 모 ○○○은 친양자로 될 자가 15세 미만이므로 민법 제908조의 제1항 제4호에 따라 친양자로 될 자에 갈음하여 친양자입양 청구인들이 친양자로 될 자를 친양자로 입양하는 것을 승낙합니다.

20○○. ○. ○.

구 분	입양승낙인 성명	친양자입양에 대한 승낙 여부	서명 또는 날인
법정대리인친권자 부	○ ○ ○	승낙함	
법정대리인친권자 모	○ ○ ○	승낙함	

접수방법

1. 위는 '법정대리인들'이 친자를 친양자로 보내는 것에 대한 승낙서이다.
2. 친양자로 될 자는 언제나 15세 미만이므로 '법정대리인'이 그에 갈음하여 입양을 승낙하여야 한다. 즉 생부모가 법정대리인인 때에는 부모로서의 '동의'와 법정대리인으로서 양자에 갈음한 입양 '승낙'을 하여야 한다.
3. 이 서류에 제출자가 작성명의인(친생부모)의 인감도장을 날인하고 인감증명서를 첨부한다(단, 친양자입양동의서에 작성명의인의 인감증명서가 이미 첨부된 경우에는 인감증명서를 첨부할 필요가 없다.
4. 법정대리인인 친권자가 부 또는 모 1명인 경우, 법정대리인이 후견인인 경우에는 위 내용을 적절하게 수정하여 사용하도록 한다.

[서식 95] 친양자입양의 심판청구서(공동입양)

친양자입양의 심판청구

청 구 인 1. 이 ○ 성 (000000-0000000) (전화 :)
등록기준지 : 경기도 연천군 왕징면 무등로 40
주 소 : 경기도 의정부시 신곡로 765

2. 김 ○ 숙 (000000-0000000)
등록기준지 및 주소 : 위와 같음

사건본인 최 ○ 정 (000000-0000000)
등록기준지 : 전북 정읍시 신태인읍 화호로 333
주 소 : 경기도 수원시 권선로 232

청 구 취 지

사건본인을 청구인들의 친양자로 한다.
라는 심판을 구합니다.

청 구 원 인

1. 당사자 관계

청구인들은 20○○. 5. 23. 혼인신고한 법률상 부부이며 현재까지 3년 이상 혼인 중인 부부로서 공동으로 사건본인 친양자로 입양하고자 합니다.

2. 친양자로 입양하고자 하는 이유

가. 청구인 이은성과 사건본인은 먼 친족 사이로서 사건본인의 부모가 20○○. 3. 경 교통사고로 모두 사망한 이후 현재까지 청구인들이 사건본인을 잘 양육하고 있습니다.

나. 청구인들은, 사건본인이 더 행복하고 구김살 없게 자랄 수 있도록 하기 위하여, 사건본인을 친양자로 입양하는 것이 좋겠다고 생각하여 이 사건 청구를 하게 되었습니다.

3. 별지에 관한 설명

이 사건 친양자입양과 관련된 사항(가사소송규칙 제62조의2 규정사항)으로 별지 목록 기재와 같이 20○○. 2.경 친생부모와 법정대리인의 동의를 받았습니다.

첨 부 서 류

1. 〈별지 1.〉 '청구관련 사항목록'	1통
2. 〈별지 2.〉 친양자입양 동의서(친생부모)	1통
3. 〈별지 3.〉 법정대리인의 입양승낙서	1통
※ 후견인이 법정대리인인 경우 입양승낙에 대한 가정법원의 허가서	1통
1. 가족관계증명서(사건본인)	1통
1. 혼인관계증명서(청구인들)	1통
1. 주민등록등본(사건본인)	1통

20○○. ○. ○.

위 청구인 1. 이 ○ 성 (인)

2. 김 ○ 숙 (인)

○○ 가정법원 귀중

접수방법

1. 신청인은 연락처란에 언제든지 연락 가능한 전화번호나 휴대전화번호(팩스번호, 이메일 주소 등도 포함)을 기재한다.
2. 청구권자 : 3년 이상 혼인 중인 부부 또는 1년 이상 혼인 중인 부부의 일방이다.
3. 수입인지 : 사건본인 1인당 5,000원의 인지를 납부한다.
4. 송달료 : 청구인수 × 4,800원(우편료) × 4회분을 납부한다.
5. 관할 : 친양자로 될 자의 주소지의 가정법원

[서식 96] 친양자입양의 심판청구서(단독입양)

친양자입양 심판청구

청 구 인　　김 ○ 규 (000000-0000000)　(전화 :　　　　　)
　　　　　　등록기준지 : 전라남도 영광군 군서면 보라로 1378
　　　　　　주　　　소 : 의정부시 장암로 5, 215동 202호 (장암동, 주공아파트)

사건본인　　고 ○ 혁 (000000-0000000)
　　　　　　등록기준지 : 의정부시 의정부로 172
　　　　　　주　　　소 : 의정부시 장암로 5, 215동 202호 (장암동, 주공아파트)

청 구 취 지

사건본인을 청구인의 친양자로 한다.
라는 심판을 구합니다.

청 구 원 인

1. 청구인은 사건본인을 친양자로 입양하고자 합니다.
2. 청구인은 사건본인의 모인 청구외 '임○순'과 20○○. 3. 4. 혼인한 이후로 현재까지 사건본인을 친자식으로 여기며 잘 양육하고 있습니다.
3. 청구인은 사건본인이 더 행복하고 구김살 없게 자랄 수 있도록 하기 위하여 사건본인을 친양자로 입양하는 것이 좋겠다고 생각하여 이 사건 청구에 이르게 된 것입니다.

4. 이 사건 청구와 관련된 사항(해당 □안에 ✓표시)
   가. 친양자로 될 자의 친생부(父)가 친양자입양에 동의 □, 부동의 □
   나. 친양자로 될 자의 친생모(母)가 친양자입양에 동의 □, 부동의 □
   다. 친생부 또는 친생모가 동의할 수 없는 경우
      (1) 동의할 수 없는 이유
         □ 사망, □ 친권상실, □ 행방불명, □ 심신상실
         □ 기타( )
      (2) 동의할 수 없는 친생부 또는 친생모의 최근친 직계존속(여러명인 경우는 연장자)은
         □ ( )이고, 그의 주소는 ( )입니다.
         □ 없습니다.

첨 부 서 류

1. 가족관계증명서(사건본인) 1통
2. 기본증명서(사건본인) 1통
3. 혼인관계증명서(청구인) 1통
4. 주민등록등본(청구인, 사건본인) 각 1통
5. 친양자입양동의서(친생부) 및 인감증명서 1통
6. 법정대리인(친생부)의 입양승낙서 및 인감증명서 1통
   ※ 인감증명서는 작성자가 직접 제출하지 않는 경우에만 필요함.
7. (후견인이 법정대리인인 경우) 입양승낙에 대한 가정법원허가서 1통

20○○. ○. ○.

청구인 김 ○ 규 (인)

○○ 가정법원 귀중

접수방법

1. 신청인은 연락처란에 언제든지 연락 가능한 전화번호나 휴대전화번호(팩스번호, 이메일 주소 등도 포함)을 기재한다.

2. 청구권자 : 3년 이상 혼인 중인 부부 또는 1년 이상 혼인 중인 부부의 일방이다.
3. 수입인지 : 사건본인 1인당 5,000원의 인지를 납부한다.
4. 송달료 : 청구인수×4,800원(우편료)×4회분을 납부한다.
5. 관할 : 친양자로 될 자의 주소지의 가정법원

[서식 97] 친양자입양의 심판청구서(친모의 배우자 단독신청)

친양자입양의 심판청구

청 구 인 ○ ○ ○ (000000-0000000) (전화 :)
등록기준지 : ○○시 ○○구 ○○로 123
주 소 : ○○시 ○○구 ○○로 234 (우편번호 : 00000)

사건본인 1. 박 ○ ○ (000000-0000000)
2. 박 ○ ○ (000000-0000000)
사건본인들의 등록기준지 : ○○시 ○○구 ○○로 345
사건본인들의 주소 : 청구인과 같음

청 구 취 지

사건본인을 청구인의 친양자로 한다.
라는 심판을 구합니다.

청 구 원 인

1. 청구인은 사건본인을 친양자로 입양하고자 합니다.
2. 청구인과 사건본인의 생모인 청구외 정○○은 법률상 부부로서 20○○. ○. ○. 혼인한 이후로 현재까지 ○○시 ○○구 ○○로 ○○○ 소재 주택에서 청구외 정○○, 사건본인들 및 청구외 ○○○(청구인과 청구외 정○○ 사이의 자녀)과 함께 살면서 단란한 가정을 이루고 살고 있습니다. 한편 사건본인들의 생부 망 박○○은 20○○. ○. ○. 사망하였습니다.

3. 그런데 사건본인들이 생모와 청구인의 결혼 이후 학교 및 학원생활을 하면서 동생과 성이 다르다는 이유로 학교에서 친구들에게 놀림을 받거나, 재혼한 가정의 아이들이라는 것이 친구들 사이에서 이야깃거리가 되지는 않을 까 하는 마음에 노심초사하는 등 심한 정신적 압박에 시달리고 있고, 청구인 내외도 같은 자식들과의 사이에 성과 본이 달라 각종 신고절차시마다 재혼한 것이 나타나 항상 마음이 무거웠습니다.

4. 이에 청구인과 청구외 정○○가 심사숙고한 끝에 청구인은 5년 이상 혼인 중이고 친양자로 될 사건본인들은 모두 15세 미만이며, 생모인 신청외 정○○는 동의하고 있으며, 무엇보다도 사건본인들을 친양자로 입양하는 것이 청구인 부부와 사건 본인 및 위 정○○ 모두를 위하여 좋겠다고 생각하여 이 사건 청구를 하게 된 것이오니 부디 허가하여 주기기 바랍니다.

5. 이 사건 청구와 관련된 사항 해당 □ 안에 ✓표시, 내용 추가)
   가. 친양자로 될 자의 친생부가 친양자입양에 동의□, 부동의□
   나. 친양자로 될 자의 친생모가 친양자입양에 동의□, 부동의□
   다. 친생부 또는 친생모가 동의할 수 없는 경우
      (1) 동의할 수 없는 이유
         □ 사망
         □ 친권상실
         □ 행방불명
         □ 심신상실
         □ 기타( )
      (2) 동의할 수 없는 친생부 또는 친생모의 최근친 직계존속(여러 명인 경우는 연장자)은, □ ( )이고, 그의 주소는 ( )입니다.
         □ 없습니다.

첨 부 서 류

1. 가족관계증명서(사건본인) 1통
2. 기본증명서(사건본인) 1통
3. 혼인관계증명서(청구인) 1통
4. 주민등록등본(청구인 및 사건본인) 각1통
   (다만, 청구인과 사건본인이 함께 주민등록이 되어 있는 경우는 1통만 제출하면 됩니다)
5. 친양자입양동의서(친생부모) 및 인감증명서 각1통

(단, 인감증명서는 작성자가 직접 제출하지 않는 경우에만 필요합니다)

6. 법정대리인의 입양승낙서 및 인감증명서 각1통
   (단, 인감증명서는 작성자가 직접 제출하지 않는 경우에만 필요합니다.)
7. 법정대리인(후견인의 법정대리인인 경우)의 입양승낙에 대한 가정법원의 허가서 1통

20○○. ○. ○.

위 청구인 ○ ○ ○ (인)

○○ 가정법원 귀중

13. 친양자입양의 취소

가. 의 의

친양자로 될 자의 아버지 또는 어머니는 자신에게 책임이 없는 이유로 인하여 민법 제908조의2 제1항 제3호 단서에 따른 동의를 할 수 없었던 경우에 친양자입양의 사실을 안 날로부터 6개월 안에 가정법원에 친양자입양의 취소를 청구할 수 있다(민법 908조의4 제1항). 친양자입양의 취소사유인 “친양자로 될 자의 아버지 또는 어머니에게 책임이 없는 사유”의 예로는 자가 미아가 되어 아동보호시설에 있다가 친양자로 입양된 경우 또는 친생부모가 심신상실의 상태에 있었을 경우를 들 수 있다.

친양자입양은 가정법원의 심리를 거쳐서 심판에 의하여 성립되고 별도로 입양 취소에 관한 규정을 두었기 때문에 입양 무효에 관한 민법 제883조 및 입양 취소에 관한 민법 제884조의 규정은 친양자입양에 관하여 이를 적용하지 아니한다(민법 909조의4 제4항).

나. 사 유

친양자로 될 자의 친생의 부 또는 모가 자신에게 책임이 없는 사유로 인하여 부모의 친권이 상실되거나 사망 그 밖의 사유로 동의할 수 없었던 경우이다(민법 제908조의4 제1항).

다. 당 사 자

친생의 아버지 또는 어머니에게 원고적격이 있다. 양친자 양쪽을 상대방으로 하되 그 중 어느 한쪽이 사망한 경우에는 생존자를 상대방으로 한다. 상대방이 될 사람이 모두 사망한 경우에는 검사를 상대방으로 한다(가소 31조, 24조).

라. 관 할

양부모 중 1인의 보통재판적 소재지의 가정법원, 양부모가 모두 사망한 때에는 그 중 1인의 최후주소지의 가정법원의 전속관할에 속한다.

마. 제척기간

친양자입양의 취소의 청구권은 친양자입양의 사실을 안날부터 6월 이내에 청구하여야 한다(민법 908조). 친양자입양의 사실을 알면 족하고 친양자입양의 법률효과까지 알아야 하는 것은 아니다.

바. 조정전치

친양자입양의 취소는 조정전치주의의 적용을 받는다. 소송물에 관해 임의처분이 허용되지 않아 직접적인 조정은 불가하고 인간관계의 조정을 중심으로 한 간접적이고 우회적인 조정만이 가능하다.

사. 청구취지 기재례

1. 원고와 피고 사이에 20○○. ○. ○. ○○시 ○○구청장에게 신고하여서 한 친양자입양은 이를 취소한다.
2. 소송비용은 피고가 부담한다.

1. 원고와 피고 사이의 친양자입양(20○○. ○. ○. ○○시 ○○구청장 접수)은 이를 취소한다.
2. 소송비용은 피고가 부담한다.

[서식 98] 친양자입양취소 청구의 소장(친생부모의 친양자입양에 동의한 사실이 없음)

소 장

원 고 김 ○ ○ (000000-0000000) (전화 :)
등록기준지 : ○○시 ○○구 ○○로 ○○
주 소 : ○○시 ○○구 ○○로 ○○ (우편번호 : 00000)

피 고 1. 이 ○ ○ (000000-0000000) (전화 :)
등록기준지 : ○○시 ○○구 ○○로 ○○
주 소 : ○○시 ○○구 ○○로 ○○ (우편번호 : 00000)

2. 박 ○ ○ (000000-0000000) (전화 :)
등록기준지 : ○○시 ○○구 ○○로 ○○
주 소 : ○○시 ○○구 ○○로 ○○ (우편번호 : 00000)

사건본인 이 ○ ○ (000000-0000000) (전화 :)
등록기준지 및 주소 : 피고 1 이○○과 같음

친양자입양취소 청구의 소

청 구 취 지

1. 원고와 피고들 사이에 20○○. ○. ○. 서울 ○○구청장에게 신고하여 한 친양자입양은 이를 취소한다.
2. 소송비용은 피고들이 부담한다.

라는 판결을 구합니다.

청 구 원 인

1. 피고 이○○은 20○○. ○. ○. 결혼을 하여 슬하에 사건본인을 두었으나 피고의 폭력으로 20○○. ○. ○. 결혼 2년 만에 합의이혼을 하였습니다. 그때 사건본인의 친권은 원고가 갖고 양육권은 피고 이○○가 갖기로 하여 매달 양육비로 금 400,000원을 피고 이○○에게 주기로 하는 합의를 하였습니다.
2. 그 후 피고는 이○○는 피고 박○○를 만나 결혼을 하였고, 그 후 20○○. ○. ○.

원고가 필요해서 가족관계등록부를 발급받아보니 사건본인이 피고 박○○의 친양자가 된 사실을 알게 되었습니다.

3. 민법 제908조의2 제1항 제3호에는 "친양자로 될 자의 친생부모가 친양자입양에 동의할 것"이라고 규정되어 있는 바, 친양자가 되기 위하여 반드시 친생부모가 일반 양자가 아닌 "친양자입양에 대한 동의"가 있어야 하는데, 원고는 친양자입양에 동의한 사실이 전혀 없음에도 불구하고 사건본인이 피고 박○○의 친양자가 된 것이므로 청구취지와 같은 판결을 구하고자 본 소 청구에 이른 것입니다.

입 증 방 법

1. 갑 제1호증 가족관계증명서(본가, 양가)
1. 갑 제2호증 입양관계증명서

첨 부 서 류

1. 위 입증서류 각 1통
1. 주민등록초본 4통
1. 소장부본 2통

20○○. ○. ○.

위 원고 김 ○ ○ (인)

○○ 가정법원 귀중

접수방법

1. 당사자 : 원고는 친양자로 될 자의 친생의 부 또는 모이다. 피고는 친양친자 양자 쌍방을 피고로 하는 필수적 공동소송이다.
2. 수입인지 : 20,000원의 인지를 납부한다.
3. 송달료 : 당사자수 × 4,800원(우편료) × 12회분을 납부한다.
4. 관할 : 양부모 중 1인의 주소지를 관할하는 관할법원에, 양부모가 모두 사망한 때에는 그 중 1인의 최후주소지를 관할하는 가정법원에 제출한다.

14. 파양취소

가. 의 의

파양의 취소는 협의상 파양의 성립과정에서 사기 또는 강박으로 인하여 파양의 의사표시를 한 경우 그 파양의 효력을 소급하여 소멸시키는 것이다. 파양취소는 법원에 대한 소의 청구에 의하여서만 주장할 수 있는 것으로서 형성의 소이다.

나. 당 사 자

성질상 사기 또는 강박으로 인하여 파양의 의사표시를 한 협의상 파양의 한쪽 당사자만이 원고적격을 지니고, 다른 쪽 당사자가 피고적격자이다. 따라서 양친은 필수적 공동소송이 된다. 상대방이 될 사람이 모두 사망한 경우에는 검사를 상대방으로 한다(가소 31조, 24조, 제1, 2, 3항).

다. 관 할

양부모 중 1인의 보통재판적 소재지의 가정법원, 양부모가 모두 사망한 때에는 그 중 1인의 최후 주소지의 가정법원의 전속관할에 속한다(가소 30조).

라. 제척기간

사기를 안 날 또는 강박을 면한 날로부터 3월을 경과함으로써 소멸한다(민법 904조, 823조).

마. 청구취지 기재례

1. 원고와 피고 사이에 20○○. ○. ○. ○○시 ○○구청장에게 신고하여 한 파양은 이를 취소한다.
2. 소송비용은 피고가 부담한다.

---

1. 원고와 피고 사이의 파양(20○○. ○. ○. ○○시 ○○구청장 접수)은 이를 취소한다.
2. 소송비용은 피고가 부담한다.

1. 원고와 피고 사이에 20○○. ○. ○. ○○시 ○○구청장에게 신고하여 한 협의파양은 이를 취소한다.
2. 소송비용은 피고가 부담한다.

[서식 99] 파양취소 청구의 소장

소 장

원 고 김 ○ 민 (000000-0000000) (전화 :)
등록기준지 : ○○시 ○○구 ○○로 ○○
주 소 : ○○시 ○○구 ○○로 ○○ (우편번호 : 00000)

피 고 1. 김 ○ 호 (000000-0000000) (전화 :)
등록기준지 : 원고와 같음
주 소 : ○○시 ○○구 ○○로 ○○ (우편번호 : 00000)

2. 강 ○ 순 (000000-0000000) (전화 :)
등록기준지 및 주소 : 원고와 같음

파양취소 청구의 소

청 구 취 지

1. 원고와 피고들 사이에 20○○. 4. 20. ○○시 ○○구청장에게 신고하여 한 파양은 이를 취소한다.
2. 소송비용은 피고가 부담한다.

라는 판결을 구합니다.

청 구 원 인

1. 원고는 고아로 ○○재활원에서 생활을 하다가 18세가 되어 위 재활원을 나와 독지가의 도움으로 직장생활을 하면서 모은 돈으로 옷가게를 운영하면서 혼자 살아가던 중

20○○. 8. 20. 현재의 양부모인 피고들의 제의를 받고 피고들가(家)에 입양하여 피고들을 모시고 살아가면서 옷가게를 계속 운영하여 그 수익으로 생활비를 조달하고 또한 당시 전세로 어렵게 거주하였던 피고들에게 현재 거주하고 있는 주택을 구입하여 양부명의로 등재하는 등 많은 돈을 모으게 되었습니다.

2. 그런데 피고들은 원고를 입양한 후 피고 양부 김○호가 불의의 교통사고로 병원중환자실에 입원하여 생명이 위독하게 되자 그의 자녀들에게 미리 재산상속을 하면서 양모가 원고에게 피고들의 재산 중 서울 용산구 갈월동 136 소재 주택 1동의 시가 1억원 상당을 원고에게 소유권을 이전시켜주는 조건으로 파양을 제의하여 원고가 이에 동의함으로써 20○○. 4. 20.에 파양신고를 하였습니다.

3. 그러나 피고들은 원고와의 위 합의를 이행하지 아니하고 차일피일 미루기만 하면서 위 주택을 제외한 전 재산을 자녀들에게 모두 증여하였고 위 주택마저 제3자에게 매도하기 위하여 획책을 하고 있는 바, 피고들은 원고와의 약속을 이행할 의사가 전혀 없으면서 원고를 재산상속으로 제외시키기 위하여 사술로 원고를 기망하여 원고로 하여금 파양에 동의하게 한 것이므로 원고는 부득이 청구취지와 같은 판결을 구하고자 본 소 청구에 이른 것입니다.

입 증 방 법

1. 갑 제1호증	가족관계증명서
1. 갑 제2호증	입양관계증명서
1. 갑 제3호증	약속어음증서 사본
1. 갑 제4호증	부동산등기사항전부증명서

첨 부 서 류

1. 위 입증서류	각 1통
1. 주민등록초본	3통
1. 소장부본	2통

20○○. ○. ○.

위 원고 김 ○ 민 (인)

○○ 가정법원 귀중

접수방법

1. 당사자는 양친과 양자이며, 양친은 필요적공동소송인이 된다. 상대방으로 될 자가 모두사망한 때에는 상대방으로 한다. 원고가 사망하면 다른 제소권자가 그 소송절차를 승계할 여지가 없으므로 소송절차가 종료된다. 피고가 사망한 경우에는 검사가 보충적으로 피고적격을 가지므로 검사로 하여금 그 소송절차를 수계할 여지가 있다.
2. 수입인지 : 20,000원의 인지를 납부한다.
3. 송달료 : 당사자수×4,800원(우편료)×12회분을 납부한다.
4. 관할법원 : 양부모 중 1인의 주소지가 있는 관할 가정법원, 양부모가 모두 사망한 때에는 그 중 1인의 최후 주소지를 관할하는 가정법원에 제출한다.

15. 재판상 파양

가. 의 의

재판상 파양은 양친자관계를 유지하게 하는 것이 부당하다고 인정되는 사유가 있는 경우에 그 양친자 관계를 재판에 의하여 소멸시키는 것을 말한다.

민법 제905조가 정한 그 원인으로 ① 양부모가 양자를 학대 또는 유기하거나 그 밖에 양자의 복리를 현저히 해한 때, ② 양부모가 양자로부터 심히 부당한 대우를 받았을 때, ③ 양부모나 양자의 생사가 3년 이상 분명하지 아니한 때, ④ 그 밖에 양친자관계를 계속하기 어려운 중대한 사유가 있을 때이다.

나. 청구원인

(1) 양부모가 양자를 학대 또는 유기하거나 그 밖에 양자의 복리를 현저히 해친 경우
(2) 양부모가 양자로부터 심히 부당한 대우를 받은 경우
(3) 양부모나 양자의 생사가 3년 이상 분명하지 아니한 경우
(4) 그 밖에 양친자관계를 계속하기 어려운 중대한 사유가 있는 경우

다. 당 사 자

(1) 원칙적으로 양친자에게 당사자 적격이 있다. 양친 부부 중 한쪽이 사망하거나 양친이 이혼한 때에는 부부공동입양의 원칙은 적용되지 않고 단독으로 자신과의 양친자관계에

관하여 파양의 소를 제기할 수 있다. 양친자의 한쪽이 사망한 경우 사망자의 친족 등이 재판상 파양의 청구를 하는 것은 허용되지 아니한다.

(2) 양자가 13세 미만인 경우에는 그에 갈음하여 입양을 승낙한 법정대리인이 양자를 갈음하여 파양을 청구할 수 있다. 다만 파양을 청구할 수 있는 사람이 없는 경우에는 민법 제777조에 따른 양자의 친족이나 이해관계인이 가정법원의 허가를 받아 파양을 청구할 수 있다. 양자가 13세 이상이 미성년자인 경우에는 입양에 동의한 부모의 동의를 받아 파양을 청구할 수 있다. 다만 부모가 사망하거나 그 밖의 사유로 동의할 수 없는 경우에는 동의 없이 파양을 청구할 수 있다. 양부모나 양자가 피성년후견인인 경우에는 성년후견인의 동의를 받아 파양을 청구할 수 있다. 아울러 검사는 미성년자나 피성년후견인인 양자를 위하여 파양을 청구할 수 있다(민법 906조).

라. 관 할

양부모 중 1명의 보통재판적이 있는 곳의 가정법원의 토지관할에 전속하고, 단독판사의 사물관할에 속한다. 양부모가 사망하였거나 양자가 사망한 경우에는 재판상 파양의 소를 제기할 여지가 없으므로 양부모 중 1명의 마지막 주소가 관할의 표준으로 될 수는 없다.

마. 제척기간

양부모나 양자의 생사가 3년 이상 분명하지 아니한 때를 제외한 나머지 사유는 그 사유있음을 안 날로부터 6월, 그 사유 있는 날로부터 3년을 경과하면 파양을 청구하지 못한다(민법 907조).

바. 청구취지 기재례

1. 원고들과 피고는 파양한다. 2. 소송비용은 피고들이 부담한다.

1. 원고와 피고들은 파양한다. 2. 소송비용은 피고들이 부담한다.

1. 사건본인과 피고들은 파양한다.
2. 소송비용은 피고들이 부담한다.

1. 원고들과 사건본인은 파양한다.
2. 소송비용은 피고가 부담한다.

[서식 100] 파양 청구의 소장(1)

소 장

원 고 1. 이 ○ 호 (000000-0000000) (전화 :)
등록기준지 : ○○시 ○○구 ○○로 ○○
주 소 : ○○시 ○○구 ○○로 ○○ (우편번호 : 00000)

2. 김 ○ 옥 (000000-0000000) (전화 :)
등록기준지 및 주소 : 위 원고와 같음

피 고 이 ○ 식 (000000-0000000) (전화 :)
등록기준지 및 주소 : 원고들과 같음

파양 청구의 소

청 구 취 지

1. 원고들과 피고는 파양한다.
2. 소송비용은 피고가 부담한다.

라는 판결을 구합니다.

청 구 원 인

1. 원고들은 부부로서 20○○. 4. 20. 피고를 양자로 맞아들여 20○○. 1. 10. 입양신고

를 하였습니다.

2. 피고는 입양신고 당시 원고들이 순천시 연향동 소재 ○○이라는 횟집을 운영하고 있는 일을 성실히 돌보아 주었으나 20○○. 5.경부터 화투, 카드 등에 미쳐 횟집 주방장 일을 돌보지 않음은 물론 카운터의 돈을 닥치는 대로 갖다 쓰는 바람에 위 횟집을 운영할 수가 없게 되었습니다.

3. 원고들은 피고에게 수없이 반성을 촉구하였으나 피고는 오히려 반항하며 20○○. 2. 10. 만취되어 원고 이○호에게 폭력으로서 동인의 의사를 무시하여 집을 나가서 지금엔 정부와 동거하며 원고들을 어버이로 섬기지 않고 제멋대로 하고 있습니다.

4. 이상과 같은 실정이므로 원고들은 이미 피고와 양친자 관계를 유지할 것을 단념하였으며 혼자서 평온하게 노후를 보내겠다는 생각에서 청구취지와 같은 판결을 구하기 위하여 본소 청구에 이른 것입니다.

입 증 방 법

1. 갑 제1호증 가족관계증명서
1. 갑 제2호증 진단서 사본

첨 부 서 류

1. 위 입증서류 각 1통
1. 주민등록초본 3통
1. 소장부본 1통

20○○. ○. ○.

위 원고 이 ○ 호 (인)
김 ○ 옥 (인)

○○ 가정법원 귀중

접수방법

1. 파양을 청구할 수 있는 자는 양친자만이 당사자 적격을 가짐이 원칙이다. 양자가 15세 미만인 경우를 제외하고는 양친자의 일방이 타방을 상대로 하여 재판상 파양을 청구하여야 한다. 양자가 15세

미만의 경우에는 대낙권자나 생가의 다른 직계존속이 청구할 수 있다. 15세 이상인 미성년자가 제소한 경우 생가부모나 다른 직계존속이 대리하고 이들이 없으면 후견인이 가정법원의 허가를 얻어 소송을 대리한다.

파양청구의 피고도 양친이나 양자이다. 제3자에게는 당사자 적격이 없다.

2. 수입인지 : 20,000원의 인지를 납부한다.
3. 송달료 : 당사자수 × 4,800원(우편료) × 12회분을 납부한다.
4. 관할법원 : 양부모 중 1인의 주소지가 있는 관할 가정법원, 양부모가 모두 사망하였거나 양자가 사망한 경우에는 재판장 파양의 소를 제기할 여지가 없다.

주 입양의 의사로 출생신고를 경우 파양절차

양자로 하려는 아이를 자기의 출생자로서 출생신고를 한 경우에는 양친자관계가 발생한다(대법원 1977. 7. 26. 선고 77다492 판결). 따라서 아이와의 친자관계를 해소하기 위해서는 친생자관계부존재 확인의 소가 아닌 재판상 파양을 하여야 한다.

종래에는 파양 판결을 얻은 당사자가 그 판결을 소명자료로 하여 가족관계등록부정정허가 결정을 얻어서 친생자관계를 양친자관계로 바로잡는 가족관계등록정정신청(가족관계등록정정허가결정문 첨부) 및 양친자 관계를 해소하는 파양신고(파양 판결문 첨부)를 할 수 있었으나 2009. 7. 20.부터는 파양 판결만으로는 허위의 출생신고로 기록한 친생자관계를 정정할 수 없게 되었고, 별도로 양친자관계존재확인 판결을 받아야 하는 것으로 변경되었다{'양친자관계존재확인판결에 의한 가족관계등록부 정정절차 예규'(대법원 가족관계등록예규 제301호) 제6조}. 따라서 입양의 의사로 출생신고를 하였다가 파양하려고 할 경우에는 파양 청구를 함과 동시에 양친자관계존재확인의 소를 제기하여야 할 것이다.

[서식 101] 파양 청구의 소장(2)

소 장

원 고 김 ○ 순 (000000-0000000) (전화 :)
등록기준지 : ○○시 ○○구 ○○로 ○○
주 소 : ○○시 ○○구 ○○로 ○○

피 고 이 ○ 철 (000000-0000000) (전화 :)
등록기준지 및 주소 : 원고들과 같음

파양 청구의 소

청 구 취 지

1. 원고와 피고는 파양한다.
2. 소송비용은 피고가 부담한다.

라는 판결을 구합니다.

청 구 원 인

1. 원고는 피고를 20○○. 4. 20.에 입양하여 입양신고를 한 양친자관계입니다.
2. 원고는 노후의 여생을 피고와 함께 살아가기 위해 피고를 양자로 삼고 입양신고까지 하였는데 피고는 입양 후 2년이 채 지나지 않아 원고의 생활뿐만 아니라 신변의 일에 관심을 가지지 않았으며, 원고를 방치한 후 원고와 함께 생활하는 것도 거부하면서 피고는 2층에서 거주하면서 음식도 만들어 먹으면서 원고와 말도 하지 않고 생활을 하다가 20○○. ○. ○.부터는 "어서 죽어라"라는 폭언을 서슴치 않고 폭행을 가하기도 하였습니다. 그 후 피고는 20○○. ○. ○.경 집을 나가서는 원고와 일체 연락도 하지 않고 있는 상황입니다.
3. 따라서 원고는 피고에 대하여 민법 제906조에 따라 파양을 구하고자 이 사건 청구에 이른 것입니다.

입 증 방 법

1. 갑 제1호증	가족관계증명서
1. 갑 제2호증	입양관계증명서
1. 갑 제3호증	상해진단서

첨 부 서 류

1. 위 입증서류	각 1통
1. 주민등록초본	2통
1. 소장부본	1통

20○○. ○. ○.

위 원고 김 ○ 순 (인)

○○ 가정법원 귀중

접수방법

1. 파양을 청구할 수 있는 자는 양친자만이 당사자 적격을 가짐이 원칙이다. 양자가 15세 미만인 경우를 제외하고는 양친자의 일방이 타방을 상대로 하여 재판상 파양을 청구하여야 한다. 양자가 15세 미만의 경우에는 대낙권자나 생가의 다른 직계존속이 청구할 수 있다. 15세 이상인 미성년자가 제소한 경우 생가부모나 다른 직계존속이 대리하고 이들이 없으면 후견인이 가정법원의 허가를 얻어 소송을 대리한다.
   파양청구의 피고도 양친이나 양자이다. 제3자에게는 당사자 적격이 없다.
2. 수입인지 : 20,000원의 인지를 납부한다.
3. 송달료 : 당사자수×4,800원(우편료)×12회분을 납부한다.
4. 관할법원 : 양부모 중 1인의 주소지가 있는 관할 가정법원, 양부모가 모두 사망하였거나 양자가 사망한 경우에는 재판장 파양의 소를 제기할 여지가 없다.

주 입양의 의사로 출생신고를 경우 파양절차

양자로 하려는 아이를 자기의 출생자로서 출생신고를 한 경우에는 양친자관계가 발생한다(대법원 1977. 7. 26. 선고 77다492 판결). 따라서 아이와의 친자관계를 해소하기 위해서는 친생자관계부존재 확인의 소가 아닌 재판상 파양을 하여야 한다.

종래에는 파양 판결을 얻은 당사자가 그 판결을 소명자료로 하여 가족관계등록부정정허가 결정을 얻어서 친생자관계를 양친자관계로 바로잡는 가족관계등록정정신청(가족관계등록정정허가결정문 첨부) 및 양친자 관계를 해소하는 파양신고(파양 판결문 첨부)를 할 수 있었으나 2009. 7. 20,부터는 파양 판결만으로는 허위의 출생신고로 기록한 친생자관계를 정정할 수 없게 되었고, 별도로 양친자관계존재확인 판결을 받아야 하는 것으로 변경되었다{'양친자관계존재확인판결에 의한 가족관계등록부 정정절차 예규'(대법원 가족관계등록예규 제301호) 제6조}. 따라서 입양의 의사로 출생신고를 하였다가 파양하려고 할 경우에는 파양 청구를 함과 동시에 양친자관계존재확인의 소를 제기하여야 할 것이다.

16. 친양자의 파양

가. 의 의

양친, 친양자, 친생의 부 또는 모나 검사는 ① 양친이 친양자를 학대 또는 유기하거나 그 밖에 친양자의 복리를 현저히 해하는 때, ② 친양자의 양친에 대한 패륜행위로 인하여 친양자 관계를 유지할 수 없게 된 때의 어느 하나의 사유가 있는 경우에는 가정법원에 친양자의 파양을 청구 할 수 있다(민법 908조의5 제1항).

나. 사　유

(1) 양친이 양친자를 학대 또는 유기하거나 그 밖에 친양자의 복리를 현저히 해하는 때
(2) 친양자의 양친에 대한 패륜행위로 인하여 친양자 관계를 유지시킬 수 없게 된 때(민법 제908조의5 제1항 1, 2호)를 사유로 한다.

다. 당 사 자

원고가 될 수 있는 양친, 친양자, 친생의 부 또는 모나 검사이고, 피고는 친양자입양의 취소와 같다.

라. 관　할

양부모 중 1인의 보통재판적 소재지의 가정법원, 양부모가 모두 사망한 때에는 그 중 1인의 최후 주소지의 가정법원의 전속관할에 속한다.

마. 조정전치

친양자 파양의 소는 조정전치주의의 적용을 받는다. 소송물에 관해 임의처분이 허용되지 않아 직접적인 조정은 불가하고 인간관계의 조정을 중심으로 한 간접적이고 우회적인 조정만이 가능하다.

바. 청구취지 기재례

1. 원고와 피고는 파양한다. 2. 소송비용은 피고가 부담한다.

1. 사건본인과 피고들은 파양한다. 2. 소송비용은 피고들이 부담한다.

[서식 102] **친양자파양 청구의 소장(친양자를 학대)**

소　　　장

원　고　　　이 ○ 철 (000000-0000000) (전화 :　　　　)
　　　　　　등록기준지 : ○○시 ○○구 ○○로 ○○
　　　　　　주　　　소 : ○○시 ○○구 ○○로 ○○ (우편번호 : 00000)

피　고　1. 김 ○ 균 (양부) (000000-0000000) (전화 :　　　　)
　　　　　　등록기준지 : ○○시 ○○구 ○○로 ○○
　　　　　　주　　　소 : ○○시 ○○구 ○○로 ○○ (우편번호 : 00000)

　　　　2. 박 ○ 숙 (양모) (000000-0000000) (전화 :　　　　)
　　　　　　등록기준지 및 주소 : 피고 1 김○○과 같음

　　　　3. 김 ○ 석 (친양자) (000000-0000000) (전화 :　　　　)
　　　　　　등록기준지 및 주소 : 피고 1 김○○과 같음

친양자파양 청구의 소

청 구 취 지

1. 피고 김○균, 같은 박○숙, 같은 김○석은 친양자를 파양한다.
2. 소송비용은 피고들이 부담한다.

라는 판결을 구합니다.

청 구 원 인

1. 피고 김○석은 20○○. ○. ○. 친양자입양허가 심판에 따라 피고 김○균과 피고 박○숙의 친양자로 되었습니다. 원고는 피고 김○석(친양자)의 친생부입니다.
2. 그런데 피고 김○균(양부)은 매일같이 음주를 한 후 집에 들어와 행패를 일삼고 피고 김○석을 구타하는 등 친양자를 학대하고 피고 박○숙(양모)은 이를 보고도 수수방관하는 등 피고 김○석(친양자)은 그야말로 멸시와 구박 속에서 하루하루를 생활하고 있어 이에 부득이 친양자의 파양을 구하고자 본 소 청구에 이르렀습니다.

입 증 방 법

1. 갑 제1호증 친양자입양관계증명서
1. 갑 제2호증 진단서
1. 갑 제3호증의 1, 2 각 가족관계증명서

첨 부 서 류

1. 위 입증서류 각 1통
1. 주민등록초본 4통
1. 소장부본 3통

20○○. ○. ○.

위 원고 이 ○ 철 (인)

○○ 가정법원 귀중

접수방법

1. 친양자의 파양을 청구할 수 있는 자는 양친, 친양자, 친생의 부 또는 모, 검사이다(민법 제908조의5 제1항), 피고는 상대방인 양친과 양자이다. 소송계속 중 당사자가 사망하면 다른 제소권자가 소송절차를 승계할 수 있다.
2. 수입인지 : 20,000원의 인지를 납부한다.
3. 송달료 : 당사자수×4,800원(우편료)×12회분을 납부한다.
4. 관할 : 양부모 중 1인의 주소지가 있는 가정법원에 제출한다. 양부모가 모두 사망한 때에는 그 중 1인의 최후 주소지의 가정법원에 제출한다.

[서식 103] **친양자파양 청구의 소장(친양자의 양친에 대한 패륜행위)**

소 장

원 고 이 ○ 창 (000000-0000000) (전화 :)
등록기준지 ○○시 ○○구 ○○로 ○○
주 소 ○○시 ○○구 ○○로 ○○ (우편번호 : 00000)

피 고 이 ○ 수 (000000-0000000) (전화 :)
등록기준지 ○○시 ○○구 ○○로 ○○
주 소 ○○시 ○○구 ○○로 ○○ (우편번호 : 00000)

친양자파양 청구의 소

청 구 취 지

1. 원고와 피고는 파양한다.
2. 소송비용은 피고가 부담한다.

라는 판결을 구합니다.

청 구 원 인

1. 소외 정○○은 20○○. ○. ○.경 미혼인 상태에서 소외 김○○를 만나 사귀던 중 피고를 임신하여 낳은 뒤 김○○와 헤어진 후 혼자 피고를 양육하여 키워오던 중 원고를 만나 20○○. ○. ○. 결혼을 하였습니다.
2. 친양자입양 이유
   원고는 피고를 친자식처럼 생각하고 있고 피고도 당시 친생부모도 알고 있어 자의 이익과 복지를 위하여 20○○. ○. ○.경 친양자로 한 친양자입양허가를 판결을 받아 같은 해 ○. ○.자로 친양자입양신고를 한 바 있습니다.
3. 파양이유
   그런데 피고는 대학을 졸업하고 취직한 후 결혼까지 하여 아이까지 두고 있었고, 결혼 초부터 피고의 처와 원고 사이가 원만하지 않는 것이 마치 원고의 잘못인양 피고는 원고에게 폭언을 하며 심지어는 폭력까지 행사하는 패륜을 일삼고 있습니다.

그러나 원고는 피고를 수차례 설득을 하고 타일렀으나 피고의 계속적인 음주 및 학대 등 방탕한 생활을 일삼고 최근에는 기물을 파손하는 행패를 부리면서 원고를 구타하는 등 악행을 거듭하고 있습니다.

4. 따라서 그 동안 키워온 정을 생각하여 원만히 해결하고자 노력해 보았지만 이와 같이 친양자의 양친에 대한 패륜행위로 인하여 친양자 관계를 계속 유지시킬 수 없게 되어 청구취지와 같은 판결을 구하고자 본 소 청구에 이른 것입니다.

입 증 방 법

1. 갑 제1호증　　가족관계증명서
1. 갑 제2호증　　입양관계증명서
1. 갑 제3호증의 1 내지 3　　각 상해진단서
1. 갑 제4호증　　진술서

첨 부 서 류

1. 위 입증서류　　각 1통
1. 주민등록초본　　2통
1. 소장부본　　1통

20○○. ○. ○.

위 원고 이 ○ 창 (인)

○○ 가정법원 귀중

접수방법

1. 친양자의 파양을 청구할 수 있는 자는 양친, 친양자, 친생의 부 또는 모, 검사이다(민법 제908조의5 제1항). 피고는 상대방인 양친과 양자이다. 소송계속 중 당사자가 사망하면 다른 제소권자가 소송절차를 승계할 수 있다.
2. 수입인지 : 20,000원의 인지를 납부한다.
3. 송달료 : 당사자수 × 4,800원(우편료) × 12회분을 납부한다.
4. 관할 : 양부모 중 1인의 주소지가 있는 가정법원에 제출한다. 양부모가 모두 사망한 때에는 그 중 1인의 최후 주소지의 가정법원에 제출한다.

[서식 104] 친양자파양 청구의 소장(친양자를 학대)

소 장

원 고 이 ○ 창 (000000-0000000) (전화 :)
등록기준지 : ○○시 ○○구 ○○로 ○○
주 소 : ○○시 ○○구 ○○로 ○○

피 고 1. 김 ○ 수 (000000-0000000) (전화 :)
등록기준지 : ○○도 ○○군 ○○읍 ○○로 ○○
주 소 : ○○도 ○○군 ○○면 ○○로 ○○

2. 오 ○ 미 (000000-0000000) (전화 :)
등록기준지 및 주소 : 위 피고 김○수와 같음

3. 김 ○ 석 (000000-0000000) (전화 :)
등록기준지 및 주소 : 위 피고 김○수와 같음

친양자파양 청구의 소

청 구 취 지

1. 피고 김○수, 같은 오○미와 같은 김○석은 친양자를 파양한다.
2. 소송비용은 피고들이 부담한다.

라는 판결을 구합니다.

청 구 원 인

1. 당사자 관계

원고는 피고 김○석의 생부이고, 이에 피고 김○석은 친양자입양전 원고의 친생자였으며, 피고 김○수과 같은 오○미는 같은 김○석의 양친부모입니다.

2. 친양자입양에의 동의

원고는 소외 정○순과 이혼하고 형편상 위 김○석을 양육할 수 없게 되자 20○○. 3. 초순경 피고 김○석과 피고 오○미가 피고 김○석을 친양자로 입양하는데 동의한 바 있습니다. 이에 피고 김○석은 20○○. 3. 24.경 ○○가정법원 20○○느단 1234호 친양자입양허가 심판에 따라 피고 김○수과 오○미의 친양자로 되었습니다.

3. 파양원인

가. 그런데 친양자로 입양한 후 피고 김○수(양부)는 매일같이 폭음을 한 후 집에 들어와 행패를 일삼고 피고 김○석을 때리는 등 친양자를 학대하고 있는 바, 원고는 이 사실을 피고 김○수와 피고 오○미를 만나 피고 김○석을 사랑으로 양육할 것을 수차 간청하였지만 더 이상 그럴 기미가 보이지 않고 있습니다.

나. 따라서 피고 김○석의 건전한 양육을 위하여 피고 김○석과 같은 김○수, 같은 오○미와의 친양자 관계의 파양을 구하기 위하여 본 소 청구에 이렀습니다.

입 증 방 법

1. 갑 제1호증 친양자입양관계증명서
1. 갑 제2호증 가족관계증명서
1. 갑 제3호증 상해진단서

첨 부 서 류

1. 위 입증서류 각 1통
1. 주민등록등본 2통
1. 소장부본 3통

20○○. ○. ○.

위 원고 이 ○ 창 (인)

○○ 가정법원 귀중

접수방법

1. 친양자의 파양을 청구할 수 있는 자는 양친, 친양자, 친생의 부 또는 모, 검사이다(민법 제908조의5 제1항), 피고는 상대방인 양친과 양자이다. 소송계속 중 당사자가 사망하면 다른 제소권자가 소송절차를 승계할 수 있다.
2. 수입인지 : 20,000원의 인지를 납부한다.
3. 송달료 : 당사자수×4,800원(우편료)×12회분을 납부한다.
4. 관할 : 양부모 중 1인의 주소지가 있는 가정법원에 제출한다. 양부모가 모두 사망한 때에는 그 중 1인의 최후 주소지의 가정법원에 제출한다.

[서식 105] 친양자파양 청구의 소장(친양자를 학대)

친양자 파양 청구의 소

원 고 오 ○ 영 (000000-0000000) (전화 :)
등록기준지 : 부산 부산진구 가야로 56
주 소 : 부산 북구 금곡로 32, 301동 312호(금곡동, 주공아파트)

피 고 1. 최 ○ 식 (000000-0000000)
등록기준지 : 부산 사하구 다대로 232
주 소 : 부산 연제구 거제로 13, 607동 102호(거제동, 경남아파트)

2. 오 ○ 난 (000000-0000000)
주소 및 등록기준지 : 피고 최○식과 같음

3. 최 ○ 수 (000000-0000000)
주소 및 등록기준지 : 피고 최○식과 같음

청 구 취 지

피고 최○식, 피고 오○난과 피고 최○수는 친양자를 파양한다.
라는 판결을 구합니다.

청 구 원 인

1. 당사자 관계
원고는 피고 최○수의 생부이고, 이에 피고 최○수는 친양자입양 전 원고의 친생자였으며, 피고 최○식과 피고 오○난은 위 최○수의 양친부모입니다.

2. 친양자입양에의 동의
원고는 소외 김○향과 이혼하고 형편상 위 최○수를 양육할 수 없게 되자 20○○. 1. 초순경 피고 최○식과 피고 오○난이 피고 최○수를 친양자로 입양하는데 동의한 바 있습니다. 이에 피고 최○수는 20○○. 1. 21. ○○가정법원 20○○느단 234호 친양자입양허가 심판에 따라 피고 최○식과 오○난의 친양자로 되었습니다.

3. 파양원인
가. 그런데 친양자입양 후 피고 최○식(양부)은 매일같이 폭음을 한 후 집에 들어와

행패를 일삼고 피고 최○수를 때리는 등 친양자를 학대하고 있는 바, 원고는 이 사실을 알고 피고 최○식과 피고 오○난을 만나 최○수를 사랑으로 양육할 것을 수차 간청하였지만 더 이상 그럴 기미가 보이지 않은 것입니다.

나. 이에 피고 최○수의 건전한 양육을 위하여 피고 최○수와 피고 최○무식, 피고 오○난과의 친양자 관계의 파양을 구하기 위하여 본 소 청구에 이르렀습니다.

입 증 방 법

1. 갑 제1호증	친양자입양관계증명서
1. 갑 제2호증	주민등록등본(피고 1. 또는 2)
1. 갑 제3호증	진단서

20○○. ○. ○.

위 원고 오 ○ 영 (인)

○○ 가정법원 귀중

접수방법

1. 친양자의 파양을 청구할 수 있는 자는 양친, 친양자, 친생의 부 또는 모, 검사이다(민법 제908조의5 제1항), 피고는 상대방인 양친과 양자이다. 소송계속 중 당사자가 사망하면 다른 제소권자가 소송절차를 승계할 수 있다.
2. 수입인지 : 20,000원의 인지를 납부한다.
3. 송달료 : 당사자수 × 4,800원(우편료) × 12회분을 납부한다.
4. 관할 : 양부모 중 1인의 주소지가 있는 가정법원에 제출한다. 양부모가 모두 사망한 때에는 그 중 1인의 최후 주소지의 가정법원에 제출한다.

[서식 106] 친양자파양 청구의 소장(친양자를 학대)

친양자 파양 청구의 소

원 고 ○ ○ ○ (000000-0000000) (전화 :)
등록기준지 : ○○시 ○○구 ○○로 ○○
주 소 : ○○시 ○○구 ○○로 ○○ (우 : 00000)

피 고 1. ○ ○ ○ (000000-0000000)
등록기준지 : ○○시 ○○구 ○○로 ○○
주 소 : ○○시 ○○구 ○○로 ○○ (우 : 00000)

2. ○ ○ ○ (000000-0000000)
등록기준지 : ○○시 ○○구 ○○로 ○○
주 소 : ○○시 ○○구 ○○로 ○○ (우 : 00000)

3. ○ ○ ○ (000000-0000000)
등록기준지 : ○○시 ○○구 ○○로 ○○
주 소 : ○○시 ○○구 ○○로 ○○ (우 : 00000)

청 구 취 지

피고 ○○○, 피고 ○○○과 피고 ○○○는 친양자를 파양한다.
라는 판결을 구합니다.

청 구 원 인

1. 당사자 관계
원고는 피고 1. ○○○의 생부이고, 피고 2. ○○○와 피고 3. ○○○는 피고 1. ○○○의 양친부모입니다.

2. 이 사경의 경위
가. 원고는 소외 ○○○와의 사이에 출생한 피고 1. ○○○를 경제적인 이유 등으로 더 이상 양육할 수 없어 20○○. ○. ○. 양친 ○○○, 양모 ○○○에게 친양자로 입양하는데 동의를 하였습니다.
나. 그런데 위 양친모는 슬하에 자녀가 없다가 20○○. ○. ○. 자녀 ○○○를 출산한

이후에는 더 이상 피후견인과 양친자관계를 원하지 않을 뿐만 아니라 친양자를 지속적으로 학대하였습니다.

3. 결 론

따라서 원고는 피고 1. ○○○의 건전한 양육들 위하여 피고들간의 친양자관계의 파양을 청구하기에 이른 것입니다.

입 증 방 법

1. 갑 제1호증 친양자입양관계증명서
1. 갑 제2호증 주민등록등본
1. 갑 제3호증 진단서

20○○. ○. ○.

위 원고 ○ ○ ○ (인)

○○ 가정법원 귀중

접수방법

1. 친양자의 파양을 청구할 수 있는 자는 양친, 친양자, 친생의 부 또는 모, 검사이다(민법 제908조의5 제1항), 피고는 상대방인 양친과 양자이다. 소송계속 중 당사자가 사망하면 다른 제소권자가 소송절차를 승계할 수 있다.
2. 수입인지 : 20,000원의 인지를 납부한다.
3. 송달료 : 당사자수×4,800원(우편료)×12회분을 납부한다.
4. 관할 : 양부모 중 1인의 주소지가 있는 가정법원에 제출한다. 양부모가 모두 사망한 때에는 그 중 1인의 최후 주소지의 가정법원에 제출한다.

제4절 다류사건

1. 약혼해제 및 사실혼관계부당파기로 인한 손해배상

가. 의 의

약혼이 당사자의 일방 또는 제3자의 과실로 인하여 해제되거나 사실혼이 당사자의 일방 또는 제3자의 책임 있는 사유로 인하여 파기된 경우에 상대방이 그로 인한 손해배상을 청구하거나 혼인을 전제로 하여 교부하였던 물건의 반환을 구하는 것을 말한다. 손해배상청구는 제3자에 대한 것을 포함한다.

나. 약혼해제사유

민법 제804조의 규정에 따른 약혼해제(파혼)사유는 다음과 같다.

(1) 약혼 후 자격정지 이상의 형을 선고받은 경우

(2) 약혼 후 성년후견개시나 한정후견개시의 심판을 받은 경우

(3) 성명, 불치의 정신병, 그 밖의 불치의 병질이 있는 경우

(4) 약혼 후 다른 사람과 약혼이나 혼인을 한 경우

(5) 약혼 후 다른 사람과 간음만 경우

(6) 약혼 후 1년 이상 생사가 분명한 경우

(7) 정당한 이유 없이 혼인을 거절하거나 그 시기를 늦추는 경우

(8) 그 밖에 중대한 사유가 있는 경우

등을 말한다. 위와 같이 파혼되는 사유가 당사자 한쪽에 어느 하나에 해당되는 경우에는 상대방은 약혼을 해제할 수 있다(민법 804조).

다. 예물 반환청구의 문제

(1) 약혼예물은 혼인 불성립을 해제조건으로 하는 증여(조건부증여)로 보기 때문에 혼인이 불성립이 확정되었을 때에는 쌍방은 부당이득의 법리에 따라 상대방에게 약혼시 받은 예물을 반환하여야 한다. 그러나 일방 당사자에게 파혼의 책임이 있는 경우에는 물론 과실비율에 따라 반환범위가 달라지겠지만, 책임 있는 자는 자신의 예물을 돌려달라고 요구할 수 없고 자기가 받은 예물만 일정범위에서 돌려주어야 한다.

(2) 약혼당사자들의 혼인이 성립한 이상 예를 들면 혼인신고가 이루어진 경우는 설사 혼인 신고 후 이혼 등이 되었다 하더라도 이때는 예물, 기타 증여물의 반환문제는 발생하지 않는다.

라. 손해배상

(1) 약혼해제로 인한 손해배상은 상대방에게 과실 있음을 요건으로 한다.

(2) 사실상의 혼인관계가 정당한 이유 없이 파기된 경우에 당사자 한쪽은 과실 있는 상대방에 대하여 채무불이행으로 인한 손해배상을 청구할 수 있는 동시에 고의 또는 과실로 권리를 침해한 것이라 하여 불법행위로 인한 손해배상을 청구할 수도 있으나 사실혼파기에 가담한 제3자에 대하여는 불법행위로 인한 손해배상만을 청구할 수 있을 뿐이다(약혼해제도 같은 해석).

(3) 손해배상의 범위는 어느 경우나 재산상의 손해 외에 정신적 고통에 대한 위자료가 포함된다(민법 806조 2항).

재산상의 손해 예로 혼인준비비 등, 결혼식 및 동거생활의 준비에 소요된 비용, 중매인 사례금, 여성이 결혼준비로서 직장을 퇴직한 경우에는 그로 인한 일실수입 등, 약혼예물, 결혼예물, 또는 가구나 의류 등의 혼수품은 원상회복의 반환청구권, 만약 사용가치가 상실되었다면 그 가액의 배상(일단 혼인이 성립되어 상당한 기간이 경과된 때에는 반환 청구할 수 없다(1994. 12. 27. 선고 94므895 판결).

마. 당 사 자

약혼해제 또는 사실혼관계부당파기로 인한 손해배상청구나 원상회복청구는 그 본질이 민사소송으로서 이행의 소이므로 일반원칙에 따라 청구권이 있다고 주장하는 자가 원고적격자이고, 그 의무자라고 지정된 당사자 및 제3자가 피고적격자이다.

바. 관 할

피고의 주소지를 관할하는 가정법원이다. 다만 판례에 따르면 혼인예약불이행으로 인한 손해배상청구는 재산권상의 청구로서 금전의 급여를 목적으로 하는 것이므로 청구인의 주소지를 관할하는 법원에 제기할 수 있다고 한다(대법원 1967. 2. 28. 67스1 결정).

사. 청구취지 기재례(약혼해제로 인한 예물반환 청구)

1. 피고는 원고에게 원고가 약혼시에 피고에게 보낸 별지 목록 기재의 약혼예물을 반환하라.
2. 소송비용은 피고가 부담한다.

1. 피고는 원고에게 별지 제1목록 기재 물건을 인도하고, 위 물건의 인도불능일 때에는 50,000,000원을 지급하라.
2. 소송비용은 피고가 부담한다.
3. 위 제1항은 가집행할 수 있다.

[서식 107] 약혼해제로 인한 손해배상 청구의 소장(1)

소 장

원 고 전 ○ 령 (000000-0000000) (전화 :)
등록기준지 ○○시 ○○구 ○○로 ○○
주 소 ○○시 ○○구 ○○로 ○○ (우편번호 : 00000)

피 고 임 ○ 준 (000000-0000000) (전화 :)
등록기준지 ○○시 ○○구 ○○로 ○○
주 소 ○○시 ○○구 ○○로 ○○ (우편번호 : 00000)

약혼해제로 인한 손해배상 청구의 소

청 구 취 지

1. 피고는 원고에게 50,000,000원을 지급하고 별지 목록 기재 물건을 인도하라.
2. 소송비용은 피고가 부담한다.
3. 위 제1항은 가집행할 수 있다.

라는 판결을 구합니다.

청 구 원 인

1. 피고는 ○○대학 영문과를 졸업하고 서울 구로구 구로동 ○○학원의 강사로 근무하던 중 그 학원에서 국어강사로 근무하던 피고를 알게 되어 약 10개월간 교제 끝에 혼인하기로 합의하고 20○○. 1. 5. ○○호텔에서 양가부모 및 친지를 모시고 약혼식을 올렸습니다.
2. 그런데 피고는 결혼식을 차일피일 미루어 원고가 알아보았더니 피고는 소외 이○자와 오래 전부터 교제해 현재 동인은 임신중이라는 사실을 알게 되었습니다.
3. 원고는 20○○. 5. 7. 피고에게 약혼해제의 의사표시를 하였는 바, 원고는 이로 인하여 받은 정신적 고통에 대한 위자료 50,000,000원의 지급을 구함과 아울러 원고가 피고에게 준 별지 목록 기재 약혼예물의 반환을 구하기 위하여 이 사건 청구에 이른 것입니다.

입 증 방 법

1. 갑 제1호증 가족관계증명서
1. 갑 제2호증 사진

첨 부 서 류

1. 위 입증서류 각 1통
1. 주민등록초본 2통
1. 소장부본 1통

20○○. ○. ○.

위 원고 진 ○ 령 (인)

○○ 가정법원 귀중

접수방법

1. 수입인지 : 소송물가액×45/10,000+5,000원의 인지를 납부한다.
2. 송달료 : 당사자수×4,800원(우편료)×12회분을 납부한다.

3. 관할 : 상대방의 주소지를 관할하는 법원에 제출한다(가소 13조 1항).

주 약혼 및 혼인연령

종전에는 남자 만 18세, 여자 만 16세에 달할 때에 약혼 및 혼인할 수 있도록 하였는데, 개정법에서는 양성평등의 원칙을 구현하기 위하여 남녀 공히 만 18세가 되어야만 부모 또는 후견인의 동의를 얻어 약혼 및 혼인을 할 수 있도록 하였다(민법 801조, 807조, 2007. 12. 21.부터 시행).

[서식 108] 약혼해제로 인한 손해배상 청구의 소장(2)

소 장

원 고 이 ○ ○ (000000-0000000) (전화 :)
등록기준지 ○○시 ○○구 ○○로 ○○
주 소 ○○시 ○○구 ○○로 ○○ (우편번호 : 00000)

피 고 김 ○ ○ (000000-0000000) (전화 :)
등록기준지 ○○시 ○○구 ○○로 ○○
주 소 ○○시 ○○구 ○○로 ○○ (우편번호 : 00000)

약혼해제로 인한 손해배상 청구의 소

청 구 취 지

1. 피고는 원고에게 50,000,000원과 이에 대하여 이 사건 소장부본 송달다음날부터 다 갚는 날까지 연 15%의 비율로 계산한 돈을 지급하라.
2. 소송비용은 피고가 부담한다.
3. 위 제1항은 가집행할 수 있다.

라는 판결을 구합니다.

청 구 원 인

1. 혼인외 합의성립

원고와 피고는 양가의 친지되는 소외 김○○의 소재로 20○○. 4. 12. 맞선을 보고 교제를 하던 중 서로가 좋아지게 되었고 같은 해 10. 24.에는 서로 선물을 교환하고 친지들 앞에서 약혼식을 거행하였습니다. 그래서 원고는 피고의 가정에 피고는 원고의 집에 때때로 드나들었고, 장래의 설계를 하면서 결혼식을 같은 해 12. 25로 결정하고 결혼식장을 원, 피고와 같이 예약하고 피로연의 준비, 청첩장 등을 매일 같이 바쁘게 준비하게 되었습니다.

2. 약혼의 해제

그러나 원고와 피고간의 결혼에 대하여 처음부터 별로 적극적이 아니었던 피고의 어머니는 결혼식날이 다가옴에 따라서 원고의 용모와 옷차림 등을 흉을 보면서 점차 반대의 태도를 나타내게 되었습니다.

홀어머니 밑에서 자란 피고는 어머니의 강력한 태도에 눌려 망설이고 있다가 결국 결혼식 일주일 남짓 앞둔 같은 12. 17. 원고에 대하여 약혼해제를 제의하여 왔습니다. 하지만 원고는 이를 번의(飜意)할 것을 강력히 요구하였습니다. 그러나 피고는 이에 응하지 아니하고 원고 가(家)에서 준 선물을 원고에게 일방적으로 반환하고 약혼을 파기하였습니다.

3. 정신적 손해

원고는 결혼일자를 정하여 친척이나 친구들에게 알리고, 11.말에는 다니던 직장을 퇴직하고 결혼식 초청장을 발송하고 신혼살림도구 등을 구입하는 등 결혼준비가 거의 완료된 때에 돌연 피고의 일방적인 약혼의 부당파기에 의하여 원고는 심대한 정신적 피해를 입었습니다.

결혼식 직전에 약혼을 파기당한 원고의 정신적 고통은 말로 헤아릴 수 없지만 그것을 금전으로 평가하면 금 50,000,000원으로도 부족할 것입니다.

4. 따라서 원고는 청구취지와 같은 판결을 구하고자 본 소 청구에 이르렀습니다.

입 증 방 법

1. 갑 제1호증 약혼사진
1. 갑 제2호증 결혼초청장
1. 갑 제3호증 결혼예식장계약서 사본

첨 부 서 류

1. 위 입증서류 각 1통
1. 주민등록초본 2통
1. 소장부본 1통

20○○. ○. ○.

위 원고 이 ○ ○ (인)

○○ 가정법원 귀중

접수방법

1. 수입인지 : 소송물가액×45/10,000+5,000원의 인지를 납부한다.
2. 송달료 : 당사자수×4,800원(우편료)×12회분을 납부한다.
3. 관할 : 상대방의 주소지를 관할하는 법원에 제출한다(가소 13조 1항).

주 약혼 및 혼인연령

종전에는 남자 만 18세, 여자 만 16세에 달할 때에 약혼 및 혼인할 수 있도록 하였는데, 개정법에서는 양성평등의 원칙을 구현하기 위하여 남녀 공히 만 18세가 되어야만 부모 또는 후견인의 동의를 얻어 약혼 및 혼인을 할 수 있도록 하였다(민법 801조, 807조, 2007. 12. 21.부터 시행).

[서식 109] 사실혼 부당파기로 인한 손해배상 청구의 소장

소 장

원 고 김 ○ ○ (000000-0000000) (전화 :)
등록기준지 ○○시 ○○구 ○○로 ○○
주 소 ○○시 ○○구 ○○로 ○○ (우편번호 : 00000)

피 고 이 ○ ○ (000000-0000000) (전화 :)
등록기준지 ○○시 ○○구 ○○로 ○○
주 소 ○○시 ○○구 ○○로 ○○ (우편번호 : 00000)

사실혼 부당파기로 인한 손해배상 청구의 소

청 구 취 지

1. 피고는 원고에게 50,000,000원과 이에 대하여 20○○. 5. 27.부터 이 사건 소장부본 송달일까지는 연 5%, 그 다음날부터 다 갚는 날까지는 연 15%의 각 비율로 계산한 돈을 지급하라.
2. 소송비용은 피고가 부담한다.
3. 위 제1항은 가집행할 수 있다.

라는 판결을 구합니다.

청 구 원 인

1. 당사자 관계

원고는 피고의 부당한 사실혼관계 및 혼인예약 파기를 당한 피해자이고, 피고는 원고와 혼인을 전제로 1년 이상 동거관계를 유지하며 혼례식 날짜까지 정해진 상황에서 별다른 사유 없이 사실혼관계 및 혼인예약을 중단해버려 원고에게 심한 정신적, 물적 피해를 준 가해자입니다.

2. 혼인을 전제로 한 사실혼관계

가. ○○동 빌라에서 동거를 시작함

(1) 원고는 20○○. 3. 경 우연히 친구들과 나이트클럽에 놀러갔다가 거기서 피고를 만나 알게 되었는데, 당시 피고가 원고를 배려하는 태도가 너무 마음에 들어 이후 자주 연락하며 교제하기 시작하였습니다.

(2) 6개월여 교제를 하던 중 피고는 원고에게 결혼하자는 말을 하여 이후 혼인을 전제로 20○○. 9. 경부터 피고는 원고가 사는 서울 강남구 ○○동 빌라(이하 '○○동 빌라'라 한다)에 들어와 서로 동거하기에 이르렀습니다.

원고와 피고의 관계에 대하여는 원고와 피고의 각 직장 동료와 친구들 모두가 자연스레 알게 되었으며 곧 결혼할 관계였다는 것은 주변 사람들에게 주지의 사실이 된 상태였습니다(갑 제2호증).

(3) 위 피고와의 동거가 시작되면서 원고는 신혼살림을 위하여 새로이 침대, 소파, 컴퓨터, 책상, TV책상, 화장대, 식탁, 식기류일체, 소파테이블, 밥솥, 정수기 등 살림살이 약 1,500만원 가량을 원고가 돈을 들여 장만해 놓았습니다.

나. 혼례식 일자를 정함

(1) 원고와 피고는 ○○동 빌라에서 동거하다가 20○○. 11. 경 구체적으로 결혼식을 올리는 문제를 논의하게 되면서부터, 같은 해 11. 중순경 성북구 ○○에 사시는 피고 부모님을 찾아뵙고 인사를 드리고, 이어 12. 중순경 경북

○○에 사는 원고의 부모님과 피고 부모님과의 상견례를 진행토록 하였으며, 이에 따라 원고와 피고의 혼례식 날짜를 20○○. 5. 29.로 정하기에 이른 것입니다.

(2) 이에 따라 원고는 피고와 상의하여 20○○. 1. 9. 여행사에 신혼여행 계약을 체결하고, 이어 서초동 ○○뷔페 예식장과 예식장이용계약을 하고, 한복을 맞추고, 모든 결혼을 위한 준비를 했고, 20○○. 3. 7. 새로이 신혼살림을 할 아파트로 서울 중랑구 ○○동 ○○○ ○○아파트 ○○○동 ○○○호를 전세보증금 1억 4,000만원에 임차하는 임대차계약을 체결하고(계약명의는 원고의 친동생 김○○임) 입주자는 등으로 모든 준비를 완벽히 하였습니다(갑 제3호증의 1, 2, 갑 제4호증, 갑 제5호증).

(3) 위 ○○동아파트에 20○○. 3. 7. 입주하면서 원고는 자비를 들여 김치냉장고(137만원), 디지털TV(212만원), 장롱(203만원), 세탁기(131만원), 한복(135만원), 도합 818만원 상당도 구입하였습니다(갑 제7호증 내지 9호증). 그 때 피고는 이 ○○동아파트에 들어와 원고에게 결혼약정을 일방적으로 파기하고 자신의 짐을 싸서 나가던 20○○. 5. 27.까지 동거하였던 것입니다.

3. 결혼식전 부당한 약혼 파기

가. 피고주장의 혼인예약 파기 사유

(1) 원고와 피고는 1년 이상을 동거해 오면서 급기야 양가부모님의 승낙 하에 20○○. 5. 29.자로 결혼식을 정하고, 이 준비를 위하여 원고는 많은 비용을 감당하며 준비를 한 것이고, 이후 결혼에 대한 부푼 기대를 하여 왔습니다. 그런데 피고는 20○○. 4. 중순경부터 같은 해 5. 27. 헤어지기까지 매일 새벽 04:00경 술을 먹고 귀가하였는데, 이로 인하여 원고와 약간의 말다툼이 있었습니다.

(2) 20○○. 4. 10. 혼례식을 1달여를 남겨놓은 시기에, 갑자기 피고는 원고에게 향후 결혼이후의 조건이라며 이 조건이 들어지지 않을 시 결혼은 무효로 한다고 엄포를 놓으면서 그 조건을 말하였는데, 그 내용은 첫째, 혼인신고는 결혼식 이후 2년 뒤에 한다. 둘째, 아이는 2년 뒤에 갖는다. 셋째, 생활비는 반반씩 부담하되 자기 돈은 자기가 관리해야 한다는 것이었는데, 이들은 여자입장에서 받아들일 수 없는 조건이기에 받아들이기 힘들다고 했습니다.

(3) 원고는 일정 시간이 지나면 피고의 생각이 달라지리라 기대하면서도 한편으로는 이래서는 안되겠다 싶어 원고는 다니던 직장도 그만두고 피고와의 관계가 좋아지도록 노력을 하였습니다.

그러나 피고는 5. 27. 원고에게 다시 한번 위 조건들을 제시하며 수락 여부에 대한 확답을 하라고 추궁하여, 원고가 "너무 심한 것이 아니냐"고 하자 당일 묵동아파트에서 자신의 짐을 싸서 나가 버린 것입니다.

이에 원고가 피고를 붙잡고 매달리며 '왜 그러느냐'며 수차 울며 애원하였지만 붙잡고 매달리는 원고에게 주먹을 휘두르며 "결혼하지 말자"며 끝내 짐을 싸가지고 나간 것입니다.

나. 피고의 의도된 파기

원고의 계속적인 화해적인 태도에도 불구하고 피고는 위 조건들을 이행하지 않을 것이라면 아예 미리 헤어지는 것이 좋다며, 너무도 쉽게 관계 청산을 선언한 것인데, 위 5. 27. 헤어지기 이전에 이미 피고는 다른 곳(현재의 피고주소지)에 들어갈 집을 마련한 상태였던 것과 다른 여자가 생겼다는 사실을 알게 되었습니다.

4. 손해배상의 범위(위자료)

가. 원고의 상처

(1) 원고는 위 이해할 수 없는 피고의 행동으로 인하여 마음의 상처를 깊이 입고, 아무리 생각해도 피고의 행동에 대하여 이해할 수가 없어 심한 분노를 느끼고 있고, 상상할 수 없는 충격을 받았습니다.

피고는 달랑 자신의 짐만을 가지고 들어와서 달랑 자신의 잠만 가지고 떠났고 원고를 이용만 한 것입니다.

(2) 그러나 ① 원고는 초혼인 점, ② 그간 원고는 피고를 신랑이라며 부모님을 비롯한 주위 친구, 직장동료들에게 소재까지 하였는데 결혼식이 예정된 상황에서 일방적으로 결혼파기를 당하여 여자로서 도저히 다른 사람과의 관계형성이 정상화되기 어렵게 되었고, ③ 무엇보다도 결혼을 전제로 하였지만 성관계를 지속적으로 맺으면서 '동거'를 해온 상황에서 결혼파기는 여자에게 감당할 수 없는 너무도 큰 수치를 느낄 수밖에 없는 점, ④ 신혼집을 위하여 전세금 1억 4,000만원의 전세아파트를 마련하고 신혼살림을 마련하느라 금전적으로 너무나 큰 손실을 보았고,(중간생략) ⑤ 피고가 내세운 결혼조건이 통상 남녀가 좋아하는 감정과 사랑만으로 결합되는 순수성을 결여한 너무도 비인격적인 조건이라는 점 등을 감안해 볼 때 너무도 감당하기 힘든 큰 고통을 받은 것입니다.

나. 손해배상금액

이와 같이 상호 결혼을 전제로 동거한 경위와 혼례식 날짜가 정하여졌음에도 갑작스럽게 이상한 조건을 내세워 결혼파기요구로 약혼관계가 해지되는 상황은 결과적으로 피고가 받은 피해가 거의 없는데 반하여, 원고는 결혼을 꿈꾸며 동거하는 삶속에서 여성이 받는 파혼으로 인한 정신적 충격, 그리고 피고에 비할 데 없이 많은 금전적 손실을 감안하여 보았을 때 이의 위자금은 최소한 5,000만원 상당이 되어야 할 것입니다.

5. 결 론

그렇다면 피고는 원고에게 위 금 50,000,000원과 이에 대하여 이 사건 소장부본 송달 다음날부터 다 갚는 날까지 소송촉진등에관한특례법 소정의 연 15%의 비율로 계산한 지연손해금을 지급받고자 본 소 청구에 이르렀습니다.

입 증 방 법

1. 갑 제1호증	주민등록등본
1. 갑 제2호증	증인진술서(박○○)
1. 갑 제3호증	증인진술서(장○○)
1. 갑 제4호증의 1	국내여행계약서
1. 갑 제4호증의 2	신혼여행일정표
1. 갑 제5호증	예식장사용계약서
1. 갑 제6호증	한복계약서
1. 갑 제7호증	부동산임대차계약서
1. 갑 제8호증의 1	인터넷쇼핑몰가격표(TV)
1. 갑 제8호증의 2	사진
1. 갑 제9호증의 1	인터넷쇼핑몰가격표(김치냉장고)
1. 갑 제9호증의 2	사진
1. 갑 제10호증의 1	인터넷쇼핑몰가격표(드림세탁기)
1. 갑 제10호증의 2	사진(세탁기)
1. 갑 제10호증의 3	사진(장농)

첨 부 서 류

1. 위 입증서류	각 1통
1. 주민등록초본	2통
1. 소장부본	1통

20○○. ○. ○.

위 원고 김 ○ ○ (인)

○○ 가정법원 귀중

접수방법

1. 수입인지 : 소송물가액×45/10,000+5,000원의 인지를 납부한다.
2. 송달료 : 당사자수×4,800원(우편료)×12회분을 납부한다.
3. 관할 : 상대방의 주소지를 관할하는 법원에 제출한다(가소 13조 1항).

㈜ **약혼 및 혼인연령**

종전에는 남자 만 18세, 여자 만 16세에 달할 때에 약혼 및 혼인할 수 있도록 하였는데, 개정법에서는 양성평등의 원칙을 구현하기 위하여 남녀 공히 만 18세가 되어야만 부모 또는 후견인의 동의를 얻어 약혼 및 혼인을 할 수 있도록 하였다(민법 801조, 807조, 2007. 12. 21.부터 시행).

[서식 110] 사실혼 부당파기로 인한 손해배상 등 청구의 소장

소　　　장

원 고　　이 ○ 규 (000000-0000000)　(전화 :　　　　)
등록기준지 : 서울 동대문구 이문로 45
주　　소 : 서울 강북구 수유로 23, 102동 201호 (수유동, 대림빌라)

피 고　　김 ○ 향 (000000-0000000)
등록기준지 : 서울 중구 을지로 13
주　　소 : 서울 강북구 수유로 23, 102동 201호 (수유동, 대림빌라)
송 달 장 소 : 서울 서대문구 홍은로 13, 707동 204호 (홍은동, 한서빌라)

위자료 등 청구의 소

청 구 취 지

1. 피고는 원고에게 위자료로써 금 30,000,000원과 이에 대하여 이 사건 소장부본 송달 다음날부터 다 갚는 날까지 연 15%의 비율로 계산한 돈을 지급하라.
2. 피고는 원고에게 별지 목록 기재 부동산 중 2분의 1지분에 관하여 재산분할을 원인으로 하는 소유권이전등기절차를 이행하라.

3. 소송비용은 피고가 부담한다.
4. 제1항은 가집행할 수 있다.
라는 판결을 구합니다.

청 구 원 인

1. 원고와 피고는 법률상 부부였다가 이혼을 한 후 다시 부부생활을 하면서 사실혼관계에 있었습니다.

2. 원고와 피고는 20○○. 3. 4. 혼인신고를 필하고 법률상 부부로 있다가 피고의 사치스런 생활로 20○○. 5. 23.자로 협의이혼을 하였으며 당시 피고는 재산분할 명목으로 금 3,000만원을 가지고 나갔다가 1년 후인 20○○. 6.경 다시 돌아와 함께 살기를 요청하여 부부생활을 하면서 사실혼 관계에 있었으나(혼인신고하지 않았음), 피고가 소외 김○일이라는 남자와 정을 통하는 등 부정행위를 일삼아 오다가 20○○. 2.경 가출하면서 사실혼 관계가 해소되었습니다.

3. 다만 피고는 20○○. 2.경 가출하면서 원고에게 자신은 다른 남자가 생겼다고 밝히면서 당당하게 떠나겠다는 통보를 하였는데, 이렇게 되기까지, 원고는 피고가 외박을 수시로 하고 부정행위로 확인될 만한 사유가 있어도 2남매를 키워야 했기에 알면서도 모르는 척하며 생활하여 왔는데 피고의 당당한 태도에 할 말을 잃어야 했습니다.

4. 이상과 같이 피고는 유책사유로 인하여 사실혼인관계가 부당파기됨으로써 원고는 이루 말할 수 없는 고통을 겪었습니다. 피고는 이중 정신적 고통에 대하여 금전으로나마 위자할 의무가 있으므로, 사실혼 부당파기의 경위를 감안하였을 때 금 3,000만원이 위자료로써 상당하다 할 것입니다.

5. (사실혼 관계중 형성한 재산이 있다면) 한편으로, 원고는 피고에 대하여 20○○. 6.경 다시 돌아와 함께 살기를 요청한 이후 별지 부동산을 마련하였는 바, 그 명의는 피고 명의로 하였던 것입니다. 이에 재산분할을 원인으로 하여 별지 목록 기재 각 부동산 중 2분의 1지분에 관한 소유권이전등기절자의 이행을 구하고자 이 사건 청구에 이르렀습니다.

입 증 방 법

1. 갑 제1호증의 1, 2	각 가족관계증명서
1. 갑 제2호증	주민등록초본
1. 갑 제3호증	부동산등기사항전부증명서

20○○. ○. ○.

위 원고 이 ○ 규 (인)

○○ 가정법원 귀중

접수방법

1. 수입인지 : 수개의 가사소송청구 또는 가사소송청구 사건와 가사비송청구을 병합 청구하는 경우에는 수개의 청구 중 다액인 수수료에 의한다. 따라서 위자료청구의 수수료 140,000원(3,000만원 × 0.0045 + 5,000원)와 재산분할청구의 수수료 10,000원 중 다액인 140,000원의 수수료를 납부한다.
2. 송달료 : 당사자수 × 4,800원(우편료) × 12회분을 납부한다.
3. 관할 : 상대방의 주소지를 관할하는 법원에 제출한다(가소 13조 1항).

㊟ **약혼 및 혼인연령**

종전에는 남자 만 18세, 여자 만 16세에 달할 때에 약혼 및 혼인할 수 있도록 하였는데, 개정법에서는 양성평등의 원칙을 구현하기 위하여 남녀 공히 만 18세가 되어야만 부모 또는 후견인의 동의를 얻어 약혼 및 혼인을 할 수 있도록 하였다(민법 801조, 807조, 2007. 12. 21.부터 시행)

[서식 111] 사실혼 관계해소 등 청구의 소장

소 장

원 고 이 경 미 (000000-0000000) (전화 :)
등록기준지 : ○○시 ○○구 ○○로 ○○
주 소 : ○○시 ○○구 ○○로 ○○ (우편번호 : 00000)

피 고 1. 안 성 태 (000000-0000000) (전화 :)
등록기준지 : ○○시 ○○구 ○○로 ○○
주 소 : ○○시 ○○구 ○○로 ○○ (우편번호 : 00000)

2. 안 영 철 (000000-0000000) (전화 :)

3. 김 민 정 (000000-0000000) (전화 :)
피고 2, 3의 등록기준지 및 주소 : 피고 안성태와 같음

사실혼 관계해소 등 청구의 소

청 구 취 지

1. 원고와 피고 안성태 사이의 사실상 혼인관계를 해소한다.
2. 피고들은 연대하여 원고에게 150,000,000원을 지급한다.
3. 소송비용은 피고들이 부담한다.
4. 위 제1항은 가집행할 수 있다.

라는 판결을 구합니다.

청 구 원 인

1. 원고와 피고들의 관계
원고와 피고 안성태는 20○○. 8. 23.경 소외 이성미의 중매로 만나 서로 교제를 하다가 20○○. 3. 7. 결혼식을 올리고 혼인신고만 하지 아니한 사실상의 부부사이로 피고 안영철과 같은 김민정은 피고 안성태의 부모입니다.

2. 원고와 피고 안성태의 결혼행위
가. 원고는 20○○. 2. 연세대학교 영문과를 졸업하고 외국인회사인 ○○○회사에 입사하여 직장생활을 해왔는 바, 20○○. 8. 23.경 피고의 부친인 피고 안영철의 친구로서 원고의 부친인 소외 이길동과도 잘 알고 지내는 위 이성미의 중매로 피고 안성태를 만나 서로 교제하게 되었습니다.
나. 당시 피고 안성태는 서울 중앙대학교 경제학과를 졸업하고 부친인 피고 안영철이 경영하고 있는 ○○산업 주식회사에서 총무과장으로 일하고 있다며 결혼하게 되면 외동이라 위 회사의 경영을 맡아서 해야 한다며 소개하였고 이에 원고는 피고 안성태에게 호감을 갖고서 서로 교제하던 중 결혼까지 약속하게 되었습니다.
다. 그리하여 20○○. 1. 10.경 원고 및 원고의 부인인 소외 이길동과 피고 안성태와 그 부모인 피고 안영철, 피고 김민정 등이 함께 만나 원고와 피고 안성태와 결혼을 합의하게 되었고, 20○○. 2. 초순경 피고측에서 결혼식 날짜를 20○○. 3. 7.로 잡아 결혼식을 올리게 되었습니다.
라. 당시 피고 안성태는 신혼여행을 다녀오고 나서 원고가 다니는 회사를 그만두라고 하여 원고는 직장까지 그만 두게 되었습니다.

3. 원고와 피고 안성태의 결혼생활과정 및 피고들의 기망행위
   가. 원고와 피고 안성태가 신혼여행을 다녀와서 피고 안영철이 서초구 역삼동 소재 ○○아파트(25평형)를 장만해 주어 바로 위 아파트에서 신혼생활을 하게 되었습니다.
   나. 20○○. 8. 14.경 피고 안성태는 직장동료들과 술을 마시고 늦게 들어와 갑자기 원고에게 나도 자식이 있다고 말하였고, 이에 원고는 술 기운에 이야기 하나 하여 그냥 자고나서 다음날 아침에 피고 안성태에게 전날 밤에 한 말을 추궁하자 피고 안성태는 자신에게는 다른 여자와의 사이에 낳은 아들이 있다고 시인하면서 미안하다고 하고는 더 이상의 이야기를 피하기만 하였습니다.
   다. 원고는 피고 안성태에게 아들이 있다는 청천벽력 같은 사실을 알고 시어머니인 피고 김민정에게 시댁에 있는 3세된 남자아이가 피고 안성태의 아들이 맞는가 확인하였습니다(결혼전 피고들은 위 남자아이는 미국으로 유학간 피고 안성태의 누나 아이라고 말했습니다).

4. 피고들의 불법행위와 원고 부부의 결혼생활 파탄

   피고들은 원고와의 결혼 당사자 및 그 부모로서 서로 공모하여 위 결혼과정에서 피고 안성태에게 이미 아들이 있고 그 아들을 피고들의 집에서 키우고 있었으면서도 그 사실을 숨겨오면서 파렴치한 불법행위를 자행하였고 원고는 피고들의 위와 같은 기망행위에 속아 피고 안성태와 결혼까지 하게 됨으로서 엄청난 정신적 고통을 당하게 되었습니다.

   이에 원고는 피고들의 인륜으로서는 있을 수도 없는 위와 같은 불법행위 사실을 알게 된 이상 피고 안성태와 부부 사이의 신뢰관계를 토대로 하는 결혼생활을 도저히 계속할 수 없게 되었다 할 것입니다.

5. 손해배상 및 위자료

   원고는 피고들의 위와 같은 기망행위에 의하여 피고 안성태와 결혼하게 됨으로써 혼수준비로 사용된 손해금 50,000,000원(혼수품목 생략) 정도를 지출하는 손해를 입었을 뿐만 아니라 직장을 그만두게 됨에 따라 매월 1,500,000원의 월급과 매년 위 월급의 600%에 이르는 상여금의 수입을 상실하게 되어 손해를 입었고, 위와 같이 하여 피고 안성태와의 결혼생활이 파탄에 이르게 됨에 따라 엄청난 정신적 고통을 당하게 되었으므로 피고들은 연대하여 위 손해배상 및 위자료로 최소한 150,000,000원을 지급하여야 할 것입니다.

6. 따라서 원고는 청구취지와 같은 판결을 구하고자 본 소 청구에 이르렀습니다.

입 증 방 법

1. 갑 제1호증 가족관계증명서
1. 갑 제2호증 결혼식 청첩장
1. 갑 제3호증 결혼사진

첨 부 서 류

1. 위 입증서류 각 1통
1. 주민등록초본 3통
1. 소장부본 3통

20○○. ○. ○.

위 원고 이 경 미 (인)

○○ 가정법원 귀중

접수방법

1. 수입인지 : 수개의 가사소송청구 또는 가사소송청구 사건와 가사비송청구을 병합 청구하는 경우에는 수개의 청구 중 다액인 수수료에 의한다. 따라서 사실혼관계존부확인청구의 수수료 20,000원과 위자료청구의 수수료 655,000원(1억 5천만원 × 0.004 + 55,000원)와 중 다액인 655,000원의 수수료를 납부한다.
2. 송달료 : 당사자수 × 4,800원(우편료) × 12회분을 납부한다.
3. 관할 : 상대방의 주소지를 관할하는 법원에 제출한다(가소 13조 1항).

주 약혼 및 혼인연령

종전에는 남자 만 18세, 여자 만 16세에 달할 때에 약혼 및 혼인할 수 있도록 하였는데, 개정법에서는 양성평등의 원칙을 구현하기 위하여 남녀 공히 만 18세가 되어야만 부모 또는 후견인의 동의를 얻어 약혼 및 혼인을 할 수 있도록 하였다(민법 801조, 807조, 2007. 12. 21.부터 시행).

[서식 112] 혼인무효로 인한 손해배상 청구의 소장

소 장

원 고 김 ○ ○ (000000-0000000) (전화 :)
등록기준지 ○○시 ○○구 ○○로 ○○
주 소 ○○시 ○○구 ○○로 ○○ (우편번호 : 00000)

피 고 왕 ○ ○ (000000-0000000) (전화 :)
등록기준지 ○○시 ○○구 ○○로 ○○
주 소 ○○시 ○○구 ○○로 ○○ (우편번호 : 00000)

혼인무효로 인한 손해배상 청구의 소

청 구 취 지

1. 피고는 원고에게 50,000,000원과 이에 대하여 이 사건 소장부본 송달다음날부터 다 갚는 날까지 연 15%의 비율로 계산한 돈을 지급하라.
2. 소송비용은 피고가 부담한다.
3. 위 제1항은 가집행할 수 있다.

라는 판결을 구합니다.

청 구 원 인

1. 원고와 소외 황○○는 20○○. 3. 6. 혼인신고를 법률상 부부입니다(20○○. 11. 2. 가장이혼)
2. 피고는 조선족으로 원고에게 국적을 취득할 목적으로 접근하여 혼인신고하여 가족관계등록부에 등재해 주면 10,000,000원을 주기로 하고 20○○. 3. 6. 혼인신고하여 법률상 부부가 되었습니다.
3. 그러나 이러한 행위는 범죄행위로 관계기관으로부터 조사를 받고 발각되어 원고와 피고는 형사처벌을 받았습니다.
4. 이로 인하여 원고는 생업은 물론 정신적 피해도 상당하다고 할 수 있으므로 청구취지와 같은 판결을 구하고자 본 소 청구에 이르렀습니다.

입 증 방 법

1. 갑 제1호증	가족관계증명서
1. 갑 제2호증	기본증명서
1. 갑 제3호증	혼인관계증명서
1. 갑 제4호증	형사판결문

첨 부 서 류

1. 위 입증서류	각 1통
1. 주민등록초본	2통
1. 소장부본	1통

20○○. ○. ○.

위 원고 김 ○ ○ (인)

○○ 가정법원 귀중

접수방법

1. 수입인지 : 소송물가액×45/10,000+5,000원의 인지를 납부한다.
2. 송달료 : 당사자수×4,800원(우편료)×12회분을 납부한다.
3. 관할 : 상대방의 주소지를 관할하는 법원에 제출한다(가소 13조 1항).

[서식 113] 사해행위취소 및 원상회복 청구의 소장

소　　　장

원　고　　　이　○　○ (000000-0000000)　(전화 :　　　　　)
　　　　　　○○시 ○○구 ○○로 ○○　(우편번호 : 00000)

피　고　　　김　○　○ (000000-0000000)　(전화 :　　　　　)
　　　　　　○○시 ○○구 ○○로 ○○　(우편번호 : 00000)

재산분할청구권 보전을 위한 사해행위취소 등 청구의 소

청 구 취 지

1. 피고와 소외 ○○○ 사이에 서울 ○○구 ○○동 146-2 대 226㎡에 관하여 20○○. ○. ○. 체결한 부동산매매계약을 취소한다.
2. 피고는 원고에게 위 부동산에 관하여 ○○지방법원 ○○등기소 20○○. ○. ○. 접수 제1234호로써 20○○. ○. ○. 매매를 원인으로 마친 소유권이전등기의 말소등기절차를 이행하라.
3. 소송비용은 피고가 부담한다.

라는 판결을 구합니다.

청 구 원 인

1. 원고와 소외 ○○○는 20○○. ○. ○. 혼인신고를 한 법률상 부부관계인데 법률상 배우자로서 정조의무를 다하지 못하고 처녀인 소외 ○○○와 불륜관계를 계속하여 가정생활을 소홀히 할 뿐 아니라 원고에게 무능하고 매력이 없다고 학대하면서 사흘이 멀다 하고 외박이 늘어가기 시작했습니다.
2. 소외 ○○○는 서울시 서초구 ○○모텔에서 불륜관계에 있던 ○○○의 정사현장을 목격하고 간통으로 고소하였습니다.
3. 그 후 ○○지방법원 등기소에서 이전등기를 마쳤다는 우편물이 송달되어 원고는 부동산등기사항증명서를 열람해 보니 남편명의의 이 사건 부동산이 피고에게 이전되었습니다.

4. 이와 같은 이전등기는 장차 원고와 남편이 이혼시 재산분할을 원고에게 불리하게 하려고 남편은 통모하여 이루어진 등기임이 명백하오니 이 사건 부동산매매계약을 취소하고 위 이전등기는 말소되어야 하므로 본 소 청구에 이르렀습니다.

입 증 방 법

1. 갑 제1호증 혼인관계증명서
1. 갑 제2호증 부동산등기사항전부증명서
1. 갑 제3호증 토지대장등본
1. 갑 제4호증 일반건축물대장등본

첨 부 서 류

1. 위 입증서류 각 1통
1. 주민등록초본 2통
1. 소장부본 1통

20○○. ○. ○.

위 원고 이 ○ ○ (인)

○○ 가정법원 귀중

접수방법

1. 수입인지 : 민사소송등인지법 제2조에 의한 인지액을 납부한다.
2. 송달료 : 당사자수×4,800원(우편료)×12회분을 납부한다.

㈜ 재산분할청구권 보전을 위한 사해행위취소권(2007. 12. 31.부터 시행)

부부의 일방이 타방 배우자의 재산분할청구권의 행사를 해함을 알면서도 재산권을 목적으로 하는 법률행위를 한 때에는 타방 배우자는 민법 제406조(채권자취소권) 제1항을 준용하여 그 취소 및 원상회복을 가정법원에 청구할 수 있다. 다만 이러한 소는 취소원인을 안날로부터 1년, 법률행위가 있은 날로부터 5년 내에 제기하여야 한다(민법 839조의3. 신설, 2007. 12. 21.부터 시행). 개정법에 의한 재산분할청구권의 보전을 위한 사해행위취소권은 부부의 일방이 타방 배우자의 재산분할청구권을 해함을 알면서도 재산권을 목적으로 하는 법률행위를 한 때에 행사할 수 있도록 하고 있으므로 반드시 재산분할의 청구 또는 이혼소송이 선행되어야 하는 것은 아니다. 이는 가사소송법상 다류 가사소송사건에 해당한다(가소 2조 1항).

2. 이혼, 친권자 지정 및 재산분할청구

[서식 114] 이혼, 친권행사자·양육자지정, 위자료, 재산분할 청구의 소장(1)

소 장

원 고 이 경 숙 (000000-0000000) (전화 :)
등록기준지 : ○○시 ○○구 ○○로 ○○
주 소 : ○○시 ○○구 ○○로 ○○
송달장소 : ○○시 ○○구 ○○로 ○○ (우편번호 : 00000)

피 고 박 순 동 (000000-0000000) (전화 :)
등록기준지 및 주소 : 원고와 같음

이혼 등 청구의 소

청 구 취 지

1. 원고와 피고는 이혼한다.
2. 소외 박영선(20○○. 11. 4.생)과 소외 박영복(20○○. 11. 20.생)에 대한 양육자 및 친권행사자를 원고로 한다.
3. 피고는 원고에게
   가. 위자료로써 100,000,000원과 이에 대하여 이 사건 소장부본 송달다음날부터 다 갚는 날까지 연 15%의 비율로 계산한 돈을,
   나. 재산분할로써 300,000,000원과 이에 대하여 이 사건 소장부본 송달다음날부터 다 갚는 날까지 연 15%의 비율로 계산한 돈을,
4. 소송비용은 피고가 부담한다.
5. 위 제3항은 가집행할 수 있다.

라는 판결을 구합니다.

청 구 원 인

1. 원고와 피고는 20○○. 7. 10. 혼인신고를 마친 법률상 부부이며, 원고와 피고 사이에는 딸인 소외 박○선과 아들인 소외 박○복을 두고 있습니다.

2. 재판상 이혼청구사유에 관하여,

가. 원고는 유복한 가정의 4남매 중 차녀로 태어나 고등학교를 졸업한 학력을 가지고 있으며 피고를 만나 결혼할 당시 신한은행의 예탁금 창구에서 근무하고 있었으며, 반면 피고는 농사를 짓는 가난한 시골집 아들로 태어나 가정형편상 중학교를 졸업한 것이 학력의 전부입니다.

원고는 피고의 누나로부터 피고를 소개받아 알게 되었는데, 피고는 결혼할 때에는 자신이 대학교를 졸업하였으며 현재 약국에서 약사로 일하고 있고, 부모님으로부터 받을 재산도 어느 정도 있다고 원고에게 얘기하였으므로 원고는 그 말을 사실로 믿고 사귀다가 결혼하였으나, 막상 결혼해보니 피고는 위에서 말한 바와 같이 중학교만을 졸업한 학력을 가지고 있었으며 약국에서 일을 하기는 하나 약사가 아니라 약사를 보조하는 종업원에 불과하였습니다.

또한 피고의 집은 가난하여 피고에게 상속하여 줄 재산이라고는 없었으며, 실제로 결혼당시 신혼방을 얻을 돈이 없어 보증금 100만원에 월세 8만원짜리 부엌도 없는 단칸방에서 신혼생활을 시작해야 했습니다.

나. 피고는 결혼한 후 생활비로 한달에 10만원씩을 가져다 주었으며 결혼한 지 일주일이 되어서부터 이유 없이 외박이 잦았고 원고와 피고 집안간의 경제적 지위의 차이에 대하여 항상 열등의식을 가지고 있어서 원고에게 그 문제를 상기시키며 정신적으로 피곤하게 하였으나, 원고는 잘못 대꾸하였다가 피고의 마음을 다치게 할 것도 같고 하여 어쨌든 남편인데 자신이 참기로 하고 싸움을 피하곤 하였습니다.

결혼한 해 10월에 시골에서 피고의 어머니가 올라와 단칸방에서 3개월 동안을 함께 지내게 되었습니다.

다. 원고는 피고에게 시부모님 유산도 물려받은 것이 없고 공부도 남만큼 못했지만, 2세를 생각하여 젊었을 때 고생이 되더라도 열심히 일하여 돈을 벌어보자고 말하여, 그때부터 악착같이 일을 하기 시작했습니다.

그리고 20○○. 10. 1. 단독주택을 구입하면서 모자라는 돈을 친정에서 꾸어다가 주택을 사고 원고가족은 월세방에서 계속 생활하였으며, 위 단독주택을 다시 팔아서 상가를 지어주는 조건으로 상가부지를 다시 샀고, 2년 후에는 그 상가를 매입가의 배를 받고 팔았습니다.

그 돈으로 시흥시 은행동의 논을 사고 임대아파트를 사고 파는 동안 이사는 9번이나 다녀야 했습니다.

라. 그러나 피고는 어느 정도 생활기반이 잡힌 20○○년부터 원고를 습관적으로 폭행하기 시작하여 사소한 의견 차이에도 자식들이 보는 앞에서 발로 원고를 걷어차고 짓밟는 등의 행동을 하였으며, 다른 사람 앞에서 원고에게 "미친 년"이라는 등 상스러운 욕설을 하는 것은 흔히 있는 일이었습니다.

마. 또한 피고는 의처증이 심하여 흥신소 사람을 시켜 원고를 미행하고 친구를 돈을 미끼로 매수하여 자신에게 협조하도록 하며 원고를 감시하였고, 원고가 피고로부터 맞은 상처를 치료하기 위하여 친정에 가 있으면 가출신고를 내고 온 시집식구 및 친구들에게 집나간 여자라고 광고를 하고 다니고 장인에게까지도 큰 소리를 치고 욕설을 퍼붓는 등 그 횡포는 이루 말할 수가 없습니다.

바. 피고는 20○○년 7월부터는 원고에게 생활비를 제대로 주지 않았는데 피고는 골프레슨이니, 골프비디오니, 골프책까지 사들이는 등 사치스런 생활을 즐기면서 오로지 원고를 괴롭히기 위한 목적에서 생활비를 대주지 않아 살고 있는 아파트의 전기와 수도가 강제로 끊기기까지 하였습니다. 피고의 행동은 도저히 아내와 자식을 가진 사람의 행동이라고 볼 수가 없었습니다.

그러나 아이들을 위해서라도 참고 살라는 친지들의 만류와 막상 이혼을 생각하니 살길이 막막하기도 하여 조금만 더 참아보기로 하고 1여년을 지내왔으나, 피고의 위와 같은 만행은 더욱 더 심해지기만 했습니다.

사. 이에 원고와 피고 사이의 결혼관계는 피고의 폭행과 학대, 의처증 등으로 인해 다시 원만한 부부관계로 되돌아가기 어려운 상태에 있으며, 누구에게도 참을 수 없다고 인정될 정도로 혼인관계가 파탄되어 버렸습니다.

그러므로 원고는 민법 제840조 제3호의 배우자로부터 심히 부당한 대우를 받은 경우와 같은 조 제6호의 혼인을 계속하기 어려운 중대한 사유가 있는 경우를 들어, 피고를 상대로 이건 이혼 청구의 소를 제기하게 된 것입니다.

3. 재산분할청구에 대하여

가. 민법 제843조, 제839조에 의하여 이혼당사자인 원고는 피고에게 다음과 같이 재산분할청구권을 가집니다.

재산분할청구권의 성질에 대하여는 우리나라 다수설인 청산 및 부양설에서는 혼인생활 중 취득한 재산은 부부의 공유이고, 이것을 혼인해소시에 청산하는 것이 재산분할청구권이며 이때 이혼 후의 부양청구권의 의미도 함께 내포된다고 하고 있습니다.

그러므로 공동재산의 분할기준은 부부의 기여도 및 이혼 후의 이혼당사자의 재산취득 능력유무, 재혼의 가능성, 혼인중의 생활정도, 자녀의 양육권 등이 고려되어야 할 것입니다.

기여도의 측면에서 볼 때, 원고는 20○○년 결혼할 당시 성동구 자양로에 있는 부엌도 없는 단칸방 월세에서 출발하여 현재의 자산수준에 도달하는데 있어서 부동산 투자를 통한 재산증식으로 부부공동재산을 형성하는데 기여하였습니다.

나. 한편 피고는 별지 목록 기재의 부동산을 소유하고 있으며(갑 제3호증의 1 내지 11 참조), 위 부동산의 현재 시가는 금 10억원 상당입니다. 피고는 그밖에도 임페리언 콘도회원권과 승용차 2대(그랜저, 소나타)를 가지고 있으나, 원고는 이 사건 재산분할의 대상을 피고 소유의 위 부동산으로 한정하겠습니다.

그런데 위 부동산의 분할방법에 관하여 당사자 사이에는 협의가 되지 아니하고 또한 협의가 불가능한 것이 현실이므로 원고는 현물분이 아닌 금액분할을 구하는 것입니다.

나아가 분할금액은 앞서 밝힌 제반사정에 비추어 볼 때 부동산가액의 50%인 금 5억원 상당이 적절한 것이나 위 부동산에 관한 시가감정을 기다려 그 금액을 확정하기로 하고 우선 일부로서 금 3억원의 지급을 구합니다.

4. 위자료의 청구

원고는 피고의 폭행, 구타, 의처증 증세로 인하여 혼인을 더 이상 계속할 수 없는 상태가 되어, 부득이 재판상 이혼청구를 하게 되었고 이혼으로 인하여 심한 정신적 고통을 당하였으므로, 피고는 원고에게 1억원을 위자료로 지급해야 할 것입니다.

5. 양육자 및 친권행사자의 지정

한편, 현재 14살인 소외 박영선과 12살인 소외 박영복은 집안을 돌보지 않을 뿐만 아니라 어머니에게 습관적으로 폭행을 가하고 욕설을 퍼붓는 아버지를 미워하고 무서워하며, 어머니와 생활하기를 원하고 있습니다. 한창 감수성이 예민한 나이인 이들에게는 피고보다는 원고의 보살핌이 절대적으로 필요한 상황이며, 이건 재산분할청구가 받아들여지면 원고가 아이들을 양육하는데 경제적으로도 전혀 지장이 없는 상태입니다.

따라서 이 사건 이혼청구가 인용되는 경우 위 자녀들에 대한 양육자 및 친권행사자는 원고로 정함이 상당합니다.

6. 결 론

그러므로 원고는 피고에게 청구취지 기재의 이혼, 양육자 및 친권행사자의 지정과 아울러 위자료 및 재산분할금의 지급과 금원 지급부분에 관하여 이 사건 소장부본 송달다음날부터 다 갚는 날까지 소송촉진등에관한특례법 소정의 연 15%의 비율로 계산한 지연손해금의 지급을 구하기 위하여 이 사건 청구에 이른 것입니다.

입 증 방 법

1. 갑 제1호증 가족관계증명서
1. 갑 제2호증의 1 내지 5 각 상해진단서
1. 갑 제3호증의 1 내지 8 각 부동산등기사항전부증명서

그 밖의 입증서류는 변론시 수시 제출하겠습니다.

첨 부 서 류

1. 위 입증서류 각 1통
1. 주민등록초본 2통
1. 소장부본 1통

20○○. ○. ○.

위 원고 이 경 숙 (인)

○○ 가정법원 귀중

접수방법

1. 수입인지 : 나류 사건인 이혼의 소 인지액은 1건당 20,000원, 다류 위자료 청구사건은 민사소송법 제2조의 규정에 의하여 455,000원(소송물가액 1억원×0.004+55,000원), 재산분할청구는 10,000원, 양육자지정청구는 10,000원이고, 이혼을 전제로 한 친권자의 지정청구는 민법 909조 5항에 따라 가정법원의 직권발동을 촉구하는 신청에 불과하므로 인지를 납부하지 않는다. 그런데 가사소송법 14조 1항의 규정에 의해 수개의 가사소송청구 또는 가사비송청구와 가사비송청구를 병합하는 경우에는 수개의 청구 중 다액인 인지를 붙인다. 따라서 이 사건에 대한 인지액은 수개의 청구중 가장 다액인 455,000원을 납부한다.
2. 송달료 : 당사자수×4,800원(우편료)×12회분을 납부한다.
3. 재판상이혼사유(민법 제840조) : ① 배우자에게 부정한 행위가 있었을 때, ② 배우자가 악의로 다른 일방을 유기한 때, ③ 배우자 또는 그 직계존속으로부터 심히 부당한 대우를 받았을 때, ④ 자기의 직계존속이 배우자로부터 심히 부당한 대우를 받았을 때, ⑤ 배우자의 생사가 3년 이상 분명하지 아니한 때, ⑥ 기타 혼인을 계속하기 어려운 중대한 사유가 있을 때

주 1. 양육자 변경

부모가 이혼하는 때에는 당사자의 협의 또는 가정법원의 심판에 의하여 양육자를 지정한다. 가정법원의 심판을 통해서 양육자가 지정되더라도 그 심판에 기판력은 없다. 그러므로 심판은 가정법원의 직권 또는 당사자의 청구에 의하여 언제든지 변경할 수 있다.

심판의 변경은 반드시 사정변경이 있을 때에만 하는 것이 아니고 원래의 심판이 위법, 부당하다고 인정되는 경우에도 할 수 있다(대법원 1991. 6. 25. 선고 90무699 판결).

2. 재혼한 어머니가 친권자가 될 수 있는지 여부

미성년인 자가 있는 부모가 이혼을 할 때에는 친권자를 지정하게 된다. 통상 친권자는 부부 중 일방으로 정하게 되는데, 그 일방이 사망한 경우에는 자의 친권이 상대방에게 귀속된다. 이렇게 될 경우 자의 양육에 전혀 관심이 없는 자가 갑자기 친권자가 되어 적정한 친권의 행사를 기대할 수 없게 될 수도 있다. 이때에 법원은 민법 제777조에 따른 자의 친족 또는 검사의 청구에 의하여 그 친권의 상실을 선고할 수 있고, 법정대리인인 친권자가 부적당한 관리로 인하여 자의 재산을 위태하게 한 때에는 민법 제777조에 따른 자의 친족의 청구에 의하여 그 법률행위의 대리권과 재산관리권의 상실을 선고할 수 있다. 다만, 이 경우 그 친권자에게 친권을 남용하거나 현저한 비행, 기타 친권을 행사할 수 없는 중대한 사유가 존재하여야 한다(민법 제924조, 제925조).

어떤 행위가 '친권의 남용' '현저한 비행'이 되느냐 하는 것은 구체적 사안에 따라 판단되어야 할 문제이고, 획일적인 기준이 있는 것은 아니다.

3. 사실혼 중 출생한 미성년의 자녀에 대한 양육권자 지정 신청

사실혼관계에 있는 자들 사이에서 출생한 자는 '혼인 외의 출생자'로서 그 모와의 관계에서는 인지나 출생신고를 기다리지 않고 출생으로 당연히 법률상의 친자관계가 인정될 수 있지만(대법원 1967. 10. 4. 선고 67다1791 판결), 부자관계는 부의 인지에 의하여서만 발생하게 되므로(대법원 1997. 2. 14. 96므738 판결), '혼인 외의 출생자'를 인지하기 전까지는 오직 모만이 그자에 대한 유일한 법률상 친권자로서 양육권자에 해당한다.

따라서 친권자가 복수임을 전제로 하여 공동으로 친권 및 양육권의 행사가 불가능한 경우에 제기되는 양육권지정에 관한 문제는 논리적으로 발생할 여지가 없다.

그러나 부가 자를 인지한 경우에는 자는 생모뿐만 아니라 부와도 법률상 친자관계가 인정되므로 친권자 및 양육자를 정할 필요가 있게 되며 이러한 경우 친권자 및 양육자의 지정은 원칙적으로 부모 사이의 협의로 정하되, 협의할 수 없거나 협의가 이루어지지 않은 경우에는 당사자의 청구를 통해 가정법원이 지정하게 된다(민법 909조 4항).

한편, 생부가 스스로 자를 인지하지 아니하는 경우에는 인지청구의 소를 제기할 수 있고 이 경우에는 법원이 직권으로 친권자 및 양육자를 정할 수 있게 된다(민법 909조 5항).

4. 남편 명의의 재산을 정확히 모른 채 이혼 및 재산분할청구를 함께 하려고 할 때

2009. 5. 9. 개정된 가사소송법은 재산분할, 부양료 및 미성년 자녀의 청구사건을 위하여 특히 필요하다고 인정하는 때에는 직권 또는 당사자의 신청에 의하여 상대방에게 재산상태

를 명시한 재산목록을 제출하도록 명할 수 있도록 하였다. 해당 관할법원에 이혼 및 재산분할 청구소송을 제기한 후 서면으로 신청취지와 신청사유를 적은 재산명시신청서를 제출하면 해당법원이 심리 후 소송을 위해 필요하다고 판단되면 재산명시명령을 내리게 된다.

5. 이혼 및 재산분할 소송 중 상대방이 제출한 재산명시명령에 의한 재산목록 외의 재산 파악 방법

2009. 5. 9. 개정된 가사소송법은 재산분할, 부양료, 미성년 자녀의 양육비 청구사건에서 재산명시절차를 거쳤음에도 불구하고 당사자가 재산목록의 제출을 거부하거나 제출된 재산목록만으로는 사건의 해결이 곤란한 경우, 또는 공시송달로 진행되는 사건과 같이 상대방에게 재산명시명령을 송달할 수 없었던 경우에, 가정법원이 개인의 재산과 신용정보에 관한 전산망을 관리하는 공공기관·금융기관·단체 등에 대한 당사자 명의의 재산의 조회를 통하여 당사자의 자발적 협조 없이도 당사자의 재산내역을 발견·확인할 수 있도록 하고 있다. 따라서 해당법원에 서면으로 위의 사유 중 하나를 소명하여 재산조회신청서를 작성하여 제출하면 된다.

6. 친권자와 양육권자의 다른 점

친권자는 자녀의 재산관리권, 법률행위대리권 등이 있고, 양육권자는 자녀와 공동생활을 하며 각종의 위험으로부터 자녀를 보호하는 역할을 한다. 친권자 및 양육권자는 자의 복리를 우선적으로 고려하여 부 또는 모를 일방으로 정할 수도 있고, 부·모 공동으로 지정할 수도 있으며, 친권자와 양육권자를 분리하여 지정할 수도 있다.

부모가 원만하게 이혼에 합의하는 경우에는 크게 문제는 되지 않으나, 가능하면 자의 복리를 위해 친권자와 양육권자를 동일한 부모로 지정하는 것이 향우 자녀의 여권발급이나 긴급한 상황 등(병원입원 등)에서 보호자를 신속하게 확인하는데 도움이 된다.

7. 친권자를 행사할 자의 지정과 자의 양육에 관한 사항

자의 양육에 관한 처분과 변경, 면접교섭권의 제한과 배제 및 친권을 행사할 자의 지정과 변경에 관한 심판은 부모 중 일방이 다른 일방을 상대방으로 하여 청구를 하여야 한다(규칙 99조 1항).

자의 양육에 관한 처분과 변경 또는 친권을 행사할 자의 지정과 변경의 심판을 청구함에 있어, 부모 아닌 자가 자를 양육하고 있을 때에는 그 자를 공동상대방으로 하여 자의 인도를 청구할 수 있다(규칙 99조 2항).

규칙 제99조 제1항에 규정한 청구가 있는 경우에 자가 15세 이상일 때에는 가정법원은 심판에 앞서 그 자의 의견을 들어야 한다(규칙 100조). 다만 자의 의견을 들을 수 없거나 듣는 것이 오히려 자의 복지를 해할 만한 특별한 사정이 인정되는 때에는 그러하지 아니한다(규칙 100조 단서).

8. 재판상 재산분할의 방법

재산분할의 방법에 관하여 당사자 양쪽의 협력으로 이룩한 재산의 액수, 기타 사정을 참작하여 분할의 액수와 방법을 정하게 되어 있다(민법 제839조의 2 제2항).
구체적인 분할비용은 가정법원이 후견적 입장에서 혼인생활의 실태, 재산의 형성과 유지에 기여한 정도 등을 종합적으로 고려하여 재량으로 정하게 된다.

가. 금전분할

금전으로 재산을 분할하는 방법은, 재산분할의 원칙적 방법이다. 이 방법에는 ① 분할액을 일시에 지급하라고 하는 일시불, ② 분할총액을 정한 이상 상대방의 자력을 고려하여 분할하여 지급하게 하는 분할불, ③ 분할총액을 정하지 않고 분할할 기간을 정하고, 일정한 액수를 정기적으로 지급하게 하는 정기불이 있다. 실제 재판에서는 일시불이 많다.

나. 현물분할

재산분할에는 현물분할이 있고 실제 재판례도 많다.
예컨대 ① 청구인의 장래 주거용으로 사용될 건물과 그 대지 등 처럼 그 현물이 이혼 후의 생활에 필요불가결한 경우에는 그 현물이 분할되는 경우가 많다. ② 상대방의 자력으로 보아 금전지급이 곤란한 경우에도 현물분할이 인정된다. ③ 그리고 그 현물의 취득, 유지에 청구인의 기여도가 큰 경우에 이 현물분할이 인정된다. ④ 또 건물의 대지가 청구인 특유의 소유물이라든지, 청구인의 친족의 소유인 경우에도 이혼 후의 법률관계를 고려하여 건물을 청구인에게 분여하는 소가 있다.

9. 재산분할 산정의 기초가 되는 재산가액의 평가방법

재산분할 산정의 기초가 되는 재산의 가액은 반드시 시가감정에 의하여 인정하여야 하는 것은 아니지만 객관성과 합리성이 있는 자료에 의하여 평가하여야 한다(대법원 2002. 8. 28.자 2002스36 결정).

[서식 115] 이혼, 친권행사자·양육자지정, 위자료, 재산분할 청구의 소장(2)

소 장

원 고 진 ○ ○ (000000-0000000) (전화 :)
등록기준지 : ○○시 ○○구 ○○로 ○○
주 소 : ○○시 ○○구 ○○로 ○○
송달장소 : ○○시 ○○구 ○○로 ○○ (우편번호 : 00000)

피 고 정 ○ ○ (000000-0000000) (전화 :)

등록기준지 및 주소 : 원고와 같음

사건본인 정 ○ ○ (000000-0000000) (전화 :)
등록기준지 및 주소 : 원고와 같음

이혼 등 청구의 소

청 구 취 지

1. 원고와 피고는 이혼한다.
2. 피고는 원고에게
   가. 위자료로 10,000,000원과 이에 대하여 이 사건 소장부본 송달다음날부터 다 갚는 날까지 연 15%의 비율로 계산한 돈을 지급하고,
   나. 재산분할로써 70,000,000원과 이에 대하여 이 사건 소장부본 송달다음날부터 다 갚는 날까지 연 15%의 비율로 계산한 돈을 지급하라.
3. 사건본인에 대한 친권자로 원고를 지정한다.
4. 피고는 원고에게 사건본인의 양육비로 이 사건 소장부본 송달다음날부터 20○○. ○. ○.까지(또는 성년이 될 때까지) 매월 말일에 월 400,000원을 지급하라.
5. 소송비용은 피고가 부담한다.
6. 위 제2항, 제4항은 가집행할 수 있다.

라는 판결을 구합니다.

청 구 원 인

1. 원고와 피고는 20○○. 6. 2. 혼인신고를 마친 법률상 부부입니다.
2. 피고는 20○○년 임○○과 부정한 관계를 맺고, 그 후 임○○와 사이에 한 명의 아이를 낳은 등 부정한 관계를 계속해 왔습니다.
3. 또한 피고는 상습적으로 원고를 구타하는 등 학대를 함으로써 더 이상 혼인생활을 계속할 수 없는 상황입니다.
4. 현재 피고에게는 시가 3억원 상당의 아파트가 있고, 피고는 ○○회사의 부장으로 월 400만원의 월급을 받고 있습니다.
5. 또한 원고와 피고는 결혼 이후, 원고가 결혼 전 직장 생활을 하여 모든 4,000만원을 합하여 보증금 9,000만원의 전셋집에서 신혼살림을 시작하였고, 결혼 이후 원고가 알

뜰하게 살림하면서 집에서 동네 아이들과 피아노를 가르치는 등 부업을 하여 생활비를 대고 피고의 월급을 대부분 저축하여 모은 돈으로 위 피고 명의로 아파트를 마련하였으므로 위 아파트의 2분의 1 지분은 원고의 소유라고 할 것입니다.

6. 현재 사건본인은 만 3세의 어린 나이로 어머니의 보살핌이 절대적으로 필요한 나이이고, 원고도 사건본인을 최선을 다해서 양육할 각오인 바, 사건본인의 원만한 성장과 복지를 위하여 원고를 사건본인의 친권자로 지정하여 주시기 바랍니다.

7. 현재 사건본인의 양육비로 유아원 비용, 식대, 의류대 등으로 매월 40여만원의 돈이 필요한 실정입니다.

8. 이상과 같이 원고와 피고의 혼인생활은 피고의 부정한 행위와 원고에 대한 심히 부당한 대우로 인하여 파탄에 이르렀고, 피고 명의의 부동산은 원고와 피고가 결혼 이후 협력하여 이룩한 재산이므로 재산분할을 받고자 이 사건 청구에 이르렀습니다.

입 증 방 법

1. 갑 제1호증 가족관계증명서
1. 갑 제2호증 혼인계증명서
1. 갑 제3호증 부동산등기사항전부증명서
1. 갑 제4호증 상해진단서 사본

그 밖의 입증서류는 변론시 수시 제출하겠습니다.

첨 부 서 류

1. 위 입증서류 각 1통
1. 주민등록초본 2통
1. 소장부본 1통

20○○. ○. ○.

위 원고 진 ○ ○ (인)

○○ 가정법원 귀중

접수방법

1. 수입인지 : 나류 사건인 이혼의 소 인지액은 1건당 20,000원, 다류 위자료 청구사건은 민사소송법 제2조의 규정에 의하여 50,000원(소송물가액 1천만원×0.005), 재산분할청구는 10,000원, 양육비지급청구는 10,000원이고, 이혼을 전제로 한 친권자의 지정청구는 민법 909조 5항에 따라 가정법원의 직권발동을 촉구하는 신청에 불과하므로 인지를 납부하지 않는다. 그런데 가사소송법 14조 1항의 규정에 의해 수개의 가사소송청구 또는 가사비송청구와 가사비송청구를 병합하는 경우에는 수개의 청구 중 다액인 인지를 붙인다. 따라서 이 사건에 대한 인지액은 수개의 청구중 가장 다액인 50,000원을 납부한다.
2. 송달료 : 당사자수×4,800원(우편료)×12회분을 납부한다.
3. 재판상이혼사유(민법 제840조) : ① 배우자에게 부정한 행위가 있었을 때, ② 배우자가 악의로 다른 일방을 유기한 때, ③ 배우자 또는 그 직계존속으로부터 심히 부당한 대우를 받았을 때, ④ 자기의 직계존속이 배우자로부터 심히 부당한 대우를 받았을 때, ⑤ 배우자의 생사가 3년 이상 분명하지 아니한 때, ⑥ 기타 혼인을 계속하기 어려운 중대한 사유가 있을 때

주 1. **양육자 변경**

부모가 이혼하는 때에는 당사자의 협의 또는 가정법원의 심판에 의하여 양육자를 지정한다. 가정법원의 심판을 통해서 양육자가 지정되더라도 그 심판에 기판력은 없다. 그러므로 심판은 가정법원의 직권 또는 당사자의 청구에 의하여 언제든지 변경할 수 있다.

심판의 변경은 반드시 사정변경이 있을 때에만 하는 것이 아니고 원래의 심판이 위법, 부당하다고 인정되는 경우에도 할 수 있다(대법원 1991. 6. 25. 선고 90므699 판결).

2. **재혼한 어머니가 친권자가 될 수 있는지 여부**

미성년인 자가 있는 부모가 이혼을 할 때에는 친권자를 지정하게 된다. 통상 친권자는 부부 중 일방으로 정하게 되는데, 그 일방이 사망한 경우에는 자의 친권이 상대방에게 귀속된다. 이렇게 될 경우 자의 양육에 전혀 관심이 없는 자가 갑자기 친권자가 되어 적정한 친권의 행사를 기대할 수 없게 될 수도 있다. 이때에 법원은 민법 제777조에 따른 자의 친족 또는 검사의 청구에 의하여 그 친권의 상실을 선고할 수 있고, 법정대리인인 친권자가 부적당한 관리로 인하여 자의 재산을 위태하게 한 때에는 민법 제777조에 따른 자의 친족의 청구에 의하여 그 법률행위의 대리권과 재산관리권의 상실을 선고할 수 있다. 다만, 이 경우 그 친권자에게 친권을 남용하거나 현저한 비행, 기타 친권을 행사할 수 없는 중대한 사유가 존재하여야 한다(민법 제924조, 제925조).

어떤 행위가 '친권의 남용' '현저한 비행'이 되느냐 하는 것은 구체적 사안에 따라 판단되어야 할 문제이고, 획일적인 기준이 있는 것은 아니다.

3. **사실혼 중 출생한 미성년의 자녀에 대한 양육권자 지정 신청**

사실혼관계에 있는 자들 사이에서 출생한 자는 '혼인 외의 출생자'로서 그 모와의 관계에서는 인지나 출생신고를 기다리지 않고 출생으로 당연히 법률상의 친자관계가 인정될 수

있지만(대법원 1967. 10. 4. 선고 67다1791 판결), 부자관계는 부의 인지에 의하여서만 발생하게 되므로(대법원 1997. 2. 14. 96므738 판결), '혼인 외의 출생자'를 인지하기 전까지는 오직 모만이 그자에 대한 유일한 법률상 친권자로서 양육권자에 해당한다.

따라서 친권자가 복수임을 전제로 하여 공동으로 친권 및 양육권의 행사가 불가능한 경우에 제기되는 양육권지정에 관한 문제는 논리적으로 발생할 여지가 없다.

그러나 부가 자를 인지한 경우에는 자는 생모뿐만 아니라 부와도 법률상 친자관계가 인정되므로 친권자 및 양육자를 정할 필요가 있게 되며 이러한 경우 친권자 및 양육자의 지정은 원칙적으로 부모 사이의 협의로 정하되, 협의할 수 없거나 협의가 이루어지지 않은 경우에는 당사자의 청구를 통해 가정법원이 지정하게 된다(민법909조 4항).

한편, 생부가 스스로 자를 인지하지 아니하는 경우에는 인지청구의 소를 제기할 수 있고 이 경우에는 법원이 직권으로 친권자 및 양육자를 정할 수 있게 된다(민법 909조 5항).

4. 남편 명의의 재산을 정확히 모른 채 이혼 및 재산분할청구를 함께 하려고 할 때

2009. 5. 9. 개정된 가사소송법은 재산분할, 부양료 및 미성년 자녀의 청구사건을 위하여 특히 필요하다고 인정하는 때에는 직권 또는 당사자의 신청에 의하여 상대방에게 재산상태를 명시한 재산목록을 제출하도록 명할 수 있도록 하였다. 해당 관할법원에 이혼 및 재산분할 청구소송을 제기한 후 서면으로 신청취지와 신청사유를 적은 재산명시신청서를 제출하면 해당법원이 심리 후 소송을 위해 필요하다고 판단되면 재산명시명령을 내리게 된다.

5. 이혼 및 재산분할 소송 중 상대방이 제출한 재산명시명령에 의한 재산목록 외의 재산 파악 방법

2009. 5. 9. 개정된 가사소송법은 재산분할, 부양료, 미성년 자녀의 양육비 청구사건에서 재산명시절차를 거쳤음에도 불구하고 당사자가 재산목록의 제출을 거부하거나 제출된 재산목록만으로는 사건의 해결이 곤란한 경우, 또는 공시송달로 진행되는 사건과 같이 상대방에게 재산명시명령을 송달할 수 없었던 경우에, 가정법원이 개인의 재산과 신용정보에 관한 전산망을 관리하는 공공기관·금융기관·단체 등에 대한 당사자 명의의 재산의 조회를 통하여 당사자의 자발적 협조 없이도 당사자의 재산내역을 발견·확인할 수 있도록 하고 있다. 따라서 해당법원에 서면으로 위의 사유 중 하나를 소명하여 재산조회신청서를 작성하여 제출하면 된다.

6. 친권자와 양육권자의 다른 점

친권자는 자녀의 재산관리권, 법률행위대리권 등이 있고, 양육권자는 자녀와 공동생활을 하며 각종의 위험으로부터 자녀를 보호하는 역할을 한다. 친권자 및 양육권자는 자의 복리를 우선적으로 고려하여 부 또는 모를 일방으로 정할 수도 있고, 부·모 공동으로 지정할 수도 있으며, 친권자와 양육권자를 분리하여 지정할 수도 있다.

부모가 원만하게 이혼에 합의하는 경우에는 크게 문제는 되지 않으나, 가능하면 자의 복리를 위해 친권자와 양육권자를 동일한 부모로 지정하는 것이 향후 자녀의 여권발급이나 긴급한 상황 등(병원입원 등)에서 보호자를 신속하게 확인하는데 도움이 된다.

7. 친권자를 행사할 자의 지정과 자의 양육에 관한 사항

자의 양육에 관한 처분과 변경, 면접교섭권의 제한과 배제 및 친권을 행사할 자의 지정과 변경에 관한 심판은 부모 중 일방이 다른 일방을 상대방으로 하여 청구를 하여야 한다(규칙 99조 1항).

자의 양육에 관한 처분과 변경 또는 친권을 행사할 자의 지정과 변경의 심판을 청구함에 있어, 부모 아닌 자가 자를 양육하고 있을 때에는 그 자를 공동상대방으로 하여 자의 인도를 청구할 수 있다(규칙 99조 2항).

규칙 제99조 제1항에 규정한 청구가 있는 경우에 자가 15세 이상일 때에는 가정법원은 심판에 앞서 그 자의 의견을 들어야 한다(규칙 100조). 다만 자의 의견을 들을 수 없거나 듣는 것이 오히려 자의 복지를 해할 만한 특별한 사정이 인정되는 때에는 그러하지 아니한다(규칙 100조 단서).

8. 재판상 재산분할의 방법

재산분할의 방법에 관하여 당사자 양쪽의 협력으로 이룩한 재산의 액수, 기타 사정을 참작하여 분할의 액수와 방법을 정하게 되어 있다(민법 제839조의 2 제2항).

구체적인 분할비용은 가정법원이 후견적 입장에서 혼인생활의 실태, 재산의 형성과 유지에 기여한 정도 등을 종합적으로 고려하여 재량으로 정하게 된다.

가. 금전분할

금전으로 재산을 분할하는 방법은, 재산분할의 원칙적 방법이다. 이 방법에는 ① 분할액을 일시에 지급하라고 하는 일시불, ② 분할총액을 정한 이상 상대방의 자력을 고려하여 분할하여 지급하게 하는 분할불, ③ 분할총액을 정하지 않고 분할할 기간을 정하고, 일정한 액수를 정기적으로 지급하게 하는 정기불이 있다. 실제 재판에서는 일시불이 많다.

나. 현물분할

재산분할에는 현물분할이 있고 실제 재판례도 많다.

예컨대 ① 청구인의 장래 주거용으로 사용될 건물과 그 대지 등 처럼 그 현물이 이혼 후의 생활에 필요불가결한 경우에는 그 현물이 분할되는 경우가 많다. ② 상대방의 자력으로 보아 금전지급이 곤란한 경우에도 현물분할이 인정된다. ③ 그리고 그 현물의 취득, 유지에 청구인의 기여도가 큰 경우에 이 현물분할이 인정된다. ④ 또 건물의 대지가 청구인 특유의 소유물이라든지, 청구인의 친족의 소유인 경우에도 이혼 후의 법률관계를 고려하여 건물을 청구인에게 분여하는 소가 있다.

9. 재산분할 산정의 기초가 되는 재산가액의 평가방법

재산분할 산정의 기초가 되는 재산의 가액은 반드시 시가감정에 의하여 인정하여야 하는 것은 아니지만 객관성과 합리성이 있는 자료에 의하여 평가하여야 한다(대법원 2002. 8. 28.자 2002스36 결정).

[서식 116] 이혼, 친권행사자·양육자지정, 위자료, 재산분할 청구의 소장(3)

소 장

원 고 박 ○ 미 (000000-0000000) (전화 :)
등록기준지 : ○○시 ○○구 ○○로 ○○
주 소 : ○○시 ○○구 ○○로 ○○
송달장소 : ○○시 ○○구 ○○로 ○○ (우편번호 : 00000)

피 고 1. 진 ○ 석 (000000-0000000) (전화 :)
등록기준지 및 주소 : 원고와 같음

2. 임 ○ 순 (000000-0000000) (전화 :)
등록기준지 및 주소 : 원고와 같음

사건본인 1. 진 ○ 일 (000000-0000000)
2. 진 ○ 이 (000000-0000000)
사건본인들의 등록기준지 및 주소 : 원고와 같음

이혼 등 청구의 소

청 구 취 지

1. 원고와 피고 진○석은 이혼한다.
2. 피고들은 연대하여 원고에게 위자료로 30,000,000원과 이에 대하여 이 사건 소장부본 송달다음날부터 이 사건 제1심 판결 선고시까지는 연 5%, 그 다음날부터 다 갚는 날까지는 연 15%의 각 비율로 계산한 돈을 지급하라.
3. 피고 진○석은 원고에게 재산분할로 ○○○원을 지급하라.
4. 사건본인들의 친권행사자 및 양육자로 원고를 지정한다.
5. 피고 진○석은 원고에게 사건본인들의 양육비로 이 사건 소장부본 송달다음날부터 20○○. ○. ○.까지는 매월 ○○○원씩, 그 다음날부터 20○○. ○. ○.까지는 매월 ○○○원씩의 비율로 계산한 돈을 지급하라.
6. 소송비용은 피고들이 부담한다.
7. 위 제2항, 제3항, 제5항은 가집행할 수 있다.

라는 판결을 구합니다.

청 구 원 인

1. 재판상 이혼 청구

가. 원고와 피고 진○석은 20○○. ○. ○. 혼인신고를 마친 법률상 부부로서 그 사이에 사건본인들을 두고 있습니다.

원고는 18세에 청력을 잃었으나 언어 능력은 있는 후천성 청각장애인으로서 위 피고와의 혼인이 초혼이나 위 피고는 재판상 이혼 경력이 있습니다.

나. 원고는 혼인 후 위 피고가 참을성이 부족하여 한 직장에서 한달 이상 근무하지를 못하고 지나치게 술을 좋아하는 탓에 경제적 어려움은 겪었지만 부부사이에는 별다른 문제는 없었습니다.

그런데 20○○년 여름부터 위 피고가 원고 몰래 피고 임○순을 사귀면서 외박이 잦아지고 공장 임대보증금이나 적금을 원고 몰래 찾아 피고 임○순과의 유흥비로 탕진하면서 가정불화가 생겼습니다. 피고 진○석은 원고가 피고 임○순과의 관계를 문제삼으면 아이들 앞에서도 폭행과 욕설을 하곤 하였습니다.

다. 그러다가 20○○. ○. ○. 피고 진○석은 원고에게는 아무런 말도 하지 않고 가출하였습니다.

이에 원고가 피고 진○석의 행적을 수소문한 결과 이웃 주민을 통해 피고 진○○가 피고 임○순 및 그녀의 딸과 함께 현 주소지에서 동거하고 있음을 알아내고 20○○. ○. ○. 원고의 동생들 및 올케와 함께 위 집을 찾아가 피고들의 동거사실을 확인한 다음 경찰서에 간통죄로 신고하였으나 증거 불충분으로 입건되지 않은 사실이 있습니다.

그러나 피고들은 현재도 한 집에서 거주하고 있고 피고 임○○의 딸은 피고 진○석을 "아빠"라고 부르고 있습니다.

라. 위와 같은 사실을 종합하여 볼 때 원고와 피고 진○석의 혼인관계는 피고 진○석의 부정행위 및 악의의 유기를 이유로 회복할 수 없을 정도로 파탄되었다 할 것이므로 원고는 민법 제840조 제1호, 제2호, 제6호의 사유로 이혼청구를 합니다.

2. 위자료 청구

위와 같이 원고와 피고 진○석의 혼인은 피고들의 간통 또는 기타 부도덕한 관계를 주된 사유로 하여 파탄되었다 할 것이므로 피고들은 연대하여 원고에게 이혼으로 인하여 원고가 받은 고통에 대한 위자료를 지급할 의무가 있다 할 것인 바, 위자료의 금액은 30,000,000원이 상당합니다.

3. 재산분할 청구

피고 진○석은 그 명의 재산으로 현 피고 진○석 주소지의 임대차보증금반환채권금 ○○○원이 있는 바, 원고는 한 직장에 1달 이상 근무하지를 못하는 피고 진○석의 습성으로 인하여 혼인 초부터 집 근처에 가게를 얻어 피고 진○석와 힘께 의류마감 다림질 임가공업을 해왔으므로 위 재산형성에 대한 원고의 기여도 50%로 봄이 상당합니다.

4. 친권행사자 지정 및 양육비 청구
피고 진○석의 가출 이후 원고 혼자 사건본인들을 양육하고 있고, 피고 진○석은 사건본인들에 대해 관심이 없으므로 사건본인들의 친권행사자 및 양육자로 원고를 지정함이 타당합니다.
그런데 원고는 청각장애자로서 경제적 능력이 부족하므로 피고 진○석은 원고에게 사건본인들의 양육비로 사건본인들이 각 성년에 이를 때까지 사건본인 1인당 월 ○○○원씩을 지급함이 마땅합니다.

5. 결 론
위와 같은 사유로 원고는 청구취지 기재와 같은 판결을 받고자 이 사건 청구에 이르렀습니다.

입 증 방 법

1. 갑 제1호증 가족관계증명서
1. 갑 제2호증 혼인계증명서
1. 갑 제3호증 가출인신고접수증
1. 갑 제4호증 장애인등록증

그 밖의 입증서류는 변론시 수시 제출하겠습니다.

첨 부 서 류

1. 위 입증서류 각 1통
1. 주민등록초본 3통
1. 소장부본 1통

20○○. ○. ○.

위 원고 박 ○ 미 (인)

○○ 가정법원 귀중

접수방법

1. 수입인지 : 나류 사건인 이혼의 소 인지액은 1건당 20,000원, 다류 위자료 청구사건은 민사소송법 제2조의 규정에 의하여 140,000원(소송물가액 3천만원×0.0045+5,000원), 재산분할청구는 10,000원, 1인의 양육자지정청구 및 양육비지급청구는 1개의 사건당 10,000원이고, 사건별로 각 1개의 청구이므로 20,000원(10,000원×2인)이고, 이혼을 전제로 한 친권자의 지정청구는 민법 909조 5항에 따라 가정법원의 직권발동을 촉구하는 신청에 불과하므로 인지를 납부하지 않는다. 그런데 가사소송법 14조 1항의 규정에 의해 수개의 가사소송청구 또는 가사비송청구와 가사비송청구를 병합하는 경우에는 수개의 청구 중 다액인 인지를 붙인다. 따라서 이 사건에 대한 인지액은 수개의 청구중 가장 다액인 140,000원을 납부한다.
2. 송달료 : 당사자수×4,800원(우편료)×12회분을 납부한다.
3. 재판상이혼사유(민법 제840조) : ① 배우자에게 부정한 행위가 있었을 때, ② 배우자가 악의로 다른 일방을 유기한 때, ③ 배우자 또는 그 직계존속으로부터 심히 부당한 대우를 받았을 때, ④ 자기의 직계존속이 배우자로부터 심히 부당한 대우를 받았을 때, ⑤ 배우자의 생사가 3년 이상 분명하지 아니한 때, ⑥ 기타 혼인을 계속하기 어려운 중대한 사유가 있을 때

주 1. **양육자 변경**

부모가 이혼하는 때에는 당사자의 협의 또는 가정법원의 심판에 의하여 양육자를 지정한다. 가정법원의 심판을 통해서 양육자가 지정되더라도 그 심판에 기판력은 없다. 그러므로 심판은 가정법원의 직권 또는 당사자의 청구에 의하여 언제든지 변경할 수 있다.

심판의 변경은 반드시 사정변경이 있을 때에만 하는 것이 아니고 원래의 심판이 위법, 부당하다고 인정되는 경우에도 할 수 있다(대법원 1991. 6. 25. 선고 90므699 판결).

2. **재혼한 어머니가 친권자가 될 수 있는지 여부**

미성년인 자가 있는 부모가 이혼을 할 때에는 친권자를 지정하게 된다. 통상 친권자는 부부 중 일방으로 정하게 되는데, 그 일방이 사망한 경우에는 자의 친권이 상대방에게 귀속된다.

이렇게 될 경우 자의 양육에 전혀 관심이 없는 자가 갑자기 친권자가 되어 적정한 친권의 행사를 기대할 수 없게 될 수도 있다. 이때에 법원은 민법 제777조에 따른 자의 친족 또는 검사의 청구에 의하여 그 친권의 상실을 선고할 수 있고, 법정대리인인 친권자가 부적당한 관리로 인하여 자의 재산을 위태하게 한 때에는 민법 제777조에 따른 자의 친족의 청구에 의하여 그 법률행위의 대리권과 재산관리권의 상실을 선고할 수 있다. 다만, 이 경우 그 친권자에게 친권을 남용하거나 현저한 비행, 기타 친권을 행사할 수 없는 중대한 사유가 존재하여야 한다(민법 제924조, 제925조).

어떤 행위가 '친권의 남용' '현저한 비행'이 되느냐 하는 것은 구체적 사안에 따라 판단되어야 할 문제이고, 획일적인 기준이 있는 것은 아니다.

3. **사실혼 중 출생한 미성년의 자녀에 대한 양육권자 지정 신청**

사실혼관계에 있는 자들 사이에서 출생한 자는 '혼인 외의 출생자'로서 그 모와의 관계에서는 인지나 출생신고를 기다리지 않고 출생으로 당연히 법률상의 친자관계가 인정될 수

있지만(대법원 1967. 10. 4. 선고 67다1791 판결), 부자관계는 부의 인지에 의하여서만 발생하게 되므로(대법원 1997. 2. 14. 96므738 판결), '혼인 외의 출생자'를 인지하기 전까지는 오직 모만이 그자에 대한 유일한 법률상 친권자로서 양육권자에 해당한다.

따라서 친권자가 복수임을 전제로 하여 공동으로 친권 및 양육권의 행사가 불가능한 경우에 제기되는 양육권지정에 관한 문제는 논리적으로 발생할 여지가 없다.

그러나 부가 자를 인지한 경우에는 자는 생모뿐만 아니라 부와도 법률상 친자관계가 인정되므로 친권자 및 양육자를 정할 필요가 있게 되며 이러한 경우 친권자 및 양육자의 지정은 원칙적으로 부모 사이의 협의로 정하되, 협의할 수 없거나 협의가 이루어지지 않은 경우에는 당사자의 청구를 통해 가정법원이 지정하게 된다(민법 909조 4항).

한편, 생부가 스스로 자를 인지하지 아니하는 경우에는 인지청구의 소를 제기할 수 있고 이 경우에는 법원이 직권으로 친권자 및 양육자를 정할 수 있게 된다(민법 909조 5항).

4. 남편 명의의 재산을 정확히 모른 채 이혼 및 재산분할청구를 함께 하려고 할 때

2009. 5. 9. 개정된 가사소송법은 재산분할, 부양료 및 미성년 자녀의 청구사건을 위하여 특히 필요하다고 인정하는 때에는 직권 또는 당사자의 신청에 의하여 상대방에게 재산상태를 명시한 재산목록을 제출하도록 명할 수 있도록 하였다. 해당 관할법원에 이혼 및 재산분할 청구소송을 제기한 후 서면으로 신청취지와 신청사유를 적은 재산명시신청서를 제출하면 해당법원이 심리 후 소송을 위해 필요하다고 판단되면 재산명시명령을 내리게 된다.

5. 이혼 및 재산분할 소송 중 상대방이 제출한 재산명시명령에 의한 재산목록 외의 재산 파악 방법

2009. 5. 9. 개정된 가사소송법은 재산분할, 부양료, 미성년 자녀의 양육비 청구사건에서 재산명시절차를 거쳤음에도 불구하고 당사자가 재산목록의 제출을 거부하거나 제출된 재산목록만으로는 사건의 해결이 곤란한 경우, 또는 공시송달로 진행되는 사건과 같이 상대방에게 재산명시명령을 송달할 수 없었던 경우에, 가정법원이 개인의 재산과 신용정보에 관한 전산망을 관리하는 공공기관·금융기관·단체 등에 대한 당사자 명의의 재산의 조회를 통하여 당사자의 자발적 협조 없이도 당사자의 재산내역을 발견·확인할 수 있도록 하고 있다. 따라서 해당법원에 서면으로 위의 사유 중 하나를 소명하여 재산조회신청서를 작성하여 제출하면 된다.

6. 친권자와 양육권자의 다른 점

친권자는 자녀의 재산관리권, 법률행위대리권 등이 있고, 양육권자는 자녀와 공동생활을 하며 각종의 위험으로부터 자녀를 보호하는 역할을 한다. 친권자 및 양육권자는 자의 복리를 우선적으로 고려하여 부 또는 모를 일방으로 정할 수도 있고, 부·모 공동으로 지정할 수도 있으며, 친권자와 양육권자를 분리하여 지정할 수도 있다.

부모가 원만하게 이혼에 합의하는 경우에는 크게 문제는 되지 않으나, 가능하면 자의 복리를 위해 친권자와 양육권자를 동일한 부모로 지정하는 것이 향우 자녀의 여권발급이나 긴급한 상황 등(병원입원 등)에서 보호자를 신속하게 확인하는데 도움이 된다.

7. 친권자를 행사할 자의 지정과 자의 양육에 관한 사항

자의 양육에 관한 처분과 변경, 면접교섭권의 제한과 배제 및 친권을 행사할 자의 지정과 변경에 관한 심판은 부모 중 일방이 다른 일방을 상대방으로 하여 청구를 하여야 한다(규칙 99조 1항).

자의 양육에 관한 처분과 변경 또는 친권을 행사할 자의 지정과 변경의 심판을 청구함에 있어, 부모 아닌 자가 자를 양육하고 있을 때에는 그 자를 공동상대방으로 하여 자의 인도를 청구할 수 있다(규칙 99조 2항).

규칙 제99조 제1항에 규정한 청구가 있는 경우에 자가 15세 이상일 때에는 가정법원은 심판에 앞서 그 자의 의견을 들어야 한다(규칙 100조). 다만 자의 의견을 들을 수 없거나 듣는 것이 오히려 자의 복지를 해할 만한 특별한 사정이 인정되는 때에는 그러하지 아니한다(규칙 100조 단서).

8. 재판상 재산분할의 방법

재산분할의 방법에 관하여 당사자 양쪽의 협력으로 이룩한 재산의 액수, 기타 사정을 참작하여 분할의 액수와 방법을 정하게 되어 있다(민법 제839조의 2 제2항).

구체적인 분할비용은 가정법원이 후견적 입장에서 혼인생활의 실태, 재산의 형성과 유지에 기여한 정도 등을 종합적으로 고려하여 재량으로 정하게 된다.

가. 금전분할

금전으로 재산을 분할하는 방법은, 재산분할의 원칙적 방법이다. 이 방법에는 ① 분할액을 일시에 지급하라고 하는 일시불, ② 분할총액을 정한 이상 상대방의 자력을 고려하여 분할하여 지급하게 하는 분할불, ③ 분할총액을 정하지 않고 분할할 기간을 정하고, 일정한 액수를 정기적으로 지급하게 하는 정기불이 있다. 실제 재판에서는 일시불이 많다.

나. 현물분할

재산분할에는 현물분할이 있고 실제 재판례도 많다.

예컨대 ① 청구인의 장래 주거용으로 사용될 건물과 그 대지 등 처럼 그 현물이 이혼 후의 생활에 필요불가결한 경우에는 그 현물이 분할되는 경우가 많다. ② 상대방의 자력으로 보아 금전지급이 곤란한 경우에도 현물분할이 인정된다. ③ 그리고 그 현물의 취득, 유지에 청구인의 기여도가 큰 경우에 이 현물분할이 인정된다. ④ 또 건물의 대지가 청구인 특유의 소유물이라든지, 청구인의 친족의 소유인 경우에도 이혼 후의 법률관계를 고려하여 건물을 청구인에게 분여하는 소가 있다.

9. 재산분할 산정의 기초가 되는 재산가액의 평가방법

재산분할 산정의 기초가 되는 재산의 가액은 반드시 시가감정에 의하여 인정하여야 하는 것은 아니지만 객관성과 합리성이 있는 자료에 의하여 평가하여야 한다(대법원 2002. 8. 28.자 2002스36 결정).

[서식 117] 이혼, 친권행사자·양육자 지정, 위자료, 양육비 청구의 소장

소 장

원 고 홍 ○ ○ (洪 ○ ○) (전화 :)
주민등록번호 : 000000-0000000
등록기준지 : ○○시 ○○구 ○○로 ○○
주 소 : ○○시 ○○구 ○○로 ○○ (우편번호 : 00000)

피 고 신 ○ ○ (申 ○ ○) (전화 :)
주민등록번호 : 000000-0000000
등록기준지 및 주소 : 원고와 같음

사건본인 홍 ○ ○ (洪 ○ ○) (전화 :)
주민등록번호 : 000000-0000000
등록기준지 및 주소 : 원고와 같음

이혼 등 청구의 소

청 구 취 지

1. 원고와 피고는 이혼한다.
2. 사건본인의 친권행사자 및 양육자로 원고를 지정한다.
3. 피고는 원고에게 위자료로 50,000,000원을 지급하라.
4. 피고는 원고에게 위 사건본인에 대한 장래의 양육비로 20○○. ○. ○.부터 20○○. ○. ○.까지(또는 성년이 될 때까지) 매월 400,000원씩을 매월 말일에 지급하라.
5. 소송비용은 피고가 부담한다.
6. 위 제3항, 제4항은 가집행할 수 있다.

라는 판결을 구합니다.

청 구 원 인

1. 혼인생활 및 혼인파탄 경위
   가. 원고는 20○○. ○. ○.경 ○○시 ○○구 ○○로 소재 '○○호텔'에서 피고와 맞선을 보고 교제 끝에 20○○. ○. ○. 서울 서초구에 소재한 ○○웨딩홀에서

결혼식을 올리고 20○○. ○. ○. 혼인신고를 마친 법률상 부부이며, 슬하에 딸 '홍○○'를 두고 있습니다.

나. 원고와 피고가 교제를 할 당시 원고는 ○○주식회사에 과장으로 재직하면서 성실하게 직장생황을 하게 되었고, 5년간의 수고로움으로 인하여 작지만 현재 거주하는 주택도 마련하게 되었습니다.

다. 피고는 원고와 결혼한 후 집에서 쉬고 있는 것이 미안하다고 하면서 미용실을 운영하고 싶다고 주장하였고, 원고가 거주하는 위 주택을 마련하는데 그동한 저축하였던 돈을 모두 투자하였고, 이도 부족하여 은행에서 부동산 담보대출을 받은 과정에서 현재 경제적인 여력이 없기에 미용실을 하고 싶다면 우선 몇 년간 미용기술을 익히면서 배우고 그 이후에 다시 미용실 운영은 원고와 상의를 하기로 하고 미용기술을 익히기로 한 것입니다.

라. 피고가 미용기술을 익히기 시작하면서 가끔 집에 오지 못하는 일이 발생하게 되었고, 월 2회 내지 4회 미용실에서 숙식을 해결한다고 하면서 외박하는 날이 늘어났습니다.

마. 또한 미용실을 시작하고 약 1년이 지난 시점에서 은행에서 독촉장이 왔는데 원고에게 금 50,000,000원, 피고에게 80,000,000원이 연체되었으므로 원금과 그 이자를 변제하라는 것입니다. 피고는 원고의 인감도장을 가지고 있는 점을 계기로 인감증명서를 발급받고 ○○은행 ○○지점에서 채무자를 원고로 하여 금 50,000,000원을 차용하였고, 피고를 채무자로 하여 금 80,000,000원을 대출받으면서 원고를 보증인으로 기재한 이후 도합 130,000,000원을 대출받아서 미용실을 시작하였던 것입니다.

바. 후일에 알게 되었지만 피고는 원고 모르게 아무런 미용기술도 없으면서 미용실을 개업하고도 마치 직장생활을 하는 것처럼 원고를 속이고, 이도 부족하여 미용기술이 부족하므로 직원을 채용하여 미용실 운영을 맡겨 놓고 미용실을 운영하면서 알게 된 남성과 가까이 지내면서 피고가 외박하는 날은 다른 남자의 집에서 외박을 하고 집에 오지 않았던 것입니다.

피고의 친구들에게 피고가 결혼 전에 생활이 어떠했는지 궁금하여 질문을 하였더니 원고와 만나기 전에 수많은 남성들과 교제를 하였으며, 결혼 이후에도 혼인전에 사귀었던 남자와 계속 만남을 유지하면서 대출받은 돈과 원고의 급여를 가지고 유흥비로 탕진하였던 것입니다.

2. 친권자, 양육자 지정 및 양육비

원고와 피고간에 출생한 딸 '홍○○'는 이제 3살이 되었고, 피고가 위와 같은 방탕생활과 외도 등을 계속하고 있는 이상 유책 배우자인 피고로서는 딸의 보호, 양육을 잘할 수 없다 할 것이 분명하고, 그리고 '자녀의 복리' 원칙에서 살펴보더라도 피고는 현재 또는 장래에 딸의 정서나 심리에 나쁜 영향을 미치게 할 것이 예상되므로 딸의 원만한 성장과 복지를 보장할 수 없다고 할 것이고, 딸의 직접적 보호, 양육을 위하여 어떤 면에서는 피고가 여성이므로 적당하다는 사회적인 시각이 존재하나 원고는 보모를 구하여 돌보면서 원고의 주택 근처에 원고의 친부모님이 기거하고 있는 관계로 딸의 정서나 심리에도 안정을 줄 수 있다 하겠습니다. 피고의 혼인생활 경위 등을 볼 때 피고는 미용실을 운영한다고 딸의 양육도 신경 쓰지 못하였기에 그동안 원고의 친부모님께서 돌봐주고 있었기에 아이의 양육은 피고보다 원고가 적합하다 할 것입니다. 또한 사건본인의 양육비로서 장래 발생할 비용에 대하여 공동 부담을 하여야 하므로 현재부터 사건본인이 성년이 될 때까지 매월 400,000원을 지급하여야 할 것입니다.

3. 위자료의 산정

피고의 부정한 행위와 혼인의 파탄 책임이 민법 840조 제1, 3호 소정의 재판상 이혼사유에 해당된다 할 것이므로, 원고는 피고에게 마땅히 이혼을 청구할 수 있다 할 것이며, 원, 피고 사이의 혼인이 위와 같이 파탄됨으로써 원고가 상당한 정신적 고통을 받게 되었음은 경험칙상 인정할 수 있다 할 것이므로 피고는 금전적으로서 이를 위자할 책임이 있다 할 것인 바, 그 액수는 원, 피고의 나이, 혼인기간, 상활정도와 혼인파탄 경위 등 제반사정을 참작하여 금 50,000,000원으로 정함이 상당하다 할 것입니다.

4. 결　론

그렇다면 원고와 피고는 이혼하고, 피고는 원고에게 위자료로써 금 50,000,000원을 지급하고, 위 사건본인에 대한 양육비로 20○○. ○. ○.부터 20○○. ○. ○.까지 매월 400,000원을 지급하여야 할 것이므로, 원고는 청구취지 기재와 같은 판결을 받고자 이 사건 청구에 이르렀습니다.

입 증 방 법

1. 갑 제1호증　　　　가족관계증명서
1. 갑 제2호증　　　　임대차계약서 사본(미용실)
1. 갑 제3호증　　　　은행 연체통보서 사본

그 밖의 입증서류는 변론시 수시 제출하겠습니다.

첨 부 서 류

1. 위 입증서류　　　　각 1통
1. 주민등록초본　　　　3통
1. 소장부본　　　　1통

20○○. ○. ○.

위 원고 홍 ○ ○ (인)

○○ 가정법원 귀중

접수방법

1. 수입인지 : 나류 사건인 이혼의 소 인지액은 1건당 20,000원, 다류 위자료 청구사건은 민사소송법 제2조의 규정에 의하여 230,000원(소송물가액 5천만원×0.0045+5,000원), 1인의 양육자지정청구 및 양육비지급청구는 1개의 사건당 10,000원이고, 이혼을 전제로 한 친권자의 지정청구는 민법 909조 5항에 따라 가정법원의 직권발동을 촉구하는 신청에 불과하므로 인지를 납부하지 않는다. 그런데 가사소송법 14조 1항의 규정에 의해 수개의 가사소송청구 또는 가사비송청구와 가사비송청구를 병합하는 경우에는 수개의 청구 중 다액인 인지를 붙인다. 따라서 이 사건에 대한 인지액은 수개의 청구중 가장 다액인 230,000원을 납부한다.
2. 송달료 : 당사자수×4,800원(우편료)×12회분을 납부한다.
3. 재판상이혼사유(민법 제840조) : ① 배우자에게 부정한 행위가 있었을 때, ② 배우자가 악의로 다른 일방을 유기한 때, ③ 배우자 또는 그 직계존속으로부터 심히 부당한 대우를 받았을 때, ④ 자기의 직계존속이 배우자로부터 심히 부당한 대우를 받았을 때, ⑤ 배우자의 생사가 3년 이상 분명하지 아니한 때, ⑥ 기타 혼인을 계속하기 어려운 중대한 사유가 있을 때

주 1. **협의에 의한 자의 양육비지급약정이행청구 사건**

부부가 이혼을 하면서 협의에 의하여 그 중 일방을 미성년자인 자의 양육자로 정하고 다른 일방은 매월 일정액의 양육비를 지급하기로 약정하였는데, 양육비지급의무자가 그 약정비를 지급하지 아니한다는 이유로 그 약정양육비의 지급을 구하는 경우, 이를 단순한 약정금 청구로 보아 민사사건으로 보는 견해도 있을 수 있으나, 자의 양육에 관한 처분 구하는 것으로서 마류 가사비송사건에 해당하고, 가정법원이 기존의 약정내용을 참작하여 후견적 입장에서 적절할 처분을 할 수 있을 것이다. 따라서 관할법원에 “양육비 이행청구 신청서”를 작성하여 제출하면 됩니다.

2. **양육비 미지급시 이행확보**

가정법원의 심판으로 확정된 양육비를 의무자가 지급하지 않을 경우 강제집행방식으로 집행할 수도 있다. 그런데 부양료나 양육비는 정기적 분할지급으로 지급하는 것이 일반적이기 때문에 현실적으로 강제집행을 하는 것이 몹시 어렵다.

그러므로 이 경우에는 이행명령이 효과적인 집행방법이 될 수 있다. 이행명령이란 판결·심판·조정조서 또는 조정에 갈음하는 결정에 의하여 금전의 지급 등 재산상의 의무, 유아의 인도의무 또는 자와의 면접교섭허용의무를 이행하여야 할 자가 정당한 이유 없이 그

의무를 이행하지 아니할 때에 당사자의 신청에 의하여 일정한 기간 내에 그 의무를 이행할 것을 명하는 것을 말한다.

가정법원이 위와 같은 이행명령을 하려면 미리 당사자를 심문하고 그 의무이행을 권고하여야 하며, 의무불이행에 대한 제재를 고지하여야 한다. 이행명령을 받고도 그 의무를 불이행하게 되면 직권 또는 당사자의 신청에 의하여 100만원 이하의 과태료 또는 30일의 범위 내에서 그 의무이행이 있을 때까지 감치에 처해질 수 있다(가소 67조).

3. 과거의 양육비·부양료 청구사건에 관하여

과거의 양육비나 부양료의 청구가 허용되는지의 여부 및 그 성질에 관하여는 여러 가지 견해가 나뉘어 있지만, 최근의 판례는 이미 지출한 과거의 양육비나 부양료에 대하여 상대방이 분담함이 상당하다고 인정되는 범위에서 그 비용의 상환을 청구할 수 있고 이는 가사소송 마류9호의 가사비송사건에 해당한다(대법원 1994. 6. 2.자 93스11 결정).

4. 과거의 양육비 청구

부모가 이혼한 경우에도 미성년 자녀의 양육에 필요한 비용은 부모가 분담하는 것이 원칙(분담의 원칙)이다. 부모의 자녀양육의무는 원칙적으로 자녀의 출생과 동시에 발생하는 것이므로 상대방이 과거의 양육비를 분담함이 상당하다고 인정되는 경우 가정법원은 그 상환을 명할 수 있다. 다만, 과거의 양육비 전액을 상대방에게 부담시키게 되면 가혹할 수 있으므로, 가정법원이 당사자들의 재산상황이나 경제적 능력과 부담의 형평성 등 여러 사정을 고려하여 적절히 분담의 범위를 정하게 된다(대법원 1994. 5. 13. 선고 92스21 결정). 과거 양육비를 정함에 있어서는 일반적인 양육비 산정기준 이외에 ① 이혼무렵 부모 사이에서 양육비에 관한 협의가 있었는지 여부 및 약정양육비의 지급 여부, ② 독자적인 양육이 개시된 경위 및 이혼 당시 재산분할 여부, ③ 독자적인 양육기간과 그 기간에 있었던 경제적인 도움 여부 등을 추가로 고려한다.

5. 양육자 변경

부모가 이혼하는 때에는 당사자의 협의 또는 가정법원의 심판에 의하여 양육자를 지정한다. 가정법원의 심판을 통해서 양육자가 지정되더라도 그 심판에 기판력은 없다. 그러므로 심판은 가정법원의 직권 또는 당사자의 청구에 의하여 언제든지 변경할 수 있다.

심판의 변경은 반드시 사정변경이 있을 때에만 하는 것이 아니고 원래의 심판이 위법, 부당하다고 인정되는 경우에도 할 수 있다(대법원 1991. 6. 25. 선고 90므699 판결).

6. 재혼한 어머니가 친권자가 될 수 있는지 여부

미성년인 자가 있는 부모가 이혼을 할 때에는 친권자를 지정하게 된다. 통상 친권자는 부부 중 일방으로 정하게 되는데, 그 일방이 사망한 경우에는 자의 친권이 상대방에게 귀속된다. 이렇게 될 경우 자의 양육에 전혀 관심이 없는 자가 갑자기 친권자가 되어 적정한 친권의 행사를 기대할 수 없게 될 수도 있다. 이때에 법원은 민법 제777조에 따른 자의 친족 또는 검사의 청구에 의하여 그 친권의 상실을 선고할 수 있고, 법정대리인인 친권자가 부적당한 관리로 인하여 자의 재산을 위태하게 한 때에는 민법 제777조에 따른 자의 친족의 청구에 의하여 그 법률행위의 대리권과 재산관리권의 상실을 선고할 수 있다. 다만, 이 경우 그 친권자에게 친권을 남용하거나 현저한 비행, 기타 친권을 행사할 수 없는 중대한 사유가 존재하여야 한다(민법 제924조, 제925조).

어떤 행위가 '친권의 남용' '현저한 비행'이 되느냐 하는 것은 구체적 사안에 따라 판단되어야 할 문제이고, 획일적인 기준이 있는 것은 아니다.

7. 사실혼 중 출생한 미성년의 자녀에 대한 양육권자 지정 신청

사실혼관계에 있는 자들 사이에서 출생한 자는 '혼인 외의 출생자'로서 그 모와의 관계에서는 인지나 출생신고를 기다리지 않고 출생으로 당연히 법률상의 친자관계가 인정될 수 있지만(대법원 1967. 10. 4. 선고 67다1791 판결), 부자관계는 부의 인지에 의하여서만 발생하게 되므로(대법원 1997. 2. 14. 96므738 판결), '혼인 외의 출생자'를 인지하기 전까지는 오직 모만이 그자에 대한 유일한 법률상 친권자로서 양육권자에 해당한다.

따라서 친권자가 복수임을 전제로 하여 공동으로 친권 및 양육권의 행사가 불가능한 경우에 제기되는 양육권지정에 관한 문제는 논리적으로 발생할 여지가 없다.

그러나 부가 자를 인지한 경우에는 자는 생모뿐만 아니라 부와도 법률상 친자관계가 인정되므로 친권자 및 양육자를 정할 필요가 있게 되며 이러한 경우 친권자 및 양육자의 지정은 원칙적으로 부모 사이의 협의로 정하되, 협의할 수 없거나 협의가 이루어지지 않은 경우에는 당사자의 청구를 통해 가정법원이 지정하게 된다(민법 909조 4항).

한편, 생부가 스스로 자를 인지하지 아니하는 경우에는 인지청구의 소를 제기할 수 있고 이 경우에는 법원이 직권으로 친권자 및 양육자를 정할 수 있게 된다(민법 909조 5항).

8. 친권자와 양육권자의 다른 점

친권자는 자녀의 재산관리권, 법률행위대리권 등이 있고, 양육권자는 자녀와 공동생활을 하며 각종의 위험으로부터 자녀를 보호하는 역할을 한다. 친권자 및 양육권자는 자의 복리를 우선적으로 고려하여 부 또는 모를 일방으로 정할 수도 있고, 부·모 공동으로 지정할 수도 있으며, 친권자와 양육권자를 분리하여 지정할 수도 있다.

부모가 원만하게 이혼에 합의하는 경우에는 크게 문제는 되지 않으나, 가능하면 자의 복리를 위해 친권자와 양육권자를 동일한 부모로 지정하는 것이 향우 자녀의 여권발급이나 긴급한 상황 등(병원입원 등)에서 보호자를 신속하게 확인하는데 도움이 된다.

9. 친권자를 행사할 자의 지정과 자의 양육에 관한 사항

자의 양육에 관한 처분과 변경, 면접교섭권의 제한과 배제 및 친권을 행사할 자의 지정과 변경에 관한 심판은 부모 중 일방이 다른 일방을 상대방으로 하여 청구를 하여야 한다(규칙 99조 1항).

자의 양육에 관한 처분과 변경 또는 친권을 행사할 자의 지정과 변경의 심판을 청구함에 있어, 부모 아닌 자가 자를 양육하고 있을 때에는 그 자를 공동상대방으로 하여 자의 인도를 청구할 수 있다(규칙 99조 2항).

규칙 제99조 제1항에 규정한 청구가 있는 경우에 자가 15세 이상일 때에는 가정법원은 심판에 앞서 그 자의 의견을 들어야 한다(규칙 100조). 다만 자의 의견을 들을 수 없거나 듣는 것이 오히려 자의 복지를 해할 만한 특별한 사정이 인정되는 때에는 그러하지 아니한다(규칙 100조 단서).

[서식 118] 이혼, 친권행사자·양육자 지정, 위자료, 양육비, 재산분할 청구의 소장

소 장

원 고 이 ○ 숙 (000000-0000000) (전화 :)
등록기준지 : ○○시 ○○구 ○○로 ○○
주 소 : ○○시 ○○구 ○○로 ○○ (우편번호 : 00000)

피 고 김 ○ 철 (000000-0000000) (전화 :)
등록기준지 : 원고와 같음
현재 소재불명
최후주소 : ○○도 ○○군 ○○읍 ○○로 ○○

사건본인 1. 김 ○ 미 (000000-0000000) (전화 :)
2. 김 ○ 석 (000000-0000000) (전화 :)
사건본인들의 등록기준지 및 주소 :원고와 같음

이혼 등 청구의 소

청 구 취 지

1. 원고와 피고는 이혼한다.
2. 피고는 원고에게
   가. 위자료로 30,000,000원과 이에 대하여 이 사건 소장부본 송달다음날부터 다 갚는 날까지 연 15%의 비율로 계산한 돈을 지급하고,
   나. 재산분할로 별지 목록 기재 아파트에 관한 이 사건 판결확정일자 재산분할을 원인으로 한 소유권이전등기절차를 이행하라.

3. 사건본인들에 대한 친권행사자 및 양육자로 원고를 지정한다.
4. 피고는 원고에게 사건본인에 대한 과거 양육비로 12,000,000원을 지급하라.
5. 소송비용은 피고가 부담한다.
6. 위 제2의 가항, 제4항은 가집행할 수 있다.

라는 판결을 구합니다.

청 구 원 인

1. 원·피고간의 혼인관계

   원고는 20○○. ○. ○. 피고와 혼인 신고한 법률상의 부부로 슬하에 자녀로 ○○○(성년, 여), ○○○(여), ○○○(남)을 두고 있습니다(갑제1호증, 갑제2호증 참조).

2. 혼인생활 및 파탄경위

   가. 피고는 전국을 돌아다니면서 화물을 운송하는 운전기사로 결혼할 때부터 한달에 한두번 정도 집에 들어 경우가 일상이었는 데 이런 부분은 어쩔 수 없다 하더라도 기본적인 부분에서 가정을 등한시 하며 문제가 많았습니다.

   나. 피고는 가끔 집에 오면서도 사소한 일에도 원고에게 "네가 돈 해준 것 있냐"며 손찌검을 하는 경우가 잦았고 집에 다른 여자의 전화가 오는 경우가 있었으며, 20○○. 5.경에는 ○○시 ○○구 ○○로 소재 ○○○ 술집에서 회사 직원과 회식하던 중 원고가 빨리 나오지 않는다고 원고의 빰을 때려 코피를 줄줄 흘린 적도 있습니다.

   다. 무엇보다도 피고는 집을 나가서 생활비를 전혀 주지 않아 원고 스스로 생계를 책임져야 했습니다. 원고가 아들 ○○을 임신한 20○○. 3.경 피고는 원고와 다투고 집을 나가 한 달 만에 집에 들어 오기도 했고 그 후에도 여러 번 거의 매년 집을 나가곤 했습니다. 이렇게 집을 나가서 오랫동안 귀가를 하지 않았기 때문에 원고는 마트 등에서 근무하여 아이들 학비와 생활비 등을 벌어서 사용했습니다. 피고 명의의 ○○시 ○○구 ○○동 1234, ○○파트맨션 ○○○-○○○도 원고가 거의 마련한 것입니다.

   라. 피고는 20○○. 8. 이후로 집을 나가서 들어오지 않는 바, 원고는 20○○. ○. 2. 16. 피고에 대한 가출신고에 대한 가출신고를 하였고(갑제3호증 및 갑제6호증), 피고가 일했던 회사 사장을 찾아갔더니 회사 사장은 원고에게 송금 영수증을 보여주며 그 여자가 피고의 처인 줄 알았다고 하였습니다.

   마. 피고는 현재까지 3년째 연락을 하지 않고 휴대폰 번호를 바꿔버려 연락할 방법도 없습니다. 시댁도 이사를 해버리고 휴대폰과 전화번호를 바꿔버려 달리 연락할 방법이 없는 상황입니다(갑 제4호증).

바. 피고가 집을 나갈 때 ○○은행에게 2,000만원, ○○주식회사에게 1,000만원의 채무를 남겨두고 나갔기 때문에 원고는 집과 동산에 압류가 들어와 위 채무들을 상환하고 있습니다(갑제5호증).

사. 원고는 ○○마트에 나가서 월급 150만원을 받아 위 채무상환금 한달에 60만원을 내고, 첫째 아이가 아르바이트를 해서 생계를 유지하고 있습니다. 첫째 아이는 ○○대학교 국어국문학과 1학년에 다니고 있으나 경제적 어려움으로 등록금을 마련할 수 없는데다가 건강도 허약하여 학비를 스스로 벌어서 다니기는 어려웠기 때문에 학교를 자퇴하고 아르바이트를 하고 있습니다. 둘째 아이는 고등학생인데 학비를 대기에도 어려움이 많습니다.

3. 이혼사유

원고는 민법 제840조 제2호(배우자가 악의로 다른 일방을 유기한 때), 제3호(배우자 등에 의한 부당한 대우) 및 제6호(기타 혼인관계를 계속 유지할 수 없는 중대한 사유)를 원인으로 하여 이혼을 청구하는 바입니다.

4. 위자료 청구

위와 같이 피고의 부정한 생활, 습관적인 가출과 폭행, 부당한 대우로 인하여 원고는 참을 수 없을 정도의 육체적, 정신적인 피해를 입었다고 할 것이므로, 피고는 원고에게 금 30,000,000원의 위자료 및 이에 대한 소송촉진등에관한특례법 소정의 연 15%의 비율로 계산한 지연손해금을 지급할 의무가 있다 할 것입니다.

5. 재산분할 청구

별지 목록 기재 아파트는 피고의 명의로 되어 있습니다. 그러나 동 아파트는 명의만 피고로 되어 있을 뿐 결혼생활 중에 전적으로 원고가 돈을 벌어 마련한 것이고 피고는 전혀 보태주지 않았고, 계약서 작성당시 참여하지도 않아서 원고는 피고 명의로 이전해 놓은 것을 뼈저리게 후회하고 있습니다.

원고는 20○○.경 위 아파트를 5,470만원에 구입했습니다. 그 때까지 원고가 마트에 다니면서 벌어서 놓은 돈 1,500만원이 있었고, 계금을 먼저 타는 방식으로 1,000만원(현재 그 곗돈을 모두 불입했습니다). ○○은행에서 담보대출로 3,500만원, 합계 5,100만원을 마련했는데, 매매대금 4,750만원을 치르고 150만원은 등기비용, 180만원은 장판교체비, 200만원은 농, 식탁, 문갑 등을 구입하였습니다.

현재 위 아파트에 ○○주식회사가 해 놓은 1,300만원, 가압류는 원금 400만원이고, 원고가 각서를 써 주고 매월 20만원씩 상환하고 있으며, ○○건강보험공단에서 한 압류는 170만원이 미납되어 있고, ○○은행 3,000만원 근저당권설정은 실제 원금 1,900만원이고 매월 20만원씩 상환하고 있습니다(갑제5호증 및 갑제7호증).

원고는 앞으로도 위 아파트에서 계속 생활하면서 위 상환금을 갚아 나갈 것이고 피고는 상환할 능력과 관심도 없는 바 원고는 재산분할로 위 아파트를 구하는 바입니다.

6. 양육자 및 친권행사자 지정청구
원고가 그나마 이제까지라도 혼인관계를 유지하였던 중요한 이유는 사건본인들의 장래를 위한 것이었는 바, 이제 이혼을 하게 될 경우 아이들을 양육하려고 하고 사건본인들도 원고와 생활하기를 원하고 있으며 현재 원고와 함께 생활하고 있습니다. 피고는 수시로 가출하고 다른 여자와 다니므로 사건본인들을 도저히 양육할 수 없다고 할 것입니다.

7. 양육비 청구
원고는 현재까지 사건본인들을 계속 양육하여 왔습니다. 그리고 앞으로도 원고가 사건본인들을 양육할 예정이므로, 피고는 원고에게 향후 양육비를 지급해야 할 것이나 연락도 안하는 상황에서 전혀 양육비를 기대할 수 없는 지라 과거 양육비로 1,200만원을 청구합니다.

8. 결 론
그렇다면 원고와 피고는 이혼하고, 피고는 원고에게 위자료, 재산분할, 친권, 양육권, 양육비를 지급하여야 할 것이므로, 원고는 청구취지 기재와 같은 판결을 받고자 이 사건 청구에 이르렀습니다.

입 증 방 법

1. 갑 제1호증	가족관계증명서
1. 갑 제2호증	주민등록등본
1. 갑 제3호증	가출인신고접수증
1. 갑 제4호증	증인진술서
1. 갑 제5호증	건물등기사항전부증명서
1. 갑 제6호증	주민등록초본(피고)
1. 갑 제7호증	공동주택가격확인원
1. 갑 제8호증	진술서(원고)

그 밖의 입증서류는 변론시 수시 제출하겠습니다.

첨 부 서 류

1. 위 입증서류	각 1통
1. 소장부본	1통

20○○. ○. ○.

위 원고 이 ○ 숙 (인)

○○ 가정법원 귀중

접수방법

1. 수입인지 : 나류 사건인 이혼의 소 인지액은 1건당 20,000원, 다류 위자료 청구사건은 민사소송법 제2조의 규정에 의하여 140,000원(소송물가액 3천만원×0.0045+5,000원), 재산분할청구는 10,000원, 1인의 양육자지정청구 및 양육비지급청구는 1개의 사건당 10,000원으로, 사건별로 각 1개의 청구이므로 20,000원(10,000원×2인)이고, 이혼을 전제로 한 친권자의 지정청구는 민법 909조 5항에 따라 가정법원의 직권발동을 촉구하는 신청에 불과하므로 인지를 납부하지 않는다. 그런데 가사소송법 14조 1항의 규정에 의해 수개의 가사소송청구 또는 가사비송청구와 가사비송청구를 병합하는 경우에는 수개의 청구 중 다액인 인지를 붙인다. 따라서 이 사건에 대한 인지액은 수개의 청구중 가장 다액인 140,000원을 납부한다.
2. 송달료 : 당사자수×4,800원(우편료)×12회분을 납부한다.
3. 재판상이혼사유(민법 제840조) : ① 배우자에게 부정한 행위가 있었을 때, ② 배우자가 악의로 다른 일방을 유기한 때, ③ 배우자 또는 그 직계존속으로부터 심히 부당한 대우를 받았을 때, ④ 자기의 직계존속이 배우자로부터 심히 부당한 대우를 받았을 때, ⑤ 배우자의 생사가 3년 이상 분명하지 아니한 때, ⑥ 기타 혼인을 계속하기 어려운 중대한 사유가 있을 때

주 1. **협의에 의한 자의 양육비지급약정이행청구 사건**

부부가 이혼을 하면서 협의에 의하여 그 중 일방을 미성년자인 자의 양육자로 정하고 다른 일방은 매월 일정액의 양육비를 지급하기로 약정하였는데, 양육비지급의무자가 그 약정비를 지급하지 아니한다는 이유로 그 약정양육비의 지급을 구하는 경우, 이를 단순한 약정금 청구로 보아 민사사건으로 보는 견해도 있을 수 있으나, 자의 양육에 관한 처분 구하는 것으로서 마류 가사비송사건에 해당하고, 가정법원이 기존의 약정내용을 참작하여 후견적 입장에서 적절할 처분을 할 수 있을 것이다. 따라서 관할법원에 "양육비 이행청구 신청서"를 작성하여 제출하면 됩니다.

2. **양육비 미지급시 이행확보**

가정법원의 심판으로 확정된 양육비를 의무자가 지급하지 않을 경우 강제집행방식으로 집행할 수도 있다. 그런데 부양료나 양육비는 정기적 분할지급으로 지급하는 것이 일반적이기 때문에 현실적으로 강제집행을 하는 것이 몹시 어렵다.

그러므로 이 경우에는 이행명령이 효과적인 집행방법이 될 수 있다. 이행명령이란 판결·심판·조정조서 또는 조정에 갈음하는 결정에 의하여 금전의 지급 등 재산상의 의무, 유아

의 인도의무 또는 자와의 면접교섭허용의무를 이행하여야 할 자가 정당한 이유없이 그 의무를 이행하지 아니할 때에 당사자의 신청에 의하여 일정한 기간 내에 그 의무를 이행할 것을 명하는 것을 말한다.

가정법원이 위와 같은 이행명령을 하려면 미리 당사자를 심문하고 그 의무이행을 권고하여야 하며, 의무불이행에 대한 제재를 고지하여야 한다. 이행명령을 받고도 그 의무를 불이행하게 되면 직권 또는 당사자의 신청에 의하여 100만원 이하의 과태료 또는 30일의 범위 내에서 그 의무이행이 있을 때까지 감치에 처해질 수 있다(가소 67조).

3. 과거의 양육비·부양료 청구사건에 관하여

과거의 양육비나 부양료의 청구가 허용되는지의 여부 및 그 성질에 관하여는 여러 가지 견해가 나뉘어 있지만, 최근의 판례는 이미 지출한 과거의 양육비나 부양료에 대하여 상대방이 분담함이 상당하다고 인정되는 범위에서 그 비용의 상환을 청구할 수 있고 이는 가사소송 마류9호의 가사비송사건에 해당한다(대법원 1994. 6. 2.자 93스11 결정).

4. 과거의 양육비 청구

부모가 이혼한 경우에도 미성년 자녀의 양육에 필요한 비용은 부모가 분담하는 것이 원칙(분담의 원칙)이다. 부모의 자녀양육의무는 원칙적으로 자녀의 출생과 동시에 발생하는 것이므로 상대방이 과거의 양육비를 분담함이 상당하다고 인정되는 경우 가정법원은 그 상환을 명할 수 있다. 다만, 과거의 양육비 전액을 상대방에게 부담시키게 되면 가혹할 수 있으므로, 가정법원이 당사자들의 재산상황이나 경제적 능력과 부담의 형평성 등 여러 사정을 고려하여 적절히 분담의 범위를 정하게 된다(대법원 1994. 5. 13. 선고 92스 21 결정).

과거 양육비를 정함에 있어서는 일반적인 양육비 산정기준 이외에 ① 이혼무렵 부모 사이에서 양육비에 관한 협의가 있었는지 여부 및 약정양육비의 지급 여부, ② 독자적인 양육이 개시된 경위 및 이혼 당시 재산분할 여부, ③ 독자적인 양육기간과 그 기간에 있었던 경제적인 도움 여부 등을 추가로 고려한다.

5. 양육자 변경

부모가 이혼하는 때에는 당사자의 협의 또는 가정법원의 심판에 의하여 양육자를 지정한다. 가정법원의 심판을 통해서 양육자가 지정되더라도 그 심판에 기판력은 없다. 그러므로 심판은 가정법원의 직권 또는 당사자의 청구에 의하여 언제든지 변경할 수 있다.

심판의 변경은 반드시 사정변경이 있을 때에만 하는 것이 아니고 원래의 심판이 위법, 부당하다고 인정되는 경우에도 할 수 있다(대법원 1991. 6. 25. 선고 90무699 판결).

6. 재혼한 어머니가 친권자가 될 수 있는지 여부

미성년인 자가 있는 부모가 이혼을 할 때에는 친권자를 지정하게 된다. 통상 친권자는 부부 중 일방으로 정하게 되는데, 그 일방이 사망한 경우에는 자의 친권이 상대방에게 귀속된다. 이렇게 될 경우 자의 양육에 전혀 관심이 없는 자가 갑자기 친권자가 되어 적정한 친권의 행사를 기대할 수 없게 될 수도 있다. 이때에 법원은 민법 제777조에 따른 자의 친족 또는 검사의 청구에 의하여 그 친권의 상실을 선고할 수 있고, 법정대리인인 친권자가 부적당한 관리로 인하여 자의 재산을 위태하게 한 때에는 민법 제777조에 따른 자의 친족의 청구에 의하여 그 법률행위의 대리권과 재산관리권의 상실을 선고할 수 있다. 다만, 이 경우 그 친권자에게 친권을 남용하거나 현저한 비행, 기타 친권을 행사할 수 없는 중대한 사유가 존재하여야 한다(민법 제924조, 제925조).

어떤 행위가 '친권의 남용' '현저한 비행'이 되느냐 하는 것은 구체적 사안에 따라 판단되어야 할 문제이고, 획일적인 기준이 있는 것은 아니다.

7. 사실혼 중 출생한 미성년의 자녀에 대한 양육권자 지정 신청

사실혼관계에 있는 자들 사이에서 출생한 자는 '혼인 외의 출생자'로서 그 모와의 관계에서는 인지나 출생신고를 기다리지 않고 출생으로 당연히 법률상의 친자관계가 인정될 수 있지만(대법원 1967. 10. 4. 선고 67다1791 판결), 부자관계는 부의 인지에 의하여서만 발생하게 되므로(대법원 1997. 2. 14. 96므738 판결), '혼인 외의 출생자'를 인지하기 전까지는 오직 모만이 그자에 대한 유일한 법률상 친권자로서 양육권자에 해당한다.

따라서 친권자가 복수임을 전제로 하여 공동으로 친권 및 양육권의 행사가 불가능한 경우에 제기되는 양육권지정에 관한 문제는 논리적으로 발생할 여지가 없다.

그러나 부가 자를 인지한 경우에는 자는 생모뿐만 아니라 부와도 법률상 친자관계가 인정되므로 친권자 및 양육자를 정할 필요가 있게 되며 이러한 경우 친권자 및 양육자의 지정은 원칙적으로 부모 사이의 협의로 정하되, 협의할 수 없거나 협의가 이루어지지 않은 경우에는 당사자의 청구를 통해 가정법원이 지정하게 된다(민법 909조 4항).

한편, 생부가 스스로 자를 인지하지 아니하는 경우에는 인지청구의 소를 제기할 수 있고 이 경우에는 법원이 직권으로 친권자 및 양육자를 정할 수 있게 된다(민법 909조 5항).

8. 친권자와 양육권자의 다른 점

친권자는 자녀의 재산관리권, 법률행위대리권 등이 있고, 양육권자는 자녀와 공동생활을 하며 각종의 위험으로부터 자녀를 보호하는 역할을 한다. 친권자 및 양육권자는 자의 복리를 우선적으로 고려하여 부 또는 모를 일방으로 정할 수도 있고, 부·모 공동으로 지정할 수도 있으며, 친권자와 양육권자를 분리하여 지정할 수도 있다.

부모가 원만하게 이혼에 합의하는 경우에는 크게 문제는 되지 않으나, 가능하면 자의 복리를 위해 친권자와 양육권자를 동일한 부모로 지정하는 것이 향우 자녀의 여권발급이나 긴급한 상황 등(병원입원 등)에서 보호자를 신속하게 확인하는데 도움이 된다.

9. 친권자를 행사할 자의 지정과 자의 양육에 관한 사항

자의 양육에 관한 처분과 변경, 면접교섭권의 제한과 배제 및 친권을 행사할 자의 지정과 변경에 관한 심판은 부모 중 일방이 다른 일방을 상대방으로 하여 청구를 하여야 한다(규칙 99조 1항).

자의 양육에 관한 처분과 변경 또는 친권을 행사할 자의 지정과 변경의 심판을 청구함에 있어, 부모 아닌 자가 자를 양육하고 있을 때에는 그 자를 공동상대방으로 하여 자의 인도

를 청구할 수 있다(규칙 99조 2항).

규칙 제99조 제1항에 규정한 청구가 있는 경우에 자가 15세 이상일 때에는 가정법원은 심판에 앞서 그 자의 의견을 들어야 한다(규칙 100조). 다만 자의 의견을 들을 수 없거나 듣는 것이 오히려 자의 복지를 해할 만한 특별한 사정이 인정되는 때에는 그러하지 아니한다(규칙 100조 단서).

10. 재판상 재산분할의 방법

재산분할의 방법에 관하여 당사자 양쪽의 협력으로 이룩한 재산의 액수, 기타 사정을 참작하여 분할의 액수와 방법을 정하게 되어 있다(민법 제839조의 2 제2항).

구체적인 분할비용은 가정법원이 후견적 입장에서 혼인생활의 실태, 재산의 형성과 유지에 기여한 정도 등을 종합적으로 고려하여 재량으로 정하게 된다.

가. 금전분할

금전으로 재산을 분할하는 방법은, 재산분할의 원칙적 방법이다. 이 방법에는 ① 분할액을 일시에 지급하라고 하는 일시불, ② 분할총액을 정한 이상 상대방의 자력을 고려하여 분할하여 지급하게 하는 분할불, ③ 분할총액을 정하지 않고 분할할 기간을 정하고, 일정한 액수를 정기적으로 지급하게 하는 정기불이 있다. 실제 재판에서는 일시불이 많다.

나. 현물분할

재산분할에는 현물분할이 있고 실제 재판례도 많다.

예컨대 ① 청구인의 장래 주거용으로 사용될 건물과 그 대지 등 처럼 그 현물이 이혼 후의 생활에 필요불가결한 경우에는 그 현물이 분할되는 경우가 많다. ② 상대방의 자력으로 보아 금전지급이 곤란한 경우에도 현물분할이 인정된다. ③ 그리고 그 현물의 취득, 유지에 청구인의 기여도가 큰 경우에 이 현물분할이 인정된다. ④ 또 건물의 대지가 청구인 특유의 소유물이라든지, 청구인의 친족의 소유인 경우에도 이혼 후의 법률관계를 고려하여 건물을 청구인에게 분여하는 소가 있다.

11. 남편 명의의 재산을 정확히 모른 채 이혼 및 재산분할청구를 함께 하려고 할 때

2009. 5. 9. 개정된 가사소송법은 재산분할, 부양료 및 미성년 자녀의 청구사건을 위하여 특히 필요하다고 인정하는 때에는 직권 또는 당사자의 신청에 의하여 상대방에게 재산상태를 명시한 재산목록을 제출하도록 명할 수 있도록 하였다. 해당 관할법원에 이혼 및 재산분할 청구소송을 제기한 후 서면으로 신청취지와 신청사유를 적은 재산명시신청서를 제출하면 해당법원이 심리 후 소송을 위해 필요하다고 판단되면 재산명시명령을 내리게 된다.

12. 재산분할 산정의 기초가 되는 재산가액의 평가방법

재산분할 산정의 기초가 되는 재산의 가액은 반드시 시가감정에 의하여 인정하여야 하는 것은 아니지만 객관성과 합리성이 있는 자료에 의하여 평가하여야 한다(대법원 2002. 8. 28.자 2002스36 결정).

[서식 119] 이혼, 친권행사자·양육자 지정 청구의 소장

소 장

원 고 김 ○ ○ (洪 ○ ○) (전화 :)
주민등록번호 : 000000-0000000
등록기준지 : ○○시 ○○구 ○○로 ○○
주 소 : ○○시 ○○구 ○○로 ○○ (우편번호 : 00000)

피 고 한 ○ ○ (韓 ○ ○) (전화 :)
주민등록번호 : 000000-0000000
등록기준지 및 주소 : 원고와 같음

사건본인 1. 한 ○ 일 (韓 ○ ○) (전화 :)
주민등록번호 : 000000-0000000

2. 한 ○ 이 (韓 ○ ○) (전화 :)
주민등록번호 : 000000-0000000
사건본인들의 등록기준지 및 주소 : 원고와 같음

이혼 등 청구의 소

청 구 취 지

1. 원고와 피고는 이혼한다.
2. 사건본인들의 친권행사자 및 양육자로 원고를 지정한다.
3. 소송비용은 피고가 부담한다.

라는 판결을 구합니다.

청 구 원 인

1. 원고와 피고는 20○○. ○. ○. 혼인신고를 마친 법률상 부부이고 슬하에 사건본인들을 출생한 부모인 바, 원고와 피고는 초등학교 동창으로서 시골 같은 동네에서 함께 성장하였으며, 만 20세 이후 서로에게 신뢰가 쌓이게 되자 20○○. ○. ○. ○○시 ○○구 ○○로 소재 ○○웨딩홀에서 혼인을 한 이후 피고는 무역업을 하고 원고는

가정주부로서 사건본인들을 양육하던 중 피고가 사업에 실패하가 부채가 쌓이고 경제적으로 파탄에 이르게 되었습니다.

2. 이에 경제적인 어려움을 극복하기 위하여 원고의 명으로 은행에서 금 60,000,000원을 대출을 받고 원고의 부에게 금 40,000,000원의 금전을 차용하여 원고가 식당을 운영하기에 이르렀습니다. 그런데 피고가 사업을 하던 중 사업의 실패로 인하여 발생한 채무에 대하여 채권자들이 식당을 방문하면서 채무를 변제하라고 피고에게 강요하자 피고는 날마다 술을 마시면서 식당운영에는 관여하지 않고 또한 하루 매출이 발생하여 원고가 금전을 가지고 있으면 야간에 식당에 방문하여 하루 매출액 전액을 갈취하기를 수차례 반복하고 있습니다.

3. 피고는 사업에 실패한 이후 20○○. ○.경 원고를 폭행하기 시작으로 '세상을 살기 싫다'는 등의 말을 자주하고, 때와 장소를 가리지 아니하고 수차례 원고를 폭행하다가 최근에 와서 위 사건본인들을 폭행하기도 하였습니다.

4. 20○○. ○.경 원고는 피고와 도저히 혼인생활을 유지하기 어려워서 상호 시간을 가지고 혼인관계를 청산할 것인지 아니면 서로 노력하여 다시 새로운 삶을 살아갈 것인지 결정하기로 하고, 원고가 사건본인들과 함께 서울 외곽에 보증금 3,000,000원에 월세 150,000원의 단칸방을 구하여 이사를 하게 되었고, 최근에 와서 전세 30,000,000원의 보증금을 지급하고 서울시 ○○로 소재 단독주택으로 이사하게 되었습니다.

5. 원고는 원고가 운영하는 식당이 일정정도 매출이 발생하여 유치원에 다니는 사건본인들을 양육하는데 어려움이 없고, 생활비를 부담할 수 있는 정도에 이르렀으나 최근에 피고의 생활상을 파악한 결과 아직도 술로 시간을 보내고 피고가 거주하던 주택의 전세금마저 모두 날리고 거리를 방황하고 있는 것으로 파악되고 있습니다.

6. 따라서 피고는 자녀들의 양육을 하기 힘들고 혼인관계를 유지하겠다는 의지도 없고 혼인생활을 파탄으로 이끌었으며, 이혼을 하겠다는 말을 자주하고 있으므로 원고는 청구취지와 같이 판결을 받고자 본 소 청구에 이르렀습니다.

입 증 방 법

1. 갑 제1호증 가족관계증명서
1. 갑 제2호증 사업자등록증 사본
1. 갑 제3호증 원고 납세증명서 사본

그 밖의 입증서류는 변론시 수시 제출하겠습니다.

첨 부 서 류

1. 위 입증서류 각 1통
1. 주민등록초본 2통
1. 소장부본 1통

20○○. ○. ○.

위 원고 김 ○ ○ (인)

○○ 가정법원 귀중

접수방법

1. 수입인지 : 나류 사건인 이혼의 소 인지액은 1건당 20,000원, 양육자지정청구는 20,000원(10,000원×2인)이고, 이혼을 전제로 한 친권자의 지정청구는 민법 909조 5항에 따라 가정법원의 직권발동을 촉구하는 신청에 불과하므로 인지를 납부하지 않는다. 그런데 가사소송법 14조 1항에 병합된 것이므로 가사소송규칙 20조2에 의하면 병합된 것에 대한 규정인 가사소송수수료규칙 5조 2항은 적용되지 않는다. 이 사건에 의하면 이혼청구의 수수료 20,000원, 양육에 관한 처분청구의 수수료 20,000원 중 가장 다액의 인지를 붙인다. 따라서 이 사건에서는 수수료가 각 20,000원씩이라 할지라로 20,000원의 납부한다.
2. 송달료 : 당사자수×4,800원(우편료)×12회분을 납부한다.
3. 재판상이혼사유(민법 제840조) : ① 배우자에게 부정한 행위가 있었을 때, ② 배우자가 악의로 다른 일방을 유기한 때, ③ 배우자 또는 그 직계존속으로부터 심히 부당한 대우를 받았을 때, ④ 자기의 직계존속이 배우자로부터 심히 부당한 대우를 받았을 때, ⑤ 배우자의 생사가 3년 이상 분명하지 아니한 때, ⑥ 기타 혼인을 계속하기 어려운 중대한 사유가 있을 때

[서식 120] 이혼, 양육자 지정 청구의 소장

소　　　장

원　고　　왕 ○ 창 (000000-00000008) (전화 :　　　　)
등록기준지 : 전라북도 진안군 정천면 모정로 626
주　　소 : 서울 영등포구 당산로 14, 707동 102호 (당산동, 가람빌라)

피　고　　전 ○ 희 (000000-0000000)
등록기준지 : 전라북도 진안군 정천면 모정로 626
주　　소 : 경기도 안산시 상록구 이서로 42, 802호 (이서동, 새한빌라)

사건본인　　왕 ○ 현 (000000-0000000)
등록기준지 및 주소 : 원고와 같음

이혼 및 양육자지정 청구의 소

청 구 취 지

1. 원고와 피고는 이혼한다.
2. 원고를 사건본인 왕○현의 양육자로 지정한다.
3. 소송비용은 피고가 부담한다.

라는 판결을 구함

청 구 원 인

1. 원고와 피고는 20○○. 10.경 원고가 운영하는 영등포위치의 헬로우 두꺼비단란주점에서 만나 그 다음해 1.경부터 동거를 하여 왔습니다. 그런데 그 즈음 피고가 유부녀라는 것을 알고 헤어지기로 마음먹었으나 완강히 매달리는 피고로 인하여 당시 호적상 남편과 이혼하여 정리하고 원고와는 앞으로 열심히 살기로 하겠다고 하여 동거하던 중 20○○. 9. 16. 사건본인을 출산하였으며, 피고는 가족관계등록부상 남편과 협의이혼을 하였습니다.
2. 그런데 피고는 그 후 인터넷을 통한 채팅을 하기 시작하더니 급기야 20○○. 6.경 채팅으로 만난 남자와 함께 지내며 술을 마시고 새벽 3시경 귀가를 하여 좀 나무랐더니 바로 그 다음날 가출을 하였습니다. 이에 원고는 혼인신고를 안하고 동거인이기에

가정에 대한 책임이 약하다고 판단하여 바로 그 즈음인 20○○. 6. 24. 혼인신고를 하였습니다.

3. 그런데 20○○. 8.경 도리어 피고가 원고를 상대로 이혼소를 제기하였는데, 자식과 가정을 생각한 원고는 피고를 설득하여 원만한 가정을 꾸리기로 합의하여 소를 취하 시켰습니다.

4. 이후 피고는 처제까지 데려와 열심히 사는가 싶더니 20○○. 12. 1. 또 다시 가출을 하여, 피고의 남은 가방을 열어보니 그 속에서 불상의 남자 핸드폰이 발견되어 조심스럽게 추적한 끝에 강서구 화곡전화국 맞은편에 있는 여관에서 신원미상의 남자와 동거를 하고 있는 것을 알고는 데려왔는데 그 다음날 바로 또 가출을 한 것입니다.

5. 돌이켜 생각해보면 전 남편과의 사이에 아이가 현재 중학교에 다니고 있고, 원고와의 사이에도 사건본인 아들이 초등학교에 다니고 있으며 같이 살 때에도 어느 날인가 술을 먹고 중학교때부터 작은아버지와 근친상간을 하였다는 이야기를 들었으며 아이에게도 정이 없다는 소리를 자주한 것으로 미루어 피고는 한 남자와 한 가정 속에 안주할 수 있는 여자는 아닙니다.
물론 사건본인은 원고와 원고의 모친에 의하여 양육되고 있으며, 경제적으로 보나, 사건본인의 복리를 위하여 보나 응당 원고가 키우는 것이 바람직하다고 여겨집니다.

6. 그동안 원고는 혼인생활을 지속하기 위하여 노력하였음에도 불구하고 이제는 더 이상 피고와의 혼인생활은 아무런 의미가 없으므로 이는 민법 제840조 제1호, 제6호의 혼인을 계속하기 어려운 중대한 사유에 해당한다 할 것이고, 원고는 피고와 이혼하고 사건본인을 키우면서 살고자 본 소 청구에 이르게 된 것입니다.

입 증 방 법

1. 갑 제1호증	제적등본
1. 갑 제2호증의 1, 2	각 가족관계증명서
1. 갑 제3호증의 1, 2	각 주민등록등본
1. 갑 제4호증	혼인관계증명서
1. 갑 제5호증	사실확인서

20○. ○. ○.

위 원고 왕 ○ 창 (인)

○○ 가정법원 귀중

접수방법

1. 수입인지 : 나류 사건인 이혼의 소 인지액은 1건당 20,000원, 양육자지정청구는 10,000원이다. 그런데 가사소송법 14조 1항의 규정에 의해 수개의 가사소송청구 또는 가사비송청구와 가사비송청구를 병합하는 경우에는 수개의 청구 중 다액인 인지를 붙인다. 따라서 이 사건에 대한 인지액은 수개의 청구중 가장 다액인 20,000원을 납부한다.
2. 송달료 : 당사자수×4,800원(우편료)×12회분을 납부한다.
3. 재판상이혼사유(민법 제840조) : ① 배우자에게 부정한 행위가 있었을 때, ② 배우자가 악의로 다른 일방을 유기한 때, ③ 배우자 또는 그 직계존속으로부터 심히 부당한 대우를 받았을 때, ④ 자기의 직계존속이 배우자로부터 심히 부당한 대우를 받았을 때, ⑤ 배우자의 생사가 3년 이상 분명하지 아니한 때, ⑥ 기타 혼인을 계속하기 어려운 중대한 사유가 있을 때

[서식 121] 이혼, 위자료 청구의 소장(1)

소 장

원 고 이 성 미 (000000-0000000) (전화 :)
등록기준지 : ○○시 ○○구 ○○로 ○○
주 소 : ○○시 ○○구 ○○로 ○○ (우편번호 : 00000)

피 고 양 경 동 (000000-0000000) (전화 :)
등록기준지 및 주소 : 원고와 같음
송 달 장 소 : ○○시 ○○구 ○○로 ○○ (우편번호 : 00000)

이혼 등 청구의 소

청 구 취 지

1. 원고와 피고는 이혼한다.
2. 피고는 원고에게 80,000,000원과 이에 대하여 이 사건 소장부본 송달다음날부터 제1심판결 선고일까지는 연 5%, 그 다음날부터 다 갚는 날까지는 연 15%의 각 비율로 계산한 돈을,
3. 소송비용은 피고가 부담한다.

4. 위 제2항은 가집행할 수 있다.
라는 판결을 구합니다.

청 구 원 인

1. 당사자의 지위
원고와 피고는 20○○. 5. 4. 결혼식을 올리고 20○○. 9. 20. 혼인신고를 마친 법률상 부부입니다.

2. 이혼사유
피고는 신혼여행에서 돌아온 직후부터 연달아 1주일에 며칠씩 외박을 하였고, 원고가 혼인신고를 마친 후에는 이혼을 강력하게 요구하여 오다가 원고가 임신한 사실이 밝혀지자 원고에게 강력히 인공유산을 종용하여 원고와 피고가 20○○. 7. 15.경 같이 주소지에 소재한 모 산부인과에 가서 낙태수술을 받았습니다.
원고가 후에 알고 보니 피고는 원고와의 혼인 전에 피고와 같은 회사(거성주식회사)에 다니던 경리직원인 소외 이정숙과 깊은 관계였는데, 원고와 중매로 혼인 후에도 위 이정숙을 계속 만나 불륜관계를 지속하다가 원고가 이러한 사실을 알게 되자 20○○. 10.경부터 위 이정숙과 함께 살겠다고 하며 원고와 거주하는 곳에서 떠났습니다.

3. 위 자 료
피고는 ○○대학 ○○학과를 졸업하고 거성주식회사에 근무하다가 최근에 퇴직하였는데 비록 현재 피고 명의로 된 재산은 없지만(퇴직금은 위 이정숙에게 교부하였으며 원고와 피고가 거주하던 집의 전세계약서도 피고의 모친 명의로 되어 있음) 피고의 학력과 경력으로 보아 앞으로 상당한 소득이 있을 것이고 또한 피고는 원고에게 이혼을 요구하면서 50,000,000원을 위자료로 주겠다고 수차 제의한 사실이 있음을 감안하여 이 사건 혼인파탄을 야기한 피고는 위자료로써 80,000,000원을 지급하여야 할 것이므로, 원고는 청구취지와 같은 판결을 구하고자 이 사건 청구에 이른 것입니다.

입 증 방 법

1. 갑 제1호증 가족관계증명서
1. 갑 제2호증 전세계약서

그 밖의 입증서류는 변론시 수시 제출하겠습니다.

첨 부 서 류

1. 위 입증서류 각 1통

1. 주민등록초본 2통
1. 소장부본 1통

20○○. ○. ○.

위 원고 이 성 미 (인)

○○ 가정법원 귀중

접수방법

1. 수입인지 : 나류 사건인 이혼의 소 인지액은 1건당 20,000원, 다류 위자료 청구사건은 민사소송법 제2조의 규정에 의하여 365,000원(소송물가액 8천만원×0.0045+5,000원)이다. 그런데 가사소송법 14조 1항의 규정에 의해 수개의 가사소송청구를 병합하는 경우에는 수개의 청구 중 다액인 인지를 붙인다. 따라서 이 사건에 대한 인지액은 수개의 청구중 가장 다액인 365,000원을 납부한다.
2. 송달료 : 당사자수×4,800원(우편료)×12회분을 납부한다.
3. 재판상이혼사유(민법 제840조) : ① 배우자에게 부정한 행위가 있었을 때, ② 배우자가 악의로 다른 일방을 유기한 때, ③ 배우자 또는 그 직계존속으로부터 심히 부당한 대우를 받았을 때, ④ 자기의 직계존속이 배우자로부터 심히 부당한 대우를 받았을 때, ⑤ 배우자의 생사가 3년 이상 분명하지 아니한 때, ⑥ 기타 혼인을 계속하기 어려운 중대한 사유가 있을 때

[서식 122] 이혼, 위자료 청구의 소장(2)

소 장

원 고 오 ○ 일 (000000-0000000) (전화 :)
서울 관악구 신림로 17, 301동 1302호 (신림동, 주공아파트)
송달장소 : 서울 중랑구 망우로 46

피 고 안 ○ 순 (000000-0000000)
서울 노원구 중계로 515, 103동 601호 (중계동, 건영아파트)

사건본인 1. 오 ○ 람 (0000000-0000000)
서울 노원구 중계로 515, 103동 601호 (중계동, 건영아파트)

2. 오 ○ 뫼 (000000-0000000)
위 오○람과 같은 곳

이혼 등 청구의 소

청 구 취 지

1. 원고와 피고는 이혼한다.
2. 사건본인들의 친권자 및 양육자로 원고를 지정한다.
3. 소송비용은 피고가 부담한다.

라는 판결을 구합니다.

청 구 원 인

1. 당사자의 관계

원고는 과거 이혼의 아픔을 딛고 다시 피고와 연애로 만나 교제한 끝에 20○○. 12. 22. 혼인신고를 하여 법적인 부부가 되었으며, 16여 년간 결혼생활을 하는 과정에서 피고와의 사이에 가람(당 12세)과 오○뫼(당 8세) 2남매를 두고 있으며, 현재에는 피고 주소지인 노원구 중계로 515, 103동 601호(중계동, 건영아파트)에서 함께 거주하여 왔습니다.

2. 피고의 불륜행위

가. 피고는 과거 10여 년간 직장생활을 하였는데 현재는 '동한마케팅'이라는 회사에서 건강식품을 판매하는 일을 하고 있습니다. 그러다가 20○○. 1. 20.경 직장동료 김○경의 소개로 이건 불륜의 상대남인 소외 송○규를 알게 된 것입니다.

나. 피고는 위 송○규를 알게 된 이후의 시점부터 귀가시간이 밤 12시 내지 1시가 넘는 것은 기본이고, 20○○. 2.말경부터 위 송○규와의 핸드폰 대화내용이 부쩍 늘었으며, 20○○. 3. 5.경 피고 SK핸드폰상의 전화내역서를 조회한즉 하루에도 3~4통화한 것이 보통이었으며, 이러한 상황은 최근 20○○. 4.경까지 지속이 되었던 것입니다.

다. 원고는 지난 20○○. 4. 2. ~ 5.경 청명한식을 맞이하여 시골 전라도 선산묘를 찾았기에, 집을 3일간 비운바 있습니다. 그런데 바로 이때 피고는 위 송○규를 서울 노원구 중계동 515-2 건영아파트 집으로 오게 하여 성관계를 맺은 것입니다(갑 제3호증).

라. 위 불륜관계는 피고가 위 송○규와 대화하던 내용이 우연히 차내 녹음기에 녹음이 되어있어 원고가 이를 토대로 피고에게 추궁한 결과 확인된 사실입니다. 즉 그 대화내용 중 피고는 송○규에게 "여자로서 가장 중요한 부분까지 주지 않았느냐! 그런데 뭘 더 의심하느냐?"는 말이 있었던 것입니다.

3. 친권 및 양육문제

이상과 같이 피고는 소외인과의 불륜의 정을 통하는 등 가정에 소홀히 하는 태도를 보여 왔고, 원고와 피고의 이혼 후 피고는 달리 사건본인들을 부양하고 양육할 만한 경제적 여건이 준비되지 않았습니다. 무엇보다도 원고는 아이들을 사랑할뿐더러 조그만 사업체를 가지고 있어 아이들을 보살피는 데는 전혀 어려움이 없으므로 사건 본인들에 대한 친권자와 양육자로 원고를 지정하여 주시기 바랍니다.

4. 결 어

피고와 송○규의 불륜관계는 이미 두 사람이 처음 만날 때부터 어느 정도 예견되어 있던 것이지만, 이를 안 원고의 수차의 권유와 호소에도 불구하고 결국 외도를 한 부분은 단 1번의 행위가 아닌 오랜 기간 동안 이루어진 것이어서 원고로서도 피고와 화합한다는 것이 어려워 본 소 청구에 이른 것입니다.

입 증 방 법

1. 갑 제1호증	제적등본
1. 갑 제2호증의 1 내지 2	각 가족관계증명서
1. 갑 제3호증	혼인관계증명서

1. 갑 제4호증의 1 내지 2 각 주민등록등본
1. 갑 제5호증 확인서

20○○. ○. ○.

위 원고 오 ○ 일 (인)

○○ 가정법원 귀중

접수방법

1. 수입인지 : 나류 사건인 이혼의 소 인지액은 1건당 20,000원, 양육자지정청구는 20,000원(10,000원×2인)이고, 이혼을 전제로 한 친권자의 지정청구는 민법 909조 5항에 따라 가정법원의 직권발동을 촉구하는 신청에 불과하므로 인지를 납부하지 않는다. 그런데 가사소송법 14조 1항에 병합된 것이므로 가사소송규칙 20조2에 의하면 병합된 것에 대한 규정인 가사소송수수료규칙 5조 2항은 적용되지 않는다. 이 사건에 의하면 이혼청구의 수수료 20,000원, 양육에 관한 처분청구의 수수료 20,000원 중 가장 다액의 인지를 붙인다. 따라서 이 사건에서는 수수료가 각 20,000원씩이라 할지라도 20,000원의 인지를 납부한다.
2. 송달료 : 당사자수×4,800원(우편료)×12회분을 납부한다.
3. 재판상이혼사유(민법 제840조) : ① 배우자에게 부정한 행위가 있었을 때, ② 배우자가 악의로 다른 일방을 유기한 때, ③ 배우자 또는 그 직계존속으로부터 심히 부당한 대우를 받았을 때, ④ 자기의 직계존속이 배우자로부터 심히 부당한 대우를 받았을 때, ⑤ 배우자의 생사가 3년 이상 분명하지 아니한 때, ⑥ 기타 혼인을 계속하기 어려운 중대한 사유가 있을 때

[서식 123] 이혼, 위자료, 재산분할 청구의 소장

소 장

원 고 김 미 선 (000000-0000000) (전화 :)
등록기준지 : ○○시 ○○구 ○○로 ○○
주 소 : ○○시 ○○구 ○○로 ○○ (우편번호 : 00000)

피 고 이 경 동 (000000-0000000) (전화 :)
등록기준지 및 주소 : 원고와 같음

이혼 등 청구의 소

청 구 취 지

1. 원고와 피고는 이혼한다.
2. 피고는 원고에게 위자료로 100,000,000원을 지급하라.
3. 피고는 원고에게 재산분할로 별지 목록 기재 부동산의 2분의 1 지분에 관하여 소유권 이전등기절차를 이행하라.
4. 소송비용은 피고가 부담한다.
5. 위 제2항은 가집행할 수 있다.

라는 판결을 구합니다.

청 구 원 인

1. 원고와 피고는 20○○. 9. 20. 결혼식을 올린 후 같은 해 11. 16. 혼인신고를 마친 법률상 부부입니다.

   원고는 19○○년 ○○여대 약학과에 입학하여 19○○년 졸업하였으며 졸업 후 ○○병원에서 약사로 근무하던 도중 중매로 피고를 만나 결혼을 하여 아들 2명을 두고 있습니다.

2. 그러나 원고는 결혼한 직후부터 현재까지 ○○무역 주식회사에 근무하고 있는 피고의 괴팍한 성격과 폭행으로 인하여 극심한 고통을 겪어 왔습니다(이에 대하여는 원고가 작성한 갑 제2호증 진술서 참조).

   피고는 세인의 상상의 범위를 넘어서는 괴팍한 성격의 소지자로 원고를 정신적으로 학대함은 물론 일일히 열거하기 힘들 정도로 수시로 폭행을 행사하였는 바, 피고의 유학관계로 20○○. 5.부터 20○○. 10.까지 영국에서 생활할 당시 피고는 사소한 말다툼 끝에 갑자기 돌변하여 원고의 목을 조르고 비트는 폭행을 행사하여 원고는 병원에서 치료를 받으며 두달 가까이 목에 기브스를 한 사실이 있었으며, 20○○년에 들어서도 피고의 학대와 폭행이 계속되어 결혼생활이 파탄에 이르게 되자 피고는 이혼에 대비하여 재산을 빼돌리는 한편 원고를 정신병자로 몰아 청량리 정신병원에 입원수속을 하여 놓고 경찰을 동원하는 등 원고는 현재 생명의 위협까지 느끼고 있는 실정입니다.

3. 그리하여 그동안 아무리 어려운 여건 속에서도 가정을 유지하기 위하여 갖은 학대와 폭행을 감내하여 온 원고로서도 생명과 신변의 위협에 처하여 아이들을 정상적으로 양육하기 위해서라면 이혼을 하는 것이 낫다는 비장한 결심에 이르게 되었는 바, 정신질환이 있다고 보여지는 피고의 원고에 대한 위와 같은 학대와 폭행은 재판상 이혼사유를 규정한 민법 제840조 제3호 소정의 배우자로부터 심히 부당한 대우를 받았을 때와 제6호 소정의 기타 혼인을 계속하기 어려운 중대한 사유가 있을 때에 해당한다 할 것입니다.

4. 위자료 및 재산분할 청구

결혼 전부터 약사로 근무하여 온 원고는 결혼 후에도 돈에 대한 집착이 강한 피고의 강요에 따라 약국을 개업하여 상당한 수입을 얻고 있었는데 원고는 그동안의 생활비를 전적으로 부담하였을 뿐만 아니라 결혼 후의 재산증식에도 피고보다 더 크게 기여하였습니다.

그러므로 원고는 피고의 갖은 학대와 폭행으로 인하여 결혼생활이 파탄에 이르게 되어 부득이 피고에게 이혼을 구하는 동시에 그동안 원고가 겪어온 극심한 정신적 고통에 대한 위자료로 금 100,000,000원을 청구하는 바입니다.

또한 원고는 이혼으로 인한 재산분할로 원고와 피고가 함께 모은 재산의 2분의 1을 지급받아야 마땅하나 우선 원고가 확인한 별지 목록 기재 부동산의 2분의 1 지분에 관한 소유권이전등기 절차의 이행을 구하고자 본 소 청구에 이르렀습니다.

입 증 방 법

1. 갑 제1호증 가족관계증명서
1. 갑 제2호증 진술서
1. 갑 제3호증 부동산등기사항전부증명서
1. 갑 제4호증 토지대장
1. 갑 제5호증 건축물대장

그 밖의 입증서류는 변론시 수시 제출하겠습니다.

첨 부 서 류

1. 위 입증서류 각 1통
1. 주민등록초본 2통
1. 소장부본 1통

20○○. ○. ○.

위 원고 김 미 선 (인)

○○ 가정법원 귀중

접수방법

1. 수입인지 : 나류 사건인 이혼의 소 인지액은 1건당 20,000원, 다류 위자료 청구사건은 민사소송법 제2조의 규정에 의하여 455,000원(소송물가액 1억원×0.004+55,000원), 재산분할청구는 10,000원이다. 그런데 가사소송법 14조 1항의 규정에 의해 수개의 가사소송청구 또는 가사비송청구와 가사비송청구를 병합하는 경우에는 수개의 청구 중 다액인 인지를 붙인다. 따라서 이 사건에 대한 인지액은 수개의 청구중 가장 다액인 455,000원을 납부한다.
2. 송달료 : 당사자수×4,800원(우편료)×12회분을 납부한다.
3. 재판상이혼사유(민법 제840조) : ① 배우자에게 부정한 행위가 있었을 때, ② 배우자가 악의로 다른 일방을 유기한 때, ③ 배우자 또는 그 직계존속으로부터 심히 부당한 대우를 받았을 때, ④ 자기의 직계존속이 배우자로부터 심히 부당한 대우를 받았을 때, ⑤ 배우자의 생사가 3년 이상 분명하지 아니한 때, ⑥ 기타 혼인을 계속하기 어려운 중대한 사유가 있을 때

주 1. 재판상 재산분할의 방법

재산분할의 방법에 관하여 당사자 양쪽의 협력으로 이룩한 재산의 액수, 기타 사정을 참작하여 분할의 액수와 방법을 정하게 되어 있다(민법 제839조의 2 제2항).

구체적인 분할비용은 가정법원이 후견적 입장에서 혼인생활의 실태, 재산의 형성과 유지에 기여한 정도 등을 종합적으로 고려하여 재량으로 정하게 된다.

가. 금전분할

금전으로 재산을 분할하는 방법은, 재산분할의 원칙적 방법이다. 이 방법에는 ① 분할액을 일시에 지급하라고 하는 일시불, ② 분할총액을 정한 이상 상대방의 자력을 고려

하여 분할하여 지급하게 하는 분할불, ③ 분할총액을 정하지 않고 분할할 기간을 정하고, 일정한 액수를 정기적으로 지급하게 하는 정기불이 있다. 실제 재판에서는 일시불이 많다.

나. 현물분할

재산분할에는 현물분할이 있고 실제 재판례도 많다.

예컨대 ① 청구인의 장래 주거용으로 사용될 건물과 그 대지 등 처럼 그 현물이 이혼 후의 생활에 필요불가결한 경우에는 그 현물이 분할되는 경우가 많다. ② 상대방의 자력으로 보아 금전지급이 곤란한 경우에도 현물분할이 인정된다. ③ 그리고 그 현물의 취득, 유지에 청구인의 기여도가 큰 경우에 이 현물분할이 인정된다. ④ 또 건물의 대지가 청구인 특유의 소유물이라든지, 청구인의 친족의 소유인 경우에도 이혼 후의 법률관계를 고려하여 건물을 청구인에게 분여하는 소가 있다.

2. 남편 명의의 재산을 정확히 모른 채 이혼 및 재산분할청구를 함께 하려고 할 때

2009. 5. 9. 개정된 가사소송법은 재산분할, 부양료 및 미성년 자녀의 청구사건을 위하여 특히 필요하다고 인정하는 때에는 직권 또는 당사자의 신청에 의하여 상대방에게 재산상태를 명시한 재산목록을 제출하도록 명할 수 있도록 하였다. 해당 관할법원에 이혼 및 재산분할 청구소송을 제기한 후 서면으로 신청취지와 신청사유를 적은 재산명시신청서를 제출하면 해당법원이 심리 후 소송을 위해 필요하다고 판단되면 재산명시명령을 내리게 된다.

3. 이혼 및 재산분할 소송 중 상대방이 제출한 재산명시명령에 의한 재산목록 외의 재산 파악방법

2009. 5. 9. 개정된 가사소송법은 재산분할, 부양료, 미성년 자녀의 양육비 청구사건에서 재산명시절차를 거쳤음에도 불구하고 당사자가 재산목록의 제출을 거부하거나 제출된 재산목록만으로는 사건의 해결이 곤란한 경우, 또는 공시송달로 진행되는 사건과 같이 상대방에게 재산명시명령을 송달할 수 없었던 경우에, 가정법원이 개인의 재산과 신용정보에 관한 전산망을 관리하는 공공기관·금융기관·단체 등에 대한 당사자 명의의 재산의 조회를 통하여 당사자의 자발적 협조 없이도 당사자의 재산내역을 발견·확인할 수 있도록 하고 있다. 따라서 해당법원에 서면으로 위의 사유 중 하나를 소명하여 재산조회신청서를 작성하여 제출하면 된다.

4. 재산분할 산정의 기초가 되는 재산가액의 평가방법

재산분할 산정의 기초가 되는 재산의 가액은 반드시 시가감정에 의하여 인정하여야 하는 것은 아니지만 객관성과 합리성이 있는 자료에 의하여 평가하여야 한다(대법원 2002. 8. 28.자 2002스36 결정).

[서식 124] 재산분할 청구의 소장

소 장

원 고 김 영 미 (000000-0000000) (전화 :)
등록기준지 ㅇㅇ시 ㅇㅇ구 ㅇㅇ로 ㅇㅇ
주 소 ㅇㅇ시 ㅇㅇ구 ㅇㅇ로 ㅇㅇ (우편번호 : 00000)

피 고 이 경 철 (000000-0000000) (전화 :)
등록기준지 ㅇㅇ시 ㅇㅇ구 ㅇㅇ로 ㅇㅇ
주 소 ㅇㅇ시 ㅇㅇ구 ㅇㅇ로 ㅇㅇ (우편번호 : 00000)

재산분할 청구의 소

청 구 취 지

1. 피고는 원고에게 재산분할로 200,000,000원을 지급하라.
2. 소송비용은 피고가 부담한다.
3. 위 제1항은 가집행할 수 있다.

라는 판결을 구합니다.

청 구 원 인

1. 원고는 20ㅇㅇ. 5. 2. 피고와 혼인신고를 마친 부부로서 그들 사이에는 1남 1녀가 있습니다.
   원고와 피고는 20ㅇㅇ. 1. 19. 협의이혼을 하였으나(피고는 원고에게 이화여대 조차도 졸업을 못했다는 등의 모욕을 주며 이혼을 강요하므로 원고는 이에 응한 것임), 피고는 단 한푼의 위자료를 지급한 바도 없고, 재산분할로 하여 준 바도 없습니다.
2. 원고는 아무런 재산도 없고 경제적인 능력도 없는 반면, 피고는 시가 3억원 상당의 별지 1. 기재 아파트를 소유하고 있고, 또한 시가 1억원 이상인 별지 2. 기재 증권들을 소유하고 있습니다.
3. 피고는 20ㅇㅇ. 3. 4.부터 ㅇㅇ산업연구원에 근무하면서 미국에서 연수받게 되어, 미국에 체류하게 되자 원고는 피고와 함께 미국에 살면서 20ㅇㅇ. 8.부터 20ㅇㅇ.

1.까지 사이에 계속해서 파출부, 아이돌보기, 식당종업원 등으로 일하면서 돈을 벌어 가계에 보탰었습니다(시간당 5불 내지 7불을 받으면서 매주 4회 내지 6회 근무하였음). 뿐만 아니라 원고는 가사노동에 충실하며 피고의 재산형성에 다대한 기여를 하였습니다.

4. 피고의 위 재산은 원고와의 결혼생활 중에 형성된 것이고 원고는 위 재산형성에 다대한 기여를 하였기 때문에 원고는 재산분할로써 위 재산가액 중 2분의 1에 해당하는 금액인 2억원을 청구합니다.

입 증 방 법

1. 갑 제1호증 부동산등기사항전부증명서
1. 갑 제2호증 증권 사본

기타 입증서류는 변론시 수시 제출하겠습니다.

첨 부 서 류

1. 위 입증서류 각 1통
1. 주민등록초본 2통
1. 소장부본 1통

20○○. ○. ○.

위 원고 김 영 미 (인)

○○ 가정법원 귀중

접수방법

1. 청구권자 : 부부 중 일방이 다른 일방을 상대로 하여 청구하여야 한다.
2. 수입인지 : 1건당 10,000원 상당의 인지를 납부한다.
3. 송달료 : 당사자수×4,800원(우편료)×12회분을 납부한다.
4. 관할 : 상대방의 주소지를 관할하는 가정법원에 제출한다. 이는 가정법원 합의부의 관할에 속한다.

주 1. 재판상 재산분할의 방법

재산분할의 방법에 관하여 당사자 양쪽의 협력으로 이룩한 재산의 액수, 기타 사정을 참작하여 분할의 액수와 방법을 정하게 되어 있다(민법 제839조의 2 제2항).

구체적인 분할비용은 가정법원이 후견적 입장에서 혼인생활의 실태, 재산의 형성과 유지에 기여한 정도 등을 종합적으로 고려하여 재량으로 정하게 된다.

가. 금전분할

금전으로 재산을 분할하는 방법은, 재산분할의 원칙적 방법이다. 이 방법에는 ① 분할액을 일시에 지급하라고 하는 일시불, ② 분할총액을 정한 이상 상대방의 자력을 고려하여 분할하여 지급하게 하는 분할불, ③ 분할총액을 정하지 않고 분할할 기간을 정하고, 일정한 액수를 정기적으로 지급하게 하는 정기불이 있다. 실제 재판에서는 일시불이 많다.

나. 현물분할

재산분할에는 현물분할이 있고 실제 재판례도 많다.

예컨대 ① 청구인의 장래 주거용으로 사용될 건물과 그 대지 등 처럼 그 현물이 이혼 후의 생활에 필요불가결한 경우에는 그 현물이 분할되는 경우가 많다. ② 상대방의 자력으로 보아 금전지급이 곤란한 경우에도 현물분할이 인정된다. ③ 그리고 그 현물의 취득, 유지에 청구인의 기여도가 큰 경우에 이 현물분할이 인정된다. ④ 또 건물의 대지가 청구인 특유의 소유물이라든지, 청구인의 친족의 소유인 경우에도 이혼 후의 법률관계를 고려하여 건물을 청구인에게 분여하는 소가 있다.

2. 재산분할 산정의 기초가 되는 재산가액의 평가방법

재산분할 산정의 기초가 되는 재산의 가액은 반드시 시가감정에 의하여 인정하여야 하는 것은 아니지만 객관성과 합리성이 있는 자료에 의하여 평가하여야 한다(대법원 2002. 8. 28.자 2002스36 결정).

3. 제척기간을 지난 재산분할의 청구

이혼으로 인한 재산분할청구권은 이혼한 날로부터 2년이 경과한 때에는 소멸한다(민법 839조의2). 그러므로 재판상 이혼의 경우에는 그 판결이 확정된 날부터, 협의이혼의 경우에는 이혼신고를 한 날부터 2년 내에 재산분할청구를 하여야 한다.

[서식 125] 손해배상 청구의 소장(간통피해)

소　　　장

원　고　　이 성 균 (000000-0000000)　(전화 :　　　　)
○○시 ○○구 ○○로 ○○　(우편번호 : 00000)

원　고　　강 철 민 (000000-0000000)　(전화 :　　　　)
○○시 ○○구 ○○로 ○○　(우편번호 : 00000)

손해배상 청구의 소

청 구 취 지

1. 피고는 원고에게 100,000,000원과 이에 대하여 이 사건 소장부본 송달다음날부터 다 갚는 날까지 연 15%의 비율로 계산한 돈을 지급하라.
2. 소송비용은 피고가 부담한다.
3. 위 제1항은 가집행할 수 있다.

라는 판결을 구합니다.

청 구 원 인

1. 원고는 소외 박선미와 20○○. 7. 6. 혼인신고를 마친 법률상의 부부로 슬하에 1남 1녀를 두고 근래까지 행복한 가정을 누려왔습니다.
   원고는 20○○. 1. 20.경부터 서울 서초구 양재동에서 ○○횟집을 운영하면서 처인 위 박선미에게 일체 관리하도록 하였습니다.
2. 그런데 피고는 위 횟집을 개업하고서부터 단골로 드나들면서 피고회사(○○무역주식회사) 동료직원들과 회식을 여러번 하고 또한 매일 점심 때 식사를 하면서 위 박선미와 형제처럼 가까이 지내게 되었던 것입니다.
   그러던 중 피고는 20○○. 7.경부터 원고의 처인 박선미를 유혹하여 서울 소재 호텔 등에서 간통을 하기 시작하여 20○○. 7. 10. 가출까지 하여 원고는 같은 해 8. 20. ○○호텔 310호에서 피고와 위 박선미간에 간통한 사실을 목격하였습니다.
3. 피고는 위 박선미의 오랜 기간의 불륜행위로 인하여 원고의 가정은 파탄되어 버렸고

또한 원고는 엄청난 실의와 정신적 충격을 받았고 경제적으로 손실도 많이 입게 되었으며 그로 인하여 신경쇠약으로 현재 ○○병원에서 입원 가료 중에 있으나 담당의사는 상당한 기간 동안 요양을 하여야 한다고 하여 원고가 오래전부터 운영하던 ○○통상이라는 회사도 소외 정일호에게 양도하게 되었습니다.

4. 원고는 위와 같이 원고의 처인 박선미와 이혼하여 가정이 파탄되었고, 또한 피고는 그동안 위 박선미로부터 유흥비, 차용금의 명목으로 상당한 금액을 받아간 점, 본건으로 인하여 사업장을 남에게 양도하게 되었고, 앞으로 상당한 기간 동안 요양하여야 하는 점을 종합하면 원고의 정신적 고통에 대한 위자료 금액은 적어도 1억원이 상당하다고 할 것입니다.

5. 따라서 원고는 청구취지와 같은 판결을 받고자 본 소 청구에 이른 것입니다.

입 증 방 법

1. 갑 제1호증의 1, 2　　각 가족관계증명서
1. 갑 제2호증　　판결(협의이혼) 사본
1. 갑 제3증　　고소장(간통) 사본
1. 갑 제4호증　　법인등기사항전부증명서(피고의 경영회사)

기타 입증서류는 변론시 수시 제출하겠습니다.

첨 부 서 류

1. 위 입증서류　　각 1통
1. 주민등록초본　　2통
1. 소장부본　　1통

20○○. ○. ○.

위 원고 이 성 균 (인)

○○ 가정법원 귀중

접수방법

㊟ 1. **이혼에 부수하여 배우자의 친족이 제3자를 상대로 한 손해배상청구**
배우자의 부정행위를 원인으로 그 배우자 또는 상간자를 상대로 상대방인 배우자 스스로 손해배상을 청구하거나 채무자 및 그 직계존속의 부당대우를 원인으로 그들을 공동피고로 하여 손해배상을 청구하는 것은 다류 가사소송에 해당함이 명백하다. 그런데 배우자의 부정행위를 원인으로 배우자가 아닌 사람(자녀 등)이 그 부정행위의 상대방인 제3자를 상대로 손해배상을 청구하는 것은 그 손해배상청구가 "이혼을 원인으로 하는 것"이라고는 할 수 없고 오히려 순수한 불법행위를 원인으로 하는 손해배상청구에 해당한다고 할 것이어서 가사사건이 아닌 민사사건에 해당된다.

2. **혼인예약불이행으로 인한 손해배상청구사건**
혼인예약불이행은 약혼해제와 다를 바 없으므로 가사소송(다류사건)에 해당된다.

[서식 126] 반소장(이혼 등)(1)

반 소 장

본 소 20○○드단 1209호 이혼 등

원 고 고 ○ 섭 (000000-0000000) (전화 :)
(반소피고) 등록기준지 : 충남 서천군 시초면 선동로 178
주 소 : 서울 성북구 정릉로 102,

피 고 장 ○ 례 (000000-0000000) (전화 :)
(반소원고) 등록기준지 : 충남 서천군 시초면 선동로 178
주 소 : 서울 성북구 정릉로 102

사건본인 고 ○ 웅 (000000-0000000)
등록기준지 : 충남 서천군 시초면 선동로 178
주 소 : 서울 성북구 정릉로 102

이혼 등 청구의 반소

위 당사자간 귀원 20○○드단 1209호 이혼 등 청구사건에 관하여 '피고'(반소원고)는 아래와 같이 반소를 제기합니다.

반 소 청 구 취 지

1. 반소원고(피고)와 반소피고(원고)는 이혼한다.
2. 반소피고(원고)는 반소원고(피고)에게 위자료로써 50,000,000원과 이에 대하여 이 사건 반소장 부본 송달 다음날부터 다 갚는 날까지 연 15%의 비율로 계산한 돈을 지급하라.
3. 반소피고(원고)는 반소원고(피고)에게 재산분할로써 금 680,000,000원과 이 사건 이혼 확정 다음날부터 다 갚는 날까지 연 15%의 비율로 계산한 돈을 지급하라.
4. 사건본인의 친권행사자 및 양육자로 반소원고(피고)를 지정한다.
5. 반소피고(원고)는 반소원고(피고)에게 사건본인의 양육비로서 이 판결확정일 다음날부터 성년에 이르는 날까지 매월 금 1,000,000원의 비율로 계산한 돈을 지급하라.
6. 반소에 관한 소송비용은 반소피고(원고)가 부담한다.
7. 제2항은 가집행할 수 있다.

라는 판결을 구합니다.

반 소 청 구 원 인

1. 당사자 관계

   반소원고("본소피고", 이하 "피고"라 한다)와 반소피고("본소원고", 이하 "원고"라 한다)는 20○○. 7.경 원고와 동거생활을 시작하다가 20○○. 11. 28. 원고와 혼인신고를 마친 법률상 부부입니다.

2. 이혼사유

   가. 피고는 원고와 동거생활중인 20○○. 10. 2. 친정집의 부담으로 결혼식을 올리게 되었는데 그 당시 원고는 직장이 없어 결혼초기부터 피고는 생활비와 사건본인의 양육비를 거의 혼자 부담하며 살아왔습니다. 그 후 피고와 원고는 전세방을 빼서 20○○. 3.경 학원을 사서 함께 일하기로 하고 그 당시 전재산이던 금 50,000,000원으로 학원을 인수받아 학원일을 시작하게 되었습니다. 피고는 유치부 수업을 맡아 수업뿐만 아니라 청소, 빨래, 양육 등 모든 일을 처리하며 정말 열심히 살았습니다.

   나. 그런 와중에서도 원고는 강사 시절 가르치던 제자와 부정행위를 저질러 청량리 경찰서에서 혼인빙자간음 혐의로 조사를 받으러 가는 등 생활이 문란했으나, 피

고는 학원일이 잘 되어야 한다는 생각으로 친정어머니로부터 돈을 빌려 이 사건을 마무리하기도 하였습니다.

다. 피고가 열심히 일한 덕분으로 학원일은 잘되어 갔고 1년 정도 지나서는 또 다른 학원을 얻어 운영하며 학원을 성장시켜 나갔습니다. 이는 전적으로 피고의 노력과 헌신으로 이루어졌다고 해야 할 것입니다. 학원이 어느 정도 안정이 되고 조그마한 월세 아파트도 얻게 되자 원고는 자기중심적으로 변해가기 시작하여 학원일은 태만히 한 채 볼링모임에 빠지더니, 아직은 여유가 없는데도 그랜져를 구입하여 몰고 다니고, 학원 직원을 모텔에 데리고 가 자는 등 가정에 소홀히 하며 원고는 쾌락만을 찾아 다녔습니다.

라. 그러던 중 20○○. 9. 6. 사건본인이 태어나 피고는 눈물이 날 정도로 기쁨에 겨웠지만 원고는 사건본인이 경영하는 학원의 과학선생을 닮았다며 피고를 의심하며, 그것도 모자라 시이모와 함께 유전자 감식을 피고 몰래 받기도 하여 그 충격은 이루 말할 수 없습니다.

마. 그러던 20○○. 10.경 원고는 피고와의 이혼을 생각하고 변호사와 만나 상의하는 등 피고 몰래 이혼을 준비하며 피고에게는 잘해주는 것처럼 행동하여, 같은 해 11.경 학원을 피고 몰래 팔아버렸고 피고를 마치 미신에 현혹된 사람처럼 다른 사람에게 말하고 다니며 부정행위를 저질러 아들을 낳은 것처럼 유전자 감식을 하며, 학원의 다른 선생들 앞에서 피고가 부정한 여자라고 말하는 등 이제 더 이상 부부라고는 할 수 없는 행동을 하였습니다.

사. 드디어 원고는 피고를 모략하고 부정한 여자로 모는 것도 모자라 일방적으로 이혼소송을 제기하여 그 동안 가정과 학원일로 열심히 살아온 반소원고에게 이루 말로 다 할 수 없는 고통을 주게 된 것입니다. 지난 일들이 잘못이라면 피고가 너무 착하고 순진하게 살아온 것이 잘못이지 원고의 말처럼 사치나 부정행위가 있었다면 억울하지나 않을 것입니다. 이에 피고는 더 이상의 고통을 참을 수 없어 원고를 상대로 이혼을 청구하게 된 것입니다.

3. 위자료 청구에 관하여

위에서 본 바와 같이 원고는 혼인기간 동안 피고에게 정신적, 육체적 고통을 가하였으므로 원고는 이를 위자해야 할 것입니다. 혼인생활의 정도와 반소피고의 가출로 인한 정신적 피해, 피고와 원고의 지위와 재산상태, 기타 여러 정상을 감안하면 위자료 액수는 금 50,000,000원이 상당하다고 할 것입니다.

4. 재산분할 청구에 관하여

가. 피고와 원고가 결혼을 할 당시 아무런 재산이 없었고 지금과 같은 경제적 지위를 누리는 것은 순전히 피고의 노력과 기여에 의한 것이므로 이점 참작되어야 할 것입니다.

나. 그렇다면 원고는 피고에게 재산의 절반을 나누어 주어야 할 것이므로 일단 원고 명의의 빌라가 나타난 재산의 전부이지만 피고 모르게 관리하는 통장이 있으므로 우선 빌라에 대하여만 청구를 하도록 하겠습니다. 빌라는 20○○. 11.경 금 180,000,000원에 구입한 것인데 현재 시가는 금 400,000,000원에 이릅니다. 따라서 우선 그 절반인 금 200,000,000원을 재산분할로써 청구합니다.

다. 또한 피고와 원고는 20○○. 3.부터 학원을 경영하여 매월 순수입으로 금 12,000,000원 가까이 벌었는데 이에 대한 관리는 전적으로 원고가 하여 피고는 생활비조로 월 금 1,000,000원 정도만 받았고 나머지는 원고가 저금한 것으로 알고 있습니다. 20○○. 3.부터 학원을 경영하기 시작하여 20○○. 3.경 학원을 소외인에게 몰래 넘겨줄 때까지 8년간 그 총 금액은 월 평균 금 10,000,000원으로 계산을 하여도 금 960,000,000원이 됩니다. 따라서 아무리 적게 분할을 하여도 금 480,000,000원은 피고에게 분할이 되어야 할 것입니다.

라. 그렇다면 원고는 피고에게 위 빌라에 대한 금액 금 200,000,000원과 공동으로 학원을 통하여 번 재산의 절반인 금 480,000,000원을 합한 총 금 680,000,000원을 피고에게 지급하여야 할 것입니다.

5. 친권행사자와 양육자지정 및 양육비청구

피고와 원고의 나이, 혼인생활의 파탄경위, 사건본인의 나이가 어려 피고인 엄마의 보호가 절대적으로 필요한 점 등 제반 사정을 참작하면 사건본인)의 친권행사자 및 양육자로 피고를 지정함이 사건본인의 성장과 복지를 위하여 보다 타당하다고 보여집니다.

이에 따라 원고는 피고에게 이제까지의 생활 및 원고의 경제력으로 보아 사건본인의 양육비로서 이 판결확정일 다음날부터 사건본인이 성년에 이르기 전날까지 사건본인에 대하여 월 금 1,000,000원을 지급함이 상당하다 할 것입니다.

※ 면접교섭권을 주장해야 하는 경우라면

5. 면접교섭권

전업주부로서 가정생활을 꾸려나가던 원고는 특별한 직업을 갖지 못한 상태이므로, 사건본인에 대한 양육은 피고가 맡는 것으로 하지만, 아직 3세인 사건본인이 규칙적으로나마 어머니인 원고를 만나볼 수 없게 된다면, 후일 사건본인이 성장하는 과정에서 어머니없이 자랐다는 사실을 인지하게 될 때 느끼게 될 정신적 고통 및 나아가 성년에 이른 후 사건본인의 올바른 사회생활에 영향을 미칠 우려가 있으므로, 원고는 사건본인에 대하여 매월 첫째주, 셋째주 토요일 12:00시부터 그 다음날 18:00시까지 면접교섭을 구하고자 합니다.

6. 결 론
이상에서 본 바와 같이 원고는 피고에게 부당한 학대와 의심으로 피고를 괴롭히고 그것도 모자라 이혼소송을 제기하여 피고에게 씻을 수 없는 상처를 남겼으므로 이에 피고도 원고에 대하여 이혼소송을 제기하는 것입니다.

입 증 방 법

1. 을 제1호증의 1 내지 5	각 진술서
1. 을 제2호증	자동차 등록원부
1. 을 제3호증	수강생명부
1. 을 제4호증	수입내역서

20○○. ○. ○.

위 피고(반소원고) 장 ○ 례 (인)

○○ 가정법원 귀중

접수방법

1. 수입인지 : 나류 사건의 이혼의 소 인지액은 1건당 20,000원, 다류 위자료 청구사건은 민사소송법 제2조의 규정에 의하여 230,000원(소송물가액 5천만원×0.0045+5,000원), 재산분할청구는 10,000원, 양육자지정청구는 및 양육비지급청구는 1개의 사건당 10,000원으로, 사건별로 각 1개의 청구이므로 10,000원(10,000×1인)이고, 청구이혼을 전제로 한 친권자의 지정청구는 민법 909조 5항에 따라 가정법원의 직권발동을 촉구하는 신청에 불과하므로 인지를 납부하지 않는다. 그런데 가사소송법 14조 1항의 규정에 의해 수개의 가사소송청구 또는 가사비송청구와 가사비송청구를 병합하는 경우에는 수개의 청구 중 다액인 인지를 붙인다. 따라서 이 사건에 대한 인지액은 수개의 청구중 가장 다액인 230,000원을 납부한다.
2. 송달료 : 당사자수×4,800원(우편료)×12회분을 납부한다.
3. 반소장 1부, 부본 1부, 도합 2부를 본소진행법원 접수실에 접수한다.

[서식 127] 반소장(이혼 등)(2)

반 소 장

본 소 20○○드합 453 이혼 등

원 고 홍 ○ 동 (000000-0000000)
(반소피고) 등록기준지 : 충남 서천군 시초면 선동로 178
주 소 : 서울 성북구 정릉로 102

피 고 김 ○ 순 (000000-0000000) (전화 :)
(반소원고) 등록기준지 : 충남 서천군 시초면 선동로 178
주 소 : 서울 성북구 정릉로 102

사건본인 홍 ○ 성 (000000-0000000)
등록기준지 : 충남 서천군 시초면 선동로 178
주 소 : 서울 성북구 정릉로 102

이혼 등 청구의 반소

위 당사자간 귀원 20○○드합 453호 이혼 등 청구사건에 관하여 '피고'(반소원고)는 아래와 같이 반소를 제기합니다.

반 소 청 구 취 지

1. 반소에 기하여 원고(반소피고)와 피고(반소원고)는 이혼한다.
2. 원고(반소피고)는 반소원고(피고)에게 위자료로써 50,000,000원과 이에 대하여 이 사건 반소장 부본 송달 다음날부터 다 갚는 날까지 연 15%의 비율로 계산한 돈을 지급하라.
3. 원고(반소피소)는 피고(반소원고)에게 재산분할로써 금 200,000,000원을 지급하라.
4. 피고(반소원고)를 사건본인의 친권자 및 양육자권자로 지정한다.
5. 소송비용은 본소, 반소 모두 원고(반소피고)가 부담한다.
6. 제2항은 가집행할 수 있다.

라는 판결을 구합니다.

반 소 청 구 원 인

1. 당사자 지위

반소원고(이하 "피고"라 합니다)와 반소피고(이하 "원고"라 합니다)는 20○○. ○. ○. 혼인신고를 마친 법률상 부부입니다.

2. 이 사건의 경위

가. 원고는 피고와 결혼 이후에도 별다른 직업 없이 지내왔으며 생활비는 피고가 직장을 다니면서 혼자 부담하여 살아왔습니다.

나. 그런데 원고는 그 와중에서도 소외 ○○○와 부정행위를 저지르는 등 가정에 불성실 하였으나 원고는 사건본인을 위하여 열심히 일을 하면서 어떻게 하든지 가정을 유지하려고 노력하였습니다.

그러나 원고는 피고가 부정행위를 하였다면서 일방적으로 이혼소송을 제기하여 피고에게 이루 말할 수 없는 고통을 주고 있는 바, 이에 피고는 더 이행 참을 수 없어 원고를 상대로 이혼을 청구하게 되었습니다.

3. 위자료 청구

원고는 혼인기간 동안 피고가 부정행위를 하였다면서 피고에게 정식적, 육체적고통을 계속해서 가하였기 때문에 원고는 이를 위자해야 할 것이므로, 피고는 혼인생활의 정도와 피고와 원고의 지위 및 재산상태 등 여러 정상을 감안하여 위자료 5천만원이 상당하다고 할 것입니다,.

4. 재산분할 청구

가. 원고와 피고가 결혼할 당시 아무 재산이 없었기 때문에 현재 원고 명의로 되어있는 빌라에 대해 피고는 재산분할을 청구할 수 있는 바, 빌라의 현재 시가인 금 4억원의 절반인 금 2억원을 재산분할로 청구하도록 하겠습니다.

5. 친권행사자와 양육자지정

사건본인의 나이가 어려 피고인 어머니의 보호가 절대적으로 필요할 뿐만 아니라 위와 같은 원고의 사정을 보더라도 사건본인의 친권행사 및 양육자로 피고를 지정함이 사건본인의 복지를 위해 타당하다 할 것입니다.

6. 결 론

이상에서 본 바와 같이 원고는 피고에게 부정한 행위와 의심으로 피고를 괴롭히고 그것도 모자라 이혼소송을 제기하여 피고에게 상처를 남겼으므로 이에 피고도 원고에 대해 이혼소송을 제기하는 것입니다.

입 증 방 법

1.을 제1호증의 예금거래내역서
1.을 제2호증 공동사용계약서
1.을 제3호증 부동산등기사항전부증명서
1.을 제4호증 인증서

20○○. ○. ○.

위 피고(반소원고) 김 ○ 순 (인)

○○ 가정법원 귀중

접수방법

1. 수입인지 : 나류 사건의 이혼의 소 인지액은 1건당 20,000원, 다류 위자료 청구사건은 민사소송법 제2조의 규정에 의하여 230,000원(소송물가액 5천만원×0.0045+5,000원), 재산분할청구는 10,000원, 양육자지정청구는 10,000원이고, 이혼을 전제로 한 친권자의 지정청구는 민법 909조 5항에 따라 가정법원의 직권발동을 촉구하는 신청에 불과하므로 인지를 납부하지 않는다. 그런데 가사소송법 14조 1항의 규정에 의해 수개의 가사소송청구 또는 가사비송청구와 가사비송청구를 병합하는 경우에는 수개의 청구 중 다액인 인지를 붙인다. 따라서 이 사건에 대한 인지액은 수개의 청구중 가장 다액인 230,000원을 납부한다.
2. 송달료 : 당사자수×4,800원(우편료)×12회분을 납부한다.
3 반소장 1부, 부본 1부, 도합 2부를 본소진행법원 접수실에 접수한다.

3. 추완항소

[서식 128] 추완항소장(이혼청구사건)

추 완 항 소 장

원 고(피항소인) 김 영 찬 (000000-0000000) (전화 :)
등록기준지 서울 중구 남대문로 19
주 소 서울 서대문구 연희로 119 (우편번호 : 00000)

피 고(항 소 인) 이 정 숙 (000000-0000000) (전화 :)
등록기준지 서울 중구 남대문로 19
주 소 미국
주민등록주소 서울 강남구 역삼로 321 (우편번호 : 00000)

이혼 청구 항소사건

위 당사자간 ○○가정법원 20○○드단 123 이혼청구사건에 관하여 같은 법원이 20○○. 8. 4. 선고한 판결에 대하여 피고는 전부 불복이므로 항소를 제기합니다.

원판결 주문의 표시

1. 원고와 피고는 이혼한다.
2. 소송비용은 피고가 부담한다.

항 소 취 지

1. 원판결을 취소한다.
2. 원고의 청구를 기각한다.
3. 소송비용은 제1, 2심 모두 원고가 부담한다.

라는 판결을 구합니다.

항소추완사유

1. 원고는 소제기 당시부터 피고의 현재 소재가 불명이고 최후 주소지가 서울 서초구

서초로 136이었던 것처럼 꾸며 소장에 그렇게 기재하였습니다.
위 소장을 위 장소로 송달하였으나 송달불능이 되자 원고는 공시송달신청을 하였고 원심법원은 이를 받아들여 20○○. 5. 26. 공시송달명령을 하여(제대로 소명자료도 제출되지 않은 상태에서 그런 명령이 나갔던 것으로 보입니다만) 소장부터 공시송달의 방법으로 송달한 채 변론이 진행되었습니다.
그 결과 20○○. 7. 10.자로 피고 패소판결이 선고되었고 그 판결 역시 공시송달의 방법으로 송달되어 형식상 확정된 듯이 되어 있습니다.

2. 그러나 소장에 기재된 위 주소는 피고로서는 도대체 살아 보기는 커녕 어디인지도 모르는 곳입니다.
피고의 주민등록상 주소지는 을 제2호증 기재와 같이 서울시 중구 장충로 122입니다. 뿐만 아니라 피고가 현재 실제로 살고 있는 곳은 미국으로서 본 항소장 기재 주소지와 같은 바, 피고는 이미 20○○. 11.경 미국으로 간 이후 현재까지 같은 곳에서 계속 살고 있으며 원고와 그의 가족들도 피고의 주소를 잘 알고 있습니다(원고는 20○○. 9.경, 20○○.경 미국에 와 한동안 피고와 같이 지내기도 하였고, 원고의 어머니가 피고에게 편지를 보낸 일도 있습니다). 피고가 국내에 있는 집을 처분하고 자녀들을 모두 데리고 미국으로 갈 때에도 피고는 시부모의 승낙을 받고 그렇게 한 것이었는데 원고는 소장에서 피고가 멋대로 살던 집을 처분하고 해외로 이주하여 소재불명으로 된 듯이 터무니 없는 주장을 하고 있는 것입니다.

3. 위와 같이 원고는 피고의 주소지를 잘 알고 있으면서도 소장에 허위의 주소를 기재하여 송달불능되게 한 다음 법원으로부터 공시송달명령을 받아내어 소송이 진행된 탓으로 피고는 형식상 확정된 상태에까지 이르게 된 것입니다.
그런데 20○○. 8. 4. 피고의 친정아버지가 사망하여 피고의 가족들이 그의 사망신고를 하고 가족관계등록부를 정리하다가 피고의 등록기준지가 친정으로 들어와 있는 사실을 20○○. 9. 16. 발견하고 피고에게 연락하여 피고가 20○○. 9. 21. 미국에서 급히 귀국, 진상을 알아본 바, 자기도 모르는 사이에 본 건 이혼판결이 선고, 확정되어 있는 사실을 알게 되었던 것입니다.

4. 위에서 본 일련의 경위에 비추어 볼 때 피고가 불변기일인 항소기간을 도과한 것은 피고가 책임질 수 없는 사유로 인한 것임이 명백하고, 피고가 그러한 사정을 안날로부터 2주일 내에 추완항소를 하는 바이므로 본 건 항소는 적법하다고 할 것입니다.
아울러 이와 같은 제반 사정을 원고의 청구원인에 대한 답변으로 아울러 원용합니다.

첨 부 서 류

1. 갑 제1호증 가족관계증명서

1. 갑 제2호증	주민등록등본
1. 갑 제3호증	여권
1. 갑 제4호증	출입국신고서

20○○. ○. ○.

피고(항소인) 이 정 숙 (인)

○○ 가정법원 귀중

제3장 가사비송사건

1. 부재자의 재산관리에 관한 처분

가. 의 의

부재자라 함은 종래의 주소 또는 거소를 떠나서 상당한 기간 쉽게 돌아올 가망이 없는 자 또는 종래의 주소나 거소에 있는 재산을 직접 관리할 수 없는 상태에 있는 자를 말한다.

부재선고 등에 관한 특별조치법 소정의 잔류자라도 그 법에 의한 부재선고가 있기까지는 부재자이다, 부재자는 자연인만 가리킬 뿐 법인은 부재자가 될 수 없다.

이러한 부재자에게 재산이 남아 있는 경우, 법정대리인이나 부재자 자신이 선임한 재산관리인과 같이 그 재산을 관리할 권리의무 있는 자가 없거나 없게 된 때에는 부재자의 재산을 보호함과 동시에 그의 재산과 관련된 법률행위를 하여야 할 상대방의 편의를 위하여 가정법원이 부재자의 재산관리에 필요한 처분을 하게 된다. 그 처분으로는 재산관리인의 선임이나 가정법원이 개임, 부재자 재산의 보존을 위한 처분의 명령 등이 있다.

이해관계인 또는 검사는 부재자가 정한 재산관리인에게 재산목록의 작성, 그 밖에 부재자의 재산보존에 필요한 처분을 청구할 수 있다(민법 24조 3항).

나. 청구권자

부재자가 정한 재산관리인이 없거나 그 권한이 소멸된 경우에는 이해관계인이나 검사가 선임청구를 할 수 있다(민법 22조 1항).

다. 관 할

부재자의 마지막 주소지 또는 부재자의 재산이 있는 곳의 가정법원의 전속관할에 속한다(가소 93조 1항). 한편 이 처분의 심판을 청구받은 가정법원은 다른 가정법원이 이미 동일한 부재자의 재산관리에 관한 사건의 심판을 하였음을 밝여진 경우에는 긴급을 필요로 하는 경우를 제외하고는 사건을 그 가정법원으로 이송하여야 한다(가소규 40조).

라. 재산관리인의 개임

(1) 부재자가 재산관리인을 정한 경우에 생사가 분명하지 아니하게 된 때에는 가정법원은

그 재산관리인, 이해관계인 또는 검사의 청구에 의하여 재산관리인을 개임할 수 있다(민법 23조).

(2) 부재자가 정한 재산관리인이 개임 심판에서는 그 재산관리인을 절차에 참가하게 하여야 한다(가소규 41조 2항).

(3) 부재자가 정한 재산관리인을 개임하는 심판에 대하여는 그 재산관리인이 즉시항고를 할 수 있다(가소규 51조).

마. 재산관리처분의 취소

(1) 부재자가 가정법원의 재산관리인 선임심판이 있는 후 스스로 재산관리인을 정한 때에는 가정법원은 본인, 재산관리인. 이해관계인 또는 검사의 청구에 따라 그때까지 부재자의 재산관리에 관하여 한 모든 처분을 취소하여야 한다(민법 22조 2항). 부재자가 그 스스로 재산을 관리하게 된 때 또는 사망이 분명하게 되거나 실종선고가 있는 때, 관리할 재산이 더 이상 남아 있지 아니한 때에는 가정법원은 사건본인 또는 이해관계인의 청구에 의하여 그 명한 처분을 취소하여야 한다(가소규 50조).

(2) 취소의 대상은 재산관리인 선임, 재산매각 명령, 부재자가 정한 재산관리인에 대한 개별적 감독처분 등 당시까지 재산관리에 관하여 한 모든 처분이다. 법원의 부재자의 재산관리에 관하여 한 처분은 법원의 처분취소 심판이 있어야만 그 효력이 상실한다.

(3) 취소심판에는 소급효가 없고 장래를 향하여 효력이 있다. 따라서 그 취소심판 전에 재산관리인이 한 적법한 권한행사의 효과에는 영향이 없다.

(4) 부재자 재산관리인의 권한초과행위의 허가를 받고 그 선임심판이 취소되기 전에 위 권한에 따라 이루어진 행위는 부재자에 대한 실종선고기간이 만료된 뒤에 이루어졌다 하더라도 유효하고, 그 재산관리인의 적법한 권한행사의 효과는 이미 사망한 부재자의 재산상속인에게 미친다. 다만 부재자재산관리인에 의한 소송 계속 중 부재자에 대한 실종선고가 확정된 때에는 상속인 등에 의한 소송수계가 있기까지 소송절차가 중단된다.

바. 청구취지 기재례

(1) 관리인 선임취지

사건본인의 재산관리인으로 ○○시 ○○구 ○○로 ○○, ○○○를 선임한다.

○○시 ○○구 ○○로 ○○, ○○○를 사건본인의 재산관리인으로 선임한다.

(2) 개임심판청구서

사건본인의 재산관리인으로 ○○○를 해임하고 ○○시 ○○구 ○○로 ○○, ○○○를 재산관리인으로 선임한다.

사건본인의 재산관리인을 ○○시 ○○구 ○○로 ○○, ○○○로 개임한다.

[서식 129] 부재자 재산관리인 선임청구서(10년 이상 행불)

부재자 재산관리인 선임청구

청 구 인　　김 ○ 숙 (000000-0000000) (전화 :)
등록기준지 : ○○시 ○○구 ○○로 ○○
주　　소 : ○○시 ○○구 ○○로 ○○ (우편번호 : 00000)

사건본인　　박 ○ 규 (000000-0000000)
등록기준지 : 청구인과 같음
최 후 주 소 : 청구인과 같음

청 구 취 지

서울 성북구 돈암로 126 김○숙을 사건본인의 재산관리인으로 선임한다.
라는 심판을 구합니다.

청 구 원 인

1. 청구인은 사건본인 박○규의 처입니다.

2. 사건본인은 20○○. 4. 10. 가정불화로 주소지에서 나간 후 10년이 지났으나 아직 돌아오지 않으며 사건본인이 갈만한 곳은 모두 찾아보았으나 전혀 소재를 알 수가 없었습니다.

3. 그러나 위 부재자에게 별지 목록 부동산이 있으므로 관리인을 두지 않으면 재산분실의 우려가 있으므로 청구인 가족 등은 그 재산보전에 부심하고 있어 부재자가 돌아올 때까지 사건본인의 처인 청구인을 재산관리인으로 선임받기 위하여 이 사건 심판을 구합니다.

첨 부 서 류

1. 가족관계증명서	1통
1. 사건본인의 부재증명	1통
1. 부동산등기사항전부증명서	1통
1. 주민등록초본	1통

20○○. ○. ○.

청구인 김 ○ 숙 (인)

○○ 가정법원 귀중

접수방법 및 유의사항

1. 청구권자 : 부재자가 정한 재산관리인이 없거나 그 권한이 소멸된 경우에 재산관리에 관한 처분을 청구할 수 있는 자는 이해관계인이나 검사이다(민법 22조 1항).
2. 수입인지 : 사건본인 1명당 5,000원 상당의 인지를 납부한다.
3. 송달료 : 당사자수×4,800원(우편료)×4회분을 납부한다.
4. 관할 : 부재자의 최후주소지 또는 재산소재지를 관할하는 가정법원에 제출한다. 어느 부재자의 재산관리에 관하여 그 후의 심판청구에 대하여 다른 가정법원에 우선하여 관할한다. 즉 부재자의 재산관리에 관한 사건의 심판을 하였음이 밝혀진 경우에는 그 가정법원으로 사건을 이송하여야 한다(가소규 40조 본문).
5. 부재자재산관리에 관한 처분 자체가 사전처분적인 성질을 가지므로 별도로 사전처분을 인정할 여지가 없다.

[서식 130] 부재자 재산관리인 선임청구서(1.4후퇴때 행불)

부재자 재산관리인 선임청구

청 구 인 이 민 우 (000000-0000000) (전화 :)
등록기준지 : ○○시 ○○구 ○○로 ○○
주 소 : ○○시 ○○구 ○○로 ○○ (우편번호 : 00000)

사건본인 이 기 택 (000000-0000000)
등록기준지 및 최후주소 : ○○시 ○○구 ○○로 ○○

청 구 취 지

서울 서초구 서초로 136 소재 이민우를 위 사건본인(부재자) 이기택의 재산관리인으로 선임한다.
라는 심판을 구합니다.

청 구 원 인

1. 청구인은 사건본인(부재자)의 친형님인 신청외 망 이기진의 장남으로서 사건본인(부재자)에게는 장조카가 됩니다.
   본래 망 이기진과 사건본인(부재자)은 신청외 망 이성택과 소외 및 김순녀 사이의 단 하나밖에 없는 형제로서, 어릴 때 어머니 망 김순녀를 여의고 계모 밑에서 이복형제들과 지내면서 갖가지 어려운 상황 속에서 특별한 형제간의 정리를 나누면서 살아왔던 사이였습니다. 따라서 망 이기진이 장성하여 결혼을 하고 같은 마을의 다른 집으로 분가해 나가자, 사건본인(부재자)도 부모님과 함께 지내지 않고 친형님인 망 이기진의 집으로 이주하여 함께 거주하였다고 합니다.
2. 그러던 중 1950년 6. 25사변이 발생하였는데, 망 이기진과 사건본인이 거주하던 경기도 동두천시 동두천로 142에서 가족들은 공산군을 피해 숨어 지내다가 수복 후 1.4후퇴 때 모두 남쪽으로 피난을 하여 내려오게 되었습니다.
   그런데 피난을 하여 내려오는 혼란한 와중에 사건본인(부재자)은 다른 가족들과 헤어지게 되었고, 그 이후 현재까지 연락이 되지 않고 있는 것입니다.
3. 사건본인(신청인)의 행방불명으로 인하여, 망 이기진은 20○○. 1. 28. 갑자기 돌아가

실 때까지 많은 마음의 고통을 견디며 슬픔과 외로움 속에서 지내왔는 바, 평소 망 이기진은 사건본인(부재자)의 가족관계등록부를 정리하는 것이 어떻겠느냐는 친척들의 사소한 말에도 역정을 내면서 사건본인(부재자)은 어딘가에 반드시 살아있고 언젠가는 꼭 돌아올 것이라고 말하면서 그와 같은 말은 꺼내지도 못하게 하였습니다. 특히 장남인 신청인에게는 "너희 삼촌은 내 하나밖에 없는 혈육인데 나중에 내가 죽고 난 후 돌아오더라도 네가 잘 모셔야 한다"는 말을 하곤 하였습니다.

4. 어찌 되었든, 망 이기진이 생존해 있는 동안에는 사건본인(부재자)과 관련한 모든 문제는 위 망인 이기진이 책임지고 처리해 왔는데, 망 이기진도 사망한 현재 사건본인(부재자) 앞으로 공탁된 별지 목록 기재 공탁금은 처음부터 사건본인(부재자)의 소유였거나 재판결과 사건본인(부재자)의 소유라는 사실이 확정되었음에도 이를 관리할 사람이 없으므로, 부득이 이 건 청구를 하게 되었습니다.

첨 부 서 류

1. 제적등본(망 이기진, 망 이성택)	각 1통
1. 가족관계증명서(이민우)	1통
1. 공탁서 및 공탁통지서	3통
1. 판결문 사본	1통
1. 신원증명서(청구인)	1통
1. 인감증명서(청구인, 취임승낙용)	1통
1. 주민등록등본(청구인)	1통

20○○. ○. ○.

청구인 이 민 우 (인)

○○ 가정법원 귀중

접수방법 및 유의사항

1. 청구권자 : 부재자가 정한 재산관리인이 없거나 그 권한이 소멸된 경우에 재산관리에 관한 처분을 청구할 수 있는 자는 이해관계인이나 검사이다(민법 22조 1항).
2. 수입인지 : 사건본인 1명당 5,000원 상당의 인지를 납부한다.
3. 송달료 : 당사자수×4,800원(우편료)×4회분을 납부한다.

4. 관할 : 부재자의 최후주소지 또는 재산소재지를 관할하는 가정법원에 제출한다. 어느 부재자의 재산관리에 관하여 그 후의 심판청구에 대하여 다른 가정법원에 우선하여 관할한다. 즉 부재자의 재산관리에 관한 사건의 심판을 하였음이 밝혀진 경우에는 그 가정법원으로 사건을 이송하여야 한다(가소규 40조 본문).
5. 부재자재산관리에 관한 처분 자체가 사전처분적인 성질을 가지므로 별도로 사전처분을 인정할 여지가 없다.

[서식 131] **부재자 재산관리인 선임청구서(무단 가출)**

부재자재산관리인선임 심판청구서

청 구 인 임 ○ 영 (000000-0000000)
등록기준지 : 경기도 동두천시 상패로 239
주 소 : 경기도 의정부시 가능로 633
전 화 : 000-000-0000

사건본인 박 ○ 영 (000000-0000000)
(부재자) 등록기준지 : 경기도 동두천시 상패로 239
주 소 : 경기도 의정부시 가능로 633

부재자 재산관리인 선임심판 청구

청 구 취 지

사건본인(부재자) 박○영의 재산관리인으로 임○영(000000-0000000, 경기도 의정부시 가능로 633)을 선임한다.
라는 심판을 구합니다.

청 구 원 인

1. 청구인은 사건본인 박○영의 모이고, 사건본인 박○영은 20○○. 4. 5. 의정부시 가능로 122에서 청구인의 남편인 신청외 박○수와의 사이에서 출생한 장녀입니다.

2. 사건본인 박○영은 20○○. 3. 4. 당시의 주소지인 의정부시 녹양로 124 주택에서 청구인과 청구인의 남편과 함께 살고 있던 중 잠시 친구를 만나고 온다고 하고 집을 나가 이내 귀가하지 아니하여 현재까지 그 행방을 알 수가 없는 부재자입니다.

3. 사건본인 박○영 명의로 별지 목록 부동산이 있는데 사건본인 소유의 위 부동산에 대한 재산관리인을 둔 사실이 없어 재산관리인을 선임하여야 하므로 사건본인 박○영의 모친인 청구인이 그 재산관리인이 되고자 부득이 본 심판청구에 이른 것입니다.

첨 부 서 류

1. 가족관계증명서 2통
1. 주민등록등본 1통
1. 인우보증서 및 인감증명서 1통
1. 부재증명서(경찰서발행) 1통
1. 부동산등기사항전부증명서 1통

20○○. ○. ○.

청구인 임 ○ 영 (인)

○○ 가정법원 귀중

접수방법 및 유의사항

1. 청구권자 : 부재자가 정한 재산관리인이 없거나 그 권한이 소멸된 경우에 재산관리에 관한 처분을 청구할 수 있는 자는 이해관계인이나 검사이다(민법 22조 1항).
2. 수입인지 : 사건본인 1명당 5,000원 상당의 인지를 납부한다.
3. 송달료 : 당사자수×4,800원(우편료)×4회분을 납부한다.
4. 관할 : 부재자의 최후주소지 또는 재산소재지를 관할하는 가정법원에 제출한다. 어느 부재자의 재산관리에 관하여 그 후의 심판청구에 대하여 다른 가정법원에 우선하여 관할한다. 즉 부재자의 재산관리에 관한 사건의 심판을 하였음이 밝혀진 경우에는 그 가정법원으로 사건을 이송하여야 한다(가소규 40조 본문).
5. 부재자재산관리에 관한 처분 자체가 사전처분적인 성질을 가지므로 별도로 사전처분을 인정할 여지가 없다.

[서식 132] 부재자 재산관리인 선임청구서(구직차 행불)

부재자 재산관리인 선임청구

청 구 인 김 한 규 (000000-0000000) (전화 :)
등록기준지 서울 노원구 공릉로 123
주 소 서울 관악구 신림로 345 (우편번호 : 00000)

사건본인 김 정 규 (000000-0000000)
(부재자) 등록기준지 위와 같음
주 소 서울 강남구 역삼로 678

청 구 취 지

서울 관악구 신림로 345 거주 김용규를 사건본인(부재자) 김정규의 재산관리인으로 선임한다.
라는 심판을 구합니다.

청 구 원 인

1. 청구인은 부재자의 맏형입니다.
2. 사건본인(부재자) 김정규는 20○○. 12. 20. 가정불화로 최후의 주소지에서 돈을 많이 벌어 돌아오고 그렇지 않으면 돌아오지 않겠다고 하여 떠난 후 행방조차 알 수 없었습니다.
3. 사건본인(부재자)은 별지 목록 기재 부동산을 소유하고 있으므로 부재자가 돌아올 때까지 청구인의 부(父)인 김용규를 사건본인(부재자)의 재산관리인으로 선임받기 위하여 청구취지와 같은 재판을 받고자 본 소 청구에 이르렀습니다.

첨 부 서 류

1. 가족관계증명서(부, 사건본인) 1통
1. 부재사실확인원 3통
1. 동의서(이해관계인) 1통
1. 인감증명서 1통

1. 주민등록초본 1통

20○○. ○. ○.

청구인 김 한 규 (인)

○○ 가정법원 귀중

접수방법 및 유의사항

1. 청구권자 : 부재자가 정한 재산관리인이 없거나 그 권한이 소멸된 경우에 재산관리에 관한 처분을 청구할 수 있는 자는 이해관계인이나 검사이다(민법 22조 1항).
2. 수입인지 : 사건본인 1명당 5,000원 상당의 인지를 납부한다.
3. 송달료 : 당사자수×4,800원(우편료)×4회분을 납부한다.
4. 관할 : 부재자의 최후주소지 또는 재산소재지를 관할하는 가정법원에 제출한다. 어느 부재자의 재산관리에 관하여 그 후의 심판청구에 대하여 다른 가정법원에 우선하여 관할한다. 즉 부재자의 재산관리에 관한 사건의 심판을 하였음이 밝혀진 경우에는 그 가정법원으로 사건을 이송하여야 한다(가소규 40조 본문).
5. 부재자재산관리에 관한 처분 자체가 사전처분적인 성질을 가지므로 별도로 사전처분을 인정할 여지가 없다.

[서식 133] 부재자 재산관리인 선임청구서(국적이탈)

부재자 재산관리인 선임심판청구

청 구 인 임 ○ 원 (000000-0000000) (전화 :)
등록기준지 : 서울 강남구 논현로 59
주 소 : 서울 강남구 논현로 59

사건본인 임 ○ 희 (1951. 1. 26.생)
(부재자) 등록기준지 : 서울 동작구 노량진로 28
주 소 : 불명

청 구 취 지

사건본인(부재자) 임○희의 재산관리인으로 임○근(000000-0000000, 서울 서초구 방배로 1699, 101동 1202호(방배동, 현대아파트))을 선임한다.
라는 심판을 구함.

청 구 원 인

1. 청구인은 망부 임○언의 자이고, 사건본인의 오빠이나 사건본인은 청구인의 망부 임○언과 청구외 강○숙 사이에서 출생하였습니다.
2. 청구인과 사건본인의 망부 임○언은 20○○. 2. 24. 사망하였고, 상속재산으로 부산광역시 사상구 엄궁동 산104-1, 산104-16, 산143-4 토지 및 부산광역시 사상구 감전동 136-23, 25, 28 토지와 지상건물 4동의 각 8분지1 지분이 있습니다.
3. 사건본인의 국내 주민등록이나 주소지를 알 수 없고 가족관계등록부상 「20○○. 3. 20. 미합중국 국적취득으로 20○○. 7. 24. 국적이탈허가에 따라 같은 달 27. 법무부장관 국적상실보고제적」으로 기재되어 있을 뿐입니다.
4. 망 임명언의 상속인으로 처인 임○자, 자인 임○주, 청구인, 사건본인, 임○영, 임○령, 임○현, 임○은이 있습니다.
5. 청구인으로서는 상속재산분할을 하고자 하나 상속인중 1인인 사건본인을 찾을 길이 없어 상속재산 분할을 할 수 없는 등의 법률상 이해관계가 있으므로 사건본인의 재산관리인을 선임하고자 이 신청에 이르렀습니다.
6. 재산관리인 예정자는 망 임○언의 친동생으로서 사건본인의 숙부(작은아버지)로서 사건본인의 입장을 헤아려 상속재산분할 협의에 참여할 수 있는 분이라 여겨됩니다.

첨 부 서 류

1. 제적등본(망인)	1통
1. 제적등본(사건본인)	1통
1. 가족관계증명서	4통
1. 부동산등기사항전부증명서	10통
1. 인우보증서 및 인감증명서	1통
1. 부재증명서(경찰서발행)	1통
1. 재산관리인예정자 동의서	1통

20○○. ○. ○.

청구인 임 ○ 원 (인)

○○ 가정법원 귀중

접수방법 및 유의사항

1. 청구권자 : 부재자가 정한 재산관리인이 없거나 그 권한이 소멸된 경우에 재산관리에 관한 처분을 청구할 수 있는 자는 이해관계인이나 검사이다(민법 22조 1항).
2. 수입인지 : 사건본인 1명당 5,000원 상당의 인지를 납부한다.
3. 송달료 : 당사자수×4,800원(우편료)×4회분을 납부한다.
4. 관할 : 부재자의 최후주소지 또는 재산소재지를 관할하는 가정법원에 제출한다. 어느 부재자의 재산관리에 관하여 그 후의 심판청구에 대하여 다른 가정법원에 우선하여 관할한다. 즉 부재자의 재산관리에 관한 사건의 심판을 하였음이 밝혀진 경우에는 그 가정법원으로 사건을 이송하여야 한다(가소규 40조 본문).
5. 부재자재산관리에 관한 처분 자체가 사전처분적인 성질을 가지므로 별도로 사전처분을 인정할 여지가 없다.

[서식 134] 부재자 재산관리인 개임청구서(1)

부재자 재산관리인 개임청구

청 구 인 　이 성 철 (000000-0000000) (전화 : 　　　)
등록기준지 : 서울 동작구 흑석로 123
주 　소 : 서울 강남구 역삼로 234 (우편번호 : 00000)

사건본인 　이 상 균 (000000-0000000)
(부재자) 　등록기준지 및 최후주소 : 강원도 철원군 금곡로 345

재산관리인 망 박 기 현 (000000-0000000)
등록기준지 및 최후주소 : 서울 중구 무교로 456

청 구 취 지

사건본인의 재산관리인 박기현을 해임하고 서울 강남구 역삼로 234 이성철을 재산관리인으로 선임한다.
라는 심판을 구합니다.

청 구 원 인

1. 청구인은 사건본인(부재자)의 외손자로서 위 사건본인의 재산상속인이 될 신분관계에 있는 이해관계인입니다.
2. 재산관리인 망 박기현이 교통사고로 인하여 동인이 사망함으로써 별지 목록 기재 사건본인의 재산이 관리부재의 상태에 있으므로 동 재산에 관하여 상속인의 지위가 추정되는 청구인을 재산관리인으로 선임받기 위하여 청구취지와 같은 재판을 받고자 이 사건 청구에 이르렀습니다.

첨 부 서 류

1. 부동산등기사항전부증명서	1통
1. 제적등본(망 박기현)	1통
1. 가족관계증명서(청구인분)	1통
1. 가족관계증명서(이상균)	1통
1. 심판서등본	1통
1. 부재자재산관리보고서	1통
1. 참고자료(사건의 전말정리 등)	1통
1. 주민등록초본	2통

20○○. ○. ○.

청구인 이 성 철 (인)

○○ 가정법원 귀중

접수방법 및 유의사항

1. 청구권자 : 부재자가 정한 재산관리인을 정하였는데 본인의 생사가 분명하지 아니하게 된 경우에는 재산관리인, 이해관계인 또는 검사가 재산관리인의 개임을 청구할 수 있다(민법 제23조). 가정법원은 언제든지 그 선임한 재산관리인을 개임할 수 있다(가소규 42조 1항). 개임할 것인지의 여부는 가정법원의 재량에 속하는 전권사항이고 당사자의 청구 없이도 직권으로 개임할 수 있다.
2. 수입인지 : 사건본인 1명당 5,000원 상당의 인지를 납부한다.
3. 송달료 : 당사자수×4,800원(우편료)×4회분을 납부한다.
4. 관할 : 부재자의 최후주소지 또는 재산소재지를 관할하는 가정법원에 제출한다.
5. 부재자재산관리에 관한 처분 자체가 사전처분적인 성질을 가지므로 별도로 사전처분을 인정할 여지가 없다.

[서식 135] 부재자 재산관리인 개임청구서(2)

부재자 재산관리인 개임청구

청 구 인　　박 ○ 동 (000000-0000000) (전화 :)
등록기준지 : 서울 동작구 흑석로 123
주　　소 : 서울 강남구 역삼로 234 (우편번호 : 00000)

사건본인　　김 ○ 민 (000000-0000000)
등록기준지 및 최후주소 : 강원도 철원군 금곡로 345

재산관리인　　김 ○ 서 (000000-0000000)
등록기준지 및 최후주소 : 서울 중구 무교로 456

청 구 취 지

사건본인이 정한 재산관리인 김○서를 해임하고 서울 강남구 역삼로 234 김○명을 재산관리인으로 개임한다.
라는 심판을 구합니다.

청 구 원 인

1. 청구인은 사건본인(부재자)의 채권자로서 이해관관계가 있는 자이며, 재산관리인 김○서는 사건본인 김○민이 사업관계로 필리핀으로 가기 위하여 위 주소지를 떠날 당시에 재산관리인으로 정한 자인데, 사건본인 김○민은 그 후 20○○. ○ 월이 경과하였어도 돌아오지 않고, 서신도 없으며, 소재가 전혀 불명이고 생사도 분명하지 않습니다.
2. 그리고 부동산은 시내 각지에 산재하여 있고 동산도 상당히 있지만 채권도 다액이며, 거기다가 관리인 김○서는 지명의 악화로 재산관리인으로부터 권리의무를 수행하기는 곤란하다고 인정됩니다.
3. 따라서 이대로 김○서에게 재산관리를 시키는 것은 관리재산을 소홀히 할 우려가 재권자에게 손해를 주게 됩니다. 따라서 관리인 김○서를 해임하고 김○명을 재산관리인으로 개임하기 위하여 청구 취지와 같은 심판을 구하고자 이 심판청구에 것입니다.

첨 부 서 류

1. 채권증서(이해관계가 있는 것을 증명하는 것) 1통
1. 현재 관리인을 증명하는 서면 1통
1. 부재자가 부재하다는 서면 1통

20○○. ○. ○.

청구인 박 ○ 동 (인)

○○ 가정법원 귀중

접수방법

1. 청구권자 : 부재자가 정한 재산관리인을 정하였는데 본인의 생사가 분명하지 아니하게 된 경우에는 재산관리인, 이해관계인 또는 검사가 재산관리인의 개임을 청구할 수 있다(민법 제23조). 가정법원은 언제든지 그 선임한 재산관리인을 개임할 수 있다(가소규 42조 1항). 개임할 것인지의 여부는 가정법원의 재량에 속하는 전권사항이고 당사자의 청구 없이도 직권으로 개임할 수 있다.
2. 수입인지 : 사건본인 1명당 5,000원 상당의 인지를 납부한다.
3. 송달료 : 당사자수 × 4,800원(우편료) × 4회분을 납부한다.

4. 관할 : 부재자의 최후주소지 또는 재산소재지를 관할하는 가정법원에 제출한다.
5. 부재자재산관리에 관한 처분 자체가 사전처분적인 성질을 가지므로 별도로 사전처분을 인정할 여지가 없다.

[서식 136] 부재자의 재산목록제출서

부재자의 재산목록제출서

제 출 인 이 ○ 순 (000000-0000000) (전화 :)
(재산관리인) 등록기준지 ○○시 ○○구 ○○로 ○○
주 소 ○○시 ○○구 ○○로 ○○ (우편번호 : 00000)

사건본인 이 ○ 남 (000000-0000000) (전화 :)
(부재자) 등록기준지 ○○시 ○○구 ○○로 ○○
주 소 ○○시 ○○구 ○○로 ○○ (우편번호 : 00000)

재산관리인 이○순은 귀원 20○○느단 1234호 부재자관리인 선임사건에 관하여 부재자 이○남의 재산관리인으로 선임되고, 위 부재자 재산목록작성의 명을 받았으므로 이해관계인 김○동의 참여 아래 별지와 같은 위 부재자의 재산목록을 2통 작성하여 그 중의 1통을 제출합니다.

첨 부 서 류

1. 재산목록 1통
1. 기본증명서(참여인) 1통

20○○. ○. ○.

위 부재자 재산관리인 이 ○ 순 (인)
참 여 인 김 ○ 동 (인)

○○ 가정법원 귀중

접수방법 및 유의사항

1. 기재사항 : ① 작성의 일시, 장소와 그 시기, ② 청구인의 성명과 주소, ③ 부동산의 표시, ④ 동산의 종류와 수량, ⑤ 채권과 채무의 표시, ⑥ 장부, 증서 기타의 서류 등을 기재하고 재산관리인과 참여인이 기명날인하여야 한다(민법 24조 1항).
2. 재산목록작성시 참여자 : 이해관계인은 가정법원의 허가를 얻어 재산관리인의 재산목록작성에 참여할 수 있다(가소규 47조 3항).
3. 관할 : 재산관리인은 재산목록 2통을 작성하여 1통은 재산관리인이 보관하고 다른 1통은 부재자의 최후주소지 또는 재산소재지를 관할하는 가정법원에 제출한다.
4. 공증인의 작성 : 가정법원은 재산관리인이 작성한 재산목록이 불충분하다고 인정하거나 기타 필요한 때에는 재산관리인에게 공증인으로 하여금 재산목록을 작성하게 할 것을 명할 수 있다(가소규 48조 1항).

[서식 137] 부재자의 재산목록 작성명령청구

부재자의 재산목록 작성명령청구

청 구 인 박 ○ 자 (000000-0000000) (전화 :)
(사건본인의 모) 등록기준지 ○○시 ○○구 ○○로 ○○
주 소 ○○시 ○○구 ○○로 ○○ (우편번호 : 00000)

피청구인 이 ○ 철 (000000-0000000) (전화 :)
(재산관리인) 등록기준지 ○○시 ○○구 ○○로 ○○
주 소 ○○시 ○○구 ○○로 ○○ (우편번호 : 00000)

사건본인 이 ○ 식 (부재자) (000000-0000000)
등록기준지 ○○시 ○○구 ○○로 ○○
주 소 ○○시 ○○구 ○○로 ○○ (우편번호 : 00000)

청 구 취 지

피청구인에게 부재자 소유의 재산목록을 작성하게 할 것을 명한다.
라는 심판을 구합니다.

청 구 원 인

청구인은 부재자의 모로써 이해관계인이고 피청구인은 부재자 이○식이 정한 재산관리인인 바, 위 부재자는 20○○. ○. ○. 이후 현재까지 그 생사가 불분명하므로, 민법 제24조 제3항의 규정에 의하여 위 부재자의 재산상황을 명확히 하여 그 재산을 보존, 관리할 필요가 있으므로 이 건 청구에 이른 것입니다.

첨 부 서 류

1. 가족관계증명서	1통
1. 기본증명서	1통
1. 재산관리인임을 증명하는 서면	1통
1. 부재자의 생사불명의 소명자료	1통
1. 주민등록초본	3통

20○○. ○. ○.

위 청구인 박 ○ 자 (인)

○○ 가정법원 귀중

[서식 138] 부재자 재산관리인 권한초과행위 허가청구서(1)

부재자 재산관리인 권한초과행위 허가청구

청구인(관리인) 김 영 숙 (000000-0000000) (전화 :)
등록기준지 : 서울 용산구 갈월로 123
주 소 : 서울 성북구 돈암로 234 (우편번호 : 00000)

사 건 본 인 박 기 철 (000000-0000000) (전화 :)
등록기준지 및 최후주소 : 청구인과 같음

청 구 취 지

재산관리인 사건본인 소유의 별지 목록 기재 부동산을 매각, 처분하는 행위를 허가한다.
라는 심판을 구합니다.

청 구 원 인

1. 청구인은 사건본인의 처로서 20○○. 10. 10. 귀원 20○○느단 356 부재자 재산관리인 선임사건의 사건본인의 재산관리인으로 선임되었습니다.
2. 그런데 사건본인은 신청외 ○○주식회사에 대하여 87,000,000원의 채무를 부담(서울중앙지방법원 20○○가합 34호)를 부담하고 있는데 부재자의 재산은 오직 위 부동산뿐이므로 이를 매각하여 위 채무를 변제할 수밖에 없습니다.
3. 그러므로 청구인이 위 부동산을 매각하는 권한초과행위에 대한 허가를 받고자 이 사건 청구에 이른 것입니다.

첨 부 서 류

1. 가족관계증명서	1통
1. 재산관리인선임심판정본	1통
1. 부동산등기사항전부증명서	1통
1. 채무서류(판결사본)	1통
1. 주민등록초본	2통

20○○. ○. ○.

청구인 김 영 숙 (인)

○○ 가정법원 귀중

접수방법 및 유의사항

1. 청구권자 : 가정법원이 선임한 재산관리인이 청구할 수 있다
2. 수입인지 : 사건본인 1명당 5,000원 상당의 인지를 납부한다.

3. 송달료 : 당사자수×4,800원(우편료)×4회분을 납부한다.
4. 관할 : 부재자의 최후주소지 또는 재산소재지를 관할하는 가정법원에 제출한다.
5. 부재자의 재산관리인은 부재자의 대리인이 되므로 원칙적으로 재산보존행위만을 할 수 있으며 이를 초과하는 행위를 하기 위해서는 가정법원의 허가를 얻어야 한다.

[서식 139] 부재자 재산관리인 권한초과행위 허가청구서(2)

부재자 재산관리인 권한초과행위 허가청구

청 구 인 이 정 우 (000000-0000000) (전화 :)
(재산관리인) 등록기준지 : 동두천시 산패로 123
주 소 : 서울 서초구 서초로 234 (우편번호 : 00000)

사건본인 이 기 현 (000000-0000000)
(부재자) 등록기준지 및 최후주소 : 동두천시 동두천로 345

청 구 취 지

사건본인이 사건본인(부재자) 소유의 별지 목록 기재 공탁금을 청구인이 수령, 처분하는 행위를 허가한다.
라는 심판을 구합니다.

청 구 원 인

1. 청구인은 사건본인의 친형님의 신청외 망 이기철의 장남으로서 사건본인의 장조카인바, 귀원 20○○느단 116 부재자 재산관리인 선임청구사건에 20○○. 5. 10. 사건본인을 위한 부재자 재산관리인으로 선임되었습니다.
2. - 사유 생략 -
3. 청구인은 사건본인의 부재자 재산관리인으로 선임된 후 사건본인 앞으로 공탁된 별지 목록 기재 공탁금의 관리방법을 친척들과 숙의한 결과 다음과 같은 결론에 이르게 되었습니다. 즉, 별지 목록 기재 공탁금은 당초 조상들로부터 상속받은 부동산이 수

용됨에 따른 것이므로 일단 고율의 이자수입이 가능한 금융기관에 예치해 두었다가 다른 상속인들과 공동으로 별도의 선산을 구입하는 자금으로 인출, 사용하자는 것입니다.

물론 위 계획이 구체화되기 전에는 청구인이 선량한 관리자의 주의의무를 다하여 관리하다가 혹 사건본인이 귀환하는 경우 반환할 것임을 물론입니다.

4. 현재 청구인은 집안의 장손으로서 조상들의 산소를 복원하고 소송 중을 재건하여 집안 후손들로 하여금 조상들의 뿌리를 알고 송제사나마 제대로 할 수 있도록 준비중에 있습니다. 이에 소요되는 비용을 구체적으로 계산해 보지는 않았으나 주위에서 들은 바에 의하면 선산(묘지용)구입비만 해도 최소 수천만원이 소요된다 하고 기타 산소이장비, 석물석출비용, 기타 부대비용을 감안하면 적어도 1억 수천만원 이상이 소요될 것이라고 합니다. 따라서 이를 청구인이나 상속인 및 몇 사람이 부담하기는 상당히 어렵고, 결국 모든 상속인들이 공동으로 재산을 출연해서 하는 것이 최선이라 생각됩니다. 더구나 전술한 바와 같이 별지 목록 기재 공탁금은 사건본인이 조상들로부터 상속받은 재산이므로 위 재산이 조상들을 모시는데 쓰여진다면 후에 사건본인이 귀환하여 이를 알게 된다 하여도 아무런 이의가 없을 것이며 오히려 흐뭇하게 생각할 것이라 믿습니다.

이에 청구인은 별지 목록 기재 공탁금에 대한 처분행위의 권한을 수여받기 위하여 본 신청에 이른 것입니다.

첨 부 서 류

1. 부재자 재산관리인 선임결정문 1통
1. 제적등본(망 이기철, 망 이기현) 각 1통
1. 가족관계증명서(이정우) 1통
1. 공탁서 및 공탁통지서 1통
1. 판결문 사본 1통
1. 주민등록초본 1통

20○○. ○. ○.

청구인 이 정 우 (인)

○○ 가정법원 귀중

접수방법 및 유의사항

1. 청구권자 : 가정법원이 선임한 재산관리인이 청구할 수 있다
2. 수입인지 : 사건본인 1명당 5,000원 상당의 인지를 납부한다.
3. 송달료 : 당사자수×4,800원(우편료)×4회분을 납부한다.
4. 관할 : 부재자의 최후주소지 또는 재산소재지를 관할하는 가정법원에 제출한다.
5. 부재자의 재산관리인은 부재자의 대리인이 되므로 원칙적으로 재산보존행위만을 할 수 있으며 이를 초과하는 행위를 하기 위해서는 가정법원의 허가를 얻어야 한다.

[서식 140] 부재자 재산관리인 권한초과행위 허가청구서(3)

부재자 재산관리인 권한초과행위 허가청구

청 구 인 이 ○ 봉 (000000-0000000) (전화 :)
(부재자 재산관리인) 경기도 양주시 봉양로 77

사건본인 양 ○ 수 (000000-0000000)
현재 소재불명
최후주소 : 경기도 의정부시 신곡로 725

청 구 취 지

사건본인 양진수 재산관리인 이○봉이 사건본인의 소유인 별지 목록 기재 부동산을 담보로 제공하고 금 50,000,000원을 차용하는 행위를 허가한다.

청 구 원 인

1. 청구인은 귀원 20○○느단 654호로 부재자 재산관리인 사건에 관하여 20○○. 11. 23. 부재자 양○수의 재산관리인으로 선임된 자입니다.
2. 부재자에게는 20○○년부터 20○○년도까지 재산세 및 종합부동산세 누적합계금 1,000만원이 부과되어 있으나 모두 변제기가 도래하였고, 현재 압류통지를 받은 상태입니다.
3. 또한 청구외 최○식에게 20○○.경 차용한 금 500만원에 기한 판결상의 원리금 합계

4,000만원이 있어 이에 의한 강제집행을 면하고자, 부재자 소유에 대하여 금융기관으로부터 근저당권을 설정하고 금 5,000만원을 차용(대출)받아 변제하고자 청구취지와 같이 심판을 받고자 이 사건 청구에 이른 것입니다.

첨 부 서 류

1. 가족관계증명서(부재자, 청구인) 2통
1. 재산관리인 선임심판서등본 1통
1. 부재자의 재산목록 1통
1. 재산세 등 부과세고지서 1통
1. 차용에 기한 판결문사본 1통
1. 부동산등기사항전부증명서 1통

20○○. ○. ○.

청구인 이 ○ 봉 (인)

○○ 가정법원 귀중

접수방법

1. 청구권자 : 가정법원이 선임한 재산관리인이 청구할 수 있다
2. 수입인지 : 사건본인 1명당 5,000원 상당의 인지를 납부한다.
3. 송달료 : 당사자수 × 4,800원(우편료) × 4회분을 납부한다.
4. 관할 : 부재자의 최후주소지 또는 재산소재지를 관할하는 가정법원에 제출한다.
5. 부재자의 재산관리인은 부재자의 대리인이 되므로 원칙적으로 재산보존행위만을 할 수 있으며 이를 초과하는 행위를 하기 위해서는 가정법원의 허가를 얻어야 한다.

[서식 141] 부재자 재산관리인 권한초과행위 허가청구서(4)

부재자 재산관리인 권한초과행위 허가청구

청 구 인　　김 ○ 철 (000000-0000000) (전화 :)
(재산관리인)　경기도 양주시 봉양로 77

사건본인　　김 ○ 배 (000000-0000000)
(부재자)　　현재 소재불명
최후주소 : 경기도 의정부시 신곡로 725

청 구 취 지

사건본인(부재자) 소유의 별지 제1목록 기재 부동산에 관하여는 청구인이 이를 매각처분하는 행위 및 재판상 또는 재판 외에서 화해하는 행위, 별지 제2목록 기재 부동산에 관하여는 매각처분하는 행위를 할 것을 허가한다.

청 구 원 인

1. 당사자의 지위
   가. 청구인은 사건본인의 매형으로서 귀원 20○○느단 1234호로 부재자 재산관리인 청구사건에서 20○○. ○. ○.자로 재산관리인으로 선임되어 부재자의 재산을 관리하였습니다.
2. 사건의 경위
   가. 사건본인은 20○○년경 최후주소지인 서울 ○○구 ○○동을 떠나 지금까지 행방불명되어 소식이 없습니다.
   나. 사건본인은 19○○년경 선대의 사망으로 별지 목록 기재 부동산을 상속 받았는데 그 중 제1목록 기재 부동산은 박○수, 제2목록 기재 부동산은 이○석이가 허위의 매매를 가장하여 이전등기해 갔습니다.
3. 결　론
   재산관리인은 위 소송이 완결되면 이를 처분하여 사건본인의 가족의 채무와 소송비용을 지급하여야 하고 위 가족의 부양에도 이를 사용하여야 할 형편이므로 사건이 완결된 별지 제2목록 기재 부동산에 관하여는 처분행위를, 소송중인 제1목록 기재 부동산에 대해서는 상대방과 화해를 할 수 있게 그 처분권과 함께 화해에 관한 권한을 수여받기 위하여 이 신청에 이른 것입니다.

첨 부 서 류

1. 가족관계증명서(부재자, 청구인)	2통
1. 제적등본	1통
1. 부동산등기사항전부증명서	10통
1. 부재자의 재산목록	1통
1. 부재사재산관리인선임심판서등본	1통

20○○. ○. ○.

청구인 김 ○ 철 (인)

○○ 가정법원 귀중

접수방법 및 유의사항

1. 청구권자 : 가정법원이 선임한 재산관리인이 청구할 수 있다
2. 수입인지 : 사건본인 1명당 5,000원 상당의 인지를 납부한다.
3. 송달료 : 당사자수 × 4,800원(우편료) × 4회분을 납부한다.
4. 관할 : 부재자의 최후주소지 또는 재산소재지를 관할하는 가정법원에 제출한다.
5. 부재자의 재산관리인은 부재자의 대리인이 되므로 원칙적으로 재산보존행위만을 할 수 있으며 이를 초과하는 행위를 하기 위해서는 가정법원의 허가를 얻어야 한다.

[서식 142] 부재자 재산관리인에 대한 보수지급청구서

부재자 재산관리인에 대한 보수지급청구서

청구인(재산관리인) 김 영 미 (000000-0000000) (전화 :)
등록기준지 : 서울 용산구 갈월로 123
주 소 : 서울 성북구 돈암로 234 (우편번호 : 00000)

사건본인(부재자) 박 기 선 (000000-0000000)
등록기준지 및 최후주소 : 청구인과 같음

청 구 취 지

사건본인의 재산에서 재산관리인의 보수로 월 1,500,000원을 지급씩을 지급한다.
라는 심판을 구합니다.

청 구 원 인

1. 청구인은 20○○. 3. 4. 귀원 20○○느단 342호 부재자 재산관리인 선임사건에서 사건본인 박기선의 재산관리인으로 선임되었습니다.
   사건본인은 별지 목록에 기재된 부동산 중 대지 4필지와 건물 4동을 소유하고 있는 바, 청구인은 위 부동산의 임차인들을 상대로 인도소송 8건, 보전처분 5건을 하는 외에 권한초과행위허가신청 3건을 하는 등 사건본인의 재산상의 손실을 방지하고 재산의 가치를 증가시켰습니다.
2. 사건본인의 형인 박기선은 귀원에 20○○. 6. 15. 사건본인에 대하여 실종선고가 되어 이미 확정되어 청구인은 사건본인의 잔여재산을 그 상속인에게 인도하려고 준비 중인 바, 잔여재산의 인도가 끝나면 관리사유는 종료됩니다.
3. 그러므로 재산관리인은 청구취지와 같이 심판을 받고자 이 사건 청구를 합니다.

첨 부 서 류

1. 재산관리인 선임심판 1통
1. 판결정본 1통
1. 가처분결정문 1통

1. 권한초과행위허가심판 1통
1. 실종선고심판 사본 1통
1. 관리보고서 1통
1. 부동산등기사항전부증명서 8통
1. 주민등록초본 1통

20○○. ○. ○.

청구인 김 영 미 (인)

○○ 가정법원 귀중

[서식 143] 부재자 재산관리인 사임신고서

부재자 재산관리인 사임신고서

사 건 20○○느단 356 부재자 재산관리인선임

신 고 인 이 현 숙 (000000-0000000) (전화 :)
(재산관리인) 등록기준지 서울특별시 종로구 예지로 123
주 소 서울특별시 중구 을지로 234 (우편번호 : 00000)

신고인은 위 사건에 관하여 20○○. 11. 5. 최후주소지 서울특별시 중구 을지로 234, 김현석의 재산관리인으로 선임되어 이를 승낙하고 그 후 계속 그 임무를 집행하여 왔으나 별지 진단서와 같이 건강이 좋지 않아서 재산관리를 사실상 할 수 없으므로 재산관리인을 사임하고자 이에 신고합니다.

첨 부 서 류

1. 재산관리인의 인감증명서 1통

1. 재산관리인선임결정등본 1통
1. 진단서 1통
1. 주민등록초본 1통

20○○. ○. ○.

청구인 이 현 숙 (인)

○○ 가정법원 귀중

접수방법

1. 신청인 : 재산관리인으로 선임된 자
2. 인지를 붙이지 않고 송달료도 납부할 필요가 없다.
3. 관할 : 부재자의 최후주소지 또는 재산소재지를 관할하는 가정법원

[서식 144] 재산관리인선임 취소청구서

재산관리인선임 취소청구

청 구 인 민 준 성 (000000-0000000) (전화 :)
등록기준지 전남 장흥군 안양면 사촌로 123
주 소 서울 중구 장충로 234
청구인 대리인 변호사 ○○○
서울 서초구 서초로 1234 (우편번호 : 00000)

사건본인 민 성 우 (000000-0000000)
등록기준지 전남 장흥군 안양면 사촌로 123
주 소 서울 종로구 혜화로 456

청 구 취 지

○○가정법원이 20○○느단 342호 부재자재산관리사건에 관하여 20○○. 5. 18.에 한 재산관리인선임심판은 이를 취소한다.
라는 심판을 구합니다.

청 구 원 인

1. 서울가정법원은 20○○. 5. 18. 2009느342호로 소외 민성철을 사건본인(부재자)의 재산관리인으로 선임하였습니다.
   20○○. 8. 31.자에 사망한 것으로 간주한다는 실종선고심판을 하였습니다.
2. 청구인은 사건본인의 자로서 위 실종선고에 따라 재산상속인이 되었습니다.
3. 이에 청구인은 이해관계인으로서 이 사건 청구에 이른 것입니다.

첨 부 서 류

1. 재산관리인 선임심판서	1통
1. 실종선고심판서	1통
1. 제적등본	1통
1. 가족관계증명서	1통
1. 주민등록초본	1통

20○○. ○. ○.

청구인의 대리인 변호사 ○ ○ ○ (인)

○○ 가정법원 귀중

접수방법 및 유의사항

1. 청구권자 : 본인, 재산관리인, 이해관리인, 또는 검사가 청구할 수 있다.
2. 수입인지 : 사건본인 1명당 5,000원의 인지를 납부한다.
3. 송달료 : 당사자수×4,800원(우편료)×4회분을 납부한다.
4. 관할 : 부재자의 최후주소지 또는 재산소재지를 관할하는 가정법원에 제출한다.

5. 부재자재산관리에 관한 처분 자체가 사전처분적인 성질을 가지므로 별도로 사전처분을 인정할 여지가 없다.

2. 부재선고 등에 관한 특별조치법에 의한 부재선고

가. 의 의

(1) 가족관계등록부에 군사분계선 이북지역에 거주하는 것으로 표시된 사람을 잔류자라고 하고, 이러한 잔류자는 생사불명인 채로 장기간이 경과하여 이미 사망하였을 개연성이 높지만 그렇다고 생존하고 있을 가능성도 없는 것이 아니기 때문에 법적으로는 생존하고 있는 것으로 취급할 수 밖에 없어 문제가 된다.

따라서 잔류자에 대하여 간이한 절차에 따라 일정한 범위의 신분관계 즉 가족관계등록부의 작성, 혼인에 관한 사항에 한하여 실종선고를 받은 것과 같게 취급하고 그 후에 사망 또는 생존사실이 확인된 때에는 그에 따라 신분관계를 정리할 수 있게 한 것이 부재선고와 그 취소제도이다.

(2) 부재선고와 그 취소에 대해서 특별조치법에서 자세한 절차를 규정하고 있으나 그 밖의 심리와 심판은 라류 가사비송사건의 절차에 따른다.

(3) 법원은 잔류자임이 분명한 때에는 가족이나 검사의 청구에 의하여 부재선고를 하여야 한다(부재선고등에관한특별조치법 제3조).

나. 청구권자

청구권자는 가족, 검사이다.

다. 관 할

잔류자의 등록기준지의 가정법원이 관할한다. 등록기준지는 군사분계선 이남지역에서 새로 창설한 가족간계등록부의 등록기준지를 말하고 원본적지를 의미하는 것은 아니다. 단독판사의 관할에 속한다.

라. 공시최고

부재선고를 함에는 공시최고를 하여야 하며, 그 기간은 1개월 이상으로 한다.

[서식 145] 부재선고 심판청구서

부재선고 심판청구

청 구 인 ○ ○ ○ (000000-0000000)
등록기준지 ○○시 ○○구 ○○로 ○○○
주 소 ○○시 ○○구 ○○로 ○○○

사건본인 ○ ○ ○ (000000-0000000)
(잔류자) 등록기준지 ○○시 ○○구 ○○로 ○○○
주 소 ○○시 ○○구 ○○로 ○○○

청 구 취 지

사건본인 ○○○의 부재를 선고한다.
라는 심판을 구합니다.

청 구 원 인

1. 청구인은 1950. 6 25. 한국전쟁 당시 부친과 함께 월남하여 서울에 거주하고 있는 자이고, 사건본인은 청구인의 친형으로서 군사분계선 이북지역에 거주하고 있고 그 생사를 알 수 없는 자입니다.
2. 청구인의 부친인 ○○○가 20○○. ○. ○. 사망하여 계모와 그 자녀는 재산상속문제를 들고 나와서 사건본인의 가족관계등록부 정리를 둘러싸고 갈등을 빚어 왔습니다.
3. 따라서 청구인은 여러 논의 끝에 사건본인의 이 사건 부재선고 청구를 하기에 이르게 되었습니다.

첨 부 서 류

1. 가족관계등록부 1통

1. 잔류자확인서 1통
1. 인우보증서 1통
1. 주민등록등본 1통

20○○. ○. ○.

위 청구인 ○ ○ ○ (인)

○○ 가정법원 귀중

3. 실종의 선고와 그 취소

가. 의 의

(1) 보통실종 : 부재자의 생사가 5년간 분명하지 않은 경우에 실종선고를 하게 되는 것을 말한다(민법 27조 1항). 즉, 최후로 생사가 확인된 후 5년이 경과되는 경우이다.

(2) 위난실종 : 전지(戰地), 침몰한 선박, 추락한 항공기 등 위난을 당한 자가 위난이 종료된 후 1년간 생사가 분명하지 않은 경우에 실종선고를 하게 되는 것을 말한다(민법 27조 2항).

나. 청구권자

실종선고를 청구사건과 실종선고의 취소 사건을 청구할 수 있는 자는 이해관계인과 검사이다. 이해관계인은 부재자의 법률상 사망으로 인하여 직접적으로 신분상 또는 경제상 권리를 취득하거나 의무를 면하는 자를 말하므로, 부재자의 상속인의 내연의 처로부터 재산을 매수한 자나, 부재자의 제1순위 상속인이 있는 경우 그 후순위 상속인은 이해관계인이 아니다.

다. 관 할

실종선고 청구사건과 실종선고의 취소 사건은 사건본인의 주소지의 가정법원이 관할한다(가소 44조1. 나.). 사건본인의 생존을 이유로 하는 경우에는 그 자의 현재 주소지가, 사건본인이 실종기간 만료일자와 다른 일자에 사망하였음을 이유로 하는 경우에는 그 사망 당시의 마지막 주소지가 관할의 기준이 된다.

라. 공시최고

실종을 선고함에 있어서는 공시최고의 절차를 거쳐야 한다(가소규 53조). 공시최고에는 다음 사항을 기재하여야 한다(가소규 54조 1항).

(1) 청구인의 성명과 주소

(2) 부재자의 성명, 출생년월일, 등록기준지 및 주소

(3) 부재자는 공시최고기일까지 그 생존의 신고를 할 것이며, 그 신고를 하지 않으면 실종의 선고를 받는다는 것

(4) 부재자의 생사를 아는 자는 공시최고기일까지 그 신고를 할 것

(5) 공시최고기일

공시최고기일은 공고종료일부터 6월 이후로 정하여야 한다(가소규 54조 2항).

마. 심 판

(1) 실종선고의 심판에는 부재자가 사망한 것으로 간주되는 일자, 즉 민법 제28조가 규정한 실종기간 만료일을 기재하여야 한다(가소규 56조). 실종을 선고한 심판에 대하여는 사건본인 또는 이해관계인이 즉시항고를 할 수 있다(가소규 57조). 청구를 기각한 심판에 대하여는 청구인이 즉시항고를 할 수 있다.

(2) 실종선고의 심판이 확정되면 부재자는 실종기간이 만료한 때에 사망한 것으로 간주된다(민법 28조). 이러한 실종선고의 효과는 실종선고가 취소되지 않는 한 반증을 들어 다툴 수 없다. 다만 상속에 관하여는 실종선고시의 법의 규정을 적용한다(민법 부칙 12조 2항). 또한 실종자를 당사자로 한 판결이 확정된 후에 실종선고가 확정되어 그 사망간주의 시점이 소 제기 전으로 소급하는 경우에도 위 판결 자체가 사망한 사람을 상대로 한 것으로 무효가 되지는 않는다.

바. 실종선고의 취소

(1) 실종자가 생존한 사실 또는 실종기간 만료일자, 즉 사망간주일자와 다른 때에 사망한 사실의 증명이 있으면 법원은 청구권자의 청구에 의하여 실종선고를 취소하여야 한다

(민법 29조 1항 본문). 실종자가 실종기간의 기산점 이후의 어떤 시기에 생존하고 있었던 사실이 증명된 경우도 마찬가지이다.

(2) 실종선고의 취소청구를 기각한 심판에 대하여는 사건본인 또는 이해관계인이, 실종선고를 취소한 심판에 대하여는 이해관계인이 즉시항고를 할 수 있다(가소규 57조).

(3) 실종선고취소의 심판이 확정되면 실종선고에 의한 사망간주의 효과는 소급하여 소멸한다. 그러나 실종선고 후 그 취소 전에 선의로 한 행위의 효력에는 영향이 없다(민법 29조 1항 단서). 또 실종선고를 직접 원인으로 하여 재산을 취득한 자가 선의인 경우에는 그 받은 이익이 현존하는 한도에서 반환할 의무가 있고, 악의인 경우에는 그 받은 이익에 이자를 붙여서 반환하고 손해가 있으면 이를 배상하여야 한다(민법 29조 2항).

사. 청구취지 기재례

(1) 실종선고

사건본인은 실종되어 20○○. ○. ○. 실종기간이 만료되어 실종을 선고한다.

부재자 김○○의 실종은 선고한다.

(2) 실종의 취소

○○가정법원이 20○○. ○. ○. 같은 법원 20○○느단 ○○○호 사건본인에 대하여 한 실종선고는 이를 취소한다.

○○가정법원이 20○○느단 ○○○ 실종선고사건에 관하여 20○○. ○. ○. 사건본인에 대하여 한 실종선고는 이를 취소한다.

[서식 146] 실종선고청구서(무단 가출)

실 종 선 고 청 구

청 구 인 김 영 숙 (000000-0000000) (전화 :)
등록기준지 : 서울 용산구 갈월로 123
주 소 : 서울 성북구 돈암로 234 (우편번호 : 00000)

사건본인 박 기 찬 (000000-0000000)
(부재자) 등록기준지 및 최후주소 : 청구인과 같음

청 구 취 지

사건본인은 실종되어 20○○. 10. 10. 실종기간이 만료되었으므로 실종을 선고한다. 라는 심판을 구합니다.

청 구 원 인

1. 청구인은 부재자 박기찬의 처로서 청구인의 직업관계로 부재자인 박기찬과 각각 다른 곳에서 거주하고 있었습니다. 그런데 부재자는 최후주소지에서 살다가 20○○. 10. 무단 가출한지 15년이 지난 오늘에 이르기까지 그 생사를 알 수 없습니다.
2. 청구인은 부재자의 가출 후 친척 또는 친지를 통하여 그의 행방을 찾아보았으나 전혀 알 길이 없어 청구취지와 같은 심판을 구하고자 이 건 청구에 이른 것입니다.

첨 부 서 류

1. 가족관계증명서	1통
1. 수색원수리증명서	1통
1. 부재자증명서	1통
1. 주민등록초본	2통

20○○. ○. ○.

청구인 김 영 숙 (인)

○○ 가정법원 귀중

접수방법 및 유의사항

1. 행방불명일자를 모를 경우 청구서에 행방불명된 "연도와 월"까지만 기재하면 됨
2. 실종선고의 공시최고기간은 6월 이상이며 심판확정 시까지 1년 이상의 기간이 소요된다.
3. 청구인 : 이해관계인과 검사(여기서 이해관계인은 '부재자의 법률상 사망으로 인하여 직접적으로 신분상 또는 경제상으로 권리를 취득하거나 의무를 면하는 자'를 가리킨다. 부재자의 처나 1순위 상속인, 채권자들은 대표적인 이해관계인이라 할 수 있다).
4. 수입인지 : 사건본인 1명당 5,000원의 인지를 납부하고, 관보게재용으로 15,600원의 인지를 별도로 제출한다.
5. 송달료 : 당사자(청구인) × 4,800원 × 4회분의 납부한다.
6. 신문공고료 : 해당 신문사에서 정한 공고료를 납부한다.
7. 관할 : 사건본인의 최후 주소지 가정법원, 최후 주소가 국내에 없거나 이를 할 수 없을 때에는 대법원소재지의 가정법원에 제출한다.

주 배우자의 행방불명과 실종선고

부재자의 생사에 관하여 생존의 증명 또는 사망의 증명을 할 수 없고 행방불명된 기간이 5년 이상에 해당하면 이해관계인이나 검사의 청구에 의하여 법원은 실종선고를 하여야 한다(민법 27조).

여기에서 이해관계인이라 함은 부재자의 법률상 사망으로 인하여 직접적으로 신분상 또는 재산상 권리를 취득하거나 의무를 면하는 사람을 가리키는 것으로, 예컨대, 부재자의 배우자, 상속인(1순위 상속인이 있는 경우 2순위 상속인은 이해관계인이 아니다). 법정대리인, 부모, 생명보험금 등의 수익자, 부재자 재산관리인 등 법률상 이해관계가 있는 사람을 말한다. 채권자나 채무자는 원칙적으로 이해관계인이 아니라 할 것이다.

실종선고심판을 하려면 법원은 부재자 또는 부재자의 생사를 아는 사람으로 하여금 생존신고 또는 생사에 대한 신고를 하라는 취지의 공시최고절차를 거쳐야 하는데 이러한 공시최고는 법원의 게시판에 공고하여야 하여 공시최고기일은 위 공고의 종료일로부터 6개월 이후로 정하여야 한다.

실종선고심판이 확정되면 부재자는 실종기간 만료일에 사망한 것으로 간주되며 그 선고를 청구한 사람은 재판확정일로부터 1개월 이내에 재판서의 등본 및 확정증명서를 첨부하여 가족관계등록관서에 신고하여야 한다.

[서식 147] 실종선고청구서(행불)(1)

실 종 선 고 청 구

청 구 인　　이　영　희 (000000-0000000)　(전화 :　　　　　)
　　　　　　등록기준지　서울 용산구 갈월로 123
　　　　　　주　　　소　서울 성북구 돈암로 234　(우편번호 : 00000)

사건본인　　임　상　열 (000000-0000000)
(부재자)　　등록기준지　청구인과 같음
　　　　　　최 후 주 소　서울 중랑구 면목로 345

청 구 취 지

부재자 임상열의 실종을 선고한다.
라는 심판을 구합니다.

청 구 원 인

1. 청구인은 부재자의 처입니다.
2. 사건본인(부재자)은 20○○. 12. 20. 동인이 다니던 ○○주식회사에 출근하기 위해 아침 일찍 나간 뒤 위 회사에 출근도 하지 않고 현재에 이르기까지 돌아오지 않고 있습니다. 청구인은 일간지 신문에 부재자를 찾는 광고도 하고 경찰서에 수색원도 내고 하여 부재자의 행방을 찾아보았으나 전혀 알 길이 없습니다.
3. 부재자가 실종된 지 12년 이상 되어 이제는 돌아올 가망이 없으므로 부재자와의 혼인관계를 해소하기 위하여 본 청구에 이른 것입니다.

첨 부 서 류

1. 가족관계증명서　　　1통
1. 신문　　　1통
1. 수색원수리증명　　　1통
1. 부재자증명　　　2통
1. 주민등록초본　　　2통

20○○. ○. ○.

청구인 이 영 희 (인)

○○ 가정법원 귀중

접수방법 및 유의사항

1. 행방불명일자를 모를 경우 청구서에 행방불명된 "연도와 월"까지만 기재하면 됨
2. 실종선고의 공시최고기간은 6월 이상이며 심판확정 시까지 1년 이상의 기간이 소요된다.
3. 청구인 : 이해관계인과 검사(여기서 이해관계인은 '부재자의 법률상 사망으로 인하여 직접적으로 신분상 또는 경제상으로 권리를 취득하거나 의무를 면하는 자'를 가리킨다. 부재자의 처나 1순위 상속인, 채권자들은 대표적인 이해관계인이라 할 수 있다).
4. 수입인지 : 사건본인 1명당 5,000원의 인지를 납부하고, 관보게재용으로 15,600원의 인지를 별도로 제출한다.
5. 송달료 : 당사자(청구인) × 4,800원 × 4회분의 납부한다.
6. 신문공고료 : 해당 신문사에서 정한 공고료를 납부한다.
7. 관할 : 사건본인의 최후 주소지 가정법원, 최후 주소가 국내에 없거나 이를 할 수 없을 때에는 대법원소재지의 가정법원에 제출한다.

[서식 148] 실종선고청구서(행불)(2)

실 종 선 고 청 구

청 구 인 정 ○ 규 (000000-0000000) (전화 :)
등록기준지 서울 용산구 갈월로 123
주 소 서울 성북구 돈암로 234 (우편번호 : 00000)

사건본인 정 ○ 열 (000000-0000000)
(부재자) 등록기준지 청구인과 같음
최 후 주 소 서울 성북구 돈암로 234

청 구 취 지

부재자 정○열의 실종을 선고한다.
라는 심판을 구합니다.

청 구 원 인

1. 청구인은 부재자 정○열의 아들입니다.
2. 사건본인(부재자)은 청구인의 주소지에서 함께 거주하고 있던 중 20○○. 8.경 홍수로 인하여 행방불명되어 10년이 지난 현재까지 그 생사를 알 수 없습니다.
3. 청구인은 부재자의 시신도 발견하지 못하고 그 생사도 알 길이 없어 청구취지와 같은 심판을 받고자 본 청구에 이른 것입니다.

첨 부 서 류

1. 가족관계증명서 1통
1. 주민등록초본 2통
1. 수색원수리증명 1통
1. 인우보증서 1통

20○○. ○. ○.

청구인 정 ○ 규 (인)

○○ 가정법원 귀중

접수방법 및 유의사항

1. 행방불명일자를 모를 경우 청구서에 행방불명된 "연도와 월"까지만 기재하면 됨
2. 실종선고의 공시최고기간은 6월 이상이며 심판확정 시까지 1년 이상의 기간이 소요된다.
3. 청구인 : 이해관계인과 검사(여기서 이해관계인은 '부재자의 법률상 사망으로 인하여 직접적으로 신분상 또는 경제상으로 권리를 취득하거나 의무를 면하는 자'를 가리킨다. 부재자의 처나 1순위 상속인, 채권자들은 대표적인 이해관계인이라 할 수 있다).
4. 수입인지 : 사건본인 1명당 5,000원의 인지를 납부하고, 관보게재용으로 15,600원의 인지를 별도

로 제출한다.
5. 송달료 : 당사자(청구인) × 4,800원 × 4회분의 납부한다.
6. 신문공고료 : 해당 신문사에서 정한 공고료를 납부한다.
7. 관할 : 사건본인의 최후 주소지 가정법원, 최후 주소가 국내에 없거나 이를 할 수 없을 때에는 대법원소재지의 가정법원에 제출한다.

[별 첨] 인우보증서

인 우 보 증 서

사건본인 정 ○ 열 (鄭 ○ 烈)
주민등록번호 : 000000-0000000
등록기준지 : ○○시 ○○구 ○○로 ○○○
주 소 : ○○시 ○○구 ○○로 ○○○

1. 위 사람은 20○○. ○. ○.까지 당시의 주소지인 ○○시 ○○구 ○○로 ○○○에서 거주하다가 어느날 갑자기 여행을 간다가 집을 나간 이후 행방불명되어 현재까지 연락 한번 없었으며 그 행방이 알길이 없습니다.
2. 이에 보증인들은 위의 사실이 틀림이 없으며 만일 후일에 본 건으로 인하여 문제가 있을 때에는 보증인이 법적인 책임을 지겠기에 이에 보증합니다.

첨부 : 인감증명서 2통

20○○. ○. ○.

보증인 박 ○ ○ (인)
주민등록번호 : 000000-0000000
등록기준지 : ○○시 ○○구 ○○로 ○○○
주 소 : ○○시 ○○구 ○○로 ○○○

보증인 최 ○ ○ (인)
주민등록번호 : 000000-0000000
등록기준지 : ○○시 ○○구 ○○로 ○○○
주 소 : ○○시 ○○구 ○○로 ○○○

[서식 149] 실종선고청구서(행불)(3)

실종선고심판청구

청 구 인　　이 ○ 우 (李○雨) (0000000-0000000) (전화 :　　　　)
등록기준지 : 경기도 의정부시 가능로 622
주　　소 : 서울 동대문구 이문로 12, 120동 101호 (이문동, 동아빌라)

사건본인　　이 ○ 충 (李○忠) (000000-0000000)
(부재자)　　등록기준지 : 경기도 의정부시 가능로 622
최 후 주 소 : 경기도 의정부시 가능로 622

청 구 취 지

사건본인 이○충에 대하여 실종을 선고한다.
라는 심판을 구합니다.

청 구 원 인

1. 청구인은 사건본인(부재자) 이○충의 친동생으로서 이 건 청구의 당사자입니다.
2. 부재자와 청구인은 형제간의 관계로 부(父) 망 이○영과 모(母) 망 김○애 사이에 경기도 연천군 왕징면 노동로에서 출생하여 성장하던 중 1950년 전쟁이 일어나 피난하던 길에 청구인은 부재자와 헤어져 현재까지 행방을 찾았으나 부재자를 찾을 길이 없고 부재자가 ○○세의 고령으로 사망한 것으로 보여지나 사망한 사실을 확인할 근거도 전혀 없어 청구취지와 같은 심판을 구하고자 이 건 신청을 합니다.

첨 부 서 류

1. 제적등본　　1통
1. 가족관계증명서　　2통
1. 주민등록등본(신청인)　　1통
1. 말소주민등록등본(부재자)　　1통
1. 인우보증서 및 인감증명서　　2통

20○○. ○. ○.

위 청구인 이 ○ 우 (인)

○○ 가정법원 귀중

접수방법 및 유의사항

1. 행방불명일자를 모를 경우 청구서에 행방불명된 "연도와 월"까지만 기재하면 됨
2. 실종선고의 공시최고기간은 6월 이상이며 심판확정 시까지 1년 이상의 기간이 소요된다.
3. 청구인 : 이해관계인과 검사(여기서 이해관계인은 '부재자의 법률상 사망으로 인하여 직접적으로 신분상 또는 경제상으로 권리를 취득하거나 의무를 면하는 자'를 가리킨다. 부재자의 처나 1순위 상속인, 채권자들은 대표적인 이해관계인이라 할 수 있다).
4. 수입인지 : 사건본인 1명당 5,000원의 인지를 납부하고, 관보게재용으로 15,600원의 인지를 별도로 제출한다.
5. 송달료 : 당사자(청구인) × 4,800원 × 4회분의 납부한다.
6. 신문공고료 : 해당 신문사에서 정한 공고료를 납부한다.
7. 관할 : 사건본인의 최후 주소지 가정법원, 최후 주소가 국내에 없거나 이를 할 수 없을 때에는 대법원소재지의 가정법원에 제출한다.

[서식 150] 실종선고청구서(행불)(4)

실종선고심판청구

청 구 인　　이 ○ 선 (000000-0000000) (전화 :)
등록기준지 : 강원도 원주시 문막읍 대둔로 42
주　　소 : 경기도 수원시 팔달구 인계로 985
송 달 장 소 : 경기도 의정부시 금오로 473, 9층 플래티넘프라자

사건본인　　이 ○ 선 (李 ○ 善, 19○○. 12. 5.생)
(부재자)　　등록기준지 : 경기도 여주군 점동면 성신로 17
최 후 주 소 : 주민등록정보 없음, 미등록

청 구 취 지

사건본인(부재자) 이○선은 실종되어 20○○. 8. 10. 실종기간이 만료되었으므로 실종을 선고한다.
라는 심판을 구합니다.

청 구 원 인

1. 청구인은 사건본인(부재자)의 친여동생이자 망 이○석의 상속인으로 이건 청구의 당사자입니다.
2. 이렇듯 사건본인과 청구인은 남매사이로 부친인 망 이○석과 모친 장○인 사이에 경기도 여주군 점동면 사곡로 179에서 출생하여 살던 중 한국전쟁 중이었던 1950. 8. 10.경 여주군 점동면 성신리에서 행방불명되어 현재까지 생사가 불명한 상황으로 호적에만 등재되어 있고, 주민등록은 되어 있지 않은 상황입니다.
3. 사건본인이 행방불명이 된 후 청구인은 부친 망 이○석은 생전에 자식이 돌아오리라는 기대감으로 사망신고를 않고 있다가 20○○. 1. 29. 사망하였고, 청구인도 백방으로 사건본인의 생사를 확인하여 보았으나 찾을 길이 없어 청구취지와 같은 심판을 구하고자 이 신청에 이른 것입니다.

첨 부 서 류

1. 제적등본	2통
1. 가족관계증명서	2통
1. 주민등록등본(신청인)	1통
1. 인우보증서 및 인감증명서 (보증인: 이○준, 이○찬)	2통

20○○. ○. ○.

청구인 이 ○ 선 (인)

○○ 가정법원 귀중

접수방법 및 유의사항

1. 행방불명일자를 모를 경우 청구서에 행방불명된 "연도와 월"까지만 기재하면 됨
2. 실종선고의 공시최고기간은 6월 이상이며 심판확정 시까지 1년 이상의 기간이 소요된다.
3. 청구인 : 이해관계인과 검사(여기서 이해관계인은 '부재자의 법률상 사망으로 인하여 직접적으로 신분상 또는 경제상으로 권리를 취득하거나 의무를 면하는 자'를 가리킨다. 부재자의 처나 1순위 상속인, 채권자들은 대표적인 이해관계인이라 할 수 있다).
4. 수입인지 : 사건본인 1명당 5,000원의 인지를 납부하고, 관보게재용으로 15,600원의 인지를 별도로 제출한다.
5. 송달료 : 당사자(청구인) × 4,800원 × 4회분의 납부한다.
6. 신문공고료 : 해당 신문사에서 정한 공고료를 납부한다.
7. 관할 : 사건본인의 최후 주소지 가정법원, 최후 주소가 국내에 없거나 이를 할 수 없을 때에는 대법원소재지의 가정법원에 제출한다.

[서식 151] 실종선고취소청구서(1)

실종선고취소청구

청 구 인　　이 경 수 (000000-0000000) (전화 :　　　　)
　　　　　　등록기준지 : 서울 동대문구 답십리로 123
　　　　　　주　　　소 : 서울 동작구 사당로 234 (우편번호 : 00000)

사건본인　　김 진 철 (000000-0000000)
　　　　　　등록기준지 및 취후주소 : 청구인과 같음

실종선고취소 심판청구

청 구 취 지

서울가정법원이 20○○. 10. 2. 같은 법원이 20○○느단 345호 사건본인에 대하여 한 실종선고는 이를 취소한다.
라는 심판을 구합니다.

청 구 원 인

1. 청구인과 사건본인과의 관계를 간단하게 기재하고, 실종자가 생존하고 있다거나, 실종자의 사망이 실종기간 만료시와 다르다는 사실, 즉 왜 취소가 되어야 하는 지를 기재하고 그를 증명하면 된다. 또한 사건본인의 실종선고취소청구일 경우에는 청구일을 사건본인으로 표시하고 청구인이 현재 생존하고 있음만을 기술하면 된다.

첨 부 서 류

- 생 략 -

20○○. ○. ○.

청구인 이 경 수 (인)

○○ 가정법원 귀중

접수방법

1. 청구인 : 본인, 이해관계인, 검사가 청구할 수 있다.
2. 수입인지 : 사건본인 1명당 5,000원의 인지를 납부하고, 관보게재용으로 15,600원의 인지를 별도로 제출한다.
3. 송달료 : 당사자(청구인) × 4,800원 × 4회분의 납부한다.
4. 신문공고료 : 해당신문사에서 정한 공고료를 납부한다.
5. 관할 : 사건본인의 주소지 가정법원에 제출한다. 생존을 이유로 취소한 경우에는 그 자의 현재의 주소지를 관할하는 가정법원에 제출하고, 사건본인이 실종기간만료일자, 즉 사망간주일자와 다른 일자에 사망하였음을 이유로 하는 경우에는 그 사망 당시의 최후주소지가 각각 관할의 표준이 된다.

주 1. **실종선고를 받은 사람이 생존하고 있는 경우**

실종선고를 받은 사람이 생존하고 있거나, 실종선고기간이 만료된 때와 다른 때에 사망한 사실의 증명이 있거나 또는 실종기간 기산점 이후의 어떤 시점에 생존하고 있었던 사실의 증명이 있는 경우에 법원은 실종자 본인, 이해관계인 또는 검사의 청구에 의하여 실종선고를 취소하여야 한다.

실종선고취소의 관할법원은 실종자 주소지의 가정법원이다. 그러므로 실종선고 법원과 실종선고취소법원이 반드시 일치하는 것은 아니다. 실종자의 주민등록이 말소되어 복구되지 않아 현주소지가 명확하게 나타나 있지 않은 경우에는 실종자의 최후주소지를 관할하는 법원이 관할법원이 된다.

실종선고취소의 재판이 확정되면 실종선고의 재판이 확정된 때와 마찬가지로 그 취소를 청구한 사람은 재판확정일부터 1개월 이내에 재판서의 등본 및 확정증명서를 첨부하여 가족관계등록관서에 신고하여야 한다.

2. 재혼과 실종선고의 취소

실종선고에 의한 사망 간주의 효과는 실종선고의 취소에 의하여만 번복할 수 있다. 실종선고는 취소가 되더라도 실종선고 후 그 취소 전에 선의로 한 행위의 효력에 영향을 미치지 아니한다(민법 29조 1항).

그러므로 실종선고 후에 전 남편의 생존사실을 모르고 재혼한 경우에 현재 남편과의 혼인은 전 남편에 대한 실종선고의 취소로 영향을 받지 않는다.

이에 대한 가족관계등록사무처리지침(가족관계등록예규 제155호) 역시 마찬가지로 규정하고 있다. 이 예규에 따르면 잔존배우자가 실종선고의 취소 전에 재혼을 한 경우에는 일단 재혼당사자가 모두 선의인 것으로 추정하여 실종선고가 취소되어도 전혼 관계는 부활하지 않는 것으로 보아 처리하도록 하고 있다. 또한, 혼인 중인 부에 대하여 실종선고가 있는 후 잔존 배우자인 처가 재혼을 하였으나 그 후에 종전 배우자에 대한 실종선고가 취소된 경우에는 실종선고취소신고에 의하여 실종되었던 사람(부)의 가족관계등록부를 부활하되 전혼 사유는 이기하지 아니하며, 재혼한 전처의 가족관계등록부 일반등록사항란에는 어떠한 기록도 하지 않는다.

[서식 152] 실종선고취소청구서(2)

실종선고취소청구

청구인(사건본인) 김 영 길 (000000-0000000) (전화 :)
등록기준지 서울 동대문구 답십리로 123
주 소 서울 동작구 사당로 234 (우편번호 : 00000)

실종선고취소 심판청구

청 구 취 지

○○가정법원이 20○○. ○. ○. 같은 법원이 20○○느단 1234호로 심판한 청구인(사

건본인 : 실종자) 김영길에 대한 실종선고는 이를 취소한다.
라는 심판을 구합니다.

청 구 원 인

1. 청구인은 가정불화로 20○○. ○.경 집을 나가 제주도에서 남의 집 머슴생활을 그 동안 처자식 및 가족들에게 일체의 소식을 전하지 않고 생활을 해왔습니다.
2. 청구인은 근 10년 만에 고향을 찾아 구청에 ○○구청에 가족관계등록부를 확인해 본 바 20○○. ○. ○. ○○가정법원의 실종선고에 의하여 사망간주로 등재된 사실을 알게 되었습니다.
3. 청구인은 생존의 사실을 처자식 및 가족들에게 알리고 이에 실종선고 취소를 하고자 이 사건 청구에 이르게 된 것입니다.

첨 부 서 류

1. 가족관계등록부 1통
1. 실종사고심판서 등본 1통
1. 주민등록등본 1통
1. 그 밖의 생존의 사실 또는 취소사유를 소명하는 자료 등

20○○. ○. ○.

청구인 김 영 길 (인)

○○ 가정법원 귀중

접수방법

1. 청구인 : 본인, 이해관계인, 검사가 청구할 수 있다.
2. 수입인지 : 사건본인 1명당 5,000원의 인지를 납부하고, 관보게재용으로 15,600원의 인지를 별도로 제출한다.
3. 송달료 : 당사자(청구인)×4,800원×4회분의 납부한다.
4. 신문공고료 : 해당신문사에서 정한 공고료를 납부한다.

5. 관할 : 사건본인의 주소지 가정법원에 제출한다. 생존을 이유로 취소한 경우에는 그 자의 현재의 주소지를 관할하는 가정법원에 제출하고, 사건본인이 실종기간만료일자, 즉 사망간주일자와 다른 일자에 사망하였음을 이유로 하는 경우에는 그 사망 당시의 최후주소지가 각각 관할의 표준이 된다.

㊟ 실종선고를 받은 사람이 생존하고 있는 경우

실종선고를 받은 사람이 생존하고 있거나, 실종선고기간이 만료된 때와 다른 때에 사망한 사실의 증명이 있거나 또는 실종기간 기산점 이후의 어떤 시점에 생존하고 있었던 사실의 증명이 있는 경우에 법원은 실종자 본인, 이해관계인 또는 검사의 청구에 의하여 실종선고를 취소하여야 한다.

실종선고취소의 관할법원은 실종자 주소지의 가정법원이다. 그러므로 실종선고 법원과 실종선고취소법원이 반드시 일치하는 것은 아니다. 실종자의 주민등록이 말소되어 복구되지 않아 현주소지가 명확하게 나타나 있지 않은 경우에는 실종자의 최후주소지를 관할하는 법원이 관할법원이 된다.

실종선고취소의 재판이 확정되면 실종선고의 재판이 확정된 때와 마찬가지로 그 취소를 청구한 사람은 재판확정일부터 1개월 이내에 재판서의 등본 및 확정증명서를 첨부하여 가족관계등록관서에 신고하여야 한다.

[서식 153] 실종선고취소청구서(3)

실종선고 취소심판 청구

청 구 인 조 ○ 형 (000000-0000000) (전화 :)

(사건본인) 등록기준지 : 경북 문경시 마성면 남호로 121
주 소 : 경기도 구리시 교문로 232

실종선고 취소심판 청구

청 구 취 지

귀원이 20○○. 12. 21. 20○○느단 232호로 심판한 청구인에 대한 실종선고는 이를 취소한다.
라는 심판을 구합니다.

청 구 원 인

1. 청구인은 처 김○숙과의 사이에 자식 둘이 있었습니다만 가정불화 때문에 20○○년경 무단가출하여 각처를 전전하고 수년간 처자 및 친척 등과도 소식을 끊고 있었습니다.
2. 그러던 차에 청구인은 최근 취직하게 되어, 호적등본(가족관계등록)의 필요가 생겨서 교부를 받고자 등록기준지 면사무소에 가서 가족관계등록부를 열람한바 처 김○숙의 청구에 의하여 20○○. 12. 21. ○○법원에서 청구인을 실종선고한 사실을 발견하였습니다.
3. 그런데 청구인이 현재 생존하고 있다는 사실은 틀림없으므로 이에 실종 선고를 취소하고자 이 건 신청에 이른 것입니다.

첨 부 서 류

1. 가족관계증명서(신청인) 1통
1. 실종선고심판등본 1통
1. 주민등록표등본(신청인) 1통

20○○. ○. ○.

청구인 조 ○ 형 (인)

○○ 가정법원 귀중

접수방법

1. 청구인 : 본인, 이해관계인, 검사가 청구할 수 있다.
2. 수입인지 : 사건본인 1명당 5,000원의 인지를 납부하고, 관보게재용으로 15,600원의 인지를 별도로 제출한다.
3. 송달료 : 당사자(청구인) × 4,800원 × 4회분의 납부한다.
4. 신문공고료 : 해당신문사에서 정한 공고료를 납부한다.
5. 관할 : 사건본인의 주소지 가정법원에 제출한다. 생존을 이유로 취소한 경우에는 그 자의 현재의 주소지를 관할하는 가정법원에 제출하고, 사건본인이 실종기간만료일자, 즉 사망간주일자와 다른 일자에 사망하였음을 이유로 하는 경우에는 그 사망 당시의 최후주소지가 각각 관할의 표준이 된다.

㉮ 실종선고를 받은 사람이 생존하고 있는 경우

실종선고를 받은 사람이 생존하고 있거나, 실종선고기간이 만료된 때와 다른 때에 사망한 사실의 증명이 있거나 또는 실종기간 기산점 이후의 어떤 시점에 생존하고 있었던 사실의 증명이 있는 경우에 법원은 실종자 본인, 이해관계인 또는 검사의 청구에 의하여 실종선고를 취소하여야 한다.

실종선고취소의 관할법원은 실종자 주소지의 가정법원이다. 그러므로 실종선고 법원과 실종선고취소법원이 반드시 일치하는 것은 아니다. 실종자의 주민등록이 말소되어 복구되지 않아 현주소지가 명확하게 나타나 있지 않은 경우에는 실종자의 최후주소지를 관할하는 법원이 관할법원이 된다.

실종선고취소의 재판이 확정되면 실종선고의 재판이 확정된 때와 마찬가지로 그 취소를 청구한 사람은 재판확정일부터 1개월 이내에 재판서의 등본 및 확정증명서를 첨부하여 가족관계등록관서에 신고하여야 한다.

4. 성과 본의 창설 등에 관한 사건(가소 2조 1항 라류 4호)

가. 의 의

(1) 자녀는 아버지의 성과 본을 따름을 원칙으로 하되, 부모가 혼인신고 시 어머니의 성과 본을 따르기로 합의한 경우에는 어머니의 성과 본을 따르고, 아버지가 외국인인 경우는 어머니의 성과 본을 따를 수 있으며, 아버지를 알 수 없을 때에는 어머니의 성과 본을 따른다. 자녀가 부모 모두를 알 수 없을 때에는 가정법원의 허가를 받아 성과 본을 창설한다(민법 781조 1항).

(2) 성과 본의 창설허가는 ① 부모를 알 수 없는 자로서 가족관계등록이 되어 있지 않은 사람이 청구한 경우, ② 친생자관계 부존재확인판결의 확정으로 그 친생부모를 알 수 없게 된 사람이 청구하는 경우, ③ 기아의 발견보고에 의하여 시(구)·읍·면의 장이 청구하는 경우, ④ 국적취득자가 청구하는 경우 등 네 가지가 있고, ④의 경우는 가족관계등록비송사건이다.

(3) 혼인 외의 출생자가 인지(재판상 인지 포함)된 경우 자녀는 아버지의 성과 본을 따른다. 다만 인지 신고시 부모의 협의에 따라 자녀는 종전 성과 본을 계속하여 사용할 수 있고, 부모가 협의할 수 없거나 협의가 이루어지지 아니한 경우에는 자녀는 법원의 허가를 받아 종전 성과 본을 계속 사용할 수 있다(민법 781조 5항).

(4) 자녀의 복리를 위하여 자녀의 성과 본을 변경할 필요가 있을 때에는 부, 모 또는 자녀의 청구에 의하여 법원의 허가를 받아 이를 변경할 수 있다(민법 781조 6항 본문). 주로 재혼 가정에서 자라는 자녀들의 문제를 해결하기 위한 것이나 그 이외에도 이용될 수 있다.

나. 가족관계등록부가 없는 사람이 성본 창설

심리의 대상은 청구인이 대한민국 국민인지, 기존의 기존의 가족관계등록부가 있는데도 다시 청구하는 것이 아닌지 여부 등이다. 주거지 관할 경찰서에 십지문조회를 하고 사건본인이나 관계인을 신문하는 방법으로 심리한다. 성과 본을 무엇으로 창설하여 허가할 것인지는 법원의 재량에 속하나 청구인이 통상적으로 사용하던 성과 이름 등을 그대로 사용하도록 하는 것이 바람직하다.

다. 기아발견에 의한 성과 본의 창설

기아를 발견한 사람 또는 기아발견의 통지를 받은 경찰공무원은 24시간 이내에 시·읍·면의 장에게 통보하여야 하고, 시·읍·면장은 그 통보에 기하여 소지품, 발견장소, 발견 연월일시, 그 밖의 상황, 성별, 출생의 추정 연월일을 조서에 적으며, 이에 기하여 가정법원의 허가를 얻어 기아의 성과 본을 창설한 후 이름과 등록기준지를 정하여 가족관계등록부에 기록한다(가족관계등록법 52조).

라. 성과 본의 계속사용허가

가정법원은 자녀의 종전의 선과 본의 계속사용을 허가하는 심판을 하는 경우에는 부, 모 및 13세 이상인 자녀의 진술을 들을 수 있다(가소규 59조의2 제1항).

마. 성과 본의 변경허가의 기준

(1) '자의 복리를 위하여 자의 성과 본을 변경할 필요가 있을 때'에 해당하는지 여부는 자의 나이와 성숙도를 감안하여 자 또는 친권자·양육자의 의사를 고려하되, 먼저 자의 성·본 변경이 이루어지지 아니할 경우에 내부적으로 가족 사이의 정서적 통합에 방해가 되고 대외적으로 가족 구성원에 관련된 편견이나 오해 등으로 학교생활이나 사회생활에서 겪게 되는 불이익의 정도를 심리하고, 다음으로 성·본 변경이 이루어질 경우에

초래되는 정체성의 혼란이나 자의 성·본을 함께 하고 있는 친부나 형제자매 등과의 유대관계의 단절 및 부양의 중단 등으로 인하여 겪게 되는 불이익의 정도를 심리한 다음, 자의 입장에서 위 두 가지 불이익의 정도를 비교형량하여 자의 행복과 이익에 도움이 되는 쪽으로 판단한다.

(2) 실무상으로는 재혼가정의 계부나 양부의 성과 본으로 변경을 구하는 경우 외에 이혼이나 사별 후 혼자 자녀를 양육하는 어머니의 성과 본으로 변경을 구하는 경우, 혼인 중인 부부 사이에서 자녀의 성과 본을 어머니의 성과 본으로 변경을 구하는 경우, 계부나 양부, 어머니의 성과 본이 아닌 제3의 성과 본으로 변경을 구하는 경우, 이미 변경된 성과 본에 대하여 다시 변경허가를 구하는 경우 등이 있는데, 구체적 사정에 따라 자녀의 복지를 위하여 변경할 필요가 있는지 판단한다.

바. 청구권자

(1) 가족관계등록부가 없는 사람이 성본 창설시 미성년자의 경우 후견인이 법정대리인으로서 청구하거나 의사능력이 있으면 독자적으로 청구할 수 있다.

(2) 자녀의 종전 성과 본의 계속사용허가청구는 인지의 대상이 된 자녀가 청구할 수 있다.

(3) 자녀의 성과 본의 변경허가청구는 아버지, 어머니, 또는 자녀가 할 수 있다. 양부, 양모는 청구할 수 있으나 계부나 계모는 청구인 적격이 없다. 자녀가 미성년자이고 법정대리인이 청구할 수 없는 경우에는 민법 제777조에 따른 친족 또는 검사가 청구할 수 있다(민법 781조 6항 단서).

사. 관 할

(1) 성본 창설허가 청구사건은 사건본인의 주소지의 가정법원이 관할한다.

(2) 자녀의 종전 성과 본의 계속사용허가 청구사건은 청구인인 사건본인의 주소지 가정법원이 관할한다.

아. 불 복

(1) 성과 본의 창설허가 청구를 받아들여 어떤 내용으로든지 성과 본의 창설을 허가한 심판에 대하여는 불복할 수 없고, 청구를 기각한 심판에 대하여는 청구인이 즉시항고를 할 수 있다.

(2) 자녀의 종전 성과 본의 계속사용을 허가하는 심판에 대하여는 불복할 수 없고, 청구를 기각하는 심판에 대하여는 청구인이 즉시항고를 할 수 있다.

(3) 자녀의 성과 본의 변경을 허가하는 심판에 대하여는 불복할 수 없고, 청구를 기각하는 심판에 대하여는 청구인이 즉시항고를 할 수 있다. 위 심판에는 기판력이 없으므로 청구가 기각되더라도 재청구가 가능하고 변경허가된 성과 본에 대하여도 다시 종전의 성과 본 또는 다른 성과 본으로 변경허가를 구할 수 있다.

[서식 154] 성과 본의 창설허가심판청구서(1)

성과 본의 창설허가 심판청구

청구인겸 사건본인 이 영 숙 (李 英 淑) (전화 :)
19○○. ○. ○.생 성별 : 여
소재지 : 서울 노원구 공릉로 123 (우편번호 : 00000)

청 구 취 지

사건본인의 성을 "이(李)"로, 본을 "전주(全州)"로 창설할 것을 허가한다.
라는 심판을 구합니다.

청 구 원 인

1. 신청인 겸 사건본인은 부모가 일찍 사망함으로서 부모의 성명을 알 수가 없으므로 5세 때부터 서울 은평구 응암로에 소재한 마리아 수녀원 안에 있는 고아원에서 15세가 되도록 있었습니다.

2. 그후 신청인은 서울 구로구 독산로에 있는 ○○직업훈련원에서 공부도 하고 미싱기술도 배우면서 17세가 되도록 생활을 하였고 위 직업훈련소를 마치고 서울 노원구 공릉로 소재에 있는 대한산업에서 보조원으로 일을 하면서 기숙사에서 살고 있다가 같이 근무하고 있는 김성호를 알게 되어 서로 결혼하기로 하고 주소지에서 동거하고 있습니다.

3. 신청인 겸 사건본인은 천신만고 끝에 성년이 되어 결혼도 하고, 사람의 도리를 다

하려면 가족관계등록부와 주민등록이 필요하므로 위와 같이 가족관계등록창설을 하고자 본 청구를 하게 된 것입니다.

첨 부 서 류

1. 무적증명서 1통
1. 주민등록신고 확인서 1통
1. 주민등록초본 1통

20○○. ○. ○.

청구인 이 영 숙 (인)

○○ 가정법원 귀중

접수방법

1. 청구인 : 본인 또는 법정대리인(보호시설에 있는 고아의 후견직무에 관한 법률에서 후견직무를 행할 자로 지정된 자 및 법원의 선임후견인 등 포함)
2. 관할 : 사건본인의 소재지 또는 거주지 가정법원
3. 수입인지 : 사건본인 1명당 5,000원의 인지를 납부한다.
4. 송달료 : 당사자수×4,800원×4회분을 납부한다.

주 1. 기아의 성과 본의 창설

기아를 발견한 사람 또는 기아발견의 통지를 받은 경찰공무원은 24시간 이내에 시·읍·면의 장에게 그 사실을 통보하여야 하며, 그 통보를 받은 시장 등은 기아조서를 작성한 다음 가정법원의 허가를 얻어 기아의 성과 본을 창설한 후 이름과 등록기준지를 정하여 가족관계등록부에 기록하여야 한다(가족법 52조).

위 규정에 따르면 기아의 이름은 성과 본의 창설 후에 하는 것이 원칙이지만, 기아를 특정하기 위해서는 이름이 먼저 정해져야 할 필요가 있다. 이에 따라 기아의 성과 본의 창설허가를 청구할 경우에 신청서에 미리 이름을 기재하는 것이 현재의 실무이다.

2. 자의 성과 본의 계속사용 허가

부가 혼인 외의 자녀를 인지한 경우에 인지 전의 자녀의 성과 본을 그대로 유지할 때에는 그 취지와 내용을 인지신고서에 기재하여야 하고, 신고서에 그 내용을 증명하는 서면을 첨부하여야 한다(가족법 55조). 여기에서 그 내용을 증명하는 서면이란 당사자간 협의가 있는 때는 협의서를, 협의가 없는 때에는 가정법원의 성·본 계속사용허가심판문을 말한다.

자의 성과 본의 계속사용허가의 청구권자는 자녀가 되며 상대방은 없다. 자녀가 미성년자인 경우 법정대리인이 한다. 예를 들어 모의 성을 따르고 있는 미성년 자녀를 부가 인지할 경우 모가 자녀의 성과 본을 자기의 성과 본으로 그대로 유지하고자 할 때에는 가정법원에 미성년 자녀를 대리하여 그 허가를 청구할 수 있다.

3. 자의 성과 본의 변경허가

자의 성과 본의 변경제도란 자의 복리를 위하여 성과 본을 변경할 필요가 있을 경우 부, 모 또는 자의 청구에 의하여 법원의 허가를 얻어 성과 본을 변경할 수 있는 제도를 말한다. 이 제도는 주로 재혼가정에서 자라는 자녀가 실제로 부의 역할을 하고 있는 새 아버지와 성이 달라서 고통을 받는 경우의 문제를 해결하기 위하여 도입된 것이나 '자의 복리를 위하여'라는 요건은 폭넓게 해석될 수 있는 것이므로 재혼가정 이외의 가정, 예컨대 입양가정이나 이혼 후 재혼을 하지 않은 경우에도 이용될 수 있다.

가정법원이 성과 본의 변경허가청구에 대한 심판을 할 경우에는 부, 모 및 자의 의견을 들을 수 있고, 자의 부모 중 자와 성과 본이 같은 사람의 사망, 그 밖의 사유로 의견을 들을 수 없는 경우에는 자의 성과 본이 같은 최근친 직계존속의 의견을 들을 수 있다. 그러므로 변경허가 청구를 할 때 이들의 진술서나 동의서를 첨부하면 신속하게 절차를 진행할 수 있다.

법원이 청구를 인용한 경우 청구를 한 사람은 그 심판문의 등본을 첨부하여 가족관계등록관서에 성과 본의 변경신고를 하여야 한다. 가족법 100조에 따르면 이 경우 확정증명서도 첨부하도록 하고 있으나, 청구를 인용한 심판에는 불복할 수 없으므로 실무에서는 확정증명서를 필요로 하지 않는다(가사소송법 43조에 따르면 심판에 대하여는 대법원규칙에서 정하는 바에 따라 즉시항고만을 할 수 있는데 가사소송규칙에 성과 본의 변경허가 인용결정에 대한 즉시항고 규정이 없다).

4. 귀화자의 성과 본의 창설과 개명

외국인이 대한민국 국적을 취득한 경우에는 원칙적으로 외국에서 사용하던 성명을 그 원지음에 따라 한글로 표기하여 가족관계등록부에 기록하여야 한다. 그러므로 외국인이 대한민국 국적 취득 후 한국식 성명을 원할 경우에는 가정법원의 허가를 얻어 성과 본을 창설하고 개명을 하여야 한다.

5. 외국식 성으로의 변경

새 아버지가 외국인인 경우 자의 성을 그 외국인 성으로 변경할 수 있는지에 관해 서울가정법원은 가능하다는 입장이다. 다만, 외국식 성의 경우 본이 있을 수 없기 때문에 이 경우에는 성만 바꾸어 본은 없게 된다.

6. 사건본인이 최근에 가족관계등부상의 부모가 친부모가 아니라는 친생자관계부존재 확인판결을 받아 등록부가 폐쇄되었고, 출생신고를 할 의무자도 없는 경우 가족관계등록부를 창설할

수 있는 방법

먼저 가정법원에서 성·본창설허가심판(가사비송)을 받아서 가족관계등록부를 창설할 수 있다.

- 성·본창설시 필요한 서류는 다음과 같다.
  - ○ 친생자관계부존재확인판결등본 1통 및 확정증명서
  - ○ 가족관계등록부 부존재증명서 1통
  - ○ 주민등록신고확인서(관할 동사무소 발급) 또는 주민등록등본 1통
  - ○ 반명함판 사진 3매
  - ○ 2인 이상의 인우보증서(인감날인, 인감증명서 첨부)
- 가족관계등록부창설시 필요한 서류는 다음과 같다.
  - ○ 신분표 3부
  - ○ 친생자관계부존재확인판결등본 1통 및 확정증명서
  - ○ 폐쇄기본증명서, 폐쇄가족관계증명서, 폐쇄혼인관계증명서, 제적등본
  - ○ 주민등록신고확인서(관할 동사무소 발급) 1통 또는 주민등록등본 1통
  - ○ 2인 이상의 인우보증서(인감날인, 인감증명서 첨부)
  - ○ 성장환경진술서
  - ○ 성·본창설허가 심판서등본
  - ○ 기타 소명자료

7. 사건본인은 부모가 누구인지 모르고 ○○산부인과에서 성명불상의 모에 의해 유기되어 보호시설에서 생활하고 있는 경우, 가족관계등록부를 갖고자 할 때

먼저 가정법원에 성·본창설허가를 받은 다음 가족관계등록부창설절차를 밟으면 된다.

- 필요한 서류는 다음과 같다.
  - ○ 신분표 3부
  - ○ 가족관계부존재증명서
  - ○ 주민등록신고확인서(관할 동사무소 발급) 1통 또는 주민등록등본 1통
  - ○ 2인 이상의 인우보증서(인감날인, 인감증명서 첨부)
  - ○ 성장환경진술서
  - ○ 성장과정을 뒷받침 하는 다음 각 호의 소명자료(이 소명자료에는 작성자의 주소, 전화번호를 기록하여야 함)

    취학한 사실이 있는 경우 그 학적부

    유치원, 병원이나 종교단체가 운영 또는 후원하는 시설, 기타 보호 및 위탁시설 등에 입소했던 경우 그 확인서

    근로자인 경우 대표자나 감독자의 확인서

    성장과정상의 특정사실을 소명하기 위하여 필요한 경우 주민등록지 또는 거소지 인근에 거주하는 자의 보증서

ㅇ 성·본창설허가 심판서등본

ㅇ 기타 소명자료

8. 외국인이 대한민국 국적을 취득하여 가족관계등록부가 작성되었으나 등록부의 성명란에 모국에서의 발음 그대로 기재되어 있어 대한민국의 성과 본을 만들고 이름도 한국식으로 바꾸고자 할 때, 절차와 첨부서류

사건본인의 등록기준지나 주소지를 관할하는 가정법원의 허가를 얻어 성과 본을 만들 수 있으며, 성·본창설허가 신청시 필요한 첨부서류는 사건본인의 기본증명서와 가족관계증명서, 주민등록등본 각 1통이다.

사건본인이 한국식 이름을 원할 경우 한국식으로의 개명신청이 가능하며 위에서 설명한 성·본창설허가와 개명허가를 얻어 구청에 신고함으로써 한국식의 성명으로 변경할 수 있다. 성·본창설과 개명을 동시에 신청하는 경우 별개의 사건으로 접수하여야 하고, 이 경우 사건본인의 주소지를 관할하는 법원에 신청하여야 한다.

개명신청서 첨부서류는 다음과 같다.

가. 미성년자

ㅇ 사건본인의 기본증명서, 가족관계증명서 각 1통

ㅇ 사건본인의 부와 모의 가족관계증명서 각 1통

ㅇ 사건본인의 주민등록등본 1통

나. 성 년 자

ㅇ 사건본인의 기본증명서, 가족관계증명서 각 1통

ㅇ 사건본인의 부와 모의 가족관계증명서 각 1통

ㅇ 사건본인의 자녀(사건본인의 손자가 있는 경우)의 가족관계증명서 1통

ㅇ 사건본인의 주민등록등본 1통

ㅇ 사건본인의 범죄경력조회서 1통(경찰서에서 발급)

ㅇ 내용증명서 사본(신청인이 채무가 있는 경우 채권자에게 내용증명으로 개명신청예정임과 개명 후 이름을 통지한 후 그 사본을 첨부해야 함)

9. 북한이탈주민의 경우 성·본창설 및 등록부창설절차 여부

'북한이탈주민의 보호 및 정착지원에 관한 법률' 제19조에 의해 통일부장관이 서울가정법원에 직접 가족관계등록창설허가신청서를 제출하기 때문에 신청은 필요 없으며, 성과 본의 경우도 특별한 경우가 아니면 종전의 성과 본을 그대로 사용하므로 별도의 성·본창설허가 절차도 필요없다.

10. 아이의 성과 본을 새아빠의 성과 본으로 변경하고 아이의 이름을 바꾸고자 할 때

성과본변경은 가사비송사건이고, 개명은 가족관계등록비송사건으로 서로 다른 절차이므로 각각 따로 신청해야 된다. 성본변경과 개명의 선,후는 특별히 문제가 되지 않으므로 신청인이 편의대로 선택하면 된다.

참고로 서울가정법원의 경우 서울시 전체의 성·본변경사건을 관할하고, 개명의 경우는

종로구, 중구, 성북구, 동작구, 관악구, 서초구, 강남구를 관할한다.

11. **사건본인은 최근 대한민국 국적을 취득하였고 성명을 한국식으로 변경하고자 할 때 개명신청과 동시에 별건으로 성·본창설신청이 가능한지 여부**
가능하며, 개명신청과 성·본창설신청을 동시에 할 경우 사건본인의 주소지 관할 법원에 신청서를 제출하면 된다.

[서식 155] 성과 본의 창설허가심판청구서(2)

성과 본의 창설허가 심판청구

청구인겸 고 산 영 일 (高山英一, 남, 19○○. 4. 15.생) (전화 :)

사건본인 등록기준지 : 부산광역시 ○○구 ○○로 172
주 소 : 부산광역시 ○○구 ○○로 172

청구인과 사건본인의 관계 : 본인 (또는 친권자, 후견인)

청 구 취 지

1. 사건본인의 성을 "김(金)"으로, 본을 "부산(釜山)"로 창설할 것을 허가한다.
2. 사건본인의 이름 "고산영일(高山英一)"을, "영학(英學)"으로 개명하는 것을 허가한다.

라는 심판을 구합니다.

청 구 원 인

1. 청구인은 부산에서 거주하던 일본인 부모 사이에서 출생하였으며, 청구인이 10세 되던 해에 청구인의 가족은 일본으로 귀국하였습니다.
2. 그 후 청구인은 일본에서 소학교, 중학교, 고등학교를 마친 후 부산대학교로 특례입학생으로 유학을 와 공부를 하던 중 배우자 임○은을 만나 20○○. 4. 3. 혼인을 하였으며, 이후 20○○. 3. 25. 법무부장관의 허가를 얻어 간이귀화함으로써 한국의 국적을 취득하고 같은 해 4. 10. 일본국적을 포기하였습니다.

3. 청구인은 일본이름 대신 한국명인 김영학으로 불리고 있는 바, 이 이름으로 개명되기를 바라고 있습니다(의견서 참조).

4. 이상과 같이 청구인은 한국인이 되어 한국식 성과 본, 그리고 한국명을 가지고자 이 건 청구에 이른 것입니다.

첨 부 서 류

1. 주민등록등본	1통
1. 기본증명서	1통
1. 국적취득허가통지서(있는 경우)	1통
1. 여권	1통
1. 인우보증서 또는 의견서(개명)	1통

20○○. ○. ○.

위 청구인 고 산 영 일 (인)

○○ 가정법원 귀중

접수방법

1. 청구인 : 본인 또는 법정대리인(보호시설에 있는 고아의 후견직무에 관한 법률에서 후견직무를 행할 자로 지정된 자 및 법원의 선임후견인 등 포함)
2. 관할 : 사건본인의 소재지 또는 거주지 가정법원
3. 수입인지 : 사건본인 1명당 5,000원의 인지를 납부한다.
4. 송달료 : 당사자수×4,800원×4회분을 납부한다.

주 1. 기아의 성과 본의 창설

기아를 발견한 사람 또는 기아발견의 통지를 받은 경찰공무원은 24시간 이내에 시·읍·면의 장에게 그 사실을 통보하여야 하며, 그 통보를 받은 시장 등은 기아조서를 작성한 다음 가정법원의 허가를 얻어 기아의 성과 본을 창설한 후 이름과 등록기준지를 정하여 가족관계등록부에 기록하여야 한다(가족법 52조).

위 규정에 따르면 기아의 이름은 성과 본의 창설 후에 하는 것이 원칙이지만, 기아를 특정하기 위해서는 이름이 먼저 정해져야 할 필요가 있다. 이에 따라 기아의 성과 본의 창설허가를 청구할 경우에 신청서에 미리 이름을 기재하는 것이 현재의 실무이다.

2. 사건본인은 부모가 누구인지 모르고 ㅇㅇ산부인과에서 성명불상의 모에 의해 유기되어 보호시설에서 생활하고 있는 경우, 가족관계등록부를 갖고자 할 때

먼저 가정법원에 성·본창설허가를 받은 다음 가족관계등록부창설절차를 밟으면 된다.

- 필요한 서류는 다음과 같다.
  - ㅇ 신분표 3부
  - ㅇ 가족관계부존재증명서
  - ㅇ 주민등록신고확인서(관할 동사무소 발급) 1통 또는 주민등록등본 1통
  - ㅇ 2인 이상의 인우보증서(인감날인, 인감증명서 첨부)
  - ㅇ 성장환경진술서
  - ㅇ 성장과정을 뒷받침 하는 다음 각 호의 소명자료(이 소명자료에는 작성자의 주소, 전화번호를 기록하여야 함)

    취학한 사실이 있는 경우 그 학적부

    유치원, 병원이나 종교단체가 운영 또는 후원하는 시설, 기타 보호 및 위탁시설 등에 입소했던 경우 그 확인서

    근로자인 경우 대표자나 감독자의 확인서

    성장과정상의 특정사실을 소명하기 위하여 필요한 경우 주민등록지 또는 거소지 인근에 거주하는 자의 보증서
  - ㅇ 성·본창설허가 심판서등본
  - ㅇ 기타 소명자료

[서식 156] 성과 본의 창설허가심판청구서(3)

성과 본의 창설허가 심판청구

청구인겸 사건본인 김 영 준 (전화 :)
추정생년월일 19ㅇㅇ. ㅇ. ㅇ.생
주 소 서울 서초구 내곡로 123 (우편번호 : 00000)

청 구 취 지

사건본인의 성을 "김(金)"으로, 본을 "김해(金海)"로 창설할 것을 허가한다.

라는 심판을 구합니다.

청 구 원 인

1. 신청인 겸 사건본인은 본은 김해(金海), 성은 김(金)인 성명불상의 아버지, 성명불상의 어머니와 사이에서 서울 동대문구 제기로에서 출산되어 6살 때 어머니가 가출하여 아버지를 따라 전전하다가 아버지의 심한 음주와 체벌이 심하여 1961. 8.경 집을 나와(9살 때) 당시 제기동 다리 밑에서 다른 거지들과 같이 어울려 구걸하였습니다.

2. 이곳에서 겨우 빠져 나온 신청인은 20○○. 4.경(17세때) 독립한 생활을 할려고 청량리역 주변에서 구두닦이를 하다가 22살 때부터 연적주면 불량배들에게 말려들어 하수인 생활을 하면서 20○○. 8. 20.부터 18회에 걸쳐 폭력 및 절도 등으로 복역하다가 20○○. 4. 20. 춘천교도소에서 출소하여 위 주소지에 정착하여 인우보증인 이선일의 집에 세들어 살며 ○○아파트 경비원으로 살고 있습니다.

3. 신청인은 과거 전과 18범으로 교도소 생활을 하다보니 벌써 54세가 달하였는 바 이제라도 여생을 다른 사람들과 같이 사회생활을 하기 위하여 가족관계등록창설을 하고자 본 청구에 이른 것입니다.

첨 부 서 류

1. 무적증명서	1통
1. 주민등록신고 확인서	1통
1. 인우보증서	1통
1. 주민등록초본	1통

20○○. ○. ○.

청구인겸 사건본인 김 영 준 (인)

○○ 가정법원 귀중

접수방법

1. 청구인 : 본인 또는 법정대리인(보호시설에 있는 고아의 후견직무에 관한 법률에서 후견직무를 행할

자로 지정된 자 및 법원의 선임후견인 등 포함)
2. 관할 : 사건본인의 소재지 또는 거주지 가정법원
3. 수입인지 : 사건본인 1명당 5,000원의 인지를 납부한다.
4. 송달료 : 당사자수×4,800원×4회분을 납부한다.

㈜ 1. 기아의 성과 본의 창설

기아를 발견한 사람 또는 기아발견의 통지를 받은 경찰공무원은 24시간 이내에 시·읍·면의 장에게 그 사실을 통보하여야 하며, 그 통보를 받은 시장 등은 기아조서를 작성한 다음 가정법원의 허가를 얻어 기아의 성과 본을 창설한 후 이름과 등록기준지를 정하여 가족관계등록부에 기록하여야 한다(가족법 52조).

위 규정에 따르면 기아의 이름은 성과 본의 창설 후에 하는 것이 원칙이지만, 기아를 특정하기 위해서는 이름이 먼저 정해져야 할 필요가 있다. 이에 따라 기아의 성과 본의 창설허가를 청구할 경우에 신청서에 미리 이름을 기재하는 것이 현재의 실무이다.

2. 사건본인은 부모가 누구인지 모르고 ○○산부인과에서 성명불상의 모에 의해 유기되어 보호시설에서 생활하고 있는 경우, 가족관계등록부를 갖고자 할 때

먼저 가정법원에 성·본창설허가를 받은 다음 가족관계등록부창설절차를 밟으면 된다.

- 필요한 서류는 다음과 같다.
  - ㅇ신분표 3부
  - ㅇ가족관계부존재증명서
  - ㅇ주민등록신고확인서(관할 동사무소 발급) 1통 또는 주민등록등본 1통
  - ㅇ2인 이상의 인우보증서(인감날인, 인감증명서 첨부)
  - ㅇ성장환경진술서
  - ㅇ성장과정을 뒷받침 하는 다음 각 호의 소명자료(이 소명자료에는 작성자의 주소, 전화번호를 기록하여야 함)

    취학한 사실이 있는 경우 그 학적부

    유치원, 병원이나 종교단체가 운영 또는 후원하는 시설, 기타 보호 및 위탁시설 등에 입소했던 경우 그 확인서

    근로자인 경우 대표자나 감독자의 확인서

    성장과정상의 특정사실을 소명하기 위하여 필요한 경우 주민등록지 또는 거소지 인근에 거주하는 자의 보증서
  - ㅇ성·본창설허가 심판서등본
  - ㅇ기타 소·명자료

[서식 157] 성 및 본의 창설허가심판청구서(4)

성 및 본의 창설허가 심판청구

청구인겸 사건본인 ○ ○ ○ (한자) (전화 :)
추정생년월일 19○○. ○. ○.생 성별 : 남
주 소 서울 서초구 내곡로 123 (우편번호 : 00000)

청 구 취 지

사건본인의 성을 "김(金)"으로, 본을 "김해(金海)"로 창설할 것을 허가한다.
라는 심판을 구합니다.

청 구 원 인

1. 청구인겸 사건본인은 추정생년월일 19○○. ○. ○. 경남 김해 이하 불상지에서 출생한 것으로 추청되오나 친부모가 누구인지도 전혀 모르고 다만 19○○. ○. ○. 경 김해에 있는 ○○아동복기관에서 보육되고 있다 19○○. ○. ○. 경 ○○도 ○○군 ○○읍 ○○로 ○○○의 ○○○(한문)과 ○○○(한문)사이의 자(子)로 입양 되었습니다.
2. 그러나 전 호적(법률 제8435호로 폐지된 호적법에 따른 호적부를 말하며, 이하"호적"이라고 한다)상의 ○○○(한자)과 ○○○(한자)는 사건본인을 19○○. ○. ○. 친생자(○○○(한자)으로 출생 신고하여 호적에 입적하였으며 사건본인도 어린시절 친부모로 알고 성장해 오다 초등학교 재학 중 주위사람들을 통하여 본인이 호적상의 부모사이의 친생자가 아니며 고아원에서 입양된 사실을 알게 되었고 그로 인한 심적 충격과 갈등으로 학교에 잘 나가지 아니하게 되고 방황이 시작되면서 학교생활과 집을 나와 기거했던 경남 김해시 ○○로 소재 사회복지법인 ○○생활에도 정상적으로 적응하지 못하고 결국 중학교 1학년 때 학교를 자퇴한 후 서울 등지에서 떠돌이 생활을 하다 현재는 주소지에서 정착하고 있습니다.
3. 위와 같은 사건본인의 심적 갈등과 충격으로 양부모와 간간이 뜻하지 않은 불화가 있었으며 결국 전호적상 부모인 ○○(한자) 및 ○○○(한자)와 청구인은 19○○. ○. ○. ○○가정법원에서 양자간에 친생자가 존재하지 아니할 뿐 아니라 양친자관계를 존속하기 어려운 중대한 사유에 해당된다 하여 친생자관계부존재 확인 판결을

받아 청구인겸 사건본인은 ○○○(한자)과 ○○○(한자) 호적의 자(子)에서 19○○. ○. ○. 말소됨에 따라 현재는 사고무친의 고아이자 무적자로 호적을 갖지 못하고 있습니다.

4. 하지만 사건본인은 이제 성년이 다 되어 친생부모를 찾고자 백방으로 수소문하고 노력도 해 보았지만 사실상 불가능하여 다른 사람들과 같이 대한민국의 한 국민으로 정정당당하게 사회생활 또는 법률행위를 함에 있어 호적이 절대로 필요함으로 청구취지와 같이 성과 본의 창설을 허가받아 일가창립을 하고자 본 청구에 이른 것입니다.

첨 부 서 류

1. 친생자관계부존재확인 판결문 1통
1. 확정증명원 1통
1. 입양확인서 1통
1. 제적등본(말소사항기재분) 1통
1. 주민등록동본 1통

20○○. ○. ○.

위 청구인 겸 사건본인 ○ ○ ○ (인)

○○ 가정법원 귀중

접수방법

1. 청구인 : 본인 또는 법정대리인(보호시설에 있는 고아의 후견직무에 관한 법률에서 후견직무를 행할 자로 지정된 자 및 법원의 선임후견인 등 포함)
2. 관할 : 사건본인의 소재지 또는 거주지 가정법원
3. 수입인지 : 사건본인 1명당 5,000원의 인지를 납부한다.
4. 송달료 : 당사자수×4,800원×4회분을 납부한다.

주 1. 기아의 성과 본의 창설
기아를 발견한 사람 또는 기아발견의 통지를 받은 경찰공무원은 24시간 이내에 시·읍·면의 장에게 그 사실을 통보하여야 하며, 그 통보를 받은 시장 등은 기아조서를 작성한 다음 가정법원의 허가를 얻어 기아의 성과 본을 창설한 후 이름과 등록기준지를 정하여 가족관계등록부에 기록하여야 한다(가족법 52조).

위 규정에 따르면 기아의 이름은 성과 본의 창설 후에 하는 것이 원칙이지만, 기아를 특정하기 위해서는 이름이 먼저 정해져야 할 필요가 있다. 이에 따라 기아의 성과 본의 창설허가를 청구할 경우에 신청서에 미리 이름을 기재하는 것이 현재의 실무이다.

2. 사건본인은 부모가 누구인지 모르고 ○○산부인과에서 성명불상의 모에 의해 유기되어 보호시설에서 생활하고 있는 경우, 가족관계등록부를 갖고자 할 때

먼저 가정법원에 성·본창설허가를 받은 다음 가족관계등록부창설절차를 밟으면 된다.

- 필요한 서류는 다음과 같다.
  - ◦ 신분표 3부
  - ◦ 가족관계부존재증명서
  - ◦ 주민등록신고확인서(관할 동사무소 발급) 1통 또는 주민등록등본 1통
  - ◦ 2인 이상의 인우보증서(인감날인, 인감증명서 첨부)
  - ◦ 성장환경진술서
  - ◦ 성장과정을 뒷받침 하는 다음 각 호의 소명자료(이 소명자료에는 작성자의 주소, 전화번호를 기록하여야 함)
    취학한 사실이 있는 경우 그 학적부
    유치원, 병원이나 종교단체가 운영 또는 후원하는 시설, 기타 보호 및 위탁시설 등에 입소했던 경우 그 확인서
    근로자인 경우 대표자나 감독자의 확인서
    성장과정상의 특정사실을 소명하기 위하여 필요한 경우 주민등록지 또는 거소지 인근에 거주하는 자의 보증서
  - ◦ 성·본창설허가 심판서등본
  - ◦ 기타 소명자료

[서식 158] 성 및 본의 창설허가심판청구서(5)

성 및 본의 창설허가 심판청구

청 구 인 서초구청장 (전화 :)

사건본인 기아 이 영 철
추정생년월일 20○○. ○. ○.생 성별 : 남
소재지 서울 서초구 서초로 123 (우편번호 : 00000)

청 구 취 지

사건본인의 성을 "김(金)"으로, 본을 "김해(金海)"로 창설할 것을 허가한다.
라는 심판을 구합니다.

청 구 원 인

20○○. 4. 30. 서울특별시 서초구 서초로 345 사회복지법인 서초복지회 회장 ○○○의 기아발견신고가 있으므로 민법 제781조 제3항, 가족관계의등록등에관한법률 제101조의 규정에 의하여 청구취지와 같이 심판을 청구하는 바입니다.

첨 부 서 류

1. 기아조서등본 1통
1. 기아발견신고서 1통

20○○. ○. ○.

청구인 서울특별시 서초구청장 (인)

○○ 가정법원 귀중

접수방법

1. 청구인 : 기아조서를 작성한 시(구)·읍·면의 장
2. 관할 : 사건본인의 소재지 또는 거주지 가정법원
3. 수입인지 : 사건본인 1명당 5,000원의 인지를 납부한다.
4. 송달료 : 당사자수×4,800원×4회분을 납부한다.

주 1. 기아의 성과 본의 창설

기아를 발견한 사람 또는 기아발견의 통지를 받은 경찰공무원은 24시간 이내에 시·읍·면의 장에게 그 사실을 통보하여야 하며, 그 통보를 받은 시장 등은 기아조서를 작성한 다음 가정법원의 허가를 얻어 기아의 성과 본을 창설한 후 이름과 등록기준지를 정하여 가족관계등록부에 기록하여야 한다(가족법 52조).

위 규정에 따르면 기아의 이름은 성과 본의 창설 후에 하는 것이 원칙이지만, 기아를 특정하기 위해서는 이름이 먼저 정해져야 할 필요가 있다. 이에 따라 기아의 성과 본의 창설허

가를 청구할 경우에 신청서에 미리 이름을 기재하는 것이 현재의 실무이다.

2. 사건본인은 부모가 누구인지 모르고 ○○산부인과에서 성명불상의 모에 의해 유기되어 보호시설에서 생활하고 있는 경우, 가족관계등록부를 갖고자 할 때

먼저 가정법원에 성·본창설허가를 받은 다음 가족관계등록부창설절차를 밟으면 된다.

- 필요한 서류는 다음과 같다.
  - ○ 신분표 3부
  - ○ 가족관계부존재증명서
  - ○ 주민등록신고확인서(관할 동사무소 발급) 1통 또는 주민등록등본 1통
  - ○ 2인 이상의 인우보증서(인감날인, 인감증명서 첨부)
  - ○ 성장환경진술서
  - ○ 성장과정을 뒷받침 하는 다음 각 호의 소명자료(이 소명자료에는 작성자의 주소, 전화번호를 기록하여야 함)

    취학한 사실이 있는 경우 그 학적부

    유치원, 병원이나 종교단체가 운영 또는 후원하는 시설, 기타 보호 및 위탁시설 등에 입소했던 경우 그 확인서

    근로자인 경우 대표자나 감독자의 확인서

    성장과정상의 특정사실을 소명하기 위하여 필요한 경우 주민등록지 또는 거소지 인근에 거주하는 자의 보증서
  - ○ 성·본창설허가 심판서등본
  - ○ 기타 소명자료

[서식 159] 성 및 본의 창설허가심판청구서(6)

성과 본의 창설허가 심판청구

청 구 인 서울특별시 서대문구청장 문○진 (전화 :)
서울 서대문구 연희로 168

사건본인 김 ○ 학 (金○學, 남)
(기 아) 20○○. 4. 15.생 (추정)
등록기준지 : 서울 서대문구 연희로 123

청 구 취 지

사건본인의 성을 "김(金)"으로, 본을 "경주(慶州)"로 창설할 것을 허가한다.
라는 심판을 구합니다.

청 구 원 인

1. 사건본인은 20○○. 1. 23. 서대문경찰서 기아발견보고서를 받은 기아로서, 청구인이 작성한 기아발견조서의 기재와 같이 부속품에는 명찰이 있어 그의 성명을 알 수 있었을 뿐입니다.
2. 따라서 위 사건본인의 발견장소인 '서울 서대문구 연희로 123'를 그의 등록기준지로 정하여 성을 '김'으로, 본은 '경주'로 창성할 것을 허가신청하오니 허가하여 주시기 바랍니다.

첨 부 서 류

1. 기아발견조서등본 1통

20○○. ○. ○.

위 청구인 서울특별시 서대문구청장 문 ○ 진 (인)

○○ 가정법원 귀중

접수방법

1. 청구인 : 기아조서를 작성한 시(구)·읍·면의 장
2. 관할 : 사건본인의 소재지 또는 거주지 가정법원
3. 수입인지 : 사건본인 1명당 5,000원의 인지를 납부한다.
4. 송달료 : 당사자수×4,800원×4회분을 납부한다.

주 1. 기아의 성과 본의 창설
기아를 발견한 사람 또는 기아발견의 통지를 받은 경찰공무원은 24시간 이내에 시·읍·면의 장에게 그 사실을 통보하여야 하며, 그 통보를 받은 시장 등은 기아조서를 작성한 다음 가정법원의 허가를 얻어 기아의 성과 본을 창설한 후 이름과 등록기준지를 정하여 가족관

계등록부에 기록하여야 한다(가족법 52조).
위 규정에 따르면 기아의 이름은 성과 본의 창설 후에 하는 것이 원칙이지만, 기아를 특정하기 위해서는 이름이 먼저 정해져야 할 필요가 있다. 이에 따라 기아의 성과 본의 창설허가를 청구할 경우에 신청서에 미리 이름을 기재하는 것이 현재의 실무이다.

2. 사건본인은 부모가 누구인지 모르고 ○○산부인과에서 성명불상의 모에 의해 유기되어 보호시설에서 생활하고 있는 경우, 가족관계등록부를 갖고자 할 때

먼저 가정법원에 성·본창설허가를 받은 다음 가족관계등록부창설절차를 밟으면 된다.

- 필요한 서류는 다음과 같다.
  - ○ 신분표 3부
  - ○ 가족관계부존재증명서
  - ○ 주민등록신고확인서(관할 동사무소 발급) 1통 또는 주민등록등본 1통
  - ○ 2인 이상의 인우보증서(인감날인, 인감증명서 첨부)
  - ○ 성장환경진술서
  - ○ 성장과정을 뒷받침 하는 다음 각 호의 소명자료(이 소명자료에는 작성자의 주소, 전화번호를 기록하여야 함)
    취학한 사실이 있는 경우 그 학적부
    유치원, 병원이나 종교단체가 운영 또는 후원하는 시설, 기타 보호 및 위탁시설 등에 입소했던 경우 그 확인서
    근로자인 경우 대표자나 감독자의 확인서
    성장과정상의 특정사실을 소명하기 위하여 필요한 경우 주민등록지 또는 거소지 인근에 거주하는 자의 보증서
  - ○ 성·본창설허가 심판서등본
  - ○ 기타 소명자료

[서식 160] 성과 본의 창설 및 개명허가신청(귀화자의 성과 본의 창설과 개명)

성과 본의 창설 및 개명허가신청

신청인 및 사건본인 우사인 델라 (000000-0000000) (전화 :)
등록기준지 ○○시 ○○구 ○○로 123
주 소 ○○시 ○○구 ○○로 234

청 구 취 지

1. 사건본인의 성을 "김(金)"으로, 본을 "김해(金海)"로 창설할 것을 허가한다.
2. 등록기준지 ○○시 ○○구 ○○로 123 ○○○의 가족관계등록부 중 신청인의 이름 우사인델라(한자 없음)를 "김○○(金○○)"으로 개명하는 것을 허가한다.

라는 재판을 구합니다.

청 구 원 인

1. 신청인은 본래 필리핀 국적이었으나 20○○. 3. 10. 대한민국인 ○○○과 혼인신고를 하였고, 20○○. 3. 18. 귀화하여 대한민국 국민이 되었습니다.
2. 신청인은 위 혼인신고 및 국적취득 후 본래 이름인 "USAIN DELLA"와 비슷한 "우사인 델라"라는 이름으로 가족관계등록부에 등재되어 현재까지 위 이○철과 슬하에 1명의 자녀(이○미, 20○○. ○. ○.생 여)를 두고 있습니다.
   그런데, 신청인의 이름은 신청인이 대한민국 국민이 되었음에도 사람들에게 여전히 외국인으로 인식하게 만들고 있습니다. 신청인은 공공장소에서 이름이 불리워질 때 사람들이 동남아계 외국인을 대하는 멸시의 시선으로 자신을 본다는 두려움을 갖고 있습니다. 또한 신청인은 평범한 어머니로서 살고 싶은 마음이 간절하나 위 이름 때문에 장래 신청인의 아이가 학교에 다니고 사회에 나가서 신원진술서 등 가족관계를 기재할 때에 놀림거리가 되거나 불이익을 받지는 않을 까 걱정을 하고 있습니다.
3. 따라서 신청인은 "김○○(金○○)"이라는 이름으로 개명을 하려고 합니다. 위와 같은 신청인의 절박한 상황을 고려할 때, 신청인에게는 개명이 꼭 필요한 것으로 보여지고 이를 위하여 성과 본의 창설이 선행되어야 할 것이므로 신청취지 기재와 같이 신청인에 대한 성, 본 창설 및 개명을 허가하여 주시기 바랍니다.

첨 부 서 류

1. 가족관계증명서 1통
1. 기본증명서 1통
1. 귀화허가통지서 1통
1. 인우보증서 1통

20○○. ○. ○.

청구인 우사인 델라 (인)

○○ 가정법원 귀중

접수방법

1. 관할 : 사건본인의 소재지 또는 거주지 가정법원
2. 수입인지 : 사건본인 1명당 5,000원의 인지를 납부한다.
3. 송달료 : 당사자수×4,800원×4회분이다.

주 **1. 귀화자의 성과 본의 창설과 개명**

외국인이 대한민국 국적을 취득한 경우에는 원칙적으로 외국에서 사용하던 성명을 그 원지음에 따라 한글로 표기하여 가족관계등록부에 기록하여야 한다. 그러므로 외국인이 대한민국 국적 취득 후 한국식 성명을 원할 경우에는 가정법원의 허가를 얻어 성과 본을 창설하고 개명을 하여야 한다.

2. 외국인이 대한민국 국적을 취득하여 가족관계등록부가 작성되었으나 등록부의 성명란에 모국에서의 발음 그대로 기재되어 있어 대한민국의 성과 본을 만들고 이름도 한국식으로 바꾸고자 할 때, 절차와 첨부서류

사건본인의 등록기준지나 주소지를 관할하는 가정법원의 허가를 얻어 성과 본을 만들 수 있으며, 성·본창설허가 신청시 필요한 첨부서류는 사건본인의 기본증명서와 가족관계증명서, 주민등록등본 각 1통이다.

사건본인이 한국식 이름을 원할 경우 한국식으로의 개명신청이 가능하며 위에서 설명한 성·본창설허가와 개명허가를 얻어 구청에 신고함으로써 한국식의 성명으로 변경할 수 있다.

성·본창설과 개명을 동시에 신청하는 경우 별개의 사건으로 접수하여야 하고, 이 경우 사건본인의 주소지를 관할하는 법원에 신청하여야 한다.

개명신청서 첨부서류는 다음과 같다.

가. 미성년자

∘ 사건본인의 기본증명서, 가족관계증명서 각 1통

∘ 사건본인의 부와 모의 가족관계증명서 각 1통

∘ 사건본인의 주민등록등본 1통

나. 성 년 자

∘ 사건본인의 기본증명서, 가족관계증명서 각 1통

∘ 사건본인의 부와 모의 가족관계증명서 각 1통

∘ 사건본인의 자녀(사건본인의 손자가 있는 경우)의 가족관계증명서 1통

∘ 사건본인의 주민등록등본 1통

∘ 사건본인의 범죄경력조회서 1통(경찰서에서 발급)

∘ 내용증명서 사본(신청인이 채무가 있는 경우 채권자에게 내용증명으로 개명신청예정임과 개명 후 이름을 통지한 후 그 사본을 첨부해야 함)

3. 사건본인은 최근 대한민국 국적을 취득하였고 성명을 한국식으로 변경하고자 할 때 개명신청과 동시에 별건으로 성·본창설신청이 가능한지 여부

가능하며, 개명신청과 성·본창설신청을 동시에 할 경우 사건본인의 주소지 관할 법원에 신청서를 제출하면 된다.

[서식 161] 자의 성과 본의 계속사용허가청구서(1)

자의 성과 본의 계속사용허가청구

청구인겸 이 ○ ○ (000000-0000000) (전화 :)

사건본인 등록기준지 : ○○시 ○○구 ○○로 123

주 소 : ○○시 ○○구 ○○로 234 (우편번호 : 00000)

사건본인 박 ○ ○ (000000-0000000) (전화 :)

등록기준지 및 주소 : 청구인과 같음

청 구 취 지

청구인겸 사건본인의 성을 "이(李)"로, 본을 "전주(全州)"로 계속하여 사용할 것을 허가한다.

라는 심판을 구합니다.

청 구 원 인

1. 인지를 한 사실과 성과 본이 청구인(사건본인)이 사용하고 있던 성과 본이 다름으로 인하여 정체성의 혼란 및 사회생활상의 불편함 등을 자세하게 서술한다.
2. 이하 구체적인 청구원인은 생략

입 증 방 법

1. 갑 제1호증	가족관계증명서
1. 갑 제2호증	기본증명서
1. 갑 제3호증	기타 소명자료

첨 부 서 류

1. 위 입증서류	각 1통
1. 주민등록초본	2통

20○○. ○. ○.

청구인 이 ○ ○ (인)

○○ 가정법원 귀중

접수방법

1. 청구인 : 자가 청구할 수 있으며 아버지를 상대방으로 한다.
2. 관할 : 사건본인의 주소지를 관할하는 가정법원에 제출한다.
3. 수입인지 : 1건당 5,000원의 인지를 납부한다.
4. 송달료 : 당사자수×4,800원×4회분을 납부한다.

㈜ **자의 성과 본의 계속사용 허가**

부가 혼인 외의 자녀를 인지한 경우에 인지 전의 자녀의 성과 본을 그대로 유지할 때에는 그 취지와 내용을 인지신고서에 기재하여야 하고, 신고서에 그 내용을 증명하는 서면을 첨부하여야 한다(가족법 55조). 여기에서 그 내용을 증명하는 서면이란 당사자간 협의가 있는 때는 협의서를, 협의가 없는 때에는 가정법원의 성·본 계속사용허가심판문을 말한다.

자의 성과 본의 계속사용허가의 청구권자는 자녀가 되며 상대방은 없다. 자녀가 미성년자인 경우 법정대리인이 한다. 예를 들어 모의 성을 따르고 있는 미성년 자녀를 부가 인지할 경우 모가 자녀의 성과 본을 자기의 성과 본으로 그대로 유지하고자 할 때에는 가정법원에 미성년 자녀를 대리하여 그 허가를 청구할 수 있다.

[서식 162] 자의 성과 본의 계속사용허가청구서(2)

자의 성과 본의 계속사용허가청구

청구인겸 이 ○ ○ (000000-0000000) (전화 :)

사건본인 등록기준지 : ○○시 ○○구 ○○로 123
주 소 : ○○시 ○○구 ○○로 234 (우편번호 : 00000)
미성년자이므로 법정대리인 겸 친권자
친권자 모 이○○ (000000-0000000)
등록기준지 및 주소 : 위와 같음

청 구 취 지

사건본인의 성을 "이(李)"로, 본을 "전주(全州)"로 계속하여 사용할 것을 허가한다.
라는 심판을 구합니다.

청 구 원 인

1. 사건본인의 법정대리인 겸 친권자인 이○○는 20○○. ○. ○. ○○시 ○○구 ○○로 345에서 김○○와 동거하던 중 20○○. ○. ○. 사건본인을 출생하였지만 그 출생신고를 할 당시 생모인 이○○의 가족관계등록부에 올렸고 생모인 성과 본에 따라 성은 이로 본은 전주로 등재하였습니다.

2. 이후 이○○은 김○○와 혼인신고를 정식으로 하고 법률상 부부가 되었는데 사건본

인도 위 김○○의 가족관계등록부에 올라가게 되었으나 사건본인은 갑자기 성과 본인 이○○에서 김○○으로 변경되게 됨에 따라 아직 미성년자로서 이를 감당할 만한 정신적 여력이 없어 당분간 종전의 성과 본을 계속하여 사용할 수 있도록 허가하여 주시기 바라와 이 사건 청구를 하기에 이른 것입니다.

입 증 방 법

1. 갑 제1호증 가족관계증명서
1. 갑 제2호증 기본증명서
1. 갑 제3호증 학적부

첨 부 서 류

1. 위 입증서류 각 1통
1. 주민등록초본 2통

20○○. ○. ○.

청구인 이 ○ ○
미성년자이므로 법정대리인 겸 친권자
친권자 모 이 ○ ○ (인)

○○ 가정법원 귀중

접수방법

1. 관할 : 사건본인의 주소지를 관할하는 가정법원에 제출한다.
2. 수입인지 : 사건본인 1명당 5,000원의 인지를 납부한다.
3. 송달료 : 당사자수×4,800원×4회분을 납부한다.

주 자의 성과 본의 계속사용 허가

부가 혼인 외의 자녀를 인지한 경우에 인지 전의 자녀의 성과 본을 그대로 유지할 때에는 그 취지와 내용을 인지신고서에 기재하여야 하고, 신고서에 그 내용을 증명하는 서면을 첨부하여야 한다(가족법 55조). 여기에서 그 내용을 증명하는 서면이란 당사자간 협의가 있는 때는 협의서를, 협의가 없는 때에는 가정법원의 성·본 계속사용허가심판문을 말한다.

자의 성과 본의 계속사용허가의 청구권자는 자녀가 되며 상대방은 없다. 자녀가 미성년자인 경우 법정대리인이 한다. 예를 들어 모의 성을 따르고 있는 미성년 자녀를 부가 인지할 경우 모가 자녀의 성과 본을 자기의 성과 본으로 그대로 유지하고자 할 때에는 가정법원에 미성년 자녀를 대리하여 그 허가를 청구할 수 있다.

[서식 163] 자의 성과 본의 변경허가심판청구서(1)

자의 성과 본의 변경허가 심판청구

청 구 인　　이 ○ ○ (000000-0000000) (전화 : 　　　　)
　　　　　　등록기준지 : ○○시 ○○구 ○○로 123
　　　　　　주　　소 : ○○시 ○○구 ○○로 234 (우편번호 : 00000)

사건본인　　김 ○ ○ (000000-0000000) (전화 : 　　　　)
　　　　　　등록기준지 및 주소 : 청구인과 같음

청 구 취 지

사건본인의 성을 "이(李)"로, 본을 "전주(全州)"로 변경할 것을 허가한다.
라는 심판을 구합니다.

청 구 원 인

1. 청구인은 사건본인의 양부입니다.
2. 청구인은 청구외 정○○와 20○○. 5. 10. 결혼을 하였으나 성격의 차이로 결혼생활 4년만에 협의이혼을 하였습니다.
3. 청구인은 사건본인의 모이자 현재 청구인의 처인 청구외 최○○를 만나 20○○. 8. 12. 재혼을 하였고, 현재 행복하게 살고 있습니다. 사건본인은 청구인을 친아버지처럼 따르고 있고 청구인도 친자식처럼 사랑하고 있습니다.
4. 그런데 사건본인과 청구인의 친생자인 이○○(청구인과 전처인 정○○ 사이에 출생)과 성이 달라서 서로간에 불편과 오해가 생기는 등 융화가 안되는 것 같고 사건본인이

초등학교에 입학할 나이가 되어 청구인과의 성과 본이 달라 부의 정체를 모르는 사건본인에게 큰 혼란을 가져올 수 있으므로 자의 복리를 위하여 이 건 청구에 이른 것입니다.

입 증 방 법

1. 갑 제1호증　　가족관계증명서
1. 갑 제2호증　　기본증명서

첨 부 서 류

1. 위 입증서류　　각 1통
1. 주민등록등본　　1통

20○○. ○. ○.

청구인 이 ○ ○ (인)

○○ 가정법원 귀중

접수방법 및 유의사항

1. 청구인 : 부, 모 또는 자가 청구할 수 있다.
2. 사건본인의 아버지의 주소를 기재한다(누락할 경우 나중 보정명령 받을 수 있음).
3. 관할 : 사건본인의 주소지를 관할하는 가정법원
4. 수입인지 : 사건본인 1명당 5,000원의 인지를 납부한다.
5. 송달료 : 당사자수×4,800원×4회분을 납부한다.
6. 사건본인의 아버지에게 의견청취서를 보내어 의견을 들을 필요가 있을 수 있으므로 신속한 심리를 위하여, 사건본인의 아버지의 주소를 알고 있는 경우에 기재하되, 기재하지 아니한 경우, 주소를 밝히라는 법원의 보정명령을 나중에 받을 수 있다.
7. "성"과 "본"이 변경된다고 하여, 친권자가 변경되거나 새 아버지와 사이에 친족관계가 생기거나 종전 부모와의 친족관계가 소멸되는 것은 아니다.
8. 이후, 법원에서 보낸 심판서를 송달 받고 2주 지나서 위 심판법원에서 확정증명서를 발급 받은 후 호적관서에 1개월 이내에 신고하면 된다.

[서식 164] 자의 성과 본의 변경허가심판청구서(2)

자의 성과 본의 변경허가 심판청구

청 구 인　　정 ○ 숙 (000000-0000000) (전화 : 　　　　)
등록기준지 : ○○시 ○○구 ○○로 123
주　　소 : ○○시 ○○구 ○○로 234 (우편번호 : 00000)

사건본인　　김 ○ 진 (000000-0000000) (전화 : 　　　　)
등록기준지 및 주소 : 청구인과 같음

청 구 취 지

사건본인의 성을 "이(李)"로, 본을 "전주(全州)"로 변경할 것을 허가한다.
라는 심판을 구합니다.

청 구 원 인

1. 사건본인은 청구인과 청구외 김○철 사이에 출생자입니다.
2. 청구인은 청구외 김○철과 이혼한 후 청구외 이○주와 재혼하여 이○주와 함께 사건본인을 잘 양육하고 있습니다. 그런데 사건본인은 새 아버지인 이○주의 성과 본이 달라서 학교생활 및 사회생활 등에서 많은 괴로움을 겪고 있습니다.
3. 사건본인의 복리를 위하여 사건본인이 성과 본을 새아버지인 이○주의 성과 본으로 변경할 필요가 있으므로, 청구취지와 같은 심판을 구하고자 이 사건 청구에 이른 것입니다.
4. 가사소송규칙 제59조의2에 따라 법원이 사건본인의 친부의 의견을 청취하려고 하는 경우에 필요한 사건본인의 친부의 주소는 (　　　　　　　　)입니다.

입 증 방 법

1. 진술서(청구인) 1통
1. 가족관계증명서(청구인 및 사건본인) 각 1통
1. 기본증명서(사건본인) 1통

1. 혼인관계증명서(청구인) 1통
1. 주민등록등본(청구인 및 사건본인) 각 1통
1. 기타(해당사항이 있는 경우에 □안에 ✓표시를 하고 해당 서류를 첨부해 주십시오)
   - □ 입양관계증명서 1통
     (사건본인이 입양된 경우)
   - □ 제적등본(친부) 1통
     (친부가 사망한 경우, 단 2008. 1. 1. 이후에 사망신고가 된 경우에 폐쇄가족관계등록부에 따른 친부의 기본증명서)

20○○. ○. ○.

청구인 정 ○ 숙 (인)

○○ 가정법원 귀중

접수방법 및 유의사항

1. 청구인 : 부, 모 또는 자가 청구할 수 있다.
2. 사건본인의 아버지의 주소를 기재한다(누락할 경우 나중 보정명령 받을 수 있음).
3. 관할 : 사건본인의 주소지를 관할하는 가정법원
4. 수입인지 : 사건본인 1명당 5,000원의 인지를 납부한다.
5. 송달료 : 당사자수×4,800원×4회분을 납부한다.
6. 사건본인의 아버지에게 의견청취서를 보내어 의견을 들을 필요가 있을 수 있으므로 신속한 심리를 위하여, 사건본인의 아버지의 주소를 알고 있는 경우에 기재하되, 기재하지 아니한 경우, 주소를 밝히라는 법원의 보정명령을 나중에 받을 수 있다.
7. "성"과 "본"이 변경된다고 하여, 친권자가 변경되거나 새 아버지와 사이에 친족관계가 생기거나 종전 부모와의 친족관계가 소멸되는 것은 아니다.
8. 이후, 법원에서 보낸 심판서를 송달 받고 2주 지나서 위 심판법원에서 확정증명서를 발급 받은 후 호적관서에 1개월 이내에 신고하면 된다.

진 술 서

청구인은 다음과 같은 내용을 사실대로 진술합니다.

1. 청구인과 사건본인의 가족관계 등

가. 기본사항(사건본인과 관계있는 해당사항만 기재하시면 됩니다.

구 분	연 월 일	참 고 사 항
( )과(와) 혼인 신고일	년 월 일	동거 시작일 년 월 일
사건본인 ( )출생일자	년 월 일	
( )과(와) 이혼 신고일	년 월 일	□ 협의이혼, □ 재판상이혼
( )과(와) 재혼 신고일	년 월 일	동거시작일 년 월 일

나. 사건본인의 친권자, 양육자 등 관계

구 분	내 용
(1) 사건본인의 나이, 학교 등	만 세, □ 유치원, □ 학교 학년 재학 중
(2) 이혼시 지정된 친권자	□ 사건본인의 아버지, □ 사건본인의 어머니
(3) 이혼시 지정된 양육자	□ 사건본인의 아버지, □ 사건본인의 어머니
(4) 현재의 실제 양육자와 양육기간	□ 사건본인의 아버지, □ 사건본인의 어머니 양육기간 : 약 년 개월(년 무렵 → 현재)
(5) 양육비용을 부담하고 있는 사람	
(6) 친아버지가 사건본인 또는 사건본인의 어머니에게 양육비를 지급하고 있는지 여부	□ 양육비를 지급하고 있음 □ 양육비를 지급하고 있지 아니함
	※ 양육비를 지급하고 있는 경우 그 액수 월평균으로 따져보면 약 원
(7) 사건본인이 친아버지와 면접교섭하는지(정기적 또는 부정기적으로 만나는지) 여부	□ 면접교섭함, □ 면접교섭하지 아니함
	면접교섭의 내용(면접교섭하는 경우에만 기재하여주십시오). □ 1년에 약 1 ~ 3회 □ 매월 약 1회, 매월 약 2회 이상 □ 기타 ( )

2. 사건본인이 현재의 성과 본으로 인하여 사회생활 등에서 어려움을 겪고 있는 구체적 사례

3. 사건본인의 성과 본의 변경이 필요한 이유(□안에 ✓표시, 내용 기재)

가. 의붓아버지(계부)의 성과 본으로 변경하려는 경우

(1) 의붓아버지가 사건본인을 양육하고 있는지 : □ 양육하고 있음, □ 양육하고 있지 아니함

(2) 의붓아버지가 사건본인을 실제 양육한 기간

약 년 개월(년 월 무렵부터 → 년 월 무렵까지)

(3) 성과 본의 변경이 사건본인의 행복과 이익을 위하여 필요한 이유

____

나. 어머니의 성과 본으로 변경하려는 경우

(1) 어머니가 이혼 후 사건본인을 실제 양육한 기간

약 년 개월 (년 월 무렵부터 → 년 월 무렵까지)

(2) 성과 본의 변경이 사건본인의 행복과 이익을 위하여 필요한 이유

____

다. 양부 또는 양모의 성과 본으로 변경하려는 경우

(1) 사건본인을 양육하고 있는지 : □ 양육하고 있음, □ 양육하고 있지 아니함

(2) 양부 또는 양모가 사건본인을 실제 양육한 기간

약 년 개월 (년 월 무렵부터 년 월 무렵까지)

(3) 성과 본의 변경이 사건본인의 행복과 이익을 위하여 필요한 이유

____

4. 그 밖에 법원에 진술하고 싶은 사정

년 월 일

청구인 (인)

○○ 가정법원 귀중

5. 부부재산약정의 변경허가

가. 의 의

(1) 부부재산약정제도는 결혼을 앞 둔 예비부부가 결혼 후 재산관리 및 이혼할 때의 처분권한 등에 대하여 미리 계약을 하는 것을 말한다.

(2) 부부가 혼인성립 전에 그 재산에 관하여 약정한 때에는 혼인 중 이를 변경하지 못하는 것이 원칙이다. 그러나 정당한 사유가 있는 때에는 법원의 허가를 얻어 변경할 수 있다(민법 829조 2항).

나. 관 할

부부가 같은 가정법원의 관할구역내에 보통재판적이 있을 때는 그 가정법원이, 부부가 마지막으로 같은 주소지를 가졌던 가정법원의 관할구역 내에 부부 중 어느 한쪽의 보통재판적이 있을 때는 그 가정법원이 각각 관할 가정법원이다.

다. 부부재산약정의 등기

(1) 부부재산약정의 등기는 부(夫)가 될 자의 주소지를 관할하는 법원의 등기소에서 하여야 하고, 부부재산약정등기부라는 등기부에 등재한다.

(2) 부부재산약정의 변경은 부부재산약정등기부의 기재사항의 변경을 구하는 것이다.

라. 청구취지 기재례(부부재산관리자변경 및 공유물분할 심판청구)

(1) 공유물 분할의 경우

> 1. 별지 부동산 목록 제(1) 내지 (7)기재 각 부동산을 별지 지분표 기재의 각 법정상속분 비율에 따라 별지 도면 표시 기재와 같이 청구인들과 상대방들의 소유로 각 분할하고, 별지 부동산 목록 제(8), (9)기재 각 부동산을 경매에 붙여 그 대금에서 경매비용을 공제한 나머지 금액을 청구인들과 상대방들에게 별지 지분표 기재의 법정상속 지분비율에 따라 분배한다.
> 2. 심판비용은 상대방들이 부담한다.

(2) 재산관리자변경과 동시에 공유물분할을 명하는 경우

> 1. 상대방은 별지 기재 부동산에 대한 관리를 중단하고, 이를 청구인의 소유로 한다.
> 2. 상대방은 위 부동산 중 2분의 1 지분에 관하여 이 사건 심판확정일자 공유물분할을 원인으로 한 소유권이전등기절차를 이행하라.
> 3. 심판비용은 상대방이 부담한다.

(3) 목적재산을 당사자 일방의 단독 소유로 하고 상대방의 공유자지분에 대하여 가액청산을 명하는 경우

> 1. 상대방은 별지 기재 부동산에 대한 관리를 중단하고, 이를 청구인의 소유로 한다.
> 2. 상대방은 위 부동산 중 2분의 1 지분에 관하여 이 사건 심판확정일자 공유물분할을 원인으로 한 소유권이전등기절차를 이행하라.
> 3. 상대방은 청구인에게 50,000,000원을 지급하라.
> 4. 심판비용은 상대방이 부담한다.

(4) 경매에 의한 가액분할을 명하는 경우

> 1. 상대방은 별지 기재 부동산에 대한 관리를 중단하고, 이를 경매에 붙여 그 대금을 청구인에게 2분의 1, 상대방에게 2분의 1 비율로 분할한다.
> 2. 심판비용은 상대방이 부담한다.

(5) 현물분할을 명하는 경우

> 1. 상대방은 별지 기재 부동산에 대한 관리를 중단하고, 이를 별지 도면 표시 ㉮, ㉯, ㉰, ㉶, ㉷, ㉸, ㉮ 선으로 분할하여 그 중 (가)표시 부분은 청구인의 소유로 하고, (나)표시 부분은 상대방의 소유로 한다.
> 2. 상대방은 위 부동산 중 별지 도면 (나)표시 부분에 관하여 이 사건 심판확정일자 공유물분할을 원인으로 한 소유권이전등기절차를 이행하라.
> 3. 심판비용은 상대방이 부담한다.

[서식 165] 부부재산계약서

부부재산계약서

부　　이 ○ ○ (000000-0000000) (전화 :　　　　　)
　　주　　소 : ○○시 ○○구 ○○로 123

처　　정 ○ ○ (000000-0000000) (전화 :　　　　　)
　　주　　소 : ○○시 ○○구 ○○로 123

위 당사자간 결혼함에 있어서 아래와 같이 부부재산계약을 체결한다.

아　　래

1. 다음에 표시한 부부의 재산은 각 그의 특유재산으로 한다.
   (1) 부의 재산
   ① ○○도 ○○군 ○○읍 ○○리 234 전 867㎡
   ② ○○은행 정기예금 2,000만원
   ③ ○○주식회사 주권 3,000주
   (2) 처의 재산
   ① ○○은행 정기예금 3,000만원
   ② ○○주식회사 주권 2,000주
   ③ ○○시 ○○구 ○○리 345, ○○아파트 ○○○동 ○○○호 부동산
2. 특유재산의 관리 및 이로 인한 수입은 부부각자에 속한다.
3. 제1항에 표시된 것 이외의 부부의 재산은 모두 이를 부부의 공유로 한다.

위 약정을 증명하기 위하여 본 증서를 작성하고 각자 서명날인하여 각각 1통씩 보관한다.

20○○. ○. ○.

위 이 ○ ○ (인)
위 정 ○ ○ (인)

[서식 166] 부부재산약정의 변경에 대한 허가청구서(1)

부부재산약정의 변경에 대한 허가청구

청 구 인 1. 이 ○ ○ (주민등록번호) (전화 :)
등록기준지 ○○시 ○○구 ○○로 123
주 소 ○○시 ○○구 ○○로 234 (우편번호 : 00000)

2. 김 ○ ○ (주민등록번호) (전화 :)
등록기준지 및 주소 청구인과 같음

청 구 취 지

1. 청구인들 사이의 부부재산약정을 별지 기재와 같이 변경함을 허가한다.
2. 심판비용은 각자 부담한다.

라는 심판을 구합니다.

청 구 원 인

1. 청구인들은 20○○. 6. 12.에 혼인한 부부입니다.
2. 청구인 처 김○○은 혼인하기 전에 부모로부터 증여받은 아파트를 1채 소유하고 있었는데, 혼인신고 전인 20○○. 5. 30. 부부재산약정등기를 하였습니다.
3. 그러나 청구인 처 김○○은 갑자기 유방암으로 건강이 좋지 않아 재산관리를 남편인 청구인 이○○에게 맡기려고 하고 있습니다.
4. 따라서 본 청구를 하기에 이르렀으므로 허가하여 주시기 바랍니다.

첨 부 서 류

1. 가족관계증명서 1통
1. 부동산등기사항전부증명서 1통
1. 주민등록등본 1통

20○○. ○. ○.

청구인 이 ○ ○ (인)
김 ○ ○ (인)

○○ 가정법원 귀중

접수방법

1. 청구인 : 부부의 쌍방이 공동청구한다(부부가 미리 부부재산계약변경을 한 다음 그에 대한 허가를 청구).
2. 관할 : 부부가 같은 가정법원의 관할구역 내에 주소가 있을 때에는 그 가정법원, 부부가 최후의 공통의 주소지를 가졌던 가정법원의 관할구역 내에 부부 중 일방의 주소지가 있을 때에는 그 가정법원
3. 수입인지 : 5,000원의 인지를 납부한다.
4. 송달료 : 당사자수×4,800원×4회분을 납부한다.

[서식 167] 부부재산약정의 변경에 대한 허가청구서(2)

부부재산약정의 변경에 대한 허가청구

청 구 인 1. 이 ○ ○ (000000-0000000) (전화 :)
등록기준지 : ○○시 ○○구 ○○로 123
주 소 : ○○시 ○○구 ○○로 234 (우편번호 : 00000)

2. 김 ○ ○ (000000-0000000) (전화 :)
등록기준지 및 주소 : 청구인과 같음

관리재산의 표시

별지 목록 기재와 같음

청 구 취 지

1. 청구인들 사이의 부부재산약정을 별지 기재와 같이 변경함을 허가한다.

2. 심판비용은 각자 부담한다.
라는 심판을 구합니다.

청 구 원 인

1. 청구인들은 20○○. 3. 20.자 결혼식을 앞두고 별지 기재와 같이 부부재산을 약정한 사실이 있고, "부부의 특유 또는 관리는 모두 처가 관리인으로 관리한다."라고 하였습니다.
2. 그러나 처 김○○가 교통사고로 장기간 입원하게 되어 공유재산인 "서울 ○○구 ○○동 456 대 250㎡를 처분할 수밖에 없으므로 그 변경을 구하고자 이 건 청구에 이른 것입니다.

입 증 방 법

1. 갑 제1호증	가족관계증명서
1. 갑 제2호증	기본증명서
1. 갑 제3호증	부부재산계약약정서
1. 갑 제4호증	부부재산계약변경약정서

첨 부 서 류

1. 부동산등기사항전부증명서	1통
1. 주민등록등본	2통

20○○. ○. ○.

청구인 이 ○ ○ (인)
김 ○ ○ (인)

○○ 가정법원 귀중

접수방법

1. 청구인 : 부부의 쌍방이 공동청구한다(부부가 미리 부부재산계약변경을 한 다음 그에 대한 허가를 청구).

2. 관할 : 부부가 같은 가정법원의 관할구역 내에 주소가 있을 때에는 그 가정법원, 부부가 최후의 공통의 주소지를 가졌던 가정법원의 관할구역 내에 부부 중 일방의 주소지가 있을 때에는 그 가정법원
3. 수입인지 : 5,000원의 인지를 납부한다.
4. 송달료 : 당사자수×4,800원×4회분을 납부한다.

[서식 168] 부부재산계약변경서

부부재산계약변경서

부 이 ○ ○ (000000-0000000) (전화 :)
주 소 : ○○시 ○○구 ○○로 123

처 정 ○ ○ (000000-0000000) (전화 :)
주 소 : ○○시 ○○구 ○○로 123

위 당사자간 결혼함에 있어서 아래와 같이 부부재산계약을 변경한다.

아 래

1. 다음에 표시한 부부의 재산은 각 그의 특유재산으로 한다.
   (1) 부의 재산
      ① ○○도 ○○군 ○○읍 ○○리 234 전 867㎡
      ② ○○은행 정기적금 2,000만원
      ③ ○○주식회사 주권 3,000주
   (2) 처의 재산
      ① ○○은행 정기적금 3,000만원
      ② ○○주식회사 주권 2,000주
2. 제1항에 표시된 것 이외의 부부의 재산은 모두 이를 부부의 공유로 한다.
3. 부부의 특유 또는 공유재산의 관리는 모두 처가 한다.
4. 특유재산으로 인하여 생긴 수입은 부부 각자에 속한다.

위 변경계약의 약정을 증명하기 위하여 본 증서를 작성하고 각자 서명날인하여 각각 1통씩 보관한다.

20○○. ○. ○.

위 이 ○ ○ (인)
위 정 ○ ○ (인)

[서식 169] 부부재산관리자의 변경심판청구서(1)

부부재산관리자 변경심판청구

청구인(부) 1. 이 ○ ○ (000000-0000000) (전화 :)
등록기준지 : ○○시 ○○구 ○○로 123
주 소 : ○○시 ○○구 ○○로 234 (우편번호 : 00000)

청구인(처) 2. 김 ○ ○ (000000-0000000) (전화 :)
등록기준지 및 주소 : 청구인과 같음

관리재산의 표시

별지 목록 기재와 같음

청 구 취 지

1. 청구인들 사이의 별지 목록 기재 부동산의 관리자를 청구인 이○○(부)으로 변경한다 {또는 별지 목록 기재 재산의 관리자를 청구인(부)으로 변경한다. 별지 목록 기재 재산의 관리는 청구인(부)이 한다}.
2. 소송비용은 상대방이 부담한다.

라는 심판을 구합니다.

청 구 원 인

1. 청구인들은 20○○. 3. 20.자 결혼식을 앞두고 별지 기재와 같이 부부재산계약을 약정한 사실이 있고, "부부의 특유 또는 관리는 모두 처가 관리인으로 한다."라고 하였습니다.
2. 그러나 처 김○○가 교통사고로 장기간 입원하게 되어 부부재산의 원만한 관리를 위하여 관리인의 변경을 구하고자 이 건 청구에 이른 것입니다.

입 증 방 법

1. 갑 제1호증	가족관계증명서
1. 갑 제2호증	기본증명서
1. 갑 제3호증	부부재산계약약정서
1. 갑 제4호증	부부재산계약변경약정서

첨 부 서 류

1. 부동산등기사항전부증명서	1통
1. 주민등록등본	2통

20○○. ○. ○.

청구인 이 ○ ○ (인)
김 ○ ○ (인)

○○ 가정법원 귀중

접수방법

1. 청구인 : 부부 중 일방이 상대방으로 하여 청구하여야 한다. 즉 부부 쌍방에게 청구인적격과 상대방적격이 있다. 제3자에게는 당사사적격이 인정되지 않는다.
2. 수입인지 : 10,000원의 인지를 납부한다.
3. 송달료 : 당사자수×4,800원×12회분을 납부한다.
4. 관할 : 상대방의 주소지를 관할하는 가정법원에 제출한다.

[서식 170] 부부재산관리자의 변경심판청구서(2)

부부재산관리자 변경심판청구

청구인(처) 이 ○ ○ (000000-0000000) (전화 :)
등록기준지 : ○○시 ○○구 ○○로 123
주 소 : ○○시 ○○구 ○○로 234 (우편번호 : 00000)

상대방(남편) 김 ○ ○ (000000-0000000) (전화 :)
등록기준지 및 주소 : 청구인과 같음

관리재산의 표시

별지 목록 기재와 같음

청 구 취 지

별지 목록 기재 재산의 관리자를 청구인으로 변경한다.
라는 심판을 구합니다.

청 구 원 인

1. 별지 목록 기재 재산은 청구인의 소유이지만 청구인과 상대방이 혼인할 당시 상대방이 관리하기로 약정하고 오늘날까지 상대방이 관리하여 왔습니다.
2. 그러나 상대방은 위 재산을 스스로 관리하지 아니하고 고용인에게 모두 맡기고 관리를 게을리하여 재산이 낡아지고 소실되고 있습니다.
3. 이에 청구인은 가정을 지키면서 남편과 원만하게 재산관리문제를 처리할 수 있도록 하기 위하여 이 사건 청구에 이른 것입니다.

입 증 방 법

1. 갑 제1호증의 1, 2 가족관계증명서
1. 갑 제2호증의 1, 2 기본증명서
1. 갑 제4호증의 1 내지 5 각 재산파손 증명서와 사진

첨 부 서 류

1. 부동산등기사항전부증명서 1통
1. 주민등록등본 2통

20○○. ○. ○.

청구인 이 ○ ○ (인)

○○ 가정법원 귀중

접수방법

1. 청구인 : 부부 중 일방이 상대방으로 하여 청구하여야 한다. 즉 부부 쌍방에게 청구인적격과 상대방적격이 있다. 제3자에게는 당사사적격이 인정되지 않는다.
2. 수입인지 : 10,000원의 인지를 납부한다.
3. 송달료 : 당사자수×4,800원×12회분을 납부한다.
4. 관할 : 상대방의 주소지를 관할하는 가정법원에 제출한다.

6. 친권행사방법의 결정

가. 의 의

친권은 부모가 혼인 중에는 부모가 공동으로 행사하고, 부모의 의견이 일치하지 아니한 경우에는 당사자의 청구에 의하여 가정법원이 이를 결정한다(민법 909조 2항). 이는 성질상 위험한 수술에의 동의나 미성년자의 어떤 요구에 대한 허락 등 친권을 행사하여야 할 개별적인 사항을 목적으로 한다.

나. 청구권자

친권자인 부모 중 일방이 다른 일방을 상대로 청구하여야 한다.

다. 관 할

부부의 공통된 주소지 관할 법원 또는 상대방의 주소지 관할 법원

[서식 171] 친권행사방법의 결정청구서(1)

친권행사방법의 결정청구

청 구 인(부) 이 ○ ○ (000000-0000000) (전화 :)
등록기준지 : ○○시 ○○구 ○○로 123
주 소 : ○○시 ○○구 ○○로 234 (우편번호 : 00000)

참 가 인(모) 정 ○ ○ (000000-0000000) (전화 :)
등록기준지 및 주소 : 청구인과 같음

사건본인 이 ○ ○ (000000-0000000) (전화 :)
(미성년자) 등록기준지 및 주소 : 청구인과 같음

청 구 취 지

청구인과 참가인은 사건본인이 ○○시 ○○구 ○○로 234에서 문방구영업점을 하는 것을 허락한다.
라는 심판을 구합니다.

청 구 원 인

사건본인은 19세 때 고등학교를 졸업하고 ○○시 ○○구 ○○로 234에서 PC방 영업을 하겠다고 한 바, 부모의 의견이 일치하지 아니하여 이 사건 청구에 이른 것입니다.

입 증 방 법

1. 갑 제1호증 가족관계증명서
1. 갑 제2호증 기본증명서
1. 갑 제3호증 동의서

첨 부 서 류

1. 위 입증서류 각 1통
1. 주민등록등본 1통

20○○. ○. ○.

청구인 이 ○ ○ (인)

○○ 가정법원 귀중

접수방법

1. 청구인 : 부모 중 일방이 다른 일방을 상대로 한다.
2. 수입인지 : 사건본인 1인당 5,000원의 인지를 납부한다.
3. 송달료 : 당사자수 × 4,800원 × 4회분이다.
4. 관할 : 부모가 같은 가정법원의 관할구역 내에 주소가 있을 때에는 그 관할 가정법원이, 부모가 최후의 공통의 주소지를 가졌던 가정법원의 관할구역 내에 부부 중 일방의 주소가 있을 때에는 그 주소지를 관할하는 가정법원에 각각 제출한다(가소 44조 3호, 22조 1호, 2호). 위의 어느 경우에도 해당하지 않는 경우에는 가사소송법 제22조 제3호가 준용되는 점에 비추어 청구인이 아닌 타방의 친권자의 보통재판적 소재지 가정법원의 관할에 속한다.

[서식 172] 친권행사방법의 결정청구서(2)

친권행사방법의 결정청구

청 구 인(부) 김 ○ ○ (000000-0000000) (전화 :)
등록기준지 : ○○시 ○○구 ○○로 123
주 소 : ○○시 ○○구 ○○로 234 (우편번호 : 00000)

참 가 인(모) 정 ○ ○ (000000-0000000) (전화 :)
등록기준지 및 주소 : 청구인과 같음

사건본인 김 ○ ○ (000000-0000000) (전화 :)
(미성년자) 등록기준지 및 주소 : 청구인과 같음

청 구 취 지

청구인과 참가인은 사건본인이 ○○시 ○○구 ○○로 234에서 ○○점을 하는 것을 허락한다.
라는 심판을 구합니다.

청 구 원 인

1. 사건본인은 청구인과 참가인 사이에 출생한 미성년자입니다.
2. 사건본인은 가정형편이 어려워 대학교를 포기하고 ○○시 ○○구 ○○로 345에서 ○○영업을 하려고 준비중에 있습니다.
3. 이에 청구인은 동의하고 있지만 어머니인 참가인은 이를 엄격히 반대하고 있는 바, 청구인은 사건본인의 영업의 동의에 관하여 친권행사자인 청구인과 참가인의 의견이 일치하지 않아 친권행사방법에 대한 결정을 구할 필요가 있습니다.
4. 따라서 청구인은 참가인과 의견이 일치하지 않아 청구취지와 같은 심판을 구하고자 이 건 청구에 이른 것입니다.

입 증 방 법

1. 갑 제1호증　　　　가족관계증명서
1. 갑 제2호증　　　　기본증명서
1. 갑 제3호증　　　　점포임대차계약서

첨 부 서 류

1. 위 입증서류　　　　각 1통
1. 주민등록등본　　　　1통

20○○. ○. ○.

청구인 김 ○ ○ (인)

○○ 가정법원 귀중

접수방법

1. 청구인 : 부모 중 일방이 다른 일방을 상대로 한다.
2. 수입인지 : 사건본인 1인당 5,000원의 인지를 납부한다.
3. 송달료 : 당사자수×4,800원×4회분이다.
4. 관할 : 부모가 같은 가정법원의 관할구역 내에 주소가 있을 때에는 그 관할 가정법원이, 부모가 최후의 공통의 주소지를 가졌던 가정법원의 관할구역 내에 부부 중 일방의 주소가 있을 때에는 그 주소지를 관할하는 가정법원에 각각 제출한다(가소 44조 3호, 22조 1호, 2호). 위의 어느 경우에도 해당하지 않는 경우에는 가사소송법 제22조 제3호가 준용되는 점에 비추어 청구인이 아닌 타방의 친권자의 보통재판적 소재지 가정법원의 관할에 속한다.

7. 자의 감화 또는 교정기관에 위탁함에 대한 허가

가. 의 의

친권자 또는 미성년후견인은 자 또는 피후견인을 보호 또는 교양하기 위하여 스 스로 징계할 수 있으나, 감화 또는 교정시설에 위탁함에는 가정법원의 허가를 받아야 한다. 다만 미성년후견인의 경우 미성년후견감독인이 있으면 그의 동의도 받아야 한다. 감화 또는 교정시설은 미성년자에게 징계를 가하는 것을 목적으로 하는 시설로서 아동복지법에 따른 아동복지시설, 소년법에 따른 소년보호시설이 이에 해당한다.

나. 청구권자

청구인은 친권자 또는 후견인이다. 부모가 친권을 공동으로 행사할 때에는 부모가 공동으로 청구하여야 한다.

다. 관 할

미성년자인 자녀 또는 피후견인의 주소지 가정법원이 관할한다(가소 44조 5호).

민법 제948조의 후견인이 피후견인의 자에 대한 징계를 하는 경우에는 피후견인의 자의 주소지 가정법원이 관할한다,

라. 청구취지 기재례

청구인이 사건본인을 ○○시설에 위탁하는 것을 허가한다. 위탁기간은 ○개월로 한다.

[서식 173] 감화 또는 교정기관에 위탁함에 대한 허가

감화 또는 교정기관에 위탁허가청구

청 구 인(부) 이 ○ ○ (000000-0000000) (전화 :)
등록기준지 : ○○시 ○○구 ○○로 123
주 소 : ○○시 ○○구 ○○로 234 (우편번호 : 00000)

사건본인 이 ○ ○ (000000-0000000) (전화 :)
(미성년자) 등록기준지 및 주소 : 청구인과 같음

청 구 취 지

1. 청구인은 사건본인 이○○를 ○○시 ○○구 ○○교정기관에 위탁함을 허가한다.
2. 위탁기간은 ○개월로 한다.

라는 심판을 구합니다.

청 구 원 인

1. 청구인은 사건본인 이○○의 부이고 사건본인은 현재 ○○학교를 중퇴한 상태입니다.
2. 사건본인은 20○○. ○. ○. 학교를 중퇴한 채, 하는 일 없이 지내면서 매일 늦게까지 술을 먹고 들어와서는 행패를 부리면서 청구인에게 폭행까지 가하는 등 주벽이 심하여 청구인으로서는 사건본인을 교정하기가 불가능하고 통제할 수 없는 상태입니다.
3. 따라서 청구인은 사건본인을 교정기관에 위탁하여 교정을 받게 하고자 이 사건 청구에 이른 것입니다.

입 증 방 법

1. 갑 제1호증 가족관계증명서
1. 갑 제2호증 기본증명서
1. 갑 제3호증 동의서

첨 부 서 류

1. 위 입증서류 각 1통
1. 주민등록등본 1통

20○○. ○. ○.

청구인 이 ○ ○ (인)

○○ 가정법원 귀중

접수방법 및 유의사항

1. 청구인 : 민법 제915조의 경우는 친권자이다. 민법 제945조, 제948조의 경우에는 후견인이 청구권자이다. 부모가 친권을 공동으로 행사할 때에는 부모가 공동으로 청구하여야 한다.
2. 수입인지 : 사건본인 1인당 5,000원의 인지를 납부한다.
3. 송달료 : 당사자수×4,800원×4회분이다.
4. 관할 : 미성년자인 자 또는 피후견인의 주소지를 관할하는 가정법원에 제출한다.
5. 감화 또는 교정기간에 위탁함에 대한 허가에 대한 처분에는 그 이행확보수단으로서 사전처분을 적절히 활용하는 것이 중요하다.

8. 재산관리인의 선임 또는 개임과 재산관리에 관한 처분

가. 의 의

무상으로 자에게 재산을 수여한 제3자가 친권자의 관리에 반대하는 의사를 표시한 때에는 친권자는 그 재산을 관리하지 못한다(민법 918조 1항).

이러한 경우 제3자가 그 재산관리인을 지정하지 아니한 때에는 법원은 재산의 수여를 받은 자 또는 8촌 이내의 혈족과 4촌 이내의 인척, 배우자의 청구에 의하여 관리인을 선임한다(민법 918조 2항).

제3자가 지정한 관리인의 권한이 소멸하거나 관리인을 개임할 필요가 있는 경우에는 제3자가 다시 관리인을 지정할 수 있고, 제3자가 관리인을 지정하지 아니한 경우에는 자 또는 8촌 이내의 혈족, 4촌 이내의 인척, 배우자의 청구에 의하여 할 수 있다(민법 918조 3항).

나. 청구권자

무상으로 재산을 받는 미성년자인 자녀(피후견인) 또는 그의 민법 제777조에 따른 친족이 청구권자이다(민법 918조 2항). 미성년자인 자녀 또는 피후견인 본인이 의사능력이 있는 경우에는 스스로 청구인이 될 수 있다.

다. 관 할

미성년자인 자녀 또는 피후견인의 주소지 가정법원이 관할한다.

[서식 174] 재산관리인선임심판청구서(1)

재산관리인선임심판청구

청 구 인　　이 ○ ○ (000000-0000000) (전화 :)
　　　　　　등록기준지 ○○시 ○○구 ○○로 ○○○
　　　　　　주　　소 ○○시 ○○구 ○○로 ○○○ (우편번호 : 00000)

사건본인　　이 ○ ○ (000000-0000000) (전화 :)
　　　　　　등록기준지 ○○시 ○○구 ○○로 ○○○
　　　　　　주　　소 ○○시 ○○구 ○○로 ○○○ (우편번호 : 00000)

청 구 취 지

사건본인 이○○의 재산관리인으로 ○○시 ○○구 ○○로 134 변호사 정○○를 선임한다.

라는 심판을 구합니다.

청 구 원 인

1. 청구인은 사건본인 이○○를 6년 동안 장학금을 주면서 축구 선수로 키우기 위해 뒷바라지를 해 왔는데, 사건본인은 초등학고 시절부터 두각을 나타나기 시작하여 계속 지원만 해주면 세계적인 선수로 자랄 가능성이 매우 높아 본격적인 지원이 필요해서 청구인의 재산 중 ○○시 ○○구 ○○로 ○○○에 있는 건물 임대료 일부 수익을 사건본인 독일 유학비로 사용하기로 하였습니다.
2. 그러나 사건본인의 가족들은 위 건물 수익금에 남다른 애착을 가지고 있어 분쟁을 미연에 방지하기 위해 재산관리인으로서 ○○시 ○○구 ○○로 134 변호사 정○○를 선임하고자 이 건 청구에 이르렀습니다.

입 증 방 법

1. 가족관계증명서	1통
1. 주민등록등본	1통
1. 공정증서	1통
1. 재산목록	1통

20○○. ○. ○.

청구인 이 ○ ○ (인)

○○ 가정법원 귀중

접수방법

1. 청구인 : 미성년자인 자, 8촌 이내의 혈족, 4촌 이내의 인척, 배우자가 청구
2. 수입인지 : 사건본인 1인당 5,000원의 인지를 납부한다.
3. 송달료 : 당사자수×4,800원×4회분이다.
4. 관할 : 부부의 공통된 주소지 가정법원 또는 상대방의 주소지 가정법원

[서식 175] 재산관리인선임심판청구서(2)

재산관리인선임심판청구

청 구 인　　이 ○ ○ (000000-0000000) (전화 : 　　　　)
등록기준지 : ○○시 ○○구 ○○로 ○○○
주　　소 : ○○시 ○○구 ○○로 ○○○ (우편번호 : 00000)

사건본인　　김 ○ ○ (000000-0000000) (전화 : 　　　　)
(미성년자)　　등록기준지 및 주소 : 청구인과 같음

청 구 취 지

사건본인 김○○의 소유 별지 목록 기재 부동산의 재산관리인으로 ○○시 ○○구 ○○로 134 정○○를 선임한다.
라는 심판을 구합니다.

청 구 원 인

1. 청구인은 사건본인의 생모로서 20○○. ○. ○. 사건본인의 부(父)인 김○○와 이혼할 당시 친권자로 지정된 사람입니다.
2. 사건본인의 부(父)인 김○○은 청구인과 이혼할 당시 별지 목록 기재 부동산을 사건본인에게 증여하면서 친권자였던 청구인이 관리하는 것을 반대하는 의사표시를 하였습니다.
3. 그러나 이후에 사건본인의 재산관리인을 지정하지 않아 별지 목록 기재 부동산에 대한 관리인 선임이 필요한 상태에 있습니다.
4. 따라서 청구인은 관리인을 선임하기 위하여 이 사건 청구에 이른 것입니다.

입 증 방 법

1. 가족관계증명서　　2통
1. 주민등록등본　　2통
1. 증여계약서 사본　　1통

1. 부동산등기사항전부증명서 5통

20○○. ○. ○.

청구인 이 ○ ○ (인)

○○ 가정법원 귀중

접수방법

1. 청구인 : 미성년자인 자, 8촌 이내의 혈족, 4촌 이내의 인척, 배우자가 청구
2. 수입인지 : 사건본인 1인당 5,000원의 인지를 납부한다.
3. 송달료 : 당사자수×4,800원×4회분이다.
4. 관할 : 부부의 공통된 주소지 가정법원 또는 상대방의 주소지 가정법원

9. 특별대리인의 선임

가. 의 의

(1) 친생부인의 소에 있어서 개정전 민법에 의하면 친생부인의 소는 아버지가 아이의 출생을 안날로부터 1년 내에 아이 또는 생모를 상대로 청구하여야 하고 그 친권자인 생모가 없는 법원은 특별대리인을 선임하여야 한다고 규정하였지만(민법 847조 2항), 개정민법은 남편 또는 아내가 서로 상대방을 상대로 또는 자녀를 상대로 친생부인의 소를 제기할 수 있고 상대방이 사망한 경우는 사망사실을 안날로부터 2년 내에 검사를 상대로 제소할 수 있어 친생부인의 소를 위해 특별대리인을 선임할 필요는 없어졌다고 할 수 있다. 그러나 피고로 삼아야 할 사람이 사망한 것이 아니라 생사불명이거나 기타 그에게 법정대리인이 없을 경우에는 민사소송법 제62조에 따른 특별대리인선임신청을 할 수 있다고 해석하여야 하는 것이다.

(2) 미성년자인 자의 친권자인 자의 모가 없는 경우, 법정대리인인 친권자(후견인)가 그 자신과 그 친권에 복종하는 미성년자인 자와의 사이에 이해가 상반(대립)되거나, 그 친권에 복종하는 수인의 자 사이에 이해가 상반되는 법률행위를 하는 경우에는 가정법원의 허

가를 얻어 그 미성년자인 자녀의 특별대리인을 선임하여야 한다(민법 918조, 847조 2항, 921조).

(3) 후견인과 피후견인 사이에서도 이해상반이 동일하게 발생할 수 있는 바, 가사소송법은 이 경우에도 특별대리인을 선임하여야 한다는 것을 전제로 본호의 사건에 포함하여 규정하고 있다(라류 16호 참조). 따라서 후견인이 이해상반행위를 함에 있어 특별대리인을 선임하지 아니하고 친족회의의 동의를 얻어 미성년자를 대리할 수는 없다(대법원 1994. 9. 9. 선고 94다6680 판결).

(4) 이해상반행위를 위한 특별대리인과 민사소송법 제62조에 따른 특별대리인(법정대리인이 대리권를 행사할 수 없는 경우 미성년자를 상대로 소송행위를 하고자 하는 사람은 특별대리인 선임을 신청할 수 있다)의 구별이 분명할 것은 아니나 일반적으로 대리할 행위가 소송행위인 경우는 민사소송법 제62조로, 소송행위의 법률행위인 때에는 제921조에 따라 선임하고 있다.

나. 청구권자

친권자 또는 후견인(민법 921조), 민법 제777조의 친족, 그 밖에 이해관계인도 선임을 청구할 수 있다. 부모가 공동으로 친권을 행사하는 경우에도 부모가 같이 신청할 필요가 없고 일방이 단독으로 신청할 수 있다.

다. 관 할

미성년자인 자녀 또는 피후견인의 주소지 가정법원이 관할하고, 단독판사의 관할이다. 따라서 여러명 사이의 이해상반행위를 위한 특별대리인의 선임할 경우에는 그 특별대리인이 대리할 미성년자의 주소지 가정법원이 관할법원이 된다.

라. 심 판

(1) 특별대리인 자격에는 특별한 제한은 없다. 누구를 특별대리인으로 선정할 것인가는 가정법원의 재량에 속하는데 친권자가 추천한 사람 중에서 선임하거나, 아이의 생모를 특별대리인으로 선임할 수도 있고, 친족 중에서 적당한 사람을 고를 수 없으면 변호사 등을 선임하는 것도 하나의 방법이다, 일반적으로 미성년자의 재산상황, 가정환경, 친권자와의 관계 등을 고려하여 미성년자의 이익을 위하여 행동할 수 있는 자가 선임될

것이다.

(2) 선임된 특별대리인은 이해상반행위에 관하여 자(피후견인)를 대리하거나 동의를 하는 권한을 갖게 된다. 특별대리인의 직무는 선량한 관리자의 주의의무로서 사무처리를 하여야 한다(민법 956조). 법원이 특별대리인을 선임할 때 그 대리권의 행사에 관해 필요한 제한을 가할 수 있고, 그러한 대리인을 언제든지 개임할 수 있으며, 대리인 스스로 사임할 수 있다.

(3) 가정법원이 특별대리인을 선임할 때에는 그가 하여야 할 행위를 특정하여야 하고 특별대리인에게 포괄적으로 권한을 부여할 수는 없다.

마. 불 복

청구를 기각한 심판에 대해 청구인이 즉시항고를 할 수 있으나 청구를 인용해 특별대리인을 선임한 경우 불복할 수 없다. 심판에는 형성력이 있고 선임된 특별대리인의 임무는 선임의 목적으로 된 법률행위를 완료함으로서 종료된다.

바. 청구취지 기재례

청구인이 사건본인을 상대로 친생부인의 소를 제기함에 있어 사건본인의 특별대리인으로 ○○시 ○○구 ○○로 ○○, ○○○를 선임한다.

청구인과 사건본인이 피상속인 망 ○○○의 별지 목록 기재 상속재산을 협의분할함에 있어 사건본인의 특별대리인으로 ○○시 ○○구 ○○로 ○○, ○○○를 선임한다.

청구인과 사건본인들의 공유인 별지 목록 기재 부동산을 협의분할함에 관하여 사건 본인 ○○○의 특별대리인으로 ○○시 ○○구 ○○로 ○○, ○○○를, 사건본인 ○○○의 특별대리인으로 ○○시 ○○구 ○○로 ○○, ○○○를 각 선임한다.

청구인과 사건본인들이 별지 목록 기재 부동산을 협의분할함에 있어 사건본인 김○○의 특별대리인으로 ○○시 ○○구 ○○로 ○○, ○○○를 선임한다.

사건본인이 피상속인 망 ○○○에 대한 상속포기신고를 함에 관하여 특별대리인으로 ○○시 ○○구 ○○로 ○○, ○○○를 선임한다.

청구인이 사건본인 소유의 별지 목록 기재 부동산에 관하여 20○○. ○. ○.자 ○○지방법원 접수 제3456호로써 마친 채권자 주식회사 ○○은행, 채무자 ○○○, 채권 최고액 금 ○억원으로 된 근저당권설정등기의 채무자를 청구인으로 교체하는 계약을 주식회사 ○○은행과 체결함에 있어 사건본인의 특별대리인으로 ○○시 ○○구 ○○로 ○○, ○○○를 선임한다.

청구인과 사건본인이 ○○주식회사에 대한 물상보증인이 되어 청구인과 사건본인의 공유인 별지 목록 기재 부동산에 대한 주식회사 ○○은행과 채권최고액 금 ○억원의 근저당권설정계약을 체결함에 있어 사건본인의 특별대리인으로 ○○시 ○○구 ○○로 ○○, ○○○를 선임한다.

청구인이 ○○주식회사를 위한 연대보증인이 되어 청구인과 사건본인의 공유인 별지 목록 기재 부동산에 대한 채권최고액 금 ○억원의 근저당권을 설정함에 있어 사건본인의 특별대리인으로 ○○시 ○○구 ○○로 ○○, ○○○를 선임한다.

청구인이 청구외 망 ○○○의 ○○은행 계좌번호 123-45-5678 주택청약예금저축증서 명의를 청구인 명의로 변경함에 있어 사건본인의 특별대리인으로 ○○시 ○○구 ○○로 ○○, ○○○를 선임한다.

청구인이 사건본인 소유의 별지 목록 기재 부동산에 관하여 20○○. ○. ○.자 ○○지방법원 접수 제3456호로써 마친 채권자 주식회사 ○○은행, 채무자 ○○○, 채권최고액 금 ○억원으로 된 근저당권설정등기의 채무자를 청구인으로 교체하는 계약을 주식회사 ○○은행과 체결함에 있어 사건본인의 특별대리인으로 ○○시 ○○구 ○○로 ○○, ○○○를 선임한다.

청구인이 사건본인으로부터 그 소유인 별지 목록 기재 부동산을 매수함에 있어 사건본인의 특별대리인으로 ○○시 ○○구 ○○로 ○○, ○○○를 선임한다.

사건본인이 청구인과 사건본인의 준공유인 별지 목록 기재의 ○○은행 주식회사 본점에 예치된 목돈마련자축예금채권 중 사건본인의 지분을 청구인에게 양도함에 있어 사건본인의 특별대리인으로 ○○시 ○○구 ○○로 ○○, ○○○를 선임한다.

사. 이해관계가 상반되는 경우와 이해관계가 상반되지 않는 경우

이해가 상반되는 예	이해가 상반되지 않는 예
1. 미성년자인 자가 그 소유 부동산을 친권자에게 매매 또는 증여하는 경우 2. 상속재산협의분할서를 작성하는데 있어서 친권자와 미성년자인 자 1인이 공동 상속인인 경우(친권자가 당해 부동산에 관하여 권리를 취득하지 않는 경우를 포함한다) 3. 친권자와 미성년자인 자의 공유부동산을 친권자의 채무에 대한 담보로 제공하고 그에 관한 근저당권설정등기를 신청하는 경우(친권자 2명과 미성년자 1명의 공유부동산에 대하여 친권자 2명 중 한명을 채무자로 한 근저당권설정인 경우에는 이해상반행위이므로 그 한 명에 대한 특별대리인으로 선정하여 나머지 한명의 친권자와 공동하여 미성년자를 대리하여야 한다). 4. 친권자가 그 친권에 복종하는 미성년자의 일방을 위하여 다른 미성년자의 소유의 부동산에 저당권을 설정하는 경우 5. 미성년자인 자 2인의 공유부동산에 관하여 공유물분할계약을 하는 경우(미성년자인 자 1인에 관한 특별대리인의 선임이 필요하다) 6. 친권자가 제3자로부터 금원을 차용하면서 미성년자인 자의 재산을 담보로 제공하는 경우 7. 어음을 공동으로 발행하는 경우	1. 친권자가 그 소유 부동산을 미성년자인 자에게 증여하는 경우 2. 친권자가 미성년자인 자 소유의 부동산을 제3자에게 증여하는 경우 3. 친권자가 미성년자인 자 소유의 부동산을 채무자인 그 미성년자를 위하여 담보로 제공하거나 제3자에게 처분하는 경우 4. 친권자와 미성년자인 자의 공유부동산에 관하여 친권자와 그 미성년자를 공동채무자로 하거나 그 미성년자만을 채무자로 하여 저당권설정등기를 신청하는 경우(친권자인 부·모와 미성년자 공유의 부동산에 대하여 제3자를 채무자로 하여 근저당권설정을 하는 경우 이해상반 행위가 아니다.) 5. 친권자와 미성년자인 자가 근저당권을 준공유하는 관계로서 근저당권설정등기의 말소를 신청하는 경우 6. 미성년자인 자 1인의 친권자가 민법 제1041조의 규정에 의하여 상속포기를 하고 그 미성년자를 위하여 상속재산분할 협의를 하는 경우 7. 이혼하여 상속권이 없는 피상속인의 전처가 자기가 낳은 미성년자 1인을 대리하여 상속재산분할협의를 하는 경우 8. 법정대리인인 친권자가 미성년의 자에게 부동산을 명의신탁하는 경우 9. 성년인 자와 미성년자인 자 사이의 이해가 상반되는 행위를 친권자가 하는 경우

[서식 176] 특별대리인 선임청구서(협의분할계약)(1)

특별대리인선임청구

청 구 인　　김 정 란 (000000-0000000) (전화 :　　　　　)
　　　　　　등록기준지 : 서울 구로구 구로로 123
　　　　　　주　　　소 : 서울 동작구 사당로 234 (우편번호 : 00000)

사건본인　1. 이 정 철 (000000-0000000)
(미성년자)　등록기준지 및 주소 : 청구인과 같음

　　　　　2. 이 정 필 (000000-0000000)
　　　　　　등록기준지 및 주소 : 청구인과 같음

청 구 취 지

피상속인 망 이상돈 소유인 별지 부동산 목록 기재 부동산을 청구인과 사건본인들이 협의에 의하여 분할계약을 체결함에 있어서 서울시 강서구 화곡로 136, 박성희를 사건본인 이정철의 특별대리인으로, 서울시 강남구 대치로 247, 이선미를 사건본인 이정필의 특별대리인으로 각 선임한다.
라는 심판을 구합니다.

청 구 원 인

청구인은 사건본인들의 생모이며 20○○. 4. 20. 피상속인 망 이상돈의 사망으로 개시된 별지 부동산 목록 기재 부동산을 협의에 의한 분할계약을 체결하고자 하나 이는 청구인과 사건본인들간에 이해가 상반되는 행위이므로 사건본인 이정철의 조모인 박성희를 이정철의 특별대리인으로 사건본인 이정필의 고모인 이선미를 이정필의 특별대리인으로 각 선임을 받고자 본 심판청구에 이른 것입니다.

첨 부 서 류

1. 가족관계증명서	1통
1. 제적등본	1통
1. 주민등록등본	5통
1. 부동산등기사항전부증명서	3통

20○○. ○. ○.

청구인 김 정 란 (인)

○○ 가정법원 귀중

접수방법 및 유의사항

1. 청구인 : 친권자 또는 후견인이다. 누구를 특별대리인으로 선임할 것인가에 대하여 특별한 제한이 없다. 대체적으로 친권자가 추천하는 사람 중에서 선임되지만 법원의 재량에 속한다. 통설은 미성년자인 자 또는 피후견인의 친족, 기타의 이해관계인도 청구할 수 있다고 한다. 다만 미성년자 본인, 피후견인 본인은 청구권이 없다.
2. 수입인지 : 사건본인 1인당 5,000원의 인지를 납부한다.
3. 송달료 : 청구인수×4,800원(우편료)×4회분을 납부한다.
4. 관할 : 미성년자인 자(子) 또는 피후견인 주소지를 관할하는 가정법원에 제출한다.
5. 사건본인이 여러명일 경우에는 미성년자인 사건본인의 수만큼 특별대리인을 선임청구 해야 한다.

㈜ 1. 미성년인 자와의 상속재산분할협의

친권자가 그 자신과 친권에 복종하는 자녀 사이에 이해가 상반되거나 그 친권에 복종하는 여러 명의 자녀 사이에 이해가 상반되는 법률행위를 하기 위해서는 가정법원의 허가를 얻어 특별대리인을 선임하여야 한다(민법 921조).

친권자와 미성년자 사이의 상속재산분할협의는 위에서 말하는 이해상반행위의 대표적인 예에 해당한다. 그러므로 이때에는 미성년인 자녀를 위한 특별대리인을 선임하여야 한다. 만일 미성년인 자녀가 2인 이상일 때에는 각각의 자녀를 위한 특별대리인을 각각 선임하여야 한다.

특별대리인이 될 수 있는 사람에는 제한이 없다. 친권자가 추천하는 사람 중에서 선임될 수밖에 없고 이는 가정법원의 재량에 속한다. 현재 서울가정법원에서는 청구인이 모인 경우에는 자의 부계의 친족을 청구인이 부인 경우에는 자의 모계의 친족을 특별대리인으로 선임하도록 하고 있다(예 ; 남편은 부인과 미성년자인 아들을 두고 사망하였는데 남편이 사망한 후 남편 명의의 통장이 발견되었다. 통장 명의를 부인명의로 바꾸어 싶은 경우 등).

2. 공동친권자의 이행상반행위와 특별대리인의 선임

이행상반행위란 친권자에 대해서는 이익이 되고, 미성년인 자에 대해서는 불이익이 되는 행위 또는 친권에 복종하는 자의 일방에 대해서는 이익이 되고, 다른 일방에 대해서는 불이익이 되는 행위를 말한다.

공동친권자 중 한 사람만이 미성년자인 자와 이해가 상반되는 경우 이해가 상반되는 그 친권자는 미성년인 자를 대리할 수 없다. 이 경우 다른 일방의 친권자가 단독으로 미성년자를 대리할 수 있는 지, 아니면 이해가 상반되는 친권자를 대신할 특별대리인을 선임하여 그 특별대리인이 이해가 상반되지 않는 다른 일방의 친권자와 공동하여 미성년자인 자를 대리하여야 하는 지에 관해서는 견해가 갈릴 수 있다.

이에 대하여 등기실무는 후자의 견해에 따른다. 그러므로 공동친권자 중 어느 일방이 미성년인 자로부터 토지를 증여받고 등기를 신청하기 위해서는 가정법원에 특별대리인선임을 청구하여야 한다.

[서식 177] 특별대리인 선임청구서(협의분할계약)(2)

특별대리인선임청구

청 구 인　　이 ○ 규 (000000-0000000) (전화 :)
등록기준지 : 서울 구로구 구로로 123
주　　소 : 서울 동작구 사당로 234 (우편번호 : 00000)

사건본인　　이 ○ 석 (000000-0000000)
(미성년자)　　등록기준지 및 주소 : 청구인과 같음

청 구 취 지

청구인은 사건본인과 공동상속인으로서 망 박○숙 소유의 별지 목록 기재 부동산을 협의분할함에 있어서 ○○시 ○○구 ○○로 345, 이○철(20○○. ○. ○.생, 주민등록번호)을 사건본인의 특별대리인으로 선임한다.
라는 심판을 구합니다.

청 구 원 인

청구인은 사건본인 이○석의 부로서 청구인의 처이자 사건본인의 모인 박○숙의 사망으로 상속문제가 발생하였고 이와 관련하여 별지 목록 기재 부동산을 협의분할함에 있어 사건본인이 미성년자이므로 민법 제921조에 의하여 특별대리인으로 백부인 이○철을 선임하고자 이 건 청구에 이른 것입니다.

첨 부 서 류

1. 친족관계를 확인할 수 있는 제적등본 1통
1. 기본증명서(청구외 망 박○숙) 1통
(2007. 12. 31. 이전 사망한 경우 제적등본)
1. 가족관계증명서(청구인, 미성년자, 특별대리인) 각 1통
1. 주민등록등본(청구인, 미성년자, 특별대리인) 각 1통
1. 신원증명서(특별대리인) 1통
1. 부동산등기사항전부증명서 1통
1. 부동산목록 1통

20○○. ○. ○.

청구인 이 ○ 규 (인)

○○ 가정법원 귀중

접수방법 및 유의사항

1. 청구인 : 친권자 또는 후견인이다. 누구를 특별대리인으로 선임할 것인가에 대하여 특별한 제한이 없다. 대체적으로 친권자가 추천하는 사람 중에서 선임되지만 법원의 재량에 속한다. 통설은 미성년자인 자 또는 피후견인의 친족, 기타의 이해관계인도 청구할 수 있다고 한다. 다만 미성년자 본인, 피후견인 본인은 청구권이 없다.
2. 수입인지 : 사건본인 1인당 5,000원의 인지를 납부한다.
3. 송달료 : 청구인수×4,800원(우편료)×4회분을 납부한다.
4. 관할 : 미성년자인 자(子) 또는 피후견인 주소지를 관할하는 가정법원에 제출한다.
5. 사건본인이 여러명일 경우에는 미성년자인 사건본인의 수만큼 특별대리인을 선임청구해야 한다.

주 1. **미성년인 자와의 상속재산분할협의**

친권자가 그 자신과 친권에 복종하는 자녀 사이에 이해가 상반되거나 그 친권에 복종하는 여러 명의 자녀 사이에 이해가 상반되는 법률행위를 하기 위해서는 가정법원의 허가를 얻어 특별대리인을 선임하여야 한다(민법 921조).

친권자와 미성년자 사이의 상속재산분할협의는 위에서 말하는 이해상반행위의 대표적인 예에 해당한다. 그러므로 이때에는 미성년인 자녀를 위한 특별대리인을 선임하여야 한다. 만일 미성년인 자녀가 2인 이상일 때에는 각각의 자녀를 위한 특별대리인을 각각 선임하여야 한다.

특별대리인이 될 수 있는 사람에는 제한이 없다. 친권자가 추천하는 사람 중에서 선임될 수 밖에 없고 이는 가정법원의 재량에 속한다. 현재 서울가정법원에서는 청구인이 모인 경우에는 자의 부계의 친족을, 청구인이 부인 경우에는 자의 모계의 친족을 특별대리인으로 선임하도록 하고 있다(예 ; 남편은 부인과 미성년자인 아들을 두고 사망하였는데 남편이 사망한 후 남편 명의의 통장이 발견되었다. 통장 명의를 부인명의로 바꾸어 싶은 경우 등).

2. 공동친권자의 이행상반행위와 특별대리인의 선임

이행상반행위란 친권자에 대해서는 이익이 되고, 미성년인 자에 대해서는 불이익이 되는 행위 또는 친권에 복종하는 자의 일방에 대해서는 이익이 되고, 다른 일방에 대해서는 불이익이 되는 행위를 말한다.

공동친권자 중 한 사람만이 미성년자인 자와 이해가 상반되는 경우 이해가 상반되는 그 친권자는 미성년인 자를 대리할 수 없다. 이 경우 다른 일방의 친권자가 단독으로 미성년자를 대리할 수 있는 지, 아니면 이해가 상반되는 친권자를 대신할 특별대리인을 선임하여 그 특별대리인이 이해가 상반되지 않는 다른 일방의 친권자와 공동하여 미성년자인 자를 대리하여야 하는 지에 관해서는 견해가 갈릴 수 있다.

이에 대하여 등기실무는 후자의 견해에 따른다. 그러므로 공동친권자 중 어느 일방이 미성년인 자로부터 토지를 증여받고 등기를 신청하기 위해서는 가정법원에 특별대리인선임을 청구하여야 한다.

[서식 178] 특별대리인 선임청구서(협의분할계약)(3)

특별대리인선임청구

청 구 인　　이 ○ ○ (000000-0000000) (전화 :　　　　)
등록기준지 : 서울 구로구 구로로 123
주　　소 : 서울 동작구 사당로 234 (우편번호 : 00000)

사건본인　　이 ○ ○ (000000-0000000)
(미성년자)　등록기준지 및 주소 : 청구인과 같음

청 구 취 지

청구인은 사건본인과 공동상속인으로서 상속재산을 협의분할함에 있어 ○○시 ○○

구 ○○로 345, 정○○(20○○. ○. ○.생, 주민등록번호)을 사건본인의 특별대리인으로 선임한다.
라는 심판을 구합니다.

청 구 원 인

청구인은 사건본인 이○○의 부로서 청구인의 처이자 사건본인의 모인 김○○의 사망으로 상속문제가 발생하였고 이와 관련하여 협의로 상속재산을 분할하고자 하는데 사건본인이 미성년자이므로 민법 제921조에 의하여 특별대리인의 선임을 청구합니다.

첨 부 서 류

1. 가족관계증명서(청구인, 미성년자, 특별대리인) 각 1통
1. 주민등록등본(청구인, 미성년자, 특별대리인) 각 1통
1. 부동산목록 1통

20○○. ○. ○.

청구인 이 ○ ○ (인)

○○ 가정법원 귀중

접수방법 및 유의사항

1. 청구인 : 친권자 또는 후견인이다. 누구를 특별대리인으로 선임할 것인가에 대하여 특별한 제한이 없다. 대체적으로 친권자가 추천하는 사람 중에서 선임되지만 법원의 재량에 속한다. 통설은 미성년자인 자 또는 피후견인의 친족, 기타의 이해관계인도 청구할 수 있다고 한다. 다만 미성년자 본인, 피후견인 본인은 청구권이 없다.
2. 수입인지 : 사건본인 1인당 5,000원의 인지를 납부한다.
3. 송달료 : 청구인수×4,800원(우편료)×4회분을 납부한다.
4. 관할 : 미성년자인 자(子) 또는 피후견인 주소지를 관할하는 가정법원에 제출한다.
5. 사건본인이 여러명일 경우에는 미성년자인 사건본인의 수만큼 특별대리인을 선임청구해야 한다.

주 1. 미성년인 자와의 상속재산분할협의

친권자가 그 자신과 친권에 복종하는 자녀 사이에 이해가 상반되거나 그 친권에 복종하는

여러 명의 자녀 사이에 이해가 상반되는 법률행위를 하기 위해서는 가정법원의 허가를 얻어 특별대리인을 선임하여야 한다(민법 921조).

친권자와 미성년자 사이의 상속재산분할협의는 위에서 말하는 이해상반행위의 대표적인 예에 해당한다. 그러므로 이때에는 미성년인 자녀를 위한 특별대리인을 선임하여야 한다. 만일 미성년인 자녀가 2인 이상일 때에는 각각의 자녀를 위한 특별대리인을 각각 선임하여야 한다.

특별대리인이 될 수 있는 사람에는 제한이 없다. 친권자가 추천하는 사람 중에서 선임될 수밖에 없고 이는 가정법원의 재량에 속한다. 현재 서울가정법원에서는 청구인이 모인 경우에는 자의 부계의 친족을, 청구인이 부인 경우에는 자의 모계의 친족을 특별대리인으로 선임하도록 하고 있다(예 ; 남편은 부인과 미성년자인 아들을 두고 사망하였는데 남편이 사망한 후 남편 명의의 통장이 발견되었다. 통장 명의를 부인명의로 바꾸어 싶은 경우 등).

2. 공동친권자의 이행상반행위와 특별대리인의 선임

이행상반행위란 친권자에 대해서는 이익이 되고, 미성년인 자에 대해서는 불이익이 되는 행위 또는 친권에 복종하는 자의 일방에 대해서는 이익이 되고, 다른 일방에 대해서는 불이익이 되는 행위를 말한다.

공동친권자 중 한 사람만이 미성년자인 자와 이해가 상반되는 경우 이해가 상반되는 그 친권자는 미성년인 자를 대리할 수 없다. 이 경우 다른 일방의 친권자가 단독으로 미성년자를 대리할 수 있는 지, 아니면 이해가 상반되는 친권자를 대신할 특별대리인을 선임하여 그 특별대리인이 이해가 상반되지 않는 다른 일방의 친권자와 공동하여 미성년자인 자를 대리하여야 하는 지에 관해서는 견해가 갈릴 수 있다.

이에 대하여 등기실무는 후자의 견해에 따른다. 그러므로 공동친권자 중 어느 일방이 미성년인 자로부터 토지를 증여받고 등기를 신청하기 위해서는 가정법원에 특별대리인선임을 청구하여야 한다.

[서식 179] 특별대리인 선임청구서(협의분할계약)(4)

특별대리인선임청구서

청 구 인 김 ○ 순 (000000-0000000) (전화 :)
등록기준지 : 전라남도 영광군 군서면 보라로 1378
주 소 : 의정부시 장암로 5, 215동 202호 (장암동, 주공빌라)

사건본인 고 ○ 혁 (000000-0000000)
(미성년자) 등록기준지 : 의정부시 의정부로 172
주 소 : 의정부시 장암로 5, 215동 202호 (장암동, 주공빌라)

청 구 취 지

별지 목록 기재 부동산에 대한 소유자 망 고○호의 사망으로 인하여 청구인을 상속인으로 하는 상속재산분할협의서를 작성하기 위하여 고○청(000000-0000000, 강원도 춘천시 서면 서상로 105)을 특별대리인으로 선임한다.
라는 심판을 구합니다.

청 구 원 인

1. 청구인은 청구외 망 고○호의 처인바 사건본인의 친모친으로 법정대리인이기도 합니다. 청구인의 남편인 망 고○호는 20○○. 9. 2. 사망하여 그 소유명의의 별지 부동산을 상속재산으로 남겼는바 최근 이를 청구인의 소유로 하는 상속재산분할협의를 하고자 합니다.
2. 그러나 사건본인인 고○혁과 본 청구인은 공동상속인으로서 이해관계가 상반되므로 본 청구인이 친권을 행사하지 못하는 관계에 있어, 사건본인을 위한 특별대리인으로 사건본인의 작은 아버지인 고○청을 선임받고자 이 사건 청구에 이른 것입니다.

첨 부 서 류

1. 제적등본 1통
1. 가족관계증명서 1통
   ※ 2008. 1.이후 사망하였다면

1. (망자의)폐쇄가족관계증명서와 기본증명서 각 1통
1. 주민등록등본 1통
1. 주민등록초본(대리인) 2통
1. 부동산등기사항전부증명서 1통

200○. ○. ○.

청구인 김 ○ 순 (인)

○○ 가정법원 귀중

접수방법 및 유의사항

1. 청구인 : 친권자 또는 후견인이다. 누구를 특별대리인으로 선임할 것인가에 대하여 특별한 제한이 없다. 대체적으로 친권자가 추천하는 사람 중에서 선임되지만 법원의 재량에 속한다. 통설은 미성년자인 자 또는 피후견인의 친족, 기타의 이해관계인도 청구할 수 있다고 한다. 다만 미성년자 본인, 피후견인 본인은 청구권이 없다.
2. 수입인지 : 사건본인 1인당 5,000원의 인지를 납부한다.
3. 송달료 : 청구인수×4,800원(우편료)×4회분을 납부한다.
4. 관할 : 미성년자인 자(子) 또는 피후견인 주소지를 관할하는 가정법원에 제출한다.
5. 사건본인이 여러명일 경우에는 미성년자인 사건본인의 수만큼 특별대리인을 선임청구 해야 한다.

주 **1. 미성년인 자와의 상속재산분할협의**

친권자가 그 자신과 친권에 복종하는 자녀 사이에 이해가 상반되거나 그 친권에 복종하는 여러 명의 자녀 사이에 이해가 상반되는 법률행위를 하기 위해서는 가정법원의 허가를 얻어 특별대리인을 선임하여야 한다(민법 921조).

친권자와 미성년자 사이의 상속재산분할협의는 위에서 말하는 이해상반행위의 대표적인 예에 해당한다. 그러므로 이때에는 미성년인 자녀를 위한 특별대리인을 선임하여야 한다. 만일 미성년인 자녀가 2인 이상일 때에는 각각의 자녀를 위한 특별대리인을 각각 선임하여야 한다.

특별대리인이 될 수 있는 사람에는 제한이 없다. 친권자가 추천하는 사람 중에서 선임될 수밖에 없고 이는 가정법원의 재량에 속한다. 현재 서울가정법원에서는 청구인이 모인 경우에는 자의 부계의 친족을, 청구인이 부인 경우에는 자의 모계의 친족을 특별대리인으로 선임하도록 하고 있다(예 ; 남편은 부인과 미성년자인 아들을 두고 사망하였는데 남편이 사망한 후 남편 명의의 통장이 발견되었다. 통장 명의를 부인명의로 바꾸어 싶은 경우 등)

2. 공동친권자의 이행상반행위와 특별대리인의 선임

이행상반행위란 친권자에 대해서는 이익이 되고, 미성년인 자에 대해서는 불이익이 되는 행위 또는 친권에 복종하는 자의 일방에 대해서는 이익이 되고, 다른 일방에 대해서는 불이익이 되는 행위를 말한다.

공동친권자 중 한 사람만이 미성년자인 자와 이해가 상반되는 경우 이해가 상반되는 그 친권자는 미성년인 자를 대리할 수 없다. 이 경우 다른 일방의 친권자가 단독으로 미성년자를 대리할 수 있는 지, 아니면 이해가 상반되는 친권자를 대신할 특별대리인을 선임하여 그 특별대리인이 이해가 상반되지 않는 다른 일방의 친권자와 공동하여 미성년자인 자를 대리하여야 하는 지에 관해서는 견해가 갈릴 수 있다.

이에 대하여 등기실무는 후자의 견해에 따른다. 그러므로 공동친권자 중 어느 일방이 미성년인 자로부터 토지를 증여받고 등기를 신청하기 위해서는 가정법원에 특별대리인선임을 청구하여야 한다.

[서식 180] 특별대리인 선임청구서(증여계약)

특별대리인선임청구

청 구 인　　이 ○ ○ (000000-0000000) (전화 : 　　　　)
　　　　　　등록기준지 : 서울 구로구 구로로 123
　　　　　　주　　　소 : 서울 동작구 사당로 234 (우편번호 : 00000)

사건본인　　김 ○ ○ (000000-0000000)
(미성년자)　등록기준지 및 주소 : 청구인과 같음

청 구 취 지

위 사건본인 소유의 별지 목록 기재 부동산에 대하여 사건본인과 청구인간의 증여계약을 체결함에 있어 사건본인의 특별대리인으로 정○○(주소 : ○○시 ○○구 ○○로 ○○○, 주민등록번호 : 000000-0000000)를 선임한다.
라는 심판을 구합니다.

청 구 원 인

20○○. 4. 12. 피상속인 망 김○○의 사망으로 사건본인은 위 부동산을 상속받은 자이고, 청구인은 위 사건본인의 생모입니다. 그런데 사건본인과 청구인은 위 부동산에 대하여 증여계약을 체결하려고 하나 이는 청구인과 사건본인간에 이해가 상반되는 행위이므로 사건본인의 조모인 소외 정○○를 사건본인의 특별대리인으로 선임을 받고자 이 사건 청구에 이른 것입니다.

첨 부 서 류

1. 가족관계증명서(청구인) 1통
1. 주민등록등본(사건본인 및 청구인) 각 1통
1. 부동산등기사항전부증명서 1통

20○○. ○. ○.

청구인 이 ○ ○ (인)

○○ 가정법원 귀중

접수방법 및 유의사항

1. 청구인 : 친권자 또는 후견인이다. 누구를 특별대리인으로 선임할 것인가에 대하여 특별한 제한이 없다. 대체적으로 친권자가 추천하는 사람 중에서 선임되지만 법원의 재량에 속한다. 통설은 미성년자인 자 또는 피후견인의 친족, 기타의 이해관계인도 청구할 수 있다고 한다. 다만 미성년자 본인, 피후견인 본인은 청구권이 없다.
2. 수입인지 : 사건본인 1인당 5,000원의 인지를 납부한다.
3. 송달료 : 청구인수 × 4,800원(우편료) × 4회분을 납부한다.
4. 관할 : 미성년자인 자(子) 또는 피후견인 주소지를 관할하는 가정법원에 제출한다.
5. 사건본인이 여러명일 경우에는 미성년자인 사건본인의 수만큼 특별대리인을 선임청구 해야 한다.

주 공동친권자의 이행상반행위와 특별대리인의 선임

이행상반행위란 친권자에 대해서는 이익이 되고, 미성년인 자에 대해서는 불이익이 되는 행위 또는 친권에 복종하는 자의 일방에 대해서는 이익이 되고, 다른 일방에 대해서는 불이익이 되는 행위를 말한다.

공동친권자 중 한 사람만이 미성년자인 자와 이해가 상반되는 경우 이해가 상반되는 그 친권자는 미성년인 자를 대리할 수 없다. 이 경우 다른 일방의 친권자가 단독으로 미성년자를 대리할 수 있는 지, 아니면 이해가 상반되는 친권자를 대신할 특별대리인을 선임하여 그 특별대리인이 이해가 상반되지 않는 다른 일방의 친권자와 공동하여 미성년자인 자를 대리하여야 하는 지에 관해서는 견해가 갈릴 수 있다.

이에 대하여 등기실무는 후자의 견해에 따른다. 그러므로 공동친권자 중 어느 일방이 미성년인 자로부터 토지를 증여받고 등기를 신청하기 위해서는 가정법원에 특별대리인선임을 청구하여야 한다.

[서식 181] 특별대리인 선임청구서(근저당권설정계약)

특별대리인 선임청구서

청 구 인 전 ○ 경 (000000-0000000) (전화 :)
등록기준지 : 전북 정읍시 신태인읍 화호로 295
주 소 : 서울 강북구 번로 133

사건 본인 1. 김 ○ 준 (000000-0000000)
(미성년자) 2. 김 지 은 (000000-0000000)
사건본인들의 등록기준지 : 전북 정읍시 신태인읍 화호로 295
사건본인들의 주소 : 서울 강북구 번로 133

청 구 취 지

청구인이 채무자가 되어 청구인 및 사건본인들의 공유인 '별지 목록' 기재 부동산을 담보로 주식회사 국민은행 신반포지점에 채권최고액 금 200,000,000원으로 하는 근저당권설정계약을 체결함에 있어 사건본인 1. 김○준의 특별대리인으로 전○영(000000-0000000, 서울 은평구 녹번로 100)을, 사건본인 2. 김○은의 특별대리인으로 전○순(000000-0000000, 서울 서초구 방배로 822)을 각 선임한다.
라는 심판을 구합니다.

청 구 원 인

1. 청구인은 사건본인 김○준, 동 김○은의 친권자인 모(母)입니다.

2. 청구인과 사건본인 등의 공유인 별지 목록기재 부동산을 담보로 주식회사 국민은행 신반포지점에서 채권최고액 금 200,000,000원의 근저당권설정계약을 체결하려하나 이는 청구인과 사건본인들간에 이해 상반되는 법률행위에 해당하므로 사건 본인을 위하여 사건본인들의 외삼촌을 각 청구취지와 같이 특별대리인으로 선임받고자 이 사건 청구에 이른 것입니다.

첨 부 서 류

1. 폐쇄가족관계증명서(또는 제적등본)	1통
1. 가족관계증명서(청구인, 미성년자)	각 1통
1. 가족관계증명서(대리인)	1통
1. 주민등록등본(청구인, 미성년자, 대리인)	각 1통
1. 부동산등기사항전부증명서	2통

20○○. ○. ○.

청구인 전 ○ 경 (인)

○○ 가정법원 귀중

접수방법 및 유의사항

1. 청구인 : 친권자 또는 후견인이다. 누구를 특별대리인으로 선임할 것인가에 대하여 특별한 제한이 없다. 대체적으로 친권자가 추천하는 사람 중에서 선임되지만 법원의 재량에 속한다. 통설은 미성년자인 자 또는 피후견인의 친족, 기타의 이해관계인도 청구할 수 있다고 한다. 다만 미성년자 본인, 피후견인 본인은 청구권이 없다.
2. 수입인지 : 사건본인 1인당 5,000원의 인지를 납부한다.
3. 송달료 : 청구인수×4,800원(우편료)×4회분을 납부한다.
4. 관할 : 미성년자인 자(子) 또는 피후견인 주소지를 관할하는 가정법원에 제출한다.
5. 사건본인이 여러명일 경우에는 미성년자인 사건본인의 수만큼 특별대리인을 선임청구해야 한다.

㈜ 공동친권자의 이행상반행위와 특별대리인의 선임

이행상반행위란 친권자에 대해서는 이익이 되고, 미성년인 자에 대해서는 불이익이 되는 행위 또는 친권에 복종하는 자의 일방에 대해서는 이익이 되고, 다른 일방에 대해서는 불이익이 되는 행위를 말한다.

공동친권자 중 한 사람만이 미성년자인 자와 이해가 상반되는 경우 이해가 상반되는 그 친권자는 미성년인 자를 대리할 수 없다. 이 경우 다른 일방의 친권자가 단독으로 미성년자를 대리할 수 있는 지, 아니면 이해가 상반되는 친권자를 대신할 특별대리인을 선임하여 그 특별대리인이 이해가 상반되지 않는 다른 일방의 친권자와 공동하여 미성년자인 자를 대리하여야 하는 지에 관해서는 견해가 갈릴 수 있다.

이에 대하여 등기실무는 후자의 견해에 따른다. 그러므로 공동친권자 중 어느 일방이 미성년인 자로부터 토지를 증여받고 등기를 신청하기 위해서는 가정법원에 특별대리인선임을 청구하여야 한다.

[서식 182] 특별대리인 선임청구서(주택청약정기예금에 대한 명의변경절차)

특별대리인선임청구

청 구 인　　김 선 희 (000000-0000000) (전화 :　　　　)
　　　　　　등록기준지 : 춘천시 석사로 123
　　　　　　주　　소 : 서울 도봉구 방학로 234 (우편번호 : 00000)

사건본인　　임 정 미 (000000-0000000)
　　　　　　등록기준지 및 주소 : 청구인과 같음

청 구 취 지

청구인이 피상속인 망 임영철 명의의 별지 목록 기재 주택청약 정기예금에 대한 명의변경절차를 함에 있어서 사건본인 임정미를 위한 특별대리인으로 서울 노원구 상계로 345, 임선일(000000-0000000)을 선임한다.

라는 심판을 구합니다.

청 구 원 인

1. 청구인은 사건본인의 법정대리인인 친권자 모(母)입니다.
2. 별지 목록 기재 한국주택은행(주) 주택청약 정지예금은 청구인의 남편이 20○○. 5. 12. 사망으로 인하여 위 주택은행 주택청약 정기예금의 명의를 변경해야 되는 바,
3. 이를 부득이 사건본인의 모(母)이며 망인의 처인 청구인 명의로 변경해야 될 입장에 있으나(주택청약 정기예금은 세대주가 아니면 변경시킬 자격이 없음) 이는 청구인과 사건본인의 이해가 상반되는 행위이므로 사건본인 임정미를 위하여 동인의 숙부인 임선일을 특별대리인으로 선임하고자 본 청구에 이른 것입니다.

첨 부 서 류

1. 주택청약 정기예금통장 사본	1통
1. 제적등본	1통
1. 가족관계증명서	2통
1. 부동산등기사항전부증명서	3통

20○○. ○. ○.

청구인 김 선 희 (인)

○○ 가정법원 귀중

접수방법 및 유의사항

1. 청구인 : 친권자 또는 후견인이다. 누구를 특별대리인으로 선임할 것인가에 대하여 특별한 제한이 없다. 대체적으로 친권자가 추천하는 사람 중에서 선임되지만 법원의 재량에 속한다. 통설은 미성년자인 자 또는 피후견인의 친족, 기타의 이해관계인도 청구할 수 있다고 한다. 다만 미성년자 본인, 피후견인 본인은 청구권이 없다.
2. 수입인지 : 사건본인 1인당 5,000원의 인지를 납부한다.
3. 송달료 : 청구인수 × 4,800원(우편료) × 4회분을 납부한다.
4. 관할 : 미성년자인 자(子) 또는 피후견인 주소지를 관할하는 가정법원에 제출한다.
5. 사건본인이 여러명일 경우에는 미성년자인 사건본인의 수만큼 특별대리인을 선임청구 해야 한다.

주 1. 미성년인 자와의 상속재산분할협의

친권자가 그 자신과 친권에 복종하는 자녀 사이에 이해가 상반되거나 그 친권에 복종하는 여러 명의 자녀 사이에 이해가 상반되는 법률행위를 하기 위해서는 가정법원의 허가를 얻어 특별대리인을 선임하여야 한다(민법 921조).

친권자와 미성년자 사이의 상속재산분할협의는 위에서 말하는 이해상반행위의 대표적인 예에 해당한다. 그러므로 이때에는 미성년인 자녀를 위한 특별대리인을 선임하여야 한다. 만일 미성년인 자녀가 2인 이상일 때에는 각각의 자녀를 위한 특별대리인을 각각 선임하여야 한다.

특별대리인이 될 수 있는 사람에는 제한이 없다. 친권자가 추천하는 사람 중에서 선임될 수밖에 없고 이는 가정법원의 재량에 속한다. 현재 서울가정법원에서는 청구인이 모인 경우에는 자의 부계의 친족을, 청구인이 부인 경우에는 자의 모계의 친족을 특별대리인으로 선임하도록 하고 있다(예 ; 남편은 부인과 미성년자인 아들을 두고 사망하였는데 남편이 사망한 후 남편 명의의 통장이 발견되었다. 통장 명의를 부인명의로 바꾸어 싶은 경우 등).

2. 공동친권자의 이행상반행위와 특별대리인의 선임

이행상반행위란 친권자에 대해서는 이익이 되고, 미성년인 자에 대해서는 불이익이 되는 행위 또는 친권에 복종하는 자의 일방에 대해서는 이익이 되고, 다른 일방에 대해서는 불이익이 되는 행위를 말한다.

공동친권자 중 한 사람만이 미성년자인 자와 이해가 상반되는 경우 이해가 상반되는 그 친권자는 미성년인 자를 대리할 수 없다. 이 경우 다른 일방의 친권자가 단독으로 미성년자를 대리할 수 있는 지, 아니면 이해가 상반되는 친권자를 대신할 특별대리인을 선임하여 그 특별대리인이 이해가 상반되지 않는 다른 일방의 친권자와 공동하여 미성년자인 자를 대리하여야 하는 지에 관해서는 견해가 갈릴 수 있다.

이에 대하여 등기실무는 후자의 견해에 따른다. 그러므로 공동친권자 중 어느 일방이 미성년인 자로부터 토지를 증여받고 등기를 신청하기 위해서는 가정법원에 특별대리인선임을 청구하여야 한다.

[서식 183] 특별대리인 선임청구서(친자관계부존재확인의 소 제기시)

특별대리인선임청구

청 구 인 윤 선 미 (000000-0000000) (전화 :)
등록기준지 대구광역시 달서구 두류로 123
주 소 대구광역시 수성구 만촌로 234 (우편번호 : 00000)

사건본인 김 영 수 (000000-0000000)
(미성년자) 등록기준지 청구인과 같음
주 소 대구광역시 동구 방촌로 345

청 구 취 지

청구인이 사건본인을 상대로 친자관계부존재확인의 소를 청구함에 있어서 사건본인의 특별대리인으로 대구광역시 동구 방촌로 456, 문영숙(000000-0000000)을 선임한다.
라는 심판을 구합니다.

청 구 원 인

1. 사건본인은 가족관계등록부상에 청구인의 남편인 망 김영길과 청구인간에 20○○. 8. 10. 출생한 혼인 중의 자로 등재되어 있습니다.
2. 그러나 사건본인은 위 망 김영길과 문영숙간에 혼인외 자로서, 현재 특별대리인으로 선임받고자 하는 위 문영숙과 같이 생활하고 있습니다.
3. 그러므로 청구인은 진실한 친자관계로 가족관계등록부를 정정하기 위하여 귀원에 친자관계부존재확인의 소를 청구하려고 준비 중에 있으므로 사건본인의 친권자인 청구인과 사건본인 사이에 이해가 상반되는 행위이므로 사건본인을 위하여 그의 생모인 문영숙을 사건본인의 특별대리인으로 선임받기 위하여 본 심판을 구합니다.

첨 부 서 류

1. 가족관계등록부 1통
1. 주민등록초본 3통

1. 사진 3통

20○○. ○. ○.

청구인 윤 선 미 (인)

○○ 가정법원 귀중

접수방법 및 유의사항

1. 청구인 : 친권자 또는 후견인이다. 누구를 특별대리인으로 선임할 것인가에 대하여 특별한 제한이 없다. 대체적으로 친권자가 추천하는 사람 중에서 선임되지만 법원의 재량에 속한다. 통설은 미성년자인 자 또는 피후견인의 친족, 기타의 이해관계인도 청구할 수 있다고 한다. 다만 미성년자 본인, 피후견인 본인은 청구권이 없다.
2. 수입인지 : 사건본인 1인당 5,000원의 인지를 납부한다.
3. 송달료 : 청구인수×4,800원(우편료)×4회분을 납부한다.
4. 관할 : 미성년자인 자(子) 또는 피후견인 주소지를 관할하는 가정법원에 제출한다.
5. 사건본인이 여러명일 경우에는 미성년자인 사건본인의 수만큼 특별대리인을 선임청구해야 한다.

주 공동친권자의 이행상반행위와 특별대리인의 선임

이행상반행위란 친권자에 대해서는 이익이 되고, 미성년인 자에 대해서는 불이익이 되는 행위 또는 친권에 복종하는 자의 일방에 대해서는 이익이 되고, 다른 일방에 대해서는 불이익이 되는 행위를 말한다.

공동친권자 중 한 사람만이 미성년자인 자와 이해가 상반되는 경우 이해가 상반되는 그 친권자는 미성년인 자를 대리할 수 없다. 이 경우 다른 일방의 친권자가 단독으로 미성년자를 대리할 수 있는 지, 아니면 이해가 상반되는 친권자를 대신할 특별대리인을 선임하여 그 특별대리인이 이해가 상반되지 않는 다른 일방의 친권자와 공동하여 미성년자인 자를 대리하여야 하는 지에 관해서는 견해가 갈릴 수 있다.

이에 대하여 등기실무는 후자의 견해에 따른다. 그러므로 공동친권자 중 어느 일방이 미성년인 자로부터 토지를 증여받고 등기를 신청하기 위해서는 가정법원에 특별대리인선임을 청구하여야 한다.

[서식 184] 특별대리인 선임청구서(청약주택예금통장에 대한 명의변경절차)

특별대리인선임청구

청 구 인　　김 현 경 (000000-0000000) (전화 :)
　　　　　　등록기준지 : 서울 도봉구 미아로 123
　　　　　　주　　　소 : 서울 동작구 본로 234 (우편번호 : 00000)

사건본인　1. 이 신 나 (000000-0000000)
(미성년자)　　등록기준지 및 주소 : 청구인과 같음

　　　　　2. 이 영 나 (000000-0000000)
　　　　　　등록기준지 및 주소 : 청구인과 같음

청 구 취 지

상속인 망 이경철 소유인 별지 목록 기재 청약주택 예금통장을 청구인과 사건본인들이 협의에 의한 명의변경을 함에 있어서 이용기(주민등록번호 : 000000-0000000, 서울 강남구 역삼로 345)를 사건본인 이신나의 특별대리인으로, 이미정(주민등록번호 : 000000-0000000, 서울 동작구 사당로 456)을 사건본인 이영나의 특별대리인으로 각 선임한다. 라는 심판을 구합니다.

청 구 원 인

1. 청구인은 사건본인들의 생모이며 피상속인 망 이경철은 청구인의 남편이며 사건본인들의 부입니다.
2. 그러나 20○○. 4. 3. 피상속인 망 이경철의 사망으로 개시된 별지 목록 기재 주택청약예금통장을 협의에 의해 명의변경을 하고자 하나 이는 청구인과 사건본인들 간에 이해가 상반되는 행위입니다.
3. 그러므로 사건본인 이신나의 작은아버지인 이용기를 동인의 특별대리인으로, 사건본인 이영나의 고모인 이미정을 동인의 특별대리인으로 각 선임을 받고자 청구취지와 같은 심판을 구합니다.

첨 부 서 류

1. 가족관계증명서(청구인, 미성년자, 특별대리인) 각 1통
1. 기본증명서(청구인, 미성년자, 특별대리인) 각 1통
1. 주민등록초본(청구인, 미성년자, 특별대리인) 각 1통
1. 통장사본 1통

20○○. ○. ○.

청구인 김 현 경 (인)

○○ 가정법원 귀중

접수방법 및 유의사항

1. 청구인 : 친권자 또는 후견인이다. 누구를 특별대리인으로 선임할 것인가에 대하여 특별한 제한이 없다. 대체적으로 친권자가 추천하는 사람 중에서 선임되지만 법원의 재량에 속한다. 통설은 미성년자인 자 또는 피후견인의 친족, 기타의 이해관계인도 청구할 수 있다고 한다. 다만 미성년자 본인, 피후견인 본인은 청구권이 없다.
2. 수입인지 : 사건본인 1인당 5,000원의 인지를 납부한다.
3. 송달료 : 청구인수×4,800원(우편료)×4회분을 납부한다.
4. 관할 : 미성년자인 자(子) 또는 피후견인 주소지를 관할하는 가정법원에 제출한다.
5. 사건본인이 여러명일 경우에는 미성년자인 사건본인의 수만큼 특별대리인을 선임청구해야 한다.

주 공동친권자의 이행상반행위와 특별대리인의 선임

이행상반행위란 친권자에 대해서는 이익이 되고, 미성년인 자에 대해서는 불이익이 되는 행위 또는 친권에 복종하는 자의 일방에 대해서는 이익이 되고, 다른 일방에 대해서는 불이익이 되는 행위를 말한다.

공동친권자 중 한 사람만이 미성년자인 자와 이해가 상반되는 경우 이해가 상반되는 그 친권자는 미성년인 자를 대리할 수 없다. 이 경우 다른 일방의 친권자가 단독으로 미성년자를 대리할 수 있는 지, 아니면 이해가 상반되는 친권자를 대신할 특별대리인을 선임하여 그 특별대리인이 이해가 상반되지 않는 다른 일방의 친권자와 공동하여 미성년자인 자를 대리하여야 하는 지에 관해서는 견해가 갈릴 수 있다.

이에 대하여 등기실무는 후자의 견해에 따른다. 그러므로 공동친권자 중 어느 일방이 미성년인 자로부터 토지를 증여받고 등기를 신청하기 위해서는 가정법원에 특별대리인선임을 청구하여야 한다.

[서식 185] 특별대리인 선임청구서(재산상속포기)

특별대리인선임청구

청 구 인　　이 영 자 (000000-0000000) (전화 :　　　　)
　　　　　　등록기준지 : 경북 칠곡군 약목면 복성로 123
　　　　　　주　　소 : 서울 동작구 사당로 234 (우편번호 : 00000)

사건본인　1. 김 성 진 (000000-0000000)
　　　　　　등록기준지 및 주소 : 청구인과 같음

　　　　　2. 김 성 민 (000000-0000000)
　　　　　　등록기준지 및 주소 : 청구인과 같음

　　　　　3. 김 성 희 (000000-0000000)
　　　　　　등록기준지 및 주소 : 청구인과 같음

청 구 취 지

사건본인들이 서울가정법원에 재산상속포기 청구를 함에 있어서 특별대리인으로 서울 강남구 논현로 345에 거주하는 김인화를 선임한다.
라는 심판을 구합니다.

청 구 원 인

1. 청구인은 사건본인 김성진 및 김성민의 계모이고 사건본인 김성희의 생모입니다.
2. 그런데 사건본인들은 아버지인 친구의 김연배가 20○○. 2. 10. 사망함으로서 청구인과 함께 그 공동상속인이 되었으나 사건본인들은 그 재산상속을 포기하려고 합니다.
3. 그러나 이는 사건본인들의 법정대리인인 청구인과 사건본인들 사이에 이해가 상반되는 행위이므로 사건본인들을 위하여 그들의 숙부인 김인화를 사건본인들의 특별대리인으로 선임받기 위하여 이 사건 청구에 이르렀습니다.

첨 부 서 류

1. 제적등본　　　　　　　　　　1통

1. 가족관계등록부 1통
1. 가족관계등록부(김인화) 1통
1. 통장표지 및 내용 1통

20○○. ○. ○.

청구인 이 영 자 (인)

○○ 가정법원 귀중

접수방법 및 유의사항

1. 청구인 : 친권자 또는 후견인이다. 누구를 특별대리인으로 선임할 것인가에 대하여 특별한 제한이 없다. 대체적으로 친권자가 추천하는 사람 중에서 선임되지만 법원의 재량에 속한다. 통설은 미성년자인 자 또는 피후견인의 친족, 기타의 이해관계인도 청구할 수 있다고 한다. 다만 미성년자 본인, 피후견인 본인은 청구권이 없다.
2. 수입인지 : 사건본인 1인당 5,000원의 인지를 납부한다.
3. 송달료 : 청구인수×4,800원(우편료)×4회분을 납부한다.
4. 관할 : 미성년자인 자(子) 또는 피후견인 주소지를 관할하는 가정법원에 제출한다.
5. 사건본인이 여러명일 경우에는 미성년자인 사건본인의 수만큼 특별대리인을 선임청구해야 한다.

주 공동친권자의 이행상반행위와 특별대리인의 선임

이행상반행위란 친권자에 대해서는 이익이 되고, 미성년인 자에 대해서는 불이익이 되는 행위 또는 친권에 복종하는 자의 일방에 대해서는 이익이 되고, 다른 일방에 대해서는 불이익이 되는 행위를 말한다.

공동친권자 중 한 사람만이 미성년자인 자와 이해가 상반되는 경우 이해가 상반되는 그 친권자는 미성년인 자를 대리할 수 없다. 이 경우 다른 일방의 친권자가 단독으로 미성년자를 대리할 수 있는 지, 아니면 이해가 상반되는 친권자를 대신할 특별대리인을 선임하여 그 특별대리인이 이해가 상반되지 않는 다른 일방의 친권자와 공동하여 미성년자인 자를 대리하여야 하는 지에 관해서는 견해가 갈릴 수 있다.

이에 대하여 등기실무는 후자의 견해에 따른다. 그러므로 공동친권자 중 어느 일방이 미성년인 자로부터 토지를 증여받고 등기를 신청하기 위해서는 가정법원에 특별대리인선임을 청구하여야 한다.

10. 성년후견인

가. 의 의

피성년후견인이란 질병, 장애, 노령 그 밖의 사유로 인한 정신적 제약으로 사무를 처리할 능력이 지속적으로 결여된 사람으로서 가정법원으로부터 성년후견개시의 심판을 받은 자를 말한다(민법 9조).

나. 성년후견개시의 요건

(1) 실질적 요건

질병, 장애, 노령, 그 밖의 사유로 인한 정신적 제약으로 사무를 처리할 능력이 지속적으로 결여되어야 한다(식물인간상태, 치매상태 등), 가정법원은 성년후견개시의 심판을 할 때 본인의 정신상태에 관하여 의사에게 감정을 시켜야 하지만 본인의 정신상태를 판단할 만한 다른 충분한 자료가 있는 때에는 그러하지 아니하다(가소 45조의3 1항).

(2) 절차적 요건

본인, 배우자, 4촌 이내의 친족, 미성년후견인, 미성년후견감독인, 한정후견인, 한정후견감독인, 특정후견인, 특정후견감독인, 검사 또는 지방자치단체의 장의 청구가 있어야 한다.

(3) 후견개시심판

요건이 충족되면 가정법원은 성년후견개시의 심판을 하여야 하고 지체없이 가족관계등록사무 및 후견등기사무를 처리하는 사람에게 가족관계등록부에 기록할 것과 후견등기부에 등기할 것을 촉탁하여야 한다(가소 9조).

(4) 후견개시의 신고

후견인은 취임일로부터 1개월 내에 후견개시의 신고를 하여야 한다(가족등록법 80조 보고적 신고). 나아가 성년후견인은 후견등기를 신청하여야 한다.

다. 행위능력

(1) 원 칙

피성년후견인의 법률행위는 언제나 취소할 수 있다. 성년후견인의 동의가 있더라도 취소할 수 있는데 취소권자는 피성년후견인 또는 성년후견인이다(민법 141조).

(2) 예 외

① 가정법원이 취소할 수 없는 피성년후견인의 법률행위를 정한 경우에 그 한도내시 예외적으로 행위능력을 가진다(민법 10조 2항). 그 범위는 본인, 배우자, 4촌 이내의 친족, 성년후견인, 성년후견감독인, 검사 또는 지방자치단체의 장의 청구에 의하여 가정법원이 변경할 수 있다(민법 10조 3항).

② 일용품의 구입 등 일상생활에 필요하고 그 대가가 과도하지 아니한 법률행위는 성년후견인이 취소할 수 없다(민법 9조 4항).

③ 성년후견인이 추인하면 유효로 될 수 있고 타인의 대리행위는 의사능력이 갖추어진 경우에 한하여 피성년후견인이 단독으로 할 수 있다(민법 117조).

④ 피성년후견인의 신상에 관해서는 그의 상태가 허용하는 범위에서 피성년후견인이 단독으로 결정할 수 있다.

⑤ 가정족법상의 행위에 관하여 성년후견인의 동의를 받아 스스로 유효한 법률행위를 할 수 있는 경우가 있으며(민법 820조, 808조 2항, 835조, 873조, 902조) 특히 유언은 의사능력이 회복된 때에 한하여 독자적으로 할 수 있다(민법 1063조).

라. 능력보충기관(성년후견인)

(1) 피성년후견인의 법정대리인이 되는 자는 성년후견인인데(민법 938조 1항) 가정법원은 성년후견개시의 심판을 할 때에 직권으로 성년후견인을 선임하여야 한다(민법 929조).

(2) 성년후견인은 피성년후견인의 법률행위에 대한 동의권을 가지지 않고 대리권과 취소권을 가질 뿐이다. 그런데 성년후견인의 대리권은 원칙적으로 포괄적이지만 가정법원에 의한 제한을 예정하고 있는 것이고 피성년후견인의 행위능력이 인정되는 범위에서는 성년후견인의 대리권이 소멸한다고 보아야 할 것이다.

(3) 미성년후견과 달리 여러명의 성년후견인을 들 수 있고 법인도 될 수 있다.

마. 성년후견의 종료

(1) 성년후견개시의 원인이 소멸된 경우에 가정법원은 본인, 배우자, 4촌 이내의 친족, 성년후견인, 성년후견감독인, 검사 또는 지방자치단체의 장의 청구에 의하여 성년후견종료

의 심판을 하여야 한다(민법 11조). 가정법원이 피성년후견인에 대해 한정후견개시의 심판을 할 때에도 종전의 성년후견의 종료심판을 하여야 한다(민법 14조의3 2항).

(2) 성년후견종료의 심판은 장래에 향하여 효력을 가진다. 따라서 그 심판이 있기 전에 행하여진 피성년후견인의 법률행위는 원칙적으로 취소할 수 있다.

바. 성년후견감독인

(1) 성년후견인의 감독기관으로 성년후견감독인이 있는데 미성년후견감독인과의 차이는 선임에 관한 것 뿐이다. 지정후견감독인은 없고 선임후견감독인이 있을 뿐이다.

(2) 가정법원은 필요하다고 인정하면 직권으로 또는 피성년후견인, 친족, 성년후견인, 검사, 지방자치단체의 장의 청구에 의하여 성년후견감독인을 선임할 수 있다(민법 940조의4 1항).

(3) 성년후견감독이 사망, 결격 그 밖의 사유로 없게 된 경우에 가정법원은 직권으로 또는 피성년후견인, 친족, 성년후견인, 검사, 지방자치단체의 장의 청구에 의하여 성년후견감독인을 선임한다(민법 949조의4 2항).

[서식 186] 성년후견인선임심판청구서(1)

성년후견인 선임 심판청구

청 구 인 ○ ○ ○ (000000-0000000)
등록기준지 ○○시 ○○구 ○○로 ○○○
주 소 ○○시 ○○구 ○○로 ○○○ (우편번호 : 00000)

사건본인 ○ ○ ○ (000000-0000000)
(피성년후견인) 등록기준지 ○○시 ○○구 ○○로 ○○○
주 소 ○○시 ○○구 ○○로 ○○○

청 구 취 지

적당한 사람을 사건본인(피성년후견인)에 대한 성년후견인으로 선임한다.

라는 심판을 구합니다.

청 구 원 인

1. 청구인은 (사건본인, 사건본인의 배우자, 사건본인의 친족, 이해관계인, 검사, 사건본인의 주소지를 관할하는 지방자치단체의 장)입니다.
2. ○○가정법원은 20○○. ○. ○. 20○○느단 ○○○호로 사건본인에 대한 성년후견개시심판을 선고하였고, 위 심판은 20○○○. ○. 확정되었습니다.
3. 이에 청구인은 적당한 사람을 사건본인(피성년후견인)에 대한 성년후견인으로서 선임하여 주실 것을 청구합니다.

첨 부 서 류

1. 가족관계증명서(청구인 및 사건본인) 1통
1. 주민등록등본(청구인 및 사건본인) 1통
1. 성년후견개시심판정본 1통
1. 기타(소명자료 : 진단서 등) 1통

20○○. ○. ○.

청구인 ○ ○ ○ (인)

○○ 가정법원 귀중

[서식 187] 성년후견인선임심판청구서(2)

성년후견인 선임 심판청구

청 구 인 ○ ○ ○ (000000-0000000) (전화 :)
등록기준지 ○○시 ○○구 ○○로 ○○○
주 소 ○○시 ○○구 ○○로 ○○○ (우편번호 : 00000)

사건본인 ○ ○ ○ (000000-0000000)
(피성년후견인) 등록기준지 ○○시 ○○구 ○○로 ○○○
주 소 ○○시 ○○구 ○○로 ○○○

청 구 취 지

○○○(000000-0000000, 주소 : ○○시 ○○구 ○○로 ○○○)를 사건본인(피성년후견인)에 대한 성년후견인으로 선임한다.
라는 심판을 구합니다.

청 구 원 인

1. 청구인의 지위
청구인은 (사건본인, 사건본인의 배우자, 사건본인의 친족, 이해관계인, 검사, 사건본인의 주소지를 관할하는 지방자치단체의 장)입니다.

2. 사건본인에 대한 성년후견개시
○○가정법원은 20○○. ○. ○. 20○○느단 ○○○호로 사건본인에 대한 성년후견개시심판을 선고하였고, 위 심판은 20○○. ○. ○. 확정되었습니다.

3. 성년후견인 후보에 관하여
가. ○○○(000000-0000000, 주소 : ○○시 ○○구 ○○로 ○○○)는 민법 제937조 소정의 결격사유가 존재하지 않습니다.
나. ○○○의 직업 및 경력
다. ○○○는(사건본인과 심판청구 전 관련이 있었다면 그 관계 성명 / 사건본인과 아무런 관련이 없으며), 사건본인과 충돌하는 이해관계가 존재하지 않습니다.

4. 결 론
이에 청구인은 ○○○이 사건본인의 성년후견인을 위해 성년후견사무를 처리할 수 있는 사람이라고 판단하여 ○○○을 사건본인의 성년후견인으로 선임하여 줄 것을 청구합니다.

첨 부 서 류

1. 가족관계증명서(청구인 및 사건본인) 1통
1. 주민등록등본(청구인 및 사건본인) 1통
1. 성년후견개시심판정본 1통
1. ○○○의 진술서(서약서) 1통
1. 기타(소명자료 : 진단서 등) 1통

20○○. ○. ○.

청구인 ○ ○ ○ (인)

○○ 가정법원 귀중

[서식 188] 성년후견인선임심판청구서(3)

성년후견인 선임 심판청구

청 구 인 ○ ○ ○ (주민등록번호) (전화 :)
주 소 : ○○시 ○○구 ○○로 ○○○ (우편번호 : 00000)
사건본인과의 관계 :

사건본인 ○ ○ ○ (주민등록번호 또는 외국인등록번호)
주 소 : ○○시 ○○구 ○○로 ○○○
등록기준지(국적) : ○○시 ○○구 ○○로 ○○○

청 구 취 지

사건본인의 성년후견인으로 ○○○{주민등록등록(또는 외국인등록번호) : 000000-0000000, 주소 : ○○시 ○○구 ○○로 ○○○}을 선임한다.
라는 심판을 구합니다.

청 구 원 인

1. 사건본인에 대하여 20○○. ○. ○. ○○가정법원 20○○느단 ○○○호로 성년후견개시 심판이 있었고, 성년후견인으로 ○○○가 선임되었습니다.
2. 그런데, 성년후견인은 20○○○. ○.에 사망하였습니다.
3. 따라서 사건본인의 복리를 위하여 새로운 성년후견인의 선임을 구합니다.
4. 새로운 성년후견인으로 ○○○을 추천합니다.

성년 후견인 후보자	성 명	
	주 소	
	주민등록번호	
	직 업	
	사건본인과의 관계	

첨 부 서 류

1. 가족관계증명서 및 기본증명서(청구인 및 사건본인, 종전후견인, 후견인 후보자) 각 1통
2. 주민등록등본(사건본인) 1통
3. 사건본인 및 후견인 후보자의 후견등기사항전부증명서(말소 및 폐쇄사항 포함) 또는 후견등기사항부존재증명서(후견등기사항이 없는 경우) 각 1통
4. 청구인과 사건본인과의 관계를 밝혀줄 제적등본, 가족관계증명서 등(1.항의 가족관계증명서만으로는 그 관계를 알 수 없는 경우) 각 1통
5. 기타(소명자료) 1통

20○○. ○. ○.

청구인 ○ ○ ○ (인)

○○ 가정법원 귀중

접수방법 및 유의사항

1. 수입인지 : 사건본인 1인당 5,000원의 인지를 납부한다.
2. 송달료 : 청구인수×4,800원(우편료)×4회분을 납부한다.
3. 관할 : 사건본인(피후견인)의 주소지를 관할하는 가정법원에 제출한다.

[서식 189] 성년후견개시심판청구서(1)

성년후견개시 심판청구

청 구 인 ○ ○ ○ (주민등록번호) (전화 :)
주 소 : ○○시 ○○구 ○○로 ○○○ (우편번호 : 00000)
사건본인과의 관계 :

사건본인 ○ ○ ○ (주민등록번호 또는 외국인등록번호)
주 소 : ○○시 ○○구 ○○로 ○○○
등록기준지(국적) : ○○시 ○○구 ○○로 ○○○

청 구 취 지

1. 사건본인에 대하여 성년후견을 개시한다.
2. 사건본인의 성년후견인으로 ○○○{주민등록등록(또는 외국인등록번호) : 000000-0000000, 주소 : ○○시 ○○구 ○○로 ○○○}을 선임한다.

라는 심판을 구합니다.

청 구 원 인

1. 청구인은 사건본인의 아들입니다. 사건본인은 ○○○와 혼인하여 그 사이에 청구인과 ○○○를 두었는데, 남편인 ○○○는 사망하였고 청구인이 사건본인을 모시고 있습니다.
2. 사건본인은 약 7년 전부터 노인성 치매증세가 나타나 병원에서 치료를 받아 왔는데, 3년 전부터 상태가 급격히 악화되어 ○○병원에서 요양 중에 있습니다. 현재 사건본인은 아들인 청구인조차 알아보지 못할 정도이므로 일상생활에 사무를 처리할 능력이 전혀 없고, 향후에도 증세가 호전될 가능성이 매우 희박합니다.
3. 청구인은 아들로서 사건본인을 정성껏 돌보아 왔으나 치료비와 요양비 부담이 만만치 않고, 사건본인 소유 부동산의 관리에 많은 어려움을 겪고 있으므로, 이 사건 심판을 통해 성년후견인으로서의 지위를 인정받고, 사건본인의 부동산을 관리하여 그 수익을 사건본인을 개호하는 비용으로 사용하고자 합니다.
4. 사건본인은 성년후견인으로서는 아들인 청구인이 선임되기를 원하며, 그 권한의 범위는 별기 기재와 같이 정해지기를 원합니다.
5. 이러한 이유로 이 사건 청구에 이르게 되었습니다.

성년 후견인 후보자	성 명	
	주 소	
	주민등록번호	
	직 업	
	사건본인과의 관계	

첨 부 서 류

1. 가족관계증명서 및 기본증명서(청구인 및 사건본인, 후견인 후보자) 각 1통
2. 주민등록등본(사건본인) 1통
3. 사건본인 및 후견인 후보자의 후견등기사항전부증명서(말소 및 폐쇄사항 포함)(후견등기사항이 없는 경우 후견등기사항부존재증명서) 각 1통
4. 청구인 및 후견인 후보자와 사건본인과의 관계를 밝혀줄 자료(가족관계증명서, 제적등본 등)

(1.항의 자료만으로 그 관계를 알 수 없는 경우) 각 1통
5. 진단서 1통
6. 사전현황설명서 1통
7. 기타(소명자료) 1통

20○○. ○. ○.

청구인 ○ ○ ○ (인)

○○ 가정법원 귀중

접수방법 및 유의사항

1. 청구인 : 본인, 배우자, 4촌 이내의 친족, 미성년후견인, 미성년후견감독인, 한정후견인, 한정후견감독인, 특정후견인, 특정후견감독인, 검사 또는 지방자치단체의 장
2. 수입인지 : 사건본인 1인당 5,000원의 인지를 납부한다.
3. 송달료 : 청구인수×4,800원(우편료)×4회분을 납부한다.
4. 관할 : 사건본인의 주소지를 관할하는 가정법원에 제출한다.

[별 첨] 사건현황설명서

사전 현황 설명서

1. 사건본인에 관한 사항	
가. 현재 한정치산자 또는 금치산자인지	예 □ 아니오 □
나. 한정후견·특정후견·임의후견을 받고 있는지	예 □ 아니오 □
다. 현재의 심신상태 및 치료상황	
라. 현 거주지 및 현재 누구와 동거하고 있는지	
마. 재산상황(목록으로 작성하여 별지로 첨부 가능)	

바. 의견진술을 위하여 법원출석이 가능한지 여부	
사. 치료받은 병원 이름 및 치료 받은 기간	
2. 성년후견을 청구하게 된 등기와 목적 (구체적으로 기재)	
3. 이 사건 청구에 관한 사건본인의 선순위 상속인들의 의견	
가. 선순위 상속인들 명단	
나. 동의자(동의서 첨부)	
다. 부동의자	

[별 첨] 재산목록

재 산 목 록

▣ 재산내역

1. 부동산(등기사항전부증명서 첨부)
2. 예금
3. 보험
4. 주식, 펀드
5. 자동차
6. 현금, 귀금속
7. 채권
8. 기타 자산
9. 채무
10. 순재산 합계

▣ 소득 및 지출 내역

1. 소득목록
   가. 급여
   나. 임대료 수익
   다. 이자수입
   라. 사회보장수급액
   마. 기타
2. 지출목록
   가. 정기금 지출
   나. 비정기적 지출
3. 순소득액

[별 첨] 취소할 수 없는 피성년후견인의 법률행위의 범위 및 성년후견인의 법정대리권의 범위

[별 지 1]

취소할 수 없는 피성년후견인의 법률행위의 범위 및 성년후견인의 법정대리권의 범위

1. 취소할 수 없는 피성년후견인의 법률행위의 범위
   □ 취소권 제한 없음
   □ 취소권 제한 있음
   □ ______________________________
   □ ______________________________
2. 성년후견인의 법정대리권의 범위
   □ 법정대리권 제한 없음
   □ 법정대리권 제한 있음
   □ ______________________________
   □ ______________________________

[별 첨] 성년후견인이 피성년후견인의 신상에 관하여 결정할 수 있는 권한의 범위

[별 지 2]

성년후견인이 피성년후견인의 신상에 관하여 결정할 수 있는 권한의 범위

□ 신상에 관한 결정권한 없음

□ 신상에 관한 결정권한 있음

1, □ 의료행위의 동의
2, □ 거주·이전에 관한 결정
3, □ 면접교섭에 관한 결정
4, □ 우편·통신에 관한 결정
5, □ 사회복지서비스 선택 또는 결정
6, □ 기타 사항
□ ______________________________
□ ______________________________

[서식 190] 성년후견개시심판청구서(2)

성년후견개시 심판청구

청 구 인　　○ ○ ○ (000000-0000000) (전화 :)
등록기준지 ○○시 ○○구 ○○로 ○○○
주 소 ○○시 ○○구 ○○로 ○○○ (우편번호 : 00000)
사건본인과의 관계 :

사건본인　　○ ○ ○ (000000-0000000)
등록기준지 ○○시 ○○구 ○○로 ○○○
주 소 ○○시 ○○구 ○○로 ○○○

청 구 취 지

1. 사건본인에 대하여 성년후견을 개시한다.
2. 사건본인의 성년후견인으로 ○○○(000000-0000000, 주소 : ○○시 ○○구 ○○로 ○○○)을 선임한다.

라는 심판을 구합니다.

청 구 원 인

1. 청구인은 사건본인의 아들로서 자영업을 영위하면서 청구인이 사건본인을 모시고 있습니다.
2. 사건본인은 약 5년 전부터 노인성 치매로 ○○병원에서 요양 중인데 현재 사건본인은 일상생활을 혼자 힘으로 영위할 능력이 없습니다.
3. 청구인은 이 사건 심판을 통하여 성년후견인이 되어 사건본인의 부동산을 관리하고 그 수익을 사건본인에 대한 치료비로 사용하고자 합니다.
4. 따라서 청구인은 사건본인의 성년후견인으로 지정받고자 이 사건 청구에 이른 것입니다.

첨 부 서 류

1. 가족관계증명서 및 기본증명서(청구인 및 사건본인,

후견인 후보자) 각 1통
1. 주민등록등본(사건본인) 1통
1. 사건본인 및 후견인 후보자의 후견등기사항전부증명서 (말소 및 폐쇄사항 포함)(후견등기사항이 없는 경우 후견등기사항부존재증명서) 각 1통
1. 진단서 1통
1. 사전현황설명서 1통
1. 기타(소명자료) 1통

20○○. ○. ○.

청구인 ○ ○ ○ (인)

○○ 가정법원 귀중

접수방법 및 유의사항

1. 청구인 : 본인, 배우자, 4촌 이내의 친족, 미성년후견인, 미성년후견감독인, 한정후견인, 한정후견감독인, 특정후견인, 특정후견감독인, 검사 또는 지방자치단체의 장
2. 수입인지 : 사건본인 1인당 5,000원의 인지를 납부한다.
3. 송달료 : 청구인수×4,800원(우편료)×4회분을 납부한다.
4. 관할 : 사건본인의 주소지를 관할하는 가정법원에 제출한다.

[별 첨] 사건현황설명서

사전 현황 설명서

1. 사건본인에 관한 사항	
가. 현재 한정치산자 또는 금치산자인지	예 □　　　아니오 □
나. 한정후견·특정후견·임의후견을 받고 있는지	예 □　　　아니오 □
다. 현재의 심신상태 및 치료상황	
라. 현 거주지 및 현재 누구와 동거하고 있는지	
마. 재산상황(목록으로 작성하여 별지로 첨부 가능)	
바. 의견진술을 위하여 법원출석이 가능한지 여부	
사. 치료받은 병원 이름 및 치료 받은 기간	
2. 성년후견을 청구하게 된 등기와 목적 (구체적으로 기재)	
3. 이 사건 청구에 관한 사건본인의 선순위 상속인들의 의견	
가. 선순위 상속인들 명단	
나. 동의자(동의서 첨부)	
다. 부동의자	

[별 첨] 재산목록

재 산 목 록

▣ 재산내역

1. 부동산(등기사항전부증명서 첨부)
2. 예금
3. 보험
4. 주식, 펀드
5. 자동차
6. 현금, 귀금속
7. 채권
8. 기타 자산
9. 채무
10. 순재산 합계

▣ 소득 및 지출 내역

1. 소득목록
   가. 급여
   나. 임대료 수익
   다. 이자수입
   라. 사회보장수급액
   마. 기타
2. 지출목록
   가. 정기금 지출
   나. 비정기적 지출
3. 순소득액

[서식 191] 임시후견인 선임 사전처분

임시후견인 선임 사전처분

청 구 인　　○　○　○ (주민등록번호) (전화 :　　　　　)
주　　소 : ○○시 ○○구 ○○로 ○○○ (우편번호 : 00000)
사건본인과의 관계 :

사건본인　　○　○　○ (주민등록번호 또는 외국인등록번호)
주　　소 : ○○시 ○○구 ○○로 ○○○
등록기준지(국적) : ○○시 ○○구 ○○로 ○○○

청 구 취 지

○○가정법원 20○○느단 ○○○호 성년후견개시 사건의 심판이 확정될 때까지 사건본인의 임시후견인으로 ○○○(000000-0000000, 주소 : ○○시 ○○구 ○○로 ○○○)를 선임한다.
라는 심판을 구합니다.

청 구 원 인

1. 신청인은 사건본인에 대하여 20○○. ○. ○. ○○가정법원 20○○느단 ○○○호로 성년후견개시 심판청구를 하였습니다.
2. 사건본인에게는 별지 목록 기재 재산이 있으나 ○○○ 질환으로 인하여 재산관리를 전혀 할 수 없어 성년후견개시 신청에 대한 심판의 효력이 발생하기까지 임시로 후견인이 필요합니다.
3. 추가내용 적시
4. 이에 임시후견인의 선임을 구하는 사전처분을 신청하여, 임시후견인으로 ○○○을 추천합니다.

임시 후견인 후보자	성 명	
	주 소	

	주민등록번호	
	직 업	
	사건본인과의 관계	

첨 부 서 류

1. 가족관계증명서 및 기본증명서(청구인, 사건본인, 후견인 후보자) 각 1통
1. 주민등록등본(사건본인) 1통
1. 후견등기사항증명서 또는 후견등기사항 부존재증명서 1통
1. 기타(소명자료) 1통

20○○. ○. ○.

청구인 ○ ○ ○ (인)

○○ 가정법원 귀중

[서식 192] 성년후견인변경청구서

성년후견인변경청구

청 구 인 ○ ○ ○ (주민등록번호) (전화 :)
주 소 : ○○시 ○○구 ○○로 ○○○ (우편번호 : 00000)
사건본인과의 관계 :

사건본인 ○ ○ ○ (주민등록번호 또는 외국인등록번호)
주 소 : ○○시 ○○구 ○○로 ○○○
등록기준지(국적) : ○○시 ○○구 ○○로 ○○○

성년후견인 ○ ○ ○ (주민등록번호) (전화 :)
주 소 : ○○시 ○○구 ○○로 ○○○

청 구 취 지

사건본인의 성년후견인 ○○○를 ○○○{주민등록등록(또는 외국인등록번호) : 000000-0000000, 주소 : ○○시 ○○구 ○○로 ○○○}로 변경한다.
라는 심판을 구합니다.

청 구 원 인

1. 사건본인에 대하여 20○○. ○. ○. ○○가정법원 20○○느단 ○○○호로 성년후견 개시 심판이 있었고, 성년후견인으로 ○○○가 선임되었습니다.
2. 그런데, 성년후견인 ○○○은 고령인데다 건강이 악화되어 성년후견인으로서의 직무 수행이 곤란한 상태이고, 이로 인해 사건본인의 개호와 재산관리가 제대로 되지 않고 있는 상황입니다.
3. 따라서 사건본인의 복리를 위하여 성년후견인의 변경을 구합니다.
4. 새로운 후견인으로는 ○○○을 추천합니다.

성년 후견인 후보자	성 명	
	주 소	

	주민등록번호	
	직 업	
	사건본인과의 관계	

첨 부 서 류

1. 가족관계증명서 및 기본증명서(청구인 및 사건본인, 후견인 후보자) 각 1통
2. 주민등록등본(사건본인) 1통
3. 사건본인 및 후견인 후보자의 후견등기사항전부증명서(말소 및 폐쇄사항 포함) 또는 후견등기사항부존재 증명서(후견등기사항이 없는 경우) 각 1통
4. 청구인과 사건본인과의 관계를 밝혀줄 제적등본, 가족관계증명서 등(1.항의 가족관계증명서만으로는 그 관계를 알 수 없는 경우) 각 1통
5. 기타(소명자료) 1통

20○○. ○. ○.

청구인 ○ ○ ○ (인)

○○ 가정법원 귀중

접수방법 및 유의사항

1. 청구인 : 본인, 배우자, 4촌 이내의 친족, 미성년후견인, 미성년후견감독인, 한정후견인, 한정후견감독인, 특정후견인, 특정후견감독인, 검사 또는 지방자치단체의 장
2. 수입인지 : 사건본인 1인당 5,000원의 인지를 납부한다.
3. 송달료 : 청구인수×4,800원(우편료)×4회분을 납부한다.
4. 관할 : 본인(피후견인)의 주소지를 관할하는 가정법원에 제출한다.

[서식 193] 성년후견인의 법정대리권의 범위변경청구서

성년후견인의 법정대리권의 범위변경청구

청 구 인　　○ ○ ○ (주민등록번호) (전화 :)
주 소 : ○○시 ○○구 ○○로 ○○○ (우편번호 : 00000)
사건본인과의 관계 :

사건본인　　○ ○ ○ (주민등록번호 또는 외국인등록번호)
주 소 : ○○시 ○○구 ○○로 ○○○
등록기준지(국적) : ○○시 ○○구 ○○로 ○○○

청 구 취 지

사건본인에 대한 성년후견인의 법정대리권의 범위를 별지 기재와 같이 변경한다.
라는 심판을 구합니다.

청 구 원 인

1. 사건본인에 대하여 20○○. ○. ○. ○○가정법원 20○○느단 ○○○호로 성년후견 개시 심판이 있었고, 성년후견인으로 ○○○가 선임되었습니다.
2. 위 심판에 의하면, 성년후견인의 법정대리권의 범위는 다음과 같습니다(내용기재).
3. 그런데, ______________________________ 사정변경이 발생하여 성년후견인의 법정대리권 범위를 다음과 같이 변경할 필요성이 있습니다(내용기재)
4. 따라서 청구인은 이 건 청구에 이른 것입니다.

첨 부 서 류

1. 가족관계증명서 및 기본증명서(청구인 및 사건본인) 각 1통
1. 주민등록등본(사건본인) 1통
1. 사건본인의 후견등기사항전부증명서(말소 및 폐쇄사항 포함) 1통
1. 청구인과 사건본인과의 관계를 밝혀줄 제적등본, 가족관계증명서 등(1.항의 가족관계증명서만으로는

그 관계를 알 수 없는 경우) 각 1통
1. 기타(소명자료) 1통

20○○. ○. ○.

청구인 ○ ○ ○ (인)

○○ 가정법원 귀중

접수방법 및 유의사항

1. 청구인 : 본인, 배우자, 4촌 이내의 친족, 성년후견인, 성년후견감독인, 검사, 지방자치단체의 장
2. 수입인지 : 사건본인 1인당 5,000원의 인지를 납부한다.
3. 송달료 : 청구인수×4,800원(우편료)×4회분을 납부한다.
4. 관할 : 사건본인(피후견인이 될 사람)의 주소지를 관할하는 가정법원에 제출한다.

[별 첨] 성년후견인의 법정대리권의 범위

성년후견인의 법정대리권의 범위

□ 법정대리권 제한 없음

□ 법정대리권 제한 있음

□ 아래 사항에 대하여는 후견인에게 법정대리권이 없음

□ ______________________________

□ ______________________________

□ 아래 사항은 후견인의 대리권 행사에 법원의 허가를 필요로 함

□ ______________________________

□ ______________________________

[서식 194] 피성년후견인이 입양을 허가하는 것에 대한 허가청구서

피성년후견인이 입양을 허가하는 것에 대한 허가청구

청 구 인　　피성년후견인 ○ ○ ○ (000000-0000000) (전화 :)
주　　소 : ○○시 ○○구 ○○로 ○○○ (우편번호 : 00000)
사건본인과의 관계 :

사건본인　　○ ○ ○ (000000-0000000)
주　　소 : ○○시 ○○구 ○○로 ○○○
등록기준지 : ○○시 ○○구 ○○로 ○○○

청 구 취 지

사건본인을 청구인 피성년후견인 ○○○의 양자로 한다.
라는 심판을 구합니다.

청 구 원 인

1. 청구인은 ○○가정법원은 20○○. ○. ○. 20○○느단 ○○○호로 사건본인에 대한 성년후견개시심판을 선고하였고, 위 심판은 20○○. ○. ○. 확정되었습니다.
2. 청구인은 피성년후견인으로 성년후견인 ○○○로부터 입양에 대한 동의를 받았으므로, 법원의 허가를 받아 사건본인을 양자로 입양하고자 합니다.
3. 청구인과 청구인의 성년후견인, 사건본인의 법정대리인인 부모는 사건본인의 복리를 위하여 사건본인을 청구인에게 입양시키기로 협의하였고, 이 사건 청구를 하게 되었으니, 입양을 허가하여 주시기 바랍니다.
4. 성년후견인의 동의 거부서 그 사유 :

첨 부 서 류

1. 가족관계증명서(청구인, 사건본인)　　1통
1. 주민등록등본(사건본인)　　1통
1. 후견등기사항전부증명서(청구인)　　1통

1. 입양동의서(성년후견인) 및 인감증명서 1통
1. 기타 소명자료 1통

20○○. ○. ○.

청구인 ○ ○ ○ (인)

○○ 가정법원 귀중

접수방법 및 유의사항

1. 수입인지 : 사건본인 1인당 5,000원의 인지를 납부한다.
2. 송달료 : 청구인수×4,800원(우편료)×4회분을 납부한다.
3. 관할 : 사건본인의 주소지를 관할하는 가정법원에 제출한다.

[서식 195] 취소할 수 없는 피성년후견인의 법률행위범위변경청구서

취소할 수 없는 피성년후견인의 법률행위범위 변경청구

청 구 인 ○ ○ ○ (주민등록번호) (전화 :)
주 소 : ○○시 ○○구 ○○로 ○○○ (우편번호 : 00000)
사건본인과의 관계 :

사건본인 ○ ○ ○ (주민등록번호 또는 외국인등록번호)
주 소 : ○○시 ○○구 ○○로 ○○○
등록기준지(국적) : ○○시 ○○구 ○○로 ○○○

청 구 취 지

취소할 수 없는 사건본인의 법률행위 범위를 별지 기재와 같이 변경한다.
라는 심판을 구합니다.

청 구 원 인

1. 사건본인에 대하여 20○○. ○. ○. ○○가정법원 20○○느단 ○○○호로 성년후견개시 심판이 있었고, 성년후견인으로 ○○○가 선임되었습니다.

2. 위 심판에 의하면, 취소할 수 없는 사건본인의 법률행위의 범위는 다음과 같습니다(내용 기재).

3. 그런데, ~~~ 사정변경이 발생하여 취소할 수 없는 법률행위의 범위를 다음과 같이 변경할 필요성이 있습니다(내용 기재).

4. 따라서, 청구인은 이 건 청구에 이르렀습니다.

첨 부 서 류

1. 가족관계증명서 및 기본증명서(청구인, 사건본인) 각 1통
2. 주민등록등본(사건본인) 1통
3. 사건본인의 후견등기사항전부증명서(말소 및 폐쇄사항 포함) 1통
4. 청구인과 사건본인과의 관계를 밝혀줄 제적등본, 가족관계증명서 등(1.항의 가족관계증명서만으로는 그 관계를 알 수 없는 경우) 각 1통
5. 기타(소명자료) 1통

20○○. ○. ○.

청구인 ○ ○ ○ (인)

○○ 가정법원 귀중

접수방법 및 유의사항

1. 수입인지 : 사건본인 1인당 5,000원의 인지를 납부한다.
2 송달료 : 청구인수×4,800원(우편료)×4회분을 납부한다.
3. 관할 : 사건본인(피후견인이 될 사람)의 주소지를 관할하는 가정법원에 제출한다.

[별 첨] 성년후견인의 법정대리권의 범위

취소할 수 없는 피성년후견인의 법률행위의 범위

□ 취소권 제한 없음

□ 취소권 제한 없음

- □ ______________________________
- □ ______________________________
- □ ______________________________
- □ ______________________________

[서식 196] 피성년후견인에 대한 의료행위의 동의에 대한 허가청구서

피성년후견인에 대한 의료행위의 동의에 대한 허가청구

청 구 인　　○ ○ ○ (000000-0000000) (전화 :)
주　　소 : ○○시 ○○구 ○○로 ○○○ (우편번호 : 00000)
사건본인과의 관계 :

사건본인　　○ ○ ○ (000000-0000000)
주　　소 : ○○시 ○○구 ○○로 ○○○
등록기준지 : ○○시 ○○구 ○○로 ○○○

청 구 취 지

사건본인이 20○○. ○. ○. ○○병원에서 ○○시술을 받는 것에 대하여 성년후견인이 사건본인을 대신하여 동의하는 것을 허가한다.
라는 심판을 구합니다.

청 구 원 인

1. 사건본인에 대하여 20○○. ○. ○. ○○가정법원 20○○느단 ○○○호로 성년후견개시 심판이 있었고, 성년후견인으로 청구인이 선임되었습니다.
2. 그런데, 사건본인은 현재 ○○질병으로 인해 ○○시 ○○구 ○○로 ○○○. ○○병원에서 ○○시술을 받아야 하는데, 정신지체 1급의 상태로서 스스로 시술에 대한 동의를 하기 힘든 상황입니다.
3. 따라서, 청구인이 사건본인을 위하여 위 시술에 동의를 하기 위해 본 심판 청구에 이른 것입니다.

첨 부 서 류

1. 가족관계증명서 및 기본증명서(사건본인) 각 1통
1. 주민등록등본 1통
1. 사건본인의 후견등기사항전부증명서(말소 및 폐쇄사항 포함) 1통
1. 진단서 1통

20○○. ○. ○.

청구인 ○ ○ ○ (인)

○○ 가정법원 귀중

접수방법 및 유의사항

1. 청구인 : 성년후견인(민법 947조의 제4항)
2. 수입인지 : 사건본인 1인당 5,000원의 인지를 납부한다.
3. 송달료 : 청구인수×4,800원(우편료)×4회분을 납부한다.
4. 관할 : 사건본인의 주소지를 관할하는 가정법원에 제출한다.

[서식 197] 피성년후견인이 거주하는 건물 또는 대지의 매도청구 등에 대한 허가 청구서

피성년후견인이 거주하는 건물 또는 대지의 매도 등에 대한 허가청구

청 구 인　　○ ○ ○ (주민등록번호) (전화 :)
주　　소 : ○○시 ○○구 ○○로 ○○○ (우편번호 : 00000)
사건본인과의 관계 :

사건본인　　○ ○ ○ (주민등록번호 또는 외국인등록번호)
주　　소 : ○○시 ○○구 ○○로 ○○○
등록기준지(국적) : ○○시 ○○구 ○○로 ○○○

청 구 취 지

청구인이 사건본인을 대리하여 별지 기재 부동산을 ○○○에게 매각함을 허가한다.
라는 심판을 구합니다.

청 구 원 인

1. 사건본인에 대하여 20○○. ○. ○. ○○가정법원 20○○느단 ○○○호로 성년후견 개시 심판이 있었고, 성년후견인으로 ○○○가 선임되었습니다.
2. 사건본인은 그동안 병원과 요양원 등을 오가며 치료를 받았고, 앞으로도 지속적인 개호가 필요한 상황이나 그 비용이 부족하므로 사건본인의 개호비 마련을 위하여 사건본인의 재산을 정리할 필요가 있습니다.
3. 사건본인의 재산으로는 현재 거주하고 있는 별지 목록 기재 부동산 이외에는 별다른 것이 없는 바, 위 부동산을 매각하여 그 일부를 개호비로 충당하고 남은 금액으로 사건본인이 거주할 수 있는 다른 아파트를 구입하려고 합니다.
4. 따라서 청구인은 사건본인이 거주하는 부동산에 대한 매각의 허가를 구하기 위하여 이 건 청구에 이른 것입니다.

첨 부 서 류

1. 가족관계증명서 및 기본증명서(청구인 및 사건본인) 각 1통

1. 주민등록등본(사건본인) 1통
1. 사건본인의 후견등기사항전부증명서(말소 및 폐쇄사항 포함) 1통
1. 부동산등기사항전부증명서 1통
1. 기타(소명자료) 1통

20○○. ○. ○.

청구인 ○ ○ ○ (인)

○○ 가정법원 귀중

접수방법 및 유의사항

1. 수입인지 : 사건본인 1인당 5,000원의 인지를 납부한다.
2. 송달료 : 청구인수×4,800원(우편료)×4회분을 납부한다.
3. 관할 : 사건본인(피후견인이 될 사람)의 주소지를 관할하는 가정법원에 제출한다.

[서식 198] 성년후견인의 임무수행에 필요한 처분명령청구서

성년후견인의 임무수행에 관하여 필요한 처분명령청구

청 구 인 ○ ○ ○ (주민등록번호) (전화 :)
주 소 : ○○시 ○○구 ○○로 ○○○ (우편번호 : 00000)
사건본인과의 관계 :

사건본인 ○ ○ ○ (주민등록번호 또는 외국인등록번호)
주 소 : ○○시 ○○구 ○○로 ○○○
등록기준지(국적) : ○○시 ○○구 ○○로 ○○○

청 구 취 지

청구인이 사건본인을 대리하여 별지 기재 부동산을 ○○○에게 매각할 것을 허가한다.
라는 심판을 구합니다.

청 구 원 인

1. 사건본인에 대하여 20○○. ○. ○. ○○가정법원 20○○느단 ○○○호로 성년후견개시 심판이 있었고, 성년후견인으로 청구인이 선임되었습니다.
2. 위 심판에 의하면, 성년후견인이 사건본인 소유의 부동산을 매각함에 가정법원의 허가를 받도록 정해져 있습니다.
3. 그런데, 사건본인의 요양비 지급을 위하여 별지 기재 부동산을 매각해야 할 필요성이 발생하였고, 마침 ○○○로부터 위 부동산을 ○○○○원에 매수하겠다는 제의가 들어온 상태입니다.
4. 따라서, 사건본인의 복리를 위하여 청구인이 위 부동산을 매도하는 행위에 대한 허가를 구합니다.

첨 부 서 류

1. 가족관계증명서 및 기본증명서(청구인 및 사건본인) 각 1통
1. 주민등록등본(사건본인) 1통
1. 사건본인의 후견등기사항전부증명서(말소 및 폐쇄사항 포함) 각 1통
1. 기타(소명자료) 1통

20○○. ○. ○.

청구인 ○ ○ ○ (인)

○○ 가정법원 귀중

접수방법 및 유의사항

1. 수입인지 : 사건본인 1인당 5,000원의 인지를 납부한다.
2. 송달료 : 청구인수×4,800원(우편료)×4회분을 납부한다.
3. 관할 : 사건본인(피후견인이 될 사람)의 주소지를 관할하는 가정법원에 제출한다.

[서식 199] 성년후견인의 재산목록 작성기간 연장허가청구서

성년후견인의 재산목록 작성기간 연장허가청구

청 구 인 ○ ○ ○ (주민등록번호) (전화 :)
주 소 : ○○시 ○○구 ○○로 ○○○ (우편번호 : 00000)
후견인과의 관계 :

사건본인 ○ ○ ○ (주민등록번호 또는 외국인등록번호)
주 소 : ○○시 ○○구 ○○로 ○○○
등록기준지(국적) : ○○시 ○○구 ○○로 ○○○

청 구 취 지

청구인이 사건본인의 재산목록을 작성하는 기간을 20○○. ○. ○.까지 연장함을 허가한다.
라는 심판을 구합니다.

청 구 원 인

1. 사건본인에 대하여 20○○. ○. ○. ○○가정법원 20○○느단 ○○○호로 성년후견 개시 심판이 있었고, 성년후견인으로 청구인이 선임되었습니다.
2. 청구인은 20○○. ○. ○.까지 사건본인의 재산목록을 작성해야 하지만 사건본인의 재산이 다액이고, 부동산이 여러 곳에 분산되어 있어 재산파악에 상당한 시일이 걸릴 것으로 예상되어 법정기간 내에 이를 작성하는 것이 어려운 상황입니다.
3. 따라서 청구인은 사건본인의 재산목록 작성기간을 연장하고자 이 사건 청구에 이른

것입니다.

첨 부 서 류

1. 가족관계증명서 및 기본증명서(청구인 및 사건본인) 각 1통
1. 주민등록등본(사건본인) 1통
1. 사건본인의 후견등기사항전부증명서(말소 및 폐쇄사항 포함) 1통
1. 기타(소명자료) 1통

20○○. ○. ○.

청구인 ○ ○ ○ (인)

○○ 가정법원 귀중

접수방법 및 유의사항

1. 청구인 : 후견인으로 선임된 자(민법 941조)
2. 수입인지 : 사건본인 1인당 5,000원의 인지를 납부한다.
3. 송달료 : 청구인수×4,800원(우편료)×4회분을 납부한다.
4. 관할 : 사건본인(피후견인)의 주소지를 관할하는 가정법원에 제출한다.

[서식 200] 성년후견인 사임에 대한 허가청구서

성년후견인 사임에 대한 허가청구

청 구 인 ○ ○ ○ (주민등록번호) (전화 :)
주 소 : ○○시 ○○구 ○○로 ○○○ (우편번호 : 00000)
사건본인과의 관계 :

사건본인 ○ ○ ○ (주민등록번호 또는 외국인등록번호)

주　　소 : ○○시 ○○구 ○○로 ○○○
등록기준지(국적) : ○○시 ○○구 ○○로 ○○○

청 구 취 지

1. 청구인은 사건본인의 성년후견인을 사임함을 허가한다.
2. 사건본인의 성년후견인으로 ○○○(000000-0000000, 주소 : ○○시 ○○구 ○○로 ○○○)를 선임한다.

라는 심판을 구합니다.

청 구 원 인

1. 사건본인에 대하여 20○○. ○. ○. ○○가정법원 20○○느단 ○○○호로 성년후견개시 심판이 있었고, 성년후견인으로 청구인이 선임되었습니다.
2. 그런데, 이번에 청구인은 ~ ~ ~ 을 하게 되었습니다.
3. 따라서 청구인은 성년후견인의 직무수행이 곤란하므로 그 직을 사임하고자 합니다.
4. 새로운 성년후견인으로는 ○○○를 추천합니다.

성년 후견인 후보자	성 명	
	주 소	
	주민등록번호	
	직 업	
	사건본인과의 관계	

첨 부 서 류

1. 가족관계증명서 및 기본증명서(사건본인, 후견인 후보자) 각 1통
2. 주민등록등본(사건본인) 1통
3. 사건본인 및 후견인 후보자의 후견등기사항전부증명서(말소 및 폐쇄사항 포함) 또는 후견등기사항부존재증명서(후견등기사항이 없는 경우) 각 1통

4. 후견인 후보자와 사건본인과의 관계를 밝혀줄 제적등본, 가족관계증명서 등(1.항의 가족관계증명서만으로는 그 관계를 알 수 없는 경우) 각 1통
5. 기타(소명자료) 1통

20○○. ○. ○.

청구인 ○ ○ ○ (인)

○○ 가정법원 귀중

접수방법 및 유의사항

1. 청구인 : 후견인(민법 제939조)
2. 수입인지 : 사건본인 1인당 5,000원의 인지를 납부한다.
3. 송달료 : 청구인수×4,800원(우편료)×4회분을 납부한다.
4. 관할 : 사건본인(피후견인)의 주소지를 관할하는 가정법원에 제출한다.

[서식 201] 성년후견종료심판청구서

성년후견종료 심판청구

청 구 인 ○ ○ ○ (000000-0000000) (전화 :)
주 소 : ○○시 ○○구 ○○로 ○○○ (우편번호 : 00000)
사건본인과의 관계 :

사건본인 ○ ○ ○ (000000-0000000)
주 소 : ○○시 ○○구 ○○로 ○○○
등록기준지 : ○○시 ○○구 ○○로 ○○○

청 구 취 지

사건본인에 대한 성년후견을 종료한다.

라는 심판을 구합니다.

청 구 원 인

1. 사건본인에 대하여 20○○. ○. ○. ○○가정법원 20○○느단 ○○○호로 성년후견 개시 심판이 있었고, 성년후견인으로 청구인이 선임되었습니다.
2. 청구인은 사건본인의 아들입니다.
3. 그런데 그 후 사건본인은 사무를 처리할 수 있는 능력을 회복하였습니다(구체적으로 기재).
4. 따라서 청구인은 성년후견의 종료 심판을 구합니다.

첨 부 서 류

1. 가족관계증명서 및 기본증명서(청구인, 사건본인) 각 1통
2. 주민등록등본(사건본인) 1통
3. 사건본인의 후견등기사항전부증명서(말소 및 폐쇄사항 포함) 1통
4. 청구인과 사건본인과의 관계를 밝혀줄 제적등본, 가족관계증명서 등(1.항의 가족관계증명서만으로는 그 관계를 알 수 없는 경우) 각 1통
5. 기타(소명자료) 1통

20○○. ○. ○.

청구인 ○ ○ ○ (인)

○○ 가정법원 귀중

접수방법 및 유의사항

1. 수입인지 : 사건본인 1인당 5,000원의 인지를 납부한다.
2. 송달료 : 청구인수×4,800원(우편료)×4회분을 납부한다.
3. 관할 : 사건본인(피후견인이 될 사람을 포함한다)의 주소지를 관할하는 가정법원에 제출한다.

[서식 202] 성년후견종료시 관리계산기간 연장허가청구서

성년후견종료시 관리계산기간 연장허가청구

청 구 인 ○ ○ ○ (000000-0000000) (전화 :)
주 소 : ○○시 ○○구 ○○로 ○○○ (우편번호 : 00000)
후견인과의 관계 :

사건본인 ○ ○ ○ (000000-0000000)
등록기준지 : ○○시 ○○구 ○○로 ○○○
주 소 : ○○시 ○○구 ○○로 ○○○

청 구 취 지

청구인이 사건본인의 재산관리계산을 하는 기간을 20○○. ○. ○.까지 연장함을 허가한다.
라는 심판을 구합니다.

청 구 원 인

1. 사건본인에 대하여 20○○. ○. ○. ○○법원 20○○느단 ○○○호로 성년후견개시 심판이 있었고, 성년후견인으로 청구인이 선임되었습니다.
2. 사건본인은 20○○. ○. ○. 사망하여 성년후견이 종료되었습니다.
3. 청구인은 20○○. ○. ○.까지 사건본인의 재산관리계산을 해야 하지만 사건본인의 재산이 다액이고, 부동산이 여러 곳에 분산되어 있어 법정기간 내에 이를 마치는 것이 어려운 상황입니다.
4. 따라서 청구인은 민법 제957조 제1항 단서에 따라 이 사건 청구에 이르렀습니다.

첨 부 서 류

1. 가족관계증명서 및 기본증명서(사건본인) 각 1통
1. 주민등록등본(사건본인) 1통
1. 사건본인의 후견등기사항증명서(말소 및 폐쇄사항 포함) 1통
1. 기타(소명자료) 1통

20○○. ○. ○.

청구인 ○ ○ ○ (인)

○○ 가정법원 귀중

접수방법 및 유의사항

1. 수입인지 : 사건본인 1인당 5,000원의 인지를 납부한다.
2. 송달료 : 청구인수×4,800원(우편료)×4회분을 납부한다.
3. 관할 : 사건본인(피후견인이 될 사람을 포함)의 주소지를 관할하는 가정법원에 제출한다.

11. 미성년후견인

가. 의 의

미성년자가 친권자가 없거나 친권자가 법률행위의 대리권과 재산관리권을 행사할 수 없는 경우에는 후견이 개시된다(민법 928조).

나. 미성년후견인의 순위

미후견인은 1순위가 지정후견인, 2순위가 선임후견인이다.

(1) 지정후견인

미성년자에게 친권의 행사는 부모는 유언으로 미성년후견인을 지정할 수 있다(민법 931조 1항 본문). 따라서 친권상실 등의 이유로 친권을 행사할 수 없는 부모는 후견인을 지정할 수 없고, 법률행위의 대리권과 재산관리권이 없는 친권자도 후견인을 지정할 수 없다(민법 931조 1항 단서)

(2) 선임후견인

유언으로 지정된 미성년후견인이 없는 경우, 미성년후견이 없게 된 경우에는 가정법원은 직권 또는 미성년자, 친족, 이해관계인, 검사, 지방자치단체의 장의 청구에 의하여 미성년후견인으로 선임한다(민법 932조 1항). 가정법원은 친권상실의 선고나 대리권 및 재산관리권 상실의 선고에 따라 미성년후견인을 선임할 필요가 있는 경우에는 직권으로 미성년후견인을 선임한다(민법 932조). 또한 친권자가 대리권 및 재산관리권을 사퇴한 경우에는 지체없이 가정법원에 미성년후견인의 선임을 청구하여야 한다(민법 932조 3항).

다. 미성년자를 위한 후견종료

(1) 피후견인의 사망, 피후견인인 미성년자의 성년 도달 또는 혼인에 의한 성년의제, 친권상실선고의 취소 등으로 친권자의 친권행사가 가능해진 경우, 미성년자의 인지 또는 입양 등과 같이 후견의 필요성이 없어져 후견관계자체가 소멸해 버리는 경우에 후견은 절대적으로 종료한다.

(2) 후견인의 사망, 실종선고, 결격, 사임 또는 변경 등과 같이 후견 그 자체는 종료하지 않지만 현재 후견임무를 수행하는 후견인의 임무가 종료하는 경우이다.

라. 미성년후견감독인

(1) 미성년후견감독인을 지정할 수 있는 사람은 유언으로 후견감독인을 지정할 수 있다(민법 940조의2).

(2) 미성년후견감독인의 지정이 없는 경우에는 가정법원은 필요하다고 인정하면 직원 또는 미성년자, 친족, 미성년후견인, 검사, 지방자치단체의 장의 청구에 의하려 후견감독인을 선임할 수 있다(민법 940조의3 1항).

(3) 미성년후견감독인이 사망, 결격 그 밖의 사유로 없게 된 경우에 가정법원은 직권으로 또는 미성년자, 친족, 미성년후견인, 검사, 지방자치단체의 장의 청구에 의하여 미성년후견감독인을 선임한다(민법 949조의3 2항).

[서식 203] 미성년후견인 선임청구서(1)

미성년후견인 선임청구

청 구 인　　○ ○ ○ (000000-0000000) (전화 : 　　　　)
　　　　　　등록기준지 ○○시 ○○구 ○○로 ○○○
　　　　　　주　　소 ○○시 ○○구 ○○로 ○○○
　　　　　　사건본인과의 관계 :

사건본인　　○ ○ ○ (000000-0000000)
　　　　　　등록기준지 ○○시 ○○구 ○○로 ○○○
　　　　　　주　　소 ○○시 ○○구 ○○로 ○○○

청 구 취 지

사건본인의 미성년후견인으로 ○○○(000000-0000000, 주소 : ○○시 ○○구 ○○로 ○○○)을 선임한다.
라는 심판을 구합니다.

청 구 원 인

1. 청구인은 20○○. ○. ○. ○○○와 혼인하여 그 사이에 사건본인을 두었으나 20○○. ○. ○. 협의이혼하였고, 협의이혼 당시 사건본인에 대한 친권자로 사건본인의 어머니인 ○○○이 지정되었습니다.
2. 그런데, 위 ○○○은 사건본인을 양육하던 중 20○○. ○. ○. 사망하였고, 유언으로 미성년후견인을 지정한 바 없을 뿐만 아니라 그로부터 6개월이 지나도록 사건본인의 아버지인 ○○○를 친권자로 지정하여 달라는 청구도 없습니다.
3. 따라서 사건본인의 복리를 위하여 사건본인의 미성년후견인 선임을 청구합니다.
4. 한편, 미성년후견인으로는 ○○○를 추천합니다.

미성년 후견인 후보자	성 명	
	주 소	
	주민등록번호	

	직 업	
	사건본인과의 관계	

5. 이상과 같은 이유로 청구인은 사건본인의 미성년후견인을 선임하고자 이 사건 청구에 이르렀습니다.

첨 부 서 류

1. 기본증명서(청구인, 단독친권자, 후견인 후보자) 각 1통
1. 가족관계증명서(청구인, 사건본인, 후견인 후보자) 각 1통
1. 주민등록등본(사건본인) 1통
1. 기타(소명자료) 1통

20○○. ○. ○.

청구인 ○ ○ ○ (인)

○○ 가정법원 귀중

접수방법 및 유의사항

1. 청구인 : 미성년자, 친족, 이해관계인, 검사, 지방자치단체의 장, 친권자(친권자가 대리권 및 재산관리권을 사퇴한 경우).
2. 수입인지 : 사건본인 1인당 5,000원의 인지를 납부한다.
3. 송달료 : 청구인수×4,800원(우편료)×4회분을 납부한다.
4. 관할 : 사건본인의 주소지를 관할하는 가정법원에 제출한다.

[서식 204] 미성년후견인 선임청구서(2)

미성년후견인 선임청구

청 구 인 ○ ○ ○ (000000-0000000) (전화 :)
등록기준지 ○○시 ○○구 ○○로 ○○○
주 소 ○○시 ○○구 ○○로 ○○○
사건본인과의 관계 : 사건본인의 5촌 당숙

사건본인 ○ ○ ○ (000000-0000000)
(미성년자) 등록기준지 ○○시 ○○구 ○○로 ○○○
주 소 ○○시 ○○구 ○○로 ○○○

청 구 취 지

청구인을 사건본인의 미성년후견인으로 선임한다.
라는 심판을 구합니다.

청 구 원 인

1. 사건본인은 그의 부 ○○○가 20○○. ○. ○. 사망함으로써 모 ○○○ 친권에 복종하였는데, 모도 20○○. ○. ○.에 사망하였으므로 친권을 행사할 자가 없습니다. 또한 지정후견인도 없습니다.
2. 청구인은 사건본인의 5촌 당숙으로서 현재 사건본인을 부양하고 있고 사건본인이 ○○생명에서 암보험금 청구에 관한 대한 상속권자로 지정되어 보험금에 대한 재산관리가 어려운 상태에 있습니다.
3. 이상의 이유로 청구인을 사건본인의 미성년후견인을 선임하고자 이 사건 청구에 이르렀습니다.

첨 부 서 류

1. 기본증명서(청구외 망 ○○○, 망 ○○○)
   (단, 2007. 12. 31. 이전 사망한 경우 제적등본) 각 1통
1. 친족관계를 확인할 수 있는 제적등본

(또는, 가족관계기록사항에 관한 증명서) 1통
1. 직계혈족 및 3촌 이내 방계혈족이 표시된 가계도 및
   사망 등 부존재를 증명할 수 있는 제적등본 1통
1. 진술서(지정후견인이 없음을 증명) 1통
1. 진술인의 인감증명서 1통
1. 보험증권 사본 1통
1. 주민등록등본(청구인, 사건본인) 1통

20○○. ○. ○.

청구인 ○ ○ ○ (인)

○○ 가정법원 귀중

[서식 205] 미성년후견인 변경청구서

미성년후견인 변경청구

청 구 인 ○ ○ ○ (주민등록번호) (전화 :)
주 소 : ○○시 ○○구 ○○로 ○○○ (우편번호 : 00000)
사건본인과의 관계 :

사건본인 ○ ○ ○ (주민등록번호 또는 외국인등록번호)
주 소 : ○○시 ○○구 ○○로 ○○○
등록기준지(국적) : ○○시 ○○구 ○○로 ○○○

후 견 인 ○ ○ ○ (주민등록번호)
주 소 : ○○시 ○○구 ○○로 ○○○

청 구 취 지

사건본인의 미성년후견인 ○○○를 ○○○(000000-0000000, 주소 : ○○시 ○○구

○○로 ○○○)로 변경한다.
라는 심판을 구합니다.

청 구 원 인

1. 사건본인에 대하여 20○○. ○. ○. ○○법원 20○○느단○○○호로 미성년후견개시 심판이 있었고, 미성년후견인으로 ○○○가 선임되었습니다.
2. 그런데, 미성년후견인 ○○○은 고향인데다 건강이 악화되어 후견인으로서의 직무수행이 곤란한 상태이고, 이로 인해 사건본인의 개호와 재산관리가 제대로 되지 않고 있는 상황입니다.
3. 따라서 사건본인의 복리를 위하여 미성년후견인의 변경을 구합니다.
4. 새로운 후견인으로는 ○○○를 추천합니다.

미성년 후견인 후보자	성 명	
	주 소	
	주민등록번호	
	직 업	
	사건본인과의 관계	

첨 부 서 류

1. 기본증명서, 가족관계증명서 (청구인, 사건본인, 후견인 후보자) 각 1통
1. 주민등록등본(사건본인, 후견인 후보자) 1통
1. 기타(소명자료) 1통

20○○. ○. ○.

청구인 ○ ○ ○ (인)

○○ 가정법원 귀중

접수방법 및 유의사항

1. 청구인 : 피후견인, 친족, 후견감독인, 검사, 지방자치단체의 장
2. 수입인지 : 사건본인 1인당 5,000원의 인지를 납부한다.
3. 송달료 : 청구인수×4,800원(우편료)×4회분을 납부한다.
4. 관할 : 사건본인(미성년자)의 주소지를 관할하는 가정법원에 제출한다.

[서식 206] 피미성년후견인의 재산상황조사 및 임무수행에 관하여 필요한 처분명령청구서

피미성년후견인의 재산상황조사 및 임무수행에 관하여 필요한 처분명령청구

청 구 인 ○ ○ ○ (주민등록번호 또는 외국인등록번호)
주 소 : ○○시 ○○구 ○○로 ○○○
사건본인과의 관계 :

사건본인 ○ ○ ○ (주민등록번호 또는 외국인등록번호)
주 소 : ○○시 ○○구 ○○로 ○○○
등록기준지(국적) : ○○시 ○○구 ○○로 ○○○

청 구 취 지

사건본인의 미성년후견인 ○○○에 대하여 사건본인의 재산목록을 20○○. ○. ○.까지 이 법원 및 미성년후견감독인에게 제출할 것을 명한다.
라는 심판을 구합니다.

청 구 원 인

1. 사건본인에 대하여 20○○. ○. ○. ○○가정법원 20○○느단 ○○○호로 미성년후견개시 심판이 있었고, 미성년후견인으로 ○○○이, 미성년후견감독인으로 청구인이 선임되었습니다.
2. 청구인은 미성년후견인 ○○○에게 사건본인의 재산목록 제출을 요구하였지만 수개

월이 지나도록 이를 이행하지 않고 있습니다.

3. 이에 상당기간을 정하여 미성년후견인 ○○○로 하여금 이 법원 및 청구인에게 사건 본인의 재산목록을 제출할 것을 명하는 심판을 받고자 이 사건 청구에 이르렀습니다.

첨 부 서 류

1. 가족관계증명서 및 기본증명서(청구인 및 사건본인) 각 1통
1. 주민등록등본(사건본인) 1통
1. 기타(소명자료) 1통

20○○. ○. ○.

청구인 ○ ○ ○ (인)

○○ 가정법원 귀중

접수방법 및 유의사항

1. 청구인 : 피후견인, 후견감독인, 민법 제777조에 따른 친족, 그 밖의 이해관계인, 검사, 지방자치단체의 장(민법 954조).
2. 수입인지 : 사건본인 1인당 5,000원의 인지를 납부한다.
3. 송달료 : 청구인수×4,800원(우편료)×4회분을 납부한다.
4. 관할 : 사건본인(피후견인이 될 사람)의 주소지를 관할하는 가정법원에 제출한다.

[서식 207] 미성년후견인 사임에 대한 허가청구서

미성년후견인 사임에 대한 허가청구

청 구 인 ○ ○ ○ (000000-0000000) (전화 :)
등록기준지 ○○시 ○○구 ○○로 ○○○
주 소 ○○시 ○○구 ○○로 ○○○

사건본인과의 관계 :

사건본인 ○ ○ ○ (000000-0000000)
등록기준지 ○○시 ○○구 ○○로 ○○○
주 소 ○○시 ○○구 ○○로 ○○○

청 구 취 지

1. 청구인이 사건본인의 미성년후견인을 사임함을 허가한다.
2. 사건본인의 미성년후견인으로 ○○○(000000-0000000, 주소 : ○○시 ○○구 ○○로 ○○○)를 선임한다.

라는 심판을 구합니다.

청 구 원 인

1. 청구인은 20○○. ○. ○. ○○법원 20○○느단 ○○○호 미성년후견인선임 심판에 따라, 사건본인에 대한 미성년후견인으로 선임되었습니다.
2. 그런데, 이번에 청구인은 ~ ~ ~ 를 하게 되었습니다(미성년후견인으로서 직무수행이 곤란한 사정을 적시).
3. 따라서 청구인은 미성년후견인의 직무수행이 곤란하므로 그 직을 사임하고자 합니다.
4. 한편, 새로운 미성년후견인으로는 ○○○를 추천합니다.

미성년 후견인 후보자	성 명	
	주 소	
	주민등록번호	
	직 업	
	사건본인과의 관계	

5. 이상과 같은 이유로 청구인은 사건본인의 미성년후견인을 사임하고, 새로운 미성년후견인으로 ○○○를 추천하고자 이 사건 청구에 이르렀습니다.

첨 부 서 류

1. 기본증명서(청구인, 사건본인, 후견인 후보자) 각 1통

1. 가족관계증명서(청구인, 사건본인, 후견인 후보자) 각 1통
1. 주민등록등본(사건본인) 1통
1. 기타(소명자료) 1통

20○○. ○. ○.

청구인 ○ ○ ○ (인)

○○ 가정법원 귀중

접수방법 및 유의사항

1. 청구인 : 미성년후견인
2. 수입인지 : 사건본인 1인당 5,000원의 인지를 납부한다.
3. 송달료 : 청구인수×4,800원(우편료)×4회분을 납부한다.
4. 관할 : 사건본인의 주소지를 관할하는 가정법원에 제출한다.

[서식 208] 미성년후견종료 및 친권자지정청구

미성년후견종료 및 친권자지정청구

청 구 인 ○ ○ ○ (주민등록번호) (전화 :)
주 소 : ○○시 ○○구 ○○로 ○○○ (우편번호 : 00000)
사건본인과의 관계 :

사건본인 ○ ○ ○ (주민등록번호 또는 외국인등록번호)
주 소 : ○○시 ○○구 ○○로 ○○○
등록기준지(국적) : ○○시 ○○구 ○○로 ○○○

후 견 인 ○ ○ ○ (주민등록번호)
주 소 : ○○시 ○○구 ○○로 ○○○

청 구 취 지

사건본인에 대한 미성년후견을 종료하고, 청구인(000000-0000000, 주소 : ○○시 ○○구 ○○로 ○○○)를 사건본인의 친권자로 지정한다.
라는 심판을 구합니다.

청 구 원 인

1. 청구인은 20○○. ○. ○. ○○○와 혼인하여 그 사이에 사건본인을 두었으나 20○○. ○. ○. 협의이혼하였고, 협의이혼 당시 사건본인에 대한 친권자로 사건본인의 어머니인 ○○○이 지정되었습니다.
2. 그런데, 위 ○○○이 사건본인을 양육하던 중 20○○. ○. ○. 사망하였고, 20○○. ○. ○○법원 20○○느단 ○○○호 미성년후견인선임 청구사건의 심판에 의하여 ○○○이 사건본인의 미성년후견인으로 선임되었습니다.
3. 청구인은 이혼 이후 위 ○○○와 연락이 잘 되지 않아서 위 ○○○가 사망한 사실을 알지 못하였고, 그 결과 법정기간 내에 사건본인에 대한 친권자지정청구를 하지 못하였습니다.
4. 따라서 사건본인의 복리를 위하여 미성년후견인을 종료하고 청구인을 친권자로 지정하여 줄 것을 청구합니다.

첨 부 서 류

1. 가족관계증명서, 기본증명서(청구인, 사건본인) 각 1통
1. 주민등록등본(청구인, 사건본인) 각 1통
1. 기타(소명자료) 1통

20○○. ○. ○.

청구인 ○ ○ ○ (인)

○○ 가정법원 귀중

접수방법 및 유의사항

1. 청구인 : 생존하는 부 또는 모, 친생부모 일방 또는 쌍방, 미성년자(민법 제908조의2 제6항)
2. 수입인지 : 사건본인 1인당 5,000원의 인지를 납부한다.
3. 송달료 : 청구인수×4,800원(우편료)×4회분을 납부한다.
4. 관할 : 사건본인(미성년자)의 주소지를 관할하는 가정법원에 제출한다.

[서식 209] 미성년후견종료시 관리계산기간 연장허가청구서

미성년후견종료시 관리계산기간 연장허가청구

청 구 인 ○ ○ ○ (주민등록번호) (전화 :)
주 소 : ○○시 ○○구 ○○로 ○○○ (우편번호 : 00000)

사건본인 ○ ○ ○ (주민등록번호 또는 외국인등록번호)
주 소 : ○○시 ○○구 ○○로 ○○○
등록기준지(국적) : ○○시 ○○구 ○○로 ○○○

청 구 취 지

청구인이 사건본인의 재산관리계산을 하는 기간을 20○○. ○. ○.까지 연장함을 허가한다.
라는 심판을 구합니다.

청 구 원 인

1. 사건본인에 대하여 20○○. ○. ○. ○○법원 20○○느단 ○○○호로 미성년후견개시 심판이 있었고, 미성년후견인으로 청구인이 선임되었습니다.
2. 사건본인은 20○○. ○. ○. 성년이 되었으므로 미성년후견이 종료되었습니다.
3. 청구인은 20○○. ○. ○.까지 사건본인의 재산관리계산을 해야 하지만 사건본인의 재산이 다액이고, 부동산이 여러 곳에 분산되어 있어 법정기간 내에 이를 마치는 것이 어려운 상황입니다.

4. 따라서 청구인은 이 사건 청구에 이르렀습니다.

첨 부 서 류

1. 가족관계증명서 및 기본증명서	각 1통
1. 주민등록등본(사건본인)	1통
1. 기타(소명자료)	1통

20○○. ○. ○.

청구인 ○ ○ ○ (인)

○○ 가정법원 귀중

접수방법 및 유의사항

1. 수입인지 : 사건본인 1인당 5,000원의 인지를 납부한다.
2. 송달료 : 청구인수×4,800원(우편료)×4회분을 납부한다.
3. 관할 : 입양, 친양자입양 또는 파양에 관한 사건은 양자·친양자의 주소지 또는 양친자가 될 사람의 주소지의 가정법원에 제출한다.

12. 한정후견인

가. 의 의

피한정후견인이란 질병, 장애, 노령 그 밖의 사유로 인한 정신적 제약으로 사무를 처리할 능력이 부족한 사람으로서 가정법원으로부터 한정후견개시의 심판을 받은 자를 말한다(민법 12조).

나. 한정후견개시의 요건

(1) 실질적 요건

질병, 장애, 노령, 그 밖의 사유로 인한 정신적 제약으로 사무를 처리할 능력이 부족하여야 한다(성년후견개시원인인 결여보다는 제약이 경미한 상태를 말한다). 이때도 원칙적으로 의사의 감정을 거쳐야 한다(가소 45조의3 1항).

(2) 절차적 요건

본인, 배우자, 4촌 이내의 친족, 미성년후견인, 미성년후견감독인, 성년후견인, 성년후견감독인, 특정후견인, 특정후견감독인, 검사 또는 지방자치단체의 장의 청구가 있어야 한다.

(3) 한정후견개시심판

요건이 충족되면 가정법원은 한정후견개시의 심판을 하여야 하고 지체없이 가족관계등록사무 및 후견등기사무를 처리하는 사람에게 가족관계등록부에 기록할 것과 후견등기부에 등기할 것을 촉탁하여야 한다(가소 9조).

다. 행위능력

(1) 원 칙

한정후견이 개시되면 피한정후견인의 행위능력은 제한된다. 즉 가정법원은 한정후견인의 동의를 받아야 하는 행위의 범위를 정할 수 있고(민법 13조 1항), 그 범위에 속하는 행위를 피한정후견인의 동의없이 하였을 때에는 그 법률행위를 취소할 수 있다(민법 13조 4항). 그 범위는 본인, 배우자, 4촌 이내의 친족, 한정후견인, 한정후견감독인, 검사 또는 지방자치단체의 장의 청구에 의하여 가정법원이 변경할 수 있다(민법 13조 3항).

(2) 예 외

① 한정후견인의 동의를 요하는 행위에 대하여 피한정후견인의 이익을 해칠 염려가 있음에도 한정후견인이 동의를 하지 않는 경우에 피한정후견인은 한정후견인의 동의에 갈음하여 가정법원의 허가를 받아서 단독으로 할 수 있다(민법 13조 3항).

② 가정법원이 동의를 요하는 것으로 정한 범위 밖의 행위를 피한정후견인이 독자적으로 할 수 있음을 물론이다. 나아가 타인의 대리행위 근로계약의 체결과 임금의 청구 등도 피한정후견인이 독자적으로 할 수 있으며 일용품의 구입 등 일상생활에 필요하고 그 대가가 과도하지 아니한 법률행위는 취소할 수 없다(민법 13조 4항).

③ 피한정후견인의 행위능력 제한은 가족법상의 행위에 미치지 않는다(참고로 개정된 한정치산은 가족법상의 행위능력이 제한되는지에 대한 논의가 있었다) 다만 피한정후견인의 신상결정

등에 관해서는 민법 제947조의2가 한정후견사무를 정하는 민법 제959조의6에 의하여 준용됨에 따라 피성년후견인과 다르지 않다고 할 것이다.

라. 능력보충기관

(1) 피한정후견인의 제한된 행위능력을 보충하기 위하여 가정법원은 한정후견개시의 심판을 할 때 직권으로 한정후견인을 선임하여야 한다(민법 959조2, 959조의3 1항).
(2) 한정후견인은 동의를 요하는 범위에서 동의권과 대리권 및 취소권을 가진다. 그런데 한정후견인에 의한 능력보충은 주로 동의권 행사에 의하여 이루어지는데 그 범위는 가정법원에 유보되어 있다. 그리고 대리권을 수여하는 가정법원의 심판이 있어야 그 범위에서 대리권을 행사할 수 있다(민법 959조의4 1항).
(3) 미성년후견과 달리 여러명의 성년후견인을 들 수 있고 법인도 될 수 있다.

마. 한정후견의 종료

(1) 한정후견개시의 원인이 소멸된 경우에 가정법원은 본인, 배우자, 4촌 이내의 친족, 한정후견인, 한정후견감독인, 검사 또는 지방자치단체의 장의 청구에 의하여 한정후견 종료의 심판을 하여야 한다(민법 14조). 가정법원이 피한정후견인에 대해 성년후견개시의 심판을 할 때에도 종전의 한정후견의 종료심판을 하여야 한다(민법 14조의3 1항).
(2) 한정후견종료의 심판은 장래에 향하여 효력을 가진다. 따라서 그 심판이 있기 전에 행하여진 동의를 요하는 법률행위는 동의가 없었음를 이유로 취소될 수 있다.

바. 한정후견감독인

(1) 가정법원은 필요하다가 인정하면 직권으로 또는 피한정후견인, 친족, 한정후견인, 검사, 지방자치단체의 장의 청구에 의하여 한정후견감독인을 선임할 수 있다(민법 959조의5 1항).
(2) 한정후견감독인이 사망, 결격 그 밖의 사유로 없게 된 경우에 가정법원은 직권으로 또는 피한정후견인, 친족, 한정후견인, 검사, 지방자치단체의 장의 청구에 의하여 한정후견감독인을 선임한다(민법 959조의5 2항).

[서식 210] 한정후견인선임심판청구서

한정후견인 선임 심판청구

청 구 인 ○ ○ ○ (주민등록번호) (전화 :)
주 소 : ○○시 ○○구 ○○로 ○○○ (우편번호 : 00000)
사건본인과의 관계 :

사건본인 ○ ○ ○ (주민등록번호 또는 외국인등록번호)
주 소 : ○○시 ○○구 ○○로 ○○○
등록기준지(국적) : ○○시 ○○구 ○○로 ○○○

청 구 취 지

사건본인의 한정후견인으로 ○○○(000000-0000000, 주소 : ○○시 ○○구 ○○로 ○○○)을 선임한다.
라는 심판을 구합니다.

청 구 원 인

1. 사건본인에 대하여 20○○. ○. ○. ○○법원 20○○느단 ○○○호로 한정후견개시 심판이 있었고, 한정후견인으로 ○○○가 선임되었습니다.
2. 그런데, 한정후견인은 20○○. ○. ○.에 사망하였습니다.
3. 따라서 사건본인의 복리를 위하여 새로운 한정후견인의 선임을 구합니다.
4. 새로운 한정후견인으로 ○○○을 추천합니다.

한정 후견인 후보자	성 명	
	주 소	
	주민등록번호	
	직 업	
	사건본인과의 관계	

첨 부 서 류

1. 가족관계증명서 및 기본증명서(청구인 및 사건본인, 종전후견인, 후견인 후보자 각 1통
2. 주민등록등본(사건본인) 1통
3. 사건본인 및 후견인 후보자의 후견등기사항전부증명서(말소 및 폐쇄사항 포함) 또는 후견등기사항부존재증명서(후견등기사항이 없는 경우) 각 1통
4. 청구인과 사건본인과의 관계를 밝혀줄 제적등본, 가족관계증명서 등(1.항의 가족관계증명서만으로는 그 관계를 알 수 없는 경우) 각 1통
5. 기타(소명자료) 1통

20○○. ○. ○.

청구인 ○ ○ ○ (인)

○○ 가정법원 귀중

접수방법 및 유의사항

1. 청구인 : 피후견인, 친족, 이해관계인, 검사, 지방자치단체의 장
2. 수입인지 : 사건본인 1인당 5,000원의 인지를 납부한다.
3. 송달료 : 청구인수×4,800원(우편료)×4회분을 납부한다.
4. 관할 : 사건본인(피후견인)의 주소지를 관할하는 가정법원에 제출한다.

[서식 211] 한정후견개시심판청구서(1)

한정후견개시 심판청구

청 구 인 ○ ○ ○ (주민등록번호) (전화 :)
주 소 : ○○시 ○○구 ○○로 ○○○ (우편번호 : 00000)
사건본인과의 관계 :

사건본인 ○ ○ ○ (주민등록번호 또는 외국인등록번호)
주 소 : ○○시 ○○구 ○○로 ○○○
등록기준지(국적) : ○○시 ○○구 ○○로 ○○○

청 구 취 지

1. 사건본인에 대하여 한정후견을 개시한다.
2. 사건본인의 한정후견인으로 ○○○{주민등록등록(또는 외국인등록번호) : 000000-0000000, 주소 : ○○시 ○○구 ○○로 ○○○}을 선임한다.
라는 심판을 구합니다.

청 구 원 인

1. 청구인은 사건본인의 어머니입니다. 사건본인은 정신지체장애인입니다. 사건본인은 성인이 되었으나 정신적 제약으로 인해 사무를 처리할 능력이 부족하므로 후견인의 조력을 받을 필요성이 있습니다.
2. 청구인은 사건본인의 어머니로서 주소지에서 현재 생활하고 있고 앞으로도 아들인 사건본인을 돌보아야 하므로, 청구인이 사건본인의 한정후견인으로 지정되기를 원합니다.
3. 사건본인이 한정후견인의 동의를 받아야 하는 행위 및 한정후견인의 대리권의 범위, 한정후견인이 사건본인의 신상에 관하여 결정할 수 있는 권한의 범위는 각 별지 기재와 같이 지정해 주시기를 바랍니다.

<table>
<tr><td rowspan="3">한 정
후견인
후보자</td><td>성 명</td><td></td></tr>
<tr><td>주 소</td><td></td></tr>
<tr><td>주민등록번호</td><td></td></tr>
</table>

	직 업	
	사건본인과의 관계	

첨 부 서 류

1. 가족관계증명서 및 기본증명서(청구인 및 사건본인, 후견인 후보자) 각 1통
2. 주민등록등본(사건본인) 1통
3. 사건본인 및 후견인 후보자의 후견등기사항전부증명서 (말소 및 폐쇄사항 포함)(후견등기사항이 없는 경우 후견등기사항부존재증명서) 각 1통
4. 청구인 및 후견인 후보자와 사건본인과의 관계를 밝혀줄 자료(가족관계증명서, 제적등본 등) (1.항의자료만으로 그 관계를 알 수 없는 경우) 각 1통
5. 진단서 1통
6. 사전현황설명서 1통
7. 기타(소명자료) 1통

20○○. ○. ○.

청구인 ○ ○ ○ (인)

○○ 가정법원 귀중

접수방법 및 유의사항

1. 청구인 : 민법 제777조의 친족, 기타 이해관계인, 피후견인, 친족, 이해관계인, 검사, 지방자치단체의 장
2. 수입인지 : 사건본인 1인당 5,000원의 인지를 납부한다.
3. 송달료 : 청구인수×4,800원(우편료)×4회분을 납부한다.
4. 관할 : 사건본인(피후견인이 될 사람)의 주소지를 관할하는 가정법원에 제출한다.

[별 첨] 사건현황설명서

사전 현황 설명서

1. 사건본인에 관한 사항	
가. 현재 한정치산자 또는 금치산자인지	예 □ 아니오 □
나. 한정후견·특정후견·임의후견을 받고 있는지	예 □ 아니오 □
다. 현재의 심신상태 및 치료상황	
라. 현 거주지 및 현재 누구와 동거하고 있는지	
마. 재산상황(목록으로 작성하여 별지로 첨부 가능)	
2. 한정후견을 청구하게 된 동기와 목적 (구체적으로 기재)	
3. 이 사건 청구에 관한 사건본인의 1순위 상속인들의 의견	
가. 동의자(동의서 첨부)	
나. 부동의자	

[별 첨] 피한정후견인이 한정후견인의 동의를 받아야 하는 행위의 범위

[별 지 1]

피한정후견인이 한정후견인의 동의를 받아야 하는 행위의 범위

Ⅰ. □ 한정후견인의 동의를 받아야 하는 행위 없음

Ⅱ. □ 한정후견인의 동의를 받아야 하는 행위 있음

1. 재산관리

가. □ 부동산의 관리·보전·처분
　□ 매각
　□ 구입
　□ 임대차계약의 체결·변경·종료
　□ 보증금의 수령 및 반환
　□ 전세권, 담보권 설정계약의 체결·변경
　□ 부동산의 신축·증축·수선에 관한 계약의 체결·해제

나. □ 예금 등의 관리
　□ 예금계좌의 개설·변경·해약·입금·이체·인출
　□ 증권계좌의 개설·변경·해약·입금·이체·인출

다. □ 보험에 관한 사항
　□ 보험계약의 체결·변경·해제
　□ 보험금의 수령

라. □ 정기적 수입 및 지출에 관한 관리
　□ 정기적 수입(임료, 연금, 사회보장급여 등)의 수령과 이에 관한 제반절차
　□ 정기적 지출(임료, 요금, 보험료, 대출원리금 등)과 이에 관한 제반절차
　□ 기존 채무의 변제 및 이에 관한 제반절차

마. □ 상속재산의 분할 또는 상속의 승인·포기

바. □ 증서 및 유체동산의 보관 및 관리

사. □ 근로계약의 관한 사항
　□ 근로계약의 체결·변경·해제
　□ 임금의 수령

2. 신상보호

가. □ 개호 및 복지서비스의 이용
　□ 개호서비스 이용계약의 체결·변경·해제 및 비용의 지급
　□ 복지시설 입소계약의 체결·변경·해제 및 비용의 지급

나. □ 의료계약의 체결·변경·종료 및 비용의 지급
3. 신상보호
가. □ 소송행위 등
□ 위에서 정한 각 행위와 관련된 분쟁의 처리
□ 소송행위 및 변호사 등에 대한 소송위임
나. □ 취소권 행사 후 원상회복과 관련한 사항
다. □ 기타 사항
□ ______________________________
□ ______________________________

[별 첨] 한정후견인의 대리권의 범위

[별 지 2]

한정후견인의 대리권의 범위

Ⅰ. □ 한정후견인의 대리권 없음
Ⅱ. □ 한정후견인의 대리권 있음
1. 재산관리
가. □ 부동산의 관리·보전·처분
□ 매각
□ 구입
□ 임대차계약의 체결·변경·종료
□ 보증금의 수령 및 반환
□ 전세권, 담보권 설정계약의 체결·변경
□ 부동산의 신축·증축·수선에 관한 계약의 체결·해제
나. □ 예금 등의 관리
□ 예금계좌의 개설·변경·해약·입금·이체·인출
□ 증권계좌의 개설·변경·해약·입금·이체·인출
다. □ 보험에 관한 사항
□ 보험계약의 체결·변경·해제
□ 보험금의 수령
라. □ 정기적 수입 및 지출에 관한 관리

□ 정기적 수입(임료, 연금, 사회보장급여 등)의 수령과 이에 관한 제반절차
□ 정기적 지출(임료, 요금, 보험료, 대출원리금 등)과 이에 관한 제반절차
□ 기존 채무의 변제 및 이에 관한 제반절차
마. □ 상속재산의 분할 또는 상속의 승인·포기
바. □ 증서 및 유체동산의 보관·관리·구입·처분
사. □ 공법상의 행위(세무신고 등)

2. 신상보호
가. □ 개호 및 복지서비스의 이용
□ 개호서비스 이용계약의 체결·변경·해제 및 비용의 지급
□ 복지시설 입소계약의 체결·변경·해제 및 비용의 지급
나. □ 의료계약의 체결·변경·해제 및 비용의 지급
다. □ 공법상의 행위(주민등록, 공적의료보험, 국민기초생활수급의 신청 및 갱신 등)

3. 신상보호
가. □ 소송행위 등
□ 위에서 정한 각 행위와 관련된 분쟁의 처리
□ 소송행위 및 변호사 등에 대한 소송위임
나. □ 취소권 행사 후 원상회복과 관련한 사항
다. □ 기타 사항
□ ______________________________
□ ______________________________

[별 첨] 한정후견인이 피한정후견인의 신상에 관하여 결정할 수 있는 권한의 범위

[별 지 3]

한정후견인이 피한정후견인의 신상에 관하여 결정할 수 있는 권한의 범위

□ 결정권한 없음

□ 결정권한 있음

1. □ 의료행위의 동의

2. □ 거주·이전에 관한 결정
3. □ 면접교섭에 관한 결정
4. □ 우편·통신에 관한 결정
5. □ 사회복지서비스 선택 또는 결정
6. □ 기타 사항
   □ ______________________________
   □ ______________________________

[서식 212] 한정후견개시심판청구서(2)

한정후견개시 심판청구

청 구 인 ○ ○ ○ (000000-0000000) (전화 :)
(사건본인의 부) 등록기준지 ○○시 ○○구 ○○로 ○○○
주 소 ○○시 ○○구 ○○로 ○○○

사건본인 ○ ○ ○ (000000-0000000)
등록기준지 ○○시 ○○구 ○○로 ○○○
주 소 ○○시 ○○구 ○○로 ○○○

청 구 취 지

1. 사건본인에 대하여 한정후견을 개시한다.
2. 사건본인의 한정후견인으로 ○○○(000000-0000000, 주소 : ○○시 ○○구 ○○로 ○○○)를 선임한다.

라는 심판을 구합니다.

청 구 원 인

1. 청구인은 사건본인의 아버지이며. 사건본인은 20○○. ○. ○. 경과로 성년이 되었습니다. 그러나 사건본인은 정신지체장애인으로서, 약 10년의 기간 동안 정신병원에서 치료를 받아오고 있으며, 위와 같은 정신적 제약으로 인해 스스로 사무를 처리할 능력

이 부족하므로 후견인의 조력을 받을 필요성이 있습니다.

2. 청구인은 사건본인의 아버지로서, ○○시 공무원에 재직 중에 있고 매월 ○○○원의 소득을 올리고 있어 사건본인을 부양할 경제적 능력이 충분합니다. 특히 20○○년경 사건본인의 어머니가 사망한 이후로 홀로 현재 사건본인을 부양하고 있고, 이후에도 청구인이 지속적으로 사건본인을 돌보아야 하므로, 청구인이 사건본인의 한정후견인으로서 지정될 필요가 있다고 할 것입니다.

3. 한편, 사건본인이 한정후견인의 동의를 받아야 하는 행위 및 한정후견인의 대리권의 범위, 한정후견인이 사건본인의 신상에 관하여 결정할 수 있는 권한의 범위는 각 별지 기재와 같이 지정해 주시기를 바랍니다.

4. 이상과 같은 이유로 청구인은 사건본인의 후견인으로 선임되고자 이 사건 청구에 이르렀습니다.

첨 부 서 류

1. 기본증명서(청구인, 사건본인) 각 1통
1. 가족관계증명서(청구인, 사건본인) 각 1통
1. 진단서 1통
1. 진술서(지정후견이 없음을 증명) 1통
1. 진술인의 인감증명서 1통
1. 주민등록등·초본(청구인, 사건본인) 1통

20○○. ○. ○.

청구인 ○ ○ ○ (인)

○○ 가정법원 귀중

접수방법 및 유의사항

1. 청구인 : 민법 제777조의 친족, 기타 이해관계인, 피후견인, 친족, 이해관계인, 검사, 지방자치단체의 장
2. 수입인지 : 사건본인 1인당 5,000원의 인지를 납부한다.
3. 송달료 : 청구인수×4,800원(우편료)×4회분을 납부한다.
4. 관할 : 사건본인(피후견인이 될 사람)의 주소지를 관할하는 가정법원에 제출한다.

[서식 213] 한정후견인의 동의를 갈음하는 허가청구서

한정후견인의 동의를 갈음하는 허가청구

청 구 인 ○ ○ ○ (000000-0000000) (전화 :)
(사건본인) 등록기준지 ○○시 ○○구 ○○로 ○○○
주 소 ○○시 ○○구 ○○로 ○○○ (우편번호 : 00000)

한정후견인 ○ ○ ○ (000000-0000000)
등록기준지 ○○시 ○○구 ○○로 ○○○
주 소 ○○시 ○○구 ○○로 ○○○

청 구 취 지

한정후견인은 청구인이 별지 기재 행위를 함에 있어 이에 동의하는 것으로 갈음한다.
라는 심판을 구합니다.

청 구 원 인

1. 청구인(사건본인)에 대하여 20○○. ○. ○. ○○법원 20○○느단 ○○○호로 한정후견개시심판이 있었고, 한정후견인으로 ○○○가 선임되었습니다.
2. 위 심판에 의하면, 근로계약의 체결, 변경, 종료에 관한 사항은 청구인이 한정후견인의 동의를 받아야 하는 행위로 정해져 있습니다.
3. 청구인은 20○○. ○. ○.부터 ○○ 주식회사에서 근무하고 있었으나, ○○ 주식회사의 채용에 합격하여 이직을 해야 되는 상황입니다.
4. 이러한 이유로 청구인은 한정후견인에게 근로계약의 종료와 체결에 대해 동의를 구하였으나 한정후견인은 자신의 ○○ 주식회사와의 친분 등을 이유로 들어 이에 동의하지 않고 있습니다.
5. 따라서 청구인은 청구취지와 같은 심판을 구하고자 이 건 청구에 이른 것입니다.

첨 부 서 류

1. 가족관계증명서 및 기본증명서

(청구인 및 사건본인) 1통
1. 주민등록등본(청구인) 1통
1. 사건본인의 후견등기사항전부증명서
(말소 및 폐쇄사항 포함) 1통
1. 기타(소명자료) 1통

20○○. ○. ○.

청구인 ○ ○ ○ (인)

○○ 가정법원 귀중

접수방법 및 유의사항

1. 청구인 : 피한정후견인
2. 수입인지 : 사건본인 1인당 5,000원의 인지를 납부한다.
3. 송달료 : 청구인수 × 4,800원(우편료) × 4회분을 납부한다.
4. 관할 : 사건본인(피후견인이 될 사람)의 주소지를 관할하는 가정법원에 제출한다.

[서식 214] 한정후견인의 동의를 필요로 하는 행위의 범위결정심판청구서

한정후견인의 동의를 필요로 하는 행위의 범위결정 심판청구

청 구 인 ○ ○ ○ (000000-0000000) (전화 :)
등록기준지 ○○시 ○○구 ○○로 ○○○
주 소 ○○시 ○○구 ○○로 ○○○

사건본인 ○ ○ ○ (000000-0000000)
(피한정후견인) 등록기준지 ○○시 ○○구 ○○로 ○○○
주 소 ○○시 ○○구 ○○로 ○○○

한정후견인 ○ ○ ○ (000000-0000000)

주 소 ○○시 ○○구 ○○로 ○○○

청 구 취 지

사건본인(피한정후견인)은 한정후견인 ○○○의 동의를 받아야만 다음 행위들을 할 수 있다.

가. ○○○○○○

나. ○○○○○○

(사건본인은 한정후견인 ○○○의 동의를 받아야만 별지 목록 기재 행위들을 할 수 있다)라는 심판을 구합니다.

청 구 원 인

1. 사건본인은 ○○가정법원 20○○. ○. ○. 선고 20○○느단 ○○○호로 한정후견개시심판을 받았고, 한정후견인으로 ○○○가 선임되었습니다.
2. 청구인은(사건본인, 사건본인의 배우자, 사건본인의 4촌 이내의 친족, ○○가정법원 20○○. ○. ○. 선고 20○○느단 ○○○호 사건본인에 대한 한정후견인선임사건에서 선임된 한정후견인, 검사, 사건본인의 주소지를 관할하는 지방자치단체의 장)입니다.
3. 사건청구인(피한정후견인)은 (20○○. ○. ○.부터 질환을 앓고 있는데, 위 질환으로) / (현재 ○○세의 고령으로 정신적 능력이 현저히 감퇴하여 그로) / (20○○. ○. ○.부터 ○○장애가 있어 ○급 장애등급판정을 받았으며, 위 장애로)인한 정신적 제약으로 사무처리능력이 부족하여, 한정후견인의 동의 없이(청구취지 기재와 같은 행위 또는 별지 목록 기재 행위)를 단독으로 할 능력이 부족합니다.
4. 따라서, 사건본인(피한정후견인)이 청구취지 기재와 같은 한정후견인 ○○○의 동의를 받아야만 한다는 심판을 청구합니다.

첨 부 서 류

1. 가족관계증명서(청구인 및 사건본인)	각 1통
1. 주민등록등본(청구인 및 사건본인)	각 1통
1. 한정후견개시심판정본	1통
1. 한정후견인선임심판정본	1통
1. 기타(소명자료 : 진단서 등)	1통

20○○. ○. ○.

청구인 ○ ○ ○ (인)

○○ 가정법원 귀중

[서식 215] 한정후견인의 동의를 받아야 하는 행위의 범위변경청구서

한정후견인의 동의를 받아야 하는 행위의 범위변경청구

청 구 인 ○ ○ ○ (000000-0000000) (전화 :)
주 소 : ○○시 ○○구 ○○로 ○○○
사건본인과의 관계 :

사건본인 ○ ○ ○ (000000-0000000)
주 소 : ○○시 ○○구 ○○로 ○○○
등록기준지 : ○○시 ○○구 ○○로 ○○○

청 구 취 지

사건본인이 한정후견인의 동의를 받아야 하는 행위의 범위를 별지 기재와 같이 변경한다.
라는 심판을 구합니다.

청 구 원 인

1. 사건본인에 대하여 20○○. ○. ○. ○○법원 20○○느단 ○○○호로 한정후견개시 심판이 있었고, 한정후견인으로 ○○○가 선임되었습니다.
2. 위 심판에 의하면, 사건본인이 한정후견인의 동의를 받아야 하는 행위는 다음과 같습니다.
   가. 재산관리

(1) 부동산의 매각, 구입
(2) 예금계좌의 개설·변경·해약·입금·이체·인출
(3) 유체동산의 구입·보관·관리·처분
(4) 근로계약의 체결·변경·종료

나. 신상보호
(1) 개호서비스 이용계약의 체결·변경·종료 및 비용의 지급
(2) 의료계약의 체결·변경·종료 및 비용의 지급

3. 그런데 사건본인이 문구도매점을 하는 ○○상사에 근무하게 되어 물건의 구입·보관·관리·처분 등의 업무를 하여야 하는 사정변경이 발생하여 사건본인이 한정후견인의 동의를 하는 행위의 범위를 변경할 필요성이 발생하였습니다.

4. 사건본인이 한정후견인의 동의를 받아야 하는 행위의 범위가 별지 기재와 같이 변경되기를 바랍니다.

5. 따라서 청구인은 이 건 청구에 이른 것입니다.

첨 부 서 류

1. 가족관계증명서 및 기본증명서(청구인 및 사건본인) 1통
2. 주민등록등본(사건본인) 1통
3. 사건본인의 후견등기사항전부증명서(말소 및 폐쇄사항 포함) 1통
4. 청구인과 사건본인과의 관계를 밝혀줄 제적등본, 가족관계증명서 등(1.항의 가족관계증명서만으로는 그 관계를 알 수 없는 경우) 각 1통
5. 기타(소명자료) 1통

20○○. ○. ○.

청구인 ○ ○ ○ (인)

○○ 가정법원 귀중

접수방법 및 유의사항

1. 청구인 : 본인, 배우자, 4촌 이내의 친족, 한정후견인, 한정후견감독인, 검사, 지방자치단체의 장
2. 수입인지 : 사건본인 1인당 5,000원의 인지를 납부한다.
3. 송달료 : 청구인수×4,800원(우편료)×4회분을 납부한다.
4. 관할 : 사건본인(피후견인이 될 사람)의 주소지를 관할하는 가정법원에 제출한다.

[서식 216] 피한정후견인의 재산상황조사청구서

피한정후견인의 재산상황조사 청구

청 구 인 ○ ○ ○ (주민등록번호) (전화 :)
주 소 : ○○시 ○○구 ○○로 ○○○ (우편번호 : 00000)
사건본인과의 관계 :

사건본인 ○ ○ ○ (주민등록번호 또는 외국인등록번호)
주 소 : ○○시 ○○구 ○○로 ○○○
등록기준지(국적) : ○○시 ○○구 ○○로 ○○○

청 구 취 지

사건본인의 한정후견인 ○○○는 사건본인의 재산상황을 1개월 내에 조사하여 그 재산목록을 이 법원과 청구인에게 제출하여야 한다.
라는 심판을 구합니다.

청 구 원 인

1. 사건본인에 대하여 20○○. ○. ○. ○○가정법원 20○○느단 ○○○호로 한정후견 개시 심판이 있었고, 한정후견인으로 ○○○이, 한정후견감독인으로 청구인이 선임되었습니다.
2. 청구인은 한정후견인 ○○○에게 사건본인의 재산목록 제출을 요구하였지만 수개월이 지나도록 이를 이행하지 않고 있습니다.

3. 이에 상당기간을 정하여 한정후견인 ○○○로 하여금 이 법원 및 청구인에게 사건본인의 재산목록을 제출할 것을 명하는 심판을 받고자 이 사건 청구에 이르렀습니다.

첨 부 서 류

1. 가족관계증명서 및 기본증명서(청구인 및 사건본인) 각 1통
1. 주민등록등본(사건본인) 1통
1. 사건본인의 후견등기사항전부증명서(말소 및 폐쇄사항) 1통
1. 기타(소명자료) 1통

20○○. ○. ○.

청구인 ○ ○ ○ (인)

○○ 가정법원 귀중

접수방법 및 유의사항

1. 청구인 : 피후견인, 후견감독인, 민법 제777조에 따른 친족, 그 밖의 이해관계인, 검사, 지방자치단체의 장(민법 954조).
2. 수입인지 : 사건본인 1인당 5,000원의 인지를 납부한다.
3. 송달료 : 청구인수×4,800원(우편료)×4회분을 납부한다.
4. 관할 : 사건본인(피후견인이 될 사람)의 주소지를 관할하는 가정법원에 제출한다.

[서식 217] 한정후견인의 대리권의 범위변경청구서

한정후견인의 대리권의 범위변경 청구

청 구 인　○ ○ ○ (000000-0000000) (전화 :)
등록기준지 ○○시 ○○구 ○○로 ○○○
주 소 ○○시 ○○구 ○○로 ○○○ (우편번호 : 00000)

사건본인　○ ○ ○ (000000-0000000)
등록기준지 ○○시 ○○구 ○○로 ○○○
주 소 ○○시 ○○구 ○○로 ○○○

청 구 취 지

한정후견인에게 수여한 대리권의 범위를 별지와 같이 변경한다.
라는 심판을 구합니다.

청 구 원 인

1. 사건본인에 대하여 20○○. ○. ○. ○○법원 20○○느단 ○○○호로 한정후견개시 심판이 있었고, 한정후견인으로 청구인이 선임되었습니다.
2. 위 심판에 의하면, 한정후견인(청구인, 이하 '한정후견인'이라 합니다)에게 수여된 대리권의 범위는 예금계좌의 개설, 변경, 해약, 입금, 이체, 인출 등의 관리에 관한 사항, 정기적 수입(임료, 연금, 사회보장급여 등)의 수령과 이에 관한 제반절차에 대한 사항입니다.
3. 그런데, 이번에 사건본인이 부득이 새로이 거주지를 옮겨야 할 필요성이 발생하였고, 새롭게 사건본인 명의로 임대차계약을 체결하려야 하는 상황입니다. 이에 한정후견인의 대리권을 범위를 기존의 대리권의 범위에 추가하여 별지와 같이 변경할 필요성이 있습니다(임대차계약을 체결하고, 임대차계약서를 보관할 필요성이 있으며, 새로운 주소지로 주민등록을 옮겨야 할 필요성이 있습니다).
4. 따라서 청구인은 한정후견인의 대리권의 범위를 별지 기재와 같이 변경하기 위하여 이 사건 청구에 이른 것입니다.

첨 부 서 류

1. 가족관계증명서 및 기본증명서(청구인 및 사건본인) 1통
2. 주민등록등본(사건본인) 1통
3. 사건본인의 후견등기사항전부증명서(말소 및 폐쇄사항 포함) 1통
4. 청구인과 사건본인과의 관계를 밝혀줄 제적등본, 가족관계증명서 등(1.항의 가족관계증명서만으로는 그 관계를 알 수 없는 경우) 각 1통
5. 기타(소명자료) 1통

20○○. ○. ○.

청구인 ○ ○ ○ (인)

○○ 가정법원 귀중

접수방법 및 유의사항

1. 청구인 : 본인, 배우자, 4촌 이내의 친족, 한정후견인, 한정후견감독인, 검사 또는 지방자치단체의 장
2. 수입인지 : 사건본인 1인당 5,000원의 인지를 납부한다.
3. 송달료 : 청구인수×4,800원(우편료)×4회분을 납부한다.
4. 관할 : 사건본인(피후견인이 될 사람)의 주소지를 관할하는 가정법원에 제출한다.

[별 첨] 한정후견인의 대리권의 범위

[별 지]

한정후견인의 대리권의 범위

Ⅰ. □ 한정후견인의 대리권 없음

Ⅱ. □ 후견인은 아래 사항에 관하여 대리권을 가짐. 다만 법원의 허가사항으로 정한 사항에 관하여는 후견인이 대리행위를 함에 있어 사전에 법원의 허가를 받아야 함.

1. 재산관리

가. □ 부동산의 관리·보전·처분
□ 매각
□ 구입
■ 임대차계약의 체결·변경·종료
□ 보증금의 수령 및 반환
□ 전세권, 담보권 설정계약의 체결·변경
□ 부동산의 신축·증축·수선에 관한 계약의 체결·종료

나. □ 예금 등의 관리
■ 예금계좌의 개설·변경·해약·입금·이체·인출
□ 증권계좌의 개설·변경·해약·입금·이체·인출

다. □ 보험에 관한 사항
□ 보험계약의 체결·변경·종료
□ 보험금의 수령

라. □ 정기적 수입 및 지출에 관한 관리
■ 정기적 수입(임료, 연금, 보험료, 사회보장급여 등)의 수령과 이에 관한 제반절차
□ 정기적 지출(임료, 요금, 보험료, 대출원리금 등)과 이에 관한 제반절차
□ 기존 채무의 변제 및 이에 관한 제반절차

마. □ 상속재산의 분할 또는 상속의 승인·포기

바. □ 유체동산의 구입·보관·관리·처분

사. ■ 증서 및 중요문서 등의 보관 및 관리

아. □ 공법상의 행위(세무신고 등)

2. 신상보호

가. □ 개호 및 복지서비스의 이용

□ 개호서비스 이용계약의 체결·변경·종료 및 비용의 지급

□ 복지시설·요양시설·입소계약의 체결·변경·종료 및 비용의 지급

나. □ 의료계약의 체결·변경·종료 및 비용의 지급

다. ■ 공법상의 행위(주민등록, 공적의료보험, 국민기초생활수급의 신청 및 갱신 등)

3. 신상보호

가. □ 소송행위 등

□ 위에서 정한 각 행위와 관련된 분쟁의 처리

□ 소송행위 및 변호사 등에 대한 소송위임

나. □ 취소권 행사 후 원상회복과 관련한 사항

다. □ 기타 사항

□ ______________________________

□ ______________________________

4. 법원의 허가사항

□ ______________________________

□ ______________________________

□ ______________________________

□ ______________________________

[서식 218] 한정후견인의 임무수행에 필요한 처분명령청구서

한정후견인의 임무수행에 관하여 필요한 처분명령청구

청 구 인　　○　○　○ (000000-0000000)　(전화 :　　　　　)
　　　　　　등록기준지 : ○○시 ○○구 ○○로 ○○○
　　　　　　주　　　소 : ○○시 ○○구 ○○로 ○○○
　　　　　　사건본인과의 관계 :

사건본인　　○　○　○ (000000-0000000)
　　　　　　등록기준지 : ○○시 ○○구 ○○로 ○○○
　　　　　　주　　　소 : ○○시 ○○구 ○○로 ○○○

청 구 취 지

청구인이 사건본인을 대리하여 별지 기재 부동산을 매각할 것을 허가한다.
라는 심판을 구합니다.

청 구 원 인

1. 사건본인에 대하여 20○○. ○. ○. ○○가정법원 20○○느단 ○○○호로 한정후견 개시 심판이 있었고, 한정후견인으로 청구인이 선임되었습니다.
2. 위 심판에 의하면, 한정후견인이 사건본인 소유의 부동산을 매각함에 가정법원의 허가를 받도록 정해져 있습니다.
3. 그런데, 사건본인의 요양비 지급을 위하여 별지 기재 부동산을 매각해야 할 필요성이 발생하였고, 마침 ○○○로부터 위 부동산을 ○○○○원에 매수하겠다는 제의가 들어온 상태입니다.
4. 따라서, 사건본인의 복리를 위하여 청구인이 위 부동산을 매도하는 행위에 대한 허가를 구합니다.

첨 부 서 류

1. 가족관계증명서 및 기본증명서(청구인 및 사건본인)　각 1통
1. 주민등록등본(사건본인)　1통

1. 사건본인의 후견등기사항전부증명서(말소 및 폐쇄사항 포함) 각 1통
1. 기타(소명자료) 1통

20○○. ○. ○.

청구인 ○ ○ ○ (인)

○○ 가정법원 귀중

접수방법 및 유의사항

1. 청구인 : 한정후견인
2. 수입인지 : 사건본인 1인당 5,000원의 인지를 납부한다.
3. 송달료 : 청구인수 × 4,800원(우편료) × 4회분을 납부한다.
4. 관할 : 사건본인(피후견인이 될 사람)의 주소지를 관할하는 가정법원에 제출한다.

[서식 219] 한정후견인변경청구서

한정후견인 변경청구

청 구 인 ○ ○ ○ (000000-0000000) (전화 :)
등록기준지 : ○○시 ○○구 ○○로 ○○○
주 소 : ○○시 ○○구 ○○로 ○○○ (우 : 00000)

사건본인 ○ ○ ○ (000000-0000000)
등록기준지 : ○○시 ○○구 ○○로 ○○○
주 소 : ○○시 ○○구 ○○로 ○○○

한정후견인 ○ ○ ○ (000000-0000000)
등록기준지 : ○○시 ○○구 ○○로 ○○○
주 소 : ○○시 ○○구 ○○로 ○○○

청 구 취 지

사건본인의 한정후견인 ○○○를 ○○○(000000-0000000, 주소 : ○○시 ○○구 ○○로 ○○○)로 변경한다.
라는 심판을 구합니다.

청 구 원 인

1. 청구인은 사건본인의 백부이며, 사건본인은 청구인의 조카입니다. 한정후견인은 사건본인의 아버지로서 20○○. ○. ○. ○○가정법원 20○○느단 ○○○호로 한정후견개시 심판청구에 따라, 사건본인에 대한 한정후견인으로 선임되었습니다.
2. 그런데, 한정후견인 ○○○은 20○○. ○. ○.자로 가출하여 현재까지 연락이 두절된 상태로써 사건본인을 전혀 돌보지 않고 있으며, 그 결과 사건본인의 개호와 재산관리가 제대로 되지 않고 있는 상황입니다. 따라서 사건본인의 복리를 위하여 한정후견인의 변경을 구합니다.
3. 한편, 청구인이 한정후견인 ○○○를 대신하여 현재까지 사건본인을 부양하고 있습니다. 회사원으로 매월 ○○○원의 고정적인 수입이 있는 청구인이 사건본인에 대한 한정후견인으로 적합하며, 또한 사건본인도 청구인이 한정후견인으로 선임되기를 희망하고 있습니다.
4. 이상과 같은 이유로 청구인은 사건본인의 한정후견인을 변경하고자 이 사건 청구에 이르렀습니다.

첨 부 서 류

1. 가족관계증명서 1통
2. 기본증명서(청구인, 사건본인, 후견인 후보자) 1통
3. 주민등록등본(사건본인) 1통
4. 사건본인 및 후견인 후보자의 후견등기사항전부증명서 (말소 및 폐쇄사항 포함) 또는 후견등기사항부존재 증명서(후견등기사항이 없는 경우) 각 1통
5. 청구인과 사건본인과의 관계를 밝혀줄 제적등본, 가족관계증명서 등(1.항의 가족관계증명서만으로는 그 관계를 알 수 없는 경우) 각 1통
6. 비행확인서 및 확인자의 인감증명 1통

7. 친족관계를 확인할 수 있는 제적등본 1통

20○○. ○. ○.

청구인 ○ ○ ○ (인)

○○ 가정법원 귀중

접수방법 및 유의사항

1. 청구인 : 민법 제777조의 친족, 기타 이해관계인 피후견인, 후견감독인, 검사, 지방자치단체의 장 (민법 제940조)
2. 수입인지 : 사건본인 1인당 5,000원의 인지를 납부한다.
3. 송달료 : 청구인수×4,800원(우편료)×4회분을 납부한다.
4. 관할 : 사건본인의 주소지를 관할하는 가정법원에 제출한다.

[서식 220] 한정후견인 사임에 대한 허가청구서

한정후견인 사임에 대한 허가청구

청 구 인 ○ ○ ○ (000000-0000000) (전화 :)
등록기준지 : ○○시 ○○구 ○○로 ○○○
주 소 : ○○시 ○○구 ○○로 ○○○
사건본인과의 관계 : 사건본인의 부

사건본인 ○ ○ ○ (000000-0000000)
등록기준지 : ○○시 ○○구 ○○로 ○○○
주 소 : ○○시 ○○구 ○○로 ○○○

청 구 취 지

1. 청구인이 사건본인의 한정후견인을 사임함을 허가한다.

2. 사건본인의 한정후견인으로 ○○○(000000-0000000, 주소 : ○○시 ○○구 ○○로 ○○○)를 선임한다.

라는 심판을 구합니다.

청 구 원 인

1. 청구인은 사건본인의 아버지로서 ○○. ○. ○. ○○법원 20○○느단 ○○○호 한정후견개시 심판에 따라, 사건본인에 대한 한정후견인으로 선임되었습니다.
2. 그러나 청구인은 채무가 과다하여 생활고에 시달리던 중, ○○법원 20○○하면 ○○○호로 개인파산 및 면책신책을 하여 20○○. ○. ○.자로 인용결정을 받은 사실이 있습니다. 이에 따라 청구인은 한정후견인의 직무수행이 곤란하므로 그 직을 사임하고자 합니다.
3. 한편, 청구인은 현재 사건본인을 부양하고 있는 사건본인의 백부 ○○○를 사건 본인에 대한 한정후견인으로 추천하여, 위 ○○○도 사건본인에 대한 한정후견인으로서 최선을 다할 것을 다짐하고 있습니다.

한 정 후견인 후보자	성 명	○ ○ ○
	주 소	○○시 ○○구 ○○로 ○○○
	주민등록번호	000000-0000000
	직 업	회사원
	사건본인과의 관계	백부

4. 이상과 같은 이유로 청구인은 사건본인의 한정후견인을 사임하고, 새로운 한정 후견인으로 ○○○를 추천하고자 이 사건 청구에 이르렀습니다.

첨 부 서 류

1. 기본증명서 및 가족관계증명서(청구인, 사건본인, 한정후견인 후보자) 각 1통
1. 주민등록등본(사건본인) 1통
1. 사건본인 및 후견인 후보자의 후견등기사항전부증명서 (말소 및 폐쇄사항 포함) 또는 후견등기사항부존재 증명서(후견등기사항이 없는 경우) 1통
1. 청구인과 사건본인과의 관계를 밝혀줄 제적등본,

(가족관계증명서만으로는 그 관계를 알 수 없는 경우) 각 1통

20○○. ○. ○.

청구인 ○ ○ ○ (인)

○○ 가정법원 귀중

접수방법 및 유의사항

1. 청구인 : 한정후견인(민법 제939조)
2. 수입인지 : 사건본인 1인당 5,000원의 인지를 납부한다.
3. 송달료 : 청구인수×4,800원(우편료)×4회분을 납부한다.
4. 관할 : 사건본인의 주소지를 관할하는 가정법원에 제출한다.

[서식 221] 한정후견종료심판청구서

한정후견종료 심판청구

청 구 인　　○ ○ ○ (주민등록번호) (전화 :)
주　　소 : ○○시 ○○구 ○○로 ○○○ (우편번호 : 00000)
사건본인과의 관계 :

사건본인　　○ ○ ○ (주민등록번호 또는 외국인등록번호)
주　　소 : ○○시 ○○구 ○○로 ○○○
등록기준지(국적) : ○○시 ○○구 ○○로 ○○○

청 구 취 지

사건본인에 대한 한정후견을 종료한다.
라는 심판을 구합니다.

청 구 원 인

1. 사건본인 ○○○에 대하여 20○○. ○. ○. ○○가정법원 20○○느단 ○○○호로 한정후견개시 심판이 있었고, 한정후견인으로 ○○○가 선임되었습니다.
2. 청구인은 사건본인의 ○○입니다.
3. 그런데 한정후견개시심판 후 사건본인은 지속적인 약물치료를 통하여 치매증상에 호전이 있어 정상적인 의사소통이 가능하고 사리분별을 명확히 할 수 있는 등 사무를 처리할 수 있는 능력을 회복하였습니다.
4. 따라서, 청구인은 한정후견의 종료 심판을 구합니다.

첨 부 서 류

1. 기본증명서(사건본인, 청구인)　　각 1통
2. 가족관계증명서(사건본인, 청구인)　　각 1통
3. 주민등록등본(사건본인)　　1통
4. 사건본인의 후견등기사항전부증명서(말소 및 폐쇄사항 포함)　　1통

5. 제적등본(1.항의 가족관계증명서만으로는
   그 관계를 알 수 없는 경우) 각 1통
6. 기타 소명자료(진단서 등) 1통

20○○. ○. ○.

청구인 ○ ○ ○ (인)

○○ 가정법원 귀중

접수방법 및 유의사항

1. 청구인 : 본인, 배우자, 4촌 이내의 친족, 한정후견인, 한정후견감독인, 검사 또는 지방자치단체의 장
2. 수입인지 : 사건본인 1인당 5,000원의 인지를 납부한다.
3. 송달료 : 청구인수×4,800원(우편료)×4회분을 납부한다.
4. 관할 : 사건본인(피후견인)의 주소지를 관할하는 가정법원에 제출한다.

[서식 222] 한정후견종료시 관리계산 연장허가청구서

한정후견 종료시 관리계산 연장허가청구

청 구 인 ○ ○ ○ (주민등록번호)
주 소 : ○○시 ○○구 ○○로 ○○○
후견인과의 관계 :

사건본인 ○ ○ ○ (주민등록번호 또는 외국인등록번호)
주 소 : ○○시 ○○구 ○○로 ○○○
등록기준지(국적) : ○○시 ○○구 ○○로 ○○○

청 구 취 지

청구인이 사건본인의 재산관리계산을 하는 기간을 20○○. ○. ○. 까지 연장함을 허

가한다.

라는 심판을 구합니다.

청 구 원 인

1. 사건본인에 대하여 20○○. ○. ○. ○○가정법원 20○○느단 ○○○호로 한정후견개시 심판이 있었고, 한정후견인으로 청구인이 선임되었습니다.
2. 사건본인은 20○○. ○. ○. 사망하여 한정후견이 종료되었습니다.
3. 청구인은 20○○. ○. ○.까지 사건본인의 재산관리계산을 해야 하지만 사건본인의 재산이 다액이고, 부동산이 여러 곳에 분산되어 있어 법정기간 내에 이를 작성하는 것이 어려운 상황입니다.
4. 따라서 청구인은 이 사건 청구에 이르렀습니다.

첨 부 서 류

1. 가족관계증명서 및 기본증명서(사건본인) 각 1통
1. 주민등록등본(사건본인) 1통
1. 사건본인의 후견등기사항전부증명서(말소 및 폐쇄사항 포함) 1통
1. 기타(소명자료) 1통

20○○. ○. ○.

청구인 ○ ○ ○ (인)

○○ 가정법원 귀중

접수방법 및 유의사항

1. 청구인 : 후견인의 임무가 종료된 때 후견인 또는 그 상속인(민법 제957호)
2. 수입인지 : 사건본인 1인당 5,000원의 인지를 납부한다.
3. 송달료 : 청구인수×4,800원(우편료)×4회분을 납부한다.
4. 관할 : 사건본인(피후견인이 될 사람)의 주소지를 관할하는 가정법원에 제출한다.

13. 특정후견인

가. 의 의

피특정후견인이란 질병, 장애, 노령 그 밖의 사유로 인한 정신적 제약으로 일시에 후원 또는 특정한 사무에 관한 후원이 필요한 사람으로서 가정법원으로부터 성년후견개시의 심판을 받은 자를 말한다(민법 14조의2).

나. 특정후견개시의 요건

(1) 실질적 요건

질병, 장애, 노령, 그 밖의 사유로 인한 정신적 제약으로 일시적 후원 또는 특정한 사무에 관한 후원이 필요하여야 한다. 성년후견이니 한정후견에서의 제약이 지속적, 포괄적인 것임에 반하여 여기서의 제약은 일시적, 한정적인 것이어야 한다. 가정법원은 특정후견개시의 심판을 할 때 의사나 그 밖의 적당한 자의 의견을 들어야 한다(가소 45조의3 2항).

(2) 절차적 요건

본인, 배우자, 4촌 이내의 친족, 미성년후견인, 미성년후견감독인 검사 또는 지방자치단체의 장의 청구가 있어야 한다.

(3) 특정후견개시심판

요건이 충족되면 가정법원은 특정후견개시의 심판을 하여야 하고 지체없이 가족관계등록사무 및 후견등기사무를 청리하는 사람에게 가족관계등록부에 기록할 것과 후견등기부에 등기할 것을 촉탁하여야 한다(가소 9조).

다. 행위능력

특정후견의 심판을 하는 경우에 가정법원은 특정후견의 기간 또는 사무의 범위를 정하여야 하는데(민법 14조의2 3항). 특정후견의 심판이 있다고 하여 피특정후견인의 행위능력이 제한되지 않는다고 볼 것이다.

라. 특정후견인

(1) 가정법원은 피특정후견인의 후원을 위하여 필요한 처분을 명할 때 그 처분의 하나로 피특정후견인을 후원하거나 대리하기 위한 특정후견인을 선임할 수 있다(민법 959조의8, 959조의9 1항).

(2) 피특정후견인의 후원을 위하여 필요하다고 인정되면 가정법원은 기간이나 범위를 정하여 특정후견인에게 대리권을 수여하는 심판을 할 수 있고(민법 959조의11 1항). 그 범위에서 특정후견인은 대리권을 가질 뿐이다(성년후견이나 한정후견에서와 달리 피후견인의 신상감정 등에 관한 권한을 가지지 않는다). 피특정후견인의 행위능력이 제한되지 않으므로 특정후견인은 취소권 및 동의권을 가지지 않는다고 할 것이다.

마. 특정후견의 종료

(1) 가정법원이 피특정후견인에 대하여 성년후견개시 또는 한정후견개시의 심판을 할 때에도 종전의 특정후견의 종료심판을 하여야 한다(민법 14조의3 1항, 2항).

(2) 특정후견종료의 심판은 장래에 향하여 효력을 가진다.

바. 특정후견감독인

(1) 가정법원은 필요하다고 인정하면 직권으로 또는 피특정후견인, 친족, 특정후견인, 검사, 지방자치단체의 장의 청구에 의하여 특정후견감독인을 선임할 수 있다(민법 959조의10 1항).

(2) 특정후견감독인이 사망, 결격 그 밖의 사유로 없게 된 경우에 가정법원은 직권으로 또는 피특정후견인, 친족, 특정후견인, 검사, 지방자치단체의 장의 청구에 의하여 특정후견감독인을 선임한다(민법 959조의10 2항).

[서식 223] 특정후견심판청구서

특정후견 심판청구

청 구 인　　○　○　○ (주민등록번호) (전화 :　　　　　)
주　　소 : ○○시 ○○구 ○○로 ○○○ (우편번호 : 00000)
사건본인과의 관계 :

사건본인　　○　○　○ (주민등록번호 또는 외국인등록번호)
주　　소 : ○○시 ○○구 ○○로 ○○○
등록기준지(국적) : ○○시 ○○구 ○○로 ○○○

청 구 취 지

1. 사건본인에 대하여 특정후견을 개시한다.
2. 사건본인의 특정후견인으로 ○○○(주민등록등록(또는 외국인등록번호) : 000000-0000000, 주소 : ○○시 ○○구 ○○로 ○○○)을 선임한다.

라는 심판을 구합니다.

청 구 원 인

1. 사건본인은 노령으로 인하여 ~ ~ ~ 입니다.
2. 특정후견을 필요로 하는 기간 및 사무는 다음과 같습니다.
   가. 기간 :
   나. 사무 :
3. 이와 같이 사건본인에게 후원이 필요하여 이건 청구에 이르렀습니다.
4. 청구인은 사건본인의 특정후견인으로 다음과 같은 사람을 추천합니다.

특 정 후견인 후보자	성 명	
	주 소	
	주민등록번호	
	직 업	
	사건본인과의 관계	

첨 부 서 류

1. 가족관계증명서 및 기본증명서(청구인 및 사건본인, 후견인 후보자) 각 1통
2. 주민등록등본(사건본인) 1통
3. 사건본인 및 후견인 후보자의 후견등기사항전부증명서 (말소 및 폐쇄사항 포함)(후견등기사항이 없는 경우 후견등기사항부존재증명서) 각 1통
4. 청구인 및 후견인 후보자와 사건본인과의 관계를 밝혀줄 자료(가족관계증명서, 제적등본 등) (1.항의자료만으로 그 관계를 알 수 없는 경우) 각 1통
5. 진단서 1통
6. 기타(소명자료) 1통

20○○. ○. ○.

청구인 ○ ○ ○ (인)

○○ 가정법원 귀중

접수방법 및 유의사항

1. 청구인 : 본인, 배우자, 4촌 이내의 친족, 미성년후견인, 미성년후견감독인, 검사, 지방자치단체의 장
2. 수입인지 : 사건본인 1인당 5,000원의 인지를 납부한다.
3. 송달료 : 청구인수×4,800원(우편료)×4회분을 납부한다.
4. 관할 : 사건본인의 주소지를 관할하는 가정법원에 제출한다.

[서식 224] 특정후견개시심판청구서

특정후견개시 심판청구

청 구 인 ○ ○ ○ (000000-0000000) (전화 :)
등록기준지 : ○○시 ○○구 ○○로 ○○○
주 소 : ○○시 ○○구 ○○로 ○○○ (우편번호 : 00000)
사건본인과의 관계 :

사건본인 ○ ○ ○ (000000-0000000)
등록기준지 : ○○시 ○○구 ○○로 ○○○
주 소 : ○○시 ○○구 ○○로 ○○○

청 구 취 지

사건본인에 대하여 이 사건 심판청구가 확정된 날로부터 ○년 동안 다음 사무에 관하여 특정후견을 개시한다.

가. ○○○○○

라는 심판을 구합니다.

(사건본인 ○○○에 대하여 이 사건 심판청구가 확정된 날로부터 ○년 동안 별지 목록 기재 사무에 관하여 특정후견을 개시한다).

청 구 원 인

1. 청구인은(사건본인, 사건본인의 배우자, 사건본인의 4촌 이내의 친족, 검사, 사건본인의 주소지를 관할하는 지방자치단체의 장)입니다.
2. 사건본인은 (20○○. ○. ○.부터 질환을 앓고 있는데, 위 질환으로) (현재 ○○세의 고령으로 정신적 능력이 현저히 감퇴하여 그로) / (20○○. ○. ○.부터 ○○장애가 있어 ○급 장애등급판정을 받았으며, 위 장애로)인한 정신적 제약으로 향후 적어도 ○년 동안은 청구취지 기재 사무(별지 목록 기재 행위)에 관하여 후원이 필요한 상태입니다.
3. 이에 청구인은 사건본인에 대하여 이 사건 심판청구가 확정된 날로부터 ○년 동안 청구취지 기재 사무에 관하여 특정후견을 개시한다는 심판을 청구합니다.

첨 부 서 류

1. 가족관계증명서(청구인 및 사건본인) 각 1통
1. 주민등록등본(청구인 및 사건본인) 각 1통
1. 기타(소명자료 : 진단서 등) 1통

20○○. ○. ○.

청구인 ○ ○ ○ (인)

○○ 가정법원 귀중

[서식 225] 특정후견인변경청구서

특정후견인 변경청구

청 구 인 ○ ○ ○ (주민등록번호) (전화 :)
주 소 : ○○시 ○○구 ○○로 ○○○ (우편번호 : 00000)
사건본인과의 관계 :

사건본인 ○ ○ ○ (주민등록번호 또는 외국인등록번호)
주 소 : ○○시 ○○구 ○○로 ○○○
등록기준지(국적) : ○○시 ○○구 ○○로 ○○○

특정후견인 ○ ○ ○ (주민등록번호 또는 외국인등록번호)
주 소 : ○○시 ○○구 ○○로 ○○○
등록기준지(국적) : ○○시 ○○구 ○○로 ○○○

청 구 취 지

사건본인의 특정후견인 ○○○를 ○○○(000000-0000000, 주소 : ○○시 ○○구 ○○로 ○○○)로 변경한다.

라는 심판을 구합니다.

청 구 원 인

1. 사건본인에 대하여 20○○. ○. ○. ○○가정법원 20○○느단 ○○○호로 특정후견 심판이 있었고, 특정후견인으로 ○○○가 선임되었습니다.

2. 그런데 특정후견인을 변경할 필요가 생겼고 그 사유는 다음과 같습니다.
   위 제1.항에 의하여 선임된 특정후견인 ○○○은 사건본인 ○○○의 특정후견인으로 선임되고 난 후 특정후견 사무를 처리함에 있어서 비행행위를 한 바 있으므로 계속하여 사건본인의 특정후견 사무를 처리하기에는 부적절하다고 할 것이다.

3. 따라서 사건본인의 복리를 위하여 특정후견인의 변경을 구합니다.

4. 새로운 특정후견인으로는 ○○○를 추천합니다.
   위 ○○○는 사건본인의 사촌 형으로서 현재 사건본인과 가장 가까운 친족이므로 위 ○○○를 대신하여 사건본인의 특정후견인이 되기에 적합하므로 청구취지와 같은 심판을 받고자 이 건 청구에 이른 것입니다.

특 정 후견인 후보자	성 명	
	주 소	
	주민등록번호	
	직 업	
	사건본인과의 관계	

첨 부 서 류

1. 가족관계증명서 1통
2. 기본증명서(청구인, 사건본인, 후견인 후보자) 1통
3. 주민등록등본(사건본인) 1통
4. 사건본인 및 후견인 후보자의 후견등기사항전부증명서 (말소 및 폐쇄사항 포함) 또는 후견등기사항부존재 증명서(후견등기사항이 없는 경우) 각 1통
5. 청구인과 사건본인과의 관계를 밝혀줄 제적등본, 가족관계증명서 등(1.항의 가족관계증명서만으로는 그 관계를 알 수 없는 경우) 각 1통

6. 비행확인서 및 확인자의 인감증명 1통
7. 친족관계를 확인할 수 있는 제적등본 1통

20○○. ○. ○.

청구인 ○ ○ ○ (인)

○○ 가정법원 귀중

접수방법 및 유의사항

1. 청구인 : 피후견인, 친족, 후견감독인, 검사, 지방자치단체의 장, 법원의 직권(민법 940조)
2. 수입인지 : 사건본인 1인당 5,000원의 인지를 납부한다.
3. 송달료 : 청구인수×4,800원(우편료)×4회분을 납부한다.
4. 관할 : 사건본인의 주소지를 관할하는 가정법원에 제출한다.

[서식 226] 특정후견인의 임무수행에 필요한 처분명령청구서

특정후견인의 임무수행에 관하여 필요한 처분명령청구

청 구 인 ○ ○ ○ (주민등록번호) (전화 :)
주 소 : ○○시 ○○구 ○○로 ○○○ (우편번호 : 00000)
사건본인과의 관계 :

사건본인 ○ ○ ○ (주민등록번호 또는 외국인등록번호)
주 소 : ○○시 ○○구 ○○로 ○○○
등록기준지(국적) : ○○시 ○○구 ○○로 ○○○

청 구 취 지

청구인이 사건본인을 대리하여 별지 기재 부동산을 ○○○에게 매각할 것을 허가한다.

라는 심판을 구합니다.

청 구 원 인

1. 사건본인에 대하여 20○○. ○. ○. ○○가정법원 20○○느단 ○○○호로 특정후견개시 심판이 있었고, 특정후견인으로 청구인이 선임되었습니다.
2. 위 심판에 의하면, 특정후견인이 사건본인 ○○ 부동산을 매각함에 가정법원의 허가를 받도록 정해져 있습니다.
3. 그런데, 마침 ○○○로부터 위 부동산을 ○○○○원에 매수하겠다는 제의가 들어온 상태입니다.
4. 따라서, 청구인은 위 부동산을 매도하는 행위에 대한 허가를 구합니다.

첨 부 서 류

1. 가족관계증명서 및 기본증명서(청구인 및 사건본인) 각 1통
1. 주민등록등본(사건본인) 1통
1. 사건본인의 후견등기사항전부증명서(말소 및 폐쇄사항 포함) 각 1통
1. 기타(소명자료) 1통

20○○. ○. ○.

청구인 ○ ○ ○ (인)

○○ 가정법원 귀중

접수방법 및 유의사항

1. 청구인 : 피후견인, 후견감독인, 민법 제777조의 친족, 그 밖의 이해관계인 검사, 지방자치단체의 장(민법 제959조의12, 제954조)
2. 수입인지 : 사건본인 1인당 5,000원의 인지를 납부한다.
3. 송달료 : 청구인수×4,800원(우편료)×4회분을 납부한다.
4. 관할 : 사건본인(피후견인이 될 사람)의 주소지를 관할하는 가정법원에 제출한다.

[서식 227] 특정후견인 사임에 대한 허가청구서

특정후견인 사임에 대한 허가 청구

청 구 인　　○ ○ ○ (주민등록번호) (전화 :)
주　　소 : ○○시 ○○구 ○○로 ○○○ (우편번호 : 00000)
사건본인과의 관계 :

사건본인　　○ ○ ○ (주민등록번호 또는 외국인등록번호)
주　　소 : ○○시 ○○구 ○○로 ○○○
등록기준지(국적) : ○○시 ○○구 ○○로 ○○○

청 구 취 지

1. 청구인이 사건본인의 특정후견인을 사임함을 허가한다.
2. 사건본인의 특정후견인으로 ○○○(000000-0000000, 주소 : ○○시 ○○구 ○○로 ○○○)를 선임한다.

라는 심판을 구합니다.

청 구 원 인

1. 사건본인에 대하여 20○○. ○. ○. ○○가정법원 20○○느단 ○○○호로 특정후견 심판이 있었고, 특정후견인으로 청구인이 선임되었습니다.
2. 그런데, 외국에 거주하고 있는 청구인의 모친이 중병으로 투병중이어서 병구완을 하기 위해 장기간 외국에 체류하게 되었습니다.
3. 따라서 청구인은 특정후견인의 직무수행이 곤란하므로 그 직을 사임하고자 합니다.
4. 새로운 특정후견인으로는 ○○○를 추천합니다.

특 정 후견인 후보자	성 명	
	주 소	
	주민등록번호	
	직 업	
	사건본인과의 관계	

첨 부 서 류

1. 가족관계증명서 및 기본증명서(사건본인, 후견인 후보자) 각 1통
2. 주민등록등본(사건본인) 각 1통
3. 사건본인의 후견등기사항증명서(말소 및 폐쇄사항 포함) 1통
4. 후견인 후보자의 후견등기사항증명서(말소 및 폐쇄사항 포함), 후견등기사항부존재증명서(후견등기사항이 없는 경우) 1통
5. 후견인 후보자와 사건본인과 관계를 밝혀줄 제적등본, 가족관계증명서 등(1.의 가족관계증명서만으로는 그 관계를 알 수 없는 경우) 각 1통
6. 기타(증거자료) 1통

20○○. ○. ○.

청구인 ○ ○ ○ (인)

○○ 가정법원 귀중

접수방법 및 유의사항

1. 수입인지 : 사건본인 1인당 5,000원의 인지를 납부한다.
2. 송달료 : 청구인수×4,800원(우편료)×4회분을 납부한다.
3. 관할 : 사건본인(피후견인이 될 사람)의 주소지를 관할하는 가정법원에 제출한다.

[서식 228] 특정후견종료시 관리계산기간 연장허가청구서

특정후견 종료시 관리계산기간 연장허가청구

청 구 인　　○　○　○ (주민등록번호) (전화 :　　　　)
주　　소 : ○○시 ○○구 ○○로 ○○○ (우편번호 : 00000)
후견인과의 관계 :

사건본인　　○　○　○ (주민등록번호 또는 외국인등록번호)
주　　소 : ○○시 ○○구 ○○로 ○○○
등록기준지(국적) : ○○시 ○○구 ○○로 ○○○

청 구 취 지

청구인이 사건본인의 재산관리계산을 하는 기간을 20○○. ○. ○.까지 연장함을 허가한다.
라는 심판을 구합니다.

청 구 원 인

1. 사건본인에 대하여 20○○. ○. ○. ○○가정법원 20○○느단 ○○○호로 특정후견 심판이 있었고, 특정후견인으로 청구인이 선임되었습니다.
2. 청구인은 20○○. ○. ○. 특정후견 사무를 완료하였습니다.
3. 청구인은 20○○. ○. ○.까지 사건본인의 재산관리계산을 해야 하지만 사무의 처리 내역이 복잡하여 법정기간 내에 이를 작성하는 것이 어려운 상황입니다.
4. 따라서, 청구인은 이 사건 청구에 이르렀습니다.

첨 부 서 류

1. 가족관계증명서 및 기본증명서(청구인 및 사건본인)　각 1통
1. 주민등록등본(사건본인)　1통
1. 사건본인의 후견등기사항전부증명서(말소 및 폐쇄사항 포함)　각 1통
1. 기타(소명자료)　1통

20○○. ○. ○.

청구인 ○ ○ ○ (인)

○○ 가정법원 귀중

접수방법 및 유의사항

1. 수입인지 : 사건본인 1인당 5,000원의 인지를 납부한다.
2. 송달료 : 청구인수 × 4,800원(우편료) × 4회분을 납부한다.
3. 관할 : 사건본인(피후견인이 될 사람)의 주소지를 관할하는 가정법원에 제출한다.

14. 임의후견인

가. 의 의

임의후견계약은 질병, 장애, 노령 그 밖의 사유로 인한 정신적 제약으로 사무를 처리할 능력이 부족한 상황에 있거나 부족하게 될 상황에 대비하여 자신의 재산관리 및 신상보호에 관한 사무의 전부 또는 일부를 다른 자에게 위탁하고 그 위탁사무에 대하여 대리권을 수여하는 것을 내용으로 하는 계약이다(민법 14조의2).

나. 행위능력

임의후견계약은 본인의 행위능력에 대한 제한을 수반하지 않는다(즉 임의후견계약에 따라 임의후견인이 위탁사무에 대해 본인의 대리인이 되는 때에도 본인은 행위능력을 그대로 유지한다). 임의후견계약은 공정증서로 체결하여야 하며(민법 959조14 2항). 기정법원이 임의후견감독인을 선임한 때부터 효력이 발생한다(민법 959조의14 3항).

[서식 229] 임의후견인해임청구서

임의후견인 해임 청구

청 구 인　　○　○　○ (주민등록번호) (전화 :　　　　)
주　　소 : ○○시 ○○구 ○○로 ○○○ (우편번호 : 00000)
사건본인과의 관계 :

사건본인　　○　○　○ (주민등록번호 또는 외국인등록번호)
주　　소 : ○○시 ○○구 ○○로 ○○○
등록기준지(국적) : ○○시 ○○구 ○○로 ○○○

임의후견인　　○　○　○ (주민등록번호)
주　　소 : ○○시 ○○구 ○○로 ○○○

청 구 취 지

사건본인의 임의후견인 ○○○를 해임한다.
라는 심판을 구합니다.

청 구 원 인

1. 청구인은 사건본인의 아들입니다.
2. 사건본인은 20○○. ○. ○. 사건본인을 위임자 ○○○(000000-0000000, 주소 : ○○시 ○○구 ○○로 ○○○)를 수임자로 하는 후견계약을 공정증서(법무법인 ○○작성 20○○년 제○○호)에 의하여 체결하고 20○○. ○. ○. 이를 등기하였습니다.
3. 그 후 20○○. ○. ○. ○○법원 20○○느단 ○○○호 임의후견감독인 선임심판을 하여, 임의후견감독인으로 ○○○이 선임되어 임의후견이 개시되었습니다.
4. 그런데 임의후견인은 후견인으로 활동하면서 수시로 사건본인의 통장에서 돈을 인출하여 소비하는 등 사건본인의 재산을 횡령하고 있습니다. 청구인은 현재 임의후견인을 고소하여 수사중에 있습니다.
5. 이러한 임의후견인에게 사건본인의 후견을 맡기는 것은 심히 부당합니다. 이에 청구인은 임의후견인의 해임을 청구합니다.

첨 부 서 류

1. 가족관계증명서 및 기본증명서(청구인, 사건본인) 각 1통
2. 주민등록등본(사건본인) 각 1통
3. 사건본인의 후견등기사항증명서(말소 및 폐쇄사항 포함) 각 1통
4. 청구인과 사건본인과 관계를 밝혀줄 제적등본, 가족관계증명서 등(1.항의 가족관계증명서만으로는 그 관계를 알 수 없는 경우) 각 1통
5. 기타(증거자료) 1통
6. 청구서 부본 1통

20○○. ○. ○.

청구인 ○ ○ ○ (인)

○○ 가정법원 귀중

접수방법 및 유의사항

1. 수입인지 : 사건본인 1인당 5,000원의 인지를 납부한다.
2. 송달료 : 청구인수×4,800원(우편료)×4회분을 납부한다.
3. 관할 : 사건본인(피후견인)의 주소지를 관할하는 가정법원에 제출한다.

15. 미성년후견감독인, 성년후견감독인, 한정후견감독인, 특정후견감독인 등

가. 미성년후견감독인

(1) 의 의

미성년후견인을 지정할 수 있는 사람은 유언으로 미성년후견감독인을 지정할 수 있다(민법 940조의2). 가정법원은 ① 민법 제940조의2에 따라 지정된 미성년후견감독인이 없는 경우에 필요하다고 인정하면 직권으로 또는 미성년자, 친족, 미성년후견인, 검사, 지방자치단체의 장의 청구에 의하여 미성년후견감독인을 선임할 수 있다. 또한 가정법원은 ② 미성년후견감독

인이 사망, 결격, 그 밖의 사유로 없게 된 경우에는 직권으로 또는 미성년자, 친족, 미성년후견인, 검사, 지방자치단체의 장의 청구에 의하여 미성년후견감독인을 취임한다(민법 940조의3)

(2) 후견감독인의 감독사항

후견인은 재산조사와 목록작성에의 참여(민법 941조 2항), 후견인과 피후견인 사이의 채권, 채무자 대한 목록의 접수(민법 942조), 미성년자의 교양방법이나 거소의 변경, 감화 또는 교정기관에의 위탁 및 영업허락의 취소와 제한에 대한 동의(민법 945조) 등을 한다.

(3) 후견감독인의 선임

① 자격 및 결정 : 미성년후견인과 달리 미성년후견감독인은 복수일 수 있고 법인도 후견감독인이 될 수 있다.

② 지정후견감독인 : 미성년후견인을 지정할 수 있는 사람은 유언으로 미성년후견감독인을 지정할 수 있다(민법 940조의2)

③ 선임후견감독인 : 지정후견감독인이 없는 경우에 가정법원은 필요하다고 인정하면 직권으로 또는 미성년자, 친족, 미성년후견인, 검사, 지방자치단체의 장의 청구에 의하여 미성년후견감독인을 선임할 수 있다(민법 940조의3). 가정법원은 미성년후견감독인이 사망, 결격 그 밖의 사유로 없게 된 경우에는 직권으로 또는 미성년자, 친족, 미성년후견인, 검사, 지방자치단체의 장의 청구에 의하여 미성년후견감독인을 선임한다(민법 940조의3 제2항).

④ 결격 : 민법 제779조에 따른 후견인의 가족은 후견감독인이 될 수 없다(민법 940조의5). 후견인결격자도 후견감독인이 될 수 없다(민법 940조의7).

(4) 후견감독인의 직무

① 후견감독인은 후견인의 사무를 감독하며, 후견인이 없는 경우에 지체없이 가정법원에 후견인의 선임을 청구하여야 한다.

② 후견감독인은 피후견인의 신상이나 재산에 대해 급박한 사정이 있는 경우 그의 보호를 위하여 필요한 행위 또는 처분을 할 수 있다.

나. 성년후견감독인

(1) 성년후견인의 감독기관으로 성년후견감독인이 있는데 미성년후견감독인과의 차이는

선임에 관한 것 뿐이다. 따라서 지정은 할 수 없고 선임에 의한 선임후견감독인이 있을 뿐이다.

(2) 가정법원은 필요하다고 인정하면 직권으로 또는 피성년후견인, 친족, 성년후견인, 검사, 지방자치단체의 장의 청구에 의하여 성년후견감독인을 선임할 수 있다(민법 940조의4 1항).

(3) 성년후견감독인이 사망, 결격 그 밖의 사유로 없게 된 경우에 가정법원은 직권으로 또는 피성년후견인, 친족, 성년후견인, 검사, 지방자치단체의 장의 청구에 의하여 성년후견감독인을 선임한다(민법 940조의4 2항).

다. 한정후견감독인

(1) 가정법원은 필요하다고 인정하면 직권으로 또는 피한정후견인, 친족, 한정후견인, 검사, 지방자치단체의 장의 청구에 의하여 한정후견감독인을 선임할 수 있다(민법 959조의5 1항).

(2) 한정후견감독인의 사망, 결격 그 밖의 사유로 없게 된 경우에 가정법원은 직권으로 또는 피한정후견인, 친족, 한정후견인, 검사, 지방자치단체의 장의 청구에 의하여 한정후견감독인을 선임한다(민법 959조의5 2항).

라. 특정후견감독인

(1) 가정법원은 필요하다고 인정하면 직권으로 또는 피특정후견인, 친족, 특정후견인, 검사, 지방자치단체의 장의 청구에 의하여 특정후견감독인을 선임할 수 있다(민법 959조의10 1항).

(2) 특정후견감독인이 사망, 결격 그 밖의 사유로 없게 된 경우에 가정법원은 직권으로 또는 피특정후견인, 친족, 특정후견인, 검사. 지방자치단체의 장의 청구에 의하여 특정후견감독인을 선임한다(민법 959조의2 2항).

(3) 선임에 관한 사항을 제외한 나머지는 성년후견 감독에서와 같다. 다만 민법 제940조의6 제3항 중 '피후견인을 대리한다'는 피한정후견인을 대리하거나 피한정후견인이 그 행위를 하는데 동의한다.

[서식 230] 미성년후견감독인 선임심판청구서

미성년후견감독인 선임청구

청 구 인　　○ ○ ○ (주민등록번호) (전화 :)
주 소 : ○○시 ○○구 ○○로 ○○○ (우편번호 : 00000)
사건본인과의 관계 :

사건본인　　○ ○ ○ (주민등록번호 또는 외국인등록번호)
주 소 : ○○시 ○○구 ○○로 ○○○
등록기준지(국적) : ○○시 ○○구 ○○로 ○○○

청 구 취 지

사건본인의 미성년후견감독인으로 ○○○(000000-0000000, 주소 : ○○시 ○○구 ○○로 ○○○)을 선임한다.
라는 심판을 구합니다.

청 구 원 인

1. 사건본인에 대하여 20○○. ○. ○. ○○법원 20○○느단 ○○○호로 미성년후견개시 심판이 있었고, 미성년후견인으로 ○○○가 선임되었습니다.
2. 그런데, ~~~~ 등에 비추어 미성년후견감독인을 선임하여 미성년후견인을 감독할 필요성이 있습니다.
3. 따라서 청구인은 이건 청구에 이르렀습니다.
4. 청구인은 미성년후견감독인으로 다음과 같은 사람을 추천합니다.

미성년 후 견 감독인 후보자	성 명	
	주 소	
	주민등록번호	
	직 업	
	사건본인과의 관계	

첨 부 서 류

1. 가족관계증명서 및 기본증명서(청구인, 사건본인, 후견감독인 후보자) 각 1통
2. 주민등록등본(사건본인) 1통
3. 사건본인 및 후견감독인 후보자의 후견등기사항전부증명서(말소 및 폐쇄사항 포함) 또는 후견등기사항부존재증명서(후견등기사항이 없는 경우) 1통
4. 청구인과 사건본인과 관계를 밝혀줄 제적등본, 가족관계증명서 등(1.항의 가족관계증명서만으로는 그 관계를 알 수 없는 경우) 각 1통
5. 기타(증거자료) 1통

20○○. ○. ○.

청구인 ○ ○ ○ (인)

○○ 가정법원 귀중

접수방법 및 유의사항

1. 수입인지 : 사건본인 1인당 5,000원의 인지를 납부한다.
2. 송달료 : 청구인수 × 4,800원(우편료) × 4회분을 납부한다.
3. 관할 : 사건본인(피후견인)의 주소지를 관할하는 가정법원에 제출한다.

[서식 231] 성년후견감독인 선임심판청구서

성년후견감독인 선임청구

청 구 인　　○ ○ ○ (주민등록번호) (전화 : 　　　)
주　　소 : ○○시 ○○구 ○○로 ○○○ (우편번호 : 00000)
등록기준지 : ○○시 ○○구 ○○로 ○○○
사건본인과의 관계 :

사건본인　　○ ○ ○ (주민등록번호 또는 외국인등록번호)
주　　소 : ○○시 ○○구 ○○로 ○○○
등록기준지(국적) : ○○시 ○○구 ○○로 ○○○

청 구 취 지

사건본인의 성년후견감독인으로 ○○○(000000-0000000, 주소 : ○○시 ○○구 ○○로 ○○○)을 선임한다.
라는 심판을 구합니다.

청 구 원 인

1. 사건본인에 대하여 20○○. ○. ○. ○○법원 20○○느단 ○○○호로 성년후견개시 심판이 있었고, 성년후견인으로 ○○○가 선임되었습니다.
2. 그런데, 후견인이 (사업을 영위하면서 과중한 업무로 인하여 사건본인의 재산을 성실히 관리할 시간이 없고, 사업상 이유로 다액의 채무를 지고 있어서 사건본인의 재산에 비위행위를 할 가능성) 등에 비추어 성년후견감독인을 선임하여 성년후견인을 감독할 필요성이 있습니다.
3. 이상의 이유로 다음과 같은 사람을 사건본인의 후견감독인으로 선임 받고자 이건 청구에 이른 것입니다.

성년후견 감독인 후보자	성 명	
	주 소	
	주민등록번호	
	직 업	
	사건본인과의 관계	

첨 부 서 류

1. 가족관계증명서 및 기본증명서(청구인, 사건본인, 후견감독인 후보자) 각 1통
2. 주민등록등본(사건본인) 1통
3. 사건본인 및 후견감독인 후보자의 후견등기사항전부증명서(말소 및 폐쇄사항 포함) 또는 후견등기사항부존재증명서(후견등기사항이 없는 경우) 1통
4. 청구인과 사건본인과 관계를 밝혀줄 제적등본, 가족관계증명서 등(1.항의 가족관계증명서만으로는 그 관계를 알 수 없는 경우) 각 1통
5. 기타(증거자료) 1통

20○○. ○. ○.

청구인 ○ ○ ○ (인)

○○ 가정법원 귀중

접수방법 및 유의사항

1. 청구인 : 피성년후견인, 친족, 성년후견인, 검사, 지방자치단체의 장(민법 제940조의4)
2. 수입인지 : 사건본인 1인당 5,000원의 인지를 납부한다.
3. 송달료 : 청구인수 × 4,800원(우편료) × 4회분을 납부한다.
4. 관할 : 피후견인의 주소지를 관할하는 가정법원에 제출한다.

[서식 232] 한정후견감독인 선임청구서

한정후견감독인 선임청구

청 구 인 ○ ○ ○ (000000-0000000) (전화 :)
등록기준지 : ○○시 ○○구 ○○로 ○○○
주 소 : ○○시 ○○구 ○○로 ○○○ (우편번호 : 00000)
사건본인과의 관계 :

사건본인 ○ ○ ○ (000000-0000000)
등록기준지 : ○○시 ○○구 ○○로 ○○○
주 소 : ○○시 ○○구 ○○로 ○○○

청 구 취 지

사건본인의 한정후견감독인으로 ○○○(000000-0000000, 주소 : ○○시 ○○구 ○○로 ○○○)을 선임한다.
라는 심판을 구합니다.

청 구 원 인

1. 사건본인에 대하여 20○○. ○. ○. ○○법원 20○○느단 ○○○호로 한정후견개시 심판이 있었고, 한정후견인으로 ○○○가 선임되었습니다.
2. 그런데, 사건본인은 우울증 등 정신질환으로 인하여 장애판정을 받은 바 있어 한정후견인을 스스로 감독하기에 곤란하고, 위 한정후견인은 과거 횡령사건으로 인해 처벌받은 전력이 있는 등 한정후견감독인을 선임하여 한정후견인을 감독할 필요성이 있습니다.
3. 따라서 청구인은 위와 같은 사유로 본건 청구에 이르렀습니다.
4. 청구인은 한정후견감독인으로 아래와 같은 사람을 추천합니다.

한정후견 감독인 후보자	성 명	
	주 소	
	주민등록번호	
	직 업	
	사건본인과의 관계	

첨 부 서 류

1. 가족관계증명서 및 기본증명서(청구인, 사건본인, 후견감독인 후보자) 각 1통
1. 주민등록등본(사건본인) 1통
1. 후견등기사항전부증명서(사건본인, 후견감독인 후보자)(또는 후견등기사항부존재증명서) 1통
1. 장애증명서 1통
1. 판결문 1통

20○○. ○. ○.

청구인 ○ ○ ○ (인)

○○ 가정법원 귀중

접수방법 및 유의사항

1. 청구인 : 사건본인, 친족, 후견인, 검사, 지방자치단체의 장(민법 제940조의3, 4)
2. 수입인지 : 사건본인 1인당 5,000원의 인지를 납부한다.
3. 송달료 : 청구인수×4,800원(우편료)×4회분을 납부한다.
4. 관할 : 사건본인(피후견인)의 주소지를 관할하는 가정법원에 제출한다.

[서식 233] 임의후견감독인 선임심판청구서

임의후견감독인 선임청구

청 구 인 ○ ○ ○ (주민등록번호) (전화 :)
주 소 : ○○시 ○○구 ○○로 ○○○ (우편번호 : 00000)
사건본인과의 관계 :

사건본인 ○ ○ ○ (주민등록번호 또는 외국인등록번호)
주 소 : ○○시 ○○구 ○○로 ○○○
등록기준지(국적) : ○○시 ○○구 ○○로 ○○○

청 구 취 지

사건본인을 위한 임의후견감독인으로 ○○○(000000-0000000, 주소 : ○○시 ○○구 ○○로 ○○○)을 선임한다.
라는 심판을 구합니다.

청 구 원 인

1. 사건본인은 20○○. ○. ○.경 배우자가 사망한 이후 독신으로 지내던 중 20○○. ○. ○. 사건본인이 노환으로 정신이 온전치 못하게 될 경우에 대비하여 청구인과 사건본인의 재산관리 및 신상보호에 관한 사무 일부를 청구인에게 위탁하고 대리권을 수여하는 내용의 후견계약을 체결하고, 같은 내용에 관하여 후견등기를 마쳤습니다(후견계약서, 후견등기사항전부증명서 참조)

2. 사건본인은 그 후 20○○. ○.경부터 기억력이 감퇴하는 등의 증상을 보이다가 20○○. ○. ○. ○○병원에서 ○○ 증상이 있다는 진단을 받게 되었습니다(진단서, 의사소견서 참조). 이후 청구인이 정기적으로 사건본인의 주거지에 방문하여 왔는바, 사건본인은 20○○. ○. ○.경부터는 일상생활상의 거동조차도 불편해하거나 어려워하는 빈도가 잦아지고 있고, 나아가 세금 및 각종 공과금 납부, 예금관리 및 생필품 구매 등 기본생활에 필요한 행위를 적절하게 수행하는 것이 매우 어려운 상황입니다.

3. 따라서 청구인은 사건본인과 체결한 임의후견계약에 기하여 사건본인의 재산을 관리하고, 그 신상을 보호하기 위한 각종 필요한 조치를 취해야 할 것인바, 이를 위하여 귀원에 사건본인과 청구인간 임의후견계약에 관한 임의후견감독인의 선임을 청구하

는 바입니다.

첨 부 서 류

1. 가족관계증명서(사건본인, 후견감독인 후보자) 각 1통
1. 기본증명서(사건본인, 후견감독인 후보자) 1통
1. 주민등록등본(청구인, 사건본인, 후견감독인 후보자) 1통
1. 후견계약서(공증증서) 1통
1. 후견등기사항전부증명서(사건본인) 1통
1. 진단서 1통
1. 의사소견서 1통
1. 진술서(사건본인, 후견감독인 후보자) 1통
1. 청구서 부본 1통

20○○. ○. ○.

청구인 ○ ○ ○ (인)

○○ 가정법원 귀중

접수방법 및 유의사항

1. 청구인 : 본인, 배우자, 4촌 이내의 친족, 임의후견인, 검사, 지방자치단체의 장
2. 수입인지 : 사건본인 1인당 5,000원의 인지를 납부한다.
3. 송달료 : 청구인수×4,800원(우편료)×4회분을 납부한다.
4. 관할 : 사건본인의 주소지를 관할하는 가정법원에 제출한다.

[서식 234] 특정후견감독인 선임청구서

특정후견감독인 선임청구

청 구 인 ○ ○ ○ (주민등록번호) (전화 :)
주 소 : ○○시 ○○구 ○○로 ○○○ (우편번호 : 00000)
사건본인과의 관계 :

사건본인 ○ ○ ○ (주민등록번호 또는 외국인등록번호)
주 소 : ○○시 ○○구 ○○로 ○○○
등록기준지(국적) : ○○시 ○○구 ○○로 ○○○

청 구 취 지

사건본인을 위한 특정후견감독인으로 ○○○(000000-0000000, 주소 : ○○시 ○○구 ○○로 ○○○)을 선임한다.
라는 심판을 구합니다.

청 구 원 인

1. 사건본인에 대하여 20○○. ○. ○. ○○가정법원 20○○느단 ○○○호로 특정후견 심판이 선고되어, 특정후견인으로 ○○○가 선임되었습니다.
2. 그런데, ~ ~ ~ 등에 비추어 특정후견감독인을 선임하여 특정후견인을 감독할 필요성이 있습니다.
3. 따라서 청구인은 위와 같은 이유로 이건 청구에 이르렀습니다.
4. 청구인은 특정후견감독인으로 아래와 같은 사람을 추천합니다.

특정후견 감독인 후보자	성 명	
	주 소	
	주민등록번호	
	직 업	
	사건본인과의 관계	

첨 부 서 류

1. 가족관계증명서 및 기본증명서(청구인, 사건본인, 후견감독인 후보자) 각 1통
2. 주민등록등본(사건본인) 1통
3. 사건본인의 후견등기사항증명서(말소 및 폐쇄사항 포함) 1통
4. 후견감독인 후보자의 후견등기전부증명서(말소 및 폐쇄사항 포함), 후견등기사항 부존재증명서(후견등기 사항이 없는 경우에는 후견등기사항 부존재증명서만 제출하면 됩니다) 1통
5. 청구인 및 후견감독인 후보자와 사건본인과 관계를 밝혀줄 제적등본, 가족관계증명서 등(1.항의 가족관계증명서만으로는 그 관계를 알 수 없는 경우) 각 1통
6. 기타(증거자료) 1통
7. 청구서 부본 1통

20○○. ○. ○.

청구인 ○ ○ ○ (인)

○○ 가정법원 귀중

접수방법 및 유의사항

1. 청구인 : 법원 직권 또는 피특정후견인, 친족, 검사, 지방자치단체의 장(민법 제959조의10)
2. 수입인지 : 사건본인 1인당 5,000원의 인지를 납부한다.
3. 송달료 : 청구인수 × 4,800원(우편료) × 4회분을 납부한다.
4. 관할 : 사건본인(후견인)의 주소지를 관할하는 가정법원에 제출한다.

[서식 235] 성년후견감독인의 동의를 갈음하는 허가청구서

성년후견감독인의 동의를 갈음하는 허가청구

청 구 인 ○ ○ ○ (주민등록번호) (전화 :)
주 소 : ○○시 ○○구 ○○로 ○○○ (우편번호 : 00000)
등록기준지 : ○○시 ○○구 ○○로 ○○○
사건본인과의 관계 :

사건본인 ○ ○ ○ (주민등록번호 또는 외국인등록번호)
주 소 : ○○시 ○○구 ○○로 ○○○
등록기준지(국적) : ○○시 ○○구 ○○로 ○○○

성년후견감독인 ○ ○ ○ (주민등록번호)
주 소 : ○○시 ○○구 ○○로 ○○○

청 구 취 지

성년후견감독인은 청구인이 사건본인을 대리하여 20○○. ○. ○. 사건본인의 ○○시 ○○구 ○○동 ○○○ 잡종지 500㎡를 ○○○에게 1억원에 매도하는 행위를 함에 동의하는 것으로 갈음한다.
라는 심판을 구합니다.

청 구 원 인

1. 사건본인에 대하여 20○○. ○. ○. ○○법원 20○○느단 ○○○호로 성년후견개시 심판이 있었고, 성년후견인으로 청구인이, 성년후견감독인으로 ○○○가 선임되었습니다.

2. 그런데, 사건본인의 요양지 지급을 위하여 사건본인의 ○○시 ○○구 ○○동 ○○○ 잡종지 500㎡를 매각해야 할 필요성이 발생하였습니다.

3. 이러한 이유로 청구인은 위 부동산을 ○○○에게 매도하기로 하고, 성년후견감독인인 ○○○에게 동의를 구하였으나, ○○○은 (매도가격이 지나치게 저렴하다는) 등의 이유를 들어 이에 동의하지 않고 있습니다.

4. 따라서 청구인은 사건본인의 복리를 위하여 이 사건 청구에 이르렀습니다.

첨 부 서 류

1. 가족관계증명서 및 기본증명서(사건본인) 각 1통
1. 주민등록등본(사건본인) 1통
1. 사건본인의 후견등기사항전부증명서
   (말소 및 폐쇄사항 포함) 1통
1. 기타(소명자료) 1통

20○○. ○. ○.

청구인 ○ ○ ○ (인)

○○ 가정법원 귀중

접수방법 및 유의사항

1. 청구인 : 성년후견인(민법 950조 2항)
2. 수입인지 : 사건본인 1인당 5,000원의 인지를 납부한다.
3. 송달료 : 청구인수×4,800원(우편료)×4회분을 납부한다.
4. 관할 : 피후견인의 주소지를 관할하는 가정법원에 제출한다.

[서식 236] 미성년후견감독인의 동의를 갈음하는 허가청구서

미성년후견감독인의 동의를 갈음하는 허가청구

청 구 인 ○ ○ ○ (주민등록번호) (전화 :)
주 소 : ○○시 ○○구 ○○로 ○○○ (우편번호 : 00000)
사건본인과의 관계 :

사건본인 ○ ○ ○ (주민등록번호 또는 외국인등록번호)
주 소 : ○○시 ○○구 ○○로 ○○○
등록기준지(국적) : ○○시 ○○구 ○○로 ○○○

후견감독인 ○ ○ ○ (주민등록번호)
주 소 : ○○시 ○○구 ○○로 ○○○

청 구 취 지

미성년후견감독인은 청구인이 사건본인을 대리하여 별지 기재 행위를 함에 동의하는 것으로 갈음한다.
라는 심판을 구합니다.

청 구 원 인

1. 사건본인에 대하여 20○○. ○. ○. ○○법원 20○○느단 ○○○호로 미성년후견개시 심판이 있었고, 미성년후견인으로 청구인이, 미성년후견감독인으로 ○○○가 선임되었습니다.
2. 그런데, 사건본인의 학비, 생활비, 치료 비 등으로 ○○○○원이 소요되는데 사건본인에게는 별다른 현금재산이나 소득이 없으므로 사건본인 소유의 부동산 중 일부를 처분하여야 할 필요가 있습니다.
3. 이러한 이유로 청구인은 사건본인 소유의 부동산 중 일부를 처분하고자 미성년후견감독인인 ○○○에게 동의를 구하였으나, ○○○는 ~ ~ ~ 등의 이유를 들어 이에 동의하지 않고 있습니다.
4. 따라서 청구인은 사건본인의 복리를 위하여 이 사건 청구에 이르렀습니다.

첨 부 서 류

1. 가족관계증명서 및 기본증명서(사건본인) 각 1통
1. 주민등록등본(사건본인) 1통
1. 사건본인의 후견등기사항전부증명서
(말소 및 폐쇄사항 포함) 1통
1. 기타(소명자료) 1통

20○○. ○. ○.

청구인 ○ ○ ○ (인)

ㅇㅇ 가정법원 귀중

접수방법 및 유의사항

1. 수입인지 : 사건본인 1인당 5,000원의 인지를 납부한다.
2. 송달료 : 청구인수×4,800원(우편료)×4회분을 납부한다.
3. 관할 : 사건본인(피후견인이 될 사람)의 주소지를 관할하는 가정법원에 제출한다.

[서식 237] 한정후견감독인의 동의를 갈음하는 허가청구서

한정후견감독인의 동의를 갈음하는 허가청구

청 구 인 ㅇ ㅇ ㅇ (000000-0000000) (전화 :)
등록기준지 : ㅇㅇ시 ㅇㅇ구 ㅇㅇ로 ㅇㅇㅇ
주 소 : ㅇㅇ시 ㅇㅇ구 ㅇㅇ로 ㅇㅇㅇ (우편번호 : 00000)
사건본인과의 관계 : 사건본인의 자

사건본인 ㅇ ㅇ ㅇ (000000-0000000)
등록기준지 : ㅇㅇ시 ㅇㅇ구 ㅇㅇ로 ㅇㅇㅇ
주 소 : ㅇㅇ시 ㅇㅇ구 ㅇㅇ로 ㅇㅇㅇ

후견감독인 ㅇ ㅇ ㅇ (000000-0000000)
등록기준지 : ㅇㅇ시 ㅇㅇ구 ㅇㅇ로 ㅇㅇㅇ
주 소 : ㅇㅇ시 ㅇㅇ구 ㅇㅇ로 ㅇㅇㅇ

청 구 취 지

한정후견감독인은 청구인이 사건본인을 대리하여 별지 기재 행위를 함에 있어 이에 동의하는 것으로 갈음한다.
라는 심판을 구합니다.

청 구 원 인

1. 사건본인에 대하여 20ㅇㅇ. ㅇ. ㅇ. ㅇㅇ법원 20ㅇㅇ느단 ㅇㅇㅇ호로 한정후견개시

심판이 있었고, 한정후견인으로 청구인이, 한정후견감독인으로 ○○○가 선임되었습니다.

2. 그런데, 사건본인의 요양비 지급을 위하여 별지 기재 재산을 매각해야 할 필요성이 발생하였습니다.

3. 이러한 이유로 청구인은 위 재산을 다음과 같이 매도하기로 하고 한정후견감독인 ○○○에게 동의를 구하였으나, ○○○은 위 재산의 매각이유가 불분명하다는 등의 이유를 들어 이에 동의하지 않고 있습니다.

4. 따라서 청구인은 사건본인의 복리를 위하여 이 사건 청구에 이르렀습니다.

첨 부 서 류

1. 가족관계증명서 및 기본증명서(사건본인) 1통
1. 주민등록등본(사건본인) 1통
1. 사건본인의 후견등기사항전부증명서(말소 및 폐쇄사항 포함) 1통
1. 기타(소명자료) 1통

20○○. ○. ○.

청구인 ○ ○ ○ (인)

○○ 가정법원 귀중

접수방법 및 유의사항

1. 청구인 : 후견인(민법 950조 2항)
2. 수입인지 : 사건본인 1인당 5,000원의 인지를 납부한다.
3. 송달료 : 청구인수×4,800원(우편료)×4회분을 납부한다.
4. 관할 : 사건본인(피후견인이 될 사람)의 주소지를 관할하는 가정법원에 제출한다.

[서식 238] 성년후견감독인의 의사표시를 갈음하는 재판청구서

성년후견감독인의 의사표시를 갈음하는 재판청구

청 구 인　　○ ○ ○ (000000-0000000) (전화 :)
등록기준지 : ○○시 ○○구 ○○로 ○○○
주 소 : ○○시 ○○구 ○○로 ○○○ (우편번호 : 00000)

사건본인　　○ ○ ○ (000000-0000000)
등록기준지 : ○○시 ○○구 ○○로 ○○○
주 소 : ○○시 ○○구 ○○로 ○○○

청 구 취 지

사건본인의 성년후견감독인 ○○○는 별지 기재 토지의 처분행위에 동의한 것으로 그 의사표시를 갈음한다.
라는 재판을 구합니다.

청 구 원 인

1. 사건본인에 대하여 20○○. ○. ○. ○○가정법원 20○○느단 ○○○호로 성년후견개시 심판이 있었고, 성년후견인으로 청구인, 성년후견감독인으로 ○○○가 선임되었습니다.
2. 가정법원에서는 사건본인의 ○○ 재산을 처분할 경우에는 ○○○가 동의권을 행사하도록 하였는데, 사건본인의 요양비 지급을 위하여 별지 기재의 토지를 처분해야 할 필요성이 발생하였음에도 불구하고 성년후견감독인 ○○○는 정당한 이유없이 이에 동의하지 않고 있습니다.
3. 따라서 청구인은 사건본인의 복리를 위하여 이 사건 청구에 이른 것입니다.

첨 부 서 류

1. 가족관계증명서(사건본인)　　각 1통
1. 기본증명서(사건본인)　　1통
1. 주민등록등본(사건본인)　　1통

1. 후견등기사항전부증명서(사건본인) 1통

20○○. ○. ○.

청구인 ○ ○ ○ (인)

○○ 가정법원 귀중

접수방법 및 유의사항

1. 청구인 : 성년후견인
2. 수입인지 : 사건본인 1인당 5,000원의 인지를 납부한다.
3. 송달료 : 청구인수×4,800원(우편료)×4회분을 납부한다.
4. 관할 : 사건본인의 주소지를 관할하는 가정법원에 제출한다.

[서식 239] 한정후견감독인의 의사표시를 갈음하는 재판청구서

한정후견감독인의 의사표시를 갈음하는 재판청구

청 구 인 ○ ○ ○ (주민등록번호) (전화 :)
주 소 : ○○시 ○○구 ○○로 ○○○ (우편번호 : 00000)
사건본인과의 관계 :

사건본인 ○ ○ ○ (주민등록번호 또는 외국인등록번호)
주 소 : ○○시 ○○구 ○○로 ○○○
등록기준지(국적) : ○○시 ○○구 ○○로 ○○○

청 구 취 지

사건본인의 한정후견감독인 ○○○는 별지 기재 행위를 하는 것에 동의한 것으로 그 의사표시를 갈음한다.
라는 재판을 구합니다.

청 구 원 인

1. 사건본인에 대하여 20○○. ○. ○. ○○가정법원 20○○느단 ○○○호로 한정후견개시 심판이 있었고, 한정후견인으로 청구인과 ○○○, 한정후견감독인으로 청구인과 ○○○(000000-0000000. 주소 : ○○시 ○○구 ○○로 ○○○)가 선임되었습니다.
2. 가정법원에서는 사건본인의 ○○ 재산을 처분할 경우에는 청구인과 ○○○이 공동으로 동의권을 행사하도록 하였습니다.
3. 그런데, 사건본인의 요양비 지급을 위하여 별지 기재 재산을 매각해야 할 필요성이 발생하였고, 한정후견인이 이와 같은 행위를 함에 청구인은 동의하였으나 ○○○은 별지 기재 재산 이외에 다른 재산을 매각하여야 한다는 이유로 이에 동의하지 않습니다.
4. 한정후견감독인 ○○○가 매각하여야 한다는 다른 재산은 부동산의 면적이 넓어 매각하는데 많은 시간이 소요될 뿐 아니라 급하게 매각을 하는 경우에는 통상 매매가액보다 더 낮은 금액에 매매될 우려가 있으므로 빠른 시일 내에 현금화가 가능한 별지 목록 재산을 매각하는 것이 더 타당하다고 할 것입니다.
5. 따라서 청구인은 사건본인의 복리를 위하여 이 사건 청구에 이른 것입니다.

첨 부 서 류

1. 가족관계증명서 및 기본증명서(사건본인) 각 1통
1. 주민등록등본(사건본인) 1통
1. 사건본인의 후견등기사항전부증명서(말소 및 폐쇄사항 포함) 1통
1. 기타(소명자료) 1통

20○○. ○. ○.

청구인 ○ ○ ○ (인)

○○ 가정법원 귀중

접수방법 및 유의사항

1. 청구인 : 후견인, 공동후견감독인인 경우 그 중 1인
2. 수입인지 : 사건본인 1인당 5,000원의 인지를 납부한다.
3. 송달료 : 청구인수 × 4,800원(우편료) × 4회분을 납부한다.
4. 관할 : 사건본인(피후견인이 될 사람)의 주소지를 관할하는 가정법원에 제출한다.

[별 첨] 한정후견감독인의 동의를 구하는 행위

[별 지]

한정후견감독인의 동의를 구하는 행위

사건본인이 소유하고 있는 ○○시 ○○구 ○○동 ○○ 대 180㎡를 후견인 ○○○이 사건본인을 대리하여 매도하고 사건본인의 요양비를 마련하는 행위. 끝.

[서식 240] 임의후견감독인의 의사표시를 갈음하는 재판청구서

임의후견감독인의 의사표시를 갈음하는 재판청구

청 구 인　　○ ○ ○ (주민등록번호) (전화 :　　　　)
주　　소 : ○○시 ○○구 ○○로 ○○○ (우편번호 : 00000)
사건본인과의 관계 :

사건본인　　○ ○ ○ (주민등록번호 또는 외국인등록번호)
주　　소 : ○○시 ○○구 ○○로 ○○○
등록기준지(국적) : ○○시 ○○구 ○○로 ○○○

청 구 취 지

사건본인의 임의후견감독인 ○○○는 청구인이 별지 기재 행위를 하는 것에 동의하는 것으로 그 의사표시를 갈음한다.
라는 재판을 구합니다.

청 구 원 인

1. 사건본인은 20○○. ○. ○. 사건본인을 위임자 ○○○(000000-0000000, 주소 : ○○시 ○○구 ○○로 ○○○)를 수임자로 하는 후견계약을 공정증서(법무법인 ○○작성 20○○년 제○○호)에 의하여 체결하고 20○○. ○. ○. 이를 등기하였습니다.

2. 그 후 20○○. ○. ○. ○○법원 20○○느단 ○○○호 임의후견감독인 선임심판의하여, 임의후견감독인으로 청구인과 ○○○(현주소 : ○○시 ○○구 ○○로 ○○○)가 선임되었습니다.

3. 가정법원은 위 심판 당시 사건본인의 ○○ 재산을 처분할 경우에는 청구인과 ○○○이 공동으로 동의권을 행사하도록 하였습니다.

4. 그런데, 사건본인의 요양비 지급을 위하여 위 재산을 처분해야 할 필요성이 발생하였고, 임의후견인이 이와 같은 행위를 함에 청구인은 동의하였으나 ○○○는 ~~~ 이유로 이에 동의하지 않고 있습니다.

5. 따라서 청구인은 사건본인의 복리를 위하여 이 사건 청구에 이르렀습니다.

첨 부 서 류

1. 주민등록등본(사건본인) 1통
1. 사건본인의 후견등기사항증명서(말소 및 폐쇄사항 포함) 각 1통
1. 기타(증거자료) 1통

20○○. ○. ○.

청구인 ○ ○ ○ (인)

○○ 가정법원 귀중

접수방법 및 유의사항

1. 수입인지 : 사건본인 1인당 5,000원의 인지를 납부한다.
2 송달료 : 청구인수×4,800원(우편료)×4회분을 납부한다.
3. 관할 : 사건본인(피후견인)의 주소지를 관할하는 가정법원에 제출한다.

[서식 241] 미성년후견감독인변경청구서

미성년후견감독인 변경청구

청 구 인 ○ ○ ○ (000000-0000000) (전화 :)
주 소 ○○시 ○○구 ○○로 ○○○
등록기준지 ○○시 ○○구 ○○로 ○○○

사건본인 ○ ○ ○ (000000-0000000)
주 소 ○○시 ○○구 ○○로 ○○○
등록기준지 ○○시 ○○구 ○○로 ○○○

청 구 취 지

사건본인의 미성년후견감독인을 ○○○(000000-0000000, 주소 : ○○시 ○○구 ○○로 ○○○)에서 ○○○(000000-0000000, 주소 : ○○시 ○○구 ○○로 ○○○)으로 변경한다.
라는 심판을 구합니다.

청 구 원 인

1. 청구인은 사건 본인의 백부입니다.
2. 사건본인에 관하여서는 ○○가정법원 20○○. ○. ○. 20○○느단 ○○○호 미성년후견감독인선임 심판에 따라 현재 그 미성년후견감독인으로 변호사 ○○○이 선임되어 있습니다.
2. 그런데 ○○○은 지병으로 인하여 최근 건강이 악화되어 더 이상 후견감독사무를 수행하기 어렵게 되었습니다.
3. 그렇다면 사건본인의 복리를 위하여 사건본인의 미성년후견감독인을 변경할 필요가 있는바, 변호사 ○○○이 ○○○와 같은 법률사무소 소속으로서 후견감독 사무를 인수인계받기에 적임자이오니, 사건본인의 미성년후견감독인을 ○○○로 변경하여 주시기 바랍니다.

첨 부 서 류

1. 주민등록등본, 가족관계증명서(청구인) 각 1통
1. 주민등록등본, 기본증명서, 가족관계증명서 (사건본인) 각 1통
1. 주민등록등본, 기본증명서 (변경할 미성년후견감독인) 각 1통
1. 각 진술서 및 인감증명서 (사건본인, 변경할 미성년후견감독인) 각 1통

20○○. ○. ○.

청구인 ○ ○ ○ (인)

○○ 가정법원 귀중

접수방법 및 유의사항

1. 청구인 : 피후견인, 친족, 검사, 지방자치단체의 장
2. 수입인지 : 사건본인 1인당 5,000원의 인지를 납부한다.
3. 송달료 : 청구인수×4,800원(우편료)×4회분을 납부한다.
4. 관할 : 피후견인의 주소지를 관할하는 가정법원에 제출한다.

[서식 242] 성년후견감독인변경청구서

성년후견감독인 변경청구

청 구 인 ○ ○ ○ (주민등록번호) (전화 :)
주 소 : ○○시 ○○구 ○○로 ○○○ (우편번호 : 00000)
사건본인과의 관계 :

사건본인 ○ ○ ○ (주민등록번호 또는 외국인등록번호)
주 소 : ○○시 ○○구 ○○로 ○○○
등록기준지(국적) : ○○시 ○○구 ○○로 ○○○

후견감독인 ○ ○ ○ (주민등록번호)
주 소 : ○○시 ○○구 ○○로 ○○○
직 업 :

청 구 취 지

사건본인의 성년후견감독인 ○○○를 ○○○(000000-0000000, 주소 : ○○시 ○○구 ○○로 ○○○)로 변경한다.
라는 심판을 구합니다.

청 구 원 인

1. 사건본인에 대하여 20○○. ○. ○. ○○가정법원 20○○느단 ○○○호로 성년후견

개시 심판이 있었고, 성년후견인으로 ○○○가, 성년후견감독인으로 ○○○가 선임되었습니다.

2. 그런데, 성년후견감독인은 ~ ~ ~ 하였습니다.

3. 따라서 청구인은 성년후견감독인 변경 청구에 이르렀습니다.

4. 청구인은 새로운 후견감독인으로 다음과 같은 사람을 추천합니다.

성년후견 감독인 후보자	성 명	
	주 소	
	주민등록번호	
	직 업	
	사건본인과의 관계	

첨 부 서 류

1. 가족관계증명서 및 기본증명서(청구인, 사건본인, 후견감독인 후보자) 각 1통
2. 주민등록등본(사건본인) 1통
3. 사건본인 및 후견감독인 후보자의 후견등기사항전부증명서(말소 및 폐쇄사항 포함) 또는 후견등기사항부존재증명서(후견등기사항이 없는 경우) 1통
4. 청구인과 사건본인과 관계를 밝혀줄 제적등본, 가족관계증명서 등(1.항의 가족관계증명서만으로는 그 관계를 알 수 없는 경우) 각 1통
5. 기타(증거자료) 1통
6. 청구서 부본 1통

20○○. ○. ○.

청구인 ○ ○ ○ (인)

○○ 가정법원 귀중

접수방법 및 유의사항

1. 청구인 : 가정법원의 직권, 피후견인, 친족, 후견감독인, 검사, 지방자치단체의 장(민법 제940조)
2. 수입인지 : 사건본인 1인당 5,000원의 인지를 납부한다.
3. 송달료 : 청구인수×4,800원(우편료)×4회분을 납부한다.
4. 관할 : 사건본인(피후견인)의 주소지를 관할하는 가정법원에 제출한다.

[서식 243] 한정후견감독인변경청구서

한정후견감독인 변경청구

청 구 인 ○ ○ ○ (주민등록번호) (전화 :)
주 소 : ○○시 ○○구 ○○로 ○○○ (우편번호 : 00000)
사건본인과의 관계 :

사건본인 ○ ○ ○ (주민등록번호 또는 외국인등록번호)
주 소 : ○○시 ○○구 ○○로 ○○○
등록기준지(국적) : ○○시 ○○구 ○○로 ○○○

한정후견감독인 ○ ○ ○ (주민등록번호 또는 외국인등록번호)
주 소 : ○○시 ○○구 ○○로 ○○○
직 업 : ○○○

청 구 취 지

사건본인의 한정후견감독인 ○○○를 ○○○(000000-0000000, 주소 : ○○시 ○○구 ○○로 ○○○)로 변경한다.
라는 심판을 구합니다.

청 구 원 인

1. 사건본인에 대하여 20○○. ○. ○. ○○법원 20○○느단 ○○○호로 한정후견개시 심판이 있었고, 한정후견인으로 ○○○가, 한정후견감독인으로 ○○○가 선임되었습

니다.

2. 그런데, 한정후견감독인은 20○○. ○. ○. 자신 소유의 자동차를 몰고 고속도로를 달리던 중 불의의 교통사고로 사망하고 말았습니다. 그리하여 현재 사건본인의 한정후견인 ○○○의 행위를 감독할 사람이 없는 상태이므로 사건본인의 충실한 보호를 위하여 한정후견감독인을 변경할 필요성이 있습니다.

3. 따라서 청구인은 기존 한정후견감독인 선정의 변경청구에 이르렀습니다.

4. 청구인은 새로운 한정후견감독인으로 다음과 같은 사람을 추천합니다.

한정후견 감독인 후보자	성 명	
	주 소	
	주민등록번호	
	직 업	
	사건본인과의 관계	

첨 부 서 류

1. 가족관계증명서 및 기본증명서(청구인, 사건본인, 후견감독인 후보자) 각 1통
2. 주민등록등본(사건본인) 1통
3. 사건본인 및 후견감독인 후보자의 후견등기사항전부증명서(말소 및 폐쇄사항 포함) 또는 후견등기사항부존재증명서(후견등기사항이 없는 경우) 1통
4. 청구인과 사건본인과 관계를 밝혀줄 제적등본, 가족관계증명서 등(1.항의 가족관계증명서만으로는 그 관계를 알 수 없는 경우) 각 1통
5. 기타(증거자료) 1통

20○○. ○. ○.

청구인 ○ ○ ○ (인)

○○ 가정법원 귀중

접수방법 및 유의사항

1. 청구인 : 피한정후견인, 친족, 한정후견인, 검사, 지방자치단체의 장
2. 수입인지 : 사건본인 1인당 5,000원의 인지를 납부한다.
3. 송달료 : 청구인수×4,800원(우편료)×4회분을 납부한다.
4. 관할 : 사건본인(피후견인)의 주소지를 관할하는 가정법원에 제출한다.

[서식 244] 임의후견감독인변경청구서

임의후견감독인 변경청구

청 구 인　　○ ○ ○ (주민등록번호) (전화 :)
주　　소 : ○○시 ○○구 ○○로 ○○○ (우편번호 : 00000)
사건본인과의 관계 :

사건본인　　○ ○ ○ (주민등록번호 또는 외국인등록번호)
주　　소 : ○○시 ○○구 ○○로 ○○○
등록기준지(국적) : ○○시 ○○구 ○○로 ○○○

청 구 취 지

사건본인의 임의후견감독인 ○○○를 ○○○(000000-0000000, 주소 : ○○시 ○○구 ○○로 ○○○)로 변경한다.
라는 심판을 구합니다.

청 구 원 인

1. 사건본인은 20○○. ○. ○. 사건본인을 위임자, ○○○(000000-0000000, 주소 : ○○시 ○○구 ○○로 ○○○)을 수임자로 하는 후견계약을 공정증서(법무법인 20○○년 제○○○호)에 의하여 체결하고 20○○. ○. ○. 이를 등기하였습니다.
2. 그 후 20○○. ○. ○. ○○가정법원 20○○느단 ○○○호 임의후견감독인 선임심판에 의하여, 임의후견감독인으로 ○○○가 선임되었습니다.

3. 그러나 임의후견감독인은 ~ ~ ~ 하였습니다.

4. 따라서 청구인은 임의후견감독인 변경청구에 이르렀습니다.

5. 청구인은 새로운 임의후견감독인으로 다음과 같은 사람을 추천합니다.

임의후견 감독인 후보자	성 명	
	주 소	
	주민등록번호	
	직 업	
	사건본인과의 관계	

첨 부 서 류

1. 가족관계증명서 및 기본증명서(청구인, 사건본인, 후견감독인 후보자) 각 1통
2. 주민등록등본(사건본인) 1통
3. 사건본인의 후견등기사항증명서(말소 및 폐쇄사항 포함) 1통
4. 후견감독인 후보자의 후견등기사항증명서(말소 및 폐쇄사항 포함, 후견등기사항부존재증명서(후견 등기사항이 없는 경우) 각 1통
5. 청구인 및 후견감독인 후보자와 사건본인과 관계를 밝혀줄 제적등본, 가족관계증명서 등(1.항의 가족 관계 증명서만으로는 그 관계를 알 수 없는 경우) 각 1통
6. 기타(증거자료) 1통

20○○. ○. ○.

청구인 ○ ○ ○ (인)

○○ 가정법원 귀중

접수방법 및 유의사항

1. 수입인지 : 사건본인 1인당 5,000원의 인지를 납부한다.
2. 송달료 : 청구인수 × 4,800원(우편료) × 4회분을 납부한다.
3. 관할 : 사건본인(피후견인이 될 사람)의 주소지를 관할하는 가정법원에 제출한다.

[서식 245] 특정후견감독인변경청구서

특정후견감독인 변경청구

청 구 인 ○ ○ ○ (주민등록번호) (전화 :)
주 소 : ○○시 ○○구 ○○로 ○○○ (우편번호 : 00000)
사건본인과의 관계 :

사건본인 ○ ○ ○ (주민등록번호 또는 외국인등록번호)
주 소 : ○○시 ○○구 ○○로 ○○○
등록기준지(국적) : ○○시 ○○구 ○○로 ○○○

후견감독인 ○ ○ ○ (주민등록번호)
주 소 : ○○시 ○○구 ○○로 ○○○
직 업 :

청 구 취 지

사건본인의 특정후견감독인 ○○○를 ○○○(000000-0000000, 주소 : ○○시 ○○구 ○○로 ○○○)로 변경한다.
라는 심판을 구합니다.

청 구 원 인

1. 사건본인에 대하여 20○○. ○. ○. ○○가정법원 20○○느단 ○○○호로 특정후견 심판이 있었고, 특정후견인으로 ○○○가, 특정후견감독인으로 ○○○가 선임되었습니다.
2. 그런데 특정후견감독인은 그 직무를 적절히 수행하기 어려운 사정이 있습니다.
3. 따라서 청구인은 특정후견감독인 변경청구에 이르렀습니다.
4. 청구인은 새로운 후견감독인으로 다음과 같은 사람을 추천합니다.

특정후견 감독인 후보자	성 명	
	주 소	
	주민등록번호	
	직 업	
	사건본인과의 관계	

첨 부 서 류

1. 가족관계증명서 및 기본증명서(청구인, 사건본인, 후견감독인 후보자) 각 1통
2. 주민등록등본(사건본인) 1통
3. 사건본인의 후견등기사항증명서(말소 및 폐쇄사항 포함) 1통
4. 후견감독인 후보자의 후견등기사항증명서(말소 및 폐쇄사항 포함), (후견등기사항부존재증명서(후견등기사항이 없는 경우) 1통
5. 청구인 및 후견감독인 후보자와 사건본인과의 관계를 밝혀줄 제적등본, 가족관계증명서 등(1.항의 가족관계증명서만으로는 그 관계를 알 수 없는 경우) 각 1통
6. 기타(증거자료) 1통
7. 청구서 부본 1통

20○○. ○. ○.

청구인 ○ ○ ○ (인)

○○ 가정법원 귀중

접수방법 및 유의사항

1. 수입인지 : 사건본인 1인당 5,000원의 인지를 납부한다.
2. 송달료 : 청구인수×4,800원(우편료)×4회분을 납부한다.
3. 관할 : 사건본인(피후견인)의 주소지를 관할하는 가정법원에 제출한다.

[서식 246] 미성년후견감독인 사임에 관한 허가청구서

미성년후견감독인 사임에 관한 허가청구

청 구 인 ○ ○ ○ (주민등록번호)
주 소 : ○○시 ○○구 ○○로 ○○○
사건본인과의 관계 :

사건본인 ○ ○ ○ (주민등록번호 또는 외국인등록번호)
주 소 : ○○시 ○○구 ○○로 ○○○
등록기준지(국적) : ○○시 ○○구 ○○로 ○○○

청 구 취 지

1. 청구인이 사건본인의 미성년후견감독인을 사임함을 허가한다.
2. 사건본인의 미성년후견감독인으로 ○○○(000000-0000000, 주소 : ○○시 ○○구 ○○로 ○○○)을 선임한다.

라는 심판을 구합니다.

청 구 원 인

1. 청구인은 ○○가정법원 20○○. ○. ○. 20○○느단 ○○○호 미성년후견감독인선임 심판에 따라 사건본인의 미성년후견감독인으로 선임되었습니다.
2. 그런데, 청구인은 지병으로 인하여 최근 건강이 악화되어 더 이상 후견감독사무를 수행하기 어렵게 되었으므로 미성년후견감독인을 사임하고자 하오니 허가하여 주시기 바랍니다.
3. 한편, 변호사 ○○○이 청구인과 같은 법률사무소 소속으로서 후견감독사무를 인수인계받기에 적임자이오니, ○○○을 사건본인의 새로운 미성년후견감독인으로 선임하여 주시기 바랍니다.

첨 부 서 류

1. 주민등록등본, 기본증명서, 가족관계증명서

(사건본인) 각 1통
1. 소견서(청구인) 1통
1. 주민등록등본, 기본증명서
(새로운 미성년후견감독인) 각 1통
1. 각 진술서 및 인감증명서
(사건본인, 새로운 미성년후견감독인) 각 1통

20○○. ○. ○.

청구인 ○ ○ ○ (인)

○○ 가정법원 귀중

접수방법 및 유의사항

1. 청구인 : 미성년후견감독인
2. 수입인지 : 사건본인 1인당 5,000원의 인지를 납부한다.
3. 송달료 : 청구인수×4,800원(우편료)×4회분을 납부한다.
4. 관할 : 피후견인의 주소지를 관할하는 가정법원에 제출한다.

[서식 247] 성년후견감독인 사임에 관한 허가청구서

성년후견감독인 사임에 관한 허가청구

청 구 인 ○ ○ ○ (주민등록번호)
주 소 : ○○시 ○○구 ○○로 ○○○
등록기준지 : ○○시 ○○구 ○○로 ○○○
사건본인과의 관계 :

사건본인 ○ ○ ○ (주민등록번호 또는 외국인등록번호)
주 소 : ○○시 ○○구 ○○로 ○○○

등록기준지(국적) : ○○시 ○○구 ○○로 ○○○

청 구 취 지

1. 청구인이 사건본인의 성년후견감독인을 사임함을 허가한다.
2. 사건본인의 성년후견감독인으로 ○○○(000000-0000000, 주소 : ○○시 ○○구 ○○로 ○○○)을 선임한다.

라는 심판을 구합니다.

청 구 원 인

1. 사건본인에 대하여 20○○. ○. ○. ○○가정법원 20○○느단 ○○○호로 성년후견개시 심판이 있었고, 성년후견인으로 ○○○가, 성년후견감독인으로 ○○○가 선임되었습니다.
2. 그런데, (이번에 청구인은 직업상의 이유로 거주지를 미국으로 이전하게) 되었습니다.
3. 이상의 이유로 청구인은 성년후견감독인의 직무수행이 곤란하므로 그 직을 사임하고 새로운 성년후견감독인으로는 ○○○를 추천하고자 이 청구에 이른 것입니다.

성년후견 감독인 후보자	성 명	
	주 소	
	주민등록번호	
	직 업	
	사건본인과의 관계	

첨 부 서 류

1. 가족관계증명서 및 기본증명서(사건본인, 후견감독인 후보자) 각 1통
1. 주민등록등본(사건본인) 1통
1. 사건본인 및 후견감독인 후보자의 후견등기사항 전부증명서(말소 및 폐쇄사항 포함) 또는 후견등기사항부존재증명서(후견등기사항이 없는 경우)
1. 기타(증거자료) 1통

20○○. ○. ○.

청구인 ○ ○ ○ (인)

○○ 가정법원 귀중

접수방법 및 유의사항

1. 청구인 : 성년후견감독인(민법 제940조의7, 제939조)
2. 수입인지 : 사건본인 1인당 5,000원의 인지를 납부한다.
3. 송달료 : 청구인수×4,800원(우편료)×4회분을 납부한다.
4. 관할 : 사건본인(피후견인)의 주소지를 관할하는 가정법원에 제출한다.

[서식 248] 한정후견감독인 사임에 대한 허가청구서

한정후견감독인 사임에 대한 허가청구

청 구 인 ○ ○ ○ (주민등록번호) (전화 :)
주 소 : ○○시 ○○구 ○○로 ○○○
사건본인과의 관계 :

사건본인 ○ ○ ○ (주민등록번호 또는 외국인등록번호)
주 소 : ○○시 ○○구 ○○로 ○○○
등록기준지(국적) : ○○시 ○○구 ○○로 ○○○

청 구 취 지

1. 청구인이 사건본인의 한정후견감독인을 사임함을 허가한다.
2. 사건본인의 한정후견감독인으로 ○○○(000000-0000000, 주소 : ○○시 ○○구 ○○로 ○○○)를 선임한다.

라는 심판을 구합니다.

청 구 원 인

1. 사건본인에 대하여 20○○. ○. ○. ○○법원 20○○느단 ○○○호 한정후견개시 심판이 있었고, 한정후견인으로 ○○○가, 한정후견감독인으로 청구인이 선임되어 있습니다.

2. 그런데, 이번에 청구인은 ~ ~ ~ 를 하게 되었습니다.

3. 따라서 청구인은 한정후견감독인의 직무수행이 곤란하므로 그 직을 사임하고자 합니다.

4. 새로운 한정후견감독인으로는 ○○○를 추천합니다.

한정후견 감독인 후보자	성 명	
	주 소	
	주민등록번호	
	직 업	
	사건본인과의 관계	

첨 부 서 류

1. 가족관계증명서 및 기본증명서(청구인, 사건본인, 후견감독인 후보자) 각 1통
1. 주민등록등본(사건본인) 1통
1. 사건본인 및 후견감독인 후보자의 후견등기사항전부증명서(말소 및 폐쇄사항 포함) 또는 후견등기사항부존재증명서(후견등기사항이 없는 경우) 1통
1. 기타(소명자료) 1통

20○○. ○. ○.

청구인 ○ ○ ○ (인)

○○ 가정법원 귀중

접수방법 및 유의사항

1. 청구인 : 한정후견인(민법 제939조)
2. 수입인지 : 사건본인 1인당 5,000원의 인지를 납부한다.
3. 송달료 : 청구인수×4,800원(우편료)×4회분을 납부한다.
4. 관할 : 사건본인의 주소지를 관할하는 가정법원에 제출한다.

[서식 249] 임의후견감독인 사임에 대한 허가청구서

임의후견감독인 사임에 대한 허가청구

청 구 인 ○ ○ ○ (000000-0000000) (전화 :)
등록기준지 : ○○시 ○○구 ○○로 ○○○
주 소 : ○○시 ○○구 ○○로 ○○○ (우 : 00000)
사건본인과의 관계 :

사건본인 ○ ○ ○ (000000-0000000)
등록기준지 : ○○시 ○○구 ○○로 ○○○
주 소 : ○○시 ○○구 ○○로 ○○○ (우 : 00000)

청 구 취 지

1. 청구인이 사건본인의 임의후견감독인을 사임함을 허가한다.
2. 사건본인의 임의후견감독인으로 ○○○(000000-0000000, 주소 : ○○시 ○○구 ○○로 ○○○)를 선임한다.

라는 심판을 구합니다.

청 구 원 인

1. 사건본인은 20○○. ○. ○. 사건본인을 위임자, ○○○(000000-0000000, 주소 : ○○시 ○○구 ○○로 ○○○)을 수임자로 하는 후견계약을 공정증서(법무법인 20○○년 제○○○호)에 의하여 체결하고 20○○. ○. ○. 이를 등기하였습니다.

2. 그 후 20○○. ○. ○. ○○가정법원 20○○느단 ○○○호 임의후견감독인 선임심판에 의하여, 임의후견감독인으로 청구인이 선임되었습니다.

3. 그런데, 이번에 청구인은 2년 동안 해외지사로 파견근무를 하게 되었습니다.

4. 따라서 청구인은 임의후견감독인의 직무수행이 곤란하므로 그 직을 사임하고자 합니다.

2. 새로운 임의후견감독인으로는 ○○○를 추천합니다.

임의후견 감독인 후보자	성 명	
	주 소	
	주민등록번호	
	직 업	
	사건본인과의 관계	

첨 부 서 류

1. 가족관계증명서 및 기본증명서(사건본인, 후견감독인 후보자) 각 1통
2. 주민등록등본(사건본인) 1통
3. 사건본의 후견등기사항증명서(말소 및 폐쇄사항 포함) 1통
4. 후견감독인 후보자의 후견등기사항증명서(말소 및 폐쇄사항 포함), 후견등기사항부존재증명서(후견등기사항이 없는 경우 후견등기사항부존재증명서만 제출) 각 1통
5. 후견감독인 후보자와 사건본인과의 관계를 밝혀줄 제적등본, 가족관계증명서 등(위 1.항의 가족관계증명서만으로는 그 관계를 알 수 알 수 없는 경우) 각 1통

20○○. ○. ○.

청구인 ○ ○ ○ (인)

○○ 가정법원 귀중

접수방법 및 유의사항

1. 청구인 : 임의후견감독인, 본인
2. 수입인지 : 사건본인 1인당 5,000원의 인지를 납부한다.
3. 송달료 : 청구인수 × 4,800원(우편료) × 4회분을 납부한다.
4. 관할 : 사건본인(피후견인)의 주소지를 관할하는 가정법원에 제출한다.

[서식 250] 특정후견감독인 사임에 대한 허가청구서

특정후견감독인 사임에 대한 허가청구

청 구 인 ○ ○ ○ (주민등록번호) (전화 :)
주 소 : ○○시 ○○구 ○○로 ○○○
사건본인과의 관계 :

사건본인 ○ ○ ○ (주민등록번호 또는 외국인등록번호)
주 소 : ○○시 ○○구 ○○로 ○○○
등록기준지(국적) : ○○시 ○○구 ○○로 ○○○

청 구 취 지

1. 청구인이 사건본인의 특정후견감독인을 사임함을 허가한다.
2. 사건본인의 특정후견감독인으로 ○○○(000000-0000000, 주소 : ○○시 ○○구 ○○로 ○○○)를 선임한다.

라는 심판을 구합니다.

청 구 원 인

1. 사건본인에 대하여 20○○. ○. ○. 20○○. ○. ○. ○○가정법원 20○○느단 ○○○호로 특정후견 심판이 있었고, 특정후견인으로 ○○○가, 특정후견감독인으로 청구인이 선임되었습니다.
2. 그런데, 이번에 청구인은 그 직무를 적절히 수행하기 어려운 사정이 있습니다.

3. 따라서 청구인은 특정후견감독인의 직무수행이 곤란하므로 그 직을 사임하고자 합니다.

4. 새로운 특정후견감독인으로는 ○○○를 추천합니다.

특정후견감독인 후보자	성 명	
	주 소	
	주민등록번호	
	직 업	
	사건본인과의 관계	

첨 부 서 류

1. 가족관계증명서 및 기본증명서(사건본인, 후견감독인 후보자) 각 1통
1. 주민등록등본(사건본인) 1통
1. 사건본의 후견등기사항증명서 (말소 및 폐쇄사항 포함) 1통
1. 후견감독인 후보자의 후견등기사항증명서 (말소 및 폐쇄사항 포함), 후견등기사항부존재증명서(후견등기 사항이 없는 경우) 1통
1. 기타 (증거자료) 1통

20○○. ○. ○.

청구인 ○ ○ ○ (인)

○○ 가정법원 귀중

접수방법 및 유의사항

1. 수입인지 : 사건본인 1인당 5,000원의 인지를 납부한다.
2. 송달료 : 청구인수×4,800원(우편료)×4회분을 납부한다.
3. 관할 : 사건본인(피후견인)의 주소지를 관할하는 가정법원에 제출한다.

16. 후견인의 변경

가. 의 의

가정법원은 피후견인의 복리를 위하여 후견인을 변경할 필요가 있다고 인정되는 경우에는 피후견인, 친족, 후견감독인, 검사, 지방자치단체의 장의 청구에 의하여 후견인을 변경할 수 있다(민법 940조). 가정법원이 선임한 후견인에 한정되지 않고 지정후견인도 변경의 대상이 된다.

나. 청구권자

피후견인, 친족, 후견감독인, 검사, 지방자치단체의 장이 청구할 수 있고, 가정법원이 직권으로도 할 수 있다.

다. 관 할

피후견인의 주소지를 관할하는 가정법원에 제출한다(가소 44조 5호).

라. 심리(사건처분)

후견인변경의 심판청구가 있는 경우 가정법원은 직권 또는 당사자의 청구에 따라 사전처분으로서 후견인의 직무집행을 정지하거나 직무대행자를 선임하는 처분을 명할 수 있다(가소 62조).

마. 심 판

(1) 변경이 확정되면 변경되기 전의 후견인은 지위를 상실하고 변경된 후의 후견인은 피후견인의 후견인 지위를 취득한다.

(2) 변경청구가 기각되면 피후견인의 친족 그 밖의 이해관계인이 즉시항고를 할 수 있고 변경심판에 대해서는 그 후견인이 즉시항고를 할 수 있다(가소 67조).

[서식 251] 후견인 변경심판청구서

후견인변경심판청구

청구인 박 ○ 철 (000000-0000000) (전화 :)
(사건본인의 등록기준지 서울 광진구 구의로 123
외삼촌) 주 소 서울 강남구 대치로 234

사건본인 김 ○ 준 (000000-0000000)
(미성년자) 등록기준지 수원시 권선구 세류로 345
주 소 서울 강남구 역삼로 456

청 구 취 지

사건본인(피후견인) 김○○준의 후견인 김○규를 변경하여 박○철(서울 강남구 대치로 234, 000000-0000000)를 후견인으로 선임한다.
라는 심판을 구합니다.

청 구 원 인

1. 청구인은 사건본인 김○준의 외삼촌인데, 사건본인의 후견인 김○규, 사건본인의 후견사무를 처리함에 있어 비행행위(사건본인의 예금을 인출하여 주식투자 등으로 손실 등)를 한 바 있으므로 계속하여 사건본인의 후견사무를 처리하기에는 부적당하므로 변경하여 주시기 바랍니다.
2. 청구인 박○철은 사건본인의 외삼촌으로서 사건본인과 가장 가까운 혈족이므로 위 김○규을 대신하여 사건본인의 후견인이 되기에 적합하므로 이 건 청구에 이르렀습니다.

첨 부 서 류

1. 가족관계증명서 1통
1. 폐쇄가족관계증명서 1통
1. 주민등록등본 1통
1. 신원증명서 1통
1. 재직증명서 1통
1. 진술서 1통

1. 청구서 부본 1통

20○○. ○. ○.

청구인 박 ○ 철 (인)

○○ 가정법원 귀중

접수방법

1. 청구인 : 피후견인, 친족이다.
2. 수입인지 : 사건본인 1인당 5,000원을 붙인다.
3. 송달료 : 당사자수×4,800원×4회분을 납부한다.
4. 관할 : 피후견인의 주소지를 관할하는 가정법원

17. 후견인의 사임에 대한 허가

가. 의 의

후견인은 정당한 사유가 있는 경우에는 가정법원의 허가를 받아 사임할 수 있다. 이 경우 그 후견인은 사임청구와 동시에 가정법원에 새로운 후견인의 선임을 청구 하여야 한다(민법 939조). 후견인의 지위는 관리이자 의무의 성격을 가지고 있기 때문에 마음대로 사퇴할 수 없고 정당한 이유가 있을 때 사임할 수 있도록 한 것으로 미성년자 등을 보호하기 위한 규정이다.

나. 청구권자

사임하고자 하는 후견인이다. 제3자는 후견인의 변경을 청구할 수 있을 뿐이다. 제1순위와 다음 순위 후견인이 동시에 사퇴에 대한 허가청구를 할 수 있다.

다. 관 할

피후견인의 주소지를 관할하는 가정법원에 제출한다(가소 44조 5호).

라. 심 리

정당한 사유에 대해 구체적인 내용이 정해져 있지 않지만 노병, 질병, 본인의 부담과중 등이 그 사유가 될 수 있다.

마. 심 판

(1) 후견인이 사임허가에 대해서는 불복할 수 없고, 기각에 대해서는 청구인이 즉시 항고할 수 있다(가소규 27조).

(2) 후견인 사임허가의 심판이 효력이 발생하면 가정법원의 법원사무관 등은 바로 청구를 그 뜻을 등록기준지의 가족관계등록사무를 처리하는 사람에게 통지하여야 한다(가소규 7조 1항).

마. 청구취지 기재례

청구인이 사건본인의 후견인을 사퇴함을 허가한다.

청구인의 사건본인의 후견인 사퇴를 허가한다.

[서식 252] 후견인 사퇴허가청구서

후견인사퇴허가청구

청 구 인 1. ○ ○ ○ (000000-0000000) (전화 :)
(후견인) 등록기준지 ○○시 ○○구 ○○로 ○○
주 소 ○○시 ○○구 ○○로 ○○

2. ○ ○ ○ (000000-0000000) (전화 :)
등록기준지 ○○시 ○○구 ○○로 ○○

주　　　소　○○시 ○○구 ○○로 ○○

사건본인　1. ○　○　○ (000000-0000000)
(미성년자)　등록기준지　○○시 ○○구 ○○로 ○○
주　　　소　○○시 ○○구 ○○로 ○○

2. ○　○　○ (000000-0000000)
등록기준지　○○시 ○○구 ○○로 ○○
주　　　소　○○시 ○○구 ○○로 ○○

청 구 취 지

청구인들은 사건본인(피후견인) ○○○, 같은 ○○○의 후견인을 사퇴함을 허가한다.
라는 심판을 구합니다.

청 구 원 인

1. 청구인 1. ○○○은 사건본인 작은아버지이고 다음 순위의 청구인 2. ○○○은 사건본인들의 외숙부로서 각각 법정후견인들입니다.
2. 사건본인의 후견인들인 작은아버지 1. ○○○과 외숙부 ○○○은 외국 이민과 질병 등으로 인하여 현재 위 업무수행이 불가능한 상황에 있습니다.
3. 차순위인 ○○○가 위 업무를 충실히 이행할 수 있을 것으로 보여 청구인들은 위 후견인직을 각각 사퇴하기로 하였습니다.
4. 따라서 청구인들은 청구취지와 같이 후견인을 사퇴하고자 이 건 청구에 이르렀습니다.

입 증 방 법

1. 갑 제1호증의 1, 2　　각 가족관계증명서(사건본인, 청구인)
1. 갑 제2호증의 1, 2　　각 기본증명서(청구인, 사건본인)
1. 갑 제3호증　　후견인포기각서
1. 갑 제4호증　　인감증명서(청구인)

첨 부 서 류

1. 위 입증서류 각 1통
1. 주민등록등본 1통

20○○. ○. ○.

청구인 ○ ○ ○ (인)
청구인 ○ ○ ○ (인)

○○ 가정법원 귀중

접수방법

1. 청구인 : 사퇴하고자 하는 후견인이다.
2. 수입인지 : 사건본인 1인당 5,000원의 인지를 붙인다. 사건본인이 2명이면 10,000원의 인지를 납부한다.
3. 송달료 : 당사자수×4,800원×4회분을 납부한다.
4. 관할 : 피후견인의 주소지를 관할하는 가정법원에 제출한다.

18. 피후견인 또는 피한정후견인의 격리 등

가. 피후견인의 신상결정 등에 관한 허가

피성년후견인 등은 자신의 신상에 관하여 그의 상태가 허락하는 범위에서 단독으로 결정한다(민법 947조의2 1항). 그리고 가정법원은 성년후견인이 피성년후견인의 신상에 관하여 결정할 수 있는 권한의 범위를 정할 수 있는데(민법 938조 3항), 그 범위가 적절하지 아니하게 된 경우에 본인, 배우자, 4촌 이내의 친족, 성년후견인, 성년후견감독인, 검사 또는 지방자치단체의 장의 청구에 의하여 그 범위를 변경할 수 있다(민법 938조 4항). 그밖에 유언이나 혼인 등 일신전속적 행위에 관하여 성년후견인이 대리할 수 없음은 당연하다(민법 941조 1항, 2항).

나. 격리 등에 관한 가정법원의 허가

그러나 예외적으로

(1) 성년후견인이 피성년후견인을 치료 등을 목적으로 정신병원이나 그 밖의 다른 장소에 격리하려는 경우에는 가정법원의 허가를 받아야 한다(민법 947조의2 2항).

(2) 피성년후견인의 신체를 침해하는 의료행위에 대해 피성년후견인이 동의할 수 없는 경우에는 성년후견인이 그를 대신하여 동의할 수 있는데 이 경우 피성년후견인이 의료행위의 직접적인 결과로 사망하거나 상당한 장애를 입을 위험이 있을 때에는 가정법원의 허가를 받아야 하지만 허가절차로 의료행위가 지체되어 피성년후견인의 생명에 위험을 초래하거나 심신상의 중대한 장애를 초래할 때에는 사후에 허가를 청구할 수 있다.

(3) 성년후견인이 피성년후견인을 대리하여 피성년후견인이 거주하고 있는 건물 또는 그 대지에 대해 매도, 임대, 전세권설정, 저당권설정, 임대차의 해제, 전세권의 소멸 그 밖에 이에 준하는 행위를 하는 경우에는 가정법원의 허가를 받아야 한다.

다. 절차 및 심판

피후견인의 주소지 가정법원은 관할로 해서 후견인이 청구한다. 법원은 교정기관 위탁 또는 의료행위를 허가한 때에는, 친권자 또는 미성년후견인·미성년후견감독인에 대하여, 미성년자의 교육과 신상보호 및 재산관리에 관하여 필요하다고 인정되는 사항을 지시할 수 있다(가소규 66조). 청구를 허가한 심판에 대해서 미성년자 또는 피미성년후견인, 친족, 미성년후견인, 미성년후견감독인, 검사, 지방자치단체의 장이 즉시항고를 할 수 있고(가소규 67조 2항), 기각에 대해서는 청구인이 즉시 항고할 수 있다(가소규 27조)

라. 관 할

피후견인의 주소지를 관할하는 가정법원에 제출한다(가소 44조 5호).

마. 심 판

(1) 후견인이 사임허가에 대해서는 불복할 수 없고, 기각에 대해서는 청구인이 즉시 항고할 수 있다(가소규 27조).

(2) 후견인 사임허가의 심판이 효력이 발생하면 가정법원의 법원사무관등은 바로 등록기준지의 가족관계등록사무를 처리하는 사람에게 그 뜻을 통지하여야 한다(가소규 7조 1항).

[서식 253] 신상결정(격리)관련 허가청구서

신상결정(격리)관련 허가청구

청 구 인 ○ ○ ○ (000000-0000000) (전화 :)
등록기준지 : ○○시 ○○구 ○○로 ○○○
주 소 : ○○시 ○○구 ○○로 ○○○ (우편번호 : 00000)

사건본인 ○ ○ ○ (000000-0000000)
(피성년후견인) 등록기준지 : ○○시 ○○구 ○○로 ○○○
주 소 : ○○시 ○○구 ○○로 ○○○

청 구 취 지

청구인이 사건본인(피성년후견인/피한정후견인)을 ○○요양원(○○정신병원, ○○시 ○○구 ○○로 ○○○)에 입원하도록 하는 것을 허가한다.
라는 심판을 구합니다.

청 구 원 인

1. 사건본인 및 청구인의 지위
○○가정법원은 20○○. ○. ○. 20○○느단 ○○○호로 사건본인에 대한 성년후견개시심판을 선고하고, 20○○. ○. ○. 20○○느단 ○○○호로 청구인을 사건본인을 위한 성년후견인으로 선임하는 심판을 선고하였으며, 위 심판들은 20○○. ○. ○. 확정되었습니다.

2. 사건본인의 입원(입소/격리) 필요성
사건본인은 ○○질환을 앓고 있는데, 그 치료 또는 사건본인의 보호를 위해 사건본인을 ○○요양원(○○정신병원)에 격리, 입원하도록 할 필요가 있습니다.

3. 결 론
사건본인의 성년후견인(한정후견인)인 청구인은 사건본인의 질병치료를 위해 사건본인을 격리 입원하도록 함에 있어 귀원의 허가를 구합니다.

첨 부 서 류

1. 가족관계증명서(청구인 및 사건본인) 각 1통
1. 주민등록등본(청구인 및 사건본인) 1통
1. 성년(한정)후견개시심판정본 1통
1. 성년(한정)후견인선임심판정본 1통
1. 소견서(또는 진단서, 입원필요성에 관한 자료) 1통
1. 기타(소명자료) 1통

20○○. ○. ○.

청구인 ○ ○ ○ (인)

○○ 가정법원 귀중

[서식 254] 신상결정(신체침해 의료행위)관련 허가청구서

신상결정(신체침해 의료행위)관련 허가청구

청 구 인 ○ ○ ○ (000000-0000000) (전화 :)
등록기준지 : ○○시 ○○구 ○○로 ○○○
주 소 : ○○시 ○○구 ○○로 ○○○ (우편번호 : 00000)

사건본인 ○ ○ ○ (000000-0000000)
(피성년후견인) 등록기준지 : ○○시 ○○구 ○○로 ○○○
(피한정후견인) 주 소 : ○○시 ○○구 ○○로 ○○○

청 구 취 지

사건본인(피성년후견인/피한정후견인)이 ○○병원(○○시 ○○구 ○○로 ○○○)에서 ○○의료행위(수술)을 받을 것을 허가한다.

라는 심판을 구합니다.

청 구 원 인

1. 사건본인 및 청구인의 지위
○○가정법원은 20○○. ○. ○. 20○○느단 ○○○호로 사건본인에 대한 성년후견개시심판을 선고하고, 20○○. ○. ○. 20○○느단 ○○○호로 청구인을 사건본인을 위한 성년후견인으로 선임하는 심판을 선고하였으며, 위 심판들은 20○○. ○. ○. 확정되었습니다.

2. 신체침해 의료행위 필요성
사건본인은 ○○질환을 앓고 있는데, 그 치료를 위해 사건 ○○병원에서 ○○의료행위(수술)을 받을 필요가 있다는 진단을 받았습니다. 위 의료행위는 사건본인의 신체를 침해하는 것으로 의료행위의 직접적인 결과로 사건본인이 사망하거나 상당한 장애를 입을 위험이 있습니다.

3. 결 론
이에 사건본인의 성년후견인(한정후견인)인 청구인은 사건본인의 신체를 침해하는 의료행위를 통해 질병치료를 받을 수 있도록 허가를 구합니다.

첨 부 서 류

1. 가족관계증명서(청구인 및 사건본인) 각 1통
1. 주민등록등본(청구인 및 사건본인) 1통
1. 성년(한정)후견개시심판정본 1통
1. 성년(한정)후견인선임심판정본 1통
1. 소견서(또는 진단서, 입원필요성에 관한 자료) 1통
1. 기타(소명자료) 1통

20○○. ○. ○.

청구인 ○ ○ ○ (인)

○○ 가정법원 귀중

[서식 255] 신상결정(신체침해 의료행위)관련 사후허가심판청구서

신상결정(신체침해 의료행위)관련 사후허가 심판청구

청 구 인　　○ ○ ○ (000000-0000000) (전화 :　　　　)
　　등록기준지 : ○○시 ○○구 ○○로 ○○○
　　주　　소 : ○○시 ○○구 ○○로 ○○○ (우편번호 : 00000)

사건본인　　○ ○ ○ (000000-0000000)
　　(피성년후견인) 등록기준지 : ○○시 ○○구 ○○로 ○○○
　　(피한정후견인) 주　　소 : ○○시 ○○구 ○○로 ○○○

청 구 취 지

사건본인(피성년후견인/피한정후견인)이 20○○. ○. ○. ○○병원(○○시 ○○구 ○○로 ○○○)에서 ○○의료행위(수술)을 받은 사실을 허가한다.
라는 심판을 구합니다.

청 구 원 인

1. 사건본인 및 청구인의 지위
   ○○가정법원은 20○○. ○. ○. 20○○느단 ○○○호로 사건본인에 대한 성년후견개시심판을 선고하고, 20○○. ○. ○. 20○○느단 ○○○호로 청구인을 사건본인을 위한 성년후견인으로 선임하는 심판을 선고하였으며, 위 심판들은 20○○. ○. ○. 확정되었습니다.

2. 신체침해 의료행위 필요성
   사건본인은 ○○질환을 앓고 있는데, 그 치료를 위해 사건 ○○병원에서 ○○의료행위(수술)을 받을 필요가 있다는 진단을 받았습니다.
   위 의료행위는 사건본인의 신체를 침해하는 것으로 의료행위의 직접적인 결과로 사건본인이 사망하거나 상당한 장애를 입을 위험이 있어 의료행위를 받기 전 귀원의 허가를 받아야 하나, 의료행위가 지체되면 사건본인의 생명에 위험을 초래하거나 심신상 중대한 장애를 초래할 가능성이 있다는 의료진의 판단에 따라 귀원의 허가를 받지 아니한 상태에서 20○○. ○. ○. 위 의료행위를 받았습니다.

3. 결 론

이에 사건본인의 성년후견인(한정후견인)인 청구인은 사건본인이 20○○. ○. ○. ○○병원(○○시 ○○구 ○○로 ○○○)에서 ○○의료행위(수술)를 받은 사실에 대해 귀원의 허가를 구합니다.

첨 부 서 류

1. 가족관계증명서(청구인 및 사건본인) 각 1통
1. 주민등록등본(청구인 및 사건본인) 1통
1. 성년(한정)후견개시심판정본 1통
1. 성년(한정)후견인선임심판정본 1통
1. 소견서(또는 진단서, 입원필요성에 관한 자료) 1통
1. 기타(소명자료) 1통

20○○. ○. ○.

청구인 ○ ○ ○ (인)

○○ 가정법원 귀중

[서식 256] 신상결정(주거용 부동산의 처분)관련 사후허가심판청구서

신상결정(주거용 부동산의 처분)관련 사후허가 심판청구

청 구 인 ○ ○ ○ (000000-0000000) (전화 :)
등록기준지 : ○○시 ○○구 ○○로 ○○○
주 소 : ○○시 ○○구 ○○로 ○○○ (우편번호 : 00000)

사건본인 ○ ○ ○ (000000-0000000)
(피성년후견인) 등록기준지 : ○○시 ○○구 ○○로 ○○○
(피한정후견인) 주 소 : ○○시 ○○구 ○○로 ○○○

청 구 취 지

사건본인(피성년후견인/피한정후견인)이 별지 기재 부동산을 금 ○○○○원에 매도한은 것(별지 기재 부동산을 임대차기간 ○년, 임대차보증금 ○○○○원으로 정하여 임대하는 것, 별지 기재 부동산에 관하여 채무자 ○○○, 채권자 ○○○, 채권최고액 ○○○○원으로 한 근저당권을 설정하는 것)을 허가한다.
라는 심판을 구합니다.

청 구 원 인

1. 사건본인 및 청구인의 지위
   ○○가정법원은 20○○. ○. ○. 20○○느단 ○○○호로 사건본인에 대한 성년후견개시심판을 선고하고, 20○○. ○. ○. 20○○느단 ○○○호로 청구인을 사건본인을 위한 성년후견인으로 선임하는 심판을 선고하였으며, 위 심판들은 20○○. ○. ○. 확정되었습니다.

2. 신체침해 의료행위 필요성
   별지 기재 부동산은 사건본인의 소유로 사건본인의l 주거로 사용하고 있습니다) (별지 기재 부동산은 사건본인이 ○○○로부터 임대차보증금 ○○○○원, 임대차기간 ○년간으로 정하여 임차하여 사건본인의 주거로 사용하고 있습니다).
   사건본인은(치료비 마련을 위하여, 생활비 충당을 위하여, 채무변제를 위하여) 위 부동산을 금 ○○○○에 매도할 필요가 있으므로(위 부동산을 임대차기간, ○년 임대차보증금 ○○○○원으로 정하여 임대, 위 부동산에 관하여 채무자 ○○○, 채권자 ○○○, 채권최고액 ○○○○원으로 한 근저당권을 설정)할 필요가 있습니다. 사건본인은 주거용부동산을 위와 같이 처분한 후에는(주거에 대한 대책 등의 계획, 사정 기재)할 계획입니다.

3. 결 론
   이에 사건본인의 성년후견인(한정후견인)인 청구인은 사건본인의 주거용 부동산에 대하여 청구취지 기재와 같은 심판을 구하고자 이 건 청구에 이른 것입니다.

첨 부 서 류

1. 가족관계증명서(청구인 및 사건본인) 각 1통
1. 주민등록등본(청구인 및 사건본인) 1통
1. 성년(한정)후견개시심판정본 1통

1. 성년(한정)후견인선임심판정본 1통
1. 부동산등기사항전부증명서 1통
1. 기타(소명자료) 1통

20○○. ○. ○.

청구인 ○ ○ ○ (인)

○○ 가정법원 귀중

[서식 257] 성년후견인이 피성년후견인의 신상에 관하여 결정할 수 있는 권한의 범위변경 청구서

성년후견인이 피성년후견인의 신상에 관하여 결정할 수 있는 권한의 범위변경청구

청 구 인　○ ○ ○ (주민등록번호) (전화 :)
주　소 : ○○시 ○○구 ○○로 ○○○ (우편번호 : 00000)
사건본인과의 관계 :

사건본인　○ ○ ○ (주민등록번호 또는 외국인등록번호)
주　소 : ○○시 ○○구 ○○로 ○○○
등록기준지(국적) : ○○시 ○○구 ○○로 ○○○

청 구 취 지

성년후견인이 피성년후견인의 신상에 관하여 결정할 수 있는 권한의 범위를 별지 기재와 같이 변경한다.
라는 심판을 구합니다.

청 구 원 인

1. 사건본인에 대하여 20○○. ○. ○. ○○법원 20○○느단 ○○○호로 사건본인에 대한 성년후견개시심판이 있었고, 성년후견인으로 ○○○가 선임되었습니다.
2. 위 심판에 의하면, 성년후견인이 사건본인의 신상에 관하여 결정할 수 있는 권한의 범위는 다음과 같습니다(내용기재).
3. 그런데, ~ ~ ~ 사정변경이 발생하여 성년후견인이 사건본인의 신상에 관하여 결정할 수 있는 권한의 범위를 다음과 같이 변경할 필요성이 있습니다(내용기재).
4. 결 론
   따라서 청구인은 청구취지 기재와 같은 심판을 구하고자 이 건 청구에 이른 것입니다.

첨 부 서 류

1. 가족관계증명서 및 기본증명서(청구인 및 사건본인) 각 1통
2. 주민등록등본(사건본인) 1통
3. 사건본인의 후견등기사항전부증명서(말소 및 폐쇄사항 포함) 1통
4. 청구인과 사건본인과의 관계를 밝혀줄 제적등본, 가족관계증명서 등(1.항의 가족관계증명서만으로는 그 관계를 알 수 없는 경우) 각 1통
5. 기타(소명자료) 1통

20○○. ○. ○.

청구인 ○ ○ ○ (인)

○○ 가정법원 귀중

접수방법 및 유의사항

1. 청구인 : 사건본인(피후견인), 배우자, 4촌 이내의 친족, 성년후견인, 성년후견감독인, 검사 또는 지방자치단체의 장(민법 938조 4항).
2. 수입인지 : 사건본인 1인당 5,000원의 인지를 납부한다.
3. 송달료 : 청구인수×4,800원(우편료)×4회분을 납부한다.

4. 관할 : 사건본인(피후견인이 될 사람)의 주소지를 관할하는 가정법원에 제출한다.

[별 첨] 성년후견인이 피성년후견인의 신상에 관하여 결정할 수 있는 권한의 범위

성년후견인이 피성년후견인의 신상에 관하여 결정할 수 있는 권한의 범위

□ 신상에 관하여 결정권한 없음

□ 아래 사항에 관하여 피후견인이 스스로 결정을 할 수 없는 경우 후견인이 결정권을 가짐

1. □ 의료행위의 동의
2. □ 거주·이전에 관한 결정
3. □ 면접교섭에 관한 결정
4. □ 우편·통신에 관한 결정
5. □ 사회복지서비스 선택 또는 결정
6. □ 기타 사항
   □ ______________________________
   □ ______________________________

[서식 258] 피성년후견인의 격리에 대한 허가청구서(1)

피성년후견인의 격리에 대한 허가청구

청 구 인 ○ ○ ○ (주민등록번호) (전화 :)
주 소 : ○○시 ○○구 ○○로 ○○○ (우편번호 : 00000)
사건본인과의 관계 :

사건본인 ○ ○ ○ (주민등록번호 또는 외국인등록번호)
주 소 : ○○시 ○○구 ○○로 ○○○
등록기준지(국적) : ○○시 ○○구 ○○로 ○○○

청 구 취 지

청구인이 사건본인을 치료 등의 목적으로 ○○○ 정신병원에 격리하는 것을 허가한다.
라는 심판을 구합니다.

청 구 원 인

1. 사건본인에 대하여 20○○. ○. ○. ○○가정법원 20○○느단 ○○○호로 성년후견 개시 심판이 있었고, 성년후견인으로 청구인이 선임되었습니다.
2. 그런데, 사건본인은 현재 정신지체 1급의 상태로서 ~ ~ ~ 일반적인 개호로는 사건본인을 보호하기 힘든 상황입니다.
3. 따라서 청구인은 사건본인을 요양하기 용이한 ○○○ 정신병원에 입원치료하려 하므로 그 허가를 구합니다.

요양 감호 기관	명 칭	
	주소 또는 소재지	
	법인등록번호	
	대표자	

첨 부 서 류

1. 가족관계증명서 및 기본증명서(사건본인) 각 1통

1. 주민등록등본(사건본인) 1통
1. 사건본인의 후견등기사항전부증명서(말소 및 폐쇄사항 포함) 1통
1. 기타(소명자료) 1통

20○○. ○. ○.

청구인 ○ ○ ○ (인)

○○ 가정법원 귀중

접수방법 및 유의사항

1. 수입인지 : 사건본인 1인당 5,000원의 인지를 납부한다.
2. 송달료 : 청구인수×4,800원(우편료)×4회분을 납부한다.
3. 관할 : 사건본인(피후견인이 될 사람)의 주소지를 관할하는 가정법원에 제출한다.

[서식 259] 피한정후견인의 격리에 대한 허가청구서(2)

피한정후견인의 격리에 대한 허가청구

청 구 인 ○ ○ ○ (주민등록번호) (전화 :)
주 소 : ○○시 ○○구 ○○로 ○○○ (우편번호 : 00000)
사건본인과의 관계 :

사건본인 ○ ○ ○ (주민등록번호 또는 외국인등록번호)
주 소 : ○○시 ○○구 ○○로 ○○○
등록기준지(국적) : ○○시 ○○구 ○○로 ○○○

청 구 취 지

청구인이 사건본인을 치료 등의 목적으로 ○○○ 정신병원에 격리하는 것을 허가한다.

라는 심판을 구합니다.

청 구 원 인

1. 사건본인에 대하여 20○○. ○. ○. ○○가정법원 20○○느단 ○○○호로 성년후견 개시 심판이 있었고, 한정후견인으로 청구인이 선임되었습니다.

2. 그런데, 사건본인은 현재 정신지체 2급의 상태로서 환청이나 환각의 상태가 지속적으로 발생하고 있고, 이와 같은 사유로 20○○. ○. ○. 24:00경 무턱대고 야간에 집을 나서는 등, 일반적인 개호로는 사건본인을 보호하기 힘든 상황입니다.

3. 따라서 청구인은 사건본인을 요양하기 용이한 ○○○ 정신병원에 입원치료하려 하므로 그 허가를 구합니다.

요양감호 기관	명 칭	
	주소 또는 소재지	
	법인등록번호	
	대표자	

첨 부 서 류

1. 가족관계증명서 및 기본증명서(사건본인) 각 1통
1. 주민등록등본(사건본인) 1통
1. 사건본인의 후견등기사항전부증명서(말소 및 폐쇄사항 포함) 1통
1. 기타(소명자료) 1통

20○○. ○. ○.

청구인 ○ ○ ○ (인)

○○ 가정법원 귀중

접수방법 및 유의사항

1. 청구인 : 한정후견인
2. 수입인지 : 사건본인 1인당 5,000원의 인지를 납부한다.
3. 송달료 : 청구인수×4,800원(우편료)×4회분을 납부한다.
4. 관할 : 사건본인(피후견인이 될 사람)의 주소지를 관할하는 가정법원에 제출한다.

19. 피미성년후견인, 피성년후견인, 피한정후견인의 재산관리 등 후견임무 수행

가. 의 의

후견인에게는 피후견인의 재산 및 신상에 관하여 친권자에 버금가는 정도의 광범위한 권한이 부여되어 있으므로 그에 대한 가정법원의 적절한 지도 감독이 필요하다. 따라서 가정법원은 직권으로 또는 피후견인, 후견감독인, 민법 제777조에 따른 친족, 그 밖의 이해관계인, 검사, 지방자치단체의 장의 청구에 의하여 피후견인의 재산상황을 조사하고, 후견인에게 재산관리 등 후견임무 수행에 관하여 필요한 처분을 명할 수 있다(민법 954조).

나. 청구권자

피후견인, 후견감독인, 민법 제777조에 따른 친족, 그 밖의 이해관계인, 검사, 지방자치단체의 장이 청구하며, 이때 피후견인은 의사능력이 있음을 요한다.

다. 관 할

피후견인의 주소지를 관할하는 가정법원에 제출한다(가소 44조 5호).

라. 심 판

당사자가 청구하는 것과는 다른 내용을 처분하여도 무방하고 이점에서 청구취지에 구속력은 없다 할 것이다.

마. 심 판

법원의 처분 내용에는 특별한 제한이 없어 후견사무 전반에 걸쳐서 한다. 처분에 대해서는 불복할 수 없고 기각에 대해서는 청구인이 즉시 항고할 수 있다(가소규 27조), 처분에 필요한 비용은 피후견인의 재산에서 부담한다(가소규 69조, 52조).

20. 미성년후견인, 성년후견인, 한정후견인, 특정후견인, 미성년후견감독인, 성년후겸감독인, 한정후견감독인, 특정후견감독인, 임의후견감독인에 대한 보수의 수여

가. 의 의

민법 제955조는 후견인의 청구에 따라 피후견인의 재산상태 그 밖의 사정에 참작하여 피후견인의 재산 중에서 상당한 보수를 후견인에게 수여할 수 있다고 규정하고 있다.

나. 청구권자

보수를 청구할 수 있는 자는 후견인이다. 보수는 후견사무가 종료한 후에 청구하는 것이 일반적이므로 후견인은 실제로는 후견인이었던 자를 의미한다.

다. 관 할

피후견인의 주소지를 관할하는 가정법원에 제출한다(가소 44조 5호).

라. 심 판

(1) 심판청구를 함에는 금액을 반드시 특정해야 하는 것은 아니며 상당한 보수의 지급을 구한다는 취지가 나타나도록 하면 된다. 특정하더라도 법원이 그에 구속되는 것도 아니다.

(2) 보수를 수여한 심판에 대해서는 불복할 수 없고, 기각에 대해서는 청구인이 즉시 항고할 수 있다(가소규 27조).

[서식 260] 미성년후견(감독)인에 대한 보수의 수여청구서

미성년후견(감독)인에 대한 보수의 수여 청구

청 구 인 ○ ○ ○ (주민등록번호)
주 소 : ○○시 ○○구 ○○로 ○○○
사건본인과의 관계 :

사건본인 ○ ○ ○ (주민등록번호 또는 외국인등록번호)
주 소 : ○○시 ○○구 ○○로 ○○○
등록기준지(국적) : ○○시 ○○구 ○○로 ○○○

청 구 취 지

청구인에게 사건본인의 미성년후견(감독)사무에 대한 보수로 ○○○원을 수여한다.
라는 심판을 구합니다.

청 구 원 인

1. 사건본인에 대하여 20○○. ○. ○. ○○가정법원 20○○느단 ○○○호로 미성년후견개시 심판이 있었고, 미성년후견(감독)인으로 청구인이 선임되었습니다.
2. 사건본인은 20○○. ○. ○. 성년이 되었으므로 미성년후견이 종료되었습니다.
3. 미성년후견(감독)인으로서의 업무내역은 별지 기재와 같습니다.
4. 따라서 청구인은 미성년후견(감독)사무의 보수를 지급받고자 이 사건 청구에 이르렀습니다.

첨 부 서 류

1. 가족관계증명서 및 기본증명서(사건본인) 각 1통
1. 주민등록등본(사건본인) 1통
1. 기타(소명자료) 1통

20○○. ○. ○.

청구인 ○ ○ ○ (인)

○○ 가정법원 귀중

접수방법 및 유의사항

1. 수입인지 : 사건본인 1인당 5,000원의 인지를 납부한다.
2. 송달료 : 청구인수×4,800원(우편료)×4회분을 납부한다.
3. 관할 : 입양, 친양자입양 또는 파양에 관한 사건은 양자·친양자의 주소지 또는 양자·친양자가 될 사람의 주소지를 관할하는 가정법원에 제출한다.

[서식 261] 임의후견감독인에 대한 보수의 수여 청구서

임의후견감독인에 대한 보수의 수여 청구

청 구 인 ○ ○ ○ (주민등록번호)
주 소 : ○○시 ○○구 ○○로 ○○○
사건본인과의 관계 :

사건본인 ○ ○ ○ (주민등록번호 또는 외국인등록번호)
주 소 : ○○시 ○○구 ○○로 ○○○
등록기준지(국적) : ○○시 ○○구 ○○로 ○○○

청 구 취 지

청구인에게 사건본인의 임의후견감독사무에 대한 보수로 ○○○원을 수여한다.
라는 심판을 구합니다.

청 구 원 인

1. 사건본인은 20○○. ○. ○. 사건본인을 위임자 ○○○(000000-0000000, 주소 : ○○시 ○○구 ○○로 ○○○)를 수임자로 하는 후견계약을 공정증서(법무법인 ○○작성

20○○년 제○○호)에 의하여 체결하고 20○○. ○. ○. 이를 등기하였습니다.

2. 그 후 20○○. ○. ○. ○○법원 20○○느단 ○○○호 임의후견감독인 선임심판을 하여, 임의후견감독인으로 청구인이 선임되었습니다.

3. 그런데 사건본인은 20○○. ○. ○. 사망하여 임의후견이 종료되었습니다.

4. 임의후견감독인으로서의 업무내역은 별지와 같습니다.

5. 따라서 청구인은 임의후견감독사무의의 보수를 지급받고자 이 사건 청구에 이르렀습니다.

첨 부 서 류

1. 말소자 주민등록초본(사건본인) 각 1통
1. 사건본인의 기본증명서 1통
1. 사건본인의 후견등기사항증명서(말소 및 폐쇄사항 포함) 1통
1. 기타(소명자료) 1통

20○○. ○. ○.

청구인 ○ ○ ○ (인)

○○ 가정법원 귀중

21. 후견인의 재산목록작성을 위한 기간의 연장허가

가. 의 의

후견인은 취임 후 피후견인의 재산을 조사하여 2개월 내에 그 목록을 작성하여야 하는데 재산이 너무 많거나 산재해 있는 등 사정이 있어 2개월 내에 조사완료가 불가능한 경우에는 가정법원의 허가를 받아 그 기간을 연장할 수 있다(민법 941조 1항).

나. 청구권자

재산목록 작성 기간의 연장허가를 청구할 수 있는 자(후견인 본인)

다. 관 할

피후견인의 주소지 가정법원이 관할한다. 가정법원 단독부의 사물관할에 속한다.

라. 청구취지 기재례

청구인이 사건본인에 대한 재산목록작성기간을 3개월로 연장함을 허가한다.

청구인의 사건본인에 대한 재산목록작성기간을 20○○. ○. ○.까지로 연장함을 허가한다.

[서식 262] 후견인의 재산목록작성을 위한 기간의 연장허가청구서

후견인의 재산목록작성을 위한 기간의 연장허가청구

청 구 인 이 ○ 석 (주민등록번호 : 000000-0000000) (전화 :)
등록기준지 서울 송파구 문정로 123
주 소 서울 강남구 도곡로 234 (우편번호 : 00000)

사건본인 이 ○ 경 (주민등록번호 : 000000-0000000)
등록기준지 서울 송파구 문정로 123
주 소 서울 강남구 도곡로 234 (우편번호 : 00000)

청 구 취 지

청구인(후견인)에게 사건본인(피후견인)에 대한 재산목록작성기간을 20○○. 11. 30.까지로 연장함을 허가한다.

라는 심판을 구합니다.

청 구 원 인

1. 청구인은 사건본인의 작은아버지로서 그의 부모가 모두 교통사고로 사망하여 친권을 행사할 자가 없을 뿐만 아니라 지정후견인도 없어 귀원 20○○느단 1234호 후견인선임 청구사건에 관하여 20○○. 4. 10.자 사건본인의 후견인으로 선임되었습니다.
2. 따라서 후견인은 피후견인의 재산을 조사하여 2월 이내에 목록을 작성하여야 하는데 갑작스러운 지병으로 3개월 정도 병원에 입원하여야 하므로 부득이 20○○. 11. 30.까지 그 기간을 연장할 수밖에 없으므로 청구취지와 같은 심판을 받고자 이 건 청구에 이르렀습니다.

입 증 방 법

1. 갑 제1호증의 1, 2	각 가족관계증명서(사건본인, 청구인)
1. 갑 제2호증의 1, 2	각 기본증명서(청구인, 사건본인)
1. 갑 제3호증	후견인심판결정문
1. 갑 제4호증	진단서 및 입원확인서

첨 부 서 류

1. 위 입증서류	각 1통
1. 주민등록등본	1통

20○○. ○. ○.

청구인 이 ○ 석 (인)

○○ 가정법원 귀중

접수방법

1. 청구인 : 재산목록작성기간의 연장허가를 청구할 수 있는 자(후견인 본인)
2. 수입인지 : 사건본인 1인당 5,000원의 인지를 납부한다.
3. 송달료 : 당사자수×4,800원×4회분을 납부한다.

4. 관할 : 피후견인의 주소지를 관할하는 가정법원에 제출한다.

22. 후견종료시의 관리계산기간의 연장허가

가. 의 의

후견인의 임무가 종료된 때에는 후견인 또는 그 상속인은 1월 내에 피후견인의 재산에 관한 계산을 하여야 한다. 다만, 정당한 사유가 있는 경우에는 법원의 허가를 받아 그 기간을 연장할 수 있다(민법 957조 1항).

나. 청구권자

후견인 또는 그 상속인이 청구한다.

다. 관 할

피후견인의 주소지 가정법원이 관할한다. 가정법원 단독부의 사물관할에 속한다.

라. 청구취지 기재례

청구인에게 3개월로 연장함을 허가한다.

청구인이 피후견인의 재산에 대한 계산을 20○○. ○. ○.까지로 연장함을 허가한다.

23. 상속의 승인 또는 포기를 위한 기간의 연장에 대한 허가

가. 의 의

(1) 상속이 개시되면 상속인은 상속개시있음을 안 날로부터 3월 내에 단순승인이나 한정승인 또는 포기를 할 수 있다(민법 1019조 1항 본문). 이 기간 내에 한정승인이나 상속포기를

하지 아니한 때에는 단순승인을 한 것으로 본다(민법 1026조).

(2) 그러나 상속재산이 많고 복잡하여 상속재산의 전모를 조사·파악하는데 상당한 기간이 필요한 경우에는 이해관계인 또는 검사는 상속개시 있음을 안 날로부터 3월 내에 법원에 기간의 연장허가를 얻어 그 기간을 연장할 수 있다(동법 1019조 단서). 이 기간도 제척기간이므로 당사자의 책임 없는 사유로 인하여 3개월이 그냥 지나가 버리면 단순승인이 되므로 주의해야 한다.

나. 청구권자

기간의 연장허가를 청구할 수 있는 자는 이해관계인(공동상속인, 상속채권자, 상속인의 채권자, 차순위상속인 등과 같이 숙려기간의 연장에 관하여 법률상 이해관계를 가지는 자이다) 또는 검사이다(민법 1019조 1항 단서). 따라서 기간의 연장을 받아야 할 상속인 자신과 그 법정대리인도 이해관계인에 해당한다.

다. 관 할

기간연장의 허가심판 청구는 상속개시지의 관할로 한다. 즉, 피상속인의 마지막주소지를 관할하는 가정법원이다. 마지막 주소지가 외국인 경우에는 대법원이 있는 곳의 가정법원이 관할한다(가소법 35조 2항).

라. 심 판

공동상속의 경우에 숙려기간은 상속인별로 기산점이 다를 수 있으므로 그 연장허가도 상속인별로 따로 하여야 한다.

마. 불 복

청구를 기각한 심판에는 청구인이 즉시항고를 할 수 있으나 인용한 심판에는 불복할 수 없다. 기간 연장을 허가한 심판의 효력은 당해 상속인에 대해서만 미친다.

바. 청구취지 기재례

청구인이 피상속인 망 ○○○의 재산상속에 관하여 그 승인 또는 포기를 하는 기간을 20○○. ○. ○.까지로 연장함을 허가한다.

[서식 263] 상속승인기간 연장허가청구서

상속승인기간 연장허가청구

청 구 인　　김 종 렬 (000000-0000000) (전화 : 　　　　)
　　　　　　등록기준지 경북 경주시 동부로 123
　　　　　　주 　　소 서울 종로구 구기로 234 (우편번호 : 00000)

피상속인　망 김 만 술 (000000-0000000)
　　　　　　등록기준지 경북 경주시 동부로 123
　　　　　　최후주소 서울 종로구 구기로 234 (우편번호 : 00000)

청 구 취 지

청구인이 피상속인 망 김만술의 재산상속에 관하여 상속의 승인기간을 20○○. 1. 15.까지로 연장한다.
라는 심판을 구합니다.

청 구 원 인

청구인은 피상속인의 직계비속으로서 피상속인이 20○○. 8. 15. 서울대학병원에서 사망함으로써 상속이 개시되었는 바, 청구인은 3월 내에 상속의 승인을 하고자 하였으나 피상속인의 유산인 별지 목록 기재 부동산이 지방 각지에 산재하여 그 유산을 조사하기 위하여는 상당한 기간이 소요되므로 상속승인신고기간을 20○○. 1. 16.까지 연장받기 위하여 청구취지와 같이 심판을 구합니다.

첨 부 서 류

1. 가족관계증명서(청구인, 피상속인)　　1통
1. 기본증명서(청구인, 피상속인)　　1통
1. 인감증명서(청구인)　　1통
1. 주민등록초본　　2통
1. 부동산등기사항전부증명서　　13통
1. 인감증명　　1통

20○○. ○. ○.

청구인 김 종 렬 (인)

○○ 가정법원 귀중

접수방법

1. 청구인 : 이해관계인(공동상속인, 상속채권자, 상속인의 채권자, 차순위상속인 등 법률상의 이해관계를 가진 자이다) 또는 검사이다.
2. 수입인지 : 사건본인 1인당 5,000원의 인지를 납부한다.
3. 송달료 : 당자자수 × 4,800원(우편료) × 4회분을 납부한다.
4. 관할 : 상속개시지의 가정법원에 제출한다. 즉 피상속인의 최후주소지를 관할하는 가정법원에 제출한다(가소 44조 6호).

[서식 264] 상속승인(포기)기간 연장허가청구서

상속승인(포기)기간 연장허가청구

청 구 인 1. 김 ○ ○ (000000-0000000) (처) (전화 :)
등록기준지 서울 ○○구 ○○로 123
주 소 서울 ○○구 ○○로 234 (우편번호 : 00000)

2. 이 ○ ○ (000000-0000000) (자) (전화 :)
등록기준지 서울 ○○구 ○○로 123
주 소 서울 ○○구 ○○로 345 (우편번호 : 00000)

3. 이 ○ ○ (000000-0000000) (자) (전화 :)
등록기준지 서울 ○○구 ○○로 123
주 소 서울 ○○구 ○○로 456 (우편번호 : 00000)

피상속인 망 이 ○ ○ (000000-0000000)
등록기준지 서울 ○○구 ○○로 123
최후주소 서울 ○○구 ○○로 234 (우편번호 : 00000)

청 구 취 지

청구인들의 재산상속승인(또는 포기) 기간을 20○○. 10. 20.까지 연장함을 허가한다.
라는 심판을 구합니다.

청 구 원 인

1. 상속의 개시
   청구인들은 피상속인 망 이○○의 처와 장남, 장녀이고, 피상속인은 20○○. 4. 20. 사망함에 따라 상속이 개시되었습니다.
2. 이하 상속재산 및 상속채무 등 승인(또는 포시) 기간 동안 조사를 할 수 없는 상당한 사유와 재산관계를 자세히 기재한다.

첨 부 서 류

1. 가족관계증명서	1통
1. 기본증명서	1통
1. 주민등록초본	4통
1. 인감증명서	3통
1. 상속재산목록	1통

20○○. ○. ○.

청구인 1. 김 ○ ○ (인)
2. 이 ○ ○ (인)
3. 이 ○ ○ (인)

○○ 가정법원 귀중

접수방법

1. 청구인 : 이해관계인(공동상속인, 상속채권자, 상속인의 채권자, 차순위상속인 등 법률상의 이해관계를 가진 자이다) 또는 검사이다.
2. 수입인지 : 사건본인 1인당 5,000원의 인지를 납부한다.

3. 송달료 : 당자자수 × 4,800원(우편료) × 4회분을 납부한다.
4. 관할 : 상속개시지의 가정법원에 제출한다. 즉 피상속인의 최후주소지를 관할하는 가정법원에 제출한다(가소 44조 6호).

24. 상속재산의 보존을 위한 처분

가. 의 의

(1) 상속인은 상속의 승인이나 포기를 위한 숙려기간 중에는 그 고유재산에 대한 것과 동일한 주의의무로 상속재산을 관리하여야 하고, 상속을 포기하는 경우에는 그 포기로 인하여 상속인이 된 자가 상속재산을 관리할 수 있을 때까지 그 재산의 관리를 계속하여야 한다(민법 1044조 1항).

(2) 상속인이나 상속을 포기한 자가 위와 같은 상속재산의 관리를 하기가 부적절하거나 불가능한 경우에는 다른 공동상속인이나 이해관계인이 상속재산의 보존을 위한 조치를 가정법원에 청구할 수 있다(민법 1023조).

나. 청구권자

이 처분을 청구할 수 있는 자는 이해관계인(공동상속인, 상속채권자, 상속인의 채권자, 차순위상속인 등과 같이 상속재산에 관하여 법률상 이해관계를 가지는 자이다) 또는 검사이다.

다. 관 할

이 처분의 청구는 상속개시지의 가정법원의 관할에 속한다. 즉 피상속인의 마지막주소지를 관할하는 가정법원이다. 그 마지막주소지가 외국인 경우에는 대법원이 있는 곳의 가정법원이 관할한다.

라. 심 리

상속인의 숙려기간 중에 하는 상속재산관리에 관한 처분은 상속개시 후 그 숙려기간이 지나기 전에 한하여 청구할 수 있고, 상속포기의 경우에는 다른 상속인이 그 상속재산을 관리할 수 있을 때까지 한하여 청구할 수 있다.

[서식 265] 상속재산 보존명령청구서

상속재산보존명령청구

청 구 인　　김 달 수 (000000-0000000) (전화 :　　　　)
등록기준지 서울 서초구 반포로 123
주　　소 서울 강남구 청담로 234 (우편번호 : 00000)

피상속인　망 정 호 윤 (000000-00000000)
등록기준지 서울 강남구 신사로 345
최후주소 서울 강남구 삼성로 456

청 구 취 지

청구인이 피상속인 망 정호윤의 유산보존에 필요한 처분을 명한다.
라는 심판을 구합니다.

청 구 원 인

1. 청구인은 피상속인 망 정호윤의 채권자로서 본건 상속에 대하여 이해관계가 있는 자입니다.
2. 청구인은 위 정호윤에게 20○○. 1. 20. 금 2억원을 대여한 바 있고, 20○○. 9. 7. 서울시 강남구 삼성로 456에서 정호윤이 사망하였으므로 상속이 개시되었으나 상속인은 아직 그 승인 또는 포기를 하지 않고 있습니다.
3. 따라서 그 재산을 그대로 방치하고 보존에 필요한 처분을 하지 않으면 상속재산이 없어질 염려가 있으므로, 청구취지와 같이 심판을 구하는 바입니다.

첨 부 서 류

1. 가족관계증명서　　1통
1. 제적등본　　1통
1. 차용증 및 인감증명　　각 1통
1. 주민등록초본(청구인분)　　1통

20○○. ○. ○.

청구인 김 달 수 (인)

○○ 가정법원 귀중

접수방법

1. 청구인 : 이해관계인(공동상속인, 상속채권자, 상속인의 채권자, 차순위상속인 등 법률상의 이해관계를 가진 자이다) 또는 검사이다.
2. 수입인지 : 5,000원의 인지를 납부한다.
3. 송달료 : 당자자수×4,800원(우편료)×4회분을 납부한다.
4. 관할 : 상속개시지의 가정법원에 제출한다. 즉 피상속인의 최후주소지를 관할하는 가정법원에 제출한다(가소 44조 6호).

25. 한정승인 또는 상속포기신고

가. 의 의

상속인이 한정승인 하거나 상속을 포기할 때에는 숙려기간 내에 가정법원에 신고를 하여야 한다(민법 1030조, 1041조). 상속인은 상속개시 있음을 안 날로부터 3개월 내에 한정승인(일반한정승인)이나 상속포기를 함이 원칙이나, 상속채무가 상속재산을 초과하는 사실을 중대한 사실 없이 위 기간 내에 알지 못하고 단순승인(민법 1026조 1호, 2호에 따라 단순승인을 한 것으로 보는 경우를 포함)을 한 때에는 그 사실을 안 날로부터 3개월 내에 한정승인(특별한정승인)을 할 수 있다. 이러한 상속의 한정승인이나 포기는 상속인으로 하여금 일정한 방식에 따라 상속의 한정승인이나 포기를 하도록 하고, 가정법원으로 하여금 이를 수리하였다는 사실을 공증하게 하여 그 의사표시의 존재를 명화히 하기 위한 것이다.

나. 신 고 인

한정승인 또는 포기의 신고를 할 수 있는 사람은 상속인이다. 태아는 출생한 후 법정대리인이 태아를 위한 상속개시 있음을 안 때부터 3개월 내에 신고할 수 있다. 미성년자, 피한정후견인, 피성년후견인은 그의 친권자 또는 후견인만이 신고할 수 있다. 상속의 한정승인이나 포기는 임의대리인도 할 수 있다(가소규 75조).

다. 관 할

신고를 수리할 법원은 상속개시지의 가정법원이다. 즉, 피상속인(망인)의 주민등록상 마자막주소지 관할법원을 말한다.

라. 숙려기간

신고는 숙려기간, 상속개기 있음을 안 날로부터 3개월 내에, 특별한정승인은 상속채무가 상속재산을 초과한 사실을 안 날로부터 3개월 내에 하여야 한다. 상속인이 제한능력자인 경우에는 그의 친권자 또는 후견인이 상속이 개시된 것을 안 날로부터 기산하고(민법 1020조), 숙려기간 중에 상속인이 사망한 때에는 그의 상속인이 자기의 상속개시 있음을 안 날로부터 기산한다(민법 1021조). 이 기간은 이해관계인 또는 검사의 청구에 의하여 가정법원이 연장할 수 있다(민법 1019조 1항). 이 기간은 제척기간이고 불변기간이 아니어서 그 기간을 지난 후에는 당사자가 책임질 수 없는 사유로 그 기간을 준수하지 못하였더라도 추후에 보완될 수 없다.

마. 신고서의 기재사항

① 당사자의 등록기준지, 주소, 성명, 생년월일, 대리인이 신고할 경우에는 대리인의 주소, 성명, ② 신고의 취지와 원인, ③ 신고의 연월일, ④ 피상속인의 성명과 마지막 주소, ⑤ 상속의 한정승인 또는 포기를 하는 뜻, ⑥ 법원의 표시 ⑦ 상속개시 있음을 안 날, ⑧ 피상속인과의 관계

한정승인의 신고에는 위 신고서 외에 상속재산의 목록을 첨부하고(민법 1030조), 신고인 또는 대리인의 인감증명서를 반드시 첨부하여야 한다(가소규 75조 2항).

[서식 266] 상속한정승인심판청구서(1)

상속한정승인심판청구

청 구 인　　김 석 기 (000000-0000000) (전화 :　　　　)
(상속인)　　등록기준지 서울 영등포구 당산로 123
　　　　　　주　　소 서울 관악구 봉천로 234 (우편번호 : 00000)

피상속인　망 김 권 택 (000000-0000000)
　　　　　　사 망 일 자 20○○. 9. 15.
　　　　　　등록기준지 서울 영등포구 당산로 123
　　　　　　최 후 주 소 서울 관악구 봉천로 234

청 구 취 지

청구인이 피상속인 망 김권택의 재산상속을 함에 있어 별지 상속재산 목록을 첨부하여서 한 한정승인신고는 이를 수리한다.
라는 심판을 구합니다.

청 구 원 인

청구인 김석기는 피상속인 망 김권택의 장남이고 피상속인 망 김권택은 20○○. 9. 15. 최후주소지에서 사망하고 청구인은 상속이 개시한 것을 즉일로 알았으나 피상속인은 건설사업을 하면서 경기불황으로 인하여 많은 채무를 지었고 피상속인이 남긴 상속재산이라고는 별지 목록 표시의 재산밖에 없으며 청구인은 피상속인이 진 부채를 변제할 능력이 없으므로 청구인이 상속으로 인하여 얻은 별지 목록 표시 상속재산의 한도내에서 피상속인의 채무를 변제할 것을 조건으로 한정승인하고자 이 심판청구에 이른 것입니다.

첨 부 서 류

1. 제적등본(망자)　　　1통
1. 가족관계증명서(청구인)　　　1통
1. 기본증명서(망자)　　　1통

1. 주민등록초본 2통
1. 인감증명(청구인) 1통
1. 상속재산목록 3통

20○○. ○. ○.

청구인 김 석 기 (인)

○○ 가정법원 귀중

상 속 재 산 목 록

1. 피상속인의 적극적 재산

가. 부 동 산

(1) ○○시 ○○구 ○○동 ○○○ 대 247㎡

(2) ○○시 ○○구 ○○동 ○○○

[도로명주소] ○○시 ○○구 ○○로 ○○

시멘트 블록조 슬래브지붕 1층 주택 97㎡

개별주택가격(토지,건물포함) : 285,000,000원

나. 자 동 차

(1) 자동차등록번호 : 서울 7더 1346

(2) 형식승인번호 : 1-0114-110-001

(3) 차 명 : 세레스

(4) 차 종 : 화물자동차

(5) 차 대 번 호 : KNCSB1122SS221234

(6) 원동기형식 : S2

(7) 용 도 : 자가용

(8) 연 식 : 20○○년식

(9) 최초등록일 : 20○○. 6. 22.

(10) 최소접수번호 : 1234-23-34567

(11) 최 종 소 유 자 : 김 ○ 화

(12) 사용본거지 : ○○시 ○○구 ○○로 123

다. 유체동산(부부공유재산임으로 지분 2분지 1)

번호	품 명	규격 및 제작회사	개수
1.	장롱	10자반	1조
2.	화장대	1m × 1.5m	1조
3.	침대	퀸사이즈	1구
4.	진열장	1.5m × 2m	1조
6.	냉장고	대우 670리터, 원풀 760리터	2대
7.	컴퓨터	데스크탑 컴백	1대
8.	에어콘	삼성블루인, 13평형	1대

라. 농업협동조합중앙회 : 예금 2,820원

마. 주식회사 ○○은행 ○○지점에 예치한 정기예탁금 30,000,000원

바. ○○산업주식회사에 대한 퇴직금 84,200,000원

사. ○○도 ○○군 ○○읍 ○○로 ○○○ 주택 3층의 임차보증금 20,000,000원

아. 채권(금전채권, 보험금채권, 주식 등) : 없음

2. 피상속인의 소극적 재산

가. 채권자 : 신한생명보험주식회사
채무액 : 6,200,000원(이자는 별도) (20○○. ○. ○. 기준)
채무의 종류 : 가계자금
대출일자 : 20○○. ○. ○.

나. 채권자 : 신한카드주식회사
채무액 : 1,190,472원(이자 포함) (20○○. ○. ○. 기준)
채무의 종류 : 신용카드이용대금

다. 채권자 : 서울보증보험주식회사, 서울 ○○구 ○○로 ○○○
채무액 : 3,476,346원(이자 포함)
채무의 종류 : 구상금(대지급)
발행일 : 20○○. ○. ○.

라. 채권자 : 홍 길 동
채무액 : 5,000,000원(이자는 별도) (20○○. ○. ○. 기준)
채무의 종류 : 차용금
차용일자 : 20○○. ○. ○.

마. 채권자 : 한국수자원공사
채무액 : 6,720,300원(이자 포함)
채무의 종류 : 관행어업 가지급금 반환청구권

발생일 : 20○○. ○. ○.

바. 채권자 : 김 갑 동

금 200,000원 (20○○. ○. ○. 기준)

채무의 종류 : 임대인 김갑동에 대한 월차임 채무

사. 채권자 : ○○세무서

금 6,800,000원 (20○○. ○. ○. 기준)

채무의 종류 : 부가가치세

아. ○○지방법원 ○○지원 20○○카단 123호 부동산가압류 20○○. 11. 20. 접수 제456호, 청구금액 24,600,000원, 채권자 김철동, ○○시 ○○구 ○○로 ○○

자. 위 1의 (나)항의 자동차에 대한 상속채무

압류(세무 1234-5678), 20○○. 7. 30. 제3456호

압류권자 : ○○시 장

차. 압류(세무 2팀-12434), 20○○. 12. 15. 압류내역 : 지방세체납

압류관리번호 : 4577-89101134-456789

압류권자 : ○○광역시 ○○청장

카. 압류(교통행정-4629), 20○○. 3. 25. 압류내역 : 주정차위반과태료

압류관리번호 : 2345-789012-3347

압류권자 : ○○구청장

타. 압류(교통63310-006680), 20○○. 8. 18. 압류내역 : 과태료체납

압류관리번호 : 3456-1234546-455678

압류권자 : ○○경찰서

접수방법

1. 신고서에는 신고인 또는 대리인의 인감증명을 첨부하여야 한다.
2. 신청인 : 상속인이다. 신고하는 자가 무능력인 경우에는 법정대리인이 대리한다. 법정대리인과 관계에서 이해상반행위에 해당하는 때에는 특별대리인을 선임하여야 한다.
3. 수입인지 : 청구인(상속인) 1인당 5,000원의 인지를 납부한다.
4. 송달료 : 당사자수×4,800원×4회분을 납부한다.
5. 관할 : 상속개시지의 가정법원이다(피상속인의 최후주소지). 가정법원 단독부의 사물관할에 속한다.

㈜ 1. **상속한정승인**

상속인은 상속채무가 상속재산을 초과하는 사실을 중대한 과실 없이 상속개시 있음을 안 날로부터 3월 내에 알지 못하여 단순승인한 경우에는 그 사실을 안 날부터 3월 내에 한정승인할 수 있다.

상속포기 또는 한정승인 했어도 보험수익자를 상속인으로 지정된 경우 상속인들은 보험금을 청구할 수 있다.

2. 피상속인 사망 후 3개월이 지난 후에 하는 한정승인

한정승인에는 통상의 한정승인과 특별한정승인이 있다. 전자는 상속개시 있음을 안 날로부터 3개월 이내에 하여야 하고, 후자는 상속채무가 상속재산을 초과한다는 사실을 안 날로부터 3개월 이내에 하여야 한다.

특별한정승인을 하기 위해서는 상속채무자 상속재산을 초과한다는 사실을 중대한 과실 없이 몰랐어야 한다. 여기에서 말하는 '중대한 과실'은 상속인의 나이, 직업, 피상속인과의 관계, 친밀도, 동거여부, 상속개시 후 생활 양상, 생활의 근거지 등 개별 상속인의 개인적 사정에 비추어 상속재산에 대한 관리의무를 현저히 결여한 것을 뜻한다(서울가정법원 2006. 3. 30. 선고 2005브85 결정).

이 경우 상속재산 중 남아 있는 재산은 물론, 상속인이 이미 처분한 상속재산의 목록과 가액도 제출하여야 한다. 중대한 과실 없이 채무존재사실을 알지 못했다는 점에 관한 소명자료(예 : 채무독촉장수령시기, 독촉장사본, 소장부본 등)와 함께 채무존재사실을 안 날을 특정하여 제출하여야 한다.

3. 상속재산(적극재산)이 없는 경우, 그리고 소극재산이 얼마나 되는지 모르는 경우 한정승인신청서 작성방법

현재 서울가정법원에서는 적극재산을 '0'으로 기재하고, 소극재산을 '모름'이라고 기재한 목록을 제출한 경우에도 심판청구에서 그 적극재산의 한도 내에서 책임을 부담하겠다는 취지를 밝힌 경우에는 특별한 사정이 없는 한 일반한정승인신고를 수리하고 있다.

4. 특별한정승인 범위확장

상속과 관련하여 1998. 8. 27. 고려기간 도과에 의한 법정단순승인에 관한 민법 규정에 의하여 헌법불합치결정(1998. 8. 27. 96헌가22)이 내려짐에 따라 2002. 1. 14. 신설된 민법 제1019조 제3항, 이른바 특별한정승인제도(단순승인을 하거나 단순승인으로 간주된 후 한정승인을 할 수 있도록 하는 제도)는 동법 부칙 제3항에서 그 소급적용의 범위를 「1998. 5. 27.부터 이 법 시행(2002. 1. 14.)전까지 상속개시가 있음을 안 자」로 제한하고 있는데, 이러한 부칙 제3항 1998. 5. 27. 전에 상속개시가 있음을 알았으나 그 이후에 상속채무가 상속재산을 초과하는 사실을 안 자를 포함하는 소급적용에 관한 경과규정을 두지 아니하는 한 헌법에 위반된다는 또 다른 헌법재판소의 결정(2004. 1. 29. 2002헌다22 등)이 있어 이에 해당하는 자에게도 특별한정승인의 기회를 부여하기 위하여 2005. 12. 29. 민법(제7765조) 부칙에 제4항을 신설하여 1998. 5. 27. 전에 상속개시가 있음을 알았으나 상속채무초과사실을 중대한 과실 없이 제1019조 제1항의 기간 내에 알지 못하다가 1998, 5. 27. 이후 그 사실을 안 자 중에서 ① 개정법률 시행 전에 안 자는 개정법률 시행일부터, ② 개정법을 시행 이후에 안 자는 그 사실을 안 날부터 3개월 내에 한정승인을 할 수 있도록 개정하였다(민법 부칙 4항, 2005. 12. 29.부터 시행).

5. 상속포기와 한정승인의 차이

부모 등 피상속인이 거액의 채무를 진 채 사망하면 그 배우자나 자녀 등 상속인은 채무를 그대로 승계한다. 이러한 채무를 면할 수 있는 방법이 상속포기와 한정승인이다. 상속포기나 한정승인을 하려면 가정법원에 신고를 하여야 한다.

상속포기와 한정승인은 상속개시가 있음을 안 날로부터 3개월 이내에 하여야 한다. 다만, 가정법원의 허가가 있는 경우에는 이 기간을 연장할 수 있다. 또한, 상속채무가 상속재산을 초과하는 사실을 중대한 과실 없이 알지 못하고 단순승인을 한 경우에는 그 사실을 안 날로부터 3월 내에 한정승인을 할 수 있다. 상속개시가 있음을 안 날이란 상속개시의 원인이 되는 사실의 발생을 앎으로써 자기가 상속인이 되었음을 안 날을 말한다.

상속포기가 수리되면 그 상속인은 피상속인의 채무를 승계하지 않고 면할 수 있다. 그러나 제1순위 상속인이 포기하면 제2순위 이하의 상속인들이 망인의 채무를 승계하게 되므로 상속인들이 채무를 완전히 면하기 위해서는 순위여하를 불문하고 모든 상속인(망인을 기준으로 4촌 이내의 혈족)들이 상속포기를 하여야 한다.

한정승인의 경우에는 제1순위 상속인이 한정승인을 하면 제2순위 이하의 상속인들은 망인의 채무를 승계하지 않는다. 한정승인을 한 상속인은 망인의 모든 채무를 승계하지만 책임은 상속재산의 한도 내에서 진다. 통상 실무에서는 공동상속인이 있는 경우 그 중 1인이 한정승인을 하고 나머지 상속인은 상속포기를 하는 경우가 많다. 한편, 한정승인이 있게 되면 한정승인자는 한정승인을 한 날부터 5일 이내에 일반상속채권자와 유증받은 자에 대하여 한정승인의 사실과 일정한 기간 내에 그 채권 또는 수증을 신고할 것을 2월 이상 공고하도록 되어 있다. 공고는 원칙적으로 상속지 관할 지방법원장이 선정한 신문에 1회 이상 하여야 한다. 선정한 신문이 없는 경우에는 신문상 공고에 갈음하여 등기소와 그 상속지 관할 시·군·구에 게시함으로써 공고할 수 있다(민법 88조, 비송사건절차법 65조의 2,3,4).

한정승인자가 위와 같은 공고 및 최고를 게을리하여 어느 상속채권자나 유증받은 자에게 변제함으로써 다른 상속채권자나 유증자에 대하여 변제할 수 없는 때에는, 자기의 고유재산으로 그 손해를 배상하여야 하며, 이 경우 그 사정을 알고 변제를 받은 상속채권자나 유증받은 자는 구상채무를 부담하게 된다(민법 1038조).

[서식 267] 상속한정승인심판청구서(2)

상속한정승인심판청구

청 구 인　　김 일 동 (000000-0000000) (전화 :)
　　　　　　등록기준지 강원도 양양군 양양읍 중앙로 123
　　　　　　주 소 서울 강남구 역삼로 234 (우편번호 : 00000)

피상속인　망 이 길 수 (000000-0000000)
　　　　　　사 망 일 자 20ㅇㅇ. 10. 15.
　　　　　　등록기준지 서울 서대문구 대현로 789
　　　　　　최 후 주 소 서울 종로구 효제로 890

청 구 취 지

청구인이 피상속인 망 이길수에 대한 재산상속을 함에 있어서 상속재산은 없으므로 그 범위를 정함이 없이 이 사건 한정승인신고는 이를 수리한다.
라는 심판을 구합니다.

청 구 원 인

1. 청구인은 피상속인 이길수의 4촌으로서 망인의 상속인들이 당연하게 상속을 받았을 것이라고 생각하고 청구인이 상속인이 된다는 사실조차 모르고 있던 중 최근에 이르러 금융기관에서 망인의 배우자 및 자녀들이 상속을 포기한 관계로 인하여 청구인이 상속인이 되었다는 사실을 고지 받았습니다.
2. 피상속인이 사망하게 되자 최근에 이르러 상속재산은 전혀 없으며 보증채무 및 대출금 채무만을 남겨두었다는 사실도 확인하게 되었습니다.
3. 따라서 청구인은 민법 제1019조 제3항에 의하여 본 상속한정승인심판에 이른 것입니다.

첨 부 서 류

1. 제적등본(망자)　　1통
1. 가족관계증명서(청구인)　　1통

1. 기본증명서(망자) 1통
1. 주민등록초본 2통
1. 인감증명(청구인) 1통
1. 상속재산목록 3통

20○○. ○. ○.

청구인 1. 이 미 순 (인)
2. 이 미 연 (인)
3. 이 미 자 (인)

○○ 가정법원 귀중

접수방법

1. 신고서에는 신고인 또는 대리인의 인감증명을 첨부하여야 한다.
2. 신청인 : 상속인이다. 신고하는 자가 무능력인 경우에는 법정대리인이 대리한다. 법정대리인과 관계에서 이해상반행위에 해당하는 때에는 특별대리인을 선임하여야 한다.
3. 수입인지 : 청구인(상속인) 1인당 5,000원의 인지를 납부한다.
4. 송달료 : 당사자수×4,800원×4회분을 납부한다.
5. 관할 : 상속개시지의 가정법원이다(피상속인의 최후주소지). 가정법원 단독부의 사물관할에 속한다.

㊟ 1. **상속한정승인**

상속인은 상속채무가 상속재산을 초과하는 사실을 중대한 과실 없이 상속개시 있음을 안 날로부터 3월 내에 알지 못하여 단순승인한 경우에는 그 사실을 안 날부터 3월 내에 한정승인 할 수 있다.

상속포기 또는 한정승인 했어도 보험수익자를 상속인으로 지정된 경우 상속인들은 보험금을 청구할 수 있다.

2. **피상속인 사망 후 3개월이 지난 후에 하는 한정승인**

한정승인에는 통상의 한정승인과 특별한정승인이 있다. 전자는 상속개시 있음을 안 날로부터 3개월 이내에 하여야 하고, 후자는 상속채무가 상속재산을 초과한다는 사실을 안 날로부터 3개월 이내에 하여야 한다.

특별한정승인을 하기 위해서는 상속채무자 상속재산을 초과한다는 사실을 중대한 과실 없이 몰랐어야 한다. 여기에서 말하는 '중대한 과실'은 상속인의 나이, 직업, 피상속인과의 관계, 친밀도, 동거여부, 상속개시 후 생활 양상, 생활의 근거지 등 개별 상속인의 개인적 사정에 비추어 상속재산에 대한 관리의무를 현저히 결여한 것을 뜻한다(서울가정법원 2006. 3. 30. 선고 2005브85 결정).

이 경우 상속재산 중 남아 있는 재산은 물론, 상속인이 이미 처분한 상속재산의 목록과 가액도 제출하여야 한다. 중대한 과실 없이 채무존재사실을 알지 못했다는 점에 관한 소명자료(예 : 채무독촉장수령시기, 독촉장사본, 소장부본 등)와 함께 채무존재사실을 안 날을 특정하여 제출하여야 한다.

3. 상속재산(적극재산)이 없는 경우, 그리고 소극재산이 얼마나 되는지 모르는 경우 한정승인신청서 작성방법

현재 서울가정법원에서는 적극재산을 '0'으로 기재하고, 소극재산을 '모름'이라고 기재한 목록을 제출한 경우에도 심판청구에서 그 적극재산의 한도 내에서 책임을 부담하겠다는 취지를 밝힌 경우에는 특별한 사정이 없는 한 일반한정승인신고를 수리하고 있다.

4. 특별한정승인 범위확장

상속과 관련하여 1998. 8. 27. 고려기간 도과에 의한 법정단순승인에 관한 민법 규정에 의하여 헌법불합치결정(1998. 8. 27. 96헌가22)이 내려짐에 따라 2002. 1. 14. 신설된 민법 제1019조 제3항, 이른바 특별한정승인제도(단순승인을 하거나 단순승인으로 간주된 후 한정승인을 할 수 있도록 하는 제도)는 동법 부칙 제3항에서 그 소급적용의 범위를 「1998. 5. 27.부터 이 법 시행(2002. 1. 14.)전까지 상속개시가 있음을 안 자」로 제한하고 있는데, 이러한 부칙 제3항 1998. 5. 27. 전에

상속개시가 있음을 알았으나 그 이후에 상속채무가 상속재산을 초과하는 사실을 안 자를 포함하는 소급적용에 관한 경과규정을 두지 아니하는 한 헌법에 위반된다는 또 다른 헌법재판소의 결정(2004. 1. 29. 2002헌다22 등)이 있어 이에 해당하는 자에게도 특별한정승인의 기회를 부여하기 위하여 2005. 12. 29. 민법(제7765조) 부칙에 제4항을 신설하여 1998. 5. 27. 전에 상속개시가 있음을 알았으나 상속채무초과사실을 중대한 과실 없이 제1019조 제1항의 기간 내에 알지 못하다가 1998, 5. 27. 이후 그 사실을 안 자 중에서 ① 개정법률 시행 전에 안 자는 개정법률 시행일부터, ② 개정법을 시행 이후에 안 자는 그 사실을 안 날부터 3개월 내에 한정승인을 할 수 있도록 개정하였다(민법 부칙 4항, 2005. 12. 29.부터 시행).

5. 상속포기와 한정승인의 차이

부모 등 피상속인이 거액의 채무를 진 채 사망하면 그 배우자나 자녀 등 상속인은 채무를 그대로 승계한다. 이러한 채무를 면할 수 있는 방법이 상속포기와 한정승인이다. 상속포기나 한정승인을 하려면 가정법원에 신고를 하여야 한다.

상속포기와 한정승인은 상속개시가 있음을 안 날로부터 3개월 이내에 하여야 한다. 다만, 가정법원의 허가가 있는 경우에는 이 기간을 연장할 수 있다. 또한, 상속채무가 상속재산을 초과하는 사실을 중대한 과실 없이 알지 못하고 단순승인을 한 경우에는 그 사실을 안 날로부터 3월 내에 한정승인을 할 수 있다. 상속개시가 있음을 안 날이란 상속개시의

원인이 되는 사실의 발생을 앎으로써 자기가 상속인이 되었음을 안 날을 말한다.

상속포기가 수리되면 그 상속인은 피상속인의 채무를 승계하지 않고 면할 수 있다. 그러나 제1순위 상속인이 포기하면 제2순위 이하의 상속인들이 망인의 채무를 승계하게 되므로 상속인들이 채무를 완전히 면하기 위해서는 순위여하를 불문하고 모든 상속인(망인을 기준으로 4촌 이내의 혈족)들이 상속포기를 하여야 한다.

한정승인의 경우에는 제1순위 상속인이 한정승인을 하면 제2순위 이하의 상속인들은 망인의 채무를 승계하지 않는다. 한정승인을 한 상속인은 망인의 모든 채무를 승계하지만 책임은 상속재산의 한도 내에서 진다. 통상 실무에서는 공동상속인이 있는 경우 그 중 1인이 한정승인을 하고 나머지 상속인은 상속포기를 하는 경우가 많다. 한편, 한정승인이 있게 되면 한정승인자는 한정승인을 한 날부터 5일 이내에 일반상속채권자와 유증받은 자에 대하여 한정승인의 사실과 일정한 기간 내에 그 채권 또는 수증을 신고할 것을 2월 이상 공고하도록 되어 있다. 공고는 원칙적으로 상속지 관할 지방법원장이 선정한 신문에 1회 이상 하여야 한다. 선정한 신문이 없는 경우에는 신문상 공고에 갈음하여 등기소와 그 상속지 관할 시·군·구에 게시함으로써 공고할 수 있다(민법 88조, 비송사건절차법 65조의 2,3,4).

한정승인자가 위와 같은 공고 및 최고를 게을리하여 어느 상속채권자나 유증받은 자에게 변제함으로써 다른 상속채권자나 유증자에 대하여 변제할 수 없는 때에는, 자기의 고유재산으로 그 손해를 배상하여야 하며, 이 경우 그 사정을 알고 변제를 받은 상속채권자나 유증받은 자는 구상채무를 부담하게 된다(민법 1038조).

[서식 268] 상속한정승인심판청구서(3)

상속한정승인심판청구

청 구 인　　배 ○ 순 (000000-0000000) (전화 :　　　　)
　　　　　　등록기준지 : 경기도 연천군 미산면 우정로 123
　　　　　　주　　소 : 경기 오산시 갈곶로 251

피상속인　망 허 덕 순(000000-0000000)
　　　　　　사 망 일 자 : 20○○. 9. 1.
　　　　　　등록기준지 : 경기도 연천군 미산면 우정로 123
　　　　　　최 후 주 소 : 경기도 동두천시 상패로 11

청 구 취 지

청구인이 피상속인 망 허○순에 대한 재산 상속을 함에 있어 별지 재산목록을 첨부하여 신청한 상속한정승인신고는 이를 수리한다.
라는 심판을 구함.

청 구 원 인

1. 청구인 배○순은 피상속인 망 허○순의 직계비속인 바, 청구인은 망 허○순이 고향인 동두천에 거주하고, 청구인은 직장관계로 현재의 주소지에서 거주하여 오는 통에 상당기간 별거하여 왔는데 20○○. 9. 1. 피상속인은 그 거주하던 동두천시 상패로 11에서 갑작스런 병환으로 인하여 병원으로 이송하던 도중 사망함으로 인하여 상속이 개시되었습니다.
2. 그런데 최근 20○○. 12. 10.경 모친인 망 허○순이 거주하던 동두천시 집을 방문하였다가 우연히 청구외 미래신용정보 회사에서 망 허○순에게 보낸바 있는 우편물을 보고 가족들에게 자초지종을 확인하여 본바, 청구인의 동생인 배○미가 금융기관으로부터 금전 대출을 받으면서 모친인 망 허○순이 연대보증한 사실을 알게 된 것입니다.
3. 따라서 청구인은 민법 제1019조 제3항에 따라 별지 목록의 상속재산에 대하여 상속으로 인하여 얻은 재산의 한도 내에서 피상속인의 채무를 변제할 조건으로 상속한정승인을 신청합니다.

첨 부 서 류

1. 제적등본	1통
1. 가족관계증명서(청구인, 피상속인)	2통
1. 주민등록등본	1통
1. 말소주민등록초본	1통
1. 미래신용정보우편물	1통
1. 인감증명서(청구인)	1통
1. 상속재산목록	3통

20○○. ○. ○.

위 청구인 배 ○ 순 (인감)

○○ 가정법원 귀중

접수방법

1. 신고서에는 신고인 또는 대리인의 인감증명을 첨부하여야 한다.
2. 신청인 : 상속인이다. 신고하는 자가 무능력인 경우에는 법정대리인이 대리한다. 법정대리인과 관계에서 이해상반행위에 해당하는 때에는 특별대리인을 선임하여야 한다.
3. 수입인지 : 청구인(상속인) 1인당 5,000원의 인지를 납부한다.
4. 송달료 : 당사자수 × 4,800원 × 4회분을 납부한다.
5. 관할 : 상속개시지의 가정법원이다(피상속인의 최후주소지). 가정법원 단독부의 사물관할에 속한다.

주 1. 상속한정승인

상속인은 상속채무가 상속재산을 초과하는 사실을 중대한 과실 없이 상속개시 있음을 안 날로부터 3월 내에 알지 못하여 단순승인한 경우에는 그 사실을 안 날부터 3월 내에 한정승인 할 수 있다.

상속포기 또는 한정승인 했어도 보험수익자를 상속인으로 지정된 경우 상속인들은 보험금을 청구할 수 있다.

2. 피상속인 사망 후 3개월이 지난 후에 하는 한정승인

한정승인에는 통상의 한정승인과 특별한정승인이 있다. 전자는 상속개시 있음을 안 날로부터 3개월 이내에 하여야 하고, 후자는 상속채무가 상속재산을 초과한다는 사실을 안 날로부터 3개월 이내에 하여야 한다.

특별한정승인을 하기 위해서는 상속채무자 상속재산을 초과한다는 사실을 중대한 과실 없이 몰랐어야 한다. 여기에서 말하는 '중대한 과실'은 상속인의 나이, 직업, 피상속인과의 관계, 친밀도, 동거여부, 상속개시 후 생활 양상, 생활의 근거지 등 개별 상속인의 개인적 사정에 비추어 상속재산에 대한 관리의무를 현저히 결여한 것을 뜻한다(서울가정법원 2006. 3. 30. 선고 2005브85 결정).

이 경우 상속재산 중 남아 있는 재산은 물론, 상속인이 이미 처분한 상속재산의 목록과 가액도 제출하여야 한다. 중대한 과실 없이 채무존재사실을 알지 못했다는 점에 관한 소명자료(예 : 채무독촉장수령시기, 독촉장사본, 소장부본 등)와 함께 채무존재사실을 안 날을 특정하여 제출하여야 한다.

3. 상속재산(적극재산)이 없는 경우, 그리고 소극재산이 얼마나 되는지 모르는 경우 한정승인신청서 작성방법

현재 서울가정법원에서는 적극재산을 '0'으로 기재하고, 소극재산을 '모름'이라고 기재한 목록을 제출한 경우에도 심판청구에서 그 적극재산의 한도 내에서 책임을 부담하겠다는 취지를 밝힌 경우에는 특별한 사정이 없는 한 일반한정승인신고를 수리하고 있다.

4. 특별한정승인 범위확장

상속과 관련하여 1998. 8. 27. 고려기간 도과에 의한 법정단순승인에 관한 민법 규정에 의하여 헌법불합치결정(1998. 8. 27. 96헌가22)이 내려짐에 따라 2002. 1. 14. 신설된

민법 제1019조 제3항, 이른바 특별한정승인제도(단순승인을 하거나 단순승인으로 간주된 후 한정승인을 할 수 있도록 하는 제도)는 동법 부칙 제3항에서 그 소급적용의 범위를 「1998. 5. 27.부터 이 법 시행(2002. 1. 14.)전까지 상속개시가 있음을 안 자」로 제한하고 있는데, 이러한 부칙 제3항 1998. 5. 27. 전에

상속개시가 있음을 알았으나 그 이후에 상속채무가 상속재산을 초과하는 사실을 안 자를 포함하는 소급적용에 관한 경과규정을 두지 아니하는 한 헌법에 위반된다는 또 다른 헌법재판소의 결정(2004. 1. 29. 2002헌다22 등)이 있어 이에 해당하는 자에게도 특별한정승인의 기회를 부여하기 위하여 2005. 12. 29. 민법(제7765조) 부칙에 제4항을 신설하여 1998. 5. 27. 전에 상속개시가 있음을 알았으나 상속채무초과사실을 중대한 과실 없이 제1019조 제1항의 기간 내에 알지 못하다가 1998.

5. 27. 이후 그 사실을 안 자 중에서 개정법률 시행 전에 안 자는 ① 개정법률 시행일부터, ① 개정법을 시행 이후에 안 자는 그 사실을 안 날부터 3개월 내에 한정승인을 할 수 있도록 개정하였다(민법 부칙 4항, 2005. 12. 29.부터 시행).

5. 상속포기와 한정승인의 차이

부모 등 피상속인이 거액의 채무를 진 채 사망하면 그 배우자나 자녀 등 상속인은 채무를 그대로 승계한다. 이러한 채무를 면할 수 있는 방법이 상속포기와 한정승인이다. 상속포기나 한정승인을 하려면 가정법원에 신고를 하여야 한다.

상속포기와 한정승인은 상속개시가 있음을 안 날로부터 3개월 이내에 하여야 한다. 다만, 가정법원의 허가가 있는 경우에는 이 기간을 연장할 수 있다. 또한, 상속채무가 상속재산을 초과하는 사실을 중대한 과실 없이 알지 못하고 단순승인을 한 경우에는 그 사실을 안 날로부터 3월 내에 한정승인을 할 수 있다. 상속개시가 있음을 안 날이란 상속개시의 원인이 되는 사실의 발생을 앎으로써 자기가 상속인이 되었음을 안 날을 말한다.

상속포기가 수리되면 그 상속인은 피상속인의 채무를 승계하지 않고 면할 수 있다. 그러나 제1순위 상속인이 포기하면 제2순위 이하의 상속인들이 망인의 채무를 승계하게 되므로 상속인들이 채무를 완전히 면하기 위해서는 순위여하를 불문하고 모든 상속인(망인을 기준으로 4촌 이내의 혈족)들이 상속포기를 하여야 한다.

한정승인의 경우에는 제1순위 상속인이 한정승인을 하면 제2순위 이하의 상속인들은 망인의 채무를 승계하지 않는다. 한정승인을 한 상속인은 망인의 모든 채무를 승계하지만 책임은 상속재산의 한도 내에서 진다. 통상 실무에서는 공동상속인이 있는 경우 그 중 1인이 한정승인을 하고 나머지 상속인은 상속포기를 하는 경우가 많다. 한편, 한정승인이 있게 되면 한정승인자는 한정승인을 한 날부터 5일 이내에 일반상속채권자와 유증받은 자에 대하여 한정승인의 사실과 일정한 기간 내에 그 채권 또는 수증을 신고할 것을 2월 이상 공고하도록 되어 있다. 공고는 원칙적으로 상속지 관할 지방법원장이 선정한 신문에 1회 이상 하여야 한다. 선정한 신문이 없는 경우에는 신문상 공고에 갈음하여 등기소와 그 상속지 관할 시·군·구에 게시함으로써 공고할 수 있다(민법 88조, 비송사건절차법 65조의

2,3,4).

한정승인자가 위와 같은 공고 및 최고를 게을리하여 어느 상속채권자나 유증받은 자에게 변제함으로써 다른 상속채권자나 유증자에 대하여 변제할 수 없는 때에는, 자기의 고유재산으로 그 손해를 배상하여야 하며, 이 경우 그 사정을 알고 변제를 받은 상속채권자나 유증받은 자는 구상채무를 부담하게 된다(민법 1038조).

[서식 269] 상속한정승인심판청구서(4)

상속한정승인심판청구

청 구 인 1. 이 ○ 준 (000000-0000000) (전화 :)
2. 이 ○ 기 (000000-0000000) (전화 :)
3. 이 ○ 주 (000000-0000000)
위 청구인들의 등록기준지 : 서울 ○○구 ○○로 344
위 청구인들의 주소 : 서울 ○○구 ○○로 457
위 청구인 2. 이○기, 3. 이○주는 미성년자이므로
법정대리인 친권자 부 이○준
서울 ○○구 ○○로 457 (우편번호 : 00000)

피상속인(망) 김 ○ 화 (000000-0000000)
사 망 일 자 : 20○○. 10. 15.
등록기준지 : 서울 ○○구 ○○로 344
최 후 주 소 : 서울 ○○구 ○○로 457

청 구 취 지

청구인들이 피상속인 망 김○화에 대한 상속을 함에 있어 별지 상속재산의 목록을 첨부하여서 한 이 사건 한정승인신고는 이를 수리한다.
라는 심판을 구합니다.

청 구 원 인

1. 청구인 이○준은 피상속인 망 김○화의 배우자이며, 청구인 이○기, 민○주는 피상속

인 망 김○화의 자식들로서 직계비속입니다.

2. 위 피상속인은 20○○. 10. 15. 최후 주소지에서 사망하였고, 청구인들은 상속이 개시된 사실을 즉시 알았으나 청구인들은 피상속인의 채무를 변제할 능력이 없으므로, 상속으로 인하여 얻은 재산의 한도에서 위 피상속인의 채무를 변제할 것을 조건으로 한정승인하고자 본 심판청구에 이른 것입니다.

첨 부 서 류

1. 제적등본(망자)	1통
1. 기본증명서	4통
1. 가족관계증명서	4통
1. 주민등록초본	3통
1. 인감증명서	1통
1. 말소자 주민등록등본	1통
1. 상속재산목록	5통

20○○. ○. ○.

청구인 이 ○ 준 (인)
청구인 이 ○ 기
청구인 이 ○ 주
위 이○기, 이○주는 미성년자이므로 법정대리인
친권자 부 이 ○ 준 (인)

○○ 가정법원 귀중

접수방법

1. 신고서에는 신고인 또는 대리인의 인감증명을 첨부하여야 한다.
2. 신청인 : 상속인이다. 신고하는 자가 무능력인 경우에는 법정대리인이 대리한다. 법정대리인과 관계에서 이해상반행위에 해당하는 때에는 특별대리인을 선임하여야 한다.
3. 수입인지 : 청구인(상속인) 1인당 5,000원의 인지를 납부한다.
4. 송달료 : 당사자수×4,800원×4회분을 납부한다.

5. 관할 : 상속개시지의 가정법원이다(피상속인의 최후주소지). 가정법원 단독부의 사물관할에 속한다.

주 1. **상속한정승인**

상속인은 상속채무가 상속재산을 초과하는 사실을 중대한 과실 없이 상속개시 있음을 안 날로부터 3월 내에 알지 못하여 단순승인한 경우에는 그 사실을 안 날부터 3월 내에 한정승인 할 수 있다.

상속포기 또는 한정승인 했어도 보험수익자를 상속인으로 지정된 경우 상속인들은 보험금을 청구할 수 있다.

2. **피상속인 사망 후 3개월이 지난 후에 하는 한정승인**

한정승인에는 통상의 한정승인과 특별한정승인이 있다. 전자는 상속개시 있음을 안 날로부터 3개월 이내에 하여야 하고, 후자는 상속채무가 상속재산을 초과한다는 사실을 안 날로부터 3개월 이내에 하여야 한다.

특별한정승인을 하기 위해서는 상속채무자 상속재산을 초과한다는 사실을 중대한 과실 없이 몰랐어야 한다. 여기에서 말하는 '중대한 과실'은 상속인의 나이, 직업, 피상속인과의 관계, 친밀도, 동거여부, 상속개시 후 생활 양상, 생활의 근거지 등 개별 상속인의 개인적 사정에 비추어 상속재산에 대한 관리의무를 현저히 결여한 것을 뜻한다(서울가정법원 2006. 3. 30. 선고 2005브85 결정).

이 경우 상속재산 중 남아 있는 재산은 물론, 상속인이 이미 처분한 상속재산의 목록과 가액도 제출하여야 한다. 중대한 과실 없이 채무존재사실을 알지 못했다는 점에 관한 소명자료(예 : 채무독촉장수령시기, 독촉장사본, 소장부본 등)와 함께 채무존재사실을 안 날을 특정하여 제출하여야 한다.

3. **상속재산(적극재산)이 없는 경우, 그리고 소극재산이 얼마나 되는지 모르는 경우 한정승인신청서 작성방법**

현재 서울가정법원에서는 적극재산을 'O'으로 기재하고, 소극재산을 '모름'이라고 기재한 목록을 제출한 경우에도 심판청구에서 그 적극재산의 한도 내에서 책임을 부담하겠다는 취지를 밝힌 경우에는 특별한 사정이 없는 한 일반한정승인신고를 수리하고 있다.

4. **특별한정승인 범위확장**

상속과 관련하여 1998. 8. 27. 고려기간 도과에 의한 법정단순승인에 관한 민법 규정에 의하여 헌법불합치결정(1998. 8. 27. 96헌가22)이 내려짐에 따라 2002. 1. 14. 신설된 민법 제1019조 제3항, 이른바 특별한정승인제도(단순승인을 하거나 단순승인으로 간주된 후 한정승인을 할 수 있도록 하는 제도)는 동법 부칙 제3항에서 그 소급적용의 범위를 「1998. 5. 27.부터 이 법 시행(2002. 1. 14.)전까지 상속개시가 있음을 안 자」로 제한하고 있는데, 이러한 부칙 제3항 1998. 5. 27. 전에 상속개시가 있음을 알았으나 그 이후에 상속채무가 상속재산을 초과하는 사실을 안 자를 포함하는 소급적용에 관한 경과규정을 두지 아니하는 한 헌법에 위반된다는 또 다른 헌법재판소의 결정(2004. 1. 29. 2002헌다

22 등)이 있어 이에 해당하는 자에게도 특별한정승인의 기회를 부여하기 위하여 2005. 12. 29. 민법(제7765조)

부칙에 제4항을 신설하여 1998. 5. 27. 전에 상속개시가 있음을 알았으나 상속채무초과 사실을 중대한 과실 없이 제1019조 제1항의 기간 내에 알지 못하다가 1998, 5. 27. 이후 그 사실을 안 자 중에서 ① 개정법률 시행 전에 안 자는 개정법률 시행일부터, ② 개정법을 시행 이후에 안 자는 그 사실을 안 날부터 3개월 내에 한정승인을 할 수 있도록 개정하였다(민법 부칙 4항, 2005. 12. 29.부터 시행).

5. 상속포기와 한정승인의 차이!

부모 등 피상속인이 거액의 채무를 진 채 사망하면 그 배우자나 자녀 등 상속인은 채무를 그대로 승계한다. 이러한 채무를 면할 수 있는 방법이 상속포기와 한정승인이다. 상속포기나 한정승인을 하려면 가정법원에 신고를 하여야 한다.

상속포기와 한정승인은 상속개시가 있음을 안 날로부터 3개월 이내에 하여야 한다. 다만, 가정법원의 허가가 있는 경우에는 이 기간을 연장할 수 있다. 또한, 상속채무가 상속재산을 초과하는 사실을 중대한 과실 없이 알지 못하고 단순승인을 한 경우에는 그 사실을 안 날로부터 3월 내에 한정승인을 할 수 있다. 상속개시가 있음을 안 날이란 상속개시의 원인이 되는 사실의 발생을 앎으로써 자기가 상속인이 되었음을 안 날을 말한다.

상속포기가 수리되면 그 상속인은 피상속인의 채무를 승계하지 않고 면할 수 있다. 그러나 제1순위 상속인이 포기하면 제2순위 이하의 상속인들이 망인의 채무를 승계하게 되므로 상속인들이 채무를 완전히 면하기 위해서는 순위여하를 불문하고 모든 상속인(망인을 기준으로 4촌 이내의 혈족)들이 상속포기를 하여야 한다.

한정승인의 경우에는 제1순위 상속인이 한정승인을 하면 제2순위 이하의 상속인들은 망인의 채무를 승계하지 않는다. 한정승인을 한 상속인은 망인의 모든 채무를 승계하지만 책임은 상속재산의 한도 내에서 진다. 통상 실무에서는 공동상속인이 있는 경우 그 중 1인이 한정승인을 하고 나머지 상속인은 상속포기를 하는 경우가 많다. 한편, 한정승인이 있게 되면 한정승인자는 한정승인을 한 날부터 5일 이내에 일반상속채권자와 유증받은 자에 대하여 한정승인의 사실과 일정한 기간 내에 그 채권 또는 수증을 신고할 것을 2월 이상 공고하도록 되어 있다. 공고는 원칙적으로 상속지 관할 지방법원장이 선정한 신문에 1회 이상 하여야 한다. 선정한 신문이 없는 경우에는 신문상 공고에 갈음하여 등기소와 그 상속지 관할 시·군·구에 게시함으로써 공고할 수 있다(민법 88조, 비송사건절차법 65조의 2,3,4).

한정승인자가 위와 같은 공고 및 최고를 게을리하여 어느 상속채권자나 유증받은 자에게 변제함으로써 다른 상속채권자나 유증자에 대하여 변제할 수 없는 때에는, 자기의 고유재산으로 그 손해를 배상하여야 하며, 이 경우 그 사정을 알고 변제를 받은 상속채권자나 유증받은 자는 구상채무를 부담하게 된다(민법 1038조).

[서식 270] 상속한정승인심판청구서(5)

상속한정승인심판청구

청 구 인　　남 ○ 순 (000000-0000000) (전화 :)
　　등록기준지 : 전남 해남군 화원면 화기로 596
　　주 소 : 성남시 분당구 수내로 76

피상속인　망 김 ○ 동 (000000-0000000)
　　사 망 일 자 : 20○○. 5. 31.
　　등록기준지 : 전남 해남군 화원면 화기로 596.
　　최 후 주 소 : 성남시 분당구 수내로 76

청 구 취 지

청구인이 피상속인 망 김○동의 재산상속을 함에 있어서 별지 상속재산 목록을 첨부하여서 한 이 사건 한정승인신고는 이를 수리한다.
라는 심판을 구합니다.

청 구 원 인

1. 청구인은 피상속인 망 김○동의 처입니다. 청구인은 20○○. 5. 31. 최후주소지에서 피상속인의 사망으로 인하여 재산상속이 개시된 사실을 알게 되었습니다.
2. 피상속인에게는 상속재산으로 별지 목록 기재 부동산이 있습니다. 그러나 피상속인은 상당한 채무가 있어 청구인은 상속에 의하여 취득되는 재산한도 내에서 피상속인의 채무를 변제하는 조건으로 상속을 승인하고자 본 심판청구에 이른 것니다.

첨 부 서 류

1. 가족관계증명서(청구인, 피상속인)　　1통
1. 개인인감증명서(청구인)　　1통
1. 제적등본　　1통
1. 혼인관계증명서　　1통
1. 주민등록등본(청구인, 피상속인)　　2통

1. 부동산등기부등본 1통
1. 상속재산목록 3통

20○○. ○. ○.

청구인 남 ○ 순 (인감)

○○ 가정법원 귀중

접수방법

1. 신고서에는 신고인 또는 대리인의 인감증명을 첨부하여야 한다.
2. 신청인 : 상속인이다. 신고하는 자가 무능력인 경우에는 법정대리인이 대리한다. 법정대리인과 관계에서 이해상반행위에 해당하는 때에는 특별대리인을 선임하여야 한다.
3. 수입인지 : 청구인(상속인) 1인당 5,000원의 인지를 납부한다.
4. 송달료 : 당사자수×4,800원×4회분을 납부한다.
5. 관할 : 상속개시지의 가정법원이다(피상속인의 최후주소지). 가정법원 단독부의 사물관할에 속한다.

주 1. **상속한정승인**

상속인은 상속채무가 상속재산을 초과하는 사실을 중대한 과실 없이 상속개시 있음을 안 날로부터 3월 내에 알지 못하여 단순승인한 경우에는 그 사실을 안 날부터 3월 내에 한정승인 할 수 있다.

상속포기 또는 한정승인 했어도 보험수익자를 상속인으로 지정된 경우 상속인들은 보험금을 청구할 수 있다.

2. **피상속인 사망 후 3개월이 지난 후에 하는 한정승인**

한정승인에는 통상의 한정승인과 특별한정승인이 있다. 전자는 상속개시 있음을 안 날로부터 3개월 이내에 하여야 하고, 후자는 상속채무가 상속재산을 초과한다는 사실을 안 날로부터 3개월 이내에 하여야 한다.

특별한정승인을 하기 위해서는 상속채무자 상속재산을 초과한다는 사실을 중대한 과실 없이 몰랐어야 한다. 여기에서 말하는 '중대한 과실'은 상속인의 나이, 직업, 피상속인과의 관계, 친밀도, 동거여부, 상속개시 후 생활 양상, 생활의 근거지 등 별 상속인의 개인적 사정에 비추어 상속재산에 대한 관리의무를 현저히 결여한 것을 뜻한다(서울가정법원 2006. 3. 30. 선고 2005브85 결정).

이 경우 상속재산 중 남아 있는 재산은 물론, 상속인이 이미 처분한 상속재산의 목록과 가액도 제출하여야 한다. 중대한 과실 없이 채무존재사실을 알지 못했다는 점에 관한 소명자료(예 : 채무독촉장수령시기, 독촉장사본, 소장부본 등)와 함께 채무존재사실을 안 날을 특정하여 제출하여야 한다.

3. **상속재산(적극재산)이 없는 경우, 그리고 소극재산이 얼마나 되는지 모르는 경우 한정승인신청서 작성방법**

   현재 서울가정법원에서는 적극재산을 '0'으로 기재하고, 소극재산을 '모름'이라고 기재한 목록을 제출한 경우에도 심판청구에서 그 적극재산의 한도 내에서 책임을 부담하겠다는 취지를 밝힌 경우에는 특별한 사정이 없는 한 일반한정승인신고를 수리하고 있다.

4. **특별한정승인 범위확장**

   상속과 관련하여 1998. 8. 27. 고려기간 도과에 의한 법정단순승인에 관한 민법 규정에 의하여 헌법불합치결정(1998. 8. 27. 96헌가22)이 내려짐에 따라 2002. 1. 14. 신설된 민법 제1019조 제3항, 이른바 특별한정승인제도(단순승인을 하거나 단순승인으로 간주된 후 한정승인을 할 수 있도록 하는 제도)는 동법 부칙 제3항에서 그 소급적용의 범위를 「1998. 5. 27.부터 이 법 시행(2002. 1. 14.)전까지 상속개시가 있음을 안 자」로 제한하고 있는데, 이러한 부칙 제3항 1998. 5. 27. 전에 상속개시가 있음을 알았으나 그 이후에 상속채무가 상속재산을 초과하는 사실을 안 자를 포함하는 소급적용에 관한 경과규정을 두지 아니하는 한 헌법에 위반된다는 또 다른 헌법재판소의 결정(2004. 1. 29. 2002헌다22 등)이 있어 이에 해당하는 자에게도 특별한정승인의 기회를 부여하기 위하여 2005. 12. 29. 민법(제7765조) 부칙에 제4항을 신설하여 1998. 5. 27. 전에 상속개시가 있음을 알았으나 상속채무초과사실을 중대한 과실 없이 제1019조 제1항의 기간 내에 알지 못하다가 1998, 5. 27. 이후 그 사실을 안 자 중에서 개정법률 시행 전에 안 자는 ① 개정법률 시행일부터, ① 개정법을 시행 이후에 안 자는 그 사실을 안 날부터 3개월 내에 한정승인을 할 수 있도록 개정하였다(민법 부칙 4항, 2005. 12. 29.부터 시행).

5. **상속포기와 한정승인의 차이**

   부모 등 피상속인이 거액의 채무를 진 채 사망하면 그 배우자나 자녀 등 상속인은 채무를 그대로 승계한다. 이러한 채무를 면할 수 있는 방법이 상속포기와 한정승인이다. 상속포기나 한정승인을 하려면 가정법원에 신고를 하여야 한다.

   상속포기와 한정승인은 상속개시가 있음을 안 날로부터 3개월 이내에 하여야 한다. 다만, 가정법원의 허가가 있는 경우에는 이 기간을 연장할 수 있다. 또한, 상속채무가 상속재산을 초과하는 사실을 중대한 과실 없이 알지 못하고 단순승인을 한 경우에는 그 사실을 안 날로부터 3월 내에 한정승인을 할 수 있다. 상속개시가 있음을 안 날이란 상속개시의 원인이 되는 사실의 발생을 앎으로써 자기가 상속인이 되었음을 안 날을 말한다.

   상속포기가 수리되면 그 상속인은 피상속인의 채무를 승계하지 않고 면할 수 있다. 그러나 제1순위 상속인이 포기하면 제2순위 이하의 상속인들이 망인의 채무를 승계하게 되므로 상속인들이 채무를 완전히 면하기 위해서는 순위여하를 불문하고 모든 상속인(망인을 기준으로 4촌 이내의 혈족)들이 상속포기를 하여야 한다.

한정승인의 경우에는 제1순위 상속인이 한정승인을 하면 제2순위 이하의 상속인들은 망인의 채무를 승계하지 않는다. 한정승인을 한 상속인은 망인의 모든 채무를 승계하지만 책임은 상속재산의 한도 내에서 진다. 통상 실무에서는 공동상속인이 있는 경우 그 중 1인이 한정승인을 하고 나머지 상속인은 상속포기를 하는 경우가 많다. 한편, 한정승인이 있게 되면 한정승인자는 한정승인을 한 날부터 5일 이내에 일반상속채권자와 유증받은 자에 대하여 한정승인의 사실과 일정한 기간 내에 그 채권 또는 수증을 신고할 것을 2월 이상 공고하도록 되어 있다. 공고는 원칙적으로 상속지 관할 지방법원장이 선정한 신문에 1회 이상 하여야 한다. 선정한 신문이 없는 경우에는 신문상 공고에 갈음하여 등기소와 그 상속지 관할 시·군·구에 게시함으로써 공고할 수 있다(민법 88조, 비송사건절차법 65조의 2,3,4).

한정승인자가 위와 같은 공고 및 최고를 게을리하여 어느 상속채권자나 유증받은 자에게 변제함으로써 다른 상속채권자나 유증자에 대하여 변제할 수 없는 때에는, 자기의 고유재산으로 그 손해를 배상하여야 하며, 이 경우 그 사정을 알고 변제를 받은 상속채권자나 유증받은 자는 구상채무를 부담하게 된다(민법 1038조).

[서식 271] 상속한정승인심판청구서(6)

상속한정승인심판청구

청구인(상속인) 1. ○ ○ ○ (000000-0000000) (전화 :)
등록기준지 : 서울 ○○구 ○○로 ○○
주 소 : 서울 ○○구 ○○로 ○○ (우편번호 : 00000)

2. ○ ○ ○ (000000-0000000) (전화 :)
등록기준지 : 서울 ○○구 ○○로 ○○
주 소 : 서울 ○○구 ○○로 ○○ (우편번호 : 00000)

3. ○ ○ ○ (000000-0000000)
등록기준지 : 서울 ○○구 ○○로 ○○
주 소 : 서울 ○○구 ○○로 ○○ (우편번호 : 00000)

피상속인(망) ○ ○ ○ (000000-0000000)

사 망 일 자 : 20○○. ○. ○.
등록기준지 : 서울 ○○구 ○○로 ○○
최 후 주 소 : 서울 ○○구 ○○로 ○○

청 구 취 지

청구인들이 피상속인 망 ○○○에 대한 재산상속을 함에 있어 별지 상속재산의 목록을 첨부하여서 한 이 사건 한정승인신고는 이를 수리한다.
라는 심판을 구합니다.

청 구 원 인

청구인들은 피상속인들의 직계비속 바, 피상속인 ○○○은 20○○. ○. ○. ○○시 ○○구 ○○로 ○○○에서 사망하고 청구인들은 상속이 개시된 사실을 20○○. ○. ○. 알았으나 위 상속에 있어, 상속으로 인하여 얻은 재산의 한도 내에서 피상속인의 채무를 변제할 것을 조건으로 한정승인하고자 본 심판청구에 이른 것입니다.

첨 부 서 류

1. 제적등본	2통
1. 기본증명서	1통
1. 가족관계증명서	3통
1. 주민등록초본	3통
1. 인감증명서	3통
1. 말소자 주민등록등본	1통
1. 상속재산목록	5통

20○○. ○. ○.

청구인 ○ ○ ○ (인)
청구인 ○ ○ ○ (인)
청구인 ○ ○ ○ (인)

○○ 가정법원 귀중

접수방법

1. 신고서에는 신고인 또는 대리인의 인감증명을 첨부하여야 한다.
2. 신청인 : 상속인이다. 신고하는 자가 무능력인 경우에는 법정대리인이 대리한다. 법정대리인과 관계에서 이해상반행위에 해당하는 때에는 특별대리인을 선임하여야 한다.
3. 수입인지 : 청구인(상속인) 1인당 5,000원의 인지를 납부한다.
4. 송달료 : 당사자수×4,800원×4회분을 납부한다.
5. 관할 : 상속개시지의 가정법원이다(피상속인의 최후주소지). 가정법원 단독부의 사물관할에 속한다.

주 1. **상속한정승인**

상속인은 상속채무가 상속재산을 초과하는 사실을 중대한 과실 없이 상속개시 있음을 안 날로부터 3월 내에 알지 못하여 단순승인한 경우에는 그 사실을 안 날부터 3월 내에 한정승인 할 수 있다.

상속포기 또는 한정승인 했어도 보험수익자를 상속인으로 지정된 경우 상속인들은 보험금을 청구할 수 있다.

2. **피상속인 사망 후 3개월이 지난 후에 하는 한정승인**

한정승인에는 통상의 한정승인과 특별한정승인이 있다. 전자는 상속개시 있음을 안 날로부터 3개월 이내에 하여야 하고, 후자는 상속채무가 상속재산을 초과한다는 사실을 안 날로부터 3개월 이내에 하여야 한다.

특별한정승인을 하기 위해서는 상속채무자 상속재산을 초과한다는 사실을 중대한 과실 없이 몰랐어야 한다. 여기에서 말하는 '중대한 과실'은 상속인의 나이, 직업, 피상속인과의 관계, 친밀도, 동거여부, 상속개시 후 생활 양상, 생활의 근거지 등 개별 상속인의 개인적 사정에 비추어 상속재산에 대한 관리의무를 현저히 결여한 것을 뜻한다(서울가정법원 2006. 3. 30. 선고 2005브85 결정).

이 경우 상속재산 중 남아 있는 재산은 물론, 상속인이 이미 처분한 상속재산의 목록과 가액도 제출하여야 한다. 중대한 과실 없이 채무존재사실을 알지 못했다는 점에 관한 소명자료(예 : 채무독촉장수령시기, 독촉장사본, 소장부본 등)와 함께 채무존재사실을 안 날을 특정하여 제출하여야 한다.

3. **상속재산(적극재산)이 없는 경우, 그리고 소극재산이 얼마나 되는지 모르는 경우 한정승인신청서 작성방법**

현재 서울가정법원에서는 적극재산을 '0'으로 기재하고, 소극재산을 '모름'이라고 기재한 목록을 제출한 경우에도 심판청구에서 그 적극재산의 한도 내에서 책임을 부담하겠다는 취지를 밝힌 경우에는 특별한 사정이 없는 한 일반한정승인신고를 수리하고 있다.

4. **특별한정승인 범위확장**

상속과 관련하여 1998. 8. 27. 고려기간 도과에 의한 법정단순승인에 관한 민법 규정에 의하여 헌법불합치결정(1998. 8. 27. 96헌가22)이 내려짐에 따라 2002. 1. 14. 신설된

민법 제1019조 제3항, 이른바 특별한정승인제도(단순승인을 하거나 단순승인으로 간주된 후 한정승인을 할 수 있도록 하는 제도)는 동법 부칙 제3항에서 그 소급적용의 범위를 「1998. 5. 27.부터 이 법 시행(2002. 1. 14.)전까지 상속개시가 있음을 안 자」로 제한하고 있는데, 이러한 부칙 제3항 1998. 5. 27. 전에 상속개시가 있음을 알았으나 그 이후에 상속채무가 상속재산을 초과하는 사실을 안 자를 포함하는 소급적용에 관한 경과규정을 두지 아니하는 한 헌법에 위반된다는 또 다른 헌법재판소의 결정(2004. 1. 29. 2002헌다22 등)이 있어 이에 해당하는 자에게도 특별한정승인의 기회를 부여하기 위하여 2005. 12. 29. 민법(제7765조) 부칙에 제4항을 신설하여 1998. 5. 27. 전에 상속개시가 있음을 알았으나 상속채무초과사실을 중대한 과실 없이 제1019조 제1항의 기간 내에 알지 못하다가 1998, 5. 27. 이후 그 사실을 안 자 중에서 ① 개정법률 시행 전에 안 자는 개정법률 시행일부터, ② 개정법을 시행 이후에 안 자는 그 사실을 안 날부터 3개월 내에 한정승인을 할 수 있도록 개정하였다(민법 부칙 4항, 2005. 12. 29.부터 시행).

5. 상속포기와 한정승인의 차이

부모 등 피상속인이 거액의 채무를 진 채 사망하면 그 배우자나 자녀 등 상속인은 채무를 그대로 승계한다. 이러한 채무를 면할 수 있는 방법이 상속포기와 한정승인이다. 상속포기나 한정승인을 하려면 가정법원에 신고를 하여야 한다.

상속포기와 한정승인은 상속개시가 있음을 안 날로부터 3개월 이내에 하여야 한다. 다만, 가정법원의 허가가 있는 경우에는 이 기간을 연장할 수 있다. 또한, 상속채무가 상속재산을 초과하는 사실을 중대한 과실 없이 알지 못하고 단순승인을 한 경우에는 그 사실을 안 날로부터 3월 내에 한정승인을 할 수 있다. 상속개시가 있음을 안 날이란 상속개시의 원인이 되는 사실의 발생을 앎으로써 자기가 상속인이 되었음을 안 날을 말한다.

상속포기가 수리되면 그 상속인은 피상속인의 채무를 승계하지 않고 면할 수 있다. 그러나 제1순위 상속인이 포기하면 제2순위 이하의 상속인들이 망인의 채무를 승계하게 되므로 상속인들이 채무를 완전히 면하기 위해서는 순위여하를 불문하고 모든 상속인(망인을 기준으로 4촌 이내의 혈족)들이 상속포기를 하여야 한다.

한정승인의 경우에는 제1순위 상속인이 한정승인을 하면 제2순위 이하의 상속인들은 망인의 채무를 승계하지 않는다. 한정승인을 한 상속인은 망인의 모든 채무를 승계하지만 책임은 상속재산의 한도 내에서 진다. 통상 실무에서는 공동상속인이 있는 경우 그 중 1인이 한정승인을 하고 나머지 상속인은 상속포기를 하는 경우가 많다. 한편, 한정승인이 있게 되면 한정승인자는 한정승인을 한 날부터 5일 이내에 일반상속채권자와 유증받은 자에 대하여 한정승인의 사실과 일정한 기간 내에 그 채권 또는 수증을 신고할 것을 2월 이상 공고하도록 되어 있다. 공고는 원칙적으로 상속지 관할 지방법원장이 선정한 신문에 1회 이상 하여야 한다. 선정한 신문이 없는 경우에는 신문상 공고에 갈음하여 등기소와 그 상속지 관할 시·군·구에 게시함으로써 공고할 수 있다(민법 88조, 비송사건절차법 65조의 2,3,4).

한정승인자가 위와 같은 공고 및 최고를 게을리하여 어느 상속채권자나 유증받은 자에게 변제함으로써 다른 상속채권자나 유증자에 대하여 변제할 수 없는 때에는, 자기의 고유재산으로 그 손해를 배상하여야 하며, 이 경우 그 사정을 알고 변제를 받은 상속채권자나 유증받은 자는 구상채무를 부담하게 된다(민법 1038조).

[서식 272] 상속한정승인심판청구서(7)

상속한정승인심판청구

청 구 인　　○ ○ ○ (000000-0000000) (전화 :　　　　)
　　등록기준지 : 서울 ○○구 ○○로 ○○
　　주　　소 : 서울 ○○구 ○○로 ○○ (우편번호 : 00000)

피상속인(망)　○ ○ ○ (000000-0000000)
　　사 망 일 자 : 20○○. 5. 20.
　　등록기준지 : 서울 ○○구 ○○로 ○○
　　최 후 주 소 : 서울 ○○구 ○○로 ○○

청 구 취 지

청구인이 피상속인 망 ○○○에 대한 재산상속을 함에 있어서 별지 상속재산의 목록을 첨부하여서 한 이 사건 한정승인신고는 이를 수리한다.
라는 심판을 구합니다.

청 구 원 인

1. 청구인은 20○○. 5. 20. 09:20경 ○○시 ○○구 ○○로 123에서 사망한 피상속인 ○○○의 형으로 재산상속인입니다. 청구인은 피상속인이 사망할 당시 피상속인이 남긴 적극 재산이 없어 피상속인 명의의 채무가 존재한다는 사실을 알지 못하였습니다. 그런데 청구인은 20○○. 7. 12. ○○○로부터 채권양도 및 상속채무 발생통지서(또는 소장부본 등)를 송달받게 되었고, 그때서야 비로소 피상속인이 합계 금 12,000,000원의 부채를 남긴 채 사망한 사실을 알게 되었습니다.

2. 그렇다면 청구인은 상속채무가 상속재산을 초과한다는 사실을 중대한 과실없이 알지 못한 것인 바, 청구인은 상속으로 인하여 얻은 별지 상속재산목록 표시 상속재산의 한도에서 피상속인의 채무를 변제할 것을 조건으로 한정승인하고자 본 심판청구에 이른 것입니다.

첨 부 서 류

1. 제적등본	2통
1. 기본증명서	1통
1. 가족관계증명서	1통
1. 주민등록초본	1통
1. 인감증명서	1통
1. 말소자 주민등록등본	1통
1. 채권양도통지서	1통
1. 상속재산목록	3통

20○○. ○. ○.

청구인 ○ ○ ○ (인)

○○ 가정법원 귀중

접수방법

1. 신고서에는 신고인 또는 대리인의 인감증명을 첨부하여야 한다.
2. 신청인 : 상속인이다. 신고하는 자가 무능력인 경우에는 법정대리인이 대리한다. 법정대리인과 관계에서 이해상반행위에 해당하는 때에는 특별대리인을 선임하여야 한다.
3. 수입인지 : 청구인(상속인) 1인당 5,000원의 인지를 납부한다.
4. 송달료 : 당사자수×4,800원×4회분을 납부한다.
5. 관할 : 상속개시지의 가정법원이다(피상속인의 최후주소지). 가정법원 단독부의 사물관할에 속한다.

㈜ 1. **상속한정승인**

상속인은 상속채무가 상속재산을 초과하는 사실을 중대한 과실 없이 상속개시 있음을 안 날로부터 3월 내에 알지 못하여 단순승인한 경우에는 그 사실을 안 날부터 3월 내에 한정승인 할 수 있다.

상속포기 또는 한정승인 했어도 보험수익자를 상속인으로 지정된 경우 상속인들은 보험금을 청구할 수 있다.

2. 피상속인 사망 후 3개월이 지난 후에 하는 한정승인

한정승인에는 통상의 한정승인과 특별한정승인이 있다. 전자는 상속개시 있음을 안 날로부터 3개월 이내에 하여야 하고, 후자는 상속채무가 상속재산을 초과한다는 사실을 안 날로부터 3개월 이내에 하여야 한다.

특별한정승인을 하기 위해서는 상속채무자 상속재산을 초과한다는 사실을 중대한 과실 없이 몰랐어야 한다. 여기에서 말하는 '중대한 과실'은 상속인의 나이, 직업, 피상속인과의 관계, 친밀도, 동거여부, 상속개시 후 생활 양상, 생활의 근거지 등 개별 상속인의 개인적 사정에 비추어 상속재산에 대한 관리의무를 현저히 결여한 것을 뜻한다(서울가정법원 2006. 3. 30. 선고 2005브85 결정).

이 경우 상속재산 중 남아 있는 재산은 물론, 상속인이 이미 처분한 상속재산의 목록과 가액도 제출하여야 한다. 중대한 과실 없이 채무존재사실을 알지 못했다는 점에 관한 소명자료(예 : 채무독촉장수령시기, 독촉장사본, 소장부본 등)와 함께 채무존재사실을 안 날을 특정하여 제출하여야 한다.

3. 상속재산(적극재산)이 없는 경우, 그리고 소극재산이 얼마나 되는지 모르는 경우 한정승인신청서 작성방법

현재 서울가정법원에서는 적극재산을 '0'으로 기재하고, 소극재산을 '모름'이라고 기재한 목록을 제출한 경우에도 심판청구에서 그 적극재산의 한도 내에서 책임을 부담하겠다는 취지를 밝힌 경우에는 특별한 사정이 없는 한 일반한정승인신고를 수리하고 있다.

4. 특별한정승인 범위확장

상속과 관련하여 1998. 8. 27. 고려기간 도과에 의한 법정단순승인에 관한 민법 규정에 의하여 헌법불합치결정(1998. 8. 27. 96헌가22)이 내려짐에 따라 2002. 1. 14. 신설된 민법 제1019조 제3항, 이른바 특별한정승인제도(단순승인을 하거나 단순승인으로 간주된 후 한정승인을 할 수 있도록 하는 제도)는 동법 부칙 제3항에서 그 소급적용의 범위를 「1998. 5. 27.부터 이 법 시행(2002. 1. 14.)전까지 상속개시가 있음을 안 자」로 제한하고 있는데, 이러한 부칙 제3항 1998. 5. 27. 전에 상속개시가 있음을 알았으나 그 이후에 상속채무가 상속재산을 초과하는 사실을 안 자를 포함하는 소급적용에 관한 경과규정을 두지 아니하는 한 헌법에 위반된다는 또 다른 헌법재판소의 결정(2004. 1. 29. 2002헌다22 등)이 있어 이에 해당하는 자에게도 특별한정승인의 기회를 부여하기 위하여 2005. 12. 29. 민법(제7765조) 부칙에 제4항을 신설하여 1998. 5. 27. 전에 상속개시가 있음을 알았으나 상속채무초과사실을 중대한 과실 없이 제1019조 제1항의 기간 내에 알지 못하다가 1998, 5. 27. 이후 그 사실을 안 자 중에서 ① 개정법률 시행 전에 안 자는 개정법률 시행일부터, ② 개정법을 시행 이후에 안 자는 그 사실을 안 날부터 3개월 내에 한정승인을 할 수 있도록 개정하였다(민법 부칙 4항, 2005. 12. 29.부터 시행).

5. 상속포기와 한정승인의 차이

부모 등 피상속인이 거액의 채무를 진 채 사망하면 그 배우자나 자녀 등 상속인은 채무를 그대로 승계한다. 이러한 채무를 면할 수 있는 방법이 상속포기와 한정승인이다. 상속포기나 한정승인을 하려면 가정법원에 신고를 하여야 한다.

상속포기와 한정승인은 상속개시가 있음을 안 날로부터 3개월 이내에 하여야 한다. 다만, 가정법원의 허가가 있는 경우에는 이 기간을 연장할 수 있다. 또한, 상속채무가 상속재산을 초과하는 사실을 중대한 과실 없이 알지 못하고 단순승인을 한 경우에는 그 사실을 안 날로부터 3월 내에 한정승인을 할 수 있다. 상속개시가 있음을 안 날이란 상속개시의 원인이 되는 사실의 발생을 앎으로써 자기가 상속인이 되었음을 안 날을 말한다.

상속포기가 수리되면 그 상속인은 피상속인의 채무를 승계하지 않고 면할 수 있다. 그러나 제1순위 상속인이 포기하면 제2순위 이하의 상속인들이 망인의 채무를 승계하게 되므로 상속인들이 채무를 완전히 면하기 위해서는 순위여하를 불문하고 모든 상속인(망인을 기준으로 4촌 이내의 혈족)들이 상속포기를 하여야 한다.

한정승인의 경우에는 제1순위 상속인이 한정승인을 하면 제2순위 이하의 상속인들은 망인의 채무를 승계하지 않는다. 한정승인을 한 상속인은 망인의 모든 채무를 승계하지만 책임은 상속재산의 한도 내에서 진다. 통상 실무에서는 공동상속인이 있는 경우 그 중 1인이 한정승인을 하고 나머지 상속인은 상속포기를 하는 경우가 많다. 한편, 한정승인이 있게 되면 한정승인자는 한정승인을 한 날부터 5일 이내에 일반상속채권자와 유증받은 자에 대하여 한정승인의 사실과 일정한 기간 내에 그 채권 또는 수증을 신고할 것을 2월 이상 공고하도록 되어 있다. 공고는 원칙적으로 상속지 관할 지방법원장이 선정한 신문에 1회 이상 하여야 한다. 선정한 신문이 없는 경우에는 신문상 공고에 갈음하여 등기소와 그 상속지 관할 시·군·구에 게시함으로써 공고할 수 있다(민법 88조, 비송사건절차법 65조의 2,3,4).

한정승인자가 위와 같은 공고 및 최고를 게을리하여 어느 상속채권자나 유증받은 자에게 변제함으로써 다른 상속채권자나 유증자에 대하여 변제할 수 없는 때에는, 자기의 고유재산으로 그 손해를 배상하여야 하며, 이 경우 그 사정을 알고 변제를 받은 상속채권자나 유증받은 자는 구상채무를 부담하게 된다(민법 1038조).

[서식 273] 상속한정승인심판청구서(8)

상속한정승인심판청구

청 구 인 1. 장 ○ 숙 (000000-0000000) (전화 :)
등록기준지 : 서울 은평구 신사로 263
주 소 : 서울 은평구 갈현로 542

2. 김 ○ 자 (000000-0000000) (전화 :)
등록기준지 : 경북 상주시 외서면 개곡로 413
주 소 : 서울 양천구 신월로 107

3. 김 ○ 영 (000000-0000000) (전화 :)
등록기준지 : 서울 은평구 신사로 140
주 소 : 서울 은평구 신사로 354

4. 김 ○ 경 (000000-0000000) (전화 :)
등록기준지 : 충남 아산시 온천로 28
주 소 : 서울 은평구 신사로 354

5. 김 ○ 숙 (000000-0000000) (전화 :)
등록기준지 : 서울 서대문구 천연로 130
주 소 : 서대문구 홍제로 459

6. 김 ○ 환 (000000-0000000) (전화 :)
등록기준지 : 서울 은평구 신사로 263
주 소 : 서울 은평구 신사로 354

7. 김 ○ 란 (000000-0000000) (전화 :)
등록기준지 : 서울 은평구 신사로 354
주 소 : 서울 은평구 신사로 202
위 청구인들의 송달장소 : 서울 서초구 방배로 109

피상속인 망 김 ○ 신 (000000-0000000)
사 망 일 자 : 20○○. 12. 19.
등록기준지 : 서울 은평구 신사로 263
최 후 주 소 : 서울 은평구 갈현로 542

청 구 취 지

청구인들이 피상속인 망 김○신의 재산상속을 함에 있어 별지 상속재산 목록을 첨부하여서 한 이 사건 한정승인 신고는 이를 수리한다.

청 구 원 인

1. 청구인들은 피상속인의 처와 자들입니다.
2. 청구인들은 20○○. 12. 19. 최후주소지에서 피상속인의 사망으로 인하여 재산상속이 개시된 사실을 알게 되었습니다.
3. 피상속인에게는 상속재산이 없습니다. 그런데 청구인들은 피상속인이 채무를 얼마나 부담하고 있는지 알 수 없으므로 상속에 의하여 취득되는 재산의 한도 내에서 피상속인의 채무를 변제하는 조건으로 상속을 승인하고자 본 심판청구에 이른 것입니다.

첨 부 서 류

1. 제적등본(또는 폐쇄가족관계증명서)(피상속인) 1통
1. 말소주민등록등본(피상속인) 1통
1. 가족관계증명서(청구인) 각 1통
1. 주민등록표등본(청구인) 각 1통
1. 인감증명서(청구인) 각 1통
1. 상속재산목록 9통
1. 위임장 1통

20○○. ○. ○.

위 청구인 1. 장 ○ 숙 (인감)
2. 김 ○ 자 (인감)
3. 김 ○ 영 (인감)
4. 김 ○ 경 (인감)
5. 김 ○ 숙 (인감)
6. 김 ○ 환 (인감)
7. 김 ○ 란 (인감)

○○ 가정법원 귀중

접수방법

1. 신고서에는 신고인 또는 대리인의 인감증명을 첨부하여야 한다.
2. 신청인 : 상속인이다. 신고하는 자가 무능력인 경우에는 법정대리인이 대리한다. 법정대리인과 관계에서 이해상반행위에 해당하는 때에는 특별대리인을 선임하여야 한다.
3. 수입인지 : 청구인(상속인) 1인당 5,000원의 인지를 납부한다.
4. 송달료 : 당사자수×4,800원×4회분을 납부한다.
5. 관할 : 상속개시지의 가정법원이다(피상속인의 최후주소지). 가정법원 단독부의 사물관할에 속한다.

㈜ 1. **상속한정승인**

상속인은 상속채무가 상속재산을 초과하는 사실을 중대한 과실 없이 상속개시 있음을 안 날로부터 3월 내에 알지 못하여 단순승인한 경우에는 그 사실을 안 날부터 3월 내에 한정승인 할 수 있다.

상속포기 또는 한정승인 했어도 보험수익자를 상속인으로 지정된 경우 상속인들은 보험금을 청구할 수 있다.

2. **피상속인 사망 후 3개월이 지난 후에 하는 한정승인**

한정승인에는 통상의 한정승인과 특별한정승인이 있다. 전자는 상속개시 있음을 안 날로부터 3개월 이내에 하여야 하고, 후자는 상속채무가 상속재산을 초과한다는 사실을 안 날로부터 3개월 이내에 하여야 한다.

특별한정승인을 하기 위해서는 상속채무자 상속재산을 초과한다는 사실을 중대한 과실 없이 몰랐어야 한다. 여기에서 말하는 '중대한 과실'은 상속인의 나이, 직업, 피상속인과의 관계, 친밀도, 동거여부, 상속개시 후 생활 양상, 생활의 근거지 등 개별 상속인의 개인적 사정에 비추어 상속재산에 대한 관리의무를 현저히 결여한 것을 뜻한다(서울가정법원 2006. 3. 30. 선고 2005브85 결정).

이 경우 상속재산 중 남아 있는 재산은 물론, 상속인이 이미 처분한 상속재산의 목록과 가액도 제출하여야 한다. 중대한 과실 없이 채무존재사실을 알지 못했다는 점에 관한 소명자료(예 : 채무독촉장수령시기, 독촉장사본, 소장부본 등)와 함께 채무존재사실을 안 날을 특정하여 제출하여야 한다.

3. **상속재산(적극재산)이 없는 경우, 그리고 소극재산이 얼마나 되는지 모르는 경우 한정승인신청서 작성방법**

현재 서울가정법원에서는 적극재산을 '0'으로 기재하고, 소극재산을 '모름'이라고 기재한 목록을 제출한 경우에도 심판청구에서 그 적극재산의 한도 내에서 책임을 부담하겠다는 취지를 밝힌 경우에는 특별한 사정이 없는 한 일반한정승인신고를 수리하고 있다.

4. **특별한정승인 범위확장**

상속과 관련하여 1998. 8. 27. 고려기간 도과에 의한 법정단순승인에 관한 민법 규정에 의하여 헌법불합치결정(1998. 8. 27. 96헌가22)이 내려짐에 따라 2002. 1. 14. 신설된

민법 제1019조 제3항, 이른바 특별한정승인제도(단순승인을 하거나 단순승인으로 간주된 후 한정승인을 할 수 있도록 하는 제도)는 동법 부칙 제3항에서 그 소급적용의 범위를 「1998. 5. 27.부터 이 법 시행(2002. 1. 14.)전까지 상속개시가 있음을 안 자」로 제한하고 있는데, 이러한 부칙 제3항 1998. 5. 27. 전에 상속개시가 있음을 알았으나 그 이후에 상속채무가 상속재산을 초과하는 사실을 안 자를 포함하는 소급적용에 관한 경과규정을 두지 아니하는 한 헌법에 위반된다는 또 다른 헌법재판소의 결정(2004. 1. 29. 2002헌다22 등)이 있어 이에 해당하는 자에게도 특별한정승인의 기회를 부여하기 위하여 2005. 12. 29. 민법(제7765조) 부칙에 제4항을 신설하여 1998. 5. 27. 전에 상속개시가 있음을 알았으나 상속채무초과사실을 중대한 과실 없이 제1019조 제1항의 기간 내에 알지 못하다가 1998, 5. 27. 이후 그 사실을 안 자 중에서 개정법률 시행 전에 안 자는 ① 개정법률 시행일부터, ① 개정법을 시행 이후에 안 자는 그 사실을 안 날부터 3개월 내에 한정승인을 할 수 있도록 개정하였다(민법 부칙 4항, 2005. 12. 29.부터 시행).

5. 상속포기와 한정승인의 차이

부모 등 피상속인이 거액의 채무를 진 채 사망하면 그 배우자나 자녀 등 상속인은 채무를 그대로 승계한다. 이러한 채무를 면할 수 있는 방법이 상속포기와 한정승인이다. 상속포기나 한정승인을 하려면 가정법원에 신고를 하여야 한다.

상속포기와 한정승인은 상속개시가 있음을 안 날로부터 3개월 이내에 하여야 한다. 다만, 가정법원의 허가가 있는 경우에는 이 기간을 연장할 수 있다. 또한, 상속채무가 상속재산을 초과하는 사실을 중대한 과실 없이 알지 못하고 단순승인을 한 경우에는 그 사실을 안 날로부터 3월 내에 한정승인을 할 수 있다. 상속개시가 있음을 안 날이란 상속개시의 원인이 되는 사실의 발생을 앎으로써 자기가 상속인이 되었음을 안 날을 말한다.

상속포기가 수리되면 그 상속인은 피상속인의 채무를 승계하지 않고 면할 수 있다. 그러나 제1순위 상속인이 포기하면 제2순위 이하의 상속인들이 망인의 채무를 승계하게 되므로 상속인들이 채무를 완전히 면하기 위해서는 순위여하를 불문하고 모든 상속인(망인을 기준으로 4촌 이내의 혈족)들이 상속포기를 하여야 한다.

한정승인의 경우에는 제1순위 상속인이 한정승인을 하면 제2순위 이하의 상속인들은 망인의 채무를 승계하지 않는다. 한정승인을 한 상속인은 망인의 모든 채무를 승계하지만 책임은 상속재산의 한도 내에서 진다. 통상 실무에서는 공동상속인이 있는 경우 그 중 1인이 한정승인을 하고 나머지 상속인은 상속포기를 하는 경우가 많다. 한편, 한정승인이 있게 되면 한정승인자는 한정승인을 한 날부터 5일 이내에 일반상속채권자와 유증받은 자에 대하여 한정승인의 사실과 일정한 기간 내에 그 채권 또는 수증을 신고할 것을 2월 이상 공고하도록 되어 있다. 공고는 원칙적으로 상속지 관할 지방법원장이 선정한 신문에 1회 이상 하여야 한다. 선정한 신문이 없는 경우에는 신문상 공고에 갈음하여 등기소와 그 상속지 관할 시·군·구에 게시함으로써 공고할 수 있다(민법 88조, 비송사건절차법 65조의 2,3,4).

한정승인자가 위와 같은 공고 및 최고를 게을리하여 어느 상속채권자나 유증받은 자에게 변제함으로써 다른 상속채권자나 유증자에 대하여 변제할 수 없는 때에는, 자기의 고유재산으로 그 손해를 배상하여야 하며, 이 경우 그 사정을 알고 변제를 받은 상속채권자나 유증받은 자는 구상채무를 부담하게 된다(민법 1038조).

[서식 274] 상속한정승인심판청구서(9)

상속한정승인심판청구

청구인(상속인) 정 ○ 경 (000000-0000000) (전화 :)
등록기준지 : ○○시 ○○구 ○○로 ○○○
주 소 : ○○시 ○○구 ○○로 ○○○

피상속인(망) 서 ○ 섭 (000000-0000000)
사 망 일 자 : 20○○. ○. ○.
등록기준지 : ○○시 ○○구 ○○로 ○○○
최 후 주 소 : ○○시 ○○구 ○○로 ○○○

청 구 취 지

청구인들이 피상속인 망 서○섭에 대한 재산상속을 함에 있어 별지 상속재산 목록을 첨부하여 한 이 사건 한정승인신고는 이를 수리한다.
라는 심판을 구합니다.

청 구 원 인

1. 피상속인은 청구인과 혼인한 후 20○○. ○. ○. ○○시 ○○구 ○○로 ○○○에서 사망하였습니다.
2. 그런데 피상속인의 사망당시 상속재산은 별지 상속재산목록 기재와 같으나 청구인은 피상속인이 사망할 당시부터 최근에 이르기까지 피상속인 명의의 채무가 있는 줄을 모르고 있었는데, ○○지방법원에서 20○○. ○. ○. 보낸 소송서류(○○지방법원 20○○가소 5780 양수금)를 20○○. ○. ○. 송달 받고서야 비로소 피상속인의 채무

가 있었다는 사실을 알게 되었습니다.

3. 그렇다면 청구인은 상속채무가 상속재산을 초과한다는 사실을 중대한 과실없이 알지 못하였는 바, 청구인은 민법 제1019조 제3항에 따라 상속으로 인하여 얻은 별지 상속재산목록 표시 기재 상속재산의 한도 내에서 피상속인의 채무를 변제할 것을 조건으로 상속을 승인하고자 이 심판청구에 이른 것입니다.

첨 부 서 류

1. 제적등본	2통
1. 기본증명서	2통
1. 가족관계증명서	2통
1. 친입양자입양관계증명서	1통
1. 입양관계증명서	1통
1. 혼인관계증명서	2통
1. 말소자 주민등록초본	1통
1. 주민등록초본	1통
1. 인감증명서	1통
1. 지급명령신청서 부본	1통
1. 청구취지 및 청구원인 변경신청서 부본	1통
1. 당사자표시정정신청 부본	1통
1. 대법원인터넷사건진행내용 검색	1통
1. 상속재산목록	3통
1. 위임장	1통

20○○. ○. ○.

청구인 정 ○ 경 (인)

○○ 가정법원 귀중

접수방법

1. 신고서에는 신고인 또는 대리인의 인감증명을 첨부하여야 한다.
2. 신청인 : 상속인이다. 신고하는 자가 무능력인 경우에는 법정대리인이 대리한다. 법정대리인과 관

계에서 이해상반행위에 해당하는 때에는 특별대리인을 선임하여야 한다.

3. 수입인지 : 청구인(상속인) 1인당 5,000원의 인지를 납부한다.
4. 송달료 : 당사자수×4,800원×4회분을 납부한다.
5. 관할 : 상속개시지의 가정법원이다(피상속인의 최후주소지). 가정법원 단독부의 사물관할에 속한다.

주 1. **상속한정승인**

상속인은 상속채무가 상속재산을 초과하는 사실을 중대한 과실 없이 상속개시 있음을 안 날로부터 3월 내에 알지 못하여 단순승인한 경우에는 그 사실을 안 날부터 3월 내에 한정승인 할 수 있다.

상속포기 또는 한정승인 했어도 보험수익자를 상속인으로 지정된 경우 상속인들은 보험금을 청구할 수 있다.

2. **피상속인 사망 후 3개월이 지난 후에 하는 한정승인**

한정승인에는 통상의 한정승인과 특별한정승인이 있다. 전자는 상속개시 있음을 안 날로부터 3개월 이내에 하여야 하고, 후자는 상속채무가 상속재산을 초과한다는 사실을 안 날로부터 3개월 이내에 하여야 한다.

특별한정승인을 하기 위해서는 상속채무자 상속재산을 초과한다는 사실을 중대한 과실 없이 몰랐어야 한다. 여기에서 말하는 '중대한 과실'은 상속인의 나이, 직업, 피상속인과의 관계, 친밀도, 동거여부, 상속개시 후 생활 양상, 생활의 근거지 등 개별 상속인의 개인적 사정에 비추어 상속재산에 대한 관리의무를 현저히 결여한 것을 뜻한다(서울가정법원 2006. 3. 30. 선고 2005브85 결정).

이 경우 상속재산 중 남아 있는 재산은 물론, 상속인이 이미 처분한 상속재산의 목록과 가액도 제출하여야 한다. 중대한 과실 없이 채무존재사실을 알지 못했다는 점에 관한 소명자료(예 : 채무독촉장수령시기, 독촉장사본, 소장부본 등)와 함께 채무존재사실을 안 날을 특정하여 제출하여야 한다.

3. **상속재산(적극재산)이 없는 경우, 그리고 소극재산이 얼마나 되는지 모르는 경우 한정승인신청서 작성방법**

현재 서울가정법원에서는 적극재산을 '0'으로 기재하고, 소극재산을 '모름'이라고 기재한 목록을 제출한 경우에도 심판청구에서 그 적극재산의 한도 내에서 책임을 부담하겠다는 취지를 밝힌 경우에는 특별한 사정이 없는 한 일반한정승인신고를 수리하고 있다.

4. **특별한정승인 범위확장**

상속과 관련하여 1998. 8. 27. 고려기간 도과에 의한 법정단순승인에 관한 민법 규정에 의하여 헌법불합치결정(1998. 8. 27. 96헌가22)이 내려짐에 따라 2002. 1. 14. 신설된 민법 제1019조 제3항, 이른바 특별한정승인제도(단순승인을 하거나 단순승인으로 간주된 후 한정승인을 할 수 있도록 하는 제도)는 동법 부칙 제3항에서 그 소급적용의 범위를 「1998. 5. 27.부터 이 법 시행(2002. 1. 14.)전까지 상속개시가 있음을 안 자」로 제한하고 있는데, 이러한 부칙 제3항 1998. 5. 27. 전에 상속개시가 있음을 알았으나 그 이후에 상속채무가 상속재산을 초과하는 사실을 안 자를 포함하는 소급적용에 관한 경과규정을 두지 아니하는 한 헌법에 위반된다는 또 다른 헌법재판소의 결정(2004. 1. 29. 2002헌다22 등)이 있어 이에 해당하는 자에게도 특별한정승인의 기회를 부여하기 위하여 2005. 12. 29. 민법(제7765조) 부칙에 제4항을 신설하여 1998. 5. 27. 전에 상속개시가 있음을 알았으나 상속채무초과사실을 중대한 과실 없이 제1019조 제1항의 기간 내에 알지 못하다가 1998, 5. 27. 이후 그 사실을 안 자 중에서 ① 개정법률 시행 전에 안 자는 개정법률 시행일부터, ② 개정법을 시행 이후에 안 자는 그 사실을 안 날부터 3개월 내에 한정승인을 할 수 있도록 개정하였다(민법 부칙 4항, 2005. 12. 29.부터 시행).

5. 상속포기와 한정승인의 차이

부모 등 피상속인이 거액의 채무를 진 채 사망하면 그 배우자나 자녀 등 상속인은 채무를 그대로 승계한다. 이러한 채무를 면할 수 있는 방법이 상속포기와 한정승인이다. 상속포기나 한정승인을 하려면 가정법원에 신고를 하여야 한다.

상속포기와 한정승인은 상속개시가 있음을 안 날로부터 3개월 이내에 하여야 한다. 다만, 가정법원의 허가가 있는 경우에는 이 기간을 연장할 수 있다. 또한, 상속채무가 상속재산을 초과하는 사실을 중대한 과실 없이 알지 못하고 단순승인을 한 경우에는 그 사실을 안 날로부터 3월 내에 한정승인을 할 수 있다. 상속개시가 있음을 안 날이란 상속개시의 원인이 되는 사실의 발생을 앎으로써 자기가 상속인이 되었음을 안 날을 말한다.

상속포기가 수리되면 그 상속인은 피상속인의 채무를 승계하지 않고 면할 수 있다. 그러나 제1순위 상속인이 포기하면 제2순위 이하의 상속인들이 망인의 채무를 승계하게 되므로 상속인들이 채무를 완전히 면하기 위해서는 순위여하를 불문하고 모든 상속인(망인을 기준으로 4촌 이내의 혈족)들이 상속포기를 하여야 한다.

한정승인의 경우에는 제1순위 상속인이 한정승인을 하면 제2순위 이하의 상속인들은 망인의 채무를 승계하지 않는다. 한정승인을 한 상속인은 망인의 모든 채무를 승계하지만 책임은 상속재산의 한도 내에서 진다. 통상 실무에서는 공동상속인이 있는 경우 그 중 1인이 한정승인을 하고 나머지 상속인은 상속포기를 하는 경우가 많다. 한편, 한정승인이 있게 되면 한정승인자는 한정승인을 한 날부터 5일 이내에 일반상속채권자와 유증받은 자에 대하여 한정승인의 사실과 일정한 기간 내에 그 채권 또는 수증을 신고할 것을 2월 이상 공고하도록 되어 있다. 공고는 원칙적으로 상속지 관할 지방법원장이 선정한 신문에 1회 이상 하여야 한다. 선정한 신문이 없는 경우에는 신문상 공고에 갈음하여 등기소와 그 상속지 관할 시·군·구에 게시함으로써 공고할 수 있다(민법 88조, 비송사건절차법 65조의 2,3,4).

한정승인자가 위와 같은 공고 및 최고를 게을리하여 어느 상속채권자나 유증받은 자에게 변제함으로써 다른 상속채권자나 유증자에 대하여 변제할 수 없는 때에는, 자기의 고유재산으로 그 손해를 배상하여야 하며, 이 경우 그 사정을 알고 변제를 받은 상속채권자나 유증받은 자는 구상채무를 부담하게 된다(민법 1038조).

[서식 275] 상속한정승인심판청구서(10)

상속한정승인심판청구

청구인(상속인) 박 ○ 희 (000000-0000000) (전화 :)
등록기준지 : ○○시 ○○구 ○○로 ○○○
주 소 : ○○시 ○○구 ○○로 ○○○

피상속인(망) 김 ○ 길 (000000-0000000)
사 망 일 자 : 20○○. 1. 12.
등록기준지 : ○○시 ○○구 ○○로 ○○○
최 후 주 소 : ○○시 ○○구 ○○로 ○○○

청 구 취 지

청구인이 피상속인 망 김○길의 재산을 상속함에 있어 별지 상속재산의 목록을 첨부하여서 한 한정승인신고는 이를 수리한다.
라는 심판을 구합니다.

청 구 원 인

1. 피상속인은 청구외 윤○례와 19○○. 9. 5. 혼인하여 슬하에 청구외 김○수, 같은 김○웅이가 있었고, 그 후 피상속인과 청구와 윤○례는 19○○. 9. 15. 협의이혼한 이후 피상속인은 청구외 서○양과 19○○. 11. 22. 혼인하여 슬하에 청구외 김○근과 같은 김○진이가 있었습니다.
2. 그 후 피상속인은 20○○. 1. 12. ○○시 ○○구 ○○로 ○○○에서 사망하였고, 동인의 직계비속인 청구외 김○근은 피상속인이 사망이전인 19○○. 7. 13. 청구외 김○수는 20○○. 4. 27. 각 사망하였습니다.
3. 한편 청구외 망 김○수의 처로는 청구인 박○희, 자식으로는 청구외 김○정과 같은 김○아가 있습니다.
4. 따라서 청구인은 피상속인과 청구외 김○수가 각 사망함에 따라 피상속인의 공동상속인 중 1명이 되었습니다.
5. 그런데 피상속인의 사망당시 상속재산은 별지 상속재산목록 기재와 같으나 청구인은

피상속인이 사망할 당시부터 최근에 이르까지 피상속인 명의의 채무가 있는 줄을 모르고 있었는데, 20○○. 8. 8. ○○지방법원에서 보낸 소송서류(○○지방법원 20○○가단 56289 대여금)를 20○○. 8. 11. 송달 받고서야 비로소 피상속인이 사망당시 주식회사 ○○은행에게 금 ○○○○원(이자는 별도)의 채무가 있었다는 사실을 알게 되었습니다.

6. 그렇다면 청구인은 상속채무가 상속재산을 초과한다는 사실을 중대한 과실없이 알지 못하였으므로, 그러한 사실을 20○○. 8. 11.경부터 3개월 이내에 민법 제1019조 제3항에 의하여 한정승인을 할 수 있다 할 것이므로, 청구취지와 같은 심판을 구하기 위하여 이 건 청구에 이른 것입니다.

첨 부 서 류

1. 제적등본 2통
1. 기본증명서 3통
1. 가족관계증명서 3통
1. 말소자 주민등록초본 2통
1. 주민등록초본 1통
1. 인감증명서 1통
1. 지급명령신청서 및 판결정본 각 사본 1통
1. 당사자표시변경 및 청구취지, 청구원인변경신청서부본 사본 1통
1. 상속재산목록 3통
1. 가계도(직계비속이 아닌 경우) 1통

20○○. ○. ○.

청구인 박 ○ 희 (인)

○○ 가정법원 귀중

접수방법

1. 신고서에는 신고인 또는 대리인의 인감증명을 첨부하여야 한다.
2. 신청인 : 상속인이다. 신고하는 자가 무능력인 경우에는 법정대리인이 대리한다. 법정대리인과 관계에서 이해상반행위에 해당하는 때에는 특별대리인을 선임하여야 한다.
3. 수입인지 : 청구인(상속인) 1인당 5,000원의 인지를 납부한다.

4. 송달료 : 당사자수 × 4,800원 × 4회분을 납부한다.
5. 관할 : 상속개시지의 가정법원이다(피상속인의 최후주소지). 가정법원 단독부의 사물관할에 속한다.

주 1. 상속한정승인

상속인은 상속채무가 상속재산을 초과하는 사실을 중대한 과실 없이 상속개시 있음을 안 날로부터 3월 내에 알지 못하여 단순승인한 경우에는 그 사실을 안 날부터 3월 내에 한정승인 할 수 있다.

상속포기 또는 한정승인 했어도 보험수익자를 상속인으로 지정된 경우 상속인들은 보험금을 청구할 수 있다.

2. 피상속인 사망 후 3개월이 지난 후에 하는 한정승인

한정승인에는 통상의 한정승인과 특별한정승인이 있다. 전자는 상속개시 있음을 안 날로부터 3개월 이내에 하여야 하고, 후자는 상속채무가 상속재산을 초과한다는 사실을 안 날로부터 3개월 이내에 하여야 한다.

특별한정승인을 하기 위해서는 상속채무자 상속재산을 초과한다는 사실을 중대한 과실 없이 몰랐어야 한다. 여기에서 말하는 '중대한 과실'은 상속인의 나이, 직업, 피상속인과의 관계, 친밀도, 동거여부, 상속개시 후 생활 양상, 생활의 근거지 등 개별 상속인의 개인적 사정에 비추어 상속재산에 대한 관리의무를 현저히 결여한 것을 뜻한다(서울가정법원 2006. 3. 30. 선고 2005브85 결정).

이 경우 상속재산 중 남아 있는 재산은 물론, 상속인이 이미 처분한 상속재산의 목록과 가액도 제출하여야 한다. 중대한 과실 없이 채무존재사실을 알지 못했다는 점에 관한 소명자료(예 : 채무독촉장수령시기, 독촉장사본, 소장부본 등)와 함께 채무존재사실을 안 날을 특정하여 제출하여야 한다.

3. 상속재산(적극재산)이 없는 경우, 그리고 소극재산이 얼마나 되는지 모르는 경우 한정승인신청서 작성방법

현재 서울가정법원에서는 적극재산을 '0'으로 기재하고, 소극재산을 '모름'이라고 기재한 목록을 제출한 경우에도 심판청구에서 그 적극재산의 한도 내에서 책임을 부담하겠다는 취지를 밝힌 경우에는 특별한 사정이 없는 한 일반한정승인신고를 수리하고 있다.

4. 특별한정승인 범위확장

상속과 관련하여 1998. 8. 27. 고려기간 도과에 의한 법정단순승인에 관한 민법 규정에 의하여 헌법불합치결정(1998. 8. 27. 96헌가22)이 내려짐에 따라 2002. 1. 14. 신설된 민법 제1019조 제3항, 이른바 특별한정승인제도(단순승인을 하거나 단순승인으로 간주된 후 한정승인을 할 수 있도록 하는 제도)는 동법 부칙 제3항에서 그 소급적용의 범위를 「1998. 5. 27.부터 이 법 시행(2002. 1. 14.)전까지 상속개시가 있음을 안 자」로 제한하고 있는데, 이러한 부칙 제3항 1998. 5. 27. 전에 상속개시가 있음을 알았으나 그 이후에 상속채무가 상속재산을 초과하는 사실을 안 자를 포함하는 소급적용에 관한 경과규정을

두지 아니하는 한 헌법에 위반된다는 또 다른 헌법재판소의 결정(2004. 1. 29. 2002헌다22 등)이 있어 이에 해당하는 자에게도 특별한정승인의 기회를 부여하기 위하여 2005. 12. 29. 민법(제7765조) 부칙에 제4항을 신설하여 1998. 5. 27. 전에 상속개시가 있음을 알았으나 상속채무초과사실을 중대한 과실 없이 제1019조 제1항의 기간 내에 알지 못하다가 1998, 5. 27. 이후 그 사실을 안 자 중에서 ① 개정법률 시행 전에 안 자는 개정법률 시행일부터, ② 개정법을 시행 이후에 안 자는 그 사실을 안 날부터 3개월 내에 한정승인을 할 수 있도록 개정하였다(민법 부칙 4항, 2005. 12. 29.부터 시행).

5. 상속포기와 한정승인의 차이

부모 등 피상속인이 거액의 채무를 진 채 사망하면 그 배우자나 자녀 등 상속인은 채무를 그대로 승계한다. 이러한 채무를 면할 수 있는 방법이 상속포기와 한정승인이다. 상속포기나 한정승인을 하려면 가정법원에 신고를 하여야 한다.

상속포기와 한정승인은 상속개시가 있음을 안 날로부터 3개월 이내에 하여야 한다. 다만, 가정법원의 허가가 있는 경우에는 이 기간을 연장할 수 있다. 또한, 상속채무가 상속재산을 초과하는 사실을 중대한 과실 없이 알지 못하고 단순승인을 한 경우에는 그 사실을 안 날로부터 3월 내에 한정승인을 할 수 있다. 상속개시가 있음을 안 날이란 상속개시의 원인이 되는 사실의 발생을 앎으로써 자기가 상속인이 되었음을 안 날을 말한다.

상속포기가 수리되면 그 상속인은 피상속인의 채무를 승계하지 않고 면할 수 있다. 그러나 제1순위 상속인이 포기하면 제2순위 이하의 상속인들이 망인의 채무를 승계하게 되므로 상속인들이 채무를 완전히 면하기 위해서는 순위여하를 불문하고 모든 상속인(망인을 기준으로 4촌 이내의 혈족)들이 상속포기를 하여야 한다.

한정승인의 경우에는 제1순위 상속인이 한정승인을 하면 제2순위 이하의 상속인들은 망인의 채무를 승계하지 않는다. 한정승인을 한 상속인은 망인의 모든 채무를 승계하지만 책임은 상속재산의 한도 내에서 진다. 통상 실무에서는 공동상속인이 있는 경우 그 중 1인이 한정승인을 하고 나머지 상속인은 상속포기를 하는 경우가 많다. 한편, 한정승인이 있게 되면 한정승인자는 한정승인을 한 날부터 5일 이내에 일반상속채권자와 유증받은 자에 대하여 한정승인의 사실과 일정한 기간 내에 그 채권 또는 수증을 신고할 것을 2월 이상 공고하도록 되어 있다. 공고는 원칙적으로 상속지 관할 지방법원장이 선정한 신문에 1회 이상 하여야 한다. 선정한 신문이 없는 경우에는 신문상 공고에 갈음하여 등기소와 그 상속지 관할 시·군·구에 게시함으로써 공고할 수 있다(민법 88조, 비송사건절차법 65조의 2,3,4).

한정승인자가 위와 같은 공고 및 최고를 게을리하여 어느 상속채권자나 유증받은 자에게 변제함으로써 다른 상속채권자나 유증자에 대하여 변제할 수 없는 때에는, 자기의 고유재산으로 그 손해를 배상하여야 하며, 이 경우 그 사정을 알고 변제를 받은 상속채권자나 유증받은 자는 구상채무를 부담하게 된다(민법 1038조).

[서식 276] 상속한정승인심판청구서(11)

상속한정승인심판청구

청구인(상속인) 1. 이 ○ 숙 (000000-0000000) (전화 :)
등록기준지 : ○○시 ○○구 ○○로 ○○○
주 소 : ○○시 ○○구 ○○로 ○○○

2. 이 ○ 현 (000000-0000000) (전화 :)
등록기준지 : ○○시 ○○구 ○○로 ○○○
주 소 : ○○시 ○○구 ○○로 ○○○

피상속인(망) 이 ○ 애 (000000-0000000)
사 망 일 자 : 20○○. 10. 7.
등록기준지 : ○○시 ○○구 ○○로 ○○○
최 후 주 소 : ○○시 ○○구 ○○로 ○○○

청 구 취 지

청구인들이 피상속인 망 이○애의 재산상속을 함에 있어 별지 상속재산목록을 첨부하여서 한 한정승인신고는 이를 수리한다.
라는 심판을 구합니다.

청 구 원 인

1. 청구인들은 피상속인의 직계비속인바, 청구인들의 부 청구외 이○홍은 20○○. 1. 5. 사망하였고, 그 후 피상속인은 20○○. 10. 7. ○○시 ○○구 ○○로 ○○○에서 사망하였습니다.
2. 청구인들은 피상속인의 사망으로 인하여 상속이 개시된 사실을 즉시 알았으나 청구인들은 피상속인의 채무를 변제할 능력이 없으므로, 상속으로 인하여 얻은 별지 상속재산목록 표시 상속재산의 한도 내에서 위 피상속인의 채무를 변제할 것을 조건으로 한정승인하고자 이 심판청구에 이른 것입니다.

첨 부 서 류

1. 제적등본	2통
1. 기본증명서	2통
1. 가족관계증명서	2통
1. 친양자입양관계증명서	1통
1. 인감증명서	2통
1. 말소자 주민등록초본	1통
1. 주민등록초본	2통
1. 부동산등기사항전부증명서	1통
1. 채무잔액확인서	1통
1. 부동산가압류결정정본	2통
1. 상속재산목록	4통
1. 위임장	1통

20○○. ○. ○.

청구인 이 ○ 숙 (인)
청구인 이 ○ 현 (인)

○○ 가정법원 귀중

접수방법

1. 신고서에는 신고인 또는 대리인의 인감증명을 첨부하여야 한다.
2. 신청인 : 상속인이다. 신고하는 자가 무능력인 경우에는 법정대리인이 대리한다. 법정대리인과 관계에서 이해상반행위에 해당하는 때에는 특별대리인을 선임하여야 한다.
3. 수입인지 : 청구인(상속인) 1인당 5,000원의 인지를 납부한다.
4. 송달료 : 당사자수×4,800원×4회분을 납부한다.
5. 관할 : 상속개시지의 가정법원이다(피상속인의 최후주소지). 가정법원 단독부의 사물관할에 속한다.

주 1. **상속한정승인**

상속인은 상속채무가 상속재산을 초과하는 사실을 중대한 과실 없이 상속개시 있음을 안 날로부터 3월 내에 알지 못하여 단순승인한 경우에는 그 사실을 안 날부터 3월 내에 한정승인 할 수 있다.

상속포기 또는 한정승인 했어도 보험수익자를 상속인으로 지정된 경우 상속인들은 보험금을 청구할 수 있다.

2. 피상속인 사망 후 3개월이 지난 후에 하는 한정승인

한정승인에는 통상의 한정승인과 특별한정승인이 있다. 전자는 상속개시 있음을 안 날로부터 3개월 이내에 하여야 하고, 후자는 상속채무가 상속재산을 초과한다는 사실을 안 날로부터 3개월 이내에 하여야 한다.

특별한정승인을 하기 위해서는 상속채무자 상속재산을 초과한다는 사실을 중대한 과실 없이 몰랐어야 한다. 여기에서 말하는 '중대한 과실'은 상속인의 나이, 직업, 피상속인과의 관계, 친밀도, 동거여부, 상속개시 후 생활 양상, 생활의 근거지 등 개별 상속인의 개인적 사정에 비추어 상속재산에 대한 관리의무를 현저히 결여한 것을 뜻한다(서울가정법원 2006. 3. 30. 선고 2005브85 결정).

이 경우 상속재산 중 남아 있는 재산은 물론, 상속인이 이미 처분한 상속재산의 목록과 가액도 제출하여야 한다. 중대한 과실 없이 채무존재사실을 알지 못했다는 점에 관한 소명자료(예 : 채무독촉장수령시기, 독촉장사본, 소장부본 등)와 함께 채무존재사실을 안 날을 특정하여 제출하여야 한다.

3. 상속재산(적극재산)이 없는 경우, 그리고 소극재산이 얼마나 되는지 모르는 경우 한정승인신청서 작성방법

현재 서울가정법원에서는 적극재산을 '0'으로 기재하고, 소극재산을 '모름'이라고 기재한 목록을 제출한 경우에도 심판청구에서 그 적극재산의 한도 내에서 책임을 부담하겠다는 취지를 밝힌 경우에는 특별한 사정이 없는 한 일반한정승인신고를 수리하고 있다.

4. 특별한정승인 범위확장

상속과 관련하여 1998. 8. 27. 고려기간 도과에 의한 법정단순승인에 관한 민법 규정에 의하여 헌법불합치결정(1998. 8. 27. 96헌가22)이 내려짐에 따라 2002. 1. 14. 신설된 민법 제1019조 제3항, 이른바 특별한정승인제도(단순승인을 하거나 단순승인으로 간주된 후 한정승인을 할 수 있도록 하는 제도)는 동법 부칙 제3항에서 그 소급적용의 범위를 「1998. 5. 27.부터 이 법 시행(2002. 1. 14.)전까지 상속개시가 있음을 안 자」로 제한하고 있는데, 이러한 부칙 제3항 1998. 5. 27. 전에 상속개시가 있음을 알았으나 그 이후에 상속채무가 상속재산을 초과하는 사실을 안 자를 포함하는 소급적용에 관한 경과규정을 두지 아니하는 한 헌법에 위반된다는 또 다른 헌법재판소의 결정(2004. 1. 29. 2002헌다22 등)이 있어 이에 해당하는 자에게도 특별한정승인의 기회를 부여하기 위하여 2005. 12. 29. 민법(제7765조) 부칙에 제4항을 신설하여 1998. 5. 27. 전에 상속개시가 있음을 알았으나 상속채무초과사실을 중대한 과실 없이 제1019조 제1항의 기간 내에 알지 못하다가 1998, 5. 27. 이후 그 사실을 안 자 중에서 ① 개정법률 시행 전에 안 자는 개정법률 시행일부터, ② 개정법을 시행 이후에 안 자는 그 사실을 안 날부터 3개월 내에 한정승인을 할 수 있도록 개정하였다(민법 부칙 4항, 2005. 12. 29.부터 시행).

5. 상속포기와 한정승인의 차이

부모 등 피상속인이 거액의 채무를 진 채 사망하면 그 배우자나 자녀 등 상속인은 채무를 그대로 승계한다. 이러한 채무를 면할 수 있는 방법이 상속포기와 한정승인이다. 상속포기나 한정승인을 하려면 가정법원에 신고를 하여야 한다.

상속포기와 한정승인은 상속개시가 있음을 안 날로부터 3개월 이내에 하여야 한다. 다만, 가정법원의 허가가 있는 경우에는 이 기간을 연장할 수 있다. 또한, 상속채무가 상속재산을 초과하는 사실을 중대한 과실 없이 알지 못하고 단순승인을 한 경우에는 그 사실을 안 날로부터 3월 내에 한정승인을 할 수 있다. 상속개시가 있음을 안 날이란 상속개시의 원인이 되는 사실의 발생을 앎으로써 자기가 상속인이 되었음을 안 날을 말한다.

상속포기가 수리되면 그 상속인은 피상속인의 채무를 승계하지 않고 면할 수 있다. 그러나 제1순위 상속인이 포기하면 제2순위 이하의 상속인들이 망인의 채무를 승계하게 되므로 상속인들이 채무를 완전히 면하기 위해서는 순위여하를 불문하고 모든 상속인(망인을 기준으로 4촌 이내의 혈족)들이 상속포기를 하여야 한다.

한정승인의 경우에는 제1순위 상속인이 한정승인을 하면 제2순위 이하의 상속인들은 망인의 채무를 승계하지 않는다. 한정승인을 한 상속인은 망인의 모든 채무를 승계하지만 책임은 상속재산의 한도 내에서 진다. 통상 실무에서는 공동상속인이 있는 경우 그 중 1인이 한정승인을 하고 나머지 상속인은 상속포기를 하는 경우가 많다. 한편, 한정승인이 있게 되면 한정승인자는 한정승인을 한 날부터 5일 이내에 일반상속채권자와 유증받은 자에 대하여 한정승인의 사실과 일정한 기간 내에 그 채권 또는 수증을 신고할 것을 2월 이상 공고하도록 되어 있다. 공고는 원칙적으로 상속지 관할 지방법원장이 선정한 신문에 1회 이상 하여야 한다. 선정한 신문이 없는 경우에는 신문상 공고에 갈음하여 등기소와 그 상속지 관할 시·군·구에 게시함으로써 공고할 수 있다(민법 88조, 비송사건절차법 65조의 2,3,4).

한정승인자가 위와 같은 공고 및 최고를 게을리하여 어느 상속채권자나 유증받은 자에게 변제함으로써 다른 상속채권자나 유증자에 대하여 변제할 수 없는 때에는, 자기의 고유재산으로 그 손해를 배상하여야 하며, 이 경우 그 사정을 알고 변제를 받은 상속채권자나 유증받은 자는 구상채무를 부담하게 된다(민법 1038조).

[서식 277] 상속한정승인심판청구서(12)

상속한정승인심판청구

청 구 인 1. 김 ○ 옥 (000000-0000000) (전화 :)
등록기준지 : ○○시 ○○구 ○○로 ○○○
주 소 : ○○시 ○○구 ○○로 ○○○

2. 김 ○ 미 (000000-0000000) (전화 :)
등록기준지 : ○○시 ○○구 ○○로 ○○○
주 소 : ○○시 ○○구 ○○로 ○○○

김 ○ 식 (000000-0000000)은 20○○. 9. 24. 사망하였으므로

상 속 인 (청구인) 3. 송 ○ 희 (000000-0000000) (전화 :)
등록기준지 : ○○시 ○○구 ○○로 ○○○
주 소 : ○○시 ○○구 ○○로 ○○○

4. 김 ○ 림 (000000-0000000) (전화 :)
등록기준지 : ○○시 ○○구 ○○로 ○○○
주 소 : ○○시 ○○구 ○○로 ○○○

5. 김 ○ 원 (000000-0000000) (전화 :)
등록기준지 : ○○시 ○○구 ○○로 ○○○
주 소 : ○○시 ○○구 ○○로 ○○○

김 ○ 연 (000000-0000000)은 20○○. 12. 28. 사망하였으므로

상 속 인 (청구인) 6. 지 ○ 덕 (000000-0000000) (전화 :)
등록기준지 : ○○시 ○○구 ○○로 ○○○
주 소 : ○○시 ○○구 ○○로 ○○○

7. 김 ○ 영 (000000-0000000) (전화 :)
등록기준지 : ○○시 ○○구 ○○로 ○○○
주 소 : ○○시 ○○구 ○○로 ○○○

피상속인(망) 김 ○ 열 (000000-0000000)
사 망 일 자 : 20○○. 7. 10.
등록기준지 : ○○시 ○○구 ○○로 ○○○
최 후 주 소 : ○○시 ○○구 ○○로 ○○○

청 구 취 지

청구인들이 피상속인 망 김○열에 대한 재산상속을 함에 있어 별지 상속재산의 목록을 첨부하여서 한 이 사건 한정승인신고는 이를 수리한다.
라는 심판을 구합니다.

청 구 원 인

1. 피상속인은 청구인 김○옥과 혼인하여 슬하에 청구외 김○식, 같은 김○연, 청구인 김○미가 있었습니다.
2. 그 후 피상속인은 20○○. 7. 10. ○○역시 ○○구 ○○로 ○○○에서 사망하였고, 직계비속인 청구외 김○식은 대습상속인 없이 피상속인의 사망이전인 19○○. 5. 10. 청구외 김○식은 피상속인의 사망이전인 20○○. 9. 24. 청구 외 김○연은 피상속인의 사망이전인 20○○. 12. 28. 각 사망하였습니다.
3. 한편 청구외 망 김○식의 처로는 청구인 송○희, 자식으로는 청구인 김○림과 같은 김○원이 있고, 청구외 망 김○연의 처로는 지○덕, 자식으로는 청구인 김○영이 있습니다.
4. 따라서 피상속인과 청구외 김○식, 같은 김○식, 같은 김○연은 각 사망함에 따라 위 청구인들이 피상속인의 공동상속인이 되었습니다.
5. 그런데 피상속인의 사망시 상속재산은 별지 상속재산목록 기재와 같으나 청구인들은 피상속인이 사망할 당시에는 피상속인의 상속채무가 상속재산을 초과한다는 사실을 모르고 있었는데, ○○지방법원에서 20○○. 10. 15. 보낸 소송서류를 송달 받고서야 비로소 피상속인이 사망당시 ○○농업협동조합에 금 ○○○○○원의 채무가 있었다는 사실을 알게 되었고, 이후 청구인들은 피상속인의 또 다른 채무가 있는 지 알아본 결과 별지 상속재산목록 기재와 같이 미래신용정보 주식회사에게 금 ○○○○○원의 채무가 있음을 알게 되어, 상속채무가 상속재산을 초과한다는 사실을 알게 되었습니다.
6. 그렇다면 청구인들은 상속채무가 상속재산을 초과한다는 사실을 중대한 과실없이 알지 못하였으므로, 그러한 사실을 20○○. 10. 15.경부터 3개월 이내에 민법 제1019조 제3항에 의하여 한정승인을 할 수 있다 할 것이므로. 청구취지와 같은 심판을 구하기 위하여 이 건 청구에 이른 것입니다.

첨 부 서 류

1. 제적등본 5통

1. 기본증명서 10통
1. 가족관계증명서 10통
1. 친입양자입양관계증명서 1통
1. 말소자 주민등록초본 3통
1. 주민등록초본 7통
1. 인감증명서 7통
1. 지급명령신청서 부본 1통
1. 당사자표시·정정신청서 부본 1통
1. 청구취지 및 청구원인 변경신청서 부본 1통
1. 상속재산목록 9통
1. 가계도(직계비속이 아닌 경우) 1통
1. 자동차등록원부 1통
1. 위임장 1통

20○○. ○. ○.

청구인 김 ○ 옥 (인)
청구인 김 ○ 미 (인)
청구인 김 ○ 희 (인)
청구인 김 ○ 림 (인)
청구인 김 ○ 원 (인)
청구인 지 ○ 덕 (인)
청구인 김 ○ 영 (인)

○ ○ 가 정 법 원 귀중

접수방법

1. 신고서에는 신고인 또는 대리인의 인감증명을 첨부하여야 한다.
2. 신청인 : 상속인이다. 신고하는 자가 무능력인 경우에는 법정대리인이 대리한다. 법정대리인과 관계에서 이해상반행위에 해당하는 때에는 특별대리인을 선임하여야 한다.
3. 수입인지 : 청구인(상속인) 1인당 5,000원의 인지를 납부한다.
4. 송달료 : 당사자수 × 4,800원 × 4회분을 납부한다.
5. 관할 : 상속개시지의 가정법원이다(피상속인의 최후주소지). 가정법원 단독부의 사물관할에 속한다.

주 1. 상속한정승인

상속인은 상속채무가 상속재산을 초과하는 사실을 중대한 과실 없이 상속개시 있음을 안 날로부터 3월 내에 알지 못하여 단순승인한 경우에는 그 사실을 안 날부터 3월 내에 한정승인 할 수 있다.

상속포기 또는 한정승인 했어도 보험수익자를 상속인으로 지정된 경우 상속인들은 보험금을 청구할 수 있다.

2. 피상속인 사망 후 3개월이 지난 후에 하는 한정승인

한정승인에는 통상의 한정승인과 특별한정승인이 있다. 전자는 상속개시 있음을 안 날로부터 3개월 이내에 하여야 하고, 후자는 상속채무가 상속재산을 초과한다는 사실을 안 날로부터 3개월 이내에 하여야 한다.

특별한정승인을 하기 위해서는 상속채무자 상속재산을 초과한다는 사실을 중대한 과실 없이 몰랐어야 한다. 여기에서 말하는 '중대한 과실'은 상속인의 나이, 직업, 피상속인과의 관계, 친밀도, 동거여부, 상속개시 후 생활 양상, 생활의 근거지 등 개별 상속인의 개인적 사정에 비추어 상속재산에 대한 관리의무를 현저히 결여한 것을 뜻한다(서울가정법원 2006. 3. 30. 선고 2005브85 결정).

이 경우 상속재산 중 남아 있는 재산은 물론, 상속인이 이미 처분한 상속재산의 목록과 가액도 제출하여야 한다. 중대한 과실 없이 채무존재사실을 알지 못했다는 점에 관한 소명자료(예 : 채무독촉장수령시기, 독촉장사본, 소장부본 등)와 함께 채무존재사실을 안 날을 특정하여 제출하여야 한다.

3. 상속재산(적극재산)이 없는 경우, 그리고 소극재산이 얼마나 되는지 모르는 경우 한정승인신청서 작성방법

현재 서울가정법원에서는 적극재산을 '0'으로 기재하고, 소극재산을 '모름'이라고 기재한 목록을 제출한 경우에도 심판청구에서 그 적극재산의 한도 내에서 책임을 부담하겠다는 취지를 밝힌 경우에는 특별한 사정이 없는 한 일반한정승인신고를 수리하고 있다.

4. 특별한정승인 범위확장

상속과 관련하여 1998. 8. 27. 고려기간 도과에 의한 법정단순승인에 관한 민법 규정에 의하여 헌법불합치결정(1998. 8. 27. 96헌가22)이 내려짐에 따라 2002. 1. 14. 신설된 민법 제1019조 제3항, 이른바 특별한정승인제도(단순승인을 하거나 단순승인으로 간주된 후 한정승인을 할 수 있도록 하는 제도)는 동법 부칙 제3항에서 그 소급적용의 범위를 「1998. 5. 27.부터 이 법 시행(2002. 1. 14.)전까지 상속개시가 있음을 안 자」로 제한하고 있는데, 이러한 부칙 제3항 1998. 5. 27. 전에 상속개시가 있음을 알았으나 그 이후에 상속채무가 상속재산을 초과하는 사실을 안 자를 포함하는 소급적용에 관한 경과규정을 두지 아니하는 한 헌법에 위반된다는 또 다른 헌법재판소의 결정(2004. 1. 29. 2002헌다22 등)이 있어 이에 해당하는 자에게도 특별한정승인의 기회를 부여하기 위하여 2005. 12. 29. 민법(제7765조) 부칙에 제4항을 신설하여 1998. 5. 27. 전에 상속개시가 있음을

알았으나 상속채무초과사실을 중대한 과실 없이 제1019조 제1항의 기간 내에 알지 못하다가 1998, 5. 27. 이후 그 사실을 안 자 중에서 ① 개정법률 시행 전에 안 자는 개정법률 시행일부터, ② 개정법을 시행 이후에 안 자는 그 사실을 안 날부터 3개월 내에 한정승인을 할 수 있도록 개정하였다(민법 부칙 4항, 2005. 12. 29.부터 시행).

5. 상속포기와 한정승인의 차이

부모 등 피상속인이 거액의 채무를 진 채 사망하면 그 배우자나 자녀 등 상속인은 채무를 그대로 승계한다. 이러한 채무를 면할 수 있는 방법이 상속포기와 한정승인이다. 상속포기나 한정승인을 하려면 가정법원에 신고를 하여야 한다.

상속포기와 한정승인은 상속개시가 있음을 안 날로부터 3개월 이내에 하여야 한다. 다만, 가정법원의 허가가 있는 경우에는 이 기간을 연장할 수 있다. 또한, 상속채무가 상속재산을 초과하는 사실을 중대한 과실 없이 알지 못하고 단순승인을 한 경우에는 그 사실을 안 날로부터 3월 내에 한정승인을 할 수 있다. 상속개시가 있음을 안 날이란 상속개시의 원인이 되는 사실의 발생을 앎으로써 자기가 상속인이 되었음을 안 날을 말한다.

상속포기가 수리되면 그 상속인은 피상속인의 채무를 승계하지 않고 면할 수 있다. 그러나 제1순위 상속인이 포기하면 제2순위 이하의 상속인들이 망인의 채무를 승계하게 되므로 상속인들이 채무를 완전히 면하기 위해서는 순위여하를 불문하고 모든 상속인(망인을 기준으로 4촌 이내의 혈족)들이 상속포기를 하여야 한다.

한정승인의 경우에는 제1순위 상속인이 한정승인을 하면 제2순위 이하의 상속인들은 망인의 채무를 승계하지 않는다. 한정승인을 한 상속인은 망인의 모든 채무를 승계하지만 책임은 상속재산의 한도 내에서 진다. 통상 실무에서는 공동상속인이 있는 경우 그 중 1인이 한정승인을 하고 나머지 상속인은 상속포기를 하는 경우가 많다. 한편, 한정승인이 있게 되면 한정승인자는 한정승인을 한 날부터 5일 이내에 일반상속채권자와 유증받은 자에 대하여 한정승인의 사실과 일정한 기간 내에 그 채권 또는 수증을 신고할 것을 2월 이상 공고하도록 되어 있다. 공고는 원칙적으로 상속지 관할 지방법원장이 선정한 신문에 1회 이상 하여야 한다. 선정한 신문이 없는 경우에는 신문상 공고에 갈음하여 등기소와 그 상속지 관할 시·군·구에 게시함으로써 공고할 수 있다(민법 88조, 비송사건절차법 65조의 2,3,4).

한정승인자가 위와 같은 공고 및 최고를 게을리하여 어느 상속채권자나 유증받은 자에게 변제함으로써 다른 상속채권자나 유증자에 대하여 변제할 수 없는 때에는, 자기의 고유재산으로 그 손해를 배상하여야 하며, 이 경우 그 사정을 알고 변제를 받은 상속채권자나 유증받은 자는 구상채무를 부담하게 된다(민법 1038조).

[서식 278] 상속한정승인공고

상속한정승인공고

망 ○○○(20○○. ○. ○.생)에 대한 채권자 및 수증자는 20○○. ○. ○.까지 그 채권 및 수증을 신고할 것을 공고함.

한정승인일 : 20○○. ○. ○.(○○가정법원 20○○느단 ○○○)

한정상속인 : ○○○, ○○○, ○○○

신 고 장 소 : ○○시 ○○구 ○○로 1234

연 락 처 : 000-000-0000

유의사항

1. 한정승인자는 한정승인을 한 날로부터 5일 이내에 일반상속채권자 및 유증 받은 자에게 한정승인의 사실과 2월 이상 일정한 기간 내에 그 채권 또는 수증을 신고할 것을 공고하여야 한다.
2. 한정승인자는 원칙적으로 그 상속지 관할지방지방법원이 선정한 신문에 1회이상 2개월이상 위 공고사항을 공고하여야 하나 선정한 신문이 없는 경우에는 신문상의 공고에 갈음하여 등기소와 그 상속지 관할 시, 군, 구에 게시함으로써 공고할 수 있다.
3. 배분할 적극재산이 있는 경우는 한정승인심판 결정문 송달 후 7일 내에 공고를 하도록 하며, 만일 적극재산이 없는 경우에는 분배할 재산이 없으므로 공고를 해야 할 실익이 없게 된다.
4. 공고 및 최고는 한정승인자의 의무이기는 하지만 그 절차를 태만히 하더라도 이미 발생한 한정승인의 효력에는 영향이 없으므로, 한정승인에 따른 청산절차가 진행되어 상속채권자등에게 변제가 되면 그 변제는 유효하게 되어 그 한도에서 상속채무를 소멸한다.
5. 그러나 공고 및 최고를 태만히 하여 이로 인해 어느 상속채권자나 유증받은 자에게 변제함으로써 다른 상속채권자나 유증받은 자에 대하여 변제할 수 없는 경우에는 한정승인자는 자기의 고유재산으로 그 손해를 배상하여야 하며, 이러한 사정을 알로 변제를 받은 상속채권자나 유증받은 자는 구상채무를 부담한다.

[서식 279] 상속포기 심판청구서(1)

상속포기심판청구

청 구 인 이 창 호 (000000-0000000) (전화 :)
등록기준지 서울 성북구 안암로 123
주 소 서울 성동구 금호로 234 (우편번호 : 00000)

피상속인 망 이 정 길 (000000-0000000)
사 망 일 자 20○○. 10. 11.
등록기준지 서울 성북구 안암로 123
최 후 주 소 서울 성동구 금호로 456

청 구 취 지

청구인이 피상속인 망 이정길의 재산상속을 포기하는 신고는 이를 수리한다.
라는 심판을 구합니다.

청 구 원 인

청구인은 피상속인 이정식의 재산상속인으로서 20○○. 10. 11. 상속개시가 있음을 알았습니다. 그러나 청구인은 일류대학을 졸업하고 현재 대기업에서 중견사원으로 근무하고 있어 위 이정길의 재산을 상속받지 아니하여도 생활하는데 아무런 지장이 없으므로 재산상속을 포기하고자 이 심판청구에 이른 것입니다.

첨 부 서 류

1. 제적등본(망자) 1통
1. 가족관계증명서(청구인) 1통
1. 기본증명서(망자) 1통
1. 주민등록초본 2통
1. 인감증명(청구인) 1통

20○○. ○. ○.

청구인 이 창 호 (인)

ㅇㅇ 가정법원 귀중

접수방법

1. 신고서에는 신고인 또는 대리인의 인감증명을 첨부하여야 한다.
2. 상속인이다. 즉, 상속을 포기하려는 자이다. 신고하는 자가 무능력인 경우에는 법정대리인이 대리한다. 법정대리인과 관계에서 이해상반행위에 해당하는 때에는 특별대리인을 선임하여야 한다.
3. 수입인지 : 청구인(상속인) 1인당 5,000원의 인지를 납부한다.
4. 송달료 : 당사자수×4,800원×4회분을 납부한다.
5. 관할 : 상속개시지의 가정법원이다(피상속인의 최후주소지).

주 1. 상속포기

가. 상속포기시 미성년자의 경우 친권자가 승인 또는 포기를 할 수 있으나 친권자가 공동상속인인 경우에 子만의 상속포기에 관하여 양자는 이해상반되는 관계에 있으므로 원칙으로 특별대리인의 선임을 가정법원에 청구하여야 한다. 다만 친권자 중 일방이 사망하고 母 또 父가 공동상속인인 경우로서 같이 승인 또는 포기를 하는 경우에는 그러하지 아니하다.

나. 교통사고 가해자가 숨진 피해자의 상속인이라면 보험혜택을 받을 수 없지만 상속을 포기하면 보험혜택을 받을 수 있다.

다. 조부모가 진 빚에 대한 상속을 부모가 포기했더라도 차순위 상속권자인 손자, 손녀가 상속포기신고를 하지 않았다면 대신 갚아야 한다.

라. 생명보험이란 생존이나 상해시 피보험자 본인을 수익자로 보통 지정하며, 사망보험금이란 대부분 법정상속인을 지정하며 상속인이 청구한 보험금청구권은 상속이 아니고, 보험수익자의 고유의 재산이다.

마. 사망시 보험수익자가 피보험자인 경우 상속인들은 상속재산으로서 그 지급을 구할 권리가 있고, 사망시 보험수익자가 피보험자외 제3자를 지정한 경우 상속인 또는 이들의 채권자들은 보험금 청구권이 없다.

바. 사망시 보험수익자를 법정상속인으로 정한 경우에는 상속된 것이 아니고 상속인의 고유재산으로, 사망자 채무에 대하여 상속인들을 상대로 가압류 등을 할 수 없다.

사. 가해차량이 가입한 보험회사로부터 유족들이 받는 보상금(정확한 명칭은 손해배상금이나 보험회사들은 보상금이라고 부른다)은 상속인 고유의 재산이 아니고 상속재산이므로 사망인에 대한 채권자들은 상속인들을 상대로 가압류 등이 가능하며, 만약 상속인이 상속을 포기하면 절대로 받아 가서는 안된다.

※ 상속순위

① 직계비속(자식, 손자 등)

② 직계존속(부모, 조부모 등)

③ 형제자매

④ 4촌 이내의 방계혈족(자기의 형제자매의 직계비속, 직계존속의 형제자매와 그 형제자매의 직계비속 포함. 즉 생질, 이질, 고종사촌, 이종사촌 등)

2. 피상속인의 배우자 유무에 따른 상속

피상속인의 배우자는 생존하고 있으나 피상속인의 직계비속이 없는 경우에는 피상속인의 배우자는 단독상속할 수 없고, 2순위인 피상속인의 직계존속과 공동상속을 하여야 하며, 피상속인의 직계존속도 없을 때 비로소 단독상속할 수 있다(민법 제1033조 ① 참조).

3. 상속인의 사전포기의 효력

상속인은 상속개시 있음을 안 날로부터 3월 내에 포기를 할 수 있고 이러한 상속포기는 가정법원에 신고하는 등 일정한 절차와 방식을 따라야만 그 효력이 있다(대법원 1998. 7. 24. 선고 98다9021 판결)할 것이고, 1순위자가 상속포기심판을 받은 후(심판정본을 수령한 후) 3월 이내에 다음 순위자가 상속포기심판청구를 해도 된다.

그러므로 상속인 중의 1인이 피상속인의 생존시에 피상속인에 대하여 상속을 포기하기로 약정하였다고 하더라도, 상속개시 후 민법이 정하는 절차와 방식에 따라 상속포기를 하지 아니한 이상, 상속개시 후에 자신의 상속권을 주장한다 하더라도 이는 정당한 권리행사에 해당한다.

4. 후순위 상속인의 상속포기

상속포기는 상속개시가 있은 후에 하여야 하는데, 후순위 상속인의 경우 선순위 상속인보다 먼저 또는 동시에 상속포기신고를 할 수 있는지가 문제된다.

상속포기의 신고에 관한 대법원 예규(재특 2003-1) 3조에 의하면, 피상속인의 상속인이 될 자격이 있는 사람(배우자, 직계비속, 직계존속, 형제자매, 4촌 이내의 방계혈족)은 상속이 개시된 이후에는 선순위 상속인이 상속포기신고를 하지 아니한 경우에는 선순위 상속인보다 먼저 또는 선순위 상속인과 동시에 상속포기의 신고를 할 수 있다.

5. 상속포기의 취소

상속인이 상속의 한정승인이나 포기신고를 수리된 이후에는 비록 숙려기간이 경과하기 전이라도 이를 취소할 수 없다. 다만, 그 신고가 무능력자에 의한 것이라거나 사기, 강박 등의 하자 있는 의사표시에 해당하는 경우에만 취소할 수 있을 뿐이다(민법 1024조).

위 취소사유에 해당하는 경우 그 취소는 추인할 수 있는 날로부터 3월, 한정승인 또는 포기한 날부터 1년 내에 상속의 한정승인 또는 포기의 신고를 법원에 하여야 한다.

6. 상속인이 수인인 경우 어느 상속인이 상속을 포기한 때 포기한 상속인의 상속인이 그 상속재산을 대습상속하는지 여부

민법이 인정하는 대습상속의 사유는 피대습자의 사망 또는 결격에 국한하므로 상속인의 '상속포기'는 대습상속의 사유가 될 수 없다.

7. 상속포기와 한정승인의 차이

부모 등 피상속인이 거액의 채무를 진 채 사망하면 그 배우자나 자녀 등 상속인은 채무를 그대로 승계한다. 이러한 채무를 면할 수 있는 방법이 상속포기와 한정승인이다. 상속포기나 한정승인을 하려면 가정법원에 신고를 하여야 한다.

상속포기와 한정승인은 상속개시가 있음을 안 날로부터 3개월 이내에 하여야 한다. 다만, 가정법원의 허가가 있는 경우에는 이 기간을 연장할 수 있다. 또한, 상속채무가 상속재산을 초과하는 사실을 중대한 과실 없이 알지 못하고 단순승인을 한 경우에는 그 사실을 안 날로부터 3월 내에 한정승인을 할 수 있다. 상속개시가 있음을 안 날이란 상속개시의 원인이 되는 사실의 발생을 앎으로써 자기가 상속인이 되었음을 안 날을 말한다.

상속포기가 수리되면 그 상속인은 피상속인의 채무를 승계하지 않고 면할 수 있다. 그러나 제1순위 상속인이 포기하면 제2순위 이하의 상속인들이 망인의 채무를 승계하게 되므로 상속인들이 채무를 완전히 면하기 위해서는 순위여하를 불문하고 모든 상속인(망인을 기준으로 4촌 이내의 혈족)들이 상속포기를 하여야 한다.

한정승인의 경우에는 제1순위 상속인이 한정승인을 하면 제2순위 이하의 상속인들은 망인의 채무를 승계하지 않는다. 한정승인을 한 상속인은 망인의 모든 채무를 승계하지만 책임은 상속재산의 한도 내에서 진다. 통상 실무에서는 공동상속인이 있는 경우 그 중 1인이 한정승인을 하고 나머지 상속인은 상속포기를 하는 경우가 많다. 한편, 한정승인이 있게 되면 한정승인자는 한정승인을 한 날부터 5일 이내에 일반상속채권자와 유증받은 자에 대하여 한정승인의 사실과 일정한 기간 내에 그 채권 또는 수증을 신고할 것을 2월 이상 공고하도록 되어 있다. 공고는 원칙적으로 상속지 관할 지방법원장이 선정한 신문에 1회 이상 하여야 한다. 선정한 신문이 없는 경우에는 신문상 공고에 갈음하여 등기소와 그 상속지 관할 시·군·구에 게시함으로써 공고할 수 있다(민법 88조, 비송사건절차법 65조의 2,3,4).

한정승인자가 위와 같은 공고 및 최고를 게을리하여 어느 상속채권자나 유증받은 자에게 변제함으로써 다른 상속채권자나 유증자에 대하여 변제할 수 없는 때에는, 자기의 고유재산으로 그 손해를 배상하여야 하며, 이 경우 그 사정을 알고 변제를 받은 상속채권자나 유증받은 자는 구상채무를 부담하게 된다(민법 1038조).

8. 상속포기신고시 외국에 거주하는 상속인의 인감증명서 준비절차

외국거주 상속인은 상속포기신고서에 서명 또는 날인하고 본인이 직접 서명(날인)한 것임을 증명하는 재외공관장의 확인서나 이에 관한 서명공정증서로 인감증명서를 대신할 수 있다. 또는 대리인을 선임하여 대리인의 인감증명서를 첨부하는 것도 하나의 방법이 될 수 있다. 이 경우에도 위임장에 위에서 언급한 재외공관의 확인서나 서명공정증서가 첨부되어야 한다.

[서식 280] 상속포기 심판청구서(2)

상속포기심판청구

청 구 인　1. 이 ○ 숙 (000000-0000000) (전화 :)
등록기준지 서울 ○○구 ○○로 123
주 소 서울 ○○구 ○○로 234 (우편번호 : 00000)

2. 김 ○ 미 (000000-0000000) (전화 :)
등록기준지 서울 ○○구 ○○로 123
주 소 서울 ○○구 ○○로 345 (우편번호 : 00000)

3. 김 ○ 진 (000000-0000000) (전화 :)
등록기준지 서울 ○○구 ○○로 123
주 소 서울 ○○구 ○○로 456 (우편번호 : 00000)

4. 김 ○ 현 (000000-0000000) (전화 :)
등록기준지 서울 ○○구 ○○로 123
주 소 서울 ○○구 ○○로 234 (우편번호 : 00000)

피상속인　망 김 ○ 균 (000000-0000000)
사 망 일 자 20○○. 9. 20.
등록기준지 서울 ○○구 ○○로 123
최 후 주 소 서울 ○○구 ○○로 234

청 구 취 지

청구인이 피상속인 망 김○균의 재산상속포기신고는 이를 수리한다.
라는 심판을 구합니다.

청 구 원 인

1. 청구인은 이○숙은 피상속인 망 김○균의 처이고, 청구인 김○미는 피상속인의 장녀, 김○진은 피상속인의 차녀, 청구인 김○현은 피상속인의 장남입니다.

2. 이와 같이 청구인들은 피상속인의 처와 자식들로서, 피상속인이 20○○. 9. 20. 서울

○○구 ○○로 ○○에서 사망함에 따라 상속개시 되었음을 알았으나 민법 제1019조에 의하여 재산상속을 포기하고자 이 심판청구에 이른 것입니다.

첨 부 서 류

1. 제적등본(망자)	1통
1. 가족관계증명서(청구인)	1통
1. 기본증명서(망자)	1통
1. 주민등록초본	5통
1. 인감증명(청구인)	3통

20○○. ○. ○.

청구인 이 ○ 숙 (인)
김 ○ 미 (인)
김 ○ 진 (인)
김 ○ 현
김○현은 미성년자이므로
법정대리인 친권자 모 이 ○ 숙 (인)

○○ 가정법원 귀중

접수방법

1. 신고서에는 신고인 또는 대리인의 인감증명을 첨부하여야 한다.
2. 상속인이다. 즉, 상속을 포기하려는 자이다. 신고하는 자가 무능력인 경우에는 법정대리인이 대리한다. 법정대리인과 관계에서 이해상반행위에 해당하는 때에는 특별대리인을 선임하여야 한다.
3. 수입인지 : 청구인(상속인) 1인당 5,000원의 인지를 납부한다.
4. 송달료 : 당사자수×4,800원×4회분을 납부한다.
5. 관할 : 상속개시지의 가정법원이다(피상속인의 최후주소지).

주 1. 상속포기

가. 상속포기시 미성년자의 경우 친권자가 승인 또는 포기를 할 수 있으나 친권자가 공동상속인인 경우에 子만의 상속포기에 관하여 양자는 이해상반되는 관계에 있으므로 원칙으로 특별대리인의 선임을 가정법원에 청구하여야 한다. 다만 친권자 중 일방이 사망하고 母

또 父가 공동상속인인 경우로서 같이 승인 또는 포기를 하는 경우에는 그러하지 아니하다.
나. 교통사고 가해자가 숨진 피해자의 상속인이라면 보험혜택을 받을 수 없지만 상속을 포기하면 보험혜택을 받을 수 있다.
다. 조부모가 진 빚에 대한 상속을 부모가 포기했더라도 차순위 상속권자인 손자, 손녀가 상속포기신고를 하지 않았다면 대신 갚아야 한다.
라. 생명보험이란 생존이나 상해시 피보험자 본인을 수익자로 보통 지정하며, 사망보험금이란 대부분 법정상속인을 지정하며 상속인이 청구한 보험금청구권은 상속이 아니고, 보험수익자의 고유의 재산이다.
마. 사망시 보험수익자가 피보험자인 경우 상속인들은 상속재산으로서 그 지급을 구할 권리가 있고, 사망시 보험수익자가 피보험자외 제3자를 지정한 경우 상속인 또는 이들의 채권자들은 보험금 청구권이 없다.
바. 사망시 보험수익자를 법정상속인으로 정한 경우에는 상속된 것이 아니고 상속인의 고유재산으로, 사망자 채무에 대하여 상속인들을 상대로 가압류 등을 할 수 없다.
사. 가해차량이 가입한 보험회사로부터 유족들이 받는 보상금(정확한 명칭은 손해배상금이나 보험회사들은 보상금이라고 부른다)은 상속인 고유의 재산이 아니고 상속재산이므로 사망인에 대한 채권자들은 상속인들을 상대로 가압류 등이 가능하며, 만약 상속인이 상속을 포기하면 절대로 받아 가서는 안된다.

※ 상속순위
① 직계비속(자식, 손자 등)
② 직계존속(부모, 조부모 등)
③ 형제자매
④ 4촌 이내의 방계혈족(자기의 형제자매의 직계비속, 직계존속의 형제자매와 그 형제자매의 직계비속 포함. 즉 생질, 이질, 고종사촌, 이종사촌 등)

2. 피상속인의 배우자 유무에 따른 상속

피상속인의 배우자는 생존하고 있으나 피상속인의 직계비속이 없는 경우에는 피상속인의 배우자는 단독상속할 수 없고, 2순위인 피상속인의 직계존속과 공동상속을 하여야 하며, 피상속인의 직계존속도 없을 때 비로소 단독상속할 수 있다(민법 제1033조 ① 참조).

3. 상속인의 사전포기의 효력

상속인은 상속개시 있음을 안 날로부터 3월 내에 포기를 할 수 있고 이러한 상속포기는 가정법원에 신고하는 등 일정한 절차와 방식을 따라야만 그 효력이 있다(대법원 1998. 7. 24. 선고 98다9021 판결)할 것이고, 1순위자가 상속포기심판을 받은 후(심판정본을 수령한 후) 3월 이내에 다음 순위자가 상속포기심판청구를 해도 된다.

그러므로 상속인 중의 1인이 피상속인의 생존시에 피상속인에 대하여 상속을 포기하기로 약정하였다고 하더라도, 상속개시 후 민법이 정하는 절차와 방식에 따라 상속포기를 하지 아니한 이상, 상속개시 후에 자신의 상속권을 주장한다 하더라도 이는 정당한 권리행사에 해당한다.

4. 후순위 상속인의 상속포기

상속포기는 상속개시가 있은 후에 하여야 하는데, 후순위 상속인의 경우 선순위 상속인보다 먼저 또는 동시에 상속포기신고를 할 수 있는지가 문제된다.

상속포기의 신고에 관한 대법원 예규(재특 2003-1) 3조에 의하면, 피상속인의 상속인이 될 자격이 있는 사람(배우자, 직계비속, 직계존속, 형제자매, 4촌 이내의 방계혈족)은 상속이 개시된 이후에는 선순위 상속인이 상속포기신고를 하지 아니한 경우에는 선순위 상속인보다 먼저 또는 선순위 상속인과 동시에 상속포기의 신고를 할 수 있다.

5. 상속포기의 취소

상속인이 상속의 한정승인이나 포기신고를 수리된 이후에는 비록 숙려기간이 경과하기 전이라도 이를 취소할 수 없다. 다만, 그 신고가 무능력자에 의한 것이라거나 사기, 강박 등의 하자 있는 의사표시에 해당하는 경우에만 취소할 수 있을 뿐이다(민법 1024조).

위 취소사유에 해당하는 경우 그 취소는 추인할 수 있는 날로부터 3월, 한정승인 또는 포기한 날부터 1년 내에 상속의 한정승인 또는 포기의 신고를 법원에 하여야 한다.

6. 상속인이 수인인 경우 어느 상속인이 상속을 포기한 때 포기한 상속인의 상속인이 그 상속재산을 대습상속하는지 여부

민법이 인정하는 대습상속의 사유는 피대습자의 사망 또는 결격에 국한하므로 상속인의 '상속포기'는 대습상속의 사유가 될 수 없다.

7. 상속포기와 한정승인의 차이

부모 등 피상속인이 거액의 채무를 진 채 사망하면 그 배우자나 자녀 등 상속인은 채무를 그대로 승계한다. 이러한 채무를 면할 수 있는 방법이 상속포기와 한정승인이다. 상속포기나 한정승인을 하려면 가정법원에 신고를 하여야 한다.

상속포기와 한정승인은 상속개시가 있음을 안 날로부터 3개월 이내에 하여야 한다. 다만, 가정법원의 허가가 있는 경우에는 이 기간을 연장할 수 있다. 또한, 상속채무가 상속재산을 초과하는 사실을 중대한 과실 없이 알지 못하고 단순승인을 한 경우에는 그 사실을 안 날로부터 3월 내에 한정승인을 할 수 있다. 상속개시가 있음을 안 날이란 상속개시의 원인이 되는 사실의 발생을 앎으로써 자기가 상속인이 되었음을 안 날을 말한다.

상속포기가 수리되면 그 상속인은 피상속인의 채무를 승계하지 않고 면할 수 있다. 그러나 제1순위 상속인이 포기하면 제2순위 이하의 상속인들이 망인의 채무를 승계하게 되므로 상속인들이 채무를 완전히 면하기 위해서는 순위여하를 불문하고 모든 상속인(망인을 기준으로 4촌 이내의 혈족)들이 상속포기를 하여야 한다.

한정승인의 경우에는 제1순위 상속인이 한정승인을 하면 제2순위 이하의 상속인들은 망인의 채무를 승계하지 않는다. 한정승인을 한 상속인은 망인의 모든 채무를 승계하지만 책임은 상속재산의 한도 내에서 진다. 통상 실무에서는 공동상속인이 있는 경우 그 중 1인이 한정승인을 하고 나머지 상속인은 상속포기를 하는 경우가 많다. 한편, 한정승인이 있게 되면 한정승인자는 한정승인을 한 날부터 5일 이내에 일반상속채권자와 유증받은 자에 대하여 한정승인의 사실과 일정한 기간 내에 그 채권 또는 수증을 신고할 것을 2월 이상 공고하도록 되어 있다. 공고는 원칙적으로 상속지 관할 지방법원장이 선정한 신문에 1회 이상 하여야 한다. 선정한 신문이 없는 경우에는 신문상 공고에 갈음하여 등기소와 그 상속지 관할 시·군·구에 게시함으로써 공고할 수 있다(민법 88조, 비송사건절차법 65조의 2,3,4).

한정승인자가 위와 같은 공고 및 최고를 게을리하여 어느 상속채권자나 유증받은 자에게 변제함으로써 다른 상속채권자나 유증자에 대하여 변제할 수 없는 때에는, 자기의 고유재산으로 그 손해를 배상하여야 하며, 이 경우 그 사정을 알고 변제를 받은 상속채권자나 유증받은 자는 구상채무를 부담하게 된다(민법 1038조).

8. 상속포기신고시 외국에 거주하는 상속인의 인감증명서 준비절차

외국거주 상속인은 상속포기신고서에 서명 또는 날인하고 본인이 직접 서명(날인)한 것임을 증명하는 재외공관장의 확인서나 이에 관한 서명공정증서로 인감증명서를 대신할 수 있다. 또는 대리인을 선임하여 대리인의 인감증명서를 첨부하는 것도 하나의 방법이 될 수 있다. 이 경우에도 위임장에 위에서 언급한 재외공관의 확인서나 서명공정증서가 첨부되어야 한다.

[서식 281] 상속포기 심판청구서(3)

상속포기심판청구

청구인(상속인)　1. ○ ○ ○ (000000-0000000) (전화 :)
등록기준지 : 서울 ○○구 ○○로 ○○
주　　소 : 서울 ○○구 ○○로 ○○ (우편번호 : 00000)

2. ○ ○ ○ (000000-0000000) (전화 :)
등록기준지 : 서울 ○○구 ○○로 ○○
주　　소 : 서울 ○○구 ○○로 ○○ (우편번호 : 00000)

3. ○ ○ ○ (000000-0000000) (전화 :)
등록기준지 : 서울 ○○구 ○○로 ○○

주　　소 : 서울 ○○구 ○○로 ○○ (우편번호 : 00000)
위 2, 3은 미성년자이므로, 친권자 모 ○○○

피상속인(망)　○　○　○ (000000-0000000)
사 망 일 자 : 20○○. ○. ○.
등록기준지 : 서울 ○○구 ○○로 ○○
최 후 주 소 : 서울 ○○구 ○○로 ○○

청 구 취 지

청구인들이 망 ○○○에 대한 재산상속포기신고는 이를 수리한다.
라는 심판을 구합니다.

청 구 원 인

1. 위 청구인들은 피상속인 망 ○○○의 처와 자식들입니다.
2. 청구인들은 피상속인 망 ○○○의 재산상속인으로서 20○○. ○. ○. 피상속인의 사망으로 인하여 상속개시가 있음을 즉시 알았으나, 민법 제1019조에 의하여 재산상속을 포기하고자 이 심판청구에 이른 것입니다.

첨 부 서 류

1. 제적등본　2통
1. 기본증명서　1통
1. 가족관계증명서　1통
1. 주민등록초본　3통
1. 인감증명서　1통
1. 말소자 주민등록등본　1통

20○○. ○. ○.

청구인 ○ ○ ○ (인)
청구인 ○ ○ ○
청구인 ○ ○ ○

위 ○○○, ○○○은 미성년자이므로
친권자 모 ○ ○ ○ (인)

○○ 가정법원 귀중

접수방법

1. 신고서에는 신고인 또는 대리인의 인감증명을 첨부하여야 한다.
2. 상속인이다. 즉, 상속을 포기하려는 자이다. 신고하는 자가 무능력인 경우에는 법정대리인이 대리한다. 법정대리인과 관계에서 이해상반행위에 해당하는 때에는 특별대리인을 선임하여야 한다.
3. 수입인지 : 청구인(상속인) 1인당 5,000원의 인지를 납부한다.
4. 송달료 : 당사자수×4,800원×4회분을 납부한다.
5. 관할 : 상속개시지의 가정법원이다(피상속인의 최후주소지).

주 1. **상속포기**

가. 상속포기시 미성년자의 경우 친권자가 승인 또는 포기를 할 수 있으나 친권자가 공동상속인인 경우에 子만의 상속포기에 관하여 양자는 이해상반되는 관계에 있으므로 원칙으로 특별대리인의 선임을 가정법원에 청구하여야 한다. 다만 친권자 중 일방이 사망하고 母 또 父가 공동상속인인 경우로서 같이 승인 또는 포기를 하는 경우에는 그러하지 아니하다.

나. 교통사고 가해자가 숨진 피해자의 상속인이라면 보험혜택을 받을 수 없지만 상속을 포기하면 보험혜택을 받을 수 있다.

다. 조부모가 진 빚에 대한 상속을 부모가 포기했더라도 차순위 상속권자인 손자, 손녀가 상속포기신고를 하지 않았다면 대신 갚아야 한다.

라. 생명보험이란 생존이나 상해시 피보험자 본인을 수익자로 보통 지정하며, 사망보험금이란 대부분 법정상속인을 지정하며 상속인이 청구한 보험금청구권은 상속이 아니고, 보험수익자의 고유의 재산이다.

마. 사망시 보험수익자가 피보험자인 경우 상속인들은 상속재산으로서 그 지급을 구할 권리가 있고, 사망시 보험수익자가 피보험자외 제3자를 지정한 경우 상속인 또는 이들의 채권자들은 보험금 청구권이 없다.

바. 사망시 보험수익자를 법정상속인으로 정한 경우에는 상속된 것이 아니고 상속인의 고유재산으로, 사망자 채무에 대하여 상속인들을 상대로 가압류 등을 할 수 없다.

사. 가해차량이 가입한 보험회사로부터 유족들이 받는 보상금(정확한 명칭은 손해배상금이나 보험회사들은 보상금이라고 부른다)은 상속인 고유의 재산이 아니고 상속재산이므로 사망인에 대한 채권자들은 상속인들을 상대로 가압류 등이 가능하며, 만약 상속인이 상속을 포기하면 절대로 받아 가서는 안된다.

※ 상속순위

① 직계비속(자식, 손자 등)

② 직계존속(부모, 조부모 등)

③ 형제자매

④ 4촌 이내의 방계혈족(자기의 형제자매의 직계비속, 직계존속의 형제자매와 그 형제자매의 직계비속 포함. 즉 생질, 이질, 고종사촌, 이종사촌 등)

2. 피상속인의 배우자 유무에 따른 상속

피상속인의 배우자는 생존하고 있으나 피상속인의 직계비속이 없는 경우에는 피상속인의 배우자는 단독상속할 수 없고, 2순위인 피상속인의 직계존속과 공동상속을 하여야 하며, 피상속인의 직계존속도 없을 때 비로소 단독상속할 수 있다(민법 제1033조 ① 참조).

3. 상속인의 사전포기의 효력

상속인은 상속개시 있음을 안 날로부터 3월 내에 포기를 할 수 있고 이러한 상속포기는 가정법원에 신고하는 등 일정한 절차와 방식을 따라야만 그 효력이 있다(대법원 1998. 7. 24. 선고 98다9021 판결)할 것이고, 1순위자가 상속포기심판을 받은 후(심판정본을 수령한 후) 3월 이내에 다음 순위자가 상속포기심판청구를 해도 된다.

그러므로 상속인 중의 1인이 피상속인의 생존시에 피상속인에 대하여 상속을 포기하기로 약정하였다고 하더라도, 상속개시 후 민법이 정하는 절차와 방식에 따라 상속포기를 하지 아니한 이상, 상속개시 후에 자신의 상속권을 주장한다 하더라도 이는 정당한 권리행사에 해당한다.

4. 후순위 상속인의 상속포기

상속포기는 상속개시가 있은 후에 하여야 하는데, 후순위 상속인의 경우 선순위 상속인보다 먼저 또는 동시에 상속포기신고를 할 수 있는지가 문제된다.

상속포기의 신고에 관한 대법원 예규(재특 2003-1) 3조에 의하면, 피상속인의 상속인이 될 자격이 있는 사람(배우자, 직계비속, 직계존속, 형제자매, 4촌 이내의 방계혈족)은 상속이 개시된 이후에는 선순위 상속인이 상속포기신고를 하지 아니한 경우에는 선순위 상속인보다 먼저 또는 선순위 상속인과 동시에 상속포기의 신고를 할 수 있다.

5. 상속포기의 취소

상속인이 상속의 한정승인이나 포기신고를 수리된 이후에는 비록 숙려기간이 경과하기 전이라도 이를 취소할 수 없다. 다만, 그 신고가 무능력자에 의한 것이라거나 사기, 강박 등의 하자 있는 의사표시에 해당하는 경우에만 취소할 수 있을 뿐이다(민법 1024조).

위 취소사유에 해당하는 경우 그 취소는 추인할 수 있는 날로부터 3월, 한정승인 또는 포기한 날부터 1년 내에 상속의 한정승인 또는 포기의 신고를 법원에 하여야 한다.

6. 상속인이 수인인 경우 어느 상속인이 상속을 포기한 때 포기한 상속인의 상속인이 그 상속재산을 대습상속하는지 여부

민법이 인정하는 대습상속의 사유는 피대습자의 사망 또는 결격에 국한하므로 상속인의

'상속포기'는 대습상속의 사유가 될 수 없다.

7. 상속포기와 한정승인의 차이

부모 등 피상속인이 거액의 채무를 진 채 사망하면 그 배우자나 자녀 등 상속인은 채무를 그대로 승계한다. 이러한 채무를 면할 수 있는 방법이 상속포기와 한정승인이다. 상속포기나 한정승인을 하려면 가정법원에 신고를 하여야 한다.

상속포기와 한정승인은 상속개시가 있음을 안 날로부터 3개월 이내에 하여야 한다. 다만, 가정법원의 허가가 있는 경우에는 이 기간을 연장할 수 있다. 또한, 상속채무가 상속재산을 초과하는 사실을 중대한 과실 없이 알지 못하고 단순승인을 한 경우에는 그 사실을 안 날로부터 3월 내에 한정승인을 할 수 있다. 상속개시가 있음을 안 날이란 상속개시의 원인이 되는 사실의 발생을 앎으로써 자기가 상속인이 되었음을 안 날을 말한다.

상속포기가 수리되면 그 상속인은 피상속인의 채무를 승계하지 않고 면할 수 있다. 그러나 제1순위 상속인이 포기하면 제2순위 이하의 상속인들이 망인의 채무를 승계하게 되므로 상속인들이 채무를 완전히 면하기 위해서는 순위여하를 불문하고 모든 상속인(망인을 기준으로 4촌 이내의 혈족)들이 상속포기를 하여야 한다.

한정승인의 경우에는 제1순위 상속인이 한정승인을 하면 제2순위 이하의 상속인들은 망인의 채무를 승계하지 않는다. 한정승인을 한 상속인은 망인의 모든 채무를 승계하지만 책임은 상속재산의 한도 내에서 진다. 통상 실무에서는 공동상속인이 있는 경우 그 중 1인이 한정승인을 하고 나머지 상속인은 상속포기를 하는 경우가 많다. 한편, 한정승인이 있게 되면 한정승인자는 한정승인을 한 날부터 5일 이내에 일반상속채권자와 유증받은 자에 대하여 한정승인의 사실과 일정한 기간 내에 그 채권 또는 수증을 신고할 것을 2월 이상 공고하도록 되어 있다. 공고는 원칙적으로 상속지 관할 지방법원장이 선정한 신문에 1회 이상 하여야 한다. 선정한 신문이 없는 경우에는 신문상 공고에 갈음하여 등기소와 그 상속지 관할 시·군·구에 게시함으로써 공고할 수 있다(민법 88조, 비송사건절차법 65조의 2,3,4).

한정승인자가 위와 같은 공고 및 최고를 게을리하여 어느 상속채권자나 유증받은 자에게 변제함으로써 다른 상속채권자나 유증자에 대하여 변제할 수 없는 때에는, 자기의 고유재산으로 그 손해를 배상하여야 하며, 이 경우 그 사정을 알고 변제를 받은 상속채권자나 유증받은 자는 구상채무를 부담하게 된다(민법 1038조).

8. 상속포기신고시 외국에 거주하는 상속인의 인감증명서 준비절차

외국거주 상속인은 상속포기신고서에 서명 또는 날인하고 본인이 직접 서명(날인)한 것임을 증명하는 재외공관장의 확인서나 이에 관한 서명공정증서로 인감증명서를 대신할 수 있다. 또는 대리인을 선임하여 대리인의 인감증명서를 첨부하는 것도 하나의 방법이 될 수 있다. 이 경우에도 위임장에 위에서 언급한 재외공관의 확인서나 서명공정증서가 첨부되어야 한다.

[서식 282] 상속포기 심판청구서(4)

상속포기심판청구

청구인(상속인) 1. ○ ○ ○ (000000-0000000) (전화 :)
등록기준지 : 서울 ○○구 ○○로 ○○
주 소 : 서울 ○○구 ○○로 ○○ (우편번호 : 00000)

2. ○ ○ ○ (000000-0000000) (전화 :)
등록기준지 : 서울 ○○구 ○○로 ○○
주 소 : 서울 ○○구 ○○로 ○○ (우편번호 : 00000)

3. ○ ○ ○ (000000-0000000) (전화 :)
등록기준지 : 서울 ○○구 ○○로 ○○
주 소 : 서울 ○○구 ○○로 ○○ (우편번호 : 00000)
위 2, 3은 미성년자이므로, 친권자 모 ○○○

피상속인(망) ○ ○ ○ (000000-0000000)
사 망 일 자 : 20○○. ○. ○.
등록기준지 : 서울 ○○구 ○○로 ○○
최 후 주 소 : 서울 ○○구 ○○로 ○○

청 구 취 지

청구인들이 망 ○○○에 대한 재산상속포기신고는 이를 수리한다.
라는 심판을 구합니다.

청 구 원 인

위 청구인들은 피상속인 망 ○○○의 재상속인으로 선순위 상속인들이 모두 상속을 포기함으로써 20○○. ○. ○. 상속개시가 있음을 알았으나, 민법 제1019조에 의하여 재산상속을 포기하고자 이 심판청구에 이른 것입니다.

첨 부 서 류

1. 제적등본 2통

1. 기본증명서 1통
1. 가족관계증명서 1통
1. 주민등록초본 3통
1. 인감증명서 1통
1. 말소자 주민등록등본 1통

20○○. ○. ○.

청구인 ○ ○ ○ (인)
청구인 ○ ○ ○
청구인 ○ ○ ○
위 ○○○, ○○○은 미성년자이므로
친권자 모 ○ ○ ○ (인)

○○ 가정법원 귀중

접수방법

1. 신고서에는 신고인 또는 대리인의 인감증명을 첨부하여야 한다.
2. 상속인이다. 즉, 상속을 포기하려는 자이다. 신고하는 자가 무능력인 경우에는 법정대리인이 대리한다. 법정대리인과 관계에서 이해상반행위에 해당하는 때에는 특별대리인을 선임하여야 한다.
3. 수입인지 : 청구인(상속인) 1인당 5,000원의 인지를 납부한다.
4. 송달료 : 당사자수×4,800원×4회분을 납부한다.
5. 관할 : 상속개시지의 가정법원이다(피상속인의 최후주소지).

주 1. 상속포기

가. 상속포기시 미성년자의 경우 친권자가 승인 또는 포기를 할 수 있으나 친권자가 공동상속인인 경우에 子만의 상속포기에 관하여 양자는 이해상반되는 관계에 있으므로 원칙으로 특별대리인의 선임을 가정법원에 청구하여야 한다. 다만 친권자 중 일방이 사망하고 母 또 父가 공동상속인인 경우로서 같이 승인 또는 포기를 하는 경우에는 그러하지 아니하다.

나. 교통사고 가해자가 숨진 피해자의 상속인이라면 보험혜택을 받을 수 없지만 상속을 포기하면 보험혜택을 받을 수 있다.

다. 조부모가 진 빚에 대한 상속을 부모가 포기했더라도 차순위 상속권자인 손자, 손녀가 상속포기신고를 하지 않았다면 대신 갚아야 한다.

라. 생명보험이란 생존이나 상해시 피보험자 본인을 수익자로 보통 지정하며, 사망보험금이란 대부분 법정상속인을 지정하며 상속인이 청구한 보험금청구권은 상속이 아니고, 보험수익자의 고유의 재산이다.

마. 사망시 보험수익자가 피보험자인 경우 상속인들은 상속재산으로서 그 지급을 구할 권리가 있고, 사망시 보험수익자가 피보험자외 제3자를 지정한 경우 상속인 또는 이들의 채권자들은 보험금 청구권이 없다.

바. 사망시 보험수익자를 법정상속인으로 정한 경우에는 상속된 것이 아니고 상속인의 고유재산으로, 사망자 채무에 대하여 상속인들을 상대로 가압류 등을 할 수 없다.

사. 가해차량이 가입한 보험회사로부터 유족들이 받는 보상금(정확한 명칭은 손해배상금이나 보험회사들은 보상금이라고 부른다)은 상속인 고유의 재산이 아니고 상속재산이므로 사망인에 대한 채권자들은 상속인들을 상대로 가압류 등이 가능하며, 만약 상속인이 상속을 포기하면 절대로 받아 가서는 안된다.

※ 상속순위

① 직계비속(자식, 손자 등)

② 직계존속(부모, 조부모 등)

③ 형제자매

④ 4촌 이내의 방계혈족(자기의 형제자매의 직계비속, 직계존속의 형제자매와 그 형제자매의 직계비속 포함. 즉 생질, 이질, 고종사촌, 이종사촌 등)

2. 피상속인의 배우자 유무에 따른 상속

피상속인의 배우자는 생존하고 있으나 피상속인의 직계비속이 없는 경우에는 피상속인의 배우자는 단독상속할 수 없고, 2순위인 피상속인의 직계존속과 공동상속을 하여야 하며, 피상속인의 직계존속도 없을 때 비로소 단독상속할 수 있다(민법 제1033조 ① 참조).

3. 상속인의 사전포기의 효력

상속인은 상속개시 있음을 안 날로부터 3월 내에 포기를 할 수 있고 이러한 상속포기는 가정법원에 신고하는 등 일정한 절차와 방식을 따라야만 그 효력이 있다(대법원 1998. 7. 24. 선고 98다9021 판결)할 것이고, 1순위자가 상속포기심판을 받은 후(심판정본을 수령한 후) 3월 이내에 다음 순위자가 상속포기심판청구를 해도 된다.

그러므로 상속인 중의 1인이 피상속인의 생존시에 피상속인에 대하여 상속을 포기하기로 약정하였다고 하더라도, 상속개시 후 민법이 정하는 절차와 방식에 따라 상속포기를 하지 아니한 이상, 상속개시 후에 자신의 상속권을 주장한다 하더라도 이는 정당한 권리행사에 해당한다.

4. 후순위 상속인의 상속포기

상속포기는 상속개시가 있은 후에 하여야 하는데, 후순위 상속인의 경우 선순위 상속인보다 먼저 또는 동시에 상속포기신고를 할 수 있는지가 문제된다.

상속포기의 신고에 관한 대법원 예규(재특 2003-1) 3조에 의하면, 피상속인의 상속인이 될 자격이 있는 사람(배우자, 직계비속, 직계존속, 형제자매, 4촌 이내의 방계혈족)은 상속이 개시된 이후에는 선순위 상속인이 상속포기신고를 하지 아니한 경우에는 선순위 상속인보다 먼저 또는 선순위 상속인과 동시에 상속포기의 신고를 할 수 있다.

5. 상속포기의 취소

상속인이 상속의 한정승인이나 포기신고를 수리된 이후에는 비록 숙려기간이 경과하기 전이라도 이를 취소할 수 없다. 다만, 그 신고가 무능력자에 의한 것이라거나 사기, 강박 등의 하자 있는 의사표시에 해당하는 경우에만 취소할 수 있을 뿐이다(민법 1024조).

위 취소사유에 해당하는 경우 그 취소는 추인할 수 있는 날로부터 3월, 한정승인 또는 포기한 날부터 1년 내에 상속의 한정승인 또는 포기의 신고를 법원에 하여야 한다.

6. 상속인이 수인인 경우 어느 상속인이 상속을 포기한 때 포기한 상속인의 상속인이 그 상속재산을 대습상속하는지 여부

민법이 인정하는 대습상속의 사유는 피대습자의 사망 또는 결격에 국한하므로 상속인의 '상속포기'는 대습상속의 사유가 될 수 없다.

7. 상속포기와 한정승인의 차이

부모 등 피상속인이 거액의 채무를 진 채 사망하면 그 배우자나 자녀 등 상속인은 채무를 그대로 승계한다. 이러한 채무를 면할 수 있는 방법이 상속포기와 한정승인이다. 상속포기나 한정승인을 하려면 가정법원에 신고를 하여야 한다.

상속포기와 한정승인은 상속개시가 있음을 안 날로부터 3개월 이내에 하여야 한다. 다만, 가정법원의 허가가 있는 경우에는 이 기간을 연장할 수 있다. 또한, 상속채무가 상속재산을 초과하는 사실을 중대한 과실 없이 알지 못하고 단순승인을 한 경우에는 그 사실을 안 날로부터 3월 내에 한정승인을 할 수 있다. 상속개시가 있음을 안 날이란 상속개시의 원인이 되는 사실의 발생을 앎으로써 자기가 상속인이 되었음을 안 날을 말한다.

상속포기가 수리되면 그 상속인은 피상속인의 채무를 승계하지 않고 면할 수 있다. 그러나 제1순위 상속인이 포기하면 제2순위 이하의 상속인들이 망인의 채무를 승계하게 되므로 상속인들이 채무를 완전히 면하기 위해서는 순위여하를 불문하고 모든 상속인(망인을 기준으로 4촌 이내의 혈족)들이 상속포기를 하여야 한다.

한정승인의 경우에는 제1순위 상속인이 한정승인을 하면 제2순위 이하의 상속인들은 망인의 채무를 승계하지 않는다. 한정승인을 한 상속인은 망인의 모든 채무를 승계하지만 책임은 상속재산의 한도 내에서 진다. 통상 실무에서는 공동상속인이 있는 경우 그 중 1인이 한정승인을 하고 나머지 상속인은 상속포기를 하는 경우가 많다. 한편, 한정승인이 있게 되면 한정승인자는 한정승인을 한 날부터 5일 이내에 일반상속채권자와 유증받은 자에 대하여 한정승인의 사실과 일정한 기간 내에 그 채권 또는 수증을 신고할 것을 2월 이상 공고하도록 되어 있다. 공고는 원칙적으로 상속지 관할 지방법원장이 선정한 신문에 1회 이상 하여야 한다. 선정한 신문이 없는 경우에는 신문상 공고에 갈음하여 등기소와 그 상속지 관할 시·군·구에 게시함으로써 공고할 수 있다(민법 88조, 비송사건절차법 65조의

2,3,4).

한정승인자가 위와 같은 공고 및 최고를 게을리하여 어느 상속채권자나 유증받은 자에게 변제함으로써 다른 상속채권자나 유증자에 대하여 변제할 수 없는 때에는, 자기의 고유재산으로 그 손해를 배상하여야 하며, 이 경우 그 사정을 알고 변제를 받은 상속채권자나 유증받은 자는 구상채무를 부담하게 된다(민법 1038조).

8. 상속포기신고시 외국에 거주하는 상속인의 인감증명서 준비절차

외국거주 상속인은 상속포기신고서에 서명 또는 날인하고 본인이 직접 서명(날인)한 것임을 증명하는 재외공관장의 확인서나 이에 관한 서명공정증서로 인감증명서를 대신할 수 있다. 또는 대리인을 선임하여 대리인의 인감증명서를 첨부하는 것도 하나의 방법이 될 수 있다. 이 경우에도 위임장에 위에서 언급한 재외공관의 확인서나 서명공정증서가 첨부되어야 한다.

[서식 283] 상속포기 심판청구서(5)

상 속 포 기 심 판 청 구

청 구 인 1. 이 ○ 숙 (000000-0000000) (전화 :)
(신고인) 등록기준지 : 충남 아산시 도고면 향산로 112
주 소 : 서울 동작구 노량진로 289

2. 이 ○ 은 (000000-0000000)
등록기준지 : 서울 동작구 노량진로 301
주 소 : 서울 동작구 노량진로 232

피상속인 망 이 ○ 엽 (000000-0000000)
사 망 일 자 : 20○○. ○. ○.
등록기준지 : 경남 고성군 마암면 삼락로 176
최 후 주 소 : 인천 서구 가좌로 308

청 구 취 지

청구인들이 피상속인 망 이○엽의 재산상속을 포기하는 신고는 이를 수리한다.
라는 심판을 구합니다.

청 구 원 인

1. 청구인들은 피상속인 망 이○엽의 친딸들입니다.
2. 청구인들은 피상속인 망 ○○○의 재산상속인으로서 20○○. ○. ○. 피 상속인의 사망으로 인하여 상속개시가 있음을 즉시 알았으나, 민법 제1019조에 의하여 재산상속을 포기하고자 이 심판청구에 이른 것입니다.

첨 부 서 류

1. 가족관계증명서	2통
1. 개인인감증명서	2통
1. 주민등록초본	2통
1. 말소자주민등록초본	1통

20○○. ○. ○.

청구인 (신고인) 1. 이 ○ 숙 (인감)
2. 이 ○ 은 (인감)

○○ 가정법원 귀중

접수방법

1. 신고서에는 신고인 또는 대리인의 인감증명을 첨부하여야 한다.
2. 상속인이다. 즉, 상속을 포기하려는 자이다. 신고하는 자가 무능력인 경우에는 법정대리인이 대리한다. 법정대리인과 관계에서 이해상반행위에 해당하는 때에는 특별대리인을 선임하여야 한다.
3. 수입인지 : 청구인(상속인) 1인당 5,000원의 인지를 납부한다.
4. 송달료 : 당사자수×4,800원×4회분을 납부한다.
5. 관할 : 상속개시지의 가정법원이다(피상속인의 최후주소지).

주 1. 상속포기

가. 상속포기시 미성년자의 경우 친권자가 승인 또는 포기를 할 수 있으나 친권자가 공동상속인인 경우에 子만의 상속포기에 관하여 양자는 이해상반되는 관계에 있으므로 원칙으로 특별대리인의 선임을 가정법원에 청구하여야 한다. 다만 친권자 중 일방이 사망하고 母 또 父가 공동상속인인 경우로서 같이 승인 또는 포기를 하는 경우에는 그러하지

아니하다.

나. 교통사고 가해자가 숨진 피해자의 상속인이라면 보험혜택을 받을 수 없지만 상속을 포기하면 보험혜택을 받을 수 있다.

다. 조부모가 진 빚에 대한 상속을 부모가 포기했더라도 차순위 상속권자인 손자, 손녀가 상속포기신고를 하지 않았다면 대신 갚아야 한다.

라. 생명보험이란 생존이나 상해시 피보험자 본인을 수익자로 보통 지정하며, 사망보험금이란 대부분 법정상속인을 지정하며 상속인이 청구한 보험금청구권은 상속이 아니고, 보험수익자의 고유의 재산이다.

마. 사망시 보험수익자가 피보험자인 경우 상속인들은 상속재산으로서 그 지급을 구할 권리가 있고, 사망시 보험수익자가 피보험자외 제3자를 지정한 경우 상속인 또는 이들의 채권자들은 보험금 청구권이 없다.

바. 사망시 보험수익자를 법정상속인으로 정한 경우에는 상속된 것이 아니고 상속인의 고유재산으로, 사망자 채무에 대하여 상속인들을 상대로 가압류 등을 할 수 없다.

사. 가해차량이 가입한 보험회사로부터 유족들이 받는 보상금(정확한 명칭은 손해배상금이나 보험회사들은 보상금이라고 부른다)은 상속인 고유의 재산이 아니고 상속재산이므로 사망인에 대한 채권자들은 상속인들을 상대로 가압류 등이 가능하며, 만약 상속인이 상속을 포기하면 절대로 받아 가서는 안된다.

※ 상속순위

① 직계비속(자식, 손자 등)

② 직계존속(부모, 조부모 등)

③ 형제자매

④ 4촌 이내의 방계혈족(자기의 형제자매의 직계비속, 직계존속의 형제자매와 그 형제자매의 직계비속 포함. 즉 생질, 이질, 고종사촌, 이종사촌 등)

2. 피상속인의 배우자 유무에 따른 상속

피상속인의 배우자는 생존하고 있으나 피상속인의 직계비속이 없는 경우에는 피상속인의 배우자는 단독상속할 수 없고, 2순위인 피상속인의 직계존속과 공동상속을 하여야 하며, 피상속인의 직계존속도 없을 때 비로소 단독상속할 수 있다(민법 제1033조 ① 참조).

3. 상속인의 사전포기의 효력

상속인은 상속개시 있음을 안 날로부터 3월 내에 포기를 할 수 있고 이러한 상속포기는 가정법원에 신고하는 등 일정한 절차와 방식을 따라야만 그 효력이 있다(대법원 1998. 7. 24. 선고 98다9021 판결)할 것이고, 1순위자가 상속포기심판을 받은 후(심판정본을 수령한 후) 3월 이내에 다음 순위자가 상속포기심판청구를 해도 된다.

그러므로 상속인 중의 1인이 피상속인의 생존시에 피상속인에 대하여 상속을 포기하기로 약정하였다고 하더라도, 상속개시 후 민법이 정하는 절차와 방식에 따라 상속포기를 하지 아니한 이상, 상속개시 후에 자신의 상속권을 주장한다 하더라도 이는 정당한 권리행사에 해당한다.

4. 후순위 상속인의 상속포기

상속포기는 상속개시가 있은 후에 하여야 하는데, 후순위 상속인의 경우 선순위 상속인보다 먼저 또는 동시에 상속포기신고를 할 수 있는지가 문제된다.

상속포기의 신고에 관한 대법원 예규(재특 2003-1) 3조에 의하면, 피상속인의 상속인이 될 자격이 있는 사람(배우자, 직계비속, 직계존속, 형제자매, 4촌 이내의 방계혈족)은 상속이 개시된 이후에는 선순위 상속인이 상속포기신고를 하지 아니한 경우에는 선순위 상속인보다 먼저 또는 선순위 상속인과 동시에 상속포기의 신고를 할 수 있다.

5. 상속포기의 취소

상속인이 상속의 한정승인이나 포기신고를 수리된 이후에는 비록 숙려기간이 경과하기 전이라도 이를 취소할 수 없다. 다만, 그 신고가 무능력자에 의한 것이라거나 사기, 강박 등의 하자 있는 의사표시에 해당하는 경우에만 취소할 수 있을 뿐이다(민법 1024조).

위 취소사유에 해당하는 경우 그 취소는 추인할 수 있는 날로부터 3월, 한정승인 또는 포기한 날부터 1년 내에 상속의 한정승인 또는 포기의 신고를 법원에 하여야 한다.

6. 상속인이 수인인 경우 어느 상속인이 상속을 포기한 때 포기한 상속인의 상속인이 그 상속재산을 대습상속하는지 여부

민법이 인정하는 대습상속의 사유는 피대습자의 사망 또는 결격에 국한하므로 상속인의 '상속포기'는 대습상속의 사유가 될 수 없다.

7. 상속포기와 한정승인의 차이

부모 등 피상속인이 거액의 채무를 진 채 사망하면 그 배우자나 자녀 등 상속인은 채무를 그대로 승계한다. 이러한 채무를 면할 수 있는 방법이 상속포기와 한정승인이다. 상속포기나 한정승인을 하려면 가정법원에 신고를 하여야 한다.

상속포기와 한정승인은 상속개시가 있음을 안 날로부터 3개월 이내에 하여야 한다. 다만, 가정법원의 허가가 있는 경우에는 이 기간을 연장할 수 있다. 또한, 상속채무가 상속재산을 초과하는 사실을 중대한 과실 없이 알지 못하고 단순승인을 한 경우에는 그 사실을 안 날로부터 3월 내에 한정승인을 할 수 있다. 상속개시가 있음을 안 날이란 상속개시의 원인이 되는 사실의 발생을 앎으로써 자기가 상속인이 되었음을 안 날을 말한다.

상속포기가 수리되면 그 상속인은 피상속인의 채무를 승계하지 않고 면할 수 있다. 그러나 제1순위 상속인이 포기하면 제2순위 이하의 상속인들이 망인의 채무를 승계하게 되므로 상속인들이 채무를 완전히 면하기 위해서는 순위여하를 불문하고 모든 상속인(망인을 기준으로 4촌 이내의 혈족)들이 상속포기를 하여야 한다.

한정승인의 경우에는 제1순위 상속인이 한정승인을 하면 제2순위 이하의 상속인들은 망인의 채무를 승계하지 않는다. 한정승인을 한 상속인은 망인의 모든 채무를 승계하지만 책임은 상속재산의 한도 내에서 진다. 통상 실무에서는 공동상속인이 있는 경우 그 중 1인이 한정승인을 하고 나머지 상속인은 상속포기를 하는 경우가 많다. 한편, 한정승인이 있게 되면 한정승인자는 한정승인을 한 날부터 5일 이내에 일반상속채권자와 유증받은 자에 대하여 한정승인의 사실과 일정한 기간 내에 그 채권 또는 수증을 신고할 것을 2월 이상 공고하도록 되어 있다. 공고는 원칙적으로 상속지 관할 지방법원장이 선정한 신문에 1회 이상 하여야 한다. 선정한 신문이 없는 경우에는 신문상 공고에 갈음하여 등기소와 그 상속지 관할 시·군·구에 게시함으로써 공고할 수 있다(민법 88조, 비송사건절차법 65조의 2,3,4).

한정승인자가 위와 같은 공고 및 최고를 게을리하여 어느 상속채권자나 유증받은 자에게 변제함으로써 다른 상속채권자나 유증자에 대하여 변제할 수 없는 때에는, 자기의 고유재산으로 그 손해를 배상하여야 하며, 이 경우 그 사정을 알고 변제를 받은 상속채권자나 유증받은 자는 구상채무를 부담하게 된다(민법 1038조).

8. **상속포기신고시 외국에 거주하는 상속인의 인감증명서 준비절차**

외국거주 상속인은 상속포기신고서에 서명 또는 날인하고 본인이 직접 서명(날인)한 것임을 증명하는 재외공관장의 확인서나 이에 관한 서명공정증서로 인감증명서를 대신할 수 있다. 또는 대리인을 선임하여 대리인의 인감증명서를 첨부하는 것도 하나의 방법이 될 수 있다. 이 경우에도 위임장에 위에서 언급한 재외공관의 확인서나 서명공정증서가 첨부되어야 한다.

[서식 284] 상속포기 심판청구서(6)

상속포기심판청구

청구인(신고인) ○ ○ ○ (000000-0000000) (전화 :)
등록기준지 : 서울 ○○구 ○○로 ○○
주 소 : 서울 ○○구 ○○로 ○○ (우편번호 : 00000)

피상속인(망) ○ ○ ○ (000000-0000000)
사 망 일 자 : 20○○. ○. ○.
등록기준지 : 서울 ○○구 ○○로 ○○
최 후 주 소 : 서울 ○○구 ○○로 ○○

청 구 취 지

청구인의 망 ○○○에 대한 재산상속포기신고는 이를 수리한다.

라는 심판을 구합니다.

청 구 원 인

1. 청구인(신고인)은 피상속인 ○○○의 부(父)인 바, 위 피상속인의 제1순위 상속인인 피상속인의 자 ○○○, ○○○가 20○○. 6. 20. 상속포기신청을 함으로써 재산상속인이 된 사실이 있고, 그 사실을 20○○. 6. 20. 알았으며, 피상속인의 사망날인 20○○. 4. 12.로부터 아직 3개월이 경과되지 아니하였습니다.
2. 따라서 청구인은 민법 제1019조에 의하여 재산상속을 포기하고자 이 심판청구에 이른 것입니다.

첨 부 서 류

1. 제적등본	1통
1. 기본증명서	1통
1. 가족관계증명서	1통
1. 주민등록초본	3통
1. 인감증명서	1통
1. 말소자 주민등록등본	1통

20○○. ○. ○.

청구인 ○ ○ ○ (인)

○○ 가정법원 귀중

접수방법

1. 신고서에는 신고인 또는 대리인의 인감증명을 첨부하여야 한다.
2. 신청인 : 상속인
3. 수입인지 : 청구인(상속인) 1인당 5,000원의 인지를 납부한다.
4. 송달료 : 당사자수×4,800원×4회분을 납부한다.
5. 관할 : 상속개시지의 가정법원이다(피상속인의 최후주소지).

주 1. 상속포기

가. 상속포기시 미성년자의 경우 친권자가 승인 또는 포기를 할 수 있으나 친권자가 공동상속인인 경우에 子만의 상속포기에 관하여 양자는 이해상반되는 관계에 있으므로 원칙으로 특별대리인의 선임을 가정법원에 청구하여야 한다. 다만 친권자 중 일방이 사망하고 母 또 父가 공동상속인인 경우로서 같이 승인 또는 포기를 하는 경우에는 그러하지 아니하다.

나. 교통사고 가해자가 숨진 피해자의 상속인이라면 보험혜택을 받을 수 없지만 상속을 포기하면 보험혜택을 받을 수 있다.

다. 조부모가 진 빚에 대한 상속을 부모가 포기했더라도 차순위 상속권자인 손자, 손녀가 상속포기신고를 하지 않았다면 대신 갚아야 한다.

라. 생명보험이란 생존이나 상해시 피보험자 본인을 수익자로 보통 지정하며, 사망보험금이란 대부분 법정상속인을 지정하며 상속인이 청구한 보험금청구권은 상속이 아니고, 보험수익자의 고유의 재산이다.

마. 사망시 보험수익자가 피보험자인 경우 상속인들은 상속재산으로서 그 지급을 구할 권리가 있고, 사망시 보험수익자가 피보험자외 제3자를 지정한 경우 상속인 또는 이들의 채권자들은 보험금 청구권이 없다.

바. 사망시 보험수익자를 법정상속인으로 정한 경우에는 상속된 것이 아니고 상속인의 고유재산으로, 사망자 채무에 대하여 상속인들을 상대로 가압류 등을 할 수 없다.

사. 가해차량이 가입한 보험회사로부터 유족들이 받는 보상금(정확한 명칭은 손해배상금이나 보험회사들은 보상금이라고 부른다)은 상속인 고유의 재산이 아니고 상속재산이므로 사망인에 대한 채권자들은 상속인들을 상대로 가압류 등이 가능하며, 만약 상속인이 상속을 포기하면 절대로 받아 가서는 안된다.

※ 상속순위

① 직계비속(자식, 손자 등)

② 직계존속(부모, 조부모 등)

③ 형제자매

④ 4촌 이내의 방계혈족(자기의 형제자매의 직계비속, 직계존속의 형제자매와 그 형제자매의 직계비속 포함. 즉 생질, 이질, 고종사촌, 이종사촌 등)

2. 피상속인의 배우자 유무에 따른 상속

피상속인의 배우자는 생존하고 있으나 피상속인의 직계비속이 없는 경우에는 피상속인의 배우자는 단독상속할 수 없고, 2순위인 피상속인의 직계존속과 공동상속을 하여야 하며, 피상속인의 직계존속도 없을 때 비로소 단독상속할 수 있다(민법 제1033조 ① 참조).

3. 상속인의 사전포기의 효력

상속인은 상속개시 있음을 안 날로부터 3월 내에 포기를 할 수 있고 이러한 상속포기는 가정법원에 신고하는 등 일정한 절차와 방식을 따라야만 그 효력이 있다(대법원 1998.

7. 24. 선고 98다9021 판결)할 것이고, 1순위자가 상속포기심판을 받은 후(심판정본을 수령한 후) 3월 이내에 다음 순위자가 상속포기심판청구를 해도 된다.

그러므로 상속인 중의 1인이 피상속인의 생존시에 피상속인에 대하여 상속을 포기하기로 약정하였다고 하더라도, 상속개시 후 민법이 정하는 절차와 방식에 따라 상속포기를 하지 아니한 이상, 상속개시 후에 자신의 상속권을 주장한다 하더라도 이는 정당한 권리행사에 해당한다.

4. 후순위 상속인의 상속포기

상속포기는 상속개시가 있은 후에 하여야 하는데, 후순위 상속인의 경우 선순위 상속인보다 먼저 또는 동시에 상속포기신고를 할 수 있는지가 문제된다.

상속포기의 신고에 관한 대법원 예규(재특 2003-1) 3조에 의하면, 피상속인의 상속인이 될 자격이 있는 사람(배우자, 직계비속, 직계존속, 형제자매, 4촌 이내의 방계혈족)은 상속이 개시된 이후에는 선순위 상속인이 상속포기신고를 하지 아니한 경우에는 선순위 상속인보다 먼저 또는 선순위 상속인과 동시에 상속포기의 신고를 할 수 있다.

5. 상속인이 수인인 경우 어느 상속인이 상속을 포기한 때 포기한 상속인의 상속인이 그 상속재산을 대습상속하는지 여부

민법이 인정하는 대습상속의 사유는 피대습자의 사망 또는 결격에 국한하므로 상속인의 '상속포기'는 대습상속의 사유가 될 수 없다.

6. 상속포기와 한정승인의 차이

부모 등 피상속인이 거액의 채무를 진 채 사망하면 그 배우자나 자녀 등 상속인은 채무를 그대로 승계한다. 이러한 채무를 면할 수 있는 방법이 상속포기와 한정승인이다. 상속포기나 한정승인을 하려면 가정법원에 신고를 하여야 한다.

상속포기와 한정승인은 상속개시가 있음을 안 날로부터 3개월 이내에 하여야 한다. 다만, 가정법원의 허가가 있는 경우에는 이 기간을 연장할 수 있다. 또한, 상속채무가 상속재산을 초과하는 사실을 중대한 과실 없이 알지 못하고 단순승인을 한 경우에는 그 사실을 안 날로부터 3월 내에 한정승인을 할 수 있다. 상속개시가 있음을 안 날이란 상속개시의 원인이 되는 사실의 발생을 앎으로써 자기가 상속인이 되었음을 안 날을 말한다.

상속포기가 수리되면 그 상속인은 피상속인의 채무를 승계하지 않고 면할 수 있다. 그러나 제1순위 상속인이 포기하면 제2순위 이하의 상속인들이 망인의 채무를 승계하게 되므로 상속인들이 채무를 완전히 면하기 위해서는 순위여하를 불문하고 모든 상속인(망인을 기준으로 4촌 이내의 혈족)들이 상속포기를 하여야 한다.

한정승인의 경우에는 제1순위 상속인이 한정승인을 하면 제2순위 이하의 상속인들은 망인의 채무를 승계하지 않는다. 한정승인을 한 상속인은 망인의 모든 채무를 승계하지만 책임은 상속재산의 한도 내에서 진다. 통상 실무에서는 공동상속인이 있는 경우 그 중 1인이 한정승인을 하고 나머지 상속인은 상속포기를 하는 경우가 많다. 한편, 한정승인이 있게 되면 한정승인자는 한정승인을 한 날부터 5일 이내에 일반상속채권자와 유증받은 자에 대하여 한정승인의 사실과 일정한 기간 내에 그 채권 또는 수증을 신고할 것을 2월 이상 공고하도록 되어 있다. 공고는 원칙적으로 상속지 관할 지방법원장이 선정한 신문에 1회 이상 하여야 한다. 선정한 신문이 없는 경우에는 신문상 공고에 갈음하여 등기소와 그 상속지 관할 시·군·구에 게시함으로써 공고할 수 있다(민법 88조, 비송사건절차법 65조의 2,3,4).

한정승인자가 위와 같은 공고 및 최고를 게을리하여 어느 상속채권자나 유증받은 자에게 변제함으로써 다른 상속채권자나 유증자에 대하여 변제할 수 없는 때에는, 자기의 고유재산으로 그 손해를 배상하여야 하며, 이 경우 그 사정을 알고 변제를 받은 상속채권자나 유증받은 자는 구상채무를 부담하게 된다(민법 1038조).

[서식 285] 상속포기 심판청구서(7)

상속포기심판청구

청 구 인 1. ○ ○ ○ (000000-0000000) (전화 :)
(신고인) 등록기준지 : 서울 ○○구 ○○로 ○○
주 소 : 서울 ○○구 ○○로 ○○ (우편번호 : 00000)

2. ○ ○ ○ (000000-0000000) (전화 :)
등록기준지 : 서울 ○○구 ○○로 ○○
주 소 : 서울 ○○구 ○○로 ○○ (우편번호 : 00000)

피상속인(망) ○ ○ ○ (000000-0000000)
사 망 일 자 : 20○○. ○. ○.
등록기준지 : 서울 ○○구 ○○로 ○○
최 후 주 소 : 서울 ○○구 ○○로 ○○

청 구 취 지

청구인들이 망 ○○○의 재산상속을 포기하는 신고는 이를 수리한다.
라는 심판을 구합니다.

청 구 원 인

1. 청구인들은 피상속인 망 ○○○의 재산에 대한 공동상속으로서 20○○. ○. ○. 피속인의 사망으로 인하여 재산상속의 개시가 있음을 알았으나, 위 피상속인의 채무가 너무 많아 청구인들은 피상속인 망 ○○○의 채무를 갚을 능력이 없습니다.
2. 따라서 청구인들은 민법 제1019조에 의하여 그 재산상속을 포기하고자 이 심판청구에 이른 것입니다.

첨 부 서 류

1. 가족관계증명서(청구인, 피상속인)	1통
1. 기본증명서(청구인, 피상속인)	1통
1. 인감증명서	1통
1. 주민등초본	2통
1. 말소자 주민등록등본	1통

20○○. ○. ○.

위 청구인 ○ ○ ○ (인)

○○ 가정법원 귀중

접수방법

1. 신고서에는 신고인 또는 대리인의 인감증명을 첨부하여야 한다.
2. 상속인이다. 즉, 상속을 포기하려는 자이다. 신고하는 자가 무능력인 경우에는 법정대리인이 대리한다. 법정대리인과 관계에서 이해상반행위에 해당하는 때에는 특별대리인을 선임하여야 한다.
3. 수입인지 : 청구인(상속인) 1인당 5,000원의 인지를 납부한다.
4. 송달료 : 당사자수×4,800원×4회분을 납부한다.
5. 관할 : 상속개시지의 가정법원이다(피상속인의 최후주소지).

㊟ 1. **상속포기**

가. 상속포기시 미성년자의 경우 친권자가 승인 또는 포기를 할 수 있으나 친권자가 공동상속인인 경우에 子만의 상속포기에 관하여 양자는 이해상반되는 관계에 있으므로 원칙으로 특별대리인의 선임을 가정법원에 청구하여야 한다. 다만 친권자 중 일방이 사망하

고 母 또 父가 공동상속인인 경우로서 같이 승인 또는 포기를 하는 경우에는 그러하지 아니하다.

나. 교통사고 가해자가 숨진 피해자의 상속인이라면 보험혜택을 받을 수 없지만 상속을 포기하면 보험혜택을 받을 수 있다.

다. 조부모가 진 빚에 대한 상속을 부모가 포기했더라도 차순위 상속권자인 손자, 손녀가 상속포기신고를 하지 않았다면 대신 갚아야 한다.

라. 생명보험이란 생존이나 상해시 피보험자 본인을 수익자로 보통 지정하며, 사망보험금이란 대부분 법정상속인을 지정하며 상속인이 청구한 보험금청구권은 상속이 아니고, 보험수익자의 고유의 재산이다.

마. 사망시 보험수익자가 피보험자인 경우 상속인들은 상속재산으로서 그 지급을 구할 권리가 있고, 사망시 보험수익자가 피보험자외 제3자를 지정한 경우 상속인 또는 이들의 채권자들은 보험금 청구권이 없다.

바. 사망시 보험수익자를 법정상속인으로 정한 경우에는 상속된 것이 아니고 상속인의 고유재산으로, 사망자 채무에 대하여 상속인들을 상대로 가압류 등을 할 수 없다.

사. 가해차량이 가입한 보험회사로부터 유족들이 받는 보상금(정확한 명칭은 손해배상금이나 보험회사들은 보상금이라고 부른다)은 상속인 고유의 재산이 아니고 상속재산이므로 사망인에 대한 채권자들은 상속인들을 상대로 가압류 등이 가능하며, 만약 상속인이 상속을 포기하면 절대로 받아 가서는 안된다.

※ 상속순위

① 직계비속(자식, 손자 등)

② 직계존속(부모, 조부모 등)

③ 형제자매

④ 4촌 이내의 방계혈족(자기의 형제자매의 직계비속, 직계존속의 형제자매와 그 형제자매의 직계비속 포함. 즉 생질, 이질, 고종사촌, 이종사촌 등)

2. 피상속인의 배우자 유무에 따른 상속

피상속인의 배우자는 생존하고 있으나 피상속인의 직계비속이 없는 경우에는 피상속인의 배우자는 단독상속할 수 없고, 2순위인 피상속인의 직계존속과 공동상속을 하여야 하며, 피상속인의 직계존속도 없을 때 비로소 단독상속할 수 있다(민법 제1033조 ① 참조).

3. 상속인의 사전포기의 효력

상속인은 상속개시 있음을 안 날로부터 3월 내에 포기를 할 수 있고 이러한 상속포기는 가정법원에 신고하는 등 일정한 절차와 방식을 따라야만 그 효력이 있다(대법원 1998. 7. 24. 선고 98다9021 판결)할 것이고, 1순위자가 상속포기심판을 받은 후(심판정본을 수령한 후) 3월 이내에 다음 순위자가 상속포기심판청구를 해도 된다.

그러므로 상속인 중의 1인이 피상속인의 생존시에 피상속인에 대하여 상속을 포기하기로 약정하였다고 하더라도, 상속개시 후 민법이 정하는 절차와 방식에 따라 상속포기를 하지 아니한 이상, 상속개시 후에 자신의 상속권을 주장한다 하더라도 이는 정당한 권리행사에 해당한다.

4. 후순위 상속인의 상속포기

상속포기는 상속개시가 있은 후에 하여야 하는데, 후순위 상속인의 경우 선순위 상속인보다 먼저 또는 동시에 상속포기신고를 할 수 있는지가 문제된다.

상속포기의 신고에 관한 대법원 예규(재특 2003-1) 3조에 의하면, 피상속인의 상속인이 될 자격이 있는 사람(배우자, 직계비속, 직계존속, 형제자매, 4촌 이내의 방계혈족)은 상속이 개시된 이후에는 선순위 상속인이 상속포기신고를 하지 아니한 경우에는 선순위 상속인보다 먼저 또는 선순위 상속인과 동시에 상속포기의 신고를 할 수 있다.

5. 상속인이 수인인 경우 어느 상속인이 상속을 포기한 때 포기한 상속인의 상속인이 그 상속재산을 대습상속하는지 여부

민법이 인정하는 대습상속의 사유는 피대습자의 사망 또는 결격에 국한하므로 상속인의 '상속포기'는 대습상속의 사유가 될 수 없다.

6. 상속포기와 한정승인의 차이

부모 등 피상속인이 거액의 채무를 진 채 사망하면 그 배우자나 자녀 등 상속인은 채무를 그대로 승계한다. 이러한 채무를 면할 수 있는 방법이 상속포기와 한정승인이다. 상속포기나 한정승인을 하려면 가정법원에 신고를 하여야 한다.

상속포기와 한정승인은 상속개시가 있음을 안 날로부터 3개월 이내에 하여야 한다. 다만, 가정법원의 허가가 있는 경우에는 이 기간을 연장할 수 있다. 또한, 상속채무가 상속재산을 초과하는 사실을 중대한 과실 없이 알지 못하고 단순승인을 한 경우에는 그 사실을 안 날로부터 3월 내에 한정승인을 할 수 있다. 상속개시가 있음을 안 날이란 상속개시의 원인이 되는 사실의 발생을 앎으로써 자기가 상속인이 되었음을 안 날을 말한다.

상속포기가 수리되면 그 상속인은 피상속인의 채무를 승계하지 않고 면할 수 있다. 그러나 제1순위 상속인이 포기하면 제2순위 이하의 상속인들이 망인의 채무를 승계하게 되므로 상속인들이 채무를 완전히 면하기 위해서는 순위여하를 불문하고 모든 상속인(망인을 기준으로 4촌 이내의 혈족)들이 상속포기를 하여야 한다.

한정승인의 경우에는 제1순위 상속인이 한정승인을 하면 제2순위 이하의 상속인들은 망인의 채무를 승계하지 않는다. 한정승인을 한 상속인은 망인의 모든 채무를 승계하지만 책임은 상속재산의 한도 내에서 진다. 통상 실무에서는 공동상속인이 있는 경우 그 중 1인이 한정승인을 하고 나머지 상속인은 상속포기를 하는 경우가 많다. 한편, 한정승인이 있게 되면 한정승인자는 한정승인을 한 날부터 5일 이내에 일반상속채권자와 유증받은 자에 대하여 한정승인의 사실과 일정한 기간 내에 그 채권 또는 수증을 신고할 것을 2월 이상 공고하도록 되어 있다. 공고는 원칙적으로 상속지 관할 지방법원장이 선정한 신문에 1회 이상 하여야 한다. 선정한 신문이 없는 경우에는 신문상 공고에 갈음하여 등기소와 그 상속지 관할 시·군·구에 게시함으로써 공고할 수 있다(민법 88조, 비송사건절차법 65조의

2,3,4).

한정승인자가 위와 같은 공고 및 최고를 게을리하여 어느 상속채권자나 유증받은 자에게 변제함으로써 다른 상속채권자나 유증자에 대하여 변제할 수 없는 때에는, 자기의 고유재산으로 그 손해를 배상하여야 하며, 이 경우 그 사정을 알고 변제를 받은 상속채권자나 유증받은 자는 구상채무를 부담하게 된다(민법 1038조).

[서식 286] 상속포기 심판청구서(8)

상 속 포 기 심 판 청 구

청 구 인 1. 박 일 덕 (000000-0000000)
등록기준지 : 서울특별시 중구 신당로 67
주　　소 : 서울특별시 성북구 박위로 110

2. 박 이 덕 (000000-0000000)
등록기준지 : 서울특별시 중구 신당로 67
주　　소 : 서울특별시 노원구 중계로 586

3. 박 삼 덕 (000000-0000000)
등록기준지 : 서울특별시 중구 신당로 67
주　　소 : 서울특별시 노원구 중계로 586
위 2. 3.은 각 미성년자이므로 법정대리인
친권자 부 박 일 덕
등록기준지 : 서울특별시 중구 신당로 67
주　　소 : 서울특별시 성북구 박위로 110
친권자 모 임 은 아
등록기준지 : 서울특별시 중구 신당로 67
주　　소 : 서울특별시 노원구 중계로 586

4. 박 사 덕 (000000-0000000)
등록기준지 : 경기도 하남시 덕풍로 404
주　　소 : 경기도 하남시 덕풍로 695

5. 박 오 덕 (000000-0000000)

등록기준지 : 서울특별시 중구 신당로 67
주　　　소 : 서울특별시 성북구 장위로 321
위 청구인들 송달장소 : 경기도 의정부시 신곡로 765
(우편번호 : 00000)

피상속인(망)　장 길 자 (000000-0000000)
사 망 일 자 : 20○○. 3. 11.
등록기준지 : 서울특별시 중구 신당로 67
최 후 주 소 : 서울특별시 성북구 박위로 316

청 구 취 지

청구인들이 피상속인 망 장길자의 재산상속을 포기하는 신고는 이를 수리한다.
라는 심판을 구합니다.

청 구 원 인

1. 청구인 1. 박일덕, 4. 박사덕, 5. 박오덕은 피상속인 장길자의 친자녀이고, 청구인 2. 박이덕, 3. 박삼덕은 청구인 1. 박일덕의 친자녀이자 피상속인 장길자의 손(孫)으로서, 위 청구인들은 피상속인의 공동상속인입니다.
2. 위 청구인들은 피상속인이 20○○. 3. 11. 사망하였으므로 민법 제1019조에 의하여 상속을 포기하고자 이 심판청구에 이른 것입니다.

첨 부 서 류

[피상속인]
1. 폐쇄가족관계증명서　1통
1. 폐쇄기본증명서　1통
1. 말소자주민등록초본　1통

[박일덕]
1. 가족관계증명서　1통
1. 주민등록초본　1통
1. 인감증명서　1통

[박이덕]
1. 가족관계증명서　2통

1. 주민등록등본 1통
1. 인감증명서(모 : 노○아) 1통

[박삼덕]
1. 가족관계증명서 1통

[박사덕]
1. 가족관계증명서 1통
1. 주민등록초본 1통
1. 인감증명서 1통

[박오덕]
1. 가족관계증명서 1통
1. 주민등록초본 1통
1. 인감증명서 1통

20○○. ○. ○.

청구인 1. 박 일 덕 (인감)
2. 박 이 덕
3. 박 삼 덕
위 2. 3.은 미성년자이므로 법정대리인
친권자 부 박 일 덕 (인감)
모 임 은 아 (인감)
4. 박 사 덕 (인감)
5. 박 오 덕 (인감)

○○ 가정법원 귀중

접수방법

1. 신고서에는 신고인 또는 대리인의 인감증명을 첨부하여야 한다.
2. 상속인이다. 즉, 상속을 포기하려는 자이다. 신고하는 자가 무능력인 경우에는 법정대리인이 대리한다. 법정대리인과 관계에서 이해상반행위에 해당하는 때에는 특별대리인을 선임하여야 한다.
3. 수입인지 : 청구인(상속인) 1인당 5,000원의 인지를 납부한다.
4. 송달료 : 당사자수×4,800원×4회분을 납부한다.
5. 관할 : 상속개시지의 가정법원이다(피상속인의 최후주소지).

주 1. 상속포기

가. 상속포기시 미성년자의 경우 친권자가 승인 또는 포기를 할 수 있으나 친권자가 공동상속인인 경우에 子만의 상속포기에 관하여 양자는 이해상반되는 관계에 있으므로 원칙으로 특별대리인의 선임을 가정법원에 청구하여야 한다. 다만 친권자 중 일방이 사망하고 母 또 父가 공동상속인인 경우로서 같이 승인 또는 포기를 하는 경우에는 그러하지 아니하다.

나. 교통사고 가해자가 숨진 피해자의 상속인이라면 보험혜택을 받을 수 없지만 상속을 포기하면 보험혜택을 받을 수 있다.

다. 조부모가 진 빚에 대한 상속을 부모가 포기했더라도 차순위 상속권자인 손자, 손녀가 상속포기신고를 하지 않았다면 대신 갚아야 한다.

라. 생명보험이란 생존이나 상해시 피보험자 본인을 수익자로 보통 지정하며, 사망보험금이란 대부분 법정상속인을 지정하며 상속인이 청구한 보험금청구권은 상속이 아니고, 보험수익자의 고유의 재산이다.

마. 사망시 보험수익자가 피보험자인 경우 상속인들은 상속재산으로서 그 지급을 구할 권리가 있고, 사망시 보험수익자가 피보험자외 제3자를 지정한 경우 상속인 또는 이들의 채권자들은 보험금 청구권이 없다.

바. 사망시 보험수익자를 법정상속인으로 정한 경우에는 상속된 것이 아니고 상속인의 고유재산으로, 사망자 채무에 대하여 상속인들을 상대로 가압류 등을 할 수 없다.

사. 가해차량이 가입한 보험회사로부터 유족들이 받는 보상금(정확한 명칭은 손해배상금이나 보험회사들은 보상금이라고 부른다)은 상속인 고유의 재산이 아니고 상속재산이므로 사망인에 대한 채권자들은 상속인들을 상대로 가압류 등이 가능하며, 만약 상속인이 상속을 포기하면 절대로 받아 가서는 안된다.

※ 상속순위

① 직계비속(자식, 손자 등)

② 직계존속(부모, 조부모 등)

③ 형제자매

④ 4촌 이내의 방계혈족(자기의 형제자매의 직계비속, 직계존속의 형제자매와 그 형제자매의 직계비속 포함. 즉 생질, 이질, 고종사촌, 이종사촌 등)

2. 피상속인의 배우자 유무에 따른 상속

피상속인의 배우자는 생존하고 있으나 피상속인의 직계비속이 없는 경우에는 피상속인의 배우자는 단독상속할 수 없고, 2순위인 피상속인의 직계존속과 공동상속을 하여야 하며, 피상속인의 직계존속도 없을 때 비로소 단독상속할 수 있다(민법 제1033조 ① 참조).

3. 상속인의 사전포기의 효력

상속인은 상속개시 있음을 안 날로부터 3월 내에 포기를 할 수 있고 이러한 상속포기는 가정법원에 신고하는 등 일정한 절차와 방식을 따라야만 그 효력이 있다(대법원 1998.

7. 24. 선고 98다9021 판결)할 것이고, 1순위자가 상속포기심판을 받은 후(심판정본을 수령한 후) 3월 이내에 다음 순위자가 상속포기심판청구를 해도 된다.

그러므로 상속인 중의 1인이 피상속인의 생존시에 피상속인에 대하여 상속을 포기하기로 약정하였다고 하더라도, 상속개시 후 민법이 정하는 절차와 방식에 따라 상속포기를 하지 아니한 이상, 상속개시 후에 자신의 상속권을 주장한다 하더라도 이는 정당한 권리행사에 해당한다.

4. 후순위 상속인의 상속포기

상속포기는 상속개시가 있은 후에 하여야 하는데, 후순위 상속인의 경우 선순위 상속인보다 먼저 또는 동시에 상속포기신고를 할 수 있는지가 문제된다.

상속포기의 신고에 관한 대법원 예규(재특 2003-1) 3조에 의하면, 피상속인의 상속인이 될 자격이 있는 사람(배우자, 직계비속, 직계존속, 형제자매, 4촌 이내의 방계혈족)은 상속이 개시된 이후에는 선순위 상속인이 상속포기신고를 하지 아니한 경우에는 선순위 상속인보다 먼저 또는 선순위 상속인과 동시에 상속포기의 신고를 할 수 있다.

5. 상속인이 수인인 경우 어느 상속인이 상속을 포기한 때 포기한 상속인의 상속인이 그 상속재산을 대습상속하는지 여부

민법이 인정하는 대습상속의 사유는 피대습자의 사망 또는 결격에 국한하므로 상속인의 '상속포기'는 대습상속의 사유가 될 수 없다.

6. 상속포기와 한정승인의 차이

부모 등 피상속인이 거액의 채무를 진 채 사망하면 그 배우자나 자녀 등 상속인은 채무를 그대로 승계한다. 이러한 채무를 면할 수 있는 방법이 상속포기와 한정승인이다. 상속포기나 한정승인을 하려면 가정법원에 신고를 하여야 한다.

상속포기와 한정승인은 상속개시가 있음을 안 날로부터 3개월 이내에 하여야 한다. 다만, 가정법원의 허가가 있는 경우에는 이 기간을 연장할 수 있다. 또한, 상속채무가 상속재산을 초과하는 사실을 중대한 과실 없이 알지 못하고 단순승인을 한 경우에는 그 사실을 안 날로부터 3월 내에 한정승인을 할 수 있다. 상속개시가 있음을 안 날이란 상속개시의 원인이 되는 사실의 발생을 앎으로써 자기가 상속인이 되었음을 안 날을 말한다.

상속포기가 수리되면 그 상속인은 피상속인의 채무를 승계하지 않고 면할 수 있다. 그러나 제1순위 상속인이 포기하면 제2순위 이하의 상속인들이 망인의 채무를 승계하게 되므로 상속인들이 채무를 완전히 면하기 위해서는 순위여하를 불문하고 모든 상속인(망인을 기준으로 4촌 이내의 혈족)들이 상속포기를 하여야 한다.

한정승인의 경우에는 제1순위 상속인이 한정승인을 하면 제2순위 이하의 상속인들은 망인의 채무를 승계하지 않는다. 한정승인을 한 상속인은 망인의 모든 채무를 승계하지만 책임은 상속재산의 한도 내에서 진다. 통상 실무에서는 공동상속인이 있는 경우 그 중 1인이 한정승인을 하고 나머지 상속인은 상속포기를 하는 경우가 많다. 한편, 한정승인이 있게 되면 한정승인자는 한정승인을 한 날부터 5일 이내에 일반상속채권자와 유증받은 자에

대하여 한정승인의 사실과 일정한 기간 내에 그 채권 또는 수증을 신고할 것을 2월 이상 공고하도록 되어 있다. 공고는 원칙적으로 상속지 관할 지방법원장이 선정한 신문에 1회 이상 하여야 한다. 선정한 신문이 없는 경우에는 신문상 공고에 갈음하여 등기소와 그 상속지 관할 시·군·구에 게시함으로써 공고할 수 있다(민법 88조, 비송사건절차법 65조의 2,3,4).

한정승인자가 위와 같은 공고 및 최고를 게을리하여 어느 상속채권자나 유증받은 자에게 변제함으로써 다른 상속채권자나 유증자에 대하여 변제할 수 없는 때에는, 자기의 고유재산으로 그 손해를 배상하여야 하며, 이 경우 그 사정을 알고 변제를 받은 상속채권자나 유증받은 자는 구상채무를 부담하게 된다(민법 1038조).

[서식 287] 상속포기 심판청구서(9)

상속포기심판청구

청 구 인 1. ○ ○ ○ (000000-0000000) (전화 :)
(상속인) 등록기준지 : 서울 ○○구 ○○로 ○○
주 소 : 서울 ○○구 ○○로 ○○ (우편번호 : 00000)

2. ○ ○ ○ (000000-0000000) (전화 :)
등록기준지 : 서울 ○○구 ○○로 ○○
주 소 : 서울 ○○구 ○○로 ○○ (우편번호 : 00000)

3. ○ ○ ○ (000000-0000000) (전화 :)
등록기준지 : 서울 ○○구 ○○로 ○○
주 소 : 서울 ○○구 ○○로 ○○ (우편번호 : 00000)

피상속인(망) ○ ○ ○ (000000-0000000)
사 망 일 자 : 20○○. ○. ○.
등록기준지 : 서울 ○○구 ○○로 ○○
최 후 주 소 : 서울 ○○구 ○○로 ○○

청 구 취 지

청구인들이 망 ○○○에 대한 재산상속포기신고는 이를 수리한다.

라는 심판을 구합니다.

청 구 원 인

1. 위 청구인들은 피상속인 망 ○○○의 처와 자식들입니다.
2. 청구인들은 피상속인 망 ○○○의 재산상속인으로서 피상속인의 실종되어 실종기간 만료일이 20○○. ○. ○.이 되었고, ○○지방법원 ○○지원으로부터 ○○실종선고를 받아 20○○. ○. ○. 실종선고심판이 확정되어 20○○. ○. ○. 사망한 것으로 간주되어 20○○. ○. ○. 상속개시가 있음을 알았으나, 민법 제1019조에 의하여 재산상속을 포기하고자 이 심판청구에 이른 것입니다.

첨 부 서 류

1. 제적등본 1통
1. 기본증명서 3통
1. 가족관계증명서 1통
1. 주민등록초본 3통
1. 인감증명서 3통
1. 말소자 주민등록등본 1통

20○○. ○. ○.

청구인 ○ ○ ○ (인)
청구인 ○ ○ ○ (인)
청구인 ○ ○ ○ (인)

○○ 가정법원 귀중

접수방법

1. 신고서에는 신고인 또는 대리인의 인감증명을 첨부하여야 한다.
2. 상속인이다. 즉, 상속을 포기하려는 자이다. 신고하는 자가 무능력인 경우에는 법정대리인이 대리한다. 법정대리인과 관계에서 이해상반행위에 해당하는 때에는 특별대리인을 선임하여야 한다.
3. 수입인지 : 청구인(상속인) 1인당 5,000원의 인지를 납부한다.

4. 송달료 : 당사자수×4,800원×4회분을 납부한다.
5. 관할 : 상속개시지의 가정법원이다(피상속인의 최후주소지).

주 1. 상속포기

가. 상속포기시 미성년자의 경우 친권자가 승인 또는 포기를 할 수 있으나 친권자가 공동상속인인 경우에 子만의 상속포기에 관하여 양자는 이해상반되는 관계에 있으므로 원칙으로 특별대리인의 선임을 가정법원에 청구하여야 한다. 다만 친권자 중 일방이 사망하고 母 또 父가 공동상속인인 경우로서 같이 승인 또는 포기를 하는 경우에는 그러하지 아니하다.

나. 교통사고 가해자가 숨진 피해자의 상속인이라면 보험혜택을 받을 수 없지만 상속을 포기하면 보험혜택을 받을 수 있다.

다. 조부모가 진 빚에 대한 상속을 부모가 포기했더라도 차순위 상속권자인 손자, 손녀가 상속포기신고를 하지 않았다면 대신 갚아야 한다.

라. 생명보험이란 생존이나 상해시 피보험자 본인을 수익자로 보통 지정하며, 사망보험금이란 대부분 법정상속인을 지정하며 상속인이 청구한 보험금청구권은 상속이 아니고, 보험수익자의 고유의 재산이다.

마. 사망시 보험수익자가 피보험자인 경우 상속인들은 상속재산으로서 그 지급을 구할 권리가 있고, 사망시 보험수익자가 피보험자외 제3자를 지정한 경우 상속인 또는 이들의 채권자들은 보험금 청구권이 없다.

바. 사망시 보험수익자를 법정상속인으로 정한 경우에는 상속된 것이 아니고 상속인의 고유재산으로, 사망자 채무에 대하여 상속인들을 상대로 가압류 등을 할 수 없다.

사. 가해차량이 가입한 보험회사로부터 유족들이 받는 보상금(정확한 명칭은 손해배상금이나 보험회사들은 보상금이라고 부른다)은 상속인 고유의 재산이 아니고 상속재산이므로 사망인에 대한 채권자들은 상속인들을 상대로 가압류 등이 가능하며, 만약 상속인이 상속을 포기하면 절대로 받아 가서는 안된다.

※ 상속순위

① 직계비속(자식, 손자 등)
② 직계존속(부모, 조부모 등)
③ 형제자매
④ 4촌 이내의 방계혈족(자기의 형제자매의 직계비속, 직계존속의 형제자매와 그 형제자매의 직계비속 포함. 즉 생질, 이질, 고종사촌, 이종사촌 등)

2. 피상속인의 배우자 유무에 따른 상속

피상속인의 배우자는 생존하고 있으나 피상속인의 직계비속이 없는 경우에는 피상속인의 배우자는 단독상속할 수 없고, 2순위인 피상속인의 직계존속과 공동상속을 하여야 하며, 피상속인의 직계존속도 없을 때 비로소 단독상속할 수 있다(민법 제1033조 ① 참조).

3. 상속인의 사전포기의 효력

상속인은 상속개시 있음을 안 날로부터 3월 내에 포기를 할 수 있고 이러한 상속포기는 가정법원에 신고하는 등 일정한 절차와 방식을 따라야만 그 효력이 있다(대법원 1998. 7. 24. 선고 98다9021 판결)할 것이고, 1순위자가 상속포기심판을 받은 후(심판정본을 수령한 후) 3월 이내에 다음 순위자가 상속포기심판청구를 해도 된다.

그러므로 상속인 중의 1인이 피상속인의 생존시에 피상속인에 대하여 상속을 포기하기로 약정하였다고 하더라도, 상속개시 후 민법이 정하는 절차와 방식에 따라 상속포기를 하지 아니한 이상, 상속개시 후에 자신의 상속권을 주장한다 하더라도 이는 정당한 권리행사에 해당한다.

4. 후순위 상속인의 상속포기

상속포기는 상속개시가 있은 후에 하여야 하는데, 후순위 상속인의 경우 선순위 상속인보다 먼저 또는 동시에 상속포기신고를 할 수 있는지가 문제된다.

상속포기의 신고에 관한 대법원 예규(재특 2003-1) 3조에 의하면, 피상속인의 상속인이 될 자격이 있는 사람(배우자, 직계비속, 직계존속, 형제자매, 4촌 이내의 방계혈족)은 상속이 개시된 이후에는 선순위 상속인이 상속포기신고를 하지 아니한 경우에는 선순위 상속인보다 먼저 또는 선순위 상속인과 동시에 상속포기의 신고를 할 수 있다.

5. 상속인이 수인인 경우 어느 상속인이 상속을 포기한 때 포기한 상속인의 상속인이 그 상속재산을 대습상속하는지 여부

민법이 인정하는 대습상속의 사유는 피대습자의 사망 또는 결격에 국한하므로 상속인의 '상속포기'는 대습상속의 사유가 될 수 없다.

6. 상속포기와 한정승인의 차이

부모 등 피상속인이 거액의 채무를 진 채 사망하면 그 배우자나 자녀 등 상속인은 채무를 그대로 승계한다. 이러한 채무를 면할 수 있는 방법이 상속포기와 한정승인이다. 상속포기나 한정승인을 하려면 가정법원에 신고를 하여야 한다.

상속포기와 한정승인은 상속개시가 있음을 안 날로부터 3개월 이내에 하여야 한다. 다만, 가정법원의 허가가 있는 경우에는 이 기간을 연장할 수 있다. 또한, 상속채무가 상속재산을 초과하는 사실을 중대한 과실 없이 알지 못하고 단순승인을 한 경우에는 그 사실을 안 날로부터 3월 내에 한정승인을 할 수 있다. 상속개시가 있음을 안 날이란 상속개시의 원인이 되는 사실의 발생을 앎으로써 자기가 상속인이 되었음을 안 날을 말한다.

상속포기가 수리되면 그 상속인은 피상속인의 채무를 승계하지 않고 면할 수 있다. 그러나 제1순위 상속인이 포기하면 제2순위 이하의 상속인들이 망인의 채무를 승계하게 되므로 상속인들이 채무를 완전히 면하기 위해서는 순위여하를 불문하고 모든 상속인(망인을 기준으로 4촌 이내의 혈족)들이 상속포기를 하여야 한다.

한정승인의 경우에는 제1순위 상속인이 한정승인을 하면 제2순위 이하의 상속인들은 망인의 채무를 승계하지 않는다. 한정승인을 한 상속인은 망인의 모든 채무를 승계하지만 책임은 상속재산의 한도 내에서 진다. 통상 실무에서는 공동상속인이 있는 경우 그 중 1인이 한정승인을 하고 나머지 상속인은 상속포기를 하는 경우가 많다. 한편, 한정승인이 있게 되면 한정승인자는 한정승인을 한 날부터 5일 이내에 일반상속채권자와 유증받은 자에 대하여 한정승인의 사실과 일정한 기간 내에 그 채권 또는 수증을 신고할 것을 2월 이상 공고하도록 되어 있다. 공고는 원칙적으로 상속지 관할 지방법원장이 선정한 신문에 1회 이상 하여야 한다. 선정한 신문이 없는 경우에는 신문상 공고에 갈음하여 등기소와 그 상속지 관할 시·군·구에 게시함으로써 공고할 수 있다(민법 88조, 비송사건절차법 65조의 2,3,4).

한정승인자가 위와 같은 공고 및 최고를 게을리하여 어느 상속채권자나 유증받은 자에게 변제함으로써 다른 상속채권자나 유증자에 대하여 변제할 수 없는 때에는, 자기의 고유재산으로 그 손해를 배상하여야 하며, 이 경우 그 사정을 알고 변제를 받은 상속채권자나 유증받은 자는 구상채무를 부담하게 된다(민법 1038조).

[서식 288] **청구이의의 소장**(한정승인자의 대응)

소 장

원 고 김 ○ 준 (000000-0000000) (전화 :)
○○시 ○○구 ○○로 123 (우편번호 : 00000)

피 고 이 ○ 숙 (000000-0000000) (전화 :)
○○시 ○○구 ○○로 234 (우편번호 : 00000)

청구이의의 소

청 구 취 지

1. 피고가 원고에 대하여 ○○지방법원 20○○가단 1234호 집행력 있는 판결정본에 의한 강제집행은 이를 불허한다.
2. 소송비용은 피고가 부담한다.
3. 제1항은 가집행할 수 있다.

라는 판결을 구합니다.

청 구 원 인

1. 피고는 소외 망 ○○○에 대하여 대여금 채권을 가지고 있음을 기화로 위 망 ○○○의 상속인인 원고에 대하여 대여금 20,000,000원의 지급을 구하는 민사소송을 제기하여 ○○지방법원 20○○가단 1234호 집행력 있는 확정판결을 받았고, 이에 의하여 원고 소유의 별지 목록 기재 부동산에 대하여 강제집행을 실시하였습니다.

2. 그러나 원고는 위 판결이 확정되기 전인 20○○. ○. ○. ○○지방법원 20○○느단 3456호로 한정승인심판결정을 받은 사실이 있습니다. 다만, 피고가 원고를 상대로 대여금청구소송을 제기할 당시 원고는 송달장소에 주민등록만 되어 있었을 뿐 타지역에 있었던 터라 위 판결도 공시송달에 의하여 것입니다. 위와 관련하여 "한정승인에 의한 책임의 재산은 상속채무의 존재 및 범위의 확정과는 관계가 없고 다만 판결의 집행대상을 상속재산의 한도로 한정함으로써 판결의 집행력을 제한할 뿐이다. 특히 채권자가 피상속인의 금전채무를 상속한 상속인을 상대로 그 상속채무의 이행을 구하여 소송에서 채무자가 한정승인 사실을 주장하지 않으면, 책임의 범위는 현실적인 심판대상으로 등장하지 아니하여 주문에서는 물론 이유에서도 판단되지 않는 것이므로 그에 관하여는 기판력이 미치지 않는다. 그러므로 채무자가 한정승인을 하고도 채권자가 제기한 소송의 사실심 변론종결시까지 그 사실을 주장하지 아니하는 바람에 책임의 범위에 관하여 아무런 유보가 없는 판결이 선고되어 확정되었다고 하더라도, 채무자는 그 후 위 한정승인 사실을 내세워 청구에 관한 이의의 소를 제기하는 것이 허용된다고 봄이 옳다."라고 판시하고 있습니다(대법원 2006. 10. 13. 선고 2006다 23138 판결).

3. 따라서 원고는 피고를 상대로 청구취지와 같은 판결을 받고자 본 소 청구에 이른 것입니다.

입 증 방 법

1. 갑 제1호증 압류집행조서등본
1. 갑 제2호증 한정승인심판결정문
1. 갑 제3호증 부동산등기사항전부증명서

기타 입증서류는 변론시 수시 제출하겠습니다.

첨 부 서 류

1. 위 입증서류 사본 각 1통

1. 주민등록초본 2통
1. 소장부본 1통

20○○. ○. ○.

위 원고 김 ○ 준 (인)

○○ 가정법원 귀중

접수방법 및 유의사항

청구이의소의 소와 관련하여 아직 집행이 들어오지 아니한 단계에서는 별도로 강제집행정지신청을 할 필요가 없이 청구이의의 소만 제기하면 되고, 이미 강제집행이 들어온 경우에는 청구이의의 소와 함께 강제집행정지신청도 하여야 한다.

[서식 289] 제3자이의의 소장(한정승인자의 대응)(민사사건임)

소 장

원 고 김 ○ 준 (000000-0000000) (전화 :)
○○시 ○○구 ○○로 123 (우편번호 : 00000)

피 고 이 ○ 숙 (000000-0000000) (전화 :)
○○시 ○○구 ○○로 234 (우편번호 : 00000)

제3자이의의 소

청 구 취 지

1. 피고와 소외 ○○○간 ○○지방법원 20○○가단 1234호 집행력 있는 판결정본에 의한 강제집행은 이를 불허한다.
2. 소송비용은 피고가 부담한다.

3. 제1항은 가집행할 수 있다.

라는 판결을 구합니다.

청 구 원 인

1. 피고는 소외 망 ○○○에 대하여 대여금 채권을 가지고 있음을 기화로 위 망 ○○○의 상속인인 원고에 대하여 대여금 20,000,000원의 지급을 구하는 민사소송을 제기하였는 바(○○지방법원 20○○가단 1234호), 원고는 이 소송이 들어오기 전인 20○○. ○. ○. ○○지방법원 20○○느단 3456호로 한정승인심판결정을 받은 사실이 있는 터라 이 소송에서 한정승인의 항변을 하였고 이 항변이 받아들여져 피고 승소판결인 집행권원에 '상속재산의 한도 내에서' 금전채무를 이행할 것을 명하는 취지가 명시되어 있습니다.
2. 그럼에도 불구하고 피고는 원고의 고유재산임이 명백한 별지 목록 기재 부동산에 대하여 강제집행을 실시하였습니다. 이와 관련하여 판례는 "상속재무의 이행을 구하는 소송에서 피고의 한정승인 항변이 받아들여져서 원고 승소판결인 집행권원 자체에 '상속채무재산의 범위 내에서만' 금전채무를 이행할 것을 명하는 이른바 유한책임의 취지가 명시되어 있음에도 불구하고, 상속인의 고유재산임이 명백한 임금채권 등에 대하여 위 집행권원에 기한 압류 및 전부명령이 발령되었을 경우에, 상속인인 피고로서는 책임재산이 될 수 없는 재산에 대하여 강제집행이 행하여졌음을 이유로 제3자이의의 소를 제기할 수 있다."라고 판시하고 있습니다(대법원 2005. 12. 19.자 2005그128 결정).
3. 따라서 원고는 피고를 상대로 청구취지와 같은 판결을 받고자 본 소 청구에 이른 것입니다.

입 증 방 법

1. 갑 제1호증 압류집행조서등본(압류물건 목록)
1. 갑 제2호증 부동산등기사항전부증명서
1. 갑 제3호증 확정판결정본

기타 입증서류는 변론시 수시 제출하겠습니다.

첨 부 서 류

1. 위 입증서류 사본 각 1통

1. 주민등록초본 2통
1. 소장부본 1통

20○○. ○. ○.

위 원고 김 ○ 준 (인)

○○ 가정법원 귀중

26. 한정승인·재산분할 또는 상속인 부존재의 경우의 감정인의 선임

가. 의 의

상속재산에 관하여 감정인을 선임하여야 하는 경우는

(1) 한정승인의 경우 조건있는 채권이나 존속기간의 불확정한 채권을 변제함에 있어 그 채권의 평가가 필요한 때(민법 1035조 2항)

(2) 재산분리 후 위와 같은 평가가 필요한 채권을 변제하여야 할 때(민법 1051조 3항)

(3) 상속인 없는 상속재산의 관리인이 청산함에 있어 위와 같은 평가가 필요한 채권을 변제할 때(민법 1056조 2항)

(4) 유류분을 산정함 있어 조건부의 권리 또는 존속기간이 불확정한 권리를 평가할 때(민법 1113조 2항)

나. 청구권자

특별한 규정은 없으나 위 (1), (2), (3)의 경우 변제를 하여야 할 자(상속인 또는 상속재산관리인), (4)의 경우 유류분권리자 외에 그 재산(채권·권리)의 평가에 관하여 이해관계인은 그 선임을 청구할 수 있다.

다. 관 할

한정승인의 경우와 상속인 없는 재산의 경우는 상속개시지의 가정법원이 관할하고, 재산분리의 경우는 재산분리 후 심판청구를 받은 가정법원이 관할한다.

라. 청구취지 기재례

> 별지 목록 기재의 상속재산을 평가할 감정인으로 ○○시 ○○구 ○○로 ○○, ○○○를 감정인으로 선임한다.

> 별지 목록 기재의 상속재산을 평가에 관하여 ○○시 ○○구 ○○로 ○○, ○○○를 감정인으로 선임한다.

[서식 290] 상속재산 감정인 선임청구서

감정인선임청구

청 구 인　　윤 경 자 (000000-0000000) (전화 :　　　　)
　　　　　　등록기준지 수원시 권선구 고등로 123
　　　　　　주　　소 서울 강남구 역삼로 234 (우편번호 : 00000)

피상속인　망 이 정 길 (000000-0000000)
　　　　　　등록기준지 청구인과 같음
　　　　　　최후주소 청구인과 같음

상속 재산의 표시

별지 목록 기재와 같음

청 구 취 지

별지 목록 기재 상속재산을 평가할 감정인으로 서울 동작구 본로 345 정호윤을 선임한다.
라는 판결을 구합니다.

청 구 원 인

1. 청구인은 피상속인 망 김달수의 처입니다.
2. 피상속인 20○○. 10. 3. 위 최후주소지에서 사망하고 상속이 개시되었으나 피상속인은 생존시 전자대리점을 하면서 삼성전자 주식회사에 대한 금 180,000,000원의 채무가 있으므로 청구인은 상속으로 인하여 얻은 재산의 한도에서 피상속인의 채무를 변제할 것을 조건으로 한정승인하고자 별지 목록 기재 상속재산을 평가하기 위하여 전문감정인인 정호윤을 감정인으로 선임받고자 본 청구에 이르렀습니다.

첨 부 서 류

1. 제적등본	1통
1. 가족관계증명서	1통
1. 주민등록초본	2통
1. 부동산등기사항전부증명서	2통
1. 재산목록	1통
1. 감정인 자격증	1통

20○○. ○. ○.

청구인 윤 경 자 (인)

○○ 가정법원 귀중

접수방법

1. 청구권자 : 민법 제1035조 제2항의 경우에는 한정승인자가, 민법 제1040조 제3항은 상속재산관리인이 청구할 수 있다.
2. 수입인지 : 피상속인 1인당 5,000원의 인지를 납부한다.
3. 송달료 : 당사자수×4,800원(우편료)×4회분을 납부한다.
4. 관할 : 상속개시지의 가정법원에 제출한다. 즉, 피상속인의 최후주소지를 관할하는 가정법원에 제출한다.
5. 감정인선임비용은 상속재산의 부담으로 한다(가소규 82조).

27. 공동상속재산을 위한 관리인의 선임

가. 의 의

공동상속인 중 여러 사람이 한정승인을 한 경우 그 상속재산의 관리와 상속채무의 청산이 복잡해지므로 한정승인을 한 공동상속인 중 한사람을 재산관리인으로 선임할 수 있게 하고 있다(민법 1040조). 상속인이 있는지 없는지 불명한 경우(민법 1053조), 상속재산분리의 경우(민법 1047조 2항)에도 상속재산관리인 선임청구를 하여야 한다.

나. 청구권자

한정승인을 한 공동상속인 또는 이해관계인이 청구한다(민법 1040조 1항).

다. 관 할

한정승인의 신고는 받은 가정법원의 관할에 속한다.

라. 불 복

(1) 상속재산관리인은 한정승인을 한 공동상속인 중에서 선임하여야 하고, 다른 자를 선임할 수 없다(대법원 1979. 12. 27.자 76그2 결정).
(2) 기각한 심판에 대해 청구인이 즉시항고할 수 있으나, 인용한 심판에 대해서는 불복할 수 없다.

마. 청구취지 기재례

피상속인 망 ○○○의 공동상속재산 관리인으로 상속인 ○○○를 선임한다.

[서식 291] 공동상속재산을 위한 관리인선임청구서(1)

공동상속재산을 위한 관리인선임청구

신 청 인　　문 옥 희 (000000-0000000)　(전화 :　　　　　)
　　　　　　등록기준지　대구광역시 북구 대현로 123
　　　　　　주　　　소　대구광역시 서구 내당로 234　(우편번호 : 00000)

피상속인　망 최 길 복 (000000-0000000)
　　　　　　등록기준지　청구인과 같음
　　　　　　최 후 주 소　청구인과 같음

상속 재산의 표시

별지 목록 기재와 같음

청 구 취 지

피상속인 망 최길복의 공동상속재산관리인으로 신청인을 선임한다.
라는 심판을 구합니다.

청 구 원 인

1. 신청인은 피상속인 망 최길복의 처이고 신청인과 피상속인 사이에는 장남 최영호와 장녀 최기순이 있습니다.
2. 피상속인은 20○○. 10. 18. 본인의 승용차로 운전하다가 운전부주의로 가로수를 받아 갑자기 사망하여 그 날로 신청인과 장남 최영호, 장녀 최기순 등은 피상속인의 재산을 공동으로 상속받게 되었습니다.
3. 그러나 장남 최영호와 장녀 최기순 등은 하와이에서 거주하고 있는 관계로 별지 목록 기재의 공동상속재산을 관리할 수 없으므로 청구취지와 같이 심판을 청구하는 바입니다.

첨 부 서 류

1. 제적등본　　　　　　　　　　　　1통

1. 가족관계증명서 1통
1. 주민등록초본 2통
1. 거주증명서 1통
1. 임대차계약서 6통
1. 재산목록 1통

20○○. ○. ○.

신청인 문 옥 희 (인)

○○ 가정법원 귀중

접수방법 및 유의사항

1. 청구권자 : 한정승인을 한 공동상속인 또는 이해관계인이 청구할 수 있다.
2. 수입인지 : 피상속인 1인당 5,000원의 인지를 납부한다.
3. 송달료 : 당사자수×4,800원(우편료)×4회분을 납부한다.
4. 관할 : 상속개시지의 가정법원에 제출한다. 즉, 피상속인의 최후주소지를 관할하는 가정법원에 제출한다.
5. 공동상속재산을 위한 관리인의 선임청구는 자체가 사전처분적 성격을 가지므로 별도로 사전처분을 인정할 여지가 없다.

[서식 292] 공동상속재산을 위한 관리인선임청구서(2)

공동상속재산을 위한 관리인선임청구

청 구 인 최 ○ 길 (000000-0000000) (전화 :)
경기도 의정부시 호원로 232 (우편번호 : 00000)

피상속인 망 김 ○ 선 (000000-0000000)
최후주소지 : 서울 노원구 공릉로 323

청 구 취 지

피상속인 망 김○선의 공동상속재산관리인으로 상속인 윤○순(000000-0000000, 서울 노원구 공릉로 323)을 선임한다.
라는 심판을 구합니다.

청 구 원 인

1. 청구인은 피상속인의 채권자로서 상속재산에 관하여 법률상 이해관계가 있는 자입니다.
2. 망 김복선의 상속재산에 관한 상속인으로는 처 윤○순, 장남 김○길, 차남 김○선, 장녀 김○영이 있습니다.
3. 상속인 전원은 20○○. 1. 4. 귀원 20○○느단 876호로 상속한정승인심판청구를 하고 같은 해 3. 3.자 수리되었습니다.
4. 따라서 상속재산의 보존과 적정한 관리를 위하여 피상속인의 공동상속재산의 관리인으로서 피상속인의 유처 윤○순을 관리인으로 선임하고자 본 심판청구를 합니다.

첨 부 서 류

1. 제적등본	1통
1. 폐쇄가족관계증명서	1통
1. 폐쇄기본증명서	1통
1. 가족관계증명서	4통
1. 주민등록초본	4통
1. 이해관계서류(판결문, 차용증 등)	1통
1. 한정승인심판서	1통

20○○. ○. ○.

위 청구인 최 ○ 길 (인)

○○ 가정법원 귀중

접수방법 및 유의사항

1. 청구권자 : 한정승인을 한 공동상속인 또는 이해관계인이 청구할 수 있다.
2. 수입인지 : 피상속인 1인당 5,000원의 인지를 납부한다.
3. 송달료 : 당사자수×4,800원(우편료)×4회분을 납부한다.
4. 관할 : 상속개시지의 가정법원에 제출한다. 즉, 피상속인의 최후주소지를 관할하는 가정법원에 제출한다.
5. 공동상속재산을 위한 관리인의 선임청구는 자체가 사전처분적 성격을 가지므로 별도로 사전처분을 인정할 여지가 없다.

28. 상속재산의 분리 및 상속재산분리 후의 상속재산의 관리를 위한 처분

가. 의 의

청구권자의 청구에 의하여 법원이 상속인에게 그 고유재산과 상속재산을 분리하도록 명하고 그 분리가 있으면 상속채권자와 유증을 받은 자는 상속재산에서, 상속인의 채권자는 상속인의 고유재산에서 각각 자기의 재산을 변제받도록 하였다.

나. 당 사 자

(1) 상속재산의 분리명령을 청구할 수 있는 사람은 상속채권자와 유증을 받은 자 또는 상속인의 채권자이다(민법 1045조 1항). 채권자는 우선변제권이 있는 채권자뿐만 아니라 보통채권자를 포함하고 집행권원의 유무를 불문하며 변제기의 미도래 또는 불확정채권자라도 무당하다.
(2) 상속인은 분리명령에 관한 제(1)의 반대이해당사자로 상대방이 된다.
(3) 포괄수증자는 제외된다.

다. 관 할

특별한 규정이 없으나 상속개시지(피상속인의 마지막 주소지)의 가정법원 관할로 한다. 그 마지막 주소지가 외국인 경우에는 대법원이 있는 곳의 가정법원이 관할한다.

라. 심 리

상속개시된 날로부터 3개월 내에 분리청구를 하여야 한다(민법 1045조 1항). 상속개시 있음을 안 날이 기산점이 되는 것이 아니므로 숙려기간과는 다르며 3개월을 넘어서 한 청구는 부적법 각하한다. 다만 상속개시일로부터 3개월이 경과하였더라도 상속인이 상속의 승인이나 포기를 하지 아니한 동안에는 상속재산과 상속인의 고유재산이 혼합되기 전이라고 할 수 있으므로 그 상속재산의 분리를 청구할 수 있다(민법 1045조 2항).

마. 청구취지 기재례

상속인 ○○○의 소유재산과 피상속인 망 ○○○의 상속재산을 분리한다.

피상속인 망 ○○○의 상속재산과 상속인 ○○○의 고유재산을 분리한다.

[서식 293] 상속재산분리청구서(1)

상 속 재 산 분 리 청 구

청 구 인 강 ○ 진 (000000-0000000) (전화 :)
등록기준지 서울 성북구 장위로 123
주 소 서울 성북구 안암로 234 (우편번호 : 00000)

상 대 방 이 ○ 호 (000000-0000000)
등록기준지 서울 종로구 청운로 345
주 소 서울 서초구 역삼로 456 (우편번호 : 00000)

피상속인 망 이 ○ 수 (000000-0000000)
등록기준지 서울 종로구 청운로 345
최후주소 서울 성북구 길음로 678

피청구인의 고유재산의 표시

별지 목록 기재와 같음

청 구 취 지

피상속인 망 이○수의 상속재산과 상속인 이○호의 고유재산을 분리한다.
라는 심판을 구합니다.

청 구 원 인

1. 피상속인 망 이달수(20○○. 7. 23. 사망)의 상속재산은 그의 처인 청구외 임기순과 그의 자녀들인 상대방 이○호, 청구외 이○길, 이○자 등이 공동상속하였습니다.
2. 청구인은 상속인인 상대방 이○호의 채권자입니다.
3. 피상속인인 망 이○수는 전혀 재산이 없으며, 다만 서울보증보험 ○○지점에서 청구외 이○길의 연대보증인으로서 금 50,000,000원의 연대보증채무만을 남겨두고 사망하였습니다. 상속재산이 채무초과입니다.
4. 청구인은 상속인인 상대방에게 금 200,000,000원의 채권이 있는 바, 상대방의 고유재산으로 별지 목록 기재 부동산이 있을 따름입니다.
5. 피청구인이 위 망 이○수의 채무만을 상속하는 경우 상속인인 상대방의 고유재산과 피상속인인 망 이○수의 상속재산을 분리하지 아니하면 청구인은 큰 손해를 입을 염려가 있습니다.
6. 재산상속인들이 아직 상속의 승인이나 포기를 하지 아니하고 있으므로 재산분리의 청구를 하는 바입니다.

첨 부 서 류

1. 가족관계증명서(청구인, 피상속인) 1통
1. 기본증명서(청구인, 피상속인) 1통
1. 주민등록초본 3통
1. 인감증명서 1통
1. 부동산가압류결정문 사본 1통
1. 차용증서 1통

1. 부동산등기사항전부증명서 1통

20○○. ○. ○.

청구인 강 ○ 진 (인)

○○ 가정법원 귀중

접수방법 및 유의사항

1. 재산분리의 유형 및 청구권자
   가. 상속채권자 및 수유자의 청구에 의한 재산분리
   상속재산보다 상속인 자신의 채무가 많은 경우 '상속채권자'나 '유증을 받은 자'가 상대방(상속인, 상속재산관리인, 파산관재인, 유언집행자)을 상대로 상속재산과 상속인의 고유재산을 '상속개시 된 날로부터 3개월 이내'에 분리해 달라고 법원에 청구할 수 있다.
   나. 상속인의 채권자의 청구에 의한 재산분리
   상속재산보다 채무가 더 많은 경우 고유재산과 혼합되면 '상속인의 채권자'는 불이익이 생기므로 상대방(상속인, 상속재산관리인, 파산관재인, 유언집행자)을 상대로 상속재산과 상속인의 고유재산을 '상속개시 된 날로부터 3개월 이내'에 분리해 달라고 법원에 청구할 수 있다.
2. 수입인지 : 피상속인 1인당 5,000원의 인지를 납부한다.
3. 송달료 : 당사자수×4,800원(우편료)×4회분을 납부한다.
4. 관할 : 상속개시지의 가정법원에 제출한다. 즉, 피상속인의 최후주소지를 관할하는 가정법원에 제출한다.

[서식 294] 상속재산분리청구서(2)

상 속 재 산 분 리 청 구

청 구 인 강 ○ 진 (000000-0000000) (전화 :)
등록기준지 서울 성북구 장위로 123
주 소 서울 성북구 안암로 234 (우편번호 : 00000)

상 대 방 이 ○ 호 (000000-0000000)
등록기준지 서울 종로구 청운로 345
주 소 서울 서초구 역삼로 456 (우편번호 : 00000)

피상속인 망 이 ○ 수 (000000-0000000)
등록기준지 서울 종로구 청운로 345
최 후 주 소 서울 성북구 길음로 678

피청구인의 고유재산의 표시

별지 목록 기재와 같음

청 구 취 지

상속인 망 이○호의 고유재산과 피상속인 이○수의 상속재산을 분리한다.
라는 심판을 구합니다.

청 구 원 인

1. 피상속인 망 이○수는 20○○. ○. ○. 사망하였고 그의 처인 청구외 박○현, 그의 자녀들인 피청구인 이○호. 청구외 이○철, 이○민이가 망인의 지위를 공동으로 상속하였습니다.
2. 청구인은 피청구인 이○호의 채권자이고 이○호는 별지 목록 기재 부동산을 소유하고 있습니다.
3. 피상속인 이○수는 남긴 재산이 없고 오히려 ○○은행에 대한 금 ○억원의 채무만 남겨두고 돌아가셨습니다.
4. 만일 피청구인이 위 망인을 상속하여 단순승인을 한다면 상속인의 고유재산과 피상속인의 상속재산이 혼동되어 청구인은 손해를 입을 우려가 있습니다.
5. 상속은들은 아직 상속한정승인이나 상속포기를 하지 하므로 이 사건 청구에 이른 것입니다.

첨 부 서 류

1. 가족관계증명서(청구인, 피상속인) 1통

1. 기본증명서(청구인, 피상속인) 1통
1. 주민등록초본 3통
1. 부동산등기사항전부증명서 1통

20○○. ○. ○.

청구인 강 ○ 진 (인)

○○ 가정법원 귀중

접수방법 및 유의사항

1. 재산분리의 유형 및 청구권자
   가. 상속채권자 및 수유자의 청구에 의한 재산분리
   상속재산보다 상속인 자신의 채무가 많은 경우 '상속채권자'나 '유증을 받은 자'가 상대방(상속인, 상속재산관리인, 파산관재인, 유언집행자)을 상대로 상속재산과 상속인의 고유재산을 '상속개시 된 날로부터 3개월 이내'에 분리해 달라고 법원에 청구할 수 있다.
   나. 상속인의 채권자의 청구에 의한 재산분리
   상속재산보다 채무가 더 많은 경우 고유재산과 혼합되면 '상속인의 채권자'는 불이익이 생기므로 상대방(상속인, 상속재산관리인, 파산관재인, 유언집행자)을 상대로 상속재산과 상속인의 고유재산을 '상속개시 된 날로부터 3개월 이내'에 분리해 달라고 법원에 청구할 수 있다.
2. 수입인지 : 피상속인 1인당 5,000원의 인지를 납부한다.
3. 송달료 : 당사자수×4,800원(우편료)×4회분을 납부한다.
4. 관할 : 상속개시지의 가정법원에 제출한다. 즉, 피상속인의 최후주소지를 관할하는 가정법원에 제출한다.

29. 상속인이 분명하지 않은 경우 관리인의 선임 및 그 공고와 재산관리에 관한 처분

가. 의 의

상속이 개시되었으나 상속인의 존부가 분명하지 않은 경우에 법원은 우선 그 재산을 관리하면서 상속인을 찾고 끝내 상속인을 찾지 못하면 그 재산은 국고에 귀속하게 된다.

그 절차는 ① 상속재산관리인의 선임(민법 1053조), ② 관리의 공고(3개월, 민법 1053조), ③

채권신고의 공고와 청산(2개월 이상, 민법 1056조), ④ 상속인수색의 공고(1년 이상, 민법 1057조), ⑤ 국고귀속(민법 1058조)이다.

나. 청구권자

피상속인의 민법 제777조(친족의 범위)에 따른 친족, 그 밖의 이해관계인 또는 검사가 청구한다(민법 1053조)

다. 관 할

상속개시지(피상속인의 마지막 주소지)의 가정법원의 관할에 속한다. 그 마지막 주소지가 외국인 경우에는 대법원이 있는 곳의 가정법원이 관할한다.

라. 재산관리인의 선임

(1) 상속재산 관리인을 선임한 때는 공고하여야 한다.

(2) 공고기재사항 : ① 청구인의 성명과 주소 ② 피상속인의 성명, 직업과 등록기준지, 최후주소 ③ 피상속인의 출생장소, 생년월일과 사망장소 및 그 일자 ④ 상속재산관리인의 성명과 주소

(3) 공고방법 : ① 가정법원 게시판 ② 관보 ③ 경우에 따라 신문

마. 불 복

청구를 기각한 심판에 대하여는 청구인이 즉시항고를 할 수 있으나 청구를 인용한 심판에 대하여는 불복할 수 없다.

바. 청구취지 기재례

피상속인 망 ○○○의 상속재산관리인으로 ○○○(주민등록번호 : 000000-0000000, 주소 : ○○시 ○○구 ○○로 ○○)를 선임한다.

[참조 Ⅲ] 문례 - 상속재산관리인 선임공고

○ ○ 법 원

상속재산관리인의 선임공고

이 법원 20○○느단 1234 상속재산관리인선임청구사건에 관하여 이 법원은 민법 제1053조 제1항의 규정에 의한 상속재산관리인을 선임하였으므로 다음과 같이 이를 공고한다.

다 음

1. 심판청구인 ○ ○ ○
   주 소 : 서울 ○○구 ○○로 ○○
   대리인 변호사 ○○○
1. 피상속인 ○ ○ ○
   등록기준지 : 서울 ○○구 ○○로 ○○
   최후주소 : 서울 ○○구 ○○로 ○○
   직 업 : 노동
1. 피상속인의 출생장소 : 서울 ○○구 ○○로 ○○
   생년월일 : 19○○. ○. ○.
   사망일시 및 장소 : 20○○. ○. ○. 오전 10 : 00
   서울 ○○구 ○○로 ○○에서 사망
1. 상속재산관리인 ○ ○ ○
   주 소 : 서울 ○○구 ○○로 ○○

20○○. ○. ○.

판사 ○ ○ ○

[서식 295] 상속재산관리인 선임청구서(1)

상속재산관리인선임청구

청 구 인 최 강 숙 (000000-0000000) (전화 :)
등록기준지 부천시 소사구 계수로 123
주 소 부천시 오정구 오정로 234 (우편번호 : 00000)

피상속인 망 박 영 호 (000000-0000000)
등록기준지 부천시 소사구 계수로 123
최후주소 독일

청 구 취 지

피상속인 망 박영호의 상속재산관리인으로 인천지방변호사회소속 인천시 남구 주안동 345 변호사 ○○○을 선임한다.
라는 심판을 구합니다.

청 구 원 인

1. 청구인은 위 피상속인 망 박영호의 형수입니다.
2. 청구인은 별지 목록 기재 부동산을 20○○. 7. 4. 청구외 이진우로부터 금 13,000,000원에 매수하였으나. 그 등기는 당시 청구인이 남편없이 자식 4명을 데리고 혼자 살고 있었는데 자식 2명이 낭비가 심하여 재산의 보존책으로, 재산능력도 있고 청구인의 가정을 보살펴주는 시동생인 피상속인 망 박영호의 동생인 박영자(청구인의 시누이)와 의논하여 위 망 박영호 명의로 등기하여 이른바 명의신탁하여 두었습니다.
3. 청구인이 청구인의 시동생인 피상속인 망 박영호에게 명의신탁등기를 한 후, 위 부동산에 대한 관리 및 점유도 위 매수시로부터 현재까지 청구인이 하고 있으며, 위 부동산 매매계약서 원본 및 등기필증도 모두 청구인이 가지고 있고, 제세공과금도 위 매수 후부터 현재까지 청구인이 납부하고 있습니다.
4. 위 피상속인 망 박영호는 20○○. 3. 31. 04:10 독일에서 사망하였으므로 상속이 개시되었으나, 그의 상속인들인 피상속인 망 박영호의 처 강기순(19○○. 11. 6.생), 자 박순영(19○○. 3. 10.생), 자 박순태(19○○. 8. 12.생), 자 박순정(19○○. 6. 10.생),

자 박말봉(19○○. 7. 10.)은 독일에서 거주하고 있다는 사실만 확인될 뿐, 현재 어디서 살고 있는지 백방으로 수소문 하였으나 소식조차 없고, 알만한 친지들에게 알아보았으나 전혀 거처를 알 수 없습니다.

5. 그런데 위 피상속인 망 박영호 명의로 명의신탁하여 둔 위 부동산 아파트 건물이 오래되어 아파트 재건축위원회가 결성되어 새로운 고층아파트를 재건축하여 분양하기로 하여 현재 철거 중에 있어 재건축위원회에서 건축기간 동안의 이사비용 등을 융자해 주고 있으나, 위 피상속인 망 박영호의 재산상속인들이 행방이 묘연한 상태라 재산이 공중에 뜬 상태에 있고, 청구인 등은 올데갈데 없이 쫓겨나야 할 급박한 사정에 처해 있는 바, 시급히 위 아파트에 대한 재산관리인을 두지 않으면 위 재산이 공중분해되어 훼손될 우려가 있으므로 청구인 등 가족은 그 재산보전에 부심하게 있습니다.

6. 따라서 그 재산관리인을 선임하여 재건축시까지 위 재산을 관리하고자 청구취지와 같은 심판을 구하는 바입니다.

첨 부 서 류

1. 가족관계증명서(청구인, 피상속인)	각 1통
1. 부동산등기사항전부증명서	1통
1. 건축물관리대장등본	1통
1. 아파트매매계약서	1통
1. 등기필증	10통
1. 영수증	5통
1. 확인서	1통
1. 주민등록초본	2통
1. 재산목록	1통

20○○. ○. ○.

청구인 최 강 숙 (인)

○○ 가정법원 귀중

접수방법 및 유의사항

1. 청구권자 : 민법 제777조의 규정에 의한 피상속인의 친족 기타 이해관계인 또는 검사가 청구할 수 있다.

2. 수입인지 : 피상속인 1인당 5,000원의 인지를 납부한다.
3. 송달료 : 당사자수×4,800원(우편료)×4회분을 납부한다.
4. 관할 : 상속개시지의 가정법원에 제출한다. 즉, 피상속인의 최후주소지를 관할하는 가정법원에 제출한다.
5. 위 청구는 자체가 사전처분적 성격을 가지므로 별도로 사전처분을 인정할 여지가 없다.

㊟ 상속재산관리인의 선임

상속인의 존부가 불분명한 경우에는 소정의 친족, 이해관계인, 검사의 청구에 의하여 법원은 상속재산관리인을 선임한다. 여기에서의 이해관계인에는 상속채권자, 수유자 특별연고자 등이 해당된다.

상속인의 존부가 불분명하다는 것은 상속인의 유무가 명백하지 않다는 것을 의미한다. 그러므로 표현상속인이 있는 경우, 피상속인에 대하여 친생자관계존재확인의 소를 제기하고 있는 경우와 같이 단순히 상속인이 불확정인 상태에 있는 것은 여기에 해당하지 않는다.

가정법원이 상속재산관리인을 선임하면 지체 없이 이를 공고하고, 그 공고일로부터 3개월 이내에 상속인의 존부를 알 수 없는 때에는 관리인은 지체 없이 그 상속재산에 대하여 권리 있는 자에게 일정한 기간 내에 그 권리를 신고할 것을 공고하며 그에 따라 신고된 권리에 대하여 상속재산으로 청산한다.

[서식 296] 상속재산관리인 선임청구서(2)

상속재산관리인선임청구

청 구 인　　조 만 복 (000000-0000000) (전화 :　　　　)
　　　　　　등록기준지 서울 마포구 동교로 123
　　　　　　주　　소 서울 성북구 정릉로 234 (우편번호 : 00000)

피상속인　망 장 수 철 (000000-0000000)
　　　　　　등록기준지 서울 노원구 상계로 345
　　　　　　최 후 주 소 서울 성북구 정릉로 456

청 구 취 지

서울시 성북구 정릉로 567 이재호를 피상속인 망 장수철의 상속재산관리인으로 선임한다.
라는 심판을 구합니다.

청 구 원 인

1. 청구인은 상속재산에 대해 채권이 있는 이해관계인이고, 피상속인은 최후의 주소지에서 건재 소매상을 하면서 홀로 살다가 20○○. 9. 11. 사망하여 상속은 개시되었으나 재산상속인의 존부를 전혀 알 수 없습니다.
2. 청구인은 피상속인과 이웃에서 살면서 의형제처럼 지내면서 살았기 때문에 피상속인의 생존시 서울대학병원 병원치료비 금 18,750,000원, 사망 후 장례비용 금 4,300,000원, 도합 금 23,050,000원을 입체한 채권자로서 상속재산의 관리인을 선임하기 위하여 본 청구에 이른 것입니다.

첨 부 서 류

1. 가족관계증명서	1통
1. 주민등록초본	2통
1. 피상속인의 재산목록	1통
1. 영수증	1통
1. 녹취서	1통

20○○. ○. ○.

청구인 조 만 복 (인)

○○ 가정법원 귀중

접수방법 및 유의사항

1. 청구권자 : 민법 제777조의 규정에 의한 피상속인의 친족 기타 이해관계인 또는 검사가 청구할 수 있다.
2. 수입인지 : 피상속인 1인당 5,000원의 인지를 납부한다.
3. 송달료 : 당사자수 × 4,800원(우편료) × 4회분을 납부한다.
4. 관할 : 상속개시지의 가정법원에 제출한다. 즉, 피상속인의 최후주소지를 관할하는 가정법원에 제출

한다.

5. 위 청구는 자체가 사전처분적 성격을 가지므로 별도로 사전처분을 인정할 여지가 없다.

주 상속재산관리인의 선임

상속인의 존부가 불분명한 경우에는 소정의 친족, 이해관계인, 검사의 청구에 의하여 법원은 상속재산관리인을 선임한다. 여기에서의 이해관계인에는 상속채권자, 수유자 특별연고자 등이 해당된다.

상속인의 존부가 불분명하다는 것은 상속인의 유무가 명백하지 않다는 것을 의미한다. 그러므로 표현상속인이 있는 경우, 피상속인에 대하여 친생자관계존재확인의 소를 제기하고 있는 경우와 같이 단순히 상속인이 불확정인 상태에 있는 것은 여기에 해당하지 않는다.

가정법원이 상속재산관리인을 선임하면 지체 없이 이를 공고하고, 그 공고일로부터 3개월 이내에 상속인의 존부를 알 수 없는 때에는 관리인은 지체 없이 그 상속재산에 대하여 권리 있는 자에게 일정한 기간 내에 그 권리를 신고할 것을 공고하며 그에 따라 신고된 권리에 대하여 상속재산으로 청산한다.

[서식 297] 상속재산관리인 선임청구서(3)

상속재산관리인선임청구

청 구 인 ○ ○ ○ (000000-0000000) (전화 :)
(후견인) 등록기준지 서울 마포구 동교로 123
주 소 서울 성북구 정릉로 234

청 구 인 ○ ○ ○ (000000-0000000) (전화 :)
등록기준지 서울 ○○구 ○○로 ○○○
주 소 서울 ○○구 ○○로 ○○○

피상속인 망 ○ ○ ○ (000000-0000000)
등록기준지 서울 ○○구 ○○로 ○○○
최후주소 서울 ○○구 ○○로 ○○○

청 구 취 지

청구인들을 피상속인 망 ○○○에 대한 상속재산 공동관리인으로 선임한다.

라는 심판을 구합니다.

청 구 원 인

1. 피상속인은 20○○. ○. ○. 서울 ○○구 ○○로 ○○○에 위치한 ○○병원에서 심장마비로 사망하였으나 현재 재산상속인이 없는 자입니다.
2. 피상속인은 별지 목록 상당의 상속재산을 남겨 두었고 생존당시 자신의 상속재산전부를 장학재단에 출현해 달라는 말을 청구인들에게 부탁하였습니다.
3. 청구인 ○○○는 피상속인의 보호자가 되어 병원입원 및 수술동의를 받아서 간호를 해왔고 피상속인이 사망한 이후에도 사망신고를 하고 장례를 치르면서 모든 절차를 마쳤습니다.
4. 따라서 청구인들은 공동재산관리인이 되어 망인의 장학재단을 설립하고자 하오니 이 사건 청구를 허가하여 주시기 바랍니다.

첨 부 서 류

1. 가족관계증명서	1통
1. 사망신고서	1통
1. 사망진단서	1통
1. 수술승낙서 및 동의서	1통

20○○. ○. ○.

청구인 ○ ○ ○ (인)
청구인 ○ ○ ○ (인)

○○ 가정법원 귀중

접수방법 및 유의사항

1. 청구권자 : 민법 제777조의 규정에 의한 피상속인의 친족 기타 이해관계인 또는 검사가 청구할 수 있다.
2. 수입인지 : 피상속인 1인당 5,000원의 인지를 납부한다.

3. 송달료 : 당사자수×4,800원(우편료)×4회분을 납부한다.
4. 관할 : 상속개시지의 가정법원에 제출한다. 즉, 피상속인의 최후주소지를 관할하는 가정법원에 제출한다.
5. 위 청구는 자체가 사전처분적 성격을 가지므로 별도로 사전처분을 인정할 여지가 없다.

주 상속재산관리인의 선임

상속인의 존부가 불분명한 경우에는 소정의 친족, 이해관계인, 검사의 청구에 의하여 법원은 상속재산관리인을 선임한다. 여기에서의 이해관계인에는 상속채권자, 수유자 특별연고자 등이 해당된다.

상속인의 존부가 불분명하다는 것은 상속인의 유무가 명백하지 않다는 것을 의미한다. 그러므로 표현상속인이 있는 경우, 피상속인에 대하여 친생자관계존재확인의 소를 제기하고 있는 경우와 같이 단순히 상속인이 불확정인 상태에 있는 것은 여기에 해당하지 않는다.

가정법원이 상속재산관리인을 선임하면 지체 없이 이를 공고하고, 그 공고일로부터 3개월 이내에 상속인의 존부를 알 수 없는 때에는 관리인은 지체 없이 그 상속재산에 대하여 권리 있는 자에게 일정한 기간 내에 그 권리를 신고할 것을 공고하며 그에 따라 신고된 권리에 대하여 상속재산으로 청산한다.

30. 상속인수색의 공고

가. 의 의

상속이 개시되었으나 상속인의 존부가 분명하지 아니하여 상속재산 관리인을 선임하여 그 공고일 3개월 내에 상속인의 존부를 알 수 없는 때에는 법원은 관리인의 청구에 의하여 1년 이상의 기간을 정하여 상속인이 있으면 그 권리를 주장할 것을 공고하여야 한다.

나. 청구권자

상속재산관리인이 청구한다.

다. 관 할

상속재산관리인을 선임한 가정법원에 제출한다. 가정법원 단독부의 사무관할에 속한다.

라. 불 복

청구를 기각한 심판은 청구인이 즉시항고 할 수 있고, 인용한 공고에 대하여는 불복할 수 없다.

마. 공고의 기재사항

(1) 청구인의 성명과 주소
(2) 피상속인의 성명, 주소와 최후주소
(3) 피상속인의 출생과 사망장소 및 그 일자
(4) 상속인은 일정 기간 내에 그 권리를 주장하라는 뜻의 최고를 각 기재(단, 그 기간은 2년 이상이어야 한다)한다.

[서식 298] 상속인 수색공고청구

상속인 수색공고청구

청 구 인(상속재산관리인) ○ ○ ○ (000000-0000000)
등록기준지 서울 ○○구 ○○로 ○○○
주 소 서울 ○○구 ○○로 ○○○

피 상 속 인 ○ ○ ○ (000000-0000000)
등록기준지 서울 ○○구 ○○로 ○○○
주 소 서울 ○○구 ○○로 ○○○

청 구 취 지

피상속인에게 상속인이 있으면 일정한 기간 내에 그 권리를 주장할 취지의 공고를 할 것을 바랍니다.

청 구 원 인

1. 청구인은 20○○. ○. ○. 귀원으로부터 상속재산 관리인으로 선임되어 귀원에서 관

리인 선임공고를 하였으나, 3개월이 자나도록 상속인이 나타나지 아니하고 상속인의 존재 여부가 분명하지 아니하여 20○○. ○. ○.경 모든 상속채권자와 수유자에 대해 20○○. ○. ○.까지 권리의 청구나 신고를 하라고 공고하였으나 현재까지 상속인의 존재가 나타나지 않고 있습니다.

2. 따라서 청구인은 다시 상속인이 있으면 일정한 기간 안에 그 권리를 주장할 취지의 공고를 구하기 위하여 이 사건 청구를 하기에 이른 것입니다.

첨 부 서 류

1. 가족관계증명서 각 1통
1. 주민등록등본 각 1통
1. 상속인주장의 최고통고서 1통

20○○. ○. ○.

위 청구인 ○ ○ ○ (인)

[참조 Ⅳ] 문례 – 상속인 수색의 공고

○ ○ 법 원

상속인수색의 공고

이 법원 20○○느단 1234 상속재산관리인선임청구사건에 관하여 이 법원은 민법 제1057조의 규정에 의하여 다음과 같이 공고한다.

다 음

1. 심판청구인 ○ ○ ○
(재산관리인) 주 소 : 서울 ○○구 ○○로 ○○
대리인 변호사 ○ ○ ○

1. 피상속인 ○ ○ ○

   등록기준지 : 서울 ○○구 ○○로 ○○

   최 후 주 소 : 서울 ○○구 ○○로 ○○

   직 업 : 노동

1. 피상속인의 출생장소 : 서울 ○○구 ○○로 ○○

   생년월일 : 19○○. ○. ○.

   사망일시 및 장소 : 20○○. ○. ○. 오전 10 : 00

   서울 ○○구 ○○로 ○○, ○○병원에서 사망

1. 위 피상속인의 상속인이 있으면 20○○. 7. 31.까지 그 권리를 주장할 것. 만약 이 기간 내에 그 권리를 주장하는 자가 없을 때에는 상속재산은 특별연고자에게 분여되거나 국고에 귀속한다.

20○○. ○. ○.

판사 ○ ○ ○

31. 상속재산의 분여

가. 의 의

상속인의 존부가 분명하지 않은 상속재산에 대하여 상속인 수색의 공고에 의한 최고기간(1년 이상)이 경과하여도 상속권을 주장하는 자가 없는 때에는 가정법원은 피상속인과 특별한 연고가 있던 자의 청구에 의하여 상속재산의 전부 또는 일부를 분여할 수 있다(민법 1057조의2).

나. 청구권자

(1) 피상속인과 생계를 같이 하고 있던 사람

(2) 피상속인의 요양간호를 한 사람

(3) 피상속인과 특별한 연고가 있던 사람, 이에는 망인의 의뢰에 따라 망인과 그 선조의 제사를 봉행한 사람, 유산을 관리하던 사람, 사실혼관계에 있던 사람, 망인의 장례를 치른 사람 등이 포함된다. 특별연고는 사망당시 있어야 하는 것이 원칙이다.

다. 관 할

상속개시지(피상속인의 마지막 주소지)의 가정법원이 관할한다. 그 마지막 주소지가 외국인 경우에는 대법원이 있는 곳의 가정법원이 관할한다.

라. 심판의 고지·불복

심판은 청구인 외에 상속재산 관리인에게도 고지하여야 하며 청구를 기각한 심판에는 청구인이 즉시항고를 할 수 있고, 청구를 인용한 심판에 대하여도 특별연고자가 즉시항고를 할 수 있다.

[서식 299] 상속재산 분여청구서(1)

상속재산분여청구

청 구 인　　신 ○ 철 (000000-0000000) (전화 :)
　　등록기준지 순천시 가곡로 123
　　주 소 순천시 오천로 234 (우편번호 : 00000)

피상속인　망 조 ○ 현 (000000-0000000)
　　등록기준지 인천광역시 인성로 345
　　최 후 주 소 위와 같음

상속재산의 표시

별지 목록 기재와 같음

청 구 취 지

별지 목록 기재 재산을 청구인에게 분여한다.
라는 심판을 구합니다.

청 구 원 인

1. 피상속인 망 조○현은 20○○. 7. 10. 위 최후주소지에서 사망하였습니다.

2. 피상속인의 원적은 평안북도이며 6.25사변 당시 1.4후퇴 때 혼자 내려와서 생활하다가 결혼하여 외동딸을 두고 살다가 처는 15년간 사망하고 딸은 가출하여 현재에 이르기까지 생사를 전혀 알 길이 없었다고 합니다.
청구인은 피상속인이 최후주소지에서 떡방앗간을 혼자하면서 생활하고 있을 때 쯤 20○○년 봄에 직장을 구하다 우연히 피상속인의 직원으로 일을 하게 되었습니다. 그런데 몇 개월이 지나서 위와 같은 사정을 이야기 하면서 청구인을 아들로 생각하니 같이 동거하자고 해서 월급도 받지 않고 피상속인으로부터 용돈을 타는 식으로 10년이 넘도록 일을 해왔습니다.
청구인은 결혼을 하고 나서 처와 자식이 피청구인 집에 거주하였고 피청구인이 사망하기 전 2년간 중풍을 앓아 청구인과 청구인의 처가 병간호를 하면서 수발을 들었습니다.

3. 피상속인은 사망하기 전 만일 내가 죽게 되면 별지 목록 부동산을 청구인이 가지도록 하라고 말하여 왔습니다.
또한 청구인은 피상속인의 치료비 및 생활비를 충당하고 장례도 조촐하게 지내고 천안공원묘지에 안장시켰습니다.

4. 청구인은 피상속인의 유일한 상속인인 외동딸을 찾기 위하여 20○○. 9. 7. 귀원으로부터 상속재산관리인의 승인을 받아 상속인 수색의 공고를 하고 상당한 기간이 경과하였음에도 불구하고 상속인을 찾을 길이 없으므로 청구인은 특별연고자로서 상속재산의 분여를 받기 위하여 본 심판 청구에 이르렀습니다.

첨 부 서 류

1. 제적등본	1통
1. 가족관계증명서	1통
1. 부동산등기사항전부증명서(토지, 건물)	2통
1. 상속재산관리인선임심판등본	1통
1. 상속인 수색의 공고서 사본	1통

20○○. ○. ○.

청구인 신 ○ 철 (인)

○○ 가정법원 귀중

접수방법 및 유의사항

1. 청구권자 : 피상속인과 특별한 연고가 있는 자이다. 특별연고자는 피상속인과 현실적인 관계, 친족관계의 유무 등을 종합적으로 고려하여 가정법원이 판단한다. 피상속인의 사망 후에 상속재산의 관리, 장례절차의 주재, 제사의 주재 등을 실시한 자도 특별연고자에 해당하는지에 관하여는 긍정하는 견해보다 부정설이 우세하다.
2. 수입인지 : 사건본인(피상속인) 1인당 5,000원의 인지를 납부한다.
3. 송달료 : 당사자수×4,800원(우편료)×4회분을 납부한다.
4. 상속재산분여 청구는 가정법원이 상속인 수색의 공고에서 정한 상속권 주장의 최고기간이 만료된 후 2월 이내에 하여야 한다(민법 1057조의2 2항).

[서식 300] 상속재산 분여청구서(2)

상속재산분여청구

청 구 인 홍 ○ 숙 (000000-0000000) (전화 :)
등록기준지 순천시 가곡로 123
주 소 순천시 오천로 234 (우편번호 : 00000)

피상속인 망 신 ○ 철 (000000-0000000)
등록기준지 순천시 가곡로 123
최 후 주 소 전북 ○○군 ○○면 ○○로 345
20○○. ○. ○. 사망

상속재산의 표시

별지 목록 기재와 같음

청 구 취 지

피상속인 망 신○철 소유의 별지 목록 기재 재산을 청구인에게 분여한다.
라는 심판을 구합니다.

청 구 원 인

1. 청구인은 여성으로서 40대의 나이임에도 불구하고 결혼을 뒤로 미루고 사업과 봉사에 전념하면서 사회생활을 하던 중 피상속인을 우연한 기회에 만나게 되었습니다.
2. 청구인과 피상속인은 ○○○○년 ○월경 봉사단체에서 서로에게 호감을 가지고 있던 중 피상속인이 결혼을 한 후 피상속인과 이혼을 하였고, 어린 아이가 있었는데 아이의 친권과 양육권을 모두 피상속인 처(소외 ○○○)로 지정되면서 소외 ○○○가 미국으로 이민을 가게 된 이후 약 15년간 이혼한 처와 아이를 만난 적이 없고 혼자 생활하고 있었던 것입니다.
3. 이에 청구인과 피상속인은 늦은 나이에 결혼식을 하지 아니하고 동거를 시작으로 사실상 혼인관계를 유지하면서 청구인이 운영하던 사업체를 망인이 운영하고 그 수익으로 청구인과 망인이 생활하고 있던 중 그 동안의 일정한 수익이 발생하여 늘어난 재산을 모두 망인의 명의로 등록하였던 것입니다.
4. 사실혼은 시작한지 약 6년의 직전에서 망인이 갑자기 ○○암으로 투병을 시작하였고, 투병을 시작한지 1년도 아니되어 위 최후주소지에서 망인이 사망하게 되자 그 상속재산에 대하여 청구인의 재산을 분여받고 망인의 자녀에 대하여 상속절차를 진행 중에 있습니다.
5. 청구인은 망인의 상속인 자녀를 찾기 위하여 상속재산관리인 지정신청을 하였고, 재산관리인은 상속인 수색의 공고를 했으나 공고기간이 지났음에도 상속인을 찾을 길이 없으므로 청구인은 민법의 규정에 의하여 특별연고자 및 상속재산의 권리자로서 본 심판청구를 하기에 이르렀습니다.

첨 부 서 류

1. 제적등본	1통
1. 가족관계증명서(피상속인)	1통
1. 부동산등기부등본	1통
1. 통장 사본	1통
1. 상속인 수색의 공고서 사본	1통

20○○. ○. ○.

청구인 홍 ○ 숙 (인)

○○ 가정법원 귀중

재 산 목 록
부 동 산 목 록

1동의 건물의 표시

○○시 ○○구 ○○동 ○○○ 동림아파트 제103동
[도로명주소] ○○시 ○○구 ○○로 ○○
철근콘크리트조 슬래브지붕 12층 아파트

전유부분의 건물의 표시

구 조 : 철근콘크리트조
건물번호 : 103 - 4 - 403
면 적 : 4층 403호 84.94㎡

대지권의 표시

토지의 표시 : ○○시 ○○구 ○○동 ○○○ 대 3873㎡
대지권의 종류 : 소유권
대지권의 비율 : 6228000분의 42202

- 이 상 -

접수방법 및 유의사항

1. 청구권자 : 피상속인과 특별한 연고가 있는 자이다. 특별연고자는 피상속인과 현실적인 관계, 친족관계의 유무 등을 종합적으로 고려하여 가정법원이 판단한다. 피상속인의 사망 후에 상속재산의 관리, 장례절차의 주재, 제사의 주재 등을 실시한 자도 특별연고자에 해당하는지에 관하여는 긍정하는 견해보다 부정설이 우세하다.
2. 수입인지 : 사건본인(피상속인) 1인당 5,000원의 인지를 납부한다.
3. 송달료 : 당사자수×4,800원(우편료)×4회분을 납부한다.
4. 상속재산분여 청구는 가정법원이 상속인 수색의 공고에서 정한 상속권 주장의 최고기간이 만료된 후 2월 이내에 하여야 한다(민법 1057조의2 2항).

[서식 301] 특별연고자에 대한 상속재산의 분여청구서

특별연고자에 대한 상속재산의 분여청구

청 구 인 1. 허 ○ 수 (000000-0000000) (전화 :)
등록기준지 서울 성북구 길음로 123
주 소 서울 동작구 본로 234 (우편번호 : 00000)

2. 허 ○ 호 (000000-0000000) (전화 :)
등록기준지 위 허○수와 같음
주 소 서울 관악구 남현로 345 (우편번호 : 00000)

피상속인 망 박 ○ 숙 (000000-0000000)
등록기준지 서울 종로구 가회로 456
최후주소 위 허○호와 같음

상속재산의 표시

별지 목록 기재와 같음

청 구 취 지

별지 목록 기재 재산을 청구인들에게 각 2분의 1의 비율로 분여한다.
라는 심판을 구합니다.

청 구 원 인

1. 청구인들은 청구외 허△호와 피상속인 망 박○숙이 동거 중 그 사이에서 출생한 자식들이었으나 위 허△호가 호적관계 법령을 잘 몰라 본처인 청구외 망 이○희(19○○. 11. 10. 사망하였음)와 사이에 출생한 것처럼 출생신고를 하여 가족관계등록부상 피상속인의 자식들이 아니긴 하나 피상속인이 사망한 때까지 그 최후주소인 청구인의 주소지에서 사실상 모자관계로 생계를 같이하며 살아온 상속인 못지 않은 특별연고자들입니다.

2. 피상속인은 20○○. 10. 10. 사망하고 그의 상속재산으로 별지 목록 기재 부동산이 있으나 피상속인에게는 상속인도 없을 뿐만 아니라 상속에 관한 유언도 없었으므로

채권, 채무를 청산한 잔여재산은 국고에 귀속될 것이나 청구인들이 위와 같이 피상속인의 특별연고자들로서 피상속인의 상속재산 전부를 분여받고자 하는 것입니다.

3. 청구인들은 서울가정법원 20○○느단 87호로 상속재산관리인 선임청구를 하여 20○○. 11. 20. 서울 광진구 구의로 100 김○호가 관리인으로 선임되고 이를 공고한 바 있습니다.

4. 위 관리인은 20○○. 5. 2. 상속채권과 수증을 신고할 것을 최고하는 공고를 한 바, 3개월 이상이 지난 20○○. 8. 20. 현재까지도 상속인의 상속권을 주장하는 자가 없습니다.

5. 따라서 청구인들은 위와 같이 피상속인의 특별연고자들로서 상속채무를 청산한 잔여재산을 청구인들에게 동등한 비율로 분여하여 줄 것을 구하고자 이 사건 청구에 이른 것입니다.

첨 부 서 류

1. 제적등본(피상속인)	1통
1. 가족관계증명서(청구인)	1통
1. 주민등록등본	1통
1. 부동산등기사항전부증명서	1통
1. 진료비계산서	1통
1. 사진	1통
1. 확인서	1통
1. 채권 또는 수증 신문공고	1통

20○○. ○. ○.

청구인 1. 허 ○ 수 (인)
2. 허 ○ 호 (인)

○○ 가정법원 귀중

접수방법 및 유의사항

1. 청구권자 : 피상속인과 특별한 연고가 있는 자이다. 특별연고자는 피상속인과 현실적인 관계, 친족관계의 유무 등을 종합적으로 고려하여 가정법원이 판단한다. 피상속인의 사망 후에 상속재산의 관리, 장례절차의 주재, 제사의 주재 등을 실시한 자도 특별연고자에 해당하는지에 관하여는 긍정하

는 견해보다 부정설이 우세하다.
2. 수입인지 : 사건본인(피상속인) 1인당 5,000원의 인지를 납부한다.
3. 송달료 : 당사자수×4,800원(우편료)×4회분을 납부한다.
4. 상속재산분여 청구는 가정법원이 상속인 수색의 공고에서 정한 상속권 주장의 최고기간이 만료된 후 2월 이내에 하여야 한다(민법 1057조의2 2항).

32. 피인지자 등의 상속분에 상당한 가액의 지급청구

가. 의 의

상속개시 후의 인지 또는 재판의 확정에 의하여 공동상속인이 된 자가 이미 상속재산을 분할하거나 그 밖의 처분을 한 다른 공동상속인에 대하여 자신의 상속분에 상당한 가액의 지급을 청구하는 것을 말한다. 이는 인지의 효력이 비록 자녀의 출생시로 소급하지만 제3자가 취득한 권리를 해하지 못하므로, 다른 공동상속인이 상속재산을 처분한 경우에 피인지자 등이 다른 공동상속인의 처분의 효력을 부인하지 못하게 하는 것 대신 그 상속분에 상당한 가액의 지급을 청구할 수 있도록 한 것이다.

나. 청구권자

상속개시 후의 재판의 확정에 의해 공동상속인이 된 자이다. 유언에 의해 인지된 자, 부 또는 모의 사망 후에 인지청구의 소를 제기하여 청구인용의 확정판결을 얻은 자(민법 864조) 등이 해당한다.

다. 상 대 방

다른 공동상속인이다. 다른 공동상속인이 여럿인 경우 다른 공동상속인들의 피인지자 등에 대한 가액지급의무는 분할채무로서 통상의 공동소송이라는 견해가 실무의 입장이다.

라. 관 할

상대방인 피고의 보통재판적이 있는 가정법원의 토지관할에 속한다.

마. 제척기간

상속회복청구권의 일정이므로 민법 제999조 제2항에 정한 제척기간(그 침해를 안날로부터 1년, 상속권의 침해가 있는 날로부터 10년)이 적용된다.

바. 상속분에 상당한 가액의 상정기준

피인지자 등이 지급을 청구한 상속분에 상당한 가액의 산정기준시에 관해 견해의 대립이 있으나 판례는 사실심 변론종결 당시의 시가에 의할 것이라고 한다.

피상속인의 채무도 피인지자 등이 다른 공동상속인과 공동상속하여야 하는 것일 뿐 상속재산의 가액에서 공제할 것은 아니다.

[서식 302] 상속분 상당 가액지급청구서

소 장

원 고 홍 ○ 철 (000000-0000000) (전화 :)
○○시 ○○구 ○○로 ○○○

피 고 1. 홍 ○ 현 (000000-0000000)
○○시 ○○구 ○○로 ○○○

2. 홍 ○ 선 (000000-0000000)
○○시 ○○구 ○○로 ○○○

3. 김 ○ 현 (000000-0000000)
○○시 ○○구 ○○로 ○○○

상속분상당 가액지급 청구의 소

청 구 취 지

1. 원고에게, 피고 홍○현은 ○○○○원, 피고 홍○선은 ○○○○원, 피고 김○현은 ○○○○원과 이에 대하여 각 이 사건 소장부본 송달다음날부터 다 갚는 날까지 연 15%의 비율로 계산한 돈을 지급하라.

2. 소송비용은 피고들이 부담한다.
3. 위 제1항은 가집행할 수 있다.
라는 판결을 구합니다.

청 구 원 인

1. 당사자들의 관계
원고는 부 홍○선과 생모 이○희 사이에서 19○○. ○. ○. 출생한 혼인 외의 출생자이고, 피고들은 부 홍○선과 그 처인 김○현 사이에서 19○○. ○. ○. 및 19○○. ○. ○. 출생한 혼인 중의 출생자입니다.

2. 이 사건의 경우
가. 생부 홍○선은 시가 ○○억원 상당의 아파트와 은행예금 ○○억원을 남기고 20○○. ○. ○. 사망하였습니다. 따라서 현재 피고들이 공동으로 위 재산을 상속받아 소유하고 있습니다.
나. 원고는 생부 홍○선의 사망 후 검사를 상대로 인지청구의 소를 제기하여 20○○. ○. ○. 승소판결을 받고 이후 동 판결이 20○○. ○. ○.자로 확정되었지만, 피고들은 20○○.경 위 아파트를 매도하고 은행예금도 인출하여 전부 소비하였습니다.

3. 결 론
이와 같은 이유로 원고는 피고들을 상대로 민법 제1014조의 규정에 따라 이 사건 청구에 이른 것입니다.

입 증 방 법

1. 갑 제1호증	가족관계증명서(사건본인, 청구인)
1. 갑 제2호증	부동산등기사항전부증명서
1. 갑 제3호증	판결정본

첨 부 서 류

1. 위 입증서류	각 1통
1. 주민등록등본	1통

20○○. ○. ○.

청구인 이 ○ 석 (인)

○○ 가정법원 귀중

접수방법 및 유의사항

1. 청구권자 : 상속개시 후의 재판의 확정에 의해 공동상속인이 된 자이다. 유언에 의해 인지된자, 부 또는 모의 사망 후에 인지청구의 소를 제기하여 청구인용의 확정판결을 얻은 자(민법 864조) 등이 해당한다.
2. 상대방 : 다른 공동상속인이다. 다른 공동상속인이 여럿인 경우 다른 공동상속인들의 피인지자등에 대한 가액지급의무는 분할 채무로서 통상의 공동소송이라는 견해가 실무의 입장이다.
3. 송달료 : 당사자수 × 4,800원(우편료) × 12회분을 납부한다.
3. 관할 : 상대방인 피고의 보통재판적이 있는 가정법원의 토지관할에 속한다.

33. 유언의 검인

가. 의 의

구수증서에 의한 유언은 질병, 그 밖의 사유로 인하여 다른 방식에 따른 유언을 할 수 없는 경우에 유언자가 2인 이상의 증인의 참여로 그 1인에게 유언의 취지로 구수(口授)하고 그 구수를 받은 자가 이를 필기 낭독하여 유언자와 증인이 그 정확함을 승인한 후 각자 서명 또는 기명날인하여 하기 때문에 이해관계인 등이 위작(僞作)이나 왜곡할 가능성이 있으므로 가정법원의 검인을 받도록 하고 있다.

나. 청구권자

증인(구수증서의 작성에 참여한 증인) 또는 이해관계인(추정상속인, 수유자·유언집행자 등 법률상 이해관계인을 의미하는데, 유언의 효력이 생기기 전까지 단순히 경제적인 이해관계를 갖는 것에 불과한 상속채권자는 여기의 이해관계인이 아니다)이 청구한다.

다. 관 할

유언자가 생존 중에는 그 주소지의 가정법원, 유언자가 사망한 때에는 상속개시지(마지막주소지)의 가정법원을 관할로 한다.

라. 청구기간

검인은 구수증서에 의한 유언을 하게 된 급박한 사유가 종료한 날(특별한 사정이 없는 한 유언이 있는 날로 보고 있음)로부터 7일 이내에 청구하여야 한다. 검인청구는 취하할 수 없다.

마. 불 복

유언검인의 청구를 기각한 심판에 대하여 청구인 및 다른 청구권자가 즉시항고를 할 수 있고, 유언검인의 심판에 대하여는 이해관계인이 즉시항고를 할 수 있다.

[서식 303] 유언검인청구서(1)

유 언 검 인 청 구

청 구 인　1. 강 ○ 훈 (000000-0000000) (전화 : 　　　　)
　　　　　등록기준지 서울 종로구 명륜로 123
　　　　　주　　　소 서울 관악구 신림로 234 (우편번호 : 00000)

　　　　　2. 강 △ 훈 (000000-0000000) (전화 : 　　　　)
　　　　　등록기준지 서울 종로구 명륜로 123
　　　　　주　　　소 서울 관악구 신림로 234 (우편번호 : 00000)

피상속인　망 강 ○ 술 (000000-0000000)
　　　　　등록기준지 서울 종로구 명륜로 123
　　　　　최 후 주 소 서울 강남구 신림로 234

청 구 취 지

유언자 강○술은 20○○. 7. 20. 별지와 같은 내용의 유언을 하였음을 검인한다.
라는 심판을 구합니다.

청 구 원 인

유언자는 20○○. 5. 1.부터 심부전증으로 서울 강남성심병원에 입원 중이었던 바, 병세가 위독하게 되자 20○○. 7. 20. 위 병원에서 청구인들과 청구외 문○희, 강○만을 증인으로 입회하게 하고, 유언자인 망 강○술이 직접 자필로 유언증서를 작성할 수 없어, 위 증인 강○만으로 하여금 별지와 같이 유언의 취지를 구수하고 동인이 필기낭독하여 위 증인들이 기명날인하고, 동인은 20○○. 7. 25. 15시 30분경 사망하였으므로 위 유언서에 대한 검인을 받고자 본 건 신청에 이르렀습니다.

첨 부 서 류

1. 제적등본(강○술)	1통
1. 제적등본(문○희의 망부)	1통
1. 제적등본(강○만의 망부)	1통
1. 가족관계증명서(강○훈)	1통
1. 가족관계증명서(문○희)	1통
1. 가족관계증명서(강○만)	1통
1. 유언서 원본	1통
1. 사망진단서	1통
1. 주민등록초본	3통
1. 부동산등기사항전부증명서	4통

20○○. ○. ○.

청구인 1. 강 ○ 훈 (인)
2. 강 △ 훈 (인)

○○ 가정법원 귀중

접수방법

1. 청구권자 : 청구권자는 증인 또는 이해관계인이다. 증인은 구수증서의 작성에 참여한 증인을 말하며, 이해관계인은 추정상속인, 수유자, 유언집행자 등의 법률상 이해관계인을 말한다. 상속채권자는 이해관계인이 아니다.

2. 수입인지 : 유언서 1개당 5,000원 상당의 인지를 납부한다.
3. 송달료 : 당사자수×4,800원(우편료)×4회분을 납부한다.
4. 관할 : 유언자가 생존 중에는 그 주소지의 가정법원에, 유언자가 사망한 때에는 피상속인의 최후주소지를 관할하는 가정법원에 제출한다.

주 피상속인 사망 전 유언증서의 검인 허부

유언은 ① 자필증서에 의한 유언, ② 녹음에 의한 유언, ③ 공정증서에 의한 유언, ④ 비밀증서에 의한 유언, ⑤ 구수증서에 의한 유언 중 어느 한 방식에 의해서 하여야 한다.

자필증서에 의한 유언과 녹음에 의한 유언의 경우에는 유언의 증서나 녹음을 보관한 자가 유언자의 사망 후에 유언증서나 녹음을 지체 없이 가정법원에 제출하여 그 검인을 받아야 한다. 그러므로 유언자의 사망 전에는 검인을 받을 수 없다.

비밀증서에 의한 유언의 경우에는 유언 봉서 표면에 기재된 날로부터 5일 이내에 공증인 또는 법원으로부터 확정일자를 받아야 하고, 구수증서에 의한 유언의 경우에는 유언을 하게 된 급박한 사유가 종료한 때로부터 7일 이내에 법원으로부터 검인을 받아야 한다.

[서식 304] 유언검인청구서(2)

유언증서검인 청구

청 구 인 박 ○ 도 (000000-0000000) (전화 :)
등록기준지 : 서울 동대문구 이문로 232
주 소 : 서울 성북구 하월곡로 123

사건본인 망 박 ○ 월 (000000-00000001)
(유언자) 등록기준지 : 서울 동대문구 이문로 232
주 소 : 서울 성북구 하월곡로 123

청 구 취 지

유언자 망 박○월의 20○○. 2. 3. 별지와 같은 내용의 유언을 하였음을 확인한다.

청 구 원 인

1. 청구인은 유언자 망 박○월의 자로서 이행관계 있는 자입니다.

2. 유언자는 교통사고로 ○○대학교 부속병원에서 치료를 받던 중 병세가 악화되어 위 병원에서 아래 증인의 입회하에 유언의 취지를 말하고 증인 이○민은 동 취지를 필기한 후 낭독하여 유언자와 다른 증인이 그 정확함을 승인하고 각자 날인한 후 유언서를 작성하여 청구인이 보관하고 있던 중 유언자가 200○○. ○. ○. 사망하였으므로 이건 검인을 청구합니다.

3. 유언에 참여한 증인
   이 ○ 민 : 경기도 이천시 모가면 신갈로 22
   심 ○ 오 : 경기도 부천시 원미구 상도로 23

첨 부 서 류

1. 유언자 제적등본	1통
1. 유언자의 폐쇄가족관계증명서, 기본증명서	각 1통
1. 가족관계증명서(청구인, 상속인)	각 1통
1. 유언증서 사본	1통
1. 주민등록표초본(증인, 상속인)	각 1통

20○○. ○. ○.

청구인 박 ○ 도 (인)

○○ 가정법원 귀중

접수방법

1. 청구권자 : 청구권자는 증인 또는 이해관계인이다. 증인은 구수증서의 작성에 참여한 증인을 말하며, 이해관계인은 추정상속인, 수유자, 유언집행자 등의 법률상 이해관계인을 말한다. 상속채권자는 이해관계인이 아니다.
2. 수입인지 : 유언서 1개당 5,000원 상당의 인지를 납부한다.
3. 송달료 : 당사자수×4,800원(우편료)×4회분을 납부한다.
4. 관할 : 유언자가 생존 중에는 그 주소지의 가정법원에, 유언자가 사망한 때에는 피상속인의 최후주소지를 관할하는 가정법원에 제출한다.

㊟ 피상속인 사망 전 유언증서의 검인 허부

유언은 ① 자필증서에 의한 유언, ② 녹음에 의한 유언, ③ 공정증서에 의한 유언, ④ 비밀증서에 의한 유언, ⑤ 구수증서에 의한 유언 중 어느 한 방식에 의해서 하여야 한다.

자필증서에 의한 유언과 녹음에 의한 유언의 경우에는 유언의 증서나 녹음을 보관한 자가 유언자의 사망 후에 유언증서나 녹음을 지체 없이 가정법원에 제출하여 그 검인을 받아야 한다. 그러므로 유언자의 사망 전에는 검인을 받을 수 없다.

비밀증서에 의한 유언의 경우에는 유언 봉서 표면에 기재된 날로부터 5일 이내에 공증인 또는 법원으로부터 확정일자를 받아야 하고, 구수증서에 의한 유언의 경우에는 유언을 하게 된 급박한 사유가 종료한 때로부터 7일 이내에 법원으로부터 검인을 받아야 한다.

[서식 305] 유언검인청구서(3)

유언증서검인청구

청 구 인 　 김 ○ 자 (000000-0000000) (전화 : 　　　　)
등록기준지 서울 종로구 명륜로 123
주 　 소 서울 관악구 신림로 234 (우편번호 : 00000)
유언자와의 관계 : 배우자

피상속인 　 망 박 ○ 동 (000000-0000000)
등록기준지 서울 종로구 명륜로 123
최 후 주 소 서울 강남구 신림로 234

청 구 취 지

유언자 박○동이 20○○. 9. 10. 작성한 별지 구수증서에 의한 유언서의 검인을 청구합니다.

청 구 원 인

1. 청구인인 유언자 망 박○동이 작성한 별지의 구수증서에 의한 유언서의 보관자이며 유언자의 배우자입니다.
2. 청구인은 20○○. 9. 10. 유언자 망 박○동이 별지의 구수증서에 의한 유언서를 작성

하여 보관토록 하여 보관하고 있던 중 유언자가 20○○. 9. 15. 사망하였으므로 이건 검인을 청구합니다.

첨 부 서 류

1. 제적등본(유언자)	1통
1. 가족관계증명서(유언자)	1통
1. 가족관계증명서(청구인)	1통
1. 주민등록등본	1통
1. 유언서 원본	1통

20○○. ○. ○.

청구인 김 ○ 자 (인)

○○ 가정법원 귀중

접수방법

1. 청구권자 : 청구권자는 증인 또는 이해관계인이다. 증인은 구수증서의 작성에 참여한 증인을 말하며, 이해관계인은 추정상속인, 수유자, 유언집행자 등의 법률상 이해관계인을 말한다. 상속채권자는 이해관계인이 아니다.
2. 수입인지 : 유언서 1개당 5,000원 상당의 인지를 납부한다.
3. 송달료 : 당사자수×4,800원(우편료)×4회분을 납부한다.
4. 관할 : 유언자가 생존 중에는 그 주소지의 가정법원에, 유언자가 사망한 때에는 피상속인의 최후주소지를 관할하는 가정법원에 제출한다.

주 피상속인 사망 전 유언증서의 검인 허부

유언은 ① 자필증서에 의한 유언, ② 녹음에 의한 유언, ③ 공정증서에 의한 유언, ④ 비밀증서에 의한 유언, ⑤ 구수증서에 의한 유언 중 어느 한 방식에 의해서 하여야 한다.

자필증서에 의한 유언과 녹음에 의한 유언의 경우에는 유언의 증서나 녹음을 보관한 자가 유언자의 사망 후에 유언증서나 녹음을 지체 없이 가정법원에 제출하여 그 검인을 받아야 한다. 그러므로 유언자의 사망 전에는 검인을 받을 수 없다.

비밀증서에 의한 유언의 경우에는 유언 봉서 표면에 기재된 날로부터 5일 이내에 공증인 또는 법원으로부터 확정일자를 받아야 하고, 구수증서에 의한 유언의 경우에는 유언을 하게 된 급박한 사유가 종료한 때로부터 7일 이내에 법원으로부터 검인을 받아야 한다.

34. 유언의 증서검인

가. 의 의

유언의 증서(자필증서, 비밀증서)나 녹음을 보관한 자, 또는 이를 발견한 자는 유언자의 사망 후 바로 가정법원에 제출하여 그 검인을 받아야 한다(민법 1091조 1항).

나. 청구권자

유언의 증서나 녹음을 보관하고 있는 자, 또는 이를 발견한 자가 청구권자이며 동시에 청구의무자이다(민법 1070조 2항). 만일 이 의무를 해태한 때에는 상속인에 대한 불법행위가 성립할 수 있고, 유언서의 은닉에 해당하여 상속결격의 사유가 될 수도 있다(민법 1004조 5호). 검인을 청구함에는 유언증서나 녹음을 가정법원에 제출하여야 하지만 청구할 때에는 사본으로 제출하고 검인기일에 직접 원본을 지참하여 제출하도록 한다.

다. 관 할

상속개시지의 가정법원을 관할법원으로 한다.

라. 검인청구의 취하

청구를 취하할 수 없다.

[서식 306] 유언검인청구서(자필증서)(1)

유언증서검인청구

청 구 인 1. 양 ○ 기 (000000-0000000) (전화 :)
등록기준지 수원시 권선구 세류로 123
주 소 서울 강동구 천호로 234 (우편번호 : 00000)

2. 양 △ 기 (000000-0000000) (전화 :)
등록기준지 수원시 권선구 세류동 123
주 소 서울 강남구 역삼동 345 (우편번호 : 00000)

피상속인 망 양 ○ 현 (000000-0000000)
등록기준지 수원시 권선구 세류로 123
최후주소 서울 강남구 역삼로 345

청 구 취 지

유언자 망 양○현이 작성한 유언증서를 검인한다.
라는 재판을 구합니다.

청 구 원 인

유언자 망 양○현은 20○○. 5. 7. 오전 10시경 심부전증으로 서울 강남성모병원에 입원 중이었던 바, 병세가 위독하게 되자 20○○. 5. 8. 위 병원에서 청구인들과 청구외 양장복(청구인의 작은아버지)을 중심으로 입회하고 직접 자필증서(유언서)를 작성하고 유언자는 20○○. 5. 10. 16시 30분경 사망하였으므로 위 자필증서에 대한 검인을 받고자 본 청구에 이르렀습니다.

첨 부 서 류

1. 제적등본(망 양○현) 1통
1. 가족관계증명서(장남 양○기) 1통
1. 가족관계증명서(양△기) 1통
1. 유언증서 원본 1통

1. 사망진단서 1통
1. 주민등록등본 2통
1. 부동산등기사항전부증명서(토지, 건물) 2통

20○○. ○. ○.

청구인 1. 양 ○ 기 (인)
2. 양 △ 기 (인)

○○ 가정법원 귀중

접수방법 및 유의사항

1. 청구권자 : 청구권자는 유언의 증서나 녹음을 보관하는 자 또는 이를 발견한 자이다. 이들은 동시에 청구의무자이기도 하다. 이 의무를 해태한 때에는 상속인에 대한 불법행위가 성립될 수 있고, 유언자의 은닉에 해당되어 상속결격의 사유가 될 수 있다(민법 1004조 5호). 검인의 청구는 사망 후 지체 없이 하여야 한다.
2. 수입인지 : 유언서 1개당 5,000원 상당의 인지를 납부한다.
3. 송달료 : 당사자수×4,800원(우편료)×4회분을 납부한다.
4. 관할 : 피상속인의 최후주소지를 관할하는 가정법원에 제출한다.

㈜ 1. **자필증서에 의한 유언의 유효요건**

자필증서에 의한 유언은 유언자가 그 전문과 년·월·일, 주소, 성명을 자서하고 날인하여야 한다(민법 1066조 1항). 그러므로 타인에게 구수·필기시킨 것, 타이프라이터나 워드프로세서를 사용한 유언은 자필증서에 의한 유언으로 인정되지 않는다.

유언서에는 작성연월일이 기재되어 있어야 한다. 연월일이 없는 유언서 역시 무효이다. 다만 연월일이 반드시 정확하게 기입되어 있을 필요는 없다. 유언작성의 날이 명백하면 되는 것이므로 "만 70세의 생일"이라든가 "몇 년의 할아버지 제삿날"라는 식으로 기입되어 있어도 상관없다.

주소는 유언자의 생활이 근거가 되는 것이면 족하고 반드시 주민등록법에 의하여 등록된 곳일 필요는 없다. 하급심 판례(서울지방법원 2001. 2. 30. 선고 99가합85201 판결)는 다른 요건을 다 갖추고 주소의 기재만을 빠뜨린 자필유언서의 경우 망인의 유지를 실현시켜 줌이 상당하다고 인정되면 유효하다고 하고 있다.

성명의 기재는 그 유언자가 누구인지를 알 수 있으면 족하다. 따라서 자 또는 예명을 쓰거나 성을 생략하고 이름만을 적은 경우에도 그 사람이 누구인지를 알 수 있으면 유언은 유효하다.

날인은 반드시 자신이 할 필요는 없으며 타인이 해도 괜찮고, 인은 반드시 인장일 필요가 없으며 무인도 상관없다.

자필증서에 의한 유언을 가지고 등기를 신청하기 위해서는 가정법원으로부터 그 유언장에 검인을 받아야 한다.

2. 피상속인 사망 전 유언증서의 검인 허부

유언은 ① 자필증서에 의한 유언, ② 녹음에 의한 유언, ③ 공정증서에 의한 유언, ④ 비밀증서에 의한 유언, ⑤ 구수증서에 의한 유언 중 어느 한 방식에 의해서 하여야 한다.

자필증서에 의한 유언과 녹음에 의한 유언의 경우에는 유언의 증서나 녹음을 보관한 자가 유언자의 사망 후에 유언증서나 녹음을 지체 없이 가정법원에 제출하여 그 검인을 받아야 한다. 그러므로 유언자의 사망 전에는 검인을 받을 수 없다.

비밀증서에 의한 유언의 경우에는 유언 봉서 표면에 기재된 날로부터 5일 이내에 공증인 또는 법원으로부터 확정일자를 받아야 하고, 구수증서에 의한 유언의 경우에는 유언을 하게 된 급박한 사유가 종료한 때로부터 7일 이내에 법원으로부터 검인을 받아야 한다.

[서식 307] 유언검인청구서(자필증서)(2)

유언증서검인청구

청 구 인 이 ○ 자 (000000-0000000) (전화 :)
등록기준지 전주시 덕진구 진북로 123
주 소 전주시 완산구 고사로 234 (우편번호 : 00000)

피상속인 망 송 ○ 규 (000000-0000000)
등록기준지 청구인과 같음
최후주소 청구인과 같음

청 구 취 지

유언자 망 송○규가 작성한 자필증서를 검인한다.
라는 재판을 구합니다.

청 구 원 인

1. 청구인인 유언자의 처이며 본건 유언증서의 보관자입니다.
2. 유언자 망 송○규는 위 최후주소지에 거주하고 있었으며 건강이 악화되어 전주시 소재 ○○병원에서 입원치료 중에 20○○. 8. 10. 23:40경 입회인 송○덕, 이○자, 송○종 앞에서 자필로 상속 및 유언장을 작성하여 위 청구인에게 보관하게 하였습니다.
3. 그 후 위 유언자 송○규는 20○○. 8. 28. 03:10경 사망하였으며, 위 상속 및 유언장의 검인을 받고자 본 청구하는 바입니다.

첨 부 서 류

1. 가족관계증명서	1통
1. 주민등록초본	2통
1. 사망진단서	1통
1. 유언증서 사본	1통

20○○. ○. ○.

청구인 이 ○ 자 (인)

○○ 가정법원 귀중

접수방법 및 유의사항

1. 청구권자 : 청구권자는 유언의 증서나 녹음을 보관하는 자 또는 이를 발견한 자이다. 이들은 동시에 청구의무자이기도 하다. 이 의무를 해태한 때에는 상속인에 대한 불법행위가 성립될 수 있고, 유언자의 은닉에 해당되어 상속결격의 사유가 될 수 있다(민법 1004조 5호). 검인의 청구는 사망 후 지체없이 하여야 한다.
2. 수입인지 : 유언서 1개당 5,000원 상당의 인지를 납부한다.
3. 송달료 : 당사자수 × 4,800원(우편료) × 4회분을 납부한다.
4. 관할 : 피상속인의 최후주소지를 관할하는 가정법원에 제출한다.

[서식 308] 유언검인청구서(자필증서)(3)

유언증서검인청구

청 구 인 정 ○ ○ (000000-0000000) (전화 :)
등록기준지 ○○시 ○○구 ○○로 123
주 소 ○○시 ○○구 ○○로 234 (우편번호 : 00000)

피상속인 망 이 ○ ○ (000000-0000000)
등록기준지 청구인과 같음
최후주소 ○○시 ○○구 ○○로 345

청 구 취 지

유언자 망 이○○이 작성한 자필증서에 의한 유언서를 검인한다.
라는 심판을 구합니다.

청 구 원 인

1. 청구인인 유언자의 처로서 20○○. 8. 26. 본 건 유언증서를 발견한 자입니다.
2. 유언자 망 이○○은 20○○. 4. 15. 심장마비로 갑자기 자택에서 사망하였는데 청구인은 같은 해 8. 26. 유품정리를 하다가 족보 속에서 유언자가 생전에 작성하여 봉인한 자필유언증서를 발견하고 검인을 청구하는 바입니다.

첨 부 서 류

1. 가족관계증명서(유언자) 1통
1. 주민등록초본(청구인) 1통
1. 주민등록초본(유언자) 1통
1. 사망진단서 1통
1. 유언증서 사본 1통

20○○. ○. ○.

청구인 정 ○ ○ (인)

○○ 가정법원 귀중

접수방법 및 유의사항

1. 청구권자 : 청구권자는 유언의 증서나 녹음을 보관하는 자 또는 이를 발견한 자이다. 이들은 동시에 청구의무자이기도 하다. 이 의무를 해태한 때에는 상속인에 대한 불법행위가 성립될 수 있고, 유언자의 은닉에 해당되어 상속결격의 사유가 될 수 있다(민법 1004조 5호). 검인의 청구는 사망 후 지체 없이 하여야 한다.
2. 수입인지 : 유언서 1개당 5,000원 상당의 인지를 납부한다.
3. 송달료 : 당사자수×4,800원(우편료)×4회분을 납부한다.
4. 관할 : 피상속인의 최후주소지를 관할하는 가정법원에 제출한다.

[서식 309] 유언검인청구서(비밀증서)

유언증서검인 청구

청 구 인　　이 ○ 섭 (000000-0000000) (전화 :　　　　)
　　　　　　등록기준지 : 서울 성북구 성북로 29
　　　　　　주　　　소 : 서울 강남구 대치로 888
　　　　　　송 달 장 소 : 경기도 의정부시 신곡로 765

사건본인　망 이 ○ 진 (000000-0000000)
(유언자)　　등록기준지 : 경상북도 영주시 단산면 병산로 228
　　　　　　사망주소지 : 서울 성북구 성북로 29

상속인의 표시 : 별지기재와 같음

청 구 취 지

유언자 망 이○진이 20○○. 8. 21.자 작성한 비밀증서에 의한 유언서를 검인한다.
라는 심판을 구합니다.

청 구 원 인

1. 청구인은 부친인 유언자의 3남으로서 결혼한 이후 부친을 줄곧 모시고 동거하던 중 최근 20○○. 6. 16. 오전 5:00경 부친인 유언자는 뇌출혈로 병환치료 중 사망한 것입니다(사망신고는 20○○. 7. 2. 하였음).
2. 이후 청구인은 망 부친의 유품을 정리하던 중 생전에 망 부친이 작성하여 봉인한 본 비밀 유언증서를 발견하고 이 건 검인을 청구하기에 이른 것입니다.

첨 부 서 류

1. 유언자 제적등본 2통
1. 유언자의 폐쇄가족관계증명서 1통
1. 유언증서 사본 1통
1. 유언자 말소자초본 1통
1. 청구인의 가족관계증명서 1통
1. 청구인의 주민등록초본 1통
1. 상속인들 주민등록초본 각 1통

20○○. ○. ○.

청구인 이 ○ 섭 (인)

○○ 가정법원 귀중

[별 지]

망 이O진의 상속인

관계	성 명	주민등록번호	주 소
처	강 복 연	000000-0000000	서울 성북구 성북로 29
자	이 형 섭	000000-0000000	고양시 일산 동구 마두로 739
자	이 준 섭	000000-0000000	서울 노원구 상계로 1256
자	이 순 섭 (청구인)	000000-0000000	서울 강남구 대치로 888

접수방법 및 유의사항

1. 청구권자 : 청구권자는 유언의 증서나 녹음을 보관하는 자 또는 이를 발견한 자이다. 이들은 동시에 청구의무자이기도 하다. 이 의무를 해태한 때에는 상속인에 대한 불법행위가 성립될 수 있고, 유언자의 은닉에 해당되어 상속결격의 사유가 될 수 있다(민법 1004조 5호). 검인의 청구는 사망 후 지체 없이 하여야 한다.
2. 수입인지 : 유언서 1개당 5,000원 상당의 인지를 납부한다.
3. 송달료 : 당사자수×4,800원(우편료)×4회분을 납부한다.
4. 관할 : 피상속인의 최후주소지를 관할하는 가정법원에 제출한다.

[사례 ①] 유언서(부동산 등)

유　　언　　서

1. 유언자의 인적사항
   성　　　명 : 정 ○ ○
   주민등록번호 : ○○○○○○-0000000
   주　　　소 : ○○시 ○○구 ○○로 123
   등록기준지 : ○○도 ○○군 ○○면 ○○로 234

2. 재산목록
   가. 부 동 산
   ○○시 ○○구 ○○로 345 대 237㎡ 및 위 지상 시멘트 블록조 슬래브지붕 단층 주택 84㎡
   나. 보 험 금

번호	보험회사	상품명	증권번호	보험기간	보험금액(천원)	피보험자 수익자
1	○○화재	○○○○안심보험	00000000	06.10.12-09.10.12	30,000	정○○
2	○○보험	○○○○상해보험	000000	02. 3. 10-22.3.10	20,000	임○○ 정○○
3	○○생명	○○○○교통안전	000000000	02.4.10-11.4.10	30,000	정○○ 상속인
4	○○공제	○○암공제	00-00-000	06.5.30-20.5.30	10,000	정○○ 상속인

다. 임대차보증금

보증금 : 50,000,000원

임대인 : 박 ○ ○

임차인 : 정 ○ ○

소재지 : ○○시 ○○구 ○○로 456 소재의 단층 주택 42㎡

라. 기 타

본 유언증서에 기재되어 있지는 아니하나, 유언증서 작성일 이후에 형성된 유언자 정○○ 명의 혹은 정○○의 명의수탁자 명의의 모든 재산(부동산, 채권보험, 현금 등)도 재산목록에 추가되는 것으로 한다.

3. 재산처리방법

가. 유언자는 위 재산 중 10분의 6 지분을 유언자의 친자인 강○○에게 상속하고, 나머지 10분의 4 지분은 유언자의 모인 임○○에게 증여한다.

단, 강○○는 만 26세에 달할 때까지 위 재산을 처분하여서는 아니된다.

나. 위 강○○이 사망 등으로 인하여 상속받을 수 없을 경우, 위 임○○가 위 재산을 모두 수증한다.

다. 위 임○○가 사망 등으로 인하여 증여받을 수 없을 경우, 임○○가 받을 수증재산을 3등분하여 그 2는 강○○(000000-0000000)이, 나머지는 강○○(000000-0000000)이 각 수증한다.

라. 위 강○○과 임○○가 모두 사망 등으로 인하여 상속이나 유증을 받을 수 없을 경우, 위 재산을 5등분하여 그 3은 강○○이, 나머지는 강○○이 각 수증한다. 단, 강○○은 제사를 모시는 조건으로 위와 같이 수증하며, 사정에 의하여 강○○이 조상 제사를 모실 경우 수증비율은 강○○이 5분의 3, 강○○이 5분의 2로 수증한다.

4. 유언집행자

유언집행자는 유언효력 발생당시 위 3항 다호에 따라 조상제사를 모시고 있는 강○○ 또는 강○○으로 한다.

5. 후견인

가. 위 강○○의 후견인으로 강○○으로 하고, 만일 그가 후견인으로 권한을 행사할 수 없을 경우 강○○으로 하며, 그 기간은 강○○이 20세가 될 때 까지로 한다.

나. 후견인은 위 재산을 관리함에 있어 선량한 관리자의 주의의무를 다하여야 하며, 친족회의 동의를 얻었다 할지라도 투기적인 투자를 하여서는 아니된다.

다. 후견인과 고의, 과실로 인하여 피후견인인 강○○이 손해를 입은 경우에는 그 손해를 배상하여야 한다.

라. 후견인의 임무에 관하여는 민법의 규정에 의한다.

6. 유언장소
서울시 ○○구 ○○로 ○○○

20○○. ○. ○.

유언자 정 ○ ○

유의사항

1. 모든 내용을 자필로 작성하여야 한다.
2. 전문, 작성연월일, 성명, 주소가 반드시 들어가야 하고, 유언자가 날인하여야 한다.
3. 봉인하지 않아도 된다.

[사례 ②] 유언서(비밀증서, 부동산 등)

유 언 서

유 언 자 이 ○ 경 (000000-0000000)
서울 성북구 하월곡로 226

위 유언자 이○경은 다음과 같이 유언한다.

유 언 사 항

1. 재산목록

가. 부 동 산
서울 성북구 하월곡동 414 대 139㎡ 및 위 지상 건물 철근콘크리트조 조적조 슬래브 3층 다가구용 단독주택 (6가구) 지층 79.61㎡ 1층 79.61㎡ 2층 68.99㎡ 3층 61.91㎡ 옥탑 9.72㎡. 끝.

나. 보 험 금

번호	보험회사	상품명	증권번호	보험기간	보험금액(천원)	피보험자 수익자
1	삼성화재	무배당오너 플러스안심보험	5026063123 -0000	02.09.17-09.09.17	3가지 경우 있음	이○경
2	대한생명	무배당배테랑 상해보험	28039123	03.03.27-18.03.27	20,000	임○자 이○경
3	대한생명	새싹건강보험	25485123	04.05.09-14.05.09	30,000	김○석 이○경
4	교보생명	무배당차차차 교통안전	198050011123	03.05.21-18.05.21	43,000	이○경 상속인

다. 임대차보증금

보증금 : 79,000,000원

임대인/임차인 : (주)앰배서더즈 노보텔 앰배서더 강남/ 이○경

임차물의 소재지 : 강남구 역삼로 603 노보텔 앰배서더 호텔 지하 1층에 소재하는 점포 39.67㎡

라. 기 타

본 유언증서에 기재되어 있지는 아니하나, 유언증서 작성일 이후에 형성된 유언자 이○경 명의 혹은 이○경의 명의수탁자 명의의 모든 재산(부동산, 채권, 보험, 현금 등)도 위 재산목록에 추가되는 것으로 한다.

2. 재산처리방법

가. 유언자는 위 재산 중 10분의 7 지분을 유언자의 친자인 김○석에게 상속하고, 나머지 10분의 3 지분은 유언자의 모인 임○자에게 증여한다. 단, 김○석는 만 25세에 달할 때까지 위 재산을 처분하여서는 아니된다.

나. 위 임○자가 사망 등으로 인하여 증여받을 수 없을 경우, 임○자가 받을 수증재산을 3분하여 그 2는 김○경(000000-0000000)이, 나머지는 김△경(000000-0000000)이 각 수증한다. 단, 김○경은 조상 제사를 모시는 것을 조건으로 위와 같이 수증한다.

3. 유언집행자

유언집행자는 유언효력 발생당시 위 2-나.항에 따라 조상제사를 모시고 있는 김△경 또는 김○경으로 한다.

4. 후 견 인

가. 위 김○석의 후견인으로 김△경으로 하고 만일 그가 후견인으로서 권한을 행사할

수 없을 경우 김○경으로 하며, 그 기간은 김○석이 20세가 될 때까지로 한다.
나. 후견인의 고의, 과실로 인하여 피후견인인 김○석이 손해를 입은 경우에는 그 손해를 배상하여야 한다.
다. 후견인의 임무에 관하여는 민법의 규정에 의한다.

20○○. ○. ○.

유언자 이 ○ 경 (인)

유의사항

1. 모든 내용을 자필로 작성하여야 한다.
2. 전문, 작성연월일, 성명, 주소가 반드시 들어가야 하고, 유언자가 날인하여야 한다.
3. 봉인하지 않아도 된다.

[사례 ③] 유언서(부동산)(1)

유 언 서

1. 유언자의 인적사항
   성명 : 임 ○ ○ (000000-0000000)
   주소 : ○○시 ○○구 ○○로 123

위 유언자 임○○은 다음과 같이 유언한다.

2. 증여 부동산
   아래 부동산의 표시 기재 부동산은 삼남 임○○에게 증여한다.

부동산의 표시

1. ○○시 ○○구 ○○동 367 대 226㎡

2. 위 지상 건물 전부

3. 유언집행자
유언집행자로 본 유언자의 삼남 임○○를 지정한다.

4. 유언장소
○○시 ○○구 ○○로 123

20○○. ○. ○.

유언자 임 ○ ○ (인)

유의사항

1. 모든 내용을 자필로 작성하여야 한다.
2. 전문, 작성연월일, 성명, 주소가 반드시 들어가야 하고, 유언자가 날인하여야 한다.
3. 봉인하지 않아도 된다.

[사례 ④] 유언서(부동산)(2)

유 언 서

유언자 이○수는 다음과 같이 유언한다.

1. 본인이 소유하고 있는 아래 부동산을 이○현에게 준다.

아 래

가. ○○시 ○○구 ○○동 123 대 87㎡
나. 위 같은 동 123
[도로명주소] ○○시 ○○구 ○○로 234
철근 콘크리트조 슬래브지붕 1층 주택 52㎡

2. 본인명의로 예금된 농협 ○○○-○○○-○○○ 구좌의 금 25,000,000원을 이○균에

게 준다.

3. 본인소유의 ○○은행 주식 500주는 이○철에게 준다.

4. 이 유언의 집행자로 ○○시 ○○구 ○○로 234에 주소지를 둔 박○성을 지정한다.

20○○년 ○월 ○일

유언자 이 ○ 수 (인)

주민등록번호 : 000000-0000000

주소 ○○시 ○○구 ○○로 124

유의사항

1. 모든 내용을 자필로 작성하여야 한다.
2. 전문, 작성연월일, 성명, 주소가 반드시 들어가야 하고, 유언자가 날인하여야 한다.
3. 봉인하지 않아도 된다.

[서식 310] 유언검인청구서(녹음테이프)

유언증서검인청구

청 구 인 이 ○ ○ (000000-0000000)
등록기준지 ○○시 ○○구 ○○로 123
주 소 ○○시 ○○구 ○○로 234

사건본인 망 이 ○ ○ (000000-0000000)
등록기준지 청구인과 같음
최후주소 ○○시 ○○구 ○○로 345

청 구 취 지

유언자 망 이○○가 20○○. ○. ○. 작성한 별첨의 녹음테이프에 의한 유언의 검인을 청구합니다.

청 구 원 인

1. 청구인인 유언자 망 이○○가 녹음하여 작성한 별첨의 녹음테이프에 의한 유언의 보관자이며, 유언자 망 이○○의 큰아들입니다.
2. 청구인은 20○○. 10. 20. 유품을 정리하다가 이○○가 별첨의 녹음테이프에 의한 유언을 녹음하여 서재서랍에 둔 것을 청구인이 발견하고 즉시 민법 제1091조 제1항에 의하여 이 건 검인을 청구합니다.

첨 부 서 류

1. 가족관계증명서 1통
1. 주민등록초본 1통
1. 말소자주민등록초본 1통
1. 녹음테이프 원본 1통

20○○. ○. ○.

청구인 이 ○ ○ (인)

○○ 가정법원 귀중

접수방법 및 유의사항

1. 청구권자 : 청구권자는 유언의 증서나 녹음을 보관하는 자 또는 이를 발견한 자이다. 이들은 동시에 청구의무자이기도 하다. 이 의무를 해태한 때에는 상속인에 대한 불법행위가 성립될 수 있고, 유언자의 은닉에 해당되어 상속결격의 사유가 될 수 있다(민법 1004조 5호). 검인의 청구는 사망 후 지체없이 하여야 한다.
2. 수입인지 : 유언서 1개당 5,000원 상당의 인지를 납부한다.
3. 송달료 : 당사자수×4,800원(우편료)×4회분을 납부한다.
4. 관할 : 피상속인의 최후주소지를 관할하는 가정법원에 제출한다.

35. 유언집행자의 선임 등

가. 의 의

유언집행자가 없거나(지정유언집행자 및 상속인의 유언집행자가 모두 없을 때) 사망, 결격(무능력 또는 파산), 그 밖의 사유(해임, 사퇴 등)로 없게 된 때에는 유언집행자를 선임하게 된다.

나. 청구권자

상속인, 상속채권자, 유증을 받을 자, 상속인의 채권자 등 법률상 이해관계를 가지는 사람이 유언집행자의 선임을 청구할 수 있다(민법 1096조 1항).

다. 관 할

상속개시지(피상속인의 마지막 주소지)의 가정법원이 관할한다. 그 마지막 주소지가 외국인 경우에는 대법원이 있는 곳의 가정법원이 관할한다.

라. 불 복

유언집행자선임청구를 기각한 심판에 대하여는 청구인이 즉시항고 할 수 있고(가소규 27조), 유언집행자를 선임한 심판에 대하여는 이해관계인은 즉시항고 할 수 있다(가소규 84조 1항).

[서식 311] 유언집행자 선임청구서(1)

유언집행자선임청구

청 구 인 　이 정 자 (000000-0000000) (전화 : 　　　)
　　　　　등록기준지 　전라북도 무주군 설천면 심곡로 123
　　　　　주 　　소 　서울 강남구 개포로 234 (우편번호 : 00000)

유 언 자 　망 김 창 석 (000000-0000000)
　　　　　등록기준지 　청구인과 같음
　　　　　최 후 주 소 　서울 강서구 화곡로 345

청 구 취 지

유언자 망 김창석의 유언집행자로 서울 강남구 개포로 234 이경자를 선임한다.
라는 재판을 구합니다.

청 구 원 인

1. 유언자 김창석은 20○○. 10. 2. 최후주소지에서 사망하고 청구인의 남편 김경호는 별지 유언공정증서와 같이 유언자 소유의 부동산으로 유증을 받았는데 수증자인 청구인의 남편 김경호마저 생전에 유증의 등기를 마치지 못하고 20○○. 5. 27. 청구인의 주소지에서 사망함으로써 청구인 등이 유증물을 재산상속하게 되었으므로 이제 그 등기를 하고자 합니다.
2. 별지 유언공정증서 기재와 같이 유언자가 유언집행자로 유언자의 장남이며 수증자인 위 김경호를 지정하였으나 지정된 유언집행자 김경호는 20○○. 5. 27. 사망함으로써 유언집행자의 지정이 없는 상태이므로 그 선임을 구하고자 본 신청에 이른 것이며,
3. 청구취지 기재 이경자는 유언자의 맏며느리이고 사망한 유언집행자 김경호의 처로서 최적임자로 판단되오니 허가하여 주시기 바랍니다.

첨 부 서 류

1. 유언공정증서 사본 1통
1. 유언자의 제적등본 1통
1. 유언집행자의 제적등본 1통
1. 청구인의 가족관계증명서 1통
1. 청구인의 주민등록초본 1통

20○○. ○. ○.

청구인 이 경 자 (인)

○○ 가정법원 귀중

접수방법

1. 청구권자 : 상속인, 상속채권자, 유증을 받을 자, 상속인의 채권자 등과 같이 법률상의 이해관계인을

가진 자가 청구할 수 있다.
2. 수입인지 : 유언서 1개당 5,000원 상당의 인지를 납부한다.
3. 송달료 : 당사자수×4,800원(우편료)×4회분을 납부한다.
4. 관할 : 피상속인의 최후주소지를 관할하는 가정법원에 제출한다.

[서식 312] 유언집행자 선임청구서(2)

유언집행자선임청구

청 구 인 강 ○ 현 (000000-0000000) (전화 :)
등록기준지 ○○시 ○○구 ○○로 123
주 소 ○○시 ○○구 ○○로 234 (우편번호 : 00000)

유 언 자 망 유 ○ 철 (000000-0000000)
등록기준지 ○○시 ○○구 ○○로 345
최후주소 ○○시 ○○구 ○○로 456

청 구 취 지

유언자 망 유○철의 유언집행자로 ○○시 ○○구 ○○로 ○○ 정○민을 선임한다.
라는 재판을 구합니다.

청 구 원 인

1. 청구인은 유언자인 유○철의 고등학교 친구로서 유언자 망 유○철은 배우자나 자식들이 없는 상태에서 20○○. ○. ○.생 최후주소지인 ○○시 ○○구 ○○로 ○○에서 간암으로 사망하였습니다.
2. 유언자의 사망이후 청구인은 유언자의 장례를 치르는 과정에서 유언자가 생전에 그 소유의 재산을 가까운 친구들과 양로원에 유증할 것이라고 자필로 유언서를 작성해 놓았음을 발견하고 그 즉시 ○○지방법원에 검인신청을 하여 20○○. ○. ○. 검인을 받았으나 위 유언증서에는 유언집행자가 지정되어 있지 않아 유언자의 유언에 대한

집행자로 ○○시 ○○구 ○○로 ○○에 거주하는 정○민을 선임하고자 본 청구에 이른 것입니다.

첨 부 서 류

1. 유언자의 제적등본 1통
1. 청구인의 가족관계증명서 1통
1. 기본증명서(유언자) 1통
1. 청구인의 주민등록초본 1통
1. 유언증서 1통

20○○. ○. ○.

청구인 강 ○ 현 (인)

○○ 가정법원 귀중

접수방법

1. 청구권자 : 상속인, 상속채권자, 유증을 받을 자, 상속인의 채권자 등과 같이 법률상의 이해관계인을 가진 자가 청구할 수 있다.
2. 수입인지 : 유언서 1개당 5,000원 상당의 인지를 납부한다.
3. 송달료 : 당사자수×4,800원(우편료)×4회분을 납부한다.
4. 관할 : 피상속인의 최후주소지를 관할하는 가정법원에 제출한다.

36. 유언집행자에 대한 보수의 규정

가. 의 의

유언집행자의 보수는 상속재산 중에서 이를 지급하고(민법 1107조), 유언자가 유언으로 그 집행자의 보수를 정하지 아니한 경우에는 법원은 상속재산의 상황 기타 사정으로 참작하여 지정 또는 선임에 의한 유언집행자의 보수를 정할 수 있다(민법 1104조). 유언자가 유언에서 유언집행자의 보수를 정한 경우에는 가정법원에 그 보수의 청구를 할 수 없음이 원칙이다.

다만, 유언자가 정한 보수가 상당하지 않다고 인정하는 때에는 가정법원이 유언에서 정한 것과 다른 내용의 보수를 정할 수 있다.

나. 청구권자

유언집행자이다. 다만 상속인도 유언집행자에 대한 보수지급여부나 보수액에 관하여 이해관계를 가지는 자이므로 청구권이 있다는 견해가 있다.

다. 관 할

피상속인의 마지막 주소지의 가정법원이 관할한다.

라. 청구취지 기재례

청구인의 유언자 망 ○○○의 유언집행자로서의 보수는 금 ○○○원으로 정한다.

청구인이 유언자 망 ○○○의 유언집행자 사무를 완료함에 대한 보수는 금 ○○○원으로 정한다.

[서식 313] 유언집행자 보수청구서

유언집행자 보수청구

청 구 인　　홍　○　철 (000000-0000000)　(전화 :　　　　)
　　　　　　등록기준지 : ○○시 ○○구 ○○로 ○○○
　　　　　　주　　　소 : ○○시 ○○구 ○○로 ○○○

청 구 취 지

유언집행자의 보수는 ○○○○원으로 한다.

라는 심판을 구합니다.

청 구 원 인

1. 청구인은 20○○. ○. ○. ○○가정법원에서 홍○동의 20○○. ○. ○.자 자필증서유언의 집행자로 선임되어 약 4개월 동안 집행자의 임무를 수행하고 20○○. ○.○.자로 집행사무를 종료하였습니다.
2. 따라서 청구인은 유언집행자의 보수를 받기 위하여 이 사건 청구를 합니다.

첨 부 서 류

1. 유언집행자선임심판등본 각 1통
1. 정산상황 보고서 1통

20○○. ○. ○.

청구인 홍 ○ 철 (인)

○○ 가정법원 귀중

접수방법

1. 수입인지 : 5,000원 상당의 인지를 납부한다.
2. 송달료 : 당사자수×4,800원(우편료)×4회분을 납부한다.
3. 관할 : 피상속인의 최후주소지를 관할하는 가정법원에 제출한다.

37. 유언집행자의 사퇴에 대한 허가

가. 의 의

지정 또는 선임에 의한 유언집행자는 정당한 사유가 있는 때에는 법원의 허가를 얻어 그 임무를 사퇴할 수 있다(민법 1105조). 유언집행자가 일단 그 직에 취임한 이후에는 함부로 사퇴할 수 없고 정당한 사유가 있는 때에 한하여 가정법원의 허가를 얻어 사퇴할 수 있다.

나. 청구권자

유언집행자에의 취임을 승낙한 지정유언집행자 또는 가정법원이 선임한 유언집행자가 청구할 수 있다.

다. 관 할

상속개시지(피상속인의 마지막 주소지)의 가정법원이 관할한다. 그 마지막 주소지가 외국인 경우에는 대법원이 있는 곳의 가정법원이 관할한다.

라. 청구취지 기재례

청구인이 유언자 망○○○의 유언집행자를 사퇴함을 허가한다.

[서식 314] 유언집행자 사퇴허가청구서

유언집행자 사퇴허가청구

청 구 인　○ ○ ○ (000000-0000000) (전화 :)
(유언집행자) 등록기준지 : ○○시 ○○구 ○○로 ○○○
주 소 : ○○시 ○○구 ○○로 ○○○

유 언 자　○ ○ ○ (000000-0000000)

청 구 취 지

청구인은 ○○○의 유언집행자를 사퇴할 것을 허가한다.
라는 심판을 구합니다.

청 구 원 인

청구인은 유언자에 대한 귀원 20○○년 제○○호 유언집행자선임사건에 관하여 20○

○. ○. ○.자 유언자 ○○○의 유언집행자로 선임되어 그 직무를 집행중인 바, 별지 진단서와 같이 신병으로 인하여 임무를 수행할 수 없으므로 사퇴하고자 하오니 허가하여 주시기를 바랍니다.

첨 부 서 류

1. 유언집행자선임신판등본 1통
1. 진단서 1통

20○○. ○. ○.

청구인 ○ ○ ○ (인)

○○ 가정법원 귀중

접수방법

1. 수입인지 : 5,000원 상당의 인지를 납부한다.
2. 송달료 : 당사자수×4,800원(우편료)×4회분을 납부한다.
3. 관할 : 피상속인의 최후주소지를 관할하는 가정법원에 제출한다.

38. 유언집행자 해임

가. 의 의

유언집행자가 그 임무를 게을리 하거나 적당하지 아니한 사유가 있는 경우에는 가정법원은 상속인 기타 이해관계인의 청구에 의하여 유언집행자를 해임할 수 있다.

나. 청구권자

상속인 그 밖의 이해관계인이 청구할 수 있다.

다. 관 할

상속개시지(피상속인의 마지막 주소지)의 가정법원이 관할한다. 그 마지막 주소지가 외국인 경우에는 대법원이 있는 곳의 가정법원이 관할한다.

라. 청구취지 기재례

망 ○○○의 유언집행자 ○○○를 해임한다.

참가인 ○○○를 망 ○○○의 유언집행자의 직에서 해임한다.

[서식 315] 유언집행자 해임청구서(1)

유언집행자 해임청구

청 구 인 1. 문 옥 희 (000000-0000000) (전화 :)
등록기준지 경상북도 칠곡군 약목면 악목로 123
주 소 대구 수성구 황금로 234 (우편번호 : 00000)

2. 이 미 경 (000000-0000000) (전화 :)
등록기준지 및 주소 청구인과 같음

3. 이 요 한 (000000-0000000) (전화 :)
등록기준지 및 주소 청구인과 같음
위 이미경, 이요한은 각 미성년자이므로
법정대리인 친권자 모 문 옥 희
청구인들 소송대리인 변호사 ○○○
주 소 서울 서초구 서초로 345 (우편번호 : 00000)

유 언 자 망 이 달 수 (000000-0000000)
등록기준지 청구인들과 같음
최후주소 청구인들과 같음

유언집행자 정 호 윤 (000000-0000000) (전화 :)
등록기준지 대구 남구 대명로 456
주 소 대구 북구 검단로 789 (우편번호 : 00000)

청 구 취 지

망 이달수의 유언집행자 정호윤을 해임한다.
라는 심판을 구합니다.

청 구 원 인

1. 청구인 문옥희는 유언자 망 이달수의 처이고, 청구인 이미경, 이요한들은 위 이달수의 자녀들입니다.
2. 유언자 망 이달수는 20○○. 11. 20. 대구 수성구 범어로 100 소재 공증인가 대구법무법인 사무소에서 위 법무법인 20○○년 증서 제146호로서, 자신의 소유재산을 청구인들에게 유증하고 공인회계사인 위 정호윤을 유언집행자로 지정하는 내용의 유언증서를 작성한 후 20○○. 10. 10. 사망하였고, 유언집행자 정호윤은 위 망인의 사망 이후 그 상속인들인 청구인들에게 구두 및 서면으로 유언집행자의 취임을 승낙하였습니다.
3. 가. 그럼에도 불구하고 위 유언집행자 정호윤은 위 망인의 사망직후인 20○○. 11. 2. 유언의 집행상 필요하다는 이유를 내세워 청구인 문옥희가 보관하고 있던 망인 소유의 청구외 대구주식회사 등의 주권을 청구인 문옥희로부터 인수하고, 20○○. 4. 초순경 관할세무서에 청구인들의 상속세 신고절차를 마친 다음, 청구인들의 수차에 걸친 요구에도 불구하고, 청구인들이 유증받은 상속재산 내역 및 2년여 기간 동안의 변동사항, 상속세 신고내용 및 연부연납현황 그리고 상속재산의 대부분을 차지하는 대구주식회사를 비롯한 10개 회사의 주식관리내용 등에 관하여 청구인들에 대한 보고를 일체 거부한 채 유언집행자의 "임무를 해태"하고 있습니다.

   나. 뿐만 아니라 유언집행자는 엄연히 민법 제1103호 제1항에 따라 상속인의 대리인임에도 불구하고, 위 정호윤은 자신이 망 이달수의 사망 이전부터 주식회사 대구를 비롯한 계열회사의 회계감사를 담당하고 있었음을 기화로, 청구인들과는 아무런 의논 없이 상속재산의 일부를 망 이달수의 부 청구외 이길복에게 인도하는 등의 위법행위를 저지르고 있어 이 사건 유언집행자로서 "적당하지 아니한 사유"가 있습니다.

4. 따라서 청구인들은 민법 제1106조에 의하여 귀원이 위 정호윤을 이 사건 유언집행자의 지위에서 해임하여 줄 것을 청구합니다.

첨 부 서 류

1. 제적등본	1통
1. 가족관계증명서	1통
1. 주민등록초본	5통
1. 유언집행자	1통

20○○. ○. ○.

청구인들의 대리인
변호사 ○ ○ ○ (인)

○○ 가정법원 귀중

접수방법

1. 청구권자 : 상속인 기타 이해관계인이 청구할 수 있다.
2. 수입인지 : 유언집행자가 1명이면 5,000원, 2명이면 10,000원의 인지를 납부한다.
3. 송달료 : 당사자수×4,800원(우편료)×4회분을 납부한다.
4. 관할 : 피상속인의 최후주소지를 관할하는 가정법원에 제출한다.

[서식 316] 유언집행자 해임청구서(2)

유언집행자 해임청구

청 구 인　　○　○　○ (000000-0000000)　(전화 :　　　　)
　　　　　　등록기준지 : ○○시 ○○구 ○○로 ○○○
　　　　　　주　　　소 : ○○시 ○○구 ○○로 ○○○

유 언 자　　이　○　○ (000000-0000000)

유언집행자　김　○　○ (000000-0000000)
　　　　　　등록기준지 : ○○시 ○○구 ○○로 ○○○
　　　　　　주　　　소 : ○○시 ○○구 ○○로 ○○○

청 구 취 지

청구인은 ○○○의 유언집행자 ○○○를 해임한다.
라는 심판을 구합니다.

청 구 원 인

1. 청구인은 20○○. ○. ○.자 위 유언자 이○○의 자필증명에 의한 유언으로 수증자가 된 자이고, 김○○은 유언집행자로 지정된 자입니다.
2. 위 유언집행자 김○○은 취임을 승낙하였으나 ○개월이 지나도록 상속재산 목록을 작성하지 않을 뿐만 아니라 재산관리도 하지 않는 채 방치하고 있는 상태입니다.
3. 따라서 청구인은 유언집행자 김○○의 해임을 구하기 위하여 이 사건 청구에 이른 이른 것입니다.

첨 부 서 류

1. 가족관계등록부　　1통
1. 주민등록등본　　1통
1. 유언증서　　1통
1. 증명서　　1통

20○○. ○. ○.

청구인 ○ ○ ○ (인)

○○ 가정법원 귀중

접수방법

1. 청구권자 : 상속인 기타 이해관계인이 청구할 수 있다.
2. 수입인지 : 유언집행자가 1명이면 5,000원, 2명이면 10,000원의 인지를 납부한다.
3. 송달료 : 당사자수×4,800원(우편료)×4회분을 납부한다.
4. 관할 : 피상속인의 최후주소지를 관할하는 가정법원에 제출한다.

39. 유언의 취소

가. 의 의

부담있는 유증을 받은 자가 그 부담의무를 이행하지 아니한 때에는 상속인 또는 유언집행자는 상당한 기간을 정하여 이행할 것을 최고하고 그 기간 내에 이행하지 아니한 때에는 법원에 유언의 취소를 청구할 수 있다. 그러나 제3자의 이익을 해하지 못한다.

나. 청구권자

상속인 또는 유언집행자이다. 다만 법원은 심리절차에 수유(증)자를 참가하게 하여야 한다(가소규 89조 1항). 그러나 수익자에게는 취소청구권이 없다.

다. 관 할

상속개시지(피상속인의 마지막 주소지)의 가정법원이 관할한다. 그 마지막 주소지가 외국인 경우에는 대법원이 있는 곳의 가정법원이 관할한다.

라. 청구취지 기재례

유언자 망 ○○○가 참가인 ○○○에 대하여 한 20○○. ○. ○.자 부담 있는 유증의 유언은 이를 취소한다.

유언자 망 ○○○가 참가인 ○○○에 대하여 한 별지 기재의 부담 있는 유증의 유언은 이를 취소한다.

[서식 317] 유언취소청구서(1)

유 언 취 소 청 구

청 구 인	유 ○ 찬 (000000-0000000) (전화 :)	
(유언자 유성재의	등록기준지	전라북도 고창군 부안면 부안로 123
상속인)	주 소	서울 강서구 가양로 234
유 언 자 망	유 ○ 재 (000000-0000000)	
	사 망 일 자	20○○. 9. 2.
	등록기준지	전라북도 고창군 부안면 부안리 123
	최 후 주 소	서울 강서구 가양로 234
피청구인	박 ○ 현 (000000-0000000) (전화 :)	
(망 유성재의	등록기준지	전라북도 순창군 적성면 적성리 345
수증자)	주 소	서울 강남구 고덕로 456

청 구 취 지

망 유○재가 20○○. 7. 20. 피청구인 박○헌에 대하여 한 부담 있는 유증의 유언은 이를 취소한다.
라는 심판을 구합니다.

청 구 원 인

1. 청구인은 유언자 망 유○재의 상속인인 바, 위 망 유○재는 20○○. 7. 20. 유언으로서 피청구인 박○헌에 대하여 부담있는 유증을 한 바 있습니다.

2. 그 내용은 망 유○재 소유의 서울시 강동구 소재의 대지 85평을 피청구인 박○헌에게 증여하고 이에 대하여 피청구인 박○헌은 12년간 매월 100만원을 청구인에게 교부하라는 것입니다.

3. 망 유○재는 20○○. 9. 2. 사망하였으므로 유언효력은 발생하여 피청구인 박○헌은 목적물을 얻었을 뿐 청구인에 대하여 부담한 의무를 이행하지 않으므로, 20○○. 11. 20.까지 이행할 것을 최고하였으나 그래도 피청구인 박○헌은 그 의무를 이행하지 않으므로 위 유언의 취소를 구하기 위하여 이 청구를 하는 바입니다.

첨 부 서 류

1. 제적등본	1통
1. 가족관계증명서	1통
1. 유언증서	2통
1. 최고장	1통

20○○. ○. ○.

청구인 유 ○ 찬 (인)

○○ 가정법원 귀중

접수방법

1. 청구권자 : 상속인 또는 유언집행자이다.
2. 수입인지 : 부담 있는 유언이 1개면 5,000원, 2개면 10,000원의 인지를 납부한다.
3. 송달료 : 당사자수×4,800원(우편료)×4회분을 납부한다.
4. 관할 : 피상속인의 최후 주소지를 관할하는 가정법원에 제출한다.

[서식 318] 유언취소청구서(2)

유 언 취 소 청 구

청 구 인　　강 ○ ○ (000000-0000000) (전화 : 　　　　)
등록기준지 전라북도 고창군 부안면 부안로 123
주　　소 서울 강서구 가양로 234 (우편번호 : 00000)
소송대리인 변호사 조○○
○○시 ○○구 ○○로 345

사건본인 망 정 ○ ○ (000000-0000000)
(유언자)　사 망 일 자 20○○. 10. 16.
등록기준지 전라북도 고창군 부안면 부안로 123
최 후 주 소 서울 강서구 가양로 234

청 구 취 지

유언자 망 정○○의 피청구인 정○○(000000-0000000, 서울 강서구 가양로 234)에 대하여 20○○. 9. 30.자 부담 있는 유증의 유언은 이를 취소한다.
라는 심판을 구합니다.

청 구 원 인

1. 청구인은 유언자 망 정○○의 처로서 이해관계가 있는 자입니다.
2. 위 유언자 정○○은 20○○. ○. ○. 폐암으로 ○○병원에 입원하여 병세악화로 사경에 있는데 20○○. ○. ○. 문병차 찾아온 친지 2명에게 증인이 되어 줄 것을 요청하고 그들의 입회하에 유언취지를 말하고 ○○○은 동 취지를 필기하여 낭독하였으며 그 정확함을 승인한 후 서명 날인한 별지 유언서 원본을 작성하였습니다.
유언에 입회한 ① 증인 법무사 한○○
서울시 ○○구 ○○로 ○○○
② 증인 변호사 최○○
서울시 ○○구 ○○로 ○○○
3. 유언의 취지는 장남(정○○)이 모든 유산을 받고 청구인을 비롯하여 동생들(정○○와

정○○)을 부양한다는 내용이었습니다.

4. 그러나 정○○는 청구인과 동생들을 부양하지 아니하고 도박과 주식투자로 큰 손실과 소외 이○○와 불륜관계를 갖는 등 하여 부득이 본 청구를 제기하기에 이르렀습니다.

첨 부 서 류

1. 제적등본	1통
1. 가족관계증명서	1통
1. 유언서(구수증서)	1통
1. 진단서	1통
1. 주민등록초본(청구인분)	1통
1. 사업자등록증사본(증인 2인)	1통
1. 최고장	1통

20○○. ○. ○.

위 청구인 대리임 변호사 조 ○ ○ (인)

○○ 가정법원 귀중

접수방법

1. 청구권자 : 상속인 또는 유언집행자이다.
2. 수입인지 : 부담 있는 유언마다 1개의 청구로 본다. 유언이 1개면 5,000원, 2개면 10,000원의 인지를 붙인다.
3. 송달료 : 당사자수×4,800원(우편료)×4회분을 납부한다.
4. 관할 : 피상속인의 최후 주소지를 관할하는 가정법원에 제출한다.

[서식 319] 유언무효확인 등 청구의 소장(민사사건)

소　　　장

원　고　1. 진 ○ ○ (000000-0000000) (전화 :　　　　　)
　　　　　○○시 ○○구 ○○로 ○○ (우편번호 : 00000)

　　　　2. 민 ○ ○ (000000-0000000) (전화 :　　　　　)
　　　　　○○시 ○○구 ○○로 ○○ (우편번호 : 00000)

피　고　　강 ○ ○ (000000-0000000) (전화 :　　　　　)
　　　　　○○시 ○○구 ○○로 ○○ (우편번호 : 00000)

유언무효확인 등 청구의 소

청 구 취 지

1. 소외 망 민○○이 20○○년 ○월 ○일 공증인가 ○○법무법인에서 작성한 공정증서 20○○년 제○○○○호로써 한 유언은 무효임을 확인한다.
2. 원고들에게
   피고는 별지 목록 기재 부동산에 관하여 20○○. ○. ○. ○○지방법원 ○○등기소 접수 제○○○○호로 마친 각 소유권이전등기의 말소등기절차를 이행하라.
3. 소송비용은 피고가 부담한다.

라는 재판을 구합니다.

청 구 원 인

1. 신분관계
   원고 진○○은 소외 망 민○○(20○○. ○. ○. 사망)의 처, 원고 민○○은 망인의 자녀이고, 피고 강○○은 망 민○○의 친구입니다.
2. 별지 목록 기재 부동산의 등기관계
   별지 목록 기재 부동산은 본래 망인의 소유인데 20○○. ○. ○. 망인이 사망하고 위 원고들이 상속절차에 따라 상속을 하려고 별지 부동산등기부사항증명서를 확인하는 절차에서 별지 부동산이 유증을 원인으로 피고 명의로 등기되었음을 확인하게 되었습니다.

3. 유언공정증서에 관하여
피고는 망인의 친구로서 망인이 치매가 있는 노인이고 심신박약자임을 알면서 평소 술을 좋아하여 알코올성 치매를 앓고 있기에 원고들은 피상속인이 주류를 가까이 하지 못하도록 감시를 계속하여 피상속인이 술을 가까이 하지 못하게 하던 중 피고는 이러한 사실을 알고 있으면서 위 공증을 하였던 20○○. ○. ○. 피상속인과 잠깐 외출을 한다고 하면서 다른 친구들이나 만나고 온다고 하기에 망인의 가족들은 불안하였지만 집과 병원에서 치료만 받는 망인이 안타까워 피고에게 허락하였던 것입니다.
그런데 피고는 피상속인(망인)에게 술을 사는 조건으로 별지 목록 부동산에 대하여 피고에게 증여한다는 공증을 하고 피상속인이 사망하자 이를 공정증서를 근거로 소유권이전등기를 마친 것입니다.
이에 원고들은 ○○지방검찰청에 피고를 고소하였으며, 위 유언공정증서는 망인의 의사능력이 상실된 상태에서 작성된 것으로서 무효라 할 것이고, 이와 같이 무효인 유언공정증서에 기해 별지 목록 기재 부동산에 관하여 마친 피고 명의의 소유권이전등기 역시 무효의 등기라 할 것입니다.

4. 결 론
이와 같이 공정증서를 원인으로 하는 소유권이전등기는 무효이며, 별지 목록 기재 부동산에 관하여 마친 피고 명의의 각 소유권이전등기의 말소등기를 구하고자 이 사건 청구에 이르렀습니다.

입 증 방 법

1. 갑 제1호증 공정증서
1. 갑 제2호증 제적등본
1. 갑 제3호증 가족관계증명서
1. 갑 제4호증 부동산등기사항전부증명서
1. 갑 제5호증 알코올성 치매확인서
1. 갑 제6호증 고소장 사본
1. 갑 제7호증 1의 내지 2 각 확인서

그 밖의 입증서류는 변론시 필요에 따라 제출하겠습니다.

첨 부 서 류

1. 위 입증서류	각 1통
1. 토지대장	1통
1. 주민등록초본	3통

20○○. ○. ○.

위 원고 진 ○ ○ (인)

민 ○ ○ (인)

○○ 가정법원 귀중

40. 유류분 반환

가. 의 의

(1) 상속이 개시되면 일정한 범위의 상속인에게 상속재산 중 일정비율을 보장받을 수 있는 지위 또는 권리를 유류분권이라고 한다. 이는 유류분을 침해하는 정도의 피상속인의 생전증여나 유증을 제한하여 상속인에게 최소한의 권리를 확보하기 위한 것이다.

(2) 유류분권이 존재하더라도 이에 의하여 유류분을 침해하는 증여나 유언 자체를 막을 수는 없고 그러한 증여나 유증이 당연무효가 되는 것도 아니다. 즉 상속개시 후에 비로서 유류분반환청구가 가능할 뿐이다. 따라서 상속개시 전에는 일종의 기대권에 지나지 않는다.

(3) 유류분권은 사전포기는 불가능하고 사후포기만 가능하다. 유류분권을 포기하더라도 상속포기를 하지 않는 한 상속인의 지위는 잃지 않는다. 단 유류분권은 상속인에 한하여 인정되므로 상속결격이 되거나 상속포기를 한 자는 유류분권도 상실한다.

나. 유류분권리자

(1) 법정상속인(선순위 상속인이 있으면 후순위자는 유류분권이 없으며, 배우자에게도 유류분권이 있

다), 대습상속인(피대습자에게 유류분권이 인정되는 범위내에서 인정된다), 태아(출생을 조건으로 상속권이 있으므로 유류분권도 안정된다)

(2) 포괄적 유증의 수증자는 유류분권이 없고 상속결격자나 상속포기자도 상속권이 없으므로 유류분권이 없다.

다. 청구권자 및 상대방

청구권자는 상속인과 그 승계인이고, 상대방은 증여받은 자와 유증받은 자 및 그의 상속인 등 포괄승계인이다. 공동상속인도 유증을 받은 경우에는 상대방이 될 수 있다. 증여받은 자와 유증받은 자의 특별승계인도 그가 승계당시 악의였던 때에는 상대방이 될 수 있다.

라. 유류분의 비율(민법 제1112조)

유류분을 가지는 자	비　율
(1) 피상속인의 직계비속	법정상속분의 1/2
(2) 피상속인의 배우자	법정상속분의 1/2
(3) 피상속인의 직계존속	법정상속분의 1/3
(4) 피상속인의 형제자매	법정상속분의 1/3

마. 유류분의 산정방법과 계산

유류분산정의 기초가 되는 재산 = 상속개시시에 가진재산 + 증여재산 - 채무, 제세공과금

바. 행사기간

반환청구권은 유류분권자가 유류분을 침해하는 증여나 유증이 있음을 안 날로부터 1년 내에 행사하여야 하는데, 이 1년은 소멸시효기간이라는 데는 이견이 없으나 상속개시시부터 10년의 기간에 대해서는 형성권에서는 이를 제척기간으로 보나, 청구권설에서는 소멸시효기간으로 보며, 판례는 이를 소멸시효기간으로 봄으로서 청구권설에 가까운 태도를 보이고 있다.

사. 행사방법

반드시 소로 할 필요는 없고 재판 외에서도 청구가 가능하다. 그리고 반환의 목적물을 구체적으로 특정하여야 하는 것은 아니다. 따라서 반환청구의 의사표시를 기간내에 하면 시효중단이 되므로 그 청구에 따른 개별물건에 대한 구체적인 반환청구권의 행사(인도청구나 등기청구)는 기간 경과 후에 하여도 상관없다. 그러나 유류분의 반환청구는 증여나 유증이 유효함을 전제로 유류분 침해를 이유로 반환을 구하는 것이므로 반대로 증여나 유증의 무효를 이유로 반환을 구하는 것은 유류분반환을 청구하는 취지가 포함된 것으로 볼 수 없다.

아. 반환방법

(1) 반환의무자는 통상적으로는 증여 또는 유증대상 재산 그 자체를 반환하고 다만 원물반환이 불가능한 경우에는 그 가액 상당액을 반환하면 된다.

(2) 원물반환이 불가능하여 가액반환을 명하는 경우에는 그 가액은 사실심변론종결시를 기준으로 산정하여야 한다(대법원 2005. 6. 23. 선고 2004다57887 판결).

(3) 유증을 반환받은 후에 유류분에 부족이 있을 때에 증여를 반환받는다. 사인증여에 대한 반환순서는 증여에 준하는가 아니면 유증에 준하는가가 문제되나 판례는 유증에 준한다고 본다.

(4) 유증을 받은 자가 수인인 경우에는 가액에 비례하여 반환한다. 단 공동상속인 중에 반환의무자가 있는 경우 그는 자기 고유의 유류분을 제외한 나머지 가액으로 비율을 산정한다(대법원 1996. 2. 9. 선고 95다17885 판결).

(5) 반환되어야 할 유증 또는 증여의 목적이 된 재산이 타인에게 양도된 경우 그 양수인이 양도 당시 유류분권리자를 해함을 안 때에는 양수인에 대하여도 그 재산의 반환을 청구할 수 있다고 보아야 한다(대법원 2002. 4. 26. 선고 2000다8878 판결).

자. 소 멸

반환의 청구권은 유류분권리자가 상속의 개시와 반환하여야 할 증여 또는 유증을 한 사실을 안 때로부터 1년이 경과하면 시효로 소멸하며 또한 상속이 개시한 때로부터 10년이 경과한 때도 마찬가지로 소멸한다(민법 1117조). 여기서 안 날이란 유류분을 침해하여 반환청구를 할 수 있게 됨을 안 날을 의미하고 기간의 성질에 대해 판례는 소멸시효기간으로 본다.

[서식 320] 유류분 청구의 소장(민사사건)

소 장

원 고 1. 정 ○ ○ (000000-0000000) (전화 :)
등록기준지 : ○○시 ○○구 ○○로 ○○
주 소 : ○○시 ○○구 ○○로 ○○ (우편번호 : 00000)

2. 정 ○ ○ (000000-0000000) (전화 :)
등록기준지 : ○○시 ○○구 ○○로 ○○
주 소 : ○○시 ○○구 ○○로 ○○ (우편번호 : 00000)

피 고 박 ○ ○ (000000-0000000) (전화 :)
등록기준지 : ○○시 ○○구 ○○로 ○○
주 소 : ○○시 ○○구 ○○로 ○○ (우편번호 : 00000)

유류분 청구의 소

청 구 취 지

1. 원고들 각자에게 피고는 100,000,000원씩과 각 이에 대하여 20○○. ○. ○.부터 이 사건 소장부본 송달일까지는 연 5%, 그 다음날부터 다 갚는 날까지는 연 15%의 각 비율로 계산한 돈을 각 지급하라.
2. 소송비용은 피고가 부담한다.
3. 제1항은 가집행할 수 있다.

라는 재판을 구합니다.

청 구 원 인

1. 당사자의 지위

소외 망 정○○은 소외 한○○과 혼인하여 원고들을 출산하여 자녀로 두고 있다가 협의이혼신고를 마친 다음 피고와 재혼하여 20○○. 5. 20. 혼인신고를 마치고 20○○. 7. 2. 사망하였습니다.

2. 상속재산 및 상속분

소외 망 정○○은 사망 당시 별지 제1목록 기재 각 부동산을 소유하고 있었고, 위 각 부동산의 상속개시 당시 및 이 사건 상속재산분할 일에 근접한 20○○. 7. 당시 가액은 같은 목록 제1 기재 아파트가 금 400,000,000원, 같은 목록 기재 2 기재 대지가 금 100,000,000원, 같은 목록 제3목록 기재 건물이 금 200,000,000원 등 상속재산의 가액합계는 금 700,000,000원(4억원+1억원+2억원)입니다.

따라서 소외 망 정○○ 사망당시 처이던 피고와 그 자녀들인 원고들 재산을 공동상속하게 되었다 할 것이고 그들의 법정상속분은 피고가 7분의 3, 원고들 각 7분의 2라 할 수 있습니다.

3. 유류분의 침해

소외 망 정○○은 자신의 상속재산인 이 사건 부동산을 20○○. 6. 10. 피고에게 전부 증여함으로써 20○○. 7. 2. 사망 당시에 재산이 전혀 없게 되었고, 증여 당시에 망인은 79세 된 노인으로서 위 상속분 이외에 다른 재산이 전혀 없었으므로 위 상속분 전부를 피고에게 증여함으로서 유류분 권리자인 원고들에게 손해를 가하게 된다는 사실을 알고 있었다고 할 것이므로 피고는 원고들에게 유류분을 반환할 의무가 있습니다.

4. 결 론

그렇다면, 피고는 원고들에게 구체적 상속분이 유류분에 미달하게 된 각 100,000,000원(각 유류분의 비율은 2억원×1/2)을 지급할 의무가 있다 할 것이므로 위 돈의 지급을 구하기 위하여 본 소 청구에 이르렀습니다.

입 증 방 법

1. 갑 제1호증 가족관계증명서
1. 갑 제2호증 기본증명서
1. 갑 제3호증의 1 내지 3 각 부동산등기사항증명서

기타 입증서류는 변론시 필요에 따라 제출하겠습니다.

첨 부 서 류

1. 위 입증서류 각 1통
1. 주민등록초본 2통

20○○. ○. ○.

위 원고 정 ○ ○ (인)
정 ○ ○ (인)

○○ 가정법원 귀중

41. 부부의 동거심판청구

가. 의 의

부부는 동거하여야 한다(민법 826조 1항). 동거의무는 동거할 장소를 같이 하는 의무이다. 즉 부부쌍방은 같은 장소에서 혼인생활을 하여야 한다.

그러나 정당한 이유로 일시적으로 동거하지 아니한 경우에는 서로 인용하여야 한다(민법 826조).

부부의 공동생활에 필요한 비용은 당사자간에 특별한 약정이 없으면 부부가 공동으로 부담한다(민법 833조). 부부간의 부양·협조의무와 생활비용의 분담의무의 관계에 관하여는 부부가 협의하여야 하며, 그 협의가 이루어지지 아니한 경우에는 당사자의 청구에 의하여 가정법원이 정한다. 동거의 장소뿐만 아니라 그 시기, 태양 등에 관한 사항도 심판의 대상이 된다.

나. 청구권자

부부 중 일방이 다른 일방을 상대방로 청구한다.

다. 관 할

상대방의 주소지를 관할하는 가정법원의 관할에 속하며(가소 46조), 가정법원 단독판사의 사무관할에 속한다.

라. 청구취지 기재례

1. 상대방은 청구인의 주소지에서 청구인과 동거하고 부부의 원만한 가정생활을 하도록 한다.
2. 심판비용은 상대방이 부담한다.

1. 상대방과 동거에 관한 적당한 처분을 구한다.
2. 심판비용은 상대방이 부담한다.

[서식 321] 부부의 동거에 관한 청구서(1)

부부의 동거에 관한 청구

청 구 인　　이 ○ 숙 (000000-0000000) (전화 : 　　　　)
　　　　　　등록기준지 서울 도봉구 우이로 123
　　　　　　주　　　소 서울 동작구 사당로 234 (우편번호 : 00000)

상 대 방　　박 ○ 석 (000000-0000000) (전화 : 　　　　)
　　　　　　등록기준지 서울 도봉구 우이로 123
　　　　　　주　　　소 서울 동작구 사당로 234 (우편번호 : 00000)

청 구 취 지

1. 상대방은 청구인의 주소지에서 청구인과 동거하고 부부의 원만한 가정생활을 하도록 한다.
2. 심판비용은 상대방이 부담한다.

라는 심판을 구합니다.

청 구 원 인

1. 청구인과 상대방은 중매로 만나 20○○. 3. 12. 결혼식을 올리고 같은 해 5. 20. 혼인신고를 마친 법률상 부부로서 슬하에 1남 1녀를 두고 있습니다.

2. 상대방은 20○○년경 ○○전자상가 내에 ○○○ 대리점을 개업하여 휴대폰 등의 판매업을 하였는데, 그때부터 사업상 일을 핑계로 수시로 밤늦게 귀가하거나 때로는 아무런 연락도 없이 외박을 하곤 하여 이러한 문제를 두고 갈등이 발생하였습니다.

3. 그러던 중 피고는 20○○년 무렵부터 1달에 5회 이상 외박을 하고, 거의 이틀에 한 번 꼴로 밤늦게 귀가하더니 상대방의 부모가 청구인의 집에 머물던 20○○. 11. 이후에도 상대방의 부모가 상대방의 얼굴을 거의 볼 수 없을 정도로 거의 매일 밤늦게 귀가하는 한편, 수영장에 다닌다면서 새벽 5시면 집을 나가곤 하였는데, 청구인이 확인해 본 결과 수영장에 다니지 않는 것이 밝혀졌습니다.

4. 상대방은 20○○. 3. 중순경부터는 부모 형제도 보기 싫고, 처자식도 보기 싫으니 조용한 곳에서 혼자 살겠다면서 집을 나가 강원도 ○○에 방을 얻어 그 곳에서 거주하자, 청구인은 상대방에게 귀가를 종용하였으나, 상대방은 계속하여 귀가를 거부하고 있습니다.

5. 부부쌍방은 같은 장소에서 혼인생활을 하여야 함에도 불구하고 상대방은 청구인을 떠나 별거를 하고 있으므로 청구취지와 같은 심판을 받고자 이 건 청구에 이른 것입니다.

입 증 방 법

1. 갑 제1호증의 1 내지 2　　각 가족관계증명서(청구인, 상대방)
1. 갑 제2호증의 1 내지 2　　각 기본증명서(청구인, 상대방)
1. 갑 제3호증　　혼인관계증명서
1. 갑 제4호증　　확인서

첨 부 서 류

1. 위 입증서류　　각 1통
1. 주민등록초본　　2통

20○○. ○. ○.

청구인 이 ○ 숙 (인)

○○ 가정법원 귀중

접수방법

1. 청구권자 : 부부 중 일방이 타방을 상대방으로 하여 청구하여야 한다.
2. 수입인지 : 10,000원의 인지를 납부한다.
3. 송달료 : 당사자수×4,800원×12회분을 납부한다.
4. 관할 : 상대방의 주소지를 관할하는 가정법원(가소 46조).

[서식 322] 부부의 동거에 관한 청구서(2)

부부의 동거에 관한 청구

청 구 인 이 ○ 석 (000000-0000000) (전화 :)
등록기준지 서울 도봉구 우이로 123
주 소 서울 동작구 사당로 234 (우편번호 : 00000)

상 대 방 박 ○ 숙 (000000-0000000) (전화 :)
등록기준지 서울 도봉구 우이로 123
주 소 서울 동작구 사당로 234 (우편번호 : 00000)

청 구 취 지

1. 상대방은 청구인의 주소지에서 청구인과 동거하는 것을 명한다.
2. 심판비용은 상대방이 부담한다.

라는 심판을 구합니다.

청 구 원 인

1. 당사자 관계

청구인과 상대방은 20○○. 4. 20. 혼인신고를 마친 후 청구인의 주소지에서 동거하였습니다.

2. 별거 경위

상대방은 혼인 후에 청구인과 사소한 말다툼을 발단으로 크게 싸운 후 그로 인하여

20○○. 7. 12. 친정에 다녀오겠다고 하면서 집을 떠난 후 지금까지 집으로 돌아오는 것을 거부하고 있습니다.

3. 이는 혼인한 부부의 동거의무에 위배된 것으로 상대방은 조속히 청구인과 혼인생활을 유지할 수 있도록 청구취지와 같은 심판을 받고자 이 건 신청에 이르렀습니다.

입 증 방 법

1. 갑 제1호증의 1, 2	각 가족관계증명서(청구인, 상대방)
1. 갑 제2호증의 1, 2	각 기본증명서(청구인, 상대방)
1. 갑 제3호증	혼인관계증명서
1. 갑 제4호증	진술서

첨 부 서 류

1. 위 입증서류	각 1통
1. 주민등록초본	2통

20○○. ○. ○.

청구인 이 ○ 석 (인)

○○ 가정법원 귀중

접수방법

1. 청구권자 : 부부 중 일방이 타방을 상대방으로 하여 청구하여야 한다.
2. 수입인지 : 10,000원의 인지를 납부한다.
3. 송달료 : 당사자수×4,800원×12회분을 납부한다.
4. 관할 : 상대방의 주소지를 관할하는 가정법원(가소 46조).

42. 부부의 부양·협조·생활비용 부담에 관한 처분

가. 의 의

부부 중 일방이 부양의무자 협조의무·생활비용 부담에 관하여 협의가 없거나 협의가 이루어지지 아니한 경우, 그 처분에 관하여 민법에는 아무런 규정이 없다. 그러나 가사소송법에서는 그 처분을 마류 가사비송사건으로 규정하고 있다. 부부간의 부양은 상대방의 생활을 자기의 생활과 같은 정도로 보장하여 공동생활을 가능케 하는 생활유지의무라는 점에서 친족간의 부양과는 성질을 달리한다.

나. 청구권자

부부 중 한쪽이 다른 한쪽을 상대방으로 하여 청구하여야 한다. 제3자에게는 당사자 적격이 인정되지 않으므로 제3자가 부부 한쪽의 의무이행을 방해하여 불법행위로 인한 손해가 발생할 경우에는 민사소송사건으로 처리하여야 한다.

다. 관 할

상대방의 보통재판적이 있는 곳의 가정법원의 토지관할에 속한다.

라. 청구취지 기재례

1. 상대방은 청구인에게 20○○. ○. ○.부터 혼인관계해소(또는 별거상태의 해소)에 이르기까지 매월 말일에 500,000원을 지급하라.
2. 위 제1항의 권리와 의무는 청구인 또는 상대방의 사망의 시점 또는 이혼으로 인하여 청구인과 상대방의 혼인관계가 경료하는 시점까지 지속한다.
3. 심판비용은 상대방이 부담한다.
4. 위 제1항은 가집행할 수 있다.

---

1. 상대방은 청구인에게 혼인관계해소(또는 별거상태의 해소)를 해제조건으로 20○○. ○. ○.부터 20○○. ○. ○.까지(미성년자가 성년이 되는 시점)는 매월 400,000원씩을, 그 다음날부터 말일에 500,000원을 지급하라.
2. 심판비용은 상대방이 부담한다.
3. 위 제1항은 가집행할 수 있다.

[서식 323] 부양료 및 생활부담 심판청구서

부양료 및 생활비부담 심판청구

청 구 인 이 ○ 숙 (000000-0000000) (전화 :)
등록기준지 : 경기도 용인시 기흥구 고매로 232
주 소 : 서울 서대분구 남가좌로 345

피청구인 박 ○ 섭 (000000-0000000)
(상대방) 등록기준지 : 경기도 용인시 기흥구 고매로 232
주 소 : 서울 성북구 하월곡로 234

사건본인 박 ○ 실 (000000-0000000)
등록기준지 : 경기도 용인시 기흥구 고매로 232
주 소 : 청구인과 같음

청 구 취 지

피청구인은 청구인에게 생활비의 부담으로서 금 50,000,000원 및 부양료로 20○○. 4. 1.부터 별거의 해소 또는 혼인관계 해소에 이르기까지 매월말일에 금 1,000,000원씩을 지급하라.
라는 심판을 구합니다.

청 구 원 인

1. 청구인과 피청구인은 20○○. 10. 3. 혼인을 한 법률상 부부이며, 슬하에 박은실을 두고 있습니다.
2. 청구인과 피청구인은 결혼 후 청구인이 가지고 있던 돈과 피청구인의 돈을 합하여 주소지 인근에 점포를 임차하여 ○○호프집을 차려 부부공동으로 운영하며 알뜰한 경영으로 저축도 많이 하여 종업원도 5명을 둘 정도 성업하고 있었습니다.
   그러던 중 20○○. 5.경부터 피청구인은 여종업원과 각별한 사이로서 점포가 휴업중인 날에는 둘이서 교회로 놀러갔다가 새벽에 귀가하는 일이 빈번하였습니다.
3. 청구인은 이를 보다 못하여 따지고 들면 피청구인은 도리어 화를 내고 폭행을 하였는데 최근에는 입에 담지 못할 욕설과 폭행을 하며 학대를 계속하여 왔습니다. 이에

시어머니까지 가세하여 청구인을 학대하면서 이혼을 종용하고 있습니다.

4. 청구인은 이러한 폭행과 학대에 못이겨 사건본인을 데리고 20○○. 11. 초순경 친정으로 돌아와 있다가 같은 해 친정 오빠에게 금 5,000만원을 차용하여 서울 서대문구 남가좌동 소재 20평 빌라를 임차하여 생활하고 있습니다.

5. 피청구인은 청구인과 별거한 이후에도 호프를 경영하면서 상당한 수입을 올리면서도 청구인에게는 혼인생활비를 단 한 번도 지급한 바가 없습니다. 청구인은 현재 별거지 인근 어린이집에 사건본인을 맡기고 식당일을 하고 있는 바, 생활이 어려운 지경입니다.

6. 이상과 같이 청구인은 당분간 별거하면서 냉각기간을 가질 생각이므로 청구인의 빌라 전세보증금 및 사건본인에 대한 부양료, 생활비 상당액을 지급받고자 본 청구에 이른 것입니다.

첨 부 서 류

1. 가족관계증명서	각 1통
1. 혼인관계증명서	각 1통
1. 주민등록표등(초)본	각 1통
1. 전세계약서	1통

20○○. ○. ○.

청구인 이 ○ 숙 (인)

○○ 가정법원 귀중

접수방법

1. 청구권자 : 부부 중 일방이 타방을 상대방으로 하여 청구하여야 한다. 제3자는 당사자 적격이 없다.
2. 수입인지 : 사건본인 1명당 10,000원의 인지를 납부한다.
3. 송달료 : 당사자수×4,800원×12회분을 납부한다.
4. 관할 : 상대방의 주소지를 관할하는 가정법원에 제출한다. 가정법원 단독부의 사물관할에 속한다.

[서식 324] 부양료 심판청구서

부양료 심판청구

청 구 인　　이 ○ 숙 (000000-0000000) (전화 :)
　　　　　　등록기준지 : 경기도 용인시 기흥구 고매로 232
　　　　　　주　　소 : 서울 서대분구 남가좌로 345

상 대 방　　박 ○ 섭 (000000-0000000)
　　　　　　등록기준지 : 경기도 용인시 기흥구 고매로 232
　　　　　　주　　소 : 서울 성북구 하월곡로 234

청 구 취 지

피청구인은 청구인에게 20○○. ○. ○.부터 혼인관계해소시까지 부양료로 매월말일 금 1,500,000원씩을 지급하라.
라는 심판을 구합니다.

청 구 원 인

1. 청구인과 상대방은 20○○. ○. ○. 혼인신고를 마친 후 청구인의 주소지에서 동거하였습니다.
2. 청구인과 상대방 사이에 아이 ○○○과 ○○○을 각각 출산하였는데 상대방은 20○○. ○. ○.경부터 집을 나간 후 주소지에서 별거하고 있습니다. 그러나 상대방은 별거중에도 달마다 생활비로 금 ○○만원 보내왔으나 이마저도 20○○. ○. ○.경부터 보내지 않아 청구인이 장사 등으로 생계를 해 나가고 있습니다.
3. 그런데 상대방은 공무원으로 월급 ○○만원 정도를 받고 있는데 이혼을 요구하고 이에 응하지 않으면 학비로 주지 않겠다고 하므로 이 사건 청구를 하기에 이른 것입니다.

첨 부 서 류

1. 가족관계증명서　　　　　　　　　　각 1통

1. 주민등록표등본 1통
1. 진술서 1통

20○○. ○. ○.

청구인 이 ○ 숙 (인)

○○ 가정법원 귀중

접수방법

1. 청구권자 : 부부 중 일방이 타방을 상대방으로 하여 청구하여야 한다. 제3자는 당사자 적격이 없다.
2. 수입인지 : 사건본인 1명당 10,000원의 인지를 납부한다.
3. 송달료 : 당사자수 × 4,800원 × 12회분을 납부한다.
4. 관할 : 상대방의 주소지를 관할하는 가정법원에 제출한다. 가정법원 단독부의 사물관할에 속한다.

43. 재산분할의 심판

가. 의 의

재산분할은 협의이혼 또는 재판상 이혼으로 혼인관계가 해소됨에 따라 부부의 일방이 타방에게 하는 재산적 급여의 하나로서 당사자의 협의로 분할의 액수와 방법을 정하는 것이 원칙이고, 협의가 되지 아니하거나 협의할 수 없는 때에는 가정법원이 당사자의 청구에 의하여 정한다(민법 839조의2, 843조).

나. 청구권자 및 상대방

(1) 재산분할을 청구할 정당한 당사자는, ① 협의이혼한 당사자 ② 재판상 이혼한 당사자 또는 재판상 이혼청구가 인용됨으로써 이혼하게 되는 당사자 ③ 혼인이 취소된 당사자 또는 혼인취소청구가 인용됨으로써 부부관계가 해소되는 당사자이다. 재산분할은 부부 중 일방이 다른 일방을 상대방으로 하여 청구하여야 한다(가소규 96조).

(2) 사실혼이 해소된 경우에 재산분할청구를 할 수 있는지에 관하여, 판례는 법률혼에 대한

민법의 규정 중 혼인신고에 관한 규정은 사실혼에 준용할 수 없으나 부부재산 청산의 의무를 갖는 재산분할에 관한 규정은 부부의 생활공동체라는 실질에 비추어 인정되는 것이므로 사실혼관계에도 준용 또는 유추적용을 할 수 있다고 한다. 그러나 법률혼 존속중인 부부 중 일방이 제3자와 혼인의 의사로 실질적인 혼인생활을 하고 있는 경우(이른바 중혼적 사실혼)에는 원칙적으로 재산분할청구권을 인정하지 않는다. 다만 중혼적 사실혼관계일지라도 법률혼인 전 혼인이 사실상 이혼상태에 있는 등 특별한 사정이 있다면 법률혼에 준하는 보호를 할 필요가 있으므로 재산분할청구권이 인정될 수 있다. 한편 사실혼 관계가 일방 당사자의 사망으로 인하여 종료된 경우에도 그 상대방에게 재산분할청구권이 인정되지 아니한다,

다. 관 할

상대방의 보통재판적 소재지(상대방 주소지)의 가정법원의 토지관할에 속한다.

라. 행사시기

재판분할청구권은 이혼한 날부터 2년이 경과한 때에는 소멸한다(민법 839조의2 3항). 혼인취소의 경우에도 이를 유추적용하여 혼인취소의 판결이 확정된 후 2년이 경과하면 재산분할청구권이 소멸한다고 할 것이다,

또한 재산분할청구권이 확정되었다 하더라도 그 재판에서 재산분할대상인지가 전혀 심리된 바 없는 재산이 추가로 발견된 경우에는 이에 대하여 추가로 재산분할청구를 할 수 있다.

마. 청구취지 기재례

1. 상대방은 청구인에게 재산분할로 80,000,000원을 지급하라.
2. 심판비용은 상대방이 부담한다.

---

1. 상대방은 청구인에게 재산분할로 80,000,000원과 이에 대하여 이 사건 심판확정일부터 다 갚는 날까지 연 15%의 비율로 계산한 돈을 지급하라.
2. 심판비용은 상대방이 부담한다.

1. 상대방은 청구인에게 별지 목록 기재 각 토지 중 각 2분의 1 지분에 관하여 이 사건 심판확정일 재산분할을 원인으로 한 소유권이전등기절차를 이행하고, 이를 인도하라.
2. 심판비용은 상대방이 부담한다.

---

1. 별지 목록 기재 부동산은 청구인의 소유로, 별지 제2목록 기재 부동산은 상대방의 소유로 각 분할한다.
2. 상대방은 청구인에게 별지 목록 기재 각 토지 중 각 2분의 1 지분에 관하여 이 사건 심판확정일 재산분할을 원인으로 한 소유권이전등기절차를 이행하고, 청구인은 상대방에게 별지 제2목록 기재 부동산 중 2분의 1 지분에 관하여 이 사건 심판확정일자 재산분할을 원인으로 한 소유권이등기절차를 이행하라.
3. 청구인은 위 재산분할 조정으로서 상대방에게 30,000,000원을 지급하라.
4. 심판비용은 상대방이 부담한다.

---

1. 상대방은 청구인에게
   가. 별지 목록 각 토지 중 각 2분의 1 지분에 관하여 이 사건 심판확정일 재산분할을 원인으로 한 소유권이전등기절차를 이행하고,
   나. 80,000,000원과 이에 대하여 이 사건 심판확정일부터 다 갚는 날까지 연 15%의 비율로 계산한 돈을 지급하라.
2. 심판비용은 상대방이 부담한다.

[서식 325] 재산분할청구서

재 산 분 할 청 구

청 구 인　이 ○ 숙 (000000-0000000) (전화 :)
등록기준지 서울 도봉구 우이로 123
주 소 서울 동작구 사당로 234 (우편번호 : 00000)

상 대 방　박 ○ 석 (000000-0000000) (전화 :)
등록기준지 서울 도봉구 우이로 123
주 소 서울 동작구 사당로 234 (우편번호 : 00000)

청 구 취 지

1. 상대방은 청구인에게 재산분할로 175,000,000원과 이에 대하여 이 사건 판결확정일로부터 다 갚는 날까지 연 15%의 비율로 계산한 돈을 지급하라.
2. 심판비용은 상대방의 부담으로 한다.

라는 심판을 구합니다.

청 구 원 인

1. 청구인과 상대방은 중매로 20○○. 6, 20. 자녀문제로 위자료 및 재산분할에 관하여 합의서를 작성하고 협의이혼을 하였습니다. 그러나 재산분할만 상대방이 이행하지 않고 있습니다.
2. 분할대상재산으로 ○○시 ○○구 ○○동 345 ○○아파트 ○○○동 ○○○호(35평형), 위 아파트는 20○○. 8. 7. 상대방이 처분하여 매매대금은 금 350,000,000원인데 반환하여야 할 임차보증금 200,000,000원을 공제하면 상대방이 보관하고 있는 아파트 매매대금은 금 150,000,000원이고, 상대방 명의로 ○○은행에 예치된 예금 50,000,000원, 현재 상대방이 거주하고 있는 아파트 (○○시 ○○구 ○○동 456 00아파트)의 전세보증금 150,000,000원 등 분할대상재산은 합계금 350,000,000원입니다.
3. 따라서 청구인은 청구취지의 기재와 같은 심판을 받고자 이 건 청구에 이르렀습니다.

입 증 방 법

1. 갑 제1호증의 1, 2	각 가족관계증명서(청구인, 상대방)
1. 갑 제2호증의 1, 2	각 기본증명서(청구인, 상대방)
1. 갑 제3호증	혼인관계증명서
1. 갑 제4호증	협의이혼확인서
1. 갑 제5호증의 1, 2	각 부동산등기사항전부증명서
1. 갑 제6호증	임대차계약서 사본
1. 갑 제7호증	전세계약서 사본
1. 갑 제8호증	예금통장 사본

첨 부 서 류

1. 위 입증서류	각 1통
1. 주민등록초본	2통

20○○. ○. ○.

청구인 이 ○ 숙 (인)

○○ 가정법원 귀중

접수방법

1. 청구권자 : 부부 중 일방이 다른 일방을 상대로 하여 청구하여야 한다. 여기에서 부부는 협의상 이혼한 당사자, 재판상 이혼한 당사자 또는 재판상 이혼청구가 인용됨으로써 이혼하게 되는 당사자, 혼인이 취소된 당사자 또는 재판상 이혼청구가 인용됨으로써 부부관계가 해소되는 당사자를 가리킨다.
2. 수입인지 : 10,000원의 인지를 납부한다.
3. 송달료 : 당사자수×4,800원×12회분을 납부한다.
4. 관할 : 상대방의 주소지를 관할하는 가정법원에 제출한다.

주 1. **재판상 재산분할의 방법**

재산분할의 방법에 관하여 당사자 양쪽의 협력으로 이룩한 재산의 액수, 기타 사정을 참작하여 분할의 액수와 방법을 정하게 되어 있다(민법 제839조의 2 제2항).

구체적인 분할비용은 가정법원이 후견적 입장에서 혼인생활의 실태, 재산의 형성과 유지에 기여한 정도 등을 종합적으로 고려하여 재량으로 정하게 된다.

가. 금전분할

금전으로 재산을 분할하는 방법은, 재산분할의 원칙적 방법이다. 이 방법에는 ① 분할액을 일시에 지급하라고 하는 일시불, ② 분할총액을 정한 이상 상대방의 자력을 고려하여 분할하여 지급하게 하는 분할불, ③ 분할총액을 정하지 않고 분할할 기간을 정하고, 일정한 액수를 정기적으로 지급하게 하는 정기불이 있다. 실제 재판에서는 일시불이 많다.

나. 현물분할

재산분할에는 현물분할이 있고 실제 재판례도 많다.

예컨대 ① 청구인의 장래 주거용으로 사용될 건물과 그 대지 등 처럼 그 현물이 이혼 후의 생활에 필요불가결한 경우에는 그 현물이 분할되는 경우가 많다. ② 상대방의 자력으로 보아 금전지급이 곤란한 경우에도 현물분할이 인정된다. ③ 그리고 그 현물의 취득, 유지에 청구인의 기여도가 큰 경우에 이 현물분할이 인정된다. ④ 또 건물의 대지가 청구인 특유의 소유물이라든지, 청구인의 친족의 소유인 경우에도 이혼 후의 법률관계를 고려하여 건물을 청구인에게 분여하는 소가 있다.

2. 재산분할 산정의 기초가 되는 재산가액의 평가방법

재산분할 산정의 기초가 되는 재산의 가액은 반드시 시가감정에 의하여 인정하여야 하는 것은 아니지만 객관성과 합리성이 있는 자료에 의하여 평가하여야 한다(대법원 2002. 8. 28.자 2002스36 결정).

3. 제척기간을 지난 재산분할의 청구

이혼으로 인한 재산분할청구권은 이혼한 날로부터 2년이 경과한 때에는 소멸한다(민법 839조의2). 그러므로 재판상 이혼의 경우에는 그 판결이 확정된 날부터, 협의이혼의 경우에는 이혼신고를 한 날부터 2년 내에 재산분할청구를 하여야 한다.

[서식 326] 재산분할 및 면접교섭 청구서(1)

재산분할 및 면접교섭 청구

청 구 인　　김 ○ 정 (000000-0000000) (전화 :)
등록기준지 : 충남 서천군 시초면 선동로 178
주　　소 : 서울 강북구 하월곡로 657

피청구인　　박 ○ 문 (000000-0000000)
등록기준지 : 청구인과 같음
주　　소 : 서울 성북구 정릉로 1020

사건본인　　박 ○ 현 (000000-0000000)
등록기준지 : 충남 서천군 시초면 선동로 178
주　　소 : 서울 성북구 정릉로 1020

재산분할 및 면접교섭 청구

청 구 취 지

1. 피청구인은 청구인에게 재산분할로 ○○○○○○원과 이에 대하여 이 심판확정 다음날부터 다 갚는 날까지 연 15%의 비율로 계산한 돈을 지급하라.
2. 피청구인은 청구인에게 청구인과 피청구인 사이에 출생한 사건본인을 매월 첫째주, 셋째주 토요일 12:00부터 그 다음날 18:00까지 청구인의 집에서 면접할 것을 허락한다.
3. 소송비용은 피청구인이 부담한다.
4. 위 제1항은 가집행할 수 있다.

라는 재판을 구합니다.

청 구 원 인

1. 당사자들의 관계

청구인과 피청구인은 20○○. ○. ○. 혼인신고를 마친 법률상 부부로서 20○○. ○.

○. 사건본인 박○현을 출산하였고. 이후 20○○. ○. ○. 협의이혼을 한 당사자들입니다.

2. 협의이혼에 관하여
청구인은 피청구인의 가족들에게 지속적으로 모욕을 당하였을 뿐만 아니라 청구인으로부터 폭행을 당하는 등 도저히 더 이상 혼인생활을 유지할 수 없어서 20○○. ○. ○. 협의이혼을 하게 되었습니다.

3. 재산분할
가. 전세보증금
청구인과 피청구인이 살던 서울 성북구 정릉동 1230 우성아파트 103동 502호의 최초 입주 당시 전세보증금으로 지급한 금 ○○○○○원은 피청구인의 특유재산입니다.
다. 정기적금
결혼 후 청구인명의로 든 정기적금은 만기에 환급받는 금액이 금 ○○○○○원 것으로 알고 있습니다.
라. 소 결
따라서 피청구인은 청구인에게 청구인 특유재산 ○○○○○원과 공유재산 중 절반에 해당하는 금 ○○○○○원을 지급하여야 할 것입니다.

4. 면접교섭권에 대하여
위에서 본 바와 같이 이 사건에서 청구인과 피청구인이 협의이혼에 이르게 된 이유는 전적으로 피청구인측의 귀책에 인한 것이고 더구나 피청구인은 청구인과 사건본인과의 관계를 단절하기 위해 갖은 방법으로 면접교섭을 방해하고 있습니다. 따라서 아직 유아인 사건본인의 올바른 생활과 복리를 위해서라도 청구인의 사건본인에 대한 면접교섭을 구하고자 합니다.

5. 결 론
위와 같이 청구인은 피청구인으로부터 청구취지 기재와 같은 재산분할금 및 면접교섭권을 구하고자 이 사건 청구에 이른 것입니다.

입 증 방 법

1. 갑 제1호증 제적등본
1. 갑 제2호증 가족관계증명서
1. 갑 제3호증 주민등록등본
1. 갑 제5호증 합의서

1. 갑 제6호증 부동산등기사항전부증명서
1. 갑 제7호증 전세계약서

20○○. ○. ○.

위 청구인 김 ○ 정 (인)

○○ 가정법원 귀중

접수방법

1. 청구권자 : 부부 중 일방이 다른 일방을 상대로 하여 청구하여야 한다. 여기에서 부부는 협의상 이혼한 당사자, 재판상 이혼한 당사자 또는 재판상 이혼청구가 인용됨으로써 이혼하게 되는 당사자, 혼인이 취소된 당사자 또는 재판상 이혼청구가 인용됨으로써 부부관계가 해소되는 당사자를 가리킨다.
2. 수입인지 : 수개의 가사비송청구를 병합청구하는 경우에는 수개의 청구의 수수료를 합산하므로 20,000원(재산분할 10,000원+면접교섭 10,000원)의 인지를 납부한다.
3. 송달료 : 당사자수×4,800원×12회분을 납부한다.
4. 관할 : 상대방의 주소지를 관할하는 가정법원에 제출한다.

주 1. 재판상 재산분할의 방법

재산분할의 방법에 관하여 당사자 양쪽의 협력으로 이룩한 재산의 액수, 기타 사정을 참작하여 분할의 액수와 방법을 정하게 되어 있다(민법 제839조의 2 제2항).

구체적인 분할비용은 가정법원이 후견적 입장에서 혼인생활의 실태, 재산의 형성과 유지에 기여한 정도 등을 종합적으로 고려하여 재량으로 정하게 된다.

가. 금전분할

금전으로 재산을 분할하는 방법은, 재산분할의 원칙적 방법이다. 이 방법에는 ① 분할액을 일시에 지급하라고 하는 일시불, ② 분할총액을 정한 이상 상대방의 자력을 고려하여 분할하여 지급하게 하는 분할불, ③ 분할총액을 정하지 않고 분할할 기간을 정하고, 일정한 액수를 정기적으로 지급하게 하는 정기불이 있다. 실제 재판에서는 일시불이 많다.

나. 현물분할

재산분할에는 현물분할이 있고 실제 재판례도 많다.

예컨대 ① 청구인의 장래 주거용으로 사용될 건물과 그 대지 등 처럼 그 현물이 이혼 후의 생활에 필요불가결한 경우에는 그 현물이 분할되는 경우가 많다. ② 상대방의 자력으로 보아 금전지급이 곤란한 경우에도 현물분할이 인정된다. ③ 그리고 그 현물의 취득, 유지에 청구인의 기여도가 큰 경우에 이 현물분할이 인정된다. ④ 또 건물의 대지가 청구인 특유의 소유물이라든지, 청구인의 친족의 소유인 경우에도 이혼 후의 법률관계를 고려하여 건물을 청구인에게 분여하는 소가 있다.

2. 재산분할 산정의 기초가 되는 재산가액의 평가방법

재산분할 산정의 기초가 되는 재산의 가액은 반드시 시가감정에 의하여 인정하여야 하는 것은 아니지만 객관성과 합리성이 있는 자료에 의하여 평가하여야 한다(대법원 2002. 8. 28.자 2002스36 결정).

3. 제척기간을 지난 재산분할의 청구

이혼으로 인한 재산분할청구권은 이혼한 날로부터 2년이 경과한 때에는 소멸한다(민법 839조의2). 그러므로 재판상 이혼의 경우에는 그 판결이 확정된 날부터, 협의이혼의 경우에는 이혼신고를 한 날부터 2년 내에 재산분할청구를 하여야 한다.

4. 면접교섭권

종전에는 부모에게만 면접교섭권을 인정하고 있어 자녀는 면접교섭권의 객체로 인식되는 문제가 있었는데, 개정법에서는 자녀에게도 면접교섭권을 인정하여 유엔아동권리협약상 '아동이익 최우선의 원칙'이 실현되고 아동의 권리가 강화될 것으로 기대되고 있다. 즉, 자를 직접 양육하지 아니하는 부모의 일방과 자(子)는 상호 면접교섭할 수 있는 권리를 가지도록 한 것이다(민법 837조의2 1항, 2007. 12. 21.부터 시행).

[서식 327] 재산분할 및 면접교섭 청구서(2)

재산분할 및 면접교섭 청구

청 구 인　　김 ○ 정 (000000-0000000) (전화 :　　　　)
등록기준지 : 충남 서천군 시초면 선동로 178
주　　소 : 서울 강북구 하월곡로 657

피청구인　　구 ○ 문 (000000-0000000)
등록기준지 : 청구인과 같음
주　　소 : 서울 성북구 정릉로 1020

사건본인　　구 ○ 현 (000000-0000000)
등록기준지 : 충남 서천군 시초면 선동로 178
주　　소 : 서울 성북구 정릉로 1020

재산분할 및 면접교섭 청구

청 구 취 지

1. 피청구인은 청구인에게 재산분할로 52,000,000원과 이에 대하여 이 심판확정 다음날부터 다 갚는 날까지 연 15%의 비율로 계산한 돈을 지급하라.
2. 피청구인은 청구인에게 청구인과 피청구인 사이에 출생한 사건본인을 매월 첫째주, 셋째 주 토요일 12:00부터 그 다음날 18:00까지 청구인의 집에서 면접할 것을 허락한다.
3. 소송비용은 피청구인이 부담한다.
4. 위 제1항은 가집행할 수 있다.

라는 재판을 구합니다.

청 구 원 인

1. 당사자들의 관계

   청구인과 피청구인은 20○○. 10. 16. 혼인신고를 필한 법률상 부부로 두 사람 사이에 3세 된 아들인 사건본인이 있으나, 아래와 같이 20○○. 3. 5. 협의이혼하였습니다(갑제1호증 제적등본, 갑제2호증 가족관계증명서, 갑제3호증 주민등록등본).

2. 재산분할에 관하여

   가. 협의이혼사유

   협의이혼에 이르게 된 이유는 피청구인과 그의 어머니, 누나들의 청구인에 대한 폭행, 모욕, 멸시 때문이었으며, 이에 청구인과 피청구인은 20○○. 3. 5. 협의이혼하고, 피청구인은 청구인에게 위자료로 아파트 분양권을 주기로 하며, 자식인 사건본인에 대한 양육권은 피청구인이 갖는다는 것입니다(갑제4호증 혼인관계증명서, 갑제5호증 합의서).

   나. 그러나 청구인이 분양받은 아파트는 현재 분양계약금 46,040,000원만 납입된 상태인데, 위 분양계약금 중 금 18,000,000원은 청구인이 혼인하면서 가져온 결혼자금이므로(특유재산), 실질적으로 피청구인으로부터 위자료조로 받은 금액은 약 금 28,000,000원에 불과하고, 그나마 위 금 28,000,000원도 결혼 후 부부가 공동으로 형성한 재산에서 지출된 것이므로, 실제 피청구인으로부터 받은 돈은 이보다 훨씬 적은 액수입니다.

   다. 재산분할문제

   아래 '나 항, 청구인과 피청구인의 재산내역'에서와 같이 청구인에게는 자신의 특유재산, 결혼 후 피청구인과 공동으로 형성한 재산이 있음에도, 이 부분에 대해서는 상호 의견의 일치를 볼 수 없어 일단 위자료 부분에 대해서만 협의를 하고 이혼한 것입니다.

3. 청구인과 피청구인의 재산내역

가. 전세보증금

청구인과 피청구인이 살던 서울 성북구 정릉동 1230 우성아파트 103동 502호의 최초 입주 당시 전세보증금은 55,000,000원으로 이는 피청구인의 특유재산입니다. 그러나 그 후 위 보증금은 75,000,000원으로 인상되었고 인상된 금 20,000,000원은 부부생활 중에 모은 재산으로 부담한 것이므로 이는 분할대상인 공유재산입니다(갑제6호증 부동산등기사항전부증명서, 갑제7호증 아파트 전세계약서).

나. 혼 수 품

결혼 당시 청구인은 그 동안 모은 돈으로 20,000,000원 가량의 혼수품을 마련하였고, 청구인과 피청구인이 함께 사용하던 생활용품 전부는 청구인이 결혼하면서 구입한 것으로 이는 청구인 특유재산입니다. 그런데도 피청구인은 청구인에게 위 혼수품 일체를 반환하지 않고 자신이 사용하고 있습니다(제8호증 사실확인서, 갑제9호증 인감증명서, 갑제10호증 확인서).

다. 정기적금

결혼 후에도 피청구인은 청구인에게 경제권을 전부 맡기지 않고, 시어머니에게 돈을 송금하여 적금을 들게 했는데, 결혼 초부터 월 120만원씩을 송금해 불입하였고, 거의 만기에 이르렀는데 만기에 환급받는 정기적금이 대략 금 44,000,000원으로 알고 있습니다.

라. 소 결

그렇다면 피청구인은 청구인에게 청구인 특유재산 금 20,000,000원(혼수품) 및 공유재산 중 절반(재산 형성에 청구인이 절반 이상 기여하였으므로)에 해당하는 금 32,000,000원(=20,000,000원/2+44,000,000원/2)의 합계 금 52,000,000원을 지급하여야 합니다.

4. 면접교섭권에 대하여

가. 이상에서 보듯 청구인과 피청구인이 협의이혼에 이르게 된 동기는, 피청구인과 그의 가족들의 멸시와 모욕으로 인한 것이었으며 전업주부로서 가정생활을 꾸려나가던 청구인은 특별한 직업을 갖지 못한 상태였으므로, 부득이 사건본인에 대한 양육자를 피청구인으로 지정하기로 협의하였으나, 이혼 후 청구인의 어머니로서 사건본인과의 모자지간 정을 나누려고 할 때면 언제나 피청구인과 그의 가족들은 청구인과 사건본인간의 혈육의 정을 끊어버리려는 의도로 갖은 방법을 동원

하여 면접교섭을 방해하였습니다.

나. 따라서 아직 3세의 유아인 사건본인이 규칙적으로나마 어머니인 청구인을 만나볼 수 없게 된다면, 후일 사건본인이 성장하는 과정에서 어머니 없이 자랐다는 사실을 인지하게 될 때 느끼게 될 정신적 고통 및 나아가 성년에 이른 후 사건본인의 올바른 사회생활에 지대한 영향을 미칠 우려가 있으므로, 청구인은 사건본인에 대하여 매월 첫째주, 셋째주 토요일 12:00시부터 그 다음날 18:00시까지 면접교섭을 구하고자 합니다.

5. 결 론

위와 같이 청구인은 피청구인으로부터 청구취지 기재와 같은 재산분할금 및 면접교섭권을 구하고자 이 건 청구에 이른 것입니다.

입 증 방 법

1. 갑 제1호증 제적등본
1. 갑 제2호증 가족관계증명서
1. 갑 제3호증 주민등록등본
1. 갑 제4호증 혼인관계증명서
1. 갑 제5호증 합의서
1. 갑 제6호증 부동산등기사항전부증명서
1. 갑 제7호증 아파트 전세계약서
1. 갑 제8호증 사실확인서
1. 갑 제9호증 인감증명서
1. 갑 제10호증 확인서

20○○. ○. ○.

위 청구인 김 ○ 정 (인)

○○ 가정법원 귀중

접수방법

1. 청구권자 : 부부 중 일방이 다른 일방을 상대로 하여 청구하여야 한다. 여기에서 부부는 협의상 이혼한 당사자, 재판상 이혼한 당사자 또는 재판상 이혼청구가 인용됨으로써 이혼하게 되는 당사

자, 혼인이 취소된 당사자 또는 재판상 이혼청구가 인용됨으로써 부부관계가 해소되는 당사자를 가리킨다.

2. 수입인지 : 수개의 가사비송청구를 병합청구하는 경우에는 수개의 청구의 수수 료를 합산하므로 20,000원(재산분할 10,000원+면접교섭 10,000원)의 인지를 납부한다.
3. 송달료 : 당사자수×4,800원×12회분을 납부한다.
4. 관할 : 상대방의 주소지를 관할하는 가정법원에 제출한다.

㈜ 1. **재판상 재산분할의 방법**

재산분할의 방법에 관하여 당사자 양쪽의 협력으로 이룩한 재산의 액수, 기타 사정을 참작하여 분할의 액수와 방법을 정하게 되어 있다(민법 제839조의 2 제2항).

구체적인 분할비용은 가정법원이 후견적 입장에서 혼인생활의 실태, 재산의 형성과 유지에 기여한 정도 등을 종합적으로 고려하여 재량으로 정하게 된다.

가. 금전분할

금전으로 재산을 분할하는 방법은, 재산분할의 원칙적 방법이다. 이 방법에는 ① 분할액을 일시에 지급하라고 하는 일시불, ② 분할총액을 정한 이상 상대방의 자력을 고려하여 분할하여 지급하게 하는 분할불, ③ 분할총액을 정하지 않고 분할할 기간을 정하고, 일정한 액수를 정기적으로 지급하게 하는 정기불이 있다. 실제 재판에서는 일시불이 많다.

나. 현물분할

재산분할에는 현물분할이 있고 실제 재판례도 많다.

예컨대 ① 청구인의 장래 주거용으로 사용될 건물과 그 대지 등 처럼 그 현물이 이혼 후의 생활에 필요불가결한 경우에는 그 현물이 분할되는 경우가 많다. ② 상대방의 자력으로 보아 금전지급이 곤란한 경우에도 현물분할이 인정된다. ③ 그리고 그 현물의 취득, 유지에 청구인의 기여도가 큰 경우에 이 현물분할이 인정된다. ④ 또 건물의 대지가 청구인 특유의 소유물이라든지, 청구인의 친족의 소유인 경우에도 이혼 후의 법률관계를 고려하여 건물을 청구인에게 분여하는 소가 있다.

2. **재산분할 산정의 기초가 되는 재산가액의 평가방법**

재산분할 산정의 기초가 되는 재산의 가액은 반드시 시가감정에 의하여 인정하여야 하는 것은 아니지만 객관성과 합리성이 있는 자료에 의하여 평가하여야 한다(대법원 2002. 8. 28.자 2002스36 결정).

3. **제척기간을 지난 재산분할의 청구**

이혼으로 인한 재산분할청구권은 이혼한 날로부터 2년이 경과한 때에는 소멸한다(민법 839조의2). 그러므로 재판상 이혼의 경우에는 그 판결이 확정된 날부터, 협의이혼의 경우에는 이혼신고를 한 날부터 2년 내에 재산분할청구를 하여야 한다.

4. 면접교섭권

종전에는 부모에게만 면접교섭권을 인정하고 있어 자녀는 면접교섭권의 객체로 인식되는 문제가 있었는데, 개정법에서는 자녀에게도 면접교섭권을 인정하여 유엔아동권리협약상 '아동이익 최우선의 원칙'이 실현되고 아동의 권리가 강화될 것으로 기대되고 있다. 즉, 자를 직접 양육하지 아니하는 부모의 일방과 자(子)는 상호 면접교섭할 수 있는 권리를 가지도록 한 것이다(민법 837조의2 1항, 2007. 12. 21.부터 시행).

44. 양육비 청구의 심판

가. 의 의

부모가 이혼한 경우에 미성년 자녀의 양육에 필요한 비용은 부모가 분담하는 것이 원칙인데, ① 미성년자가 당사자가 되어 부 또는 모에 대하여 마류 제8호의 부양청구로서 할 수도 있고, ② 부모 중 현실적으로 양육하고 있는 일방이 마류 제3호의 양육에 관한 처분으로서 청구할 수도 있다. ③ 혼인 계속 중에는 마류 1호의 부부의 동거, 부양, 협조 또는 생활비용의 부담에 관한 처분으로 구할 수 있다.

나. 청구권자

양육자가 부모의 한쪽으로 지정된 때에는 양육자가 양육자 아닌 다른 부모에 대해 청구하고, 양육자가 제3자인 경우에는 부모 양쪽에 대해 양육비를 청구할 수 있다.

다. 관 할

상대방의 주소지를 관할하는 가정법원을 관할법원으로 한다.

라. 양육비 이행확보수단

(1) 양육비지급명령

양육비 지급명령에도 불구하고 양육비채무자가 정당한 사유없이 2회 이상 양유비를 지급하지 아니한 경우 양육비채권자의 신청에 따라 양육비채무자에 대해 정기적 급여채무를 부담하는 소득세원천징수의무자에게 이행일시가 도래하지 않은 양육비를 포함한 양육비채권을 집행채권으로 하여 양육비채무자의 급여에서 정기적으로 양육비를 공제하여 양육비채권자에게 직접 지급하도록 명할 수 있다.

(2) 소득세원천징수의무자의 진술

양육비채권자는 소득세원천징수의무자로 하여금 양육비 직접지급명령의 송달을 받은 날부터 1주일 이내에 서면으로 민사집행법 제237조 제1항에 정하여진 사항을 진술하게 하도록 가정법원에 신청할 수 있다. 이는 양육비 채권자로 하여금 당해 양육비 직접지급명령의 집행으로 양육비 채권의 만족이라는 목적을 달성할 수 있을 것인지에 관한 판단자료를 소득세원천징수의무자로부터 얻도록 하기 위한 제도이다.

(3) 담보제공명령, 일시금지급명령

양육비심판에서 그 이행을 확보하기 위해 가정법원은 양육비채무자에게 상당한 담보의 제공을 명할 수 있고 양육비채무자가 정당한 사유없이 심판에서 명한 양육비 지급의무를 이행하지 아니한 때에도 양육비채무자에게 상당한 담보의 제공을 명할 수 있다. 담보제공을 명한 기간내에 담보를 제공하지 않는 경우에는 가정법원은 양육비채무자에게 양육비의 전부 또는 일부를 일시금으로 지급하도록 명할 수 있다.

(4) 이행명령

양육비지급을 인용하는 심판 등이 이루어진 다음 정당한 이유없이 양육비 지급이 이행되지 아니하는 경우 가정법원은 당사자의 신청에 의해 그 이행사항을 조사하여 의무자에게 이행할 것을 명령하고 이를 위반한 경우 과태료를 부과할 수 있으며 권리자의 신청에 의해 결정으로 30일의 범위에서 그 의무를 이행할 때까지 감치를 명할 수 있다.

[서식 328] 양육비심판청구서

양 육 비 심 판 청 구

청 구 인 이 ○ 숙 (000000-0000000) (전화 :)
등록기준지 : 경기 안양시 만안구 석수로 263
주 소 : 제주시 이도이로 888

피청구인 김 ○ 규 (000000-0000000)
등록기준지 : 경기도 안양시 만안구 안양로 29
주 소 : 서울 용산구 원효로 204

사건본인 1. 김 ○ 윤 (000000-0000000)
등록기준지 : 경기도 안양시 만안구 안양로 29
주 소 : 제주시 이도이로 888

2. 김 ○ 민 (000000-0000000)
등록기준지 및 주소는 위 김○윤과 같음

양육비 청구

청 구 취 지

1. 피청구인은 청구인에게 사건본인들의 과거양육비로 53,000,000원 및 이 사건 소장부본 송달다음날부터 사건본인들이 각 만 19세에 이를 때까지 사건본인 김해윤의 장래양육비로서 매월 500,000원과 사건본인 김해민의 장래양육비로서 매월 500,000원을 각 지급하라.
2. 심판비용은 피청구인이 부담한다.
3. 제1항은 가집행할 수 있다.

라는 심판을 구합니다.

청 구 원 인

1. 당사자의 지위

청구인과 피청구인은 20○○. 1. 13. 혼인신고를 마친 법률상 부부였으나 10여년 정도 결혼생활을 한 후 20○○. 12. 22.경 협의이혼을 하였습니다.

사건본인 김해윤(당 15세)과 김해민(당 10세)은 청구인과 피청구인간의 자녀로 위 협의 이혼 당시 친권자로 청구인으로 지정되었습니다(갑제1호증 제적등본). 다만 사건본인들에 대한 양육비에 대한 협의는 하지는 않았고, 위 협의이혼 이후 청구인이 현재까지 사건본인들을 양육하여 왔습니다.

2. 이혼이후 청구인의 삶

가. 협의이혼을 하면서 청구인은 큰 충격과 허탈감에 빠져있는데, 피청구인은 어린이집을 정리하고 남은 전세보증금을 받아갔을 뿐만 아니라 달리 청구인과 아이들을 위해서 생계를 유지할 수 있도록 배려해준 것은 없습니다.

나. 청구인은 20○○. 1. 스페인으로 떠났습니다. 그리고 20○○. 7.경 사건본인들을 스페인에 데리고 가서 스페인 학교에 전입시키고 그로부터 청구인은 청소, 미싱일, 식당일 등 온갖 궂은일을 다하며 3년 6개월 이상을 체류하였다가 최근 20○○. 5. 스페인에서의 생활을 정리하고 청구인과 사건본인들은 완전 귀국을 하였습니다.

다. 하지만 다시 한국에서의 생활을 처음부터 다시 시작해야 한다는 부담이 크지만 일단, 피청구인이 없는 제주도에 방을 정하여 사건본인들을 취학시키고, 생활을 안정시킬 예정입니다.

3. 양육비 청구범위

가. 청구인으로서는 사건본인들에게 투하한 생활비는 임의로 단순화하여 사건본인 1인당 생활비를 월 100만원으로 정하였습니다. 이에 양육비 부담은 부부였던 자가 공동부담하는 것으로 보아 사건본인 1인에 대하여 피청구인의 분담부분 2분의 1 해당의 50만원으로 정하여 아래와 같이 계산하였습니다.

나. 과거 양육비는 이혼당시인 20○○. 12. 22.에서 최근 20○○. 5. 22.까지 53개월에 대하여 매월 사건본인 1명당 50만원이므로, 사건본인 2명 도합 100만원씩으로 계산한 금 53,000,000원(53개월×100만원)을 청구합니다. 아울러 장래 양육비도 각 사건본인 1인당 같은 50만원으로 정하여 이들이 만 19세가 되는 때까지 청구하는 것입니다.

입 증 방 법

1. 갑 제1호증	제적등본
1. 갑 제2호증의 1, 2	각 가족관계증명서
1. 갑 제3호증의 1, 2	각 주민등록등본
1. 갑 제4호증	혼인관계증명서

1. 갑 제5호증　　　　　　　사실확인서

20○○. ○. ○.

위 청구인　이 ○ 숙　(인)

○○ 가정법원　귀중

접수방법

1. 청구권자 : 부부 중 일방이 다른 일방을 상대로 하여 청구하여야 한다.
2. 수입인지 : 사건본인 1명당 10,000원의 인지를 납부한다.
3. 송달료 : 당사자수×4,800원×12회분을 납부한다.
4. 관할 : 상대방의 주소지를 관할하는 가정법원에 제출한다.

45. 친권행사자 및 양육자의 지정 및 변경 심판

가. 의　의

혼인외의 자가 인지된 경우와 부모가 이혼하는 경우에는 부모의 협의로 친권자를 정하고, 협의할 수 없거나 협의가 이루어지지 아니하는 경우에는 가정법원은 직권으로 또는 당사자의 청구에 따라 친권자를 정한다. 다만 부모의 협의가 자녀의 복리에 반하는 경우 가정법원은 보정을 명하거나 직권으로 친권자를 정한다(민법 909조 4항).

친권은 부모가 자녀가 공동생활을 영위하기 위해 원칙적으로 부모가 혼인 중에는 공동으로 행사함이 원칙이다. 그런데 부모가 이혼하거나 혼인외의 자가 인지되는 경우에는 그와 같은 취지가 유지될 수 없으므로 자녀의 복리를 위해 부모의 협의 또는 가정법원이 직권이나 당사자의 청구에 의해 친권자를 정하도록 한 것이다.

나. 친권과 양육권의 관계

친권은 친권자가 미성년자인 자를 보호, 양육할 권리의무 등 신분에 관한 사항과 자의 법률행위 대리를 비롯한 재산에 관한 사항을 포함하므로, 일반적으로 양육권은 친권에 포함되는 구성요소이다. 단, 양육에 관한 가정법원의 처분에 의하여 친권행사자와 양육자가 분리될 수 있다.

다. 청구권자

(1) 친권자지정청구는 부모의 한쪽이 다른 한쪽을 상대방으로 하여 청구하여야 하고(가소규 99조 1항), 친권자 변경청구는 부모의 한쪽이 친권자로 정하여진 다른 한쪽을 상대방으로 청구하거나(가소규 99조 1항), 자녀의 4촌 이내의 친족이 부모 중 친권자로 정하여진 한쪽을 상대로 청구하여야 한다(민법 909조 6항).

(2) 친권자지정, 변경청구와 아울러 제3자에 대한 자녀의 인도를 구하는 경우에는 부모 아닌 제3자에게도 상대방적격이 인정된다(가소규 99조 2항).

라. 관 할

상대방의 보통재판적 소재지의 가정법원의 관할에 속하며, 가정법원 단독판사의 사무관할에 속한다.

마. 청구취지 기재례

1. 청구인을 사건본인에 대한 친권행자로 지정한다.
2. 심판비용은 상대방이 부담한다.

---

1. 사건본인의 친권행사자로 상대방을 지정한 처분을 취소하고 청구인을 지정한다.
2. 심판비용은 상대방이 부담한다.

---

1. 상대방에 대한 사건본인의 친권행사자 지정을 취소하고 청구인을 사건본인의 친권행사자로 지정한다.
2. 심판비용은 상대방이 부담한다.

---

1. 사건본인에 대한 친권행사자를 청구인으로 변경한다.
2. 심판비용은 상대방이 부담한다.

[서식 329] 양육자지정등 심판청구서

양육자지정등심판청구

청 구 인　　강 ○ 경 (000000-0000000) (전화 :　　　　)
등록기준지 서울 도봉구 우이로 123
주　　소 서울 동작구 사당로 234 (우편번호 : 00000)

상 대 방　1. 박 ○ 석 (000000-0000000)
등록기준지 경기도 화성군 봉담면 상로 345
주　　소 서울 송파구 거여로 456 (우편번호 : 00000)

2. 김 ○ 자 (000000-0000000)
등록기준지 경기도 화성군 봉담면 상로 345
주　　소 서울 송파구 거여로 456 (우편번호 : 00000)

사건본인　　박 ○ 호 (000000-0000000)
등록기준지 경기도 화성군 봉담면 상로 345
주　　소 서울 송파구 거여로 456

청 구 취 지

1. 사건본인의 양육자로 청구인을 지정한다.
2. 상대방 김○자(조모)는 사건본인을 청구인에게 인도하라.
3. 상대방 박○석은 사건본인의 양육비로서 청구인에게 20○○. 10. 25.부터 사건본인이 16세에 이를 때까지 매월 400,000원씩을 지급하라.
4. 심판비용은 상대방들이 부담한다.
5. 제2항은 가집행할 수 있다.

라는 심판을 구합니다.

청 구 원 인

1. 청구인과 상대방 박○석은 20○○. 2. 10. 혼인신고를 마친 부부로서 20○○. 11. 20. 아들인 사건본인을 출산하였습니다.
2. 상대방 박○석은 결혼 전부터 여자관계가 문란하여 혼인외의 자녀가 있었으나 그 자

녀(딸)를 제3자에게 입양시키고 청구인을 기망하여 부부생활을 유지하다가 20○○. 초봄부터 상대방 박○석이 다니고 있던 희망주식회사 경리과 직원인 청구외 이○자와 동거생활을 하여 청구인과 상대방 박○석은 20○○. 6. 10. 서울가정법원에서 협의이혼을 하였습니다.

3. 협의이혼 당시 상대방이 사건본인의 친권자로 지정되었으나 사건본인을 곧바로 상대방 김○자(조모)에게 맡기고 위 박○석은 위 회사를 사직하고 위 이○자와 재혼하여 거여동에서 음식점을 경영하고 있습니다.

4. 사건본인은 유치원에 다녀야 할 나이인데도 불구하고 위 김○자가 거주하는 시골에서 부모의 따뜻한 정을 받지 못한 채 천진난만하게 살고 있으며, 상대방들은 청구인을 만나지 못하게 하고 있습니다.

5. 청구인은 대학을 졸업한 바 있고 현 주소지에서 여자옷가게를 경영하면서 경제적 어려움없이 혼자 살고 있으므로 사건본인이 중학교를 졸업할 때까지 청구인이 양육할 수 있도록 생활비 등의 지급을 구하고자 본 청구에 이르렀습니다.

첨 부 서 류

1. 가족관계증명서 1통
1. 사진(시골생활모습) 1통
1. 사업자등록증 사본 1통

20○○. ○. ○.

청구인 강 ○ 경 (인)

○○ 가정법원 귀중

접수방법 및 유의사항

1. 청구권자 : 부부 중 일방이 다른 일방을 상대로 하여 청구하여야 한다(가소규 99조1항).
2. 수입인지 : 양육자지정, 유아인도, 양육비청구는 모두 마류 3호 양육에 관한 처분에 해당하므로 1개의 사건으로 보아 10,000원의 인지를 납부한다.
3. 송달료 : 당사자수×4,800원×12회분을 납부한다.
4. 관할 : 상대방의 주소지를 관할하는 가정법원에 제출한다.

5. 자의 양육에 관한 처분에서는 그 이행확보수단으로서 사전처분을 활용하는 것이 중요하다.

주 1. **사실혼 중 출생한 미성년의 자녀에 대한 양육권자 지정 신청**

사실혼관계에 있는 자들 사이에서 출생한 자는 '혼인 외의 출생자'로서 그 모와의 관계에서는 인지나 출생신고를 기다리지 않고 출생으로 당연히 법률상의 친자관계가 인정될 수 있지만(대법원 1967. 10. 4. 선고 67다1791 판결), 부자관계는 부의 인지에 의하여서만 발생하게 되므로(대법원 1997. 2. 14. 96므738 판결), '혼인 외의 출생자'를 인지하기 전까지는 오직 모만이 그자에 대한 유일한 법률상 친권자로서 양육권자에 해당한다.

따라서 친권자가 복수임을 전제로 하여 공동으로 친권 및 양육권의 행사가 불가능한 경우에 제기되는 양육권지정에 관한 문제는 논리적으로 발생할 여지가 없다.

그러나 부가 자를 인지한 경우에는 자는 생모뿐만 아니라 부와도 법률상 친자관계가 인정되므로 친권자 및 양육자를 정할 필요가 있게 되며 이러한 경우 친권자 및 양육자의 지정은 원칙적으로 부모 사이의 협의로 정하되, 협의할 수 없거나 협의가 이루어지지 않은 경우에는 당사자의 청구를 통해 가정법원이 지정하게 된다(민법 909조 4항).

한편, 생부가 스스로 자를 인지하지 아니하는 경우에는 인지청구의 소를 제기할 수 있고 이 경우에는 법원이 직권으로 친권자 및 양육자를 정할 수 있게 된다(민법 909조 5항).

2. **친권자와 양육권자의 다른 점**

친권자는 자녀의 재산관리권, 법률행위대리권 등이 있고, 양육권자는 자녀와 공동생활을 하며 각종의 위험으로부터 자녀를 보호하는 역할을 한다. 친권자 및 양육권자는 자의 복리를 우선적으로 고려하여 부 또는 모를 일방으로 정할 수도 있고, 부·모 공동으로 지정할 수도 있으며, 친권자와 양육권자를 분리하여 지정할 수도 있다.

부모가 원만하게 이혼에 합의하는 경우에는 크게 문제는 되지 않으나, 가능하면 자의 복리를 위해 친권자와 양육권자를 동일한 부모로 지정하는 것이 향우 자녀의 여권발급이나 긴급한 상황 등(병원입원 등)에서 보호자를 신속하게 확인하는데 도움이 된다.

[서식 330] 양육 및 친권자지정 및 유아인도청구서

양육 및 친권자지정 및 유아인도청구서

청 구 인　　이 ○ 희 (000000-0000000) (전화 : 　　　　)
　　　　　　등록기준지 : 경기도 연천군 연천읍 차탄로 345
　　　　　　주　　　소 : 경기도 연천군 연천읍 고문로 1209

송 달 장 소 : 서울 서초구 서초로 1377

피청구인 민 ○ 기 (000000-0000000)
등록기준지 : 경기도 연천군 연천읍 차탄로 345
주 소 : 의정부시 가능로 634

사건본인 1. 민 ○ 훈 (000000-0000000)
2. 민 ○ 슬 (000000-0000000)
등록기준지 및 주소는 위 피청구인과 같음

양육자 및 친권자지정 및 유아인도 심판청구

청 구 취 지

1. 사건본인 민○훈, 민○슬의 양육자 및 친권자로 청구인을 지정한다.
2. 피청구인은 청구인에게 사건본인들을 인도하라.
3. 심판비용은 피청구인이 부담한다.
4. 제2항은 가집행할 수 있다.

라는 심판을 구합니다.

청 구 원 인

1. 청구인과 피청구인은 20○○. 1. 13. 혼인신고를 마친 법률상 부부였으나 7여년 정도 결혼 생활을 한 후 20○○. 12. 22.경 협의이혼을 하였습니다.
2. 이혼 당시 피청구인을 친권자 및 양육자로 정하여 피청구인이 사건본인을 양육하고 있습니다만 청구인은 그 동안 몇 번 사건본인을 면접하여 모자간의 정을 나눈바 있습니다.
3. 그런데 근래에 와서 피청구인은 사건본인을 만나는 것을 일체 허락하지 아니하고 있습니다. 이에 청구인은 만나보고 싶은 정을 참다못하여 요즘은 사건본인이 다니는 유치원에 가서 먼발치로 바라보곤 합니다.
4. 위와 같이 모자간 천륜을 끊는 것은 어린 사건본인에 대한 정신적 또는 육체적으로 심한 고통을 주는 것이 될 뿐만 아니라 성장과정에서 올바른 인격형성에도 나쁜 영향을 미칠 것은 경험칙상 당연하다고 할 것입니다.
5. 따라서 사건본인의 행복과 복지를 위하여 청구취지와 같은 심판을 받고자 이 건 신청

에 이른 것입니다.

입 증 방 법

1. 갑 제1호증	제적등본
1. 갑 제2호증의 1, 2	각 가족관계증명서
1. 갑 제3호증의 1, 2	각 주민등록등본
1. 갑 제4호증	혼인관계증명서
1. 갑 제5호증	사실확인서

20○○. ○. ○.

위 청구인 이 ○ 희 (인)

○○ 가정법원 귀중

접수방법 및 유의사항

1. 청구권자 : 부부 중 일방이 다른 일방을 상대로 하여 청구하여야 한다(가소규 99조1항).
2. 수입인지 : 40,000원[= 친권자지정 20,000원(사건본인 1명당 10,000원) + 양육자지정, 유아인도는 모두 양육에 관한 처분에 해당하므로 1개의 사건으로 보아 20,000원(사건본인 1명당 10,000원)]의 인지를 납부한다.
3. 송달료 : 당사자수 × 4,800원 × 12회분을 납부한다.
4. 관할 : 상대방의 주소지를 관할하는 가정법원에 제출한다.
5. 자의 양육에 관한 처분에서는 그 이행확보수단으로서 사전처분을 활용하는 것이 중요하다.

주 1. **사실혼 중 출생한 미성년의 자녀에 대한 양육권자 지정 신청**

사실혼관계에 있는 자들 사이에서 출생한 자는 '혼인 외의 출생자'로서 그 모와의 관계에서는 인지나 출생신고를 기다리지 않고 출생으로 당연히 법률상의 친자관계가 인정될 수 있지만(대법원 1967. 10. 4. 선고 67다1791 판결), 부자관계는 부의 인지에 의하여서만 발생하게 되므로(대법원 1997. 2. 14. 96므738 판결), '혼인 외의 출생자'를 인지하기 전까지는 오직 모만이 그자에 대한 유일한 법률상 친권자로서 양육권자에 해당한다.

따라서 친권자가 복수임을 전제로 하여 공동으로 친권 및 양육권의 행사가 불가능한 경우에 제기되는 양육권지정에 관한 문제는 논리적으로 발생할 여지가 없다.

그러나 부가 자를 인지한 경우에는 자는 생모뿐만 아니라 부와도 법률상 친자관계가 인정되므로 친권자 및 양육자를 정할 필요가 있게 되며 이러한 경우 친권자 및 양육자의 지정은 원칙적으로 부모 사이의 협의로 정하되, 협의할 수 없거나 협의가 이루어지지 않은 경우에는 당사자의 청구를 통해 가정법원이 지정하게 된다(민법 909조 4항).

한편, 생부가 스스로 자를 인지하지 아니하는 경우에는 인지청구의 소를 제기할 수 있고 이 경우에는 법원이 직권으로 친권자 및 양육자를 정할 수 있게 된다(민법 909조 5항).

2. 재혼한 어머니가 친권자가 될 수 있는지 여부

미성년인 자가 있는 부모가 이혼을 할 때에는 친권자를 지정하게 된다. 통상 친권자는 부부 중 일방으로 정하게 되는데, 그 일방이 사망한 경우에는 자의 친권이 상대방에게 귀속된다. 이렇게 될 경우 자의 양육에 전혀 관심이 없는 자가 갑자기 친권자가 되어 적정한 친권의 행사를 기대할 수 없게 될 수도 있다. 이때에 법원은 민법 제777조에 따른 자의 친족 또는 검사의 청구에 의하여 그 친권의 상실을 선고할 수 있고, 법정대리인인 친권자가 부적당한 관리로 인하여 자의 재산을 위태하게 한 때에는 민법 제777조에 따른 자의 친족의 청구에 의하여 그 법률행위의 대리권과 재산관리권의 상실을 선고할 수 있다. 다만, 이 경우 그 친권자에게 친권을 남용하거나 현저한 비행, 기타 친권을 행사할 수 없는 중대한 사유가 존재하여야 한다(민법 제924조, 제925조).

어떤 행위가 '친권의 남용' '현저한 비행'이 되느냐 하는 것은 구체적 사안에 따라 판단되어야 할 문제이고, 획일적인 기준이 있는 것은 아니다.

3. 친권자와 양육권자의 다른 점

친권자는 자녀의 재산관리권, 법률행위대리권 등이 있고, 양육권자는 자녀와 공동생활을 하며 각종의 위험으로부터 자녀를 보호하는 역할을 한다. 친권자 및 양육권자는 자의 복리를 우선적으로 고려하여 부 또는 모를 일방으로 정할 수도 있고, 부·모 공동으로 지정할 수도 있으며, 친권자와 양육권자를 분리하여 지정할 수도 있다.

부모가 원만하게 이혼에 합의하는 경우에는 크게 문제는 되지 않으나, 가능하면 자의 복리를 위해 친권자와 양육권자를 동일한 부모로 지정하는 것이 향우 자녀의 여권발급이나 긴급한 상황 등(병원입원 등)에서 보호자를 신속하게 확인하는데 도움이 된다.

4. 유아인도청구

양육자로 지정되지 아니한 부모의 일방이 다른 일방으로부터 자를 불법적으로 탈취해 간 경우 양육자인 부모의 다른 일방이 양육자의 지정·변경의 청구 없이 자의 인도만을 청구할 수 있다. 부모 아닌 자가 자(子)를 양육하고 있을 때는 그 자를 공동 상대방으로 하여 자(子)의 인도를 청구할 수 있으므로(가소규 99조 2항), 이때에는 예외적으로 부모 아닌 제3자에게 상대방적격이 인정된다.

[서식 331] 친권행사자 및 양육자지정 심판청구서

친권행사자 및 양육자지정 심판청구

청 구 인　　이 ○ 숙 (000000-0000000) (전화 :　　　　)
　　　　　　등록기준지 서울 도봉구 우이로 123
　　　　　　주　　소 서울 동작구 사당로 234 (우편번호 : 00000)

상 대 방　　박 ○ 석 (000000-0000000) (전화 :　　　　)
　　　　　　등록기준지 서울 도봉구 우이로 345
　　　　　　주　　소 서울 동작구 사당로 456 (우편번호 : 00000)

사건본인　　박 ○ 균 (000000-0000000) (전화 :　　　　)
　　　　　　등록기준지 서울 도봉구 우이로 123
　　　　　　주　　소 서울 동작구 사당로 234 (우편번호 : 00000)

청 구 취 지

1. 사건본인의 친권행사자 및 양육자로 청구인을 지정한다.
2. 상대방은 사건본인을 청구인에게 인도한다.
3. 상대방은 매월 둘째 일요일의 오전 11시부터 오후 10시까지 사이의 시간동안 청구인의 주소지에서 사건본인과 면접교섭을 갖는다.
4. 상대방은 사건본인의 양육비로 사건본인이 성년에 이르기까지 청구인에게 20○○. ○. ○.부터 매월 말일에 600,000원씩을 지급하라.
5. 심판비용은 각자 부담한다.

라는 심판을 구합니다.

청 구 원 인

1. 사건본인 박○균은 청구인과 상대방 사이에 출생한 자입니다. 청구인과 상대방은 서로 뜻이 맞지 않아 협의이혼을 하였고, 협의이혼시 청구인이 재산분할을 청구하지 않는 대신 사건본인의 양육자 지정을 청구인으로 정하고, 사건본인이 성년에 이르기까지 양육비로 매월 말일에 600,000원씩을 청구인에게 지급하기로 약정하였습니다.

2. 그러나 상대방은 현재까지 유아를 상대방의 부모에게 맡기고 청구인에게 인도조차 하지 않고 있으며 생활비 또한 지급하지 않고 있습니다.

3. 따라서 청구취지와 같은 심판을 받고자 이 건 청구에 이른 것입니다.

입 증 방 법

1. 갑 제1호증의 1, 2　　　　각 가족관계증명서(청구인, 상대방)
1. 갑 제2호증의 1, 2　　　　각 기본증명서(청구인, 사건본인)
1. 갑 제4호증　　　　협의이혼확인서

첨 부 서 류

1. 위 입증서류　　　　각 1통
1. 주민등록초본　　　　2통

20○○. ○. ○.

청구인 이 ○ 숙 (인)

○○ 가정법원 귀중

접수방법 및 유의사항

1. 청구권자 : 부부 중 일방이 다른 일방을 상대로 하여 청구하여야 한다(가소규 99조1항). 친권행사자지정과 아울러 제3자에 대한 자의 인도를 청구하는 경우에는 부모 아닌 제3자에게도 상대방적격이 인정된다(가소규 99조 2항).
2. 수입인지 : 30,000원[= 친권자지정 10,000원 + 면접교섭 10,000원 + 양육자지정, 유아인도, 양육비청구는 모두 양육에 관한 처분에 해당하므로 1개의 사건으로 보아 10,000원]의 인지를 납부한다.
3. 송달료 : 당사자수 × 4,800원 × 12회분을 납부한다.
4. 관할 : 상대방의 주소지를 관할하는 가정법원에 제출한다. 제3자에 대한 자의 인도청구가 병합되는 경우에는 민사소송법 중 공동소송에 관한 규정이 준용되어 상대방 중 1인의 보통재판적소재지의 가정법원에 토지관할이 있다.
5. 친권행사자와 양육자의 지위가 동일인에게 귀속될 때에는 친권행사자는 당연히 양육자의 지위도

갖게 되므로, 청구취지에는 친권행사자의 지정만을 표시하여야 한다.

친권행사자지정심판은 친권을 창설하거나 소멸시키는 것이 아니라 친권행사자로 지정되지 아니한 자의 친권행사를 정지시키고 친권행사자로 지정된 자 단독으로 친권을 행사하는 것을 허용하는데 그친다.

주 1. 재혼한 어머니가 친권자가 될 수 있는지 여부

미성년인 자가 있는 부모가 이혼을 할 때에는 친권자를 지정하게 된다. 통상 친권자는 부부 중 일방으로 정하게 되는데, 그 일방이 사망한 경우에는 자의 친권이 상대방에게 귀속된다. 이렇게 될 경우 자의 양육에 전혀 관심이 없는 자가 갑자기 친권자가 되어 적정한 친권의 행사를 기대할 수 없게 될 수도 있다. 이때에 법원은 민법 제777조에 따른 자의 친족 또는 검사의 청구에 의하여 그 친권의 상실을 선고할 수 있고, 법정대리인인 친권자가 부적당한 관리로 인하여 자의 재산을 위태하게 한 때에는 민법 제777조에 따른 자의 친족의 청구에 의하여 그 법률행위의 대리권과 재산관리권의 상실을 선고할 수 있다. 다만, 이 경우 그 친권자에게 친권을 남용하거나 현저한 비행, 기타 친권을 행사할 수 없는 중대한 사유가 존재하여야 한다(민법 제924조, 제925조).

어떤 행위가 '친권의 남용' '현저한 비행'이 되느냐 하는 것은 구체적 사안에 따라 판단되어야 할 문제이고, 획일적인 기준이 있는 것은 아니다.

2. 친권자와 양육권자의 다른 점

친권자는 자녀의 재산관리권, 법률행위대리권 등이 있고, 양육권자는 자녀와 공동생활을 하며 각종의 위험으로부터 자녀를 보호하는 역할을 한다. 친권자 및 양육권자는 자의 복리를 우선적으로 고려하여 부 또는 모를 일방으로 정할 수도 있고, 부·모 공동으로 지정할 수도 있으며, 친권자와 양육권자를 분리하여 지정할 수도 있다.

부모가 원만하게 이혼에 합의하는 경우에는 크게 문제는 되지 않으나, 가능하면 자의 복리를 위해 친권자와 양육권자를 동일한 부모로 지정하는 것이 향우 자녀의 여권발급이나 긴급한 상황 등(병원입원 등)에서 보호자를 신속하게 확인하는데 도움이 된다.

[서식 332] 친권자 및 양육자지정 심판청구서

친권자 및 양육자 지정 심판청구

청 구 인　　홍 ○ 옥 (000000-0000000) (전화 :)
등록기준지 : 충남 논산시 은진면 교촌로 77
주 소 : 안양시 동안구 호계로 655

피청구인　　이 ○ 춘 (000000-0000000)
등록기준지 : 충남 논산시 은진면 교촌로 77
주 소 : 인천 부평구 삼산로 448

사건본인　　이 ○ 라 (000000-0000000)
등록기준지 및 주소 : 피청구인과 같음

친권자 및 양육자지정 심판청구

청 구 취 지

1. 사건본인에 대한 친권자 및 양육자로 청구인을 지정한다.
2. 소송비용은 피청구인이 부담한다.

라는 판결을 구합니다.

청 구 원 인

1. 청구인과 피청구인은 20○○. 4. 12. 혼인신고를 하고 그 사이에 사건본인을 출산하였으나, 20○○. 10. 3. 재판상 이혼을 하였습니다.
2. 피청구인은 청구인과 혼인한 후 가정을 돌보지 않고 가출을 반복하여 청구인이 술집 등지에서 피청구인을 찾아 집으로 데려오곤 하였으나 결국 20○○. 2.경 집을 나간 후 돌아오지 않아 청구인은 수원지방법원 안양지원 20○○드단 2343호로 이혼 소송을 제기하여 공시송달로 이혼판결을 받았습니다. 그리고 사건 본인은 청구인의 가출 이후부터 지금까지 청구인이 청구인 부모의 도움을 받아 양육해 왔고, 피청구인과는 연락이 완전히 단절된 상태입니다.
3. 그런데 청구인은 위 이혼 소송시 사건본인들의 친권행사자를 청구인으로 지정해 달라

는 청구를 하였어야만 했으나, 법을 잘 몰라 그러한 청구를 누락시키는 바람에 친권행사자 지정에 관한 판결을 받지 못했고, 피청구인과는 연락이 되지 않아 친권행사자에 관한 협의를 할 수도 없어 친권행사자가 지정되지 않은 상태로 지내왔습니다.

4. 그러던 중 20○○. 7. 23. 사건본인 이○라가 교통사고로 중상을 입는 바람에 그 손해배상과 관련하여 법률문제가 발생하였으나 청구인이 친권행사자로 지정되지 않은 관계로 단독으로 친권을 행사할 수 없게 되었습니다.

5. 이에 사건 본인의 친권행사자 및 양육자로 지정 받고자 이 건 심판청구에 이르렀습니다.

입 증 방 법

1. 갑 제1호증	제적등본
1. 갑 제2호증의 1, 2	각 가족관계증명서
1. 갑 제3호증의 1, 2	각 주민등록등본
1. 갑 제4호증	혼인관계증명서
1. 갑 제5호증	교통사고사실확인원

20○○. ○. ○.

위 청구인 홍 ○ 옥 (인)

○○ 가정법원 귀중

접수방법 및 유의사항

1. 청구권자 : 부부 중 일방이 다른 일방을 상대로 하여 청구하여야 한다(가소규 99조1항).
2. 수입인지 : 수개의 가사비송청구를 병합청구하는 경우에는 수개의 청구의 수수료를 합산하므로 20,000원(친권자지정 10,000원+양육자지정 10,000원)의 인지를 납부한다.
3. 송달료 : 당사자수×4,800원×12회분을 납부한다.
4. 관할 : 상대방의 주소지를 관할하는 가정법원에 제출한다.
5. 자의 양육에 관한 처분에서는 그 이행확보수단으로서 사전처분을 활용하는 것이 중요하다.

주 **1. 사실혼 중 출생한 미성년의 자녀에 대한 양육권자 지정 신청**

사실혼관계에 있는 자들 사이에서 출생한 자는 '혼인 외의 출생자'로서 그 모와의 관계에서는 인지나 출생신고를 기다리지 않고 출생으로 당연히 법률상의 친자관계가 인정될 수 있지만(대법원 1967. 10. 4. 선고 67다1791 판결), 부자관계는 부의 인지에 의하여서만 발생하게 되므로(대법원 1997. 2. 14. 96므738 판결), '혼인 외의 출생자'를 인지하기 전까지는 오직 모만이 그자에 대한 유일한 법률상 친권자로서 양육권자에 해당한다.

따라서 친권자가 복수임을 전제로 하여 공동으로 친권 및 양육권의 행사가 불가능한 경우에 제기되는 양육권지정에 관한 문제는 논리적으로 발생할 여지가 없다.

그러나 부가 자를 인지한 경우에는 자는 생모뿐만 아니라 부와도 법률상 친자관계가 인정되므로 친권자 및 양육자를 정할 필요가 있게 되며 이러한 경우 친권자 및 양육자의 지정은 원칙적으로 부모 사이의 협의로 정하되, 협의할 수 없거나 협의가 이루어지지 않은 경우에는 당사자의 청구를 통해 가정법원이 지정하게 된다(민법 909조 4항).

한편, 생부가 스스로 자를 인지하지 아니하는 경우에는 인지청구의 소를 제기할 수 있고 이 경우에는 법원이 직권으로 친권자 및 양육자를 정할 수 있게 된다(민법 909조 5항).

2. 재혼한 어머니가 친권자가 될 수 있는지 여부

미성년인 자가 있는 부모가 이혼을 할 때에는 친권자를 지정하게 된다. 통상 친권자는 부부중 일방으로 정하게 되는데, 그 일방이 사망한 경우에는 자의 친권이 상대방에게 귀속된다.

이렇게 될 경우 자의 양육에 전혀 관심이 없는 자가 갑자기 친권자가 되어 적정한 친권의 행사를 기대할 수 없게 될 수도 있다. 이때에 법원은 민법 제777조에 따른 자의 친족 또는 검사의 청구에 의하여 그 친권의 상실을 선고할 수 있고, 법정대리인인 친권자가 부적당한 관리로 인하여 자의 재산을 위태하게 한 때에는 민법 제777조에 따른 자의 친족의 청구에 의하여 그 법률행위의 대리권과 재산관리권의 상실을 선고할 수 있다. 다만, 이 경우 그 친권자에게 친권을 남용하거나 현저한 비행, 기타 친권을 행사할 수 없는 중대한 사유가 존재하여야 한다(민법 제924조, 제925조).

어떤 행위가 '친권의 남용', '현저한 비행'이 되느냐 하는 것은 구체적 사안에 따라 판단되어야 할 문제이고, 획일적인 기준이 있는 것은 아니다.

3. 친권자와 양육권자의 다른 점

친권자는 자녀의 재산관리권, 법률행위대리권 등이 있고, 양육권자는 자녀와 공동생활을 하며 각종의 위험으로부터 자녀를 보호하는 역할을 한다. 친권자 및 양육권자는 자의 복리를 우선적으로 고려하여 부 또는 모를 일방으로 정할 수도 있고, 부·모 공동으로 지정할 수도 있으며, 친권자와 양육권자를 분리하여 지정할 수도 있다.

부모가 원만하게 이혼에 합의하는 경우에는 크게 문제는 되지 않으나, 가능하면 자의 복리를 위해 친권자와 양육권자를 동일한 부모로 지정하는 것이 향우 자녀의 여권발급이나 긴급한 상황 등(병원입원 등)에서 보호자를 신속하게 확인하는데 도움이 된다.

[서식 333] 양육자변경 및 양육비 심판청구서

양육자변경 및 양육비 심판청구

청 구 인 김 ○ 실 (000000-0000000) (전화 :)
등록기준지 : 서울 동대문구 제기로 576
주 소 : 서울 강북구 본로 205
송 달 장 소 : 서울 서초구 서초로 1377

피청구인 1. 박 ○ 근 (000000-0000000)
등록기준지 : 서울 동대문구 제기로 576
주 소 : 서울 성북구 하월곡로 90
2. 이 ○ 숙 (000000-0000000)
등록기준지 : 서울 동대문구 제기로 576
주 소 : 서울 성북구 하월곡로 90

사건본인 박 가 람 (000000-0000000)
등록기준지 및 주소는 위 피청구인과 같음

청 구 취 지

1. 사건본인의 양육자로 피청구인 박○근을 청구인으로 변경한다.
2. 피청구인 이○숙은 사건본인을 청구인에게 인도하라.
3. 피청구인 박○근은 사건본인의 양육비로서 청구인에게 20○○. 7. 1.부터 사건본인이 만 19세에 이를 때까지 매월 금 500,000원을 지급하라.
4. 심판비용은 피청구인들이 부담한다.
5. 제2항 및 제3항은 가집행할 수 있다.

라는 판결을 구합니다.

청 구 원 인

1. 청구인과 피청구인 박○근(이하 피청구인은 박○근을 말합니다)은 20○○. 6. 3. 혼인신고를 마친 부부로서 20○○. 9. 16. 아들인 사건본인을 출산하였습니다.

2. 피청구인과 청구인은 대학 선·후배간으로 4년 가량 교제하던 중 서로의 성격에 호감을 가져 혼인을 하게 되었고, 결혼 초에는 어느 가정 못지 않게 행복한 가정을 꾸려나

갔으며 남부러울 것이 없었습니다.

3. 그러나, 사건본인을 출산한 이후부터는 회사일 핑계로 늦은 귀가와 외박이 잦았고, 청구인은 회사일 때문에 그런 것이라 믿었기에 참고 살았습니다. 하지만 피청구인의 생활습관은 개선되지 않았고 밤늦은 시간까지 모르는 여자들로부터 전화가 걸려오기도 하여 사유를 물으면 폭언과 폭행으로 무마하려 하였습니다.

4. 결국 청구인과 피청구인은 20○○. 6. 20.자로 협의이혼하면서 사건본인의 양육자를 피청구인으로 정하였습니다. 이혼이후 피청구인 박○근은 재혼을 하면서 사건본인을 박○근의 모친인 피청구인 이○숙에게 맡겼으며, 청구인은 회사에 취직하여 현재까지 직장생활을 하고 있습니다.

5. 현재 사건본인 박○람은 할머니인 이○숙이 보살피고 있다고는 하나 피청구인 이○숙은 연로한데다 노환까지 겹쳐 어린 손자를 돌본다는 것이 적합하지 않은 것으로 보입니다.

6. 따라서 사건본인의 장래를 위하여 청구인이 사건본인을 양육하는 것이 타당하며 아울러 사건본인이 성년에 이를 때까지의 생활비를 지급받고자 이 사건 청구에 이른 것입니다.

입 증 방 법

1. 갑 제1호증　　　　　　제적등본
1. 갑 제2호증의 1, 2　　　가족관계증명서
1. 갑 제3호증의 1, 2　　　주민등록등본
1. 갑 제4호증　　　　　　혼인관계증명서
1. 갑 제5호증　　　　　　사실확인서

20○○. ○. ○.

위 청구인 김 ○ 실 (인)

○○ 가정법원 귀중

접수방법

1. 수입인지 : 양육자지정, 유아인도, 양육비청구는 모두 마류 3호 양육에 관한 처분에 해당하므로 1개의 사건으로 보아 10,000원의 인지를 납부한다.

2. 송달료 : 당사자수×4,800원(우편료)×12회분을 납부한다.
3. 관할법원 : 상대방의 주소지를 관할하는 가정법원에 제출한다.
4. 자의 양육에 관한 처분에서는 그 이행확보수단으로서 사전처분을 활용하는 것이 중요하다.

주 1. 양육자 변경

부모가 이혼하는 때에는 당사자의 협의 또는 가정법원의 심판에 의하여 양육자를 지정한다. 가정법원의 심판을 통해서 양육자가 지정되더라도 그 심판에 기판력은 없다. 그러므로 심판은 가정법원의 직권 또는 당사자의 청구에 의하여 언제든지 변경할 수 있다.

심판의 변경은 반드시 사정변경이 있을 때에만 하는 것이 아니고 원래의 심판이 위법, 부당하다고 인정되는 경우에도 할 수 있다(대법원 1991. 6. 25. 선고 90므699 판결).

2. 재혼한 어머니가 친권자가 될 수 있는지 여부

미성년인 자가 있는 부모가 이혼을 할 때에는 친권자를 지정하게 된다. 통상 친권자는 부부 중 일방으로 정하게 되는데, 그 일방이 사망한 경우에는 자의 친권이 상대방에게 귀속된다. 이렇게 될 경우 자의 양육에 전혀 관심이 없는 자가 갑자기 친권자가 되어 적정한 친권의 행사를 기대할 수 없게 될 수도 있다. 이때에 법원은 민법 제777조에 따른 자의 친족 또는 검사의 청구에 의하여 그 친권의 상실을 선고할 수 있고, 법정대리인인 친권자가 부적당한 관리로 인하여 자의 재산을 위태하게 한 때에는 민법 제777조에 따른 자의 친족의 청구에 의하여 그 법률행위의 대리권과 재산관리권의 상실을 선고할 수 있다. 다만, 이 경우 그 친권자에게 친권을 남용하거나 현저한 비행, 기타 친권을 행사할 수 없는 중대한 사유가 존재하여야 한다(민법 제924조, 제925조).

어떤 행위가 '친권의 남용' '현저한 비행'이 되느냐 하는 것은 구체적 사안에 따라 판단되어야 할 문제이고, 획일적인 기준이 있는 것은 아니다.

3. 친권자와 양육권자의 다른 점

친권자는 자녀의 재산관리권, 법률행위대리권 등이 있고, 양육권자는 자녀와 공동생활을 하며 각종의 위험으로부터 자녀를 보호하는 역할을 한다. 친권자 및 양육권자는 자의 복리를 우선적으로 고려하여 부 또는 모를 일방으로 정할 수도 있고, 부·모 공동으로 지정할 수도 있으며, 친권자와 양육권자를 분리하여 지정할 수도 있다.

부모가 원만하게 이혼에 합의하는 경우에는 크게 문제는 되지 않으나, 가능하면 자의 복리를 위해 친권자와 양육권자를 동일한 부모로 지정하는 것이 향우 자녀의 여권발급이나 긴급한 상황 등(병원입원 등)에서 보호자를 신속하게 확인하는데 도움이 된다.

[서식 334] 친권행사 및 양육자변경 심판청구서

친권행사 및 양육자변경 심판청구

청 구 인 홍 ○ ○ (000000-0000000) (전화 :)
등록기준지 ○○도 ○○군 ○○읍 ○○로 ○○○
주 소 ○○시 ○○구 ○○로 ○○○ (우편번호 : 00000)

상 대 방 신 ○ ○ (000000-0000000)
등록기준지 ○○도 ○○군 ○○읍 ○○로 ○○
주 소 ○○시 ○○구 ○○로 ○○○ (우편번호 : 00000)

사건본인 1. 홍 ○ 일 (000000-0000000) (전화 :)
2. 홍 ○ 이 (000000-0000000)
사건본인들의 등록기준지 및 주소 상대방과 같음

청 구 취 지

1. 청구인과 상대방 사이에서 출생한 사건본인 홍○일, 같은 홍○이의 친권을 행사할 자 및 양육자를 상대방으로부터 청구인으로 변경한다.
2. 심판비용은 상대방이 부담한다.

라는 심판을 구합니다.

청 구 원 인

1. 청구인과 상대방은 20○○. ○. ○. 혼인신고를 마친 법률상의 부부로서 그 사이에 아들인 사건본인 홍○일과 홍○이를 두었습니다.
2. 상대방은 혼인생활 중에 청구인이 사업에 실패하여 수입이 없다고 구박을 하면서도 청구인 몰래 다른 남자를 만나면서 사실상의 혼인생활을 유지하였습니다.
   그러나 청구인은 가장으로서 가정의 역할을 다하지 못하게 되자 이에 상대방은 청구인에게 협의이혼을 요구하였고, 상대방의 뜻에 따라 협의이혼과 사건 본인들의 친권과 양육권을 모두 피청구인으로 합의하였습니다.
3. 사건본인들의 친권행사자 및 양육권자를 상대방을 지정하기로 협의하면서 청구인은 위 사건본인들과 정기적인 만남을 가지게 하겠다고 상대방이 약속하였으나 이 약속은

상대방의 방해로 현재 지켜지지 않고 있으며, 상대방은 청구인과 협의이혼을 한 이후 바로 다른 남자와 동거를 시작하였고, 동거 6개월이 지난 시점에서는 재혼을 하고 위 사건본인들에게 아빠라고 호칭하도록 하였습니다.

4. 문제는 상대방이 재혼을 하면서 남자(소외 김개동)측에서 아이들이 있었는데 이 아이들과 위 사건본인들은 나이가 서로 비슷하여 매일 다투게 되었고, 아이들이 다투게 되면 위 소외 김개동은 위 사건본인들에게 회초리로 때리고 '밥 먹는 것이 아깝다' 또는 '차라리 집을 나가라'라는 등의 폭언을 서슴치 아니하고 있으나 상대방은 아무런 대응을 하지 못하고 있습니다.

5. 20○○. ○.월 어느 날 위 사건본인 홍○일이 청구인의 집을 찾아와서 청구인과 함께 살고 싶다는 말을 남기고 돌아가면서 사건본인의 엉덩이를 보았는데 아직도 선명하게 시퍼런 멍 자국이 남아 있어서 그 이유를 물어보니 소외 김개동이 위 사건본인 홍○일에게 회초리로 이유 없이 구타하였다는 것입니다.

6. 청구인은 상대방과 이혼 이후 약 2년 동안 열심히 직장생활을 하여 현재 월 200만원의 수입이 있고, 작지만 주택을 마련하였기에 위 사건본인들과 함께 생활을 하는 데에는 어려움이 없으며 이들을 양육하는데 사용되는 비용도 무리가 없는 상태입니다.

7. 결론적으로 상대방은 위 사건본인들의 친생모이지만 사건본인들 이외에 두명의 아이들이 있고, 상대방이 사건본인들에 대한 소외 김개동의 폭력에 대응하지 못하고 있으며, 무엇보다도 사건본인들이 청구인과 함께 생활을 희망하고 있으며, 청구인은 사건본인의 양육을 하는 데에는 경제적인 어려움이 없다 할 것입니다.

8. 따라서 청구인은 청구취지와 같은 심판을 구하기 위하여 본 건 청구에 이른 것입니다.

첨 부 서 류

1. 가족관계증명서 1통
1. 주민등록등본 1통
1. 진단서 사본 1통

20○○. ○. ○.

청구인 홍 ○ ○ (인)

○○ 가정법원 귀중

접수방법

1. 수입인지 : 40,000원[친권행사자변경 20,000원(사건본인 1명당 10,000원×2명)+양육자변경 20,000원(사건본인 1명당 10,000원×2명)]의 인지를 납부한다.
2. 송달료 : 당사자수×4,800원(우편료)×12회분을 납부한다.
3. 관할법원 : 상대방의 주소지를 관할하는 가정법원에 제출한다.
4. 자의 양육에 관한 처분에서는 그 이행확보수단으로서 사전처분을 활용하는 것이 중요하다.

주 1. **양육자 변경**

부모가 이혼하는 때에는 당사자의 협의 또는 가정법원의 심판에 의하여 양육자를 지정한다. 가정법원의 심판을 통해서 양육자가 지정되더라도 그 심판에 기판력은 없다. 그러므로 심판은 가정법원의 직권 또는 당사자의 청구에 의하여 언제든지 변경할 수 있다.

심판의 변경은 반드시 사정변경이 있을 때에만 하는 것이 아니고 원래의 심판이 위법, 부당하다고 인정되는 경우에도 할 수 있다(대법원 1991. 6. 25. 선고 90무699 판결).

2. **재혼한 어머니가 친권자가 될 수 있는지 여부**

미성년인 자가 있는 부모가 이혼을 할 때에는 친권자를 지정하게 된다. 통상 친권자는 부부 중 일방으로 정하게 되는데, 그 일방이 사망한 경우에는 자의 친권이 상대방에게 귀속된다. 이렇게 될 경우 자의 양육에 전혀 관심이 없는 자가 갑자기 친권자가 되어 적정한 친권의 행사를 기대할 수 없게 될 수도 있다. 이때에 법원은 민법 제777조에 따른 자의 친족 또는 검사의 청구에 의하여 그 친권의 상실을 선고할 수 있고, 법정대리인인 친권자가 부적당한 관리로 인하여 자의 재산을 위태하게 한 때에는 민법 제777조에 따른 자의 친족의 청구에 의하여 그 법률행위의 대리권과 재산관리권의 상실을 선고할 수 있다. 다만, 이 경우 그 친권자에게 친권을 남용하거나 현저한 비행, 기타 친권을 행사할 수 없는 중대한 사유가 존재하여야 한다(민법 제924조, 제925조).

어떤 행위가 '친권의 남용' '현저한 비행'이 되느냐 하는 것은 구체적 사안에 따라 판단되어야 할 문제이고, 획일적인 기준이 있는 것은 아니다.

3. **친권자와 양육권자의 다른 점**

친권자는 자녀의 재산관리권, 법률행위대리권 등이 있고, 양육권자는 자녀와 공동생활을 하며 각종의 위험으로부터 자녀를 보호하는 역할을 한다. 친권자 및 양육권자는 자의 복리를 우선적으로 고려하여 부 또는 모를 일방으로 정할 수도 있고, 부·모 공동으로 지정할 수도 있으며, 친권자와 양육권자를 분리하여 지정할 수도 있다.

부모가 원만하게 이혼에 합의하는 경우에는 크게 문제는 되지 않으나, 가능하면 자의 복리를 위해 친권자와 양육권자를 동일한 부모로 지정하는 것이 향후 자녀의 여권발급이나 긴급한 상황 등(병원입원 등)에서 보호자를 신속하게 확인하는데 도움이 된다.

[서식 335] 친권자 및 양육자변경 심판청구서

친권자 및 양육자변경 심판청구

청 구 인 김 ○ 실 (000000-0000000) (전화 :)
등록기준지 : 서울 동대문구 제기로 576
주 소 : 서울 강북구 본로 205
송 달 장 소 : 서울 서초구 서초로 1377

피청구인 박 ○ 근 (000000-0000000)
등록기준지 : 서울 동대문구 제기로 576
주 소 : 서울 성북구 하월곡로 90

사건본인 박 ○ 람 (000000-0000000)
등록기준지 및 주소 : 피청구인과 같음

친권자 및 양육자 변경청구

청 구 취 지

1. 사건본인에 대한 친권 행사자 및 양육자를 청구인으로 변경한다.
2. 소송비용은 피청구인이 부담한다.

라는 판결을 구합니다.

청 구 원 인

1. 청구인은 피청구인과 20○○. 3. 7. 혼인신고를 마치고 그 사이에 사건본인 가람을 두었으나 피청구인이 도박에 빠져 처자식을 부양하지 않아 20○○. 12. 2. 협의이혼하였습니다.
2. 협의 이혼시 청구인은 경제적 능력이 없어 사건 본인에 대한 친권행사자 및 양육자를 피청구인으로 하기로 피청구인과 합의하였습니다.
3. 그러나 사건본인 가람이는 이혼 당시 생후 10개월 정도에 불과하여 이혼 후에도 청구인이 친정 부모의 도움으로 계속 양육해 왔고, 사건 본인은 이혼 후 약 4개월 정도 피청구인의 모친이 양육하다가 양육을 포기하여 그 후부터 지금까지 청구인이 계속

친정 부모의 도움을 받아 양육하고 있습니다.

4. 위와 같이 사건 본인은 협의 이혼 후 지금까지 약 5년 동안 청구인이 친정 부모의 도움으로 계속 양육해 왔을 뿐만 아니라, 피청구인은 청구인과의 이혼 후 일정한 직업 없이 전국을 떠돌아다니면서 사건 본인의 양육에는 전혀 관심도 없고 소재 파악조차 되지 않아 사건 본인의 친권행사자 및 양육자로는 부적합하므로 사건본인의 친권행사자 및 양육자를 청구인으로 변경함이 타당하다고 하겠습니다. 그리고 청구인은 현재 모회사에 재직 중이라 위 사건본인을 양육할 수 있는 경제적 능력도 있습니다.

5. 이상의 이유로 청구취지와 같은 심판을 구하기 위하여 이 건 청구에 이르렀습니다.

입 증 방 법

1. 갑 제1호증 제적등본
1. 갑 제2호증의 1, 2 각 가족관계증명서
1. 갑 제3호증의 1, 2 각 주민등록등본
1. 갑 제4호증 혼인관계증명서
1. 갑 제5호증 사실확인서

20○○. ○. ○.

위 청구인 김 ○ 실 (인)

○○ 가정법원 귀중

접수방법

1. 수입인지 : 20,000원(= 친권행사자변경 10,000원+양육자변경 10,000원)의 인지를 납부한다.
2. 송달료 : 당사자수×4,800원(우편료)×12회분을 납부한다.
3. 관할법원 : 상대방의 주소지를 관할하는 가정법원에 제출한다.
4. 자의 양육에 관한 처분에서는 그 이행확보수단으로서 사전처분을 활용하는 것이 중요하다.

㈜ 1. 양육자 변경

부모가 이혼하는 때에는 당사자의 협의 또는 가정법원의 심판에 의하여 양육자를 지정한다. 가정법원의 심판을 통해서 양육자가 지정되더라도 그 심판에 기판력은 없다. 그러므로 심판은 가정법원의 직권 또는 당사자의 청구에 의하여 언제든지 변경할 수 있다.

심판의 변경은 반드시 사정변경이 있을 때에만 하는 것이 아니고 원래의 심판이 위법, 부당하다고 인정되는 경우에도 할 수 있다(대법원 1991. 6. 25. 선고 90므699 판결).

2. 재혼한 어머니가 친권자가 될 수 있는지 여부

미성년인 자가 있는 부모가 이혼을 할 때에는 친권자를 지정하게 된다. 통상 친권자는 부부 중 일방으로 정하게 되는데, 그 일방이 사망한 경우에는 자의 친권이 상대방에게 귀속된다. 이렇게 될 경우 자의 양육에 전혀 관심이 없는 자가 갑자기 친권자가 되어 적정한 친권의 행사를 기대할 수 없게 될 수도 있다. 이때에 법원은 민법 제777조에 따른 자의 친족 또는 검사의 청구에 의하여 그 친권의 상실을 선고할 수 있고, 법정대리인인 친권자가 부적당한 관리로 인하여 자의 재산을 위태하게 한 때에는 민법 제777조에 따른 자의 친족의 청구에 의하여 그 법률행위의 대리권과 재산관리권의 상실을 선고할 수 있다. 다만, 이 경우 그 친권자에게 친권을 남용하거나 현저한 비행, 기타 친권을 행사할 수 없는 중대한 사유가 존재하여야 한다(민법 제924조, 제925조).

어떤 행위가 '친권의 남용' '현저한 비행'이 되느냐 하는 것은 구체적 사안에 따라 판단되어야 할 문제이고, 획일적인 기준이 있는 것은 아니다.

3. 친권자와 양육권자의 다른 점

친권자는 자녀의 재산관리권, 법률행위대리권 등이 있고, 양육권자는 자녀와 공동생활을 하며 각종의 위험으로부터 자녀를 보호하는 역할을 한다. 친권자 및 양육권자는 자의 복리를 우선적으로 고려하여 부 또는 모를 일방으로 정할 수도 있고, 부·모 공동으로 지정할 수도 있으며, 친권자와 양육권자를 분리하여 지정할 수도 있다.

부모가 원만하게 이혼에 합의하는 경우에는 크게 문제는 되지 않으나, 가능하면 자의 복리를 위해 친권자와 양육권자를 동일한 부모로 지정하는 것이 향우 자녀의 여권발급이나 긴급한 상황 등(병원입원 등)에서 보호자를 신속하게 확인하는데 도움이 된다.

46. 면접교섭권의 심판

가. 의 의

이혼 후 자녀를 직접 양육하지 않는 부모 중 일방은 자녀와의 면접교섭권이 인정되는데, 이는 친권자가 양육자가 아니기 때문에 현실적으로 자녀를 보호, 교양하지 않는 어버이라 할지라도 그 자녀와 만나거나 서신교환, 선물교환, 전화통화 등을 통하여 접촉할 수 있는 권리를 말한다.

따라서 자녀의 양육이나 생활에 방해가 되는 면접교섭권이나 비양육 부모가 정신질환 내지 알코올중독, 난잡한 생활 등 오히려 자녀에게 해로운 경우에는 인정되지 않거나 제한될 수 있다.

주로 함께 살고 있지 않은 부모자식간에 면접교섭권의 내용은 구체적 사정에 따라 자녀와 부모간의 대화, 서신교환, 전화, 사진이나 선물의 교환, 동반여행, 여행관람, 쇼핑 등을 할 수 있을 것이며, 때에 따라서 예를 들면 겨울·여름방학, 주말을 이용한 일정한 기간 동안의 동거 등을 상정해 볼 수 있을 것이다.

나. 심 리

자녀의 심리상태, 면접교섭권에 대한 자녀의 태도, 자녀의 양육상황, 비양육친의 자녀에 대한 태도, 예정 및 면접교섭에 임하는 자세, 양육친의 의견 등을 종합적으로 고려하여, 면접교섭이 사건본인의 복리를 침해한다는 구체적이고 특별한 사정이 발견되지 않는 한, 원칙적으로 면접교섭권을 인정하는 것이 일반적이다.

다. 면접청구권의 형태

(1) 면접교섭권을 적극적으로 인정하는 형태의 것

① 청구인은 사건본인의 방학기간중인 매년 1월과 8월 중 청구인이 희망하는 각 7일간(또는 매년 8. 4.부터 8. 10.까지 및 1월 5일부터 1월 11일까지 각 7일간) 사건본인들을 청구인 주소지 또는 청구인이 지정하는 장소에서 동거할 수 있다.

② 청구인은 매월 둘째 일요일의 오전 10:00시부터 오후 20:00시 사이의 시간 중 10시간 동안 청구인의 주소지에서 만날 수 있다.

③ 청구인은 매월 일요일에 오전 10:00시부터 오후 20:00시까지 상대방의 주소지로 사건본인을 방문할 수 있다.

④ 청구인은 매년 설날과 추석날에 사건본인을 청구인의 집으로 데려 가서 차례 및 성묘를 참례하게 할 수 있다.

⑤ 청구인은 매주 토요일 임의의 시간에 상대방의 주소지 전화번호로 전화하여 청구인이 지정하는 시간 동안 사건본인들과 통화할 수 있다.

⑥ 청구인은 매주 수요일과 일요일 오전 10:00시부터 20:00시까지 중 임의의 사건 또는 당사자들이 합의한 그 외의 시간에 공인된 전화 또는 상호 양해된 전화번호로 15분을 넘지 않는 범위 내에서 사건본인과 전화 통화를 할 수 있다.

⑦ 청구인은 사건본인들 월 2회의 범위 내에서 편지 및 선물을 교환을 할 수 있다.

(2) 면접교섭권을 제한·배제하는 형태의 것

① 상대방은 사건본인이 초등학교에 입학할 때까지 사건본인을 면접 교섭하는 일체의 행위를 하여서는 아니된다.

② 상대방은 사건본인을 면접교섭하는 일체의 행위를 하여서는 아니된다.

(3) 양육자에게 일정한 의무를 부과하는 형태

① 청구인은 사건본인에 대하여 면접교섭권을 행사할 수 있고, 양육자는 이를 방해하여서는 아니된다.

② 양육자는 사건본인을 매월 첫째 토요일 14:00 ○○장소에서 청구인에게 인도하고, 청구인은 같은 날 21:00 같은 장소에서 사건본인을 양육자에게 다시 인도한다.

라. 면접교섭권의 제한 또는 배제청구의 심판

(1) 제한 및 배제의 사유

① 친권상실사유가 있는 경우

② 이혼사건에서 비양육친이 유책배우자로 인정되는 사유만으로 면접교섭권이 배제되는 것은 아니다. 그러나 그 유책행위의 개별적인 사유가 '자의 복리'에 대한 미치는 영향이 있어야 한다.

③ 비양육친이 심판이나 협의에 의하여 면접교섭권을 하는 과정에서 양육친 등에 대하여 근거 없는 비방을 하거나 정당한 이유 없이 일시, 장소, 방법 등 면접교섭 조건을 위반하는 경우, 양육친은 기존의 면접교섭권행사를 제한해 달라는 취지의 변경청구를 할 수 있다.

④ 원칙적으로 양육친이나 비양육친이 재혼하였다는 사유만으로 비양육친의 면접교섭권이 배제되는 것은 아니다. 그러나 '자의 복리'에 대한 미치는 영향 등을 구체적으로 심리하여 면접교섭권을 일시적으로 배제 또는 제한할 경우도 있다.

⑤ 양육친의 반대가 있다는 사유만으로 비양육친의 면접교섭권이 배제된다고 볼 수는 없다. 그러나 면접교섭으로 인하여 다툼이 증폭됨으로써 '자의 복리'에 악영향을 미친다는 구체적 사정이 충분히 예상되는 경우에는 이를 제한할 수 있다고 본다.

마. 관 할

상대방의 보통재판적(상대방의 주소지)이 있는 곳의 가정법원이 관할하고, 가정법원의 단독판사의 사물관할에 속한다.

바. 청구취지 기재례

1. 청구인은 사건본인이 방학기간 중인 매년 8. 6.부터 8. 11.까지 및 1. 10.부터 1. 16.까지 각 7일간 사건본인들과 청구인의 주소지 또는 청구인이 지정하는 장소에서 동거할 수 있다.
2. 청구인은 매주 토요일 임의의 시간에 상대방의 주소지 전화번호로 전화하여 청구인이 지정하는 시간 동안 사건본인들과 통화할 수 있다.
3. 청구인은 사건본인들과 월 2회 범위 내에서 편지 및 선물을 교환할 수 있다.
4. 상대방은 위 제1항 내지 3항에서 인정된 청구인의 권리행사를 방해하여서는 아니된다.
5. 심판비용은 상대방이 부담한다.

---

1. 청구인은 이 결정고지일로부터 사건본인들이 각 15세에 이르기까지 매년 1월과 8월 중 청구인이 희망하는 각 7일간 사건본인들을 청구인 주소지 기타 청구인이 책임질 수 있는 장소에 데리고 가 동거할 수 있고, 상대방들은 이를 방해하여서는 아니된다.
2. 심판비용은 상대방이 부담한다.

---

1. 상대방은 청구인이 사건본인들을 만나는 것을 방해하여서는 아니된다.
2. 심판비용은 상대방이 부담한다.

[서식 336] 면접교섭권허가청구서(1)

면접교섭권허가청구

청 구 인　　임 ○ 순 (000000-0000000) (전화 :)
　　　　　　등록기준지 서울 서대문구 연희로 123
　　　　　　주 소 서울 동작구 사당로 234 (우편번호 : 00000)

상 대 방　　김 ○ 수 (000000-0000000)
　　　　　　등록기준지 서울 강서구 가양로 345
　　　　　　주 소 서울 관악구 신림로 456 (우편번호 : 00000)

사건본인　　박 ○ 철 (000000-0000000) (전화 :)
　　　　　　등록기준지 및 주소 상대방과 같음

청 구 취 지

1. 청구인은 매월 둘째 일요일의 오전 10시부터 오후 4시까지 청구인이 원하는 장소에서 사건본인들을 만나 함께 지낼 수 있다.
2. 상대방은 청구인과 사건본인들의 면접이 원만히 이루어지도록 협조하여야 하고 이를 방해하여서는 아니된다.
3. 심판비용은 상대방의 부담으로 한다.

라는 심판을 구합니다.

청 구 원 인

1. 청구인과 상대방은 20○○. 1. 10. 혼인신고를 마친 부부로서 20○○. 4. 1. 사건본인을 출산하였습니다.

2. 청구인은 상대방으로부터 심히 부당한 대우를 받았음을 원인으로 하여 이혼소송을 제기하여 1심에서 승소하고 상대방이 항소하였으나 재산분할청구부분 이외에는 1심대로 청구인 승소판결이 선고되어 위 판결은 20○○. 11. 20. 확정되었습니다.
그러나 청구인은 위 판결 1심에서 양육자지정신청도 같이 하였으나 상대방이 극구 다투는데다 사건본인이 3대독자이기 때문에 청구인이 양보하여 양육자지정신청부분을 취하하고 그 부분에 대해서는 상대방과 협의하여 상대방이 친권자 및 양육자로 지정되었습니다.

3. 그런데 청구인은 20○○. 4. 초순경 상대방에게 사건본인을 한달에 한번이라도 만나게 해 달라고 간청하였으나 청구인이 양육자가 아니라는 이유로 청구인으로 하여금 사건본인을 만나지 못하도록 하여 결국은 청구인이 사건본인을 만나지 못하고 되돌아오고 말았습니다

4. 청구인은 현재나 앞으로도 재혼을 하지 않을 것이고 사건본인이 보고 싶어 잠을 못 이루는 날이 갈수록 많아지고 있으며 또한 사건본인도 청구인을 상당히 보고싶어 하고 있습니다.

5. 청구인은 위와 같은 사정으로 인하여 한달에 한번은 사건본인을 면접교섭할 수 있기를 바라와 이 심판청구를 합니다.

첨 부 서 류

1. 가족관계증명서 1통
1. 주민등록신고 1통
1. 판결문 1통

20○○. ○. ○.

청구인 임 ○ 순 (인)

○○ 가정법원 귀중

접수방법

1. 수입인지 : 사건본인 1명당 10,000원의 인지를 납부한다.
2. 송달료 : 당사자수×4,800원×12회분을 납부한다.
3. 관할 : 상대방의 보통재판적소재지(주소지)의 가정법원이다.

㈜ 종전에는 부모에게만 면접교섭권을 인정하고 있어 자녀는 면접교섭권의 객체로 인식되는 문제가 있었는데, 개정법에서는 자녀에게도 면접교섭권을 인정하여 유엔아동권리협약상 '아동이익 최우선의 원칙'이 실현되고 아동의 권리가 강화될 것으로 기대되고 있다. 즉, 자를 직접 양육하지 아니하는 부모의 일방과 자(子)는 상호 면접교섭할 수 있는 권리를 가지도록 한 것이다(민법 837조의2 1항, 2007. 12. 21.부터 시행).

[서식 337] 면접교섭권허가청구서(2)

면접교섭권허가청구

청 구 인 유 ○ 숙 (000000-0000000) (전화 :)
등록기준지 서울 성동구 금호로 123
주 소 서울 동작구 상도로 234 (우편번호 : 00000)

상 대 방 김 ○ 호 (000000-0000000)
등록기준지 경기도 양수군 주내면 산북로 345
주 소 서울 강남구 대치로 456 (우편번호 : 00000)

사건본인 박 ○ 철 (000000-0000000) (전화 :)
등록기준지 및 주소 상대방과 같음

청 구 취 지

상대방 김○호(부)는 매월 둘째 토요일의 오후 4시부터 다음날 오후 4시까지에 한하여 청구인의 주소지로 사건본인을 방문하여 교섭할 수 있고, 사건본인이 여름방학과 겨울방학 기간에는 방학시작 후 1주일간 모자가 함께 지낼 것을 허가한다.
라는 심판을 구합니다.

청 구 원 인

1. 청구인과 상대방은 20○○. 2. 10. 혼인하여 20○○. 10. 5. 사건본인을 출산하고 부부관계를 유지하여 오다 상대방이 청구외 이○자와 불륜관계를 가지기 시작하고부터 청구인과 상대방간에 가정불화가 계속되어 왔습니다.
위 이○자는 20○○. 2. 10.경 피청구인의 아기를 임신까지 하게 되어 청구인과 상대방은 협의이혼을 하여 20○○. 7. 10. 이혼신고를 마쳤습니다.
협의이혼을 할 무렵 청구인은 상대방의 요구에 따라 사건본인에 대한 친권자를 아버지인 상대방으로 하도록 협의해 주었는데 청구인으로서는 그렇게 되면 청구인이 사건본인을 만나고 싶어하면 당연히 이를 수용하리라 생각했던 것이었습니다.
2. 상대방은 청구인과 이혼하기 전에는 슈퍼마켓을 크게 하고 있었는데 그 후 부진하여 2010. 2.경 다른 사람에게 매각처분하고 현재는 상대방과 사건본인의 계모는 식당을

경영하고 있습니다.

3. 청구인은 현재까지 재혼도 하지 않고 혼자 살고 있으며 앞으로도 재혼할 의사가 없으므로 아들인 사건본인에 대한 모정을 억누를 수가 없어서 상대방에게 사건본인에 대한 면접을 요청하였지만 동인은 이를 냉정히 거절하고 사건본인과의 면접을 일체 차단하고 있습니다.

4. 청구인으로서는 상대방이 이미 재혼을 하였으므로 사건본인이 계모 밑에서 어떻게 지내고 있는지 걱정이 되고 또 아들이 엄마가 없이 자라느라 매사 용기를 잃고 의기소침해 있지나 않는지 등등으로 아이 생각에 잠못 이루는 밤이 많아졌습니다.
청구인은 사건본인을 만나서 용기를 북돋워 주고 희망을 심어주며 엄마에 대한 자식의 정을 풀 수 있는 길을 터 주기 위하여 본 건 청구에 이르렀습니다.

첨 부 서 류

1. 가족관계증명서	1통
1. 주민등록등본	1통
1. 판결(이혼) 사본	1통

20○○. ○. ○.

청구인 유 ○ 숙 (인)

○○ 가정법원 귀중

접수방법

1. 수입인지 : 사건본인 1명당 10,000원의 인지를 납부한다.
2. 송달료 : 당사자수×4,800원×12회분을 납부한다.
3. 관할 : 상대방의 보통재판적소재지(주소지)의 가정법원이다.

㈜ 종전에는 부모에게만 면접교섭권을 인정하고 있어 자녀는 면접교섭권의 객체로 인식되는 문제가 있었는데, 개정법에서는 자녀에게도 면접교섭권을 인정하여 유엔아동권리협약상 '아동이익 최우선의 원칙'이 실현되고 아동의 권리가 강화될 것으로 기대되고 있다. 즉, 자를 직접 양육하지 아니하는 부모의 일방과 자(子)는 상호 면접교섭할 수 있는 권리를 가지도록 한 것이다(민법 837조의2 1항, 2007. 12. 21.부터 시행).

[서식 338] 면접교섭권허가청구서(3)

면접교섭권허가청구

청 구 인　　이 ○ 희 (000000-0000000) (전화 :)
등록기준지 : 경기도 연천군 연천읍 차탄로 345
주　　소 : 경기도 연천군 연천읍 고문로 1209
송 달 장 소 : 서울 서초구 서초로 1377

피청구인　　민 ○ 기 (000000-0000000)
등록기준지 : 경기도 연천군 연천읍 차탄로 345
주　　소 : 의정부시 가능로 634

사건본인　　민 ○ 훈 (000000-0000000)
등록기준지 및 주소 : 피청구인과 같음

면접교섭 심판청구

청 구 취 지

1. 피청구인은 청구인에 대하여 매주 토요일 오후 5:00부터 다음날 오후 4:00까지 청구인의 집에서 면접할 것을 허락한다.
2. 심판비용은 피청구인 부담으로 한다.

라는 심판을 구합니다.

청 구 원 인

1. 청구인과 피청구인은 20○○. 1. 13. 혼인신고를 마친 법률상 부부였으나 7여년 정도 결혼 생활을 한 후 20○○. 12. 22.경 협의이혼을 하였습니다.
2. 이혼당시 피청구인을 친권자 및 양육자로 정하여 피청구인이 사건본인을 양육하고 있습니다만 청구인은 그 동안 몇 번 사건본인을 면접하여 모자간의 정을 나눈바 있습니다.
3. 그런데 근래에 와서 피청구인은 사건본인을 만나는 것을 일체 허락하지 아니하고 있습니다. 이에 청구인은 만나보고 싶은 정을 참다못하여 요즘은 사건본인이 다니는

유치원에 가서 먼발치로 바라보곤 합니다.

4. 위와 같이 모자간 천륜을 끊은 피청구인의 행위는 사건본인의 성장에 나쁜 영향을 미칠 뿐만 아니라 정신적, 육체적으로도 심한 고통을 주는 것이므로 사건본인의 행복과 복지를 위해서 청구인은 청구취지와 같은 심판을 구하오니 허락하여 주시기 바랍니다.

입 증 방 법

1. 갑 제1호증	제적등본
1. 갑 제2호증의 1, 2	가족관계증명서
1. 갑 제3호증의 1, 2	주민등록등본
1. 갑 제4호증	혼인관계증명서
1. 갑 제5호증	사실확인서

20○○. ○. ○.

위 청구인 이 ○ 희 (인)

○○ 가정법원 귀중

접수방법

1. 수입인지 : 사건본인 1명당 10,000원의 인지를 납부한다.
2. 송달료 : 당사자수×4,800원×12회분을 납부한다.
3. 관할 : 상대방의 보통재판적소재지(주소지)의 가정법원이다.

㈜ 종전에는 부모에게만 면접교섭권을 인정하고 있어 자녀는 면접교섭권의 객체로 인식되는 문제가 있었는데, 개정법에서는 자녀에게도 면접교섭권을 인정하여 유엔아동권리협약상 '아동이익 최우선의 원칙'이 실현되고 아동의 권리가 강화될 것으로 기대되고 있다. 즉, 자를 직접 양육하지 아니하는 부모의 일방과 자(子)는 상호 면접교섭할 수 있는 권리를 가지도록 한 것이다(민법 837조의2 1항, 2007. 12. 21.부터 시행).

[서식 339] 면접교섭권허가청구서(4)

면접교섭권허가청구

청 구 인　　박 ○ 석 (000000-0000000) (전화 :　　　　)
등록기준지　서울 성동구 금호로 123
주　　소　서울 동작구 상도로 234 (우편번호 : 00000)

상 대 방　　이 ○ 희 (000000-0000000) (전화 :　　　　)
등록기준지　경기도 양수군 주내면 산북로 345
주　　소　서울 강남구 대치로 456 (우편번호 : 00000)

사건본인　　박 ○ 철 (000000-0000000)
등록기준지 및 주소　상대방과 같음

청 구 취 지

1. 청구인인 매월 둘째주 토요일 10:00시부터 그 다음날 10:00시까지 청구인이 원하는 장소에서 사건본인을 만나 함께 지낼 수 있다.
2. 상대방은 청구인과 사건본인의 면접이 원만히 이루어지도록 협조하여야 하고 이를 방해하여서는 아니된다.
3. 심판비용은 상대방이 부담한다.

라는 심판을 구합니다.

청 구 원 인

1. 청구인과 상대방은 20○○. ○. ○. 혼인한 후 그 사이에 사건본인(만 4세, 남)을 둔 상태에서 서로 성격 등이 맞지 않아 20○○. ○. ○. 협의이혼한 사실이 있습니다. 상대방은 협의이혼하면서 사건본인에 대한 친권자 및 양육자를 상대방으로 하고, 청구인은 양육비로 매월 50만원씩 상대방에게 지급하기로 하며, 대신 매주 1회 일요일 하루는 청구인이 면접교섭할 수 있도록 보장해 준다는 약정을 한 사실이 있습니다.
2. 그런데 상대방은 협의이혼한 이후 몇 달간은 청구인이 사건본인과 면접교섭할 수 있도록 하여 주었으나 20○○. ○. ○.부터는 사건본인에게 영향이 있다고 하면서 전혀 보여주질 않고 있습니다.

3. 그러나 청구인은 그동안 양육비를 성실히 지급하여 왔으며, 수차례의 면접교섭과정에서도 사건본인에게 어떤 안 좋은 영향을 끼친 적이 없습니다.
오히려 사건본인도 청구인을 만나는 것을 즐거워하였습니다. 이는 순전히 상대방이 감정적으로 사건본인을 청구인에게 보여주지 않기 위한 핑계에 지나지 않습니다.
4. 따라서 청구인은 청구취지와 같은 심판을 받고자 이 건 신청에 이른 것입니다.

첨 부 서 류

1. 가족관계증명서 1통
1. 주민등록등본 1통

20○○. ○. ○.

청구인 박 ○ 석 (인)

○○ 가정법원 귀중

접수방법

1. 수입인지 : 사건본인 1명당 10,000원의 인지를 납부한다.
2. 송달료 : 당사자수×4,800원×12회분을 납부한다.
3. 관할 : 상대방의 보통재판적소재지(주소지)의 가정법원이다.

주 종전에는 부모에게만 면접교섭권을 인정하고 있어 자녀는 면접교섭권의 객체로 인식되는 문제가 있었는데, 개정법에서는 자녀에게도 면접교섭권을 인정하여 유엔아동권리협약상 '아동이익 최우선의 원칙'이 실현되고 아동의 권리가 강화될 것으로 기대되고 있다. 즉, 자를 직접 양육하지 아니하는 부모의 일방과 자(子)는 상호 면접교섭할 수 있는 권리를 가지도록 한 것이다(민법 837조의2 1항, 2007. 12. 21.부터 시행).

47. 친권의 상실선고 등

가. 의 의

부 또는 모가 친권을 남용하거나 현저한 비행 기타 친권을 행사할 수 없는 중대한 사유가 있는 때에는 법원은 청구에 의하여 친권상실을 선고할 수 있다(민법 924조). 친권은 자녀에 대한 권리일 뿐만 아니라 의무이므로 자녀의 복리를 우선해야 한다. 따라서 이 같은 의무에 위반할 경우 친권의 배제가 허용되는 것이다.

친권자가 부적당한 권리로 인하여 자녀의 재산을 위태하게 한 때에는 가정법원이 자녀의 친족의 청구에 따라 법률행위의 대리권과 재산관리권의 상실을 선고할 수 있다(민법 925조).

나. 청구권자

민법 제924조는 민법 제777조 소정의 친족(8촌 이내의 혈족, 4촌 이내의 인척, 배우자) 또는 검사가 청구할 수 있다. 그 밖에 아동복지법 제12조는 도지사, 시장, 군수, 구청장에게도 그 청구적격을 인정하고 있다. 친권상실선고청구의 상대방은 당해 친권자이다.

다. 친권상실사유

(1) 친권남용이 있는 경우로써, 친권자가 친권의 내용인 권리를 행사함에 있어서 그 본래의 취지 및 목적을 일탈하거나(적극적 남용), 혹은 의도적으로 이를 행사하지 않음으로써(소극적 남용) 자녀의 복리를 현저하게 침해하거나 자녀를 학대하는 등의 신상에 관한 남용 외에 자녀의 재산을 처분하는 것을 의미한다.

(2) 친권자의 현저한 비행이 있는 경우로써, 친권자의 심각한 소행불량을 의미한다. 즉 방탕, 도박의 상습, 친권자의 간통 등이 여기에 해당한다.

(3) 기타 친권을 행사시킬 수 없는 중대한 사유가 있는 경우이다. 중대한 사유란 친권자의 행방불명이나 생사불명, 정신병 등의 중병 또는 장기입원, 심신상실, 복역 등이 있을 것이며 그 외에 자를 유기하는 것 등도 이에 해당할 것이다.

라. 관 할

상대방이 되는 친권자의 주소지의 가정법원으로, 가정법원 합의부의 사물관할에 속한다(민사 및 가사소송의사물관할에관한규칙 3조 2호).

마. 청구취지 기재례

1. 상대방의 사건본인 김○○에 대한 친권을 상실한다. 2. 심판비용은 상대방이 부담한다.

1. 상대방의 사건본인에 대한 친권을 상실한다.
2. 심판비용은 상대방이 부담한다.

[서식 340] 친권상실선고 심판청구서(1)

친권상실선고심판청구

청 구 인 강 ○ 헌 (000000-0000000) (전화 :)
등록기준지 : 서울 강북구 미아로 75
주 소 : 서울 도봉구 쌍문로 315

피청구인 부 ○ 옥 (000000-0000000)
등록기준지 : 서울 강북구 미아로 75
주 소 : 경기도 부천시 오정구 원종로 207

사건본인 강 ○ 호 (000000-0000000)
등록기준지 및 주소 : 위 청구인과 같음

친권상실 심판청구

청 구 취 지

1. 피청구인의 사건본인에 대한 친권을 상실한다.
2. 사건본인의 후견인으로 청구인을 선임한다.
3. 심판비용은 피청구인이 부담한다.

라는 심판을 구합니다.

청 구 원 인

1. 피청구인은 청구인의 자(子)인 청구외 망 강○철과 혼인을 하여 사건본인을 낳고서 살던 중 20○○. 7. 6.경 위 강○철이 뺑소니 교통사고를 당하여 사망하게 되자 다른

남자와 같이 가출하여 버리고 사건본인만을 남겨 두었습니다. 그래서 청구인 내외가 손자인 사건본인을 키우기 시작하였습니다.

2. 한편 청구인이 손자를 위하여 교육보험을 든 것이 있었는데, 보험회사에서 초등학교, 중학교 입학축하금이 나오자 피청구인이 임의로 이를 수령하여 다른 용도로 사용하여 버렸을 뿐만 아니라 사건본인이 20○○. 3. 5 교통사고를 당하여 2주일간 한일병원에 입원하게 되었는데, 피청구인은 병원으로 와서 간호도 전혀 하지 않고 도리어 보험사 직원과 합의하여 손해배상금으로 나온 170만원을 몰래 수령하여 가버렸습니다.

3. 이와 같이 피청구인은 청구인 내외가 손자를 키우고 교육을 시키는데 필요한 교육비 등을 보태어 주지 않았을 뿐만 아니라 오히려 보험으로 나온 교육비를 가로채는 등으로 친권자로서의 역할을 전혀 하지 않고 있을 뿐만 아니라, 현저한 비행으로 인하여 사건본인에 대한 친권을 계속 행사시킬 수 없는 중대한 사유가 있습니다.

4. 한편 피청구인이 사건본인에 대한 친권, 법률행위대리권, 재산관리권을 상실할 경우 여태껏 사건본인을 양육해온 청구인이 후견인이 되어 그 권리를 행사함이 타당할 것입니다.

5. 따라서 사건본인의 조부인 청구인은 청구취지와 같이 피청구인의 사건본인에 대한 친권, 법률행위대리권 및 재산관리권의 상실선고를 구하고 청구인이 사건본인의 후견인으로 선임되고자 이 건 심판청구에 이르게 된 것입니다.

입 증 방 법

1. 갑 제1호증	제적등본
1. 갑 제2호증의 1, 2	각 가족관계증명서
1. 갑 제3호증의 1, 2	각 주민등록등본
1. 갑 제4호증	혼인관계증명서
1. 갑 제5호증	보험금수령내역서
1. 갑 제6호증	진술서

20○○. ○. ○.

청구인 강 ○ 헌 (인)

○○ 가정법원 귀중

접수방법

1. 청구권자 : 친족(8촌 이내의 혈족, 4촌 이내의 인척, 배우자) 또는 검사가 청구할 수 있다. 그 밖에 아동복지법 제15조에 의해 도지사·시장·군수·구청장의 청구에 의하여 가정법원이 한다. 자녀 자신은 청구할 수 없다. 상대방은 당해 친권자이다.
2. 수입인지 : 10,000원(마류 6호사건)의 인지를 납부한다.
3. 송달료 : 당사자수×4,800원×12회분을 납부한다.
4. 관할 : 상대방의 주소지를 관할하는 가정법원에 제출한다.

[서식 341] 친권상실선고 심판청구서(2)

친권상실선고심판청구

청 구 인　　강 ○ 헌 (000000-0000000) (전화 : 　　　　)
등록기준지 : 서울 강북구 미아로 75
주　　소 : 서울 도봉구 쌍문로 315

피청구인　　부 ○ 옥 (000000-0000000)
등록기준지 : 서울 강북구 미아로 75
주　　소 : 경기도 부천시 오정구 원종로 207

사건본인　　강 ○ 호 (000000-0000000)
등록기준지 및 주소 : 위 청구인과 같음

친권상실 심판청구

청 구 취 지

1. 피청구인의 사건본인에 대한 친권을 상실한다.
2. 사건본인의 후견인으로 서울 강북구 미아로 123 정○철을 선임한다.
3. 심판비용은 피청구인이 부담한다.

라는 심판을 구합니다.

청 구 원 인

1. 청구인자 자인 청구외 망 강○준은 19○○. ○. ○. 피청구인과 결혼하고 동거 중 20○○. ○. ○. 사건본인 강○호를 출산하고 양육해온 자입니다.

2. 그런데 20○○. ○. ○. 강○준은 교통사고로 사망하자 피청구인은 남편의 보상금을 전부 수령하고서는 다른 남자와 가출하여 버리고 사건본인을 남겨 두어서 청구인이 현재 사건본인을 키우고 있는 바, 피청구인은 자녀의 양육에 관해 일체 관여를 하지 않고 있으며 자녀도 모를 불신하여 할아버지인 청구인 밑에서 양육받기를 바라고 있는 상황입니다. 더구나 사건본인이 20○○. ○. ○. 교통사고를 당하여 병원에 입원하게 되었는데도 피청구인은 사건본인을 간호도 하지 않는 채 보험회사 직원과 마음대로 합의하고 손해배상금으로 나온 금 800만원을 수령해 갔습니다.

3. 따라서 상대방의 위와 같은 사정은 친권을 행사할 수 없는 중대한 사유에 해당하고 피청구인이 사건본인에 대한 친권, 법률행위대리권, 재산관리권을 상실할 경우 현재까지 사건본인을 양육해온 청구인이 후견인이 되어 그 권리를 행사함이 타당한 바, 청구인은 청구취지와 같이 피청구인의 사건본인에 대한 친권, 법률행위대리권 및 재산관리권의 상실선고를 구하고 청구인이 사건본인의 후견인으로 선임되고자 이 사건 심판청구에 이르게 된 것입니다.

입 증 방 법

1. 갑 제1호증　　　　　　제적등본
1. 갑 제2호증의 1, 2　　　각 가족관계증명서
1. 갑 제3호증의 1, 2　　　각 주민등록등본
1. 갑 제4호증　　　　　　혼인관계증명서
1. 갑 제5호증　　　　　　보험금수령내역서
1. 갑 제6호증　　　　　　진술서

20○○. ○. ○.

위 청구인 강 ○ 헌 (인)

○○ 가정법원 귀중

접수방법

1. 청구권자 : 친족(8촌 이내의 혈족, 4촌 이내의 인척, 배우자) 또는 검사가 청구할 수 있다. 그 밖에 아동복지법 제15조에 의해 도지사·시장·군수·구청장의 청구에 의하여 가정법원이 한다. 자녀 자신은 청구할 수 없다. 상대방은 당해 친권자이다.
2. 수입인지 : 10,000원(마류 6호사건)의 인지를 납부한다.
3. 송달료 : 당사자수×4,800원×12회분을 납부한다.
4. 관할 : 상대방의 주소지를 관할하는 가정법원에 제출한다.

48. 친권자의 법률행위대리권 및 재산관리권의 사퇴 또는 회복에 대한 허가

가. 의 의

법정대리인인 친권자는 정당한 사유가 있는 때에는 법원의 허가를 얻어 그 법률행위의 대리권과 재산관리권을 사퇴할 수 있다(민법 927조 1항). 위와 같은 사유가 소멸한 때에는 그 친권자는 법원의 허가를 얻어 사퇴한 권리를 회복할 수 있다(민법 927조 2항). 정당한 사유란 채권자의 장기해외여행, 질병으로 인한 장기입원, 교도소의 장기복역, 재산관리능력의 상실 등을 말한다.

나. 청구권자

사퇴허가의 심판을 청구할 수 있는 자는 법률행위대리권 및 재산관리권을 사퇴하고자 하는 친권자이고, 그 회복을 청구할 수 있는 자는 사퇴하였던 친권자이다.

다. 관 할

미성년자인 자의 주소지 가정법원의 관할에 속한다.

라. 청구취지 기재례

청구인이 사건본인에 대한 법률행위 대리권 및 재산관리권을 사퇴함을 허가한다.

청구인이 사건본인에 대한 법률행위 대리권 및 재산관리권을 회복함을 허가한다.

[서식 342] 친권자의 법률행위대리권 및 재산관리권의 사퇴허가청구서

친권자의 법률행위대리권 및 재산관리권의 사퇴허가청구

청 구 인　　이 ○ 순 (000000-0000000) (전화 :　　　　)
　　　　　　등록기준지 서울 도봉구 우이로 123
　　　　　　주　　소 서울 동작구 사당로 234 (우편번호 : 00000)

사건본인　　김 ○ 철 (000000-0000000)
(미성년자)　등록기준지 서울 도봉구 우이로 123
　　　　　　주　　소 서울 동작구 사당로 234 (우편번호 : 00000)

청 구 취 지

청구인이 사건본인(미성년자) 김○철에 대한 법률행위대리권 및 재산관리권을 사퇴함을 허가한다.
라는 심판을 구합니다.

청 구 원 인

1. 사건본인은 청구인과 황○식 사이에 출생한 자입니다.
2. 위 황○식은 20○○. ○. ○. 사망하고 청구인은 20○○. ○. ○. 재혼하였는데 청구인이 재혼한 후에는 사건본인을 조부인 김○필이가 양육하고 있습니다.
3. 청구인의 남편 정○현은 20○○. ○. ○. 미국으로 발령을 받게 되어 그 이후에는 국내에서 생활하지 않게 됨으로 사건본인에 대한 친권행사를 하지 못하게 되었습니다.
4. 따라서 청구인은 사건본인에 대한 친권행사를 할 수 없게 됨에 따라 청구취지와 같은 삼판을 구하고자 이 건 청구에 이른 것입니다.

첨 부 서 류

1. 가족관계증명서(청구인, 사건본인)　　　2통
1. 회외발령사실확인서　　　1통

1. 주민등록등본 2통

20○○. ○. ○.

청구인 이 ○ 순 (인)

○○ 가정법원 귀중

접수방법

1. 청구권자 : 법률행위대리권 및 재산관리권을 사퇴하고자 하는 친권자이다.
2. 수입인지 : 10,000원(마류 6호사건)의 인지를 납부한다.
3. 송달료 : 당사자수×4,800원×12회분을 납부한다.
4. 관할 : 미성년자인 자의 주소지를 관할하는 가정법원에 제출한다.

49. 재산관리인의 선임 또는 개임과 재산관리에 관한 처분

가. 의 의

(1) 제3자가 자녀 또는 피후견인에게 무상으로 재산을 수여하면서 친권자(후견인)의 재산관리에 반대하는 의사를 표시한 때에는 친권자는 그 재산에 대한 친권자(후견인)의 법정대리인으로서의 재산관리권은 배제된다(민법 918조 1항, 956조).

따라서 제3자는 수여재산의 관리를 위해 관리인을 지정할 수 있는데 그 관리인의 권한이 소멸하거나, 개임할 필요가 있는 경우, 또는 제3자가 다시 재산관리인을 지정하지 아니하거나, 처음부터 재산관리인을 지정하지 아니한 경우에는, 자 또는 그 친족의 청구에 따라 가정법원이 재산관리인을 선임하거나 개임한다(민법 918조 2항, 3항). 그 재산관리인에 대해서는 부재자 재산관리에 관한 규정이 준용된다(민법 918조, 956조).

(2) 제3자가 하는 친권자의 재산관리에의 반대의사표시는 자 또는 친권자의 어느 쪽에 하여도 무방하지만, 재산의 수여와 동시에 하여야 하고, 친권자인 부모 중 어느 일방이 재산관리만을 반대할 수도 있으며, 자기 자신을 재산관리인으로 지정할 수도 있다.

나. 청구권자

(1) 무상으로 재산을 받는 미성년자인 자녀(피후견인), 8촌 이내의 혈족, 4촌 이내의 인척, 배우자가 청구할 수 있다.

(2) 미성년자인 자녀, 또는 피후견인 본인이 의사능력이 있는 경우에는 스스로 청구인이 될 수 있다.

다. 관 할

미성년자인 자녀 또는 피후견인의 주소지 가정법원이 관할한다.

[서식 343] 재산관리인 선임심판청구서

재산관리인 선임심판청구

청 구 인(부) 이 ○ 석 (000000-0000000) (전화 :)
등록기준지 서울 도봉구 우이로 123
주 소 서울 동작구 사당로 234 (우편번호 : 00000)

사 건 본 인 이 ○ 철 (000000-0000000)
(미성년자) 등록기준지 서울 도봉구 우이로 123
주 소 서울 동작구 사당로 234 (우편번호 : 00000)

청 구 취 지

사건본인 이○철 소유의 별지 목록 기재 부동산의 재산관리인으로 청구인 이○석(서울 동작구 사당로 234)를 선임한다.
라는 심판을 구합니다.

청 구 원 인

1. 청구인은 사건본인의 친권자로서 부이고, 사건본인은 3남 2녀 중 2남입니다.
2. 청구외 박○상은 슬하에 자녀가 없고 돌볼 친인척이 없어 청구인과 의형제처럼 지내

왔고, 그동안 사건본인을 후원해 왔으나 건강이 악화되어 언제 지병으로 사망할지 몰라 자신이 소유하고 있는 별지 목록 기재 부동산을 무상으로 증여한 바 있습니다.

3. 그러나 청구외 박○상은 재산관리에 대하여는 친권자가 관리하는 것보다 제3자가 관리하면 좋겠다는 의사표시를 하여 그 관리인의 선임을 구하기 위하여 이 건 청구에 이른 것입니다.

입 증 방 법

1. 갑 제1호증　　가족관계증명서
1. 갑 제2호증　　기본증명서
1. 갑 제3호증　　부동산등기사항전부증명서

첨 부 서 류

1. 위 입증서류　　각 1통
1. 주민등록등본　　1통

20○○. ○. ○.

청구인 이 ○ 석 (인)

○○ 가정법원 귀중

접수방법

1. 청구권자 : 미성년자인 자, 8촌 이내의 혈족, 4촌 이내의 인척, 배우자가 청구할 수 있다.
2. 수입인지 : 사건본인 1명당 5,000원의 인지를 납부한다.
3. 송달료 : 당사자수×4,800원×4회분을 납부한다.
4. 관할 : 미성년자인 자의 주소지를 관할하는 가정법원에 제출한다. 가정법원 단독부의 사물관할에 속한다.

50. 부양에 관한 처분

가. 의 의

(1) 친족간의 부양관계에 관한 사건은 부양순위의 결정, 부양의 정도·방법의 결정, 부양관계의 변경·취소에 관한 사건이 이에 해당한다.

(2) 부양의 의무는 부양을 받을 자가 자기의 자력 또는 근로에 의하여 생활을 유지할 수 없는 경우에 한하여 이를 이행할 책임이 있다(민법 975조). 부양의 의무 있는 자가 수인인 경우에 부양을 할 자의 순위에 관하여 당사자간에 협정이 없는 때에는 법원은 당사자의 청구에 의하여 이를 정하며, 부양을 받을 권리자가 수인인 경우에 부양의무자의 자력이 그 전원을 부양할 수 없는 때에도 같다(민법 976조).

나. 부양의 방법

(1) 부양의 정도나 방법에 관하여 당사자간에 협정이 없는 때에는 법원은 당사자의 청구에 의하여 부양을 받을 자의 생활정도와 부양의무자의 자격 기타 제반사정을 참작하여 이를 정한다(민법 977조).

(2) 위와 같은 부양을 할 자 또는 부양을 받을 자의 순위, 부양의 정도 또는 방법에 관한 당사자의 협정이나 법원의 판결이 있는 후 이에 관한 사정변경이 있는 때에는 법원은 당사자의 청구에 따라 그 협정이나 판결을 취소 또는 변경할 수 있다.

다. 당 사 자

청구인은 부양권리자(부 또는 자)이고, 상대방은 다른 부양의무자이다.

라. 관 할

상대방의 보통재판적이 있는 가정법원의 관할에 속한다.

마. 조정전치주의

마류 가사비송사건이므로 먼저 조정을 거쳐야 한다.

바. 청구취지 기재례

(1) 부양순위의 결정

1. 상대방을 청구인에 대한 부양의무자로 한다.
2. 심판비용은 상대방이 부담한다.

1. 참가인에 대한 부양의무자를 상대방으로 한다.
2. 심판비용은 상대방이 부담한다.

1. 상대방을 청구인에 대한 부양의무자로 정한다.
2. 상대방은 청구인에게 20○○. ○. ○.부터 20○○. ○. ○.까지 500,000원씩을 매월 30일에 지급하라.
3. 심판비용은 상대방이 부담한다.

(2) 부양료 청구

1. 상대방은 청구인에게 20○○. ○. ○.부터 20○○. ○. ○.까지 500,000원씩을 매월 30일에 지급하라.
2. 심판비용은 상대방이 부담한다.

1. 상대방은 청구인에게 20○○. ○. ○.까지 30,000,000원을 지급하라.
2. 심판비용은 상대방이 부담한다.

1. 상대방은 청구인에게 20○○. ○. ○.까지 30,000,000원을 지급하라.
2. 심판비용은 상대방이 부담한다.

(3) 부양관계의 변경 또는 취소심판청구

1. 청구인에 대한 부양의무가 ○○○을 상대방으로 변경한다.
2. 심판비용은 상대방이 부담한다.

1. 청구인에 대한 부양의무자 ○○○을 상대방으로 변경한다.
2. 상대방은 청구인에게 20○○. ○. ○.부터 20○○. ○. ○.까지 400,000원씩을 매월 25일에 지급하라.
3. 심판비용은 상대방이 부담한다.

[서식 344] 친권행사정지 사전처분신청서

친권행사정지 사전처분신청

신 청 인 이 ○ 철 (000000-0000000) (전화 :)
등록기준지 서울 도봉구 우이로 123
주 소 서울 동작구 사당로 234 (우편번호 : 00000)

피신청인 강 ○ 숙 (000000-0000000) (전화 :)
등록기준지 서울 도봉구 우이로 345
주 소 서울 동작구 사당로 567 (우편번호 : 00000)

사건본인 이 ○ 훈 (000000-0000000) (전화 :)
등록기준지 서울 도봉구 우이로 345
주 소 서울 동작구 사당로 567 (우편번호 : 00000)

신 청 취 지

귀원 20○○느단 1234호 친권상실 신청사건이 종결될 때까지 피신청인의 사건본인에 대한 친권자로서의 직무집행을 정지하고 ○○시 ○○구 ○○로 678 변호사 정○○를 대행자로 선임한다.
라는 결정을 구합니다.

신 청 이 유

1. 신청인은 사건본인 이○훈의 백부로서 사건본인을 양육하고 있습니다.
2. 피신청인은 사건본인의 부가 사망 후 재혼한 모로서 사건본인의 친권자이나 재혼한

후부(後夫) 사이에 자가 출생한 후부터는 사건본인의 양육비 지급을 소홀히 할 뿐 아니라 사건본인과의 공동상속재산인 별지 목록 기재의 부동산을 처분하여 후부의 사업자금으로 사용하려고 인근 부동산중개소에 내놓고 있습니다.

3. 그러므로 사건본인을 위하여 신청인은 피신청인을 상대로 귀원에 20○○너1234호 친권상실조정신청을 한 바 있으나, 위 조정사건이 종결될 때까지 기다려서는 사건본인에게 회복할 수 없는 손해를 줄 급박한 사정이 있으므로 동 조정사건이 종결될 때까지 피신청인의 사건본인에 대한 친권자로서의 직무집행을 정지하고, 사건본인의 망부와 생전에 친밀한 관계가 있었던 다음 사람을 그 대행자로 선임하고자 본 신청에 이르게 되었습니다.

다 음

성 명 정 ○ ○
주 소 ○○시 ○○구 ○○로 678
직 업 변 호 사

첨 부 서 류

1. 가족관계증명서	1통
1. 부동산등기사항전부증명서	1통
1. 주민등록등본	2통
1. 친권상실조정사건의 접수증명원	1통
1. 소명자료	1통

20○○. ○. ○.

신청인 이 ○ 철 (인)

○○ 가정법원 귀중

접수방법

1. 신청인 : 당사자이다.
2. 수입인지 : 1,000원의 인지를 납부한다.

3. 송달료 : 4,800원×3회분을 납부한다.
4. 관할 : 본안을 담당하고 있는 가정법원, 조정위원회 또는 조정담당판사의 관할이다.
5. 사전처분은 담보제공이 없음이 원칙이다.

51. 상속재산분할 및 기여분 청구

가. 의 의

기여분제도는 공동상속인간에 상속재산을 분할하는 경우에 공동상속인 중에서 피상속인의 재산유지 또는 증가에 특별히 기여한 자(피상속인을 특별히 부양한 자를 포함한다)에 대하여 그 기여도에 따른 가액을 당해 상속인의 고유한 법정상속분에 가산하여 구체적 상속분을 신청하는 제도이다.

기여분은 우선 공동상속인간의 협의로 정하고(민법 1008조의2 1항), 협의가 되지 아니하거나 협의할 수 없을 때에는 가정법원이 기여상속인의 청구에 의하여 정한다(민법 1008조의2 2항).

나. 기여분의 결정

공동상속인 중에 상당한 기간 동안 동거·간호 그 밖의 방법으로 피상속인을 특별히 부양하거나 피상속인의 재산의 유지 또는 증가에 특별히 기여한 자가 있을 때에는 상속개시 당시의 피상속인의 재산가액에서 공동상속인의 협의로 정한 그 자의 기여분을 공제한 것을 상속재산으로 보고 민법 1009조 및 1010조에 의하여 산정한 상속분에 기여분을 가산한 액으로써 그 자의 상속분으로 하되, 협의가 되지 아니하거나 협의할 수 없는 때에는 가정법원은 기여자의 청구에 의하여 기여의 시기·방법 및 정도와 상속재산의 액 기타의 사정을 참작하여 기여분을 정한다. 그러나 기여분은 상속이 개시된 때의 피상속인의 재산가액에서 유증의 가액을 공제한 액을 넘지 못한다(민법 1008조의2).

다. 청구권자

청구권자는 재산의 유지·증식에 기여한 사람 또는 상당한 기간 동안 피상속인을 요양간호, 부양사실 등 기여가 있음을 주장하는 자이고, 상대방은 나머지 상속인 전원이다. 공동상속인 전원이 당사자로 되어야 하므로 그들 사이에는 민사소송법 중 공동소송에 관한 규정이 준용된다(가소 47조).

라. 관 할

상대방 중 1인의 주소지 가정법원의 관할에 속한다.

[서식 345] 상속재산분할심판청구서(1)

상속재산분할심판청구

청 구 인 박 ○ ○ (000000-0000000) (전화 :)
등록기준지 서울 성동구 금호로 123
주 소 서울 동작구 상도로 234 (우편번호 : 00000)

피청구인 김 ○ ○ (000000-0000000)
등록기준지 서울 성동구 금호로 123
주 소 서울 동작구 상도로 234 (우편번호 : 00000)

피상속인 망 박 ○ ○ (000000-0000000)
등록기준지 서울 성동구 금호로 133
최후주소 서울 동작구 상도로 234 (우편번호 : 00000)

청 구 취 지

1. 피청구인 김○○은 피상속인 망 박○○의 별지 목록 기재의 재산을 10등분하여 그 중 10분의 4를 청구인에게 분할 인도하라.
2. 별지 목록 기재의 재산의 현물분할이 부적당한 때에는 이를 경매하여 그 대금 중 경매비용을 공제한 나머지 금액을 분할하여 청구인에게는 10분의 4를 피청구인에게는 10분의 6의 비율에 따라 배당한다.

라는 심판을 구합니다.

청 구 원 인

1. 별지 목록 기재 재산은 원래 피청구인 망 박○○의 소유인 바, 동인은 20○○. 5. 20. 사망하여 그 재산은 피상속인의 처인 피청구인이 10분의 4, 청구인이 10분의 6의

비율에 따라 상속한 공동상속재산입니다.

2. 피청구인은 청구인이 위 피상속인의 혼인 외의 자라는 이유로 단독상속을 하려 하고 분할협의에는 불응하고 있으므로 부득이 이 건 청구에 이른 것입니다.

첨 부 서 류

1. 가족관계증명서	1통
1. 기본증명서(피상속인)	1통
1. 주민등록등본	1통
1. 상속재산목록	1통
1. 심판서 부본	1통

20○○. ○. ○.

청구인 박 ○ ○ (인)

○○ 가정법원 귀중

접수방법

1. 신청인 : 공동상속인 중 1인 또는 수인
2. 수입인지 : 피상속인 1명당 10,000원(마류 10호사건)의 인지를 납부한다.
3. 송달료 : 당사자수 × 4,800원 × 12회분을 납부한다.
4. 관할 : 상대방 중 2인의 주소지를 관할하는 가정법원에 제출한다. 가정법원 합의부의 사물관할에 속한다.

[서식 346] 상속재산분할심판청구서(2)

상속재산분할심판청구

청 구 인 정 일 남 (000000-0000000) (전화 :)
등록기준지 : 서울 강남구 논현로 59
주 소 : 서울 강남구 논현로 59 (우 : 00000)

피청구인 1. 정 이 남 (000000-0000000)
서울 송파구 잠실로 86 (우 : 00000)

2. 정 삼 남 (000000-0000000)
서울 영등포구 여의도로 51 (우 : 00000)

3. 정 사 남 (19○○. 1. 26.생)
등록기준지 : 서울 동작구 노량진로 284
주 소 : 불명
부재자이므로 재산관리인 변호사 김○실
서울 서초구 서초로 1234 (우 : 00000)

4. 정 오 남 (000000-0000000)
서울 영등포구 여의도로 21 (우 : 00000)

5. 정 일 녀 (000000-0000000)
서울 강남구 압구정로 493 (우 : 00000)

6. 정 이 녀 (000000-0000000)
서울 강남구 청담로 118 (우 : 00000)

7. 정 삼 녀 (000000-0000000)
서울 송파구 잠실로 86 (우 : 00000)

청 구 취 지

1. 별지 목록 기재 부동산을 청구인 소유로 분할한다.
2. 피청구인들은 청구인에게 별지 목록 기재 부동산 중 별표 기재 지분 비율로 이 심판 확정일자 상속재산분할을 원인으로 한 소유권이전등기 절차를 이행하라.
3. 청구인은 피청구인 정사남에게 상당한 금원을 지급하라.

라는 심판을 구합니다.

청 구 원 인

1. 청구인과 피청구인 들은 모두 청구 외 망 정○령의 상속인들입니다. 위 정○령은 20○○. 2. 24. 사망하였고, 상속재산으로 별지 목록 기재 부동산이 있습니다.
2. 청구인은 피청구인 중 정사남을 제외한 나머지 피청구인들과 20○○. 4. 별지 목록 기재 부동산을 청구인 소유로 분할하기로 약정한 바 있습니다.
3. 한편, 청구인은 피청구인 중 정사남이 소재불명으로 부재자이므로 귀원 20○○ 느단 4857호로 부재자 재산관리인선임 심판청구를 하여 변호사 김○실이 재산관리인으로 선임된바 있습니다.
4. 따라서, 청구인은 협의분할 약정에 따라 별지 목록 기재 부동산들을 청구인 소유로 하고, 피청구인 정○남에 대하여는 위 부동산들을 감정평가한 다음 동인의 지분에 상당하는 금원을 지급하는 것으로 상속재산을 분할하기 위하여 이 사건 청구에 이르렀습니다.

첨 부 서 류

1. 제적등본	3통
1. 가족관계증명서	4통
1. 등기부등본	10통
1. 주민등록등본	5통
1. 임야대장	2통
1. 토지대장	1통
1. 건축물관리대장	1통
1. 토지대장	4통
1. 건축물관리대장	5통
1. 상속재산협의분할 계약서	1통
1. 인감증명서	5통
1. 부재자선임심판서	1통

20○○. ○. ○.

위 청구인 정 일 남 (인)

○○ 가정법원 귀중

접수방법

1. 신청인 : 공동상속인 중 1인 또는 수인
2. 수입인지 : 피상속인 1명당 10,000원(마류 10호사건)의 인지를 납부한다.
3. 송달료 : 당사자수×4,800원×12회분을 납부한다.
4. 관할 : 상대방 중 2인의 주소지를 관할하는 가정법원에 제출한다. 가정법원 합의부의 사물관할에 속한다.

[서식 347] 기여분결정심판청구(1)

기여분결정심판청구

청 구 인 박 ○ ○ (000000-0000000) (전화 :)
등록기준지 서울 성동구 금호로 123
주 소 서울 동작구 상도로 234 (우편번호 : 00000)

피청구인 김 ○ ○ (000000-0000000)
등록기준지 서울 성동구 금호로 123
주 소 서울 강남구 서초로 345 (우편번호 : 00000)

사건본인 망 김 ○ ○ (000000-0000000)
(파상속인) 등록기준지 서울 성동구 금호로 133
최후주소 서울 동작구 상도로 234 (우편번호 : 00000)

청 구 취 지

1. 청구인에게 피상속인의 상속재산 중 별지 목록 기재 부동산을 분여한다.
2. 심판비용은 피청구인이 부담한다.

라는 심판을 구합니다.

청 구 원 인

1. 청구인은 피상속인의 장남입니다.
2. 청구인은 고등학교를 졸업하고 무보수로 피상속인이 경영하는 ○○컴퓨터 대리점에서 계속하여 종사하여 왔습니다.
3. 피상속인이 연로함에 따라 20○○년부터는 피상속인 및 가족을 청구인이 부양하게 되었고, 가업인 ○○컴퓨터 대리점을 청구인의 책임 하에 경영하며 사업에 전념한 결과 상속재산의 증가·유지에 상당한 기여를 하였습니다.
4. 그런데 청구인은 피상속인의 유산을 분할 상속할 것을 피청구인과 협의하였으나 피청구인은 피상속인이 상속재산 증가, 유지에 기여한 분여를 정하는 것을 반대하고 있으므로 부득이 본 심판에 이른 것입니다.

첨 부 서 류

1. 제적등본	1통
1. 가족관계증명서	1통
1. 기본증명서(피상속인)	1통
1. 주민등록등본	1통
1. 부동산등기사항전부증명서	3통
1. 재산세납세필증 사본	1통
1. 상속재산목록	1통

20○○. ○. ○.

청구인 박 ○ ○ (인)

○○ 가정법원 귀중

접수방법

1. 청구권자 : 재산의 유지·증식에 기여한 사람 또는 상당한 기간 동안 피상속인을 요양간호, 부양사실 등 기여가 있음을 주장하는 자이고, 상대방은 나머지 상속인 전원이다. 공동상속인 전원이 당사자로

되어야 하므로 그들 사이에는 민사소송법 중 필요적 공동소송에 관한 규정이 준용된다(가소 47조).
2. 수입인지 : 피상속인 1명당 10,000원의 인지를 납부한다.
3. 송달료 : 당사자수×4,800원×12회분을 납부한다.
4. 관할 : 상대방 중 1인의 주소지를 관할하는 가정법원에 제출한다. 가정법원 합의부의 사물관할에 속한다.

주 종전에는 공동상속인 중에 피상속인 재산의 유지 또는 증가에 관하여 특별히 기여한 자(피상속인을 특별히 부양한 자 포함)만 기여분이 인정되었는데, 개정법에서는 공동상속인 중에 상당한 기간 동거, 간호 그 밖의 방법으로 피상속인을 특별히 부양한 자도 공동상속인의 협의 또는 가정법원에 의하여 기여분이 인정될 수 있도록 하였다(민법 1008조의2 1항, 2005. 3. 31.부터 시행).

[서식 348] 기여분결정심판청구(2)

기여분결정심판청구

청 구 인 정 ○ 숙 (000000-0000000) (전화 :)
등록기준지 ○○시 ○○구 ○○로 ○○
주 소 ○○시 ○○구 ○○로 ○○ (우편번호 : 00000)

상 대 방 1. 임 ○ 한 (000000-0000000) (전화 :)
등록기준지 ○○시 ○○구 ○○로 ○○
주 소 ○○시 ○○구 ○○로 ○○ (우편번호 : 00000)

2. 임 ○ 동 (000000-0000000) (전화 :)
등록기준지 ○○시 ○○구 ○○로 ○○
주 소 ○○시 ○○구 ○○로 ○○ (우편번호 : 00000)

청 구 취 지

1. 피상속인 망 임○철(주민등록번호, 20○○. 1. 10. 사망)의 상속재산에 대한 청구인의 기여분을 15억원으로 정한다.
2. 심판비용은 피청구인이 부담한다.

라는 심판을 구합니다.

청 구 원 인

1. 상속재산분할심판사건의 계속
청구인과 상대방들은 20○○. 1. 10. 사망한 피상속인 망 임○철(이하 '피상속인'이라고만 합니다)의 상속인들입니다. 청구인은 상대방들을 상대로 귀원 20○○느합○○○호로 상속재산분할심판을 청구하여 현재 위 사건이 귀원에 계속 중입니다.

2. 피상속인의 상속재산
피상속인이 남긴 상속재산으로는 별지 제1, 2목록 기재 각 부동산과 예금채권이 있는데, 상속개시 당시 그 가액은 다음과 같습니다.
가. 별지 제1목록 기재 각 부동산 및 예금채권 : 합계 25억원
나. 별지 제2목록 기재 각 부동산 : 합계 5억원

3. 청구인의 기여분
청구인은 20○○. 10.경 피상속인과 혼인한 이후 피상속인과 함께 식당을 운영하면서 별지 목록 기재 각 재산을 형성하였을 뿐만 아니라 피상속인이 20○○년경 뇌졸중으로 쓰러진 이후 피상속인이 사망할 때까지 피상속인을 간병하였습니다.
따라서 피상속인의 상속재산 중 50%에 해당하는 15억원은 피상속인의 재산의 유지 또는 증가에 특별히 기여한 청구인에게 인정되어야 합니다.

4. 기여분에 대한 협의 불성립
청구인은 피상속인 사망 후 상대방들과 피상속인의 상속재산에 대한 분할의 협의를 하면서 청구인의 기여분을 인정해 줄 것을 요구하였으나 상대방들이 이를 거부하여 이 사건 청구에 이르렀습니다.

첨 부 서 류

1. 제적등본	1통
1. 가족관계증명서	1통
1. 혼인관계증명서	1통
1. 사망진단서	1통
1. 주민등록등본	1통
1. 예금통장 사본	1통
1. 부동산등기사항전부증명서	1통

1. 개별공시지가확인서 1통
1. 사업자등록증 사본 1통

20○○. ○. ○.

청구인 정 ○ 숙 (인)

○○ 가정법원 귀중

접수방법

1. 청구권자 : 재산의 유지·증식에 기여한 사람 또는 상당한 기간 동안 피상속인을 요양간호, 부양사실 등 기여가 있음을 주장하는 자이고, 상대방은 나머지 상속인 전원이다. 공동상속인 전원이 당사자로 되어야 하므로 그들 사이에는 민사소송법 중 필요적 공동소송에 관한 규정이 준용된다(가소 47조).
2. 수입인지 : 피상속인이 1명당 10,000원의 인지를 납부한다.
3. 송달료 : 당사자수×4,800원×12회분을 납부한다.
4. 관할 : 상대방 중 1인의 주소지를 관할하는 가정법원에 제출한다. 가정법원 합의부의 사물관할에 속한다.

주 종전에는 공동상속인 중에 피상속인 재산의 유지 또는 증가에 관하여 특별히 기여한 자(피상속인을 특별히 부양한 자 포함)만 기여분이 인정되었는데, 개정법에서는 공동상속인 중에 상당한 기간 동거, 간호 그 밖의 방법으로 피상속인을 특별히 부양한 자도 공동상속인의 협의 또는 가정법원에 의하여 기여분이 인정될 수 있도록 하였다(민법 1008조의2 1항, 2005. 3. 31.부터 시행).

[서식 349] 상속재산분할 및 기여분심판청구서(1)

상속재산분할 및 기여분심판청구서

청 구 인　　심 ○ 애 (000000-0000000) (전화 :)
등록기준지 : 전남 장성군 삼계면 수산로 577
주 소 : 경기도 성남시 중원구 금광로 129

피청구인　1. 홍 ○ 일 (000000-0000000)
등록기준지 : 전남 장성군 삼계면 수산로 577
주 소 : 경기도 성남시 중원구 금광로 129

2. 홍 ○ 진 (000000-0000000)
등록기준지 : 청구인과 같음
최후주소 : 서울 성북구 월계로 234
현 주 소 : 미국 이하 불상

상속재산분할 및 기여분 심판청구

청 구 취 지

1. 청구인의 망 홍성방의 상속재산에 대한 기여분을 50%로 정한다.
2. 별지 목록 기재 상속재산을 청구인의 단독 소유로 분할하고, 청구인은 피청구인들에게 각 금 7,142,857원을 지급한다.
3. 심판비용은 피청구인이 부담한다.

라는 심판을 구합니다.

청 구 원 인

1. 상 속 인

청구외 망 홍○방은 20○○. 2. 11. 사망하였고, 위 망인의 상속인으로는 배우자인 청구인과 직계비속인 피청구인들이 있습니다.

다만 피청구인 2. 홍○진은 망인과 전처 이○영 사이에서 출생하여 아동복지시설에 수용되어 있던 중, 20○○. 12. 8. 미국으로 입양되어 출국하였고, 국적이탈허가를 받아서 지금은 미국시민권을 갖고 있습니다. 위 홍○진은 미국으로 건너간 후 일체 연락이 없고, 그 생모마저 이혼하여 지금은 어디에 살고 있는지 알지 못합니다.

2. 상속재산의 범위 및 기여분청구

가. 망인이 남긴 상속재산은 별지 목록 기재 부동산이 전부입니다. 이 부동산의 현재 시세는 1억원 정도이며, 20○○. 4. 2.자 근저당권설정등기에 따른 채무는 5,000만원이므로, 실질 적극자산은 5,000만원입니다.

나. 망인은 생전에 공무원(도봉소방서 구조대)으로 박봉에 시달리면서 생활하여 오셨고, 이에 비하여 청구인은 은행직원으로서 비교적 월급이 풍족한 편이었습니다. 그리하여 별지 목록 기재 이 사건 상속재산도 실제로는 청구인의 월급과 저축으로 매입하되, 그 명의만은 남편인 망자 명의로 올렸던 것이 사실입니다.

다. 그러므로 이 사건 상속재산에 대한 청구인의 기여분은 이를 아무리 낮게 책정하여도 50%는 상회한다고 할 것입니다(이혼시 재산분할로도 이 정도 청구할 수 있는데, 사망으로 인하여 부부관계가 소멸하는 경우에도 상당한 재산분할이 이루어져야할 것입니다).

3. 피청구인들의 상속분

망 홍○방의 상속자산에서 청구인의 기여분 50%를 공제한 나머지 금액은 2,500만원에서 피청구인들의 각 상속지분은 7분의 2에 해당하는 금액은 7,142,857원이라 피청구인들의 상속분이라 할 것입니다.

4. 결 어

청구인은 이 사건 상속재산의 협의분할을 하고자 하나, 전처의 소생인 피청구인 홍○진에게 연락할 길이 없어, 하는 수 없이 이 사건 심판청구에 이른 것인 바, 이상과 같이 상속재산의 보존과 청구인의 평생의 기여도를 참작하셔서 이 사건 상속재산분할을 함에 있어 부동산은 모두 청구인의 단독소유로, 피청구인들에게는 7,142,857원의 정산금을 지급하는 방법으로 분할하여 주시기 바랍니다.

입 증 방 법

1. 갑 제1호증	제적등본
1. 갑 제2호증의 1, 2	각 가족관계증명서
1. 갑 제3호증의 1, 2	각 주민등록등본
1. 갑 제4호증	각 혼인관계증명서
1. 갑 제5호증의 1, 2	각 부동산등기사항전부증명서
1. 갑 제6호증	각 시세확인서

1. 갑 제7호증 각 진술서

20○○. ○. ○.

위 청구인 심 ○ 애 (인)

○○ 가정법원 귀중

접수방법

1. 청구권자 : 재산의 유지·증식에 기여한 사람 또는 상당한 기간 동안 피상속인을 요양간호, 부양사실 등 기여가 있음을 주장하는 자이고, 상대방은 나머지 상속인 전원이다. 공동상속인 전원이 당사자로 되어야 하므로 그들 사이에는 민사소송법 중 필요적 공동소송에 관한 규정이 준용된다(가소 47조).
2. 수입인지 : 20,000원(기여분결정 10,000원 + 상속재산분할에 관한 처분 10,000원)의 인지를 납부한다.
3. 송달료 : 당사자수 × 4,800원 × 12회분을 납부한다.
4. 관할 : 상대방 중 1인의 주소지를 관할하는 가정법원에 제출한다. 가정법원 합의부의 사물관할에 속한다.

주 종전에는 공동상속인 중에 피상속인 재산의 유지 또는 증가에 관하여 특별히 기여한 자(피상속인을 특별히 부양한 자 포함)만 기여분이 인정되었는데, 개정법에서는 공동상속인 중에 상당한 기간 동거, 간호 그 밖의 방법으로 피상속인을 특별히 부양한 자도 공동상속인의 협의 또는 가정법원에 의하여 기여분이 인정될 수 있도록 하였다(민법 1008조의2 1항, 2005. 3. 31.부터 시행).

[서식 350] 상속재산분할 및 기여분심판청구서(2)

상속재산분할 및 기여분심판청구

청 구 인 ○ ○ ○ (000000-0000000) (전화 :)
등록기준지 : ○○시 ○○구 ○○로 ○○
주 소 : ○○시 ○○구 ○○로 ○○

피청구인 1. ○ ○ ○ (000000-0000000)
등록기준지 : ○○시 ○○구 ○○로 ○○
주 소 : ○○시 ○○구 ○○로 ○○
미성년자이므로 특별대리인 ○○○ (000000-0000000)
등록기준지 : ○○시 ○○구 ○○로 ○○
주 소 : ○○시 ○○구 ○○로 ○○

2. ○ ○ ○ (000000-0000000)
등록기준지 : ○○시 ○○구 ○○로 ○○
주 소 : ○○시 ○○구 ○○로 ○○

상속재산분할 및 기여분 심판청구

청 구 취 지

1. 청구인의 청구외 망 ○○○(19○○. ○. ○.생, 20○○. ○. ○. 사망)의 상속재산에 대한 기여분의 60%로 정한다.
2. 별지 목록 기재 상속재산을 청구인의 단독 소유로 분할하고, 청구인은 피청구인들에게 금 6,380,000원을 지급한다.
3. 심판비용은 피청구인이 부담한다.

라는 심판을 구합니다.

청 구 원 인

1. 당사자의 지위
   청구외 망 ○○○은 20○○. ○. ○. 사망한 자이고, 청구인은 망인의 배우자로서 상속인입니다.

2. 이 사건의 경위

가. 사건본인 ○○○은 위 망인 ○○○과 망인의 전처인 ○○○ 사이에서 출생하여 아동복지시설에 수용되었다가 19○○. ○. ○. 미국으로 입양되어 이후 국적이탈 허가를 미국시민권자가 되었는데 미국으로 간 이후 일체 연락이 없는 상태입니다.

나. 망인은 생전에 별다른 직업도 없이 생활하여왔고 이에 비에 청구인은 공무원으로 일을 하면서 생활을 꾸려왔는데 이 사건 별지 목록 상속재산도 실제로는 청구인의 월급과 저축으로 소유한 것으로 단지 명의만을 남편의 이름으로 해놓았던 것입니다.

3. 결 론

따라서 청구인의 이 사건 상속재산에 대한 기여분은 적어도 60% 이상 상회한다고 할 것이므로, 청구인은 이 사건 상속재산의 협의분할을 시도하였으나 전처의 소행인 ○○○에게 연락할 길이 없어 하는 수 없이 이 사건 심판청구를 하기에 이르렀습니다.

입 증 방 법

1. 갑 제1호증	제적등본
1. 갑 제2호증의 1, 2	각 가족관계증명서
1. 갑 제3호증의 1, 2	각 주민등록등본
1. 갑 제5호증의 1, 2	각 부동산등기사항전부증명서
1. 갑 제6호증	관보 사본

200○. ○. ○.

위 청구인 ○ ○ ○ (인)

○○ 가정법원 귀중

접수방법

1. 청구권자 : 재산의 유지·증식에 기여한 사람 또는 상당한 기간 동안 피상속인을 요양간호, 부양사실 등 기여가 있음을 주장하는 자이고, 상대방은 나머지 상속인 전원이다. 공동상속인 전원이 당사자로 되어야 하므로 그들 사이에는 민사소송법 중 필요적 공동소송에 관한 규정이 준용된다(가소

47조).

2. 수입인지 : 20,000원(기여분결정 10,000원+상속재산분할에 관한 처분 10,000원)의 인지를 납부한다.
3. 송달료 : 당사자수×4,800원×12회분을 납부한다.
4. 관할 : 상대방 중 1인의 주소지를 관할하는 가정법원에 제출한다. 가정법원 합의부의 사물관할에 속한다.

주 종전에는 공동상속인 중에 피상속인 재산의 유지 또는 증가에 관하여 특별히 기여한 자(피상속인을 특별히 부양한 자 포함)만 기여분이 인정되었는데, 개정법에서는 공동상속인 중에 상당한 기간 동거, 간호 그 밖의 방법으로 피상속인을 특별히 부양한 자도 공동상속인의 협의 또는 가정법원에 의하여 기여분이 인정될 수 있도록 하였다(민법 1008조의2 1항, 2005. 3. 31.부터 시행).

[서식 351] 기여분결정 및 상속재산분할심판청구서(1)

기여분결정 및 상속재산분할심판청구

청 구 인　　이 ○ ○ (000000-0000000) (전화 :　　　　)
　　등록기준지　○○시 ○○구 ○○로 ○○
　　주　　소　○○시 ○○구 ○○로 ○○

상 대 방　1. 김 ○ 동 (000000-0000000)
　　등록기준지　○○시 ○○구 ○○로 ○○
　　주　　소　○○시 ○○구 ○○로 ○○

　2. 김 ○ 한 (000000-0000000)
　　등록기준지　○○시 ○○구 ○○로 ○○
　　주　　소　○○시 ○○구 ○○로 ○○

　3. 김 ○ 진 (000000-0000000)
　　등록기준지　○○시 ○○구 ○○로 ○○
　　주　　소　○○시 ○○구 ○○로 ○○

사건본인　망 김 ○ 철 (000000-0000000)

(파상속인)　　등록기준지　○○시 ○○구 ○○로 ○○
　　　　　　　최 후 주 소　○○시 ○○구 ○○로 ○○

청 구 취 지

1. 청구인의 기여분을 50,000,000원으로 정한다.
2. 별지 부동산 목록 기재 부동산을 상대방들의 공유(공유자분 각 2분의 1)로 하고, 별지 목록 기재 채권을 청구인이 단독으로 소유하는 것으로 분할한다.
3. 상대방들은 청구인에게 별지 목록 기재 채권 중 각 9분의 2 지분을 각 양도하고 별지 목록 기재 채권에 대한 양도사실을 주식회사 ○○○(소관 ○○사업본부)에게 각 통지하라.
4. 심판비용은 상대방들이 부담한다.

라는 심판을 구합니다.

청 구 원 인

1. 피상속인은 20○○. 8. 20. 사망하여 상속이 개시되었습니다. 피상속인의 상속인으로서는 처인 청구인과 피상속인의 전처 ○○○ 사이에 출생한 자들인 상대방 ○○○, ○○○, ○○○가 있으며, 상속지분은 청구인이 9분의 2이고 상대방들은 각 9분의 2입니다.

2. 사망당시 피상속인의 계산으로는 별지 부동산 목록 기재 부동산(시가 1억 8천만원 상당)과 별지 목록 기재 채권(○○○에 대한 채권합계 약 1억원, ○○○에 대한 채권합계 약 3,830만원)이 있습니다. 전처의 자녀들인 상대방들은 피상속인의 모든 재산을 독점하고 예금의 출금을 정지시켜 청구인이 생활비로 예금을 인출하는 것은 불가능한 상태이므로, 청구인은 여러 차례 상속재산의 분할을 요구한 바 있으나 상대방들은 협의 자체를 거부하고 있습니다.

3. 피상속인은 20○○. 1. 10. 청구인과 재혼할 당시 ○○철학관을 운영하고 있었는데, 20○○. 1. 10. 결혼 이후 20○○. 8. 12. 피상속인이 사망할 때까지, 청구인은 피상속인을 내조하여 가사를 돌보고 고혈압을 앓고 있는 피상속인을 간호하는 외에, 피상속인이 위 ○○철학관 사업을 도와 고객의 안내와 접대, 기록, 경리 등 사업상 일체의 잡무를 처리해주는 비서업무를 수행하였습니다. 이와 같이 피상속인의 사업에 노무를 제공함으로써 상속재산을 형성하는데 기여한 청구인의 기여분을 금전으로 환산하면 아무리 적게 잡아도 금 50,000,000원을 넘을 것입니다.

별지 부동산 목록 기재 부동산(시가 1억 8천만원 상당)과 별지 목록 기재 채권(○○○에 대한 채권합계 약 1억원, ○○○에 대한 채권 약 3,830만원)의 합계 3억 1,830만원 중 청구인의 기여분 5천만원을 공제한 나머지 268,300,000원을 상속재산으로 하여 청구인의 상속지분을 계산하면 89,433,333원이 되고 여기에 청구인의 기여분을 더하여 청구인의 구체적인 상속분을 산정하면 139,433,333원이 됩니다.

4. 별지 부동산 목록 기재 부동산은 상대방들이 이를 소유하기를 원하고 있으므로 별지 부동산 목록 기재 부동산은 상대방들의 공유(공유지분 각 2분의 1)로 하고 대신 별지 채권 목록 기재 채권을 청구인의 단독소유로 분할하는 것이 타당하다. 그렇다면 상대방들은 청구인에게 별지 목록 기재 채권 중 각 9분의 2 지분을 각 양도하고 위 채권양도사실을 주식회사 ○○○(소관 ○○사업본부)에게 통지하여야 할 것이므로, 청구취지와 같은 심판을 받고자 본 청구에 이르렀습니다(현재로서는 주식회사 ○○○에 대한 채권의 액수 기타 내역을 정확하게 할 수 없으므로, 추후 사실 조회를 통하여 그 때 별지 목록 기재 채권 및 별지 부동산 목록 기재 부동산을 정정함과 아울러 상속재산분할의 청구취지를 정정토록 하겠습니다).

첨 부 서 류

1. 제적등본	1통
1. 가족관계증명서	1통
1. 기본증명서(피상속인)	1통
1. 주민등록초본	4통
1. 부동산등기사항전부증명서	1통
1. 건축물대장	1통
1. 심판서 부본	3통

20○○. ○. ○.

청구인 이 ○ ○ (인)

○○ 가정법원 귀중

[별 지]

채 권 목 록

순번	금융기관명	종 류	계좌번호	통장번호	잔 액	비 고
1	○○은행	저축예금	0000000			연금통장
2	〃	저축예금	0000000			종합통장
3	〃	투자신탁	0000000	0000000	900만원	○○적립식주식
4	〃	투자신탁		0000000		매월입금 50만원
5	〃	○○생명	0000000		8,500만원	○○펀드
6	○○				3,830만원	○○○

접수방법

1. 청구권자 : 재산의 유지·증식에 기여한 사람 또는 상당한 기간 동안 피상속인을 요양간호, 부양사실 등 기여가 있음을 주장하는 자이고, 상대방은 나머지 상속인 전원이다. 공동상속인 전원이 당사자로 되어야 하므로 그들 사이에는 민사소송법 중 필요적 공동소송에 관한 규정이 준용된다(가소 47조).
2. 수입인지 : 20,000원(기여분결정 10,000원＋상속재산분할에 관한 처분 10,000원)의 인지를 납부한다.
3. 송달료 : 당사자수×4,800원×12회분을 납부한다.
4. 관할 : 상대방 중 1인의 주소지를 관할하는 가정법원에 제출한다. 가정법원 합의부의 사물관할에 속한다.

(주) 종전에는 공동상속인 중에 피상속인 재산의 유지 또는 증가에 관하여 특별히 기여한 자(피상속인을 특별히 부양한 자 포함)만 기여분이 인정되었는데, 개정법에서는 공동상속인 중에 상당한 기간 동거, 간호 그 밖의 방법으로 피상속인을 특별히 부양한 자도 공동상속인의 협의 또는 가정법원에 의하여 기여분이 인정될 수 있도록 하였다(민법 1008조의2 1항, 2005. 3. 31.부터 시행).

[서식 352] 기여분결정 및 상속재산분할심판청구서(2)

기여분결정 및 상속재산분할심판청구

청 구 인 정 ○ 숙 (000000-0000000) (전화 :)
등록기준지 ○○시 ○○구 ○○로 ○○
주 소 ○○시 ○○구 ○○로 ○○ (우편번호 : 00000)

상 대 방 1. 임 ○ 한 (000000-0000000) (전화 :)
등록기준지 ○○시 ○○구 ○○로 ○○
주 소 ○○시 ○○구 ○○로 ○○ (우편번호 : 00000)

2. 임 ○ 동 (000000-0000000) (전화 :)
등록기준지 ○○시 ○○구 ○○로 ○○
주 소 ○○시 ○○구 ○○로 ○○ (우편번호 : 00000)

청 구 취 지

1. 피상속인 망 임○철(주민등록번호, 20○○. 1. 10. 사망)의 상속재산에 대한 청구인의 기여분을 50%로 정한다.
2. 별지 제1목록 기재 각 부동산과 예금채권은 청구인의 소유로, 별지 제2목록 기재 각 부동산은 상대방들의 소유로 각 분할한다.
3. 청구인은 상대방들에게 각 178,571,428원을 지급하라.
4. 심판비용은 상대방들이 부담한다.

라는 심판을 구합니다.

청 구 원 인

1. 상속의 개시
   가. 피상속인 망 임○철(이하 '피상속인'이라고 합니다)은 20○○. 1. 10. 사망하였는데, 피상속인의 상속인으로는 그 배우자인 청구인과 직계비속인 상대방들이 있습니다.
   나. 청구인과 상대방들의 각 법정상속분은 청구인이 7분의 3, 상대방들이 각 7분의 2입니다.

2. 피상속인의 상속재산

피상속인이 남긴 상속재산으로는 별지 제1, 2목록 기재 각 부동산과 예금채권이 있는데, 상속개시 당시 그 가액은 다음과 같습니다.

가. 별지 제1목록 기재 각 부동산 및 예금채권 : 합계 25억원

나. 별지 제2목록 기재 각 부동산 : 합계 5억원

3. 청구인의 기여분

청구인은 19○○. 10.경 피상속인과 혼인한 이후 피상속인과 함께 식당을 운영하면서 별지 목록 기재 각 재산을 형성하였을 뿐만 아니라 피상속인이 20○○년경 뇌졸중으로 쓰러진 이후 피상속인이 사망할 때까지 피상속인을 간병하였습니다.

따라서 피상속인의 상속재산 중 50%는 피상속인의 재산의 유지 또는 증가에 특별히 기여한 청구인에게 기여분으로 인정되어야 합니다.

4. 구체적 상속분의 확정 및 상속재산의 분할방법

가. 구체적 상속분의 확정

(1) 상속재산 : 별지 목록 기재 각 재산 시가 합계 30억원

(2) 청구인의 기여분 : 15억원(30억원×50%)

(3) 간주상속재산 : 15억원(상속재산 가액 30억원 - 청구인의 기여분 15억원)

(4) 구체적 상속분

① 청구인 : 2,142,857,142원(15억원×3/7+15억원)

② 상대방들 : 각 428,571,428원(15억원×3/7)

나. 분할방법

이 사건 상속재산의 분할방법으로는, 청구인이 현재 거주하고 있는 별지 제1목록 기재 각 부동산과 청구인이 피상속인과 함께 형성한 재산으로서 청구인의 노후를 위해 필요한 같은 목록 기재 예금채권은 청구인의 단독소유로, 별지 제2목록 기재 각 부동산은 상대방들의 소유로 각 분할하되, 상대방들의 위 각 구체적 상속분에 모자라는 부분은 청구인이 상대방들에게 정산금을 지급하도록 함이 상당하다고 할 것입니다.

이와 같이 분할할 경우 청구인이 상대방들에게 각 지급해야 할 정산금은 178,571,428원(428,571,428원 - 2억 5,000만원)이 됩니다.

5. 상대방들의 상속재산분할협의 거부

청구인은 피상속인 사망 후 상대방들과 피상속인의 상속재산에 대한 분할의 협의를 시도하였으나, 상대방들이 그 협의를 거부하여 이 사건 청구에 이르렀습니다.

첨 부 서 류

1. 제적등본	1통
1. 가족관계증명서	1통
1. 혼인관계증명서	1통
1. 사망진단서	1통
1. 주민등록등본	1통
1. 예금통장 사본	1통
1. 부동산등기사항전부증명서	1통
1. 개별공시지가확인서	1통
1. 사업자등록증 사본	1통
1. 심판서 부본	2통

20○○. ○. ○.

청구인 정 ○ 숙 (인)

○○ 가정법원 귀중

접수방법

1. 청구권자 : 재산의 유지·증식에 기여한 사람 또는 상당한 기간 동안 피상속인을 요양간호, 부양사실 등 기여가 있음을 주장하는 자이고, 상대방은 나머지 상속인 전원이다. 공동상속인 전원이 당사자로 되어야 하므로 그들 사이에는 민사소송법 중 필요적 공동소송에 관한 규정이 준용된다(가소 47조).
2. 수입인지 : 20,000원(기여분결정 10,000원+상속재산분할에 관한 처분 10,000원)의 인지를 납부한다.
3. 송달료 : 당사자수×4,800원×12회분을 납부한다.
4. 관할 : 상대방 중 1인의 주소지를 관할하는 가정법원에 제출한다. 가정법원 합의부의 사물관할에 속한다.

㊟ 종전에는 공동상속인 중에 피상속인 재산의 유지 또는 증가에 관하여 특별히 기여한 자(피상속인을 특별히 부양한 자 포함)만 기여분이 인정되었는데, 개정법에서는 공동상속인 중에 상당한 기간 동거, 간호 그 밖의 방법으로 피상속인을 특별히 부양한 자도 공동상속인의 협의 또는 가정법원에 의하여 기여분이 인정될 수 있도록 하였다(민법 1008조의2 1항, 2005. 3. 31.부터 시행).

52. 재산명시와 재산조회

가. 재산명시제도

(1) 가정법원은 재산분할, 부양료 및 미성년 자녀의 양육비 청구사건을 위하여 특히 필요하다고 인정하는 때에는 직권 또는 당사자의 신청에 의하여 당사자에게 재산상태를 명시한 재산목록을 제출하도록 명할 수 있다(가소 48조의2 1항).

(2) 제1항의 재산명시절차, 방법 등에 대하여 필요한 사항은 대법원규칙으로 정한다(가소 48조의2).

(3) 재산명시명령을 받은 당사자가 정당한 사유 없이 재산목록의 제출을 거부하거나 거짓의 재산목록을 제출한 경우에는 과태료를 부과함으로서 성실한 재산목록 제출을 유도하고 있다.

(4) 신청인 : 재산분할, 부양료, 미성년 자녀의 양육비 청구사건의 당사자

(5) 관할법원 : 재산분할, 부양료, 미성년 자녀의 양육비 청구사건이 계속 중인 가정법원(사건이 항소심에서 계속 중인 경우에는 항소심 법원)

(6) 재산명시명령을 받은 당사자는 가정법원이 정한 기간 내에 자신이 보유하고 있는 재산과 과거 일정한 기간 동안 처분한 재산의 내역을 명시한 재산목록을 제출하여야 한다(가소규 95조의4 1항 본문).

(7) 재산명시대상 당사자가 정당한 사유 없이 재산목록의 제출을 거부하거나 거짓의 재산목록을 제출한 때에는 1천만원 이하의 과태료에 처한다(가소 67조의3).

나. 재산조회제도

(1) 가정법원인 가사소송법 제48조의2의 재산명시절차에 따라 제출된 재산목록만으로는 재산분할, 부양료 및 미성년 자녀의 양육비 청구사건의 해결이 곤란하다고 인정할 경우에 직권 또는 당사자의 신청에 의하여 당사자 명의의 재산에 관하여 조회할 수 있다.

(2) 제1항의 재산조회에 관하여는 그 성질에 반하지 아니하는 범위에서 민사집행법 제74조를 준용한다.

(3) 재산조회를 할 공공기관·금융기관·단체 등의 범위 및 조회절차, 당사자가 내야 할 비용, 조회결과의 관리에 관한 사항, 과태료의 부과절차 등은 대법원 규칙으로 정한다.

(4) 누구든지 재산조회의 결과를 심판 외의 목적으로 사용하여서는 아니된다(가소 48조의3).

(5) 신청인 : 재산명시절차를 거친 재산분할, 부양료, 미성년 자녀의 양육비 청구사건의

당사자

(6) 관할법원 : 재산분할·부양료·미성년 자녀의 양육비 청구사건이 계속 중인 가정법원

(7) 비용납부 : 재산조회에 필요한 비용으로 가정법원이 정하는 금액을 미리 납부한다. 동 비용을 미리 납부하지 아니한 때에는 가정법원은 결정으로 신청을 각하하거나 재산조회결정을 취소할 수 있다(가소규 94조의7 3항).

[서식 353] 재산명시신청

재 산 명 시 신 청

신 청 인 ○ ○ ○ (000000-0000000)
○○시 ○○구 ○○로 ○○

피신청 ○ ○ ○ (000000-0000000)
○○시 ○○구 ○○로 ○○

신 청 취 지

피신청인은 재산상태를 명시한 재산목록을 제출하라.
라는 결정을 구합니다.

신 청 이 유

1. 신청인(원고)은 피신청인(피고)를 상대로 귀원 20○○년 1234 양육비 심판청구를 진행하고 있는 바, 피신청인(피고)의 재산을 파악하기가 쉽지 않아 이 사건의 해결을 위하여 피신청인(피고)의 재산목록 제출이 특히 필요합니다.

2. 따라서 가사소송법 제48조의2 제1항에 따라 상대방(피고)에 대한 재산명시명령을 신청합니다.

20○○. ○. ○.

위 청구인(원고) ○ ○ ○ (인)
(연락처 :)

○○ 가정법원 귀중

접수방법

1. 수입인지 : 인지는 납부하지 않는다.
2. 송달료 : 당사자수×4,800원×5회분을 납부한다.
3. 관할 : 재산분할, 양육비, 청구 등 사건이 진행중인 가정법원에 제출한다.

[서식 354] 재산조회신청서(가사사건)

재 산 조 회 신 청 서

사 건	
신 청 인	
조회대상자	이 름 : (한자 :) 주민등록번호 : 주 소 :
조회대상기관 조회대상재산	별지와 같음
신청취지	위 기관의 장에게 조회대상자 명의의 별지 기재 재산을 조회한다.
신청사유	아래와 같은 사유가 있으므로 가사소송법 제48조의3 제1항에 의하여 조회대상자 명의의 재산에 대한 조회를 신청합니다(해당란에 ☑ 표시). ☐ 재산명시절차에서 제출한 재산목록만으로는 사건의 해결이 곤란 ☐ 주소불명으로 인하여 재산명시절차를 거치지 못함

	□ 재산목록의 제출 거부 □ 거짓의 재산목록 제출
비용환급용 예금계좌	금융기관 : 계좌번호 :
첨부서류	

20 . . .

신청인 (날인 또는 서명)

○○법원 귀 중

※ 주 : 1. 신청인은 별지 조회비용의 합계액과 송달필요기관수에 2를 더한 횟수의 송달료를 예납하여야 합니다. 따라서 조회하고자 하는 기관수가 4개이면 4,800원×6회분의 송달료를 예납한다.
2. 조회비용의 보관금을 납부한다.
3. 관할 : 재산분할, 부양료, 미성년 자여의 양육비 청구사건이 계속중인 가정 법원에 신청한다.
4. 신청서 1부만 제출한다.

53. 양육비 직접지급명령제도

가. 의 의

(1) 가정법원은 양육비를 정기적으로 지급할 의무가 있는 사람(이하 '양육비채무자'라 한다)이 정당한 사유 없이 2회 이상 양육비를 지급하지 아니한 경우에 정기금 양육비 채권에 관한 집행권원을 가진 채권자(이하 '양육비 채권자'라 한다)의 신청에 따라 양육비채무자에 대하여 정기적 급여채무를 부담하는 소득세원천징수의무자(이하 '소득세원천징수의무자'라 한다)에게 양육비채무자의 급여에서 정기적으로 양육비를 공제하여 양육비채권자에게 직접 지급하도록 명할 수 있다(이하 이 명령을 '양육비 직접지급명령'이라 한다).

(2) 이는 장래의 정기금 양육비 채권을 집행권원으로 하여 장래의 정기적 급여채권에 대하여 압류 및 전부명령을 발한 것과 같은 효과를 인정하는 특수한 제도이다.

나. 관 할

미성년자인 자녀의 보통재판적이 있는 곳의 가정법원에 전속한다. 미성년 자녀가 국내에 주소나 거소 등이 없을 때와 같이 보통재판적이 없는 경우에는 소득세원천징수의무자의 보통재판적이 있는 곳의 가정법원의 전속관할이다(가소규 120조의3).

다. 비 용

(1) 수입인지 : 2,000원의 인지를 납부한다.

(2) 송 달 료 : 당사자수×4,800원(우편료)×2회분을 납부한다.

라. 첨부서류

(1) 집행력 있는 정본

(2) 소득세원천징수의무자가 법인인 때에는 그 자격증명

(3) 대리인이 신청할 때에는 위임장

(4) 그 밖에 강제집행개시의 요건을 증명하는 서면

마. 소득세원천징수의무자의 진술

(1) 양육비채권자는 소득세원친징수의무자로 하여금 양육비 직접지급명령의 송달을 받은 날로부터 1주일 이내에 서면으로 민사집행법 237조 1항에 정해진 사항을 진술하도록 가정법원에 신청할 수 있다. 이는 양육비채권자로 하여금 당해 양육비 직접지급명령의 집행으로 양육비채권의 만족이라는 목적을 달성할 수 있을 지 여부에 관한 판단자료를 소득세징수의무자로부터 얻도록 하기 위한 제도이다.

(2) 신청방법 : 본 진술신청은 서면으로 하여야 하고, 인지를 붙이지 않으며, 최고서의 송달료 및 소득세원천징수의무자의 진술서 제출용 우편료를 예납하여야 한다.

(3) 진술최고 신청시기 : 양육비 직접지급명령의 신청과 함께하거나 적어도 양육비 직접지급명령을 발송하기 전에 하여야 한다.

(4) 손해배상의무 : 소득세원천징수의무가가 고의 또는 과실로 허위의 진술을 함으로 인하여 양육비채권자에게 손해가 발생한 때에는 그 손해를 배상하여야 한다.

바. 양육비 직접지급명령의 효과

(1) 양육비 지급명령이 확정되면 양육비 직접지급명령이 소득세원천징수의무자에게 송달된 때로 소급하여 양육비채무자의 정기적 급여채권이 양육비채권에게 이전되며, 양육비채무자는 양육비채무를 변제한 것으로 본다.
(2) 소득세원천징수의무자는 피전부채권인 정기적 급여채권이 존재하는 한 종전의 채권자인 양육비채무자에게 부담하는 채무를 양육비채권자에게 대하여 부담하게 되며, 양육비채권자에게 직접 이행하여야 한다.
(3) 소득세원천징수의무자는 양육비채무자의 직장변경 등 주된 소득원의 변경사유가 발생한 경우에 그 사유가 발생한 날로부터 1주 이내에 가정법원에 변경사실을 통지하여야 한다(가소 63조의2 6항).

사. 소득세원천징수의무자의 의무

양육비지급명령이 확정되면 양육비지급명령을 송달받은 때로부터 소급하여 양육비채무자의 소득세원친징수의무자에 대한 정기적 급여채권이 이전된다. 이 경우 소득세원천징수의무자는 양육비채무자에게 부담하는 정기적 급여채권이 존재하는 한 집행권원상의 양육비채권 상당액을 직접 양육비채권자에게 지급하여야 한다. 다만, 양육비지급명령의 집행채권은 아직 지급기가 도래하지 않는 채권이므로 그 지급기가 도래한 후에 급여지급일이 도래하는 급여채권에서 양육비 상당액을 지급하여야 한다.

아. 양육비 직접지급명령의 취소

(1) 소득세원천징수의무자의 자력이 나빠져서 양육비를 변제받지 못할 경우나 양육비 직접지급명령의 토대가 된 집행권원이 실효된 경우 또는 양육대상인 미성년자인 자가 사망한 경우 등 양육비 직접지급명령의 목적을 달성하지 못할 우려가 있다고 인정할 만한 사정이 있는 때에는 양육비채권자의 신청에 따라 양육비 직접지급명령을 취소할 수 있다. 즉, 가정법원은 양육비 직접지급명령의 목적을 달성하지 못할 우려가 있다고 인정할 만한 사정이 있는 경우에는 양육비채권자의 신청에 따라 양육비 직접지급명령을 취

소할 수 있고, 이 경우 양육비 직접지급명령은 장래에 향하여 그 효력을 상실한다(가소 63조의2 3항).

(2) 가정법원은 양육비 직접지급명령과 양육비 직접지급취소명령을 양육비채무자와 소득세원천징수의무자에게 송달하여야 하며, 이러한 재판에 대하여는 즉시항고할 수 있다(가소 63조의2 4항, 5항).

(3) 양육비 직접지급명령에 대한 취소신청은 양육비 직접지급명령을 발령한 가정법원에 제출하여야 하고 2,000원의 인지를 붙여야 한다.

자. 과태료처분의 현실화

(1) 당사자 또는 관계인이 정당한 이유 없이 가사소송법 제29조(수검명령), 제63조의2 제1항(양육비 직접지급명령), 제64조(사전처분)의 처분에 위반한 때에는 법원은 위반자에게 1천만원 이하의 과태료에 처할 수 있도록 하였다(가소 67조 1항).

(2) 뿐만 아니라 재산목록 제출거부에 대한 제재(가소 67조의2), 거짓자료 제출등에 대한 제재(가소 67조의3)의 경우에도 위반자에게 1천만원 이하의 과태료를 부과하도록 하였다.

(3) 재산조회결과 등의 목적 외 사용죄를 신설하여 위반자에게 2년 이하의 징역 또는 500만원 이하의 벌금에 처하는 규정을 두었다(가소 73조).

[서식 355] 양육비 직접지급명령신청서(1)

양육비 직접지급명령신청

채 권 자　　김 ○ 희 (000000-0000000) (전화 :)
서울 도봉구 우이로 123 (우편번호 : 00000)

채 무 자　　이 ○ 철 (000000-0000000) (전화 :)
서울 동작구 사당로 234 (우편번호 : 00000)

소득세원천　　박 ○ 석 (000000-0000000) (전화 :)
징수의무자　　서울 서초구 서초로 345 (우편번호 : 00000)

청 구 취 지

1. 채무자의 소득세원천징수의무자에 대한 별지 압류채권 목록 기재의 채권을 압류한다.
2. 소득세원천징수의무자는 채무자에게 위 채권에 관한 지급을 하여서는 아니 된다.
3. 채무자는 위 채권의 처분과 영수를 하여서는 아니 된다.
4. 소득세원친징수의무자는 매월 ○일에 위 채권에서 별지 청구채권 목록 기재의 양육비 상당액을 채권자에게 지급하라.

라는 결정을 구합니다.

청구채권 및 그 금액 : 별지 청구채권 목록 기재와 같음

청 구 원 인

(채권자는 2회 이상 양육비가 지급되지 않은 구체적인 내역과 직접지급을 구하는 있는 기한이 도래하지 아니한 정기금 양육비 채권의 구체적인 내용을 기재하여야 한다)

첨 부 서 류

1. 집행력 있는 정본　　1통
1. 송달 및 확정증명서　　1통

20○○. ○. ○.

채권자 김 ○ 희 (인)

○○ 가정법원 귀중

접수방법 및 유의사항

1. 수입인지 : 2,000원의 인지를 납부한다.
2. 송달료 : 당사자수×4,800원×2회분을 납부한다.
3. 관할 : 양육비채무자의 보통재판적이 있는 곳의 가정법원에 제기하여야 한다. 다만, 양육비채무자가 국내에 주소나 거소 등이 없고 마지막 주소도 판명되지 않을 때와 같이 보통재판적이 없을 경우에는 소득세원천징수의무자의 보통재판적이 있는 곳의 가정법원에 신청하여야 한다.
4. 집행력 있는 집행권원은 "확정된 종국판결(심판서), 가집행선고 있는 종국판결(심판서), 조정조서, 양육비부담조서 등이 있다.
5. 채무자의 이름과 주소 외에도 소속부서, 직위, 주민등록번호, 군번/순번(군인/군무원의 경우) 등 채무자를 특정할 수 있는 사항을 기재하여야 한다.
6. 이 결정에 대하는 고지받은 날부터 1주일 이내에 즉시항고할 수 있다.
7. 이 결정이 확정되면 소득세원천징수의무자에게 이 결정이 송달된 때로 소급하여 압류채권목록 기재 채권 중 청구채권목록 기재 양육비 상당액이 채무자로부터 채권자에게 이전된다.
8. 소득세원천징수의무자는 양육비채무자의 직장 변경 등 주된 소득원의 변경사유가 발생한 경우에 그 사유가 발생한 날부터 1주일 이내에 가정법원에 변경사실을 통지하여야 한다.
9. 소득세원천징수의무자가 정당한 사유 없이 가사소송법 재63조의2 제1항의 명령을 위반한 때에는 1천만원 이하의 과태료를 부과할 수 있다.

[별 지]

청 구 채 권 목 록

(집행권원 : ○○가정법원 1234호 사건의 조정조서정본)에 표시된 정기금 양육비채권 중 아래 금원 및 집행비용

1. 정기금 양육비채권
   (1) 미성년자 이○성(20○○. ○. ○.생)에 대한 20○○. ○. ○.부터 20○○. ○. ○.까지 월 ○○○원씩 매월 ○일에 지급하여야 할 양육비 중 이 사건 양육비 직접지급명령 송달다음날 이후 지급기가 도래하는 양육비
   (2) 미성년자 이○현(20○○. ○. ○.생)에 대한 20○○. ○. ○.부터 20○○. ○. ○.까지 월 ○○○원씩 매월 ○일에 지급하여야 할 양육비 중 이 사건 양육비 직접지급명령 송달다음날 이후 지급기가 도래하는 양육비
2. 집행비용 : 금 ○○○원
   수입인지 : 금 2,000원
   송 달 료 : 금 ○○○원 끝.

[별 지]

압 류 채 권 목 록

양육비채무자(○○은행 ○○지점 근무)가 소득세원천징수의무자로부터 지급받는 다음 채권으로서 별지 청구채권 목록 기재 금액에 이르기까지의 금액

다만, 별지 청구채권 목록 기재의 금액에 대하여는 그 정기금 양육비의 지급기가 도래한 후에 기급기(급여지급일) 도래하는 다음의 채권에 한함.

다 음

매월 수령하는 급료(본봉, 상여금 및 제수당) 중 제세공과금을 뺀 잔액의 1/2씩을 위

청구금액에 이를 때까지의 금액[다만, 국민기초생활보장법에 의한 최저생계비를 감안하여 민사집행법 시행령이 정한 금액에 해당하는 경우에는 이를 제외한 나머지 금액, 표준적인 가구의 생계비를 감안하여 민사집행법 시행령이 정한 금액에 해당하는 경우에는 이를 제외한 나머지 금액] 및 위 청구금액에 달하지 아니한 사이에 퇴직한 때 에는 퇴직금 중 제세공과금을 뺀 잔액의 1/2씩을 위 청구금액에 이를 때까지의 금액

[서식 356] 양육비 직접지급명령신청서(2)

양육비 직접지급명령신청

채 권 자 홍 ○ 자 (000000-0000000) (전화 :)
서울 영등포구 대림로 701 (우 : 00000)

채 무 자 최 ○ 봉 (000000-0000000)
서울 도봉구 도봉로 876 (우 : 00000)

소득세원천 고 ○ 해 (000000-0000000)
징수의무자 서울 강북구 미아로 343 (우 : 00000)

청구채권 및 그 금액

별지 목록 기재와 같음

신 청 취 지

1. 채무자의 소득세원천징수의무자에 대한 '별지' 압류채권 목록 기재의 채권을 압류한다.
2. 소득세원천징수의무자는 채무자에게 위 채권에 관한 지급을 하여서는 아니 된다.
3. 채무자는 위 채권의 처분과 영수를 하여서는 아니 된다.
4. 소득세원천징수의무자는 매월 25일에 위 채권에서 별지 청구채권 목록 기재의 양육비 상당액을 채권자에게 지급하라.

라는 결정을 구함

신 청 이 유

1. 채권자는 채무자를 상대로 한 귀원 20○○느단 8765호 양육비 심판청구에 따라 매월 25일에 30만원의 양육비 채권을 가지고 있으며, 채무자는 (주)대한물산에 재직하고 있습니다.

2. 그러나 채무자는 위 양육비심판결정에 따른 금전의 지급이행을 정당한 사유 없이 2개월 이상(2회 이상) 지체하고 있어 채권자가 직접 양육비채권을 확보하고자 이건 신청에 이른 것입니다.

첨 부 서 류

1. 집행력 있는 정본 1통
1. 송달증명서 1통

200○. ○. ○.

위 채권자 홍 ○ 자 (인)

○○ 가정법원 귀중

접수방법 및 유의사항

1. 수입인지 : 2,000원의 인지를 납부한다.
2. 송달료 : 당사자수×4,800원×2회분을 납부한다.
3. 관할 : 양육비채무자의 보통재판적이 있는 곳의 가정법원에 제기하여야 한다. 다만, 양육비채무자가 국내에 주소나 거소 등이 없고 마지막 주소도 판명되지 않을 때와 같이 보통재판적이 없을 경우에는 소득세원천징수의무자의 보통재판적이 있는 곳의 가정법원에 신청하여야 한다.
4. 집행력 있는 집행권원은 "확정된 종국판결(심판서), 가집행선고 있는 종국판결(심판서), 조정조서, 양육비부담조서 등이 있다.
5. 채무자의 이름과 주소 외에도 소속부서, 직위, 주민등록번호, 군번/순번(군인/군무원의 경우) 등 채무자를 특정할 수 있는 사항을 기재하여야 한다.
6. 이 결정에 대하는 고지받은 날부터 1주일 이내에 즉시항고할 수 있다.
7. 이 결정이 확정되면 소득세원천징수의무자에게 이 결정이 송달된 때로 소급하여 압류채권목록 기재 채권 중 청구채권목록 기재 양육비 상당액이 채무자로부터 채권자에게 이전된다.
8. 소득세원천징수의무자는 양육비채무자의 직장 변경 등 주된 소득원의 변경사유가 발생한 경우에

그 사유가 발생한 날부터 1주일 이내에 가정법원에 변경사실을 통지하여야 한다.

9. 소득세원천징수의무자가 정당한 사유 없이 가사소송법 제63조의2 제1항의 명령을 위반한 때에는 1천만원 이하의 과태료를 부과할 수 있다.

[서식 357] 양육비 직접지급명령 취소신청서

수입인지
2,000원

양육비 직접지급명령 취소신청

채 권 자 김 ○ 희 (000000-0000000) (전화 :)
서울 도봉구 우이로 123 (우편번호 : 00000)

채 무 자 이 ○ 철 (000000-0000000) (전화 :)
서울 동작구 사당로 234 (우편번호 : 00000)

소득세원천 박 ○ 석 (000000-0000000) (전화 :)
징수의무자 서울 서초구 서초로 345 (우편번호 : 00000)

신 청 취 지

위 당사자간 ○○가정법원 20○○즈기 1234호 양육비 직접지급명령신청에 관하여 20○○. ○. ○. 귀원에서 한 결정을 취소한다.
라는 결정을 구합니다.

신 청 이 유

- 생 략 -

첨 부 서 류

1. ○○○○ 1통
1. ○○○○ 1통

20○○. ○. ○.

위 신청인 김 ○ 희 (인)

○○ 가정법원 귀중

접수방법

1. 수입인지 : 2,000원의 인지를 납부한다.
2. 송달료 : 당사자수×4,800원×3회분을 납부한다.
3. 관할 : 양육비 직접지급명령을 발한 가정법원의 전속관할로 한다(규칙 123조의5).

[서식 358] 소득세원천징수의무자에 대한 진술최고신청서

소득세원천징수의무자에 대한 진술최고신청서

신 청 인　김 ○ 희 (000000-0000000) (전화 :)
(채권자)　서울 도봉구 우이로 123 (우편번호 : 00000)

피신청인　이 ○ 철 (000000-0000000) (전화 :)
(채무자)　서울 동작구 사당로 234 (우편번호 : 00000)

소득세원천　박 ○ 석 (000000-0000000) (전화 :)
징수의무자　서울 서초구 서초로 345 (우편번호 : 00000)

위 당사자간 ○○가정법원 20○○즈기 1234호 신청사건에 관하여 소득세원천징수의무자에게 가사소송법 제63조2 제2항, 민사집행법 제237조에 따라 다음 사항을 진술하도록 명하여 주시기 바랍니다.

다 음

1. 채권을 인정하는지 여부 및 인정한다면 그 한도
2. 채권에 대하여 지급할 의사가 있는지 여부 및 의사가 있다면 그 한도

3. 채권에 대하여 다른 사람으로부터 청구가 있는지의 여부 및 청구가 있다면 그 종류
4. 다른 채권자에게 채권을 압류당한 사실이 있는지 여부 및 그 사실이 있다면 그 청구의 종류

20○○. ○. ○.

위 신청인 김 ○ 희 (인)

○○ 가정법원 귀중

접수방법 및 유의사항

1. 수입인지 : 인지를 붙이지 않는다.
2. 송달료 : 최고서의 송달료 및 소득세원천징수의무자의 진술서 제출용 우편료를 예납하여야 한다.

[서식 359] 양육비채무자 소득원 변경사유 통지서

양육비채무자 소득원 변경사유 통지

사 건 20○○즈기 1234호 양육비 직접지급

채 권 자 ○ ○ ○

채 무 자 ○ ○ ○

소득세원천징수의무자 ○ ○ ○

위 사건의 채무자의 주된 소득원에 아래와 같이 변경사유가 있어 이를 알려드립니다.

변 경 사 유

※ 해당란에 ✓ 표시

□ 20○○. ○. ○. 위 사건의 채무자의 이직

□ 기 타 (　　　)

20○○. ○. ○.

소득세원천징수의무자 ○ ○ ○ (날인 또는 서명)

54. 양육비의무자에 대한 담보제공명령

가. 의 의

(1) 가정법원은 양육비를 정기금으로 지급하게 하는 경우에 그 이행을 확보하기 위하여 양육비채무자에게 상당한 담보의 제공을 명할 수 있다.

(2) 가정법원은 양육비채무자가 정당한 사유 없이 그 이행을 하지 아니하는 때에는 양육비채권자의 신청에 의하여 양육비채무자에게 상당한 담보의 제공을 명할 수 있다. 즉 가정법원은 양육비를 정기금으로 지급하는 경우에 그 이행을 확보하기 위하여 양육비채무자에게 그 소유의 부동산이나 건물, 자동차 등 재산을 담보로 제공할 것을 명할 수 있다(가소 63조의3 1항).

(3) 제2항의 결정에 대하여는 즉시항고를 할 수 있다.

(4) 제1항 또는 제2항에 따라 양육비채무자가 담보를 제공하여야 할 기간 이내에 담보를 제공하지 아니하는 때에는 가정법원은 양육비채권자의 신청에 의하여 양육비의 전부 또는 일부를 일시금으로 지급하도록 명할 수 있다.

(5) 제2항 및 제4항의 명령에 관하여는 제64조 제2항을 준용한다.

(6) 제1항 및 제2항의 담보에 관하여는 그 성질에 반하지 아니하는 범위에서 '민사소송법' 제120조 제1항·제122조·제123조·제125조 및 제126조를 준용한다(가소 63조의3).

나. 신 청 인

정기금 양육비 채권에 관한 집행권원을 가진 양육비채권자

다. 관할법원

미성년자인 자녀의 보통재판적이 있는 곳의 가정법원에 전속한다. 미성년자인 자녀가 국내에 주소나 거소 등이 없고 마지막 주소도 판명되지 않을 때와 같이 보통재판적이 없는 경우에는 대법원 소재지의 가정법원의 전속관할이다(가소 120조의7)

라. 비 용

(1) 수입인지 : 1,000원의 인지를 첩부한다.

(2) 송 달 료 : 당사자수×4,800원(우편료)×3회분을 납부한다.

마. 담보제공의 방법

금전 또는 법원이 인정하는 유가증권을 공탁하거나 대법원규칙에서 정하는 바에 따라 지급을 보증하겠다는 지급보증위탁계약을 맺은 문서를 제출하는 방법으로 하되, 당사자들 사이의 특별한 약정이 있으면 그 약정에 따라 부동산에 관한 근저당권의 설정이나 질권설정 또는 보증인으로 하여금 보증케 하는 방법이 있다.

바. 담보의 취소와 담보물 변경

담보제공자는 담보의 사유가 소멸된 것을 증명한 때 또는 권리행사 최고기간이 만료되어 담보권리자의 동의가 있는 것으로 간주된 때에는 담보취소신청을 할 수 있다(가소 63조의3 6항, 민소 125조). 또한 담보제공자는 공탁한 담보물을 바꾸어 줄 것을 신청할 수 있다(가소 63조의3 6항, 민소 126조). 담보취소와 담보물변경 신청사건은 담보제공명령을 한 법원 또는 기록을 보관하고 있는 법원이 관할하며 1,000원의 인지를 납부하여야 한다.

[서식 360] 담보제공명령신청서

담보제공명령신청서

채 권 자 홍 ○ 자 (000000-0000000) (전화 :)
서울 영등포구 대림로 701, 103동 1202호 (대림동, 현대아파트)

채 무 자 최 ○ 봉 (000000-0000000)
서울 도봉구 도봉로 876, 205동 903호 (도봉동, 래미안아파트)

신 청 취 지

피신청인에 대하여 서울가정법원 20○○. 8. 2. 선고 20○○느단 8765호 양육비 심판사건의 확정판결에 기한 정기금 양육비채무 중 이 사건 결정일 다음날 이후 지급기가 도래하는 정기금 양육비채무를 담보하기 위하여 상당한 담보를 제공할 것을 명한다.
라는 결정을 구합니다.

신 청 이 유

1. 채권자는 채무자를 상대로 한 귀원 20○○. 8. 2. 선고 20○○느단 8765 양육비 심판청구에 따라 매월 25일에 50만원의 양육비 채권을 가지고 있습니다.
2. 그러나 채무자는 2위 양육비심판결정에 따란 금전의 지급이행을 정당한 사유없이 20○○. 2. 25.부터 지체하고 있어 양육비의 정기금을 담보하도록 이 건 신청에 이른 것입니다.

첨 부 서 류

1. 집행력 있는 판결 사본 1통
1. 혼인관계증명서(집행권원이 양육비부담조서인 경우) 1통
1. 확정증명서(집행권원이 판결 또는 심판인 경우) 1통

20○. ○. ○.

위 채권자 홍 ○ 자 (인)

○○ 가정법원 귀중

접수방법 및 유의사항

1. 신청인 : 정기금 양육비 채권에 관한 집행권을 가진 양육비채권자
2. 수입인지 : 1,000원의 인지를 납부한다.
3. 송달료 : 당사자수×4,800원(우편료)×3회분을 납부한다.
4. 신청인은 연락처란에 언제든지 연락 가능한 전화번호나 휴대전화번호(팩스번호, 이메일 주소 등도 포함)을 기재한다.
5. 집행력 있는 집행권원은 "확정된 중국판결(심판), 가집행선고 있는 종국판결(심판), 조정조서, 양육비 조서" 등이 있다.
6. 신청인은 피신청인이 이행하지 아니하는 금전채무액 및 그 기간을 기재하여야 한다.

[서식 361] 담보취소(담보물변경)신청서

담보취소(담보물변경) 신청

수입인지 1,000원

신 청 인 ○ ○ ○ (000000-0000000)
○○시 ○○구 ○○로 ○○○

피신청인 ○ ○ ○ (000000-0000000)
○○시 ○○구 ○○로 ○○○

신 청 취 지

[담보취소의 경우]

이 법원 ○○가정법원 20○○즈기 1234호 담보제공명령신청사건에 관하여 신청인이 20○○. ○. ○. ○○가정법원 공탁관에게 20○○년 금제2345호로 공탁한 금 ○○○○원의 담보를 취소한다.
라는 결정을 구합니다.

[담보물변경의 경우]

이 법원 ○○가정법원 20○○즈기 1234호 결정 중 담보물 "별지 제1목록 기재 유가증권"을 "별지 제2목록 기재 유가증권"으로 변경할 것을 명한다.
라는 결정을 구합니다.

신 청 이 유

- 생 략 -

첨 부 서 류

1. 공탁서 사본 1통
1. ○○○○○ 1통

20○○. ○. ○.

신청인 ○ ○ ○ (인)
(연락처 :)

○○ 가정법원 귀중

접수방법 및 유의사항

1. 수입인지 : 1,000원의 인지를 첩부한다.
2. 송달료 : 당사자수×4,800원(우편료)×3회분을 납부한다.
3. 관할 : 담보제공명령을 한 법원 또는 그 기록을 보관하고 있는 법원이 관할한다(법 63조의3 6항, 민소125조, 126조, 민소규 23조 2항).
4. 신청인은 연락처란에 언제든지 연락 가능한 전화번호나 휴대전화번호(팩스번호, 이메일 주소 등도 포함)을 기재한다.

55. 일시금지급명령제도

가. 의 의

담보제공명령 불이행시의 제재 중 하나로서, 양육비의무자가 담보제공명령에 응하지 아니한 경우 가정법원이 양육비채권자의 신청에 따라 양육비의 전부 또는 일부를 일시금으로 지급하도록 명하는 제도이다(가소 63조의3 4항). 즉, 양육비채무자가 담보를 제공하여야 할 기간 내에 이를 제공하지 아니할 때에는 가정법원은 양육비채권자의 신청에 따라 장래의 양육비에 대하여도 그 전부 또는 일부를 일시금으로 지급하도록 명할 수 있고, 정당한 이유 없이 그 의무를 이행하지 아니할 때에는 당사자의 신청에 의하여 이행명령을 내릴 수 있다.

나. 효 과

일시금 지급명령이나 이행명령을 받은 자가 3기 이상 그 의무를 이행하지 아니하거나 30일 이내에 정당한 사유 없이 그 의무를 이행하지 아니한 때에는 양육비채권자의 신청에 따라 결정으로 30일의 범위 내에서 그 의무이행이 있을 때까지 감치에 처하게 할 수 있다(가소 63조의3 2항, 5항, 64조 2항. 68조 1항).

다. 신 청 인

일시금 지급명령을 신청할 수 있는 당사자. 즉 권리자는 정기금 양육비채권에 관한 집행권원을 가진 채권자(다만, 양육비채무자가 담보제공명령에 응하지 않을 경우에 한함). 단순한 이해관계인은 당사자가 될 수 없다.

일시금 지급명령의 상대방, 즉 의무자는 판결, 심판, 조정, 조정에 갈음하는 결정, 화해권고결정, 양육비부담조서 등에서 정기금 양육비지급의무를 명령받은 자이다.

라. 관할법원

양육비채무자의 보통재판적이 있는 곳의 가정법원의 전속관할로 한다. 다만, 양육비채무자가 국내에 주소나 거소 등이 없고 마지막 주소도 판명되지 않을 때와 같이 보통재판적이 없는 경우에는 대법원 소재지의 가정법원의 전속관할로 한다.

[서식 362] 일시금지급명령신청서

일시금지급명령신청

신 청 인 홍 ○ 자 (000000-0000000) (전화 :)
서울 영등포구 대림로 701, 103동 1202호 (대림동, 현대아파트)

피신청인 최 ○ 봉 (000000-0000000)
서울 도봉구 도봉로 876, 205동 903호 (도봉로, 래미안아파트)

신 청 취 지

피신청인은 신청인에게 ○○가정법원 20○○. 8. 2. 선고 20○○느단 8765호 양육비 심판사건의 확정판결에 기한 정기금 양육비채무 중 이 사건 결정일 다음날 이후부터 20○○. 5. 25.까지 사이에 지급기가 도래하는 정기금 양육비채무의 지급을 위하여 일시금으로 금 2,000만원을 지급하라.
라는 결정을 구합니다.

신 청 이 유

1. 신청인은 피신청인을 상대로 한 귀원 20○○. 8. 2. 선고 20○○느단 8765 양육비 심판청구에 따라 매월 25일에 50만원의 양육비를 20○○. 5. 25.까지 지급하라는 판결상 채권을 가지고 있습니다.
2. 그러나 피신청인은 최근 20○○. 3. 23. 귀원 20○○즈기 234호로 금 500만원을 담보제공하라는 명령을 받고도 정해진 기간 내에 담보제공을 하지 않고 있습니다.
3. 이에 신청인은 위 양육비 지급이행을 위하여 일시금으로 그 지급을 구하고자 이 신청에 이른 것입니다.

첨 부 서 류

1. 집행력 있는 집행권원 사본 1통
1. 혼인관계증명서(양육비부담조서인 경우) 1통
1. 확정증명서(판결 또는 심판인 경우) 1통
1. 담보제공명령 사본 1통

20○○. ○. ○.

위 신청인 홍 ○ 자 (인)

○○ 가정법원 귀중

접수방법

1. 신청인 : 정기금 양육비채권에 관한 집행권원을 가진 채권자(다만, 양육비채무자가 담보제공명령에 응하지 않을 경우에 한함)
2. 수입인지 : 1,000원의 인지를 납부한다.
3. 송달료 : 당사자수×4,800원(우편료)×3회분을 납부한다.
4. 관할 : 원칙적으로 양육비채무자의 보통재판적이 있는 곳의 가정법원, 다만, 양육비채무자가 국내에 주소나 거소 등이 없고 마지막 주소도 판명되지 않을 때와 같이 보통재판적이 없는 경우에는 대법원 소재지의 가정법원
5. 신청인은 연락처란에 언제든지 연락 가능한 전화번호나 휴대전화번호(팩스번호, 이메일 주소 등도 포함)을 기재한다.

56. 이행명령

가. 의 의

가사사건에 관한 판결, 심판, 조정조서, 조정을 갈음하는 심판 또는 양육비부담조서에 의하여 금전의 지급 등 재산상의 의무, 유아의 인도의무, 자녀와의 면접교섭 허용의무를 이행하여야 할 사람이 정당한 이유 없이 그 의무를 이행하지 아니하는 경우 가정법원은 당사자의 신청에 의하여 일정한 기간 내에 그 의무를 이행할 것을 명할 수 있다(가소 67조 1항).

나. 당 사 자

판결, 심판, 조정조서, 조정에 갈음하는 심판 또는 양육비부담조서, 재판상 화해 및 화해권고심판에서 정하여진 권리주체 및 그 승계인이다. 유언집행자도 그 권한범위 내에서는 신청권자가 될 수 있다. 단순한 이해관계인은 당사자가 될 수 없으며 상대방은 의무를 명령받은 사람과 그 승계인이다.

다. 관 할

이행명령에 관한 사건은 신청당시 미성년자인 자녀와 관련된 양육비 청구, 유아의 인도의무, 미성년 자녀와의 면접교섭 허용의무 등의 의무위반을 이유로 한 이행명령사건을 미성년자인 자녀의 보통재판적이 있는 곳의 가정법원의 전속관할로 함을 원칙으로 한다. 다만 미성년자인 자녀가 외국에서 태어나서 외국에 거주하는 경우와 같이 국내에 보통재판적 자체가 없는 경우에는 대법원 소재지의 가정법원의 전속관할이다. 한편 미성년자인 자녀에 대한 특별한 보호필요성이 없는 양육비 이외의 금전지급 청구나 성년자인 자녀에 대한 과거양육비 등 청구 등에 대해서는 집행의 일반원칙에 의하여 의무자의 보통재판적이 있는 곳의 가정법원의 전속관할로 하되, 보통재판적이 없는 경우에는 대법원소재지의 가정법원의 전속관할이다(가소규 121조).

라. 이행명령위반에 대한 제재(재판후의 절차)

(1) 과 태 료

이행명령을 받고도 정당한 이유 없이 그 명령에 위반한 자에 대하여는 가정법원은 직권 또는 권리자의 신청으로 100만원 이하의 과태료에 처할 수 있다(가소 67조).

(2) 감 치

이행명령을 받은 의무자(금전의 정기적 지급을 명령받은 자)가 정당한 이유 없이 3기 이상 그 의무를 이행하지 아니한 때, 유아의 인도를 명령받은 자가 과태료 부과의 제재를 받고도 30일 이내에 정당한 이유 없이 그 의무를 이행하지 아니한 때에는 가정법원은 권리자의 신청에 의하여 결정으로 30일의 범위 내에서 그 의무이행이 있을 때까지 의무자를 감치에 처할 수 있다(가소 68조 1항).

(3) 신 청 자

권리자로서 이행명령을 신청할 수 있는 자이다.

[서식 363] 이행명령신청서(1)

이 행 명 령 신 청

신 청 인　　이 ○ 숙 (000000-0000000) (전화 :　　　　　)
　　　　　　서울 도봉구 우이로 123 (우편번호 : 00000)

피신청인　　박 ○ 석 (000000-0000000) (전화 :　　　　　)
　　　　　　서울 동작구 사당로 234 (우편번호 : 00000)

사건본인　　박 ○ 훈 (000000-0000000) (전화 :　　　　　)
　　　　　　서울 도봉구 우이로 123 (우편번호 : 00000)

신 청 취 지

1. 피신청인은 ○○가정법원 20○○드단 1234호 이혼 등 청구사건의 화해조서에 기한 양육비지급의무의 이행으로서 이 명령이 고지된 날로부터 1개월 내에
   가. 신청인에게 미지급한 과거양육비 7,850,000원과 이 중 4,000,000원에 대하여 20○○. 1. 1.부터 다 갚는 날까지 연 15%의 비율로 계산한 돈을 지급하고,
   나. 신청인에게 사건본인에 대한 양육비로 20○○. 6.부터 20○○. 12.까지 매월 300,000원씩을 지급하라.

라는 심판을 구합니다.

신 청 이 유

1. 위 당사자간 ○○가정법원 20○○드단 1234호 이혼 등 청구사건에 관하여 피신청인은 신청인에게 금 9,000,000원의 양육비를 20○○. 12. 31.까지 지급하되 피신청인이 지급을 연체할 경우 그 연체된 돈에 대하여 위 지급기일 다음날부터 다 갚는 날까지 연 15%의 비율로 계산한 돈 및 사건본인에 대한 양육비로 20○○. 11.부터 20○○. 12.까지 매월 30만원씩을 매월 20일에 지급하라는 화해가 20○○. 10. 20. 성립되었고, 20○○. 11. 2. 송달되었습니다.

2. 그러나 피신청인은 과거양육비 중 500만원만 지급하였고, 매월 양육비 중 20○○. 2.월분까지 양육비와 20○○. 3.월분 양육비 중 5만원만 지급한 후 20○○. 3.월분까지 지급하지 않고 있다가 최근 신청인이 강제집행을 하겠다며 내용증명을 발송하자

20○○. 4.월분과 같은 해 5.월분을 보내온 상태에 있으나 피신청인은 신청인에게 과거양육비 금 400만원과 매월 양육비 중 미지급분 385만원{30만원 13개월(20○○. 3.월분부터 20○○. 3.분까지) - 5만원)}을 지급하고, 20○○. 6.월분부터 매월 양육비를 지급해야 할 의무가 있는데도 피신청인은 신청인의 사정에도 불구하고 이행을 하지 않고 있을 뿐만 아니라 이행할 의사조차도 보이지 않고 있습니다.

3. 따라서 신청인은 경제적으로 힘든 상황에서 더 이상 위 사건본인에 대한 양육비를 혼자서 감당하기 어려워 가사소송법 제654조에 의하여 피신청인에게 이행명령을 구하고자 이 건 신청에 이른 것입니다.

입 증 서 류

1. 집행력 있는 화해조서정본 1통
1. 송달증명원 1통
1. 수급자증명서 1통
1. 주민등록초본 3통

첨 부 서 류

1. 위 입증서류 각 1통
1. 주민등록등본 1통

20○○. ○. ○.

신청인 이 ○ 숙 (인)

○○ 가정법원 귀중

접수방법

1. 신청권자 : 판결·심판·조정·조정에 갈음하는 결정에 정하여진 권리주체 및 승계인, 각종 절차에서 당사자적 지위를 가지는 참가인, 유언집행자가 신청할 수 있다.
2. 수입인지 : 1,000원의 인지를 납부한다.
3. 송달료 : 당사자수×4,800원×3회분을 납부한다.
4. 관할 : 이행명령은 그 대상인 가사채무의 이행을 명한 판결·심판·조정 등을 한 가정법원에 제출한다(가소규 121조).

[서식 364] 이행명령신청서(2)

이 행 명 령 신 청

신 청 인 김 ○ 희 (000000-0000000) (전화 :)
서울 서초구 서초로 1553

피신청인 최 ○ 진 (000000-0000000)
경기도 군포시 금정로 542

신 청 취 지

1. 피신청인은 귀원 20○○. 2. 3. 선고된 20○○드단 142 이혼 등 청구사건의 확정된 판결에 기한 의무의 이행으로 신청인에게 신청외 홍○주에 대한 양육비로,
   가. 이 명령이 고지된 날로부터 2주 이내에 밀린 양육비 금 4,900,000원을 지급하고,
   나. 이 명령이 고지된 다음달부터 20○○. 11. 25.까지 매월 700,000원씩을 매월 25일에 지급하라.
2. 심판비용은 피신청인이 부담한다.

라는 재판을 구합니다.

신 청 원 인

1. 위 당사자간 귀원 20○○드단 142호 이혼 등 청구사건에 관하여 20○○. 2. 3. 귀원으로부터 “피신청인은 신청인에게 20○○. 1. 1.부터 별거해소 또는 혼인관계 종료시까지 사건본인의 부양료로 매월 금 700,000원씩을 매월 25.에 지급하라”라는 판결이 20○○. 2. 24. 확정되었습니다.
2. 이에 신청인은 위 판결을 받은 후 피신청인의 급여에 대하여 전부명령을 신청하자 피신청인은 직장을 포기하고 현재는 그 직장을 알려주지도 않고 더 이상 알 수조차 없는 지경에 이르렀습니다.
3. 신청인은 위 전부명령으로 겨우 금 4,500,000원의 양육비를 지급 받았을 뿐 이후 이건 신청하는 현재까지 7개월 해당의 4,900,000원을 지체하고 있습니다.
4. 이에 신청인으로서는 더 이상 자녀 양육을 위한 비용을 혼자서 감당하기 어려워 피신청인에게 이행명령을 구하고자 이 신청에 이른 것입니다.

첨 부 서 류

1. 판결문 사본 1부
1. 송달·확정증명원 1부

20○○. ○. ○.

신청인 김 ○ 희 (인)

○○ 가정법원 귀중

접수방법

1. 신청권자 : 판결·심판·조정·조정에 갈음하는 결정에 정하여진 권리주체 및 승계인, 각종 절차에서 당사자적 지위를 가지는 참가인, 유언집행자가 신청할 수 있다.
2. 수입인지 : 1,000원의 인지를 납부한다.
3. 송달료 : 당사자수×4,800원×3회분을 납부한다.
4. 관할 : 이행명령은 그 대상인 가사채무의 이행을 명한 판결·심판·조정 등을 한 가정법원에 제출한다(가소규 121조).

[서식 365] 이행명령신청서(3)

이 행 명 령 신 청

신 청 인 김 ○ 희 (000000-0000000) (전화 :)
서울 서초구 서초로 1553

피신청인 최 ○ 진 (000000-0000000)
경기도 군포시 금정로 542

신 청 취 지

1. 피신청인은 귀원 20○○. 2. 3. 선고된 20○○드단 126 이혼 등 청구사건의 확정된

판결에 기한 의무의 이행으로 신청인에게 신청외 홍○주에 대한 양육비로,

가. 이 명령이 고지된 날로부터 2주 이내에 밀린 양육비 금 4,900,000원을 지급하고,

나. 이 명령이 고지된 다음달부터 20○○. 11. 25.까지 매월 600,000원씩을 매월 25일 에 지급하라.

2. 심판비용은 피신청인이 부담한다.

라는 재판을 구합니다.

신 청 원 인

1. 위 당사자간 귀원 20○○드단 126호 이혼 등 청구사건에 관하여 20○○. 2. 3. 귀원으로부터 "피신청인은 신청인에게 20○○. 1. 1.부터 별거해소 또는 혼인관계 종료시까지 사건본인의 부양료로 매월 금 600,000원씩을 매월 25.에 지급하라"라는 판결이 20○○. 2. 24. 확정되었습니다.

2. 이에 신청인은 위 판결을 받은 후 피신청인에게 지급을 청구하였지만 피신청인은 정당한 이유없이 위 부양료를 지급하지 않고 있습니다.

3. 따라서 신청인은 자녀 양육을 위한 비용을 감당하기 어려워 신청취지와 같은 이행명령을 구하고자 이 사건 시청에 이른 것입니다.

첨 부 서 류

1. 판결문 사본 1부
1. 송달·확정증명원 1부

20○○. ○. ○.

신청인 김 ○ 희 (인)

○○ 가정법원 귀중

접수방법

1. 신청권자 : 판결·심판·조정·조정에 갈음하는 결정에 정하여진 권리주체 및 승계인, 각종 절차에서 당사자적 지위를 가지는 참가인, 유언집행자가 신청할 수 있다.
2. 수입인지 : 1,000원의 인지를 납부한다.

3. 송달료 : 당사자수×4,800원×3회분을 납부한다.
4. 관할 : 이행명령은 그 대상인 가사채무의 이행을 명한 판결·심판·조정 등을 한 가정법원에 제출한다(가소규 121조).

[서식 366] 감치명령신청서(1)

감 치 명 령 신 청

신 청 인 (권리자)	조 ○ 선 (000000-0000000) (전화 :) 경기도 수원시 팔달구 인계로 985
피신청인 (의무자)	김 ○ 무 (000000-0000000) 경기도 여주군 점동면 성신로 17
이행의무의 내 용	○○지방법원 20○○. 3. 2.자 20○○느단 2345호 양육비청구심판결정에 기한 20○○. 5. 2.부터 20○○. 11. 2.까지 매월 말일 금 400,000원씩의 지급의무.
이행명령일	20○○. 5. 2. 20○○즈기 287 이행명령결정문에 의한 송달일

신 청 취 지

1. 의무자를 감치 30일에 처한다.
2. 신청비용은 의무자가 부담한다.

라는 재판을 구합니다.

신 청 원 인

1. 위 피신청인(의무자)은 신청인에 대하여 귀원 20○○. 3. 2.자 20○○느단 2345호 양육비청구심판결정에 기한 20○○. 5. 2.부터 20○○. 11. 2.까지 매월 말일 금 400,000원씩의 지급의무가 있습니다.
2. 그런데 피신청인은 신청인으로부터 수차의 독촉을 받고도 전혀 의무를 이행하지 않아 신청인은 귀원 20○○. 5. 2. 20○○즈기 287 이행명령결정을 받았습니다.

3. 신청인은 경제적으로 어려운 가운데서 사건본인 딸을 양육하고 있으므로 피신청인에게 그 이행을 독촉하였으나 묵묵부답이므로 부득이 이 건 신청하기에 이른 것입니다.

첨 부 서 류

1. 심판결정문 사본	1통
1. 이행결정문 사본	1통
1. 주민등록초본	2통

200○. ○. ○.

신청인 조 ○ 선 (인)

○○ 가정법원 귀중

접수방법

1. 신청권자 : 권리자이다. 즉 이행명령을 신청할 수 있는 자이다.
2. 수입인지 : 1,000원의 인지를 납부한다(단, 수검명령불이행에 대한 감치신청은 인지를 붙이지 않는다).
3. 송달료 : 당사자수 × 4,800원 × 3회분을 납부한다.
4. 관할 : 이행명령을 한 가정법원에 제출한다(가소규 131조).

[서식 367] 감치명령신청서(2)

감 치 명 령 신 청

신 청 인　　조 ○ 선 (000000-0000000) (전화 :)
(권리자)　　경기도 수원시 팔달구 인계로 985

피신청인　　김 ○ 무 (000000-0000000)
(의무자)　　경기도 여주군 점동면 성신로 17

이행의무의 내　　용　　○○지방법원 20○○. 3. 2.자 20○○느단 1234호 양육비청구심판결정에 기한 20○○. 5. 2.부터 20○○. 11. 2.까지 매월 말일 금 600,000원씩의 지급의무.

이행명령일　　20○○. 5. 2. 20○○즈기 236 이행명령결정문에 의한 송달일

신 청 취 지

1. 의무자를 감치 30일에 처한다.
2. 신청비용은 의무자가 부담한다.

라는 재판을 구합니다.

신 청 원 인

1. 위 신청인는 20○○. 3. 2. 귀원에서 피신청인는 사건본인의 양육비로 매월 10일 금 600,000원을 신청인(권리자)에게 지급하라는 심판(○○가정법원 20○○느단 1234호 양육비)을 받고, 피신청인에게 그 이행을 촉구하였으나 이를 이행하지 아니하므로 신청인은 의무이행 명령신청을 하였고 귀원에서 그러한 의무를 이행하라는 명령을 내였습니다.
2. 그런데 피신청인은 계속 그 의무를 이행하지 아니하므로 신청인은 참다못해 다시 귀원에 과태료명령신청을 하여 피신청인은 귀원으로부터 과태료 60만원을 부과하는 선고를 받았습니다. 그런데도 피신청인은 시종 의무이행을 거부하고 있으므로 이 사건 신청을 하기에 이르렀습니다.
3. 신청인은 사건본인의 양육을 위하여 양육비의 확보를 긴급히 요구하고 있으나 이를 이행하지 아니하는 의무에 대하여 응분의 처분을 내려주시를 바랍니다.

첨 부 서 류

1. 심판결정문 사본 2통
1. 이행결정문 사본 2통
1. 주민등록초본 2통

200○. ○. ○.

신청인 조 ○ 선 (인)

○○ 가정법원 귀중

접수방법

1. 신청권자 : 권리자이다. 즉 이행명령을 신청할 수 있는 자이다.
2. 수입인지 : 1,000원의 인지를 납부한다(단, 수검명령불이행에 대한 감치신청은 인지를 붙이지 않는다).
3. 송달료 : 당사자수×4,800원×3회분을 납부한다.
4. 관할 : 이행명령을 한 가정법원에 제출한다(가소규 131조).

[서식 368] 금전임치신청서

<table>
<tr><td colspan="3">금 전 임 치 신 청 서</td></tr>
<tr><td>신청인의 주소·성명</td><td colspan="2">박 ○ 식
경기도 의정부시 가능로 623</td></tr>
<tr><td>상대방의 주소·성명</td><td colspan="2">김 ○ 인
서울 도봉구 도봉로 234</td></tr>
<tr><td rowspan="2">집 행 권 원</td><td>표 시</td><td>서울가정법원 20○○ 느단 786 양육비 조정조서</td></tr>
<tr><td>내 용</td><td>금 13,164,383원
① 원금 : 10,000,000원
② 이자 : 3,164,383원{=10,000,000원×770일
(20○○. ○. ○ - 20○○. ○. ○)×15%×1/365}
위 합계 : 13,164,383원(1,000원미만 절사)</td></tr>
<tr><td>신청인이
이행하여야 할 채무액</td><td colspan="2">금 13,164,383원</td></tr>
<tr><td>임치할 금액</td><td colspan="2">상 동</td></tr>
<tr><td>임치의 사유</td><td colspan="2">양육비 조정조서에 따른 금전의 지급이행을 전혀 하지 않았습니다.</td></tr>
<tr><td>반대의무·조건의 내용</td><td colspan="2">없음</td></tr>
<tr><td colspan="3">위와 같이 금전의 임치를 신청합니다.

20○○. ○. ○.

위 신청인 박 ○ 식 (인)

○○ 가정법원 귀중</td></tr>
</table>

접수방법

1. 신청서 1부를 제출한다.
2. 정부수입인지 : 1,000원을 납부한다.
3. 송달료 : 당사자수×3회분×4,800원을 납부한다.
4. 첨부서류 : 판결문(조정조서, 심판서 등) 사본
5. 관 할 : 당해 의무를 정한 판결, 심판, 조정, 강제조정을 한 가정법원의 전속관할이다. 위 집행권원상의 채무이외에도 이행명령을 받은 경우에도 금전의 임치를 할 수 있다. 금전의 임치는 금전에 한한다.
6. 가정법원은 의무의 이행에 적합한 것인지 여부를 심사하여 허부의 재판을 하여 결정문을 내어준다.

57. 개 명

가. 의 의

(1) 개명이란 가족관계등록부에 기록된 이름을 가정법원의 허가를 받아 새로운 이름으로 변경하는 것을 말한다.

(2) 개명은 기존의 한글이름으로만 된 것에서 한글이름으로 또는 한글이름 및 한자이름으로 개정하거나, 기존의 한글 및 한자이름으로 된 것에서 한글이름으로 개명할 수 있다. 다만 사건본인의 성명은 한자로 표기할 수 없는 경우를 제외하고는 한자를 병기하여 개명하여야 한다(가족관계등록등에관한규칙 30조 1항 단서). 이 경우 한자는 가족관계등록등에관한규칙 37조에 규정된 인명용 한자만 사용하여야 한다(가족관계등록등에관한 법률 44조 3항, 동규칙 37조).

나. 개명허가절차

(1) 신 청 인

개명하고자 하는 사람 또는 그 법정대리인이 신청하여야 하며, 의사능력이 있는 미성년자는 자신의 개명허가를 직접 신청할 수 있다. 그러나 사망한 자는 개명허가를 신청을 할 수 없다.

(2) 관할법원

개명대상자의 주소지를 관할하는 가정법원에 신청하여야 하며, 재외국민은 등록기준지를 관할하는 가정법원이 관할한다. 한편 국내에 주소가 없는 사람은 등록기준지를 관할하는 가정법원에 신청할 수 있다.

(3) 신청서 기재사항

① 신청인의 등록기준지, 주소, 성명, 주민등록번호
② 대리인이 신청할 경우에는 대리인의 성명과 주소
③ 신청취지 및 신청이유
④ 첨부서류
⑤ 신청인 또는 대리인의 기명날인
⑥ 법원의 표시

(4) 첨부서류

① 기본증명서 및 가족관계증명서(사건본인)(각 3개월 이내) 각 1통
② 주민등록등(초)본(사건본인)(3개월 이내) 1통
③ 가족관계증명서(부, 모)(3개월 이내) 1통
④ 인우보증서(지인, 이웃사람 등) 및 인우인의 인감증명서(또는 주민등록등본) 각 1통
⑤ 소명자료{족보, 친족증명서, 작명서, 경력증명서, 재직증명서, 재학증명서, 졸업증명서, 복무확인서, 생활기록부, 예금통장, 우편물, 편지, 담임소견서, 부·모동의서(미성년자) 등} 1통
⑥ 진술서(개명사유 등 기재) 1통
⑦ 사건본인에게 성년의 자녀가 있는 경우에는 그의 가족관계증명서 1통
⑧ 범죄경력조회서

(5) 비 용

① 수입인지 : 1,000원
② 송 달 료 : 사건본인×4,800원×6회분

다. 재 판

(1) 개명허가요건

현행법상 개명허가요건에 관한 구체적인 규정이 없고, 그 관할 가정법원의 재량에 맡기고 있으나, 법원은 그 재량권의 행사는 정당한 사유가 있어야 한다. 이에 대하여 명문규정이

없더라도 외국 입법례 및 법원의 개명허가 선례 등의 자료를 토대로 하여 다음과 같이 개명허가요건을 정리할 수 있다.

① 개명허가신청사건에 관하여 관할권이 있고 신청인 적격이 있을 것

② 개명의 필요가 있고, 개명허가신청사유가 개명사유에 해당되며, 그 허가기준에 적합할 것

③ 위의 요건들에 대한 소명자료가 충분할 것 등이다.

(2) 개명사유

① 항렬자와 일치하지 않기 때문에 개명하려는 경우

출생신고서에 항렬에 일치하지 않는 작명을 하여 그 이름을 신고하였다가 나중에 이를 항렬자와 일치시키기 위하여 개명하려는 경우

② 출생신고서에 이름이 착오로 기재되어 개명하려는 경우

출생신고를 할 때 그 신고서에 착오로 이름을 잘못 기재하여 신고됨으로써 그 잘못 기재된 이름이 가족관계등록부에 그대로 등재된 경우

③ 사주나 성명철학 등의 이유로 개명하려는 경우

가족관계등록상 등재된 사건본인이 성명철학상 나쁘다는 이유 때문에 개명하려는 경우로써 이러한 사유로는 거의 기각될 소지가 크다.

따라서 이러한 사유로 개명하고자 하더라도 개명허가신청서의 개명이유에는 이러한 사유를 언급하여서는 아니되며 다른 사유로 개진하는 것이 현명하다. 즉, 성명철학, 사주라는 단어 자체가 들어가서는 아니된다.

④ 난해, 난독의 이름을 개명하려는 경우

이름이 어려워 호칭과 기록에 어려움을 겪는 경우

⑤ 성별의 혼란 때문에 개명하려는 경우

어감상 남자의 이름이 여자의 이름과 같거나 여자의 이름이 남자의 이름과 같아서 성별이 오인되거나 놀림을 당한 경우

⑥ 근친족 등에 동명자가 있어 개명하려는 경우

근친족간에 사건본인과 같은 이름을 가진 자가 있어 사회생활을 하는 데 지장을 받아 개명하고자 하는 경우와 사건본인과 동일한 이름을 가진 자가 동일지역에 거주하거나 또는 같은 직장에서 근무하든가, 같은 학교, 또는 같은 학급 내에 있는 경우

⑦ 이름을 발음하기 어려워서 개명하려는 경우

이름을 부르는 것이 발음상 어려워서 정확히 부를 수가 없기 때문에 사회생활을 하는데 불편한 경우

⑧ 이름 중의 글자가 다른 글자로 오인되는 경우가 빈발하여 개명하려는 경우

사건본인의 이름 중의 글자가 그 다른 비슷한 글자로 오인되는 경우가 많아서 사회생활을 하는데 지장이 많기 때문에 개명하고자 하는 경우

⑨ 일본식 이름을 개명하려는 경우

일제시대 창씨개명으로 인해 바꾼 이름을 원래의 이름으로 복구하기 위해 개명하려는 경우

⑩ 외국인 귀화자가 한국이름으로 개명하려는 경우

외국인이 우리나라에 귀화하여 그 이름을 한국식 이름으로 개명하려는 경우

(귀화자가 외국식 이름을 사용하다가 외국식 이름으로 개명하고자 하는 경우도 사안에 따라 허가할 수 있다)

⑪ 사실상 부르는 이름으로 개명하려는 경우

가족관계등록부에 등재된 이름과 다른 이름이 가정과 이웃, 학교 또는 직장 등에서 사실상 통용되고 있을 때 사실상 통용되고 있는 이름으로 개명하려는 경우

⑫ 너무 흔한 이름이라 개명하려는 경우

일반적으로 많은 사람들이 갖고 있는 이름과 사건본인의 이름이 동일하여 개명하려는 경우

⑬ 이름이 인명용 한자가 아니거나 옥편에 없는 한자이기 때문에 인명용 한자로 개명하려는 경우

이름 중의 한자가 인명용이 아니거나 옥편에 없는 한자이기 때문에 사용이 불편하여 인명용 한자로 개명하려는 경우

⑭ 이름의 의미가 사회적으로 부정적이어서 개명하려는 경우

동물이나 물건의 이름, 흉악범이나 사회적으로 크게 비난 받는 사람, 사물 또는 용어와 같거나 비슷하여 그 이름으로 인하여 놀림, 모욕, 조롱의 대상이 되어 개명하려는 경우

⑮ 이름의 글자가 희귀하여 잘 알아보는 경우가 적어 개명하려는 경우

이름 중 한자가 잘 사용되지 않는 희귀한 글자이어서 보통사람들이 잘 알아보지 못하여 곤란을 겪기 때문에 한자를 개명하려는 경우

⑯ 한글 이름을 한자 이름으로 개명하려는 경우

이름을 한글명으로 지었다가 다시 한자식 이름으로 개명하려는 경우

⑰ 신용불량자의 개명

법률상의 제한을 회피하기 위한 목적에서 개명신청을 하였다거나 다른 불순한 의도나 목적이 개입되어 있는 등 개명신청권의 남용에 해당하지 아니하는 한 개명이 가능하다.

⑱ 파산선고나 면책결정을 받은 자의 개명

이 경우 파산 및 면책 사실을 개명사유 기재란에 기재하여 개명신청권의 남용이 아니라는 점을 밝히는 것이 좋다.

(3) 재 판

개명허가신청에 대하여 가정법원은 비송사건절차에 따른 심리를 거쳐 결정한다. 신청인 적격이 없는 자가 개명허가신청을 한 경우에는 각하하고, 심리결과 개명허가의 신청이유가 개명이유에 해당되지 아니하거나 소명자료가 없거나 부족한 경우에는 불허가결정을 한다. 개명허가신청사건의 심리결과 신청인 적격 및 개명허가요건을 모두 구비한 경우에는 개명허가격정을 하게 된다.

개명허가신청사건에 관하여 관할권이 없는 경우에는 관할법원으로 이송한다(비송사건절차법 제3조).

라. 개명신고절차

(1) 개명허가를 받은 경우에는 그 허가서의 등본을 받은 날로부터 1개월 이내에 등록기준지, 주소지 또는 현재지의 구청·읍·면사무소에 개명신고를 하여야 한다(가족관계의등록등에관한법률 99조). 신고는 개명허가를 받은 사람이 하여야 한다. 개명허가를 받은 사람이 의사능력이 없는 때에는 법정대리인 또는 후견인이 신고의무자가 된다. 그러나 미성년자 또는 금치산자도 의사능력이 있으면 스스로 개명신고를 할 수 있다.

개명신고서에는 변경 전의 이름, 변경한 이름, 허가연월일을 기재하여야 하고, 개명허가신결정서 등본을 첨부하여야 한다(신고인 또는 제출인이 출석한 때에는 출석한 신고인 또는 제출인의 신분증명서에 의하여 신분을 확인하고, 별도의 신분증명서 사본을 첨부할 필요 없음)(가족관계의등록등에관한법률 99조 2항). 우편으로 접수할 때에는 신고인의 신분증명서 사본을 첨부하여야 한다.

(2) 개명허가를 받은 날로부터 1월 이내에 개명신고를 하지 않으면 과태료가 부과된다. 개명신고 후 3~10일이 경과되면 가족관계등록부에 그 이름이 변경되어 기재된다. 그리고 주민등록등본의 이름은 행정망에 의하여 자동으로 변경된다.

마. 개명이 허가된 사례

허가사례의 유형	의 의	구체적인 사례
1. 동명자(同名者)가 있어 개명하는 경우	동명자가 있다는 사실 외에 동명자가 있으므로 인해 학교 또는 사회생활에 막대한 지장을 가져오기 때문에 개명하려는 경우이다.	
2. 성별(性別)에 따라 개명하는 경우	남자의 이름이 여자이름 같거나, 여자의 이름이 남자이름 같아서 성별을 오인받게 되어 개명하려는 경우이다.	남자 이름이 순임(順任), 종숙(種淑) 여자 이름이 갑식(甲植), 선택(善澤)
3. 항렬자(行列字)로 개명하는 경우	우리나라는 정통적으로 같은 항렬이면 같은 항렬자로 쓰는 관습이 있다. 따라서 항렬자를 쓰지 않는 사람이 항렬자로 개명하려는 경우이다.	
4. 호칭(呼稱)이 나쁜 이름으로 개명하는 경우	동물이나 물건의 이름, 흉악범의 이름이거나 놀림·욕설·모욕·조롱의 대상이 되어 개명하려는 경우이다.	문동이(文童伊),박아지(博兒知),창녀(娼女),피난(避難),죽자(竹子),천만(千萬),염병(炎丙),도야지(都也知),망아지(亡兒知),간난이(間欄伊),일성(日成),정일(正日),조총연(趙總衍),총각(總角),강도년(姜度年),월경(月景),여우(如雨),호모(好模),고재봉(高才鳳)
5. 통칭명(通稱名)으로 개명하는 경우	등록부에 등록된 이름과 다른 이름이 가정이나 학교 또는 직장 등에서 사실상 통용되고 있을 때 사실상 통용되는 이름으로 개명하려는 경우다.	
6. 출생신고서에 착오로 잘못 기재한 이름을 기재하는 경우	출생신고당시 이름을 착오 기재하였다는 착오로 기재하였다는 이유로 개명하려는 경우이다.	은자(恩子)를 사자(思子)로, 혜경(惠卿)을 혜향(惠鄕)으로 잘못 신청하여 바로 잡으려고 하는 경우
7. 난해(難解), 난독(難讀)의 이름을 개명하는 경우	이름이 어려워 호칭과 기록에 어려움을 겪는 경우에 개명하려는 경우이다.	
8. 일본식 이름을 개명하는 경우	일제시대 창씨개명으로 인해 바꾼 이름을 원래의 이름으로 복구하기 위해 개명하려는 경우이다.	
9. 귀화(歸化)한 자가 한국이름으로 개명하는 경우	외국인으로서 우리나라에 귀화한 자가 한국식 이름으로 개명하려는 경우이다.	

[서식 369] 개명허가신청(실제 통칭명과 다른 경우 등)(1)

개 명 허 가 신 청

신청인 겸 사건본인 이 병 화 (李 炳 和)
주민등록번호 : 000000-0000000
등록기준지 : 서울특별시 서대문구 연희로 123
주 소 : 서울특별시 서대문구 연희로 234
법정대리인 친권자 부 이영호(李學洙), 모 윤경자(尹敬子)
등록기준지 : 위 등록기준지와 같음
주 소 : 위 주소지와 같음
전 화 : 000-000-0000

신 청 취 지

등록기준지 "서울특별시 서대문구 연희로 123, 신청인 겸 사건본인의 가족관계등록부 중 사건본인의 이름 "이병화(李炳和)"을 "이태윤(李兌潤)"으로 개명할 것을 허가한다. 라는 결정을 구합니다.

신 청 이 유

1. 신청인 겸 사건본인 부 이영호와 모 윤경자와의 사이에서 20○○. 4. 9. 출생한 2남인 바, 신청인 겸 사건본인 이름을 "태윤(兌潤)"으로 작명하여 가족들과 친족간에는 물론 이웃주민들과 사건본인이 다니고 있는 국술원에서도 "태윤(兌潤)"으로 부르고 있습니다.
2. 그런데 신청인 겸 사건본인의 큰아버지 이영철은 사건본인겸 신청인의 이름을 "병화(炳和)"로 작명하여 출생신고를 하므로서 현재 통명칭인 "태윤(兌潤)"과 가족관계등록부상 이름인 "병화(炳和)"로 되어 있기 때문에 사건 본인겸 신청인이 20○○년도 취학아동으로 초등학교에 취학하게 되면 가족관계등록부상 이름인 "병화(炳和)"를 알지 못할 뿐만 아니라 사건본인겸 신청인의 장차 사회진출에 지장을 초래할 것이 분명할 것입니다.
3. 또한 신청인 겸 사건본인의 부모는 개명허가를 받기가 어렵다고 들었기 때문에 가족관계등록부상 이름인 "병화(炳和)"로 놔둘까 하였으나 사건본인겸 신청인이 출생 후

병약하여 신청인의 모 윤경자는 저명한 작명가에 문의하였던 바, 사건본인겸 신청인이 병약한 것은 "병화(炳和)"라는 이름 때문이며 "병화(炳和)"라는 이름을 부르게 되면 화사(火死) 또는 사고사(事故死)할 것이고, 그렇지 않으면 불구의 몸이 될 것이라고 하므로 이러한 액이 없는 현재 부르고 있는"태윤(兌潤)"으로 개명하고자 하는 것입니다.

4. 신청인 겸 사건본인은 이름에 의한 액운 운운은 미신인줄 알면서도 사건본인겸 신청인에 대한 입에 담기조차 소름끼치는 불행한 운명을 듣고서는 어딘지 모르게 기분이 개운치 않고, 사건본인겸 신청인의 영생을 바라는 것이지 불행한 운명에 처하는 것은 원치 않기 때문에 법률상 이유는 없으나 사실상 부르 고 있는 "태윤(兌潤)"으로 개명하고자 하여 신청취지와 같이 이 신청에 이른 것입니다.

첨 부 서 류

1. 제적등본	1통
1. 가족관계증명서	1통
1. 기본증명서	1통
1. 주민등록등본	1통
1. 재원증명서	1통
1. 작명서	1통
1. 동의서(부, 모)	1통
1. 진술서(사건본인)	1통

20○○. ○. ○.

위 신청인 겸 사건본인 이 병 화
법정대리인 친권자 부 이 영 호 (인)
모 윤 경 자 (인)

○○ 가정법원 귀중

접수방법 및 유의사항

1. 수입인지 : 1,000원의 인지를 납부한다.
2. 송달료 : 4,800원×6회분을 납부한다.
3. 관할 : 개명하고자 하는 사람의 주소지(재외국민의 경우 등록기준지)를 관할하는 가정법원에 제출한다.

4. 개명신청시 사주가 안좋다든가 성명철학상 개명을 원한다는 말이 들어가면 거의 기각되므로, 설령 이런 사유로 개명하고자 하는 경우에는 사주 또는 성명철학이라는 단어자체가 들어가지 않도록 해야 한다.

주 1. **동음이자를 위한 개명**

개명이란 정당하게 가족관계등록부에 등재된 이름을 변경하는 것을 말한다.

성은 이름이 아니다. 그러므로 성을 바꾸고자 한다면 개명절차가 아닌 성·본 변경절차를 밟아야 한다.

가족관계등록부에 한글과 한자가 병기된 경우 한자만 동음이자로 고치고자 하는 경우에도 일반개명사건과 동일한 개명절차를 거쳐야 하며, 한글로만 출생신고를 한 후에 한자이름을 병기하고자 하는 경우에도 개명절차를 밟아야 한다.

개명은 가족관계등록정정과 구별된다. 후자는 가족관계등록부에 등재된 이름의 기록이 부적법하거나 또는 진실에 반하는 경우 진정한 것으로 바로잡는 것을 말하기 때문이다. 그러므로 출생신고인이 출생신고서에 기재한 이름과 실체 가족관계등록부에 등재된 이름이 서로 다르다면 개명이 아닌 가족관계등록정정절차에 의하여야 한다.

개명에는 회수제한이 없다. 따라서 개명허가를 얻어 이름을 바꾼 후 다시 법원에 개명허가신청을 하는 것도 가능하다.

2. **귀화자의 성과 본의 창설과 개명**

외국인이 대한민국 국적을 취득한 경우에는 원칙적으로 외국에서 사용하던 성명을 그 원지음에 따라 한글로 표기하여 가족관계등록부에 기록하여야 한다. 그러므로 외국인이 대한민국 국적 취득 후 한국식 성명을 원할 경우에는 가정법원의 허가를 얻어 성과 본을 창설하고 개명을 하여야 한다.

3. **출생신고서에 기재한 이름과 가족관계등록부에 기록된 이름이 서로 다른 경우 정정절차**

출생신고서를 확인하여 구청직원이 잘못 등록한 것으로 확인되면 직권으로 정정할 수 있으나 출생신고서에 기재를 잘못한 경우라면 법원의 개명허가를 받아야 한다.

4. **직접 개명허가신청을 할 수 있는 나이**

의사능력이 있으면 미성년자도 단독으로 신청할 수 있으며, 통상 의사능력이 있다고 볼 수 있는 15세 이상이면 가능하다. 허가가 나면 구청에 신고도 단독으로 할 수 있다.

5. **개명허가결정문을 송달받은 후의 절차**

송달받은 결정문을 가지고 주소지와 상관없이 가까운 구청, 읍·면사무소에 가서 개명신고할 수 있다(단, 동사무소는 안됨). 그리고 결정문을 송달받은 날로부터 1월 이내에 신고하여야 하며, 정당한 이유 없이 이 기간 내에 신고를 하지 아니한 때에는 과태료가 부과될 수 있다.

6. **개명허가신청결정시까지 소요되는 기간 및 첨부서류**

서울가정법원의 경우 대략 미성년자인 경우 2개월, 성년자는 3개월 정도 소요된다.

개명신청시의 첨부서류는 다음과 같다('동음이자'로의 개명 포함).

가. 미성년자

- 사건본인의 기본증명서, 가족관계증명서 각 1통
- 사건본인의 부와 모의 가족관계증명서 각 1통
- 사건본인의 주민등록등본 1통

나. 성 년 자

- 사건본인의 기본증명서, 가족관계증명서 각 1통
- 사건본인의 부와 모의 가족관계증명서 각 1통
- 사건본인의 자녀(사건본인의 손자가 있는 경우)의 가족관계증명서 1통
- 사건본인의 주민등록등본 1통
- 사건본인의 범죄경력조회서 1통(경찰서에서 발급)
- 내용증명서 사본(신청인이 채무가 있는 경우 채권자에게 내용증명으로 개명신청예정임과 개명 후 이름을 통지한 후 그 사본을 첨부해야 함)

7. 한가족 중 여러명이 동시에 1개의 신청서로 가능 여부

가능하며, 이런 경우 사건번호는 사건본인별로 각각 부여되고 사건본인 1인당 인지 10,000원, 송달료 4,800원×6회분이므로 사건본인의 수만큼 인지와 송달료를 추가로 납부하여야 한다.

8. 아이의 성과 본을 새아빠의 성과 본으로 변경하고 아이의 이름을 바꾸고자 할 때

성과본변경은 가사비송사건이고, 개명은 가족관계등록비송사건으로 서로 다른 절차이므로 각각 따로 신청해야 된다. 성본변경과 개명의 선,후는 특별히 문제가 되지 않으므로 신청인이 편의대로 선택하면 된다.

참고로 서울가정법원의 경우 서울시 전체의 성·본변경사건을 관할하고, 개명의 경우는 종로구, 중구, 성북구, 동작구, 관악구, 서초구, 강남구를 관할한다.

9. 사건본인은 최근 대한민국 국적을 취득하였고 성명을 한국식으로 변경하고자 할 때 개명신청과 동시에 별건으로 성·본창설신청이 가능한지 여부

가능하며, 개명신청과 성·본창설신청을 동시에 할 경우 사건본인의 주소지 관할 법원에 신청서를 제출하면 된다.

[서식 370] 개명허가신청(실제 통칭명과 다른 경우 등)(2)

개 명 허 가 신 청

신청인 겸 사건본인 ○ ○ ○ (한자)
주민등록번호 : 000000-0000000
등록기준지 : 서울특별시 서대문구 연희로 123
주 소 : 서울특별시 서대문구 연희로 234
전 화 : 000-000-0000

신 청 취 지

등록기준지 "서울특별시 서대문구 연희로 123, 신청인 겸 사건본인의 가족관계등록부 중 사건본인의 이름 "○○(한자)"을 "○○(○○)"으로 개명할 것을 허가한다.
라는 결정을 구합니다.

신 청 이 유

1. 호적상 이름과 다른 통칭명
   가. 신청인의 '○○'이라는 이름은 할아버지에 의해 지어져 호적에 올려진 이름이며, 초등학교 시절을 지날 때까지만 해도 주위 친구들이 이름이 촌스럽다고 하여도 이름에 대해 별로 생각하지 않았습니다.
   나. 그러나 중학교에 들어간 이후부터 청소년기를 지내는 동안 항상 친구들로부터 "○○○"라는 별명으로 늘 놀림감이 되어 왔습니다. 감수성이 예민한 시절에 주위 친구들로부터 늘 놀림이 대상이 될 때에는 쥐구멍이라도 들어가고 싶을 정도로 창피하여 이루 말할 수 없는 심적 고통속에서 세월을 보내야 했습니다. 그러다가 이러한 사실에 심각하게 고민한 신청인의 가족은 신청인을 '○○'라 부르게 되었고, 이후 신청인은 주위 친구들에게 "나의 본래 이름은 ○○이가 아니라 ○○이다"라고 말하기 시작하였습니다. 본명을 "○○"라고 하며, 결국 주위 친구들을 속여가며 점차 ○○이란 이름으로부터 벗어나고, 주위 놀림감으로부터 어느 정도 해방되었다고 할 수 있었습니다.
   다. 그래서 고등학교 이후 많은 주위 친구들이나 현재까지 신청인을 아는 사람들은 신청인의 이름을 '○○'라고 알고 있습니다.

2. ‘○○’란 이름으로 통용하며 행세

신청인 주위의 많은 사람들은 신청인의 본명이 ‘○○’가 아니라 ‘○○’로 알고 있었고 신청인 또한 사회생활을 하는 오늘에 이르기까지 사실상 ‘○○’라는 이름으로 통용하며 행세하여 온 것입니다.

3. 참고할 사유(성명철학상 이유) - 아래 나항의 사유로 신청하면 기각될 확률이 높으므로 피한다 -

가. 이상은 신청인이 개명을 원하는 첫번째 이유이고, 그 다음 이유로는 이상하리만큼 신청인은 결혼 후에도 생활환경이나 가정생활이 좀처럼 나아지지 않고 세월이 지날수록 더욱 어려워져 가고 있다는 점 때문입니다.

나. 20○○. 10.경 신청인과 혼인한 남편 ○○○은 오랜 기간 ○○업을 운영하여 오고 있지만 해를 거듭 할수록 전혀 사업상의 여건이 나아지는 기미가 없었는데, 최근 신청인과 남편이 우연히 철학관에 들렀다가 철학관 관장으로부터 “당신 이름이 당신 사주와 조화를 이루지 못하니 당신이나 가정이나 나아질 수가 없다. 개명을 한번 해보라”는 말을 듣게 되어 이건 신청의 계기가 된 것입니다.

4. 살기위한 몸부림으로 마지막으로 택한 길

가. 신청인의 나이도 어느 덧 중년의 나이에 접어들었습니다. 어떻게 하든 밥 한 술 편이 먹을 있도록 남은 인생에서 의식주만이라고 잘 해결될 수 있기를 바라는 마음에서 마지막으로 개명이라는 방법을 선택하는 것이오니 미신적 행동으로 치부하지 마시고, 신청인의 간청을 허가하여 주시기 바랍니다.

나. 신청인은 사회에서 어떠한 지탄받은 행동을 일절 한 적이 없이 나름대로 깨끗하게 살아왔다고 자부하고 있습니다. 그러나 세월이 갈수록 생계위협을 받을 정도로 사업이 되지 않아 마지막으로 선택하는 몸부림이오니 부디 개명을 허가 하시어 새로운 삶을 살아갈 수 있도록 하여 주시기 바랍니다.

첨 부 서 류

1. 기본증명서	1통
1. 가족관계증명서	1통
1. 주민등록등본	1통
1. 인우보증서	2통
1. 인우인인감증명서(2명)	1통
1. 범죄경력조회서	1통

20○○. ○. ○.

위 신청인 ○ ○ ○ (인)

○○ 가정법원 귀중

접수방법 및 유의사항

1. 수입인지 : 1,000원의 인지를 납부한다.
2. 송달료 : 4,800원×6회분을 납부한다.
3. 관할 : 개명하고자 하는 사람의 주소지(재외국민의 경우 등록기준지)를 관할하는 가정법원에 제출한다.
4. 개명신청시 사주가 안좋다든가 성명철학상 개명을 원한다는 말이 들어가면 거의 기각되므로, 설령 이런 사유로 개명하고자 하는 경우에는 사주 또는 성명철학이라는 단어자체가 들어가지 않도록 해야 한다.

주 1. **동음이자를 위한 개명**

개명이란 정당하게 가족관계등록부에 등재된 이름을 변경하는 것을 말한다.

성은 이름이 아니다. 그러므로 성을 바꾸고자 한다면 개명절차가 아닌 성·본 변경절차를 밟아야 한다.

가족관계등록부에 한글과 한자가 병기된 경우 한자만 동음이자로 고치고자 하는 경우에도 일반개명사건과 동일한 개명절차를 거쳐야 하며, 한글로만 출생신고를 한 후에 한자이름을 병기하고자 하는 경우에도 개명절차를 밟아야 한다.

개명은 가족관계등록정정과 구별된다. 후자는 가족관계등록부에 등재된 이름의 기록이 부적법하거나 또는 진실에 반하는 경우 진정한 것으로 바로잡는 것을 말하기 때문이다. 그러므로 출생신고인이 출생신고서에 기재한 이름과 실체 가족관계등록부에 등재된 이름이 서로 다르다면 개명이 아닌 가족관계등록정정절차에 의하여야 한다.

개명에는 회수제한이 없다. 따라서 개명허가를 얻어 이름을 바꾼 후 다시 법원에 개명허가신청을 하는 것도 가능하다.

2. **직접 개명허가신청을 할 수 있는 나이**

의사능력이 있으면 미성년자도 단독으로 신청할 수 있으며, 통상 의사능력이 있다고 볼 수 있는 15세 이상이면 가능하다. 허가가 나면 구청에 신고도 단독으로 할 수 있다.

3. **개명허가결정문을 송달받은 후의 절차**

송달받은 결정문을 가지고 주소지와 상관없이 가까운 구청, 읍·면사무소에 가서 개명신고할 수 있다(단, 동사무소는 안됨). 그리고 결정문을 송달받은 날로부터 1월 이내에 신고하여야 하며, 정당한 이유 없이 이 기간 내에 신고를 하지 아니한 때에는 과태료가 부과될 수 있다.

4. 개명허가신청결정시까지 소요되는 기간 및 첨부서류

서울가정법원의 경우 대략 미성년자인 경우 2개월, 성년자는 3개월 정도 소요된다.

개명신청시의 첨부서류는 다음과 같다('동음이자'로의 개명 포함).

가. 미성년자

- 사건본인의 기본증명서, 가족관계증명서 각 1통
- 사건본인의 부와 모의 가족관계증명서 각 1통
- 사건본인의 주민등록등본 1통

나. 성 년 자

- 사건본인의 기본증명서, 가족관계증명서 각 1통
- 사건본인의 부와 모의 가족관계증명서 각 1통
- 사건본인의 자녀(사건본인의 손자가 있는 경우)의 가족관계증명서 1통
- 사건본인의 주민등록등본 1통
- 사건본인의 범죄경력조회서 1통(경찰서에서 발급)
- 내용증명서 사본(신청인이 채무가 있는 경우 채권자에게 내용증명으로 개명신청예정임과 개명 후 이름을 통지한 후 그 사본을 첨부해야 함)

5. 한가족 중 여러명이 동시에 1개의 신청서로 가능 여부

가능하며, 이런 경우 사건번호는 사건본인별로 각각 부여되고 사건본인 1인당 인지 10,000원, 송달료 4,800원×6회분이므로 사건본인의 수만큼 인지와 송달료를 추가로 납부하여야 한다.

[서식 371] 개명허가신청(실제 통칭명과 다른 경우 등)(3)

개 명 허 가 신 청

신청인 겸 사건본인 이 점 숙 (李 點 淑)
주민등록번호 : 000000-0000000
등록기준지 : 강원도 철원군 서면 와수로 123
주 소 : 서울특별시 서초구 서초로 234
전 화 : 000-000-0000

신 청 취 지

등록기준지 "경기도 김포시 대곶면 송마로 345, 신청인 겸 사건본인의 가족관계등록부 중 사건본인의 이름 "이점숙(李點淑)"을 "이진희(李珍姬)"로 개명할 것을 허가한다.
라는 결정을 구합니다.

신 청 이 유

1. 신청인 겸 사건본인은 부 이창수와 모 박영숙과의 사이에서 19○○. 9. 7. 출생한 장녀인 바, 사건본인겸 신청인의 이름을 진희(珍姬)로 작명하여 가족들과 친족간에는 물론 이웃 주민들과 사건본인의 현재에 이르기까지 성장하면서 계속하여 "진희(珍姬)"로 부르고 있습니다.
2. 그런데 신청인 겸 사건본인의 할머니는 동인의 엉덩이에 커다란 점이 있다는 이유로 점숙으로 이름을 부르면 잘 살 수 있다는 옛날 어른들의 고언으로 생각하여 이름을 점숙으로 작성하여 출생신고를 하므로서 현재 통명칭은 "진희"와 가족관계등록부상 이름인 "점숙"으로 되어 있기 때문에 앞으로 신청인 겸 사건본인과 오래 전부터 사귀어 온 신청외 김길주와 20○○년도 가을에 결혼식을 거행하게 되어 있으나 신청인은 막상 결혼날짜가 다가옴에 따라 자꾸만 걱정이 되곤 합니다.
신청인이 결혼하게 될 시집댁에서도 진희로 불러와서 모든 식구가 다 알고 있습지다.
3. 신청인 겸 사건본인은 학교에 다닐 때로 "진희"로 계속하여 불려왔고 직장 및 자격증(○○○○ 한국에어로빅협회) 등 주민등록증이 첨부되지 않고 사용되는 곳에는 모두 "진희"로 사용하였으므로 귀원에서 청구취지와 같이 결정이 되더라도 아무런 지장이 없으므로 본 청구에 이르렀습니다.

첨 부 서 류

1. 가족관계증명서 1통
1. 기본증명서 1통
1. 주민등록등본 1통
1. 생활기록부(중, 고등학교) 2통
1. 자격증 1통
1. 수료증 1통
1. 합격통지서 1통
1. 우편엽서 1통
1. 급여명세서 1통
1. 편지봉투 10통
1. 열람증 1통
1. 명함 2통
1. 확인서(부 이창수) 1통
1. 인우보증서 1통
1. 인우인 인감증명서 2통

20○○. ○. ○.

위 신청인 겸 사건본인 이 정 숙 (인)

○○ 가정법원 귀중

접수방법 및 유의사항

1. 수입인지 : 1,000원의 인지를 납부한다.
2. 송달료 : 4,800원×6회분을 납부한다.
3. 관할 : 개명하고자 하는 사람의 주소지(재외국민의 경우 등록기준지)를 관할하는 가정법원에 제출한다.
4. 개명신청시 사주가 안좋다든가 성명철학상 개명을 원한다는 말이 들어가면 거의 기각되므로, 설령 이런 사유로 개명하고자 하는 경우에는 사주 또는 성명철학이라는 단어자체가 들어가지 않도록 해야 한다.

[서식 372] 개명허가신청(실제 통칭명과 다른 경우 등)(4)

개 명 허 가 신 청

신청인겸 사건본인 임 선 화 (任 善 花)
주민등록번호 : 000000-0000000
등록기준지 : ○○시 ○○구 ○○로 ○○○
주소 : ○○시 ○○구 ○○로 ○○○
전화 : 000-0000-0000

신 청 취 지

등록기준지 "○○시 ○○구 ○○로 ○○○, 신청인겸 사건본인의 가족관계등록부 중 사건본인의 이름 "임선화(任善花)"를 "임민정(任玟婧)"으로 개명할 것을 허가한다.
라는 결정을 구합니다.

신 청 이 유

1. 신청인겸 사건본인(이하 "신청인"이라 한다)은 신청외 부(망) 임○종과 모 박○심 사이에서 19○○. 6. 24. ○○시 ○○구 ○○로 ○○○에서 출생한 4녀 중 막내로서, 19○○. 5. 24. 신청외 (망) 추○범과 결혼하여 슬하에 1남을 두고 있으며, 신청외 (망) 추○범은 신청인과 결혼 후 5개월도 지나지 않는 19○○. 10. 5.경 ○○시 ○○구양과 동광목간 국도에서 교통사고로 사망하였고, 신청인은 현재 재혼을 하지 않은 상태입니다.

2. 신청인은 출생당시부터 신청인의 아버지께서 "선화(善花)"라고 작명한 이래 현재까지 가족관계등록부상에는 "선화(善花)" 등재되어 있으나, 만 20세부터는 가족관계등록부상과는 별도로 "민정(玟婧)"이라고 불리우고 있습니다.

3. 그런데, 신청인은 초등학교를 취학하고나서 남녀학생들과 같은 또래 아이들, 심지어 어른들까지도 신청인의 이름이 발음상 "선화"보다도 "선아"로 알고 선아"라고 부르는 사람이 많았고, 신청외 (망) 추연범과 결혼하기 몇 달전 무렵, ○○시내에 있는 철학관에서 성명감정을 하여보니 이름이 사주팔자에 맞지 아니하여 계속 호명할 경우 불행한 일을 자주 겪게 되고, 결혼을 하여도 부부 중 한명이 단명할 것이라는 말을 듣고 작은 아버지께서 19○○년 12월경부터 "민정(玟婧)"이라고 부르도록 하여 지금까지

가정 및 사회에서 통상 "민정"이라고 호칭하여 사용해 오고 있습니다.

4. 위와 같이 신청인의 이름이 실제상 부르는 이름과 가족관계등록부상의 이름이 서로 달라 이로 인한 불편함과 혼란만 가중되고 있습니다.
   또한 신청인의 이름에 의한 액운 운운은 미신인지는 모르겠으나 개명을 하지 않으면 사건본인에 대한 불행한 일이 자주 발생할 것이라는 말을 듣고서는 이를 간과할 수 없고, 이를 원치 않기 때문에 이제라도 현재 사실상 부르고 있는 "민정(玟靖)"으로 개명을 신청하오니 허가하여 주시기 바랍니다.

첨 부 서 류

1.	제적등본	2통
1.	가족관계증명서	2통
1.	기본증명서	1통
1.	주민등록등본	1통
1.	범죄경력조회회보서	1통
1.	인우보증서	1통
1.	사실확인서	1통

20○○. ○. ○.

위 신청인겸 사건본인 임 선 화 (인)

○○ 가정법원 귀중

접수방법 및 유의사항

1. 수입인지 : 1,000원의 인지를 납부한다.
2. 송달료 : 4,800원×6회분을 납부한다.
3. 관할 : 개명하고자 하는 사람의 주소지(재외국민의 경우 등록기준지)를 관할하는 가정법원에 제출한다.
4. 개명신청시 사주가 안좋다든가 성명철학상 개명을 원한다는 말이 들어가면 거의 기각되므로, 설령 이런 사유로 개명하고자 하는 경우에는 사주 또는 성명철학이라는 단어자체가 들어가지 않도록 해야 한다.

[서식 373] 개명허가신청(실제 통칭명과 다른 경우 등)(5)

개 명 허 가 신 청

사건본인겸 신청인 추 현 규 (秋 炫 圭)
주민등록번호 : 000000-0000000
등록기준지 : ○○시 ○○구 ○○로 ○○○
주소 : ○○시 ○○구 ○○로 ○○○
법정대리인 친권자 모 임 ○ 화(任 善 花)
등록기준지 : 위 등록기준지와 같음
주소 : 위 주소지와 같음
전화 : 000-0000-0000

신 청 취 지

등록기준지 "○○시 ○○구 ○○로 ○○○, 신청인겸 사건본인의 가족관계등록부 중 사건본인의 이름 "추현규(秋炫圭)"를 "추정우(秋柾宇)"로 개명할 것을 허가한다.
라는 결정을 구합니다.

신 청 이 유

1. 사건본인겸 신청인은 부 (망) 추○범와 모 임○화 사이에서 20○○. 9. 17. 태어났으며, 모 임○화는 20○○. 10. 15. 사건본인겸 신청인에 대한 출생신고(제적등본상에는 부(夫)가 신고, 이는 오기임)를 하였습니다.

2. 사건본인의 부 (망) 추○범은 사건본인겸 신청인의 이름을 "인식(仁植)"이라고 작명하여 출생신고한 이후 인식(仁植)이란 이름으로 사용하다가 20○○. 4. 20. ○○가정법원으로부터 "현규(炫圭)"란 이름으로 개명허가되어 20○○년 2월 말일경까지 사용했는데 주위 어른 및 친구들로부터 발음상 "행주"라고 부르거나 놀려되어 작명가에게 알아본 결과 "현규(炫圭)"란 이름은 사건본인에게는 불용문자에 해당되어 당장 개명할 것을 권유하여 20○○. 3월 초순경부터는 집안과 동네 및 학교에서 "정우(柾宇)"라고 호칭하여 사용해 오고 있습니다.

3. 사건본인의 "현규(炫圭)"란 이름을 집안 어르신들께서 풀이해본 결과 집안 족보상과 연관하여 비추어 볼 때 매우 좋지 않은 이름이므로 작명가를 찾아가서 이름을 개명하

라는 권유를 받고 ○○시에 있는 작명가께서 풀이해 본 결과 "현규(炫圭)"란 이름은 언뜻 듣기에 좋게 보이나 사건본인의 사주 및 역리학상으로 볼 때에는 사건본인에게는 불용문자에 해당하므로 이를 사용해서는 안된다고 하면서, 이를 사용하게 되면 재물운이 별로 없어 나중 결혼하게 되면 항상 금전문제로 고민하게 되고, 부부간에 충돌이 많으며, 결혼할 때마다 이혼하게 된다고 하면서 당장 개명을 할 것을 권유하였는 데, 이후부터 사건본인은 어머니에게 빨리 개명을 신청할 것을 조르자 차일피일 미루고 있던 중, 20○○년 11월경부터는 어머니의 말을 잘 듣지 않고 있으며 우울증에 빠지면서 잠을 설치거나, 학교공부를 게을리 하는 등 학교에 가기조차 싫어하는 경우가 많았습니다.

4. 사건본인은 현재 고등학교 3학년에 재학중인 만 17세의 학생으로써 20○○. 3월 초순경부터는 동네 친구들과 학교에서는 대부분 "정우"라고 불리우고 있습니다. 일부 소수 학생들은 "현규"이라고 불리고 있는 학생들도 있기는 하나 제가 "정우"라고 불러달라고 하면 친구들도 햇갈려합니다. 또한 정서적으로 예민한 청소년기에 "현규(炫圭)"란 이름을 그대로 유지한다면 스트레스의 정도는 더 심해질 것이며 학교생활 및 대인관계에도 심각한 장애를 초래하게 될 우려가 있다 할 것입니다.

5. 따라서 만약 개명허가가 되지 않으면 당사자인 사건본인 뿐만 아니라 어머니에게도 고통일 수밖에 없으므로, 위와 같은 사유를 들어 사건본인의 이름을 현재 사실상 부리고 있는 "정우(柾宇)"로 개명을 신청하오니 허가하여 주시기 바랍니다.

첨 부 서 류

1. 제적등본	1통
1. 가족관계증명서	2통
1. 기본증명서	2통
1. 주민등록등본	1통
1. 범죄경력조회회보서	1통
1. 재학증명서	1통
1. 학생·정서 행동발달특성검사결과안내문	1통
1. 동의서	1통
1. 진술서	1통
1. 인우보증서	1통

20○○. ○. ○.

위 사건본인 겸 신청인 추 현 규
법정대리인 친권자 모 임 ○ 화 (인)

○○ 가정법원 귀중

접수방법 및 유의사항

1. 수입인지 : 1,000원의 인지를 납부한다.
2. 송달료 : 4,800원×6회분을 납부한다.
3. 관할 : 개명하고자 하는 사람의 주소지(재외국민의 경우 등록기준지)를 관할하는 가정법원에 제출한다.
4. 개명신청시 사주가 안좋다든가 성명철학상 개명을 원한다는 말이 들어가면 거의 기각되므로, 설령 이런 사유로 개명하고자 하는 경우에는 사주 또는 성명철학이라는 단어자체가 들어가지 않도록 해야 한다.

[서식 374] 개명허가신청(한글 발음상 적대적 의미)

개 명 허 가 신 청

신청인 겸 사건본인 정 미 숙 (鄭 ○ ○)
주민등록번호 : 000000-0000000
등록기준지 : 서울특별시 서대문구 연희로 123
주 소 : 서울특별시 서대문구 연희로 234
법정대리인 친권자 부 정 ○ 석 (鄭 ○ ○)
등록기준지 : 위 등록기준지와 같음
주 소 : 위 주소지와 같음
전 화 : 000-000-000

신 청 취 지

위 신청인 겸 사건본인의 등록기준지에 비치된 사건본인의 가족관계등록부 중 신청인

겸 사건본인의 이름 "정미숙(鄭미숙)"를 정○○(鄭○○)"으로 개명하는 것을 허가한다.
라는 결정을 구합니다.

신 청 이 유

1. 신청인은 현재 만 7세로 초등학교 진학을 앞두고 있습니다. 그런데, 신청인의 이름은 "미숙"은 한글 발음상 적대적 의미인 "미숙아"로 불리울 가능성이 높아 어렸을 적부터 부모님에 의하여 "○○"이라는 개명되어 위 이름을 사실상 사용하고 있습니다.
2. 또한, 사건본인은 20○○. ○.경 어린이 집에서 입학한 이후 선생님과 친구들도 모두 신청인을 호칭할 때 "○○"이라는 이름을 사용하고 있는 등 이미 신청인의 생활은 "○○"이라는 이름에 기반하여 영위되고 있습니다.
3. 한편, 신청인은 곧 초등학교에 진학할 예정이고, 이와 관련하여 입학관련 서류를 제출하여야 하는 바, 신청인은 초등학교에 진학하면서부터는 정식으로 개명된 이름을 사용하고자 합니다.
4. 따라서 위와 같은 제반사정을 참작하시어 신청인의 개명을 허가하여 주시기 바랍니다.

첨 부 서 류

1. 가족관계증명서	1통
1. 기본증명서	1통
1. 주민등록등본	1통
1. 확인서	1통
1. 동의서	1통
1. 진술서	1통
1. 의견서	1통

20○○. ○. ○.

위 신청인 겸 사건본인 정 미 숙
법정대리인 친권자 부 정 명 석 (인)

○○ 가정법원 귀중

접수방법 및 유의사항

1. 수입인지 : 1,000원의 인지를 납부한다.
2. 송달료 : 4,800원×6회분을 납부한다.
3. 관할 : 개명하고자 하는 사람의 주소지(재외국민의 경우 등록기준지)를 관할하는 가정법원에 제출한다.
4. 개명신청시 사주가 안좋다든가 성명철학상 개명을 원한다는 말이 들어가면 거의 기각되므로, 설령 이런 사유로 개명하고자 하는 경우에는 사주 또는 성명철학이라는 단어자체가 들어가지 않도록 해야 한다.

[서식 375] 개명허가신청(놀림의 대상)(1)

개 명 허 가 신 청

신청인 겸 사건본인 박 아 지 (朴 ○ ○)
주민등록번호 : 000000-0000000
등록기준지 : 서울특별시 서대문구 연희로 123
주 소 : 서울특별시 서대문구 연희로 234
법정대리인 친권자 부 박○석(朴○○), 모 이○정(李○○)
등록기준지 : 위 등록기준지와 같음
주 소 : 위 주소지와 같음
전 화 : 000-000-0000

신 청 취 지

등록기준지 서울특별시 서대문구 연희로 123 신청인 겸 사건본인의 가족관계등록부 중 사건본인의 이름 "박아지(朴兒知)"를 "박희연(朴熙娟)"으로 개명할 것을 허가한다.
라는 결정을 구합니다.

신 청 이 유

1. 신청인 겸 사건본인 박아지는 20○○. ○. ○. 부 박○석와 모 이○정 사이에 장녀로

태어났습니다. 태어날 당시 신청인 겸 사건본인의 조부께서 현재의 이름을 지어주셔서 그대로 출생신고를 하였습니다.

2. 그러나 신청인 겸 사건본인이 초등학교에 입학하면서부터 아이들에게 놀림을 받아왔고 스스로도 이름에 대해 반감이 심하여 남들에게 이름을 말하는 것을 꺼려왔습니다.

3. 신청인 겸 사건본인은 아직 초등학생이지만 나중에 중·고등학교와 대학교를 거쳐 사회생활을 할 때에도 놀림을 당할 생각을 하니 법정대리인들은 부모로서 마음이 아픕니다.

4. 존경하는 재판장님, 부디 이러한 신청인 겸 사건본인의 어려움을 참작하시어 신청인 겸 사건본인의 개명을 허가하여 주시기 바랍니다.

첨 부 서 류

1. 가족관계증명서 1통
1. 기본증명서 1통
1. 주민등록등본 1통
1. 동의서 1통
1. 진술서 1통
1. 의견서 1통

20○○. ○. ○.

위 신청인 겸 사건본인 박 아 지
법정대리인 친권자 부 박 ○ 석 (인)
모 이 ○ 정 (인)

○○ 가정법원 귀중

접수방법 및 유의사항

1. 수입인지 : 1,000원의 인지를 납부한다.
2. 송달료 : 4,800원×6회분을 납부한다.
3. 관할 : 개명하고자 하는 사람의 주소지(재외국민의 경우 등록기준지)를 관할하는 가정법원에 제출한다.

4. 개명신청시 사주가 안좋다든가 성명철학상 개명을 원한다는 말이 들어가면 거의 기각되므로, 설령 이런 사유로 개명하고자 하는 경우에는 사주 또는 성명철학이라는 단어자체가 들어가지 않도록 해야 한다.

[서식 376] 개명허가신청(놀림의 대상)(2)

개 명 허 가 신 청

신청인 겸 사건본인 이 남 연 (李 南 演)
주민등록번호 : 000000-0000000
등록기준지 : 서울특별시 동대문구 휘경로 123
주 소 : 서울특별시 강남구 역삼로 234
법정대리인 친권자 모 김 선 희(金 善 熙)
등록기준지 : 위 등록기준지와 같음
주 소 : 위 주소지와 같음
전 화 : 000-000-0000

신 청 취 지

등록기준지 "서울특별시 동대문구 휘경로 123, 신청인 겸 사건본인의 가족관계등록부 중 사건본인의 이름 "이남연(李南演)"을 "이정민(李貞珉)"으로 개명할 것을 허가한다. 라는 결정을 구합니다.

신 청 이 유

1. 신청인 겸 사건본인은 현재 만 6세된 유아로서 취학을 앞두고 미술학원에 다니고 있습니다.
2. 그런데 신청인 겸 사건본인의 이름 "남연"의 발음이 "나면(라면)"과 너무나 흡사하여 친구들로부터 "삼향라면", "팔도라면" 등으로 불려 놀림을 당하기 일쑤여서 처음에는 울면서 집으로 돌아오는 예가 많더니 급기야는 집밖으로 전혀 나가려 하지 아니하여

미술학원도 장기결석 중에 있을 뿐만 아니라, 집안에서까지도 식사 때가 되어 밥을 먹으러 오라고 이름을 부르는 때에도 "나면아 밥 먹으러 오너라"라고 들려 악을 쓰면서 제방으로 나오지 않고 반항을 하곤 하는 경우가 많으며, 점점 성격이 비뚤어져 가고 있는 심각한 상태에 있습니다.

3. 그리고 앞으로 몇개월 후에 취학하여 초등학교에 다니게 되어 더 많은 친구들로부터 위와 같은 놀림을 당하게 되면 이러한 현상은 더욱 더 악화될 것이 불문가지라고 생각됩니다.

4. 신청인 겸 사건본인의 잘못된 이름하나 때문에 이처럼 고통을 당하고 고민하는 것을 해결해 주고 또한 장래 학교생활이나 사회생활에서 입게 될 불이익을 회피케 하기 위하여 망설리던 끝에 부득이 이 사건 신청에 이르렀습니다.

5. 따라서 위와 같은 제반사정을 참작하셔서 아무쪼록 사건본인의 개명을 허가하여 주시기 바랍니다.

첨 부 서 류

1. 가족관계증명서	1통
1. 기본증명서	1통
1. 주민등록등본	1통
1. 재원증명서	1통
1. 확인서	1통
1. 동의서(부, 모)	1통
1. 진술서(사건본인)	1통

20○○. ○. ○.

위 신청인 겸 사건본인 이 남 연
법정대리인 친권자 모 김 선 희 (인)

○○ 가정법원 귀중

접수방법 및 유의사항

1. 수입인지 : 1,000원의 인지를 납부한다.

2. 송달료 : 4,800원×6회분을 납부한다.
3. 관할 : 개명하고자 하는 사람의 주소지(재외국민의 경우 등록기준지)를 관할하는 가정법원에 제출한다.
4. 개명신청시 사주가 안좋다든가 성명철학상 개명을 원한다는 말이 들어가면 거의 기각되므로, 설령 이런 사유로 개명하고자 하는 경우에는 사주 또는 성명철학이라는 단어자체가 들어가지 않도록 해야 한다.

[서식 377] 개명허가신청(부르기 어려움)

개 명 허 가 신 청

신청인 겸 사건본인 이 제 윤 (李 齊 允)
주민등록번호 : 000000-0000000
등록기준지 : 전남 ○○군 ○○면 ○○로 60
주 소 : 전남 ○○군 ○○면 ○○로 761
법정대리인 친권자 부 이 학 수(李 學 洙)
등록기준지 : 위 등록기준지와 같음
주 소 : 위 주소지와 같음
전 화 : 000-000-0000

신 청 취 지

등록기준지 "전남 ○○군 ○○면 ○○로 60, 신청인 겸 사건본인의 가족관계등록부 중 사건본인의 이름 "이제윤(李齊允)"을 "이유성(李侑城)"으로 개명할 것을 허가한다. 라는 결정을 구합니다.

신 청 이 유

1. 신청인 겸 사건본인은 부 이○수와 모 박○정(20○○. 9. 11. 부 이학수와 협의이혼신고일)사이에서 20○○. 1. 16. 태어났으며, 부 이○수는 20○○. 1. 28. 사건본인겸 신청인에 대한 출생신고를 하였습니다.

2. 그런데 신청인 겸 사건본인의 부 이○수는 누구와도 상의하지 않고 부르기 쉬우면 된다는 이유만으로 깊은 생각없이 신청인 겸 사건본인의 이름을 "제윤(齊允)"으로 작명하여 출생신고를 하여 계속 사용하다가, 작명가의 권유로 20○○년 2월경부터 통칭명이 "유성(侑城)"으로 사용하고 있고, 가족등록부상 이름이 "제윤(齊允)"으로 되어 있기 때문에 초등학교를 취학하면서부터 학적부 및 생활기록부에 "제윤(齊允)"으로 등재되어 있어 신청인 겸 사건본인은 학교생활을 하는데 혼란을 겪고 있습니다.

3. 사건본인의 이름을 개명하지 않고 제윤이란 이름으로 계속 고집하여 사용할려고 하였으나 많은 사람들이 제윤이란 이름은 "제"와 "재"의 발음을 구별하여 발음하기에 사실상 어렵고 남들이 부르거나 편지 등을 쓸 때에도 "재윤"으로 잘못 오인하여 부르거나 사용하는 경우가 많았습니다.
또한 선대의 이름에 "제"라는 항렬자가 포함되어 있어 집안 어르신들께서 개명할 것을 요구하여 20○○년 2월경 광주광역시에 있는 작명가를 찾아가 풀이해 본 결과 "제원"이란 이름을 계속 사용하게 되면 나중 재물로 인한 오욕으로 구설수가 많이 따르며, 자식문제로 항상 걱정이 많고, 큰 병에 걸려 불구의 몸이 되거나 일찍 단명한다고 하면서 "유성(侑城)"이란 이름으로 개명할 것을 권유하여 그때부터 집안과 동네 및 학교에서 "유성"으로 호칭하여 사용해 오고 있습니다.

4. 사건본인은 현재 만 8세의 초등학교 2학년에 재학중인데 집안 및 동네 친구들과 학교에서 "이유성"이라 불리우고 있으며 사건 본인도 친구들을 만나면 "이유성"이라고 소개하며 생활하고 있으나 학적부에는 아직도 "이제윤(李齊允)"이라고 기재되어 있어 친구들로부터 두 가지 이름을 쓰고 있다고 놀림의 대상이 되고 오히려 혼란만 가중되고 있어, 이로 이한 정식적인 스트레스로 인해 학교에서 돌아오면 "이유성"이란 한 가지 이름을 사용하게 해달라고 하소연 할 때가 많습니다.

5. 신청인 겸 사건본인의 이름에 의한 액운 운운은 미신인지는 모르겠으나 개명을 하지 않으면 사건본인에 대한 불행한 운명을 겪게 된다는 말을 듣고서는 이를 간과할 수 없고, 불행한 운명에 처하는 것을 원치 않기 때문에 현재 사실상 부르고있는 유성(侑城)으로 개명을 신청하오니 허가하여 주시기 바랍니다.

첨 부 서 류

1. 제적등본	1통
1. 가족관계증명서	1통
1. 기본증명서	1통
1. 주민등록등본	1통

1. 재학증명서 1통
1. 작명서 1통
1. 동의서 1통
1. 진술서 1통
1. 의견서 1통

20○○. ○. ○.

위 신청인 겸 사건본인 이 제 윤
법정대리인 친권자 부 이 ○ 수 (인)

○○ 가정법원 귀중

접수방법 및 유의사항

1. 수입인지 : 1,000원의 인지를 납부한다.
2. 송달료 : 4,800원×6회분을 납부한다.
3. 관할 : 개명하고자 하는 사람의 주소지(재외국민의 경우 등록기준지)를 관할하는 가정법원에 제출한다.
4. 개명신청시 사주가 안좋다든가 성명철학상 개명을 원한다는 말이 들어가면 거의 기각되므로, 설령 이런 사유로 개명하고자 하는 경우에는 사주 또는 성명철학이라는 단어자체가 들어가지 않도록 해야 한다.

[서식 378] 개명허가신청(성명발음이 힘들고 의미가 좋지 않은 경우)

개 명 허 가 신 청

신청인 겸 사건본인 ○ ○ ○ (한자)
주민등록번호 : 000000-0000000
등록기준지 : 서울특별시 서대문구 연희로 123
주 소 : 서울특별시 서대문구 연희로 234
법정대리인 친권자 부 ○○○(한자), 모 ○○○(한자)
등록기준지 : 위 등록기준지와 같음
주 소 : 위 주소지와 같음 (우편번호 : 00000)
전 화 : 000-000-000

신 청 취 지

등록기준지 "서울특별시 서대문구 연희로 123, 신청인 겸 사건본인의 가족관계등록부 중 사건본인의 이름 "○○(한자)"을 "○○(○○)"으로 개명할 것을 허가한다.
라는 결정을 구합니다.

신 청 이 유

1. 신청인 겸 사건본인의 만 6세로 개명하고자 하는 부분은 한자를 제외한 이름의 한글표시 "수렬"을 "수열로 개명하고자 하는 것입니다.
2. 사건본인의 이름부분 "수렬"은 발음이 어렵고 또한 어감상 좋지 않아 장차 같은 년배 친구들 사이에 놀림을 받을까 우려됩니다. 예들 들어 "○○○○○○"라는 이미지를 심어 줄 수 있기 때문입니다.
3. 실생활에서도 가족간 사건본인을 '수열이'로 발음하고 있으며, '수렬이'라고 부르지 않고 있습니다. 무엇보다도 발음을 간소하고 부르기 쉽게 하여야 하는데, 표기방법대로라면 발음이 상당히 어렵습니다.
4. 한국맞춤법(문교부고시 제88-1호) 제5절 두음법칙 제11항 [첨부서류]를 보더라고 "모음 뒤에 이어지는 '렬', '률'은 '열', '율'로 적는다"는 표기방법에 따라 사건본인을 "수열"로 표기하는 것이 마땅하다 할 것이고, 사건본인이 아직 유아기에 지나지 않으므로

이번에 개명을 하고자 하오니 허가하여 주시기 바랍니다.

첨 부 서 류

1. 기본증명서	1통
1. 가족관계증명서	1통
1. 주민등록등본	1통
1. 한글 맞춤법(문교부고시 제88-1호)	1통
1. 부모님 동의서	1통

20○○. ○. ○.

위 신청인 겸 사건본인 ○ ○ ○
법정대리인 친권자 부 ○ ○ ○ (인)
모 ○ ○ ○ (인)

○○ 가정법원 귀중

접수방법 및 유의사항

1. 수입인지 : 1,000원의 인지를 납부한다.
2. 송달료 : 4,800원×6회분을 납부한다.
3. 관할 : 개명하고자 하는 사람의 주소지(재외국민의 경우 등록기준지)를 관할하는 가정법원에 제출한다.
4. 개명신청시 사주가 안좋다든가 성명철학상 개명을 원한다는 말이 들어가면 거의 기각되므로, 설령 이런 사유로 개명하고자 하는 경우에는 사주 또는 성명철학이라는 단어자체가 들어가지 않도록 해야 한다.

주 1. 동음이자를 위한 개명

개명이란 정당하게 가족관계등록부에 등재된 이름을 변경하는 것을 말한다.
성은 이름이 아니다. 그러므로 성을 바꾸고자 한다면 개명절차가 아닌 성·본 변경절차를 밟아야 한다.

가족관계등록부에 한글과 한자가 병기된 경우 한자만 동음이자로 고치고자 하는 경우에도 일반개명사건과 동일한 개명절차를 거쳐야 하며, 한글로만 출생신고를 한 후에 한자이름을 병기하고자 하는 경우에도 개명절차를 밟아야 한다.

개명은 가족관계등록정정과 구별된다. 후자는 가족관계등록부에 등재된 이름의 기록이 부적법하거나 또는 진실에 반하는 경우 진정한 것으로 바로잡는 것을 말하기 때문이다. 그러므로 출생신고인이 출생신고서에 기재한 이름과 실체 가족관계등록부에 등재된 이름이 서로 다르다면 개명이 아닌 가족관계등록정정절차에 의하여야 한다.

개명에는 회수제한이 없다. 따라서 개명허가를 얻어 이름을 바꾼 후 다시 법원에 개명허가신청을 하는 것도 가능하다.

2. 직접 개명허가신청을 할 수 있는 나이

의사능력이 있으면 미성년자도 단독으로 신청할 수 있으며, 통상 의사능력이 있다고 볼 수 있는 15세 이상이면 가능하다. 허가가 나면 구청에 신고도 단독으로 할 수 있다.

3. 개명허가결정문을 송달받은 후의 절차

송달받은 결정문을 가지고 주소지와 상관없이 가까운 구청, 읍·면사무소에 가서 개명신고할 수 있다(단, 동사무소는 안됨). 그리고 결정문을 송달받은 날로부터 1월 이내에 신고하여야 하며, 정당한 이유 없이 이 기간 내에 신고를 하지 아니한 때에는 과태료가 부과될 수 있다.

4. 개명허가신청결정시까지 소요되는 기간 및 첨부서류

서울가정법원의 경우 대략 미성년자인 경우 2개월, 성년자는 3개월 정도 소요된다.
개명신청시의 첨부서류는 다음과 같다('동음이자'로의 개명 포함).

가. 미성년자

- ○ 사건본인의 기본증명서, 가족관계증명서 각 1통
- ○ 사건본인의 부와 모의 가족관계증명서 각 1통
- ○ 사건본인의 주민등록등본 1통

나. 성 년 자

- ○ 사건본인의 기본증명서, 가족관계증명서 각 1통
- ○ 사건본인의 부와 모의 가족관계증명서 각 1통
- ○ 사건본인의 자녀(사건본인의 손자가 있는 경우)의 가족관계증명서 1통
- ○ 사건본인의 주민등록등본 1통
- ○ 사건본인의 범죄경력조회서 1통(경찰서에서 발급)
- ○ 내용증명서 사본(신청인이 채무가 있는 경우 채권자에게 내용증명으로 개명신청예정임과 개명 후 이름을 통지한 후 그 사본을 첨부해야 함)

5. 한가족 중 여러명이 동시에 1개의 신청서로 가능 여부

가능하며, 이런 경우 사건번호는 사건본인별로 각각 부여되고 사건본인 1인당 인지 10,000원, 송달료 4,800원×6회분이므로 사건본인의 수만큼 인지와 송달료를 추가로 납부하여야 한다.

[서식 379] 개명허가신청(항렬자와 일치 않는 경우)

개 명 허 가 신 청

신청인 겸 사건본인 ○ ○ ○ (한자)
주민등록번호 : 000000-0000000
등록기준지 : 서울특별시 서대문구 연희로 123
주 소 : 서울특별시 서대문구 연희로 234
법정대리인 친권자 부 ○○○(한자), 모 ○○○(한자)
등록기준지 : 위 등록기준지와 같음
주 소 : 위 주소지와 같음 (우편번호 : 00000)
전 화 : 000-000-000

신 청 취 지

등록기준지 "서울특별시 서대문구 연희로 123, 신청인 겸 사건본인의 가족관계등록부 중 사건본인의 이름 "○○(한자)"을 "○○(○○)"으로 개명할 것을 허가한다.
라는 결정을 구합니다.

신 청 이 유

신청인의 법정대리인이 족보상으로 항렬을 잘못 알고 이름을 지어 출생신고를 하였으나, 사건본인의 항렬상의 이름과 다름에 따른 집안 서열상 혼란이 있고, 사건본인의 윗대 항렬의 가까운 친족 중에 같은 이름을 가진 사람이 있어 불편하므로 원래 항렬인 "○○(한자)"를 "○○(한자)"로 개명하고자 하오니 허가하여 주시기 바랍니다.

첨 부 서 류

1. 기본증명서 1통
1. 가족관계증명서 1통
1. 주민등록등본 1통
1. 족보사본 1통
1. 부모님동의서 1통

20○○. ○. ○.

위 신청인 겸 사건본인 ○ ○ ○
법정대리인 친권자 부 ○ ○ ○ (인)
모 ○ ○ ○ (인)

○○ 가정법원 귀중

접수방법 및 유의사항

1. 수입인지 : 1,000원의 인지를 납부한다.
2. 송달료 : 4,800원×6회분을 납부한다.
3. 관할 : 개명하고자 하는 사람의 주소지(재외국민의 경우 등록기준지)를 관할하는 가정법원에 제출한다.
4. 개명신청시 사주가 안좋다든가 성명철학상 개명을 원한다는 말이 들어가면 거의 기각되므로, 설령 이런 사유로 개명하고자 하는 경우에는 사주 또는 성명철학이라는 단어자체가 들어가지 않도록 해야 한다.

주 1. **직접 개명허가신청을 할 수 있는 나이**

의사능력이 있으면 미성년자도 단독으로 신청할 수 있으며, 통상 의사능력이 있다고 볼 수 있는 15세 이상이면 가능하다. 허가가 나면 구청에 신고도 단독으로 할 수 있다.

2. **개명허가결정문을 송달받은 후의 절차**

송달받은 결정문을 가지고 주소지와 상관없이 가까운 구청, 읍·면사무소에 가서 개명신고할 수 있다(단, 동사무소는 안됨). 그리고 결정문을 송달받은 날로부터 1월 이내에 신고하여야 하며, 정당한 이유 없이 이 기간 내에 신고를 하지 아니한 때에는 과태료가 부과될 수 있다.

3. **개명허가신청결정시까지 소요되는 기간 및 첨부서류**

서울가정법원의 경우 대략 미성년자인 경우 2개월, 성년자는 3개월 정도 소요된다. 개명신청시의 첨부서류는 다음과 같다('동음이자'로의 개명 포함).

가. 미성년자
- 사건본인의 기본증명서, 가족관계증명서 각 1통
- 사건본인의 부와 모의 가족관계증명서 각 1통
- 사건본인의 주민등록등본 1통

나. 성 년 자
- 사건본인의 기본증명서, 가족관계증명서 각 1통

◦사건본인의 부와 모의 가족관계증명서 각 1통
◦사건본인의 자녀(사건본인의 손자가 있는 경우)의 가족관계증명서 1통
◦사건본인의 주민등록등본 1통
◦사건본인의 범죄경력조회서 1통(경찰서에서 발급)
◦내용증명서 사본(신청인이 채무가 있는 경우 채권자에게 내용증명으로 개명신청예정임과 개명 후 이름을 통지한 후 그 사본을 첨부해야 함)

4. 한가족 중 여러명이 동시에 1개의 신청서로 가능 여부

가능하며, 이런 경우 사건번호는 사건본인별로 각각 부여되고 사건본인 1인당 인지 10,000원, 송달료 4,800원×6회분이므로 사건본인의 수만큼 인지와 송달료를 추가로 납부하여야 한다.

[서식 380] 개명허가신청(건강상의 이유로)

개 명 허 가 신 청

신청인 겸 사건본인 장 길 산 (張 吉 山)
주민등록번호 : 000000-0000000
등록기준지 : 서울특별시 서대문구 연희로 123
주 소 : 서울특별시 서대문구 연희로 234
전 화 : 000-000-0000

신 청 취 지

등록기준지 "서울특별시 서대문구청에 비치되어 있는 서울특별시 연희로 123, 신청인 겸 사건본인의 가족관계등록부 중 사건본인의 이름 "장길산(張吉山)"을 "장기현(張基鉉)"으로 개명할 것을 허가한다.
라는 결정을 구합니다.

신 청 이 유

1. 신청인 겸 사건본인은 20○○. ○. ○. 위 등록기준지에서 부 ○○○과 모 ○○○간

에 출생한 자인 바, 생활고에 허덕이던 관계로 출생신고도 못하고 있다가 20○○. ○. ○. 뒤늦게 아버지가 출생신고를 하면서 급한 마음에 별 생각 없이 '길산(吉山)'이라는 이름으로 작명하여 출생신고를 하였습니다.

2. 사건본인은 특별한 병에 걸린 것도 아닌데 몸이 아파 여러 병원을 전전하면서도 아픈 몸은 별다른 차도가 없고 몸이 쇠약하다보니 학교생활에도 적응을 하지 못하고 성격도 내성적은 물론 모든 일에 소극적이어서 또래 친구들과 어울리지 못하였습니다.

3. 사건본인의 부모님은 걱정스러운 마음에 불도에 뜻이 깊은 관계로 성명감정을 하여보니 이름이 사주팔자에 맞지 아니하여 계속 호명할 경우 몸이 더욱 쇠약해지고 단명할 것이라 예언을 듣고 부모님께서 서초동 소재 작명철학관에서 "기현(基鉉)"으로 작명을 받아 인근 주민은 물론 친구, 친척들도 모두 그렇게 호명하여 왔습니다.

4. 또한 길산이라는 이름이 고전소설에 자주 노등장하는 이름으로서 주위 지인들에게 놀림의 대상이 되고 있는 관계로 하루하루 사는 것이 스트레스는 이루 형언할 수 없습니다. 또한 이명 동인이 되어 사회생활에 지장이 많으므로 차시에 이를 바로 잡기 위하여 이건 신청을 하오니 개명허가결정을 주시기 바랍니다.

첨 부 서 류

1. 가족관계증명서	1통
1. 기본증명서	1통
1. 주민등록등본	1통
1. 작명서	1통
1. 인우보증서	1통
1. 범죄경력조회서	1통

20○○. ○. ○.

위 신청인 겸 사건본인 장 길 산 (인)

○○ 가정법원 귀중

접수방법 및 유의사항

1. 수입인지 : 1,000원의 인지를 납부한다.

2. 송달료 : 4,800원×6회분을 납부한다.
3. 관할 : 개명하고자 하는 사람의 주소지(재외국민의 경우 등록기준지)를 관할하는 가정법원에 제출한다.
4. 개명신청시 사주가 안좋다든가 성명철학상 개명을 원한다는 말이 들어가면 거의 기각되므로, 설령 이런 사유로 개명하고자 하는 경우에는 사주 또는 성명철학이라는 단어자체가 들어가지 않도록 해야 한다.

[별 지] 인우인보증서

인 우 인 보 증 서

사건본인　　　박　휘　재 (朴輝載)
주민등록번호 : 000000-0000000
등록기준지 : ○○시 ○○구 ○○로 ○○○
주　　소 : ○○시 ○○구 ○○로 ○○○

사건본인은 19○○. 3. 29. 출생한 모 박○숙의 자로써, 가족계등록부상 "휘재(輝載)"로 등재되어 사용하다가, 고등학교 1학년 초기 무렵부터 가정과 동네 및 학교에서 "은빈(恩彬)"로 호칭하여 왔으므로, 보증인들은 "박휘재(朴輝載)"를 "박은빈(李恩彬)"으로 개명신청하는데 있어서 적극적으로 동의하며 이로 인한 법적책임을 질 것을 연서하여 보증합니다.

첨 부 서 류

1. 인감증명서　　　　　　2통

20○○. ○. ○.

보증인 : 성　명　○　○　○ (인)
주민등록번호 : 000000-0000000
등록기준지 : ○○시 ○○구 ○○로 ○○○
주　　소 : ○○시 ○○구 ○○로 ○○○

보증인 : 성 명 ○ ○ ○ (인)
주민등록번호 : 000000-0000000
등록기준지 : ○○시 ○○구 ○○로 ○○○
주 소 : ○○시 ○○구 ○○로 ○○○

○○ 가정법원 귀중

[별 지] 의 견 서

의 견 서

개명신청인 박 휘 재 (朴 輝 載)
20○○. ○. ○.생 (000000-0000000)
학교 및 학년 : ○○고등학교 1학년

1. 의견인은 위 개명신청인의 담임선생으로서 개명신청인의 이름이 주민등록등본 상 "박휘재(朴輝載)"로 등재되어 있어 출석부 및 생활기록부 등에는 하는 수 없이 "박휘재"로 기재하여 사용하고 있으나 실제 부르는 이름은 고등학교 1학년 초기무렵부터 담임 및 대부분 학생들이 "박은빈"으로 호칭하고 있고, 일부 극소수의 학생들만 "박휘재"로 호칭하고 있습니다.
2. 따라서 "박은빈"이라는 이름으로 개명하여 사용하는 것이 박휘재의 장래를 위하여 매우 타당하다 여겨지므로 하루빨리 개명이 허가되어 개명된 이름으로 통용될 수 있도록 허가하여 주시기 바랍니다.

20○○. ○. ○.

의견인 : ○○고등학교 1학년 5반 담임
성명 ○ ○ ○ (인)

○○ 가정법원 귀중

[별 지] 동 의 서

동 의 서

사건본인 및 신청인 박 휘 재(朴 輝 載)

20○○. ○. ○.생 (000000-0000000)

위 개명신청인은 미성년자로써 본 건 신청이유에서 신청인이 소명한 바와 같이, 현실생활에서 등록기준지에 기재된 이름과 통용이름이 상위하고, 기타 이름 부작용 등의 내용으로 "박휘재(朴輝載)"를 "박은빈(朴恩彬)"로 개명허가를 신청하는 데 적극적으로 동의하오니 개명을 허락하여 주십시오.

20○○. ○. ○.

동 의 인 : 신청인의 법정대리인

친권자 모 김 ○ 숙 (인)

주민등록번호 : 000000-0000000

등록기준지 ○○시 ○○구 ○○로 ○○○

주 소 ○○시 ○○구 ○○로 ○○○

○○ 가정법원 귀중

[별 지] 진 술 서

진 술 서

신 청 인　　박　휘　재 (朴輝載)
　　　　　　20○○. ○. ○.생 (000000-0000000)

1. 신청인은 어머니가 이름을 지어 출생신고한 이후 "박휘재"란 이름으로 사 용하였으나 연예인 이휘재의 이름과 같아 오래전부터 동네 및 학생들로부터 놀림의 대상이 되어 어머니와 함께 목포 작명소를 다녀온 이후인 고등학교 1학년 초기부터 이름을 개명하여 대부분 사람들이 "박은빈"으로 부르고 있습니다.
2. 어머니께서는 20○○년 1월 말일경 작명가에게 "휘재(揮載)"란 이름을 풀이해본 결과 신청인의 이름으로는 절대 사용해서는 안된다는 말을 듣고 신청인은 그때로부터 스트레스를 많이 받으면서 잠도 잘 오지 않았고 학교에 다니기 조차 싫어졌습니다.
3. 그리하여 신청인은 어머니께 여러번 "박은빈"으로 법원에 개명신청하여 한가지 이름으로 사용할 수 있도록 종용하였으나 차일피일 미루다 있다가 이제와서 어머니께서 개명허가신청을 하게 되었으므로 개명을 허가해 줄 것을 간곡이 부탁드립니다.

20○○. ○. ○.

진술인　위 신청인 박　휘　재　(인)
법정대리인 친권자 모　김 ○ 숙　(인)

○○ 가정법원　귀중

[별 지] 사실확인서

사 실 확 인 서

사건본인 임 선 화 (任 善 花)
19○○. ○. ○.생 (000000-0000000)
등록기준지 : ○○시 ○○구 ○○로 ○○○
주 소 : ○○시 ○○구 ○○로 ○○○

위 임선화의 가족관계등록부상 이름은 임선화로 기재되어 있으나, 19○○년 12월경부터 현재까지 실제로는 임정민으로 호명되고 있음을 확인합니다.

20○○. ○. ○.

(친척 및 동내 주민)

관 계	성 명	생년월일	주 소	날 인
				(인)
				(인)
				(인)
				(인)
				(인)
				(인)
				(인)
				(인)
				(인)
				(인)
				(인)
				(인)

58. 가족관계등록제도

가. 의 의

사람은 출생함으로서 가족이라는 신분을 취득하고 사망함으로서 가족이라는 신분을 상실하게 된다. 이러한 가족으로서의 신분은 신고 및 수리에 의해 창설되거나 사후적으로 신고하여 가족관계등록부에 등록함으로써 공시하게 되는데 이와 관련된 법적문제 즉 사람의 출생, 개명, 입양, 혼인, 이혼, 사망 등 신분관계로 인한 사건은 비송사건으로 다루어지고 이러한 사건들을 가족관계등록 사건이라 한다.

나. 가족관계증명서의 종류

<table>
<tr><th rowspan="2">증명서의 종류</th><th colspan="2">기 재 사 항</th></tr>
<tr><th>개 별 사 항</th><th>공 통</th></tr>
<tr><td>가족관계증명서</td><td>부모, 배우자, 자녀의 인적사항</td><td rowspan="5">본인의
① 등록기준지
② 성명
③ 성별
④ 본
⑤ 출생연월일
및 주민등록번호</td></tr>
<tr><td>기본증명서</td><td>본인의 출생, 사망, 개명 등의 인적사항</td></tr>
<tr><td>혼인관계증명서</td><td>배우자 인적사항 및 혼인, 이혼 사항</td></tr>
<tr><td>입양관계증명서</td><td>양부모 또는 양자 인적사항 및 입양, 파양에 관한 사항</td></tr>
<tr><td>친양자입양관계증명서</td><td>친생부모, 양부모 또는 친양자 인적사항 및 입양 파양에 관한 사항</td></tr>
</table>

다. 발급권자 및 발급사유 제한

(1) 종래 호적법은 호적등(초)본의 발급청구권자 및 발급사유를 거의 제한하지 아니하여 개인정보 보호에 취약하였지만 현재의 가족관계등록부는 목적별 증명서와 발급권자를 본인, 배우자, 직계혈족, 형제자매 및 그 대리인으로 한정하여 개인정보의 보호와 공시기능의 보장을 조화하고 있으며, 종래 호적등본, 제적등본의 발급권자도 제한하여 본인, 직계혈족, 직계비속, 배우자, 형제자매의 경우에만 제적등본 또는 가족관계등록 관련 증명서를 발급 받을 수 있고, 제3자는 위임을 통해서만 가능하다.

(2) 친양자입양관계증명서는 본인이라도 성인이 되기 전까지는 발급을 제한하는 등 발급사

유를 제한하여 개인정보보호를 강화하고 있는데 교부를 청구할 수 있는 사유는 다음과 같다.

① 친양자가 성년이 되어 본인의 증명서를 신청할 때
② 혼인당사자가 민법 제809조의 친족관계를 파악하고자 할 때
③ 법원의 사실조회촉탁이 있거나 수사기관이 필요에 의해 신청할 때
④ 민법 제908조의4에 따라 입양취소 또는 파양을 할 때
⑤ 친양자의 복리를 위해 친양자의 양부모가 소명자료를 첨부하여 신청할 때
⑥ 소송, 비송. 집행, 보전의 절차에서 필요한 때
⑦ 상속등기를 위해 사망한 사람의 증명서를 신청할 때
⑧ 가족관계등록부가 작성되지 않은 사람의 상속인의 증명서가 필요할 때
⑨ 법률상 이해관계를 소명하기 위해 친양자의 친생부모, 양부모의 친양자입양관계증명서를 소명자료 등을 제시하고 신청할 때
⑩ 성년인 친양자의 친생부모, 양부모가 친양자가 성년자임을 소명하고 본인의 친양자입양관계증명서를 신청할 때

59. 가족관계등록사항의 신고

가. 의 의

(1) 신고는 원칙적으로 신고사건의 본인의 등록기준지 또는 신고인의 주소지나 현재지의 시, 군, 읍, 명의 장에게 하여야 하지만(가족관계등록법 20조), 출생신고는 그 자의 출생지에서 할 수 있고, 사망신고는 사망지, 매장지, 또는 화장지에서도 할 수 있다. 신고는 서면이나 구두로 할 수 있으며 타인에게 신고와 제출을 위탁하거나 우송할 수 있는데 신고인이 생존중에 우송한 신고서가 그 사망 후에 도달한 때에는 사망시에 수리된 것으로 된다.

(2) 가족관계등록사건에서 모든 신고는 담당공무원의 수리에 의하여 종료되며 가족관계등록부에 기재가 있어야 하는 것은 아니다. 따라서 신고가 수리되면 담당공무원은 일정한 사항을 개인별로 구분하여 가족관계등록부를 작성하여야 하는데 가족관계등록부의 기재사항은 이를 번복할 만한 명백한 반증이 없는 한 진실에 부합하는 것으로 추정된다(대법원 2002. 6. 14. 선고 2001므1357 판결).

나. 관 할

(1) 가족관계등록 신고는 신고사건 본인의 ‘등록기준지’ 또는 신고인의 ‘주소지’나 ‘현재지’에서 할 수 있으며, 외국인의 경우 ‘거주지’ 또는 신고인의 ‘주소지’나 ‘현재지’에서 할 수 있다.

(2) 시에 있어서 출생, 사망신고는 신고의 장소가 신고사건 본인의 주민등록지인 경우에는 관할하는 동사무소를 거쳐 할 수 있으며 이 경우 동장은 소속시장을 대행하여 신고서를 수리하고 동이 속하는 시의 장에게 신고서를 송부한다.

(3) 종래 호적에서는 본적지 처리원칙이던 것을 가족관계등록제도에서는 신고인이 원하는 신고지 가족관계등록관서에서 등록사무를 처리하도록 하고 있어 사무처리를 한 관서를 [신고관서], [처리관서], [신고지] 등으로 표시하고 있다.

다. 신고권자

(1) 보고적 신고는 이미 이루어진 사실 또는 법률관계에 관한 사후의 신고에 지나지 않기 때문에 친권자 또는 후견인을 신고의무자로 정하고 있지만, 미성년자 본인도 의사능력이 있으면 직접 신고할 수 있다.

(2) 창설적 신고의 경우도 의사능력이 없는 자는 신고할 수 없는 것은 보고적 신고와 같지만, 원칙적으로 의사능력이 있다면 무능력자 본인이 직접 신고하면 되지 법정대리인의 동의를 얻어서는 할 수 있는 것은 아니며, 의사능력이 없는 미성년자 등은 법정대리인의 동의를 얻어서도 신고할 수 없을 뿐만 아니라 법정대리인이 대신 신고 할 수도 없다.

라. 신고절차

(1) 신고기간

신고기간은 신고사건 발생일부터 기산한다. 재판의 확정일부터 기간을 기산하아여야 할 경우에 재판이 송달 또는 교부 전에 확정된 때에는 그 송달 또는 교부된 날부터 기산한다.

(2) 신고방법

① 서면 신고 : 신고사건 본인의 주민등록증, 운전면허증, 여권, 그 밖에 대법원규칙이 정하는 신분증명서를 제시하거나, 신고서에 신고사건 본인의 인감증명서를 첨부하여 신고한다. 만약 본인의 신분증명서를 제시하지 않거나 인감증명서를 첨부하지 않는 경우에는

신고서를 수리하지 않는다.

② 구두 신고 : 구두로 신고하려 할 때에는 신고인은 시, 군, 읍, 면의 사무소에 출석하여 신고서에 기재하여야 할 사항을 진술하여야 한다. 시, 군, 읍 면장의 장은 신고인의 진술 및 신고연월일을 기록하여 신고인에게 읽어 들려주고 신고인으로 하여금 그 서면에 서명하거나 기명날인하게 한다.

③ 대리인의 신고 : 신고인의 질병 또는 그 밖의 사고로 출석할 수 없는 때에는 대리인으로 하여금 신고하게 할 수 있지만 가족관계의등록등에관한법률 제55조(인지신고), 제56조(태아의인지, 제61조(입양신고), 제63조(파양신고), 제71조(혼인신고), 제74조(이혼신고)의 신고는 대리인에게 할 수 없다.

④ 동의 및 승낙 : 신고에 있어 부, 모 또는 다른 사람의 동의나 승낙이 필요한 경우에는 신고서에 그 동의 또는 승낙을 증명하는 서면을 첨부하여야 한다. 다만 친족회가 동의를 하는 경우에는 친족회의 결의록을 첨부함으로써 된다.

⑤ 외국에서 신고 : 대한민국 국민이 외국에 있는 경우 그 지역을 관할하는 대한민국 재외공관의 장에게 신고하거나 신청을 할 수 있다. 다만 외국에 있는 대한민국 국민이 그 나라의 방식에 따라 신고사건에 관한 증명서를 작성한 경우에는 3개월 이내에 그 지역을 관할하는 재외공관의 장에게 그 증서의 등본을 제출하여야 한다. 대한민국의 국민이 있는 지역이 재외공관의 관할에 속하지 않는 경우에는 3개월 내에 등록기준지의 시, 군, 읍, 면의 장에게 증서의 등본을 발송하여야 한다. 재외공관의 장은 서류를 수리할 때에는 1개월 이내에 외교부장관을 경유하여 본인의 등록기준지 시, 군, 읍, 면의 장에게 송부한다.

마. 효 과

(1) 창설적 신고

사실상 부부관계가 수년이 지나도 혼인신고가 되어야만 부부간 신분관계가 법률적으로 발생되는 것과 같이 혼인신고, 협의이혼신고, 인지신고, 협의파양신고 등은 가족관계등록신고의 수리에 의해 비로서 가족관계가 창설되는데 이를 창설적 신고라 한다.

(2) 보고적 신고

출생신고, 재판 또는 유언에 의한 인지신고, 인지된 태아의 사산신고, 입양취소신고, 재판에 의한 파양, 파양취소신고, 재판에 의한 혼인신고, 혼인취소신고, 재판에 의한 이혼, 이혼취소신고, 친권변동신고, 후견개시, 경질, 종료신고, 사망신고, 실종선고, 취소신고 등은 이미 가족관계의 변동이 있는 후에 하는 신고로서 신고는 사실의 보고에 불과하다.

(3) 신고서류의 열람

신고인은 신고의 수리 또는 불수리의 증명서를 청구할 수 있고, 이해관계인도 시, 구, 읍, 면의 장에게 신고서나 그 밖에 수리한 서류의 열람 또는 그 서류에 기재한 사항에 관하여 증명서를 청구할 수 있다. 또한 처리관서인 시, 구, 읍, 면의 장은 등록부에 기록을 마친 신고서류를 1개월마다 다음 달 10일까지 사건을 처리한 시, 구, 읍, 면사무소를 감독하는 지방법원에 송부하기 때문에 이해관계인 즉 열람권자인 본인, 직계혈족, 직계비속, 배우자, 형제자매, 대리인은 신고한 달의 다음달 10일까지는 처리관서인 시, 구, 읍, 면사무소를 방문하여 열람할 수 있지만 10일 이후에는 처리관서의 관할법원 가족관계등록계를 방문하여 법원 보관의 신고서류를 열람할 수 있다.

60. 가족관계등록창설허가신청

가. 의 의

가족관계등록창설이라 함은 대한민국 국민으로서 가족관계등록부에 등록이 되어 있지 않는 자에게 처음으로 등록이 되도록 하는 제도로서의 일련의 절차적 개념이다.

① 가족관계등록창설은 다른 제도를 다른 제도를 이용할 수 없는 경우에 인정되는는 예외적이고 보완적인 제도이다.

② 가족관계등록창설은 국민개등록주의를 실현하기 위한 제도이고, 반드시 국적을 전제로 한다.

③ 가족관계등록창설은 등록이 되어 있는 사람에게는 허용되지 아니하고 처음으로 등록을 하고자 하는 경우에만 허용된다.

④ 가족관계등록창설신고는 보고적 신고이다.

⑤ 가족관계등록창설은 등록이 되어 있지 아니한 사람이 등록을 하려는 것이므로, 원칙적으로 등록불명자는 포함되지 않는다.

나. 신 청 인

등록창설허가신청은 등록창설하려는 사람 본인이 하는 것이 원칙이므로, 본인이 무능력자일 경우에는 의사능력이 있으면 스스로 신청할 수 있다. 약 15세 정도 이상이면 의사능력이 있는 것으로 보고 있다. 그리고 무능력자 본인에게 의사능력이 없는 경우에는 법정대리인이 등록창설허가신청을 하여야 한다.

다. 부의 이름 기록 여부

친생자관계부존재판결이 확정되어 등록부가 폐쇄된 자가 등록창설하는 경우 판결문상에 친생부모의 성명이 기재되어 있다며 부의 성과 본을 따를 수 있으나 부의 이름을 기록할 수 없고 (부의 이름은 혼인중의 자 및 부의 인지를 받은 혼인외의 자에 대하여서만 그 기록이 허용됨) 모의 이름만 기록할 수 있다. 그리고 부모를 모르는 고아는 법원의 성·본 창설허가를 얻어야 한다.

라. 신청방법

등록창설허가신청은 1인 1건으로 함이 원칙이므로, 등록창설할 자가 수인인 경우에도 등록창설허가 및 등록창설신고는 각 등록창설자마다 하여야 하고 일괄하여 신청 또는 신고할 수는 없다. 부모를 모르는 형과 동생이 등록창설을 하는 경우에도 각 별도로 등록창설허가를 신청하여야 한다.

마. 관 할

가족관계등록창설의 관할법원은 등록을 하려는 곳을 관할하는 가정법원이 된다(가족관계의 등록등에관한법률 101조 1항). 이러한 등록창설지 선정에 있어서, 신청인이 임의로 정할 수 있는 것이고, 이에 대한 특별한 제한은 없다.

[서식 381] 가족관계등록창설허가신청서(6·25동란 당시 월남)

가족관계등록창설허가신청

신청인 겸 사건본인 김 ○ ○ (000000-0000000) (전화 :)
등록기준지 ○○시 ○○구 ○○로 ○○
주 소 ○○시 ○○구 ○○로 ○○

신 청 취 지

○○시 ○○구 ○○로 ○○○에 신청을 하여 별지 신분표 기재와 같이 취적함을 허가한다.
라는 심판을 구합니다.

신 청 원 인

신청인은 군사분계선 이북지역인 함경남도 북청군 남로 123에 가족관계등록기준지를 가졌던 자로서 6·25동란 당시 월남한 후 그간 가족관계등록창설허가를 하여야 할 것이었으나 차일피일 하다가 현재까지 못하였으므로 이번에 신청취지와 같이 가족관계등록창설허가를 신청하오니 허가하여 주시기 바랍니다.

첨 부 서 류

1. 재적증명서 1통
1. 주민등록신고확인서 1통
1. 부존재증명서 1통
1. 신분표 1통
1. 인우보증서(인감증명서 첨부) 1통

20○○. ○. ○.

위 신청인 겸 사건본인 김 ○ ○ (인)

○○ 가정법원 귀중

접수방법

1. 수입인지 : 1,000원의 인지를 납부한다.
2. 송달료 : 4,800원×6회분을 납부한다.
3. 관할 : 등록을 하려는 곳(예정등록기준지)을 관할하는 가정법원에 제출한다.

첨부서류(예규 제212호 제3조, 제287호)

가족관계등록창설허가를 신청하는 사람은 비송사건절차법 제9조 제1항의 신청서에 다음 각 호의 서류를 첨부하여야 한다.

1. 가족관계등록창설을 하려는 곳의 시(구)·읍·면의 장이 발급하는 가족관계등록부 부존재증명서를 발급받고자 하는 사람은, 등록부가 없는 사람 본인이 등록창설하려는 곳의 시(구)·읍·면의 장에게 신청서를 제출하여야 하며, 이에 따라 신청서를 접수한 시(구)·읍·면의 장에게 신청서를 제출하여야 하며, 이에 따라 신청서를 접수한 시(구)·읍·면의 장은, 첨부서류 등에 의하여 등록부가 없는 사람이 등록창설 하려는 곳을 포함한 전국 등록관서의 등록부에 등록되어 있는지 여부를 면밀히 조사하여야 하며, 그 결과 신청서에 기록된 대상자의 등록부가 없다고 인정된 때에는 등록부 부존재증명서를 발급하여야 한다.
2. 읍·면·동의 장이 주민등록법에 의한 주민등록 신고를 이행하였음을 증명한 주민등록 신고확인서
3. 별지 1의 성장환경진술서 작성방법에 의한 출생지, 성장지, 성장환경 등을 구체적으로 기재한 성장환경진술서
4. 성장과정을 뒷받침 하는 다음 각 호의 소명자료(이 소명자료에는 작성자의 주소, 전화번호를 기재하여야 한다)
   가. 취학한 사실이 있는 경우 그 학적부
   나. 유치원, 병원이나 종교단체가 운영 또는 후원하는 시설, 그 밖의 보호 및 위탁시설 등에 입소했던 경우 그 확인서
   다. 근로자인 경우 대표자나 감독자의 확인서
5. 성·본창설허가 심판서 등본
6. 그 밖에 법원이 심리에 필요하다고 인정하는 서류

성장환경진술서 작성방법

1. 성장환경진술서에는 출생지, 성장지, 성장과정 및 그 밖의 성장환경을 설명하는데 필요한 사항이 기재되어야 합니다.
2. 출생지는 지번을 알 수 없는 경우에는 행정구역명칭을 기재하되 지번의 기재는 생략할 수 있습니다.
3. 성장지는 가능한 한 시기별, 나이대별(1~7세, 8~13세까지 등)로 특정하여 기재합니다.
4. 성장과정에는 위 3항과 같이 각 시기마다 주거, 생계수단, 교육관계, 동거인, 후견인 등 생활환경을 종합적으로 기재합니다.
5. 이 진술서는 출생자 본인이 작성할 수 없는 경우에는 신고인이 작성하여야 하며 작성자가 기명 또는 서명날인을 합니다.

[서식 382] 가족관계등록창설허가신청서(무적자로서 부모도 무적인 채 사망한 경우)

가족관계등록창설허가신청

신청인 겸 사건본인 김 ○ ○ (000000-0000000)
등록기준지 ○○시 ○○구 ○○로 ○○
주 소 ○○시 ○○구 ○○로 ○○

신 청 취 지

등록기준지를 ○○시 ○○구 ○○로 ○○○로 정하고 신청인 겸 사건본인에 대하여 별지 신분표와 기재와 같이 가족관계등록창설을 허가하여 주시기 바랍니다.

신 청 원 인

1. 신청인 겸 사건본인은 ○○시 ○○구 ○○로 ○○에서 부 ○○○(한문)와 모 ○○○(한문) 사이에 출생하였으나 부모가 무적인 상태로 사건본인이 ○세와 ○세 때에 각

사망을 하였고, 사건본인도 출생신고가 되지 아니한 무적인 상태에서 의지할 곳 없이 이집 저집을 방황하며 살아오다가 20○○. ○. ○.부터 ○○시 ○○구 ○○로 ○○에 정착하게 되었습니다.

2. 위와 같은 사실로 사건본인은 학교도 다니지 못하였고, 무식한 소치로 인하여 지금까지 가족관계등록부조차 갖지 못하고 있습니다.

3. 그러나 사건본인은 이제 성년이 되어 사회생활을 함에 있어 가족관계등록창설이 필요하여 신청취지와 같은 신청을 하기에 이른 것입니다.

첨 부 서 류

1. 가족관계등록신분표	1통
1. 가족관계등록부 부존재증명서{시(구)·읍·면장 발행}	1통
1. 주민등록신고확인서(읍·면장 발행)	1통
1. 성장환경진술서	1통
1. 성장과정을 뒷받침하는 소명자료(작성자의 주소, 전화번호 기재)	1통

20○○. ○. ○.

위 신청인 겸 사건본인 김 ○ ○ (인)

○○ 가정법원 귀중

접수방법

1. 수입인지 : 1,000원의 인지를 납부한다.
2. 송달료 : 4,800원×6회분을 납부한다.
3. 관할 : 등록을 하려는 곳(예정등록기준지)을 관할하는 가정법원에 제출한다.

가족관계등록신분표 (1)

1. 기본사항

등록기준지	시 구 동 번지

가족관계등록부사항

구분	상 세 내 용

특정등록사항	

구분	성 명	출생연월일	주민등록번호	성별	본
본인	김본인(金本人)	년 월 일	-	남	金海

일반등록사항

구분	상 세 내 용
출생	【출생장소 】 시 구 동 번지

2. 가족관계사항

구분	성 명	출생년월일	주민등록번호	성별	본
부	김길동(金吉東)	년 월 일	-	남	金海
모	이미녀(李美女)	년 월 일	-	여	全州

※ 작성시 유의사항

1. 가족관계등록창설을 하고자 하는 사람이 고아인 경우에는 2. 가족관계사항은 생략할 수 있다.
2. 혼인 중의 자(또는 혼인외 자)로서 출생신고의무자가 없어 가족관계등록부를 작성할 수 없는 경우의 가족관계등록창설은 기본사항과 가족관계사항에 위와 같은 형태로 기재하여 신분표를 작성한다. 다만 혼인외의 자는 모에 관한 특정등록사항(성명, 출생연월일, 주민등록번호, 성별, 본)만을 기재한다.
3. 위의 형태는 예시에 불과하므로 신분에 관한 사항은 사실에 따라 그 내용을 기재해야 합니다.

가족관계등록신분표 (2)

1. 기본사항

등록기준지	시 구 동 번지

가족관계등록부사항

구분	상 세 내 용
	【원적 】 도 군 면 리 번지

특정등록사항	

구분	성 명	출생연월일	주민등록번호	성별	본
본인	김본인(金本人)	년 월 일	-	남	金海

일반등록사항

구분	상 세 내 용
출생	【출생장소 】 시 구 동 번지

2. 가족관계사항

구분	성 명	출생년월일	주민등록번호	성별	본
부	김길동(金吉東)	년 월 일	-	남	金海
모	이미녀(李美女)	년 월 일	-	여	全州
배우자	박여성(朴女性)	년 월 일	-	여	密陽

3. 혼인관계사항

구분	상 세 내 용
혼인	【신고일】 년 월 일 【배우자】 박여성 (군사분계선이북지역거주, 도 군 면 리 번지 【배우자의출생연월일】 년 월 일

※ 작성시 유의사항
북한이탈주민의보호및정착지원에관한 법률에 의하여가족관계등록창설신고시에는 해당 당사자의 신분사항에 따라 기본사항, 가족관계사항, 혼인에 관한 내용이 있는 경우에는 혼인관계사항에 위와 같은 형태로 기재하여 가족관계등록신분표를 작성한다.
위와 같은 형태는 예시에 불과하므로 신분에 관한 사항을 사실에 따라 그 내용을 기재하여야 합니다.

신청서 작성 안내

1. 성장환경진술서(첨부서류 4)의 작성요령
   가. 성장환경 진술서에는 출생지, 성장지, 성장과정 및 기타 성장환경을 설명하는데 필요한 사항이 기재되어야 합니다.
   나. 출생지는 지번을 알 수 없는 경우에는 행정구역명칭은 기재하되 지번의 기재는 생략할 수 있다.
   다. 성장지는 가능한 시기별, 연령대별(1~7세, 8~13세까지 등)로 특정하여 기재합니다.
   라. 성장과정에는 위 3항과 같이 각 시기마다 주거, 생계수단, 교육관계, 동거인, 후견인 등 생활환경을 종합적으로 기재합니다.
   마. 이 진술서는 출생자본인이 작성할 수 없는 경우에는 신고인이 작성하여야 하며 작성자가 기명 또는 서명날인을 합니다.
2. 성장과정을 뒷받침하는 소명자료(첨부서류 7)의 예시(이 소명자료에는 작성자의 주소, 전화번호를 기재하여야 함)
   가. 취학한 사실이 있는 경우 그 학적부
   나. 유치원, 병원이나 종교단체가 운영 또는 후원하는 시설, 기타 보호 및 위탁시설 등에 입소했을 경우 그 확인서 및 실종아동이 아니라는 소명자료
   다. 근로자인 경우 대표자자 감독자의 확인서
3. 신청인의 표시방법
   가족관계등록창설허가신청은 가족관계등록부 부존재자 본인이 하는 것이므로 미성년자라 하더라도 의사능력이 있는 경우(약 만 15세 이상)에는 스스로 가족관계등록창설허가신청을 할 수 있으나, 의사능력이 없는 경우(약 만 15세 미만)에는 법정대리인이 신청하여야 하므로 신청서에 법정대리인(친권자 또는 후견인) 임을 표시하고 그 성명과 주소, 연락처를 기재하여야 합니다.

<table>
<tr><td>제출법원</td><td>·등록창설을 하려는 지(地)를 관할하는 가정법원
·가정법원이 설치되지 않은 지역은 해당 지방법원</td><td>신청인</td><td colspan="2">등록창설하려는 본인이나 법정대리인</td></tr>
<tr><td>제출부수</td><td colspan="2">신청서 1부</td><td>관련법규</td><td>가족관계등록법 제101조
비송사건절차법 9조1항
가사소송법 2조1항라류4호</td></tr>
<tr><td>비 용</td><td colspan="4">· 인지액 : ○○○원
· 송달료 : ○○○원</td></tr>
<tr><td>해 설</td><td colspan="4">1. 부모를 알 수 없는 자로서 등록이 되어 있지 않는 사람
· 기아(棄兒)라 함은 부모를 알 수 없는 유아(乳兒)로서 출생신고의무자가 없거나 불명한 자를 말함. 민법 제781조 제3항에서 부모를 알 수 없는 자(子)에 속하는 점에서 고아(孤兒)와 같은 개념이나 기아는 유아라는 점에서 고아와 구별됨
· 기아는 기아발견조서를 작성한 시(구)·읍·면의 장이 그 기아발견조서의 등본을 첨부하여 가정법원에 성·본의 창설허가신청 후 성·본 창설허가를 받아 직권으로 가족관계등록부를 작성함.
· 그리고 기아가 아닌 부모를 알 수 없는 자(고아 등)의 경우는 본인 또는 대리인이 성·본창설허가신청 후 성·본창설허가결정등본을 첨부하여 가족관계등록창설허가신청을 하여야 함.
2. 부모를 알 수 있는 자로서 등록이 되어 있지 않는 사람
· 출생신고에 의하여 부 또는 모의 성과 본을 따라 등록부를 작성하게함이 원칙.
· 다만, 출생신고를 기대할 수 없는 경우에는 등록이 되어 있는 않은 사람 본인이 가족관계등록창설허가를 받아 가족관계등록창설신고를 함으로써 등록부를 작성할 수 있음.</td></tr>
</table>

61. 가족관계등록창설신고

가. 신고의무자

등록창설허가결정을 받은 본인이다. 신고의무자가 미성년자 또는 금치산자인 때에는 친권자나 후견인이 신고의무자가 된다. 그러나 미성년자 또는 금치산자라도 의사능력이 있는 때에는 스스로 신고할 수 있다. 다만, 사건본인이 의사능력이 없는 사람인 때에는 법정대리인이 등록창설허가신청을 하고 등록창설허가의 재판이 있을 때에는 그 법정대리인이 또한 신고의무자가 된다, 등록창설허가를 받았으나 그 신고 전에 사망한 사람에 대한 등록창설신고는 배우자 또는 직계혈족이 이를 하여야 한다.

나. 신고기간

법원으로부터 등록창설허가를 받고 그 등본을 받은 날부터 1월 이내에 등록창설의 신고를 하여야 한다.

다. 신고장소

신고사건 본인의 등록기준지 또는 신고인의 주소지나 현재지 등록관서에 신고하여야 한다.

62. 등록기준지변경신고

가. 의 의

등록기준지는 종전 호적을 가지고 있는 사람에게 있어 '본적'을 등록기준지로 보며, 가족관계등록법 시행 이후에 최초로 가족관계를 하는 사람의 경우에는 다음 각 항과 같이 정할 수 있다(가족관계등록법 제4조).

(1) 당사자가 자유롭게 정하는 등록기준지
(2) 출생의 경우에 부 또는 모의 특별한 의사표시가 없는 때에는 자녀가 따르는 성과 본을 가진 부 또는 모의 등록기준지
(3) 외국인이 국적취득 또는 귀화한 경우에 그 사람이 정한 등록기준지
(4) 가족관계등록창설의 경우 등록기준지의 의사표시가 없는 때에는 창설하고자 하는 사람이 신고한 주민등록지

(5) 부 또는 모가 외국인인 경우 등록기준지의 의사표시가 없는 때에는 대한민국 국민인 부 또는 모의 등록기준지

나. 구 호적법상의 호적과 다른 점

구 호적상의 호적은 가(家)를 근거지를 나타내고 있으나 등록기준지는 관할법원을 기준, 재외국민의 등록신고서 송부지, 검색기능, 구 호적과의 연결 등의 목적을 위하여 도입된 기능적 개념에 불과하며, 종전 호주제에서의 본적지와는 완전히 다른 개념이다.

또한 가족이 모두 같은 등록기기준지를 가져야 하는 것은 아니고, 당사자는 자유롭게 등록기준지를 변경할 수 있다.

63. 등록부정정허가신청

가. 의 의

"등록부정정"이라 함은 등록부의 기록이 진정한 신분관계와 부합하지 아니하는 때에 그 잘못된 기재를 정정하는 절차를 말한다(가족관계등록등에관한법률 104조).

나. 관 할

사건본인의 등록기준지를 관할하는 가정법원이 관할한다.

다. 신청시 필요한 서면 등

(1) 등록부정정허가신청서 1부

(2) 소명자료 : 가족관계등록사항별증명서, 주민등록등본, 출생증명서, 조산사일지등본, 연령감정서, 조산자(개표자)증명, 졸업(재학)증명서, 생활기록부, 재직증명서, 직장 대표자의 의견서, 출생신고, 진술서, 인우보증서(예규 226조는 '가족관계등록비송사건의 소명자료로 인우보증서를 첨부하는 경우에는 보증인의 인감증명서 또는 주민등록등(초)본을 첨부하도록 되어있다) 등

라. 등록부정정의 허부 판단 기준(연령정정의 경우)

(1) 모(母)의 연령

생모가 13세 이하인 경우의 연령 정정은 받아들이기 어렵다.

(2) 형제간의 터울

형제간의 연령차가 10개월 미만인 경우의 연령 정정은 받아들이기 어렵다.

(3) 부모의 혼인일자

혼인 외의 자인 경우를 제외하고는 부모의 혼인신고일보다 먼저인 연령정정은 받아들이기 어렵다.

(4) 취학연령 및 학교동기생의 평균연령

초등학교 취학연령이 만 6세라는 점과 사건본인의 연령정정 결과가 학교 동기생과 일치하는지 여부가 연령정정에 참고가 된다.

(5) 부부간의 연령 편차

1930년대 이전에는 처의 혼인연령이 남편보다 높았고, 그 이후에는 남편이 높은 경향이라는 점도 연령정정에 참고가 된다.

(6) 학교 동기생의 평균연령

사건본인의 연령정정 결과가 동기생 평균연령과 일치하는 경우에는 긍정적 판단요소가 될 것이나, 반대인 경우에는 부정적 판단요소가 될 것이다.

(7) 인우보증인 적격

사건본인의 출생시 그 출생지에서 인우인으로 거주한 인우인의 보증서는 연령정정에 참고가 된다.

(8) 출생신고일자

출생신고일보다 나중인 출생연월일로의 정정은 불가능하다. 예컨대 갑의 등록부상 출생연월일은 1988. 7. 1.이고, 그 출생신고일자는 1988. 11. 10.이라고 가정하면, 갑이 자기의 출생연월일을 1989. 7. 1. 로 한 살을 줄이려고 하는 연령정정허가신청을 허가하는 경우에는 출생신고일자가 출생연월일보다 소급하게 되므로(즉 출생도 하기 전에 출생신고를 미리 한 결과가 됨) 이 때의 출생신고일자는 연령정정허가결정의 부정적 판단요소가 될 것이다,

그리고 사건본인이 출생시 그 출생지에서 인우인으로서 거주한 사실이 없는 자의 인우보증서는 연령정정허가결정의 부정적 판단요소로 작용된다.

(9) 출생장소

등록부상의 출생장소는 자택주소로 되어 있는데 연령정정허가신청서에 첨부된 출생증명서에 기록된 출생장소는 병원으로 되어 있는 경우에는 연령정정과 함께 출생장소도 정정을 하여야 할 것이다.

마. 등록부정정 허가 후 가족관계등록정정신고

(1) 신고의무자

등록부 정정허가신청을 한 자이다. 다만, 등록부 정정허가를 받았으나 그 신고 전에 사망한 사람에 대한 등록부정정신고는 배우자 또는 직계혈족이 이를 하여야 한다(예규 213호).

(2) 신고기간

법원의 등록부 정정허가결정등본을 받은 날부터 1월 이내에 등록부의 정정을 신고해야 한다(가족관계등록등에관한법률 106조).

(3) 신고장소

사건본인의 등록기준지, 신고인의 주소지, 현재지

(4) 등록부창설 신고서에 첨부할 서면

등록부 정정허가결정등본, 확정증명서(판결에 의한 것인 경우)

바. 직권에 의한 등록부정정

(1) '가족관계의등록등에관한규칙'에 규정된 간이직권정정사항

① 등록부의 기록이 오기되었거나 누락되었음이 법 시행 전의 호적(제적)이나 그 등본에

의하여 명백한 때

② 규칙 제54조 또는 제55조에 의한 기록이 누락되었음이 신고서류 등에 의하여 명백한 때

③ 한쪽 배우자의 등록부에 혼인 또는 이혼의 기록이 있으나 다른 배우자의 등록부에는 혼인 또는 이혼의 기록이 누락된 때

④ 부 또는 모의 본이 정정되거나 변경되었음이 등록사항별증명서에 의하여 명백함에도 그 자녀의 본란이 정정되거나 변경되지 아니한 때

⑤ 신고서류에 의하여 이루어진 등록부의 기록에 오기나 누락된 부분이 있음이 해당 신고서류에 비추어 명백한 때

(2) '가족관계등록예규'에 의하여 인정된 간이직권정정사항

① 구 호적예규 제662조에 따라 기재된 국호, 지명 및 인명과 가족관계등록예규 제38조가 정하는 방식에 따른 국호, 지명 및 인명이 서로 다른 경우

② 가족관계증명서와 관련하여 호적부 전산화 이전에 분가한 후, 분가 전 호적이 전적 등의 사유로 새로이 편제된 경우와 같이 전산호적부상에 가족으로 구성되지 않아 가족관계등록증명서에 빠뜨리게 된 경우(예규 41호)

③ 주민등록지 관할 시·구·읍·면의 장이 주민등록번호의 통보를 빠뜨리거나 그 밖의 사유로 가족관계등록부에 주민등록번호의 기록이 빠뜨렸거나 잘못 기재된 경우에 주민등록지의 시·구·읍·면의 장의 정정통보가 있거나 본인 또는 동거하는 친족이 주민등록등(초)본을 첨부하여 그 빠뜨리게 된 것의 기록 또는 정정을 신청하는 때(예규 45호)

④ 다른 사람의 가족관계등록부에 착오로 사망기록을 하여 폐쇄하였을 경우에 그 가족관계등록부를 부활한 후 실제 사망한 사람의 가족관계등록부에 빠뜨린 사망사유를 기록하는 때(예규 58호)

⑤ 후견개시신고가 된 미성년자가 혼인한 경우 성년자로 보아 가족관계등록부에 후견종료사유를 기록 할 때(예규 87호)

⑥ 부모가 기아를 찾아 출생신고를 하고 이를 수리한 시·구·읍·면의 장이 등록부정정신청을 받은 때(예규 119호).

사. 청구취지 예

(1) 성별의 정정

> 등록기준지 ○○도 ○○군 ○○읍 ○○로 123, 김대웅(金大雄)의 가족관계등록부 중 사건본인 김대웅(金大雄)의 성별란에 "여"로 기재된 것을 "남"으로 정정하는 것을 허가한다.

(2) 본(本)의 정정

> 등록기준지 ○○도 ○○군 ○○읍 ○○로 123, 김대웅(金大雄)의 가족관계등록부 중 사건본인 김대웅(金大雄)의 본란에 "光山"으로 기재된 것을 "金海"로 정정하는 것을 허가한다.

(3) 출생년월일의 정정

> 등록기준지 ○○도 ○○군 ○○읍 ○○로 123, 김대웅(金大雄)의 가족관계등록부 중 사건본인 김대웅(金大雄)의 출생년월일란에 "20○○년 8월 20일"로 기재된 것을 "19○○년 8월 22일"로 정정하는 것을 허가한다.

(4) 출생장소의 정정

> 등록기준지 ○○도 ○○군 ○○읍 ○○로 123, 김대웅(金大雄)의 가족관계등록부 중 사건본인 김대웅(金大雄)의 일반등록사항란에 출생에 관한 기재사항 중 "[출생장소 ○○도 ○○시 ○○구 ○○로 234"로 기재된 것을 "[출생장소] 중국 헤이룽장성 헤이허시 ○○구 ○○가 ○○○호로 정정하는 것을 허가한다.

(5) 이름의 정정

> 등록기준지 ○○도 ○○군 ○○읍 ○○로 123, 김대웅(金大雄)의 가족관계등록부 중 사건본인 김대웅(金大雄)의 성명란에 "김대웅(金大雄)"으로 기재된 것을 "김태웅(金太雄)"으로 정정하는 것을 허가한다.

(6) 모의 성명 정정

> 등록기준지 ○○도 ○○군 ○○읍 ○○로 123, 김대웅(金大雄)의 가족관계등록부 중 사건본인 김대웅(金大雄)의 모란에 "김영숙(金英淑)"으로 기재된 것을 "김정숙(金貞淑)"으로 정정하는 것을 허가한다.

(7) 배우자의 성명 정정

> 등록기준지 ○○도 ○○군 ○○읍 ○○로 123, 김대웅(金大雄)의 가족관계등록부 중 사건본인 김대웅(金大雄)의 특정등록사항란에 "[배우자] 이선미"로 기재 된 것을 "[배우자] 이정미"로 정정하는 것을 허가한다.

(8) 부모의 성명과 본의 정정

> 등록기준지 ○○도 ○○군 ○○읍 ○○로 123, 김대웅(金大雄)의 가족관계등록부 중 사건본인 김대웅(金大雄)의 부란에 "성명불상"으로 기재된 것을 "김영철(金英喆)"로, 모란에 "성명불상"으로 기재된 것을 "이정숙(李正淑)"으로, 본란에 "불상"으로 기재된 것을 "金海"로 정정하는 것을 허가한다.

[서식 383] 가족관계등록기록의 정정허가신청서(사망신고말소, 가족관계등록부 부활)

가족관계등록기록사항 정정허가신청

신청인 겸 사건본인 김 ○ ○ (한문)
주민등록번호 : 000000-0000000
등록기준지 : 경북 ○○군 ○○읍 ○○로 123
주 소 : 서울특별시 서대문구 연희로 234
전 화 : 000-000-0000

신 청 취 지

경북 ○○군 ○○읍사무소에 비치된 가족관계등록부 김○○의 제적 중 신청인 겸 사건본인의 신분사항란 "사망사유 20○○. ○. ○. 서울시 ○○구 ○○로 345에서 사망, 19○○. ○. ○.생 김○○"의 기재를 말소한 후 동인의 가족관계등록기록을 부활하는 것을 허가한다.
라는 결정을 구합니다.

신 청 이 유

1. 신청인은 19○○. ○. ○. 친가 등록기준지인 경북 ○○군 ○○읍 ○○로 ○○○에서 출생하여 성장한 후 19○○. ○. ○. 만 ○세에 청구외 남편인 망 박○○과 혼인하여 혼가 등록기준지인 경북 ○○군 ○○면 ○○리 ○○○에서 등록기록 되었습니다.
2. 사건본인 김○○은 건강이 좋지 아니하여 병원에서 병원치료 중에 청구외 박○○는 후처를 두고 자녀를 출산하였고, 사건본인의 병원생활이 장기화 되자 신청인의 가족관계등록부를 말소하기로 결정하고 사망하지도 않은 신청인의 가족관계등록부를 사망신고를 함으로 말소한 이후 19○○. ○. ○. 후처인 신청외 최○○를 혼인신고하게 되었던 것입니다.
3. 그러나 신청인은 가족관계등록부상 사망신고가 되어 있는 사실도 모른 채 살아오면서 가족관계등록의 필요성을 잃은 채 주민등록도 없이 20여년을 살아오게 되었습니다. 치료를 마치고 건강을 되찾은 사건본인은 혼인관계의 청산을 위하여 가족관계등록부를 발급받으려고 신청하였으나 발급하기 어려웠고, 제적등본을 발급받은 이후에야 신청인이 사망처리 되었음을 확인하게 되었던 것입니다.

4. 살아있는 사람을 개인의 이익을 위하여 사망 신고한 신청외 박○○의 형사적 책임은 별도로 하고, 사건본인은 가족관계등록부를 갖고 주민등록도 갱신하여 떳떳한 국민으로 생활을 하고자 신청인의 가족관계등록의 부활을 위해 이 신청에 이른 것입니다.

첨 부 서 류

1. 신분표	1통
1. 제적등본	1통
1. 가족관계증명서	1통
1. 인우보증서	2통
1. 인감증명	2통
1. 건강진단서	1통
1. 확인서	1통

20○○. ○. ○.

위 신청인 겸 사건본인 김 ○ ○ (인)

○○ 가정법원 귀중

접수방법 및 유의사항

1. 수입인지 : 사건본인 1인당 1,000원의 인지를 납부한다.
2. 송달료 : 당사자수×4,800원(우편료)×6회분을 납부한다.
3. 관할 : 사건본인의 등록기준지를 관할하는 가정법원에 제출한다.
4. 소요기간 : 소명자료의 유무 또는 다소에 따라 처리기간에 다소 차이가 있으나 평균적으로 3개월 정도가 소요됩니다.

[서식 384] 가족관계등록기록의 정정허가신청서(일가창립으로 인한 가족관계등록 기록의 말소)

가족관계등록기록의 정정허가신청

신청인 겸 사건본인 이 ○ ○ (한문)
주민등록번호 : 000000-0000000
등록기준지 : 서울 ○○구 ○○로 ○○○
주 소 : ○○시 ○○구 ○○로 ○○○
전 화 : 000-000-0000

신 청 취 지

서울특별시 ○○구청에 비치된 서울 ○○구 ○○로 ○○○이 ○○○○로 하여 편제한 가족관계등록부를 말소할 것을 허가한다.
라는 재판을 구합니다.

신 청 이 유

1. 신청인은 19○○. ○. ○. 경북 ○○군 ○○읍 ○○로 ○○○에서의 부 박○○, 모 진○○간에 출생한자인 바, 사건본인이 5살 무렵 사건본인의 부친이 사업을 하던 중 사업에 실패하자 청구외 박○○는 서울로 상경하여 연락이 두절되었고, 이에 모 정○○와 할머니가 소작농을 지으시면서 사건본인을 양육하던 중 사건본인이 6살이 되었을 때 경제적인 이유로 사건본인의 모친마저 가출을 하기에 이르렀습니다.
2. 사건본인은 할머니와 함께 생활보호대상자로서 생활을 하고 있는데 사건본인이 초등학교 입학 무렵 사건본인을 양육하시던 할머니가 돌아가시게 되자 혼자 생활하기에는 어렵게 되어 사건본인은 고아원에 위탁하게 되었습니다. 그런데 초등학교 입학 무렵까지 사건본인은 부모의 가족관계등록부에 기재되지 아니한 상태에서 아버지를 찾겠다는 일념으로 무작정 서울에 상경한 사건본인은 경찰관의 인도 아래 고아원에 위탁하게 된 것이며, 그 이후 고아원에서 생활하다가 만 20세가 되던 해 직장생활을 하면서 독립하게 되었습니다.
3. 직장생활을 하면서 현재의 처를 만나 결혼도 하고 아이도 출산하여 건강한 가정을 유지하고 있던 가운데 최근에 우연한 기회에 사건본인의 친부모 소식을 알게 되었고, 상호부자지간임을 확인하여 호적을 알게 되었습니다.

4. 따라서 사건본인의 가족관계등록 창설로 인하여 현재 가족관계등록부는 사건본인의 친부와 중복된 것이므로 이를 말소하기 위하여 이 건 신청에 이르렀으므로 허가결정을 하여 주시기 바랍니다.

첨 부 서 류

1. 가족관계등록부	2통
1, 주민등록등본	1통
1. 인우보증서(동일인증명)	2통
1. 인감증명	2통

20○○. ○. ○.

위 신청인 겸 사건본인 이 ○ ○ (인)

○○ 가정법원 귀중

접수방법 및 유의사항

1. 수입인지 : 사건본인 1인당 1,000원의 인지를 납부한다.
2. 송달료 : 당사자수 × 4,800원(우편료) × 6회분을 납부한다.
3. 관할 : 사건본인의 등록기준지를 관할하는 가정법원에 제출한다.
4. 소요기간 : 소명자료의 유무 또는 다소에 따라 처리기간에 다소 차이가 있으나 평균적으로 3개월 정도가 소요됩니다.

[서식 385] 가족관계등록기록의 정정허가신청서(출생월일 정정)

가족관계등록기록의 정정허가신청

신청인 겸 사건본인 이 ○ ○ (한문)
주민등록번호 : 000000-0000000
등록기준지 : 서울 ○○구 ○○로 ○○
주 소 : ○○시 ○○구 ○○로 ○○
전 화 : 000-000-0000

신 청 취 지

등록기준지 서울 ○○구 ○○로 ○○ 이○○(李○○)의 가족관계등록부 중 신청인 겸 사건본인의 출생월일 '6월 12일'을 '10월 23일'로 정정하는 것을 허가한다.
라는 결정을 구합니다.

신 청 이 유

사건본인은 출생증명서에서와 같이 양력으로 20○○. 10. 23. 출생하였으나 집안 어들의 권유로 20○○, 6. 12.로 출생신고를 하였습니다. 지금이라도 이것을 바로잡고자 이 신청을 합니다.

첨 부 서 류

1. 가족관계등록부 2통
1. 주민등록등본 1통
1. 인우보증서(2인) 2통
1. 인감증명 2통

20○○. ○. ○.

위 신청인 겸 사건본인 이 ○ ○ (인)

○○ 가정법원 귀중

접수방법

1. 수입인지 : 사건본인 1인당 1,000원의 인지를 납부한다.
2. 송달료 : 당사자수×4,800원(우편료)×6회분을 납부한다.
3. 관할 : 사건본인의 등록기준지를 관할하는 가정법원에 제출한다.

[서식 386] 가족관계등록기록의 정정허가신청서(성의 정정)

가족관계등록기록의 정정허가신청

신청인 겸 사건본인 임 ○ ○ (林 ○ ○)
주민등록번호 : 000000-0000000
등록기준지 : 서울 ○○구 ○○로 ○○
주 소 : ○○시 ○○구 ○○로 ○○
전 화 : 000-000-0000

신 청 취 지

등록기준지 서울 ○○구 ○○로 ○○ 임○○(林○○)의 가족관계등록부 중 신청인 겸 사건본인의 한자 성의 한글표기를 '임'에서 '림'으로 정정하는 것을 허가한다.
라는 결정을 구합니다.

신 청 이 유

1. 신청인 겸 사건본인은 가족관계등록부상의 성이 "임"으로 기재되어 있으나 실제로는 "림"으로 발음 및 표기하여 사용하고 있습니다.
2. 평택림씨의 족보(209쪽)에서도 사건본인의 한글성명표기에서 성을 "림"으로 표기하고 있고, 초등학교생활기록부에도, 문패에도, 우편물에도 모두 "림철수"라고 표기사용되고 있습니다.
3. 그러므로 가족관계등록부상 한글표기를 실제에 맞게 정정하고자 이 건 신청을 합니다.

첨 부 서 류

1. 가족관계등록부	1통
1. 기본증명서	1통
1, 주민등록등본	1통
1. 인우보증서(2인)	2통
1. 인감증명	2통
1. 족보 사본	1통
1. 생활기록부 사본	1통
1. 문패사진	1통
1. 우편물	1통

20○○. ○. ○.

위 신청인 겸 사건본인 임 ○ ○ (인)

○○ 가정법원 귀중

접수방법

1. 수입인지 : 사건본인 1인당 1,000원의 인지를 납부한다.
2. 송달료 : 당사자수×4,800원(우편료)×6회분을 납부한다.
3. 관할 : 사건본인의 등록기준지를 관할하는 가정법원에 제출한다.

[서식 387] 가족관계등록기록의 정정허가신청서(이름이 착오 기재된 경우)

가족관계등록기록의 정정허가신청

신청인 겸 사건본인 이 경 무 (李 京 戊)
주민등록번호 : 000000-0000000
등록기준지 : 서울 ○○구 ○○로 ○○
주 소 : ○○시 ○○구 ○○로 ○○
전화 : 000-000-0000

신 청 취 지

등록기준지 서울 ○○구 ○○로 ○○ 이경무(李京戊)의 가족관계등록부 중 신청인 겸 사건본인의 이름 "경무(京戊)"를 "경수(京戍)"로 정정할 것을 허가한다.
라는 결정을 구합니다.

신 청 이 유

1. 사건본인의 부 이○철, 모 정○숙간에 19○○. 5. 20. 서울 ○○구 ○○로 ○○에서 출생한 자로서 강○미와 혼인 후 20○○. 8.경 혼인신고를 하기 위하여 제적등본을 발급 받아 보았더니 이경수가 이경무로 잘못 되었음을 알게 되었습니다.
2. 신청인의 생각으로는 호적 전산화를 하면서 수(戍)를 무(戊)로 한자를 잘못 기재한 것 같습니다. 그리고 현재 가족관계등록부상에도 이경무로 등록되어 있습니다. 신청인은 이의 착오로 발견하였으므로 그 정정을 하기 위하여 본 신청에 이를 것입니다.

첨 부 서 류

1. 가족관계증명서 1통
1, 제적등본 1통

20○○. ○. ○.

위 신청인 이 경 무 (인)

○○ 가정법원 귀중

접수방법 및 유의사항

1. 수입인지 : 사건본인 1인당 1,000원의 인지를 납부한다.
2. 송달료 : 당사자수×4,800원(우편료)×6회분을 납부한다.
3. 관할 : 사건본인의 등록기준지를 관할하는 가정법원에 제출한다.
4. 소요기간 : 소명자료의 유무 또는 다소에 따라 처리기간에 다소 차이가 있으나 평균적으로 3개월 정도가 소요됩니다.

[서식 388] 가족관계등록기록의 정정허가신청서(배우자가 누락됨)

가족관계등록기록의 정정허가신청

신 청 인 이 영 숙 (李 英 淑)
주민등록번호 : 000000-0000000
등록기준지 : 서울 ○○구 ○○로 ○○○
주 소 : ○○시 ○○구 ○○로 ○○○
전 화 : 000-000-0000

사건본인 김 정 식 (金 正 植)
주민등록번호 : 000000-0000000
등록기준지 및 주소 신청인과 같음

신 청 취 지

등록기준지 서울 ○○구 ○○로 ○○○ 이영숙(李英淑)의 가족관계등록부 중 특정등록사항란에 19○○. 8. 20. 혼인신고한 사건본인 배우자 김정식(金正植)이가 누락된 사실을 기재할 것을 허가한다.
라는 결정을 구합니다.

신 청 이 유

1. 신청인 겸 사건본인은 제적등본상 이미 19○○. 8. 20. 김정식과 혼인신고를 하여 호주 김정식의 제적등본에 등재되었습니다.
2. 그런데 가족관계등록부상에서는 배우자로서 김정식이가 누락되어 있으며 마찬가지로 김정식의 가족관계등록부에도 신청인이 배우자로서 누락되어 있는 것입니다.
3. 제적등본의 내용이 가족관계등록부로 이기되는 과정에서 누락된 것으로 보아지므로 이를 바로잡기 위하여 이 건 정정허가신청을 하기에 이른 것입니다.

첨 부 서 류

1. 가족관계증명서 1통

1. 제적등본 1통

20○○. ○. ○.

위 신청인 이 영 숙 (인)

○○ 가정법원 귀중

접수방법 및 유의사항

1. 수입인지 : 사건본인 1인당 1,000원의 인지를 납부한다.
2. 송달료 : 당사자수×4,800원(우편료)×6회분을 납부한다.
3. 관할 : 사건본인의 등록기준지를 관할하는 가정법원에 제출한다.
4. 소요기간 : 소명자료의 유무 또는 다소에 따라 처리기간에 다소 차이가 있으나 평균적으로 3개월 정도가 소요됩니다.

[서식 389] 가족관계등록기록의 정정허가신청서(이중등록부 정정)

가족관계등록기록의 정정허가신청

신청인 겸 사건본인 ○ ○ ○ (한문)
주민등록번호 : 000000-0000000
등록기준지 : 서울특별시 ○○구 ○○로 ○○
주 소 : ○○시 ○○구 ○○로 ○○
전 화 : 000-000-0000

신 청 취 지

19○○. ○. ○. ○○법원의 취적허가에 의하여 편제된 신청인 겸 사건본인의 가족관계등록부(등록기준지 : 서울특별시 ○○구 ○○로 ○○)는 이를 모두 말소한다.
라는 결정을 구합니다.

신 청 이 유

1. 신청인 겸 사건본인 ○○○는 어려서 자신도 모르는 집에 수양딸로 보내졌고, 그 후 그 집이 사업실패로 부도가 나자 19○○. ○. ○.경 다시 ○○에 있는 ○○고아원에 보내져 그 곳에서 성장하였으며, ○○법원의 취적허가에 따라 서울특별시 ○○구 ○○로 ○○○을 등록기준지로 하여 19○○. ○. ○. 취적신고를 하였습니다. 이 호적은 가족관계등록등에관한법률 시행에 따라 서울특별시 ○○구 ○○로 ○○○를 등록기준지로 하여 가족관계등록부로 작성되었습니다.

2. 그런데 신청인 겸 사건본인 ○○○는 20○○년경 숙모 ○○○를 만나면서 자신이 부 ○○○의 ○○○ 서울특별시 ○○구 ○○로 ○○, 호주 ○○○의 제적부에 혼인중의 자(子)로 출생신고되어 있음을 알게 되었습니다. 그리고 20○○. ○. ○. 위 ○○○와 ○○○은 재판상 이혼을 하였고 위 ○○○는 사건본인을 같은 해 10.경 지면이 있던 사람에게 수양딸로 보낸 사실도 알게 되었습니다. 또한, 위 출생신고에 따른 제적부도 가족관계등록등에관한법률 시행에 따라 서울특별시 ○○구 ○○로 ○○을 등록기준지로, 가족관계등록부가 작성되어 사건본인의 등록부가 이중으로 존재함을 알게 되었습니다.

3. 따라서, 신청인 겸 사건본인은 이중등록부 중 착오된 등록부를 폐쇄하고 등록부를 단일화하고자, 위 등록기준지 서울특별시 ○○구 ○○로 ○○. 신청인 겸 사건본인의 등록부를 모두 말소하라는 허가를 구하고자 이 건 신청에 이르렀습니다.

첨 부 서 류

1. 제적등본(출생신고한 것)	1통
1. 제적등본(취적신고한 것)	1통
1. 가족관계등록부(출생신고한 것)	1통
1. 가족관계등록부(취적신고한 것)	1통
1. 기본증명서(출생신고한 것)	1통
1. 기본증명서(취적신고한 것)	1통
1, 주민등록등본	1통
1. 인우보증서(2인)	2통
1. 인감증명	2통

20○○. ○. ○.

위 신청인 겸 사건본인 ○ ○ ○ (인)

○○ 가정법원 귀중

접수방법

1. 수입인지 : 사건본인 1인당 1,000원의 인지를 납부한다.
2. 송달료 : 당사자수×4,800원(우편료)×6회분을 납부한다.
3. 관할 : 사건본인의 등록기준지를 관할하는 가정법원에 제출한다.

[서식 390] 가족관계등록기록의 정정허가신청서(성전환자)

가족관계등록기록의 정정허가신청

신청인 겸 사건본인 ○ ○ ○ (한문)
주민등록번호 : 000000-0000000
등록기준지 : ○○도 ○○군 ○○읍 ○○로 ○○○
주 소 : ○○시 ○○구 ○○로 ○○○
전 화 : 000-000-0000

신 청 취 지

등록기준지 ○○도 ○○군 ○○읍 ○○로 ○○○ 신청인 겸 사건본인의 가족관계등록부 중 신청인 겸 사건본인의 성별란에 "남"으로 기재된 것을 "여"로 정정함을 허가한다.
라는 결정을 구합니다.

신 청 이 유

1. 신청인 ○○○은 19○○. ○. ○. ○○도 ○○군 ○○읍 ○○로 ○○○에서 부 신청외 ○○○과 모 신청외 ○○○ 사이에 남성의 성기구조를 갖춘 남자로 태어나 19○○. ○. ○. 부터 신고로 가족관계등록부의 성별 란에 '남'으로 기재되었습니다.
2. 그러나 신청인은 어려서부터 여자들과 어울려 노는 것을 더 좋아했고, 중·고등학교

시절에는 친구들이 신청인을 여자로 취급하며 놀려서 힘든 학창시절을 보냈고, 20○ ○. ○.월에 학교를 졸업한 후 19○○. ○.월경 군에 입대하였으나 군대 고참들이 신청인을 여자처럼 취급하여 군대생활에 적응하지 못하다가 결국 19○○. ○.월경 이로 인하여 정신분열, 신경쇠약 증세를 일으켜 의가사 제대를 하였습니다.

3. 신청인은 군 제대 후 서울로 상경하여 여장을 한 채 술집에서 일했고, 19○○. ○.월경부터는 음식점 주방에서 일하였는데 그 당시 신청인을 여자로 오인한 신청외 ○○○을 만나 교제를 하였으나 나중에 남자인 사실을 고백하고, 신청외 ○○○의 권유에 의해 성전환수술을 결심하게 되었습니다.

4. 신청인은 ○○시 에 소재하고 있는 ○○병원 정신과에서 성전환증으로 진단받은 뒤, 신청인 가족들의 동의를 얻어 19○○. ○. ○. 같은 병원에서 음경절단술, 고환적적출술, 여성성기성형술 등의 성전환 수술을 받아 해부학적으로 여성의 신체구조를 갖게 되었습니다.

5. 신청인은 어려서부터 남자가 아닌 여자로 평가받을 정도로 뚜렷한 여성적 기질과 외관을 가지고 있었고 일상생활에서는 여자 옷을 입고 여자들과 어울려야 편안한 마음을 가지는 등 남성에 대한 불일치감과 여성으로의 귀속감으로 혼란을 겼어왔으며 특히 여성의 성정체성을 가지고 군 입대를 하는 등 극심한 정신적 고통을 겪어왔으나 경제사정이 여의치 아니하여 성전환수술을 받지 못하다가 신청인이 27세 때에 이르러 사랑하는 남자의 도움으로 성전환수술을 받아 여성의 신체외관을 갖추게 되었고, 현재 여성으로서의 성정체성이 확고하고 곧 결혼도 할 예정이어서 개인생활이나 사회생활에서도 여성에 해당함이 명백합니다.

6. 그러므로 신청인은 남성에서 여성으로 가족관계등록부의 성별을 정정하고자 본 신청을 하오니 신청취지와 같이 결정하여 주시기 바랍니다.

첨 부 서 류

1. 기본증명서 1통
1. 가족관계증명서 1통
1, 주민등록등본 1통
1. 신청인이 성전환증 환자임을 진단한 2명 이상의 정신과 전문의사의 소견서 1통
1. 성전환시 의사의 소견서 1통
1. 신청인에게 현재 생식능력이 없고, 향후에도 생식능력이 발생하거나 회복될 가능성이 없음을 확인하는 전문의사 명의의 진단서나 감정서 1통
1. 성장환경진술서 1통

1. 인우보증서(2인) 2통
1. 인감증명서(인우보증인) 2통
1. 부모동의서 1통

20○○. ○. ○.

위 신청인 겸 사건본인 ○ ○ ○ (인)

○○ 가정법원 귀중

접수방법 및 유의사항

1. 수입인지 : 사건본인 1인당 1,000원의 인지를 납부한다.
2. 송달료 : 당사자수 × 4,800원(우편료) × 6회분을 납부한다.
3. 관할 : 사건본인의 등록기준지를 관할하는 가정법원에 제출한다.
4. 소요기간 : 소명자료의 유무 또는 다소에 따라 처리기간에 다소 차이가 있으나 평균적으로 3개월 정도가 소요됩니다.

64. 시·읍·면장의 처분에 대한 불복신청

가. 의 의

가족관계등록 등에 관한 법률은 시·읍·면장의 처분에 대한 불복절차를 규정하고 있어 등록사건에 관하여 이해관계있는 시·읍·면장의 위법 또는 부당한 처분에 대하여 관할 가정법원에 불복을 신청할 수 있다. 당사자는 행정소송을 제기할 수 있지만 등록사무를 감독하고 있는 가정법원에서 불복사건을 취급하게 하는 것이 여러 가지로 편리하고 적절하다고 본 것이다.

나. 신 청 인

불복신청을 할 수 있는 사람은 시·읍·면장의 위법한 처분 또는 부당한 처분으로 인하여 권리나 이익을 침해받은 모든 이해관계인이다.

다. 대 상

불복신청의 대상은 각종 신고 등의 수리, 증명서 및 등·초본의 교부 등 적극적 처분뿐만 아니라 신고 등의 불수리, 등·초본의 교부거부 등 소극적 처분도 포함되며 실제로는 주로 소극적 처분이 불복신청의 대상이 된다.

라. 관 할

관할법원은 위법한 처분이나 부당한 처분을 한 시·읍·면장의 소재지를 관할하는 가정법원으로 한다.

마. 결 정

(1) 신청을 받은 가정법원은 해당 처분청인 시·읍·면장의 의견을 구할 필요가 있으며 관련 서류를 송부하여 그 의견을 구할 수 있다. 시·읍·면장은 그 신청이 이유있다고 인정되면 지체없이 원래의 처분을 변경하고 그 취지를 법원과 신청인에게 통지하여야 하며, 그 신청이 이유 없다고 인정하는 때에는 의견서를 작성하여 불복서류와 함께 법원에 반환하여야 한다.

(2) 법원은 불복신청사건에 대해 비송사건절차법에 따라 재판한다. 신청에 이유가 없으면 각하결정을 하며, 이유있다고 인정되면 시·읍·면장에게 상당한 처분을 명하는 결정을 한다. 이 결정은 시·읍·면장과 신청인에게 송달하여야 한다.

법원의 결정에 불복할 경우 법령위반만을 이유로 비송사건절차법에 따라 항소할 수 있다.

[서식 391] 구정창의 처분에 대한 불복신청서

구청장의 처분에 대한 불복신청

신 청 인 1. ○ ○ ○ (000000-0000000)
등록기준지 : ○○시 ○○구 ○○로 ○○○
주 소 : ○○시 ○○구 ○○로 ○○○

전　　화 : 000-000-0000

2. ○　○　○ (000000-0000000)
등록기준지 : ○○시 ○○구 ○○로 ○○○
주　　소 : ○○시 ○○구 ○○로 ○○○
전　　화 : 000-000-0000

청 구 취 지

○○시 ○○구청장은 신청인들 사이의 20○○. ○. ○.자 혼인신고를 수리하라.
라는 결정을 구합니다.

청 구 원 인

1. 신청인들은 20○○. ○. ○. ○○시 ○○구 ○○로 ○○○에서 결혼식을 한 다음 20○○. ○. ○. ○○시 ○○구로청장에게 혼인신고서를 제출하였습니다.
2. 위 구청장은 당사자들이 근친간이 아님에도 불구하고 이를 오인한 채 위 혼인신고서의 접수를 거부하였습니다.
3. 따라서 신청인들은 가족관계의등록등에관한법률 제109조의 규정에 의거하여 이 사건 불복신청을 하기에 이른 것입니다.

첨 부 서 류

1. 기본증명서　　1통
1. 가족관계관계증명서　　1통
1, 주민등록등본　　1통
1. 혼인신고불수리증명서　　1통

20○○. ○. ○.

위 신청인 ○ ○ ○ (인)

○○ 가정법원 귀중

65. 자의 성과 본의 변경신고

가. 의 의

혼인외의 자가 모의 성과 본을 따르다가 후에 부로부터 인지된 경우 또는 창설 후 부나 모를 알게 된 경우 그리고 친생부인이나 친생자관계존부확인 등에 의해 부자관계가 변경된 경우 뿐만 아니라 모가 자녀를 데리고 재혼하여 자녀가 계부와 함께 생활하고 있어 자녀가 계부의 성과 본을 따르게 하는 것이 자녀에게 생활관계상 도움이 될 수 있는 경우와 같이 자녀의 복리를 위해서도 허용되고 있다.

나. 청구권자

부, 모 또는 자가 청구할 수 있다.

다. 관 할

성과 본을 변경하려고 하는 자녀의 주소지를 관할하는 가정법원을 관할로 한다.

라. 성, 본 변경신고

자의 복리를 위하여 자의 성과 본을 변경할 필요가 있어 부, 모 또는 자의 청구에 의하여 법원의 허가를 받은 경우 재판확정일로부터 1개월 이내에 재판서의 등본 및 확정증명서를 첨부하여 신고하여야 하고, 신고서에는 변경전의 성과 본, 변경한 성과 본, 재판확정일 등의 사항 등을 기재하여야 한다.

마. 효 과

성의 변경에 의해서 즉 자가 계부의 성으로 변경하였다고 해서 생부와의 부자관계가 소멸하는 것은 아니며 계부와 자 사이에 법률상 부자관계가 성립하는 것도 아니다. 따라서 계부와의 법률상 부자관계가 성립하기 위해서는 별도의 입양절차를 거쳐야 한다.

[서식 392] 자의 성과 본의 변경허가심판청구서(재혼한 모가 자녀를 새아버지의 성과 본으로 변경 청구하는 경우)

자의 성과 본의 변경허가 심판청구

청 구 인　　김 ○ 순 (000000-0000000)
등록기준지 : ○○도 ○○군 ○○읍 ○○로 123
주　　소 : ○○시 ○○구 ○○로 234
전　　화 : 000-000-0000

사건본인　　정 ○ 진 (000000-0000000)
등록기준지 및 주소　청구인과 같음

청 구 취 지

사건본인의 성을 "이(한자 : 李)"로, 본을 "전주(한자 : 全州)"로 변경할 것을 허가한다.
라는 심판을 구합니다.

청 구 원 인

1. 사건본인의 가족관계 등 (해당 □ 안에 ✓표시, 내용 추가)
   가. 사건본인은(친부 정○수)과(와) (친모 김○순) 사이에 출생한 자입니다.
   친부의 주소(○○시 ○○구 ○○로 345)입니다.
   나. ☑ (친부 정○수)와 (친모 김○순)은 (20○○. 8. 20.) 이혼하였습니다.
   □ (친부 정○수)는(은) (　　　년　월　일) 사망하였습니다.
   □ ○○○는(은) (　　　년　월　일) 사건본인을 입양하였습니다.

2. 성과 본의 변경을 청구하는 이유 (해당 □안에 ✓표시, 내용 추가)
   사건본인이 현재의 성과 본으로 인하여 학교나 사회생활 등에서 많은 어려움을 겪고 있으므로 사건본인의 복리를 위하여 다음과 같이 청구합니다.
   ☑ (친모 김○순)과(와)(20○○. 6. 12.) 혼인하여 사건본인의 의붓아버지(계부)가 된 (이○철)의 "성"과 "본"으로 바꾸고 싶습니다.
   □ 어머니의 "성"과 "본"으로 바꾸고 싶습니다.
   □ 양부의 "성"과 "본"으로 바꾸고 싶습니다.
   □ 위 각 경우에 해당하지 않는 경우의 이유(서술적으로 기재)

첨 부 서 류

1. [별지] 진술서(청구인) 1통
1. 가족관계증명서(청구인 및 사건본인) 각 1통
1. 기본증명서(사건본인) 1통
1. 혼인관계증명서(청구인) 1통
1. 주민등록등본(청구인 및 사건본인) 각 1통
(청구인과 사건본인의 주소지가 같은 경우에는 1통)
1. 기타(해당사항이 있는 경우에 □안에 ✓표시를 하고 해당 서류 첨부)
□ 입양관계증명서 1통(사건본인이 입양된 경우)
□ 동의서(친부) 1통
(※ 친부의 동의는 법률상 필요한 요건은 아닙니다. 다만 동의서가 첨부된 경우 심리절차가 빨라질 수 있습니다)
□ 진술서(사건본인) 1통
(※ 사건본인이 성과 본의 변경에 관하여 진술서를 작성할 능력이 있고 진술서 작성을 희망하는 경우 사건본인 자필)
□ 제적등본(친부) 1통
(※ 친부가 사망한 경우, 단 친부가 2008. 1. 1. 이후에 사망한 경우에는 폐쇄가족관계등록부에 따른 친부의 기본증명서)

20○○. ○. ○.

위 신청인 겸 사건본인 김 ○ 순 (인)

○○ 가정법원 귀중

접수방법 및 유의사항

1. 청구서 1부를 제출하되, 별지의 진술서를 제출한다.
2. 사건본인의 아버지의 주소는 알고 있는 경우에 기재하되, 기재하지 아니한 경우, 주소를 밝히라는 법원의 보정명령을 나중에 받을 수 있다.
3. "성"과 "본"이 변경된다고 하여, 의붓아버지와 사이에 친족관계가 생기거나 종전 부모와의 친족관계가 소멸되는 것이 아니다. 또한 친권자가 변경되는 것도 아니다.

4. 수입인지 : 사건본인 1인당 5,000원의 인지를 납부한다.
5. 송달료 : 청구인수×4,800원(우편료)×4회분을 납부한다.
6. 관할 : 사건본인의 주소지의 가정법원에 제출한다.

[별 지]

진 술 서

청구인은 다음과 같은 내용을 사실대로 진술합니다.

1. 청구인과 사건본인의 가족관계 등

가. 기본 사항(사건본인과 관계있는 해당 사항만 기재)

구 분	연 월 일	참 고 사 항
(정○수)과(와) 혼인 신고일	2010. 6. 21.	동거 시작일 : 2010. 6.경
사건본인(정○진) 출생일자	2012. 5. 17.	
(정○수)과(와) 이혼 신고일	2016. 9. 14.	☑협의이혼, □재판상이혼
(이○철)과(와) 재혼 신고일	2018. 6. 12.	동거시작일 : 2018. 4.경

나. 사건본인의 친권자, 양육자 등 관계

구 분	내 용
이혼이 지정된 친권자	□ 사건본인의 아버지, ☑ 사건본인의 어머니
이혼시 지정된 양육자	□ 사건본인의 아버지, ☑ 사건본인의 어머니
현재의 실제 양육자와 양육기간	□ 사건본인의 아버지. ☑ 사건본인의 어머니 양육기간 : 약 2년 10개월
친아버지가 사건본인 또는 사건본인의 어머니에게 양육비를 지급하고 있는지 여부	□ 양육비를 지급하고 있음 ☑ 양육비를 지급하고 있지 아니함
	□ 양육비를 지급하고 있는 경우 그 액수 월 평균으로 따져보면 약 원
사건본인이 친아버지 와 면접교섭하는지(정기적 또는 부정기적으로 만나는지 여부	□ 면접교섭함 , ☑ 면접교섭하지 아니함
	면접교섭의 내용(면접교섭하는 경우에만 기재하여 주십시오.) 3개월 정도에 약 1회 □ 매월 약 1회 □ 매월 약 2회 이상 □ 기타 □

다. 사건본인과 그 아버지 또는 아버지 쪽 친족과의 연락 관계

☑ 연락이 없음, ☐ 연락이 있음(주로 연락하는 사람 :)

2. 사건본인의 성과 본의 변경을 필요로 하는 경우

☑ 의붓아버지(계부)의 성과 본으로 변경하려는 경우

(1) 의붓아버지가 사건본인과 함께 살면서 사건본인을 양육하고 있는지 여부와 의붓아버지가 사건본인을 실제 양육한 기간

: 새아버지인 이○철이 12개월간 양육하고 있습니다.

(2) 사건본인이 현재의 성과 본으로 인하여 학교나 사회생활 등에서 어려움을 겪고 있는 구체적 사례

: 학업통지서, 학업확인란에 새아버지가 확인서명을 하였다가 학교선생임으로 부터 "이 사람은 누구냐"는 질문을 받고 답변을 못하였다 합니다.

(3) 의붓아버지의 성과 본으로 변경하는 것이 사건본인의 행복과 이익을 위하여 필요한 이유

: 본인에게 새아버지는 친생부 이상으로 가깝게 지내고 있으며 현재 아버지라 부르고 있습니다.

☐ 어머니의 성과 본으로 변경하려는 경우

(1) 어머니가 이혼 후 사건본인을 실제 양육한 기간

(2) 사건본인이 현재의 성과 본으로 인하여 학교나 사회생활 등에서 어려움을 겪고 있는 구체적 사례

(3) 어머니의 성과 본으로 변경하는 것이 사건본인의 행복과 이익을 위하여 필요한 이유

☐ 그 밖에 사건본인의 성과 본을 변경하는 것이 사건본인의 복리를 위하여 필요한 사정, 법원에 진술하고 싶은 내용

: 사건본인이 새아버지와 동거를 사작할 때에는 갓난 아이였을 때이었기에 생부의 존재를 전혀 모르고 있습니다. 차후 생부의 동의를 얻어 친양자입양을 하도록 노력 하겠지만 그 이전이라도 실제로 부자관계를 형성하는 것이 이 사건 본인에게 필요하다고 봅니다.

20○○. ○. ○.

청구인 김 ○ 순 (인)

○○ 가정법원 귀중

제4장 국제가사사건

제1절 총 론

1. 의 의

국가가사사건은 당사자 일방 또는 쌍방이 외국인이거나 법률행위지가 외국인 경우 등 법률관계(혼인, 이혼, 입양관계 등)를 구성하는 요소 중의 어느 하나가 다른 요소와는 상이한 국가에 관련이 있는 경우의 가사사건을 의미한다, 즉 한국인이 외국인과 혼인, 외국인 사이에 혼인, 그리고 입양 등 한국인과 외국인들 사이에 생기는 신분에 관한 소송이 국제가사소송이다.

2. 국제가사소송의 재판관할

원칙적으로 상대방의 피청구인의 주소가 우리나라에 있는 것을 요건으로 하고 있다.

3. 준 거 법

준거법이란 국제사법 규정에 의하여 섭외적 생활관계에 적용되는 법으로 지정된 내국 또는 외국의 실체사법으로 어느 국제가사사건의 재판권이 우리나라에 있게 되면 우리나라의 가사소송법과 비송사건절차법에 따라 재판권을 하게 된다.

4. 외국판결의 승인과 집행

가. 외국 가사판결은 민사소송법 제217조의 각 조건을 구비하게 되면 우리나라에서 외국판결이 승인될 수 있다.

나. 외국법원의 이혼판결은 승인요건을 구비하면 집행판결 없이도 이혼신고를 할 수 있다. 그러나 이혼판결을 제외한 외국가사판결(혼인무효, 혼인취소, 이혼무효, 이혼취소, 친생자관계 부존재 판결 등)은 별도의 집행판결을 받아 그 판결에 의하여 가족관계등록부에 등재하도록 되어 있다.

제2절 국제재판관할권

1. 의 의

섭외사건에 대하여 어느 나라의 법원이 재판권을 갖는가 하는 문제를 국제재판관할권이라 하고, 이는 국내의 어느 법원이 사건을 관할할 것인가의 문제와는 구별된다.

2. 국제재판관할의 판정기준

국제가사사건에 관하여 직접적으로 국제재판관할을 정하는 기준에 관한 법률의 규정은 없으나 일반적인 국제재판관할을 정한 것으로 국제사법과 가사소송법 일부 보충적이 규정이 있을 뿐이다.

제3절 국제가사사건

1. 국제혼인사건

가. 혼인의 실질적 성립요건

(1) 혼인 당사자가 혼인의 의사를 가지고 있어야 한다.

(2) 다른 사람과 혼인관계(중혼)가 없어야 한다.

(3) 당사자 사이에 일정한 혈연 또는 친족관계가 없어야 한다.

나. 혼인의 형식적 성립요건

혼인의 방식은 각 나라마다 다르나 우리나라는 혼인거행지의 법률에 따라 정하도록 하는 절대거행지법주의 방식을 취하고 있다.

따라서 우리나라에서 거행되는 혼인은 우리나라의 법률이 정한 방식을 따라야 한다.

다. 혼인의 일반적 효력

혼인의 일반적 효력은 다음 각 호에 정한 법의 순위에 의한다.

(1) 부부와 동일한 본국법

(2) 부부와 동일한 상거소지법(“상거소”라 함은 “상당히 장기 기간 동안 거주하는 장소”로서 단순한 거소하는 다르다)

(3) 부부와 가장 밀접한 관련이 있는 곳의 법

2. 혼인무효확인의 소

가. 의 의

대한민국의 국적의 원고와 외국국적의 피고 사이에 혼인의 합의(혼인의사 흠결)가 없이 외국(피고국가) 방식에 의한 혼인의 증서가 작성되어, 이 증서를 가지고 원고의 등록기준지에 한 혼인신고는 무효라는 소를 원고가 주소지인 서울가정법원에 제기할 수 있다.

나. 관 할

이혼 사건(혼인무효 또는 취소사건도 준용한다)의 국제재판관할권에 대하여는, 즉 외국인간의 이혼소송은 피고 주소지 나라의 관할을 원칙으로 한다. 그러나 피고가 행방불명 기타 이에 준하는 사정이 있거나 피고가 적극적으로 응소한 경우에는 원고의 주소지 나라 또는 원고의 본국에도 관할권이 있다.

다. 준 거 법

국제사법 제36조는 혼인의 성립요건은 각 당사자간에 대하여 그 본국법에 의하여야 한다고 되어 있다.

3. 이 혼

가. 의 의

국제사법 제39조는 이혼해 관하여 제37조의 규정을 준용하도록 되어 있고, 다만 부부 중 일방이 대한민국에 상거소(상시 거주하는 장소)가 있는 대한민국 국민인 경우에는 대한민국법에 의한다. 라고 규정하고 있다.

나. 관 할

(1) 피고의 주소지국을 원칙으로 하고, 예외적으로 원고의 주소지국 또는 원고의 본국에도 관할권을 인정하고 있다.

국제사법 제37조에 따르면 ① 부부의 동일한 본국법 ② 부부의 동일할 상거소지법 ③ 부부와 가장 밀접한 관련이 있는 곳의 법의 순서에 의한다.

피고의 상거소가 국내에 있거나 피고의 최후주소지가 우리나라에 있는 경우에는 우리나라에 재판 관할권을 인정하고 있다. 당사자쌍방이 한국인이라고 하더라도 피고가 혼인할 때부터 계속 외국에 거주하고 있고 그 거주지도 명백한 경우에는 피고가 적극적으로 응소하지 않는 한 우리나라 법원에 재판관할권이 없다고 본다(단, 국제사법 제39조 단서 제외한 경우).

(2) 제일동포 남녀가 행위지인 일본국 방식에 의하여 협의이혼신고를 일본 당국에 하고 그 수리증명서를 받아 국내에 이혼신고를 하는 경우 그 협의이혼은 수리할 수 없다. 단, 2004. 9. 19.까지 일본호적관서에서 수리된 협의이혼에 관하여 그 수리증명서를 첨부할 때에는 이를 수리한다.

(3) 일본에 거주하는 한국인 남자와 일본인 여자가 행위지인 일본법에 의하여 이혼하고 그 증서(이혼수리증명서 또는 이혼기재가 된 호적등본)을 제외공관을 통하지 않고 부(夫)의 등록기준지 시(구)·읍·면으로 직접 송부하여 왔을 때에도 이를 수리한다.

다. 재판상 국제이혼의 효과

외국법원의 이혼판결은 민사소송법 제217조 소정의 조건을 구비하는 한 우리나라에서도 효력이 있다. 따라서 외국법원의 이혼판결에 의하여 이혼신고를 하는 경우에는 이혼판결등본과 확정증명서 및 각 번역문을 첨부하여야 한다.

• 국제협의이혼 •

1. 우리나리 국민과 외국인 사이의 협의이혼신고
   이혼의 기준법은 국제사법 제39조에 의한다.

2. 외국에 있는 한국인 사이의 협의이혼
   (1) 의 의
   외국에서 거주하고 있는 한국인 사이의 협의이혼은 부와 처가 모두 한국인이므로 우리나라 법률에 의하여 서울가정법원으로부터 협의이혼의사확인을 받아 협의이혼신고를 할 수 있다. 거행지국에서 협의이혼을 허용하는 경우에는 거행지방식에 의하여 협의이혼을 할 수 있다(국제사법 17조 2항, 2항, 3항). 따라서 거행지방식에 의한 협의이혼신고를 마치고 이혼증서의 등본을 제출하였을 때에는 국제사법 제17조 제1항, 제2항, 가족관계의등록등에관한법률 제35조에 의하여 접수하여야 한다. 즉 협의이혼제도를 인정하는 나라에 거주하는 재외국민은 그 나라의 방식에 의하여 협의이혼신고를 마치고 3월 이내에 그 국가에서 발행한 이혼증서의 등본을 제외공관의 장에게 제출하거나, 재외국민이 있는 지역이 재외공관의 관할에 속하지 아니하는 경우에는 3월 이내에 등록기준지 시·읍·면의 장에게 발송하는 방법으로 협의이혼의 신고를 할 수 있다(가족관계의등록등에관법률 제40조). 이 경우에는 가정법원의 확인이 필요없다고 본다.
   (2) 재외국민의 이혼의사 확인신청
   재외국민등록법 제3조에 따라 등록된 대한민국 국민만이 가족관계의등록등에관한규칙 제75조에 따라 그 거주지 관할 재외공관의 장(그 지역을 관할하는 재외공관이 없는 때에는 인접지역관할 재외공관의 장)에게 협의이혼의사확인을 신청할 수 있다. 즉, 부부 양쪽이 재외국민인 경우에는 그 거주지를 관할하는 재외공관의 장에게 함께 이혼의사확인신청을 할 수 있다. 그러나 그 지역을 관할하는 재외공관이 없는 때에는 인접하는 지역을 관할하는 재외공관의 장에게 이를 할 수 있다(가족관계의등록등에관한규칙 75조 1항). 부부 중 한쪽이 재외국민인 경우에 재외국민인 당사자는 그 거주지를 관할하는 재외공관의 장에게 협의이혼의사확인신청을 할 수 있다. 다만, 그 거주지를 관할하는 재외공관이 없는 경우에는 가족관계등록에 관한규칙 제75조 제1항의 단서를 준용한다(같은 규칙 75조 2항). 같은 규칙 제75조 제2항은 부부양쪽이 모두 재외국민으로서 서로 다른 국가에 거주하고 있는 경우에 준용한다(같은 규칙 75조 3항)

(3) 재외공관에 협의이혼의사확인신청서가 제출된 경우

1) 재외공관장의 업무절차

재외공관의 장이 당사자 쌍방이나 일방으로부터 협의이혼의사확인 신청을 받은 때에는 당사자 쌍방(가족관계의등록에관한규칙 75조 1항의 경우) 또는 같은 규칙 75조 2항, 3항의 경우)을 출석시켜 진술을 듣고 이혼의사의 유무 및 미성년자인 자녀가 있는 경우에 그 자녀에 대한 친권자 지정의 협의 또는 가정법원의 지정청구 여부를 확인하고 그 요지를 기재한 서면("진술요지서")을 작성하여 기명날인한 후 신청서에 첨부하여 지체없이 가정법원에 송부하여야 한다(같은 규칙 75조 4항, 가족관계등록예규 제168호, 2008. 1. 1.부터 시행).

2) 서울가정법원의 업무절차

재외공관의 장으로부터 협의이혼의사확인신청서와 당사자 쌍방에 대한 진술요지서를 송부받은 경우, 서울가정법원은 그 진술요지서에 의하여 신청당사자의 이혼의사존부를 확인할 수 있다. 당사자 일방만이 재외국민인 경우에 그가 제출한 협의이혼의사확인신청서와 진술요지서를 재외공관의 장으로부터 송부받은 경우, 서울가정법원은 국내에 거주하는 당사자를 출석하게 하여 이혼의사의 존부를 확인하여야 한다. 협의이혼 당사자 쌍방이 국가를 달리한 나라에 거주하여 일방이 그 거주지의 재외공관에 협의이혼의사확인신청서를 제출하여 그 재외공관의 장으로부터 협의이혼의사확인신청서와 진술요지서를 송부받은 경우, 서울가정법원은 지체 없이 다른 일방 거주지의 재외공관의 장에게 협의이혼의사확인의 촉탁을 하여 회보서를 받은 다음 그 회보서의 기재와 신청당사자에 대한 "진술요지서"에 의하여 이혼의사의 존부를 확인할 수 있다. 이러한 절차에 의하여 이혼의사가 확인된 경우에는 서울가정법원은 확인서를 작성하고 그 등본을 이혼신고서와 함께 즉시 당사자 거주지 재외공관의 장에게 송부하되 같은 규칙 제75조 제2항의 경우에 대해서는 국내 거주 당사자에게도 송부하여야 하며, 이혼의사를 확인할 수 없는 경우에는 불확인된 것으로 처리하고 불확인통지서를 송부하여야 한다(가족관계등록예규 제168조).

(4) 이혼신고방법

확인서를 교부 또는 송달받은 당사자는 재외공관의 장에게 이혼신고를 할 수 있고, 이러한 신고를 수리한 재외공관의 장은 1월 이내에 외무부장관을 경유하여 이를 본인의 등록기준지 시·읍·면의 장에게 발송하여야 한다(가족관계의등록등에관한법률 제34조, 제36조).

3. 우리나라에게 외국인 사이의 협의이혼

> 이혼의 준거법은 국제사법 제39조에 의하므로 거행지방식의 협의이혼을 허용하는 경우 본국의 권한있는 기관이 발행하는 이혼성립요건 구비증명서와 본국법이 협의이혼 또는 거행지법에 의한 이혼을 허용하는 내용의 증명서를 첨부하여 우리나라 법률에 의한 협의이혼을 할 수 있다.

4. 친자관계

가. 혼인 중의 친자관계

(1) 혼인 중의 친자관계의 성립은 자의 출생 당시 부부 중 일방의 본국법에 따른다.

(2) (1)의 경우 부가 자의 출생 전에 사망한 때에는 사망 당시 본국법을 그의 본국법으로 본다(법 40조).

나. 혼인 외의 친자관계

(1) 혼인 외의 친자관계의 성립은 자의 출생 당시 모의 본국법에 따른다. 다만, 부자간의 친자관계의 성립은 자의 출생 당시 부의 본국법 또는 현재 자의 상거소지법에 의할 수 있다.

(2) 인지는 (1)이 정하는 법 외에 인지 당시 인지자의 본국법에 의할 수 있다.

(3) (1)의 경우 부가 자의 출생 전에 사망한 때에는 사망 당시 본국법을 그의 본국법으로 보고, (2)의 경우 인지자가 인지 전에 사망한 때에는 사망당시 본국법을 그의 본국법으로 본다(법 41조).

다. 혼인 외 출생자에 대하여

(1) 혼인 외의 출생자가 혼인 중의 출생자로 그 지위가 변동되는 경우에 한하여는 그 요건인 사실의 완성 당시 부 또는 모의 본국법 또는 자의 상거소지법에 따른다.

(2) (1)의 경우 부 또는 모가 그 요건인 사실이 완성되기 전에 사망한 때에는 사망 당시 본국법을 그의 본국법으로 본다(법 42조).

라. 친자간의 법률관계

(1) 친자간의 법률관계는 부모와 자의 본국법이 모두 동일한 경우에는 그 법에 따르고, 그 외의 경우에는 자의 상거소지법에 따른다(법 45조).

(2) 친족관계의 성립 및 친족관계에서 발생하는 권리의무에 관하여 이 법에 특별한 규정이 없는 경우에는 각 당사자의 본국법에 따른다(법 47조).

5. 입양 및 파양과 그 동의

가. 입양 및 파양

입양 및 파양은 입양당시 본국법에 의한다(법 43조).

나. 동 의

제41조 내지 제43조의 규정에 의한 친자관계의 성립에 관하여 자의 본국법이 자 또는 제3자의 승낙이나 동의 등을 요건으로 할 때에는 그 요건도 갖추어야 한다(법 44조).

6. 후견 및 상속

가. 후 견

(1) 후견은 피후견인의 본국법에 의한다.

(2) 대한민국에 상거소 또는 거소가 있는 외국인에 대한 후견은 다음 각 호 중 어느 하나에 해당하는 경우에 한하여 대한민국법에 의한다.

① 그의 본국법에 의하면 후견개시의 원인이 있더라도 그 후견사무를 행할 자가 없거나 후견사무를 행할 자가 있더라도 후견사무를 행할 수 없을 경우

② 대한민국에서 한정치산 또는 금치산을 선고할 경우

③ 그 밖에 피후견인을 보호하여야 할 긴급한 필요가 있는 경우(법 48조).

나. 상 속

(1) 상속은 사망 당시 피상속인의 본국법에 따른다.

(2) 피상속인이 유언에 적용되는 방식에 의하여 다음 각 호의 법 중 어느 것을 지정한 때에

는 위 상속은 (1)의 규정에 불구하고 그 법에 따른다.

① 지정 당시 피상속인의 상거소가 있는 국가의 법. 다만, 그 지정은 피상속인이 사망시까지 그 국가에 상거소를 유지한 경우에 한하여 그 효력이 있다.

② 부동산에 관한 상속에 대하여는 그 부동산의 소재지법(49조)

다. 유 언

(1) 유언은 유언 당시 유언자의 본국법에 의한다.

(2) 유언의 변경 또는 철회는 그 당시 유언자의 본국법에 의한다.

(3) 유언의 방식은 다음 각 호 중 어느 하나의 법에 의한다.

① 유언자가 유언당시 또는 사망 당시 국적을 가지는 국가의 법

② 유언자의 유언당시 또는 사망당시 상거소지법

③ 유언 당시 행위지법

④ 부동산에 관한 유언의 방식에 대하여는 그 부동산의 소재지법(법 50조)

라. 유언의 방식

(1) 미국 시민권자인 유언자가 한국에 소재하는 자기 소유 부동산에 대하여 유언을 하고자 할 때에는 유언자의 본국법인 미국법에서 정하고 있는 유언방식에 따라 할 수 있고, 한국에서 한국법이 정하고 있는 유언방식에 따라 할 수도 있다(법 50조).

(2) 외국에 거주하는 대한민국 국민이 외국에서 유언을 하는 경우에는 국제사업 제50조 제1항에 따라 유언자의 본국법인 우리 민법이 정한 방식에 의하여 할 수 있고, 행위지법이 정한 방식에 의하여도 할 수가 있다(법 50조).

[서식 393] 혼인무효확인의 소장

소 장

원 고 박 ○ ○ (000000-0000000) (전화 :)
등록기준지 ○○시 ○○구 ○○로 ○○
주 소 ○○시 ○○구 ○○로 ○○ (우편번호 : 00000)

피 고 이노우에 ○○ (井上 ○○) (전화 :)
19○○. ○. ○.생 여
국 적 일본국
최후주소 ○○시 ○○구 ○○로 ○○ (우편번호 : 00000)

혼인무효 확인의 소

청 구 취 지

1. 원고와 피고 사이에 20○○. ○. ○. ○○시 ○○구청장에게 신고하여 한 혼인은 무효임을 확인한다.
2. 소송비용은 피고가 부담한다.

라는 판결을 구합니다.

청 구 원 인

1. 원고는 20○○. ○.경부터 서울시 서초구 서초로 소재 외국계회사 ○○를 다니면서 피고를 알게 되었고, 여의도에 있는 ○○교회가 주최한 국제 합동결혼식절차를 통하여 20○○. ○. ○. 한국 교회에서 일본 국적의 피고와 결혼식을 올리고, 20○○. ○. ○. ○○시 ○○구청장에게 혼인신고를 함으로써 가족관등록부상으로는 피고와 부부로 되어 있습니다.

2. 원고는 위 결혼식 이전에는 피고를 몇 번 만나 보았으나 서로 결혼은 약속하지 않았습니다. 그러나 원, 피고가 같은 종교를 믿고 또 같은 교회에 나가 다 보니 ○○교회에서 정해주는 절차에 따라 피고와 결혼식을 올렸으나 같이 동거하거나 부부관계도 없었습니다. 따라서 원고는 피고와 결혼식만 올렸을 뿐, 육체관계나 동거 한번 없이 단지 피고의 국내 체류기간 연장을 위하여 20○○. ○. ○. 피고와 혼인신고를 하였던 것입

니다.

3. 피고는 혼인신고를 한 후 20○○. ○. ○. 비자와 여권을 가지고 도망을 가서 지금까지 행방불명상태이며, 출입국사실을 확인해 본 결과, 피고는 아직 국내 체류중에 되어 있었습니다.

4. 이상과 같이 피고는 혼인할 의사 없이 단지 한국에 더 체류할 목적으로 원고를 기망하여 혼인신고를 한 것으로서 원, 피고의 혼인은 혼인 당사자 간에 혼인에 관한 실질적 합의가 결여된 상태에서 이루어진 것으로서 무효라 할 것입니다.

5. 따라서 원고는 청구취지 기재와 같이 혼인무효확인을 구하기 위하여 본 소 청구에 이른 것입니다.

입 증 방 법

1. 갑 제1호증 가족관계증명서
1. 갑 제2호증 피고여권 사본
1. 갑 제3호증 가출인신고접수증
1. 갑 제4호증 출입국에관한사실증명
1. 갑 제5호증 진술서
1. 갑 제6호증 사진
1. 갑 제7호증 혼인관계증명서

그 밖의 입증서류는 변론시 수시 제출하겠습니다.

첨 부 서 류

1. 위 입증서류 각 1통
1. 주민등록초본 2통
1. 소장부본 1통

20○○. ○. ○.

위 원고 박 ○ ○ (인)

○○ 가정법원 귀중

[서식 394] 이혼 청구의 소장(1)

소　　　장

원　고　　정 ○ ○ (000000-0000000) (전화 :　　　　)
등록기준지 ○○시 ○○구 ○○로 ○○
주　　소 ○○시 ○○구 ○○로 ○○ (우편번호 : 00000)

피　고　　○○ 존스 (○○ Jones) (가족관계등록부상 기재 : ○○ 존스)
국내최후주소 : 불 명
가족관계등록부상 주소 : 미합중국 오하이오주 ○○시 ○○로
(18st,○○○ Ohio, USA)

이혼 청구의 소

청 구 취 지

1. 원고와 피고는 이혼한다.
2. 소송비용은 피고가 부담한다.

라는 판결을 구합니다.

청 구 원 인

1. 혼인 경위

원고는 한국인으로 식당 종업원으로 일하던 중 주한 미군인 미합중국 국적의 피고를 만나 혼인 후 20○○. ○. ○.경 혼인신고를 함으로써 법률상 부부가 되었으며 슬하에는 자녀가 없습니다.

2. 이혼 이유

가. 피고는 원고와 혼인한 후 집에도 잘 들어오지 않고 다른 여자들과 부정한 관계를 일삼다가 혼인한 지 약 10개월 정도 지난 20○○. ○.월경 원고 몰래 미국으로 떠난 후, 지금까지 연락은 커녕 행방을 알 수가 없습니다.

나. 원고는 피고가 돌아올 날을 기다리고 기다렸으나 피고는 지금까지도 일체의 연락이 없습니다. 따라서 원고는 가족관계등록부정리를 하고자 민법 제840조 제2호 소정의 이유로 이 건 이혼을 청구합니다.

3. 재판관할권 및 준거법
이 건 이혼청구는 국제사법 제39조의 단서조상, 즉 부부 중 일방이 대한민국에 상거소가 있는 대한민국 국민인 경우에는 이혼은 대한민국법에 의한다.는 규정에 따라 원고는 출생 이래 지금까지 계속 영주의 의사로 대한민국에 주소를 가지고 있으므로 대한민국 민법이 준거법이 된다 할 것입니다.

4. 공시송달신청 피고는 20○○년경 본국인 미합중국으로 귀국한 것으로 원고는 피고의 미국 주소지를 알지 못하고 있고, 가족관계등록부에 기재된 피고의 주소는 불명확하여 그 주소지로 송달해도 송달이 불가능한 상태이므로 민법 제179조에 의하여 공시송달하여 주실 것을 신청합니다.

입 증 방 법

1. 갑 제1호증　　가족관계증명서
1. 갑 제2호증　　폐쇄기본증명서
1. 갑 제3호증　　불거주확인서
1. 갑 제4호증　　혼인관계증명서
1. 갑 제5호증　　진술서

기타 입증서류는 변론시 수시 제출하겠습니다.

첨 부 서 류

1. 위 입증서류　　각 1통
1. 주민등록초본　　2통
1. 소장부본　　1통

20○○. ○. ○.

위 원고 정 ○ ○ (인)

○○ 가정법원 귀중

[서식 395] 이혼 청구의 소장(2)

소　　　장

원　고　　줄리아 ○○○ (Julia ○○○) (전화 :　　　　)
1900. 0. 0.생 여
국　　적 미합중국 워싱턴주
주　　소 ○○시 ○○구 ○○로 ○○ (우편번호 : 00000)

피　고　　세르게이 ○○○ (Sergei ○○○) (전화 :　　　　)
1900. 0. 0.생 남
국　　적 러시아 연방공화국 ○○○
주　　소 미합중국 매릴랜드주

이혼 청구의 소

청 구 취 지

1. 원고와 피고는 이혼한다.
2. 소송비용은 피고가 부담한다.

라는 판결을 구합니다.

청 구 원 인

1. 원고는 미합중국 시민으로서 러시아연방공화국 시민권을 가진 피고와 20○○. 3월 초순경 각각 서울에서 주재 상사원으로 근무하면서 알게 되어 20○○. 9. 20. 대한민국의 법에 따라 혼인신고를 마친 법률상 부부로서 서울에서 거주하고 있었습니다.
2. 그러나 피고는 20○○. 11. 20. 직장관계로 미합중국으로 건너간 이후 원고에게 생활비는 물론이고 아무런 소식마저 전하여 주지 아니하여 그 행방마저 잘 모르고 있는 실정입니다.
3. 따라서 원고는 더 이상 피고와 법률상 혼인관계를 지속할 수 없으므로 청구취지와 같은 판결을 구하고자 이 사건 청구에 이르렀습니다.

입 증 방 법

1. 갑 제1호증 외국인등록증명서(원고)
1. 갑 제2호증 국적증명서 및 출국증명서(피고)
1. 갑 제3호증 혼인수리증명서
1. 갑 제4호증 부의 본국법의 이혼에 관한 법률 사본 (한국어 번역문)

그 밖의 입증서류는 변론시 수시 제출하겠습니다.

첨 부 서 류

1. 위 입증서류 각 1통
1. 소장부본 1통

20○○. ○. ○.

위 원고 줄리아 ○ ○ ○ (인)

○○ 가정법원 귀중

[서식 396] 친생부인등의 소장

소 장

원 고 야마모토 유스케 (山本裕典)
19○○. ○. ○.생 남
국 적 日本國 福岡市 南區 赤坂 2丁目 15
주 소 日本國 福岡市 中央區 赤坂 1丁目 24

피 고 1. 정 ○ ○ (000000-0000000)
등록기준지 ○○시 ○○구 ○○로 ○○

주 소 ○○시 ○○구 ○○로 ○○

2. 야마모토 마사꼬 (山本正子)
20○○. ○. ○.생 여
국 적 日本國 福岡市 南區 赤坂 2丁目 15
주 소 ○○시 ○○구 ○○로 ○○
위 법정대리인 친권자 모 정 ○ ○

이혼 등 청구의 소

청 구 취 지

1. 원고와 피고 이○○는 이혼한다.
2. 피고 야마모토 마사코는 원고의 친생자(일본국 適出子)임을 부인한다.
3. 소송비용은 피고들이 부담한다.

라는 판결을 구합니다.

청 구 원 인

1. 원고와 피고 정○○는 20○○. 5.경 원고의 친지의 소재로 일본에 직장관계로 와있다가 피고 정○○를 알게 되어 사귀다가 같은 해 7. 20.자로 일본국 후코오카시 아까사카구장(日本國 福岡市 赤坂區長)에서 혼인신고를 하였고, 같은 시 아까사카구장이 작성한 혼인에 관한 증서 등본을 같은 해 7. 4. 피고 정○○의 등록기준 지인 서울 서초구청에 제출하여 그 날짜로 피고 정○○의 가족관계등록부에도 혼인신고를 한 부부로 되어 있습니다.

2. 피고 야마모토 마사꼬는 원고의 처인 피고 정○○의 포태에 의해 20○○. ○. ○. 혼일본국 후쿠오카시에서 출생하여 원고의 출생자로서 원고의 가족관계등록부에 입적됨으로서 일분 국적법의 규정에 따라 일본국적을 취득하였습니다.

3. 그런데 피고 정○○은 혼인 후에도 혼인 전부터 근무하던 일본요리식당 집에서 계속 일하면서 원고의 집이 자신의 직장과는 거리가 멀어 출퇴근이 힘들다는 이유로 원고와 동거하지 않고 혼인 전에 살던 자신의 집에서 살면서 다만 외국인등록상 일본에 체류기간을 갱신할 때 등의 필요한 경우에만 가끔 다니러 왔었습니다.
그 후 피고는 독립하여 요정을 차리면서 그 요정에 드나들던 성명 미상의 한국인 남자와 깊은 관계를 가지더니 그 사이에 피고 정○○은 야마모토 마사꼬를 낳고 그를 원고와 자신 사이의 친생자로 입적시킨 것입니다.

그러나 피고 야마모토 마사꼬의 혈액형은 O형으로 의학적으로 혈액형 AB형인 원고의 친생자가 될 수 없습니다.

4. 피고 정○○는 요정사업에 실패하여 막대한 채무를 부담하게 되자 이에 원고와 이혼하기로 합의하고 이혼신고서 및 피고 야마모토 마사꼬의 출생관계에 관한 확인서를 작성하여 원고에게 교부한 바 있으나 막상 가족관계등록정리에 필요한 절차에 협조하지 않고 20○○년 10월경 피고 야마모토 마사꼬를 데리고 한국으로 돌아갔고, 그 후 원고와 피고는 현재까지 별거해 온 것입니다.

5. 따라서 위와 같이 원고와 피고사이의 혼인 일본민법 제770조 제5호에서 정하여 진 재판상이혼사유인 "혼인을 계속하기 중대한 사유가 있을 때"에 해당하고, 피고 야마모토 마사꼬는 비록 원고와 피고 정○○간의 혼인 기간 중에 출생하였지만 원고와의 친생자관계가 존재하지 아니하므로 청구취지와 같은 판결을 받고자 본 청구에 이른 것입니다.

입 증 방 법

1. 갑 제1호증	가족관계증명서(원, 피고)
1. 갑 제2호증	국적증명서
1. 갑 제3호증	혼인관계증명서
1. 갑 제4호증	혈액증명서(원고, 피고 야마모토 마사꼬)

그 밖의 입증서류는 변론시 수시 제출하겠습니다.

첨 부 서 류

1. 위 입증서류	각 1통
1. 주민등록초본	2통
1. 소장부본	1통

20○○. ○. ○.

위 원고 야마모토 유스케 (인)

○○ 가정법원 귀중

[서식 397] 친생부인의 소장

소　　　장

원　고　　이 ○ ○ (000000-0000000) (전화 :　　　　　)
등록기준지 : ○○시 ○○구 ○○로 ○○
주　　소 : ○○시 ○○구 ○○로 ○○

피　고　　데이비드 알 ○○(David R. Berlier, 20○○. ○. ○.)
현재 소재불명
최후주소 : 미합중국 오하이오주 신시내티 ○○시 8581
Donna oo Cincinnati, Ohio oo USA
국적 미합중국

친생부인의 소

청 구 취 지

1. 피고는 원고의 친생자임을 부인한다.
2. 소송비용은 피고가 부담한다.

라는 판결을 구합니다.

청 구 원 인

1. 원고와 소외 김○○는 20○○. ○. ○. 혼인신고를 마친 부부로서 20○○. ○. ○. 피고를 출산하고 가족관계등록부상 친생자로 출생신고를 하여 피고는 현재 가족관계등록부상 원고의 친생자로 되어 있습니다.
2. 원고는 피고를 만나 동거한 것이 20○○. ○. ○.이며 이 기간 중 해외지사 파견근무로 원고 혼자 10개월을 캐나다에서 생활했는데 귀국 후 원고는 친구로부터 소외 김○○와 그의 친구인 박○○와 거의 매일 박○○의 오피스텔에서 지냈다는 말을 듣게 되어 원고는 구체적으로 알아본 바, 소외 김○○는 원고와 혼인전부터 알고 지내던 소외 박○○와 피고의 출생일 이전부터 정을 통한 사실을 알게 되었고 소외 김○○와 박○○으로부터 이와 같은 사실을 확인하였던 것입니다.

3. 따라서 피고는 소외 김○○와 박○○ 사이에서 출생한 것이 명백하므로, 원고는 피고와의 친생관계를 청산하고자 이 사건 청구에 이른 것입니다.

입 증 방 법

1. 갑 제1호증 자인서
1. 갑 제2호증 소제기증명서
1. 갑 제3호증 기본증명서
1. 갑 제4호증 혼인관계증명서

그 밖의 입증서류는 변론시 수시 제출하겠습니다.

첨 부 서 류

1. 위 입증서류 각 1통
1. 주민등록초본 1통
1. 소장부본 1통

20○○. ○. ○.

위 원고 이 ○ ○ (인)

○○ 가정법원 귀중

[서식 398] 친생관계부존재확인의 소장

소 장

원 고 밍 ○ ○ (明 ○ ○)
19○○. ○. ○.생 남
국 적 중화인민공화국 ○○
주 소 ○○시 ○○구 ○○로 ○○

피 고 1. 이 ○ 숙 (000000-0000000)
등록기준지 ○○도 ○○군 ○○읍 ○○로 ○○
주 소 ○○시 ○○구 ○○로 ○○

2. 박 ○ 철 (000000-0000000)
등록기준지 ○○도 ○○군 ○○읍 ○로 ○○
주 소 ○○시 ○○구 ○○로 ○○
위 법정대리인 친권자 부 박 ○ 석
등록기준지 및 주소 위와 같음

친생관계부존재확인의 소

청 구 취 지

1. 피고 이○숙과 같은 박○철과 사이에 친생자관계가 존재하지 아니함을 확인한다.
2. 소송비용은 피고들이 부담한다.

라는 판결을 구합니다.

청 구 원 인

1. 원고는 피고 박○철의 생모입니다.
피고 박○철은 피고 한국인 이○숙과 소외 같은 박○석과의 사이에 출생한 친생자인 양 박○석의 가족관계등록부에 등재되어 있습니다. 하지만 실제는 위 박○석과 원고와의 사이에 출생한 혼인 외의 자입니다.

2. 원고는 20○○. 2. 10. 본국 ○○공사 한국주재원으로서 한국에 파견되어 근무하던

중 거래선인 ○○회사의 회사원 위 박○석과 알게 되었고, 20○○. 5.월경부터는 혼인 외의 정사관계를 맺게 되어 그 결과 20○○. 3. 8. 피고 박○철을 출생하였습니다.

3. 그런데 피고 박○철의 부 박○석은 출생신고를 할 때에 부와 피고 이○숙의 사이에 친생자인양 허위신고를 하였던 것입니다.

4. 따라서 원고는 가족관계등록부상 잘못된 친생자관계를 정리하고 가족관계등록부상으로도 원고가 피고 박○철의 모임을 분명히 하고자 청구취지와 같은 판결을 구하고자 본 소 청구에 이르렀습니다.

입 증 방 법

1. 갑 제1호증 가족관계증명서(원, 피고)
1. 갑 제2호증 외국인등록증명서(원고)
1. 갑 제3호증 국적증명서(원고)
1. 갑 제4호증 출생증명서

그 밖의 입증서류는 변론시 수시 제출하겠습니다.

첨 부 서 류

1. 위 입증서류 각 1통
1. 주민등록초본 2통
1. 소장부본 2통

20○○. ○. ○.

위 원고 밍 ○ ○ (인)

○○ 가정법원 귀중

[서식 399] 파양 청구의 소장

소 장

원 고 김 ○ ○ (000000-0000000)
등록기준지 ○○시 ○○구 ○○로 ○○
주 소 ○○시 ○○구 ○○로 ○○

피 고 핸리 ○○○ (Henry ○○○)
19○○. ○. ○.생
국 적 미합중국 워싱턴주
주 소 마합중국 워싱턴주

파양 청구의 소

청 구 취 지

1. 원고와 피고는 파양한다.
2. 소송비용은 피고가 부담한다.

라는 판결을 구합니다.

청 구 원 인

1. 피고는 미합중국 국적의 워싱턴주 시민으로서 19○○. 5.월경부터 주한미군으로 서울 용산구 이태원동 부대에서 근무하고 있었습니다.
   그 당시 원고의 생모인 소외 박○○미는 위 이태원동 미국부대 근방에서 거주하면서 부대에서 흘러나오는 생활용품 등을 사서 시장에 다시 파는 장사를 하였습니다.
   그 때 피고를 알게 되었고 자주 만나 신상의 얘기도 오고가던 중 피고는 당시 초등학교 1학년에 다니는 원고를 입양하여 미국으로 귀국할 때에는 원고를 데리고 가겠다고 제의하자 생모인 박○○는 이에 동의하고 20○○. 5. 14. 원고는 피고의 양자로 입양하게 된 것입니다.
2. 입양 후 피고는 간혹 원고의 집을 찾아와서 원고에게 의복, 신발, 장남감 등의 선물을 사주곤 하면서 꽤 사랑하여 주는 듯 하였습니다. 하지만 피고는 입양 약 2년 후인 20○○년 6월경 생모와 원고에게는 한마디의 말도 없이 미국으로 간 후 지금까지

아무런 소식이 없습니다. 입양 전에는 물론이고 입양 후 지금껏 원고가 성인이 될 때까지 보호하고 양육한 것은 원고의 생모 박○○ 밖에 없었습니다.

3. 따라서 입양 후 양자인 원고를 유기한 채 행방을 감추어 허울만 남아 있는 양친자와 관계를 해소하고자 청구취지와 같은 판결을 구하고자 본 소 청구에 이르렀습니다.

입 증 방 법

1. 갑 제1호증 가족관계증명서
1. 갑 제2호증 입양수리증명서
1. 갑 제3호증 사진
1. 갑 제4호증 진술서

기타 입증서류는 변론시 수시 제출하겠습니다.

첨 부 서 류

1. 위 입증서류 각 1통
1. 주민등록초본 1통
1. 소장부본 2통

20○○. ○. ○.

위 원고 김 ○ ○ (인)

○○ 가정법원 귀중

제2편

상담사례 모음

제 1 장 가사조사
제 2 장 협의이혼
제 3 장 혼인관계
제 4 장 재판상이혼
제 5 장 위자료·재산분할
제 6 장 양육문제
제 7 장 상 속
제 8 장 유 언
제 9 장 유류분제도
제10장 가족관계등록 및 국적

[질의와 답변]

제1장 가사조사

1. 가사조사절차

[질 의] 가사조사 절차가 무엇인가요?

[답 변] 가사조사는 재판장, 조정장 또는 조정담당판사의 조사명령(가사소송법 제6조 제1항, 가사소송규칙 제8조, 제12조, 제13조)을 통해 이루어집니다. 주요 분쟁상황에 대한 사실관계 뿐 아니라 현재의 갈등 원인 등을 전반적으로 이해하고 심층적으로 접근하기 위해 기본적인 인적사항, 성장과정, 결혼 전후의 사정, 문제 해결의 가능성 등을 조사하게 됩니다.
조사기일은 일반적으로 한 달에 한 번 정도 지정되며, 보통 2~3회에 걸쳐 진행되지만 사건의 특성에 달라질 수 있습니다.

2. 가사조사기일에 출석 여부

[질 의] 가사조사기일에 꼭 출석해야 하나요? 출석하지 않으면 어떻게 되나요?

[답 변] 가사조사는 담당판사님이 당사자들에게 재판과정에서 직접 진술할 수 있는 기회를 제공하는 것입니다. 강제적인 의무사항은 아니지만 불참할 경우에는 본인의 생각이나 입장을 충분히 전달할 기회를 잃는 것이고, 소극적인 대처로 비쳐질 수 있으니 출석을 원칙으로 하는 것이 바람직합니다.

3. 가사조사기일 소환장

[질 의] 가사조사기일 소환장을 받았는데, 당일 출석할 수 없으면 어떻게 하나요?

[답 변] 타당한 이유가 있다면 담당조사관에게 조사기일변경을 요청할 수 있습니다. 이 경우, 조사기일변경신청서를 제출하시면 당사자의 상황을 이해하는데 도움이 됩니다.

4. 소년보호사건의 조사

[질 의] 소년보호사건의 조사는 무엇인가요?

[답 변] 소년법 제11조, 제16조 제1항, 제23조 제2항, 제25조 제1항의 각 규정에 의해

소년보호조사관은 소년부판사의 명을 받아 소년과 보호자 또는 참고인의 성행, 경력, 가정상황, 그 밖의 환경 등을 조사하게 됩니다. 소년보호사건의 조사는 소년의 건전한 육성 및 보호라는 소년법의 목적을 달성하기위한 조사로서 경찰 또는 검찰의 심문과는 다릅니다. 전문적인 지식과 경험을 갖춘 조사관들이 의학, 심리학, 교육학, 사회학, 사회복지학 및 그 밖의 전문적인 지식을 활용하여 면접조사, 환경조사, 각종의 심리검사 등을 실시합니다.

5. 소년보호사건의 영향

[질 의] 아들이 장래 공무원이 되려고 하는데, 소년보호사건이 영향을 미치나요?

[답 변] 소년보호사건은 적절한 처분을 통해 보호소년의 비행을 예방, 교정 및 선도하는데 그 목적이 있기 때문에 형사처벌적 의미가 없으므로 장래 신상에 어떠한 영향도 미치지 않습니다(소년법 32조 6항).

6. 가정보호사건의 조사

[질 의] 가정보호사건의 조사는 무엇인가요?

[답 변] 가정보호사건의 조사관은 판사의 조사명령을 받아 행위자·피해자·그 밖의 가족구성원의 성행, 경력, 가정 상황과 가정폭력범죄의 동기, 원인 및 실태 등 심리와 처분에 필요한 사항을 조사합니다(가정폭력범죄의처벌등에관한특례법 제19조, 제21조, 제22조). 또한 의학, 심리학, 사회학, 사회복지학 등 그 밖의 전문적인 지식을 활용하여 재범의 위험성과 정도, 가정폭력범죄의 원인에 대한 의견 또는 임시조치에 관하여 판사에게 의견을 진술하기도 합니다.

형사처벌적 의미와 달리, 가정의 평화와 안정을 회복하고 건강한 가정을 가꾸어 피해자와 가족구성원의 인권을 보호하는데 목적이 있기 때문에 적절할 보호처분을 하기 위해서는 조사절차에 직접 참여하여 진술하는 것이 필요합니다.

제2장 협의이혼

7. 협의이혼의 관할

[질 의] 남편과 현재 별거 중이고 저의 주민등록상 주소는 서울시 서초구 서초동 이며 남편이 주민등록상 주소는 경기도 수원시 권선구 ○○대로 입니다. 이 경우 본인의 주소지 관할법원인 서울가정법원에 협의이혼의사확인신청을 할 수 있습니까?

[답 변] 협의이혼의사확인신청은 부부 중 어느 일방의 주민등록상 주소지를 관할하는 법원에 할 수 있습니다. 그러므로 처의 주소지 관할법원인 서울가정법원뿐만 아니라 남편의 주소지 관할인 수원지방법원에도 남편과 같이 출석하여 할 수 있습니다.

[해 설] 협의이혼의사를 확인할 수 있는 관할법원은 부부 일방의 등록기준지 또는 주소지를 관할하는 가정법원이다(가족관계의등록등에관법률제75조1항). 그러므로 협의이혼을 하고자 하는 사람은 남편 또는 처의 등록기준지나 주소지를 관할하는 가정법원 중 어느 한 법원을 선택하여 협의이혼의사확인신청을 할 수 있다. 가정법원이 설치되지 않는 지역에서는 해당 지방법원, 지방법원지원이나 시·군법원이 협의이혼의사를 확인하는 관할법원이 된다.

8. 미성년인 자가 있는 부부의 협의이혼

[질 의] 협의이혼을 하려고 하는데 미성년인 자의 양육과 친권자결정에 대한 합의가 되지 않고 있습니다. 그래도 협의이혼을 할 수 있습니까?

[답 변] 부부 사이에 자의 양육과 친권자결정에 대한 합의가 이루어지지 않는 경우에는 가정법원에 친권과 양육에 관하여 결정해 달라는 심판청구를 하여 법원의 심판을 받아야 협의이혼의사확인을 받을 수 있습니다.

[해 설] 1. 미성년자인 자가 있는 경우 협의이혼을 하기 위해서는 자의 양육과 친권자결정에 관한 협의서를 이혼의사확인기일 1개월 전까지 제출하여야 한다(민법 836조의2 4항 및 관련 예규). 협의서에는 친권자 및 양육자의 결정(부모 중 누구로 할 것인지 또는 공동으로 하루 것인지), 양육비용의 부담(지급방식, 지급액, 지급일), 면접교섭권의 행사 여부 및 그 방법(일자, 시간, 인도장소, 면접장소)에 관한 사항이 기재되어야 합니다.

2. 자의 양육과 친권자결정에 관하여 협의가 되지 않으면 법원에 심판청구를 하여 이혼의사확인기일까지 그 심판정본 및 확정증명서를 제출하여야 한다(위 같은 항 및 관련 예규). 그런데 이혼을 하려는 부부가 협의이혼의사확인신청을 하면서 이미 확인기일

을 고지받은 후 미성년 자녀의 양육과 친권자결정에 관한 협의를 시도하다가 협의가 이루어지지 않아 이에 관한 심판청구를 하였으면서도 이러한 사실을 법원에 알리지 않은 채 이미 고지된 확인기일에 불출석하게 되면, 법원으로서는 확인기일에 협의이혼의사 불확인처리를 할 수 밖에 없으므로, 부부는 심판청구를 한 후 이러한 사실을 소명할 자료(심판계속증명 등)를 첨부하여 기일변경신청서를 제출하거나, 확인기일에 출석하여 위 소명자료를 제출하고 이러한 사실을 진술하여야 한다. 이 때 이혼의사확인기일은 심판정본 및 확정증명서의 제출을 위하여 추후 지정된다.

3. 부부의 주소지가 서울인 경우 관할법원에 관해서는 주의할 점이 있다, 협의이혼사건은 가족관계등록비송사건에 해당하므로 주소지를 관할하는 법원이 관할법원인데 반해 자의 양육과 친권자결정에 관한 심판청구 사건은 가사비송사건에 해당하여 서울가정법원이 관할법원이 되기 때문이다.

9. 숙려기간의 단축

[질 의] 남편의 가정폭력이 심해져 견딜 수가 없습니다. 숙려기간을 줄이거나 면제받을 수 있는 방법이 있습니까?

[답 변] 가정폭력으로 인하여 더 이상 결혼생활을 유지하기 힘들거나 그 밖에 불가피한 사정이 있는 경우에는 법원에 숙려기간을 줄이거나 면제해 달라고 신청할 수 있으며 이와 같은 신청이 받아들여지면 숙려기간이 단축되거나 면제될 수 있습니다.

[해 설]

1. 숙려기간은 당사자로 하여금 이혼의사를 재고하도록 하는 기간으로서 가정법원이 제공하는 이혼에 관한 안내를 받은 날부터 미성년 자녀가 없는 경우에는 1개월, 미성년 자녀가 있는 경우에는 3개월이다(민법 836조의2 2항). 이에 따라 이혼의사확인신청을 한 당사자는 안내를 받은 날로부터 숙려기간이 경과한 이후의 날짜를 이혼의사 확인기일로 지정받게 된다. 그러나 가정폭력이나 그 밖에 이혼을 조기에 하여야 할 급박한 사정이 있는 경우에는 숙려기간의 단축 또는 면제가 필요하다. 숙려기간 단축이나 면제사유로는 가정폭력으로 인하여 당사자 일방에게 참을 수 없는 고통이 예상되는 경우, 일방이 해외장기체류를 목적으로 즉시 출국하여야 하는 사정이 있는 경우, 쌍방 또는 일방이 재외국민이므로 이혼의사확인에 기간이 오래 걸릴 것으로 예상되는 경우, 신청일 전 1년 이내에 이혼의사확인신청을 하여 위 민법 소정의 숙려기간경과 후 이혼의사 불확인을 받은 사정이 있는 경우 등을 들 수 있다.
2. 서울가정법원에서는 이혼숙려기간 면제나 단축을 희망하는 부부가 있을 경우 상담위원의 상담을 받은 후에 숙려기간 면제(단축)사유서를 제출하도록 하고 있으며, 담당판사가 상담위원의 의견과 소명자료(예컨대 진단서 등)를 참고하여 결정한다. 숙려기간의 단축 또는 면제 사유가 있는 것으로 판단되면 이혼의사 확인기일을 조기의 날짜로 변경하고 변경된 기일을 당사자에게 전화 등으로 통보한다. 상담을 받은 날부터

7일(상담을 받은 경우) 또는 사유서를 제출한 날부터 7일(상담을 받지 않은 경우) 이내에 새로운 확인기일의 지정 통지가 없으면 최초에 지정된 확인기일이 유지된다.

10. 외국거주 배우자와의 협의이혼

[질 의] 지금 남편이 외국에 거주하고 있어서 남편과 함께 법원에 출석할 수 없는 형편입니다. 남편이 법원에 출석하지 않고서도 협의이혼의사확인신청을 할 수가 있습니까?

[답 변] 남편이 외국에 거주하고 있는 사실이 재외국민등록부 등에 의하여 확인된 경우에는 처 혼자 법원에 출석하여 협의이혼의사확인신청을 할 수 있습니다.

[해 설] 협의이혼의사확인신청서는 부부 공동으로 법원에 출석해서 제출하여야 하는 것이 원칙이다. 다만, 부부 중 한쪽이 재외국민이거나 수감자로서 법원에 출석하기 어려운 경우에는 그에 관한 소명자료를 첨부하여 어느 일방만 출석해서 협의이혼의사확인신청을 할 수도 있다. 이 경우 협의이혼을 하는 상대방이 재외국민인 경우에는 신청서에 재외국민등록부등본을, 수감자인 경우에는 수용증명서를 각각 첨부하여야 하고, 2회분 상당의 송달료도 납부하여야 한다.

이와 같이 재외국민 또는 수감자와 협의이혼을 하기 위하여 당사자 일방만 법원에 출석해서 협의이혼의사확인신청서를 제출한 경우 가정법원은 관할 재외공관 또는 교도소의 장에게 촉탁하여 상대방의 이혼의사를 확인한다.

11. 외국인과의 협의이혼

[질 의] 저는 대한민국 국민이고 남편은 미국인이며 우리 부부의 상거소는 국내에 있습니다. 협의이혼이 가능합니까?

[답 변] 남편이 외국인인 경우에도 국내법에 따른 협의이혼이 가능합니다. 하지만 서울가정법원에서는 부부 중 한쪽이 외국인인 경우 당사자의 편의를 고려하여 즉시 조정을 권유하기로 하므로 쌍방이 출석하여 적절한 방법을 선택할 수 있습니다.

[해 설]
1. 부부 중 한쪽이 외국인이거나 양쪽 모두 외국인인 경우 국내 법원에 협의이혼의사확인신청을 할 수 있는지 여부는 국제사법이 정한 바에 따르게 된다.
2. 부부 중 한쪽이 국내에 상거소가 있는 대한민국 국민인 경우에는 이혼은 대한민국법에 따른다(국제사법 39조 단서). 따라서 국내에 상거소가 있는 대한민국 국민과 외국인이 협의이혼의사확인신청을 한 경우에는 국내법이 그대로 적용된다. 여기에서 말하는 상거소란 주소와는 구별되는 개념으로 일정기간 계속해서 거주하는 곳을 말하는데, 외국인등록증이 있고 거소신고가 되어 있다면 대한민국에 상거소가 있는 것으로 볼 수 있을 것이다.

3. 부부양쪽이 외국인인 경우에는 부부의 동일한 본국법, 동일한 상거소지법, 부부와 가장 밀접한 관련이 있는 곳의 법의 순서대로 적용되므로(같은 조 본문, 37조), 부부의 동일한 상거소지법 또는 부부와 가장 밀접한 관련이 있는 곳의 법으로서 대한민국법이 준거법이 되는 경우(예를 들면 남편이 미국인, 아내가 일본인으로서 각각 대한민국에 상거소를 두고 있는 경우)에는 국내법에 따른 협의이혼의사확인신청을 할 수 있을 것이다.
   그러나 당사자의 본국법에서 협의이혼제도를 인정하고 있지 않으면 본국 신분관계등록부의 정리을 위하여 본국법에 '따라 다시 이혼절차를 밟아야 하는 불편이 있을 뿐 아니라, 우리 법 소정의 숙려기간 미성년 자녀에 대한 협의서 등 제출이 외국인에게 상당히 까다롭게 느껴질 수 있다.
4. 이에 서울가정법원에서는 부부의 한쪽 또는 양쪽이 외국인인 경우에는 당사자에게 위와 같은 협의이혼의 취지를 설명하고 조정사건으로 접수하기를 권유하며 조정사건으로 접수되면 접수 당일 바로 조정을 실시한다. 외국인이 이와 같은 조정을 실시하기 위해서는 신분증(여권), 혼인증명서 및 번역문, 통역인이 필요하다. 또한 조정사건이기 때문에 소정의 송달료를 납입하고 5,000원의 인지를 신청서에 첩부하여야 한다. 내·외국인간의 조정절차도 기본적으로 외국인간 조정절차와 동일하다. 다만 내국의 혼인관계증명서, 가족관계증명서 및 주민등록등(초본)이 추가적으로 필요하다.

12. 이혼의사 확인기일 불출석

[질 의] 협의이혼의사확인신청을 하였으나 1, 2차 확인기일에 모두 출석하지 못하였습니다. 기일을 다시 지정해 줄 수 없습니까?

[답 변] 협의이혼의사확인신청을 할 때에 고지 받은 두 차례의 확인기일에 모두 불출석한 경우 그 신청은 취하된 것으로 본다. 따라서 신청을 다시 하여야 한다.

[해 설] 협의이혼의사확인기일은 당사자가 판사의 면전에서 이혼의사 여부를 확인하는 날이다. 그러므로 협의이혼의사확인기일에는 협의이혼의사확인신청을 할 때와 마찬가지로 부부쌍방이 법원에 출석하여야 한다, 당사자 일방 또는 쌍방이 2차례의 확인기일에 불출석한 경우에는 취하간주되며, 이로써 해당사건은 종료된다. 그러므로 이후 다시 협의이혼을 하고자 할 때에는 협의이혼의사확인신청을 새로 하여야 한다. 다만 지정된 기일에 출석하지 못할 사유가 있는 경우에는 미리 법원에 기일변경신청을 할 수 있다.

13. 협의이혼의사확인의 효력

[질 의] 법원으로부터 협의이혼의사확인을 받았습니다, 이제 부부는 이혼이 된 것입니까? 만일 아니라면 어떤 절차를 거쳐야 합니까?

[답 변] 협의이혼의사확인을 받았다고 바로 이혼이 되는 것은 아닙니다. 이혼의 의사확인서등본을 교부받은 날부터 3개월 이내에 시(구)·읍·면사무소에 확인서등본이 첨부된 이혼신고서를 제출하여야 이혼이 됩니다.

[해 설] 협의이혼의사확인을 받아 시(구)·읍·면사무소에 신고를 하면 혼인관계는 해소되며 그 신고는 이혼의사확인서 등본을 교부받은 때로부터 3개월 이내에 하여야 한다. 이혼신고는 당사자 일방이 해도 상관이 없고, 당사자의 등록기준지, 주소지 또는 현재의 어느 곳에서도 가능하다.

14. 협의이혼의사확인서 등본의 멸실

[질 의] 아직 이혼신고를 하지 않았는데 법원으로부터 교부받은 협의이혼의사확인서등본을 잃어버렸습니다. 다시 교부 받을 수 있습니까?

[답 변] 확인서등본을 교부받은 날부터 3개월이 경과되지 않았다면 확인서등본을 다시 교부받아 이혼신고를 할 수 있습니다.

[해 설] 확인서등본을 분실한 경우 등본을 교부받은 날부터 3개월이 경과하기 전에만 재교부가 가능하다. 그러므로 3개월이 지나면 새로이 협의이혼의사확인신청을 할 수 밖에 없다. 재교부받은 등본을 다시 분실한 경우에는 최초로 등본을 교부받은 날부터 3개월이 경과하기 전에만 다시 교부받을 수 있다.

15. 협의이혼의사확인 후 이혼의사의 철회

[질 의] 법원으로부터 협의이혼의사확인을 받았습니다만, 이혼하고 싶지 않습니다. 협의이혼의사를 철회할 수 있습니까?

[답 변] 아직 이혼신고를 하지 않았다면 철회하려는 사람의 등록기준지, 주소지 또는 현재지 시(구)·읍·면장에게 철회서면을 제출하는 방법으로 협의이혼의사를 철회할 수 있습니다.

[해 설]
1. 법원으로부터 이혼의사확인을 받았다 하더라도 그에 따른 이혼신고 전에는 협의이혼의사를 철회할 수 있다. 철회는 부부가 공동으로 할 필요가 없고 단독으로 가능하며 철회서에는 이혼의사확인서등본을 첨부하여야 한다.
2. 이혼의사를 철회한 경우에는 이혼의사확인의 효력이 소멸된다. 그러므로 그 철회의사를 철회하더라도 이혼신고를 수리할 수 없으며, 이 경우 이혼을 하고자 할 때에는 다시 이혼의사확인을 받아야 한다.
   다만, 상대방의 이혼신고서가 본인의 이혼의사철회서 보다 먼저 접수되면 철회서를 제출하였더라도 이혼의 효력이 발생한다.

16. 변호사나 대리인에 의한 협의이혼 신청

[질 의] 협의이혼을 하려고 합니다. 변호사나 대리인에 의한 신청도 가능합니까?

[답 변] 변호사나 대리인에 의한 신청은 할 수 없습니다. 협의이혼을 하려는 부부가 직접 법원에 방문하여 접수 후 협의이혼에 관한 안내를 받아야 협의이혼의사확인기일이 지정됩니다.

17. 협의상 이혼이 무효로 되는 경우

[질 의] 저와 제 아내는 이혼할 의사 없이 단지 강제집행을 면할 목적으로 일시적으로 이혼신고를 하였는데, 이 이혼의 효력은 어떻게 됩니까?

[답 변] 적법한 이혼으로 봅니다.

[해 설] 1. 협의이혼이 무효가 되는 경우는 이혼신고가 수리되었으나 당사자 사이에 이혼의사의 합치가 없는 때입니다, 예를 들어 유효하게 이혼신고를 작성하였으나 수리 전에 일방이 이혼의사를 철회한 경우, 심신상실자가 이혼신고시에 의사능력을 결여한 경우가 등이 해당됩니다.

2. 가장이혼과 관련하여 판례는 종전에는 실질적 의사설에 따라 무효라는 입장을 취하였으나, 최근에는 형식적 의사설에 따라 형식적인 이혼의사의 합치가 있으므로 무효가 아니고, 가장이혼이 무효가 되려면 누구나 납득할 만한 특별한 사정이 인정되어야 한다(대법원 1997. 1. 24. 95도448 판결).

18. 양육비부담조서의 이행확보 수단

[질 의] 협의이혼시 양육비에 대한 협의를 하여 협의이혼의사확인(접수일 : 2018. 4. 7. 확인일 : 2018. 7. 10.)을 받았는데, 양육비지급의무자가 이 협의내용을 이행하지 않고 있습니다. 이행 받을 수 있는 법적인 절차가 있는지요?

[답 변] 협의이혼의사확인기일에 교부받은 양육비조서 정본에 따른 민사집행법상의 강제집행이나 가사소송법상의 직접지급명령제도, 이행명령제도를 이용할 수 있습니다.

[해 설] 2007. 12. 21. 개정 민법에 부부가 이혼할 때에는 미성년 자녀가 있는 경우 양육비용의 부담에 관한 사항을 정하도록 하여 양육비지급에 관한 협의서를 제출하게 하였으나 위 협의서는 집행력 등이 인정되지 않아 단순히 당사자 사이의 자율적 이행을 촉구하는 의미밖에 없었다.

이에 협의내용의 집행력 등을 인정하기 위하여 2009. 5. 8. 민법과 가사소송법이 각 개정되어 양육비부담조서제도, 직접지급명령 및 이행명령제도가 도입되었다.

이 조서는 가사소송법 제41조에 의하여 채무명의가 되며 이를 집행권원으로 한 모든 종류의 강제집행이 가능하다.

또한 개정 가사소송법 제63조의 2에 따라 가정법원은 양육비채무자가 정당한 이유 없이 2회 이상 양육비를 지급하지 아니한 경우에는 아직 이행일시가 도래하지 않은 것을 포함한 양육비채권을 집행권원으로 하여 소득세원천징수의 채무자에 대한 정기적 급여채권에 관하여 양육비 직접지급명령을 할 수 있고,

제64조에 따라 가정법원은 양육비지급의무자가 정당한 이유 없이 그 의무이행을 이행하지 않을 때에는 당사자의 신청에 의하여 일정한 기간 내에 그 의무를 이행할 것을 명할 수 있다.

위 의무이행명령에 따른 의무 불이행시의 제재로 과태료부과, 감치처분을 할 수 있다.

	시행일자	관할법원
민법 제836조의 2 제5항 (양육비 부담조서의 집행력)	2009. 08. 09.	민사집행법상의 관련규정에 따름
가사소송법 제63조의 2 (양육비 직접지급명령)	2009. 11. 09.	가정법원 전속관할
가사소송법 제64조 (양육비부담조서에 의한 이행명령)	2009. 11. 09.	가정법원 전속관할

제3장 혼인관계

19. 형부와 처제간에 혼인할 수 있는지

[질 의] 저는 얼마 전 교통사고로 아내를 잃고 어린 남매와 함께 살고 있는 공무원입니다. 아이들을 돌보기 위해 시골에서 미혼인 처제가 올라와 제 아파트에서 저와 아이들의 뒷바라지를 하고 있는데, 아이들도 처제를 잘 따르고 저 역시 처제를 좋아하고 있습니다. 처제와 혼인하고 싶은데 가능한지요?

[답 변] 형부와 처제사이는 인척 2촌으로 혼인 할 수 없습니다.

[해 설] 민법 제809조 제2항은 "6촌 이내의 혈족의 배우자, 배우자의 6촌 이내의 혈족, 배우자의 4촌 이내의 혈족의 배우자인 인척이거나 이러한 인척이었던 자 사이에서는 혼인하지 못한다."라고 규정하고 있고, 인척의 계원에 대하여 같은 법 제769조는 "혈족의 배우자, 배우자의 혈족, 배우자의 혈족의 배우자를 인척으로 한다."라고 있으며, 여기서 '인척'이란 ① 혈족의 배우자(형제의 처, 고모의 부(夫), 자매의 부(夫), 질의 처, 질녀의 부(夫) 등) ② 배우자의 혈족(배우자측의 부모·조부모·형제자매·형제자매의 자·백숙부·종형제·고모·고모의 자 등), ③ 배우자의 혈족의 배우자(배우자의 백숙부·형제의 처, 배우자의 고모·이모·자매의 부(夫)등을 말한다.

그리고 친족의 범위에 관하여 같은 법 제777조는 "친족관계로 인한 법률상 효력은 이 법 또는 다른 법률에 특별한 규정이 없는 한 다음 각 호에 해당하는 자에 미친다. ① 8촌 이내의 혈족, ② 4촌 이내의 인척, ③ 배우자"라고 규정하고 있으며, 인척의 촌수에 계산에 관하여 같은 법 제771조에 의하면 "인척은 배우자의 혈족에 대하여는 배우자의 그 혈족에 대한 촌수를 따르고, 혈족의 배우자에 대하여는 그 혈족에 대한 촌수에 따른다."라고 규정하고 있다.

20. 동성동본간의 혼인이 가능한지

[질 의] 저는 같은 직장 근무하는 27세의 남자와 3년을 교제해 왔습니다. 그런데 동성동본이라서 혼인을 못하고 있습니다. 혼인할 수 있는 방법이 없는가요?

[답 변] 민법 제809조(근친혼 등의 금지)에 위반한 혼인이 아니라면 혼인할 수 있을 것입니다.

[해 설] 구 「민법」(2005. 3. 31. 법률 제7427호로 개정되기 전의 법률) 제809조 제1항은 "동성동본인 혈족사이에서는 혼인하지 못한다."라고 규정하여 동성동본인 혈족사이에서는 혼인을 못하도록 규정하였으나 2006. 3. 31. 법률 제7427호로 시행된 「민법」 제809조(근친혼 등의 금지)는 ① 1촌 이내의 혈족(친양자의 입양전의 혈족을 포함한다)사이에서는 혼인

하지 못한다. ② 6촌 이내의 혈족의 배우자, 배우자의 6촌 이내의 혈족, 배우자의 4촌 이내의 혈족의 배우자인 인척이거나 이러한 인척이었던 자 사이에서는 혼인하지 못한다. ③ 6촌 이내의 양무보계의 혈족이었던 자와 4촌 이내의 양부모계의 인척이었던 자 사이에서는 혼인하지 못한다."라고 규정하여 동성동본금혼제도를 폐지하고 근친혼금지제도로 전환하였다.

한편, 같은 법 제815조 제2호에 의하여 혼인이 제809조 제1항의 규정에 위반한 때에는 혼인의 무효사유로 규정하고 있고, 같은 법 제816조 제1호에 의하여 혼인이 민법 제809조(제815조의 규정에 의하여 혼인의 무효사유에 해당하는 경우를 제외)에 위반한 때에는 혼인의 취소사유로 규정하고 있다.

21. 실종선고받은 전 남편이 돌아온 경우 처의 재혼이 취소되는지

[질 의] 저(갑)는 선박침몰사고로 실종된 남편 이몽룡(을)이 몇 년이 지나도 돌아오지 않아 법원으로부터 실종선고를 받은 후, 이러한 사정을 모르는 홍길동(병)과 재혼을 하였습니다. 그런데 얼마 후 전 남편 이몽룡(을)이 돌아왔는 바, 이 경우 저와 홍길동(병)의 재혼은 취소되는지요?

[답 변] 귀하의 경우 전 남편 갑이 생존해 있다는 사실을 몰랐고, 또한 귀하의 현 남편인 병도 이몽룡의 생존사실을 몰랐던 것으로 보여지므로, 귀하와 병간의 혼인행위는 취소되지 않습니다.

[해 설] 실종선고의 취소에 관하여 민법 제29조는 실종자의 생존한 사실 또는 전조의 규정과 상이한 때에 사망한 사실의 증명이 있으면 법원은 본인, 이해관계인 또는 검사의 청구에 의하여 실종선고를 취소하여야 한다. 그러나 실종선고 후 그 취소 전에 선의로 한 행위의 효력에 영향을 미치지 아니한다. 실종선고의 취소가 있을 때에 실종의 선고를 직접원인으로 하여 재산을 취득한 자가 선의인 경우에는 그 받은 이익이 현존하는 한도에서 반환할 의무가 있고 악의인 경우에는 그 받은 이익에 이자를 붙여서 반환하고 손해가 있으면 이를 배상하여야한다."라고 규정하고 있습니다(위 사례와 관련하여 "1992. 3. 26. 호적선례 2-249"를 참조 바랍니다).

22. 사실혼 직후부터 혼인신고없이 파탄된 경우 손해배상청구권

[질 의] 갑녀는 을남과 결혼식을 올린 후 신혼여행에서 돌아온 직후 친정으로 돌아가 을남과는 성격차이로 살 수 없다고 하면서 수개월간의 동거를 거부하고 을남이 집을 비운사이 혼수용품을 모두 가져갔는 바, 이러한 경우 을남이 갑녀를 상대로 손해배상을 청구할 수 있는지요?

[답 변] 을남이 갑녀에게 사실혼의 부당파기에 따른 손해배상청구권과 결혼식비용까지

청구할 수 있을 것으로 보입니다(대법원 1998. 12. 8. 선고 98므961 판결, 대법원 1984. 9. 25. 선고 84므77 판결).

23. 법률혼배우자의 장기 가출 중 발생한 동거관계도 사실혼인지

[질 의] 저는 법률혼 배우자가 있는 갑남과 사귀게 되었는데, 갑남은 법률상 배우자 을녀가 가출하여 장기간 행방불명되었으므로 빠른 시일 내에 을녀와의 혼인관계를 정리한 후 저와 혼인하겠다는 말만 믿고 8년간 동거해오고 있습니다. 그러나 갑남은 최근에 다른 여자와 부정행위를 하면서 저를 폭행하기도 하는데 이 경우 제가 갑남과 헤어진다면 손해배상 및 재산분할청구를 할 수 있는지요?

[답 변] 귀하는 갑남을 상대로 손해배상청구권 및 재산분할청구권을 행사하기는 어려울 것으로 보입니다.

[해 설] 법률상의 혼인을 한 부부의 어느 한쪽이 집을 나가 장기간 돌아오지 아니하고 있는 상태에서 부부의 다른 한쪽이 제3자와 혼인의 의사로 실질적인 혼인생활을 하고 있다고 하더라도, 특별한 사정이 없는 한, 이를 사실혼으로 인정하여 법률혼에 준하는 보호를 할 수는 없으며, 이 경우 사실혼관계해소에 따른 손해배상청구나 재산분할청구는 허용될 수 없다."라고 하였으며(대법원 1996. 9. 20. 선고 96므530 판결), "병이 갑에게 법률상 혼인관계에 있는 배우자 을이 존재한다는 사실을 알고 동거를 개시함으로써 중혼적 사실혼관계가 성립된 경우, 을이 이를 알고 용인하였다 하더라도 갑과 병 사이에는 법률상 보호받을 수 있는 적법한 사실혼관계가 성립되었다고 볼 수 없다고 할 것이어서, 이를 전제로 한 사실혼관계파탄을 원인으로 한 손해배상청구도 할 수 없다."라고 하였다(대법원 1997. 7. 16. 97드300 판결).

24. 부부재산약정의 변경허가

[질 의] 우리 부부는 혼인 전에 부부재산약정을 하고 등기를 완료하였습니다만 혼인 후에 일부 내용을 변경하기로 합의하였습니다. 어떤 방법으로 할 수 있습니까?

[답 변] 관할 가정법원에 부부 쌍방이 공동으로 부부재산약정의 변경허가를 청구하여 인가를 받아야 합니다.

[해 설]

1. 혼인성립 전의 부부재산약정은 혼인 중 변경하지 못하는 것이 원칙이다. 다만, 정당한 사유가 있을 때에만 가정법원의 허가를 얻어 변경할 수 있는데, 이러한 부부재산약정변경허가청구는 부부 쌍방이 공동으로 하여야 한다(가사소송규칙 60조). 그러므로 약정변경허가청구를 할 때에는 부부사이에 미리 재산약정의 변경에 대한 합의가 있어야 한다.
2. 부부재산약정변경허가청구를 인용한 심판이 확정되면 부부 사이에 그 재산약정이 변경되나 제3자에 대항하기 위해서는 그 변경된 내용을 등기하여야 한다.

제4장 재판상이혼

25. 이혼소송 제기할 때의 첨부서류

[질 의] 이혼소송 제기할 때의 첨부서류는 어떻게 되나요?

[답 변] ① 가족관계증명원(원·피고) ② 주민등록등(초)본(원·피고) ③ 혼인관계증명서(원·피고) ④ 원고와 피고 사이의 미성년자가 있는 경우 그 자녀 각자의 기본증명서, 가족관계증명서가 필요합니다. ⑤ 재판상 이혼사유를 증명하는 서면(진단서, 진술서 등)이 필요합니다(개개의 소송에 따라 추가로 필요한 서류가 있을 수 있습니다).

[해 설] 이혼소송 제기시 소장을 상대방의 수에 1을 더한 부수를 제출해야 하며, 인지액은 20,000원, 송달료는 115,200원(4,800×12회분×2인)이다.

26. 유책배우자의 이혼청구 여부

[질 의] 제 고모와 고모부는 혼인신고를 마친 법률상 부부였는데 고모부는 자주 술을 마시고 행패를 부리며, 다른 여자와 교제를 하면서 자주 외박하고, 상습적으로 고모를 구타하는 한편 고모가 집에 들어갈 수 없도록 방문을 잠가버리고 피청구인의 가재도구까지 고모가 피신하고 있는 곳에 옮겨 버려서 집에 들어 들어가지 못하고 집을 나와 다방 다방종업원으로 일하다가 다른 남자와 동거한 사실이 있습니다, 그 사이 고모부는 공시송달의 방법에 의하여 이혼심판을 받아 이혼신고를 하고 다른 여자와 동거하면서 두 아들까지 출산하였습니다. 고모부는 고모가 다른 남자와 동거한 사실을 이유로 이혼을 요구하고 제 고모는 이혼을 당해야 되는지요?

[답 변] 아내가 부정행위를 한 데 대하여 책임이 있는 남편으로서는 아내의 부정행위만을 이유로 하여 이혼을 청구할 수 없습니다.

[해 설] 대법원은 아내가 이혼을 당할 만한 잘못도 없는데 학대하여 집에서 쫓아내고 그의 주소를 알면서도 공시송달의 방법에 의하여 이혼심판을 받아(나중 재심의 소에서 위 이혼심판이 취소됨), 이혼신고를 하고 사이에 다른 여자와 동거하면서 자식까지 출산하였다면 아내가 남편의 학대를 받다가 가출 후 일시 다른 남자와 동거하였다 하더라도 남편이 다른 여자와의 관계를 청산하고 아내와 다시 결합하려고 노력하였는데도 아내가 이에 응하지 아니하고 부정행위를 하였다는 등의 특별한 사정이 없는 한 그렇게 된 책임이 있는 남편으로서는 부인의 위와 같은 부정행위를 들어 이혼을 구할 수 없다(대법원 1987. 9. 29. 선고 87므22 판결).

따라서 부부 중의 일방이 부정행위를 하였다 할지라도 그 부정행위를 할 수 밖에 없도록 불가피한 원인을 상대배우자가 제공한 경우 상대배우자는 부정행위를 이유로 이혼청구를 할 수 없다고 하는 것이 대법원의 태도이다.

27. 약혼기간 중 다른 남자와 바람피워 임신한 것이 이혼사유인지

[질 의] 제 아내는 2018. 1.에 저와 약혼을 하고 교제 중 2018. 7.경 다른 남자와 성교하여 임신하고는 혼인 후 마치 저의 자식인양 속이고 출생신고를 하였습니다. 이런 경우 이혼사유에 해당되는지요?

[답 변] 혼인 전 약혼관계에서 부정한 행위를 한 때에는 이혼사유에 해당되지 않습니다.

[해 설] 부정한 행위로서 이혼사유가 되기 위해서는 혼인 중에 부정한 행위를 하였어야 합니다. 따라서 결혼하기 전의 행위는 설령 약혼기간 중에 바람을 피웠더라도 부정한 행위로서 이혼사유에 해당하지 않습니다.

28. 일방적 혼인신고사실을 알고도 계속 동거한 경우의 효력

[질 의] 저는 3년 전 남편 홍길동과 협의이혼을 하였으나 자녀를 생각하여 계속 동거하며 부부처럼 생활하였습니다. 그리고 홍길동은 저의 동의 없이 일방적으로 혼인신고를 하였으나 집안일에 열심히 돌보아 문제삼지는 않았습니다. 그러나 최근 전남편은 다른 여자와 부정행위를 하는 듯하므로 저는 홍길동과 완전히 헤어지려고 하는데, 이런 경우 이혼을 하여야 하는지 아니면 위 혼인신고의 무효를 다투어야 하는지요?

[답 변] 이혼소송을 하여야 합니다.

[해 설] 혼인이 유효하게 성립되기 위해서는 당사자 사이에 혼인이 합의가 있어야 하고, 이 혼인의 합의는 혼인신고가 수리될 당시에도 존재하여야 한다(대법원 1996. 6. 28. 선고 94므1089 판결). 그러므로 갑이 홍길동이 귀하와 협의이혼한 후 실질적으로 부부생활을 계속하였지만 귀하의 동의 없이 일방적으로 혼인신고를 함으로써 혼인신고 자체가 상대방의 의사에 반하여 이루어진 이상 혼인신고 당시에는 혼인의사의 합치가 없었다고 볼 수 있다(서울가정법원 1996. 12. 11. 선고 96드61197 판결).

그러나 위 사안과 유사한 판례를 보면 "협의이혼 한 후 배우자 일방이 일방적으로 혼인신고를 하였더라도, 그 사실을 알고 혼인생활을 계속한 경우, 상대방에게 혼인할 의사가 있었거나 무효인 혼인을 추인하였다."라고 하였습니다(대법원 1995. 11. 21. 선고 95므731 판결).

따라서 귀하의 경우에도 위 혼인의 무효를 주장하기보다는 그 혼인이 유효함을 전제로 홍길동이 부정행위를 이유로 한 이혼청구소송을 제기하여야 할 것으로 보입니다.

29. 사실상 이혼상태에서의 간통

[질 의] 저와 남편은 결혼 3년차로 살아온 환경과 성격이 달라서 이혼하기로 합의하고

별거하고 있던 중 남편이 다른 여자와 불륜관계를 가졌다는 사실을 알게 되었습니다. 저는 남편의 부정행위를 이유로 한 이혼청구가 가능한지요?

[답 변] 부부 사이에 이혼의사의 합치가 있고 별거하여 사실상 이혼상태에 있었다면, 이는 부정행위에 대한 사전 동의가 있는 것으로 해석되어 이혼을 청구할 수 없습니다.

[해 설] '사전동의'란 상대 배우자에게 '장차 부정한 행위를 하더라도 전혀 문제삼지 않겠다는 "의사표현"을 말하는 것으로, 상대방의 부정행위를 유발하거나, 부정행위를 용이하게 도와주는 행위를 포함합니다. 부정행위를 단순히 사전에 예견한 채, 적극적인 대응을 하지 않고 그냥 지나치거나 미행을 하는 경우 등은 이에 포함되지 않습니다.

30. 간통행위로 인한 자녀들에 대한 불법행위책임

[질 의] 제 형수가 직장동료인 홍길동과 바람을 피워 형과 이혼을 하였고, 제 조카들은 형수와 별거하여 집을 나갔고 이 때문에 제 조카들은 형수와 별거하게 되었고 정신적 고통을 당하고 있습니다. 제 조카들은 형수와 홍길동을 상대로 불법행위로 인한 손해배상을 청구할 수 있습니까?

[답 변] 간통행위를 한 부녀는 그 자녀에 대하여 불법행위책임을 부담하지 않고, 상간자도 특별한 사정이 없는 한 자녀들에 대해 불법행위책임을 부담하지 않습니다.

[해 설] "배우자 있는 부녀와 간통행위를 하고, 이로 인하여 그 부녀가 배우자와 별거하거나 이혼하는 등으로 혼인관계를 파탄에 이르게 한 경우 그 부녀와 간통행위를 한 제3자(상간자)는 그 부녀의 배우자에 대하여 불법행위를 구성하고, 따라서 그로 인하여 그 부녀의 배우자가 입은 정신적인 고통을 위자할 의무가 있다 할 것이나, 이러한 경우라도 간통행위를 한 부녀 자체가 그 자녀에 대하여 불법행위책임을 부담한다고 할 수는 없고, 또한 간통행위를 한 제3자(상간자)역시 해의를 가지고 부녀의 그 자녀에 대한 양육이나 보호 내지 교양을 적극적으로 저지하는 등의 특별한 사정이 없는 한 그 자녀에 대한 관계에서 불법행위책임을 부담한다고 할 수는 없다(대법원 2005. 5. 13. 선고 2004다1899 판결)고 하였다.

이는 혼인관계의 유지 여부와 그에 따른 자식과의 동거여부는 부부의 자유로운 의사에 의하여 결정되기 때문이다.

31. 임신불능을 이유로 한 이혼청구

[질 의] 저는 남편과 교제하던 중 신병으로 병원에 입원, 수술을 받게 되자 의료보험혜택을 받게 해줄 목적으로 결혼식도 올리기 전에 남편과 혼인신고를 마쳤는데 수술

결과 병명이 자궁근종으로서 성생활과 출산이 불가능하다고 판명되어 서로 이혼기로 합의하고 협의이혼절차를 마쳤으나 그 신고기간이 도과하여 이혼신고를 하지 못하고 현재 별거 중에 있습니다.

남편은 자신이 종가의 종손임을 내세워 이혼을 요구하고 있는데 합당한지요?

[답 변] 처가 출산불능이라거나 남편과의 이혼합의가 있었다는 점만으로는 재판상 이혼사유가 되지 않습니다. 오히려 아내 쪽에서 남편에게 혼인파탄의 책임을 물어 이혼과 위자료를 청구할 수 있습니다.

[해 설] 법원은 처가 천자궁적출술의 수술결과 임신불능이 되자, 남편이 종가의 종손임을 이유로 이혼을 주장하여 혼인관계가 파탄되었다면, 그와 같이 된 데에는 출산불능이 법률상의 이혼사유로 되지 아니하는 이상 남편측에게 보다 더 큰 책임이 있다고 하여 남편의 이혼심판청구를 기각하고 처의 반심청구를 인용하였습니다(대법원 1991. 2. 26. 선고 89므365,367 판결).

32. 재산분배 후 이혼청구

[질 의] 저의 낭비와 의부증을 이유로 남편은 이혼을 요구하며 가정에 충실하지 않았던 저와 상의 없이 별거에 들어갔습니다. 그래서 일시적으로 이혼에 합의하고 재산을 분배하였는데, 남편은 이것을 이유로 이혼을 요구하고 있는데 합당한지요?

[답 변] 남편의 이혼요구는 합당하지 않습니다.

[해 설] 혼인생활 중 부부가 일시 이혼에 합의하고 위자료 명목으로 금전을 지급하거나 재산분배를 하였다고 하더라도 그것으로 인하여 부부관계가 돌이킬 수 없을 정오로 파탄되어 부부 쌍방이 이혼의 의사로 사실상 부부관계의 실체를 해소한 채 생활하였다는 등의 특별한 사정이 없다면 그러한 이혼 합의사실의 존재만으로는 이를 민법 제840조 제6호의 재판상 이혼사유인 혼인을 계속할 수 없는 중대한 사유에 해당한다고 할 수 없습니다(대법원 1996. 4. 26. 선고 96므226 판결).

33. 간통현장 촬영을 위해 상간자의 주거에 침입한 행위가 정당행위인지

[질 의] 저는 친구와 외출하였다가 전에 남편이 바람을 피운 여자의 집으로 들어가는 것을 목격하고 그 여자 집으로 가 문을 두드렸더니 열어 주길래 들어가 집안 내부를 촬영하였습니다, 그 여자는 저를 주거침입죄로 고소하였습니다. 저는 정당행위자로 생각되는데 맞습니까?

[답 변] 정당행위에 해당하지 않고, 주거침입죄로 처벌받게 됩니다.

[해 설] 간통현장을 직접 목격하고 그 사진을 촬영하기 위하여 상간자의 주거에 침입한 행위는

정당행위에 해당하지 않는다(대법원 2003. 9. 26. 선고 2003도3000 판결).

34. 이혼 후 재혼하였는데, 이혼확정심판이 재심에 의해 취소된 경우 재혼의 효력

[질 의] 저는 남편을 상대로 이혼심판을 청구하여 승소심판을 받고 그 심판이 확정되자 홍길동이라는 사람과 재혼을 하였습니다. 그런데 이혼심판이 재심청구에 의해 취소되었습니다. 저와 홍길동의 혼인은 어떻게 됩니까?

[답 변] 귀하와 홍길동간의 혼인은 중혼에 해당되므로 홍길동과의 혼인은 취소될 수 있습니다.

[해 설] 법률상 부부였던 사람이 상대방을 상대로 이혼심판을 청구하여 승소심판을 선고받고 그 심판이 확정되자 곧 다른 사람과 혼인하여 혼인신고를 마쳤으나 그 후 재심청구에 의하여 그 이혼심판의 취소 및 이혼청구기각의 심판이 확정되었다면 후혼은 중혼에 해당되므로 취소될 수 있습니다(대법원 1994. 10. 11. 선고 94므32 판결).

35. 외국법원에서 받은 이혼판결

[질 의] 외국법원에서 이혼판결 받았습니다. 그 판결로 이혼신고를 할 수 있습니까?

[답 변] 그 외국법원의 판결이 민사소송법 제217조가 정하는 요건을 구비한 경우에는 그 판결의 정본 또는 등본과 판결확정증명서, 패소한 피고가 소장 등을 적법하게 송달받았거나(공시송달이나 이와 비슷한 방법의 송달 제외) 송달 받지 않았다 하더라도 소송에 응한 서면 및 번역문을 첨부하여 우리나라에서 이혼신고를 할 수 있다(참고 : 가족관계예규 제173호).

[해 설]
1. 외국법원에서 이혼판결을 받은 경우에는 민사소송법 제217조의 요건, 즉 ① 대한민국의 법령 또는 조약에 따른 국제재판관할의 원칙상 그 외국법원의 국제 재판관할권이 인정될 것, ② 패소한 피고가 소장 또는 이에 준하는 서면 및 기일통지서나 명령을 적법한 방식에 따라 방어에 필요한 시간여유를 두고 송달받았거나(공시송달이나 이와 비슷한 송달에 의한 경우를 제외한다) 송달받지 아니하였더라도 소송에 응하였을 것, ③ 그 판결의 효력을 인정하는 것이 대한민국의 선량한 풍속이나 그 밖의 사회질서에 어긋나지 아니할 것, ④ 상호보증이 있을 것 등의 요건을 갖추어야 한다.
2. 가족관계등록관서에서 외국판결에 의한 이혼신고를 받은 경우에 민사소송법 제217조의 요건을 구비하였는지 여부가 불분명한 때에는 감독법원에 질의하고 그 회답을 받아 처리하게 된다.

제5장 위자료·재산분할

36. 사실혼관계를 부당하게 파기한 경우 손해배상책임

[질 의] 저는 남편과 2년 동안 교제하다가 결혼식을 올리고 신혼여행까지 다녀왔지만 혼인신고는 하지 않았습니다. 그런데 결혼식 준비과정에서 생긴 저희 부부와 양가 가족들간의 갈등이 해소되지 않아 대립하다가 집을 나가더니 집에 몰래 들어와서 패물 등과 전세계약서 등을 가져가고 헤어지자고 일방적으로 통보하였습니다. 저는 남편을 상대로 손해배상을 청구할 수 있습니까?

[답 변] 남편은 사실혼관계부당파기로 인한 손해배상책임을 면할 수 없습니다.

[해 설] 사실혼관계에 있어서도 부부는 민법 제826조 제1항 소정의 동거하며 서로 부양하고 협조하여야 할 의무가 있으므로 혼인생활을 함에 있어 부부는 서로 협조하고 애정과 인내로써 상대방을 이해하며 보호하여 혼인생활의 유지를 위한 최선의 노력을 기울여야 합니다. 사실혼 배우자의 일방이 정당한 이유 없이 서로 동거, 부양, 협조하여야 할 부부로서의 의무를 포기한 경우에는 그 배우자는 악의의 유기에 의하여 사실혼관계를 부당하게 파기한 것이 된다고 할 것이므로 상대방 배우자에게 재판상 이혼원인에 상당하는 귀책사유가 있음이 밝혀지지 아니하는 한 원칙적으로 사실혼관계 부당파기로 인한 손해배상을 책임을 면할 수 없다(대법원 1998. 8. 21. 선고 9797므544,551 판결).

37. 혼인비용에 대하여 손해배상청구

[질 의] 저는 남편의 폭력 때문에 이혼을 하려고 하는데, 결혼을 준비하면서 들어간 비용과 결혼식 때 사용한 피로연 식사비 등 모든 비용도 위자료조로 청구할 수 있는지요?

[답 변] 혼인이 성립되어 일정기간 실질적으로 부부 공동생활을 한 경우에는 혼인준비 및 혼인을 위해 지출된 비용은 위자료에 포함되지 않습니다.

[해 설] 이혼시의 위자료는 원래 혼인파탄의 원인이 된 배우자의 불법행위로 인한 신체적·정신적 고통 또는 이혼 그 자체로 인하여 받은 고통에 대해 금전적으로 손해배상을 하는 것입니다(민법 제843조, 제808조 2호). 따라서 혼인을 위해 지출된 비용 등은 정상적으로 법률상의 혼인이 성립되었다면 그 본래의 목적을 위해 사용된 것이기 때문에 이후에 이혼을 하더라도 배상을 청구할 수 없습니다(서울가정법원 1997. 4. 16. 선고 97르141 판결).

38. 성적 불능을 이유로 한 이혼청구시 위자료

[질 의] 제 남편은 성기능이 불완전함에도 이를 속이고 결혼식을 한 후 젊은 부부로서

신혼생활을 6개월 동안 한 번도 부부관계를 갖지 않았습니다, 이를 이유로 이혼을 하게 되면 위자료를 청구할 수 있는지요?

[답 변] 위자료를 청구할 수 있습니다.

[해 설] 법원은 '성기능이 불완전함에도 이를 은폐한 채 처와 형식상 혼례식을 거행하고 젊은 부부로서 신혼생활(약 6개월간)을 정상적인 성생활을 원하는 처로서는 정신상 고통을 받았음은 당연한 바라 할 것이라고 판시하였습니다.

39. 성년자녀에 대한 부양의무 부담의 재산분할액의 참작 여부

[질 의] 저는 남편과 이혼하기로 하면서 성년에 달한 두 자녀를 제가 부양하기로 하였습니다. 그런데 위자료나 재산분할액을 정함에 있어서 이를 참작할 수 있습니까?

[답 변] 자녀들이 성년에 달하므로 위자료나 재산분할의 액수를 정함에 있어서 자녀 부양에 관한 사정은 참작되지 않습니다.

[해 설] 이혼하는 부부의 자녀들이 이미 모두 성년에 달한 경우 부가 자녀들에게 부양의무를 진다 하더라도 이는 어디까지나 부와 자녀들 사이의 법률관계일 뿐, 이를 부부의 이혼으로 인하여 이혼 배우자에게 지급할 위자료나 재산분할의 액수를 정하는데 참작할 사정으로 볼 수는 없다(대법원 2003. 8. 19. 선고 2003므41 판결).

40. 배우자의 불륜대상자에 대한 위자료 청구

[질 의] 저는 결혼한지 3년된 주부인데 최근에 남편이 초등학교 동창과 여러 번에 걸쳐 불륜관계를 가진 것을 알게 되었습니다, 남편뿐만 아니라 그 여자에게도 위자료를 청구하고 싶습니다. 가능한지요?

[답 변] 배우자 있는 사람과 간통한 사람은 다른 일방 배우자에게 위자료를 지급하여야 하므로 가능합니다.

[해 설] 배우자의 일방과 간통한 사람은 다른 일방 배우자에게 불법행위책임을 집니다(대법원 1967. 4. 25. 선고 67다99 판결). 다만 배우자의 자녀에 대해서는 원칙적으로 불법행위의 책임을 지지 않습니다(대법원 2005. 5. 13. 선고 2004다1899 판결).

이 책임이 인정되기 위해서는 반드시 간통에 의하여 혼인관계가 파탄에 이를 필요까지는 없습니다. 그러나 책임이 성립하기 위해서는 배우자가 있는 것을 간통의 상대방이 알고 있어야 합니다.

41. 부당한 대우를 한 시부모에 대한 위자료 청구

[질 의] 저의 사아버지와 남편은 제가 다소 지능이 낮다는 이유만으로 합세하여 저를 친

정으로 돌려보내기 위해 시아버지는 술만 먹으면 친정으로 가서 살아라는 등의 폭언과 학대를 일삼고, 남편은 다른 남자와 간통한 사실을 자백하라고 하는 등의 누명을 씌워 구타하였습니다, 저는 분한 나머지 자살하려고 하였는데 남편이 저를 친정으로 내쫓았습니다. 저는 이들을 상대로 위자료를 청구할 수 있는지요?

[답 변] 남편과 시아버지 모두에게 위자료를 청구할 수 있습니다. 단, 시아버지의 경우는 이혼판결이 선고되어야 가능합니다.

[해 설] 제3자(배우자의 직계존속 등)가 배우자의 일방과 합세하여 혼인관계(사실혼관계 포함)에 부당하게 개입함으로써 혼인의 파탄에 이르게 하였다면, 이러한 행위는 다른 일방의 배우자에 대해서 불법행위가 될 수 있습니다(대법원 1970. 4. 28. 선고 69므27 판결).

42. 이혼의 방식에 따른 위자료청구

[질 의] 저의 사아버지와 남편은 제가 다소 지능이 낮다는 이유만으로 합세하여 저를 친정으로 돌려 보내기 위해 시아버지는 술만 먹으면 친정으로 가서 살아라는 등의 폭언과 학대를 일삼고, 남편은 다른 남자와 간통한 사실을 자백하라고 하는 등의 누명을 씌워 구타하였습니다, 저는 분한 나머지 자살하려고 하였는데 남편이 저를 친정으로 내쫓았습니다. 저는 이들을 상대로 위자료를 청구할 수 있는지요?

[답 변] 남편과 시아버지 모두에게 위자료를 청구할 수 있습니다. 단, 시아버지의 경우는 이혼판결이 선고되어야 가능합니다.

[해 설]
1. 사기나 강박으로 혼인한 사람이 혼인취소 또는 이혼판결에 의하지 않고 '협의이혼'을 할 경우에도 손해배상(위자료)을 청구할 수 있습니다. 다시 말하면 잘못된 혼인의 해소방식 여하에 따라 손해배상청구에 어떠한 영향이 미치는 것이 아니다(대법원 1977. 1. 25. 선고 76다2223 판결).
2. 이혼소송 도중에 '재판상 화해'를 하여 이혼소송이 끝났다고 하더라도, 위자료청구소송을 별도로 할 수 있고, 화해성립 이전에 부정행위를 이유로 한 이혼청구권이 소멸한 것인가의 여부는 손해배상청구에는 아무런 지장이 없다(대법원 1987. 5. 26. 선고 85므41 판결).
3. 재판상 이혼을 하는 경우는 이혼심판을 청구할 때 위자료를 함께 청구하면 됩니다. 그렇지 않은 경우에는 별도로 손해배상(위자료) 청구소송을 할 수 있으나, 이 경우에는 미리 가정법원에 조정신청을 해야 합니다(가소 제2조 1항, 제50조).

43. 이혼으로 인한 위자료청구권의 상속

[질 의] 제 친구는 5년 전 남편과 혼인하였으나 남편의 부정행위로 인하여 혼인이 파탄에

이르게 되었습니다. 이에 제 친구는 남편을 상대로 이혼 및 위자료청구의 소를 제기하여 '서로 이혼하고 남편은 아내에게 위자료 3천만원을 지급하라'라는 확정 판결을 받았습니다. 그러나 제 친구는 위자료를 한푼도 지급받지 못하고 사망하였는데, 이 경우 친구의 친정부모가 위 위자료청구권을 상속받을 수 있는지요?

[답 변] 상속받을 수 있습니다.

[해 설] 민법 제806조 제3항에 의하면 "정신상 고통에 대한 배상청구권은 양도 또는 승계하지 못한다. 그러나 당사자간에 이미 그 배상에 관한 계약이 성립되거나 소를 제기한 후에는 그러하지 아니하다."라고 규정하고 있는 바, 혼인해제로 인한 위자료는 원칙적으로 양도·승계가 되지 않음을 명시하고 있으며, 이 규정은 재판상이혼, 혼인의 무효·취소, 입양의 무효·취소, 파양을 원인으로 한 위자료에 관하여 준용하고 있다(민법 제825조, 제843조, 제897조, 제908조).

44. 위자료지급 불이행시 강제방법

[질 의] 저는 남편과의 이혼 및 위자료청구 소송에서 승소하였으나 남편이 이를 이행하지 않고 있습니다. 이를 강제할 방법은?

[답 변] 이행명령을 하면 하면 됩니다.

[해 설] 가사소송법에서 가정법원은 판결·심판·조정조서 또는 조정에 갈음하는 결정에 의하여 금전의 지급 등 재판상의 의무, 유아의 인도의무 또는 자와의 면접교섭허용의무 이행하여야 할 자가 정당한 이유 없이 그 의무를 이행하지 아니할 때에는 당사자의 신청에 의하여 일정한 기간 내에 그 의무를 이행할 것을 명할 수 있다(가소 64조)라고 규정하고 있다. 또한 당사자 또는 관계인이 정당한 이유 없이 이행명령에 위반한 때에는 가정법원·조정위원회 또는 조정담당판사는 직권 또는 권리자의 신청에 의하여 결정으로 1천만원 이하의 과태료에 처할 수 있고, 금전의 정기적 지급을 명령받은 자가 정당한 이유 없이 3기 이상 그 의무를 이행하지 아니한 때에는 30일의 범위 내에서 그 의무이행이 있을 때까지 감치처분을 결정할 수 있다(가소 67조 1항, 68조 1항 1호)라고 규정되어 있다.

45. 사실혼관계가 파탄시 재산분할청구권

[질 의] 저는 남편과 결혼식은 올렸으나 혼인신고를 하지 않은 채 살다가 최근에 남편과 각자의 길을 가기로 하고 별거하고 있습니다. 그런데 남편은 다니던 직장을 퇴직하고 퇴직금을 받았는데, 저는 이 퇴직금에 대해 재산분할청구가 가능한지요?

[답 변] 가능합니다.

[해 설] 1. 재산분할에 관한 민법의 규정은 사실혼관계에도 유추적용되고, 퇴직금도 재산분할의 대상으로 삼을 수 있습니다(대법원 1995. 3. 28. 선고 94므1584 판결).

2. 중혼적 사실혼 관계 해소의 경우, 재산분할 허용 여부
: 법률상 배우자 있는 자는 그 법률혼 관계가 사실상 이혼상태라는 등의 특별한 사정이 없는 한 사실혼 관계에 있는 상대방에게 그와의 사실혼 해소를 이유로 재산분할을 청구함은 허용되지 않는다(대법원 1995. 7. 3.자 94스30 결정).

46. 장래에 받을 퇴직금도 재산분할의 대상 여부

[질 의] 저는 이혼하려고 하려는데 남편이 장래에 퇴직하면 받게될 퇴직금도 재산분할대상이 됩니까?

[답 변] 재산분할대상이 되지 않습니다.

[해 설] 1. 부부일방이 이혼 당시 직장에 근무하고 있는 경우 퇴직일과 수령할 퇴직금이 확정되었다는 등의 특별한 사정이 없다면, 장차 퇴직금을 받을 개연성이 있다는 사정만으로 장래의 퇴직금을 청산의 대상이 되는 재산에 포함시킬 수 없습니다(대법원 1995. 5. 23. 선고 94므1713 판결).

2. 또한 향후 수령할 퇴직연금에 관한 판례를 보면, 향후 수령할 퇴직연금은 여명을 확정할 수 없으므로, 이를 바로 분할대상재산에 포함시킬 수는 없고, 이를 참작하여 분할액수와 방법을 정함이 상당하다."라고 하였습니다(대법원 1997. 3. 14. 선고 96므1533,1540 판결, 2002. 8. 28.자 2002스36 결정).

47. 배우자가 장래에 얻게 될 수입의 재산분할 여부

[질 의] 저는 남편을 물심양면으로 지원하여 남편이 의사가 되었습니다. 그 후 얼마되지 않아 불화가 있어 이혼하게 되었습니다. 남편이 장래 얻게 될 수입에 대해서도 재산분할을 청구할 수 있습니까?

[답 변] 남편이 의사인 경우 장래 예상되는 남편의 수입에 대하여 재산분할청구를 하여 일정부분 정산받을 수 있습니다.

[해 설] 1. 현재는 분할의 대상되는 재산이 거의 없으나, 앞으로 상대방에게 수입이 예상되는 경우에는 그와 같은 사정을 고려하여 재산분할의 액수와 방법을 정하여야 할 것입니다. 판례는 부부의 일방이 물심양면으로 지원하여 다른 일방이 전문의 자격증을 취득하여 그 후 곧 이혼하게 된 경우에는 다른 일방의 장래의 수입을 고려하여 분할금의 방식으로 재산분할을 명하였습니다(대법원 1998. 6. 12. 선고 98므213 판결 참조).

2. 재산분할을 정기금으로 하는 경우에 의무자가 이를 이행하지 않는 경우 : 재산분할을 정기금으로 하는 경우에 의무자가 이를 이행하지 않는 경우에는 민사집행법에 의한 강제집행법 이외에 가사소송법이 정하는 이행명령의 방법을 사용할 수 있다. 즉 당사자의 신청에 의하여 가정법원이 의무자에게 일정한 기간 내에 의무를 이행할 것을

명하고 이 명령에 위반하면 1천만원 이하의 과태료에 처할 수 있습니다. 또한 명령을 받은 자가 정당한 이유 없이 3기 이상 의무를 이행하지 않은 때에는 권리자의 신청에 의하여 가정법원의 결정으로 30일의 범위 내에서 의무이행이 있을 때까지 의무자를 감치에 처할 수 있습니다(가소 64조, 67조).

48. 이혼하기 전에 한 재산분할 협의의 효력

[질 의] 저와 아내는 협의이혼을 하기로 약정하면서 이를 전제로 재산분할에 관한 협의를 하였는데, 아내가 일방적으로 재판상이혼을 청구하였습니다. 이 경우 재산분할협의의 효력은 어떻게 됩니까?

[답 변] 효력이 발생하지 않습니다.

[해 설] 1. 재판상 이혼청구를 하여 재판상 이혼이 이루어졌다면 협의이혼을 조건으로 한 재산분할협의는 조건의 불성취로 인하여 효력이 상실됩니다.

2. 부부가 장차 협의상 이혼할 것을 약정하면서 이를 전제로 하여 위 재산분할에 관한 협의를 하는 경우에 있어서는, 특별한 사정이 없는 한 장차 당사자 사이에 협의상 이혼이 이루어질 것을 조건으로 하여 조건부 의사표시가 행하여지는 것이라 할 것이므로, 그 협의 후 당사자가 약정한 대로 협의상 이혼이 이루어진 경우에 한하여 그 협의의 효력이 발생하는 것이지, 어떠한 원인으로든지 협의상 이혼이 이루어지지 아니하고 혼인관계가 존속하게 되거나 당사자 일방이 제기한 이혼청구의 소에 의하여 재판상이혼(화해 또는 조정에 의한 이혼을 포함한다. 이하 같다)이 이루어진 경우에는, 위 협의는 조건의 불성취로 인하여 효력이 발생하지 않는다(대법원 2003. 8. 19. 선고 2001다14061 판결).

49. 이혼하기 전 재산분할

[질 의] 저는 사촌동생 부부에게 돈을 빌려 주었는데, 돈 갚기를 차일피일 미루어 오더니 급기야 사촌 동생의 유일한 부동산을 자기 아내에게 증여하고 5개월 후에 이들 부부는 협의이혼을 하였습니다. 제가 이들 부부의 재산증여를 취소할 방법이 있습니까?

[답 변] 부동산의 증여가 협의이혼신고를 하기 약 5개월 전에 이루어 졌다는 사정만으로는 이를 이혼에 따른 재산분할이 아니라고 단정할 수 없습니다(대법원 2006. 9. 14. 선고 2006다33258 판결). 따라서 채무초과부분만 취소할 수 있습니다.

[해 설] 이혼에 따른 재산분할은 혼인 중 부부 쌍방이 협력으로 이룩한 공동재산의 청산이라는 성격에 경제적으로 곤궁한 상대방에 대한 부양적 성격이 가미된 제도로서, 이미 채무초과 상태에 있는 채무자가 이혼을 하면서 그 배우자에게 재산분할로 일정한 재산을 양도함으

로써 일반 채권자에 대한 공동담보를 감소시키는 결과가 된다고 하더라도, 이러한 재산분할이 민법 제839조의2 제2항의 규정 취지에 따른 상당한 정도를 벗어나는 과대한 것이라고 인정할 만한 특별한 사정이 없는 한 사해행위로서 채권자에게 의한 취소의 대상으로 되는 것이 아니다. 다만 상당한 정도를 벗어나는 초과 부분에 관한 한 적법한 재산분할이라고 할 수 없어 취소의 대상으로 될 수 있으나, 이처럼 상당한 정도를 벗어나는 과대한 재산분할이라고 볼 특별한 사정이 있다는 점에 관한 입증책임은 채권자에게 있다(대법원 2001. 2. 23. 선고 2000다57757 판결).

50. 이혼과 혼인이 수차례 반복이 되는 경우 재산분할

[질 의] 저희 부부는 15년 동안 법률혼과 사실혼이 3회에 걸쳐 이어지다가 파탄되었고, 각 협의이혼에 따른 별거기간이 6개월과 3개월 남짓에 불과하였습니다. 이 경우 재산분할은 어떻게 해야 합니까?

[답 변] 특별한 사정이 없는 한 쌍방의 협력에 의해 이룩한 재산은 모두 재산분할의 대상이 됩니다.

[해 설] 1. 특별한 사정이 없는 한 그 각 혼인 중에 쌍방의 협력에 의하여 이룩한 재산은 모두 청산의 대상이 될 수 있습니다(대법원 2000. 8. 18. 선고 98므1855 판결).

2. 부부사이에 혼인과 이혼이 몇 차례에 걸쳐 반복 되었고, 각각의 협의이혼 후에 재산분할을 하지 않았을 뿐만 아니라 이혼에 따른 별거기간이 비교적 단기인 경우 이전의 각 혼인기간 중에 부부의 협력에 의하여 이룩한 재산은 모두 분할의 대상이 될 수 있을 것입니다. 이 경우 재산분할청구권에 관하여 제척기간의 규정은 적용되지 않습니다.

51. 혼인파탄 후에 취득한 재산의 분할대상

[질 의] 저희 부부는 사이가 돌이킬 수 없을 정도로 악화되어 별거를 하였는데, 별거 후에도 저는 시부모님을 병구완 하면서 봉양하고 6명의 아이를 교육시켜 혼인시켰습니다. 남편은 별거 후에 직장을 그만두고 퇴직금으로 사업을 해서 부동산을 구입했습니다. 저는 이 부동산에 대해 분할청구할 수 있습니까?

[답 변] 별거 후에도 내조를 한 셈이므로 별거 이후 남편 명의로 취득한 재산이라고 해도 처가 그 재산의 형성·유지·증식과정에 기여한 것이므로 분할의 대상이 됩니다.

[해 설] 1. 법원은 '별거 이후 처가 계속하여 부의 부모들을 병구완하면서, 6명의 자녀들을 교육시켜 혼인시키는 등의 내조를 하였다면 별거 이후 부가 자신의 명의로 취득한 재산이라 해도 처가 그 재산의 형성, 유지, 증식과정에 기여한 것으로 보아서 분할의 대상이 된다'고 판시하고 있습니다.

그러나 혼인생활의 파탄 후에 부부의 일방이 자신의 명의로 되어 있는 부동산을 담보로 하여 금전을 차용한 경우 그 채무가 일상가사에 관한 것이라거나 공동재산의 유지와 관련된 것이라는 점을 증명하지 못하는 한 청산의 대상이 되지 않습니다(서울가정법원 2000. 7. 6. 선고 98드96753 판결).

2. 재산분할청구권은 이혼이 성립한 때에 비로소 발생하는 것이므로, 당사자가 이혼소송과 병합하여 재산분할청구를 하여 법원이 이혼과 동시에 재산분할을 명하는 판결을 한 경우에도 이혼판결이 확정되지 않은 상태에서는 가집행이 허용되지 않습니다(대법원 1998. 11. 13. 선고 98므1193 판결).

52. 재산분할청구권의 포기

[질 의] 저는 남편의 계속되는 외도를 견디지 못하여 복수할 마음으로 나이트클럽에 갔다가 낯선 남자와 정을 통했는데 그만 남편에게 들키고 말았습니다. 남편은 저를 간통죄로 고소했고, 재산분할포기각서를 써주면 고소를 취소해주겠다고 하여 써주었습니다, 이런 경우 위 포기각서가 효력이 있는지요?

[답 변] 협의이혼을 약정하면서 이를 전제로 재산분할포기각서를 써줬다면 그 각서는 유효하지만 협의이혼이 되지 않고 이혼으로 소송으로 진행되면 그 각서는 무효가 됩니다.

[해 설] 1. 혼인이 파탄에 이른 당사자의 협의이혼을 할 것을 약정하면서 이를 전제로 하여 재산분할청구권을 포기하기로 합의하였다면, 이는 협의이혼절차가가 유효하게 이루어질 것으로 조건으로 하는 조건부 의사표시로서 유효합니다(대법원 1995. 10. 12. 선고 95다23156 판결).

이미 이혼을 했거나 혹은 협의이혼을 하려는 당사자들은 혼인 중 당사자 쌍방의 협력에 의해 형성하고 증식한 재산의 분할에 관하여 자유롭게 협의할 수 있고, 그 협의대로 재산분할을 할 경우 재산분할청구권은 자연히 소멸합니다(대법원 1993. 12. 28. 선고 93므409 판결).

그러나 이들 중 장차 협의이혼을 하기로 하여 이루어진 재산분할협의는 '협의이혼의 성립을 조건으로 하여 효력을 발생시키는 의사표시' 즉 조건부계약이므로, 어떠한 이유에 의해서든지 협의이혼이 성립되지 않는 경우, 그 '재산분할협의'는 무효가 됩니다. 다시 말해, 협의이혼과 재산분할에 관해 협의한 이후 혼인관계를 지속했거나, 협의이혼이 성립되지 않아 재판상이혼(화해 또는 조정에 의한 이혼 포함)으로 진행된 경우에는, 재산분할에 관한 협의했던 내용을 조건의 불성취로 인하여 무효가 됩니다.

따라서 남편이 이혼소송을 제기하여 재판상 이혼을 하게 되는 경우 아내는 재산분할을 청구할 수 있습니다.

2. 부부관계의 불화 중에 작성한 각서가 재산분할의 합의인지 여부 :

부부가 혼인 중에 금전문제로 부부싸움을 계속하여 오다가 '모든 재산을 배우자 한쪽의 소유로 한다'는 각서를 교부하고, 그 후에도 처분권을 위임하는 관련서류를 교부하였으나 그 각서 또는 관련서류 교부 당시 이혼에 관한 언급은 없었고, 그 후로도 혼인관계가 계속된 점 등에 비추어 '그러한 각서 또는 관련 서류의 교부로써 이혼을 전제로 한 재산분할에 관한 협의가 있었다고 볼 수 없다(대법원 1997. 7. 22. 선고 96므318,325 판결)라고 판시하고 있습니다.

53. 재산분할을 합의 후 해제

[질 의] 저희 부부는 협의이혼하기로 하고, 이혼에 따른 자녀교육, 위자료, 재산분할의 조건 등에 관하여 합의하여 공증까지 하였는데, 남편은 합의내용의 일부를 이행하고 있지 않습니다. 저는 재산분할합의를 취소하고 재산분할청구권을 행사할 수 있습니까?

[답 변] 당사자의 한쪽이 합의내용을 일부 이행하지 아니할 경우 상대방은 이를 이유로 합의해제를 서면으로 통지하고 재산분할을 청구할 수 있습니다(대법원 1993. 12. 28. 선고 93므409 판결).

[해 설] 1. 가정법원이 재산분할의 재판을 하는 것은, 재산분할에 관하여 이혼당사자 사이에 협의가 성립되지 아니하거나 협의할 수 없을 때에만 하는 것입니다(민법 839조의2 2항). 그러므로 당사자 사이에 이미 재산분할에 관한 협의가 성립되어 있다면, 당사자 한쪽이 재산분할청구가 있더라도 그것은 청구의 이익이 없어서 각하된다. 이미 이루어진 재산분할에 관한 약정의 이행을 청구하면 되고 이는 민사사건이고, 마류비송사건인 재산분할에는 해당하지 않는다(서울가정법원 1996. 3. 29. 선고 95도58781,58798 판결).

2. 재산분할협의는 공정증서로 작성하여 할 수도 있고 당사자의 한쪽이 합의내용의 일부를 이행하지 아니할 경우에는 상대방 당사자는 이를 이유로 합의를 해제하고 재산분할을 청구할 수도 있다(대법원 1993. 12. 28. 선고 93므409 판결).

3. 협의이혼을 전제(조건)으로 재산분할협의를 하였으나 그 후 협의이혼을 하지 못하고 재판상 이혼이 이루어진 경우에는 그 분할협의는 조건불성취로 효력이 발생하지 않게 되었으므로, 민사소송으로 그 재산분할협의내용 자체의 이행을 구할 수 없고, 가사소송으로 재산분할청구를 하여야 한다(대법원 1995. 10. 12. 선고 95다123156 판결).

54. 이혼위자료 명목으로 유일한 재산을 증여한 경우, 사해행위 여부

[질 의] 저는 남편의 폭행을 견디다 못해 남편과 이혼을 하면서 위자료조로 남편의 유일한 재산인 아파트를 증여 받았습니다, 그런데 남편의 채권자들은 이 증여가 단순한 재산상의 법률행위로서 채권자들을 해하는 행위이므로 이를 취소할 수 있다

고 하는데 맞습니까?

[답 변] 취소할 수 없습니다.

[해 설] 1. 이혼위자료 명목으로 유일한 재산을 증여한 경우, 위 증여가 이혼에 따르는 재산분할의 성격을 포함하는 이혼급부로 볼 수 있고, 남편이 이혼하는 아내에게 분할해 준 재산액이 부당하게 과대하지 않고, 재산분할을 가장한 재산처분으로 인정할 만한 특별한 사정이 없는 한 그 재산분할은 유효하다(대법원 2001. 5. 8. 선고 2000다58804 판결).

2. 대법원 판례에 의하면 재산분할자가 이미 채무초과의 상태에 있다거나 또는 어떤 재산을 분할한다면 무자력이 되는 경우에도 분할자가 부담하는 채무액 및 그것이 공동재산의 형성에 어느 정도 기여하고 있는지 여부를 포함하여 재산분할의 액수와 방법을 정할 수 있다고 할 것이고, 재산분할자가 당해 재산분할에 의하여 무자력이 되어 일반채권자에 대한 공동담보를 감소시키는 결과가 된다고 하더라도 그러한 재산분할이 민법 제839조의2 제2항의 규정에 반하여 상당하다고 할 수 없을 정도로 과대하고, 재산분할을 구실로 이루어진 재산처분이라고 인정할 만한 특별한 사정이 없는 한 사해행위로서 채권자취소권의 대상이 되지 아니하고, 위와 같은 특별한 사정이 있어 사해행위로서 채권자취소권의 대상이 되는 경우에도 취소되는 범위는 그 상당한 부분을 초과하는 부분에 한정된다고 할 것이다(대법원 2001. 5. 8. 선고 2000다58004 판결).

55. 부모로부터 증여받은 돈으로 구입한 부동산에 대한 재산분할

[질 의] 저는 3년 동안 결혼생활을 한 남편과 이혼하려고 하는데, 남편은 지금 살고 있는 아파트는 시아버님께서 결혼 당시 마련해 준 자금으로 구입한 것이라며 재산분할의 대상이 아니라고 주장하는데, 맞습니까?

[답 변] 재산분할의 대상이 될 수도 있습니다.

[해 설] 1. 부부 일방의 명의로 되어 있는 특유재산이라고 해도 그 재산을 유지·보존한 만큼 공동재산에 해당되므로, 법원에 재산분할을 청구할 수 있다

2. "부부 일방의 특유재산은 원칙적으로 분할의 대상이 되지 아니하나 특유재산일지라도 다른 일방이 적극적으로 그 특유재산의 유지에 협력하여 그 감소를 방지하였거나 그 증식에 협력하였다고 인정되는 경우에는 분할의 대상이 될 수 있다(대법원 2002. 8. 28.자 2002스36 결정).

56. 부부일방이 명의신탁한 부동산도 재산분할청구의 대상 여부

[질 의] 부인은 남편이 부정행위를 하여 협의이혼을 한 후 재산분할청구를 하려고 합니다. 그런데 남편은 부인과 남편이 공동으로 마련한 부동산 중 주택 1동과 그 대지를 남편의 형 명의로 명의신탁해 둔 사실이 있습니다. 이 경우 부인이 재산

분할청구를 하였을 경우 남편의 형 명의로 명의신탁된 부동산도 고려하여 재산분할이 될 수 있는지요?

[답 변] 재산분할의 대상이 됩니다.

[해 설] 재산분할청구권에 관하여 민법 제839조의2에 의하면 ① "협의상 이혼한 자의 일방은 다른 일방에 대하여 재산분할을 청구할 수 있다. ② 제1항의 재산분할에 관하여 협의가 되지 아니하거나 협의할 수 없을 때에는 가정법원은 당사자의 청구에 의하여 당사자 쌍방이 협력하여 이룩한 재산의 액수, 기타 사정을 참작하여 분할의 액수와 방법을 정한다. ③ 제1항의 재산분할청구권은 이혼한 날부터 2년을 경과한 때에는 소멸한다."라고 규정하고 있으며, 위 규정은 민법 제843조에 의하여 재판상 이혼의 경우에도 준용되고 있습니다.

그런데 부부일방이 제3자에게 명의신탁한 부동산도 재산분할청구의 대상이 되는지에 관하여 판례를 보면 "제3자가 명의의 재산이더라도 그것이 부부 중 일방에 의하여 명의신탁된 재산 또는 부부의 일방이 실질적으로 지배하고 있는 재산으로서 부부 쌍방의 협력에 의하여 형성된 것이거나 부부 상방의 협력에 의하여 형성된 유형, 무형의 자원에 기한 것이라면 그와 같은 사정도 참작되어야 한다는 의미에서 재산분할의 대상이 된다(대법원 1998. 4. 10. 선고 96므1434 판결) 할 것입니다.

다만 제3자 명의의 재산이 순수한 의미에서 부부의 일방이 명의신탁 한 재산이라고 하더라도 그에 대하여 직접 재산분할을 명하는 경우 제3자는 당해 소송의 피고가 아니므로 그 재산을 직접 분할하는 현물분할이나 경매분할을 명하면 집행불능에 이르게 될 것입니다. 결국 제3자 명의의 재산도 재산분할의 대상이 된다는 것은 그 재산형성에 대한 부부일방의 기여도를 민법 제839조의2 제2항 소정의 기타의 사정으로 참작하여야 한다는 의미로 해석되어야 할 듯합니다.

57. 보험금의 재산분할 대상 여부

[질 의] 저는 저 자신을 보험수익자로 하여 보험을 들어 제 용돈으로 보험금을 들어 불입해 왔습니다. 그런데 제가 교통사고로 입원해 있는 동안 아내가 보험금을 수령해서 보관하고 있었는데 아내는 그것도 부부공동재산이므로 나누어야 한다고 주장하고 있습니다. 아내의 주장이 맞는지요?

[답 변] 교통사고로 인하여 받은 교통안전보험금과 남편이 자신을 수익자로 하여 불입한 보험금은 부부 쌍방의 협력으로 이룩한 재산으로 볼 수 없으므로 이를 분할하지 않아도 됩니다.

[해 설] 민법 제839조의2에 규정된 재산분할제도는 혼인 중에 취득한 실질적인 공동재산을 청산분배하는 것을 주된 목적으로 하는 것이므로, 부부가 이혼을 할 때 쌍방의 협력으로 이룩한 재산이 있는 한 법원으로서는 당사자의 청구에 의하여 그 재산의 형성에 기여한 정도

등 당사자 쌍방의 일체의 사정을 참작하여 분할의 액수와 방법을 정하여야 하는 바, 이 경우 부부 일방의 특유재산은 원칙적으로 분할의 대상이 되지 아니하나 특유재산일지라도 다른 일방이 적극적으로 그 특유재산의 유지에 협력하여 그 감소를 방지하였거나 그 증식에 협력하였다고 인정되는 경우에는 분할의 대상이 될 수 있습니다.

대법원은 위 사례에 대하여 남편을 보험수익자로 한 보험금은 남편의 특유재산으로 보이고, 그 보험금이 당사자 쌍방의 협력으로 이룩한 재산이라고 볼만한 자료가 없으므로, 가사 아내가 이를 수령하였다 하더라도 아내로서는 남편에 대하여 동액 상당의 지급의무를 부담한다 할 것이고, 이와 같은 채무는 재산분할과는 별도로 존속하는 것이라고 할 것이어서 아내가 보험금을 수령하였다 하더라도 그 수령한 금원을 재산분할의 대상으로 삼을 수는 없다고 할 것입니다(대법원 2002. 8. 28.자 2002스6 결정).

58. 유책배우자의 재산분할청구권

[질 의] 아내가 간통을 하여 이혼을 하려고 하는데, 아내는 지금 살고 있는 아파트 대금을 반으로 나누자고 합니다. 간통한 아내도 재산분할청구권이 있습니까?

[답 변] 재산분할청구권이 있습니다.

[해 설] 혼인 중에 부부가 협력하여 이룩한 재산이 있는 경우에는 혼인관계의 파탄에 대한 책임이 있는 배우자라도 재산의 분할을 청구할 수 있습니다(대법원 1993. 5. 11. 선고 93스6 판결). 다만, 돈을 가지고 가출하여 낭비하면서 부정한 행위를 하였다면, 이와 같은 사정은 재산분할의 액수와 방법을 정함에 있어서 참작할 사유는 될 수 있다(대법원 1993. 5. 11.자 93스6 결정).라고 하였습니다.

제6장 양육문제

59. 미성년 자녀의 인도를 위한 사전처분

[질 의] 협의이혼을 하면서 남편이 친권자 및 양육자로 지정되어 있습니다. 그러나 남편은 방탕한 생활로 아이를 돌보지 않고 있어서 친권자 및 양육자변경청구를 하였는데 그 전에라도 제가 아이를 데려오고 싶습니다. 방법이 없습니까?

[답 변] 해당 사건이 종료될 때까지 피신청인(남편)은 신청인(본인)에게 사건본인(아이)을 임시로 인도하라는 취지의 사전처분신청을 할 수 있습니다.

[해 설] 1. 가사사건의 소의 제기, 심판청구 또는 조정의 신청이 있는 경우에 가정법원·조정위원회 또는 조정담당판사는 사건의 해결을 위하여 특히 필요하다고 인정한 때에는 직권 또는 당사자의 신청에 의하여 상대방, 기타 관계인에 대하여 현상을 변경하거나 물건을 처분하는 행위의 금지를 명할 수 있고, 사건에 관련된 재산의 보존을 위한 처분, 관계인의 감호와 양육을 위한 처분 등 적당하다고 인정되는 처분을 할 수 있다(가사소송법 62조).

위와 같은 처분을 사전처분이라고 한다. 사전처분의 형태로는 형상의 변경·물건처분 행위의 금지를 위한 사전처분, 재산의 보존을 위한 사전처분, 관계인의 감호와 양육을 위한 사전처분 등이 있다.

2. 구체적인 사전처분의 예로는 친권행사정지선고 전에 친권자의 친권행사정지와 친권대행자를 선임하기 위한 사전처분, 재산분할사건에서 구체적인 재산의 처분 또는 소비를 금지하기 위한 사전처분, 양육비 지급을 위한 사전처분, 양육자지정 전 사건본인을 인도받기 위한 가사처분 등이 있을 수 있다.

3. 사전처분에는 형성력은 있으나 집행력은 없다. 따라서 사전처분으로 재산처분을 금지하더라도 이를 등기할 길은 없다. 다만, 당사자 또는 관계인이 정당한 사유 없이 사전처분을 위반할 때에는 1천만원 이하의 과태료에 처해질 수 있다(가사소송법 67조).

60. 양육자변경 가능 여부

[질 의] 저는 이혼 당시 생후 7개월이었던 딸의 양육자로 지정되어 딸이 5살인 지금까지 양육하고 있습니다. 남편은 재혼하여 아들을 출산하였는데, 이제 자기가 딸을 키우겠다고 합니다. 남편의 요구는 법적으로 받아들여질 수 있습니까?

[답 변] 5세인 딸이 부와 계모의 재혼가정에서 자라게 하는 것보다는 계속하여 생모 슬하에서 양육받게 하는 것이 합리적이므로 양육자를 부로 변경할 필요성이 없습니다(대법원 1985. 2. 26. 선고 84므86 판결).

[해 설] 협의나 법원의 심판에 의하여 정해진 양육자 또는 양육자방법 등이 부적당하여 자녀의 이익을 해치는 때에는, 법원은 당사자의 청구 또는 직권에 의하여 언제든지 양육에 관한 사항을 변경하거나 또는 다른 적당한 처분을 할 수 있다(민법 제837조 2항). 안정적인 양육환경의 조성은 자녀의 정서적 안정과 발달에 매우 중요한 요소이므로, 양육자의 변경과 같은 중요한 양육사항의 변경은 불가피한 경우로 한정하는 것이 바람직하다고 할 것입니다. 그러나 양육자가 자녀양육을 게을리 한다든가, 질병 등 불가피한 사유로 양육을 할 수 없게 되는 경우 등에는 양육자의 변경이 불가피하게 됩니다. 또한 이혼 전에 협의로 정한 양육비 액수가 적절하지 않아서 이를 변경할 필요가 있는 때에도 양육사항에 관한 변경이 있을 수 있습니다. 이런 때에는 당사자의 청구 또는 직권에 의하여 가정법원이 양육사항을 변경하거나 다른 적당한 처분을 할 수 있습니다(대법원 1998. 7. 10.자 98스178 결정).

61. 양육권자에게 유아인도를 거절하는 경우

[질 의] 저는 얼마 전 남편과 재판상이혼을 하면서 아이의 양육권 및 친권행사자로 직접 지정받았습니다. 그러나 남편은 아이를 내줄 수 없다고 하는데, 아이를 데려올 수 있는 방법이 있는지요?

[답 변] 법률적으로 개인이 실력행사에 의하여 아이를 빼앗아오는 것은 허용되지 않으므로 이행명령이나 인도청구를 하면 됩니다.

[해 설] 판결 또는 심판에 의하여 유아의 인도의무를 이행하여야 할 자가 정당한 이유 없이 그 의무를 이행하지 아니한 때에는 일정한 기간 내에 그 의무를 이행하라는 이행명령을 가정법원에 신청할 수 있습니다(가소 64조).

이 명령을 위반하면 1천만원 이하의 과태료에 처할 수 있고, 그 후 30일이 지나도록 유아를 인도하지 않으면 30일의 범위 내에서 유아인도의무를 이행할 때까지 가정법원에 감치처분을 신청할 수 있습니다(가소 67조 1항, 68조 1항).

위와 같은 제재에도 불구하고 유아인도를 거부할 경우 법원에 유아인도청구소송을 제기하여 판결을 받은 후 집행관에게 강제집행을 위임하여 아이를 강제로 데려오는 방법이 있습니다.

다만, 아이가 유아의 단계를 벗어나 민법상 의사능력 등이 있을 정도의 연령에 달한 경우에는 인도청구의 집행의 대상으로 될 수 없습니다.

62. 양육자 부담책임

[질 의] 저는 이혼 후 아이들을 양육하고 있는데, 양육비는 이혼한 남편이 전부 부담하여야 하는 것이 아닌가요?

[답 변] 실제로 양육을 담당하는 이혼한 모(母)에게 전혀 수입이 없어 자녀들의 양육비를 부담할 형편이 못되는 것이 아닌 이상 이혼한 부와 함께 모(母)도 양육비의 일부를 부담하도록 할 수 있습니다(대법원 1992. 1. 21. 91므689 판결).

[해 설] 대결 1994. 5. 13.자 92스21(전원합의체)는 "부모 중 어느 한쪽만이 자녀를 양육하게 된 경우에, 그와 같은 일방에 의한 양육이 그 양육자의 일방적이고 이기적인 목적이나 동기에서 비롯한 것이라거나 자녀의 이익을 위하여 도움이 되지 아니하거나 그 양육비를 상대방에게 부담시키는 것이 오히려 형평에 어긋나게 되는 등 특별한 사정이 있는 경우를 제외하고는, 양육하는 일방은 상대방에 대하여 현재 및 장래에 있어서의 양육비 중 적정 금액의 분담을 청구할 수 있음은 물론이고, 부모의 자녀양육의무는 특별한 사정이 없는 한 자녀의 출생과 동시에 발생하는 것이므로 과거의 양육비에 대해서도 상대방이 분담함이 상당하다고 인정되는 경우에는 그 비용의 상환을 청구할 수 있다고 보아야 한다."고 결정하였습니다.

63. 양육권 없는 자의 양육비청구

[질 의] 저는 아내의 이혼시 아이의 친권자 및 양육자를 저로 지정하는 것으로 조정이 성립되었는데, 아내는 그 내용이 다른 협정이나 재판에 의하여 변경되지 않았는데도 임의로 아이를 양육하고 양육비를 청구하고 있습니다. 저는 이를 지급하여야 합니까?

[답 변] 지급하지 않아도 됩니다.

[해 설] 양육권없는 자가 임의로 아이를 양육하였다면 이는 상대방에 대한 관계에서는 상대적으로 위법한 양육이므로 양육비를 지급하지 않아도 됩니다(대법원 2006. 4. 17.자 2005스8,19 결정).

64. 양육비를 정하는 기준

[질 의] 저는 이혼 후 아들을 양육하고 있는데 갑자기 아들이 수술을 받게 되었습니다. 이 수술비용은 양육비로 하여 남편에게 청구할 수 있습니까?

[답 변] 청구할 수 있습니다.

[해 설] 자녀의 수술비용은 양육비의 일부이므로 그 분담을 청구할 수 있습니다(서울가정법원 1992. 5. 7. 선고 91드38420 판결).

양육비를 정하는 기준에 관한 대법원 전원합의체 결정을 보면, 과거의 양육비 모두를 상대방에게 부담시키게 되면 상대방은 예상치 못하였던 양육비를 일시에 부담하게 되어 지나치게 가혹하면 신의성실의 원칙이나 형평의 원칙에 어긋날 수 있습니다.

그러므로 위와 같은 경우에는 반드시 이행청구 이후의 양육비와 동일한 기준에서 정할 필요는 없고, 부모 중 한쪽이 자녀를 양육하게 된 경위와 그에 소요된 비용의 액수, 그 상대방이 부양의무를 인식한 것인지 여부와 그 시기, 그 비용이 양육에 소요된 통상의 생활비인지, 아니면 이례적이고 불가피하게 소요된 거액의 특별한 비용(치료비 등)인지 여부와 당사자들의 재산상황이나 경제적 능력과 부담의 형평성 등 여러 사정을 고려하여 적절하다고 인정되는 분담의 범위를 정할 수 있다고 판시하고 있습니다.

65. 양육비를 청구할 수 있는 경우

[질 의] 저는 홍길동과 사실혼관계에 있었는데 홍길동과 사이에서 딸아이를 출산하였습니다. 저는 홍길동과 헤어졌는데 홍길동에게 딸아이의 양육비를 청구할 수 있습니까?

[답 변] 아이의 양육자로 귀하를 심판이 확정된 때에 청구할 수 있습니다.

[해 설] 1. 양육비 청구는 이혼·혼인무효·혼인취소의 판결을 하는 경우에만 가능하다. 그리고 사실혼관계에 있던 당사자의 한쪽은 상대방과의 사이에서 출산한 자의 양육자로 자신을 지정하는 심판이 확정된 때에 비로소 양육비를 청구할 권리를 취득하고, 그 이전까지는 자기고유의 양육의무를 이행한데 불과하므로 이 부분의 양육비를 상대방에게 청구할 수 없다(서울고판 1989. 3. 13. 88르1998).

2. 혼인외 출생자의 양육자 의무자는 생부의 인지 전이면 생모, 인지 후이면 생부와 생모에게 부양의무가 있다. 또 생부와 생모가 혼인하면 혼인시부터 부모가 양육책임을 진다(대법원 1979. 1. 23. 선고 78다2023, 대법원 1981. 5. 26. 80다2515 판결)
그러나 인지 전이라도 생부가 생모에게 양육비를 지급하기로 약정하였다면 그 약정은 유효하다. 그러므로 약정에 따라 지출된 양육비라면 과거의 양육비라도 청구할 수 있다(대법원 1987. 12, 22. 선고 87므59 판결).

66. 양육비 직접지급명령제도

[질 의] 저는 약 2년 전에 이혼과 동시에 상대방으로부터 아이에 대한 양육비로 월 40만원씩 2024년까지 지급받기로 판결을 받았는데, 이혼판결 확정 후 몇 달간은 양육비를 잘 보내오던 전남편이 특별한 연락이나 이유도 없이 현재까지 양육비를 주지 않고 있습니다. 이런 경우 양육비 직접지급명령제도를 이용하게 되면 그동안 밀린 양육비와 앞으로 지급받아야 할 양육비를 모두 받을 수 있게 되나요?

[답 변] 양육비 직접지급명령은 2009. 5. 9. 개정된 가사소송법에 의하여 2009. 11. 9.부터 시행되고 있습니다. 양육비직접지급명령은 정기금 양육비채무자가 정당한 사유 없이 2회 이상 양육비를 지급하지 아니한 경우에 아직 이행일시가 도래하지 않은 양육비채권을 집행채권으로 하여 양육비채무자가 가지고 있는 정기적 급여

채권에 대한 강제집행을 할 수 있도록 하여, 소득세원천징수의무자로 하여금 양육비채무자의 급여에서 정기적으로 양육비를 공제하여 양육비채권자에게 직접 지급하도록 명하는 것입니다. 양육비 직접지급명령을 신청하기 위해서는 우선양육비채무자가 신청 당시를 기준으로 정기적으로 발생되는 급여채권을 가지고 있어야 합니다. 또한 양육비 직접지급명령이 소득세원천징수의무자에게 송달된 날부터 효력이 생기므로, 그 이전에 발생되었거나 이행되지 않고 있는 양육비채권에 대하여는 기존의 강제집행 방법에 따라 집행하여야 합니다. 따라서 전남편분께서 정기적 급여채권을 가지고 계시고, 정당한 사유 없이 2회 이상 양육비를 지급하지 아니하였다면 장래에 발생할 정기금 양육비채권에 관하여 양육비채무자의 주소지 관할 가정법원에 양육비 직접지급명령을 신청하시면 됩니다.

67. 양육비 직접지급명령신청

[질 의] 작년에 이혼을 하였는데, 이혼할 당시 은행에 다녔던 전남편이 이혼 후 양육비를 보내주다가 올해 여름부터 양육비를 보내주지 않아 그 이유를 물으니 은행을 그만두고 나와서 사업을 하게 되었는데 당분간은 사업이 안정을 찾아야 하니 양육비를 보내줄 수 없다고 합니다. 하지만 사정이 여의치 않아 양육비를 받지 않고서는 생활을 할 수가 없는데 혹시 양육비 직접지급명령을 신청하면 받을 수 없는 건가요?

[답 변] 2009. 11. 9. 시행하고 있는 개정 가사소송법은 양육비 직접지급명령의 경우, 정기금 양육비채무자가 정당한 사유 없이 2회 이상 양육비를 지급하지 아니한 경우에 아직 이행일시가 도래하지 않은 양육비채무자의 소득세원천징수의무자에 대한 정기적 급여채권에 대하여 양육비 직접지급명령을 할 수 있도록 하고 있습니다. 양육비채무자에게 정기적 급여채권이 존재하지 않게 되면 양육비 직접지급명령을 신청할 수 없습니다. 개정된 가사소송법은 양육비채무자가 근로자가 아닌 자영업자라서 양육비 직접지급명령을 이용할 수 없는 경우에 대비하여 담보제공명령을 따로 규정하고 있습니다. 그러므로 정기적 양육비채권에 관한 집행권원을 가진 채권자는 양육비채무자가 정당한 사유 없이 정기금 양육비채무를 이행하지 않을 때에는 양육비채무자의 주소지 가정법원에 담보제공명령을 신청하면 된다.

68. 양육권과 부모의 권리

[질 의] 저희 부부는 이혼 후 친권은 제가, 양육권은 아내가 행사하기로 합의하였습니다. 저는 아이들의 재산관리권을 행사할 수 있습니까?

[답 변] 부부의 일방이 양육자로 정해진 경우 양육에 관한 권리는 그 일방이 행사하게 되지만, 다른 일방이 부모로서 가지는 그 밖의 권리의무는 그대로 유지됩니다. 따라서 재산관리권을 행사할 수 있습니다.

[해 설] 이혼 후 모가 양육자로, 부가 친권자로 정해진 경우에는 모든 사실상 자를 양육하고, 양육과 관련된 권리(양육 및 교육에 필요한 거소지정, 징계, 부당하게 자를 억류하는 자에 대한 인도청구, 양육권 방해에 대한 방해배제청구권 등)를 행사할 수 있지만, 이러한 사항을 제외한 친권의 나머지 부분(재산관리권, 재산행위에 대한 대리권과 동의권)은 친권자인 부가 행사합니다. 그러므로 예를 들어서 친권자인 부가 마음대로 자를 데려갔다면 모는 양육권자로서 부에 대하여 자의 인도를 청구할 수 있습니다(대법원 1985. 2. 26. 선고 84므86 판결). 부와 자 사이의 부양의무와 상속권도 그대로 존속하며, 미성년자인 자가 혼인할 때에는 모뿐만 아니라 부의 동의도 얻어야 합니다.

69. 양육비 채권과 위자료 및 재산분할청구권의 상계

[질 의] 부부가 서로 상대방에 대하여 일방은 양육비채권을, 다른 일방은 위자료 및 재산분할청구권을 가지고 있는 경우 상계할 수 있습니까?

[답 변] 상계할 수 있습니다.

[해 설] 가정법원의 심판에 의하여 구체적으로 확정된 양육비채권 중 이미 이행기가 도달한 부분에 한하여 이를 자동채권으로 하는 상계가 허용됩니다(대법원 2006. 7. 4. 선고 2006므751 판결).

70. 양부가 양자를 친양자로 입양

[질 의] 양부가 양자를 친양자로 입양할 수 있는지요?

[답 변] 예, 할 수 있습니다(민법 제908조의2).

[해 설]
1. 일반 입양의 요건과 친양자입양의 요건은 모두 친생부모의 동의를 받아야 하는데 친양자입양의 요건은 일반입양의 요건보다 엄격하고 가정법원의 입양재판을 거쳐야 하기 때문에 보통양자를 친양자로 입양할 수 있습니다.
2. 그러나 양부모 이외의 사람이 다른 사람의 보통양자인 자를 친양자입양을 하려면 친생부모와 양부모의 동의를 모두 받아야 합니다.

71. 면접교섭권의 제한 또는 배제

[질 의] 이혼한 제 아내는 정신질환을 앓고 있는데, 아직 완치되지 않은 상태에서 아이에 대한 면접교섭청구권을 하였습니다. 이 청구는 받아들여지나요?

[답 변] 받아들여지지 않을 것입니다.

[해 설] 1. 민법 제837조의2 제2항의 따라 "가정법원은 자의 복리를 위하여 필요한 때에는 당사자의 청구 또는 직권에 의하여 면접교섭을 제한·배제·변경할 수 있습니다.

2. 면접교섭권자의 질병으로 자녀에게 해가 될 수 있는 경우(예 : 정신질환, 알콜중독 등)에는 면접교섭권이 허용되지 않을 수 있습니다(서울가정법원 2001. 8. 1. 2001느단3029 판결).

72. 친양자입양 후 면접교섭권의 불인정

[질 의] 친양자입양을 한 후 친생부모가 아이를 너무 보고 싶어 할 경우 면접교섭권이 인정되나요?

[답 변] 인정되지 않습니다(민법 제908조의3).

[해 설] 1. 친양자입양이 확정되면 종래의 친족관계는 종료되기 때문에 친생부모의 면접교섭권은 인정될 수 없습니다.

2. 친생부모의 면접교섭권을 인정하게 되면 친양자로 하여금 양부모를 유일의 친부보처럼 여기고 정서적으로 건전한 성장을 할 수 있게 한다는 친양자제도의 취지에 반하기 때문입니다.

73. 유책배우자의 면접교섭권

[질 의] 저는 남편의 심판 폭행으로 이혼하였습니다. 남편은 아이가 보는 앞에서도 저를 심하게 구타한 적이 있어서 아이는 아직도 남편에 대해 공포심을 가지고 있습니다. 저는 남편의 면접교섭의 배제를 청구할 수 있습니까?

[답 변] 청구할 수 있을 것으로 보입니다.

[해 설] 1. 혼인파탄의 구체적 원인이 자녀의 복리와 관해서도 문제가 되는 경우에는 면접교섭의 배제사유로 고려될 수 있습니다(서울가정법원 1996. 5. 15. 선고 95브107 판결).

2. 면접교섭권자가 혼인파탄에 주된 책임이 있는 유책배우자인 경우에 그 사실만으로 면접교섭이 배제된다고 볼 수는 없습니다. 그러나 혼인파탄의 구체적 원인이 자녀의 복리와 관련해서도 문제가 되는 경우(배우자와 자녀에 대한 폭력행사 등)에는 면접교섭의 배제사유로 고려될 수 있습니다.

74. 외국 국적의 남자와 대한민국 국적의 여자가 우리나라에서 혼인한 후 거주하다가 이혼하는 경우 그 관할법원

[질 의] 미국 국적의 남자와 대한민국 국적의 여자가 대한민국에서 혼인한 혼인 한 후, 여자가 미국 국적을 취득한 후 대한민국에서 거주하다가 남편을 상대로 이혼, 친권자 및 양육자지정 등을 청구하는 경우 이를 대한민국 법원에서 할 수 있는지요?

[답 변] 대한민국 법원이 재판관할권을 가집니다.

[해 설] 미합중국 미주리 주에 법률상 주소를 두고 있는 미합중국 국적의 남자(원고)가 대한민국 국적의 여자(피고)와 대한민국에서 혼인 후, 미합중국 국적을 취득한 피고와 거주기한을 정하지 아니하고 대한민국에 거주하다가 피고를 상대로 이혼, 친권자 및 양육자지정 등을 청구한 사안에서, 법원은 원·피고 모두 대한민국에 상거소를 가지고 있고, 혼인이 대한민국에서 형성된 점 등을 고려하면 위 청구는 대한민국과 실질적 관련이 있다고 볼 수 있으므로 국제사법 제2조 제1항의 규정에 의하여 대한민국 법원이 재판관할권을 가진다고 할 수 있고, 원·피고가 선택에 의한 주소(domicile of choice)를 대한민국에 형성했고, 피고가 소장부본을 적법하게 송달받고 적극적으로 응소한 점까지 고려하면 국제사법 제2조 제2항에 규정된 '국제재판관할의 특수성'을 고려하더라도 대한민국 법원의 재판관할권 행사에 아무런 문제가 없다(대법원 2006. 5. 26. 선고 2005므84 판결)고 판시하였다.

제7장 상 속

75. 재산상속에 있어서 법정상속인의 상속순위

[질 의] 처자와, 노부모 시동생이 있는 저의 남편이 교통사고를 당했습니다. 이 경우 남편의 재산 및 교통사고배상금의 상속관계는 어떻게 되는지요?

[답 변] 자와 배우자가 상속인이 됩니다.

[해 설] 민법 제1000조에서 규정하고 있는 상속의 순위를 보면,

제1순위는 사망한 자의 직계비속, 즉 자, 손자 등이 해당된다. 이 경우 친자식, 양자, 혼인중인 출생자, 남자, 여자를 구별하지 아니하며, 태아는 상속순위에서 이미 출생한 것으로 본다.

제2순위인 사망한 자의 직계존속, 즉 부모, 조부모 등이 해당된다. 직계존속은 부계(친가), 모계(외가), 양가, 생가를 구별하지 아니하며, 양자인 경우 친생부모와 양부모는 모두 같은 순위이다.

제3순위는 사망한 자의 형제·자매이며,

제4순위는 사망한자의 4촌 이내의 방계혈족이다.

같은 순위의 상속인이 여러 명인 때에는 촌수가 가까운 사람이 선순위가 되고, 같은 촌수가 여러 명일 경우에는 공동으로 상속하게 된다.

또한 배우자(혼인신고 된 배우자)의 경우에는 피상속인(사망한자)의 직계비속 또는 피상속인의 직계존속과 같은 순위, 직계비속과 직계존속이 없을 경우 단독으로 상속을 하게 된다(민법 제1003조).

76. 아버지와 아들이 동일한 사고로 동시에 사망 경우의 상속인

[질 의] 저희 가족은 저와 시어머니, 남편, 아들이 있은데 남편이 아들과 함께 외국 여행을 갔다가 교통사고로 사망하였습니다, 남편만 재산이 있는데 이중 누가 먼저 사망했는지 알 수 없습니다. 이런 경우 상속인은 누가 되는지요?

[답 변] 시어머니와 부인이 공동상속인이 됩니다.

[해 설]
1. 2인 이상이 동일한 위난으로 사망한 경우에는 동시에 사망한 것으로 추정되므로(민법 20조), 시어머니와 부인이 공동상속인이 됩니다.
2. 동시사망의 추정을 받은 경우에는 사망자 상속간에 상속이 개시되지 않습니다. 즉 남편과 아들은 동시에 사망한 것으로 추정되므로 아들은 동시에 사망한 것으로 추정되므로 이들 사이에는 상속이 이루어 지지 않고, 아내와 시어머니가 공동상속인이 됩니다. 다만 사망한 아들에게 처나 자녀가 있다면 대습상속(민법 1001조, 1003조 2항)을 하게 되므로 시어머니는 상속권이 없습니다.

77. 태아도 상속지분이 있는지

[질 의] 제 남편은 시어머니와 임신 중인 저를 남기고 사고로 사망하였습니다. 남편은 유산으로 1억원을 남겼는데, 제가 6천만원 시어머니가 4천만원을 상속받았습니다. 그 후 저는 아들을 낳았는데 이 아이도 상속분이 있는지요?

[답 변] 사망 당시 임신 중인 며느리가 아이를 낳으면 시어머니보다 손자가 우선순위이므로 시어머니는 손자에게 4천만원을 반환하여야 합니다.

[해 설] 상속의 제1순위는 직계비속(자)이고, 제2순위는 직계존속(부모 등), 제3순위는 형제자매, 제4순위는 4촌 이내의 방계혈족입니다(민법 1000조 1항). 그리로 태아의 상속순위에 관하여는 이미 출생한 것으로 봅니다(민법 1000조 3항).

그리고 배우자의 상속순위를 보면, 배우자는 그 직계비속과 동순위(제1순위)로 공동상속인이 되고, 직계비속이 없는 경우에는 피상속인의 직계존속과 공동상속인이되고, 피상속인의 직계비속도 직계존속도 없는 경우에는 단독상속인이 됩니다(민법 1003조).

78. 친양자의 친생부모도 상속인이 될 수 있는지

[질 의] 저는 제 아들을 "박○○"라는 사람의 친양자로 보냈는데, 제 아들이 교통사고로 사망하였습니다. 아들에게는 유산이 있는데 저도 아들의 부모로서 상속권이 있는지요?

[답 변] 친양자입양이 확정되면 기존의 친족관계는 소멸하므로 친생부모를 비롯한 생가측 직계존속은 상속인이 될 수 없습니다.

[해 설] 친양자제도는 일정한 요건을 갖춘 자에 대하여 가정법원의 허가를 받으면 친생부모와의 친족관계를 단절하고, 양자는 마치 양친의 친생자인 것처럼 양친의 성과 본을 따를 뿐만 아니라 가족관계등록부에도 양친의 친생자로 기록되는 것을 말합니다(민법 908조의2 내지 8).

79. 양자와 친생자의 상속순위에 차이가 있는지

[질 의] 제 양부모님은 자식이 없어 저를 입양하였는데 얼마 후 양어머니께서 아들을 낳으셨습니다. 최근에 양어머니께서 노환으로 돌아가셔서 상속을 해야하는데 양자인 저와 친생자인 제 동생의 상속순위는 어떻게 됩니까?

[답 변] 친생자이건 양자이건 그 상속순위에는 차별이 없습니다.

[해 설] 피상속인의 직계비속은 제1순위 상속인입니다.

직계비속에는 망인(피상속인)의 자녀·손자녀·증손자녀 등은 물론이고, 외손자녀·외증손자녀 등이 모두 포함된다(현행법은 부계, 모계혈족을 동등하게 취급). 그리고 자연혈족이냐 법정혈족(양자녀)이냐를 묻지 않고 모두상속인이 되고, 상속순위에는 아무런 차이가 없습니다.

피상속인의 직계비속(자녀)인 국적의 이동(피상속인의 사망 전후를 불문하고 외국으로 귀화하여 외국국적을 취득한 직계비속도 상속결격사유만 없다면 당연히 재산상속인이 된다), 성별(남·녀, 아들·딸)·연령·장유·친생자·양자, 혼인중 자녀·혼인외 자녀(인지된 자녀, 적서의 구별), 이복형제자매, 기혼·미혼, 동일 가족관계등록부 등록여부 즉, 분가 여부·출가 여부, 부계·모계(친손자·외손자), 동거·별거, 생활의 공동 등과는 아무런 상관이 없이 상속인이 됩니다.

80. 대습상속이란

[질 의] 제 형은 형수와 조카들(아들, 딸, 손자 등)을 데리고 여름 휴가를 보내기 위해 비행기를 타고 호주로 가던 중 비행기 추락사고로 전부 사망하였습니다. 형은 굉장한 재산가로 유족으로는 저희 형제들과 형의 사위가 있는데 누가 상속권자입니까?

[답 변] 죽은 형의 사위가 대습상속인입니다.

[해 설] 상속인(예컨대, 아들)이 상속개시 전에 먼저 사망하거나 상속결격이 된 경우, 그 사람(사망하거나 상속결격된 자)의 직계비속(예컨대, 손자)이나 배우자(예컨대, 며느리)가 이에 갈음하여 상속하는 것이 대습상속이다. 직계존속이 상속인인 때는 대습상속이 인정되지 않는다.

대습상속이 이루어지려면 상속인이 상속개시 전에 사망하거나 상속결격자가 되어야 한다(민법 1001조, 1003조 2항). 상속포기는 대습상속의 사유가 되지 않는다.

그런데 민법 제30조는 '2인 이상이 동일한 위난으로 사망한 경우에는 동시에 사망한 것으로 추정한다'라고 규정하고 있어서, 위 경우처럼 피상속인과 그의 상속인이 동시에 사망한 것으로 추정되는 경우에 그 상속인은 피상속인보다 먼저 사망한 것이 아니므로 대습상속이 개시되지 않는 것이 아니냐는 의문이 생긴다. 이에 대해서 대법원은 대습상속의 요건인 '상속인이 될 직계비속이 상속개시 전에 사망한 경우에는 상속인이 될 직계비속이 피상속인과 동시에 사망한 경우도 포함되는 것으로 해석하는 것이 타당하다고 하면서 망인은 직계비속의 배우자인 사위는 특별한 사정이 없는 대습상속을 한다고 판시(대법원 2001. 3. 9. 선고 99다13157 판결)하였습니다.

81. 이혼시의 재산분할청구권이 상속되는지

[질 의] 제 사촌언니는 형부와 이혼소송 중이었는데, 갑자기 사고로 사망하였습니다. 제 작은 아버지는 언니의 재산분할청구권을 상속 받을 수 있습니까?

[답 변] 원고의 사망으로 이혼소송이 종료되었다면 재산분할청구권이 상속되지 않습

니다.

[해 설] 재산분할청구권은 이혼의 성립을 전제로 하는 권리이므로 원고의 사망으로 이혼소송이 종료되었다면 재산분할청구권이 발생하였다고 볼 수 없습니다. 따라서 재산분할청구권이 상속될 여지가 없습니다(대법원 1994. 10. 28. 선고 94므246 판결).

또한 재산분할청구권인 협의 또는 심판에 의하여 구체적인 내용이 형성되기 전까지는 그 범위 및 내용이 불명확·불확정하기 때문에 구체적인 권리로서 성립된 것이라고 볼 수는 없습니다(대법원 1999. 4. 9. 선고 98다58016 판결). 따라서 이혼 후에 전 배우자가 재산분할을 청구하여 심판이 진행되고 있는 상태에서 사망한 경우에도 재산분할청구권은 상속되지 않습니다.

82. 이혼으로 인한 위자료가 상속이 가능한지

[질 의] 성춘향은 3년 전 이몽룡과 혼인을 하였으나 이몽룡의 부정행위로 인하여 혼인이 파탄에 이르게 되었습니다. 이에 성춘향은 이몽룡을 상대로 이혼 및 위자료 청구소송을 제기하여 '서로 이혼하고 이몽룡은 성춘향에게 위자료 3,000만원을 지급하라.'라는 확정판결을 받았습니다. 그러나 성춘향은 위자료를 받지 못하고 심장마비로 사망하였는데 이 경우 성춘향의 친정부모가 위 위자료청구권을 상속 받을 수 있는지요?

[답 변] 상속받을 수 있습니다.

[해 설] 대법원 판례에 의하면 이혼위자료청구권은 상대방 배우자의 유책불법한 행위에 의하여 혼인관계가 파탄상태에 이르러 이혼하게 된 경우 그로 인하여 입게 된 정신적 고통을 위로하기 위한 손해배상청구권으로서 이혼시점에서 확정, 평가되고 이혼에 의하여 비로소 창설되는 것이 아니며, 이혼위자료청구권의 양도 내지 승계의 가능 여부에 관하여 민법 제806조 제3항은 약혼해제로 인한 손해배상청구권에 관하여 정신적 고통에 대한 손해배상청구권은 양도 또는 승계하지 못하지만 당사자간에 배상에 관한 계약이 성립되거나 소를 제기한 후에는 그러하지 아니하다고 규정하고 같은 법 제843조가 위 규정을 재판상이혼의 경우에 준용하고 있으므로 이혼위자료청구권은 원칙적으로 일신전속적 권리로서 양도나 상속 등 승계가 되지 아니하나 이는 행사상 일신전속권이고 귀속상 일신전속권은 아니라 할 것인 바, 그 청구권자가 위자료의 지급을 구하는 소송을 제기함으로써 청구권을 행사할 의사가 외부적, 객관적으로 명백하게 된 이상 양도나 상속 등 승계가 가능하다."라고 하였다(대법원 1993. 5. 27. 선고 92므143 판결, 1994. 10. 28. 선고 94므246, 94므253 판결).

83. 생명침해로 인한 위자료청구권이 상속되는지

[질 의] 제 아들은 16세인데 음주운전차량에 치여 즉사하였습니다. 저는 제가 가지는 위자료청구권 외에 죽은 아들이 가지는 위자료청구권도 상속받아 위자료를 청구할 수 있는지요?

[답 변] 당연이 상속됩니다.

[해 설] 판례는 '순간적이라고 할지라고 피해자로서의 정신적 고통을 느끼는 순간이 있었다고 할 것'이라고 합니다(대법원 1973. 9. 25. 선고 73다1100 판결).

피해자가 사망한 경우 그 유족에게는 고유의 위자료청구권이 생기는데(민법 752조), 이러한 경우에 유족고유의 위자료청구권과 상속받은 위자료청구권은 함께 행사할 수 있습니다(대법원 1969. 4. 15. 선고 69다268 판결).

84. 생명보험금 청구권이 상속되는지

[질 의] 제 남편은 강도를 당하여 사망하였는데, 유산으로는 1억원 정도의 빚이 전부였습니다. 그런데 남편이 저도 모르게 저를 보험수익자로 하여 생명보험금을 들어둔 것이 있어 보험금이 1억 5천만원이 나왔습니다. 그런데 남편의 채권자가 이 보험금을 압류하려고 하는데 이를 막을 방법이 있습니까?

[답 변] 상속포기 후 보험금을 수령하면 됩니다.

[해 설] 1. 귀하가 수령할 보험금은 귀하의 고유재산이고, 상속재산에 속하지 않습니다(대법원 2001. 12. 24. 선고 2001다66755 판결). 따라서 남편의 채권자들에게 변제할 의무가 없습니다.

2. 생명보험금의 상속재산이 되느냐의 여부를 경우에 따라 다릅니다.

(1) 피상속인이 보험계약자(겸 피보험자)가 되고, 특정의 상속인을 보험수익자(수령인)로 지정할 경우

위 사례의 경우처럼 보험계약자가 피보험자의 상속인을 보험수익자로 하여 맺은 생명보험계약에 있어서 피보험자의 상속인은 피보험자의 사망이라는 보험사고가 발생한 때에는 보험수익자의 지위에서 보험자에 대하여 보험금지급을 청구할 수 있고, 이 권리는 보험계약의 효력으로 당연히 생기는 것으로서 상속재산이 아니라 상속인의 고유재산입니다(대법원 2001. 12. 24. 선고 2001다65755 판결).

이때 상속인이 한정승인을 하여도 보험금은 상속채권자에게 변제하여야 할 책임재산(상속재산)이 되지 않고, 상속포기를 하여도 보험금청구에 영향이 없습니다.

(2) 피상속인이 보험수익자를 단지 '상속인'이라고 표시한 경우

이 경우에도, 이는 보험계약자의 상속인인 개인을 지정한 것으로 해석되므로 보험청구권은 역시 상속재산이 되지 않습니다(대법원 2001. 12. 28. 선고 2000다31502

판결).

(3) 보험계약자(피상속인)가 자기를 피보험자로 하고, '상속인이 아닌' 제3자를 보험수익자로 지정한 경우

수익자가 보험사고 발생 전에 사망한 경우는 계약자는 다시 수익자를 지정할 수 있고, 이 지정권을 행사하지 않고 계약자가 사망한 경우에는 그 수익자(제3자)의 상속인을 보험수익자로 합니다. 이 경우의 보험금청구권의 취득도(타인을 위한 생명보험)의 효과이므로 상속재산이 아닙니다.

(4) 보험계약자(피상속인)가 "자기"를 보험수익자로 지정한 경우

이 경우에는 보험청구권은 상속재산에 속하며, 상속인에 의하여 상속됩니다(대법원 2002. 2. 8. 선고 2000다64502 판결).

85. 상해의 결과로 사망하여 사망보험금이 지급되는 상해보험에 있어서 보험수익자가 지정되어 있지 않아 피보험자의 상속인이 보험수익자로 되는 경우 보험금청구권이 상속인의 고유재산인지

[질 의] 저는 아버지를 피보험자로 하는 자동차생명보험을 들었는데 사망보험금에 관한 보험수익자는 따로 지정하지 않았습니다. 그런데 아버지께서 피보험자동차를 운전하시다가 교통사고로 사망하여 사망보험금으로 1억원을 받을 예정입니다. 그런데 아버지의 채권자들이 이 보험금을 상속재산이라고 주장하면서 압류하려고 하는데 맞습니까?

[답 변] 상속재산이 아니라 상속인의 고유재산입니다.

[해 설] 보험수익자의 지정에 관한 상법 제733조는 상법 제739조에 의하여 상해보험에도 준용되므로, 결국 이 사건과 같이 상해의 결과로 사망한 때에 사망보험금이 지급되는 상해보험에 있어서 보험수익자가 지정되어 있지 않아 위 법률규정에 의하여 피보험자의 상속인이 보험수익자가 되는 경우에도 보험수익자인 상속인의 보험금청구권은 상속재산이 아니라 상속인의 고유재산입니다(대법원 2004. 7. 9. 선고 2003다29463 판결).

86. 사망퇴직금이 상속재산인지

[질 의] 최근 남편이 갑작스런 심근경색으로 사망하여 사망퇴직금을 받았습니다. 이 퇴직금이 상속재산인지요?

[답 변] 상속재산이 아니라 수급권자(상속인)의 고유재산입니다.

[해 설] 사망퇴직금의 수령권자의 범위나 순위는 단체협약이나 취업규칙, 회사의 내규 등에 정해져 있습니다. 이러한 퇴직금의 규정은 '제3자를 위한 계약'으로 해석하고 있으므로 수급

권자가 그 고유의 권리로 사망퇴직금을 수령한다고 할 수 있다. 따라서 퇴직금은 상속재산이 아인 상속인의 고유재산입니다.

87. 금전채무가 공동상속된 경우, 상속재산분할의 대상이 되는지

[질 의] 부친께서 저의 세자녀에게 1억권의 빚을 남기고 돌아가셨습니다. 이 채무도 상속재산분할의 대상이 되는지요?

[답 변] 상속재산분할의 대상이 되지 않습니다.

[해 설] 금전채무와 같이 급우의 내용이 가분인 채무가 공동상속된 경우, 상속개시와 동시에 법정상속분에 따라 분할되어 귀속되므로, 상속재산의 분할의 대상이 되지 않습니다.
상속재산분할의 대상이 될 수 없는 상속채무에 관하여 공동상속인들 사이에 분할의 협의가 있는 경우에는 이러한 협의는 민법 제1013조에서 말하는 상속재산의 협의분할이라 할 수 없고 위 분할의 협의에 따라 공동상속인 중의 1인이 법정상속분을 초과하여 채무를 부담하기로 한 약정은 면책적 채무인수의 실질적성격을 가진다고 할 것이다. 따라서 채권자에 대한 관계에서 위 약정에 의하여 다른 공동상속인이 법정상속분에 따른 채무의 일부 또는 전부를 면하고자 할 때에는 민법 제454조의 규정에 따른 채권자의 승낙을 필요로 하고, 여기서 상속재산분할의 소급효를 규정하고 있는 민법 제1015조가 적용될 여지가 전혀 없다(대법원 1997. 6. 24. 선고 97다8809 판결).

88. 미성년자의 자와 함께 상속받은 재산을 모(母)명의로 명의이전 할 수 있는지

[질 의] 저는 남편의 사망으로 미성년자인 자녀와 함께 공동상속인이자 위 자녀의 친권자입니다. 제가 자녀들과 함께 상속받은 남편 명의의 사업체를 저의 단독명의로 변경하려고 하는데 어떤 절차를 거쳐야하는 가요?

[답 변] 가정법원에 아들과 딸의 각 특별대리인 선임을 청구하여 그들이 명의변경에 동의하여야 합니다.

[해 설] 법정대리인인 친권자가 그 자(子)와의 사이에 이해 상반되는 행위를 함에는 친권자는 법원에 그 자의 특별대리인의 선임을 청구하여야 한다(민법 921조 1항).

89. 대습상속의 상속분

[질 의] 이몽룡과 성춘향 부부에게 갑(아들)과 을(딸)이 있고, 갑과 을 중 갑의 자녀는 2명, 을의 자녀는 1명인데, 갑, 을이 이몽룡보다 먼저 사망하였습니다. 이몽룡의 며느

리와 사위는 모두 재혼하였습니다. 나중에 이몽룡이 9천만원의 재산을 남기고 사망한 경우 손자와 외손자의 상속분이 각각 얼마씩이 되는지요?

[답 변] 손자들은 각각 2,250만원, 외손자는 4,500만원이 됩니다.

[해 설] 대습상속인의 상속분은 피대습자(사망 또는 상속결격된 자)의 상속분에 의합니다(민법 1010조 1항). 그리고 피대습자의 직계비속이 수인인 때에는 그 상속분은 피대습자의 상속분의 한도 내에서 법정상속분에 의하여 정해집니다(배우자가 대습상속하는 경우에도 마찬가지임)

위 사례의 경우 피대습자의 상속분을 그대로 상속하므로, 갑의 자녀 2명은 갑의 상속분 4,500만원(=9,000만원×1/2)에서 2명을 나누어 상속하므로 1/4씩이 되어 2,250원을 상속하고, 을의 자녀는 1명이므로 을의 상속분 1/2, 즉 4,500만원을 그대로 상속합니다.

※ 대습상속의 경우 법정상속분의 비율

① 부가 피상속인인 경우

상속인 : 모·장남(사망 → 대습 → 처·자)·장녀

상속분 : 1.5=⑮·1=⑩(0.6=⑥·0.4④)·1=⑩

분배율 : 3/7·2/7·(6/35·4/35)·2/7

② 모가 사망한 경우

상속인 : 부·장남·장녀(사망 → 대습 → 부·자)·차녀

상속분 : 1.5=⑮·1=⑩·1=⑩ (0.6=⑥·0.4=④)·1=⑩

분배율 : 3/9·2/9·2/9·(6/45·4/45)·2/9

90. 상속포기시 대습상속

[질 의] 상속인이 수인인 경우 어느 상속인이 상속을 포기한 때 포기한 상속인의 상속인이 그 상속재산을 대습상속하게 되나요?

[답 변] 민법이 인정하는 대습상속의 사유는 피대습자의 사망 또는 결격에 국한하므로 상속인의 상속포기는 대습상속의 사유가 될 수 없다.

91. 상속재산분할청구

[질 의] 아버님은 저희 형제와 집 한 채를 남겨놓고 돌아가셨는데 생전에 아버님은 형님이 장남이라는 이유로 상속재산인 집한 채보다 훨씬 많은 재산을 주었습니다. 그래서 집은 제가 가졌으면 하는데 형님과 합의가 되지 않습니다. 그러면 법정상속지분대로 상속할 수밖에 없습니까?

[답 변] 상속인들 사이에 상속재산에 관한 협의가 이루어지지 아니할 경우 가정법원에 상속재산분할심판청구를 하여 그 결정대로 재산상속을 받을 수 있습니다.

[해 설] 1. 공동상속인들은 언제든지 협의하여 상속재산을 분할할 수 있고, 협의가 안 될 때에는 가정법원에 그 분할을 청구할 수 있다. 가정법원에서 하는 상속재산의 분할심판은 상속인 중에 행방불명자, 정신병자, 협의불응 자가 있는 경우 등과 같이 공동상속인 전원이 모여서 분할협의를 할 수없는 경우에 효과적이다.

2. 상속재산의 분할방법으로는 현물분할, 경매에 의한 가액분할, 상속재산 중 특정의 재산을 특정상속인의 소유로 하고, 그의 상속분 및 기여분의 합계액과 특정재산의 가액의 차액을 현금으로 정산하는 것 등 3가지가 있다.

위 분할방법 중 어느 방법으로 할 것인지는 전적으로 가정법원의 재량에 속한다. 상속재산의 심판에는 형성력이 있다. 그러므로 그 심판이 확정되면 그 심판에서 정한 대로 권리의무가 창설, 변경, 소멸된다.

3. 상속재산 예컨대 특정부동산을 경매에 부쳐 그 대금을 심판에서 정한 비율로 분배하라는 결정이 있는 경우 상속인들은 경매신청을 하기 전에 상속등기를 하여야 한다. 이 경우 상속등기는 법정상속분대로 할 것이 아니고 그 심판문에서 정한 비율로 하여야 한다(등기선례 7-167).

92. 특별요양간호자의 기여분결정 청구

[질 의] 어머님은 아버님과 이혼한 후 오랫동안 암을 앓다가 약간의 부동산을 상속재산으로 남긴 채 돌아가셨습니다. 저에게는 저를 포함하여 형제가 세명 있는데 저를 제외한 나머지 형제는 외국에 머물며 어머니를 전혀 돌보지 않았고 제가 20년 이상을 병간호를 했습니다. 그래도 다른 형제와 상속분이 같습니까?

[답 변] 어머님을 요양간호하였기 때문에 어머님이 지급했어야 할 비용이 지출되지 않은 경우 기여분권리자가 될 수 있고, 그 기여분은 상속인 사이에 합의할 수 있습니다. 합의가 안 될 경우 가정법원에 상속재산분할청구를 하면서 기여분결정을 청구할 수 있습니다.

[해 설] 1. 공공상속인 중에 피상속인의 재산을 유지·증가시키는 일에 특별히 기여한 사람이 있을 때에는 공동상속인들의 협의로 그 기여분을 정할 수 있다. 협의가 안되면 가정법원에 청구하여 기여분을 정할 수 있다(민법 1008조의2).

2. 특별한 기여의 예로는 망인의 사업에 대한 노무의 제공, 무이자의 금전대여, 금전 기타 재산의 증여, 부동산 등의 사용대차 등과 같은 재산상 급여, 망인을 요양간호하여 그 비용을 면하도록 한 것 등을 들 수 있다. 망인에게 생활비를 계속 지급하여 특별히 부양한 경우에도 특별한 기여로 볼 수 있다.

93. 교통사고를 당한 남편을 아내가 간병한 경우 이를 특별한 기여로 볼 것인지

[질 의] 제 남편은 낮은 박봉에 시달리는 공무원을 하다가 최근 사망하였습니다. 남편은 재산으로 부동산이 있었고, 저는 남편이 교통사고를 당하여 치료받는 중에 열심히 간병을 하였고, 남편과 쌀소매업, 잡화상 등을 하면서 소득도 얻었습니다. 저는 남편의 부동산 상속에 있어서 특별한 기여로 볼 수 있습니까?

[답 변] 특별한 기여로 볼 수 없습니다.

[해 설] 망인은 공무원으로서 종사하면서 적으나마 월급을 받아 왔고, 교통사고를 당하여 치료를 받으면서 처로부터 간병을 받았다고 하더라도 이는 부부간의 부양의무 이행의 일환일뿐, 망인의 상속재산취득에 특별한 기여한 것으로 볼 수 없으며, 또한 처가 위 망인과는 별도로 쌀소매업 잡화상, 여관업 등의 사업을 하여 소득을 얻었다고 하더라도 이는 위 망인의 도움이 있었거나 공동으로 경영한 것'이다.라고 판시(대법원 1996. 7. 10.자 95스31 결정)하였다.

94. 기여분 결정방법

[질 의] 상속재산분할청구없이 유류분반환청구가 있다는 사유만으로 기여분결정청구가 허용되는지요?

[답 변] 허용되지 않습니다.

[해 설] 민법 제1008조의2 제4항, 제1013조 제2항, 제1014조는 기여분결정의 심판청구는 상속재산의 분할청구가 있는 경우 또는 피인지자, 재판의 확정에 의하여 공동상속인이 된 자의 상속분에 상당한 가액의 지급청구가 있는 경우에 할 수 있다고 규정하고 있다.
따라서, 기여분은 상속재산분할의 전제문제가 따라야 하므로, 상속재산분할의 청구나 조정신청이 있는 경우에 한하여 기여분결정청구를 할 수 있고 다만 예외적으로 상속재산분할 후에라도 피인지자나 재판의 확정에 의하여 공동상속인이 된 자의 상속분에 상당한 가액의 지급청구가 있는 경우에는 기여분의 결정청구를 할 수 있다고 해석되며, 상속재산분할의 심판청구가 없음에도 단지 유류분반환청구이 있다는 사유만으로는 기여분결정청구가 허용되지 않는다(대법원 1999. 8. 24.자 99스28 결정).

95. 공동상속인은 자기의 상속분을 제3자에게 양도할 수 있는지

[질 의] 저희는 남매는 임야를 상속받았는데 누나가 임야에 대한 상속지분을 제3자에게 양도하였습니다. 이것을 되찾아 올 수 있나요?

[답 변] 양수인은 상속분 양수권을 행사할 수 없습니다.

[해 설] 1. 공동상속인 중 일부가 상속재산인 임야 중 자신들의 상속지분을 양도한 경우, 이는 민법 제1011조 제1항에 규정된 '상속분의 양도'에 해당하지 아니하고 상속받은 임야에 관한 공유지분을 양도한 것에 불과하여, 다른 공동상속인에게 민법 제1011조 제1항에 규정된 상속분 양수권이 있다고 볼 수 없다(대법원 2006. 3. 24. 선고 2006다2179 판결)고 하였다.

2. 민법 제1011조 제1항은 "공동상속인 중 그 상속분을 제3자에게 양도한 자가 있는 때에는 다른 공동상속인은 그 가액과 양도비용을 상환하고 그 상속분을 양수할 수 있다."고 규정하고 있는 바, 여기서 말하는 '상속분의 양도'란 상속재산분할 전에 적극재산과 소극재산을 모두 포함한 상속재산 전부에 관하여 공동상속인이 가지는 포괄적 상속분, 즉 상속인 지위의 양도를 의미하므로, 상속재산을 구성하는 개개의 물건 또는 권리에 대한 개개의 물권적 양도는 대항하지 않습니다.

96. 상속재산분할협의 불성립시 상속재산 분할방법

[질 의] 저의 부친께서 몇 필지의 토지를 남기고 사망하였습니다. 상속인으로서는 저와 모친, 남동생 1명 출가한 누나 2명으로 모두 5명이 있는데, 모친과 남동생은 자기들의 상속지분을 저에게 양보하겠다고 하지만, 누나 2명은 자기들의 법정상속지분보다 더 요구하고 있어 상속재산분할협의를 하지 못하고 있습니다. 이 경우 모친과 남동생, 저의 법정상속지분만이라도 상속등기를 할 수 있는지요?

[답 변] 할 수 없습니다.

[해 설] 공동상속인간의 협의가 이루어지지 않을 때에는 공동상속인 중 1인이 법정상속지분으로 공동상속등기를 신청할 수 있으며, 이 경우 신청서에는 상속인 전원의 법정상속분이 표시되어야 합니다. 이와 같이 법정상속분의 상속등기를 마친 후 모친과 동생의 법정지분을 귀하에게 이전하는 절차를 밟아야 합니다. 다만 이 경우 이전등에 따른 양도소득세 또는 증여세 등이 부과될 수 있습니다.

97. 상속재산분할협의에 이미 상속을 포기한 자가 참가하는 경우의 효력

[질 의] 저의 6남매는 부모님으로부터 부동산을 상속받고 큰언니에게 제 상속분을 주기로 하고 상속을 포기하였습니다. 저는 저의 상속지분 전부를 큰언니에게 준다는 의사를 표시하고자 상속재산분할협의에 참석하였는데, 상속을 포기한 사람이 참여하였으므로 이 협의가 무효인가요?

[답 변] 무효가 아닙니다.

[해 설] 상속재산분할협의에 이미 상속을 포기한 자가 참여하였다 하더라도 그 분할협의의 내용

이 이미 포기한 상속지분을 다른 상속인에게 귀속시킨다는 것에 불과하여 나머지 상속인들 사이의 상속재산분할에 관한 실질적인 협의에 영향을 미치지 않은 경우라면 그 상속재산분할협의는 효력이 있다고 볼 수 있다(대법원 2007. 9. 6. 선고 2007다30447 판결).

98. 상속재산분할협의가 채권자취소권의 대상이 되는지

[질 의] 저는 갑에게 6천만원의 채권을 가지고 있는데, 갑은 현재 돈을 갚을 능력이 없습니다. 그런데도 갑은 1억원 상당의 유산을 상속받아 자기 형과 상속재산분할협의를 하여, 위 1억원을 형의 단독소유로 하고, 자기의 상속분을 포기하였습니다. 저는 갑을 상대로 채권자 취소권을 행사할 수 있습니까?

[답 변] 채권자취소권을 행사할 수 있습니다.

[해 설] 채무초과 상태에 있는 채무자가 상속재산의 분할협의를 하면서 상속재산에 관한 권리를 포기함으로써 결과적으로 일반채권자에 대한 공동담보가 감소되었다 하더라고, 그 재산분할결과가 채무자의 구체적 상속분에 상당하는 정도에 미달하는 과소한 것이라고 인정되지 않는 사해행위로써 취소되어야 할 것이고, 구체적 상속분에 상당하는 정도에 미달하는 과소한 경우에도 사해행위로써 취소되는 범위는 그 미달하는 부분에 한정됩니다(대법원 2001. 2. 9. 선고 2000다51797 판결). 이 때 지정상속분이나 기여분, 특별수익 등의 존부 등 구체적 상속분이 법정상속분과 다르다는 사정은 채무자(상속인)가 주장·입증하여야 한다.

99. 상속개시 전 상속포기의 효력

[질 의] 저는 형이 부산에 살고 있어 혼자가 된 아버지를 모시고 살고 있었으나, 최근 아버지께서 답 2,000평을 남기고 돌아가셨습니다. 형은 아버지 생전에 매달 저에게 아버지의 생활비로 80만원씩을 보내주었지만 제가 아버지를 모시고 있었으므로 형은 생전에 아버지 재산에 대한 상속권은 모두 포기했었습니다. 그러나 아버지가 돌아가시자 형이 자신의 상속권을 주장합니다, 형의 상속권주장이 타당한지요?

[답 변] 타당합니다.

[해 설] 유류분을 포함한 상속의 포기는 상속이 개시된 후(피상속인의 사망) 일정한 기간 내에만 가능하고, 가정법원에 신고하는 등 일정한 절차와 방식을 따라야만 그 효력이 있으므로, 상속개시 전에 한 상속포기약정은 그와 같은 절차와 방식에 따르지 아니한 것으로 효력이 없고, 상속인 중의 1인이 피상속인의 생존시에 피상속인에 대하여 상속을 포기하기로 약정하였다고 하더라도, 상속개시 후 민법이 정하는 절차와 방식에 따라 상속포기를 하지 아니한 이상, 상속개시 후에 자신의 상속권을 주장하는 것은 정당한 권리행사로서 권리남

용에 해당하거나 또는 신의칙에 반하는 권리의 행사라고 할 수 없다(대법원 1998. 7. 24. 선고 98다9021 판결).

100. 재산상속인의 존재가 분명하지 아니한 상속재산에 관한 소송에 있어서 피고적격

[질 의] 상속인의 존재가 분명하지 아니한 상속재산에 관한 소송을 하려면 피고를 누구로 하여야 합니까?

[답 변] 법원에서 선임된 상속재산관리인이 피고가 됩니다.

[해 설] 민법은 상속인의 상속인이 없거나 분명하지 아니한 때에는 상속재산관리인을 선임하여 재산을 관리하게 하면서, 한편으로는 상속인을 찾아내고, 다른 한편으로는 상속재산으로 상속채권자 등에게 변제를 하여 청산한다. 결국 상속인이 나타나지 아니한 때에는 특별연고자를 찾아 그에게 재산을 분여하고, 최종적으로 남은 것은 국가에 귀속됩니다.

101. 특별연고자 등의 상속재산분여

[질 의] 저는 10년전 고아인 남편과 만나 혼인신고 없이 동거하고 있었는데, 남편은 얼마전 교통사고로 사망하였습니다. 10년간 결혼생활을 하며 취득한 남편명의의 부동산과 교통사고 배상금에 대하여 제가 상속받을 수 있는지요?

[답 변] 혼인신고를 하지 않았어도 배상받을 수 있습니다.

[해 설]

1. ① 상속인의 존부가 분명하지 아니한 때에는 법원은 피상속인의 친족, 기타 이해관계인 또는 검사의 청구에 의하여 상속재산관리인을 선임하고 지체 없이 이를 공고한 후에 공고가 있은 날로부터 3월 내에 상속인의 존부를 알 수 없을 때에는 관리인은 지체 없이 일반상속채권자와 유증 받은 자에 대하여 2월 이상의 기간을 정하여 그 기간 내에 그 채권 또는 유증 받은 사실을 신고할 것을 공고하여야 하며, ② 공고기간 내에 상속권을 주장하는 자가 없을 때에는 가정법원은 피상속인과 생계를 같이하고 있던 자, 피상속인의 요양간호를 한 자, 기타 피상속인과 특별한 연고가 있는 자의 청구에 의하여 상속재산의 전부 또는 일부를 분여할 수 있는데, 이 청구는 가정법원이 상속인수색의 공고에서 정한 상속권주장의 최고기간이 만료된 후 2월 이내에 하여야 한다(민법 1013조, 1056조, 1057조의2 2항)
2. 민법 제1058조 제1항의 규정에 의하면 피상속인의 직계비속, 직계존속, 형제자매, 4촌 이내의 방계혈족 및 배우자에 한하여 상속인이 될 수 있으며, 특별연고자에 대하여 분여되지 아니한 때에는 상속재산은 국가에 귀속된다고 되어 있습니다.

제8장 유 언

102. 유언에 대한 증인이 될 수 없는 자

[질 의] 유언집행자는 증인이 될 수 없습니까?

[답 변] 증인이 될 수 있습니다.

[해 설] 유언에 있어서 증인이 될 수 없는 자

1. 법정결격자(민법 1072조)

① 미성년자는 절대적 결격자입니다(법정대리인의 동의를 얻더라로 증인이 될 수없음). 혼인하여 성년자로 간주된 사람. 성년이 되기 전에 이혼한 미성년자는 증인이 될 수 있습니다.

② 피성년후견인과 피한정후견인도 절대적 결격자입니다.

③ 유언으로 이익을 받을 사람 및 그의 배우자와 직계혈족(유언자의 상속인이 될 사람, 유증을 받게 될 수유자 등과 그 배우자, 직계혈족을 의미함)은 자기의 이익을 위하여 꾀할 우려가 있으므로 증인이 될 자격을 배제한 것입니다.

그러므로 법정상속인으로 추정되는 사람이나 유언으로 이익을 잃게 되는 사람, 유언집행자 등은 증인결격자가 아니고 유언의 증인이 될 수 있습니다(대법원 1999. 11. 26. 선고 97다57733 판결).

④ 공증인법에 의한 결격자

미성년자, 서명할 수 없는 사람, 촉탁사항에 관하여 이해관계가 있는 사람, 촉탁사항에 대하여 대리인·보조인이거나 이었던 사람, 공증인이나 촉탁인 또는 그 대리인의 배우자·친족·동거의 가족·법정대리인·피용자·동거인·공증인의 보조자는 결격자입니다.

2. 사실상의 결격자

서명을 할 수 없는 자, 유언자의 구수를 이해할 수 없는 자 등은 법률규정에 결격사유로 규정되어 있지 않지만, 사실상 유언의 방식에서 정하고 있는 증인으로서 역할을 할 수 없는 경우에 해당 됩니다.

103. 유언의 집행

[질 의] 유언의 검인이나 개봉절차를 거치지 않으면 유언이 무효가 됩니까?

[답 변] 유언자의 사망에 의하여 바로 효력이 발생하며, 검인이나 개봉절차를 거치지 않았더라로 그 유언은 무효가 되는 것이 아니다.

[해 설] 민법 제1091조에서 규정하고 있는 유언증서에 대한 법원의 검인은 유언증서의 형식·태양 등 유언의 방식에 관한 모든 사실을 조사·확인하고 그 위조·변조를 방지하며, 보존을

확실히 하기 위한 일종의 검증절차 내지는 증거보전절차를 말합니다.
이는 유언자의 진의에 의한 것인지 여부나 적법한지 여부를 심사하는 것이 아님은 물론 직접 유언의 유효여부를 판단하는 심판이 아니고, 민법 제1092조에서 규정하는 유언증서의 개봉절차는 봉인된 유언증서의 검인에는 반드시 개봉이 필요하므로 그에 관한 절차를 규정한데에 지나지 아니하므로, 적법한 유언은 이러한 검인이나 개봉절차를 거치지 않더라도 유언자의 사망에 의하여 곧바로 그 효력이 생기는 것이며, 검인이나 개봉절차의 유무에 의하여 유언의 효력이 영향을 받지 않습니다(대법원 1998. 6. 12. 선고 97다38510 판결).

104. 특정적 수증자도 유언집행자가 될 수 있는지

[질 의] 제 남편은 공정증서로서 저에게 특정부동산을 유증하고 저를 유언집행자로 지정한다는 내용의 유언을 하고, 저와 아들 둘을 남기고 사망하였습니다. 이에 저는 망인의 유언집행자이자 수증자로서 위 유증을 원인으로 한 소유권이전등기를 신청하였습니다. 그런데 등기관이 수증자는 유언집행자나 될 수 없다고 하면서 등기신청을 각하하였습니다. 이것이 적법한 것인지요?

[답 변] 수증자에게도 유언집행자의 자격이 있으므로 적법하지 않습니다.

[해 설] 유언의 집행이란 유언의 효력이 발생한 후 그 내용을 실현하는 행위로써 유언의 내용이 상속인의 이익에 반하는 경우도 있고(예컨대 유언에 의한 인지의 경우 인지된 혼인 외의 자가 상속인의 지위를 가지게 되므로, 기존의 상속인에게는 상속분이 줄어드는 결과가 된다), 상속인이 무능력자일 때에는 스스로 유언을 집행할 수가 없다. 이런 이유 때문에 민법은 유언집행자제도를 두고, 상속인 이외의 자로 하여금 유언을 집행할 수 있게 하였다.

유언 중에서 반드시 집행자를 두어야 하는 것은 ① 친생부인 ② 인지이며, 상속인 자신도 집행할 수 있는 것은 ① 특정적 유증, ② 재단법인의 설립, ③ 신탁 등이 있다.

유증의 실현은 유언자의 뜻을 실행하는 이행행위일 뿐이고, 수증자의 집행행위를 자기계약으로 볼 수 없으므로 수증자에게도 유언집행자의 자격이 있다(서울지방법원 1995. 4. 28.자 94파8391).

제9장 유류분제도

105. 유류분 반환소송의 관할

[질 의] 유류반환소송을 제기하는데 어느 법원에 신청하나요?

[답 변] 피고의 보통 재판적 소재의 법원에 민사사건으로 제출하여야 합니다.

[해 설] 유류분반환청구(민법 1115조 1항)는 친족간의 분쟁으로서의 색채를 강하게 가지고 있다는 점에서 가사사건에 해당한다는 견해도 있을 수 있으나, 기본적으로 가사소송법이 재산상속에 관한 분쟁을 가사사건에서 제외하였다.

106. 유증으로 유류분이 침해된 경우 상속인의 구제

[질 의] 저희 아버지께서 장남인 저와 어머니 그리고 남동생 1명을 남겨두고 5개월 전에 사망하였습니다. 유산으로는 현재 저의 가족이 살고 있는 5천만원 상당의 집 한 채, 2억원 상당의 토지가 있었으나 아버지께서는 토지를 유언으로 사회봉사단체에 증여하였습니다. 이러한 경우 장남인 제가 사회봉사단체에 상속재산일부를 청구할 수 있는지요?

[답 변] 청구할 수 있습니다.

[해 설] 1. 민법은 유류분권리자가 받은 상속재산이 유류분을 침해하는 유증 또는 증여의 경과 유류분이 부족할 때에는 유류분제도를 둔 취지에서 유류분권리자가 자기의 유류분을 보전하는 방법을 정하였다.
즉 유류분은 구체적으로 반환청구권으로 나타나며, 유류분권리자는 유류분에 부족한 한도에서 유증 또는 증여된 재산의 반환을 청구할 수 있다(민법 1115조 1항).
2. 피상속인의 배우자와 직계비속의 유류분은 법정상속분의 1/2이 되며, 반환청구권은 상속의 개시 및 증여의 사실을 안 날로부터 1년 내에 행사하지 아니하거나, 상속이 개시된 때(사망일)로부터 10년 내에 행사하여야 한다.

107. 유류분반환청구의 행사방법

[질 의] 유류분반환청구를 하려면 목적물을 구체적으로 특정하여야 합니까?

[답 변] 구체적으로 특정할 필요는 없습니다.

[해 설] 1. 유류분반환청구의 의사표시는 권리해침해행위인 유증이나 증여행위를 지정하여 그 반환청구의 의사표시를 하면 족하고, 증여 등으로 인하여 생긴 목적물의 이전등기청구권이나 이전등기청구권을 행사하는 것처럼 그 목적물을 구체적으로 특정하여야 하

는 것이 아니다. 이러한 의사표시로 민법 제1117조 소정의 소멸시효가 중단된다(대법원 1995. 6. 30.선고 93다11715 판결).

2. 유류분의 보전은 유류분에 부족한 한도에서 하여야 하므로, 증여의 일부만이 유류분을 침해하였을 때에는 그 침해한 한도에서 반환을 청구할 수 있다.

제10장 가족관계등록 및 국적

108. 가족관계등록정정(연령정정)

[질 의] 저의 주민등록상 주민등록번호와 가족관계등록부상 주민등록번호의 앞자리 숫자가 다릅니다. 그래서 주민등록상 번호로 통일시키고 싶습니다. 어떻게 하면 됩니까?

[답 변] 가족관계등록부상 주민등록번호 앞자리 숫자는 출연월일을 의미하기 때문에 이를 고치기 위해서는 가정법원에 가족관계등록정정허가(연령정정허가)신청을 하여야 합니다.

[해 설] 1. 가족관계등록정정이란 가족관계등록부에 등재된 사항이 신분관계와 부합하지 아니한 때 그 잘못을 바로잡는 것을 말한다. 가족관계등록정정의 방법으로는 직권에 의한 정정, 감독법원의 허가를 요하는 정정, 판결에 의한 정정, 가족관계등록비송절차에 의한 정정이 있다.

2. 가족관계등록비송절차에 의한 정정 즉, 법원의 허가에 의한 정정은 실무상 연령정정과, 기타 정정으로 구분되는데 여기에는 성명정정, 부모란 정정, 성별정정, 본정정, 사망사유 및 일자정정, 이중가족관계등록부의 말소 등이 있다.

3. 연령정정은 가족관계등록부에 기록되어 있는 출생연월일의 사실과 다른 경우에 사실에 부합하도록 바로잡는 것을 말한다. 연령정정허가심판을 할 때에는 모의 연령, 형제간의 터울, 부모의 혼인일자, 취학연령, 부부간의 연령차, 학교동기생의 평균연령, 출생신고일자 등이 구체적인 판단자료가 될 수 있다. 실무에서는 연령정정허가신청을 할 때에 소명자료로서 출생증명서와 학적부 등을 첨부하도록 하고 있다.

109. 가족관계등록정정(연령정정)

[질 의] 가족관계등록부에 기재되는 주민등록번호와 주민등록등본에 기재된 주민등록번호가 다른 경우 정정할 수 있는 방법은 무엇인가요?

[답 변] 1. 가족관계등록부상의 주민등록번호 앞자리가 다른 경우라면 이는 출생연월일을 의미하므로 이를 고치기 위해서는 사건본인의 등록기준지를 관할하는 법원에 아래 서류를 첨부하여 가족관계등록부정정(연령정정)허가 신청을 하여야 합니다.

☞ 첨부서류

* 사건본인의 기본증명서, 가족관계증명서 각 1통

* 신청인의 주민등록등본 1통

* 소명자료(정정할 연령이 기재된 출생증명서, 학적부, 성적증명서, 졸업증명서, 생활기록부, 연령감정서 등)

2. 가족관계등록부상의 주민등록번호 뒷자리가 다른 경우라면 이는 가족관계등록부를 정정할 사안이 아니므로 등록기준지 관할 구청으로 문의해서 이를 정정할 수 있습니다.

110. 등록관서공무원의 직권정정사항

[질 의] 저는 최근 다소 황당한 경험을 했습니다. 몇 년 전에 호적부를 확인했을 때는 생년월일 및 주민등록번호가 바르게 기재되었는데 최근 바뀐 제도에 의한 가족관계증명서를 발급받아서 보니 저의 주민등록번호와 생년월일이 잘못 기재된 것을 발견했습니다. 어떤 절차로 정정을 해야 하는지요?

[답 변] '가족관계등록등에관한법률' 시행 전의 호적부에서 가족관계등록부로 전산이기하는 과정에서 가족관계증명서상의 주민등록번호와 생년월일이 잘못 이기되었음이 명백한 경우라면 등록관서공무원이 직권으로 정정할 수 있습니다.

111. 직권으로 정정된 자녀의 재 정정허가신청

[질 의] 아버지의 가족관계등록부상 한자 성의 한글표기가 정정되어 자녀 성도 직권으로 정정되었는데, 자녀는 실제 생활에서 정정 전의 한글표기대로 성을 사용하고자 할 경우에 자녀가 아버지와 상관없이 법원에 다시 정정허가를 받을 수 있나요?

[답 변] 원칙적으로 재 정정할 수 없습니다.

[해 설] 자녀 성의 한글표기를 부와 일치시키는 것은 부성일치라는 민법상의 원칙뿐만 아니라 사회의 일반통념에도 부합하므로 정정된 부의 성의 한글표기대로 자녀의 성의 한글표기가 직권정정된다고 하더라도 자녀의 헌법상 인격권을 침해한다고 볼 수는 없습니다. 따라서 아버지가 자신의 한자 성의 한글표기를 정정하여 그 자녀의 성도 직권으로 정정된 경우에, 자녀가 종전 한자 성의 한글표기를 고수하려는 취지로 법원에 가족관계등록부 정정허가신청을 한다고 하여도 특별한 사정이 없는 한 그 허가를 받을 수는 없습니다(한자 성의 한글표시정정처리지침 제7조).

112. 재 정정허가신청이 허용될 수 있는 특별한 사정

[질 의] 한글표시 재 정정신청이 허용될 수 있는 특별한 사정이 무엇이 있나요?

[답 변] 사건본인에게 회복할 수 없는 손해가 발생할 수 있는 경우에 법원이 재 정정을

허가할 수 있습니다.

[해 설] 예컨대 '문화 柳'씨 성을 사용하는 사람이 '문화 柳'씨 성을 가진 다른 사람의 친양자가 되었는데, 친양 부의 한자 성의 한글표기를 '유'에서 '류'로 정정하여 친양자의 성의 한글표기도 정정되었으나 나중에 재판상 파양된 경우에 친부모의 한자 성의 한글표기는 '유'인 경우와 같이 후발적으로 불일치하게 되는 때에는 예외적으로 법원의 재정정 허가를 받아 성의 한글표기를 원래대로 돌릴 수 있습니다(한자 성의 한글표기정정사무처리지침 7조).

113. 부만 정정허가를 받은 경우 그 자녀의 성의 표기

[질 의] 아버지만 가족관계등록부상 한자 성의 한글표기 정정신청을 하여 법원의 허가를 받은 경우에 그 자녀의 성은 어떻게 되나요?

[답 변] 자녀의 성도 직권으로 정정됩니다.

[해 설] 현행 민법상 자녀는 원칙적으로 부의 성과 본을 따르게 되어 있기 때문에, 법원의 허가에 의해서 부의 가족관계등록부상 한자 성의 한글표시가 정정된 경우, 가족관계등록부상의 장은 직권으로 자녀 성의 한글표기를 정정하여야 합니다.

이는 자녀가 혼인 등으로 분가하거나 타가에 입적한 경우에도 마찬가지입니다. 다만, 가족관계등록부관서의 장이 미처 부의 가족관계등록부상 한자 성의 한글표기가 정정된 것을 발견하지 못하는 경우에는 이해관계인이 직권발동을 촉구하는 의미의 직권정정신청을 하여 자녀 성의 한글표기를 정정할 수도 있습니다(한자 성의 한글표기정정사무처리지침 6조).

114. 자녀의 출생신고시 성의 표기

[질 의] 가족관계등록부상 한자 성의 한글표기가 두음법칙에 따라서 기재되어 있는 아버지가 자녀의 출생신고를 할 때, 본래의 음가대로 자녀의 성을 표기하여 출생신고를 할 수 있습니까?

[답 변] 원칙적으로 할 수 없습니다.

[해 설] 아버지와 자녀의 성의 한글표기는 동일하여야 하기 때문에 아버지 성의 한글표기와 다르게 자녀의 출생신고를 할 수는 없습니다. 자녀의 성을 실제 사용할 표기로 출생신고 하려면 먼저 아버지가 자신의 가족관계등록부상 한자 성의 한글표기를 정정하여야 합니다.

115. 자녀의 성이 직권정정되는 경우 첨부서면

[질 의] 아버지의 가족관계등록부상 한자 성의 한글표기정정으로 직권정정되는 자녀의

동의서나 자녀에 대한 고지서면이 필요한가요?

[답 변] 자녀의 동의서나 확인서의 첨부가 좋을 듯합니다.

[해 설] 반드시 자녀의 동의서나 확인서가 필요한 것은 아닙니다. 그렇지만, 부성일치의 원칙과 자녀 인격을 모두 존중한다는 취지에서 신청서에 아버지의 가족관계등록부상 한자 성의 한글표기의 정정으로 자녀의 가족관계등록부상 한자 성의 한글표기를 재 정정할 수 없다는 것을 고지하였다는 서면을 첨부하기를 권고합니다.

위 고지는 법원 소정의 양식이나 자녀에 대한 내용증명에 의한 우편에 의할 수도 있습니다. 자녀가 2인 이상일 경우에 일부 자녀에 대해서는 동의서를, 나머지 자녀에 대해서는 고지서면을 첨부하는 것도 가능합니다(민법 781조 1항). (한자 성의 한글표기정정사무처리지침 4조).

116. 자녀의 성을 새아빠의 성으로 변경으로 인한 친자관계

[질 의] 협의이혼을 하려고 하는데 자녀의 성을 엄마의 성이나 제가 재혼하는 새남편의 성으로 변경한다고 친자관계에 큰 영향을 주나요?

[답 변] 영향을 받지 않습니다.

[해 설] 단순히 자녀의 성을 변경하는 것만으로는 친생부모의 친족관계에 변동을 가져오는 것은 아니므로, 자녀의 성의 변경으로 인하여 친아빠의 성과 다르게 되었더라도 여전히 친아빠가 부로 표시됩니다.

따라서 자녀의 가족관계증명서에 새 아빠를 부로 표시하려면 재혼할 친양자입양을 하여 친아빠와의 친족관계를 종료시켜야 합니다(민법 908조의2 내지 8).

117. 자녀의 성과 본의 변경

[질 의] 저는 이혼한 여성으로 전 남편과 사이에 태어난 자녀를 양육하고 있습니다. 이 자녀의 성과 본을 새 아버지의 성과 본으로 변경할 수 있나요?

[답 변] 변경할 수 있습니다.

[해 설] 자녀의 성과 본을 새아버지의 성과 본으로 변경하는 방법에는 첫째는, 가정법원에 성과 본의 변경허가청구를 하는 것입니다. 법원은 자녀의 복리를 위하여 필요하다고 판단한 때에는 새 아버지의 성과 본으로 변경하는 결정을 내리게 됩니다. 둘째는, 새 아버지가 자녀를 친양자로 입양하여 그 성과 본을 변경할 수 있습니다.

118. 혼인관계 중 자녀의 성과 본의 변경

[질 의] 혼인관계 중 아버지의 성과 본을 따르고 있는 자녀의 성과 본을 어머니의 성과

본으로 변경할 수 있나요?

[답 변] 자녀의 복리를 위해 필요한 때에는 변경할 수 있습니다(민법 781조 6항).

[해 설] 1. 기존의 성과 본을 변경하는 것은 개인적·사회적으로 기존의 성·본에 의하여 형성된 사회적, 법적 신뢰관계를 흔드는 결과가 될 수 있으므로, 자녀의 복리를 위해 필요한 때에만 법원의 허가를 받아 변경할 수 있습니다.

2. 따라서 성년이거나 정상적인 가정을 유지하고 있는 부모의 자녀 등의 경우에는 특별한 사정이 없는 한 변경이 어려울 것입니다.

119. 사망한 조부 성의 정정 등

[질 의] 손자가 제적상 사망한 조부의 한자 성의 한글표시에 대해서도 정정허가신청을 할 수 있나요? 만약 허용된다면, 사망한 조부의 한자 성이 정정된 것을 근거로 같이 하는 자녀와 손자녀 모두의 성을 바꿀수 있나요?

[답 변] 할 수 있습니다.

[해 설] 1. 비록 제적부상으로는 사망으로 제적된 전 호주의 손자가 입적되었던 사실이 없었더라도 제적부와 가족관계등록부의 기재를 통하여 그 혈연관계가 있음이 증명된다면, 손자는 제적부상 사망한 조부의 제적상 한자 성의 한글표기 정정신청을 할 수 있습니다.

2. 제적부상 사망으로 제적된 전 호주의 한자 성의 한글표기가 정정된 경우에는 전 호주와 성을 같이 하는 자녀와 손자녀의 현 가족관계등록부상 기재되어 있는 한자 성의 한글 표기는 신청 없이 간이직권정정절차로 할 수 있습니다.

120. 제적부상의 정정

[질 의] 가족관계등록부뿐만 아니라 제적부에 기재되어 있는 한자 성의 한글표기에 대한 정정신청도 할 수 있나요?

[답 변] 할 수 있습니다.

[해 설] 가족관계등록부상 한자 성의 한글표기 정정사건도 가족관계등록법 제104조의 가족관계등록부정정사건에 해당하므로 가족관계등록부상의 기재뿐만 아니라 제적상의 기재에 대한 정정신청도 가능합니다. 다만, 사건본인의 경우, 그 제적상 기재가 정정된다고 하여도 가족관계등록부상의 기재를 정정하기 위해서는 가족관계등록부상 한자 성의 한글표기에 대한 정정허가를 제적상 한자 성의 한글표기와 동시 또는 임시로 모두 받아야만 제적부와 가족관계등록부를 완전하게 정리할 수 있습니다(가족관계등록법 제104조, 한자 성의 한글표기정정사무처리지침 2조).

121. 부의 한자 성의 한글표기 정정허가 후 가족관계등록부가 편제된 성년 자녀에 대한 정정

[질 의] 아버지가 자신뿐만 아니라 다른 가족관계등록부에 있는 성년 자녀에 대해서도 가족관계등록부상 한자 성의 한글표기 정정의 신청을 할 수 있나요?

[답 변] 할 수 있습니다.

[해 설] 아버지는 가족관계등록부상 이해관계인으로서 결혼으로 다른 가족관계등록부가 편제된 성년 자녀의 가족관계등록부상 한자 성의 한글표기 정정을 신청할 수 있습니다(한자 성의 한글표기정정사무처리지침 3조)

122. 부와 자녀의 본적과 주소가 다른 경우 관할

[질 의] 아버지와 자녀의 본적과 주소가 다른 경우에 어느 법원에 가족관계등록부상 한자 성의 한글표기 정정신청을 하여야 합니까?

[답 변] 아버지의 본적지 또는 자녀의 본적지 관할 가정법원에 신청할 수 있습니다.

[해 설] 아버지가 본적이 다른 자녀와 공동으로 한자 성의 한글표시 정정신청을 할 경우, 아버지의 가족관계등록부와 자녀의 가족관계등록부는 서로 관련성이 있으므로 아버지의 본적지 또는 자녀의 본적지 관할 가정법원 어디든지 신청할 수 있습니다.

123. 정정허가에 의한 주민등록증상의 표시

[질 의] 가족관계등록부상 한자 성의 한글표기 정정되면, 주민등록증이나 여권에 기재되어 있는 성의 표기도 자동으로 바뀌나요?

[답 변] 그렇지 않습니다.

[해 설] 주민등록증이나 여권 등의 발행기관이 다르므로 가족관계등록부상 한자 성의 한글표기가 정정되어도 주민등록증이나 여권상 기재되어 있는 성이 자동적으로 정정되는 것은 아닙니다. 주민등록증이나 여권 등의 기재를 정정하기 위해서는 각 기관별로 별도 신청하여야 합니다(주민등록법 13조, 14조).

124. 정정허가결정 후 재 정정허가신청

[질 의] 가족관계등록부상 한자 성의 한글표기를 정정한 이후에 다시 정정할 수 있나요?

[답 변] 원칙적으로 정정할 수 없습니다.

[해 설] 가족관계등록부상 한자 성의 한글표기 정정을 신청할 수 있도록 하는 기본취지는 가족관

계등록부상 한자 성에 한글을 병기하도록 한 1994년 이전부터 현재에 이르기까지 자신의 한자 성을 본래의 음가로 발음 및 표기하여 사용하여왔던 사람들에게 그 원하는 바대로 가족관계등록부상 한자 성의 한글표기를 바꿔주는 것임으로 다시 신청을 하더라도 특별한 사정이 없는 법원은 허가하지 않을 것입니다(한자 성의 한글표기정정사무처리지침 제7조).

125. 인명용 한자 근거규정

[질 의] 얼마 전에 저는 아이를 출생신고를 했는데 구청 담당자로부터 아이의 이름에 사용한 한자가 인명용 한자가 아니므로 등록부에 올릴 수 없으니 다른 한자로 수정하라는 연락을 받았습니다. 안되는 이유 등 근거규정을 알고 싶습니다.

[답 변] 근거규정은 "자녀의 이름에는 한글 또는 통상 사용되는 한자를 사용하여야 한다. 통상 사용되는 한자의 범위는 대법원규칙으로 정한다."라고 규정하고 있는 「가족관계등록등에관한법률」 제44조 제3항 및 "출생자의 이름에 사용된 한자 중 제1항과 제2항의 범위에 속하지 않는 한자가 포함된 경우에는 등록부에 출생자의 이름을 한글로 기록한다."라고 규정하고 있는 「가족관계등록등에관한규칙」 제37조 제3항입니다.

126. 이혼경력의 문제

[질 의] 가족관계등록부에는 이혼경력이 나타나는지요?

[답 변] 종래 호적등본을 대체하는 기본증명서, 가족관계증명서에는 나타나지 않는다. 다만 혼인관계증명서에는 이혼경력이 나타난다(참고 : 가족관계의등록등에관한법률 15조).

127. 이혼경력문제

[질 의] 얼마전 여동생이 이혼하고 아버지 호적에 복적을 했다, 현재 나는 미혼이고 입사지원을 하고 있다. 호적등본 제출시에 여동생의 이혼사실이 나타나 불이익이 없을지 걱정이 된다. 기족관계등록부에 여동생의 이혼사실이 나타나는지요?

[답 변] 나타나지 않는다(참고 : 가족관계의등록등에관한법률 9조 및 15조).

128. 형재자매의 확인문제

[질 의] 가족관계등록부로 형제자매를 확인하려면 어떻게 해야 하는지요?

[답 변] 부모의 가족관계증명서를 발급받아 확인할 수 있다(참고 : 가족관계의등록등에관한 법률 15조 1항).

[해 설] 1. 가족관계증명서에는 배우자와 본인을 기준으로 부모, 자녀의 3대만 표시되고 형제자매가 나타나지 않는다. 따라서 형제자매를 알려면 부모의 가족관계증명서를 발급받아야 그 자녀로 표시된 본인과 그 형제자매를 확인할 수 있다.

2. 다만, 가족관계등록부는 현행 호적전산자료를 기초로 만들어지는데, 형제자매가 이미 결혼 등을 이유로 분가하여 독립된 호적을 갖게 된 때에는 부모의 호적에 나타나지 않으므로 이를 기초로 작성된 부모의 가족관계증명서를 통해서도 확인할 수 없는 경우가 있을 수 있다.

3. 이러한 경우에는 제적등본을 발급받거나, 형제자매의 가족관계증명서와 본인의 가족관계증명서를 따로 발급받아 부모의 동일함을 증명하는 방법으로 확인하여야 한다.

129. 각 증명서의 발급문제

[질 의] 본인은 자신의 가족관계등록부 전체 기록내용을 하나의 증명서로 발급받을 수 있는지, 아니면 각 증명서를 각각 발급받아야 하는지요?

[답 변] 증명목적에 따라 그에 적합한 증명서를 발급받아야 한다(참고 : 가족관계의등록등에관한법률 15조).

[해 설] 1. 본인이라고 하더라도 가족관계등록정보 전체를 볼 수 있는 전부증명서는 법에서 허용하지 않고 있다. 전부증명서를 허용한다면, 개인의 사생활정보를 보호하기 위하여 5종류의 목적별 증명서를 도입한 제도적 취지가 몰각되기 때문이다.

2. 본인이라 하더라도 증명목적에 따라 필요한 해당 증명서를 각각 발급받아야 한다.

130. 미복구지구 잔류자에 대한 부재선고

[질 의] 저의 아버님은 6·25 전쟁 직전에 가족들과 함께 평안남도에서 월남하였는데 그만 할아버님을 모시고 오지 못했습니다. 그래서 현재 가족관계등록부상 할아버님은 평안남도에 거주하는 것으로 기재되어 있으나 이미 돌아가신 것으로 추정됩니다. 할아버님을 가족관계등록부에서 말소할 수 있습니까?

[답 변] 가족관계등록부에 미수복지구에 거주하고 있는 것으로 등재되어 있고 원본적지 관할 도지사가 발행하는 잔류자확인서를 첨부할 경우에는 부재선고 등에 관한 특별조치법에 따라 부재선고를 받을 수 있습니다.

[해 설] 1. 가족관계등록부에 미수복지구(함경남도, 함경북도, 평안남도, 평안북도, 항해도와 경기도 및 강원도의 일부 지역)에 거주하고 있는 자를 잔류자라고 한다. 이와 같은 잔류자에 대하여 간단한 절차에 따라 실종선고를 받은 것과 같게 취급할 수 있는 제도가 부재선고제도이다.

2. 잔류자임이 분명할 때에는 가족이나 검사의 청구에 의하여 가정법원은 부재를 선고하여야 한다. 부재선고심판신청서에는 원 등록기준지 관할 도지사가 발행하는 잔류자확인서를 첨부하여야 한다.

3. 가정법원이 부재선고심판을 하려면 1월 이상 공시최고를 하여야 한다. 부재심판이 확정되면 잔류자는 상속이나 혼인에 관해서는 실종선고를 받은 것으로 보게 되며 청구인은 1월 이내에 심판서등본을 첨부하여 가족관계등록관서에 신고하여야 한다.

131. 대한민국국민과 혼인한 외국인의 대한민국국적 취득방법

[질 의] 대한민국국민과 혼인한 외국인이 대한민국국적을 취득하려고 합니다. 그 요건과 절차가 어떻게 되는지요?

[답 변] 국적법 제6조 제2항에 의한 간이귀화요건과 기타의 귀화요건을 갖추거나, 아니면 5년 이상 계속하여 대한민국에 주소가 있고, 기타의 귀화요건을 갖추어야만 법무부장관의 허가를 받아 대한민국국적을 취득할 수 있습니다.

[해 설] 국적법 제6조 제2항은 "배우자가 대한민국의 국민인 외국인으로서 다음 각 호의 1에 해당하는 자는 제5조 제1호의 요건을 갖추지 아니하여도 귀화허가를 받을 수 있다.

1. 그 배우자와 혼인한 상태로 대한민국에 2년 이상 계속하여 주소가 있는 자
2. 그 배우자와 혼인한 후 3년이 지나고 혼인한 상태로 대한민국에 1년 이상 계속하여 주소가 있는 자
3. 제1호 또는 제2호의 기간을 채무지 못하였으나, 그 배우자와 혼인한 상태로 대한민국에 대한 주소를 두고 있던 중 그 배우자의 사망이나 실종 그 밖에 자신에게 책임이 없는 사유로 정상적인 혼인생활을 할 수 없었던 자로서 제1호 또는 제2호의 잔여기간을 채웠고 법무부장관이 상당하다고 인정하는 자
4. 제1호 또는 제2호의 요건을 충족하지 못하였으나, 그 배우자와의 혼인에 따라 출생한 미성년자의 자를 양육하고 있거나 양육하여야 할 자로서 제1호 또는 제2호의 기간을 채웠고 법무부장관이 상당하다고 인정하는 자"는 법무부장관의 귀화허가를 받아 대한민국 국적을 취득할 수 있다.

그리고 귀화허가를 받기 위해서는 위와 같은 요건 이외에도 ① 대한민국의 민법상 성년일 것, ② 품행이 단정할 것, ③ 자신의 자산이나 기능에 의하거나 생계를 같이하는 가족에 의존하여 생계를 유지할 능력이 있을 것, ④ 국어능력 및 대한민국의 풍습에 대한 이해 등 대한민국 국민으로서의 기본소양을 갖추고 있을 것이 요구됨(국적법 5조).

132. 국적통보에 의한 가족관계등록부의 작성

[질 의] 저는 조선족으로 한국인 남편과 혼인하여 현재 한국에서 살고 있습니다. 곧 간이 귀화를 하여 정식으로 한국국적으로 취득하려고 하는데 귀하허가를 받은 후 따로 귀화신고를 할 필요가 없다고 하는데 사실인가요?

[답 변] 그렇습니다.

[해 설] 귀하의 경우 법무부장관이 해당 등록관서에 귀화허가자의 등록부 작성에 필요한 사항을 통보하면 등록관서가 직접 귀화자의 가족관계등록부를 작성하게 되므로 별도의 신고가 필요 없습니다. 이러한 국적취득통보제도는 인지에 따른 국적취득, 귀화, 국적회복, 국적판정 등의 경우에도 동일하게 적용됩니다(가족관계의등록등에관한법률 93조 내지 93조까지 및 98조).

133. 국적회복허가시 종전 성과 본의 계속사용

[질 의] 저는 한국인으로 호적이 작성되어 살다가 국적을 상실하여 외국국적으로 살았습니다. 그 후 다시 한국국적을 회복하고자 국적회복신청을 하려고 합니다. 국적회복허가에 의하여 가족관계등록부를 만들 때 새로 성과 본을 창설하지 않고 종전의 성과 본으로 그대로 사용할 수 있나요?

[답 변] 사용할 수 있습니다.

[해 설] 종전의 성과 본을 소명한 때에는 새로 성과 본을 창설하지 않고 종전의 성과 본을 그대로 사용할 수 있습니다(가족관계의등록등에관한법률 96조).

제3편

소가 · 인지산정 사례

제1장 가사사건
제2장 가사사건의 소가산정 기준

제 1 장 가사사건

제1절 총 설

가정법원에 대하여 소의 제기, 심판의 청구, 조정의 신청이나 그 밖의 재판과 처분의 신청에는 수수료를 납부해야 한다(가소 5조). 수수료라 함은 일반적으로 국가 또는 공공단체가 특정인을 위하여 행하는 역무 등에 대한 반대급부 내지 보상으로써 그 특정인으로부터 징수하는 수익자부담의 성질을 갖는 요금이고, 그 중 사법절차에서의 수수료는 국가의 소송제도를 이용하는 당사자로부터 법원에 대하여 절차상의 일정한 행위를 구하는 보상으로써 법령의 규정에 의하여 징수하는 요금이다. 따라서 가사사건의 수수료는 민사소송등인지법의 인지액과 그 성질이 동일하다.

가사소송을 신청함에 있어서 민사소송 등에서의 전자문서이용등에관한법률 제8조에 따라 등록사용자로서 전산정보처리시스템을 이용한 민사소송 등의 진행에 동의한 자가 전자문서로 제출하는 소장, 항소장, 상고장, 반소장 및 재심소장에는 가사소송수수료규칙 제2조에 따른 수수료의 10분의 9에 해당하는 수수료를 납부하여야 하고, 가사비송, 병합청구, 조정신청에도 이를 준용한다(가수규 8조).

당사자가 납부해야 할 수수료의 범위와 액에 관하여는 가사소송수수료 규칙이 적용되는 외에, 민사소송등인지법 및 민사소송등인지규칙이 보충적으로 적용된다(민인법 1조).

제2절 가사소송절차

가사소송사건은 가류, 나류, 다류 사건으로 분류되고(가소 2조 1항), 가사소송절차의 수수료는 사건의 종류 및 행위의 태양에 따라 다르다.

1. 소의 제기

가류 및 나류 가사소송사건의 소의 제기의 수수료는 1건당 20,000원이고(가수규 2조 1항), 다류 가사소송사건의 소제기 수수료는 민사소송등인지법 제2조의 규정에 의한다(가수규 2조

2항).

가사소송수수료규칙은 가류 및 나류 사건에 대하여 정액제를 규정하고 다류 사건에 대하여 역진제를 규정하고 있으므로 전자에 있어서는 소송목적의 값 산정이 불필요하지만 후자에 있어서는 소송목적의 값을 산정해야 한다. 예컨대, 이혼을 원인으로 하는 손해배상청구(5,000만원)를 하는 경우, 소송목적물 값은 청구금액 5,000만원이고(민인규 12조 3호) 이에 대한 수수료는 230,000원[(5,000만원×45/10,000)+5,000원)]이다(민인법 2조 1항 2호).

한편, 실무상 단독판사의 사물관할에 속하는 나류 가사소송사건인 재판상이혼사건의 심리 중에 재판상화해를 하면서 위자료의 지급 또는 재산분할에 관한 사항이 화해조항에 추가되는 경우의 처리가 문제될 수 있으나, 수수료를 추가 납부하지 않는 것이 실무이다.

2. 상 소

항소제기의 수수료는 소제기 수수료의 1.5배액이고, 상고제기의 수수료는 그 2배액으로 한다(가수규 2조 3항). 예컨대, 재판상이혼소송을 제기한 경우 수수료는 20,000원이고, 항소제기의 수수료는 30,000원, 상고제기의 수수료는 40,000원이다.

3. 반 소

1심에서 반소를 제기할 때의 수수료는 그 청구를 본소로 제기하는 경우의 수수료액과 같고, 항소심에서 반소를 제기할 때에는 1심 반소제기 수수료액의 1.5배액으로 한다(가수규 2조 4항).

본소와 그 목적이 동일한 반소를 제기하는 경우에 민사소송등인지법 제4조 제2항을 유추적용할 것인지와 관련하여 ① 유추적용을 긍정하여 본소 제기의 수수료를 공제해야 한다는 견해와 ② 유추적용을 부정하여 본소 제기의 수수료를 공제해서는 안 된다는 견해가 있다. 가사비송사건의 반대청구의 경우에는 민사소송등인지법 제4조 제2항에 대응하는 규정이 있지만(가수규 3조 3항) 가사소송사건의 반소청구의 경우에는 그와 같은 규정이 없다는 점에서 후자가 타당하다(아래 사례 1). 따라서 원고의 이혼청구에 대하여 피고가 항소심에서 반소로써 이혼을 청구하는 경우, 수수료는 30,000원(20,000원×1.5배액)이다.

□ 사례 1 : 가사사건에서 반소(반대)청구의 수수료 (가사 1)

[문제 1] 청구인이 미성년자인 사건본인(1인)의 양육자로 자신을 지정할 것을 청구하자, 상대방도 반대청구로 자신을 양육자로 지정할 것을 청구한 경우 수수료

[답 변] 수수료를 납부하지 않는다.

〈해 설〉

가사비송사건에서 본래의 청구와 반대의 청구가 그 목적이 동일하면 수수료를 납부하지 않는다(가수규 3조 3항). 본래청구와 반대청구의 목적이 동일하다 함은, ① 본래청구 및 반대청구가 소송의 목적 즉, 소송물이 동일한 경우를 의미하지만, 실무례는 좀 더 넓게 해석하여 ② 본래청구 및 반대청구가 동일물을 서로 배척하는 청구의 목적물로 하고 있는 경우도 포함시킨다. 이와 같이 본래청구와 그 목적이 동일한 반대청구의 수수료에 관하여 특별 취급을 하는 이유는 본래청구에 대한 심리, 판단에 의하여 저절로 이에 상반되는 반대청구에 관한 결론을 얻을 수 있기 때문이다(재판유상주의).

[문제 2] 이혼청구의 본소에 대하여, 이혼 및 위자료 5,000만원을 구하는 반소를 제기한 경우 수수료

[답 변] 수수료는 230,000원이다.

〈해 설〉

1. 가사비송사건의 반대청구에 대해서는 민사소송등인지법 제4조 제2항에 대응하는 규정을 두면서(가수규 3조 3항 단서) 가사소송사건의 반소청구에 대해서는 그와 같은 규정을 두지 않고 있는 점(가수규 2조 4항), 가사소송수수료규칙 제2조 제4항은 민사소송등인지법 제4조의 특별규정에 해당하는 점을 고려할 때 유추적용을 부정함이 상당하다. 따라서 가사소송사건에서는 본소와 반소의 동일한 경우에도 본소의 인지액을 공제하지 않는다.
2. 수수료 산정
   가. 재판상이혼청구
   나류 4호 사건이므로 20,000원이다(가수규 2조 1항).
   나. 위자료 청구
   다류 2호 사건이므로 소송목적의 값은 청구금액 5,000만원이고(가수규 2조 2항, 민인규 12조 3호), 이에 대한 수수료는 230,000원이다(민인법 2조 1항 2호).
   다. 병합청구
   가사소송법 제14조 제1항의 규정에 의해 수개의 가사소송청구를 병합한 것이므로 수개의 청구 중 다액인 수수료에 의한다(가수규 5조 1항). 따라서 병합청구의 수수료는 230,000원이다.

4. 재 심

재심청구의 수수료는 사건의 종류 및 심급에 따라 소, 반소, 상소 제기의 수수료와 같다(가수규 2조 5항). 예컨대, 이혼소송을 제기하여 1심, 항소심, 상고심에서 모두 패소한 원고가 대법원에 재심을 제기한 경우, 수수료는 40,000원(20,000원×2배액)이다.

제3절 가사비송절차

가사비송사건은 라류, 마류 사건으로 분류되고(가소 2조 1항), 가사비송절차의 수수료는 사건의 종류 및 행위의 태양에 따라 다르다.

1. 심판청구

가. 규 정

라류 가사비송사건의 심판청구의 수수료는 1건당 5,000원, 마류 가사 비송사건의 심판청구는 수수료는 1건당 10,000원으로 한다(가수규 3조 1항).

정액제를 채택하고 있으므로 소송목적의 값 산정은 불필요하고, 신청인이 심판에 의해 받게 될 경제적 이익도 고려할 필요가 없다. 예컨대, 부부공유재산의 분할(민법 829조 3항), 이혼 등의 경우 배우자의 재산분할(민법 839조의2 2항, 843조), 상속재산의 분할(민법 1013조 2항) 등은 마류 가사비송사건이므로 분할의 목적인 재산의 가액의 다과에 상관없이 그 심판청구의 수수료는 10,000원이다. 또한, 미성년의 자녀가 성년에 달하기까지 매월 또는 매년 일정액의 양육비지급을 청구하는 것 역시 양육에 관한 처분으로서 마류 가사비송사건이므로 수수료는 10,000원이다.

나. 청구의 개수를 정하는 기준

'1건당'은 '각 사건별로'라는 의미이고, 가사비송청구의 개수를 정하는 구체적인 기준은 다음과 같다.

첫째, 가사소송법 제2조 제1항 가, 나목 내의 각 번호를 달리하는 청구는 수개의 사건으로 본다(가수규 5조 3항 1호 유추적용). 예컨대, 피성년후견인의 격리에 대한 허가[라류 21)]와 피성년후견인이 거주하는 건물 매도에 대한 허가[다류 21)의2]를 함께 청구하는 경우에는 2개의 청구이므로 10,000원(5,000원+5,000원)의 수수료를 납부하여야 한다. 반대해석상 가. 나목 내의 각 번호를 같이 하는 경우에는 별도의 예외규정이 없는 한 1개의 사건이므로, 청구취지가 수개라고 하여 수개의 사건인 것은 아니다. 예컨대 유언집행자의 선임과 그 임무에 관한 처분[라류 43)]을 함께 청구하더라도 이는 1개의 사건이므로 수수료는 5,000원이다(아래 사례 59). 마찬가지로 1인의 사건본인에 대한 양육자지정청구 및 양육비지급청구[마류 3)]를 하는 경우에도 1개의 사건이므로 수수료는 10,000원이다(아래 사례 2).

❑ 사례 2 : 가사사건에서 병합청구의 수수료 (가사 3)	
[문제 1]	병합청구의 수수료 ① 사건본인들(3인)의 친권자 및 양육자로 청구인을 지정한다. ② 사건본인들이 성년에 달할 때까지 상대방은 청구인에게 매월 25만원의 양육비를 지급한다.
[답 변]	병합청구의 수수료는 60,000원이다. ※ 가사소송규칙 제20조의 2의 규정에 의하여 수개의 가사비송청구를 병합청구하는 경우에는 수개의 청구의 수수료를 합산하므로(가수규 5조 2항), 수수료는 60,000원(30,000+30,000원)이다. ☞ 각 청구의 소송목적의 값 ① 친권자의 지정청구 부모가 이혼한 경우에 부모가 협의할 수 없거나 협의가 이루어지지 아니하여 가정법원에 친권자지정청구를 하는 경우, 이는 민법 제909조 제4항 및 가사소송법 마류 5)에 의한 별도의 청구이므로 수수료를 납부하여야 하고, 1건당 10,000원이다(가수규 3조 1항). 사건본인별로 각 1개의 청구로 보므로 수수료는 30,000원(10,000원×3)이다(가수규 5조 3항 3호). ② 양육자지정청구, 양육비지급청구 마류 가사비송사건의 수수료는 '1건당' 10,000원이고(가수규 3조 1항), 1건당이라는 것은 '각 사건별로'라는 의미이다. 가사비송사건의 개수를 정함에 있어서, 가사소송법 제2조 제1항 제2호 가, 나목 내의 '각 번호를 달리하는 청구'는 수개의 사건으로 보고(가수규 5조 3항 1호 우추적용) '각 번호를 같이하는 청구'는 가사소송수수료규칙 제5조 제3항 제2호, 제3호의 예외규정이 없는 한 1개의 사건으로 보아야 한다(가수규 5조 3항 1호 반대유추해석). 청구취지가 수 개라고 하여 수개의 사건이 되는 것은 아니다. 양육자지정청구 및 양육비지급청구는 가사소송법 제2조 제1항 제2호 나목 3)의 양육에 관한 처분청구에 해당하므로 1개의 사건으로 보아야 한다. 다만, 마류 3) 사건은 사건본인별로 각 1개의 사건으로 보므로 수수료는 30,000원

	(10,000원×3)이다(가수규 5조 3항 3호 유추적용).
[문제 2]	병합청구의 수수료 ① 원고와 피고는 이혼한다. ② 사건본인들의 친권자 및 양육자로 원고를 지정한다(사건본인은 3명). ③ 상대방은 청구인에게 별지 목록 기재 부동산에 관하여 재산분할을 원인으로 한 소유권이전등기절차를 이행한다.
[답 변]	병합청구의 수수료는 60,000원이다. ☞ 각 청구의 소송목적의 값 ① 재판상이혼청구 나류 4) 사건이므로 1건당 20,000원이다(가수규 2조 1항). ② 친권자의 지정청구 민법 제909조 제5항에 의하면 가정법원의 직권발동을 촉구하는 신청에 불과하므로 수수료의 납부를 요하지 아니한다(가수규 4조 단서). ③ 양육에 관한 처분 청구 마류 3) 사건은 1건당 10,000원이고(가수규 3조 1항), 사건본인별로 각 1개의 청구이므로 수수료는 30,000원(10,000원×3)이다(가수규 5조 3항 3호 유추적용). ④ 재산분할에 관한 처분 청구 마류 4) 사건이므로 1건당 10,000원이다(가수규 3조 1항). ☞ 병합청구의 수수료 ① 가사소송수수료규칙 제5조 제2항을 적용하지 않는다. 가사소송법 제14조 제1항에 의하여 병합된 것이므로 가사소송규칙 제20조의2의 규정에 의하여 병합된 것에 대한 규정인 가사소송수수료규칙 제5조 제2항은 적용되지 않는다. 이에 의하면 재판상이혼청구의 수수료 20,000원, 양육에 관한 처분청구의 수수료 30,000원, 재산분할에 관한 수수료 10,000원 중 가장 다액인 30,000원의 수수료를 납부해야 한다. 수개 청구에 대한 병합의 근거규정이 가사소송법 제14조 제1항인 경우에는 가사소송수수료규칙 제5조 제1항을 적용하고, 가사소송규칙 제20조의2인 경우에는 가사소송수수료규칙 제5조 제2항을 적용한다고 해석해야 한다. 왜냐하면 문리해석상 가사소송규칙 제20조의2의 규정은 가사소송청구의 존재를 전제로 하지 않고 수개의 가사비송청구만을 병합한 경우에 적용된다고 해석해야 하기 때문이다.

둘째, 가사소송법 제2조 제1항 제2호 가, 나목 내의 각 번호를 같이하는 청구는 1개의 사건으로 보아야 하지만, 이에 대하여는 광범위한 예외규정이 있다. 라류 가사비송청구 중 가사소송법 제2조 제1항 제2호 가목의 1) 내지 6), 8) 내지 9), 11) 내지 24)의8은 사건본인마다, 31), 33) 내지 38)은 피상속인마다, 30)은 기간연장의 대상이 되는 상속인마다, 32), 39)는

청구인마다, 40)은 검인의 대상이 되는 구수증서마다, 41)은 검인의 대상이 되는 유언서·녹음대마다, 42)는 봉인된 유언서마다, 43) 내지 47)은 유언집행자마다, 48)은 부담 있는 유언마다 각 1개의 청구로 본다(가수규 5조 3항 2호 유추적용). 마류 가사비송청구 중 가사소송법 제2조 제1항 제2호 나목의 3), 5), 6)은 사건본인마다, 8)은 부양권리자마다, 9)는 청구인마다, 10)은 피상속이마다 각 1개의 사건으로 본다. 다만, 6)의 청구 중 부모 쌍방에 대한 청구는 2건으로 본다(가수규 제5조 3항 3호 유추적용).

2. 항 고

항고제기 수수료는 사건의 종류에 따라 심판청구의 수수료의 2배액, 재항고 제기의 수수료는 그 3배액으로 한다(가수규 3조 2항).

3. 반대청구

반대청구의 수수료는 1건당 10,000원이다, 다만, 본래의 청구와 그 목적이 동일한 반대청구에는 수수료를 요하지 아니한다(가수규 3조 3항).

본래청구와 반대청구의 목적이 동일하다 함은, ① 본래청구와 반대청구가 소송의 목적 즉, 소송물이 동일한 경우를 의미하지만, 실무는 좀 더 넓게 해석하여 ② 본래청구와 반대청구가 동일물을 서로 배척하는 청구의 목적물로 하고 있는 경우도 포함한다.

이와 같이 본래청구와 그 목적이 동일한 반대청구의 수수료에 관하여 특별 취급을 하는 이유는 본래청구에 대한 심리, 판단에 의하여 저절로 이에 상반되는 반대청구에 관한 결론을 얻을 수 있기 때문이다(재판유상주의). 예컨대, 심판청구인이 미성년자인 자를 자신이 양육하도록 하여줄 것을 청구함에 대하여 상대방 역시 동일한 미성년자를 자신이 양육하겠다는 취지에서 양육에 관한 처분[마류 3호)]을 반대청구로 구하는 경우에 수수료를 요하지 아니한다(아래 사례 3).

❑ 사례 3 : 가사사건에서 반소(반대)청구의 수수료 (가사 1)	
[문제 1]	청구인이 미성년자인 사건본인(1인)의 양육자로 자신을 지정할 것을 청구하자, 상대방도 반대청구로 자신을 양육자로 지정할 것을 청구한 경우 수수료
[답 변]	수수료를 납부하지 않는다.

	〈해 설〉 가사비송사건에서 본래의 청구와 반대의 청구가 그 목적이 동일하면 수수료를 납부하지 않는다(가수규 제3조 제3항). 본래청구와 반대청구의 목적이 동일하다 함은, ① 본래청구 및 반대청구가 소송의 목적 즉, 소송물이 동일한 경우를 의미하지만, 실무례는 좀도 넓게 해석하여 ② 본래청구 및 반대청구가 동일물을 서로 배척하는 청구의 목적물로 하고 있는 경우도 포함시킨다. 이와 같이 본래청구와 그 목적이 동일한 반대청구의 수수료에 관하여 특별 취급을 하는 이유는 본래청구에 대한 심리, 판단에 의하여 저절로 이에 상반되는 반대청구에 관한 결론을 얻을 수 있기 때문이다(재판유상주의).
[문제 2]	이혼청구의 본소에 대하여, 이혼 및 위자료 5,000만원을 구하는 반소를 제기한 경우 수수료
[답 변]	수수료는 230,000원이다. 〈해 설〉 1. 가사비송사건의 반대청구에 대해서는 민사소송등인지법 제4조 제2항에 대응하는 규정을 두면서(가수규 제3조 제3항 단서) 가사소송사건의 반소청구에 대해서는 그와 같은 규정을 두지 않고 있는 점(가수규 제2조 제4항), 가사소송수수료규칙 제2조 제4항은 민사소송등인지법 제4조의 특별규정에 해당하는 점을 고려할 때 유추적용을 부정함이 상당하다. 따라서 가사소송사건에서는 본소와 반소의 동일한 경우에도 본소의 인지액을 공제하지 않는다. 2. 수수료 산정 가. 재판상이혼청구 나류 4) 사건이므로 20,000원이다(가수규 제2조 제1항). 나. 위자료 청구 다류 2) 사건이므로 소송목적의 값은 청구금액 5,000만원이고(가수규 제2조 제2항, 인지규칙 제12조 제3호), 이에 대한 수수료는 230,000원이다(민인법 제2조 제1항 제2호). 다. 병합청구 가사소송법 제14조 제1항의 규정에 의해 수개의 가사소송청구를 병합한 것이므로 수개의 청구 중 다액인 수수료에 의한다(가수규 제5조 제1항). 따라서 병합청구의 수수료는 230,000원이다.

4. 준 재 심

준재심청구의 수수료는 사건의 종류 및 심급에 따라 심판청구, 항고, 재항고, 반대청구의 수수료액과 같다(가수규 3조 4항).

5. 다른 법률에 의한 사건

가정법원은 가사소송법 제2조에서 정하는 사건뿐만 아니라 다른 법률이나 대법원규칙에서 가정법원의 권한으로 정한 사항에 대하여도 심리·재판하고, 이 사건에 관한 절차는 법률이나 대법원규칙으로 따로 정하는 경우를 제외하고는 라류 가사비송사건의 절차에 따르므로(가소 2조 2항 및 3항) 이때의 수수료는 1건당 5,000원이다. 예를 들면 입양특례법 제11조에 따른 요보호아동 입양허가 신청서에는 5,000원의 인지를 붙인다.

다만 다른 법률에서 수수료를 면제하고 있는 경우에는 그에 따른다. 예를 들어 보호시설에 있는 미성년자의후견직무에관한법률 제3조 제3항에 따라 보호시설에 있는 고아 아닌 미성년자의 후견인 지정허가 신청의 경우 등 시행령 별표 서식 2호에 수수료 없음으로 표시되어 있으므로 수수료는 면제된다.

제4절 병합청구

1. 원시적 병합

가. 수개의 가사소송사건 병합 또는 가사소송사건과 가사비송사건 병합

(1) 가사소송법 제14조 제1항 의한 병합

수개의 가사소송사건 또는 가사소송사건과 가사비송사건의 청구의 원인이 동일한 사실관계에 기초하거나 1개의 청구의 당부가 다른 청구의 당부의 전제가 되는 때에는 이를 1개의 소로 제기할 수 있다(가소 14조 1항). 청구의 원인이 동일한 사실관계에 기초한다는 것은, 각 청구가 하나의 사회현상인 사실로부터 발생하는 것을 말한다. 예컨대, 하나의 혼인관계를 둘러 싼 혼인의 무효청구와 혼인의 취소청구, 하나의 인지를 둘러 싼 무효청구와 취소청구, 하나의 이혼을 둘러싼 무효청구와 취소청구, 하나의 입양을 둘러싼 무효청구와 취소청구, 상대방의 귀책사유로 인하여 혼인관계가 파탄되었음을 이유로 하는 재판상이혼청구와 손해배상청구 등을 들 수 있다. 1개의 청구의 당부가 다른 청구의 당부의 전제가 된다는 것은, 병합되는 수개의 청구가 서로 논리적인 의존관계에 있어 기초가 되는 청구가 인용되거나 기각되면 나머지 청구 역시 그에 따라 인용되거나 기각되어야 하는 것을 가리킨다. 예컨대, 혼인의 무효·취소, 이혼의 무효·취소, 재판상이혼, 입양의 무효·취소, 파양의 무효·취소, 재판상 파양의 각 청구와 이를 원인으로 하는 손해배상 또는 원상회복의 청구, 재판상이혼청구와 이혼을 원인으로 하는 재산분할의 청구·자의 양육에 관한 처분청구 등을 들 수 있다.

(2) 소송목적의 값

가사소송법 제14조 제1항의 규정에 의하여 수개의 가사소송청구 또는 가사소송청구와 가사비송청구를 병합청구하는 경우에는 수개의 청구중 다액인 수수료에 의한다(가수규 5조 1항). 병합청구의 수수료 산정방식에 대해 흡수법칙을 채택하고 있는데, 민사소송등인지법 제2조 제5항과 동일한 취지로서 재판유상주의에 근거한 것이다. 이 점에서 원칙적으로 합산법칙을 채택하고 있는 민사소송에서의 병합(민소법 27조 1항 참조) 및 가사비송 사이의 병합(가수규 5조 2항)과 다르다.

즉, 수개의 청구원인이 동일한 사실관계에 기초하거나 1개의 청구의 당부가 다른 청구의 당부의 전제가 되는 관계에 있는 경우에는 서로 무관한 청구가 병합된 경우에 비해 법원이 제공하는 역무의 양이 적다고 말할 수 있기 때문에 병합청구의 수수료를 합산시키지 않고 흡수시킨 것이다.

(3) 산 정 례

상대방의 귀책사유로 인하여 혼인관계가 파탄되었음을 이유로 재판상이혼청구[나류 4)]와 5,000만원의 위자료청구[다류 2)]를 병합제기한 경우, 이는 수개의 청구원인이 동일한 사실관계에 기초하고 있다고 할 수 있으므로, 이혼청구의 수수료 20,000원과 위자료청구의 수수료 230,000원 중 다액인 230,000원의 수수료를 납부하면 된다. 또한 재판상이혼청구[나류 4)]와 이혼을 원인으로 하는 재산분할청구[마류 4)]가 병합된 경우, 이는 1개의 청구의 당부가 다른 청구의 당부의 전제가 되는 관계에 있다고 할 수 있으므로 이혼청구의 수수료액 20,000원과 재산분할청구의 수수료액 10,000원 중 다액인 20,000원의 수수료를 납부하면 된다(아래 사례 4).

❑ 사례 4 : 가사사건에서 병합청구의 수수료 (가사 2)	
[문제 1]	병합청구의 수수료 ① 원고와 피고는 이혼한다. ② 피고는 원고에게 위자료로 금 5,000만원을 지급한다.

	③ 피고는 원고에게 재산분할로 1억원을 지급한다.
[답 변]	병합청구의 수수료는 230,000원이다.

※ 가사소송법 제14조 제1항의 규정에 의해 수개의 가사소송청구 또는 가사소송청구와 가사비송청구를 병합하는 경우에는 수개의 청구 중 다액인 수수료에 의한다(가수규 제5조 제1항). 따라서 병합청구의 수수료는 수개의 청구 중 가장 다액인 230,000원이다.

☞ **각 청구의 수수료**

① 재판상이혼청구
나류 4) 사건이므로 1건당 20,000원이다(가수규 제2조 제1항).

② 위자료청구
다류 2) 사건이므로 소송목적의 값은 청구금액 5,000만원이고(가수규 제2조 제2항, 민인규 제12조 제3호), 이에 대한 수수료는 230,000원이다(민인법 제2조 제1항 제2호)

③ 재산분할청구
마류 4) 사건이므로 1건당 10,000원이다(가수규 제3조 제1항).

(4) 적용범위

가사소송청구와 '수개의 가사비송청구'가 병합된 경우 예컨대, 이혼청구[나류 4)], 재산분할청구[마류 4)], 양육에 관한 처분 청구(사건본인 3명)[마류 3)]을 병합하여 제기한 경우, 가사소송사건에 수개의 가사비송사건을 병합한 근거규정은 가사소송법 제14조 제1항이라는 점에서 가사소송수수료규칙 제5조 제1항에 의해 흡수법칙을 적용하여야 하므로, 수수료는 다액인{이혼청구 20,000원, 재산분할청구 10,000원, 양육에 관한 처분청구 30,000원(3명)} 30,000원이다(아래 사례 5).

❑ 사례 5 : 가사사건에서 병합청구의 수수료 (가사 3)

[문제 1]	병합청구의 수수료 ① 사건본인들(3인)의 친권자 및 양육자로 청구인을 지정한다. ② 사건본인들이 성년에 달할 때까지 상대방은 청구인에게 매월 25만원의 양육비를 지급한다.
[답 변]	병합청구의 수수료는 60,000원이다. ※ 가사소송규칙 제20조의2의 규정에 의하여 수개의 가사비송청구를 병합청구하는 경우에는 수개의 청구의 수수료를 합산하므로(가수규 제5조 제2항), 수수료는 60,000원(30,000+30,000원)이다. ☞ 각 청구의 소송목적의 값

① 친권자의 지정청구
부모가 이혼한 경우에 부모가 협의할 수 없거나 협의가 이루어지지 아니하여 가정법원에 친권자지정청구를 하는 경우, 이는 민법 제909조 제4항 및 가사소송법 마류 5)에 의한 별도의 청구이므로 수수료를 납부하여야 하고, 1건당 10,000원이다(가수규 제3조 제1항). 사건본인별로 각 1개의 청구로 보므로 수수료는 30,000원(10,000원×3)이다(가수규 제5조 제3항 제3호 유추적용)

② 양육자지정청구, 양육비지급청구
마류 가사비송사건의 수수료는 '1건당' 10,000원이고(가수규 제3조 제1항), 1건당이라는 것은 '각 사건별로'라는 의미이다. 가사비송사건의 개수를 정함에 있어서, 가사소송법 제2조 제1항 제2호 가, 나목 내의 '각 번호를 달리하는 청구'는 수개의 사건으로 보고(가수규 제5조 제3항 제1호 유추적용) '각 번호를 같이하는 청구'는 가사소송수수료규칙 제5조 제3항 제2호, 제3호의 예외규정이 없는 한 1개의 사건으로 보아야 한다(가수규 제5조 제3항 제1호 반대유추해석). 청구취지가 수 개라고 하여 수개의 사건이 되는 것은 아니다.
양육자지정청구 및 양육비지급청구는 가사소송법 제2조 제1항 제2호 나목 3)의 양육에 관한 처분청구에 해당하므로 1개의 사건으로 보아야 한다. 다만, 마류 3) 사건은 사건본인별로 각 1개의 사건으로 보므로 수수료는 30,000원(10,000원×3이다(가수규 제5조 제3항 제3호 유추적용).

[문제 2]

병합청구의 수수료
① 원고와 피고는 이혼한다.
② 사건본인들의 친권자 및 양육자로 원고를 지정한다(사건본인은 3명).
③ 상대방은 청구인에게 별지 목록 기재 부동산에 관하여 재산분할을 원인으로 한 소유권이전등기절차를 이행한다.

[답 변]

병합청구의 수수료는 30,000원이다.
☞ 각 청구의 소송목적의 값
① 재판상이혼청구
나류 4) 사건이므로 1건당 20,000원이다(가수규 제2조 제1항).
② 친권자의 지정청구
민법 제909조 제5항에 의하면 가정법원의 직권발동을 촉구하는 신청에 불과하므로 수수료의 납부를 요하지 아니한다(가수규 제4조 단서).
③ 양육에 관한 처분 청구
마류 3) 사건은 1건당 10,000원이고(가수규 제3조 제1항), 사건본인별로 각 1개의 청구이므로 수수료는 30,000원(10,000원×3)이다(가수규 제5조 제3항 제3호 유추적용).
④ 재산분할에 관한 처분 청구
마류 4) 사건이므로 1건당 10,000원이다(가수규 제3조 제1항).

☞ 병합청구의 수수료

① 가사소송수수료규칙 제5조 제2항을 적용하지 않는다.

가사소송법 제14조 제1항에 의하여 병합된 것이므로 가사소송규칙 제20조의2에 의하여 병합된 것에 대한 규정인 가사소송수수료규칙 제5조 제2항은 적용되지 않는다. 이에 의하면 재판상이혼청구의 수수료 20,000원, 양육에 관한 처분청구의 수수료 30,000원, 재산분할에 관한 수수료 10,000원 중 가장 다액인 30,000원의 수수료를 납부해야 한다.

수개 청구에 대한 병합의 근거규정이 가사소송법 제14조 제1항인 경우에는 가사소송수수료규칙 제5조 제1항을 적용하고, 가사소송규칙 제20조의2인 경우에는 가사소송수수료규칙 제5조 제2항을 적용한다고 해석해야 한다. 왜냐하면 문리해석상 가사소송규칙 제20조의2의 규정은 가사소송청구의 존재를 전제로 하지 않고 수개의 가사비송청구만을 병합한 경우에 적용된다고 해석해야 하기 때문이다.

나. 수개의 가사비송사건의 병합

수개의 가사비송사건의 청구가 가사소송법 제14조 제1항의 요건을 갖춘 때에는 1개의 심판청구로 제기할 수 있는데(가소규 제20조의2), 이 경우에는 수개의 청구의 수수료를 합산한다(가수규 5조 2항).

병합요건이 가사소송수수료규칙 제5조 제1항의 경우와 동일함에도 흡수법칙이 아닌 합산법칙을 적용하므로 유의하여야 한다. 예컨대, 상속재산분할청구(피상속인 1인)와 기여분결정청구(청구인 1인)를 병합한 경우 수수료는 20,000원, 양육자지정청구(사건본인 1인)와 재산분할청구를 병합한 경우 수수료는 20,000원이다.

또한, 위 규정은 가사소송청구의 존재를 전제로 하지 않고 수개의 가사비용청구만을 병합한 경우에 적용된다. 예컨대, 재판상이혼청구[나류 4), 수수료 20,000원], 자의 양육에 관한 처분청구[마류 3), 수수료 10,000원], 이혼을 원인으로 하는 재산분할청구[마류 4), 수수료 10,000원]가 병합된 경우 가사소송수수료규칙 제5조 제1항을 적용하여, 수수료는 다액인 20,000원이다.

2. 후발적 병합

후발적 병합의 경우 수수료 산정방식에 관하여 가사소송수수료규칙에 특별규정이 있으면 그에 의하고, 그러한 규정이 없으면 일반규정인 민사소송등인지법 제5조, 제6조 등에 의한다(민인법 1조). 예컨대, 재판상이혼청구[나류 4)] 소송계속중 5,000만원의 위자료청구를 병합하는 경우, 청구변경신청서에는 심급에 따라 변경 후 청구에 관한 인지액에서 변경 전 청구에 관한 인지액을 공제한 액의 인지를 붙여야 하므로(민인법 5조) 수수료는 210,000원의 인지를 붙여야 한다. 변경 후 청구는 재판상이혼청구[나류 4) 사건이므로 수수료는 20,000원]와 위자료청구[다류 2) 사건이므로 민사소송등인지규칙 12조 3호, 민사소송등인지법 2조 1항에 의해 수수료는 230,000원]인데 수수료는 다액인 쪽에 의하므로 230,000원이고(가수규 5조 1항) 이 금액에서 변경 전 청구에 관한 인지액 20,000원을 공제한 금액이다.

3. 친권자지정청구

가. 혼인의 취소, 재판상이혼, 인지청구의 소와 함께 친권자지정청구를 하는 경우

민법 제909조 제5항에 의해, 이는 가정법원의 직권발동을 촉구한 신청에 불과하므로 수수료를 납부를 요하지 아니한다(민인법 1조, 10조 단서). 예컨대 재판상이혼청구와 사건본인 3인에 대한 친권자지정청구 및 양육에 관한 처분청구를 병합한 경우, 재판상이혼청구의 수수료는 20,000원(가수규 2조 1항), 사건본인 3인에 대한 친권자지정청구의 수수료는 0원(민인법 1조, 10조 단서), 사건본인 3인에 대한 양육에 관한 처분청구의 수수료는 30,000원(가수규 3조 1항, 5조 3항 3호 유추적용)이고, 병합청구의 수수료는 다액인 30,000원이다(가수규 5조 1항).

나. 그 외 친권자 지정청구를 하는 경우

그 외 별도로 친권자 지정청구를 하는 경우에는 수수료를 납부하여야 한다(가수규 3조 1항).

예컨대 이혼청구에 부대하지 않은 사건본인 1인에 대한 양육에 관한 처분청구, 친권자지정청구를 병합한 경우 사건본인 1인에 대한 양육에 관한 처분청구 및 친권자지정청구의 수수료는 각 10,000원(가수규 3조 1항)이므로 합산법칙을 적용하여 수수료는 20,000원이다(가수규 5조 2항). 또한 개정 민법 시행 전에 재판상이혼청구사건이 종결되었으나 친권자에 관하여 아무런 정함이 없어 독립의 청구로 친권자지정을 구하는 경우에도 사건본인 1인당 10,000원의 수수료를 납부하여야 한다(가수규 5조 3항 유추적용).

제5절 가사조정절차

1. 수 수 료

가사조정신청의 수수료는 5,000원으로 한다(가수규 6조 1항).

1개의 가사사건의 청구를 조정신청하는 경우이든, 수개의 가사사건의 청구를 병합하여 조정신청하는 경우이든 동일하다. 예컨대, 이혼을 구하는 조정신청을 하는 경우와 이혼 및 5,000만원의 위자료 지급을 구하는 조정신청을 하는 경우에 모두 5,000원의 수수료를 납부하면 된다.

민사사건의 청구를 병합하여 조정신청하는 경우에는, 그 민사상의 청구에 대하여 민사조정법 제5조 제4항에 따른 수수료와 5,000원 중 다액을 수수료로 한다(가수규 6조 2항). 예컨대, 이혼, 5,000만원의 위자료 지급, 약정금 1억원 지급을 구하는 조정신청을 한 경우, 가사조정신청의 수수료 5,000원과 민사조정신청의 수수료 91,000원[{(1억원 × 40/10,000) + 55,000} × 1/5] 중 다액인 91,000원의 수수료를 납부한다.

2. 소제기 또는 심판청구가 있는 것으로 의제되는 경우에 추가납부할 수수료

이의신청 등에 의하여 사건이 조정절차에서 소송 또는 심판절차로 이행된 경우에는 조정신청인은 소제기 또는 심판청구를 하는 경우에 납부하여야 할 수수료와 조정신청시에 납부한 수수료의 차액을 추가로 납부하여야 한다(가수규 6조 4항). 예컨대, 이혼과 5,000만원의 위자료 지급을 구하는 조정신청을 하였는데 조정불성립된 경우, 소제기할 경우에 납부할 수수료 230,000원[위자료청구의 수수료 230,000원(가수규 2조 2항, 민인법 2조 1항 민인규 12조 3호)과 이혼청구의 수수료 20,000원(가수규 2조 1항) 중 다액인 230,000원에 의한다(가수규 5조 1항)]에서 조정신청시에 납부한 수수료 5,000원을 공제한 액 225,000원을 추납한다(아래 사례 6).

❑ 사례 6 : 가사조정사건에서의 수수료 (가사 4)	
[문제 1]	조정신청에 납부할 수수료
[답 변]	가사조정신청의 수수료는 5,000원으로 한다(가수규 제6조 제1항). 1개의 가사사건의 청구를 조정신청사항으로 한 경우는 물론 수개의 가사사건의 청구를 조정신청사항으로 한 경우도 포함한다.

[문제 2]	조정이 불성립되어 소로 의제될 경우의 추납할 수수료 ① 신청인과 피신청인은 이혼한다. ② 피신청인은 신청인에게 위자료 1억원을 지급한다. ③ 사건본인들의 양육자로 신청인을 지정한다(사건본인은 2인) ④ 피신청인은 신청인에게 별지 목록 기재 부동산에 관하여 재산분할을 원인으로 한 소유권이전등기절차를 이행한다.
[답 변]	추납할 수수료는 450,000원이다.

※ 소제기할 경우 납부해야 할 수수료에서 조정신청시에 납부한 수수료를 공제하면, 추납할 수수료는 450,000원(455,000원 − 5,000원)이다.

☞ **추납할 수수료 산정방식**

이의신청 등에 의하여 사건이 조정절차에서 소송 또는 심판절차로 이행된 경우에는 조정신청인은 소의 제기 또는 심판청구를 하는 경우에 납부하여야 할 수수료액과 조정신청시에 납부할 수수료액의 차액을 추가로 납부하여야 한다(가수규 제6조 제4항).

☞ **각 청구의 수수료**

① 재판상이혼청구
나류 4) 사건이므로 20,000원이다(가수규 제2조 제1항).

② 위자료청구
다류 2) 사건이므로 소송목적의 값은 청구금액 1억원이고(가수규 제2조 제2항, 민인규 제12조 제3호), 이에 대한 수수료는 455,000원이다(민인법 제2조 제1항 제3호)

③ 양육에 관한 처분청구
마류 3) 사건은 1건당 10,000원이고(가수규 제3조 제1항), 사건본인별로 각 1개의 청구로 보므로 수수료는 20,000원(10,000원 × 2)이다(가수규 제5조 제3항 제3호 유추적용).

④ 재산분할에 관한 처분
마류 4) 사건이므로 1건당 10,000원이다(가수규 제3조 제1항).

☞ **병합청구의 수수료**

가사소송법 제14조 제1항의 규정에 의해 가사소송청구와 가사비송청구를 병합하는 경우에는 수개의 청구 중 다액인 수수료에 의하므로(가수규 제5조 제1항), 수수료는 수개의 청구 중 다액인 455,000원이다.

예시 1 이혼 등 청구(위자료, 재산분할, 친권행사자 및 양육자지정, 양육비청구)

1. 원고와 피고는 이혼한다.
2. 피고는 원고에게 위자료로 5,000만원과 이에 대하여 2018. 7. 10.부터 다 갊는 날까지 연 15%의 비율로 계산한 돈을 지급하라.
3. 피고는 원고에게 재산분할로 7,000만원과 이에 대하여 이 사건 판결확정일다음날부터 다 갚는 날까지 연 5%의 비율로 계산한 돈을 지급하라.
4. 사건본인들의 친권행사자 및 양육자로 원고를 지정한다.
5. 피고는 원고에게 사건본인들에 대한 양육비로 이 사건 판결확정일 다음날부터 2024. 6. 20.까지 매월 100만원씩을 매월말일에 지급하라.

► 소가산정 ◄

1. 목적물의 종류에 따른 가액

가. 이혼청구 : 나류 4호의 재판상이혼사건이므로 20,000원의 인지를 첨부한다.

나. 위자료 : 다류사건에 해당하고 청구금액을 소가로 한다(민인법 제2조, 가수규 제2조 제2항).

다. 재산분할 : 마류 4호의 사건이므로 청구금액을 소가로 한다(민인법 제2조, 가수규 제3조 제2항 제1호).

바. 친권행사자지정 : 마류 5호의 사건이다. 친권행사자지정은 사건본인마다 각 1개의 청구로 보므로(가수규 제5조 제3항), 사건본인이 1인이면 10,000원의 인지를, 2인이면 20,000원의 인지를 붙인다.

사. 양육자지정 및 양육비청구 : 양육자지정 및 양육비청구는 마류 3호에서 규정하고 있으므로 한 사건으로 보아 인지를 첩부한다. 다만 사건본인마다 각 1개의 청구로 보므로(가수규 제5조 제3항), 사건본인이 1인이면 10,000원의 인지를, 2인이면 20,000원의 인지를 붙인다.

2. 산출공식

가. 이혼청구 : 금 20,000원(인지액)

나. 위자료 : 금 5,000만원(소가)

다. 재산분할 : 금 7,000만원(소가)

바. 친권행사자지정 : 위 청구취지에서 사건본인들을 2인으로 보고 20,000원의 인

지를 붙인다.

사. 양육자지정 및 양육비청구 : 위 청구취지에서 사건본인들을 2인으로 보고 20,000원의 인지를 붙인다.

3. 인지액

위자료청구와 재산분할의 경우에는 위 소가에 인지액산정공식에 의하여 산정한 금액의 2분의 1의 금액이 인지액이 된다.

※ 1. 본 소는 가사소송사건의 나류, 다류사건과 마류 가사비송사건 중 제4호에 해당하는 재산분할을 병합하여 청구한 소이다. 본 소는 청구의 원인이 동일한 사실관계에 기초하거나 1개의 청구의 당부가 다른 청구의 당부의 전제가 되는 때에 해당하고 이를 1개의 소로 병합 제기한 경우이다(가소 제14조 제1항).

2. 가사소송사건 중 다류사건은 민사소송등인지법에 따라 계산한 금액의 2분의1에 해당하는 인지를 납부하여야 하고(민인법 제2조, 가수규 제2조 제2항), 가사소송사건의 가류, 나류사건과 가사비송사건의 라류, 마류사건(제4호 사건과 제10호 사건은 제외)은 가사소송규칙에서 정한 수수료의 인지를 첩부하여야 한다(가수규 제3조 제1항). 따라서 가류 및 나류 가사소송사건의 소 제기의 수수료는 1건당 20,000원으로 하고(가수규 제2조 제1항), 라류 가사비송사건 심판청구의 수수료는 1건당 5,000원, 마류 가사비송사건(제4호 사건과 제10호 사건은 제외)의 심판청구의 수수료는 1건당 10,000원으로 한다(가수규 제3조 제1항).

예시 2 이혼 등 청구(위자료 포함)

1. 원고와 피고는 이혼한다.
2. 피고는 원고에게 위자료로 5,000만원을 지급하라.

► 소가산정 ◄

1. 목적물의 종류에 따른 가액

가. 이혼청구 : 나류 4호의 재판상이혼사건이므로 20,000원의 인지를 첨부한다.

나. 위자료 : 다류사건에 해당하고 청구금액을 소가로 한다(민인법 제2조, 가수규 제2조 제2항).

2. 산출공식

가. 이혼청구 : 금 20,000원(인지액)

나. 위자료 : 금 5,000만원(소가),

금 115,000원(인지액) = 5,000 + (5,000만원 × 0.0045) × 1/2

3. 인지액

위자료청구의 경우에는 위 소가에 인지액산정공식에 의하여 산정한 금액의 2분의 1의 금액이 인지액이 된다.

※ 1. 본 소는 가사소송사건에서 나류사건과 다류사건을 병합하여 청구한 소이다. 본 소는 청구의 원인이 동일한 사실관계에 기초하거나 1개의 청구의 당부가 다른 청구의 당부의 전제가 되는 때에 해당하고 이를 1개의 소로 병합 제기한 경우이다(가소 제14조 제1항). 이 경우에는 수 개의 청구 중 다액을 소가로 한다(가수규 제5조 제1항).

2. 가사소송사건 중 다류사건은 민사소송등인지법 제2조에 따라 계산한 금액의 2분의1에 해당하는 인지를 납부하여야 하고(민인법 제2조, 가수규 제2조 제2항), 가사소송사건의 가류, 나류사건과 가사비송사건의 라류, 마류사건은 가사소송규칙에서 정한 수수료의 인지를 첩부하여야 한다(가수규 제3조 제1항). 따라서 가류 및 나류 가사소송사건의 소 제기의 수수료는 1건당 20,000원으로 하고(가수규 제2조 제1항), 라류 가사비송사건 심판청구의 수수료는 1건당 5,000원, 마류 가사비송사건 심판청구의 수수료는 1건당 10,000원으로 한다(가수규 제3조 제1항).

예시 3 **이혼 등 청구(위자료, 양육비, 재산분할로 인한 소유권이전등기)**

1. 원고와 피고는 이혼한다.
2. 피고는 원고에게 위자료로 5,000만원을 지급하라.
3. 피고는 원고에게 ○○시 ○○구 ○○동 ○○○-○○ 대 150㎡ 및 위 지상 시멘트 블록조 기와지붕 1층 주택 90㎡ 중 2분의 1 지분에 관하여 이 사건 판결확정일 재산분할을 원인으로 한 소유권이전등기절차를 이행하라.
4. 피고는 원고에게 사건본인들에 대한 양육비로 이 사건 판결확정일 다음날부터 2018. 6. 24.까지 월 100만원의 비율로 계산한 돈을 지급하라.

► 소가산정 ◄

1. 목적물의 종류에 따른 가액

가. 이혼청구 : 나류 4호의 재판상이혼사건이므로 20,000원의 인지를 첨부한다.

나. 위자료 : 다류사건에 해당하고 청구금액을 소가로 한다(민인법 제2조, 가수규 제2조 제2항).

다. 재산분할에 의한 소유권이전등기 : 마류 4호의 사건이므로 목적물의 가액을 소가로 한다(민인법 2조, 가수규 3조 1항 1호)

① 토지 : 공시지가 × 면적(㎡) × 50/100 = 가액

② 건물 : 건물기준가액 × 구조지구 × 용도지수 × 위치지수 × 경과년수잔가율 × 면적(㎡) × 가감산율 = 과세시가표준액 × 50/100 = 가액

③ (위 ①토지가액 + ②건물가액)② × 1/2(청구지분) = 소가

라. 양육비청구 : 마류 3호의 사건이다. 양육비청구는 사건본인마다 각 1개의 청구로 보므로(가수규 제5조 제3항), 사건본인이 1인이면 10,000원의 인지를, 2인이면 20,000원의 인지를 붙인다.

2. 산출공식 : 위자료청구와 재산분할의 경우에는 위 소가에 인지액산출공식에 의하여 산정한 금액의 2분의 1의 금액이 인지액이 된다.

가. 이혼청구 : 20,000원(인지액)

나. 위자료 : 금 5,000만원(소가) : 후술의 인지액납부 참조

다. 재산분할 : 위 소가(예 : 소가가 6,000만원일 경우) : 10,000원(인지액) : 후술의 인지액납부 참조

사. 양육비청구 : 위 청구취지에서 사건본인들을 2인으로 보고 20,000원의 인지를 붙인다.

3. 인지액납부

다류 가사소송청구와 마류 4호의 가사비송청구를 병합청구하는 경우에는 그 소송목적의 값과 청구목적의 값을 더한 금액에 관하여 1개의 다류 가사소송청구를 한 것으로 보아 민사소송등인지법 제2조에 따라 계산한 금액의 2분의 1에 해당하는 인지액을 납부하여야 한다(가수규 5조 1항 단서).

따라서 위 위자료청구금액 5,000만원 + 재산분할청구금액 6,000만원 = 1억1천만원이어서 위 인지액공식에 의하면 55,000 + (1억1천만원 × 0.004) = 495,000원 × 2분의1 = 247,500원이 인지액이 된다.

한편 수개의 가사소송청구 또는 가사소송청구와 가사비송청구를 병합청구하는 경우에는 수개의 청구 중 다액인 수수료에 의하므로(가수규 제5조 제1항 본문), 이 사건의 경우에는 위자료청구와 재산분할청구에 따른 소유권이전등기의 인지액을 더한 금액이 인지액이 되는 것이다.

※ 1. 본 소는 가사소송사건의 나류, 다류사건과 가사비송사건의 마류 비송사건 중 제4호인 재산분할사건을 원인으로 한 소유권이전등기 청구를 병합하여 청구한 소이다. 본 소는 청구의 원인이 동일한 사실관계에 기초하거나 1개의 청구의 당부가 다른 청구의 당부의 전제가 되는 때에 해당하고 이를 1개의 소로 병합 제기한 경우로써(가소 제14조 제1항). 이 경우에는 위자료청구와 재산분할청구를 더한 금액의 2분의 1이 인지액과 병합한 수개의 청구 중 다액을 인지액으로 납부하여야 한다(가수규 제5조 제1항).

2. 가사소송사건 중 다류사건은 민사소송등인지법 제2조에 따라 계산한 금액의 2분의 1에 해당하는 인지를 납부하여야 하고(민인법 2조, 가수규 제2조 제2항), 가사소송사건의 가류, 나류사건과 가사비송사건의 라류, 마류사건은 가사소송규칙에서 정한 수수료의 인지를 납부하여야 한다(가수규 제3조 제1항). 따라서 가류 및 나류 가사소송 사건의 소 제기의 수수료는 1건당 20,000원으로 하고(가수규 제2조 제1항), 라류 가사비송사건 심판청구의 수수료는 1건당 5,000원, 마류 가사비송사건 심판청구의 수수료는 1건당 10,000원(제4호 사건과 제10호 사건은 제외)으로 한다(가수규 제3조 제1항).

예시 4 이혼 등 청구(양육자지정, 면접교섭권청구포함)

1. 원고와 피고는 이혼한다.
2. 사건본인들의 양육자로 원고를 지정한다.
3. 피고는 매년 12. 11.부터 같은 달 17.까지 및 7. 1.부터 같은 달 7.까지의 각 1주일간씩 사건본인들의 주거지로 사건본인들을 방문하여 면접, 교섭을 할 수 있다.

► 소가산정 ◄

1. 목적물의 종류에 따른 가액

가. 이혼청구 : 나류 4호의 재판상이혼사건이므로 20,000원의 인지를 첨부한다.

나. 양육자지정 및 면접·교섭권 : 양육자지정 및 양육비청구는 마류 3호에서 규정하고 있으므로 한 사건으로 보아 인지를 납부한다. 다만 사건본인마다 각 1개의 청구로 보므로(가수규 제5조 제3항), 사건본인이 1인이면 10,000원의 인지를, 2인이면 20,000원의 인지를 납부한다.

2. 산출공식

가. 이혼청구 : 금 20,000원(인지액)

나. 양육자지정 및 면접·교섭권 : 위 청구취지에서 사건본인들을 2인으로 보고 20,000원의 인지를 붙인다.

3. 인지액

병합청구이므로 다액인 20,000의 인지액을 납부한다.

※ 1. 본 소는 가사소송사건의 나류, 다류사건과 가사비송사건의 마류사건을 병합하여 청구한 소이다. 본 소는 청구의 원인이 동일한 사실관계에 기초하거나 1개의 청구의 당부가 다른 청구의 당부의 전제가 되는 때에 해당하고 이를 1개의 소로 병합 제기한 경우이다(가소 제14조 제1항). 이 경우에는 수 개의 청구 중 다액을 소가로 한다(가수규 제5조 제1항).

2. 가사소송사건 중 가류, 나류사건과 가사비송사건인 라류, 마류사건은 가사소송규칙에서 정한 수수료의 인지를 첨부하여야 한다(가수규칙 제2조 제1항, 제3조 제1항). 따라서 가류 및 나류 가사소송사건의 소 제기의 수수료는 1건당 20,000원으로 하고(가수규 제2조 제1항), 라류 가사비송사건 심판청구의 수수료는 1건당 5,000원, 마류 가사비송사건 심판청구의 수수료는 1건당 10,000원(제4호 사건과 제10호 사건은 제외)으로 한다(가수규 제3조 제1항).

예시 5 이혼조정신청 등(민사사건인 위자료청구 포함)

1. 원고와 피고는 이혼한다.
2. 피고는 원고에게 위자료로 5,000만원과 이에 대하여 2017. 5. 10.부터 2018. 6. 20.까지는 연 5%, 그 다음날부터 다 갚는 날까지는 연 15%의 각 비율로 계산한 돈을 지급하라.
3. 피고는 원고에게 재산분할로써 7,000만원을 지급하라.

4. 사건본인들의 양육자로 원고를 지정한다.
5. 피고는 원고에게 사건본인의 양육비로서 2017. 3. 12.부터 2024. 3. 24.까지 매월 100만원의 비율로 계산한 돈을 지급하라.

► 소가산정 ◄

1. **목적물의 종류에 따른 가액**

가. 이혼조정신청 : 5,000원의 납부한다(가수류 제6조 제1항)

나. 위자료 : 민사사건에 해당하고 청구금액을 소가로 하여, 그 2분의 1(가수규 제2조 제2항의 인지액)×10분의 1(민사조정인지액)을 인지액으로 한다(가수규 제6조 제2항, 민사조정규칙 제3조 제1항)

다. 재산분할 : 마류 4호의 사건이므로 청구금액을 소가로 하여, 그 2분의 1(가수규 제2조 제2항의 인지액)×10분의 1(민사조정인지액)을 인지액으로 한다(가수규 제6조 제2항, 민사조정규칙 제3조 제1항)

라. 양육자지정 및 양육비청구 : 5,000원의 인지를 납부한다(가수규 제6조 제1항)

2. **산출공식**

위자료청구와 재산분할의 경우에는 위 소가에 인지액산출공식에 의하여 산정한 금액의 2분의 1인 금액의 10분의 1이 인지액이 된다.

가. 이혼조정신청 : 5,000원(인지액)

나. 위자료 : 금 5,000만원(소가) : 후술의 인지액납부 참조

다. 재산분할 : 금 7,000만원(소가) : 후술의 인지액납부 참조

라. 양육자지정 : 5,000원(인지액)

마. 양육비청구 : 5,000원(인지액)

3. **인지액납부**

이 사건은 다류 가사소송청구와 마류 4호의 가사비송청구를 병합청구하는 경우이다. 따라서 이 사건의 경우에는 그 소송목적의 값과 청구목적의 값을 더한 금액에 관하여 1개의 다류 가사소송청구를 한 것으로 보아 민사소송등인지법 제2조에 따라 계산한 금액의 2분의 1에 해당하는 인지액(가수규 제5조 제1항 단서)의 10분의 1에 해당하는 인지액을 납부하여야 한다.

따라서 위 위자료청구금액 5,000만원+재산분할청구금액 7,000만원=1억2천만원

이어서 위 인지액공식에 의하면 55,000원+(1억2천만원×0.004)=535,000원×2분의1=267,500원×10분의1=26,750원이 인지액이 된다.

한편 수개의 가사소송청구 또는 가사소송청구과 가사비송청구를 병합청구하는 경우에는 수개의 청구 중 다액인 수수료에 의하므로(가수규 제5조 제1항 본문), 이 사건의 경우에는 위자료청구와 재산분할을 더한 금액인 26,750원의 인지액을 납부하여야 한다.

※ 1. 본 조정신청은 가사소송사건의 나류, 다류사건과 가사비송사건의 마류사건을 병합하여 청구한 경우이다. 본 조정신청은 원인이 동일한 사실관계에 기초하거나 1개의 신청의 당부가 다른 신청인 당부의 전제가 되는 때에 해당하고 이를 1개의 신청으로 병합 신청한 경우로써(가소 제14조 제1항), 이 경우에는 수 개의 신청 중 다액을 소가로 한다(가수규 제5조 제1항).

2. 가사조정신청의 수수료는 5,000원의 인지를 붙인다(가수규 제6조 제1항). 본 사건은 다류사건(위자료)을 병합하여 신청하였으므로, 다류사건의 신청에 대하여는 민사소송등인지법 제2조의 규정에 따라 산출한 액의 10분의 1의 인지액과 위 수수료 5,000원의 인지액 중 다액을 소가로 한다(가수규 제6조 제2항).

3. 가사조정절차가 소송으로 이행하는 경우 :
조정신청을 한 때에 소의 제기 또는 심판의 청구가 있는 경우에는 소를 제기하거나 심판을 청구하는 경우에 납부하여야 할 수수료액으로부터 조정신청시에 납부한 수수료액을 공제한 액(즉, 10분의 9)의 수수료를 추가로 납부하여야 한다.

예시 6 **사실혼관계해소로 인한 친생자인지청구, 양육자지정**

1. 원고들은 피고의 친생자임을 인지한다.
2. 사건본인들의 친권행사자 및 양육자로 원고를 지정한다.
3. 피고는 원고에게 사건본인들의 양육비로 사건본인이 성년에 이르기까지 2024. 7. 12.부터 매월 말일에 100만원씩을 지급하라.

► 소가산정 ◄

1. 목적물의 종류에 따른 가액

가. 인지청구 : 나류 9호사건에 해당하고 20,000원의 인지를 붙인다.

나. 친권행사자지정 : 마류 5호사건에 해당한다. 친권행사자지정은 사건본인이다. 각 1개의 청구로 보므로(가수규 제5조 제3항), 사건본인이 1인이면 10,000원의 인지를, 2인이면 20,000원의 인지를 붙인다.

다. 양육자지정 및 양육비청구 : 마류 3호사건에 해당한다. 양육자지정 및 양육비청구는 마류 3호에서 규정하고 있으므로 한 사건으로 보아 인지를 첨부한다. 다만 사건본인마다 각 1개의 청구로 보므로(가수규 제5조 제3항), 사건본인이 1인이면 10,000원의 인지를, 2인이면 20,000원의 인지를 붙인다.

2. 산출공식

가. 인지청구 : 20,000원(인지액)

나. 친권행사자지정 : 위 청구취지에서 사건본인들을 2인으로 보고 20,000원의 인지를 붙인다.

다. 양육자지정 및 양육비청구 : 위 나항과 같다.

3. 인지액

위 금액 중 다액의 인지액 20,000원을 납부한다.

※ 1. 본 소는 가사소송사건의 나류사건과 가사비송사건의 마류사건을 병합하여 청구한 소이다. 본 소는 청구의 원인이 동일한 사실관계에 기초하거나 1개의 청구의 당부가 다른 청구의 당부의 전제가 되는 때에 해당하고 이를 1개의 소로 병합 제기한 경우로써(가소 제14조 제1항), 이 경우에는 수 개의 청구 중 다액을 소가로 한다(가수규 제5조 제1항).

2. 가사소송사건의 가류, 나류사건과 가사비송사건인 라류, 마류사건은 가사소송규칙에서 정한 수수료의 인지를 첨부하여야 한다(가수규칙 제3조 제1항). 따라서 가류 및 나류 가사소송사건의 소 제기의 수수료는 1건당 20,000원으로 하고(가수규 제2조 제1항), 라류 가사비송사건 심판청구의 수수료는 1건당 5,000원, 마류 가사비송사건 심판청구의 수수료는 1건당 10,000원(제4호 사건과 제10호 사건은 제외)으로 한다(가수규 제3조 제1항).

예시 7 사실혼관계해소확인 등

1. 원고와 피고의 사실혼관계는 2018. 6. 20. 해소되었음을 확인한다.
2. 피고는 원고에게 5,000만원을 지급하라.
3. 피고는 ○○시 ○○면 ○○리 ○○○, ○○공원묘지내 소외 망 김○○의 분묘앞에 설치된 비석 뒷면에 새겨진 원고의 성명부분을 삭제하라.

► 소가산정 ◄

1. 목적물의 종류에 따른 가액

가. 사실혼관계해소확인 : 나류 1호사건이므로 20,000원의 인지를 첩부한다.

나. 위자료 : 다류 1호사건이므로 청구금액을 소가로 한다(민인법 제2조, 가수규 제2조 제2항).

다. 비석의 원고성명삭제 : 비재산권을 목적으로 하는 소송에 해당하여 소가는 5,000만원으로 한다(민인규 제18조의2, 전단).

2. 산출공식

가. 사실혼관계해소확인 : 20,000원(인지액)

나. 위자료 : 금 5,000만원(소가)

5,000+(5,000만원×0.0045)=230,000원(인지액)×1/2=115,000원이 인지액이 된다.

다. 비석의 원고성명삭제 : 5,000만원(소가)

5,000+(5,000만원×0.0045)=230,000원이 인지액이 된다.

3. 인지액

위 인지액 중 다액의 인지액 230,000원을 납부한다.

※ 1. 본 소는 결혼식을 올렸으나 혼인신고를 하지 않은 부부가 사실혼관계해소확인을 구하는 소이다. 본 소는 가사소송사건의 나류사건과 가사비송사건의 마류사건을 병합하여 청구한 소이다. 본 소는 청구의 원인이 동일한 사실관계에 기초하거나 1개의 청구의 당부가 다른 청구의 당부의 전제가 되는 때에 해당하고 이를 1개의 소로 병합 제기한 경우로써(가소 제14조 제1항), 이 경우에는 수 개의 청구 중 다액을 소가로 한다(가수규 제5조 제1항).

2. 가사소송사건 중 다류사건은 민사소송등인지법에 따라 구하는 금액을 소가로 하고

(민인법 제2조, 가수규 제2조 제2항), 가사소송사건의 가류, 나류사건과 가사비송사건인 라류, 마류사건은 가사소송규칙에서 정한 수수료의 인지를 첨부하여야 한다(가수규칙 제3조 제1항). 따라서 가류 및 나류 가사소송사건의 소 제기의 수수료는 1건당 20,000원으로 하고(가수규 제2조 제1항), 라류 가사비송사건 심판청구의 수수료는 1건당 5,000원, 마류 가사비송사건 심판청구의 수수료는 1건당 10,000원으로 한다(가수규 제3조 제1항).

예시 8 **친생자관계부존재 청구**

피고 김○순은 피고 김○만, 피고 이○경 사이에 친생자 관계가 존재하지 아니함을 확인한다.

► 소가산정 ◄

본 소는 가사소송사건의 가류 4호사건이다. 가류사건의 소 제기의 수수료는 1건당 20,000원으로 한다(가수규 제2조 제1항). 따라서 위 인지액은 금 20,000원이다.

예시 9 **기여분 및 상속재산분할에 관한 처분(수 개의 가사비송사건병합)**

1. 피고들은 원고에게 별지 목록 기재 제1부동산(토지)에 대한 4분의 1 지분에 관하여 상속재산분할을 원인으로 한 소유권이전등기절차를 이행하라.
2. 원고와 피고들 사이에 별지 목록 기재 제2부동산(미등기건물)에 대한 사용·수익·처분권한이 원고에게 있음을 확인한다.
3. 기여분결정청구 : 원고의 기여분을 별지 목록 기재 각 부동산으로 정한다.

► 소가산정 ◄

1. **목적물의 종류에 따른 가액**

민법 제1013조 제2항에 따른 상속재산의 분할에 관한 처분사건은 마류 가사 비송사건 중 제10호에 해당한다. 이 심판 청구의 수수료는 해당 청구를 공유물분할청구의 소로 보아 민사소송등인지법 제2조를 준용하여 계산한 금액으로 한다(가소규 제3조 제1항 제2호).
공유물분할의 경우 목적물가액에 원고의 공유지분비율을 곱하여 산출한 가액의 1/3을 소가로 한다(민인규 제12조 제7호).

2. 산출공식

가. 부동산

① 토지 : 공시지가 × 면적(㎡) × 50/100 = 목적물가액 × 원고의 공유지분비율 = 가액

② 건물 : 건물기준가액 × 구조지수 × 용도지수 × 위치지수 × 경과년수잔가율 × 면적(㎡) × 가감산율 = 과세시가표준액 × 50/100 = 가액 × 원고의 공유지분비율 = 가액

③ (①토지가액 + ②건물가액) × 1/3 = 소가

나. 기여분결정 : 마류 9호에 해당한다. 청구인마다 10,000원의 인지를 첩부한다(가수규 제5조 제3항 제2호).

3. 인지액

가. 위 부동의 소가가 6,000만원이라고 가정할 경우 : 5,000 + (6,000만원 × 0.0045) = 275,000원(인지액)

나. 청구인이 2인일 경우 : 20,000원(인지액)으로, 위 가, 나를 합산한 금액인 295,000원의 인지액을 납부한다(가수규 제5조 제2항).

※ 1. 본 소는 민법 제1008조의2 제2항의 규정에 의한 기여분 및 민법 제1013조 제2항의 상속재산의 분할을 원인으로 한 토지소유권이전등기와 미등기건물에 대한 사용, 수익, 처분권한의 확인청구이다(가사소송법 제2조 마류 제9호 제10호 사건).

2. 본 소는 청구의 원인이 동일한 사실관계에 기초하거나 1개의 청구의 당부가 다른 청구의 당부의 전제가 되는 때에 해당하고 이를 1개의 소로 병합 제기한 경우이다(가소규 제20조의2). 이 경우에는 수 개의 청구수수료를 합산한다(가수규 제5조 제2항).

[판례] 유류분반환청구와 기여분 청구를 병합할 수 있는지 여부(광주지법 1999. 12. 12. 선고 99가합207 판결)

[판례] 성년인 자(子)가 장기간 부모와 동거하면서 생계유지의 수준을 넘는 부양자 자신과 같은 생활수준을 유지하는 부양을 한 경우, 민법 제1008조의2 소정의 특별 부양자에 해당하는지 여부(대법원 1998. 12. 28. 선고 97무513, 520, 97스12 판결).

제6절 그 밖의 신청

가사소송절차 가사비송절차, 가사조정절차 및 가사신청절차에서 가사소송수수료규칙에 규정되지 않은 그 밖의 신청수수료의 범위와 액은 대법원예규로 정한다(가수규 4조, 6조 3항). 이에 따라 '가사접수서류에 붙일 인지액 및 그 편철방법 등에 관한 예규'(재판예규 1510호)가 제정되었다.

위 예규는 민사소송등인지법 제9조, 제10조의 예에 준하여 가사사건의 수수료에 관하여 규정하고 있다. 예컨대 가사사건에서의 가압류·가처분신청(가소 63조)에는 10,000원의 인지를 붙이고, 다만, 임시의 지위를 정하기 위한 가처분의 신청(가소 63조) 및 그에 대한 이의 또는 취소의 신청은 그 본안의 소에 따른 인지액의 2분의 1에 해당하는 인지를 붙여야 하며, 이 경우 인지의 상한액은 50만원이다(민인법 9조 2항, 재판예규 1510호 별표 참조).

또한 사전처분의 신청(가소 62조), 이행명령의 신청(가소 64조), 등에는 각 1,000원의 인지를 붙여야 한다(민인법 9조 5항 4호, 재판예규 1510호 별표 참조).

그리고 성년후견개시 신청[라류 1)] 성년후견인 선임에 대한 신청이 포함되어 있더라도 성년후견개시 심판시 성년후견인 선임은 직권사항이므로 성년후견인 선임에 대한 신청에는 별도의 인지를 납부하지 아니하고(민인법 1조, 10조 단서), 성년후견개시 신청에 대하여만 5,000원의 수수료를 납부하면 된다(가수규 3조 1항).

가사접수서류 중 위 예규에 기재되지 아니한 것에 붙일 인지액은 다른 법령에 특별한 규정이 있는 경우를 제외하고는 그 성질에 반하지 아니하는 한 "민사접수서류에 첨부할 인지액 및 그 편철방법에 관한 예규"(재민 91-1)의 예에 의한다(재판예규 1510호 3조 2항).

한편 과거에는 민사소송등인지법 제10조에 따라 500원을 붙여야 하는 신청서가 많았으나, 동조 단서에 따라 인지를 붙이지 않는 신청서(대법원규칙으로 정하는 신청서)의 범위가 확대되었으므로(민인규 2조의2 신설), 현재는 민사소송법 제162조에 따른 신청서(열람·복사신청서 등)에만 500원의 인지를 붙인다.

제 2 장 가사사건의 소가산정 기준

1. 가사소송사건의 소제기 수수료

가. 가류 가사소송사건(1건당 20,000원)

① 혼인의 무효
② 이혼의 무효
③ 인지의 무효
④ 친생자관계 존부확인
⑤ 입양의 무효
⑥ 파양의 무효

나. 나류 가사소송사건(1건당 20,000원)

① 사실상혼인관계 존부확인
② 혼인의 취소
③ 이혼의 취소
④ 재판상이혼
⑤ 아버지의 결정
⑥ 친생부인
⑦ 인지의 취소
⑧ 인지에 대한 이의
⑨ 인지청구
⑩ 입양의 취소
⑪ 파양의 취소
⑫ 재판상 파양
⑬ 친양자입양의 취소
⑭ 친양자의 파양

다. 다류 가사소송사건(민사소송등인지법 제2조에 소정액)

① 약혼해제 또는 사실혼관계 부당 파기로 인한 손해배상청구(제3자에 대한 청구 포함한다) 및 원상회복의 청구(혼인예약불이행으로 인한 손해배상청구도 포함한다)

② 혼인의 무효·취소, 이혼의 무효·취소 또는 이혼을 원인으로 하는 손해배상청구(제3자에 대한 청구를 포함한다) 및 원상회복의 청구

③ 입양의 무효·취소, 파양의 무효·취소 또는 파양을 원인으로 하는 손해배상청구(제3자에 대한 청구를 포함한다) 및 원상회복의 청구

④ 「민법」 제839조의3에 따른 재산분할청구권 보전을 위한 사해행위취소 및 원상회복의 청구

2. 가사비송사건의 소제기 수수료

가. 라류 가사비송사건(1건당 5,000원)

① 성년후견 개시의 심판과 그 종료의 심판(민법 9조 1항, 11조, 14조의3 2항, 959조의20)

①의 ② 취소할 수 없는 미성년후견인의 법률행위의 범위 결정 및 그 변경(민법 10조, 10조 2항 및 3항)

①의 ③ 한정후견 개시의 심판과 그 종료의 심판(민법 12조 1항, 14조, 14조의3 1항 및 959조의20)

①의 ④ 한정후견인이 한정후견인의 동의를 받아야 하는 행위의 범위 결정과 그 변경 및 한정후견인의 동의를 갈음하는 허가(민법 13조 1항부터 3항)

①의 ⑤ 특정후견인의 심판과 그 종료의 심판(민법 14조의3 및 959조의20)

② 부재자 재산의 관리에 관한 처분(민법 22조 내지 26조)

③ 실종의 선고와 그 취소(민법 27조 내지 29조)

④ 성과 본의 창설과 허가(민법 781조 4항)

⑤ 자녀의 종전의 성과 본의 계속 사용허가(민법 781조 5항)

⑥ 자녀의 성과 본의 변경허가(민법 781조 6항)

⑦ 부부재산약정의 변경에 대한 허가(민법 829조 2항)

⑧ 후견인의 입양승낙에 대한 허가(민법 869조 단서)

⑨ 후견인의 입양동의 또는 파양동의에 대한 허가(민법 871조, 900조)

⑩ 친양자입양 허가(민법 908조의2)

⑪ 친권행사방법의 결정(민법 909조 2항)

⑫ 감화 또는 교정기관에 위탁함에 대한 허가(민법 915조, 945조)

⑬ 재산관리인의 선임 또는 개임과 재산관리에 관한 처분(민법 918조)

⑭ 특별대리인의 선임(민법 921조)

⑮ 친권자의 법률행위대리권 및 재산관리인의 사회 또는 회복에 대한 허가(민법 927조)

⑯ 미성년후견감독인·성년후견감독인·한정후견감독인·특정후견감독인의 선임 또는 변경 (민법 940조의7, 940조, 940조의3, 940조의4, 959조의5, 959조의10)

⑯의 ② 성년후견인의 법정대리인의 범위 결정과 그 변경 및 성년후견인이 피성년후견인의 신상에 관하여 결정할 수 있는 권한의 범위 결정과 그 변경(민법 938조 1항부터 4항)

⑯의 ③ 미성년후견감독인·성년후견감독인·한정후견감독인·특정후견감독인의 선임 또는 변경(민법 940조의7, 940조와 940조의3, 940조의4, 959조의5 및 959조의10)

⑰ 미성년후견인·성년후견인·한정후견인·특정후견인·미성년후견감독인·성년후견감독인·한정후견감독인·특정후견감독인·임의후견감독인의 사임에 대한 허가(민법 939조, 940조의7, 959조의3 2항, 959조의5 2항, 959조의9 2항, 959조의10 2항, 959조의16 3항, 940조의7)

⑱ 후견인의 재산목록 작성을 위한 기간의 연장허가(민법 941조 1항)

⑲ 피성년후견인 또는 피한정후견인의 격리에 대한 허가 및 피미성년후견인, 피성년후견인 또는 피한정후견인에 대한 의료행위의 동의에 대한 허가(민법 947조의2 2항, 959조의6, 947조의2 4항, 940조의7, 959조의5 2항, 959조의6)

⑲의 ② 피미성년후견인, 피성년후견인 또는 피한정후견인이 거주하는 건물 또는 그 대지에 대한 매도 등에 대한 허가(민법 947조의2 5항, 940조의7, 959조의5 2항, 959조의6)

⑲의 ③ 여러 명의 성년후견인·한정후견인·특정후견인·성년후견감독인·한정후견감독인·특정후견감독인·임의후견감독인의 권한 행사에 관한 결정과 그 변경 또는 취소 및 성년후견인·한정후견인·특정후견인·성년후견감독인·한정후견감독인·특정후견감독인·임의후견감독인의 의사표시를 갈음하는 결정(민법 949조의2, 940조의7, 959조의5 2항, 959조의6, 959조의10 2항, 959조의12, 959조의16 3항, 940조의7)

⑲의 ④ 미성년후견감독인·성년후견견감독인·한정후견감독인의 동의를 갈음하는 허가(민법 950조 2항, 948조, 959조의6)

⑳ 피미성년후견인, 피성년후견인, 피한정후견인 또는 피특정후견인의 재산상황에 대한 조사 및 그 재산관리 등 후견임무 수행에 관하여 필요한 처분명령(민법 954조, 948조, 959조의6, 959조의12)

㉑ 미성년후견인·성년후견인·한정후견인·특정후견인·미성년후견감독인·성년후견감독인·한정후견감독인·특정후견감독인·임의후견감독인에 대한 보수의 수여(민법 955조, 940조의7, 948조, 959조의5 2항, 959조의6, 959조의10 2항, 959조의12, 959조의16 3항, 940조의7)

㉒ 후견종료시의 관리 계산기간의 연장허가(민법 957조 1항)

㉒의 ② 한정후견인에게 대리권을 수여하는 심판과 그 범위 변경 및 한정후견인이 피한정후견인의 신상에 관하여 결정할 수 있는 권한의 범위 결정과 그 변경(민법 959조의4)

㉒의 ③ 피특정후견인의 후원을 위하여 필요한 처분명령(민법 959조의8)

㉒의 ④ 특정후견인에게 대리권을 수여하는 심판(민법 959조의11)

㉒의 ⑤ 임의후견감독인의 선임 또는 변경(민법 959조의16 3항, 940조의7, 940조 및 959조의15 1항·3항·4항)

㉒의 ⑥ 임의후견감독인에 대한 감독사무에 관한 보고 요구, 임의후견인의 사무 또는 본인의 재산상황에 대한 조사명령 또는 임의후견감독인의 직무에 관하여 필요한 처분명령(민법 959조의16 2항)

㉒의 ⑦ 임의후견인의 해임(민법 959조의17 2항)

㉒의 ⑧ 후견계약 종료의 허가(민법 959조의18 2항)

㉓ 상속의 승인 또는 포기를 위한 기간의 연장허가(민법 1019조)

㉔ 상속재산보존을 위한 처분(민법 1023조)

㉕ 상속의 한정승인 또는 포기신고의 수리와 그 취소신고의 수리(민법 1024조 2항, 1030조, 1041조)

㉖ 감정인의 선임(민법 1035조 2항, 1113조 2항)

㉗ 공동상속재산을 위한 관리인의 선임(민법 1040조 1항)

㉘ 상속재산의 분리(민법 1045조)

㉙ 상속재산의 분리 후의 상속재산 관리에 관한 처분(민법 1047조)

㉚ 관리인의 선임 및 그 공고와 재산에 관한 처분(민법 1053조)

㉛ 상속인수색의 공고(민법 1057조)

㉜ 상속재산의 분여(민법 1057조의2)

㉝ 유언의 검인(민법 1070조 2항)

㉞ 유언의 증서 또는 녹음의 검인(민법 1091조)

㉟ 유언증서의 개봉(민법 1092조)

㊱ 유언집행자의 선임 및 그 임무에 관한 처분(민법 1096조)

㊲ 유언집행자의 승낙 또는 사태를 위한 통지의 수단(민법 1097조)
㊳ 유언집행자에 대한 보수의 결정(민법 1104조 1항)
㊴ 유언집행자의 사퇴에 대한 허가(민법 1105조)
㊵ 유언집행자의 해임(민법 1106조)
㊶ 부담 있는 유언의 취소(민법 111조)
그 외에 특별법에서 인정하고 있는
① 부재선고 등에 관한 특별조치법에 의한 부재선고 사건(가소 2조 3항)
② 입양촉진 및 절차에 관한 특례법에 의한 국외입장의 인가 사건(가소 2조 3항)
③ 혼인신고 특례법에 따른 사망자와 사이의 사실혼존재 확인(가소 2조 2항)
④ 가족관계등록법 제96조에 의한 국적취득자의 성과 본의 창설허가(가소 2조 3항)
⑤ 보호시설에 있는 미성년자의 후견사무에 관한 법률에 의한 후견인지정 허가사건(가소 2조 3항)

나. 마류 가사비송사건(1건당 10,000원)

① 부부의 동거·부양, 협조 또는 생활비용의 부담에 관한 처분(민법 826조, 833조)
② 재산관리자의 변경 또는 공유물의 분할을 위한 처분(민법 829조 3항)
③ 자의 양육에 관한 처분(유아인도 포함)과 그 변경, 면접교섭권의 제한 또는 배제(민법 837조, 837조의2)
④ 재산분할에 관한 처분(민법 839조의2 2항)
⑤ 친권을 행사할 자의 지정과 변경(민법 909조 4항, 6항)
⑥ 친권, 법률행위대리권, 재산관리권의 상실선고 및 실권회복의 선고(민법 924조 내지 926조)
⑦ 부양에 관한 처분(민법 976조 내지 978조)
⑧ 기여분의 결정(민법 1008조의2 2항, 4항)
⑨ 상속재산의 분할에 관한 처분(민법 1013조 2항)

제4편

재판실무자료

[자료 1] 소멸시효일람표

소 멸 시 효 일 람 표

채 권 의 종 류	소멸시효 기 간	근 거
보통채권	10년	민법 제162조 제1항
채권 및 소유권 이외의 재산권	20년	민법 제162조 제2항
소유권	없음	민법 제162조
① 이자, 부양료, 급료, 사용료 기타 1년 이내의 기간으로 정한 금전 또는 물건의 지급을 목적으로 한 채권 ② 의사, 조산사, 간호사, 약사의 치료, 근로 및 조제에 관한 채권 ③ 도급받은 자, 기사 기타의 공사의 설계 또는 감독에 종사하는 자의 공사에 관한 채권 ④ 변호사, 변리사, 공증인, 공인회계사 및 법무사에대한 직무상 보관한 서류의 반환을 청구하는 채권 ⑤ 변호사, 변리사, 공증인, 공인회계사 및 법무사의 직무에 관한 채권 ⑥ 생산자 및 상인이 판매한 생산물 및 상품의 대가 ⑦ 수공업자 및 제조자의 업무에 관한 채권	3년	민법 제163조 각호
① 여관, 음식점, 대석, 오락장의 숙박료, 음식료, 대석료, 입장료, 소비물의 대가 및 체당금의 채권 ② 의복, 침구, 장구 기타 동산의 사용료의 채권 ③ 노역인, 연예인의 임금 및 그에 공급한 물건의 대금채권 ④ 학생 및 수업자의 교육, 의식, 유숙에 관한 교주, 숙주, 교사의 채권	1년	민법 제164조
① 판결에 의하여 확정된 채권 ② 파산절차에 의하여 확정된 채권 및 재산상의 화해, 조정 기타 판결과 동일한 효력이 있는 것에 의하여 확정된 채권, 다만 판결확정당시에 변제기가 도래하지 아니한 채권 제외함	10년	민법 제165조 제1, 2, 3항
불법행위에 기한 손해배상청구채권	3년 10년	민법 제766조 제1항 민법 제766조 제2항
상행위채권	5년	상법 제64조
• 보험금액의 청구권과 보험료 또는 적립금의 반환청구권 • 보험료의 청구권	2년 1년	상법 제662조
근로기준법상 임금채권	3년	근로기준법 제49조

[자료 2] 어음 · 수표채권의 소멸시효

어음·수표채권의 소멸시효

종 류	채 권 내 용	시 효 기 간	근 거
약속어음, 환어음	○약속어음 발행인 및 환어음 인수인에 대한 청구권	○만기일로부터 3년	○어음법 제70조 제1항, 제77조 제8호
	○소지인의 배서인·환어음의 발행인에 대한 청구권(소구권)	○적법한 기간내에 작성시킨 거절증서의 일자, 무비용상환의 문언이 기재된 경우에는 만기의 날로부터 1년간	○어음법 제77조 제1항 제8호, 제70조 제2항
	○배서인의 다른 배서인과 환어음의 발행인에 대한 청구권(재소구권)	○그 배서인이 어음을 환수한 날 또는 그 자가 제소한 날로부터 6개월간	○어음법 제77조 1항 제8호, 제70조 제3항
수표	○소지인의 배서인, 발행인 기타 채무자에 대한 소구권	○제시기간 경과 후 6개월간	○수표법 제51조 제1항
	○수표 채무자의 다른 채무자에 대한 소구권	○그 채무자가 수표를 환수한 날 또는 그 자가 제소된 날로부터 6개월간	○수표법 제51조 제2항
	○지급보증을 한 지급인에 대한 청구권	○제소기간 경과 후 1년간	○수표법 제58조
어음, 수표	○이득상환청구권	○ 어음·수표상의 권리가 소멸한 때, 어음의 시효기간 또는 권리보전 절차의 만료일의 익일부터 10년간(통설)	○어음법 제79조 ○수표법 제63조

[자료 3] 송달료조견표

송 달 료 조 견 표

(2019. 5. 1. 기준)

송 달 료								
		2인	3인	4인	5인	6인	7인	납부기준
민사	민사제1심합의사건(가합)	144,000	216,000	288,000	360,000	432,000	504,000	당사자수×15회분
	민사제1심단독사건(가단)	144,000	216,000	288,000	360,000	432,000	504,000	당사자수×15회분
	민사소액사건(가소)	96,000	144,000	192,000	240,000	288,000	336,000	당사자수×10회분
	민사항소사건(나)	115,200	172,800	230,400	288,000	345,600	403,200	당사자수×12회분
	민사상고사건(다)	76,800	115,200	153,600	192,000	230,400	268,800	당사자수×8회분
	민사항고사건(라)	48,000	72,000	96,000	120,000	144,000	168,000	당사자수×5회분
	민사재항고사건(마)	48,000	72,000	96,000	120,000	144,000	168,000	당사자수×5회분
	화해사건(자)	38,400	57,600	76,800	96,000	115,200	134,400	당사자수×4회분
	독촉사건(차)	57,600	86,400	115,200	144,000	172,800	201,600	당사자수×6회분
	민사조정사건(머)	48,000	72,000	96,000	120,000	144,000	168,000	당사자수×5회분
가사	가사제1심소송사건(드합, 드단)	144,000	216,000	288,000	360,000	432,000	504,000	당사자수×15회분
	가사항소사건(르)	115,200	172,800	230,400	288,000	345,600	403,200	당사자수×12회분
	가사상고사건(므)	76,800	115,200	153,600	192,000	230,400	268,800	당사자수×8회분
	가사조정사건(너)	48,000	72,000	96,000	120,000	144,000	168,000	당사자수×5회분

행정	행정제1심사건(구합)	96,000	144,000	192,000	240,000	288,000	336,000	당사자수×10회분
	행정항소사건(누)	96,000	144,000	192,000	240,000	288,000	336,000	당사자수×10회분
	행정상고사건(두)	76,800	115,200	153,600	192,000	230,400	268,800	당사자수×8회분
신청비송	가압류, 가처분 사건(카단, 카합)	28,800	43,200	57,600	72,000	86,400	100,800	당사자수×3회분
	임시의지위를정하는 가처분사건(카합, 카단)	76,800	115,200	153,600	192,000	230,400	268,800	당사자수×8회분
	가압류, 가처분결정에 대한 이의, 취소(집행취소 제외) 사건(카합, 카단)	76,800	115,200	153,600	192,000	230,400	268,800	당사자수×8회분
	재산명시(카명)	48,000	72,000	96,000	120,000	144,000	168,000	당사자수×5회분
	채무불이행자등재, 말소사건(카불)	48,000	72,000	96,000	120,000	144,000	168,000	당사자수×5회분
	공시최고신청(카공)	14,400(3회분)						
	담보취소사건(카담)	19,200	28,800	38,400	48,000	57,600	67,200	당사자수×2회분
	담보권리행사최고사건(카담)	28,800	43,200	57,600	72,000	86,400	100,800	당사자수×3회분
	소송비용액확정신청사건(카확)	28,800	43,200	57,600	72,000	86,400	100,800	당사자수×3회분
	기타민사신청사건(카기)	19,200	28,800	38,400	48,000	57,600	67,200	당사자수×2회분
	개명사건(호명)	28,800(6회분)						
	성본변경, 입양허가, 친권자지정, 후견에 관한사건등(느합, 느단)	96,000	144,000	192,000	240,000	288,000	336,000	당사자수×10회분
	가사비송(느합, 느단), 상속포기, 한정승인,	57,600	86,400	115,200	144,000	172,800	201,600	당사자수×6회분

	상속 재산분할							
집행	부동산경매사건	(이해관계인+3)×10회분						
	채권등집행사건(타채), 기타집행사건(타기)	19,200	28,800	38,400	48,000	57,600	67,200	당사자수 ×2회분
파산회생	개인회생사건(개회)	10회+(채권자수×8회)						
	회생사건(회합, 회단)	40회+(채권자수×3회)						
	파산합의사건(하합)	40회+(채권자수×3회)						
	파산단독사건(하단)	10회+(채권자수×4회)						
	면책사건(하면)	10회+(채권자수×3회)						

[자료 4] 인지액산정방법

인 지 액 산 정 방 법

구 분	소 가	인 지 액
소장·반소장	1천만원 미만	소가×0.005
	1천만원 이상~1억원 미만	소가×0.0045+5,000원
	1억원 이상~10억원 미만	소가×0.004+55,000원
	10억원 이상	소가×0.0035+555,000원
항 소 장		제1심소장의 1.5배
상 고 장		제1심소장의 2배
지급명령		제1심소장의 1/10
제소전 화해		제1심소장의 1/5

※ 위와 같은 기준에 의하여 산출된 인지액이 1천원 미만인 때에는 이를 1천원으로 하고, 1천원 이상의 경우에 100원 미만의 단수(端數)가 있는 때에는 그 단수는 이를 계산하지 아니함.

※ 제16조 (전자소송에서의 특례)

① 「민사소송 등에서의 전자문서 이용 등에 관한 법률」 제8조에 의하여 등록사용자로서 전산정보처리시스템을 이용한 민사소송 등의 진행에 동의한 자가 전자문서로 제출하는 소장에는 제2조에 따른 인지액의 10분의 9에 해당하는 인지를 붙여야 한다.

② 제1항은 규정은 제3조부터 제10조까지의 경우에 준용한다.

[자료 5] 소가계산방법

소 가 계 산 방 법

소의 종류	청구취지	소가산정
채무부존재 확인	원고의 피고에 대한 소비대차에 의한 금 5,000만원과 이에 대한 이자 채무는 부존재한다는 확인한다.	소가 5,000만원
소유권확인	피고는 원고에 대해 별지 목록 기재 부동산 500m²가 원고 소유임을 확인한다.	500×공시지가×50/100
건물인도	피고는 원고에게 별지 목록 기재 부동산을 인도하라.	공시지가, 지역번호, 건축연도, 구조, 용도에 따른 m²당 가격 ×면적×1/2×50/100
토지인도	피고는 원고에게 별지 목록 기재 부동산 500 m²를 인도하라.	공시지가×500×1/2×50/100
담장철거 및 토지인도 등	피고는 원고에게 별지 도면 300m²중 도면상 건립된 담장을 철거하고 도면표시 선내부분 20m²를 인도하라.	20×공시지가×1/2×50/100
토지경계 확인	원고소유 부동산과 피고소유 부동산의 경계선은 가, 나로 연결하는 선임을 확인한다.	다툼이 있는 부분 ×공시지가×50/100
공유물분할	별지 목록 기재 토지 중 1, 2 3, 4, 1의 각 점을 순차로 연결한 선내 (가)부분은 원고의 소유로 6, 7, 8, 6의 각점을 순차로 연결한 선내 (나)부분은 피고의 소유로 각 분할한다.	개별공시지가×m²×50/100 ×원고지분×1/3
사해행위 취소	1. 피고와 OOO 사이의 별지 목록 기재 부동산에 대한 2018. 2. 10.자 매매계약을 취소한다. 2. 피고는 OOO에게 OO지방법원 등기국 2018. 2. 15. 접수 제5634호로 경료한 소유권이전등기의 말소등기절차를 이행하라.	OOO지분×공시지가×50/100 * 목적물건가액에 1/2를 곱해서는 아니된다.
소유권이전 등기	피고는 원고에게 별지 목록 기재 부동산에 대하여 매매를 원인으로 한 소유권이전등기절차를 이행하라.	토지공시지가×면적×50/100 건물m²가격×면적
가등기에 대한 본등기이행	피고는 원고에게 별지 목록 기재 부동산에 관하여 OO지방법원 OO등기소 2018. 1. 20. 접수 제123호로 경료된 소유권이전등기청구권 가등기에 기한 2018. 6. 15. 매매예약완결을 원인으로 한 소유권이전등기를 이행하라.	건물과세시가표준액×면적 토지공시지가×면적×50 /100(토지+건물)×1/2

소유권보존 등기말소	피고는 원고에게 별지 목록 기재 부동산에 대하여 OO지방법원 OO등기소 2018. 1. 20. 접수 제123호로 경료한 소유권보존등기의 말소 절차를 이행하라.	공시지가×면적×50/100 ×1/2
소유권이전 등기말소	피고는 원고에게 별지 목록 기재 부동산에 관하여 OO지방법원 OO등기소 2018. 1. 20. 접수 제123호로 경료된 소유권이전등기의 말소등기절차를 이행하라(* 등기원인의 무효, 취소를 원인으로 한 말소등기청구의 경우)	건물과세시가표준액×면적 토지공시지가×면적×50/100(토지+건물)×1/2
전부금	피고 김갑동은 피고 홍길동에게 별기 기재 부동산을 명도하고 피고 홍길동은 피고 김갑동으로부터 인도 받음과 동시에 원고에게 금 5,000만원을 지급하라.	소가 : 5,000만원
청구이의	피고는 원고에게 OO지방법원 2018가소 987호 임대차보증금 사건의 집행력있는 판결정본에 의한 별지 목록 기재 부동산에 대한 강제집행은 불허한다.	소가 : 이의금액(집행권원에서 인정된 권리의 가액
근저당권 부채권가압류 설정등기말소		가압류금액
증서진부 확인	공증인가 OO합동법률사무소 공정증서 액면가 600만원, 발행인 원고 및 소외 김갑동, 수취인 피고로 된 별지 사본 약속어음 공정증서는 진정한 성립이 아님을 확인한다.	600만원×1/2
승계집행문 무여	OO지방법원 OO지원 2018가합 125 대여금 사건의 확정판결에 의한 집행권원에 있어 이 법원사무관 등은 피고 김갑동에게 대한 강제집행을 위하여 원고의 승계인 홍길동에게 집행을 부여한다. 라는 판결을 구함.	소가×1/100
자동차소유 권이전등록 절차이행	피고는 원고에게 별지 목록 기재 자동차에 대하여 이 사건 소장부본송달 다음날로써 대물변제를 원인으로 하는 소유권이전등록절차를 이행하라. (소유권을 권원으로 자동차 인도를 구할 경우에는 인도로서 소가의 1/2)	목적물가액
근저당권 말소등기	피고는 원고에게 별지 목록 기재 부동상에 관하여 OO지방법원 OO등기소 접수 제OOO호	1) 목적물건 가액(토지인 경우 개별공시지가×면적×50/

	로 경료된 근저당권설정등기의 말소등기절차를 이행하라.	100) 2) 근저당권 채권최고액 1)과 2) 중 적은금액이 소가임
건물인도 및 임료	피고는 원고에게, 가. 별지 목록 기재 부동산을 인도하고, 나. 금 300만원과 이에 대하여 이 사건 소장 부본 송달다음날부터 다 갚는 날까지 연 20%의 비율로 계산한 돈을 지급하고, 다. 2018. 3. 1.부터 위 인도완료일까지 월 금 150,000원의 비율로 계산한 돈을 지급하라.	공시지가, 지역번호, 건축연도, 구조, 용도에 따른 ㎡당 가격×면적×1/2 (나. 항의 300만원 및 다.항 기재 돈이 이미 발생한 임료 또는 장래 발생할 임료인 경우 위 돈을 소가에 합산하지 않아야 한다.)

[자료 6] 민법개정에 따른 상속지분의 변천

항 목	유 형
○ 구관습법하의 상속(1959. 12. 31.까지의 상속)	
1. 호주상속인의 재산상속 : 단독상속 (호주사망시) 호주가 사망한 때는 재산상속은 호주상속에 수반	※ 호주상속순위 제1순위 : 직계비속남자(적출장남·장손·생전양자·유언양자·서자·사후양자 순으로 단독 상속) : 대습상속 인정 제2순위 : 직계존속 여자(존비 순으로 단독상속) 제3순위 : 피상속인의 처(단독 상속) 제4순위 : 가족인 직계비속 여자(수인이 있는 경우에는 제1순위 남자의 경우와 동일) ※ 호주인 미혼남자가 직계비속없이 사망시 1) 弟(兄亡弟及, 연장자순) 2) 모·처·딸이(남자가 없을 때) 존비의 순서에 따라 사망 호주의 사후양자 선임시까지 일시 상속 3) 무후가가 된 경우 직계비속인 출가녀들이 균분상속
2. 유산상속 (가족사망시)	※ 가족인 기혼남자의 상속인 제1순위 : 동일가적 내에 있는 직계비속이 공동상속(양자포함, 남자는 동일 시적 불문 여자는 동일가족관계등록부 내에 있어야 함) 제2순위 : 亡男이 장남인 경우에는 父, 亡男이 차남 이하인 경우에는 처가 단독상속 제3순위 : 직계존속(亡장남의 경우 제외) : 최근친, 동순위자와 공동상속 제4순위 : 호주 ※ 가족인 미혼의 남자 또는 여자의 상속인 제1순위 : 父, 없으면 母 제2순위 : 호주

	※ 가족인 母의 상속인 제1순위 : 동일가적 내에 있는 직계비속이 평등비율로 공동상속(서출자녀는 반분, 남자는 동일가적 여부 불문) 제2순위 : 夫 제3순위 : 호주 ※ 가족인 처의 상속인 피상속인의 직계비속인 남녀가 동일 가적내의 유무를 불문하고 제1순위 로 상속
3. 근친자 등에 권리귀속	絕家된 망호주의 유산은 근친자에게 귀속, 근친자도 없으면 호주가 거주하 던 동리에 귀속(단, 지방자치법 시행 후에 시군)
○ 신민법하의 상속(피상속인의 사망만이 상속개시원인)	
주의사항	① 구민법당시 실종기간이 만료되었으나 신민법시행 후에 실종선고를 받은 경우 신민법을 적용(대판 1983. 4. 12. 선고 82다카1376) ② 상속인이 없는 경우에는 국가에 귀속(다만, 민법 제1057조의 2에 의한 특별연고자에 대한 분에 있음) ③ 양자는 생가의 父 또는 母가 사망한 경우에는 직계비속으로서 상속권있음 ④ 피상속인 사망하기 전 외국귀화한 직계비속도 상속결격사유가 없는 한상속인이 됨 ⑤ 사후양자는 재산상속권이 없다.
상속순위	제1순위 : 피상속인의 직계비속(대습有)과 피상속인의 배우자 제2순위 : 피상속인의 직계존속과 피상속인의 배우자(※ 이혼한 부모와 양부모, 생모도 상속권 있음) 제3순위 : 피상속인의 형제자매(대습有)(※ 이성동복 즉 동모이부의 형제자매도 포함) 제4순위 : 피상속인의 4촌 이내의 방계혈족(91. 1. 1.이전에는 8촌 이내)
상 속 분	가. 1960. 1. 1.부터 1978. 12. 31.까지의 상속 (1) 원칙 : 공동상속인은 균분 (2) 예외 : ① 여자는 남자의 1/2 ② 동일가적 내에 없는 여자는 남자의 1/4 ③ 호주상속인은 고유분에 5할 가산 ④ 처는 직계비속과 공동상속시는 남자의 1/2, 직계존속과 공동상속시는 남자와 동일의 상속지분 나. 1979. 1. 1.부터 1990. 12. 31.까지의 상속 (1) 원칙 : 공동상속분 균등 (2) 예외 : ① 호주상속인은 고유분에 5할 가산 ② 동일가적 내에 없는 여자는 남자의 1/4 ③ 처는 직계비속과 공동상속시는 동일가적 내 직계비속의, 직계 존속과 공동상속시 직계존속의 상속분의 각 5할 가산

	다. 1991. 1. 1.이후의 상속 (1) 상속분 (가) 원칙 : 남녀 상속비율의 균등 (나) 예외 : 배우자는 남녀 구별 없이 다른 상속인의 상속분의 5할 가산 (2) 상속인의 범위 (가) 4순위 상속인의 범위 변경(민법 제1000조 제1항 제4호) : 피상속인의 8촌 이내 방계혈족(종래) ⇒ 피상속인의 4촌 이내 방계혈족(변경) (나) 혈족의 정의 변경(민법 제768조) (다) 직모서자, 계모자 관계 폐지 (3) 배우자의 상속권 변경(민법 제1003호 제1항) 처가 피상속인인 경우, 처의 직계존속이 있으면 공동상속(종래 직계비속이 없으면 단독상속)

[자료 7] 가사접수서류에 붙일 인지액

서류의 종류	조 문	인 지 액
관할법원지정신청서	가소 3, 민소 28	1,000원
법원직원의 제척·기피 신청서	가소 4, 민소 42, 43, 50	1,000원
대리출석·보조인 동반 허가신청서	가소 7	-
소송기록의 열람·복사신청서	가소 10조의2	500원
재판서, 조서의 정본·등본·초본 교부신청서	가소 10조의2	1,000원
소송에 관한 사항의 증명서 발급 신청서	가소 10조의 2	500원
이송신청서	가소 13③. 35, 51	-
이송신청서	가소 13④, 35, 51	1,000원
관련사건 병합신청서	가소 14③	-
당사자의 추가·경정신청서	가소 15	-
소송절차의 승계신청서	가소 16	-
소장	가소 12, 민소 248	1. 가류, 나류 : 1건당 20,000원 2. 다류 : 가수규 2② 소정액
항소장	가소 12, 민소 390	소장의 1.5배액

서류의 종류	조 문	인 지 액
상고장	가소 12, 민소 422	소장의 2배액
재심·준재심소장	가소 12, 민소 451, 461	가수규 2⑤ 소정액
혈액형 등의 수검명령신청서	가소 29	-
심판청구서	가소 36	가수규 3① 소정액
참가신청서	가소 37	-
절차구조신청서	가소 37조	1,000원
절차구조취소신청서	가소 37조의2②, 민소 131	1,000원
증거조사신청서	가소 38	-
가집행선고신청서	가소 42	-
반대청구서	가소규 92	가수규 3③ 소정액
심판에 대한 즉시항고장	가소 43①	가수규 3② 소정액
심판에 대한 재항고장	가소 43④	가수규 3② 소정액
정신상태의 감정신청서	가소 452의2①	-
부재자재산관리사건의 이송신청서	가소규 40	-
가정법원이 선임한 재산관리인의 사임신고서	가소규 42②, 69	-
재산관리인의 담보의 증감·변경·면제 신청서	가소규 45, 69	-
이해관계인의 재산목록 작성참여 허가신청서	가소규 47③, 69	-
재산관리에 관한 처분의 취소신청서	가소규 50, 69	5,000원
이행명령신청서	가소규 97, 108, 115③	-
재산명시신청서	가소 48②	-
재산조회신청서	가소 48③	-
가사조정신청서	가소 49, 민조 5	5,000원 ※민사사건의 청구를 병합한 경우에는 가수규 6② 소정액
조정회부신청서	가소 50②	-
사전처분신청서	가소 62	1,000원
가압류·가처분 신청서	가소 63	10,000원
임시의 지위를 정하기 위한 가처분신청서	가소 63	본안의 소에 따른 인지액의 2분의1

<table>
<tr><th>서류의 종류</th><th>조 문</th><th>인 지 액</th></tr>
<tr><td></td><td></td><td>(인지액의 상한액은 50만원)</td></tr>
<tr><td>양육비 직접지급명령신청서</td><td>가소 63의 2①</td><td>2,000원</td></tr>
<tr><td>소득세원천징수의무에 대한 진술최고신청서</td><td>가소 63조의2②, 민집 237①</td><td>-</td></tr>
<tr><td>양육비 직접지급명령취소신청서</td><td>가소 63조의2③</td><td>2,000원</td></tr>
<tr><td>담보제공명령신청서</td><td>가소 63조의3②</td><td>1,000원</td></tr>
<tr><td>일시금지급명령신청서</td><td>가소 63의조3④</td><td>1,000원</td></tr>
<tr><td>이행명령신청서</td><td>가소 64</td><td>1,000원</td></tr>
<tr><td>금전임치신청서</td><td>가소 65</td><td>1,000원</td></tr>
<tr><td rowspan="2">과태료부과신청서</td><td>가소 67① 중 29, 62조 각 위반</td><td>-</td></tr>
<tr><td>가소 67① 중 63조의2 ①, 63조의3①②, 64조 각 위반</td><td>1,000원</td></tr>
<tr><td rowspan="2">감치신청서</td><td>가소 67②</td><td>-</td></tr>
<tr><td>가소 68</td><td>1,000원</td></tr>
<tr><td>재산상황의 조사와 의무이행의 권고신청서</td><td>가소규 122</td><td>1,000원</td></tr>
<tr><td>조정위원선정합의서</td><td>가소 53②</td><td>-</td></tr>
<tr><td colspan="3">※ 주 : 가소 = 가소소송법, 가소규 = 가사소송규칙, 가수규 = 가사소송수수료규칙,
민소 = 민사소송법, 민소인지법 = 민사소송등인지법</td></tr>
</table>

제5편

법률 · 규칙

민 법

가사소송법

가사소송규칙

가족관계의 등록 등에 관한 법률

가족관계의 등록 등에 관한 규칙

민 법

제정 1958. 2. 22. 법률 제471호
개정 2017. 10. 31. 법률 제14965호

제1편 친 족

제1장 총 칙 …… (제767조~제777조)
제2장 가족의 범위와 자의 성과 본 …… (제778조~제799조)
제3장 혼 인
제1절 약 혼 …… (제800조~제806조)
제2절 혼인의 성립 …… (제807조~제814조)
제3절 혼인의 무효와 취소 …… (제815조~제825조)
제4절 혼인의 효력
제1관 일반적 효력 …… (제826조~제828조)
제2관 재판상 효력 …… (제829조~제833조)
제5절 이 혼
제1관 협의상 이혼 …… (제834조~제839조의3)
제2관 재판상 이혼 …… (제840조~제843조)
제4장 부모와 자
제1절 친생자 …… (제844조~제865조)
제2절 양 자
제1관 입양의 요건과 효력 …… (제866조~제882조의2)
제2관 양자의 무효와 취소 …… (제883조~제897조)
제3관 파 양
제1항 협의상 파양 …… (제898조~제904조)
제2항 재판상 파양 …… (제905조~제908조)
제4관 친양자 …… (제908조의2~제908조의8)
제3절 친 권
제1관 총칙 …… (제909조~제912조)
제2관 친권의 효력 …… (제913조~제923조)
제3관 친권의 상실, 일시 정지 및 일부 제한 …… (제924조~제927조의2)
제5장 후 견
제1절 미성년후견과 성년후견
제1관 후견인 …… (제928조~제940조)
제2관 후감독인 …… (제940조의2~제940조의7)
제3관 후견인의 임무 …… (제941조~제956조)

제4관 후견의 종료 ………… (제957조~제959조)
제2절 한정후견과 특정후견 ………… (제959조의2~제959조의13)
제3절 후견계약 ………… (제959조의14~제959조의20)
제6장 친족회 ………… (제960조~제973조)(삭제)
제7장 부 양 ………… (제974조~제979조)
제8장 호주승계
제1절 총 칙 ………… (제980조~제983조)(삭제)
제2절 호주승계인 ………… (제984조~제994조)(삭제)
제3절 호주승계의 효력 ………… (제995조~제996조)(삭제)

제5편 상 속

제1장 상 속
제1절 총 칙 ………… (제997조~제999조)
제2절 상속인 ………… (제1000조~제1004조)
제3절 상속의 효력
제1관 일반적 효력 ………… (제1005조~제1008조의3)
제2관 상속분 ………… (제1009조~제1011조)
제3관 상속재산의 분할 ………… (제1012조~제1018조)
제4절 상속의 승인과 포기
제1관 총 칙 ………… (제1019조~제1024조)
제2관 단순승인 ………… (제1025조~제1027조)
제3관 한정승인 ………… (제1028조~제1040조)
제4관 포 기 ………… (제1041조~제1044조)
제5절 재산의 분리 ………… (제1045조~제1052조)
제6절 상속인의 부존재 ………… (제1053조~제1059조)
제2장 유 언
제1절 총 칙 ………… (제1060조~제1064조)
제2절 유언의 방식 ………… (제1065조~제1072조)
제3절 유언의 효력 ………… (제1073조~제1090조)
제4절 유언의 집행 ………… (제1091조~제1107조)
제1절 유언의 철회 ………… (제1108조~제1111조)
제3장 유류분 ………… (제1112조~제1118조)

부 칙

제1편 친 족

제1장 총 칙

제767조(친족의 정의) 배우자, 혈족 및 인척을 친족으로 한다.

제768조(혈족의 정의) 자기의 직계존속과 직계비속을 직계혈족이라 하고 자기의 형제자매와 형제자매의 직계비속, 직계존속의 형제자매 및 그 형제자매의 직계비속을 방계혈족이라 한다. 〈개정 1990.1.13〉

제769조(인척의 계원) 혈족의 배우자, 배우자의 혈족, 배우자의 혈족의 배우자를 인척으로 한다. 〈개정 1990.1.13〉

제770조(혈족의 촌수의 계산)

① 직계혈족은 자기로부터 직계존속에 이르고 자기로부터 직계비속에 이르러 그 세수를 정한다.

② 방계혈족은 자기로부터 동원의 직계존속에 이르는 세수와 그 동원의 직계존속으로 부터 그 직계비속에 이르는 세수를 통산하여 그 촌수를 정한다.

제771조(인척의 촌수의 계산) 인척은 배우자의 혈족에 대하여는 배우자의 그 혈족에 대한 촌수에 따르고, 혈족의 배우자에 대하여는 그 혈족에 대한 촌수에 따른다.

제772조(양자와의 친계와 촌수)

① 양자와 양부모 및 그 혈족, 인척사이의 친계와 촌수는 입양한 때로부터 혼인 중의 출생자와 동일한 것으로 본다.

② 양자의 배우자, 직계비속과 그 배우자는 전 항의 양자의 친계를 기준으로 하여 촌수를 정한다.

제773조 삭제 〈1990.1.13〉

제774조 삭제 〈1990.1.13〉

제775조(인척관계 등의 소멸)

① 인척관계는 혼인의 취소 또는 이혼으로 인하여 종료한다. 〈개정 1990.1.13〉

② 부부의 일방이 사망한 경우 생존배우자가 재혼한 때에도 제1항과 같다. 〈개정 1990. 1.13〉

제776조(입양으로 인한 친족관계의 소멸) 입양으로 인한 친족관계는 입양의 취소 또는 파양으로 인하여 종료한다.

제777조(친족의 범위) 친족관계로 인한 법률상 효력은 이 법 또는 다른 법률에 특별한 규정이 없는 한 다음 각 호에 해당하는 자에 미친다.

1. 8촌 이내의 혈족
2. 4촌 이내의 인척
3. 배우자

제2장 가족의 범위와 자의 성과 본

제778조 삭제 〈2005.3.31〉

제779조(가족의 범위)

① 다음의 자는 가족으로 한다.

1. 배우자, 직계혈족 및 형제자매
2. 직계혈족의 배우자, 배우자의 직계혈족 및 배우자의 형제자매

② 제1항 제2호의 경우에는 생계를 같이 하는 경우에 한한다.

제780조 삭제 〈2005.3.31〉

제781조(자의 성과 본)

① 자는 부의 성과 본을 따른다. 다만, 부모가 혼인신고시 모의 성과 본을 따르기로 협의한 경우에는 모의 성과 본을 따른다.

② 부가 외국인인 경우에는 자는 모의 성과 본을 따를 수 있다.

③ 부를 알 수 없는 자는 모의 성과 본을 따른다.

④ 부모를 알 수 없는 자는 법원의 허가를 받아 성과 본을 창설한다. 다만, 성과 본을 창설한 후 부 또는 모를 알게 된 때에는 부 또는 모의 성과 본을 따를 수 있다.

⑤ 혼인 외의 출생자가 인지된 경우 자는 부모의 협의에 따라 종전의 성과 본을 계속 사용할 수 있다. 다만, 부모가 협의할 수 없거나 협의가 이루어지지 아니한 경우에는 자는 법원의 허가를 받아 종전의 성과 본을 계속 사용할 수 있다.

⑥ 자의 복리를 위하여 자의 성과 본을 변경할 필요가 있을 때에는 부, 모 또는 자의 청구에 의하여 법원의 허가를 받아 이를 변경할 수 있다. 다만, 자가 미성년자이고 법정대리인이 청구할 수 없는 경우에는 제777조의 규정에 따른 친족 또는 검사가 청구할 수 있다.

제782조 삭제 〈2005.3.31〉

제783조 삭제 〈2005.3.31〉

제784조 삭제 〈2005.3.31〉

제785조 삭제 〈2005.3.31〉

제786조 삭제 〈2005.3.31〉

제787조 삭제 〈2005.3.31〉

제788조 삭제 〈2005.3.31〉

제789조 삭제 〈2005.3.31〉

제790조 삭제 〈1990.1.13〉

제791조 삭제 〈2005.3.31〉

제792조 삭제 〈1990.1.13〉

제793조 삭제 〈2005.3.31〉

제794조 삭제 〈2005.3.31〉

제795조 삭제 〈2005.3.31〉

제796조 삭제 〈2005.3.31〉

제797조 삭제 〈1990.1.13〉

제798조 삭제 〈1990.1.13〉

제799조 삭제 〈1990.1.13.〉

제3장 혼 인

제1절 약 혼

제800조(약혼의 자유) 성년에 달한 자는 자유로 약혼할 수 있다.

제801조(약혼연령) 18세가 된 사람은 부모나 미성년후견인의 동의를 받아 약혼할 수 있다. 이 경우에 제808조를 준용한다. 〈개정 2011.3.7〉

제802조(성년후견과 약혼) 미성년후견인은 부모나 성년후견인의 동의를 받아 약혼할 수 있다. 이 경우 제808조를 준용한다. 〈개정 2011.3.7〉

제803조(약혼의 강제이행금지) 약혼은 강제이행을 청구하지 못한다.

제804조(약혼해제의 사유) 당사자의 한쪽에 다음 각 호의 어느 하나에 해당하는 사유가 있는 경우에는 상대방은 약혼을 해제할 수 있다.

1. 약혼 후 자격정지 이상의 형의 선고를 받은 경우
2. 약혼 후 성년후견개시나 한정후견개시의 심판을 받은 경우
3. 성병, 불치의 정신병, 그 밖의 불치의 병질이 있는 경우
4. 약혼 후 다른 사람과 다른 사람과 약혼이나 혼인을 한 경우
5. 약혼 후 다른 사람과 간음한 경우
6. 약혼 후 1년 이상 생사가 불명한 경우
7. 정당한 이유 없이 혼인을 거절하거나 그 시기를 늦춘 경우
8. 그 밖의의 중대한 사유가 있는 경우

〈개정 2011.3.7〉

제805조(약혼해제의 방법) 약혼의 해제는 상대방에 대한 의사표시로 한다. 그러나 상대방에 대하여 의사표시를 할 수 없는 때에는 그 해제의 원인 있음을 안 때에 해제된 것으로 본다.

제806조(약혼해제와 손해배상청구권)

① 약혼을 해제한 때에는 당사자 일방은 과실 있는 상대방에 대하여 이로 인한 손해의 배상을 청구할 수 있다.

② 전항의 경우에는 재산상 손해 외에 정신상 고통에 대하여도 손해배상의 책임이 있다.

③ 정신상 고통에 대한 배상청구권은 양도 또는 승계하지 못한다. 그러나 당사자간에 이미 그 배상에 관한 계약이 성립되거나 소를 제기한 후에는 그러하지 아니하다.

제2절 혼인의 성립

제807조(혼인적령) 만 18세가 된 사람은 혼인할 수 있다.

제808조(동의를 요하는 혼인)

① 미성년자가 혼인을 하는 경우에는 부모의 동의를 받아야 하며, 부모 중 한쪽이 동의권을 행사할 수 없는 때에는 다른 한쪽의 동의를 받아야 하고, 부모가 모두 동의권을 행사할 수 없는 때에는 미성년후견인의 받아야 한다.

② 피성년후견인은 부모나 또는 성년후견인의 동의를 받아 혼인할 수 있다.

제809조(근친혼 등의 금지)

① 8촌 이내의 혈족(친양자의 입양 전의 혈족을 포함한다) 사이에서는 혼인하지 못한다.

② 6촌 이내의 혈족의 배우자, 배우자의 6촌 이내의 혈족, 배우자의 4촌 이내의 혈족의 배우자인 인척이거나 이러한 인척이었던 자 사이에서는 혼인하지 못한다.

③ 6촌 이내의 양부모계(養父母系)의 혈족이었던 자와 4촌 이내의 양부모계의 인척이었던 자 사이에서는 혼인하지 못한다.

제810조(중혼의 금지) 배우자있는 자는 다시 혼인하지 못한다.

제811조 삭제 〈2005.3.31〉

제812조(혼인의 성립)

① 혼인은 「가족관계의 등록 등에 관한 법률」에 정한 바에 의하여 신고함으로써 그 효력이 생긴다. 〈개정 2007.5.17〉

② 전항의 신고는 당사자 쌍방과 성년자인 증인 2인의 연서한 서면으로 하여야 한다.

제813조(혼인신고의 심사) 혼인의 신고는 그 혼인이 제807조 내지 제810조 및 제812조 제2항의 규정 기타 법령에 위반함이 없는 때에는 이를 수리하여야 한다. 〈개정 2005.3.31〉

제814조(외국에서의 혼인신고)

① 외국에 있는 본국민사이의 혼인은 그 외국에 주재하는 대사, 공사 또는 영사에게 신고할 수 있다.

② 제1항의 신고를 수리한 대사, 공사 또는 영사는 지체 없이 그 신고서류를 본국의 재외국민 가족관계등록사무소에 송부하여야 한다. 〈개정 2015.2.3.〉

제3절 혼인의 무효와 취소

제815조(혼인의 무효) 혼인은 다음 각 호의 어느 하나의 경우에는 무효로 한다. 〈개정 2005.3.31〉

1. 당사자 간에 혼인의 합의가 없는 때
2. 혼인이 제809조 제1항의 규정을 위반한 때
3. 당사자간에 직계인척관계(直系姻戚關係)가 있거나 있었던 때
4. 당사자간에 양부모계의 직계혈족관계가 있었던 때

제816조(혼인취소의 사유) 혼인은 다음 각 호의 어느 하나의 경우에는 법원에 그 취소를 청구할 수 있다. 〈개정 2005.3.31〉

1. 혼인이 제807조 내지 제809조(제815조의 규정에 의하여 혼인의 무효사유에 해당하는 경우를 제외한다. 이하 제817조 및 제820조에서 같다) 또는 제810조의 규정에 위반한 때
2. 혼인당시 당사자 일방에 부부생활을 계속할 수 없는 악질 기타 중대 사유 있음을 알지 못한 때
3. 사기 또는 강박으로 인하여 혼인의 의사표시를 한 때

제817조(연령위반혼인 등의 취소청구권자) 혼인이 제807조, 제808조의 규정에 위반한 때에는 당사자 또는 그 법정대리인이 그 취소를 청구할 수 있고 제809조의 규정에 위반한 때에는 당사자, 그 직계존속 또는 4촌 이내의 방계혈족이 그 취소를 청구할 수 있다. 〈개정 2005.3.31〉

제818조(중혼의 취소청구권자) 당사자 및 그 배우자, 직계혈족, 4촌 이내의 방계혈족 또는 검사는 제810조를

위반한 혼인의 취소를 청구할 수 있다.

제819조(동의 없는 혼인의 취소청구권의 소멸) 제808조를 위반한 혼인은 그 당사자가 19세가 된 후 또는 성년후견종료의 심판이 있은 후 3개월이 지나거나 혼인 중에 임신한 경우에는 그 취소를 청구하지 못한다. 〈개정 2011.3.7〉

제820조(근친혼 등의 취소청구권의 소멸) 제809조의 규정에 위반한 혼인은 그 당사자 간에 혼인 중 포태(胞胎)한 때에는 그 취소를 청구하지 못한다. 〈개정 2005.3.31〉

제821조 삭제 〈2005.3.31〉

제822조(악질 등 사유에 의한 혼인취소청구권의 소멸) 제816조 제2호의 규정에 해당하는 사유 있는 혼인은 상대방이 그 사유 있음을 안 날로부터 6월을 경과한 때에는 그 취소를 청구하지 못한다.

제823조(사기, 강박으로 인한 혼인취소청구권의 소멸) 사기 또는 강박으로 인한 혼인은 사기를 안 날 또는 강박을 면한 날로부터 3월을 경과한 때에는 그 취소를 청구하지 못한다.

제824조(혼인취소의 효력) 혼인의 취소의 효력은 기왕에 소급하지 아니한다.

제824조의2(혼인의 취소와 자의 양육 등) 제837조 및 제837조의2의 규정은 혼인의 취소의 경우에 자의 양육책임과 면접교섭권에 관하여 이를 준용한다.

제825조(혼인취소와 손해배상청구권) 제806조의 규정은 혼인의 무효 또는 취소의 경우에 준용한다.

제4절 혼인의 효력

제1관 일반적 효력

제826조(부부간의 의무)

① 부부는 동거하며 서로 부양하고 협조하여야 한다. 그러나 정당한 이유로 일시적으로 동거하지 아니하는 경우에는 서로 인용하여야 한다.

② 부부의 동거장소는 부부의 협의에 따라 정한다. 그러나 협의가 이루어지지 아니하는 경우에는 당사자의 청구에 의하여 가정법원이 이를 정한다. 〈개정 1990.1.13〉

③ 삭제 〈2005.3.31〉

④ 삭제 〈2005.3.31〉

제826조의2(성년의제) 미성년자가 혼인을 한 때에는 성년자로 본다.

제827조(부부간의 가사대리권)

① 부부는 일상의 가사에 관하여 서로 대리권이 있다.

② 전항의 대리권에 가한 제한은 선의의 제삼자에게 대항하지 못한다.

제828조 삭제 〈2012.2.10.〉

제2관 재산상 효력

제829조(부부재산의 약정과 그 변경)

① 부부가 혼인성립 전에 그 재산에 관하여 따로 약정을 하지 아니한 때에는 그 재산관계는 본관 중 다음 각조에 정하는 바에 의한다.

② 부부가 혼인성립 전에 그 재산에 관하여 약정한 때에는 혼인중 이를 변경하지 못한다. 그러나 정당한

사유가 있는 때에는 법원의 허가를 얻어 변경할 수 있다.

③ 전항의 약정에 의하여 부부의 일방이 다른 일방의 재산을 관리하는 경우에 부적당한 관리로 인하여 그 재산을 위태하게 한 때에는 다른 일방은 자기가 관리할 것을 법원에 청구할 수 있고 그 재산이 부부의 공유인 때에는 그 분할을 청구할 수 있다.

④ 부부가 그 재산에 관하여 따로 약정을 한 때에는 혼인성립까지에 그 등기를 하지 아니하면 이로써 부부의 승계인 또는 제삼자에게 대항하지 못한다.

⑤ 제2항, 제3항의 규정이나 약정에 의하여 관리자를 변경하거나 공유재산을 분할하였을 때에는 그 등기를 하지 아니하면 이로써 부부의 승계인 또는 제삼자에게 대항하지 못한다.

제830조(특유재산과 귀속불명재산)

① 부부의 일방이 혼인 전부터 가진 고유재산과 혼인 중 자기의 명의로 취득한 재산은 그 특유재산으로 한다.

② 부부의 누구에게 속한 것인지 분명하지 아니한 재산은 부부의 공유로 추정한다. 〈개정 1977.12.31〉

제831조(특유재산의 관리 등) 부부는 그 특유재산을 각자 관리, 사용, 수익한다.

제832조(가사로 인한 채무의 연대책임) 부부의 일방이 일상의 가사에 관하여 제삼자와 법률행위를 한 때에는 다른 일방은 이로 인한 채무에 대하여 연대책임이 있다. 그러나 이미 제삼자에 대하여 다른 일방의 책임 없음을 명시한 때에는 그러하지 아니하다.

제833조(생활비용) 부부의 공동생활에 필요한 비용은 당사자간에 특별한 약정이 없으면 부부가 공동으로 부담한다.

제5절 이 혼

제1관 협의상 이혼

제834조(협의상 이혼) 부부는 협의에 의하여 이혼할 수 있다.

제835조(성년후견과 협의상 이혼) 미성년후견인의 협의상 이혼에 관하여는 제808조 제2항을 준용한다.

제836조(이혼의 성립과 신고방식)

① 협의상 이혼은 가정법원의 확인을 받아 「가족관계의 등록 등에 관한 법률」의 정한 바에 의하여 신고함으로써 그 효력이 생긴다. 〈개정 2007.5.17〉

② 전항의 신고는 당사자 쌍방과 성년자인 증인 2인의 연서한 서면으로 하여야 한다.

제836조의2(이혼의 절차)

① 협의상 이혼을 하려는 자는 가정법원이 제공하는 이혼에 관한 안내를 받아야 하고, 가정법원은 필요한 경우 당사자에게 상담에 관하여 전문적인 지식과 경험을 갖춘 전문상담인의 상담을 받을 것을 권고할 수 있다.

② 가정법원에 이혼의사의 확인을 신청한 당사자는 제1항의 안내를 받은 날부터 다음 각 호의 기간이 지난 후에 이혼의사의 확인을 받을 수 있다.

1. 양육하여야 할 자(포태 중인 자를 포함한다. 이하 이 조에서 같다)가 있는 경우에는 3개월
2. 제1호에 해당하지 아니하는 경우에는 1개월

③ 가정법원은 폭력으로 인하여 당사자 일방에게 참을 수 없는 고통이 예상되는 등 이혼을 하여야 할

급박한 사정이 있는 경우에는 제2항의 기간을 단축 또는 면제할 수 있다.

④ 양육하여야 할 자가 있는 경우 당사자는 제837조에 따른 자의 양육과 제909조 제4항에 따른 자의 친권자결정에 관한 협의서 또는 제837조 및 제909조 제4항에 따른 가정법원의 심판정본을 제출하여야 한다.

⑤ 가정법원은 당사자가 협의한 양육비부담에 관한 내용을 확인하는 양육비부담조서를 작성하여야 한다. 이 경우 양육비부담조서의 효력에 대하여는 「가사소송법」 제41조를 준용한다. 〈신설 2009.5.8〉

제837조(이혼과 자의 양육책임)

① 당사자는 그 자의 양육에 관한 사항을 협의에 의하여 정한다. 〈개정 1990.1.13〉

② 제1항의 협의는 다음의 사항을 포함하여야 한다. 〈개정 2007.12.21〉

1. 양육자의 결정
2. 양육비용의 부담
3. 면접교섭권의 행사 여부 및 그 방법

③ 제1항에 따른 협의가 자의 복리에 반하는 경우에는 가정법원은 보정을 명하거나 직권으로 그 자의 의사·연령과 부모의 재산상황, 그 밖의 사정을 참작하여 양육에 필요한 사항을 정한다. 〈개정 2007.12.21〉

④ 양육에 관한 사항의 협의가 이루어지지 아니하거나 협의할 수 없는 때에는 가정법원은 직권으로 또는 당사자의 청구에 따라 이에 관하여 결정한다. 이 경우 가정법원은 제3항의 사정을 참작하여야 한다. 〈신설 2007.12.21〉

⑤ 가정법원은 자의 복리를 위하여 필요하다고 인정하는 경우에는 부·모·자 및 검사의 청구 또는 직권으로 자의 양육에 관한 사항을 변경하거나 다른 적당한 처분을 할 수 있다. 〈신설 2007.12.21〉

⑥ 제3항부터 제5항까지의 규정은 양육에 관한 사항 외에는 부모의 권리의무에 변경을 가져오지 아니한다. 〈신설 2007.12.21〉

제837조의2(면접교섭권)

① 자를 직접 양육하지 아니하는 부모의 일방과 자는 상호 면접교섭할 수 있는 권리를 가진다. 〈개정 2007.12.21.〉

② 자를 직접 양육하지 아니하는 부모 일방의 직계존속은 그 부모 일방이 사망하였거나 질병, 외국거주, 그 밖에 불가피한 사정으로 자를 면접교섭할 수 없는 경우 가정법원에 자와의 면접교섭을 청구할 수 있다. 이 경우 가정법원은 자의 의사, 면접교섭을 청구한 사람과 자의 관계, 청구의 동기, 그 밖의 사정을 참작하여야 한다.

③ 가정법원은 자의 복리를 위하여 필요한 때에는 당사자의 청구 또는 직권에 의하여 면접교섭을 제한·배제·변경할 수 있다. 〈개정 2016.12.2〉

제838조(사기, 강박으로 인한 이혼의 취소청구권) 사기 또는 강박으로 인하여 이혼의 의사표시를 한 자는 그 취소를 가정법원에 청구할 수 있다. 〈개정 1990.1.13〉

제839조(준용규정) 제823조의 규정은 협의상 이혼에 준용한다.

제839조의2(재산분할청구권)

① 협의상 이혼한 자의 일방은 다른 일방에 대하여 재산분할을 청구할 수 있다.

② 제1항의 재산분할에 관하여 협의가 되지 아니하거나 협의할 수 없는 때에는 가정법원은 당사자의 청구에 의하여 당사자 쌍방의 협력으로 이룩한 재산의 액수 기타 사정을 참작하여 분할의 액수와 방법을 정한다.

③ 제1항의 재산분할청구권은 이혼한 날부터 2년을 경과한 때에는 소멸한다.

제839조의3(재산분할청구권 보전을 위한 사해행위취소권)

① 부부의 일방이 다른 일방의 재산분할청구권 행사를 해함을 알면서도 재산권을 목적으로 하는 법률행위를 한 때에는 다른 일방은 제406조 제1항을 준용하여 그 취소 및 원상회복을 가정법원에 청구할 수 있다.

② 제1항의 소는 제406조 제2항의 기간 내에 제기하여야 한다.

제2관 재판상 이혼

제840조(재판상 이혼원인) 부부의 일방은 다음 각 호의 사유가 있는 경우에는 가정법원에 이혼을 청구할 수 있다. 〈개정 1990.1.13〉

1. 배우자에 부정한 행위가 있었을 때
2. 배우자가 악의로 다른 일방을 유기한 때
3. 배우자 또는 그 직계존속으로부터 심히 부당한 대우를 받았을 때
4. 자기의 직계존속이 배우자로부터 심히 부당한 대우를 받았을 때
5. 배우자의 생사가 3년 이상 분명하지 아니한 때
6. 기타 혼인을 계속하기 어려운 중대한 사유가 있을 때

제841조(부정으로 인한 이혼청구권의 소멸) 전조 제1호의 사유는 다른 일방이 사전 동의나 사후 용서를 한 때 또는 이를 안 날로부터 6월, 그 사유 있은 날로부터 2년을 경과한 때에는 이혼을 청구하지 못한다.

제842조(기타 원인으로 인한 이혼청구권의 소멸) 제840조 제6호의 사유는 다른 일방이 이를 안 날로부터 6월, 그 사유 있은 날로부터 2년을 경과하면 이혼을 청구하지 못한다.

제843조(준용규정) 재판상 이혼에 따른 손해배상 책임에 관하여는 제806조를 준용하고, 재판상 이혼에 따른 양육책임 등에 관하여는 제837조를 준용하며, 재판상 이혼에 따른 면접교섭권에 관하여는 제837조의2를 준용하고, 재판상 이혼에 따른 재산분할청구권에 관하여는 제839조의2를 준용하며, 재판상 이혼에 따른 재산분할청구권 보전을 위한 사해행위취소권에 관하여는 재839조의3을 준용한다. 〈전문 2012.2.10.〉

제4장 부모와 자

제1절 친 생 자

제844조(남편의 친생자의 추정)

① 아내가 혼인 중에 임신한 자녀는 남편의 자녀로 추정한다.

② 혼인이 성립한 날부터 200일 후에 출생한 자녀는 혼인 중에 임신한 것으로 추정한다.

③ 혼인관계가 종료된 날부터 300일 이내에 출생한 자녀는 혼인 중에 임신한 것으로 추정한다.

제845조(법원에 의한 부의 결정) 재혼한 여자가 해산한 경우에 제844조의 규정에 의하여 그 자의 부를 정할 수 없는 때에는 법원이 당사자의 청구에 의하여 이를 정한다. 〈개정 2005.3.31〉

제846조(자의 친생부인) 부부의 일방은 제844조의 경우에 그 자가 친생자임을 부인하는 소를 제기할 수 있다. 〈개정 2005.3.31〉

제847조(친생부인의 소)

① 친생부인의 소는 부(夫) 또는 처(妻)가 다른 일방 또는 자(子)를 상대로 하여 그 사유가 있음을 안 날부터 2년 내에 이를 제기하여야 한다.

② 제1항의 경우에 상대방이 될 자가 모두 사망한 때에는 그 사망을 안 날부터 2년 내에 검사를 상대로 하여 친생부인의 소를 제기할 수 있다.

제848조(성년후견과 친생부인의 소)

① 남편이나 아내가 피성년후견인인 경우에는 그의 성년후견인이 성년후견감독인의 동의를 받아 친생부인의 소를 제기할 수 있다. 성년후견감독인이 없거나 동의할 수 없을 때에는 가정법원에 그 동의를 갈음하는 허가를 청구할 수 있다.

② 제1항의 경우 성년후견인이 친생부인의 소를 제기하지 아니하는 경우에는 피성년후견인은 성년후견종료의 심판이 있은 날부터 2년 내에 친생부인의 소를 제기할 수 있다. 〈개정 2011.3.7〉

제849조(자사망후의 친생부인) 자가 사망한 후에도 그 직계비속이 있는 때에는 그 모를 상대로, 모가 없으면 검사를 상대로 하여 부인의 소를 제기할 수 있다.

제850조(유언에 의한 친생부인) 부(夫) 또는 처(妻)가 유언으로 부인의 의사를 표시한 때에는 유언집행자는 친생부인의 소를 제기하여야 한다. 〈개정 2005.3.31〉

제851조(부의 자 출생 전 사망 등과 친생부인) 부(夫)가 자(子)의 출생 전에 사망하거나 부(夫) 또는 처(妻)가 제847조 제1항의 기간 내에 사망한 때에는 부(夫) 또는 처(妻)의 직계존속이나 직계비속에 한하여 그 사망을 안 날부터 2년 내에 친생부인의 소를 제기할 수 있다.

제852조(친생부인권의 소멸) 자의 출생 후에 친생자(親生子)임을 승인한 자는 다시 친생부인의 소를 제기하지 못한다.

제853조 삭제 〈2005.3.31〉

제854조(사기, 강박으로 인한 승인의 취소) 제852조의 승인이 사기 또는 강박으로 인한 때에는 이를 취소할 수 있다. 〈개정 2005.3.31.〉

제854조의2(친생부인의 허가 청구)

① 어머니 또는 어머니의 전 남편은 제844조 제3항의 경우에 가정법원에 친생부 인의 허가를 청구할 수 있다. 다만, 혼인 중의 자녀도 출생신고가 된 경우에는 그러하지 아니하다.

② 제1항의 청구가 있는 경우에 가정법원은 혈액채취에 의한 혈액형 검사, 유전인자의 검사 등 과학적 방법에 따른 검사결과 또는 장기간의 별거 등 그 밖의 사정을 고려하여 허가 여부를 정한다.

③ 제1항 및 제2항에 따른 허가를 받은 경우에는 제844조 제1항 및 제3항의 추정이 미치지 아니한다. 〈2017.10.31. 본조신설〉

제855조(인지)

① 혼인외의 출생자는 그 생부나 생모가 이를 인지할 수 있다. 부모의 혼인이 무효인 때에는 출생자는 혼인외의 출생자로 본다.

② 혼인외의 출생자는 그 부모가 혼인한 때에는 그때로부터 혼인중의 출생자로 본다.

제855조의2(인지의 허가 청구)

① 생부는 제844조 제3항의 경우에 가정법원에 인지의 허가를 청구할 수 있다. 다만, 혼인 중의 자녀로 출생신고가 된 경우에는 그러하지 아니하다.

② 제1항의 청구가 있는 경우에 가정법원은 혈액채취에 의한 혈액형 검사, 유전인자의 검사 등 과학적 방법에 따른 검사결과 또는 장기간의 별거 등 그 밖의 사정을 고려하여 허가 여부를 정한다.

③ 제1항 및 제2항에 따른 허가를 받은 생부가 「가족관계의 등록 등에 관한 법률」 제57조 제1항에 따른

신고를 하는 경우에는 제844조 제1항 및 제3항의 추정이 미치지 아니한다.
〈2017.10.31. 본조신설〉

제856조(피성년후견인의 인지) 아버지가 피성년후견인인 경우에는 성년후견인의 동의를 받아 인지할 수 있다.

제857조(사망자의 인지) 자가 사망한 후에도 그 직계비속이 있는 때에는 이를 인지할 수 있다.

제858조(포태중인 자의 인지) 부는 포태 중에 있는 자에 대하여도 이를 인지할 수 있다.

제859조(인지의 효력발생)

① 인지는 「가족관계의 등록 등에 관한 법률」의 정하는 바에 의하여 신고함으로써 그 효력이 생긴다. 〈개정 2007.5.17〉

② 인지는 유언으로도 이를 할 수 있다. 이 경우에는 유언집행자가 이를 신고하여야 한다.

제860조(인지의 소급효) 인지는 그 자의 출생시에 소급하여 효력이 생긴다. 그러나 제삼자의 취득한 권리를 해하지 못한다.

제861조(인지의 취소) 사기, 강박 또는 중대한 착오로 인하여 인지를 한 때에는 사기나 착오를 안 날 또는 강박을 면한 날로부터 6월 내에 가정법원에 그 취소를 청구할 수 있다. 〈개정 2005.3.31〉

제862조(인지에 대한 이의의 소) 자 기타 이해관계인은 인지의 신고 있음을 안 날로부터 1년 내에 인지에 대한 이의의 소를 제기할 수 있다.

제863조(인지청구의 소) 자와 그 직계비속 또는 그 법정대리인은 부 또는 모를 상대로 하여 인지청구의 소를 제기할 수 있다.

제864조(부모의 사망과 인지청구의 소) 제862조 및 제863조의 경우에 부 또는 모가 사망한 때에는 그 사망을 안 날로부터 2년 내에 검사를 상대로 하여 인지에 대한 이의 또는 인지청구의 소를 제기할 수 있다. 〈개정 2005.3.31〉

제864조의2(인지와 자의 양육책임 등) 제837조 및 제837조의2의 규정은 자가 인지된 경우에 자의 양육책임과 면접교섭권에 관하여 이를 준용한다.

제865조(다른 사유를 원인으로 하는 친생자관계존부확인의 소)

① 제845조, 제846조, 제848조, 제850조, 제851조, 제862조와 제863조의 규정에 의하여 소를 제기할 수 있는 자는 다른 사유를 원인으로 하여 친생자관계존부의 확인의 소를 제기할 수 있다.

② 제1항의 경우에 당사자 일방이 사망한 때에는 그 사망을 안 날로부터 2년 내에 검사를 상대로 하여 소를 제기할 수 있다. 〈개정 2005.3.31.〉

제2절 양 자

제1관 입양의 요건과 효력

제866조(입양을 할 능력) 성년이 된 사람은 입양을 할 수 있다.

제867조(미성년자의 입양에 대한 가정법원의 허가)

① 미성년자를 입양하려는 사람은 가정법원의 허가를 받아야 한다.

② 가정법원은 양자가 될 미성년자의 복리를 위하여 그 양육 상황, 입양의 동기, 양부모의 양육능력, 그 밖의 사정을 고려하여 제1항에 따른 입양의 허가를 하지 아니할 수 있다.

제868조 삭제 〈1990.1.13〉

제869조(입양의 의사표시)

① 양자가 될 사람이 13세 이상의 미성년자인 경우에는 법정대리인의 동의를 받아 입양을 승낙한다.

② 양자가 될 사람이 13에 미만은 경우에는 법정대리인이 그를 갈음하여 입양을 승낙한다.

③ 가정법원은 다음 각 호의 어느 하나에 해당하는 경우에는 제1항에 따른 동의 또는 제2항에 따른 승낙이 없더라도 제867조 제1항에 따른 입양의 허가를 할 수 있다.

1. 법정대리인이 정당한 이유 없이 동의 또는 승낙을 거부하는 경우, 다만 법정대리인이 친권자인 경우에는 제870조 제2항의 사유가 있어야 한다.
2. 법정대리인의 소재를 알 수 없는 등의 사유로 동의 또는 승낙을 받을 수 없는 경우

④ 제3항 제1호의 경우 가정법원은 법정대리인을 심문하여야 한다.

⑤ 제1항에 따른 동의 또는 제2항에 따른 승낙은 제867조 제1항에 따른 입양의 허가가 있기 전까지 철회할 수 있다.

제870조(미성년자 입양에 대한 부모의 동의)

① 양자가 될 미성년자는 부모의 동의를 받아야 한다. 다만, 다음 각 호의 어느 하나에 해당하는 경우에는 그러하지 아니하다.

1. 부모가 제869조 제1항에 따른 동의를 하거나 같은 조 제2항에 따른 승낙을 한 경우
2. 부모가 친권상실의 선고를 받은 경우
3. 부모의 소재를 알 수 없는 등의 사유로 동의를 받을 수 없는 경우

② 가정법원은 다음 각 호의 어느 하나에 해당하는 사유가 있는 경우에는 부모가 동의를 거부하더라도 제867조 제1항에 따른 입양의 허가를 할 수 있다. 이 경우 가정법원은 부모를 심문하여야 한다.

1. 부모가 3년 이상 자녀에 대한 부양의무를 이행하지 아니한 경우
2. 부모가 자녀를 학대 또는 유기하거나 그 밖에 자녀의 복리를 현저히 해친 경우

③ 제1항에 따른 동의는 제867조 제1항에 따른 입양의 허가가 있기 전까지 철회할 수 있다.

제871조(성년자 입양에 대한 부모의 동의)

① 양자가 될 사람이 성년인 경우에는 부모의 동의를 받아야 한다. 다만, 부모의 소재를 알 수 없는 등의 사유로 동의를 받을 수 없는 경우에는 그러하지 아니하다.

② 가정법원은 부모가 정당한 이유 없이 동의를 거부하는 경우에 양부모가 될 사람이나 양자가 될 사람의 청구에 따라 무모의 동의를 갈음하는 심판을 할 수 있다. 이 경우 가정법원은 부보의 심문하여야 한다.

제872조 삭제 〈2012.2.110〉

제873조(미성년후견인의 입양)

① 피성년후견인은 성년후견인의 동의를 받아 입양을 할 수 있고 양자가 될 수 있다.

② 피성년후견인이 입양을 하거나 양자가 되는 경우에는 제867조를 준용한다.

③ 가정법원은 성년후견인이 정당한 이유 없이 제1항에 따른 동의를 거부하거나 피성년후견인의 부모가 정당한 이유 없이 제871조 제1항에 따른 동의를 거부하는 경우에 그 동의가 없어도 입양을 허가할 수 있다. 이 경우 가정법원은 성년후견인 또는 부모를 심문하여야 한다.

제874조(부부의 공동입양 등)

① 배우자있는 사람은 배우자와 공동으로 입양하여야 한다.

② 배우자있는 사람은 그 배우자의 동의를 받아야만 양자가 될 수 있다.

제875조 삭제 〈1990.1.13〉

제876조 삭제 〈1990.1.13〉

제877조(입양의 금지) 존속이나 연장자를 입양할 수 없다.

제878조(입양의 성립) 입양은 「가족관계의 등록 등에 관한 법률」에서 정한 바에 따라 신고함으로써 그 효력이 생긴다. 〈개정 2012.2.10〉

제879조 삭제 〈1990.1.13〉

제880조 삭제 〈1990.1.13〉

제881조(입양 신고의 심사) 제866조, 제867조, 제869조부터 제871조까지, 제873조, 재874조, 제877조 그 밖의 법령을 위반하지 아니한 입양 신고는 수리하여야 한다. 〈개정 2012.2.10〉

제882조(외국에서의 입양 신고) 외국에서 입양 신고를 하는 경우에는 제814조를 준용한다.

제882조의2(입양의 효력)

① 양자는 입양된 때부터 양부모의 친생자와 같은 지위를 가진다.

② 양자의 입양 전의 친족관계는 존속한다.

제2관 입양의 무효와 취소

제883조(입양 무효의 원인) 다음 각 호의 어느 하나에 해당하는 입양은 무효이다.

1. 당사자 사이에 입양의 합의가 없는 경우
2. 제867조 제1항(제873조 제2항에 따라 준용되는 경우를 포함한다), 제869조 제2항, 제877조를 위반한 경우

제884조(입양 취소의 원인)

① 입양이 다음 각 호의 어느 하나에 해당하는 경우에는 가정법원에 그 취소를 청구할 수 있다.

1. 제866조, 제869조 제1항, 같은 조 제3항 제2호, 제870조 제1항, 제871조 제1항, 제873조 제1항, 제874조를 위반한 경우
2. 입양 당시 양분모의 양자 중 어느 한쪽에게 악질이나 그 밖에 중대한 사유가 있음을 알지 못한 경우
3. 사기 또는 강박으로 인하여 입양의 의사표시를 한 경우

② 입양 취소에 관하여는 제867조 제2항을 준용하다.

제885조(입양 취소 청구권자) 양부모, 양자와 그 법정대리인 또는 직계혈족은 제866조를 위반한 입양의 취소를 청구할 수 있다.

제886조(입양 취소 청구권자) 양자나 동의권자는 제869조 제1항, 같은 조 제3항 제2호, 제870조 제1항을 위반한 입양의 취소를 구할 수 있고, 동의권자는 제871조 제1항을 위반한 입양의 취소를 청구할 수 있다. 〈개정 2012.2.10〉

제887조(입양 취소 청구권자) 피성년후견인이나 성년후견인은 제873조 제1항을 위반한 입양의 취소를 청구할 수 있다.

제888조(입양 취소 청구권자) 배우자는 제874조를 위반한 입양의 취소를 청구할 수 있다.

제889조(입양 취소 청구권의 소멸) 양부모가 성년이 되면 제866조를 위반한 입양의 취소를 청구하지 못한다.

제890조 삭제 〈1990.1.13〉

제891조(입양 취소 청구권의 소멸)
① 양자가 성년이 된 후 3개월이 지나거나 사망하면 제869조 제1항, 같은 조 제3항 제2호, 제870조 제1항을 위반한 입양의 취소를 청구하지 못한다.
② 양자가 사망하면 제871조 제1항을 위반한 입양의 취소를 청구하지 못한다.

제892조 삭제 〈2012.2.10〉

제893조(입양 취소 청구권의 소멸) 성년후견개시의 심판이 취소된 후 3개월이 지나면 제873조 제1항을 위반한 입양의 취소를 청구하지 못한다.

제894조(입양 취소 청구권의 소멸) 제869조 제1항, 같은 조 제3항 제2호, 제870조 제1항, 제871조 제1항, 제873조 제1항, 제874조를 위반한 입양은 그 사유가 있었음을 알 날부터 6개월, 그 사유가 있었던 날부터 1년이 지나면 그 취소를 청구하지 못한다.

제895조 삭제 〈1990.1.13〉

제896조(입양 취소 청구권의 소멸) 제884조 제1항 제2호에 해당하는 사유가 있는 입양은 양부모의 양자 중 어느 한쪽이 그 사유가 있음을 안 날부터 6개월이 지나면 그 취소를 청구하지 못한다.

제897조(준용규정) 입양의 무효 또는 취소에 따른 손해배상책임에 관하여는 제806조를 준용하고, 사기 또는 강박으로 인한 입양 취소 청구권의 소멸에 관하여는 제823조를 준용하며, 입양 취소의 효력에 관하는 제824조를 준용한다.

제3관 파 양

제1항 협의상 파양

제898조(협의상 파양) 양부모와 양자는 협의하여 파양할 수 있다. 다만, 양자가 미성년자 또는 피성년후견인인 경우에는 그러하지 아니하다.

제899조 삭제 〈2012.2.10〉

제900조 삭제 〈2012.2.10.〉

제901조 삭제 〈2012.2.10〉

제902조(피성년후견인의 협의상 파양) 피성년후견인인 양부모는 성년후견인의 동의를 받아 파양을 협의할 수 있다.

제903조(파양 신고의 심사) 제898조, 제902조, 그 밖의 법령을 위반하지 아니한 파양 신고는 수리하여야 한다.

제904조(준용규정) 사기 또는 강박으로 인한 파양 취소 청구권의 소멸에 관하여는 제823조를 준용하고, 협의상 파양의 성립에 관하여는 제878조를 준용한다.

제2항 재판상 파양

제905조(재판상 파양의 원인) 양부모, 양자 또는 제906조에 따른 청구권자는 다음 각 호의 어느 하나에 해당하는 경우에는 가정법원에 파양을 청구할 수 있다.
1. 양부모가 양자를 학대 또는 유기하거나 그 밖에 양자의 복리를 현저히 해친 경우
2. 양부모가 양자로부터 심히 부당한 대우를 받은 경우

3. 양부모나 양자의 생사가 3년 이상 분명하지 아니한 경우
4. 그 밖에 양친자관계를 계속하기 어려운 중대한 사유가 있는 경우
〈개정 2012.2.12〉

제906조(파양 청구권자)
① 양자가 13세 미만인 경우에는 제869조 제2항에 따른 승낙을 한 사람이 양자를 갈음하여 파양을 청구할 수 있다. 다만, 파양을 청구할 수 있는 사람이 없는 경우에는 제777조에 따른 양자의 친족이나 이해관계인이 가정법원의 허가를 받아 파양을 청구할 수 있다.
② 양자가 13세 이상의 미성년자인 경우에는 제870조 제1항에 따른 동의를 한 부모의 동의를 받아 파양을 청구할 수 있다. 다만, 부모가 사망하거나 그 밖의 사유로 동의할 수 없는 경우에는 동의 없이 파양을 청구할 수 있다.
③ 양부모나 양자가 피성년후견인인 경우에는 성년후견인의 동의를 받아 파양을 청구할 수 있다.
④ 검사는 미성년자나 피성년후견인인 양자를 위하여 파양을 청구할 수 있다.

제907조(파양청구권의 소멸) 파양 청구권자는 제905조 제1호 · 제2호 · 제4호의 사유가 있음을 안 날부터 6개월, 그 사유가 있었던 날부터 3년이 지나면 파양을 청구할 수 없다.

제908조(준용규정) 재판상 파양에 따른 손해배상 책임에 관하여는 제806조를 준용한다.

제4관 친 양 자

제908조의2(친양자입양의 요건 등)
① 친양자를 하려는 자는 다음 각 호의 요건을 갖추어 가정법원에 친양자입양의 청구를 하여야 한다.
1. 3년 이상 혼인중인 부부로서 공동으로 입양할 것. 다만, 1년 이상 혼인중인 부부의 한쪽이 그 배우자의 친생자를 친양자로 하는 경우에는 그러하지 아니하다.
2. 친양자로 될 사람이 미성년자일 것
3. 친양자로 될 사람의 친생부모가 친양자입양에 동의할 것. 다만, 부모가 친권상실 선고를 받거나 소재를 알 수 없거나 그 밖의 사유로 동의할 수 없는 경우에는 그러하지 아니하다.
4. 친양자가 될 사람이 13세 이상인 경우에는 법정대리인의 동의를 받아 입양을 승낙할 것
5. 친양자가 될 사람이 13세 미만인 경우에는 법정대리인이 그를 갈음하여 입양을 승낙할 것
② 가정법원은 다음 각 호의 어느 하나에 해당하는 경우에는 제1항 제3호 · 제4호에 따른 동의 또는 같은 항 제5호에 따른 승낙이 없어도 제1항의 청구를 인용할 수 있다. 이 경우 가정법원은 동의권자 또는 승낙권자를 심문하여야 한다.
1. 법정대리인이 정당한 이유 없이 동의 또는 승낙을 거부하는 경우, 다만, 법정대대리인이 친권자인 경우에는 제2호 또는 제3호의 사유가 있어야 한다.
2. 친생부모가 자신에게 책임이 있는 사유로 3년 이상 자녀에 대한 부양의무를 이행하지 아니하고 면접교섭을 하지 아니한 경우
3. 친생부모가 자녀를 학대 또는 유기하거나 그 밖에 자녀의 복리를 현저히 해진 경우
③ 가정법원은 친양자가 될 사람의 복리를 위하여 그 양육상황, 친양자입양의 동기, 양부모의 양육능력, 그 밖의 사정을 고려하여 친양자입양이 적당하지 아니하다고 인정하는 경우에는 제1항의 청구를 기각할 수 있다.

제908조의3(친양자입양의 효력)
① 친양자는 부부의 혼인중 출생자로 본다.
② 친양자의 입양 전의 친족관계는 제908조의2제1항의 청구에 의한 친양자입양이 확정된 때에 종료한다. 다만, 부부의 일방이 그 배우자의 친생자를 단독으로 입양한 경우에 있어서의 배우자 및 그 친족과 친생자간의 친족관계는 그러하지 아니하다.
[본조신설 2005.3.31]

제908조의4(친양자입양의 취소 등)
① 친양자로 될 사람의 친생의 아버지 또는 어머니는 자신에게 책임이 없는 사유로 인하여 제908조의2제1항 제3호 단서에 따른 동의를 할 수 없었던 경우에 친양자입양의 사실을 안 날부터 6개월 안에 가정법원에 친양자입양의 취소를 청구할 수 있다.
② 친양자입양에 관하여는 제883조, 제884조를 적용하지 아니한다.
[전문개정 2012.2.10]

제908조의5(친양자의 파양)
① 양친, 친양자, 친생의 부 또는 모나 검사는 다음 각 호의 어느 하나의 사유가 있는 경우에는 가정법원에 친양자의 파양을 청구할 수 있다.
1. 양친이 친양자를 학대 또는 유기하거나 그 밖에 친양자의 복리를 현저히 해하는 때
2. 친양자의 양친에 대한 패륜행위로 인하여 친양자관계를 유지시킬 수 없게 된 때
② 제898조 및 제905조의 규정은 친양자의 파양에 관하여 이를 적용하지 아니한다.
[본조신설 2005.3.31]

제908조의6(준용규정) 제908조의2제3항은 친양자입양의 취소 또는 제908조의5제1항 제2호에 따른 파양의 청구에 관하여 이를 준용한다. 〈개정 2012.2.10〉
[본조신설 2005.3.31]

제908조의7(친양자입양의 취소·파양의 효력)
① 친양자입양이 취소되거나 파양된 때에는 친양자관계는 소멸하고 입양 전의 친족관계는 부활한다.
② 제1항의 경우에 친양자입양의 취소의 효력은 소급하지 아니한다.
[본조신설 2005.3.31]

제908조의8(준용규정) 친양자에 관하여 이 관에 특별한 규정이 있는 경우를 제외하고는 그 성질에 반하지 아니하는 범위 안에서 양자에 관한 규정을 준용한다.
[본조신설 2005.3.31.]

제3절 친 권

제1관 총 칙

제909조(친권자)
① 부모는 미성년자인 자의 친권자가 된다. 양자의 경우에는 양부모가 친권자가 된다. 〈개정 2005.3.31〉
② 친권은 부모가 혼인중인 때에는 부모가 공동으로 이를 행사한다. 그러나 부모의 의견이 일치하지 아니하는 경우에는 당사자의 청구에 의하여 가정법원이 이를 정한다.
③ 부모의 일방이 친권을 행사할 수 없을 때에는 다른 일방이 이를 행사한다.

④ 혼인외의 자가 인지된 경우와 부모가 이혼하는 경우에는 부모의 협의로 친권자를 정하여야 하고, 협의할 수 없거나 협의가 이루어지지 아니하는 경우에는 가정법원은 직권으로 또는 당사자의 청구에 따라 친권자를 지정하여야 한다. 다만, 부모의 협의가 자의 복리에 반하는 경우에는 가정법원은 보정을 명하거나 직권으로 친권자를 정한다. 〈개정 2005.3.31, 2007.12.21〉

⑤ 가정법원은 혼인의 취소, 재판상 이혼 또는 인지청구의 소의 경우에는 직권으로 친권자를 정한다. 〈개정 2005.3.31〉

⑥ 가정법원은 자의 복리를 위하여 필요하다고 인정되는 경우에는 자의 4촌 이내의 친족의 청구에 의하여 정하여진 친권자를 다른 일방으로 변경할 수 있다. 〈신설 2005.3.31〉

제909조의2(친권자의 지정 등)

① 제909조 제4항부터 제6항까지의 규정에 따라 단독 친권자로 정하여진 부모의 일방이 사망한 경우 생존하는 부 또는 모, 미성년자, 미성년자의 친족은 그 사실을 안 날부터 1개월, 사망한 날부터 6개월 내에 가정법원에 생존하는 부 또는 모를 친권자로 지정할 것을 청구할 수 있다.

② 입양이 취소되거나 파양된 경우 또는 양부모가 모두 사망한 경우 친생부모 일방 또는 쌍방, 미성년자, 미성년자의 친족은 그 사실을 안 날부터 1개월, 입양이 취소되거나 파양된 날 또는 양부모가 모두 사망한 날부터 6개월 내에 가정법원에 친생부모 일방 또는 쌍방을 친권자로 지정할 것을 청구할 수 있다. 다만, 친양자의 양부모가 사망한 경우에는 그러하지 아니하다.

③ 제1항 또는 제2항의 기간 내에 친권자 지정의 청구가 없을 때에는 가정법원은 직권으로 또는 미성년자, 미성년자의 친족, 이해관계인, 검사, 지방자치단체의 장의 청구에 의하여 미성년후견인을 선임할 수 있다. 이 경우 생존하는 부 또는 모, 친생부모 일방 또는 쌍방의 소재를 모르거나 그가 정당한 사유 없이 소환에 응하지 아니하는 경우를 제외하고 그에게 의견을 진술할 기회를 주어야 한다.

④ 가정법원은 제1항 또는 제2항에 따른 친권자 지정 청구나 제3항에 따른 후견인 선임 청구가 생존하는 부 또는 모, 친생부모 일방 또는 쌍방의 양육의사 및 양육능력, 청구 동기, 미성년자의 의사, 그 밖의 사정을 고려하여 미성년자의 복리를 위하여 적절하지 아니하다고 인정하면 청구를 기각할 수 있다. 이 경우 가정법원은 직권으로 미성년후견인을 선임하거나 생존하는 부 또는 모, 친생부모 일방 또는 쌍방을 친권자로 지정하여야 한다.

⑤ 가정법원은 다음 각 호의 어느 하나에 해당하는 경우에 직권으로 또는 미성년자, 미성년자의 친족, 이해관계인, 검사, 지방자치단체의 장의 청구에 의하여 제1항부터 제4항까지의 규정에 따라 친권자가 지정되거나 미성년후견인이 선임될 때까지 그 임무를 대행할 사람을 선임할 수 있다. 이 경우 그 임무를 대행할 사람에 대하여는 제25조 및 제954조를 준용한다.

1. 단독 친권자가 사망한 경우
2. 입양이 취소되거나 파양된 경우
3. 양부모가 모두 사망한 경우

⑥ 가정법원은 제3항 또는 제4항에 따라 미성년후견인이 선임된 경우라도 미성년후견인 선임 후 양육상황이나 양육능력의 변동, 미성년자의 의사, 그 밖의 사정을 고려하여 미성년자의 복리를 위하여 필요하면 생존하는 부 또는 모, 친생부모 일방 또는 쌍방, 미성년자의 청구에 의하여 후견을 종료하고 생존하는 부 또는 모, 친생부모 일방 또는 쌍방을 친권자로 지정할 수 있다.

[본조신설 2011.5.19]

제910조(자의 친권의 대행) 친권자는 그 친권에 따르는 자에 갈음하여 그 자에 대한 친권을 행사한다. 〈개정

2005.3.31〉

제911조(미성년자인 자의 법정대리인) 친권을 행사하는 부 또는 모는 미성년자인 자의 법정대리인이 된다.

제912조(친권 행사와 친권자 지정의 기준)

① 친권을 행사함에 있어서는 자의 복리를 우선적으로 고려하여야 한다. 〈개정 2011.5.19〉

② 가정법원이 친권자를 지정함에 있어서는 자의 복리를 우선적으로 고려하여야 한다. 이를 위하여 가정법원은 관련 분야의 전문가나 사회복지기관으로부터 자문을 받을 수 있다. 〈신설 2011.5.19〉

[본조신설 2005.3.31]

제2관 친권의 효력

제913조(보호, 교양의 권리의무) 친권자는 자를 보호하고 교양할 권리의무가 있다.

제914조(거소지정권) 자는 친권자의 지정한 장소에 거주하여야 한다.

제915조(징계권) 친권자는 그 자를 보호 또는 교양하기 위하여 필요한 징계를 할 수 있고 법원의 허가를 얻어 감화 또는 교정기관에 위탁할 수 있다.

제916조(자의 특유재산과 그 관리) 자가 자기의 명의로 취득한 재산은 그 특유재산으로 하고 법정대리인인 친권자가 이를 관리한다.

제917조 삭제 〈1990.1.13〉

제918조(제삼자가 무상으로 자에게 수여한 재산의 관리)

① 무상으로 자에게 재산을 수여한 제삼자가 친권자의 관리에 반대하는 의사를 표시한 때에는 친권자는 그 재산을 관리하지 못한다.

② 전항의 경우에 제삼자가 그 재산관리인을 지정하지 아니한 때에는 법원은 재산의 수여를 받은 자 또는 제777조의 규정에 의한 친족의 청구에 의하여 관리인을 선임한다.

③ 제삼자의 지정한 관리인의 권한이 소멸하거나 관리인을 개임할 필요있는 경우에 제삼자가 다시 관리인을 지정하지 아니한 때에도 전항과 같다.

④ 제24조 제1항, 제2항, 제4항, 제25조 전단 및 제26조 제1항, 제2항의 규정은 전2항의 경우에 준용한다.

제919조(위임에 관한 규정의 준용) 제691조, 제692조의 규정은 전3조의 재산관리에 준용한다.

제920조(자의 재산에 관한 친권자의 대리권) 법정대리인인 친권자는 자의 재산에 관한 법률행위에 대하여 그 자를 대리한다. 그러나 그 자의 행위를 목적으로 하는 채무를 부담할 경우에는 본인의 동의를 얻어야 한다.

제920조의2(공동친권자의 일방이 공동명의로 한 행위의 효력) 부모가 공동으로 친권을 행사하는 경우 부모의 일방이 공동명의로 자를 대리하거나 자의 법률행위에 동의한 때에는 다른 일방의 의사에 반하는 때에도 그 효력이 있다. 그러나 상대방이 악의인 때에는 그러하지 아니한다. [본조신설 1990.1.13]

제921조(친권자와 그 자간 또는 수인의 자간의 이해상반행위)

① 법정대리인인 친권자와 그 자 사이에 이해상반되는 행위를 함에는 친권자는 법원에 그 자의 특별대리인의 선임을 청구하여야 한다.

② 법정대리인인 친권자가 그 친권에 따르는 수인의 자 사이에 이해상반되는 행위를 함에는 법원에 그 자 일방의 특별대리인의 선임을 청구하여야 한다. 〈개정 2005.3.31〉

제922조(친권자의 주의의무) 친권자가 그 자에 대한 법률행위의 대리권 또는 재산관리권을 행사함에는 자기

의 재산에 관한 행위와 동일한 주의를 하여야 한다.

제922조의2(친권자의 동의를 갈음하는 재판) 가정법원은 친권자의 동의가 필요한 행위에 대하여 친권자가 정당한 이유 없이 동의하지 아니함으로써 자녀의 생명, 신체 또는 재산에 중대한 손해가 발생할 위험이 있는 경우에는 자녀, 자녀의 친족, 검사 또는 지방자치단체의 장의 청구에 의하여 친권자의 동의를 갈음하는 재판을 할 수 있다. [본조신설 2014.10.15]

제923조(재산관리의 계산)

① 법정대리인인 친권자의 권한이 소멸한 때에는 그 자의 재산에 대한 관리의 계산을 하여야 한다.

② 전항의 경우에 그 자의 재산으로부터 수취한 과실은 그 자의 양육, 재산관리의 비용과 상계한 것으로 본다. 그러나 무상으로 자에게 재산을 수여한 제삼자가 반대의 의사를 표시한 때에는 그 재산에 관하여는 그러하지 아니하다.

제3관 친권의 상실, 일시 정지 및 일부 제한

제924조(친권의 상실 또는 일시 정지의 선고)

① 가정법원은 부 또는 모가 친권을 남용하여 자녀의 복리를 현저히 해치거나 해칠 우려가 있는 경우에는 자녀, 자녀의 친족, 검사 또는 지방자치단체의 장의 청구에 의하여 그 친권의 상실 또는 일시 정지를 선고할 수 있다.

② 가정법원은 친권의 일시 정지를 선고할 때에는 자녀의 상태, 양육상황, 그 밖의 사정을 고려하여 그 기간을 정하여야 한다. 이 경우 그 기간은 2년을 넘을 수 없다.

③ 가정법원은 자녀의 복리를 위하여 친권의 일시 정지 기간의 연장이 필요하다고 인정하는 경우에는 자녀, 자녀의 친족, 검사, 지방자치단체의 장, 미성년후견인 또는 미성년후견감독인의 청구에 의하여 2년의 범위에서 그 기간을 한 차례만 연장할 수 있다.

[전문개정 2014.10.15]

제924조의2(친권의 일부 제한의 선고) 가정법원은 거소의 지정이나 징계, 그 밖의 신상에 관한 결정 등 특정한 사항에 관하여 친권자가 친권을 행사하는 것이 곤란하거나 부적당한 사유가 있어 자녀의 복리를 해치거나 해칠 우려가 있는 경우에는 자녀, 자녀의 친족, 검사 또는 지방자치단체의 장의 청구에 의하여 구체적인 범위를 정하여 친권의 일부 제한을 선고할 수 있다. [본조신설 2014.10.15]

제925조(대리권, 재산관리권 상실의 선고) 가정법원은 법정대리인인 친권자가 부적당한 관리로 인하여 자녀의 재산을 위태롭게 한 경우에는 자녀의 친족, 검사 또는 지방자치단체의 장의 청구에 의하여 그 법률행위의 대리권과 재산관리권의 상실을 선고할 수 있다. 〈개정 2014.10.15.〉 [전문개정 2012.2.10.]

제925조의2(친권 상실 선고 등의 판단 기준)

① 제924조에 따른 친권 상실의 선고는 같은 조에 따른 친권의 일시 정지, 제924조의2에 따른 친권의 일부 제한, 제925조에 따른 대리권·재산관리권의 상실 선고 또는 그 밖의 다른 조치에 의해서는 자녀의 복리를 충분히 보호할 수 없는 경우에만 할 수 있다.

② 제924조에 따른 친권의 일시 정지, 제924조의2에 따른 친권의 일부 제한 또는 제925조에 따른 대리권·재산관리권의 상실 선고는 제922조의2에 따른 동의를 갈음하는 재판 또는 그 밖의 다른 조치에 의해서는 자녀의 복리를 충분히 보호할 수 없는 경우에만 할 수 있다.

[본조신설 2014.10.15]

제925조의3(부모의 권리와 의무) 제924조와 제924조의2, 제925조에 따라 친권의 상실, 일시 정지, 일부 제한 또는 대리권과 재산관리권의 상실이 선고된 경우에도 부모의 자녀에 대한 그 밖의 권리와 의무는

변경되지 아니한다.
[본조신설 2014.10.15]

제926조(실권 회복의 선고) 가정법원은 제924조, 제924조의2 또는 제925조에 따른 선고의 원인이 소멸된 경우에는 본인, 자녀, 자녀의 친족, 검사 또는 지방자치단체의 장의 청구에 의하여 실권의 회복을 선고할 수 있다.
[전문개정 2014.10.15]

제927조(대리권, 관리권의 사퇴와 회복)
① 법정대리인인 친권자는 정당한 사유가 있는 때에는 법원의 허가를 얻어 그 법률행위의 대리권과 재산관리권을 사퇴할 수 있다.
② 전항의 사유가 소멸한 때에는 그 친권자는 법원의 허가를 얻어 사퇴한 권리를 회복할 수 있다.

제927조의2(친권의 상실, 일시 정지 또는 일부 제한과 친권자의 지정 등)
① 제909조 제4항부터 제6항까지의 규정에 따라 단독 친권자가 된 부 또는 모, 양부모(친양자의 양부모를 제외한다) 쌍방에게 다음 각 호의 어느 하나에 해당하는 사유가 있는 경우에는 제909조의2제1항 및 제3항부터 제5항까지의 규정을 준용한다. 다만, 제1호의3·제2호 및 제3호의 경우 새로 정하여진 친권자 또는 미성년후견인의 임무는 제한된 친권의 범위에 속하는 행위에 한정된다. 〈개정 2014.10.15〉
1. 제924조에 따른 친권상실의 선고가 있는 경우
1의 2. 제924조에 따른 친권 일시 정지의 선고가 있는 경우
1의 3. 제924조의2에 따른 친권 일부 제한의 선고가 있는 경우
2. 제925조에 따른 대리권과 재산관리권 상실의 선고가 있는 경우
3. 제927조 제1항에 따라 대리권과 재산관리권을 사퇴한 경우
4. 소재불명 등 친권을 행사할 수 없는 중대한 사유가 있는 경우
② 가정법원은 제1항에 따라 친권자가 지정되거나 미성년후견인이 선임된 후 단독 친권자이었던 부 또는 모, 양부모 일방 또는 쌍방에게 다음 각 호의 어느 하나에 해당하는 사유가 있는 경우에는 그 부모 일방 또는 쌍방, 미성년자, 미성년자의 친족의 청구에 의하여 친권자를 새로 지정할 수 있다.
1. 제926조에 따라 실권의 회복이 선고된 경우
2. 제927조 제2항에 따라 사퇴한 권리를 회복한 경우
3. 소재불명이던 부 또는 모가 발견되는 등 친권을 행사할 수 있게 된 경우
[본조신설 2011.5.19.]

제5장 후 견

제1절 미성년후견과 성년후견

제1관 후 견 인

제928조(미성년자에 대한 후견의 개시) 미성년자에게 친권자가 없거나 친권자가 제924조, 제924조의2, 제925조 또는 제927조 제1항에 따라 친권의 전부 또는 일부를 행사할 수 없는 경우에는 미성년후견인을 두어야 한다.
〈개정 2014.10.15〉 [전문개정 2011.3.7.]

제929조(성년후견심판에 의한 후견의 개시) 가정법원의 성년후견개시심판이 있는 경우에는 그 심판을 받은

사람의 성년후견인을 두어야 한다.
[전문개정 2011.3.7]

제930조(후견인의 수와 자격)
① 미성년후견인의 수는 한 명으로 한다.
② 성년후견인은 피성년후견인의 신상과 재산에 관한 모든 사정을 고려하여 여러 명을 둘 수 있다.
③ 법인도 성년후견인이 될 수 있다.
[전문개정 2011.3.7]

제931조(유언에 의한 미성년후견인의 지정 등)
① 미성년자에게 친권을 행사하는 부모는 유언으로 미성년후견인을 지정할 수 있다. 다만, 법률행위의 대리권과 재산관리권이 없는 친권자는 그러하지 아니하다.
② 가정법원은 제1항에 따라 미성년후견인이 지정된 경우라도 미성년자의 복리를 위하여 필요하면 생존하는 부 또는 모, 미성년자의 청구에 의하여 후견을 종료하고 생존하는 부 또는 모를 친권자로 지정할 수 있다.
[전문개정 2011.5.19]

제932조(미성년후견인의 선임)
① 가정법원은 제931조에 따라 지정된 미성년후견인이 없는 경우에는 직권으로 또는 미성년자, 친족, 이해관계인, 검사, 지방자치단체의 장의 청구에 의하여 미성년후견인을 선임한다. 미성년후견인이 없게 된 경우에도 또한 같다.
② 가정법원은 제924조, 제924조의2 및 제925조에 따른 친권의 상실, 일시 정지, 일부 제한의 선고 또는 법률행위의 대리권이나 재산관리권 상실의 선고에 따라 미성년후견인을 선임할 필요가 있는 경우에는 직권으로 미성년후견인을 선임한다. 〈개정 2014.10.15〉
③ 친권자가 대리권 및 재산관리권을 사퇴한 경우에는 지체 없이 가정법원에 미성년후견인의 선임을 청구하여야 한다.
[전문개정 2011.3.7.]

제933조 삭제 〈2011.3.7〉

제934조 삭제 〈2011.3.7〉

제935조 삭제 〈2011.3.7.〉

제936조(성년후견인의 선임)
① 제929조에 따른 성년후견인은 가정법원이 직권으로 선임한다.
② 가정법원은 성년후견인이 사망, 결격, 그 밖의 사유로 없게 된 경우에도 직권으로 또는 피성년후견인, 친족, 이해관계인, 검사, 지방자치단체의 장의 청구에 의하여 성년후견인을 선임한다.
③ 가정법원은 성년후견인이 선임된 경우에도 필요하다고 인정하면 직권으로 또는 제2항의 청구권자나 성년후견인의 청구에 의하여 추가로 성년후견인을 선임할 수 있다.
④ 가정법원이 성년후견인을 선임할 때에는 피성년후견인의 의사를 존중하여야 하며, 그 밖에 피성년후견인의 건강, 생활관계, 재산상황, 성년후견인이 될 사람의 직업과 경험, 피성년후견인과의 이해관계의 유무(법인이 성년후견인이 될 때에는 사업의 종류와 내용, 법인이나 그 대표자와 피성년후견인 사이의 이해관계의 유무를 말한다) 등의 사정도 고려하여야 한다.

[전문개정 2011.3.7]

제937조(후견인의 결격사유) 다음 각 호의 어느 하나에 해당하는 자는 후견인이 되지 못한다. 〈개정 2016.12.20〉

1. 미성년자
2. 피성년후견인, 피한정후견인, 피특정후견인, 피임의후견인
3. 회생절차개시결정 또는 파산선고를 받은 자
4. 자격정지 이상의 형의 선고를 받고 그 형기(형기) 중에 있는 사람
5. 법원에서 해임된 법정대리인
6. 법원에서 해임된 성년후견인, 한정후견인, 특정후견인, 임의후견인과 그 감독인
7. 행방이 불분명한 사람
8. 피후견인을 상대로 소송을 하였거나 하고 있는 사람
9. 제8호에서 정한 사람의 배우자와 직계혈족. 다만, 피후견인의 직계비속은 제외한다.

[전문개정 2011.3.7]

제938조(후견인의 대리권 등)

① 후견인은 피후견인의 법정대리인이 된다.

② 가정법원은 성년후견인이 제1항에 따라 가지는 법정대리권의 범위를 정할 수 있다.

③ 가정법원은 성년후견인이 피성년후견인의 신상에 관하여 결정할 수 있는 권한의 범위를 정할 수 있다.

④ 제2항 및 제3항에 따른 법정대리인의 권한의 범위가 적절하지 아니하게 된 경우에 가정법원은 본인, 배우자, 4촌 이내의 친족, 성년후견인, 성년후견감독인, 검사 또는 지방자치단체의 장의 청구에 의하여 그 범위를 변경할 수 있다.

[전문개정 2011.3.7.]

제939조(후견인의 사임) 후견인은 정당한 사유가 있는 경우에는 가정법원의 허가를 받아 사임할 수 있다. 이 경우 그 후견인은 사임청구와 동시에 가정법원에 새로운 후견인의 선임을 청구하여야 한다.

[전문개정 2011.3.7]

제940조(후견인의 변경) 가정법원은 피후견인의 복리를 위하여 후견인을 변경할 필요가 있다고 인정하면 직권으로 또는 피후견인, 친족, 후견감독인, 검사, 지방자치단체의 장의 청구에 의하여 후견인을 변경할 수 있다.

[전문개정 2011.3.7.]

제2관 후견감독인

제940조의2(미성년후견감독인의 지정) 미성년후견인을 지정할 수 있는 사람은 유언으로 미성년후견감독인을 지정할 수 있다. [본조신설 2011.3.7]

제940조의3(미성년후견감독인의 선임)

① 가정법원은 제940조의2에 따라 지정된 미성년후견감독인이 없는 경우에 필요하다고 인정하면 직권으로 또는 미성년자, 친족, 미성년후견인, 검사, 지방자치단체의 장의 청구에 의하여 미성년후견감독인을 선임할 수 있다.

② 가정법원은 미성년후견감독인이 사망, 결격, 그 밖의 사유로 없게 된 경우에는 직권으로 또는 미성년자, 친족, 미성년후견인, 검사, 지방자치단체의 장의 청구에 의하여 미성년후견감독인을 선임한다.

[본조신설 2011.3.7]

제940조의4(성년후견감독인의 선임)

① 가정법원은 필요하다고 인정하면 직권으로 또는 피성년후견인, 친족, 성년후견인, 검사, 지방자치단체의 장의 청구에 의하여 성년후견감독인을 선임할 수 있다.

② 가정법원은 성년후견감독인이 사망, 결격, 그 밖의 사유로 없게 된 경우에는 직권으로 또는 피성년후견인, 친족, 성년후견인, 검사, 지방자치단체의 장의 청구에 의하여 성년후견감독인을 선임한다.

[본조신설 2011.3.7]

제940조의5(후견감독인의 결격사유) 제779조에 따른 후견인의 가족은 후견감독인이 될 수 없다. [본조신설 2011.3.7]

제940조의6(후견감독인의 직무)

① 후견감독인은 후견인의 사무를 감독하며, 후견인이 없는 경우 지체 없이 가정법원에 후견인의 선임을 청구하여야 한다.

② 후견감독인은 피후견인의 신상이나 재산에 대하여 급박한 사정이 있는 경우 그의 보호를 위하여 필요한 행위 또는 처분을 할 수 있다.

③ 후견인과 피후견인 사이에 이해가 상반되는 행위에 관하여는 후견감독인이 피후견인을 대리한다.

[본조신설 2011.3.7]

제940조의7(위임 및 후견인 규정의 준용) 후견감독인에 대하여는 제681조, 제691조, 제692조, 제930조 제2항·제3항, 제936조 제3항·제4항, 제937조, 제939조, 제940조, 제947조의2제3항부터 제5항까지, 제949조의2, 제955조 및 제955조의2를 준용한다. [본조신설 2011.3.7]

제3관 후견인의 임무

제941조(재산조사와 목록작성)

① 후견인은 지체 없이 피후견인의 재산을 조사하여 2개월 내에 그 목록을 작성하여야 한다. 다만, 정당한 사유가 있는 경우에는 법원의 허가를 받아 그 기간을 연장할 수 있다.

② 후견감독인이 있는 경우 제1항에 따른 재산조사와 목록작성은 후견감독인의 참여가 없으면 효력이 없다.

[전문개정 2011.3.7]

제942조(후견인의 채권·채무의 제시)

① 후견인과 피후견인 사이에 채권·채무의 관계가 있고 후견감독인이 있는 경우에는 후견인은 재산목록의 작성을 완료하기 전에 그 내용을 후견감독인에게 제시하여야 한다.

② 후견인이 피후견인에 대한 채권이 있음을 알고도 제1항에 따른 제시를 게을리한 경우에는 그 채권을 포기한 것으로 본다.

[전문개정 2011.3.7]

제943조(목록작성전의 권한) 후견인은 재산조사와 목록작성을 완료하기까지는 긴급 필요한 경우가 아니면 그 재산에 관한 권한을 행사하지 못한다. 그러나 이로써 선의의 제삼자에게 대항하지 못한다.

제944조(피후견인이 취득한 포괄적 재산의 조사 등) 전3조의 규정은 후견인의 취임후에 피후견인이 포괄적 재산을 취득한 경우에 준용한다.

제945조(미성년자의 신분에 관한 후견인의 권리·의무) 미성년후견인은 제913조부터 제915조까지에 규정한

사항에 관하여는 친권자와 동일한 권리와 의무가 있다. 다만, 다음 각 호의 어느 하나에 해당하는 경우에는 미성년후견감독인이 있으면 그의 동의를 받아야 한다.

1. 친권자가 정한 교육방법, 양육방법 또는 거소를 변경하는 경우
2. 미성년자를 감화기관이나 교정기관에 위탁하는 경우
3. 친권자가 허락한 영업을 취소하거나 제한하는 경우

[전문개정 2011.3.7]

제946조(친권 중 일부에 한정된 후견) 미성년자의 친권자가 제924조의2, 제925조 또는 제927조 제1항에 따라 친권 중 일부에 한정하여 행사할 수 없는 경우에 미성년후견인의 임무는 제한된 친권의 범위에 속하는 행위에 한정된다.

[전문개정 2014.10.15]

제947조(피성년후견인의 복리와 의사존중) 성년후견인은 피성년후견인의 재산관리와 신상보호를 할 때 여러 사정을 고려하여 그의 복리에 부합하는 방법으로 사무를 처리하여야 한다. 이 경우 성년후견인은 피성년후견인의 복리에 반하지 아니하면 피성년후견인의 의사를 존중하여야 한다. [전문개정 2011.3.7.]

제947조의2(피성년후견인의 신상결정 등)

① 피성년후견인은 자신의 신상에 관하여 그의 상태가 허락하는 범위에서 단독으로 결정한다.

② 성년후견인이 피성년후견인을 치료 등의 목적으로 정신병원이나 그 밖의 다른 장소에 격리하려는 경우에는 가정법원의 허가를 받아야 한다.

③ 피성년후견인의 신체를 침해하는 의료행위에 대하여 피성년후견인이 동의할 수 없는 경우에는 성년후견인이 그를 대신하여 동의할 수 있다.

④ 제3항의 경우 피성년후견인이 의료행위의 직접적인 결과로 사망하거나 상당한 장애를 입을 위험이 있을 때에는 가정법원의 허가를 받아야 한다. 다만, 허가절차로 의료행위가 지체되어 피성년후견인의 생명에 위험을 초래하거나 심신상의 중대한 장애를 초래할 때에는 사후에 허가를 청구할 수 있다.

⑤ 성년후견인이 피성년후견인을 대리하여 피성년후견인이 거주하고 있는 건물 또는 그 대지에 대하여 매도, 임대, 전세권 설정, 저당권 설정, 임대차의 해지, 전세권의 소멸, 그 밖에 이에 준하는 행위를 하는 경우에는 가정법원의 허가를 받아야 한다.

[본조신설 2011.3.7.]

제948조(미성년자의 친권의 대행)

① 미성년후견인은 미성년자를 갈음하여 미성년자의 자녀에 대한 친권을 행사한다.

② 제1항의 친권행사에는 미성년후견인의 임무에 관한 규정을 준용한다.

[전문개정 2011.3.7]

제949조(재산관리권과 대리권)

① 후견인은 피후견인의 재산을 관리하고 그 재산에 관한 법률행위에 대하여 피후견인을 대리한다.

② 제920조 단서의 규정은 전항의 법률행위에 준용한다.

제949조의2(성년후견인이 여러 명인 경우 권한의 행사 등)

① 가정법원은 직권으로 여러 명의 성년후견인이 공동으로 또는 사무를 분장하여 그 권한을 행사하도록 정할 수 있다.

② 가정법원은 직권으로 제1항에 따른 결정을 변경하거나 취소할 수 있다.

③ 여러 명의 성년후견인이 공동으로 권한을 행사하여야 하는 경우에 어느 성년후견인이 피성년후견인의

이익이 침해될 우려가 있음에도 법률행위의 대리 등 필요한 권한행사에 협력하지 아니할 때에는 가정법원은 피성년후견인, 성년후견인, 후견감독인 또는 이해관계인의 청구에 의하여 그 성년후견인의 의사표시를 갈음하는 재판을 할 수 있다.

[본조신설 2011.3.7]

제949조의3(이해상반행위) 후견인에 대하여는 제921조를 준용한다. 다만, 후견감독인이 있는 경우에는 그러하지 아니하다. [본조신설 2011.3.7]

제950조(후견감독인의 동의를 필요로 하는 행위)

① 후견인이 피후견인을 대리하여 다음 각 호의 어느 하나에 해당하는 행위를 하거나 미성년자의 다음 각 호의 어느 하나에 해당하는 행위에 동의를 할 때는 후견감독인이 있으면 그의 동의를 받아야 한다.

1. 영업에 관한 행위
2. 금전을 빌리는 행위
3. 의무만을 부담하는 행위
4. 부동산 또는 중요한 재산에 관한 권리의 득실변경을 목적으로 하는 행위
5. 소송행위
6. 상속의 승인, 한정승인 또는 포기 및 상속재산의 분할에 관한 협의

② 후견감독인의 동의가 필요한 행위에 대하여 후견감독인이 피후견인의 이익이 침해될 우려가 있음에도 동의를 하지 아니하는 경우에는 가정법원은 후견인의 청구에 의하여 후견감독인의 동의를 갈음하는 허가를 할 수 있다.

③ 후견감독인의 동의가 필요한 법률행위를 후견인이 후견감독인의 동의 없이 하였을 때에는 피후견인 또는 후견감독인이 그 행위를 취소할 수 있다.

[전문개정 2011.3.7]

제951조(피후견인의 재산 등의 양수에 대한 취소)

① 후견인이 피후견인에 대한 제3자의 권리를 양수하는 경우에는 피후견인은 이를 취소할 수 있다.

② 제1항에 따른 권리의 양수의 경우 후견감독인이 있으면 후견인은 후견감독인의 동의를 받아야 하고, 후견감독인의 동의가 없는 경우에는 피후견인 또는 후견감독인이 이를 취소할 수 있다.

[전문개정 2011.3.7]

제952조(상대방의 추인 여부 최고) 제950조 및 제951조의 경우에는 제15조를 준용한다. [전문개정 2011.3.7.]

제953조(후견감독인의 후견사무의 감독) 후견감독인은 언제든지 후견인에게 그의 임무 수행에 관한 보고와 재산목록의 제출을 요구할 수 있고 피후견인의 재산상황을 조사할 수 있다. [전문개정 2011.3.7]

제954조(가정법원의 후견사무에 관한 처분) 가정법원은 직권으로 또는 피후견인, 후견감독인, 제777조에 따른 친족, 그 밖의 이해관계인, 검사, 지방자치단체의 장의 청구에 의하여 피후견인의 재산상황을 조사하고, 후견인에게 재산관리 등 후견임무 수행에 관하여 필요한 처분을 명할 수 있다. [전문개정 2011.3.7]

제955조(후견인에 대한 보수) 법원은 후견인의 청구에 의하여 피후견인의 재산상태 기타 사정을 참작하여 피후견인의 재산 중에서 상당한 보수를 후견인에게 수여할 수 있다.

제955조의2(지출금액의 예정과 사무비용) 후견인이 후견사무를 수행하는 데 필요한 비용은 피후견인의 재산 중에서 지출한다. [본조신설 2011.3.7]

제956조(위임과 친권의 규정의 준용) 제681조 및 제918조의 규정은 후견인에게 이를 준용한다.

제4관 후견의 종료

제957조(후견사무의 종료와 관리의 계산)

① 후견인의 임무가 종료된 때에는 후견인 또는 그 상속인은 1개월 내에 피후견인의 재산에 관한 계산을 하여야 한다. 다만, 정당한 사유가 있는 경우에는 법원의 허가를 받아 그 기간을 연장할 수 있다.

② 제1항의 계산은 후견감독인이 있는 경우에는 그가 참여하지 아니하면 효력이 없다.

[전문개정 2011.3.7]

제958조(이자의 부가와 금전소비에 대한 책임)

① 후견인이 피후견인에게 지급할 금액이나 피후견인이 후견인에게 지급할 금액에는 계산종료의 날로부터 이자를 부가하여야 한다.

② 후견인이 자기를 위하여 피후견인의 금전을 소비한 때에는 그 소비한 날로부터 이자를 부가하고 피후견인에게 손해가 있으면 이를 배상하여야 한다.

제959조(위임규정의 준용) 제691조, 제692조의 규정은 후견의 종료에 이를 준용한다.

제2절 한정후견과 특정후견

제959조의2(한정후견의 개시) 가정법원의 한정후견개시의 심판이 있는 경우에는 그 심판을 받은 사람의 한정후견인을 두어야 한다. [본조신설 2011.3.7]

제959조의3(한정후견인의 선임 등)

① 제959조의2에 따른 한정후견인은 가정법원이 직권으로 선임한다.

② 한정후견인에 대하여는 제930조 제2항·제3항, 제936조 제2항부터 제4항까지, 제937조, 제939조, 제940조 및 제949조의3을 준용한다.

[본조신설 2011.3.7]

제959조의4(한정후견인의 대리권 등)

① 가정법원은 한정후견인에게 대리권을 수여하는 심판을 할 수 있다.

② 한정후견인의 대리권 등에 관하여는 제938조 제3항 및 제4항을 준용한다.

[본조신설 2011.3.7.]

제959조의5(한정후견감독인)

① 가정법원은 필요하다고 인정하면 직권으로 또는 피한정후견인, 친족, 한정후견인, 검사, 지방자치단체의 장의 청구에 의하여 한정후견감독인을 선임할 수 있다.

② 한정후견감독인에 대하여는 제681조, 제691조, 제692조, 제930조 제2항·제3항, 제936조 제3항·제4항, 제937조, 제939조, 제940조, 제940조의3제2항, 제940조의5, 제940조의6, 제947조의2제3항부터 제5항까지, 제949조의2, 제955조 및 제955조의2를 준용한다. 이 경우 제940조의6제3항 중 "피후견인을 대리한다"는 "피한정후견인을 대리하거나 피한정후견인이 그 행위를 하는 데 동의한다"로 본다.

[본조신설 2011.3.7]

제959조의6(한정후견사무) 한정후견의 사무에 관하여는 제681조, 제920조 단서, 제947조, 제947조의2, 제949조, 제949조의2, 제949조의3, 제950조부터 제955조까지 및 제955조의2를 준용한다. [본조신설 2011.3.7]

제959조의7(한정후견인의 임무의 종료 등) 한정후견인의 임무가 종료한 경우에 관하여는 제691조, 제692조,

제957조 및 제958조를 준용한다.
[본조신설 2011.3.7]

제959조의8(특정후견에 따른 보호조치) 가정법원은 피특정후견인의 후원을 위하여 필요한 처분을 명할 수 있다. [본조신설 2011.3.7]

제959조의9(특정후견인의 선임 등)
① 가정법원은 제959조의8에 따른 처분으로 피특정후견인을 후원하거나 대리하기 위한 특정후견인을 선임할 수 있다.
② 특정후견인에 대하여는 제930조 제2항·제3항, 제936조 제2항부터 제4항까지, 제937조, 제939조 및 제940조를 준용한다.
[본조신설 2011.3.7]

제959조의10(특정후견감독인)
① 가정법원은 필요하다고 인정하면 직권으로 또는 피특정후견인, 친족, 특정후견인, 검사, 지방자치단체의 장의 청구에 의하여 특정후견감독인을 선임할 수 있다.
② 특정후견감독인에 대하여는 제681조, 제691조, 제692조, 제930조 제2항·제3항, 제936조 제3항·제4항, 제937조, 제939조, 제940조, 제940조의5, 제940조의6, 제949조의2, 제955조 및 제955조의2를 준용한다.
[본조신설 2011.3.7]

제959조의11(특정후견인의 대리권)
① 피특정후견인의 후원을 위하여 필요하다고 인정하면 가정법원은 기간이나 범위를 정하여 특정후견인에게 대리권을 수여하는 심판을 할 수 있다.
② 제1항의 경우 가정법원은 특정후견인의 대리권 행사에 가정법원이나 특정후견감독인의 동의를 받도록 명할 수 있다.
[본조신설 2011.3.7.]

제959조의12(특정후견사무) 특정후견의 사무에 관하여는 제681조, 제920조 단서, 제947조, 제949조의2, 제953조부터 제955조까지 및 제955조의2를 준용한다.
[본조신설 2011.3.7]

제959조의13(특정후견인의 임무의 종료 등) 특정후견인의 임무가 종료한 경우에 관하여는 제691조, 제692조, 제957조 및 제958조를 준용한다.
[본조신설 2011.3.7.]

제3절 후견계약

제959조의14(후견계약의 의의와 체결방법 등)
① 후견계약은 질병, 장애, 노령, 그 밖의 사유로 인한 정신적 제약으로 사무를 처리할 능력이 부족한 상황에 있거나 부족하게 될 상황에 대비하여 자신의 재산관리 및 신상보호에 관한 사무의 전부 또는 일부를 다른 자에게 위탁하고 그 위탁사무에 관하여 대리권을 수여하는 것을 내용으로 한다.
② 후견계약은 공정증서로 체결하여야 한다.
③ 후견계약은 가정법원이 임의후견감독인을 선임한 때부터 효력이 발생한다.
④ 가정법원, 임의후견인, 임의후견감독인 등은 후견계약을 이행·운영할 때 본인의 의사를 최대한 존중하

여야 한다.
[본조신설 2011.3.7]

제959조의15(임의후견감독인의 선임)
① 가정법원은 후견계약이 등기되어 있고, 본인이 사무를 처리할 능력이 부족한 상황에 있다고 인정할 때에는 본인, 배우자, 4촌 이내의 친족, 임의후견인, 검사 또는 지방자치단체의 장의 청구에 의하여 임의후견감독인을 선임한다.
② 제1항의 경우 본인이 아닌 자의 청구에 의하여 가정법원이 임의후견감독인을 선임할 때에는 미리 본인의 동의를 받아야 한다. 다만, 본인이 의사를 표시할 수 없는 때에는 그러하지 아니하다.
③ 가정법원은 임의후견감독인이 없게 된 경우에는 직권으로 또는 본인, 친족, 임의후견인, 검사 또는 지방자치단체의 장의 청구에 의하여 임의후견감독인을 선임한다.
④ 가정법원은 임의후견임감독인이 선임된 경우에도 필요하다고 인정하면 직권으로 또는 제3항의 청구권자의 청구에 의하여 임의후견감독인을 추가로 선임할 수 있다.
⑤ 임의후견감독인에 대하여는 제940조의5를 준용한다.
[본조신설 2011.3.7]

제959조의16(임의후견감독인의 직무 등)
① 임의후견감독인은 임의후견인의 사무를 감독하며 그 사무에 관하여 가정법원에 정기적으로 보고하여야 한다.
② 가정법원은 필요하다고 인정하면 임의후견감독인에게 감독사무에 관한 보고를 요구할 수 있고 임의후견인의 사무 또는 본인의 재산상황에 대한 조사를 명하거나 그 밖에 임의후견감독인의 직무에 관하여 필요한 처분을 명할 수 있다.
③ 임의후견감독인에 대하여는 제940조의6제2항·제3항, 제940조의7 및 제953조를 준용한다.
[본조신설 2011.3.7]

제959조의17(임의후견개시의 제한 등)
① 임의후견인이 제937조 각 호에 해당하는 자 또는 그 밖에 현저한 비행을 하거나 후견계약에서 정한 임무에 적합하지 아니한 사유가 있는 자인 경우에는 가정법원은 임의후견감독인을 선임하지 아니한다.
② 임의후견감독인을 선임한 이후 임의후견인이 현저한 비행을 하거나 그 밖에 그 임무에 적합하지 아니한 사유가 있게 된 경우에는 가정법원은 임의후견감독인, 본인, 친족, 검사 또는 지방자치단체의 장의 청구에 의하여 임의후견인을 해임할 수 있다.
[본조신설 2011.3.7]

제959조의18(후견계약의 종료)
① 임의후견감독인의 선임 전에는 본인 또는 임의후견인은 언제든지 공증인의 인증을 받은 서면으로 후견계약의 의사표시를 철회할 수 있다.
② 임의후견감독인의 선임 이후에는 본인 또는 임의후견인은 정당한 사유가 있는 때에만 가정법원의 허가를 받아 후견계약을 종료할 수 있다.
[본조신설 2011.3.7]

제959조의19(임의후견인의 대리권 소멸과 제3자와의 관계) 임의후견인의 대리권 소멸은 등기하지 아니하면 선의의 제3자에게 대항할 수 없다.
[본조신설 2011.3.7]

제959조의20(후견계약과 성년후견·한정후견·특정후견의 관계)

① 후견계약이 등기되어 있는 경우에는 가정법원은 본인의 이익을 위하여 특별히 필요할 때에만 임의후견인 또는 임의후견감독인의 청구에 의하여 성년후견, 한정후견 또는 특정후견의 심판을 할 수 있다. 이 경우 후견계약은 본인이 성년후견 또는 한정후견 개시의 심판을 받은 때 종료된다.

② 본인이 피성년후견인, 피한정후견인 또는 피특정후견인인 경우에 가정법원은 임의후견감독인을 선임함에 있어서 종전의 성년후견, 한정후견 또는 특정후견의 종료 심판을 하여야 한다. 다만, 성년후견 또는 한정후견 조치의 계속이 본인의 이익을 위하여 특별히 필요하다고 인정하면 가정법원은 임의후견감독인을 선임하지 아니한다.

[본조신설 2011.3.7]

제6장 삭 제

제960조 삭제 〈2011.3.7〉

제961조 삭제 〈2011.3.7〉

제962조 삭제 〈2011.3.7〉

제963조 삭제 〈2011.3.7〉

제964조 삭제 〈2011.3.7〉

제965조 삭제 〈2011.3.7〉

제966조 삭제 〈2011.3.7〉

제967조 삭제 〈2011.3.7〉

제968조 삭제 〈2011.3.7〉

제969조 삭제 〈2011.3.7〉

제970조 삭제 〈2011.3.7〉

제971조 삭제 〈2011.3.7〉

제972조 삭제 〈2011.3.7〉

제973조 삭제 〈2011.3.7〉

제7장 부 양

제974조(부양의무) 다음 각 호의 친족은 서로 부양의 의무가 있다.

1. 직계혈족 및 그 배우자간
2. 삭제 〈1990.1.13〉
3. 기타 친족간(생계를 같이 하는 경우에 한한다.)

제975조(부양의무와 생활능력) 부양의 의무는 부양을 받을 자가 자기의 자력 또는 근로에 의하여 생활을 유지할 수 없는 경우에 한하여 이를 이행할 책임이 있다.

제976조(부양의 순위)

① 부양의 의무있는 자가 수인인 경우에 부양을 할 자의 순위에 관하여 당사자간에 협정이 없는 때에는

법원은 당사자의 청구에 의하여 이를 정한다. 부양을 받을 권리자가 수인인 경우에 부양의무자의 자력이 그 전원을 부양할 수 없는 때에도 같다.

② 전항의 경우에 법원은 수인의 부양의무자 또는 권리자를 선정할 수 있다.

제977조(부양의 정도, 방법) 부양의 정도 또는 방법에 관하여 당사자간에 협정이 없는 때에는 법원은 당사자의 청구에 의하여 부양을 받을 자의 생활정도와 부양의무자의 자력 기타 제반사정을 참작하여 이를 정한다.

제978조(부양관계의 변경 또는 취소) 부양을 할 자 또는 부양을 받을 자의 순위, 부양의 정도 또는 방법에 관한 당사자의 협정이나 법원의 판결이 있은 후 이에 관한 사정변경이 있는 때에는 법원은 당사자의 청구에 의하여 그 협정이나 판결을 취소 또는 변경할 수 있다.

제979조(부양청구권처분의 금지) 부양을 받을 권리는 이를 처분하지 못한다.

제8장 삭 제

제1절 삭 제

제980조 삭제 〈2005.3.31〉

제981조 삭제 〈2005.3.31〉

제982조 삭제 〈2005.3.31〉

제983조 삭제 〈1990.1.13.〉

제2절 삭 제

제984조 삭제 〈2005.3.31〉

제985조 삭제 〈2005.3.31〉

제986조 삭제 〈2005.3.31.〉

제987조 삭제 〈2005.3.31〉

제988조 삭제 〈1990.1.13〉

제989조 삭제 〈2005.3.31〉

제990조 삭제 〈1990.1.13〉

제991조 삭제 〈2005.3.31〉

제992조 삭제 〈2005.3.31〉

제993조 삭제 〈2005.3.31〉

제994조 삭제 〈2005.3.31〉

제3절 삭 제

제995조 삭제 〈2005.3.31〉

제996조 삭제 〈1990.1.13.〉

제5편 상 속

제1장 상 속

제1절 총 칙

제997조(상속개시의 원인) 상속은 사망으로 인하여 개시된다. 〈개정 1990.1.13〉

제998조(상속개시의 장소) 상속은 피상속인의 주소지에서 개시한다. [전문개정 1990.1.13]

제998조의2(상속비용) 상속에 관한 비용은 상속재산 중에서 지급한다.
[본조신설 1990.1.13]

제999조(상속회복청구권)
① 상속권이 참칭상속권자로 인하여 침해된 때에는 상속권자 또는 그 법정대리인은 상속회복의 소를 제기할 수 있다.
② 제1항의 상속회복청구권은 그 침해를 안 날부터 3년, 상속권의 침해행위가 있은 날부터 10년을 경과하면 소멸된다. 〈개정 2002.1.14〉
[전문개정 1990.1.13.]

제2절 상 속 인

제1000조(상속의 순위)
① 상속에 있어서는 다음 순위로 상속인이 된다. 〈개정 1990.1.13〉
1. 피상속인의 직계비속
2. 피상속인의 직계존속
3. 피상속인의 형제자매
4. 피상속인의 4촌 이내의 방계혈족
② 전항의 경우에 동순위의 상속인이 수인인 때에는 최근친을 선순위로 하고 동친등의 상속인이 수인인 때에는 공동상속인이 된다.
③ 태아는 상속순위에 관하여는 이미 출생한 것으로 본다. 〈개정 1990.1.13〉

제1001조(대습상속) 전조 제1항 제1호와 제3호의 규정에 의하여 상속인이 될 직계비속 또는 형제자매가 상속개시전에 사망하거나 결격자가 된 경우에 그 직계비속이 있는 때에는 그 직계비속이 사망하거나 결격된 자의 순위에 갈음하여 상속인이 된다. 〈개정 2014.12.30〉

제1002조 삭제 〈1990.1.13〉

제1003조(배우자의 상속순위)
① 피상속인의 배우자는 제1000조 제1항 제1호와 제2호의 규정에 의한 상속인이 있는 경우에는 그 상속인과 동순위로 공동상속인이 되고 그 상속인이 없는 때에는 단독상속인이 된다. 〈개정 1990.1.13〉
② 제1001조의 경우에 상속개시전에 사망 또는 결격된 자의 배우자는 동조의 규정에 의한 상속인과 동순

위로 공동상속인이 되고 그 상속인이 없는 때에는 단독상속인이 된다. 〈개정 1990.1.13〉
[제목개정 1990.1.13]

제1004조(상속인의 결격사유) 다음 각 호의 어느 하나에 해당한 자는 상속인이 되지 못한다. 〈개정 1990.1.13, 2005.3.31〉

1. 고의로 직계존속, 피상속인, 그 배우자 또는 상속의 선순위나 동순위에 있는 자를 살해하거나 살해하려 한 자
2. 고의로 직계존속, 피상속인과 그 배우자에게 상해를 가하여 사망에 이르게 한 자
3. 사기 또는 강박으로 피상속인의 상속에 관한 유언 또는 유언의 철회를 방해한 자
4. 사기 또는 강박으로 피상속인의 상속에 관한 유언을 하게 한 자
5. 피상속인의 상속에 관한 유언서를 위조·변조·파기 또는 은닉한 자

제3절 상속의 효력

제1관 일반적 효력

제1005조(상속과 포괄적 권리의무의 승계) 상속인은 상속개시된 때로부터 피상속인의 재산에 관한 포괄적 권리의무를 승계한다. 그러나 피상속인의 일신에 전속한 것은 그러하지 아니하다. 〈개정 1990.1.13〉

제1006조(공동상속과 재산의 공유) 상속인이 수인인 때에는 상속재산은 그 공유로 한다. 〈개정 1990.1.13〉

제1007조(공동상속인의 권리의무승계) 공동상속인은 각자의 상속분에 응하여 피상속인의 권리의무를 승계한다.

제1008조(특별수익자의 상속분) 공동상속인 중에 피상속인으로부터 재산의 증여 또는 유증을 받은 자가 있는 경우에 그 수증재산이 자기의 상속분에 달하지 못한 때에는 그 부족한 부분의 한도에서 상속분이 있다. 〈개정 1977.12.31〉

제1008조의2(기여분)

① 공동상속인 중에 상당한 기간 동거·간호 그 밖의 방법으로 피상속인을 특별히 부양하거나 피상속인의 재산의 유지 또는 증가에 특별히 기여한 자가 있을 때에는 상속개시 당시의 피상속인의 재산가액에서 공동상속인의 협의로 정한 그 자의 기여분을 공제한 것을 상속재산으로 보고 제1009조 및 제1010조에 의하여 산정한 상속분에 기여분을 가산한 액으로써 그 자의 상속분으로 한다. 〈개정 2005.3.31〉

② 제1항의 협의가 되지 아니하거나 협의할 수 없는 때에는 가정법원은 제1항에 규정된 기여자의 청구에 의하여 기여의 시기·방법 및 정도와 상속재산의 액 기타의 사정을 참작하여 기여분을 정한다.

③ 기여분은 상속이 개시된 때의 피상속인의 재산가액에서 유증의 가액을 공제한 액을 넘지 못한다.

④ 제2항의 규정에 의한 청구는 제1013조 제2항의 규정에 의한 청구가 있을 경우 또는 제1014조에 규정하는 경우에 할 수 있다.

[본조신설 1990.1.13]

제1008조의3(분묘 등의 승계) 분묘에 속한 1정보 이내의 금양임야와 600평 이내의 묘토인 농지, 족보와 제구의 소유권은 제사를 주재하는 자가 이를 승계한다.
[본조신설 1990.1.13]

제2관 상 속 분

제1009조(법정상속분)

① 동순위의 상속인이 수인인 때에는 그 상속분은 균분으로 한다.
〈개정 1990.1.13〉

② 피상속인의 배우자의 상속분은 직계비속과 공동으로 상속하는 때에는 직계비속의 상속분의 5할을 가산하고, 직계존속과 공동으로 상속하는 때에는 직계존속의 상속분의 5할을 가산한다. 〈개정 1990. 1.13〉

③ 삭제 〈1990.1.13.〉

제1010조(대습상속분)

① 제1001조의 규정에 의하여 사망 또는 결격된 자에 갈음하여 상속인이 된 자의 상속분은 사망 또는 결격된 자의 상속분에 의한다. 〈개정 2014.12.30〉

② 전항의 경우에 사망 또는 결격된 자의 직계비속이 수인인 때에는 그 상속분은 사망 또는 결격된 자의 상속분의 한도에서 제1009조의 규정에 의하여 이를 정한다. 제1003조 제2항의 경우에도 또한 같다.

제1011조(공동상속분의 양수)

① 공동상속인 중에 그 상속분을 제삼자에게 양도한 자가 있는 때에는 다른 공동상속인은 그 가액과 양도비용을 상환하고 그 상속분을 양수할 수 있다.

② 전항의 권리는 그 사유를 안 날로부터 3월, 그 사유있은 날로부터 1년내에 행사하여야 한다.

제3관 상속재산의 분할

제1012조(유언에 의한 분할방법의 지정, 분할금지) 피상속인은 유언으로 상속재산의 분할방법을 정하거나 이를 정할 것을 제삼자에게 위탁할 수 있고 상속개시의 날로부터 5년을 초과하지 아니하는 기간내의 그 분할을 금지할 수 있다.

제1013조(협의에 의한 분할)

① 전조의 경우외에는 공동상속인은 언제든지 그 협의에 의하여 상속재산을 분할할 수 있다.

② 제269조의 규정은 전항의 상속재산의 분할에 준용한다.

제1014조(분할후의 피인지자 등의 청구권) 상속개시후의 인지 또는 재판의 확정에 의하여 공동상속인이 된 자가 상속재산의 분할을 청구할 경우에 다른 공동상속인이 이미 분할 기타 처분을 한 때에는 그 상속분에 상당한 가액의 지급을 청구할 권리가 있다.

제1015조(분할의 소급효) 상속재산의 분할은 상속개시된 때에 소급하여 그 효력이 있다. 그러나 제삼자의 권리를 해하지 못한다.

제1016조(공동상속인의 담보책임) 공동상속인은 다른 공동상속인이 분할로 인하여 취득한 재산에 대하여 그 상속분에 응하여 매도인과 같은 담보책임이 있다.

제1017조(상속채무자의 자력에 대한 담보책임)

① 공동상속인은 다른 상속인이 분할로 인하여 취득한 채권에 대하여 분할당시의 채무자의 자력을 담보한다.

② 변제기에 달하지 아니한 채권이나 정지조건있는 채권에 대하여는 변제를 청구할 수 있는 때의 채무자의 자력을 담보한다.

제1018조(무자력공동상속인의 담보책임의 분담) 담보책임있는 공동상속인 중에 상환의 자력이 없는 자가 있는 때에는 그 부담부분은 구상권자와 자력있는 다른 공동상속인이 그 상속분에 응하여 분담한다. 그러

나 구상권자의 과실로 인하여 상환을 받지 못한 때에는 다른 공동상속인에게 분담을 청구하지 못한다.

제4절 상속의 승인 및 포기

제1관 총 칙

제1019조(승인, 포기의 기간)

① 상속인은 상속개시있음을 안 날로부터 3월내에 단순승인이나 한정승인 또는 포기를 할 수 있다. 그러나 그 기간은 이해관계인 또는 검사의 청구에 의하여 가정법원이 이를 연장할 수 있다. 〈개정 1990.1.13〉

② 상속인은 제1항의 승인 또는 포기를 하기 전에 상속재산을 조사할 수 있다. 〈개정 2002.1.14〉

③ 제1항의 규정에 불구하고 상속인은 상속채무가 상속재산을 초과하는 사실을 중대한 과실없이 제1항의 기간내에 알지 못하고 단순승인(제1026조 제1호 및 제2호의 규정에 의하여 단순승인한 것으로 보는 경우를 포함한다)을 한 경우에는 그 사실을 안 날부터 3월내에 한정승인을 할 수 있다. 〈신설 2002.1.14〉

제1020조(제한능력자의 승인·포기의 기간) 상속인이 제한능력자인 경우에는 제1019조 제1항의 기간은 그의 친권자 또는 후견인이 상속이 개시된 것을 안 날부터 기산한다. [전문개정 2011.3.7]

제1021조(승인, 포기기간의 계산에 관한 특칙) 상속인이 승인이나 포기를 하지 아니하고 제1019조 제1항의 기간 내에 사망한 때에는 그의 상속인이 그 자기의 상속개시있음을 안 날로부터 제1019조 제1항의 기간을 기산한다.

제1022조(상속재산의 관리) 상속인은 그 고유재산에 대하는 것과 동일한 주의로 상속재산을 관리하여야 한다. 그러나 단순승인 또는 포기한 때에는 그러하지 아니하다.

제1023조(상속재산보존에 필요한 처분)

① 법원은 이해관계인 또는 검사의 청구에 의하여 상속재산의 보존에 필요한 처분을 명할 수 있다.

② 법원이 재산관리인을 선임한 경우에는 제24조 내지 제26조의 규정을 준용한다.

제1024조(승인, 포기의 취소금지)

① 상속의 승인이나 포기는 제1019조 제1항의 기간 내에도 이를 취소하지 못한다. 〈개정 1990.1.13〉

② 전항의 규정은 총칙편의 규정에 의한 취소에 영향을 미치지 아니한다. 그러나 그 취소권은 추인할 수 있는 날로부터 3월, 승인 또는 포기한 날로부터 1년 내에 행사하지 아니하면 시효로 인하여 소멸된다.

제2관 단순승인

제1025조(단순승인의 효과) 상속인이 단순승인을 한 때에는 제한없이 피상속인의 권리의무를 승계한다. 〈개정 1990.1.13〉

제1026조(법정단순승인) 다음 각 호의 사유가 있는 경우에는 상속인이 단순승인을 한 것으로 본다. 〈개정 2002.1.14〉

1. 상속인이 상속재산에 대한 처분행위를 한 때
2. 상속인이 제1019조 제1항의 기간내에 한정승인 또는 포기를 하지 아니한 때
3. 상속인이 한정승인 또는 포기를 한 후에 상속재산을 은닉하거나 부정소비하거나 고의로 재산목록에 기입하지 아니한 때

[2002.1.14. 법률 제6591호에 의하여 1998.8.27. 헌법재판소에서 헌법불합치 결정된 제2호를 신설함]

제1027조(법정단순승인의 예외) 상속인이 상속을 포기함으로 인하여 차순위 상속인이 상속을 승인한 때에

는 전조 제3호의 사유는 상속의 승인으로 보지 아니한다.

제3관 한정승인

제1028조(한정승인의 효과) 상속인은 상속으로 인하여 취득할 재산의 한도에서 피상속인의 채무와 유증을 변제할 것을 조건으로 상속을 승인할 수 있다. 〈개정 1990.1.13〉

제1029조(공동상속인의 한정승인) 상속인이 수인인 때에는 각 상속인은 그 상속분에 응하여 취득할 재산의 한도에서 그 상속분에 의한 피상속인의 채무와 유증을 변제할 것을 조건으로 상속을 승인할 수 있다.

제1030조(한정승인의 방식)

① 상속인이 한정승인을 함에는 제1019조 제1항 또는 제3항의 기간 내에 상속재산의 목록을 첨부하여 법원에 한정승인의 신고를 하여야 한다.

〈개정 2005.3.31〉

② 제1019조 제3항의 규정에 의하여 한정승인을 한 경우 상속재산 중 이미 처분한 재산이 있는 때에는 그 목록과 가액을 함께 제출하여야 한다.

〈신설 2005.3.31〉

제1031조(한정승인과 재산상 권리의무의 불소멸) 상속인이 한정승인을 한 때에는 피상속인에 대한 상속인의 재산상 권리의무는 소멸하지 아니한다.

제1032조(채권자에 대한 공고, 최고)

① 한정승인자는 한정승인을 한 날로부터 5일내에 일반상속채권자와 유증받은 자에 대하여 한정승인의 사실과 일정한 기간 내에 그 채권 또는 수증을 신고할 것을 공고하여야 한다. 그 기간은 2월 이상이어야 한다.

② 제88조 제2항, 제3항과 제89조의 규정은 전항의 경우에 준용한다.

제1033조(최고기간 중의 변제거절) 한정승인자는 전조 제1항의 기간만료전에는 상속채권의 변제를 거절할 수 있다.

제1034조(배당변제)

① 한정승인자는 제1032조 제1항의 기간 만료 후에 상속재산으로서 그 기간 내에 신고한 채권자와 한정승인자가 알고 있는 채권자에 대하여 각 채권액의 비율로 변제하여야 한다. 그러나 우선권있는 채권자의 권리를 해하지 못한다.

② 제1019조 제3항의 규정에 의하여 한정승인을 한 경우에는 그 상속인은 상속재산 중에서 남아있는 상속재산과 함께 이미 처분한 재산의 가액을 합하여 제1항의 변제를 하여야 한다. 다만, 한정승인을 하기 전에 상속채권자나 유증받은 자에 대하여 변제한 가액은 이미 처분한 재산의 가액에서 제외한다. 〈신설 2005.3.31〉

제1035조(변제기전의 채무 등의 변제)

① 한정승인자는 변제기에 이르지 아니한 채권에 대하여도 전조의 규정에 의하여 변제하여야 한다.

② 조건있는 채권이나 존속기간의 불확정한 채권은 법원의 선임한 감정인의 평가에 의하여 변제하여야 한다.

제1036조(수증자에의 변제) 한정승인자는 전2조의 규정에 의하여 상속채권자에 대한 변제를 완료한 후가 아니면 유증받은 자에게 변제하지 못한다.

제1037조(상속재산의 경매) 전3조의 규정에 의한 변제를 하기 위하여 상속재산의 전부나 일부를 매각할

필요가 있는 때에는 민사집행법에 의하여 경매하여야 한다. 〈개정 1997.12.13, 2001.12.29〉

제1038조(부당변제 등으로 인한 책임)
① 한정승인자가 제1032조의 규정에 의한 공고나 최고를 해태하거나 제1033조 내지 제1036조의 규정에 위반하여 어느 상속채권자나 유증받은 자에게 변제함으로 인하여 다른 상속채권자나 유증받은 자에 대하여 변제할 수 없게 된 때에는 한정승인자는 그 손해를 배상하여야 한다. 제1019조 제3항의 규정에 의하여 한정승인을 한 경우 그 이전에 상속채무가 상속재산을 초과함을 알지 못한 데 과실이 있는 상속인이 상속채권자나 유증받은 자에게 변제한 때에도 또한 같다. 〈개정 2005.3.31〉
② 제1항 전단의 경우에 변제를 받지 못한 상속채권자나 유증받은 자는 그 사정을 알고 변제를 받은 상속채권자나 유증받은 자에 대하여 구상권을 행사할 수 있다. 제1019조 제3항의 규정에 의하여 한정승인을 한 경우 그 이전에 상속채무가 상속재산을 초과함을 알고 변제받은 상속채권자나 유증받은 자가 있는 때에도 또한 같다. 〈개정 2005.3.31〉
③ 제766조의 규정은 제1항 및 제2항의 경우에 준용한다. 〈개정 2005.3.31〉

제1039조(신고하지 않은 채권자 등) 제1032조 제1항의 기간내에 신고하지 아니한 상속채권자 및 유증받은 자로서 한정승인자가 알지 못한 자는 상속재산의 잔여가 있는 경우에 한하여 그 변제를 받을 수 있다. 그러나 상속재산에 대하여 특별담보권있는 때에는 그러하지 아니하다.

제1040조(공동상속재산과 그 관리인의 선임)
① 상속인이 수인인 경우에는 법원은 각 상속인 기타 이해관계인의 청구에 의하여 공동상속인 중에서 상속재산관리인을 선임할 수 있다.
② 법원이 선임한 관리인은 공동상속인을 대표하여 상속재산의 관리와 채무의 변제에 관한 모든 행위를 할 권리의무가 있다.
③ 제1022조, 제1032조 내지 전조의 규정은 전항의 관리인에 준용한다. 그러나 제1032조의 규정에 의하여 공고할 5일의 기간은 관리인이 그 선임을 안 날로부터 기산한다.

제4관 포 기

제1041조(포기의 방식) 상속인이 상속을 포기할 때에는 제1019조 제1항의 기간내에 가정법원에 포기의 신고를 하여야 한다. 〈개정 1990.1.13〉

제1042조(포기의 소급효) 상속의 포기는 상속개시된 때에 소급하여 그 효력이 있다.

제1043조(포기한 상속재산의 귀속) 상속인이 수인인 경우에 어느 상속인이 상속을 포기한 때에는 그 상속분은 다른 상속인의 상속분의 비율로 그 상속인에게 귀속된다.

제1044조(포기한 상속재산의 관리계속의무)
① 상속을 포기한 자는 그 포기로 인하여 상속인이 된 자가 상속재산을 관리할 수 있을 때까지 그 재산의 관리를 계속하여야 한다.
② 제1022조와 제1023조의 규정은 전항의 재산관리에 준용한다.

제5절 재산의 분리

제1045조(상속재산의 분리청구권)
① 상속채권자나 유증받은 자 또는 상속인의 채권자는 상속개시된 날로부터 3월내에 상속재산과 상속인의 고유재산의 분리를 법원에 청구할 수 있다.

② 상속인이 상속의 승인이나 포기를 하지 아니한 동안은 전항의 기간경과후에도 재산의 분리를 법원에 청구할 수 있다. 〈개정 1990.1.13〉

제1046조(분리명령과 채권자 등에 대한 공고, 최고)

① 법원이 전조의 청구에 의하여 재산의 분리를 명한 때에는 그 청구자는 5일내에 일반상속채권자와 유증받은 자에 대하여 재산분리의 명령있은 사실과 일정한 기간내에 그 채권 또는 수증을 신고할 것을 공고하여야 한다. 그 기간은 2월 이상이어야 한다.

② 제88조 제2항, 제3항과 제89조의 규정은 전항의 경우에 준용한다.

제1047조(분리후의 상속재산의 관리)

① 법원이 재산의 분리를 명한 때에는 상속재산의 관리에 관하여 필요한 처분을 명할 수 있다.

② 법원이 재산관리인을 선임한 경우에는 제24조 내지 제26조의 규정을 준용한다.

제1048조(분리후의 상속인의 관리의무)

① 상속인이 단순승인을 한 후에도 재산분리의 명령이 있는 때에는 상속재산에 대하여 자기의 고유재산과 동일한 주의로 관리하여야 한다.

② 제683조 내지 제685조 및 제688조 제1항, 제2항의 규정은 전항의 재산관리에 준용한다.

제1049조(재산분리의 대항요건) 재산의 분리는 상속재산인 부동산에 관하여는 이를 등기하지 아니하면 제삼자에게 대항하지 못한다.

제1050조(재산분리와 권리의무의 불소멸) 재산분리의 명령이 있는 때에는 피상속인에 대한 상속인의 재산상 권리의무는 소멸하지 아니한다.

제1051조(변제의 거절과 배당변제)

① 상속인은 제1045조 및 제1046조의 기간만료전에는 상속채권자와 유증받은 자에 대하여 변제를 거절할 수 있다.

② 전항의 기간만료후에 상속인은 상속재산으로써 재산분리의 청구 또는 그 기간내에 신고한 상속채권자, 유증받은 자와 상속인이 알고 있는 상속채권자, 유증받은 자에 대하여 각 채권액 또는 수증액의 비율로 변제하여야 한다. 그러나 우선권있는 채권자의 권리를 해하지 못한다.

③ 제1035조 내지 제1038조의 규정은 전항의 경우에 준용한다.

제1052조(고유재산으로부터의 변제)

① 전조의 규정에 의한 상속채권자와 유증받은 자는 상속재산으로써 전액의 변제를 받을 수 없는 경우에 한하여 상속인의 고유재산으로부터 그 변제를 받을 수 있다.

② 전항의 경우에 상속인의 채권자는 상속인의 고유재산으로부터 우선변제를 받을 권리가 있다.

제6절 상속인의 부존재

제1053조(상속인없는 재산의 관리인)

① 상속인의 존부가 분명하지 아니한 때에는 법원은 제777조의 규정에 의한 피상속인의 친족 기타 이해관계인 또는 검사의 청구에 의하여 상속재산관리인을 선임하고 지체없이 이를 공고하여야 한다. 〈개정 1990.1.13〉

② 제24조 내지 제26조의 규정은 전항의 재산관리인에 준용한다.

제1054조(재산목록제시와 상황보고) 관리인은 상속채권자나 유증받은 자의 청구가 있는 때에는 언제든지

상속재산의 목록을 제시하고 그 상황을 보고하여야 한다.

제1055조(상속인의 존재가 분명하여진 경우)
① 관리인의 임무는 그 상속인이 상속의 승인을 한 때에 종료한다.
② 전항의 경우에는 관리인은 지체없이 그 상속인에 대하여 관리의 계산을 하여야 한다.

제1056조(상속인없는 재산의 청산)
① 제1053조 제1항의 공고있은 날로부터 3월내에 상속인의 존부를 알 수 없는 때에는 관리인은 지체없이 일반상속채권자와 유증받은 자에 대하여 일정한 기간 내에 그 채권 또는 수증을 신고할 것을 공고하여야 한다. 그 기간은 2월 이상이어야 한다.
② 제88조 제2항, 제3항, 제89조, 제1033조 내지 제1039조의 규정은 전항의 경우에 준용한다.

제1057조(상속인수색의 공고) 제1056조 제1항의 기간이 경과하여도 상속인의 존부를 알 수 없는 때에는 법원은 관리인의 청구에 의하여 상속인이 있으면 일정한 기간 내에 그 권리를 주장할 것을 공고하여야 한다. 그 기간은 1년 이상이어야 한다. 〈개정 2005.3.31〉

제1057조의2(특별연고자에 대한 분여)
① 제1057조의 기간내에 상속권을 주장하는 자가 없는 때에는 가정법원은 피상속인과 생계를 같이 하고 있던 자, 피상속인의 요양간호를 한 자 기타 피상속인과 특별한 연고가 있던 자의 청구에 의하여 상속재산의 전부 또는 일부를 분여할 수 있다. 〈개정 2005.3.31〉
② 제1항의 청구는 제1057조의 기간의 만료후 2월 이내에 하여야 한다. 〈개정 2005.3.31〉
[본조신설 1990.1.13]

제1058조(상속재산의 국가귀속)
① 제1057조의2의 규정에 의하여 분여되지 아니한 때에는 상속재산은 국가에 귀속한다. 〈개정 2005.3.31〉
② 제1055조 제2항의 규정은 제1항의 경우에 준용한다. 〈개정 2005.3.31〉

제1059조(국가귀속재산에 대한 변제청구의 금지) 전조 제1항의 경우에는 상속재산으로 변제를 받지 못한 상속채권자나 유증을 받은 자가 있는 때에도 국가에 대하여 그 변제를 청구하지 못한다.

제2장 유 언

제1절 총 칙

제1060조(유언의 요식성) 유언은 본법의 정한 방식에 의하지 아니하면 효력이 생하지 아니한다.

제1061조(유언적령) 만 17세에 달하지 못한 자는 유언을 하지 못한다.

제1062조(제한능력자의 유언) 유언에 관하여는 제5조, 제10조 및 제13조를 적용하지 아니한다. [전문개정 2011.3.7]

제1063조(피성년후견인의 유언능력)
① 피성년후견인은 의사능력이 회복된 때에만 유언을 할 수 있다.
② 제1항의 경우에는 의사가 심신 회복의 상태를 유언서에 부기(부기)하고 서명날인하여야 한다.
[전문개정 2011.3.7]

제1064조(유언과 태아, 상속결격자) 제1000조 제3항, 제1004조의 규정은 수증자에 준용한다. 〈개정 1990.1.13〉

제2절 유언의 방식

제1065조(유언의 보통방식) 유언의 방식은 자필증서, 녹음, 공정증서, 비밀증서와 구수증서의 5종으로 한다.

제1066조(자필증서에 의한 유언)

① 자필증서에 의한 유언은 유언자가 그 전문과 연월일, 주소, 성명을 자서하고 날인하여야 한다.

② 전항의 증서에 문자의 삽입, 삭제 또는 변경을 함에는 유언자가 이를 자서하고 날인하여야 한다.

제1067조(녹음에 의한 유언) 녹음에 의한 유언은 유언자가 유언의 취지, 그 성명과 연월일을 구술하고 이에 참여한 증인이 유언의 정확함과 그 성명을 구술하여야 한다.

제1068조(공정증서에 의한 유언) 공정증서에 의한 유언은 유언자가 증인 2인이 참여한 공증인의 면전에서 유언의 취지를 구수하고 공증인이 이를 필기낭독하여 유언자와 증인이 그 정확함을 승인한 후 각자 서명 또는 기명날인하여야 한다.

제1069조(비밀증서에 의한 유언)

① 비밀증서에 의한 유언은 유언자가 필자의 성명을 기입한 증서를 엄봉날인하고 이를 2인 이상의 증인의 면전에 제출하여 자기의 유언서임을 표시한 후 그 봉서표면에 제출연월일을 기재하고 유언자와 증인이 각자 서명 또는 기명날인하여야 한다.

② 전항의 방식에 의한 유언봉서는 그 표면에 기재된 날로부터 5일내에 공증인 또는 법원서기에게 제출하여 그 봉인상에 확정일자인을 받아야 한다.

제1070조(구수증서에 의한 유언)

① 구수증서에 의한 유언은 질병 기타 급박한 사유로 인하여 전4조의 방식에 의할 수 없는 경우에 유언자가 2인 이상의 증인의 참여로 그 1인에게 유언의 취지를 구수하고 그 구수를 받은 자가 이를 필기낭독하여 유언자의 증인이 그 정확함을 승인한 후 각자 서명 또는 기명날인하여야 한다.

② 전항의 방식에 의한 유언은 그 증인 또는 이해관계인이 급박한 사유의 종료한 날로부터 7일내에 법원에 그 검인을 신청하여야 한다.

③ 제1063조 제2항의 규정은 구수증서에 의한 유언에 적용하지 아니한다.

제1071조(비밀증서에 의한 유언의 전환) 비밀증서에 의한 유언이 그 방식에 흠결이 있는 경우에 그 증서가 자필증서의 방식에 적합한 때에는 자필증서에 의한 유언으로 본다.

제1072조(증인의 결격사유)

① 다음 각 호의 어느 하나에 해당하는 사람은 유언에 참여하는 증인이 되지 못한다.

1. 미성년자
2. 피성년후견인과 피한정후견인
3. 유언으로 이익을 받을 사람, 그의 배우자와 직계혈족

② 공정증서에 의한 유언에는 「공증인법」에 따른 결격자는 증인이 되지 못한다.

[전문개정 2011.3.7.]

제3절 유언의 효력

제1073조(유언의 효력발생시기)

① 유언은 유언자가 사망한 때로부터 그 효력이 생긴다.

② 유언에 정지조건이 있는 경우에 그 조건이 유언자의 사망후에 성취한 때에는 그 조건성취한 때로부터

유언의 효력이 생긴다.

제1074조(유증의 승인, 포기)

① 유증을 받을 자는 유언자의 사망후에 언제든지 유증을 승인 또는 포기할 수 있다.

② 전항의 승인이나 포기는 유언자의 사망한 때에 소급하여 그 효력이 있다.

제1075조(유증의 승인, 포기의 취소금지)

① 유증의 승인이나 포기는 취소하지 못한다.

② 제1024조 제2항의 규정은 유증의 승인과 포기에 준용한다.

제1076조(수증자의 상속인의 승인, 포기) 수증자가 승인이나 포기를 하지 아니하고 사망한 때에는 그 상속인은 상속분의 한도에서 승인 또는 포기할 수 있다. 그러나 유언자가 유언으로 다른 의사를 표시한 때에는 그 의사에 의한다.

제1077조(유증의무자의 최고권)

① 유증의무자나 이해관계인은 상당한 기간을 정하여 그 기간 내에 승인 또는 포기를 확답할 것을 수증자 또는 그 상속인에게 최고할 수 있다.

② 전항의 기간내에 수증자 또는 상속인이 유증의무자에 대하여 최고에 대한 확답을 하지 아니한 때에는 유증을 승인한 것으로 본다.

제1078조(포괄적 수증자의 권리의무) 포괄적 유증을 받은 자는 상속인과 동일한 권리의무가 있다. 〈개정 1990.1.13〉

제1079조(수증자의 과실취득권) 수증자는 유증의 이행을 청구할 수 있는 때로부터 그 목적물의 과실을 취득한다. 그러나 유언자가 유언으로 다른 의사를 표시한 때에는 그 의사에 의한다.

제1080조(과실수취비용의 상환청구권) 유증의무자가 유언자의 사망후에 그 목적물의 과실을 수취하기 위하여 필요비를 지출한 때에는 그 과실의 가액의 한도에서 과실을 취득한 수증자에게 상환을 청구할 수 있다.

제1081조(유증의무자의 비용상환청구권) 유증의무자가 유증자의 사망후에 그 목적물에 대하여 비용을 지출한 때에는 제325조의 규정을 준용한다.

제1082조(불특정물유증의무자의 담보책임)

① 불특정물을 유증의 목적으로 한 경우에는 유증의무자는 그 목적물에 대하여 매도인과 같은 담보책임이 있다.

② 전항의 경우에 목적물에 하자가 있는 때에는 유증의무자는 하자없는 물건으로 인도하여야 한다.

제1083조(유증의 물상대위성) 유증자가 유증목적물의 멸실, 훼손 또는 점유의 침해로 인하여 제삼자에게 손해배상을 청구할 권리가 있는 때에는 그 권리를 유증의 목적으로 한 것으로 본다.

제1084조(채권의 유증의 물상대위성)

① 채권을 유증의 목적으로 한 경우에 유언자가 그 변제를 받은 물건이 상속재산 중에 있는 때에는 그 물건을 유증의 목적으로 한 것으로 본다.

② 전항의 채권이 금전을 목적으로 한 경우에는 그 변제받은 채권액에 상당한 금전이 상속재산중에 없는 때에도 그 금액을 유증의 목적으로 한 것으로 본다.

제1085조(제삼자의 권리의 목적인 물건 또는 권리의 유증) 유증의 목적인 물건이나 권리가 유언자의 사망당시에 제삼자의 권리의 목적인 경우에는 수증자는 유증의무자에 대하여 그 제삼자의 권리를 소멸시킬 것을 청구하지 못한다.

제1086조(유언자가 다른 의사표시를 한 경우) 전3조의 경우에 유언자가 유언으로 다른 의사를 표시한 때에는 그 의사에 의한다.

제1087조(상속재산에 속하지 아니한 권리의 유증)
① 유언의 목적이 된 권리가 유언자의 사망당시에 상속재산에 속하지 아니한 때에는 유언은 그 효력이 없다. 그러나 유언자가 자기의 사망당시에 그 목적물이 상속재산에 속하지 아니한 경우에도 유언의 효력이 있게 할 의사인 때에는 유증의무자는 그 권리를 취득하여 수증자에게 이전할 의무가 있다.
② 전항 단서의 경우에 그 권리를 취득할 수 없거나 그 취득에 과다한 비용을 요할 때에는 그 가액으로 변상할 수 있다.

제1088조(부담있는 유증과 수증자의 책임)
① 부담있는 유증을 받은 자는 유증의 목적의 가액을 초과하지 아니한 한도에서 부담한 의무를 이행할 책임이 있다.
② 유증의 목적의 가액이 한정승인 또는 재산분리로 인하여 감소된 때에는 수증자는 그 감소된 한도에서 부담할 의무를 면한다.

제1089조(유증효력발생전의 수증자의 사망)
① 유증은 유언자의 사망전에 수증자가 사망한 때에는 그 효력이 생기지 아니한다.
② 정지조건있는 유증은 수증자가 그 조건성취전에 사망한 때에는 그 효력이 생기지 아니한다.

제1090조(유증의 무효, 실효의 경우와 목적재산의 귀속) 유증이 그 효력이 생기지 아니하거나 수증자가 이를 포기한 때에는 유증의 목적인 재산은 상속인에게 귀속한다. 그러나 유언자가 유언으로 다른 의사를 표시한 때에는 그 의사에 의한다.

제4절 유언의 집행

제1091조(유언증서, 녹음의 검인)
① 유언의 증서나 녹음을 보관한 자 또는 이를 발견한 자는 유언자의 사망후 지체없이 법원에 제출하여 그 검인을 청구하여야 한다.
② 전항의 규정은 공정증서나 구수증서에 의한 유언에 적용하지 아니한다.

제1092조(유언증서의 개봉) 법원이 봉인된 유언증서를 개봉할 때에는 유언자의 상속인, 그 대리인 기타 이해관계인의 참여가 있어야 한다.

제1093조(유언집행자의 지정) 유언자는 유언으로 유언집행자를 지정할 수 있고 그 지정을 제삼자에게 위탁할 수 있다.

제1094조(위탁에 의한 유언집행자의 지정)
① 전조의 위탁을 받은 제삼자는 그 위탁있음을 안 후 지체없이 유언집행자를 지정하여 상속인에게 통지하여야 하며 그 위탁을 사퇴할 때에는 이를 상속인에게 통지하여야 한다.
② 상속인 기타 이해관계인은 상당한 기간을 정하여 그 기간내에 유언집행자를 지정할 것을 위탁 받은 자에게 최고할 수 있다. 그 기간내에 지정의 통지를 받지 못한 때에는 그 지정의 위탁을 사퇴한 것으로 본다.

제1095조(지정유언집행자가 없는 경우) 전2조의 규정에 의하여 지정된 유언집행자가 없는 때에는 상속인이 유언집행자가 된다.

제1096조(법원에 의한 유언집행자의 선임)
① 유언집행자가 없거나 사망, 결격 기타 사유로 인하여 없게 된 때에는 법원은 이해관계인의 청구에 의하여 유언집행자를 선임하여야 한다.
② 법원이 유언집행자를 선임한 경우에는 그 임무에 관하여 필요한 처분을 명할 수 있다.

제1097조(유언집행자의 승낙, 사퇴)
① 지정에 의한 유언집행자는 유언자의 사망후 지체없이 이를 승낙하거나 사퇴할 것을 상속인에게 통지하여야 한다.
② 선임에 의한 유언집행자는 선임의 통지를 받은 후 지체없이 이를 승낙하거나 사퇴할 것을 법원에 통지하여야 한다.
③ 상속인 기타 이해관계인은 상당한 기간을 정하여 그 기간내에 승낙여부를 확답할 것을 지정 또는 선임에 의한 유언집행자에게 최고할 수 있다. 그 기간내에 최고에 대한 확답을 받지 못한 때에는 유언집행자가 그 취임을 승낙한 것으로 본다.

제1098조(유언집행자의 결격사유) 제한능력자와 파산선고를 받은 자는 유언집행자가 되지 못한다. [전문개정 2011.3.7]

제1099조(유언집행자의 임무착수) 유언집행자가 그 취임을 승낙한 때에는 지체없이 그 임무를 이행하여야 한다.

제1100조(재산목록작성)
① 유언이 재산에 관한 것인 때에는 지정 또는 선임에 의한 유언집행자는 지체없이 그 재산목록을 작성하여 상속인에게 교부하여야 한다.
② 상속인의 청구가 있는 때에는 전항의 재산목록작성에 상속인을 참여하게 하여야 한다.

제1101조(유언집행자의 권리의무) 유언집행자는 유증의 목적인 재산의 관리 기타 유언의 집행에 필요한 행위를 할 권리의무가 있다.

제1102조(공동유언집행) 유언집행자가 수인인 경우에는 임무의 집행은 그 과반수의 찬성으로써 결정한다. 그러나 보존행위는 각자가 이를 할 수 있다.

제1103조(유언집행자의 지위)
① 지정 또는 선임에 의한 유언집행자는 상속인의 대리인으로 본다.
② 제681조 내지 제685조, 제687조, 제691조와 제692조의 규정은 유언집행자에 준용한다.

제1104조(유언집행자의 보수)
① 유언자가 유언으로 그 집행자의 보수를 정하지 아니한 경우에는 법원은 상속재산의 상황 기타 사정을 참작하여 지정 또는 선임에 의한 유언집행자의 보수를 정할 수 있다.
② 유언집행자가 보수를 받는 경우에는 제686조 제2항, 제3항의 규정을 준용한다.

제1105조(유언집행자의 사퇴) 지정 또는 선임에 의한 유언집행자는 정당한 사유있는 때에는 법원의 허가를 얻어 그 임무를 사퇴할 수 있다.

제1106조(유언집행자의 해임) 지정 또는 선임에 의한 유언집행자에 그 임무를 해태하거나 적당하지 아니한 사유가 있는 때에는 법원은 상속인 기타 이해관계인의 청구에 의하여 유언집행자를 해임할 수 있다.

제1107조(유언집행의 비용) 유언의 집행에 관한 비용은 상속재산 중에서 이를 지급한다.

제5절 유언의 철회

제1108조(유언의 철회)

① 유언자는 언제든지 유언 또는 생전행위로써 유언의 전부나 일부를 철회할 수 있다.

② 유언자는 그 유언을 철회할 권리를 포기하지 못한다.

제1109조(유언의 저촉) 전후의 유언이 저촉되거나 유언후의 생전행위가 유언과 저촉되는 경우에는 그 저촉된 부분의 전유언은 이를 철회한 것으로 본다.

제1110조(파훼로 인한 유언의 철회) 유언자가 고의로 유언증서 또는 유증의 목적물을 파훼한 때에는 그 파훼한 부분에 관한 유언은 이를 철회한 것으로 본다.

제1111조(부담있는 유언의 취소) 부담있는 유증을 받은 자가 그 부담의무를 이행하지 아니한 때에는 상속인 또는 유언집행자는 상당한 기간을 정하여 이행할 것을 최고하고 그 기간내에 이행하지 아니한 때에는 법원에 유언의 취소를 청구할 수 있다. 그러나 제삼자의 이익을 해하지 못한다.

제3장 유 류 분

제1112조(유류분의 권리자와 유류분) 상속인의 유류분은 다음 각호에 의한다.

1. 피상속인의 직계비속은 그 법정상속분의 2분의 1
2. 피상속인의 배우자는 그 법정상속분의 2분의 1
3. 피상속인의 직계존속은 그 법정상속분의 3분의 1
4. 피상속인의 형제자매는 그 법정상속분의 3분의 1

[본조신설 1977.12.31]

제1113조(유류분의 산정)

① 유류분은 피상속인의 상속개시시에 있어서 가진 재산의 가액에 증여재산의 가액을 가산하고 채무의 전액을 공제하여 이를 산정한다.

② 조건부의 권리 또는 존속기간이 불확정한 권리는 가정법원이 선임한 감정인의 평가에 의하여 그 가격을 정한다.

[본조신설 1977.12.31]

제1114조(산입될 증여) 증여는 상속개시전의 1년간에 행한 것에 한하여 제1113조의 규정에 의하여 그 가액을 산정한다. 당사자 쌍방이 유류분권리자에 손해를 가할 것을 알고 증여를 한 때에는 1년전에 한 것도 같다.

[본조신설 1977.12.31]

제1115조(유류분의 보전)

① 유류분권리자가 피상속인의 제1114조에 규정된 증여 및 유증으로 인하여 그 유류분에 부족이 생긴 때에는 부족한 한도에서 그 재산의 반환을 청구할 수 있다.

② 제1항의 경우에 증여 및 유증을 받은 자가 수인인 때에는 각자가 얻은 유증가액의 비례로 반환하여야 한다.

[본조신설 1977.12.31]

제1116조(반환의 순서) 증여에 대하여는 유증을 반환받은 후가 아니면 이것을 청구할 수 없다. [본조신설 1977.12.31]

제1117조(소멸시효) 반환의 청구권은 유류분권리자가 상속의 개시와 반환하여야 할 증여 또는 유증을 한 사실을 안 때로부터 1년내에 하지 아니하면 시효에 의하여 소멸한다. 상속이 개시한 때로부터 10년을 경과한 때도 같다.
[본조신설 1977.12.31]

제1118조(준용규정) 제1001조, 제1008조, 제1010조의 규정은 유류분에 이를 준용한다. [본조신설 1977.12.31]

부칙 〈제10645호, 2011.5.19〉

이 법은 2013년 7월 1일부터 시행한다.

부칙 〈제11300호,2012.2.10〉

제1조(시행일) 이 법은 2013년 7월 1일부터 시행한다. 다만, 제818조, 제828조, 제843조 및 제925조의 개정규정은 공포한 날부터 시행한다.

제2조(이 법의 효력의 불소급) 이 법은 종전의 규정에 따라 생긴 효력에 영향을 미치지 아니한다.

제3조(종전의 규정에 따른 입양 및 파양에 관한 경과조치) 이 법 시행 전에 제878조 또는 제904조에 따라 입양 또는 파양의 신고가 접수된 입양 또는 파양에 관하여는 종전의 규정에 따른다.

제4조(재판상 파양 원인에 관한 경과조치) 제905조의 개정규정에도 불구하고 이 법 시행 전에 종전의 규정에 따라 가정법원에 파양을 청구한 경우에 재판상 파양 원인에 관하여는 종전의 규정에 따른다.

제5조(친양자입양의 요건에 관한 경과조치) 제908조의2 제1항 및 제2항의 개정규정에도 불구하고 이 법 시행 전에 종전의 규정에 따라 가정법원에 친양자입양을 청구한 경우에 친양자입양의 요건에 관하여는 종전의 규정에 따른다.

부칙 〈제11728호, 2013.4.5〉

이 법은 2013년 7월 1일부터 시행한다.

부칙 〈제12777호, 2014.10.15〉

제1조(시행일) 이 법은 공포 후 1년이 경과한 날부터 시행한다.

제2조(친권 상실의 선고 및 친권의 상실 선고 등의 판단 기준에 관한 경과조치) 이 법 시행 당시 가정법원에 진행 중인 친권의 상실 선고 청구 사건에 대해서는 제924조 및 제925조의2의 개정규정에도 불구하고 종전의 규정에 따른다.

부칙 〈제12881호, 2014.12.30〉

이 법은 공포한 날부터 시행한다.

부칙(가족관계의 등록 등에 관한 법률) 〈제13124호, 2015.2.3〉

제1조(시행일) 이 법은 2015년 7월 1일부터 시행한다.

제2조 생략

제3조(다른 법률의 개정) ① 민법 일부를 다음과 같이 개정한다.
제814조 제2항 중 "등록기준지를 관할하는 가족관계등록관서"를 "재외국민 가족관계등록사무소"로 한다.
② 생략

부칙 〈제13125호, 2015.2.3〉

제1조(시행일) 이 법은 공포 후 1년이 경과한 날부터 시행한다.

제2조(효력의 불소급) 이 법은 종전의 규정에 따라 생긴 효력에 영향을 미치지 아니한다.

제3조(보증의 방식 등에 관한 적용례) 제428조의2, 제428조의3 및 제436조의2의 개정규정은 이 법 시행 후 체결하거나 기간을 갱신하는 보증계약부터 적용한다.

제4조(여행계약의 효력·해제 등에 관한 적용례) 제3편 제2장 제9절의2(제674조의2부터 제674조의9까지)의 개정규정은 이 법 시행 후 체결하는 여행계약부터 적용한다.

제5조(다른 법률의 개정) 보증인 보호를 위한 특별법 일부를 다음과 같이 개정한다.
제3조를 삭제한다.

제6조(「보증인 보호를 위한 특별법」의 개정에 따른 경과조치) 부칙 제5조에 따라 개정되는 「보증인 보호를 위한 특별법」의 개정규정에도 불구하고 이 법 시행 전에 체결되거나 기간이 갱신된 「보증인 보호를 위한 특별법」의 적용 대상인 보증계약에 대해서는 종전의 「보증인 보호를 위한 특별법」 제3조에 따른다.

부칙 〈제13710호, 2016.1.6〉

이 법은 공포한 날부터 시행한다.

부칙 〈제14278호, 2016.12.2〉

제1조(시행일) 이 법은 공포 후 6개월이 경과한 날부터 시행한다.

제2조(다른 법률의 개정) 가사소송법 일부를 다음과 같이 개정한다.
제2조 제1항 제2호나목3) 중 "제한 또는 배제"를 "처분 또는 제한·배제·변경"으로 한다.

부칙 〈제14409호, 2016.12.20〉

제1조(시행일) 이 법은 공포한 날부터 시행한다.

제2조(적용례) 제937조 제9호의 개정규정은 이 법 시행 당시 법원에 계속 중인 사건에도 적용한다.

부칙 〈제14965호, 2017.10.31〉

제1조(시행일) 이 법은 공포 후 3개월이 경과한 날부터 시행한다.

제2조(남편의 친생자의 추정에 관한 적용례) 제854조의2 및 제855조의2의 개정규정은 이 법 시행 전에 발생한 부모와 자녀의 관계에 대해서도 적용한다. 다만, 이 법 시행 전에 판결에 따라 생긴 효력에는 영향을 미치지 아니한다.

가사소송법

제정 1990. 12. 31. 법률 제4300호
개정 2017. 10. 31. 법률 제14961호

제1편 총 칙 ········ (제1조~제11조)

제2편 가사소송
제1장 통 칙 ········ (제12조~제21조)
제2장 혼인관계소송 ········ (제22조~제25조)
제3장 부모와 자녀 관계소송
제1절 친생자관계 ········ (제26조~제29조)
제2절 입양·친양자입양관계 ········ (제30조~제31조)
제4장 호주승계관계소송 ········ (제32조~제33조)(삭제)

제3편 가사비송
제1장 통 칙 ········ (제34조~제43조)
제2장 라류 가사비송사건 ········ (제44조~제45조의9)
제3장 마류 가사비송사건 ········ (제46조~제48조의3)

제4편 가사조정 ········ (제49조~제61조)

제5편 이행의 확보 ········ (제62조~제65조)

제6편 벌 칙 ········ (제66조~제73조)

부 칙

제1편 총 칙

제1조(목적) 이 법은 인격의 존엄과 남녀 평등을 기본으로 하고 가정의 평화 및 친족 간에 서로 돕는 미풍양속을 보존하고 발전시키기 위하여 가사에 관한 소송과 비송 및 조정에 대한 절차의 특례를 규정함을 목적으로 한다.
[전문개정 2010.3.31]

제2조(가정법원의 관장 사항)
① 다음 각 호의 사항(이하 "가사사건"이라 한다)에 대한 심리와 재판은 가정법원의 전속관할로 한다. 〈개정 2013.4.5, 2013.7.30, 2014.10.15, 2016.12.2, 2017.10.31〉

1. 가사소송사건
   가. 가류 사건 1) 혼인의 무효 2) 이혼의 무효 3) 인지의 무효 4) 친생자관계 존부확인 5) 입양의 무효 6) 파양의 무효
   나. 나류 사건 1) 사실상 혼인관계 존부확인 2) 혼인의 취소 3) 이혼의 취소 4) 재판상 이혼 5) 아버지의 결정 6) 친생부인 7) 인지의 취소 8) 인지에 대한 이의 9) 인지청구 10) 입양의 취소 11) 파양의 취소 12) 재판상 파양 13) 친양자입양의 취소 14) 친양자의 파양
   다. 다류 사건 1) 약혼 해제 또는 사실혼관계 부당 파기로 인한 손해배상청구(제3자에 대한 청구를 포함한다) 및 원상회복의 청구 2) 혼인의 무효·취소, 이혼의 무효·취소 또는 이혼을 원인으로 하는 손해배상청구(제3자에 대한 청구를 포함한다) 및 원상회복의 청구 3) 입양의 무효·취소, 파양의 무효·취소 또는 파양을 원인으로 하는 손해배상청구(제3자에 대한 청구를 포함한다) 및 원상회복의 청구 4) 「민법」 제839조의3에 따른 재산분할청구권 보전을 위한 사해행위 취소 및 원상회복의 청구
2. 가사비송사건
   가. 라류 사건 1) 「민법」 제9조 제1항, 제11조, 제14조의3 제2항 및 제959조의20에 따른 성년후견 개시의 심판과 그 종료의 심판 1)의2 「민법」 제10조 제2항 및 제3항에 따른 취소할 수 없는 피성년후견인의 법률행위의 범위 결정 및 그 변경 1)의3 「민법」 제12조 제1항, 제14조, 제14조의3 제1항 및 제959조의20에 따른 한정후견 개시의 심판과 그 종료의 심판 1)의4 「민법」 제13조 제1항부터 제3항까지의 규정에 따른 피한정후견인이 한정후견인의 동의를 받아야 하는 행위의 범위 결정과 그 변경 및 한정후견인의 동의를 갈음하는 허가 1)의5 「민법」 제14조의2, 제14조의3 및 제959조의20에 따른 특정후견의 심판과 그 종료의 심판 2) 「민법」 제22조부터 제26조까지의 규정에 따른 부재자 재산의 관리에 관한 처분 2)의2 「민법」 제909조의2제5항에 따라 친권자 또는 미성년후견인의 임무를 대행할 사람(이하 "임무대행자"라 한다)의 같은 법 제25조에 따른 권한을 넘는 행위의 허가 3) 「민법」 제27조부터 제29조까지의 규정에 따른 실종의 선고와 그 취소 4) 「민법」 제781조 제4항에 따른 성과 본의 창설 허가 5) 「민법」 제781조 제5항에 따른 자녀의 종전 성과 본의 계속사용허가 6) 「민법」 제781조 제6항에 따른 자녀의 성과 본의 변경허가 7) 「민법」 제829조 제2항 단서에 따른 부부재산약정의 변경에 대한 허가 7)의2 「민법」 제854조의2에 따른 친생부인의 허가 7)의3 「민법」 제855조의2제1항 및 제2항에 따른 인지의 허가 8) 「민법」 제867조에 따른 미성년자의 입양에 대한 허가 8)의2 「민법」 제873조 제2항에 따라 준용되는 같은 법 제867조에 따른 피성년후견인이 입양을 하거나 양자가 되는 것에 대한 허가 9) 「민법」 제871조 제2항에 따른 부모의 동의를 갈음하는 심판 10) 삭제 〈2013.7.30〉 11) 「민법」 제906조 제1항 단서에 따른 양자의 친족

또는 이해관계인의 파양청구에 대한 허가 12) 「민법」 제908조의2에 따른 친양자입양의 허가 13) 「민법」 제909조 제2항 단서에 따른 친권 행사 방법의 결정 13)의2 「민법」 제909조의2제1항부터 제5항까지(같은 법 제927조의2제1항 각 호 외의 부분 본문에 따라 준용되는 경우를 포함한다)에 따른 친권자의 지정, 미성년후견인의 선임 및 임무대행자의 선임 13)의3 「민법」 제909조의2제6항에 따른 후견의 종료 및 친권자의 지정 14) 「민법」 제915조 및 제945조(같은 법 제948조에 따라 위 각 조항이 준용되는 경우를 포함한다)에 따른 감화 또는 교정기관에 위탁하는 것에 대한 허가 15) 「민법」 제918조(같은 법 제956조에 따라 준용되는 경우를 포함한다)에 따른 재산관리인의 선임(선임) 또는 개임과 재산관리에 관한 처분 16) 「민법」 제921조(「민법」 제949조의3에 따라 준용되는 경우를 포함한다)에 따른 특별대리인의 선임 17) 「민법」 제927조에 따른 친권자의 법률행위 대리권 및 재산관리권의 사퇴 또는 회복에 대한 허가 17)의2 「민법」 제927조의2제2항에 따른 친권자의 지정 17)의3 「민법」 제931조 제2항에 따른 후견의 종료 및 친권자의 지정 18) 「민법」 제932조, 제936조 제1항부터 제3항까지, 제940조, 제959조의3 및 제959조의9에 따른 미성년후견인·성년후견인·한정후견인·특정후견인의 선임 또는 변경 18)의2 「민법」 제938조 제2항부터 제4항까지의 규정에 따른 성년후견인의 법정대리권의 범위 결정과 그 변경 및 성년후견인이 피성년후견인의 신상에 관하여 결정할 수 있는 권한의 범위 결정과 그 변경 18)의3 「민법」 제940조의7에 따라 준용되는 제940조와 제940조의3, 제940조의4, 제959조의5 및 제959조의10에 따른 미성년후견감독인·성년후견감독인·한정후견감독인·특정후견감독인의 선임 또는 변경 19) 「민법」 제939조(「민법」 제940조의7, 제959조의3제2항, 제959조의5 제2항, 제959조의9제2항, 제959조의10제2항에 따라 준용되는 경우 및 제959조의16제3항에 따라 준용되는 제940조의7에 따라 다시 준용되는 경우를 포함한다)에 따른 미성년후견인·성년후견인·한정후견인·특정후견인·미성년후견감독인·성년후견감독인·한정후견감독인·특정후견감독인·임의후견감독인의 사임에 대한 허가 20) 「민법」 제941조 제1항 단서(같은 법 제948조에 따라 준용되는 경우를 포함한다)에 따른 후견인의 재산목록 작성을 위한 기간의 연장허가 21) 「민법」 제947조의2제2항(「민법」 제959조의6에 따라 준용되는 경우를 포함한다)에 따른 피성년후견인 또는 피한정후견인의 격리에 대한 허가 및 「민법」 제947조의2제4항(「민법」 제940조의7, 제959조의5제2항 및 제959조의6에 따라 준용되는 경우를 포함한다)에 따른 피미성년후견인, 피성년후견인 또는 피한정후견인에 대한 의료행위의 동의에 대한 허가 21)의2 「민법」 제947조의2제5항(「민법」 제940조의7, 제959조의5제2항 및 제959조의6에 따라 준용되는 경우를 포함한다)에 따른 피미성년후견인, 피성년후견인 또는 피한정후견인이 거주하는 건물 또는 그 대지에 대한 매도 등에 대한 허가 21)의3 「민법」 제949조의2(「민법」 제940조의7, 제959조의5제2항, 제959조의6, 제959조의10제2항, 제959조의12에 따라 준용되는 경우 및 제959조의16제3항에 따라 준용되는 제940조의7에 따라 다시 준용되는 경우를 포함한다)에 따른 여러 명의 성년후견인·한정후견인·특정후견인·성년후견감독인·한정후견감독인·특정후견감독인·임의후견감독인의 권한 행사에 관한 결정과 그 변경 또는 취소 및 성년후견인·한정후견인·특정후견인·성년후견감독인·한정후견감독인·특정후견감독인·임의후견감독인의 의사표시를 갈음하는 재판 21)의4 「민법」 제950조 제2항(「민법」 제948조 및 제959조의6에 따라 준용되는 경우를 포함한다)에 따른 미성년후견감독인·성년후견감독인·한정후견감독인의 동의를 갈음하는 허가 22) 「민법」 제954조(「민법」 제948조, 제959조의6 및 제959조의12에 따라 준용되는 경우를 포함한다)에 따른 피미성년후견인, 피성년후견인, 피한정후견인 또는 피특정후견인의 재산상황에 대한 조사 및 그 재산관리 등 후견임무 수행에 관하여 필요한 처분명령 22)의2 「민법」 제909조의2제5항에 따라 준용되는 같은 법 제954조에 따른 미성년자의 재산상황에 대한 조사 및 그 재산관리 등 임무대행자의 임무 수행에 관하여 필요한 처분명령 23) 「민법」 제955조(「민법」 제940조의7, 제948조, 제959조의5제2항, 제959조의6, 제959조의10제2항, 제959조의12에 따라 준용되는 경우 및 제959조의16제3항에 따라 준용되는 제940조의7에 따라 다시 준용되는 경우를 포함한다)에 따른 미성년후견인·성년후견인·한정후견인·특정후견인·미성년후견감독인·성년후견감독인·한정후견감독인·특정후견감독인·임의후견감독인에 대한 보수의 수여 24) 「민법」 제957조 제1항 단서(「민법」 제959조의7 및 제959조의13에 따라 준용되는 경우를 포함한다)에 따른 후견 종료 시 관리계산 기간의 연장허가 24)의2 「민법」 제959조의4에 따른 한정후견인에게 대리권을 수여하는 심판과 그 범위 변경 및 한정후견인이 피한정후견인의 신상에 관하여 결정할 수 있는 권한의 범위 결정과 그 변경 24)의3 「민법」 제959조의8에 따른 피특정후견인의 후원을 위하여 필요한 처분명령 24)의4 「민법」 제959조의11에 따른 특정후견인에게 대리권을 수여하는 심판 24)의5 「민법」 제959조의16 제3항에 따라 준용되는 제940조의7에 따라 다시 준용되는 제940조 및 제959조의15제1항·제3항·제4항에 따른 임의후견감독인의 선임 또는 변경 24)의6 「민법」 제959조의16제2항에 따른 임의후견감독인에 대한 감독사무에 관한 보고 요구, 임의후견인의 사무 또는 본인의 재산상황에 대한 조사명령 또는 임의후견감독인의 직무에 관하여 필요한 처분명령 24)의7 「민법」 제959조의17제2항에 따른 임의후견인의 해임 24)의8 「민법」 제959조의18제2항에 따른 후견계약 종료의 허가 25) 삭제 〈2013.4.5〉 26) 삭제 〈2013.4.5〉 27) 삭제 〈2013.4.5〉 28) 삭제 〈2013.4.5〉 29) 삭제 〈2013.4.5〉 30) 「민법」 제1019조 제1항 단서에 따른 상속의 승인 또는 포기를 위한 기간의 연장허가 31) 「민법」 제1023조(같은 법 제1044조에 따라 준용되는 경우를 포함한다)에 따른 상속재산 보존을 위한 처분 32) 「민법」 제1024조 제2항, 제1030조 및 제1041조에 따른 상속의 한정승인신고 또는 포기신고의 수리와 한정승인 취소신고 또는 포기 취소신고의 수리 33) 「민법」 제1035조 제2항(같은 법 제1040조 제3항, 제1051조 제3항 및 제1056조 제2항에 따라 준용되는 경우를 포함한다) 및 제1113조 제2항에 따른 감정인의 선임 34) 「민법」 제1040조 제1항에 따른 공동상속재산을 위한 관리인의 선임 35) 「민법」 제1045조에 따른 상속재산의 분리 36) 「민법」 제1047조에 따른 상속재산 분리 후의 상속재산 관리에 관한 처분 37) 「민법」 제1053조에 따른 관리인의 선임 및 그 공고와 재산관리에 관한 처분 38) 「민법」 제1057조에 따른 상속인 수색의 공고 39) 「민법」 제1057조의2에 따른 상속재산의 분여 40) 「민법」 제1070조 제2항에 따른 유언의 검인 41) 「민법」 제1091조에 따른 유언의 증서 또는 녹음의 검인 42) 「민법」 제1092조에 따른 유언증서의 개봉 43) 「민법」 제1096조에 따른 유언집행자의 선임 및 그 임무에 관한 처분 44) 「민법」 제1097조 제2항에 따른 유언집행자의 승낙 또는 사퇴를 위한 통지의 수리 45) 「민법」 제1104조 제1항에 따른 유언집행자에 대한 보수의 결정 46) 「민법」 제1105조에 따른 유언집행자의 사퇴에 대한 허가 47) 「민법」 제1106조에 따른 유언집행자의 해임 48) 「민법」 제1111조에 따른 부담 있는 유언의 취소

나. 마류 사건 1) 「민법」 제826조 및 제833조에 따른 부부의 동거·부양·협조 또는 생활비용의 부담에 관한 처분 2) 「민법」 제829조 제3항에 따른 재산관리자의 변경 또는 공유재산의 분할을 위한 처분 3) 「민법」 제837조 및 제837조의2(같은 법 제843조에 따라 위 각 조항이 준용되는 경우 및 혼인의 취소 또는 인지를 원인으로 하는 경우를 포함한다)에 따른 자녀의 양육에 관한 처분과 그 변경, 면접교섭권의 처분 또는 제한·배제·변경 4) 「민법」 제839조의2제2항(같은 법 제843조에 따라 준용되는 경우 및 혼인의 취소를 원인으로 하는 경우를 포함한다)에 따른 재산 분할에 관한 처분

5) 「민법」 제909조 제4항 및 제6항(혼인의 취소를 원인으로 하는 경우를 포함한다)에 따른 친권자의 지정과 변경 6) 「민법」 제922조의2에 따른 친권자의 동의를 갈음하는 재판 7) 「민법」 제924조, 제924조의2, 제925조 및 제926조에 따른 친권의 상실, 일시 정지, 일부 제한 및 그 실권 회복의 선고 또는 법률행위의 대리권과 재산관리권의 상실 및 그 실권 회복의 선고 8) 「민법」 제976조부터 제978조까지의 규정에 따른 부양에 관한 처분 9) 「민법」 제1008조의2제2항 및 제4항에 따른 기여분의 결정 10) 「민법」 제1013조 제2항에 따른 상속재산의 분할에 관한 처분

② 가정법원은 다른 법률이나 대법원규칙에서 가정법원의 권한으로 정한 사항에 대하여도 심리·재판한다.

③ 제2항의 사건에 관한 절차는 법률이나 대법원규칙으로 따로 정하는 경우를 제외하고는 라류 가사비송사건의 절차에 따른다.

[전문개정 2010.3.31]

제3조(지방법원과 가정법원 사이의 관할의 지정)

① 사건이 가정법원과 지방법원 중 어느 법원의 관할에 속하는지 명백하지 아니한 경우에는 관계 법원의 공통되는 고등법원이 관할법원을 지정한다.

② 제1항의 관할법원 지정에 관하여는 「민사소송법」 제28조를 준용한다.

③ 제1항에 따라 가정법원의 관할로 정하여진 사건은 이 법에서 정하는 절차에 따라 처리하고, 지방법원의 관할로 정하여진 사건은 민사소송 절차에 따라 처리한다.

[전문개정 2010.3.31]

제4조(제척·기피 및 회피) 법원 직원의 제척·기피 및 회피에 관한 「민사소송법」의 규정 중 법관에 관한 사항은 조정장과 조정위원에 준용하고, 법원사무관등에 관한 사항은 가사조사관에 준용한다. [전문개정 2010.3.31]

제5조(수수료) 이 법에 따른 소의 제기, 심판의 청구, 조정의 신청이나 그 밖의 재판과 처분의 신청에는 대법원규칙으로 정하는 바에 따라 수수료를 내야 한다.

[전문개정 2010.3.31]

제6조(가사조사관)

① 가사조사관은 재판장, 조정장 또는 조정담당판사의 명을 받아 사실을 조사한다.

② 가사조사관의 사실조사 방법과 절차에 관한 사항은 대법원규칙으로 정한다.

[전문개정 2010.3.31]

제7조(본인 출석주의)

① 가정법원, 조정위원회 또는 조정담당판사의 변론기일, 심리기일 또는 조정기일에 소환을 받은 당사자 및 이해관계인은 본인 또는 법정대리인이 출석하여야 한다. 다만, 특별한 사정이 있을 때에는 재판장, 조정장 또는 조정담당판사의 허가를 받아 대리인을 출석하게 할 수 있고 보조인을 동반할 수 있다.

② 변호사 아닌 자가 대리인 또는 보조인이 되려면 미리 재판장, 조정장 또는 조정담당판사의 허가를 받아야 한다.

③ 재판장, 조정장 또는 조정담당판사는 언제든지 제1항 및 제2항의 허가를 취소할 수 있고, 본인이 법정대리인 또는 대리인과 함께 출석할 것을 명할 수 있다.

[전문개정 2010.3.31]

제8조(사실조사의 촉탁) 재판장, 조정장, 조정담당판사 또는 가사조사관은 사실조사를 위하여 필요한 경우에

는 경찰 등 행정기관이나 그 밖에 상당하다고 인정되는 단체 또는 개인에게 사실의 조사를 촉탁하고 필요한 사항을 보고하도록 요구할 수 있다. [전문개정 2010.3.31]

제9조(가족관계등록부 기록 등의 촉탁) 가정법원은 대법원규칙으로 정하는 판결 또는 심판이 확정되거나 효력을 발생한 경우에는 대법원규칙으로 정하는 바에 따라 지체 없이 가족관계등록 사무를 처리하는 사람에게 가족관계등록부에 등록할 것을 촉탁하거나 후견등기 사무를 처리하는 사람에게 후견등기부에 등기할 것을 촉탁하여야 한다. 〈개정 2013.4.5〉 [전문개정 2010.3.31]

제10조(보도 금지) 가정법원에서 처리 중이거나 처리한 사건에 관하여는 성명·연령·직업 및 용모 등을 볼 때 본인이 누구인지 미루어 짐작할 수 있는 정도의 사실이나 사진을 신문, 잡지, 그 밖의 출판물에 게재하거나 방송할 수 없다.
[전문개정 2010.3.31]

제10조의2(기록의 열람 등)
① 당사자나 이해관계를 소명한 제3자는 다음 각 호의 사항을 법원서기관, 법원사무관, 법원주사 또는 법원주사보(이하 "법원사무관등"이라 한다)에게 신청할 수 있다.
1. 재판서의 정본·등본·초본의 발급
2. 소송에 관한 사항의 증명서 발급
② 당사자나 이해관계를 소명한 제3자는 재판장의 허가를 받아 다음 각 호의 사항을 법원사무관등에게 신청할 수 있다.
1. 조서의 정본·등본·초본의 발급
2. 기록의 열람·복사
③ 제1항 제1호, 제2항 제1호의 신청에 따라 발급되는 재판서·조서의 정본·등본·초본에는 그 취지를 적고 법원사무관등이 기명날인하여야 한다.
④ 제1항 또는 제2항에 따른 신청을 할 때에는 대법원규칙으로 정하는 수수료를 내야 한다.
[전문개정 2013.4.5]

제11조(위임 규정) 가사사건의 재판과 조정의 절차에 관하여 필요한 사항은 대법원규칙으로 정한다. [전문개정 2010.3.31]

제2편 가사소송

제1장 통 칙

제12조(적용 법률) 가사소송 절차에 관하여는 이 법에 특별한 규정이 있는 경우를 제외하고는 「민사소송법」에 따른다. 다만, 가류 및 나류 가사소송사건에 관하여는 「민사소송법」 제147조 제2항, 제149조, 제150조 제1항, 제284조 제1항, 제285조, 제349조, 제350조, 제410조의 규정 및 같은 법 제220조 중 청구의 인낙에 관한 규정과 같은 법 제288조 중 자백에 관한 규정은 적용하지 아니한다. [전문개정 2010.3.31]

제13조(관할)
① 가사소송은 이 법에 특별한 규정이 있는 경우를 제외하고는 피고의 보통재판적이 있는 곳의 가정법원이 관할한다.
② 당사자 또는 관계인의 주소, 거소 또는 마지막 주소에 따라 관할이 정하여지는 경우에 그 주소, 거소

또는 마지막 주소가 국내에 없거나 이를 알 수 없을 때에는 대법원이 있는 곳의 가정법원이 관할한다.

③ 가정법원은 소송의 전부 또는 일부에 대하여 관할권이 없음을 인정한 경우에는 결정으로 관할법원에 이송하여야 한다.

④ 가정법원은 그 관할에 속하는 가사소송사건에 관하여 현저한 손해 또는 지연을 피하기 위하여 필요한 경우에는 직권으로 또는 당사자의 신청에 의하여 다른 관할가정법원에 이송할 수 있다.

⑤ 이송결정과 이송신청의 기각결정에 대하여는 즉시항고를 할 수 있다.

[전문개정 2010.3.31]

제14조(관련 사건의 병합)

① 여러 개의 가사소송사건 또는 가사소송사건과 가사비송사건의 청구의 원인이 동일한 사실관계에 기초하거나 1개의 청구의 당부가 다른 청구의 당부의 전제가 되는 경우에는 이를 1개의 소로 제기할 수 있다.

② 제1항의 사건의 관할법원이 다를 때에는 가사소송사건 중 1개의 청구에 대한 관할권이 있는 가정법원에 소를 제기할 수 있다.

③ 가류 또는 나류 가사소송사건의 소의 제기가 있고, 그 사건과 제1항의 관계에 있는 다류 가사소송사건 또는 가사비송사건이 각각 다른 가정법원에 계속된 경우에는 가류 또는 나류 가사소송사건의 수소법원)은 직권으로 또는 당사자의 신청에 의하여 결정으로 다류 가사소송사건 또는 가사비송사건을 병합할 수 있다.

④ 제1항이나 제3항에 따라 병합된 여러 개의 청구에 관하여는 1개의 판결로 재판한다.

[전문개정 2010.3.31]

제15조(당사자의 추가·경정)

①「민사소송법」 제68조 또는 제260조에 따라 필수적 공동소송인을 추가하거나 피고를 경정하는 것은 사실심의 변론종결 시까지 할 수 있다.

② 제1항에 따라 피고를 경정한 경우에는 신분에 관한 사항에 한정하여 처음의 소가 제기된 때에 경정된 피고와의 사이에 소가 제기된 것으로 본다.

[전문개정 2010.3.31]

제16조(소송 절차의 승계)

① 가류 또는 나류 가사소송사건의 원고가 사망이나 그 밖의 사유(소송 능력을 상실한 경우는 제외한다)로 소송 절차를 계속하여 진행할 수 없게 된 때에는 다른 제소권자가 소송 절차를 승계할 수 있다.

② 제1항의 승계신청은 승계 사유가 생긴 때부터 6개월 이내에 하여야 한다.

③ 제2항의 기간 내에 승계신청이 없을 때에는 소가 취하된 것으로 본다.

[전문개정 2010.3.31]

제17조(직권조사) 가정법원이 가류 또는 나류 가사소송사건을 심리할 때에는 직권으로 사실조사 및 필요한 증거조사를 하여야 하며, 언제든지 당사자 또는 법정대리인을 신문할 수 있다. [전문개정 2010.3.31]

제18조(소송비용 부담의 특칙) 검사가 소송 당사자로서 패소한 경우 그 소송비용은 국고에서 부담한다. [전문개정 2010.3.31]

제19조(항소)

① 가정법원의 판결에 대하여 불복하는 경우에는 판결정본이 송달된 날부터 14일 이내에 항소할 수 있다. 다만, 판결정본 송달 전에도 항소할 수 있다.

② 항소법원의 소송 절차에는 제1심의 소송 절차에 관한 규정을 준용한다.

③ 항소법원은 항소가 이유 있는 경우에도 제1심 판결을 취소하거나 변경하는 것이 사회정의와 형평의

이념에 맞지 아니하거나 가정의 평화와 미풍양속을 유지하기에 적합하지 아니하다고 인정하는 경우에는 항소를 기각할 수 있다.
[전문개정 2010.3.31]

제20조(상고) 항소법원의 판결에 대하여 불복하는 경우에는 판결정본이 송달된 날부터 14일 이내에 대법원에 상고할 수 있다. 다만, 판결정본 송달 전에도 상고할 수 있다. [전문개정 2010.3.31]

제21조(기판력의 주관적 범위에 관한 특칙)
① 가류 또는 나류 가사소송사건의 청구를 인용한 확정판결은 제3자에게도 효력이 있다.
② 제1항의 청구를 배척한 판결이 확정된 경우에는 다른 제소권자는 사실심의 변론종결 전에 참가하지 못한 데 대하여 정당한 사유가 있지 아니하면 다시 소를 제기할 수 없다.
[전문개정 2010.3.31]

제2장 혼인관계소송

제22조(관할) 혼인의 무효나 취소, 이혼의 무효나 취소 및 재판상 이혼의 소는 다음 각 호의 구분에 따른 가정법원의 전속관할로 한다.
1. 부부가 같은 가정법원의 관할 구역 내에 보통재판적이 있을 때에는 그 가정법원
2. 부부가 마지막으로 같은 주소지를 가졌던 가정법원의 관할 구역 내에 부부 중 어느 한쪽의 보통재판적이 있을 때에는 그 가정법원
3. 제1호와 제2호에 해당되지 아니하는 경우로서 부부 중 어느 한쪽이 다른 한쪽을 상대로 하는 경우에는 상대방의 보통재판적이 있는 곳의 가정법원, 부부 모두를 상대로 하는 경우에는 부부 중 어느 한쪽의 보통재판적이 있는 곳의 가정법원
4. 부부 중 어느 한쪽이 사망한 경우에는 생존한 다른 한쪽의 보통재판적이 있는 곳의 가정법원
5. 부부가 모두 사망한 경우에는 부부 중 어느 한쪽의 마지막 주소지의 가정법원

[전문개정 2010.3.31]

제23조(혼인무효 및 이혼무효의 소의 제기권자) 당사자, 법정대리인 또는 4촌 이내의 친족은 언제든지 혼인무효나 이혼무효의 소를 제기할 수 있다.
[전문개정 2010.3.31]

제24조(혼인무효·취소 및 이혼무효·취소의 소의 상대방)
① 부부 중 어느 한쪽이 혼인의 무효나 취소 또는 이혼무효의 소를 제기할 때에는 배우자를 상대방으로 한다.
② 제3자가 제1항에 규정된 소를 제기할 때에는 부부를 상대방으로 하고, 부부 중 어느 한쪽이 사망한 경우에는 그 생존자를 상대방으로 한다.
③ 제1항과 제2항에 따라 상대방이 될 사람이 사망한 경우에는 검사를 상대방으로 한다.
④ 이혼취소의 소에 관하여는 제1항과 제3항을 준용한다.
[전문개정 2010.3.31.]

제25조(친권자 지정 등에 관한 협의권고)
① 가정법원은 미성년자인 자녀가 있는 부부의 혼인의 취소나 재판상 이혼의 청구를 심리할 때에는 그 청구가 인용될 경우를 대비하여 부모에게 다음 각 호의 사항에 관하여 미리 협의하도록 권고하여야 한다.

1. 미성년자인 자녀의 친권자로 지정될 사람
2. 미성년자인 자녀에 대한 양육과 면접교섭권

② 가정법원이 혼인무효의 청구를 심리하여 그 청구가 인용되는 경우에 남편과 부자관계가 존속되는 미성년자인 자녀가 있는 경우에도 제1항과 같다.

[전문개정 2010.3.31]

제3장 부모와 자녀 관계소송

제1절 친생자관계

제26조(관할)

① 친생부인, 인지의 무효나 취소 또는 「민법」 제845조에 따른 아버지를 정하는 소는 자녀의 보통재판적이 있는 곳의 가정법원의 전속관할로 하고, 자녀가 사망한 경우에는 자녀의 마지막 주소지의 가정법원의 전속관할로 한다.

② 인지에 대한 이의의 소, 인지청구의 소 또는 「민법」 제865조에 따른 친생자관계 존부확인의 소는 상대방(상대방이 여러 명일 때에는 그중 1명)의 보통재판적이 있는 곳의 가정법원의 전속관할로 하고, 상대방이 모두 사망한 경우에는 그중 1명의 마지막 주소지의 가정법원의 전속관할로 한다.

[전문개정 2010.3.31]

제27조(아버지를 정하는 소의 당사자)

① 「민법」 제845조에 따른 아버지를 정하는 소는 자녀, 어머니, 어머니의 배우자 또는 어머니의 전 배우자가 제기할 수 있다.

② 자녀가 제기하는 경우에는 어머니, 어머니의 배우자 및 어머니의 전 배우자를 상대방으로 하고, 어머니가 제기하는 경우에는 그 배우자 및 전 배우자를 상대방으로 한다.

③ 어머니의 배우자가 제기하는 경우에는 어머니 및 어머니의 전 배우자를 상대방으로 하고, 어머니의 전 배우자가 제기하는 경우에는 어머니 및 어머니의 배우자를 상대방으로 한다.

④ 제2항과 제3항의 경우에 상대방이 될 사람 중에 사망한 사람이 있을 때에는 생존자를 상대방으로 하고, 생존자가 없을 때에는 검사를 상대방으로 하여 소를 제기할 수 있다.

[전문개정 2010.3.31]

제28조(준용규정) 인지무효의 소에는 제23조 및 제24조를 준용하고, 인지취소의 소, 인지에 대한 이의의 소 또는 친생자관계 존부확인의 소에는 제24조를 준용하며, 인지청구의 소에는 제25조 제1항을 준용한다.

[전문개정 2010.3.31]

제29조(혈액형 등의 수검 명령)

① 가정법원은 당사자 또는 관계인 사이의 혈족관계의 유무를 확정할 필요가 있는 경우에 다른 증거조사에 의하여 심증을 얻지 못한 때에는 검사를 받을 사람의 건강과 인격의 존엄을 해치지 아니하는 범위에서, 당사자 또는 관계인에게 혈액채취에 의한 혈액형의 검사 등 유전인자의 검사나 그 밖에 적당하다고 인정되는 방법에 의한 검사를 받을 것을 명할 수 있다.

② 제1항의 명령을 할 때에는 제67조에 규정된 제재를 고지하여야 한다.

[전문개정 2010.3.31]

제2절 입양·친양자입양관계

제30조(관할) 다음 각 호의 소는 양부모 중 1명의 보통재판적이 있는 곳의 가정법원의 전속관할로 하고, 양부모가 모두 사망한 경우에는 그중 1명의 마지막 주소지의 가정법원의 전속관할로 한다.

1. 입양의 무효
2. 입양 또는 친양자입양의 취소
3. 파양
4. 친양자의 파양
5. 파양의 무효나 취소

[전문개정 2010.3.31]

제31조(준용규정) 입양무효 및 파양무효의 소에 관하여는 제23조 및 제24조를 준용하고, 입양·친양자입양의 취소, 친양자의 파양 및 파양취소의 소에 관하여는 제24조를 준용한다. [전문개정 2010.3.31.]

제4장 삭 제

제32조 삭제 〈2005.3.31〉

제33조 삭제 〈2005.3.31〉

제3편 가사비송

제1장 통 칙

제34조(준용 법률) 가사비송 절차에 관하여는 이 법에 특별한 규정이 없으면 「비송사건절차법」 제1편을 준용한다. 다만, 「비송사건절차법」 제15조는 준용하지 아니한다. [전문개정 2010.3.31]

제35조(관할)

① 이 법과 대법원규칙으로 관할법원을 정하지 아니한 가사비송사건은 대법원이 있는 곳의 가정법원이 관할한다.

② 가사비송사건에 관하여는 제13조 제2항부터 제5항까지의 규정을 준용한다.

[전문개정 2010.3.31]

제36조(청구의 방식)

① 가사비송사건의 청구는 가정법원에 심판청구를 함으로써 한다.

② 심판의 청구는 서면 또는 구술로 할 수 있다.

③ 심판청구서에는 다음 각 호의 사항을 적고 청구인이나 대리인이 기명날인하거나 서명하여야 한다. 〈개정 2016.1.19〉

1. 당사자의 등록기준지, 주소, 성명, 생년월일, 대리인이 청구할 때에는 대리인의 주소와 성명
2. 청구 취지와 청구 원인
3. 청구 연월일
4. 가정법원의 표시

④ 구술로 심판청구를 할 때에는 가정법원의 법원사무관등의 앞에서 진술하여야 한다.

⑤ 제4항의 경우에 법원사무관등은 제3항 각 호의 사항을 적은 조서를 작성하고 기명날인하여야 한다.

[전문개정 2010.3.31]

제37조(이해관계인의 참가)

① 심판청구에 관하여 이해관계가 있는 자는 재판장의 허가를 받아 절차에 참가할 수 있다.

② 재판장은 상당하다고 인정하는 경우에는 심판청구에 관하여 이해관계가 있는 자를 절차에 참가하게 할 수 있다.

[전문개정 2010.3.31]

제37조의2(절차의 구조)

① 가정법원은 가사비송사건의 절차에 소요되는 비용을 지출할 자금능력이 없거나 그 비용을 지출하면 생활에 현저한 지장이 있는 사람에 대하여 그 사람의 신청에 따라 또는 직권으로 절차구조를 할 수 있다. 다만, 신청인이 부당한 목적으로 심판청구를 하는 것이 명백한 경우에는 그러하지 아니하다.

② 제1항의 절차구조에 관하여는「민사소송법」제128조 제2항부터 제4항까지, 제129조부터 제133조까지를 준용한다. 다만,「민사소송법」제132조 및 제133조 단서는 마류 가사비송사건에 한정하여 준용한다.

[본조신설 2013.4.5]

제38조(증거 조사) 가정법원은 필요하다고 인정할 경우에는 당사자 또는 법정대리인을 당사자 신문 방식으로 심문할 수 있고, 그 밖의 관계인을 증인 신문 방식으로 심문할 수 있다. [전문개정 2010.3.31]

제39조(재판의 방식)

① 가사비송사건에 대한 제1심 종국재판은 심판으로써 한다. 다만, 절차상의 이유로 종국재판을 하여야 하는 경우에는 그러하지 아니하다.

② 심판서에는 다음 각 호의 사항을 적고 심판한 법관이 기명날인하여야 한다. 심판한 법관이 기명날인하는 데 지장이 있는 경우에는 다른 법관이 그 사유를 적고 기명날인하여야 한다.

1. 당사자와 법정대리인
2. 주문(주문)
3. 이유
4. 법원

③ 라류 가사비송사건의 심판서에는 이유를 적지 아니할 수 있다.

④ 심판에 관하여는「민사소송법」중 결정에 관한 규정을 준용한다.

[전문개정 2010.3.31]

제40조(심판의 효력발생 시기) 심판의 효력은 심판을 받을 사람이 심판을 고지받음으로써 발생한다. 다만, 제43조에 따라 즉시항고를 할 수 있는 심판은 확정되어야 효력이 있다. [전문개정 2010.3.31]

제41조(심판의 집행력) 금전의 지급, 물건의 인도, 등기, 그 밖에 의무의 이행을 명하는 심판은 집행권원이 된다. [전문개정 2010.3.31]

제42조(가집행)

① 재산상의 청구 또는 유아의 인도에 관한 심판으로서 즉시항고의 대상이 되는 심판에는 담보를 제공하게 하지 아니하고 가집행할 수 있음을 명하여야 한다.

② 가정법원은 직권으로 또는 당사자의 신청에 의하여 이행의 목적인 재산에 상당한 금액을 담보로 제공하고 가집행을 면제받을 수 있음을 명할 수 있다.

③ 판결로 유아의 인도를 명하는 경우에도 제1항을 준용한다.
[전문개정 2010.3.31]

제43조(불복)
① 심판에 대하여는 대법원규칙으로 따로 정하는 경우에 한정하여 즉시항고만을 할 수 있다.
② 항고법원의 재판 절차에는 제1심의 재판 절차에 관한 규정을 준용한다.
③ 항고법원은 항고가 이유 있다고 인정하는 경우에는 원심판을 취소하고 스스로 적당한 결정을 하여야 한다. 다만, 항고법원이 스스로 결정하기에 적당하지 아니하다고 인정하는 경우에는 사건을 원심법원에 환송하여야 한다.
④ 항고법원의 결정에 대하여는 재판에 영향을 미친 헌법, 법률, 명령 또는 규칙 위반이 있음을 이유로 하는 경우에 한정하여 대법원에 재항고할 수 있다.
⑤ 즉시항고는 대법원규칙으로 정하는 날부터 14일 이내에 하여야 한다.
[전문개정 2010.3.31]

제2장 라류 가사비송사건

제44조(관할 등)
① 라류 가사비송사건은 다음 각 호의 가정법원이 관할한다. 〈개정 2013.4.5, 2017.10.31〉
1. 다음 각 목의 어느 하나에 해당하는 사건은 사건 본인의 주소지의 가정법원
가. 삭제 〈2013.4.5〉
나. 실종에 관한 사건
다. 성과 본의 창설에 관한 사건
라. 자녀의 종전 성과 본의 계속 사용에 관한 사건
마. 자녀의 성과 본의 변경에 관한 사건
1의 2. 미성년후견·성년후견·한정후견·특정후견 및 임의후견에 관한 사건은 각 피후견인(피후견인이 될 사람을 포함한다)의 주소지의 가정법원. 다만, 성년후견·한정후견 개시의 심판, 특정후견의 심판, 미성년후견인·임의후견감독인 선임 심판이 각각 확정된 이후의 후견에 관한 사건은 후견개시 등의 심판을 한 가정법원(항고법원이 후견개시 등의 심판을 한 경우에는 그 제1심 법원인 가정법원)
2. 부재자의 재산관리에 관한 사건은 부재자의 마지막 주소지 또는 부재자의 재산이 있는 곳의 가정법원
3. 부부 사이의 재산약정의 변경에 관한 사건, 공동의 자녀에 대한 친권 행사방법의 결정사건은 제22조 제1호부터 제3호까지의 가정법원
3의 2. 친생부인의 허가 및 인지의 허가에 관한 사건은 자녀의 주소지의 가정법원
4. 입양, 친양자입양 또는 파양에 관한 사건은 양자·친양자의 주소지 또는 양자·친양자가 될 사람의 주소지의 가정법원
5. 친권에 관한 사건(부부 사이의 공동의 자녀에 대한 친권 행사방법의 결정사건은 제외한다)은 미성년자인 자녀의 주소지의 가정법원
6. 상속에 관한 사건은 상속 개시지의 가정법원
7. 유언에 관한 사건은 상속 개시지의 가정법원. 다만, 「민법」 제1070조 제2항에 따른 유언의 검인 사건은 상속 개시지 또는 유언자 주소지의 가정법원
8. 제1호부터 제7호까지에 해당되지 아니하는 사건은 대법원규칙으로 정하는 가정법원

② 가정법원은 피후견인의 이익을 위하여 필요한 경우에는 직권 또는 후견인, 후견감독인, 피후견인, 피후견인의 배우자·4촌 이내의 친족, 검사, 지방자치단체의 장의 신청에 따른 결정으로 제1항 제1호의2 단서의 관할 가정법원을 피후견인의 주소지의 가정법원으로 변경할 수 있다. 〈신설 2017.10.31〉

③ 변경신청을 기각하는 결정에 대하여는 신청인이, 변경결정에 대하여는 후견인, 후견감독인, 피후견인이 즉시항고를 할 수 있다. 변경결정의 즉시항고의 경우에는 집행정지의 효력이 있다. 〈신설 2017.10.31〉

[전문개정 2010.3.31][제목개정 2017.10.31]

제45조(심리 방법) 라류 가사비송사건의 심판은 이 법과 다른 법률 또는 대법원규칙에 특별한 규정이 있는 경우를 제외하고는 사건관계인을 심문하지 아니하고 할 수 있다. 〈개정 2013.4.5.〉 [전문개정 2010.3.31]

제45조의2(정신상태의 감정 등)

① 가정법원은 성년후견 개시 또는 한정후견 개시의 심판을 할 경우에는 피성년후견인이 될 사람이나 피한정후견인이 될 사람의 정신상태에 관하여 의사에게 감정을 시켜야 한다. 다만, 피성년후견인이 될 사람이나 피한정후견인이 될 사람의 정신상태를 판단할 만한 다른 충분한 자료가 있는 경우에는 그러하지 아니하다.

② 가정법원은 특정후견의 심판을 할 경우에는 의사나 그 밖에 전문지식이 있는 사람의 의견을 들어야 한다. 이 경우 의견을 말로 진술하게 하거나 진단서 또는 이에 준하는 서면으로 제출하게 할 수 있다.

[본조신설 2013.4.5]

제45조의3(성년후견·한정후견·특정후견 관련 심판에서의 진술 청취)

① 가정법원은 다음 각 호의 어느 하나에 해당하는 심판을 하는 경우에는 해당 호에서 정한 사람의 진술을 들어야 한다. 다만, 피성년후견인(피성년후견인이 될 사람을 포함한다)이나 피임의후견인(피임의후견인이 될 사람을 포함한다)이 의식불명, 그 밖의 사유로 자신의 의사를 표명할 수 없는 경우에는 그러하지 아니하다.

1. 성년후견 개시의 심판, 한정후견 개시의 심판 및 특정후견의 심판을 하는 경우에는 피성년후견인이 될 사람, 피한정후견인이 될 사람 또는 피특정후견인이 될 사람. 다만, 후견계약이 등기되어 있는 경우에는 피임의후견인과 임의후견인
2. 성년후견·한정후견·특정후견 종료의 심판을 하는 경우에는 피성년후견인과 성년후견인, 피한정후견인과 한정후견인 또는 피특정후견인과 특정후견인
3. 성년후견인·한정후견인·특정후견인의 선임 심판을 하는 경우에는 피성년후견인(피성년후견인이 될 사람을 포함한다)과 성년후견인이 될 사람, 피한정후견인(피한정후견인이 될 사람을 포함한다)과 한정후견인이 될 사람, 피특정후견인(피특정후견인이 될 사람을 포함한다)과 특정후견인이 될 사람
4. 성년후견감독인·한정후견감독인·특정후견감독인의 선임 심판을 하는 경우에는 피성년후견인(피성년후견인이 될 사람을 포함한다)과 성년후견감독인이 될 사람, 피한정후견인(피한정후견인이 될 사람을 포함한다)과 한정후견감독인이 될 사람, 피특정후견인(피특정후견인이 될 사람을 포함한다)과 특정후견감독인이 될 사람
5. 성년후견인·한정후견인·특정후견인의 변경 심판을 하는 경우에는 피성년후견인과 그 변경이 청구된 성년후견인 및 성년후견인이 될 사람, 피한정후견인과 그 변경이 청구된 한정후견인 및 한정후견인이 될 사람, 피특정후견인과 그 변경이 청구된 특정후견인 및 특정후견인이 될 사람
6. 성년후견감독인·한정후견감독인·특정후견감독인의 변경 심판을 하는 경우에는 피성년후견인과 그 변경이 청구된 성년후견감독인 및 성년후견감독인이 될 사람, 피한정후견인과 그 변경이 청구된 한정후

견감독인 및 한정후견감독인이 될 사람, 피특정후견인과 그 변경이 청구된 특정후견감독인 및 특정후견감독인이 될 사람

7. 취소할 수 없는 피성년후견인의 법률행위의 범위 결정과 그 변경 또는 성년후견인·한정후견인의 대리권의 범위 결정과 그 변경 심판을 하는 경우에는 피성년후견인(피성년후견인이 될 사람을 포함한다) 또는 피한정후견인(피한정후견인이 될 사람을 포함한다)
8. 성년후견인·한정후견인이 피성년후견인·피한정후견인의 신상에 관하여 결정할 수 있는 권한의 범위 결정과 그 변경 또는 피성년후견인·피한정후견인의 격리에 대한 허가 심판을 하는 경우에는 피성년후견인(피성년후견인이 될 사람을 포함한다) 또는 피한정후견인(피한정후견인이 될 사람을 포함한다)
9. 피미성년후견인·피성년후견인·피한정후견인에 대한 의료행위의 동의에 대한 허가 심판을 하는 경우에는 피미성년후견인(피미성년후견인이 될 사람을 포함한다), 피성년후견인(피성년후견인이 될 사람을 포함한다) 또는 피한정후견인(피한정후견인이 될 사람을 포함한다)
10. 피한정후견인이 한정후견인의 동의를 받아야 하는 행위의 범위 결정과 그 변경 심판을 하는 경우에는 피한정후견인(피한정후견인이 될 사람을 포함한다)
11. 한정후견인의 동의를 갈음하는 허가 심판을 하는 경우에는 피한정후견인과 한정후견인
12. 피미성년후견인, 피성년후견인 또는 피한정후견인이 거주하는 건물이나 그 대지에 대한 매도 등에 대한 허가 심판을 하는 경우에는 피미성년후견인, 피성년후견인 또는 피한정후견인
13. 특정후견인에게 대리권을 수여하는 심판을 하는 경우에는 피특정후견인(피특정후견인이 될 사람을 포함한다)

② 가정법원이 제1항 제1호 또는 제2호에 따라 진술을 듣는 경우에는 피성년후견인(피성년후견인이 될 사람을 포함한다), 피한정후견인(피한정후견인이 될 사람을 포함한다) 또는 피특정후견인(피특정후견인이 될 사람을 포함한다)을 심문하여야 한다. 다만, 그 사람이 자신의 의사를 밝힐 수 없거나 출석을 거부하는 등 심문할 수 없는 특별한 사정이 있는 때에는 그러하지 아니하다.

③ 제2항의 심문을 위하여 검증이 필요한 경우에는 「민사소송법」 제365조 및 제366조 제1항·제3항을 준용한다.

[본조신설 2013.4.5]

제45조의4(후견사무의 감독)

① 가정법원은 전문성과 공정성을 갖추었다고 인정할 수 있는 사람에게 성년후견사무·한정후견사무·특정후견사무의 실태 또는 피성년후견인·피한정후견인·피특정후견인의 재산상황을 조사하게 하거나 임시로 재산관리를 하게 할 수 있다. 이 경우 가정법원은 법원사무관등이나 가사조사관에게 사무의 실태나 재산상황을 조사하게 하거나 임시로 재산관리를 하게 할 수 있다.

② 가정법원은 제1항에 따라 사무의 실태나 재산상황을 조사하거나 임시로 재산관리를 하는 사람에게 피성년후견인·피한정후견인·피특정후견인의 재산 중에서 상당한 보수를 지급할 수 있다. 다만, 법원사무관등이나 가사조사관과 같은 법원 소속 공무원에 대하여는 별도의 보수를 지급하지 아니한다.

③ 제1항에 따라 임시로 재산관리를 하는 사람에 대하여는 「민법」 제681조, 제684조, 제685조 및 제688조를 준용한다.

[본조신설 2013.4.5]

제45조의5(진단결과 등의 청취) 가정법원은 임의후견감독인을 선임할 경우에는 피임의후견인이 될 사람의 정신상태에 관하여 의사나 그 밖에 전문지식이 있는 사람의 의견을 들어야 한다. 이 경우 의견을 말로 진술하게 하거나 진단서 또는 이에 준하는 서면으로 제출하게 할 수 있다. [본조신설 2013.4.5]

제45조의6(임의후견 관련 심판에서의 진술 청취)

① 가정법원은 다음 각 호의 어느 하나에 해당하는 심판을 하는 경우에는 해당 호에서 정한 사람의 진술을 들어야 한다. 다만, 피임의후견인(피임의후견인이 될 사람을 포함한다)이 의식불명, 그 밖의 사유로 그 의사를 표명할 수 없는 경우에는 그러하지 아니하다.

1. 임의후견감독인의 선임 심판을 하는 경우에는 피임의후견인이 될 사람, 임의후견감독인이 될 사람 및 임의후견인이 될 사람
2. 임의후견감독인의 변경 심판을 하는 경우에는 피임의후견인, 임의후견인, 그 변경이 청구된 임의후견감독인 및 임의후견감독인이 될 사람
3. 임의후견인의 해임 심판을 하는 경우에는 피임의후견인 및 그 해임이 청구된 임의후견인
4. 후견계약의 종료에 관한 허가 심판을 하는 경우에는 피임의후견인 및 임의후견인

② 가정법원은 제1항 제1호 또는 제4호의 심판을 하는 경우에는 피임의후견인(피임의후견인이 될 사람을 포함한다)을 심문하여야 한다. 다만, 그 사람이 자신의 의사를 밝힐 수 없거나 출석을 거부하는 등 심문할 수 없는 특별한 사정이 있는 때에는 그러하지 아니하다.

③ 제2항의 심문을 위하여 검증이 필요한 경우에는 「민사소송법」 제365조 및 제366조 제1항·제3항을 준용한다.

[본조신설 2013.4.5]

제45조의7(임의후견감독사무의 실태 조사) 가정법원은 법원사무관등이나 가사조사관에게 임의후견감독사무의 실태를 조사하게 할 수 있다.

[본조신설 2013.4.5]

제45조의8(친생부인의 허가 및 인지의 허가 관련 심판에서의 진술 청취)

① 가정법원은 다음 각 호의 어느 하나에 해당하는 심판을 하는 경우에는 어머니의 전 배우자와 그 성년후견인(성년후견인이 있는 경우에 한정한다)에게 의견을 진술할 기회를 줄 수 있다.

1. 「민법」 제854조의2에 따른 친생부인의 허가 심판
2. 「민법」 제855조의2제1항 및 제2항에 따른 인지의 허가 심판

② 제1항의 진술을 들을 때에는 심문하는 방법 외에도 가사조사관을 통한 조사나 서면조회 등의 방법으로 진술을 들을 수 있다.

[본조신설 2017.10.31][종전 제45조의8은 제45조의9로 이동 〈2017.10.31.〉]

제45조의9(입양허가의 절차)

① 가정법원은 입양의 허가 심판을 하는 경우에 다음 각 호의 사람의 의견을 들어야 한다. 다만, 그 사람이 의식불명, 그 밖의 사유로 자신의 의사를 표명할 수 없는 경우에는 그러하지 아니하다.

1. 양자가 될 사람(양자가 될 사람이 13세 이상인 경우만 해당한다)
2. 양자가 될 사람의 법정대리인 및 후견인
3. 양자가 될 사람의 부모(「민법」 제870조에 따라 부모의 동의가 필요한 경우를 말한다)
4. 양자가 될 사람의 부모의 후견인
5. 양부모가 될 사람
6. 양부모가 될 사람의 성년후견인

② 가정법원은 양자가 될 사람의 복리를 위하여 필요하다고 인정하는 경우 다음 각 호의 구분에 따라 해당 자료를 제공할 것을 요청할 수 있다. 이 경우 자료 제공을 요청받은 기관은 정당한 사유가 없으면

이에 따라야 한다.

1. 양부모가 될 사람의 주소지 및 가족관계 등을 확인하기 위한 범위: 시장·군수·구청장에 대하여 주민등록표 등본·초본
2. 양부모가 될 사람의 소득을 확인하기 위한 범위: 국세청장에 대하여 근로소득자료 및 사업소득자료
3. 양부모가 될 사람의 범죄경력을 확인하기 위한 범위: 경찰청장에 대하여 범죄경력자료
4. 양부모가 될 사람이 양육능력과 관련된 질병이나 심신장애를 가지고 있는지 확인하기 위하여 특히 필요하다고 인정되는 범위: 「의료법」에 따른 의료기관의 장 또는 「국민건강기본법」에 따른 국민건강보험공단의 장에 대하여 진료기록자료

[본조신설 2013.7.30][제45조의8에서 이동 〈2017.10.31〉]

제3장 마류 가사비송사건

제46조(관할) 마류 가사비송사건은 상대방의 보통재판적이 있는 곳의 가정법원이 관할한다. 〈개정 2014.10.15〉 [전문개정 2010.3.31.]

제47조(공동소송에 관한 규정의 준용) 마류 가사비송사건의 청구인 또는 상대방이 여러 명일 때에는 「민사소송법」중 공동소송에 관한 규정을 준용한다.
[전문개정 2010.3.31]

제48조(심리 방법) 마류 가사비송사건의 심판은 특별한 사정이 없으면 사건관계인을 심문하여 하여야 한다.
[전문개정 2010.3.31]

제48조의2(재산 명시)
① 가정법원은 재산분할, 부양료 및 미성년자인 자녀의 양육비 청구사건을 위하여 특히 필요하다고 인정하는 경우에는 직권으로 또는 당사자의 신청에 의하여 당사자에게 재산상태를 구체적으로 밝힌 재산목록을 제출하도록 명할 수 있다.
② 제1항의 재산 명시 절차, 방법 등에 대하여 필요한 사항은 대법원규칙으로 정한다.
[전문개정 2010.3.31]

제48조의3(재산조회)
① 가정법원은 제48조의2의 재산 명시 절차에 따라 제출된 재산목록만으로는 재산분할, 부양료 및 미성년자인 자녀의 양육비 청구사건의 해결이 곤란하다고 인정할 경우에 직권으로 또는 당사자의 신청에 의하여 당사자 명의의 재산에 관하여 조회할 수 있다.
② 제1항의 재산조회에 관하여는 그 성질에 반하지 아니하는 범위에서 「민사집행법」 제74조를 준용한다.
③ 재산조회를 할 공공기관, 금융기관, 단체 등의 범위 및 조회절차, 당사자가 내야 할 비용, 조회결과의 관리에 관한 사항, 과태료의 부과절차 등은 대법원규칙으로 정한다.
④ 누구든지 재산조회의 결과를 심판 외의 목적으로 사용하여서는 아니 된다.
[전문개정 2010.3.31]

제4편 가사조정

제49조(준용법률) 가사조정에 관하여는 이 법에 특별한 규정이 있는 경우를 제외하고는 「민사조정법」을

준용한다. 다만, 「민사조정행법」 제18조 및 제23조는 준용하지 아니한다. [전문개정 2010.3.31]

第50조(조정 전치주의)

① 나류 및 다류 가사소송사건과 마류 가사비송사건에 대하여 가정법원에 소를 제기하거나 심판을 청구하려는 사람은 먼저 조정을 신청하여야 한다.

② 제1항의 사건에 관하여 조정을 신청하지 아니하고 소를 제기하거나 심판을 청구한 경우에는 가정법원은 그 사건을 조정에 회부하여야 한다. 다만, 공시송달의 방법이 아니면 당사자의 어느 한쪽 또는 양쪽을 소환할 수 없거나 그 사건을 조정에 회부하더라도 조정이 성립될 수 없다고 인정하는 경우에는 그러하지 아니하다.

[전문개정 2010.3.31]

第51조(관할)

① 가사조정사건은 그에 상응하는 가사소송사건이나 가사비송사건을 관할하는 가정법원 또는 당사자가 합의로 정한 가정법원이 관할한다.

② 가사조정사건에 관하여는 제13조 제3항부터 제5항까지의 규정을 준용한다.

[전문개정 2010.3.31]

第52조(조정기관)

① 가사조정사건은 조정장 1명과 2명 이상의 조정위원으로 구성된 조정위원회가 처리한다.

② 조정담당판사는 상당한 이유가 있는 경우에는 당사자가 반대의 의사를 명백하게 표시하지 아니하면 단독으로 조정할 수 있다.

[전문개정 2010.3.31]

第53조(조정장 등 및 조정위원의 지정)

① 조정장이나 조정담당판사는 가정법원장 또는 가정법원지원장이 그 관할법원의 판사 중에서 지정한다.

② 조정위원회를 구성하는 조정위원은 학식과 덕망이 있는 사람으로서 매년 미리 가정법원장이나 가정법원지원장이 위촉한 사람 또는 당사자가 합의하여 선정한 사람 중에서 각 사건마다 조정장이 지정한다.

[전문개정 2010.3.31]

第54조(조정위원) 조정위원은 조정위원회에서 하는 조정에 관여할 뿐 아니라 가정법원, 조정위원회 또는 조정담당판사의 촉탁에 따라 다른 조정사건에 관하여 전문적 지식에 따른 의견을 진술하거나 분쟁의 해결을 위하여 사건 관계인의 의견을 듣는다. [전문개정 2010.3.31]

第55조(조정의 신청) 조정의 신청에 관하여는 제36조 제2항부터 제5항까지의 규정을 준용한다. [전문개정 2010.3.31.]

第56조(사실의 사전 조사) 조정장이나 조정담당판사는 특별한 사정이 없으면 조정을 하기 전에 기한을 정하여 가사조사관에게 사건에 관한 사실을 조사하게 하여야 한다. [전문개정 2010.3.31.]

第57조(관련 사건의 병합신청)

① 조정의 목적인 청구와 제14조에 규정된 관련 관계에 있는 나류, 다류 및 마류 가사사건의 청구는 병합하여 조정신청할 수 있다.

② 당사자 간의 분쟁을 일시에 해결하기 위하여 필요하면 당사자는 조정위원회 또는 조정담당판사의 허가를 받아 조정의 목적인 청구와 관련 있는 민사사건의 청구를 병합하여 조정신청할 수 있다.

[전문개정 2010.3.31]

第58조(조정의 원칙)

① 조정위원회는 조정을 할 때 당사자의 이익뿐 아니라 조정으로 인하여 영향받게 되는 모든 이해관계인의 이익을 고려하고 분쟁을 평화적·종국적으로 해결할 수 있는 방안을 마련하여 당사자를 설득하여야 한다.

② 자녀의 친권을 행사할 사람의 지정과 변경, 양육 방법의 결정 등 미성년자인 자녀의 이해에 직접적인 관련이 있는 사항을 조정할 때에는 미성년자인 자녀의 복지를 우선적으로 고려하여야 한다.

[전문개정 2010.3.31]

第59조(조정의 성립)

① 조정은 당사자 사이에 합의된 사항을 조서에 적음으로써 성립한다.

② 조정이나 확정된 조정을 갈음하는 결정은 재판상 화해와 동일한 효력이 있다. 다만, 당사자가 임의로 처분할 수 없는 사항에 대하여는 그러하지 아니하다.

[전문개정 2010.3.31]

第60조(이의신청 등에 의한 소송으로의 이행) 제57조 제2항에 따라 조정신청된 민사사건의 청구에 관하여는 「민사조정법」 제36조를 준용한다. 이 경우 가정법원은 결정으로 그 민사사건을 관할법원에 이송하여야 한다.

[전문개정 2010.3.31]

第61조(조정장 등의 의견 첨부) 조정의 목적인 가사사건의 청구에 관하여 「민사조정법」 제36조에 따라 소가 제기된 것으로 의제되거나, 제50조 제2항에 따라 조정에 회부된 사건을 다시 가정법원에 회부할 때에는 조정장이나 조정담당판사는 의견을 첨부하여 기록을 관할가정법원에 보내야 한다.

[전문개정 2010.3.31]

제5편 이행의 확보

第62조(사전처분)

① 가사사건의 소의 제기, 심판청구 또는 조정의 신청이 있는 경우에 가정법원, 조정위원회 또는 조정담당판사는 사건을 해결하기 위하여 특히 필요하다고 인정하면 직권으로 또는 당사자의 신청에 의하여 상대방이나 그 밖의 관계인에게 현상을 변경하거나 물건을 처분하는 행위의 금지를 명할 수 있고, 사건에 관련된 재산의 보존을 위한 처분, 관계인의 감호와 양육을 위한 처분 등 적당하다고 인정되는 처분을 할 수 있다.

② 제1항의 처분을 할 때에는 제67조 제1항에 따른 제재를 고지하여야 한다.

③ 급박한 경우에는 재판장이나 조정장은 단독으로 제1항의 처분을 할 수 있다.

④ 제1항과 제3항의 처분에 대하여는 즉시항고를 할 수 있다.

⑤ 제1항의 처분은 집행력을 갖지 아니한다.

[전문개정 2010.3.31]

第63조(가압류, 가처분)

① 가정법원은 제62조에도 불구하고 가사소송사건 또는 마류 가사비송사건을 본안(본안) 사건으로 하여 가압류 또는 가처분을 할 수 있다. 이 경우 「민사집행법」 제276조부터 제312조까지의 규정을 준용한다.

② 제1항의 재판은 담보를 제공하게 하지 아니하고 할 수 있다.

③ 「민사집행법」 제287조를 준용하는 경우 이 법에 따른 조정신청이 있으면 본안의 제소가 있는 것으로

본다.
[전문개정 2010.3.31]

제63조의2(양육비 직접지급명령)
① 가정법원은 양육비를 정기적으로 지급할 의무가 있는 사람(이하 "양육비채무자"라 한다)이 정당한 사유 없이 2회 이상 양육비를 지급하지 아니한 경우에 정기금 양육비 채권에 관한 집행권원을 가진 채권자(이하 "양육비채권자"라 한다)의 신청에 따라 양육비채무자에 대하여 정기적 급여채무를 부담하는 소득세원천징수의무자(이하 "소득세원천징수의무자"라 한다)에게 양육비채무자의 급여에서 정기적으로 양육비를 공제하여 양육비채권자에게 직접 지급하도록 명할 수 있다.
② 제1항에 따른 지급명령(이하 "양육비 직접지급명령"이라 한다)은 「민사집행법」에 따라 압류명령과 전부명령을 동시에 명한 것과 같은 효력이 있고, 위 지급명령에 관하여는 압류명령과 전부명령에 관한 「민사집행법」을 준용한다. 다만, 「민사집행법」 제40조 제1항과 관계없이 해당 양육비 채권 중 기한이 되지 아니한 것에 대하여도 양육비 직접지급명령을 할 수 있다.
③ 가정법원은 양육비 직접지급명령의 목적을 달성하지 못할 우려가 있다고 인정할 만한 사정이 있는 경우에는 양육비채권자의 신청에 의하여 양육비 직접지급명령을 취소할 수 있다. 이 경우 양육비 직접지급명령은 장래에 향하여 그 효력을 잃는다.
④ 가정법원은 제1항과 제3항의 명령을 양육비채무자와 소득세원천징수의무자에게 송달하여야 한다.
⑤ 제1항과 제3항의 신청에 관한 재판에 대하여는 즉시항고를 할 수 있다.
⑥ 소득세원천징수의무자는 양육비채무자의 직장 변경 등 주된 소득원의 변경사유가 발생한 경우에는 그 사유가 발생한 날부터 1주일 이내에 가정법원에 변경사실을 통지하여야 한다.
[전문개정 2010.3.31]

제63조의3(담보제공명령 등)
① 가정법원은 양육비를 정기금으로 지급하게 하는 경우에 그 이행을 확보하기 위하여 양육비채무자에게 상당한 담보의 제공을 명할 수 있다.
② 가정법원은 양육비채무자가 정당한 사유 없이 그 이행을 하지 아니하는 경우에는 양육비채권자의 신청에 의하여 양육비채무자에게 상당한 담보의 제공을 명할 수 있다.
③ 제2항의 결정에 대하여는 즉시항고를 할 수 있다.
④ 제1항이나 제2항에 따라 양육비채무자가 담보를 제공하여야 할 기간 이내에 담보를 제공하지 아니하는 경우에는 가정법원은 양육비채권자의 신청에 의하여 양육비의 전부 또는 일부를 일시금으로 지급하도록 명할 수 있다.
⑤ 제2항과 제4항의 명령에 관하여는 제64조 제2항을 준용한다.
⑥ 제1항과 제2항의 담보에 관하여는 그 성질에 반하지 아니하는 범위에서 「민사소송법」 제120조 제1항, 제122조, 제123조, 제125조 및 제126조를 준용한다.
[전문개정 2010.3.31]

제64조(이행 명령)
① 가정법원은 판결, 심판, 조정조서, 조정을 갈음하는 결정 또는 양육비부담조서에 의하여 다음 각 호의 어느 하나에 해당하는 의무를 이행하여야 할 사람이 정당한 이유 없이 그 의무를 이행하지 아니하는 경우에는 당사자의 신청에 의하여 일정한 기간 내에 그 의무를 이행할 것을 명할 수 있다.
1. 금전의 지급 등 재산상의 의무

2. 유아의 인도 의무
3. 자녀와의 면접교섭 허용 의무

② 제1항의 명령을 할 때에는 특별한 사정이 없으면 미리 당사자를 심문하고 그 의무를 이행하도록 권고하여야 하며, 제67조 제1항 및 제68조에 규정된 제재를 고지하여야 한다.

[전문개정 2010.3.31]

제65조(금전의 임치)

① 판결, 심판, 조정조서 또는 조정을 갈음하는 결정에 의하여 금전을 지급할 의무가 있는 자는 권리자를 위하여 가정법원에 그 금전을 임치할 것을 신청할 수 있다.

② 가정법원은 제1항의 임치신청이 의무를 이행하기에 적합하다고 인정하는 경우에는 허가하여야 한다. 이 경우 그 허가에 대하여는 불복하지 못한다.

③ 제2항의 허가가 있는 경우 그 금전을 임치하면 임치된 금액의 범위에서 의무자의 의무가 이행된 것으로 본다.

[전문개정 2010.3.31]

제6편 벌 칙

제66조(불출석에 대한 제재) 가정법원, 조정위원회 또는 조정담당판사의 소환을 받은 사람이 정당한 이유 없이 출석하지 아니하면 가정법원, 조정위원회 또는 조정담당판사는 결정으로 50만원 이하의 과태료를 부과할 수 있고 구인할 수 있다. [전문개정 2010.3.31]

제67조(의무 불이행에 대한 제재)

① 당사자 또는 관계인이 정당한 이유 없이 제29조, 제63조의2제1항, 제63조의3제1항·제2항 또는 제64조의 명령이나 제62조의 처분을 위반한 경우에는 가정법원, 조정위원회 또는 조정담당판사는 직권으로 또는 권리자의 신청에 의하여 결정으로 1천만원 이하의 과태료를 부과할 수 있다.

② 제29조에 따른 수검 명령을 받은 사람이 제1항에 따른 제재를 받고도 정당한 이유 없이 다시 수검 명령을 위반한 경우에는 가정법원은 결정으로 30일의 범위에서 그 의무를 이행할 때까지 위반자에 대한 감치(감치)를 명할 수 있다.

③ 제2항의 결정에 대하여는 즉시항고를 할 수 있다.

[전문개정 2010.3.31]

제67조의2(제출명령 위반에 대한 제재) 가정법원은 제3자가 정당한 사유 없이 제45조의3제3항 또는 제45조의6제3항에 따라 준용되는 「민사소송법」 제366조 제1항의 제출명령에 따르지 아니한 경우에는 결정으로 200만원 이하의 과태료를 부과한다. 이 결정에 대하여는 즉시항고를 할 수 있다. 〈개정 2013.7.30〉
[본조신설 2013.4.5][종전 제67조의2는 제67조의3으로 이동 〈2013.4.5〉]

제67조의3(재산목록 제출 거부 등에 대한 제재) 제48조의2제1항에 따른 명령을 받은 사람이 정당한 사유 없이 재산목록의 제출을 거부하거나 거짓 재산목록을 제출하면 1천만원 이하의 과태료를 부과한다.
[전문개정 2010.3.31][제67조의2에서 이동, 종전 제67조의3은 제67조의4로 이동 〈2013. 4.5〉]

제67조의4(거짓 자료 제출 등에 대한 제재) 제48조의3제2항에 따라 준용되는 「민사집행법」 제74조 제1항 및 제3항의 조회를 받은 기관·단체의 장이 정당한 사유 없이 거짓 자료를 제출하거나 자료를 제출할 것을 거부하면 1천만원 이하의 과태료를 부과한다.

[전문개정 2010.3.31.] [제67조의3에서 이동 〈2013.4.5〉]

第68조(특별한 의무 불이행에 대한 제재)

① 제63조의3 제4항 또는 제64조의 명령을 받은 사람이 다음 각 호의 어느 하나에 해당하면 가정법원은 권리자의 신청에 의하여 결정으로 30일의 범위에서 그 의무를 이행할 때까지 의무자에 대한 감치를 명할 수 있다.

1. 금전의 정기적 지급을 명령받은 사람이 정당한 이유 없이 3기 이상 그 의무를 이행하지 아니한 경우
2. 유아의 인도를 명령받은 사람이 제67조 제1항에 따른 제재를 받고도 30일 이내에 정당한 이유 없이 그 의무를 이행하지 아니한 경우
3. 양육비의 일시금 지급명령을 받은 사람이 30일 이내에 정당한 사유 없이 그 의무를 이행하지 아니한 경우

② 제1항의 결정에 대하여는 즉시항고를 할 수 있다.

[전문개정 2010.3.31]

第69조(과태료 사건의 절차) 「비송사건절차법」 제248조 및 제250조 중 검사에 관한 규정은 제66조, 제67조 제1항 및 제67조의2부터 제67조의4까지의 규정에 따른 과태료 재판에 적용하지 아니한다. 〈개정 2013.4.5.〉

[전문개정 2010.3.31]

第70조(감치를 명하는 재판 절차) 제67조 제2항 및 제68조에 규정된 감치를 명하는 재판 절차와 그 밖에 필요한 사항은 대법원규칙으로 정한다.

[전문개정 2010.3.31]

第71조(비밀누설죄)

① 조정위원이거나 조정위원이었던 사람이 정당한 이유 없이 합의의 과정이나 조정장·조정위원의 의견 및 그 의견별 조정위원의 숫자를 누설하면 30만원 이하의 벌금에 처한다.

② 조정위원이거나 조정위원이었던 사람이 정당한 이유 없이 그 직무수행 중에 알게 된 다른 자의 비밀을 누설하면 2년 이하의 징역 또는 100만원 이하의 벌금에 처한다.

③ 제2항의 죄에 대하여 공소를 제기하려면 고소가 있어야 한다.

[전문개정 2010.3.31]

第72조(보도 금지 위반죄) 제10조에 따른 보도 금지 규정을 위반한 사람은 2년 이하의 금고 또는 100만원 이하의 벌금에 처한다. [전문개정 2010.3.31.]

第73조(재산조회 결과 등의 목적 외 사용죄) 제48조의2에 따른 재산목록, 제48조의3에 따른 재산조회 결과를 심판 외의 목적으로 사용한 사람은 2년 이하의 징역 또는 500만원 이하의 벌금에 처한다. [전문개정 2010.3.31.]

부　칙 〈제12773호, 2014.10.15〉

이 법은 공포 후 1년이 경과한 날부터 시행한다.4

부　칙 〈제13760호, 2016.1.19〉

제1조(시행일) 이 법은 공포한 날부터 시행한다.

제2조(가사비송 심판청구서 작성에 관한 적용례) 제36조 제3항의 개정규정은 이 법 시행 후 최초로 심판청구

서를 작성하는 경우부터 적용한다.

부 칙(민법) 〈제14278호, 2016.12.2〉

제1조(시행일) 이 법은 공포 후 6개월이 경과한 날부터 시행한다.

제2조(다른 법률의 개정) 가사소송법 일부를 다음과 같이 개정한다.
제2조 제1항 제2호 나목3) 중 "제한 또는 배제"를 "처분 또는 제한·배제·변경"으로 한다.

부 칙 〈제14961호, 2017.10.31〉

제1조(시행일) 이 법은 공포 후 3개월이 경과한 날부터 시행한다. 다만, 제44조 제1항 제1호의2 단서 및 같은 조 제2항·제3항의 개정규정은 공포 후 6개월이 경과한 날부터 시행한다.

제2조(후견개시 등의 심판 확정 이후의 후견에 관한 사건의 관할에 관한 적용례) 제44조 제1항 제1호의2의 개정규정은 같은 개정규정 시행 당시 가정법원에 계속 중인 사건에 대하여도 적용한다. 다만, 종전의 규정에 따라 발생한 효력에는 영향을 미치지 아니한다.

가사소송규칙

제정 1990. 12. 31. 대법원규칙 제1139호
개정 2018. 4. 27. 대법원규칙 제2785호

제1편 총 칙
제1장 통 칙 ………… (제1조~제7조)
제2장 가사조사관 ………… (제8조~제13조)

제2편 가사소송 ………… (제14조~제19조)

제3편 가사비송
제1장 총 칙 ………… (제20조~제30조)
제2장 라류 가사비송사건
제1절 총 칙 ………… (제31조)
제2절 성년후견, 한정후견, 특정후견 및 임의후견 ………… (제32조~제38조의6)
제3절 부재자의 재산관리 ………… (제39조~제52조)
제4절 실 종 ………… (제53조~제59조)
제5절 성과 본에 관한 사건 ………… (제59조의2)
제6절 부부재산약정의 변경에 관한 사건 ………… (제60조~제61조)
제7절 친생부인허가와 인지허가에 관한 사건 ………… (제61조2)
제8절 입양 · 친양자입양 또는 파양에 관한 사건 ………… (제62조~제69조의2)
제9절 친족회에 관한 사건 ………… (제70조~제74조)(삭제)
제10절 상속에 관한 사건 ………… (제75조~제83조)
제11절 유언에 관한 사건 ………… (제84조~제90조)
제3장 마류 가사비송사건
제1절 총 칙 ………… (제91조~제95조의8)
제2절 부부관계에 관한 사건 ………… (제96조~제98조)
제3절 친권자의 지정과 자의 양육에 관한 사건 ………… (제99조~제100조)
제4절 친권의 상실 등에 관한 사건 ………… (제101조~제103조)
제5절 친족회의 결의에 대한 이의사건 ………… (제104조~제105조)(삭제)
제6절 부양에 관한 사건 ………… (제106조~제109조)
제7절 상속에 관한 사건 ………… (제110조~제116조)

제4편 가사조정 ······ (제117조~제120조)

제5편 이행의 확보

제1장 양육비 직접지급명령 ······ (제120조의2~제120조의6)

제2장 담보제공명령 · 일시금지급명령 ······ (제120조의7~제120조의10)

제3장 이행명령 ······ (제121조~제123조)

제4장 금전임치 ······ (제124조~제129조)

제6편 감치의 재판 ······ (제130조~제138조)

부 칙

제1편 총 칙

제1장 통 칙

제1조(규칙의 취지) 가사사건의 재판과 조정의 절차에 관하여는 「가사소송법」(이하 "법"이라 한다)의 규정에 의하는 외에 이 규칙이 정하는 바에 의한다. 〈개정 2006.3.23〉

제2조(가정법원의 관장사항)

① 가정법원은 법 제2조 제1항 각 호의 사항 외에, 다음 각 호의 사항에 대하여도 이를 심리·재판한다. 〈개정 2015.7.28〉

1. 미성년후견인의 순위확인
2. 「민법」 제1014조의 규정에 의한 피인지자등의 상속분에 상당한 가액의 지급청구
3. 양친자관계존부확인
4. 「민법」 제924조 제3항에 따른 친권의 일시 정지 기간 연장 청구
5. 삭제 〈2015.7.28〉
6. 삭제 〈2015.7.28〉
7. 삭제 〈2015.7.28〉
8. 삭제 〈2015.7.28〉
9. 삭제 〈2015.7.28〉
10. 삭제 〈2015.7.28〉
11. 삭제 〈2015.7.28〉
12. 삭제 〈2015.7.28〉
13. 삭제 〈2015.7.28〉

② 제1항 제1호·제3호의 사건은 법 및 이 규칙이 정한 가류 가사소송사건의 절차에 의하여, 제2호의 사건은 다류 가사소송사건의 절차에 의하여, 제4호의 사건은 마류 가사비송사건의 절차에 의하여 심리·재판한다. 〈개정 2015.7.28〉

제3조(사실조사의 촉탁등) 재판장, 조정장, 조정담당판사 또는 가사조사관은 필요한 때에는 공무소, 은행, 회사, 학교, 관계인의 고용주 기타의 자에 대하여 관계인의 예금, 재산, 수입, 교육관계 기타의 사항에 관한 사실조사를 촉탁하고 필요한 사항의 보고를 요구할 수 있다.

제3조의2(다른 가정법원에 대한 사실조사 등의 촉탁 등)

① 재판장, 조정장, 조정담당판사는 필요한 경우에는 다른 가정법원에 사실조사 또는 제12조에 따른 조치를 촉탁할 수 있다.

② 제1항의 촉탁을 받은 가정법원은 가사조사관으로 하여금 그 촉탁받은 사실조사 또는 제12조에 따른 조치를 하게 할 수 있다.

[본조신설 2016.12.29]

제4조(비용의 예납등)

① 법 및 이 규칙에 의한 사실조사·증거조사·소환·고지·공고 기타 심판절차의 비용의 예납에 관하여는 특별한 규정이 있는 경우를 제외하고는 「민사소송법」 제116조, 「민사소송규칙」 제19조, 제20조의 규정을 준용한다.

〈개정 2006.3.23〉

② 당사자가 예납하여야 할 비용의 범위와 액 및 그 지급에 관하여는 「민사소송비용법」 및 「민사소송비용규칙」의 규정을 준용한다. 〈개정 2006.3.23〉

제5조(가족관계등록부기록을 촉탁하여야 할 판결등)

① 법 제9조의 규정에 의하여 대법원규칙으로 정하는 가족관계등록부기록을 촉탁하여야 할 판결 또는 심판은 다음 각 호의 것으로 한다. 〈개정 2015.7.28〉

1. 친권, 법률행위대리권, 재산관리권의 상실선고의 심판 또는 그 실권회복선고의 심판

1의 2. 친권의 일시 정지, 일부 제한, 일시 정지에 대한 기간연장의 심판 또는 그 실권 회복의 심판

2. 친권자의 지정과 변경의 판결 또는 심판

2의 2. 미성년후견의 종료 및 친권자의 지정의 심판

2의 3. 친권자·미성년후견인의 임무대행자 선임의 심판

3. 미성년후견인·미성년후견감독인의 선임, 변경 또는 사임허가의 심판

4. 법 제62조의 규정에 의하여 친권자의 친권, 법률행위대리권, 재산관리권의 전부 또는 일부의 행사를 정지하거나 미성년후견인·미성년후견감독인의 임무수행을 정지하는 재판과 그 대행자를 선임하는 재판

② 제1항 제4호의 재판이 본안심판의 확정, 심판청구의 취하 기타의 사유로 효력을 상실하게 된 때에는 가정법원의 법원서기관, 법원사무관, 법원주사 또는 법원주사보(이하 "법원사무관등"이라 한다)는 법 제9조의 예에 의하여 가족관계등록부기록을 촉탁하여야 한다. 〈개정 2007.12.31〉

제5조의2(후견등기부기록을 촉탁하여야 할 심판등)

① 법 제9조에 따라 대법원규칙으로 정하는 후견등기부기록을 촉탁하여야 할 심판은 다음 각 호 각 목의 것으로 한다.

1. 성년후견에 관한 심판
   가. 성년후견의 개시 또는 그 종료의 심판
   나. 성년후견인·성년후견감독인의 선임 또는 그 변경의 심판
   다. 성년후견인·성년후견감독인의 사임에 대한 허가의 심판
   라. 취소할 수 없는 피성년후견인의 법률행위의 범위 결정 또는 그 변경의 심판
   마. 성년후견인의 법정대리권의 범위 결정 또는 그 변경의 심판
   바. 성년후견인이 피성년후견인의 신상에 관하여 결정할 수 있는 권한의 범위 결정 또는 그 변경의 심판
   사. 여러 명의 성년후견인·성년후견감독인의 권한 행사에 관한 결정과 그 변경 또는 취소의 심판
2. 한정후견에 관한 심판
   가. 한정후견의 개시 또는 그 종료의 심판
   나. 한정후견인·한정후견감독인의 선임 또는 변경의 심판
   다. 한정후견인·한정후견감독인의 사임에 대한 허가의 심판
   라. 피한정후견인이 한정후견인의 동의를 받아야 하는 행위의 범위 결정 또는 그 변경의 심판
   마. 한정후견인에 대한 대리권 수여 또는 그 범위 변경의 심판
   바. 한정후견인이 피한정후견인의 신상에 관하여 결정할 수 있는 권한의 범위 결정 또는 그 변경의 심판
   사. 여러 명의 한정후견인·한정후견감독인의 권한 행사에 관한 결정과 그 변경 또는 취소의 심판

3. 특정후견에 관한 심판
   가. 특정후견의 심판 또는 그 종료의 심판
   나. 특정후견인·특정후견감독인의 선임 또는 변경의 심판
   다. 특정후견인·특정후견감독인의 사임에 대한 허가의 심판
   라. 피특정후견인의 후원을 위하여 필요한 처분명령의 심판
   마. 특정후견인에 대한 대리권 수여의 심판(대리권 행사에 가정법원이나 특정후견감독인의 동의를 받도록 명한 부분 포함)
   바. 여러 명의 특정후견인·특정후견감독인의 권한 행사에 관한 결정과 그 변경 또는 취소의 심판
4. 임의후견에 관한 심판
   가. 임의후견감독인의 선임 또는 변경의 심판
   나. 임의후견감독인의 사임에 대한 허가의 심판
   다. 여러 명의 임의후견감독인의 권한 행사에 관한 결정과 그 변경 또는 취소의 심판
   라. 임의후견인의 해임 심판
   마. 후견계약 종료의 허가 심판
5. 법 제62조에 따른 재판
   가. 성년후견인·한정후견인·특정후견인·임의후견인·성년후견감독인·한정후견감 독인·특정후견감독인·임의후견감독인의 권한 범위를 변경하거나 그 직무집행의 전부 또는 일부를 정지하는 재판 및 그 직무대행자를 선임하는 재판
   나. 성년후견, 한정후견 및 특정후견에 관한 사건에서 임시후견인을 선임하는 재판
   다. 직무대행자, 임시후견인을 해임 또는 개임하는 재판 및 그 권한의 범위를 정하거나 변경하는 재판
   라. 여러 명의 직무대행자, 임시후견인의 권한 행사에 관한 결정과 그 변경 또는 취소의 재판

② 제1항 제5호의 재판이 본안심판의 확정, 심판청구의 취하 기타의 사유로 효력을 상실하게 된 때와 「민법」 제959조의20 제1항에 따라 후견계약이 종료된 때에는 가정법원의 법원사무관등은 법 제9조의 예에 의하여 후견등기부기록을 촉탁하여야 한다.

[본조신설 2013.6.5]

제6조(가족관계등록부기록등 촉탁의 방식)

① 가족관계등록부 또는 후견등기부기록의 촉탁은 재판장의 명을 받아 가정법원의 법원사무관등이 이를 한다. 〈개정 2013.6.5〉

② 촉탁서에는 다음 각 호의 사항을 기재하고 법원사무관등이 기명날인 하여야 한다. 〈개정 2016.4.8〉

1. 당사자 및 사건본인의 성명, 등록기준지(외국인의 경우에는 국적), 주소, 주민등록번호(외국인의 경우에는 외국인등록번호, 외국인등록을 하지 아니한 외국국적동포의 경우에는 국내거소신고번호)
2. 가족관계등록부 또는 후견등기부기록의 원인 및 그 원인일자

2의 2. 후견등기의 목적과 등기할 사항

3. 촉탁 연월일
4. 법원사무관등의 관직과 성명 및 소속법원의 표시

③ 제2항의 촉탁서에는 확정된 판결등본, 효력을 발생한 심판서의 등본 기타 가족관계등록부 또는 후견등기부기록의 원인을 증명하는 서면을 첨부하여야 한다. 〈개정 2013.6.5〉

④ 제1항부터 제3항까지의 촉탁 및 서면 첨부는 전산정보처리조직을 이용하여 「민사소송 등에서의 전자문서 이용 등에 관한 법률」 제2조 제1호의 전자문서로 할 수 있다. 〈신설 2011.12.12〉

제7조(가족관계등록사무를 처리하는 자에 대한 통지)
① 다음 각 호의 판결이 확정되거나 심판이 효력을 발생한 때에는 법원사무관등은 지체없이 당사자 또는 사건본인의 등록기준지의 가족관계등록사무를 처리하는 자에게 그 뜻을 통지하여야 한다. 〈개정 2011.12.12〉
1. 가류 및 나류 가사소송사건의 청구를 인용한 판결. 다만, 사실혼관계존부확인사건을 제외한다.
2. 삭제 〈2013.6.5〉
3. 실종선고와 그 취소의 심판
3의 2. 친양자입양 허가의 심판
4. 친권자의 법률행위대리권, 재산관리권의 사퇴 또는 회복허가의 심판
5. 삭제 〈2013.6.5〉
6. 성·본 계속사용허가의 심판
7. 성·본 변경허가의 심판
② 제1항의 통지에는 제6조의 규정을 준용한다. 다만, 판결 또는 심판서의 등본에 확정일자 또는 효력발생일자를 부기하여 송부함으로써 통지에 갈음할 수 있다.

제2장 가사조사관

제8조(가사조사관의 임무) 가사조사관은 재판장, 조정장 또는 조정담당판사의 명을 받아 사실을 조사하고 의무이행상태를 점검하며 당사자 또는 사건관계인의 가정 기타 주위 환경의 조정을 위한 조치를 행한다.

제9조(가사조사관의 사실조사)
① 가사조사관은 조사를 명령받은 사항에 관하여 독립하여 조사한다.
② 가사조사관은 필요에 따라 사건관계인의 학력, 경력, 생활상태, 재산상태와 성격, 건강 및 가정환경등에 대하여 심리학, 사회학, 경제학, 교육학 기타 전문적 지식을 활용하여 조사하여야 한다.

제10조(조사기간) 가사조사관이 재판장, 조정장 또는 조정담당판사의 조사명령을 받은 경우에 그 명령에 기한의 정함이 없는 때에는 그 명령을 받은 때로부터 2월이내에 조사를 완료하여야 한다.

제11조(조사보고서의 작성)
① 가사조사관이 사실조사를 마친 때에는 조사보고서를 작성하여 조사명령을 한 재판장, 조정장 또는 조정담당판사에게 보고하여야 한다.
② 조사보고서에는 조사의 방법과 결과 및 가사조사관의 의견을 기재하여야 한다.
③ 가사조사관은 전문가의 감정 기타 조력이 필요하다고 인정할 때에는 그 취지를 기재하여야 한다.

제12조(사회복지기관과의 연락등) 재판장, 조정장 또는 조정담당판사는 사건처리를 위하여 당사자 또는 사건관계인의 가정 기타의 환경을 조정할 필요가 있는 때에는 가사조사관으로 하여금 사회복지기관과의 연락, 기타의 조정조치를 하게 할 수 있다. 이 경우에는 제11조 제1항 및 제2항의 규정을 준용한다.

제12조의2(상담 권고)
① 가정법원은 필요한 경우 당사자에게 상담에 관하여 전문적인 지식과 경험을 갖춘 전문상담인의 상담을 받을 것을 권고할 수 있다.
② 가정법원은 전문상담인을 상담위원으로 위촉하여 제1항의 상담을 담당하게 할 수 있고, 상담위원의 일당 및 수당은 매년 대법관회의에서 이를 정하여 국고 등에서 지급할 수 있다.
③ 가정법원은 당사자가 다른 가정법원 관할구역 내에 거주하는 등 필요한 경우에는 다른 가정법원에서

위촉한 상담위원으로 하여금 제1항의 상담을 담당하게 할 수 있다. 〈신설 2016.12.29〉
[본조신설 2008.6.5]

제12조의3(전문가 등의 자문) 가정법원은 미성년자인 자녀의 복리를 위하여 필요한 경우에는 정신건강의학과의사·심리학자·아동학자, 그 밖의 관련 전문가 또는 사회복지기관 등으로부터 자문을 받을 수 있다.
[본조신설 2016.12.29]

제13조(가사조사관의 기일에의 출석) 가정법원, 조정위원회 또는 조정담당판사는 가사조사관을 기일에 출석시켜 의견을 진술하게 할 수 있다.

제2편 가 사 소 송

제14조(준용규정) 가사소송절차에 관하여는 법 및 이 규칙에 특별한 규정이 있는 경우를 제외하고는 「민사소송규칙」의 규정을 준용한다. 〈개정 2006.3.23〉

제15조(병합신청에 대한 재판등)
① 법 제14조 제3항의 규정에 의하여 관련사건의 병합신청을 받은 가정법원은 그 신청이 이유있다고 인정한 때에는 관련사건을 병합하는 취지의 결정을, 이유없다고 인정한 때에는 신청을 기각하는 취지의 결정을 하여야 한다.
② 병합결정을 한 때에는 당사자 전원에게, 병합신청을 기각하는 결정을 한 때에는 신청인에게 이를 고지하여야 한다.
③ 병합결정에 대하여는 즉시항고를 할 수 있다. 그러나 병합신청을 기각한 결정에 대하여는 불복하지 못한다.
④ 가정법원은 병합결정이 확정된 때에는 병합되어야 할 사건이 계속된 가정법원에 그 결정정본을 송달하여야 하고, 이를 송달받은 가정법원은 지체없이 병합결정을 한 가정법원에 그 사건기록을 송부하여야 한다. 다만, 병합결정을 송달받은 가정법원이 이미 그 사건에 대한 변론 또는 심리를 종결하거나 종국재판을 한 경우에는 그러하지 아니하다.
⑤ 제4항 단서의 경우에는 병합결정을 한 가정법원에 그 취지를 통지하여야 한다.

제16조(소송절차의 승계신청)
① 법 제16조 제1항의 규정에 의한 소송절차의 승계신청은 서면으로 하여야 한다.
② 제1항의 승계신청서에는 다음 각 호의 사항을 기재하고 신청인이 기명날인 또는 서명하여야 한다. 〈개정 2007.12.31〉
1. 사건번호와 피승계인의 성명
2. 신청인의 성명, 등록기준지, 주소와 자격
3. 승계신청의 사유

제17조(승계신청에 대한 재판등) 가정법원은 제16조의 규정에 의한 승계신청이 부적법하거나 이유없다고 인정한 때에는 결정으로 이를 기각하여야 하고, 이유있다고 인정한 때에는 소송절차를 속행하여야 한다.

제18조(친권자 지정 등에 관한 조치)
① 법 제25조의 규정에 의한 가정법원의 협의권고에 따라 부모 사이에 미성년자인 자의 친권자로 지정될 자 또는 미성년자인 자의 양육과 면접교섭권에 관한 사항에 대한 협의가 성립되거나 가정법원이 직권으로

이를 정한 때에는 가정법원은 이를 판결주문에 기재하여야 한다. 다만, 위 협의가 자의 복리에 반하는 경우에는 가정법원은 보정을 명하거나 직권으로 해당 사항을 정하여 판결주문에 기재하여야 한다. 〈개정 2008.6.5〉

② 제1항의 규정은 인지청구의 소에도 준용한다.

[전문개정 2006.3.23]

제18조의2(자의 의견의 청취) 가정법원이 미성년자인 자의 친권자 지정, 양육과 면접교섭권에 관한 사항을 직권으로 정하는 경우 자가 13세 이상인 때에는 가정법원은 그 자의 의견을 들어야 한다. 다만, 자의 의견을 들을 수 없거나 자의 의견을 듣는 것이 오히려 자의 복지를 해할만한 특별한 사정이 있다고 인정되는 때에는 그러하지 아니하다. 〈개정 2013.6.5.〉 [본조신설 2006.3.23]

제19조(혈액형등의 수검명령) 법 제29조 제1항의 규정에 의한 수검명령을 함에는 검사를 받을 자에게 다음 각 호의 사항을 고지하여야 한다.

1. 검사의 목적
2. 검사의 일시, 장소 및 방법
3. 검사자
4. 검사를 받을 자가 제2호의 일시, 장소에 출석하여 검사를 받아야 한다는 취지
5. 법 제67조의 규정에 의한 제재의 개요

제3편 가사비송

제1장 총 칙

제20조(사건본인의 기재) 심판이 당사자 이외에 사건본인의 신분관계 기타 권리, 의무에 관계된 것인 때에는 심판서에 그 사건본인의 성명, 생년월일, 등록기준지 및 주소를 기재하여야 한다. 〈개정 2007.12.31〉

제20조의2(가사비송사건의 병합) 수개의 가사비송사건의 청구가 법 제14조 제1항의 요건을 갖춘 때에는 이를 1개의 심판청구로 제기할 수 있다.

[본조신설 1998.12.4]

제21조(이해관계인의 참가신청)

① 법 제37조 제1항의 규정에 의한 이해관계인의 참가신청은 참가의 취지와 이유를 기재한 서면으로 하여야 한다.

② 참가신청인은 참가의 이유를 소명하여야 한다.

제22조(참가신청에 대한 재판등)

① 재판장은 제21조 제1항의 참가신청이 있는 때에는 그 허부의 결정을 하여야 한다.

② 제1항의 규정에 의한 참가허가의 결정과 법 제37조 제2항의 규정에 의한 참가명령은 당사자 및 참가신청인 또는 참가명령을 받은 자에게 고지하여야 한다.

③ 제1항의 규정에 의한 참가허부의 결정과 법 제37조 제2항의 규정에 의한 참가명령에 대하여는 불복하지 못한다.

제22조의2(절차의 구조) 법 제37조의2제1항의 절차구조에 관하여는 「민사소송규칙」 제24조부터 제27조까지의 규정을 준용한다. [본조신설 2013.6.5]

제23조(증거조사등)

① 가정법원은 직권으로 사실을 조사하고 필요한 증거조사를 하여야 한다.

② 가정법원은 증거조사를 다른 가정법원에 촉탁할 수 있다.

〈개정 2016.12.29〉

③ 삭제 〈2016.12.29〉

④ 증거조사에 관하여는 가사소송의 예에 의한다.

제24조 삭제 〈2007.12.31〉

제25조(심판의 고지) 심판은 이규칙에 특별한 규정이 있는 경우를 제외하고는, 당사자와 절차에 참가한 이해관계인에게 고지하여야 한다.

제26조(공고) 가사비송절차에서 공고에 관하여는 「민사소송규칙」 제142조의 규정을 준용한다. 〈개정 2006.3.23.〉 [전문개정 2002.6.28]

제27조(청구기각심판에 대한 불복) 청구에 의하여서만 심판하여야 할 경우에 그 청구를 기각한 심판에 대하여는 특별한 규정이 있는 경우를 제외하고는 청구인에 한하여 즉시항고를 할 수 있다.

제28조(즉시항고 제기의 방식) 즉시항고는 원심가정법원에 즉시항고장을 제출함으로써 한다.

제29조(항고심의 재판절차) 항고심의 재판절차에는 이 규칙 중 제1심의 재판절차에 관한 규정을 준용한다.

제29조의2(청구인에 대한 통지) 가사비송청구를 인용한 심판에 대하여 이해관계인이 즉시항고한 경우 항고심 법원은 상당하다고 인정하는 때에는 제1심 청구인에게 사건이 계속된 사실을 통지하거나 제1심 청구인을 심문할 수 있다.
[본조신설 1998.12.4]

제30조(재항고심의 재판절차) 재항고심의 재판절차에는 그 성질에 반하지 아니하는 한 「민사소송법」 및 「민사소송규칙」중 재항고에 관한 규정을 준용한다.
〈개정 2006.3.23〉

제2장 라류 가사비송사건

제1절 총 칙

제31조(즉시항고 기간의 진행) 즉시항고의 기간은, 특별한 규정이 있는 경우를 제외하고는, 즉시항고를 할 수 있는 자가 심판을 고지 받는 경우에는 그 고지를 받은 날부터, 심판을 고지 받지 아니하는 경우에는 청구인(청구인이 수인일 때에는 최후로 심판을 고지받은 청구인)이 심판을 고지받은 날부터 진행한다.

제31조의2(관할변경신청에 관한 처리)

① 법 제44조 제2항에 따른 변경결정은 신청인 외에 후견인, 후견감독인에게 고지하여야 하고, 가정법원의 법원사무관등은 지체 없이 피후견인에게 그 뜻을 통지하여야 한다.

② 가정법원의 법원사무관등은 법 제44조 제2항에 따른 변경결정이 확정되면 바로 그 결정정본과 후견사무의 감독에 관한 소송기록을 변경된 관할법원에 보내야 한다.

[본조신설 2018.4.27]

제2절 성년후견, 한정후견, 특정후견 및 임의후견

제32조(사전처분)

① 성년후견, 한정후견, 특정후견 및 임의후견에 관한 사건에 있어서, 가정법원이 법 제62조에 따른 사전처분으로서 직무대행자를 선임한 때에는, 그 직무대행자에 대하여는 특별한 규정이 있는 경우를 제외하고 해당 후견인 또는 해당 후견감독인에 관한 규정을 준용한다.

② 제1항에 따른 직무대행자의 선임처분은 그 선임된 자, 해당 후견인 및 해당 후견감독인에게 고지하여야 하고, 가정법원의 법원사무관등은 지체 없이 사건본인에게 그 뜻을 통지하여야 한다.

③ 가정법원은 상당하다고 인정할 때에는 언제든지 제1항의 직무대행자에게, 사건본인의 신상보호 또는 재산관리에 필요한 명령을 할 수 있고, 그 선임한 직무대행자를 해임하거나 개임할 수 있다.

④ 가정법원이 법 제62조에 따른 사전처분으로 임시후견인을 선임한 경우, 특별한 규정이 있는 경우를 제외하고, 성년후견 및 한정후견에 관한 사건의 임시후견인에 대하여는 한정후견인에 관한 규정을, 특정후견에 관한 사건의 임시후견인에 대하여는 특정후견인에 관한 규정을 각 준용한다.

⑤ 제2항 및 제3항의 규정은 제4항의 임시후견인을 선임한 경우에 이를 준용한다.

⑥ 제1항의 직무대행자에 대하여는 사건본인의 재산 중에서, 제4항의 임시후견인에 대하여는 청구인 또는 사건본인의 재산 중에서 각 상당한 보수를 지급할 것을 명할 수 있다.

[전문개정 2013.6.5]

제33조 삭제 〈2013.6.5〉

제34조 삭제 〈2013.6.5〉

제35조(심판의 고지등)

① 성년후견·한정후견·특정후견 및 임의후견에 관한 심판은 제25조에서 정한 자 이외에 후견인(그 심판 및 법률에 의하여 임무가 개시되거나 종료될 자를 포함한다) 및 후견감독인(그 심판 및 법률에 의하여 임무가 개시되거나 종료될 자를 포함한다)에게도 고지하여야 한다.

② 제1항의 심판이 있는 때에는 가정법원의 법원사무관등은 지체 없이 사건본인에게 그 뜻을 통지하여야 한다.

[전문개정 2013.6.5]

제36조(즉시항고)

① 법 제2조 제1항 제2호가목에 정한 심판사항 중 다 음의 각 호 각 목에서 정하는 심판에 대하여는 해당 각 호 각 목에서 정하는 자가 즉시항고를 할 수 있다.

1. 성년후견에 관한 심판
   가. 성년후견의 개시 심판 : 「민법」 제9조 제1항에 규정한 자 및 「민법」 제959조의20제1항의 임의후견인, 임의후견감독인
   나. 성년후견인·성년후견감독인의 변경 심판 : 변경 대상 성년후견인·성년후견감독인
   다. 피성년후견인의 격리에 대한 허가, 피성년후견인에 대한 의료행위의 동의에 대한 허가 및 피성년후견인이 거주하는 건물 또는 그 대지에 대한 매도 등에 대한 허가 심판 : 피성년후견인, 친족, 성년후견인, 성년후견감독인, 검사, 지방자치단체의 장
2. 한정후견에 관한 심판
   가. 한정후견의 개시 심판 : 「민법」 제12조 제1항에 규정한 자 및 「민법」 제959조의20제1항의 임의후

견인, 임의후견감독인

나. 한정후견인·한정후견감독인의 변경 심판 : 변경 대상 한정후견인·한정후견감독인

다. 피한정후견인의 격리에 대한 허가, 피한정후견인에 대한 의료행위의 동의에 대한 허가 및 피한정후견인이 거주하는 건물 또는 그 대지에 대한 매도 등에 대한 허가 심판 : 피한정후견인, 친족, 한정후견인, 한정후견감독인, 검사, 지방자치단체의 장

3. 특정후견에 관한 심판

가. 특정후견의 심판 : 「민법」 제14조의2 제1항에 규정한 자 및 「민법」 제959조의20 제1항의 임의후견인, 임의후견감독인

나. 특정후견인·특정후견감독인의 변경 심판 : 변경 대상 특정후견인·특정후견감독인

4. 임의후견에 관한 심판

가. 임의후견감독인의 변경 심판 : 변경 대상 임의후견감독인

나. 임의후견인의 해임 심판 : 본인, 임의후견인

다. 후견계약 종료의 허가 심판 : 「민법」 제959조의18 제2항에 규정한 자

② 법 제2조 제1항 제2호가목에 정한 심판사항 중 다음의 각 호에서 정하는 심판에 대하여는 제27조에 정한 자 이외에 해당 각 호에서 정하는 자도 즉시항고를 할 수 있다.

1. 성년후견의 종료청구 기각 심판 : 「민법」 제11조에 규정한 자
2. 성년후견인·성년후견감독인의 변경청구 기각 심판 : 「민법」 제940조에 규정한 자
3. 한정후견의 종료청구 기각 심판 : 「민법」 제14조에 규정한 자
4. 한정후견인·한정후견감독인의 변경청구 기각 심판 : 「민법」 제959조의3제2항, 제959조의5제2항에 따라 준용되는 같은 법 제940조에 규정한 자
5. 특정후견인·특정후견감독인의 변경청구 기각 심판 : 「민법」 제959조의9제2항, 제959조의10제2항에 따라 준용되는 같은 법 제940조에 규정한 자
6. 임의후견감독인의 변경청구 기각 심판 : 「민법」 제959조의16제3항에 따라 준용되는 같은 법 제940조의7에 따라 다시 준용되는 같은 법 제940조에 규정한 자
7. 임의후견인의 해임청구 기각 심판 : 「민법」 제959조의17제2항에 규정한 자

[전문개정 2013.6.5]

제37조 삭제 〈2013.6.5〉

제38조(정신상태의 감정) 가정법원은 성년후견 종료 또는 한정후견 종료의 심판을 할 경우에는 피성년후견인 또는 피한정후견인의 정신상태에 관하여 의사에게 감정을 시킬 수 있다. [전문개정 2013.6.5]

제38조의2(후견사무등에 관한 지시) 가정법원이 성년후견인·한정후견인·특정후견인·성년후견감독인·한정후견감독인·특정후견감독인·임의후견감독인을 선임한 때에는 그 후견인 또는 후견감독인에 대하여 그 후견사무 또는 후견감독사무에 관하여 필요하다고 인정되는 사항을 지시할 수 있다. [본조신설 2013.6.5]

제38조의3(격리치료등의 허가와 지시)

① 가정법원이 다음 각 호의 허가를 하는 때에는, 성년후견인·성년후견감독인 또는 한정후견인·한정후견감독인에게 피성년후견인 또는 피한정후견인의 신상보호 또는 재산관리에 관하여 필요하다고 인정되는 사항을 지시할 수 있다.

1. 「민법」 제947조의2제2항(같은 법 제959조의6에 따라 준용되는 경우를 포함한다)에 따른 피성년후견인 또는 피한정후견인의 격리에 대한 허가
2. 「민법」 제947조의2제4항(같은 법 제940조의7, 제959조의5제2항 및 제959조의6에 따라 준용되는 경우

를 포함한다)에 따른 피성년후견인 또는 피한정후견인에 대한 의료행위의 동의에 대한 허가

3. 「민법」 제947조의2제5항(같은 법 제940조의7, 제959조의5제2항 및 제959조의6에 따라 준용되는 경우를 포함한다)에 따른 피성년후견인 또는 피한정후견인이 거주하는 건물 또는 그 대지에 대한 매도 등에 대한 허가

② 가정법원은 필요하다고 인정한 때에는 언제든지 제1항 및 제38조의2의 허가 기타 지시를 취소하거나 변경할 수 있다.

[본조신설 2013.6.5]

제38조의4(특별대리인의 대리권 제한) 가정법원이 성년후견인 또는 한정후견인에 대하여 「민법」 제949조의3에 따라 준용되는 같은 법 제921조(같은 법 제959조의3제2항의 규정에 따라 준용되는 같은 법 제949조의3에 따라 다시 준용되는 경우를 포함한다)에 의하여 특별대리인을 선임할 때에는, 제68조 및 제68조의2의 규정을 준용한다 [본조신설 2013.6.5]

제38조의5(재산관리등) 제41조부터 제52조까지의 규정은 「민법」 제956조에 따라 준용되는 같은 법 제918조에 따른 재산관리인의 선임 또는 개임과 재산관리에 관한 처분 및 「민법」 제954조(같은 법 제959조의6, 제959조의12에 따라 준용되는 경우를 포함한다)에 따른 성년후견사무·한정후견사무·특정후견사무에 관한 처분에 이를 준용한다. [본조신설 2013.6.5]

제38조의6(후견사무등의 감독)

① 법 제45조의4 및 제45조의7에 따라 가정법원으로부터 사무의 실태 또는 재산상황을 조사하거나 임시로 재산관리를 할 수 있는 권한을 부여받은 사람은 그 업무 처리를 위하여 가정법원의 허가를 얻어 그 후견인 또는 후견감독인에게 그 후견사무 또는 후견감독사무에 관한 자료의 제출을 요구하거나 제출한 자료에 대한 설명을 요구할 수 있다.

② 제1항에 규정한 사람은 업무를 수행함에 있어 그 후견인 또는 후견감독인을 변경할 필요가 있거나 「민법」 제954조에 따른 조사 또는 처분의 필요가 있다고 판단한 때에는 즉시 이를 가정법원에 보고하여야 한다.

③ 제2항의 보고에 대하여는 제11조의 규정을 준용한다.

④ 가정법원은 법 제45조의4제1항에 따라 임시로 재산관리를 하는 사람에 대하여 그 재산관리에 필요하다고 인정되는 사항을 지시할 수 있다.

[본조신설 2013.6.5]

제3절 부재자의 재산관리

제39조(부재자 재산관리 사건부의 작성)

① 부재자의 재산관리에 관한 사건의 심판을 청구받은 재산소재지의 가정법원은 그 부재자의 최후주소지를 관할하는 가정법원(최후주소가 없거나 이를 알 수 없을 때에는 대법원 소재지의 가정법원, 이하 같다)에 그 청구의 내용과 심판의 요지를 통지하여야 한다.

② 부재자의 최후주소지를 관할하는 가정법원은 부재자의 재산관리 사건에 관하여 부재자별로 심판의 청구와 그에 대한 심판의 요지를 기재한 사건부를 작성, 비치하여야 한다.

③ 부재자의 재산관리에 관한 사건의 심판을 청구받은 재산소재지의 가정법원은 심판에 앞서 그 부재자의 최후주소지를 관할하는 가정법원에 제2항의 규정에 의한 사건부의 존부와 심판의 내용에 관하여 조회하여야 한다.

제40조(사건의 이송) 부재자의 재산관리에 관한 사건의 심판을 청구받은 가정법원은 제39조 제3항의 규정에 의한 조회 기타의 방법으로 다른 가정법원이 이미 동일한 부재자의 재산관리에 관한 사건을 심판을 하였음이 밝혀진 경우에는, 그 가정법원으로 사건을 이송하여야 한다. 그러나 긴급을 필요로 하는 경우에는 그러하지 아니하다.

제41조(관리인의 선임·개임)

① 가정법원이 재산관리인을 선임하거나 개임할 경우에는 이해관계인의 의견을 들을 수 있다.

② 부재자가 정한 재산관리인을 개임할 때에는 그 재산관리인을 절차에 참가하게 하여야 한다.

제42조(선임한 관리인의 개임)

① 가정법원은 언제든지 그 선임한 재산관리인을 개임할 수 있다.

② 가정법원이 선임한 재산관리인이 사임하고자 할 때에는 가정법원에 그 사유를 신고하여야 한다. 이 경우, 가정법원은 다시 재산관리인을 선임하여야 한다.

제43조(심판의 고지) 재산관리인의 선임, 개임 또는 해임의 심판은 당사자 및 절차에 참가한 이해관계인외에 그 재산관리인에게도 고지하여야 한다.

제44조(재산상황의 보고와 관리의 계산)

① 가정법원은 그 선임한 재산관리인에게 재산상황의 보고 및 관리의 계산을 명할 수 있다.

② 가정법원은 「민법」 제24조 제3항의 경우에는, 부재자가 정한 재산관리인에게도 제1항의 보고 및 계산을 명할 수 있다. 〈개정 2006.3.23〉

제45조(담보의 증감·변경·면제) 가정법원은 재산관리인이 제공한 담보의 증감·변경 또는 면제를 명할 수 있다.

제46조(저당권설정등기의 촉탁)

① 가정법원이 재산관리인의 담보제공방법으로서 그 소유의 부동산 또는 선박에 저당권을 설정할 것을 명한 때에는 그 설정등기의 촉탁을 하여야 한다.

② 제1항의 촉탁에는 저당권의 설정을 명한 심판서의 등본을 첨부하여야 한다.

③ 제1항 및 제2항의 규정은 설정한 저당권의 변경 또는 해제를 명하는 경우에 이를 준용한다.

제47조(재산목록의 내용)

① 「민법」 제24조 제1항 또는 제2항의 규정에 의하여 재산관리인이 작성할 재산목록에는 다음 각 호의 사항을 기재하고 재산관리인과 참여인이 기명날인 또는 서명하여야 한다. 〈개정 2006.3.23〉

1. 작성의 일시, 장소와 그 사유
2. 청구인의 성명과 주소
3. 부동산의 표시
4. 동산의 종류와 수량
5. 채권과 채무의 표시
6. 장부, 증서 기타의 서류

② 재산목록은 2통을 작성하여 그 1통은 재산관리인이 보관하고 다른 1통은 가정법원에 제출하여야 한다.

③ 이해관계인은 가정법원의 허가를 얻어 재산관리인의 재산목록 작성에 참여할 수 있다.

제48조(공증인에 의한 재산목록의 작성)

① 가정법원은 재산관리인이 작성한 재산목록이 불충분하다고 인정하거나 기타 필요한 때에는, 재산관리인에게, 공증인으로 하여금 재산목록을 작성하게 할 것을 명할 수 있다.

② 제47조의 규정은 공증인이 재산목록을 작성할 경우에 이를 준용한다.

第49條(부재자재산의 매각) 가정법원이 부재자의 재산을 매각하게 할 경우에는 「민사집행법」 제3편, 「민사집행규칙」 제3편의 규정에 의하여 매각하게 할 수 있다. 〈개정 2006. 3.23〉

第49條의2(부재자에 대한 조사 등)

① 가정법원은 재산관리인에게 부재자의 생사 여부, 재산관리의 가능 여부 등의 조사를 명할 수 있다.

② 가정법원은 재산관리인에게 부재자에 대한 실종의 선고를 관할 가정법원에 청구할 것을 명할 수 있다.

[본조신설 2016.12.29]

第50條(처분의 취소) 사건본인이 스스로 그 재산을 관리하게 된 때 또는 그 사망이 분명하게 되거나 실종선고가 있는 때 또는 관리할 재산이 더 이상 남아 있지 아니한 때에는 가정법원은 사건본인 또는 이해관계인의 청구에 의하여 그 명한 처분을 취소하여야 한다. 〈개정 2016.12.29〉

第51條(즉시항고) 부재자가 정한 재산관리인을 개임하는 심판에 대하여는 그 재산관리인이 즉시항고를 할 수 있다.

第52條(비용의 부담)

① 가정법원이 부재자의 재산관리에 관하여 직권으로 심판하거나 청구에 상응한 심판을 한 경우에는, 심판전의 절차와 심판의 고지 비용은 부재자의 재산의 부담으로 한다. 가정법원이 명한 처분에 필요한 비용도 같다.

② 제1항의 규정은 항고법원이 항고인의 신청에 상응한 재판을 한 경우에 있어서의 항고절차의 비용과 항고인의 부담이 된 제1심의 비용에 관하여 이를 준용한다.

제4절 실 종

第53條(공시최고) 실종을 선고함에는 공시최고의 절차를 거쳐야 한다.

第54條(공시최고의 기재 사항)

① 공시최고에는 다음 사항을 기재하여야 한다. 〈개정 2007.12.31〉

1. 청구인의 성명과 주소
2. 부재자의 성명, 출생년월일, 등록기준지 및 주소
3. 부재자는 공시최고 기일까지 그 생존의 신고를 할 것이며, 그 신고를 하지 않으면 실종의 선고를 받는다는 것
4. 부재자의 생사를 아는 자는 공시최고 기일까지 그 신고를 할 것
5. 공시최고 기일

② 공시최고의 기일은 공고종료일부터 6월 이후로 정하여야 한다.

第55條(공시최고의 공고) 공시최고의 공고는 제26조의 규정에 의한다.

第56條(사망간주일자의 기재) 실종선고의 심판서에는 부재자가 사망한 것으로 간주되는 일자를 기재하여야 한다.

第57條(즉시항고) 실종을 선고한 심판과 실종선고의 취소청구를 기각한 심판에 대하여는 사건본인 또는 이해관계인이, 실종선고를 취소한 심판에 대하여는 이해관계인이 즉시항고를 할 수 있다.

第58條(비용의 부담) 제52조의 규정은 실종선고의 심판이 있은 때의 절차비용에 이를 준용한다.

제59조(심판의 공고) 실종선고 또는 실종선고의 취소 심판이 확정된 때에는 가정법원의 법원사무관등은 지체 없이 그 뜻을 공고하여야 한다.
[전문개정 2013.6.5]

제5절 성과 본에 관한 사건

제59조의2(관계자의 의견의 청취)
① 가정법원은 「민법」 제781조 제5항의 규정에 의한 자의 종전의 성과 본의 계속사용허가 청구가 있는 경우, 부, 모 및 자가 13세 이상인 때에는 그 자의 의견을 들을 수 있다. 〈개정 2013.6.5〉
② 가정법원은 「민법」 제781조 제6항의 규정에 의한 자의 성과 본의 변경허가 청구가 있는 경우, 부, 모 및 자가 13세 이상인 때에는 그 자의 의견을 들을 수 있다. 자의 부모 중 자와 성과 본이 동일한 사람의 사망 그 밖의 사유로 의견을 들을 수 없는 경우에는 자와 성과 본이 동일한 최근친 직계존속의 의견을 들을 수 있다. 〈개정 2013.6.5〉
[본조신설 2007.12.31]

제6절 부부재산약정의 변경에 관한 사건

제60조(청구) 「민법」 제829조 제2항 단서의 규정에 의한 부부재산약정의 변경을 허가하는 심판은 부부쌍방의 청구에 의하여야 한다. 〈개정 2006.3.23〉

제61조(즉시항고) 제60조의 심판에 대하여는 이해관계인이 즉시항고를 할 수 있다.

제7절 친생부인허가와 인지허가에 관한 사건

제61조의2(즉시항고) 친생부인을 허가하는 심판과 인지를 허가하는 심판에 대하여는 민법 제854조의2제1항에 규정한 자가 즉시항고를 할 수 있다.
[본조신설 2017.12.27.]

제8절 입양·친양자입양 또는 파양에 관한 사건

제62조(심리검사의 촉탁)
① 재판장 또는 가사조사관은 입양사건의 심리를 위하여 필요한 경우에는 의사, 심리검사전문가 등에게 당사자 또는 관계인의 심리검사를 촉탁할 수 있다.
〈개정 2016.12.29〉
② 제1항의 심리검사에 관한 비용의 예납에 관하여는 「민사소송법」 제116조, 「민사소송규칙」 제19조, 제20조의 규정을, 예납하여야 할 비용의 범위와 액 및 그 지급에 관하여는 「민사소송비용법」및 「민사소송비용규칙」의 규정을 각 준용한다. 〈개정 2016.12.29〉
[전문개정 2013.6.27]

제62조의2(친양자입양의 청구) 친양자입양의 청구에는 다음의 사항을 명백히 하여야 한다.
1. 친양자가 될 사람의 친생부모가 친양자입양에 동의한 사실 또는 그 동의가 없는 경우에 「민법」 제908조의2제1항 제3호 단서 및 같은 조 제2항 각 호에 해당된다는 것을 나타내는 사정
2. 친양자가 될 사람에 대하여 친권을 행사하는 사람으로서 부모 이외의 사람의 이름과 주소와 친양자가

될 사람의 부모의 후견인의 이름과 주소

3. 「민법」 제908조의2제1항 제4호에 따른 법정대리인의 동의 또는 같은 항 제5호에 따른 법정대리인의 입양승낙, 그 동의 또는 승낙이 없는 경우에는 「민법」 제908조의2제2항 각 호에 해당된다는 것을 나타내는 사정
4. 「사회복지사업법」에 의한 사회복지법인의 입양 알선에 의한 청구인 경우에는 해당 사회복지법인의 명칭 및 소재지와 친양자가 될 사람이 보호되고 있는 보장시설의 명칭 및 소재지

[전문개정 2013.6.27]

제62조의3(관계자의 의견의 청취)

① 가정법원은 친양자입양에 관한 심판을 하기 전에, 친양자가 될 사람이 13세 이상인 경우에는 친양자가 될 사람, 양부모가 될 사람, 친양자가 될 사람의 친생부모, 친양자가 될 사람의 후견인, 친양자가 될 사람에 대하여 친권을 행사하는 사람으로서 부모 이외의 사람, 친양자가 될 사람의 부모의 후견인의 의견을 들어야 한다.

② 제1항의 경우에 친양자가 될 사람의 친생부모의 사망 그 밖의 사유로 의견을 들을 수 없는 경우에는 최근친 직계존속(동순위가 수인일 때에는 연장자)의 의견을 들어야 한다.

[전문개정 2013.6.27]

제62조의4(심판의 고지 등)

① 친양자입양을 허가하는 심판은 제25조에서 정한 자 이외에 친양자가 될 사람의 친생부모와 친양자가 될 사람의 법정대리인에게도 고지하여야 한다.

〈개정 2016.12.29〉

② 가정법원은 청구인 아닌 사람에게 심판문 정본을 송달하여 고지하는 경우 심판문 정본상의 청구인의 주민등록번호, 주소, 등록기준지 등 개인정보의 전부 또는 일부를 삭제하는 등의 조치를 하여 송달할 수 있다. 〈신설 2016.12.29〉

[전문개정 2013.6.27]

제62조의5(즉시항고) 친양자입양을 허가하는 심판에 대하여는 제62조의3에 규정한 자(양부모가 될 사람은 제외)가 즉시항고를 할 수 있다.

[전문개정 2013.6.27]

제62조의6(사회복지법인 등에 대한 통지) 친양자입양에 관한 심판이 확정된 때 법원사무관등은 지체 없이 해당 친양자입양을 알선한 사회복지법인에 대하여 그 내용을 통지하여야 한다. 해당 친양자입양에 대해서 가정법원으로부터의 촉탁에 응하여 조사를 한 보장시설에 대하여도 마찬가지이다.

[본조신설 2007.12.31]

제62조의7(입양의 청구)

① 미성년자 입양의 청구에는 다음의 사항을 명백히 하여야 한다.

1. 양자가 될 사람의 부모가 입양에 동의한 사실 또는 그 동의가 없는 경우에는 「민법」 제870조 제1항 각 호 및 같은 조 제2항 각 호에 해당된다는 것을 나타내는 사정
2. 양자가 될 사람에 대하여 친권을 행사하는 사람으로서 부모 이외의 사람의 이름과 주소와 양자가 될 사람의 부모의 후견인의 이름과 주소
3. 「민법」 제869조 제1항에 따른 법정대리인의 동의 또는 같은 조 제2항에 따른 법정대리인의 입양승낙, 그 동의 또는 승낙이 없는 경우에는 「민법」 제869조 제3항 각 호에 해당된다는 것을 나타내는 사정

4. 「사회복지사업법」에 의한 사회복지법인의 입양 알선에 의한 청구인 경우에는 해당 사회복지법인의 명칭 및 소재지와 양자가 될 사람이 보호되고 있는 보장시설의 명칭 및 소재지

② 피성년후견인 입양의 청구에는 「민법」 제873조 제1항에 따른 성년후견인의 동의, 「민법」 제871조 제1항에 따른 부모의 동의 또는 그 동의가 없는 경우에는 「민법」 제873조 제3항에 해당된다는 것을 나타내는 사정을 명백히 하여야 한다.

[본조신설 2013.6.27]

제62조의8(준용규정)

① 미성년자 입양을 허가하는 심판 및 피성년후 견인이 입양을 하거나 양자가 되는 것에 대한 허가 심판의 고지에 관하여는 제62조의4 제1항을 준용한다. 이 경우 "친양자입양"은 "입양"으로, "친양자"는 "양자"로 본다.

〈개정 2016.12.29〉

② 미성년자 입양을 허가하는 심판 및 피성년후견인이 입양을 하거나 양자가 되는 것에 대한 허가 심판에 대한 즉시항고에 관하여는 제62조의5를 준용한다. 이 경우 "친양자입양"은 "입양"으로, "제62조의3"은 "법 제45조의8 제1항 각 호"로 본다. 〈개정 2016.12.29〉

③ 미성년자 입양에 관한 심판에 관하여는 제62조의6을 준용한다. 이 경우 "친양자입양"은 "입양"으로 본다.

[본조신설 2013.6.27]

제62조의9(미성년자 양육에 관한 교육 등) 가정법원은 친양자입양에 관한 심판 및 미성년자 입양을 허가하는 심판을 함에 있어서 필요한 경우 양부모가 될 사람에 대하여 미성년자 양육에 관한 교육을 실시하거나 입양기관, 사회복지기관 등에서 실시하는 미성년자 양육을 위한 교육을 받을 것을 명할 수 있다.

[본조신설 2016.12.29.]

제9절 친권과 미성년후견에 관한 사건

제63조 삭제 〈2006.3.23〉

제64조(친권행사방법의 결정) 민법 제909조 제2항 단서의 규정에 의하여 친권행사방법을 결정함에는 청구인이 아닌 친권자를 절차에 참가하게 하여야 한다.

제65조(미성년후견인, 미성년후견감독인의 선임·변경)

① 미성년후견인·미성년후견감독인을 선임함에는 미성년후견인·미성년후견감독인이 될 자의 의견을 들어야 한다.

② 미성년후견인·미성년후견감독인을 변경할 때에는 그 변경이 청구된 미성년후견인·미성년후견감독인을 절차에 참가하게 하여야 한다.

③ 가정법원이 미성년후견인·미성년후견감독인을 선임한 때에는 미성년후견인·미성년후견감독인에 대하여 그 후견사무 또는 후견감독사무에 관하여 필요하다고 인정되는 사항을 지시할 수 있다.

④ 가정법원은 미성년후견인·미성년후견감독인의 선임과 변경 심판을 하는 경우 그 미성년자가 13세 이상인 때에는 그 미성년자의 의견을 들어야 한다. 다만, 미성년자의 의견을 들을 수 없거나 미성년자의 의견을 듣는 것이 오히려 미성년자의 복지를 해할만한 특별한 사정이 있다고 인정되는 때에는 그러하지 아니하다.

[전문개정 2013.6.5]

제65조의2(친권자의 지정 등) 친권자의 지정 또는 미성년후견의 종료 및 친권자의 지정에 관한 심판을 하는 경우 제65조 제4항을 준용한다.
[본조신설 2013.6.27.]

제66조(교정기관에의 위탁등의 허가와 지시)
① 가정법원이 다음 각 호의 허가를 하는 때에는, 친권자 또는 미성년후견인·미성년후견감독인에 대하여, 미성년자의 교육과 신상보호 및 재산관리에 관하여 필요하다고 인정되는 사항을 지시할 수 있다. 〈개정 2013.6.5〉
1. 「민법」 제915조 및 제945조(제948조에 따라 위 각 조항이 준용되는 경우를 포함한다)에 따른 감화 또는 교정기관에의 위탁에 대한 허가
2. 「민법」 제940조의7에 따라 준용되는 같은 법 제947조의2제4항에 따른 피미성년후견인에 대한 의료행위의 동의에 대한 허가
3. 「민법」 제940조의7에 따라 준용되는 같은 법 제947조의2제5항에 따른 피미성년후견인이 거주하는 건물 또는 그 대지에 대한 매도 등에 대한 허가
② 가정법원은 필요하다고 인정한 때에 언제든지 제1항의 허가 기타 지시를 취소하거나 변경할 수 있다.

제67조(즉시항고)
① 법 제2조 제1항 제2호가목 및 이 규칙 제2조에 정한 심판사항 중 다음의 각 호에서 정하는 심판에 대하여는 해당 각 호에서 정하는 자가 즉시항고를 할 수 있다. 〈개정 2013.6.27〉
1. 미성년후견인의 선임 심판 : 미성년자, 미성년자의 부모와 친족, 이해관계인, 검사, 지방자치단체의 장
2. 미성년후견인·미성년후견감독인의 변경 심판 : 변경 대상 미성년후견인·미성년후견감독인
3. 감화 또는 교정기관에 위탁하는 것에 대한 허가, 피미성년후견인에 대한 의료행위의 동의에 대한 허가 및 피미성년후견인이 거주하는 건물 또는 그 대지에 대한 매도 등에 대한 허가 심판 : 미성년자, 미성년자의 부모와 친족, 미성년후견인, 미성년후견감독인, 검사, 지방자치단체의 장
4. 친권자의 지정 심판 : 미성년자, 미성년자의 부모와 친족
5. 미성년후견종료 및 친권자 지정 심판 : 미성년자, 미성년자의 부모와 친족, 미성년후견인
② 미성년후견인·미성년후견감독인의 변경청구를 기각한 심판에 대하여는 제27조에서 정한 자 이외에 「민법」 제940조에 규정한 자도 즉시항고를 할 수 있다.
[전문개정 2013.6.5]

제68조(특별대리인의 대리권 제한) 가정법원이 「민법」 제921조(미성년후견인에 대하여 같은 법 제949조의3에 따라 준용되는 경우를 포함한다)에 따라 특별대리인을 선임할 때에는, 그 특별대리인의 대리권행사에 관하여 필요한 제한을 가할 수 있다. 〈개정 2006.3.23, 2013.6.5〉

제68조의2(특별대리인의 개임) 가정법원은 언제든지 법 제2조 제1항 제2호가목16)에 따른 특별대리인을 개임할 수 있다. 〈개정 2013.6.5〉[본조신설 1998.12.4]

제69조(재산관리등) 제41조 내지 제52조의 규정은 「민법」 제918조(제956조의 규정에 의하여 준용되는 경우를 포함한다)의 규정에 의한 재산관리인의 선임 또는 개임과 재산관리에 관한 처분 및 「민법」 제954조(제948조의 규정에 의하여 준용되는 경우를 포함한다)의 규정에 의한 미성년후견사무에 관한 처분에 이를 준용한다. 〈개정 2013.6.5〉

제69조의2(후견사무의 감독) 미성년후견인 또는 미성년후견감독인에 대하여 제38조의6의 규정을 준용한다.
[본조신설 2013.6.5]

제10절 삭 제

제70조 삭제 〈2013.6.5〉

제71조 삭제 〈2013.6.5〉

제72조 삭제 〈2013.6.5〉

제73조 삭제 〈2013.6.5〉

제74조 삭제 〈2013.6.5〉

제11절 상속에 관한 사건

제75조(한정승인·포기의 신고)

① 상속의 한정승인 또는 포기의 신고는 법 제36조 제3항에 규정한 사항 외에 다음 각 호의 사항을 기재하고, 신고인 또는 대리인이 기명날인 또는 서명한 서면에 의하여야 한다. 〈개정 2002.6.28〉

1. 피상속인의 성명과 최후주소
2. 피상속인과의 관계
3. 상속개시 있음을 안 날
4. 상속의 한정승인 또는 포기를 하는 뜻

② 제1항의 신고서에는 신고인 또는 대리인의 인감증명서를 첨부하여야 한다.

③ 가정법원이 제1항의 신고를 수리할 때에는, 그 신고의 일자 및 대리인에 의한 신고인 경우에는 그 대리인의 주소와 성명을 기재한 심판서를 작성하여야 한다.

제76조(한정승인·포기의 취소)

① 상속의 한정승인 또는 포기의 취소는, 제75조 제3항의 심판을 한 가정법원에 신고인 또는 대리인이 기명날인 또는 서명한 서면으로 신고함으로써 한다. 〈개정 2002.6.28〉

② 제1항의 신고서에는 제75조 제1항 제1호 및 제2호의 사항 외에 다음 각 호의 사항을 기재하여야 한다.

1. 상속의 한정승인 또는 포기신고가 수리된 일자
2. 상속의 한정승인 또는 포기를 취소하는 원인
3. 추인할 수 있게 된 날
4. 상속의 한정승인 또는 포기의 취소를 하는 뜻

③ 제75조 제2항 및 제3항의 규정은 제1항의 신고 및 그 수리에 이를 준용한다.

제77조(상속재산의 분리) 상속재산과 상속인의 고유재산의 분리를 명한 심판에 대하여는 청구인 또는 「민법」 제1045조 제1항에 규정한 자가 즉시항고를 할 수 있다. 〈개정 2006.3.23〉

제78조(상속재산의 관리와 보존) 제41조 내지 제52조의 규정은 「민법」 제1023조(제1044조의 규정에 의하여 준용되는 경우를 포함한다), 제1040조 제1항, 제1047조 및 「민법」 제1053조의 규정에 의한 상속재산의 관리와 보존에 관한 처분에 이를 준용한다. [전문개정 2008.6.5]

제79조(상속재산관리인의 공고) 「민법」 제1053조 제1항의 공고에는 다음 각 호의 사항을 기재하여야 한다. 〈개정 2006.3.23〉

1. 청구인의 성명과 주소
2. 피상속인의 성명, 직업과 최후주소

3. 피상속인의 출생과 사망장소 및 그 일자
4. 상속재산관리인의 성명과 주소

제80조(상속인 수색의 공고) 「민법」 제1057조의 공고에는 다음 각 호의 사항을 기재하여야 한다. 〈개정 2006.3.23〉
1. 제79조 제1호 내지 제3호의 사항
2. 상속인은 일정한 기간 내에 그 권리를 주장하라는 뜻의 최고

제81조(공고비용의 부담) 제79조 및 제80조의 공고에 필요한 비용은 상속재산의 부담으로 한다.

제82조(감정인 선임등의 비용의 부담) 「민법」 제1035조 제2항(제1040조 제3항, 제1051조 제3항, 제1056조 제2항의 규정에 의하여 준용되는 경우를 포함한다) 및 「민법」 제1113조 제2항의 규정에 의한 감정인의 선임과 그 감정인의 감정에 소요된 비용은 상속재산의 부담으로 한다. 〈개정 2006.3.23.〉

제83조(상속재산의 분여) 「민법」 제1057조의2의 규정에 의한 상속재산 분여의 심판에 대하여는 「민법」 제1057조의2제1항에 규정한 자가 즉시항고를 할 수 있다. 〈개정 2006.3.23〉

제12절 유언에 관한 사건

제84조(유언집행자의 선임·해임)
① 유언집행자를 선임한 심판에 대하여는 이해관계인이 즉시항고를 할 수 있다.
② 유언집행자를 해임할 때에는 그 유언집행자를 절차에 참가하게 하여야 한다.
③ 제2항의 심판에 대하여는 그 유언집행자가 즉시항고를 할 수 있다.

제85조(구수증서에 의한 유언의 검인)
① 「민법」 제1070조 제2항의 규정에 의하여 유언을 검인함에 있어서는 유언방식에 관한 모든 사실을 조사하여야 한다. 〈개정 2006.3.23〉
② 유언검인의 심판에 대하여는 이해관계인이, 유언검인의 청구를 기각한 심판에 대하여는 「민법」 제1070조 제2항에 규정한 자가 즉시항고를 할 수 있다. 〈개정 2006.3.23〉

제86조(유언증서, 녹음의 검인)
① 「민법」 제1091조 제1항의 규정에 의한 유언의 증서 또는 녹음의 검인을 청구함에는 그 유언의 증서 또는 녹음대를 제출하여야 한다.
〈개정 2006.3.23〉
② 봉인한 유언증서를 개봉하고자 할 때에는 미리 그 기일을 정하여 상속인 또는 그 대리인을 소환하고, 기타 이해관계인에게 통지하여야 한다.
③ 유언의 증서 또는 녹음을 검인함에 있어서는 유언방식에 관한 모든 사실을 조사하여야 한다.

제87조(조서작성)
① 유언증서의 개봉과 검인에 관하여는 조서를 작성하여야 한다.
② 조서에는 다음 각 호의 사항을 기재하고, 판사, 법원사무관등이 기명날인하여야 한다.
1. 제출자의 성명과 주소
2. 제출, 개봉과 검인의 일자
3. 참여인의 성명과 주소
4. 심문한 증인, 감정인, 상속인, 기타 이해관계인의 성명, 주소와 그 진술의 요지

5. 사실조사의 결과

제88조(불출석한 자등에 대한 고지) 가정법원이 유언증서의 개봉과 검인을 한 때에는 출석하지 아니한 상속인 기타 유언의 내용에 관계있는 자에게 그 사실을 고지하여야 한다.

제89조(부담있는 유언의 취소)

① 「민법」 제1111조의 규정에 의한 부담있는 유언의 취소의 심판을 할 때에는 수증자를 절차에 참가하게 하여야 한다. 〈개정 2006.3.23〉

② 제1항의 심판에 대하여는 수증자 기타 이해관계인이 즉시항고를 할 수 있다.

제90조(비용의 부담)

① 가정법원이 유언에 관한 청구에 상응한 심판을 한 경우에 심판 전의 절차비용과 심판의 고지비용은 유언자 또는 상속재산의 부담으로 한다.

② 제1항의 규정은 항고법원이 항고인의 신청에 상응한 재판을 한 경우의 항고절차의 비용과 항고인의 부담이 된 제1심의 비용에 관하여 이를 준용한다.

제3장 마류 가사비송사건

제1절 총 칙

제91조(상대방의 지정) 마류 가사비송사건의 심판청구서에는 상대방의 성명, 생년월일, 등록기준지 및 주소를 기재하여야 한다. 〈개정 2007.12.31〉

제92조(상대방의 반대청구) 상대방은 제1심의 절차종결시까지 청구인의 청구와 견련관계에 있는 마류가사비송사건으로서 금전의 지급이나 물건의 인도, 기타 재산상의 의무이행을 구하는 반대청구를 할 수 있다.

제93조(심판의 원칙등)

① 가정법원은 가정의 평화와 사회정의를 위하여 가장 합리적인 방법으로 청구의 목적이 된 법률관계를 조정할 수 있는 내용의 심판을 하여야 한다.

② 금전의 지급이나 물건의 인도, 기타 재산상의 의무이행을 구하는 청구에 대하여는, 그 청구의 취지를 초과하여 의무의 이행을 명할 수 없다. 다만, 가정법원이 자의 복리를 위하여 양육에 관한 사항을 정하는 경우에는 그러하지 아니하다. 〈개정 2010.3.30〉

제94조(즉시항고)

① 심판에 대하여는 청구인과 상대방이 즉시항고를 할 수 있다.

② 청구인과 상대방 이외의 제3자는 특별한 규정이 있는 경우에 한하여 즉시항고를 할 수 있다.

③ 즉시항고의 기간은, 특별한 규정이 있는 경우를 제외하고는, 즉시항고를 할 수 있는 자가 심판을 고지받는 경우에는 그 고지를 받은 날부터, 심판을 고지받지 아니하는 경우에는 당사자에게 심판이 최후로 고지된 날부터 진행한다.

제95조(비용부담액의 확정)

① 가정법원이 수액을 정하지 아니하고 절차비용 부담의 재판을 한 경우, 그 비용액의 확정에 관하여는 「민사소송법」중 소송비용액확정결정에 관한 규정을 준용한다. 〈개정 2006. 3.23〉

② 제1항의 규정은 항고심과 재항고심의 절차비용에 이를 준용한다.

제95조의2(재산명시신청)

① 법 제48조의2제1항에 따른 당사자의 재 산명시를 요구하는 신청은 신청취지와 신청사유를 적은 서면으로 하여야 한다.

② 가정법원은 제1항의 신청서를 상대방에게 송달하여 의견을 표명할 기회를 주어야 한다.

[본조신설 2009.11.4]

제95조의3(재산명시명령 등)

① 가정법원이 법 제48조의2제1항에 따른 결정(다음부터 "재산명시명령"이라 한다)을 할 때에는 재산목록을 제출할 상당한 기간을 정하여야 한다.

② 재산명시명령은 재산명시명령을 받은 당사자(다음부터 "재산명시 대상 당사자"라 한다)에게 송달하여야 하고, 명령에 따르지 아니할 경우 법 제67조의3에 따른 제재를 받을 수 있음을 함께 고지하여야 한다. 〈개정 2016.12.29〉

③ 재산명시명령을 재산명시 대상 당사자에게 송달함에 있어서는 「민사소송법」 제187조 및 제194조에 따른 방법으로는 할 수 없다.

④ 재산명시명령이 재산명시 대상 당사자에게 송달되지 아니한 때에는 가정법원은 상대방에게 상당한 기간을 정하여 재산명시 대상 당사자의 주소를 보정하도록 명하여야 한다.

⑤ 상대방이 제4항의 명령을 받고도 이를 이행하지 아니한 때에는 가정법원은 재산명시명령을 취소하고, 재산명시신청을 각하하여야 한다.

[본조신설 2009.11.4]

제95조의4(재산목록의 제출)

① 재산명시 대상 당사자는 제95조의3제 1항의 기간 이내에 자신이 보유하고 있는 재산과 다음 각 호의 사항을 명시한 재산목록을 제출하여야 한다. 다음 각 호의 사항을 명시하는 때에는 양도나 처분을 받은 사람의 이름·주소·주민등록번호 등과 그 거래내역을 함께 적어야 한다.

1. 재산명시명령이 송달되기 전 2년 이내에 한 부동산의 양도
2. 재산명시명령이 송달되기 전 2년 이내에 배우자, 직계혈족 및 4촌 이내의 방계혈족과 그 배우자, 배우자의 직계혈족과 형제자매에게 한 부동산 외의 재산으로서 권리의 이전이나 행사에 등기·등록 또는 명의개서(다음부터 이 조문 안에서 "등기등"이라 한다)가 필요한 재산의 양도
3. 그 밖에 가정법원이 정하는 재산의 처분행위

② 재산목록에 적어야 할 재산은 다음 각 호와 같다. 다만, 당사자 및 당사자와 같이 사는 친족(사실상 관계에 따른 친족을 포함)의 생활에 필요한 의복, 침구, 가구, 부엌기구 등 생활필수품과 그 밖의 공동생활용품은 제외한다.

1. 부동산에 관한 소유권·지상권·전세권·임차권·인도청구권과 그에 관한 권리이전청구권
2. 등기 또는 등록의 대상이 되는 자동차·건설기계·선박·항공기의 소유권, 인도청구권과 그에 관한 권리이전청구권
3. 광업권·어업권, 그 밖에 부동산에 관한 규정이 준용되는 권리와 그에 관한 권리이전청구권
4. 특허권·상표권·저작권·디자인권·실용신안권, 그 밖에 이에 준하는 권리와 그에 관한 권리이전청구권
5. 100만 원 이상의 금전과 합계액 100만 원 이상의 어음·수표
6. 합계액 100만 원 이상의 예금과 보험금 100만 원 이상의 보험계약
7. 합계액 100만 원 이상의 주권·국채·공채·회사채, 그 밖의 유가증권
8. 100만 원 이상의 금전채권과 가액 100만 원 이상의 대체물인도 채권(같은 채무자에 대한 채권 액의

합계가 100만 원 이상인 채권을 포함한다), 저당권 등의 담보물권으로 담보되는 채권은 그 취지와 담보물권의 내용

9. 정기적으로 받을 보수·부양료, 그 밖의 수입
10. 「소득세법상」상의 소득으로서 제9호에서 정한 소득을 제외한 각종소득 가운데 소득별 연간합계액 100만 원 이상인 것
11. 합계액 100만 원 이상의 금·은·백금·금은제품과 백금제품
12. 품목당 100만 원 이상의 시계·보석류·골동품·예술품과 악기
13. 합계액 100만 원 이상의 사무기구
14. 품목당 100만 원 이상의 가축과 농기계를 포함한 각종 기계
15. 합계액 100만 원 이상의 농·축·어업생산품(1월 안에 수확할 수 있는 과실을 포함한다), 공업생산품과 재고상품
16. 제11호부터 제15호까지 규정된 유체동산에 관한 인도청구권· 권리이전청구권, 그 밖의 청구권
17. 제11호부터 제15호까지 규정되지 아니한 유체동산으로 품목당 100만 원 이상인 것과 그에 관한 인도청구권·권리이전청구권, 그 밖의 청구권
18. 가액 100만 원 이상의 회원권, 그 밖에 이에 준하는 권리와 그에 관한 이전청구권
19. 그 밖에 가정법원이 범위를 정하여 적을 것을 명한 재산

③ 가정법원은 재산목록에 기재할 재산의 종류와 하한이 되는 액수를 제2항 각 호와 다르게 정할 수 있다.

④ 재산명시 대상 당사자는 합계액 100만 원 이상의 금전채무, 합계액 100만 원 이상인 목적물에 대한 인도·권리이전 채무, 재산명시명령을 송달받은 날부터 6개월이 경과한 날 이후까지 정기적으로 지출이 예상되는 비용을 재산목록에 기재할 수 있다.

⑤ 제1항부터 제3항까지의 규정에 따라 재산목록을 적는 때에는 다음 각 호의 기준을 따라야 한다.

1. 제2항에 규정된 재산 가운데 권리의 이전이나 그 행사에 등기 등이 필요한 재산으로서 제3자에게 명의신탁 되어 있거나 신탁재산으로 등기 등이 되어 있는 것도 적어야 한다. 이 경우에는 재산목록에 명의자와 그 주소를 표시하여야 한다.
2. 제2항 제8호 및 제11호부터 제18호까지 규정된 재산의 가액은 재산목록을 작성할 당시의 시장가격에 따른다. 다만, 시장가격을 알기 어려운 경우에는 그 취득가액에 따른다.
3. 어음·수표·주권·국채·공채·회사채 등 유가증권의 가액은 액면금 액으로 한다. 다만, 시장가격이 있는 증권의 가액은 재산목록을 작성할 당시의 거래가격에 따른다.
4. 제2항 제1호부터 제4호까지 규정된 것 가운데 미등기 또는 미등록인 재산에 대하여는 도면·사진 등을 붙이거나 그 밖에 적당한 방법으로 특정하여야 한다.

⑥ 가정법원은 필요한 때에는 당사자에게 재산목록에 적은 사항에 관한 참고자료의 제출을 명할 수 있다.

⑦ 당사자는 가정법원에 제출한 재산목록에 형식적인 흠이 있거나 불명확한 점이 있는 때에는 가정법원의 허가를 얻어 이미 제출한 재산목록을 정정할 수 있다.

[본조신설 2009.11.4]

제95조의5(준용규정) 재산조회에 관하여는 법 및 이 규칙에 특별한 규정이 있는 경우를 제외하고는 성질에 반하지 않는 한 「민사집행규칙」·「재산조회규칙」의 규정을 준용한다. 다만, 「민사집행규칙」 제38조, 「재산조회규칙」 제13조, 제14조 제2항, 제15조의 규정은 그러하지 아니하다. [본조신설 2009.11.4]

제95조의6(재산조회신청 등)

① 법 제48조의3제1항에 따른 당사자 명의의 재산에 관한 조회를 요구하는 신청은 다음 각 호의 사항을 적은 서면으로 하여야 한다.

1. 조회의 대상이 되는 당사자(다음부터 "조회대상자"라 한다)
2. 조회할 공공기관, 금융기관 또는 단체
3. 조회할 재산의 종류
4. 과거의 재산보유내역에 대한 조회를 요구하는 때에는 그 취지와 조회기간
5. 신청취지와 신청사유

② 제1항의 신청을 하는 때에는 신청의 사유를 소명하여야 한다.

[본조신설 2009.11.4]

제95조의7(재산조회비용의 예납 등)

① 법 제48조의3제1항의 재산조회를 신청하는 당사자는 재산조회에 필요한 비용으로서 가정법원이 정하는 금액을 미리 내야 한다. 가정법원이 부족한 비용을 미리 내라고 명하는 때에도 또한 같다.

② 가정법원이 직권으로 재산조회를 하는 때에는 그 재산조회로 이익을 받을 당사자에게 제1항의 비용을 내게 할 수 있다. 재산조회로 이익을 받을 당사자가 분명하지 아니한 때에는 조회대상자의 상대방을 재산조회로 이익을 받을 당사자로 본다.

③ 가정법원은 제1항, 제2항의 당사자가 비용을 내지 아니하는 경우에는 신청을 각하하거나 재산조회결정을 취소할 수 있다.

[본조신설 2009.11.4]

제95조의8(과태료사건의 관할) 법 제67조의3 및 제67조의4에 따른 과태료 재판은 재산명시명령, 재산조회를 한 가정법원이 관할한다. 〈개정 2016.12.29〉

[본조신설 2009.11.4]

제2절 부부관계에 관한 사건

제96조(당사자) 「민법」 제826조, 제833조의 규정에 의한 부부의 동거·부양·협조 또는 생활비용의 부담에 관한 심판, 「민법」 제829조 제3항의 규정에 의한 재산관리자의 변경 또는 공유재산의 분할의 심판 및 「민법」 제839조의2제2항(제843조의 규정에 의하여 준용되는 경우 및 혼인취소를 원인으로 하는 경우를 포함한다)의 규정에 의한 재산분할의 심판은, 부부 중 일방이 다른 일방을 상대방으로 하여 청구하여야 한다. 〈개정 2006.3.23〉

제97조(이행명령) 제96조에 규정된 청구에 관한 심판을 함에 있어서는, 금전의 지급, 물건의 인도, 등기 기타의 의무이행을 동시에 명할 수 있다.

제98조(부부재산의 분할) 「민법」 제269조 제2항의 규정은 「민법」 제829조 제3항 및 「민법」 제839조의2제2항(제843조의 규정에 의하여 준용되는 경우 및 혼인의 취소를 원인으로 하는 경우를 포함한다)의 규정에 의한 재산분할의 심판에 이를 준용한다. 〈개정 2006.3.23.〉

제3절 친권자의 지정과 자의 양육에 관한 사건

제99조(당사자)

① 자의 양육에 관한 처분과 변경 및 친권자의 지정과 변경에 관한 심판은 부모 중 일방이 다른 일방을

상대방으로 하여 청구하여야 한다.
〈개정 2017.2.2〉
② 면접교섭권의 처분 또는 제한·배제·변경에 관한 심판은 다음 각 호의 자들 상호간에 일방이 다른 일방을 상대방으로 하여 청구하여야 한다.
〈신설 2017.2.2〉
1. 부와 모
2. 자를 직접 양육하지 아니하는 부 또는 모의 직계존속과 자를 직접 양육하는 부 또는 모
③ 제1항의 심판을 청구함에 있어, 부모 아닌 자가 자를 양육하고 있을 때에는, 그 자를 공동상대방으로 하여 자의 인도를 청구할 수 있다.
〈개정 2017.2.2〉

제100조(자의 의견의 청취) 제99조 제1항 및 제2항에 규정한 청구가 있는 경우에, 자가 13세 이상인 때에는, 가정법원은 심판에 앞서 그 자의 의견을 들어야 한다. 다만, 자의 의견을 들을 수 없거나 자의 의견을 듣는 것이 오히려 자의 복지를 해할만한 특별한 사정이 있다고 인정되는 때에는 그러하지 아니하다.
〈개정 2017.2.2〉

제4절 친권의 상실등에 관한 사건

제101조(상대방)
①「민법」제922조의2의 규정에 의한 친권자의 동의를 갈음하는 심판,「민법」제924조, 제924조의2, 제925조의 규정에 의한 친권의 상실, 일시 정지, 일시 정지에 대한 기간 연장, 일부 제한 및 법률행위 대리권과 재산관리권의 상실 선고의 심판은 그 친권자를 상대방으로 하여 청구하여야 한다.
〈개정 2015.7.28〉
②「민법」제926조의 규정에 의한 실권회복선고의 심판은, 청구 당시 친권 또는 친권의 일부, 법률행위대리권, 재산관리권을 행사하거나 이를 대행하고 있는 자를 상대방으로 하여 청구하여야 한다. 〈개정 2015.7.28.〉

제102조(대행자의 지정)
① 제101조 제1항에 규정한 심판청구가 있는 경우에, 법 제62조의 규정에 의한 사전처분으로서, 친권자의 친권, 법률행위대리권, 재산관리권의 전부 또는 일부의 행사를 정지하여 이를 행사할 자가 없게 된 때에는, 심판의 확정시까지 그 권한을 행사할 자를 동시에 지정하여야 한다.
② 제1항의 권한대행자에 대하여는 미성년자의 재산 중에서 상당한 보수를 지급할 것을 명할 수 있다.

제103조(즉시항고) 친권자의 동의를 갈음하는 심판, 친권의 상실, 일시 정지, 일시 정지에 대한 기간 연장, 일부 제한 및 그 실권 회복의 선고 또는 법률행위의 대리권과 재산관리권의 상실 및 그 실권 회복의 선고 심판에 대하여는 상대방 또는「민법」제925조에 규정한 자가 즉시항고를 할 수 있다.
[전문개정 2015.7.28]

제5절 삭 제

제104조 삭제 〈2013.6.5〉

제105조 삭제 〈2013.6.5〉

제6절 부양에 관한 사건

제106조(이해관계인의 참가) 「민법」 제976조 내지 제978조의 규정에 의한 부양에 관한 심판청구가 있는 경우에, 그 심판이 당사자 이외의 부양권리자 또는 부양의무자의 부양의 순위, 정도 및 방법에 직접 관련되는 것인 때에는, 가정법원은 그 부양권리자 또는 부양의무자를 절차에 참가하게 하여야 한다. 〈개정 2006.3.23〉

제107조(부양의 정도, 방법의 결정과 지시) 가정법원이 부양의 정도 또는 방법을 정하거나 이를 변경하는 심판을 하는 경우에는, 필요하다고 인정되는 지시를 할 수 있다.

제108조(이행명령) 제97조의 규정은 부양에 관한 심판에 이를 준용한다.

제109조(즉시항고) 부양에 관한 심판에 대하여는 당사자 또는 이해관계인이 즉시항고를 할 수 있다.

제7절 상속에 관한 사건

제110조(당사자) 「민법」 제1008조의2 제2항, 제4항의 규정에 의한 기여분의 결정 및 「민법」 제1013조 제2항의 규정에 의한 상속재산의 분할에 관한 심판은 상속인 중의 1인 또는 수인이 나머지 상속인 전원을 상대방으로 하여 청구하여야 한다. 〈개정 2006.3.23〉

제111조(기여분의 결정) 기여분의 결정을 구하는 심판청구서에는 제75조 제1항 제1호 및 제2호에 규정한 사항 외에 다음 각 호의 사항을 기재하여야 한다.

1. 기여의 시기, 방법, 정도 및 기타의 사정
2. 동일한 상속재산에 관한 다른 기여분결정 청구사건 또는 상속재산분할 청구사건이 있는 경우에는 그 사건 및 가정법원의 표시

제112조(사건의 병합)

① 동일한 상속재산에 관한 수개의 기여분결정 청구사건은 병합하여 심리, 재판하여야 한다.

② 기여분결정 청구사건은 동일한 상속재산에 관한 상속재산분할청구사건에 병합하여 심리, 재판하여야 한다.

③ 제1항 및 제2항의 규정에 의하여 병합된 수개의 청구에 관하여는 1개의 심판으로 재판하여야 한다.

제113조(청구기간의 지정)

① 상속재산 분할 청구가 있는 때에는, 가정법원은 당사자가 기여분의 결정을 청구할 수 있는 기간을 정하여 고지할 수 있다. 그 기간은 1월 이상이어야 한다.

② 가정법원은 제1항의 규정에 의하여 정한 기간을 도과하여 청구된 기여분결정 청구는 이를 각하할 수 있다.

제114조(상속재산의 분할청구) 상속재산 분할의 심판청구서에는 다음 각 호의 사항을 기재하여야 한다.

1. 이해관계인의 성명과 주소
2. 공동상속인중 상속재산으로부터 증여 또는 유증을 받은 자가 있는 때에는 그 내용
3. 상속재산의 목록

제115조(상속재산 분할의 심판)

① 가정법원은 제1심 심리종결시까지 분할이 청구된 모든 상속재산에 대하여 동시에 분할의 심판을 하여야 한다.

② 가정법원은 분할의 대상이 된 상속재산 중 특정의 재산을 1인 또는 수인의 상속인의 소유로 하고,

그의 상속분 및 기여분과 그 특정의 재산의 가액의 차액을 현금으로 정산할 것을 명할 수 있다.

③ 제97조의 규정은 상속재산분할의 심판에 이를 준용한다.

제116조(즉시항고)

① 기여분 결정의 심판과 상속재산분할의 심판에 대하여는 당사자 또는 이해관계인이 즉시항고를 할 수 있다.

② 제112조 제3항 또는 제115조 제1항의 규정에 의한 심판이 있는 경우에, 즉시항고권자 중 1인의 즉시항고는 당사자 전원에 대하여 그 효력이 있고, 심판의 일부에 대한 즉시항고는 심판 전부에 대하여 그 효력이 있다.

제4편 가사조정

제117조(준용규정)

① 가사조정에 관하여는 법 및 이 규칙에 특별한 규정이 있는 경우를 제외하고는 「민사조정규칙」의 규정을 준용한다. 〈개정 2006.3.23〉

② 제16조, 제17조 및 제20조의 규정은 가사조정사건에 이를 준용한다.

제118조(조정장소) 조정위원회 또는 조정담당판사는 필요하다고 인정한 때에는 법원외의 적당한 장소에서 조정할 수 있다.

제119조(격지조정)

① 조정위원회 또는 조정담당판사는 당사자가 동시에 출석하여 조정할 수 없는 사정이 있다고 인정한 때에는, 서면으로 조정안을 작성하여 각 당사자에게 제시할 수 있다. 이 경우, 조정안에는 그 조정으로 인한 효과를 기재하여야 한다.

② 당사자가 제1항의 조정안에 동의한 때에는, 조정위원회 또는 조정담당판사가 지명한 조정위원의 면전에서 조정안에 기명날인 또는 서명하여야 한다.

〈개정 2002.6.28〉

③ 당사자 전원이 제2항의 규정에 의한 동의를 한 때에는 조정이 성립된 것으로 본다. 이 경우, 조정조서에는 격지조정에 의하여 조정이 성립되었음을 기재하고, 각 당사자가 기명날인 또는 서명한 조정안을 첨부하여야 한다.

〈개정 2002.6.28〉

제120조(조정장의 기명날인) 조정위원회가 작성하는 조정안, 결정서, 조서, 의견서등에는 조정위원회를 대표하여 조정장이 기명날인한다.

제5편 이행의 확보

제1장 양육비 직접지급명령

제120조의2(준용규정) 양육비 직접지급명령에 관하여는 법 및 이 규칙에 특별한 규정이 있는 경우를 제외하고는 성질에 반하지 않는 한 「민사집행규칙」의 규정을 준용한다. [본조신설 2009.11.4]

제120조의3(양육비 직접지급명령의 관할)
① 법 제63조의2에 따른 양육비 직접지급명령에 관한 사건은 미성년자인 자녀의 보통재판적이 있는 곳의 가정법원의 전속관할로 한다. 〈개정 2016.12.29〉
② 제1항의 가정법원이 없는 경우 소득세원천징수의무자의 보통재판적이 있는 곳의 가정법원의 전속관할로 한다.
[본조신설 2009.11.4]

제120조의4(양육비 직접지급명령신청의 방식) 양육비 직접지급명령신청서에는 다음 각 호의 사항을 적고 집행력 있는 정본을 붙여야 한다. 〈개정 2016.12.29〉
1. 양육비채권자·양육비채무자·소득세원천징수의무자와 그 대리인, 미성년자인 자녀의 표시
2. 집행권원의 표시
3. 2회 이상 양육비가 지급되지 않은 구체적인 내역과 직접지급을 구하고 있는 기한이 도래하지 아니한 정기금 양육비 채권의 구체적인 내용
4. 집행권원에 표시된 양육비 채권의 일부에 관하여만 직접지급명령을 신청하거나 목적채권의 일부에 대하여만 직접지급명령을 신청하는 때에는 그 범위

[본조신설 2009.11.4]

제120조의5(양육비 직접지급명령 취소의 관할) 법 제63조의2제3항에 따른 양육비 직접지급명령 취소에 관한 사건은 양육비 직접지급명령을 발령한 가정법원의 전속관할로 한다. [본조신설 2009.11.4]

제120조의6(즉시항고) 법 제63조의2제5항에 따른 즉시항고는 재판을 고지 받은 날부터 1주 이내에 항고장을 그 재판을 행한 가정법원에 제출하여야 한다.
[본조신설 2009.11.4.]

제2장 담보제공명령·일시금지급명령

제120조의7(신청에 의한 담보제공명령 및 일시금지급명령의 관할)
① 법 제63조의3제2항 및 제4항에 따른 담보제공명령 및 일시금지급명령에 관한 사건은 미성년자인 자녀의 보통재판적이 있는 곳의 가정법원의 전속관할로 한다. 〈개정 2016. 12.29〉
② 제1항의 가정법원이 없는 경우 대법원소재지의 가정법원의 전속관할로 한다.
[본조신설 2009.11.4]

제120조의8(담보제공의 신청) 법 제63조의3제2항에 따른 채무자의 담보제공을 요구하는 신청은 다음 각 호의 사항을 기재하고 신청인 또는 대리인이 기명날인 또는 서명한 서면으로 하여야 한다. 〈개정 2016.12.29〉
1. 신청인, 피신청인과 그 대리인, 미성년자인 자녀의 표시
2. 집행권원의 표시 및 내용
3. 채무자가 이행하지 아니하는 금전채무액 및 그 기간
4. 신청취지와 신청사유

[본조신설 2009.11.4]

제120조의9(즉시항고)
① 법 제63조의3제3항에 따른 즉시항고는 재판을 고지 받은 날부터 1주 이내에 하여야 한다.
② 즉시항고는 집행을 정지시키는 효력을 가진다.

[본조신설 2009.11.4]

제120조의10(일시금지급의 신청) 법 제63조의3제4항에 따른 일시금 지급을 요구하는 신청은 다음 각 호의 사항을 기재하고 신청인 또는 대리인이 기명날인 또는 서명한 서면으로 하여야 한다. 〈개정 2016.12.29〉

1. 신청인, 피신청인과 그 대리인, 미성년자인 자녀의 표시
2. 집행권원의 표시 및 내용
3. 법 제63조의3제1항 및 제2항에 따른 담보제공명령의 표시 및 내용
4. 신청취지와 신청사유

[본조신설 2009.11.4.]

제3장 이행명령

제121조(이행명령의 관할)

① 다음 각 호의 의무위반을 이유로 한 법 제64조의 규정에 의한 이행명령 사건은 미성년자인 자녀의 보통재판적이 있는 곳의 가정법원의 전속관할로 한다. 다만, 관할 가정법원이 없는 경우에는 대법원소재지의 가정법원의 전속관할로 한다.

1. 법 제64조 제1항 제1호 중 신청 당시 미성년자인 자녀에 관한 양육비 지급의무
2. 법 제64조 제1항 제2호·제3호의 의무

② 제1항 각 호 이외의 의무위반을 이유로 한 법 제64조의 규정에 의한 이행명령 사건은 의무자의 보통재판적이 있는 곳의 가정법원의 전속관할로 한다. 다만, 관할 가정법원이 없는 경우에는 대법원소재지의 가정법원의 전속관할로 한다.

[전문개정 2016.12.29]

제122조(가사조사관에 의한 조사등) 가정법원은 권리자의 신청이 있는 때에는, 이행명령을 하기 전이나 후에, 가사조사관으로 하여금 의무자의 재산상황과 의무이행의 실태에 관하여 조사하고, 의무이행을 권고하게 할 수 있다.

제123조(이행명령의 범위) 이행명령은 그 명령을 하기까지 의무자가 이행하지 아니한 의무의 전부 또는 일부에 대하여 이를 할 수 있다.

제4장 금 전 임 치

제124조(금전임치의 관할)

① 법 제65조 제1항의 규정에 의한 금전임치의 신청에 대한 허가 사건은 그 의무이행을 명한 판결, 심판, 조정을 한 가정법원(고등법원이 판결, 결정을 한 경우에는 제1심 가정법원)의 전속관할로 한다.

② 금전임치의 허가에 임치할 가정법원을 따로 정하지 아니한 경우에는 그 금전임치를 허가한 가정법원에 금전을 임치하여야 한다.

제125조(임치의 신청 및 납부)

① 금전임치의 신청은 다음 각 호의 사항을 기재하고 신청인 또는 대리인이 기명날인 또는 서명한 서면으로 하여야 한다. 〈개정 2002.6.28〉

1. 의무자와 권리자 및 대리인의 표시
2. 집행권원의 표시 및 내용

3. 의무자가 이행하여야 할 금전채무액 및 임치할 금액
4. 임치사유
5. 반대의무 또는 조건이 있을 때에는 그 내용

② 제1항의 신청에 대한 가정법원의 허가가 있는 때에는 가정법원의 법원사무관등은 지체없이 의무자에게 납부지시서를 발부하여야 한다.

③ 제2항의 납부지시서를 발부받은 신청인은 세입세출외 현금출납공무원에게 임치금을 납부하여야 한다.

제126조(보관표) 제125조 제3항의 규정에 의하여 임치금을 수납한 세입세출외 현금출납공무원은 신청인에게 영수증을 교부하고, 그 수납에 관한 사항을 기재한 보관표를 작성하여 가정법원의 법원사무관등에게 송부하여야 한다.

제127조(통지) 제126조의 보관표를 송부받은 가정법원의 법원사무관등은 지체없이 임치금사건부에 등재하고 권리자에게 금전임치사실을 통지하여야 한다.

제128조(권리자에의 지급)

① 임치금의 지급절차에 관하여는 「법원보관금취급규칙」의 규정을 준용한다. 〈개정 2002.6.28, 2006.3.23〉

② 임치금의 수령에 조건이 붙거나 반대의무의 이행이 있어야 할 경우에는, 권리자는 그 조건의 성취 또는 반대의무의 이행을 증명하는 서면을 제출하여야 한다.

제129조(위임규정) 임치금사건의 처리에 필요한 문서양식 기타의 사항은 대법원예규로 정한다.

제6편 감치의 재판

제130조(준용규정) 법 제67조 제2항 및 법 제68조의 규정에 의한 감치에 처하는 재판절차 기타의 사항에 관하여는, 법 및 이 규칙에 특별한 규정이 있는 경우를 제외하고는 성질에 반하지 아니하는 한 「법정등의질서유지를위한재판에관한규칙」의 규정을 준용한다. 다만, 「법정등의질서유지를위한재판에관한규칙 제3조 내지 제5조, 제12조 내지 제14조, 제20조, 제23조 제8항, 제25조 제3항, 제4항 및 제26조의 규정은 그러하지 아니하다. 〈개정 2006.3.23〉

제131조(관할) 감치에 처하는 재판은 수검명령·이행명령 또는 일시금지급명령을 한 가정법원의 전속관할로 한다. 〈개정 2009.11.4〉

제132조(감치재판의 신청) 법 제68조 제1항의 규정에 의한 권리자의 감치재판의 신청은 다음 각호의 사항을 기재하고, 권리자가 기명날인 또는 서명한 서면에 의하여야 한다. 〈개정 2009.11.4〉

1. 의무자의 성명과 주소
2. 집행권원의 표시
3. 법 제64조의 이행명령 또는 법 제63조의3제4항의 일시금지급명령이 의무자에게 고지된 일자
4. 의무자가 이행하지 아니한 의무의 내용
5. 감치의 재판을 구하는 뜻

제133조(신청각하의 재판)

① 가정법원은, 제132조의 규정에 의한 권리자의 신청이 부적법하다고 인정한 때에는 그 신청을 각하하는 결정을 하여야 한다.

② 제1항의 결정에 대하여는 불복하지 못한다.

제134조(재판기일의 지정등)
① 가정법원이 직권으로 위반자 또는 의무자를 감치에 처하고자 할 때 또는 제132조의 규정에 의한 권리자의 신청이 이유 있다고 인정한 때에는, 재판장은 재판기일을 정하여 위반자 또는 의무자를 소환하여야 한다.
② 제1항의 소환을 받은 위반자 또는 의무자가 정당한 사유 없이 재판기일에 출석하지 아니한 때에는, 재판장은 위반자 또는 의무자를 구인할 수 있다.

제135조(감치의 재판등)
① 감치에 처하는 재판에는 위반자가 위반한 수검명령의 내용 또는 의무자가 이행하지 아니한 의무의 내용, 감치의 기간, 감치할 장소 및 감치의 기간이 만료되기 이전이라도 수검명령에 응하거나 의무를 이행한 때에는 감치의 집행이 종료된다는 뜻을 명확히 하여야 한다.
② 가정법원은, 위반자 또는 의무자를 감치에 처함이 상당하지 아니하다고 인정하거나 위반자 또는 의무자가 재판기일까지 그 의무이행사실을 증명한 때에는 불처벌의 결정을 하여야 한다.
③ 제2항의 결정에 대하여는 불복하지 못한다.

제136조(즉시항고)
① 법 제67조 제3항 또는 법 제68조 제2항의 규정에 의한 즉시항고는, 위반자 또는 의무자가 재판의 고지를 받은 날부터 3일 이내에 하여야 한다.
② 즉시항고는 이유를 기재한 항고장을 재판법원에 제출함으로써 한다.
③ 즉시항고는 집행정지의 효력이 없다.

제137조(의무이행에 의한 감치집행의 종료)
① 법 제67조 제2항의 규정에 의한 감치의 재판을 받은 자가 그 감치의 집행 중에 수검명령에 응할 뜻을 표시한 때에는, 재판장은 지체없이 그 위반자에 대하여 혈액채취 기타 검사에 필요한 조치를 취한 후 위반자가 유치되어 있는 감치시설의 장에게 위반자의 석방을 명하여야 한다.
② 법 제68조 제1항의 규정에 의한 감치의 재판을 받은 자가, 그 감치의 집행 중에, 의무를 이행하고 이를 증명하는 서면을 제출한 때에는, 재판장은 지체없이 의무자가 유치되어 있는 감치시설의 장에게 의무자의 석방을 명하여야 한다.
③ 제1항 및 제2항의 석방명령은 서면으로 하여야 한다. 다만, 긴급을 필요로 하는 경우에는 그러하지 아니하다.

제138조(위임규정) 감치의 재판절차에 필요한 문서양식 기타의 사항은 대법원예규로 정한다.

부 칙 〈제2658호, 2016.4.8〉

이 규칙은 2016년 7월 1일부터 시행한다.

부 칙 〈제2704호, 2016.12.29〉

제1조 (시행일) 이 규칙은 2017년 2월 1일부터 시행한다.

제2조 (경과조치) ① 이 규칙은 이 규칙 시행 당시 가정법원에 계속 중인 사건에도 적용한다. 다만 종전의 규정에 따라 발생한 효력에는 영향을 미치지 아니한다.
② 이 규칙 시행당시 가정법원에 계속 중인 사건으로서 이 규칙에 의한 관할권이 없는 사건의 경우에는

종전의 규정에 의하여 관할권이 있으면 그에 따른다.

부 칙 〈제2715호, 2017.2.2〉

이 규칙은 2017년 6월 3일부터 시행한다.

부 칙 〈제2764호, 2017.12.27〉

제1조(시행일) 이 규칙은 2018년 2월 1일부터 시행한다.

제2조(적용례) 이 규칙은 이 규칙 시행 후 최초로 접수되는 사건부터 적용한다.

부 칙 〈제2785호, 2018.4.27〉

제1조(시행일) 이 규칙은 2018년 5월 1일부터 시행한다.

제2조(경과조치) 이 규칙은 이 규칙 시행 당시 가정법원에 계속 중인 사건에도 적용한다. 다만, 종전의 규정에 따라 발생한 효력에는 영향을 미치지 아니한다.

가족관계의 등록 등에 관한 법률

제정 2007. 5. 17. 법률 제8435호
개정 2017. 10. 31. 법률 제14963호

제1장 총 칙 …… (제1조~제8조)
제2장 가족관계등록부의 작성과 등록사무의 처리 …… (제9조~제15조)
제3장 등록부의 기록 …… (제16조~제19조)
제4장 신 고
제1절 통 칙 …… (제20조~제43조)
제2절 출 생 …… (제44조~제54조)
제3절 인 지 …… (제55조~제60조)
제4절 입 양 …… (제61조~제62조)
제5절 파 양 …… (제63조~제66조)
제6절 친양자의 입양 및 파양 …… (제67조~제70조)
제7절 혼 인 …… (제71조~제73조)
제8절 이 혼 …… (제74조~제78조)
제9절 친권 및 미성년후견 …… (제79조~제83조의5)
제10절 사망과 실종 …… (제84조~제92조)
제11절 국적의 취득과 상실 …… (제93조~제98조)
제12절 개명 및 성·본 변경 …… (제99조~제100조)
제13절 가족관계등록 창설 …… (제101조~제103조)
제5장 등록부의 정정 …… (제104조~제108조)
제6장 불복절차 …… (제109조~제113조)
제7장 신고서류의 송부와 법원의 감독 …… (제114조~제116조)
제8장 벌 칙 …… (제117조~제124조)

부 칙

제1장 총 칙

제1조(목적) 이 법은 국민의 출생·혼인·사망 등 가족관계의 발생 및 변동사항에 관한등록과 그 증명에 관한 사항을 규정함을 목적으로 한다.

제2조(관장) 가족관계의 발생 및 변동사항에 관한등록과 그 증명에 관한 사무(이하 "등록사무"라 한다)는 대법원이 관장한다.

제3조(권한의 위임)

① 대법원장은 등록사무의 처리에 관한 권한을 시·읍·면의 장(도농복합형태의 시에 있어서 동지역에 대하여는 시장, 읍·면지역에 대하여는 읍·면장으로 한다. 이하 같다)에게 위임한다.

② 특별시 및 광역시와 구를 둔 시에 있어서는 이 법 중 시, 시장 또는 시의 사무소라 함은 각각 구, 구청장 또는 구의 사무소를 말한다. 다만, 광역시에 있어서 군지역에 대하여는 읍·면, 읍·면의 장 또는 읍·면의 사무소를 말한다.

③ 대법원장은 등록사무의 감독에 관한 권한을 시·읍·면의 사무소 소재지를 관할하는 가정법원장에게 위임한다. 다만, 가정법원지원장은 가정법원장의 명을 받아 그 관할 구역 내의 등록사무를 감독한다.

제4조(등록사무처리) 제3조에 따른 등록사무는 가족관계의 발생 및 변동사항의 등록(이하 "등록"이라 한다)에 관한 신고 등을 접수하거나 수리한 신고지의 시·읍·면의 장이 처리한다.

제4조의2(재외국민 등록사무처리에 관한 특례)

① 제3조 및 제4조에도 불구하고, 대법원장은 외국에 거주하거나 체류하는 대한민국 국민(이하 "재외국민"이라 한다)에 관한등록사무를 법원서기관, 법원사무관, 법원주사 또는 법원주사보(이하 "가족관계등록관"이라 한다)로 하여금 처리하게 할 수 있다.

② 재외국민에 관한등록사무의 처리 및 지원을 위하여 법원행정처에 재외국민 가족관계등록사무소를 두고, 그 구성, 운영 등 필요한 사항은 대법원규칙으로 정한다.

③ 재외국민 가족관계등록사무소 가족관계등록관의 등록사무처리에 관하여는 시·읍·면의 장의 등록사무처리에 관한 규정 중 제3조 제3항, 제5조, 제11조, 제14조, 제18조, 제22조, 제23조의3, 제29조, 제31조, 제38조부터 제43조까지, 제109조부터 제111조까지, 제114조부터 제116조까지를 준용한다.

[본조신설 2015.2.3]

제5조(직무의 제한)

① 시·읍·면의 장은 등록에 관한 증명서 발급사무를 제외하고 자기 또는 자기와 4촌 이내의 친족에 관한 등록사건에 관하여는 그 직무를 행할 수 없다.

② 등록사건 처리에 관하여 시·읍·면의 장을 대리하는 사람도 제1항과 같다.

제6조(수수료 등의 귀속)

① 이 법의 규정에 따라 납부하는 수수료 및 과태료는 등록사무를 처리하는 해당 지방자치단체의 수입으로 한다. 다만, 다음 각 호의 어느 하나에 해당하는 경우에는 그러하지 아니하다. 〈개정 2015.2.3〉

1. 제12조 제2항에 따라 전산정보중앙관리소 소속 공무원이 증명서를 발급하는 경우

1의 2. 제4조의2에 따른 재외국민 가족관계등록사무소에 수수료를 납부하는 경우

2. 제120조 및 제123조에 따라 가정법원이 과태료를 부과하는 경우

3. 제124조 제3항에 따라 가정법원이 「비송사건절차법」에 따른 과태료 재판을 하는 경우

② 제1항의 수수료의 금액은 대법원규칙으로 정한다.

제7조(비용의 부담) 제3조에 따라 시·읍·면의 장에게 위임한 등록사무에 드는 비용은 국가가 부담한다.

제8조(대법원규칙) 이 법 시행에 관하여 필요한 사항은 대법원규칙으로 정한다.

제2장 가족관계등록부의 작성과 등록사무의 처리

제9조(가족관계등록부의 작성 및 기록사항)

① 가족관계등록부(이하 "등록부"라 한다)는 전산정보처리조직에 의하여 입력·처리된 가족관계 등록사항(이하 "등록사항"이라 한다)에 관한 전산정보자료를 제10조의 등록기준지에 따라 개인별로 구분하여 작성한다.

② 등록부에는 다음 사항을 기록하여야 한다. 〈개정 2010.5.4〉

1. 등록기준지
2. 성명·본·성별·출생연월일 및 주민등록번호
3. 출생·혼인·사망 등 가족관계의 발생 및 변동에 관한 사항
4. 가족으로 기록할 자가 대한민국 국민이 아닌 사람(이하 "외국인"이라 한다)인 경우에는 성명·성별·출생연월일·국적 및 외국인등록번호(외국인등록을 하지 아니한 외국인의 경우에는 대법원규칙으로 정하는 바에 따른 국내거소신고번호 등을 말한다. 이하 같다)
5. 그 밖에 가족관계에 관한 사항으로서 대법원규칙으로 정하는 사항

제10조(등록기준지의 결정)

① 출생 또는 그 밖의 사유로 처음으로 등록을 하는 경우에는 등록기준지를 정하여 신고하여야 한다.

② 등록기준지는 대법원규칙으로 정하는 절차에 따라 변경할 수 있다.

제11조(전산정보처리조직에 의한 등록사무의 처리 등)

① 시·읍·면의 장은 등록사무를 전산정보처리조직에 의하여 처리하여야 한다.

② 본인이 사망하거나 실종선고·부재선고를 받은 때, 국적을 이탈하거나 상실한 때 또는 그 밖에 대법원규칙으로 정한 사유가 발생한 때에는 등록부를 폐쇄한다.

③ 등록부와 제2항에 따라 폐쇄한 등록부(이하 "폐쇄등록부"라 한다)는 법원행정처장이 보관·관리한다.

④ 법원행정처장은 등록부 또는 폐쇄등록부(이하 "등록부등"이라 한다)에 기록되어 있는 등록사항과 동일한 전산정보자료를 따로 작성하여 관리하여야 한다.

⑤ 등록부등의 전부 또는 일부가 손상되거나 손상될 염려가 있는 때에는 법원행정처장은 대법원규칙으로 정하는 바에 따라 등록부등의 복구 등 필요한 처분을 명할 수 있다.

⑥ 등록부등을 관리하는 사람 또는 등록사무를 처리하는 사람은 이 법이나 그 밖의 법에서 규정하는 사유가 아닌 다른 사유로 등록부등에 기록된 등록사항에 관한 전산정보자료(이하 "등록전산정보자료"라 한다)를 이용하거나 다른 사람(법인을 포함한다)에게 자료를 제공하여서는 아니 된다.

제12조(전산정보중앙관리소의 설치 등)

① 등록부등의 보관과 관리, 전산정보처리조직에 의한 등록사무처리의 지원 및 등록전산정보자료의 효율적인 활용을 위하여 법원행정처에 전산정보중앙관리소(이하 "중앙관리소"라 한다)를 둔다. 이 경우 국적 관련 통보에 따른 등록사무처리에 관하여는 대법원규칙으로 정하는 바에 따라 법무부와 전산정보처리조직을 연계하여 운영한다.

② 법원행정처장은 필요한 경우 중앙관리소 소속 공무원으로 하여금 제15조에 규정된 증명서의 발급사무

를 하게 할 수 있다.

제13조(등록전산정보자료의 이용 등)

① 등록전산정보자료를 이용 또는 활용하고자 하는 사람은 관계 중앙행정기관의 장의 심사를 거쳐 법원행정처장의 승인을 받아야 한다. 다만, 중앙행정기관의 장이 등록전산정보자료를 이용하거나 활용하고자 하는 경우에는 법원행정처장과 협의하여야 한다.

② 제1항에 따라 등록전산정보자료를 이용 또는 활용하고자 하는 사람은 본래의 목적 외의 용도로 이용하거나 활용하여서는 아니 된다.

③ 제1항에 따른 등록전산정보자료의 이용 또는 활용과 그 사용료 등에 관하여 필요한 사항은 대법원규칙으로 정한다.

제14조(증명서의 교부 등)

① 본인 또는 배우자, 직계혈족(이하 이 항에서는 "본인등"이라 한다)은 제15조에 규정된 등록부등의 기록사항에 관하여 발급할 수 있는 증명서의 교부를 청구할 수 있고, 본인등의 대리인이 청구하는 경우에는 본인등의 위임을 받아야 한다. 다만, 다음 각 호의 어느 하나에 해당하는 경우에는 본인등이 아닌 경우에도 교부를 신청할 수 있다. 〈개정 2017.10.31〉

1. 국가 또는 지방자치단체가 직무상 필요에 따라 문서로 신청하는 경우
2. 소송·비송·민사집행의 각 절차에서 필요한 경우
3. 다른 법령에서 본인등에 관한 증명서를 제출하도록 요구하는 경우
4. 그 밖에 대법원규칙으로 정하는 정당한 이해관계가 있는 사람이 신청하는 경우

② 제15조 제1항 제5호의 친양자입양관계증명서는 다음 각 호의 어느 하나에 해당하는 경우에 한하여 교부를 청구할 수 있다.

1. 친양자가 성년이 되어 신청하는 경우
2. 혼인당사자가 「민법」 제809조의 친족관계를 파악하고자 하는 경우
3. 법원의 사실조회촉탁이 있거나 수사기관이 수사상 필요에 따라 문서로 신청하는 경우
4. 그 밖에 대법원규칙으로 정하는 경우

③ 제1항 및 제2항에 따라 증명서의 교부를 청구하는 사람은 수수료를 납부하여야 하며, 증명서의 송부를 신청하는 경우에는 우송료를 따로 납부하여야 한다.

④ 시·읍·면의 장은 제1항 및 제2항의 청구가 등록부에 기록된 사람에 대한 사생활의 비밀을 침해하는 등 부당한 목적에 의한 것이 분명하다고 인정되는 때에는 증명서의 교부를 거부할 수 있다.

⑤ 제15조에 규정된 등록부등의 기록사항에 관하여 발급하는 증명서를 제출할 것을 요구하는 자는 사용목적에 필요한 최소한의 등록사항이 기록된 일반증명서 또는 특정증명서를 요구하여야 하며, 상세증명서를 요구하는 경우에는 그 이유를 설명하여야 한다. 제출받은 증명서를 사용목적 외의 용도로 사용하여서는 아니 된다. 〈신설 2009.12.29, 2016.5.29〉

⑥ 제1항부터 제5항까지의 규정은 폐쇄등록부에 관한 증명서 교부의 경우에도 준용한다. 〈개정 2009.12.29.〉

⑦ 본인 또는 배우자, 부모, 자녀는 대법원규칙으로 정하는 바에 따라 등록부등의 기록사항의 전부 또는 일부에 대하여 전자적 방법에 의한 열람을 청구할 수 있다. 다만, 친양자입양관계증명서의 기록사항에 대하여는 친양자가 성년이 된 이후에만 청구할 수 있다. 〈신설 2013.7.30〉

[시행미지정] 제14조 제5항 전단 개정규정 중 특정증명서에 관한 부분은 이 법 공포 후 5년의 범위에서

대법원규칙으로 정하는 날부터 시행[2017.10.31 법률 제14963호에 의하여 2016.6.30 헌법재판소에서 위헌 결정된 이 조 제1항을 개정함.]

제14조의2(인터넷에 의한 증명서 발급)

① 등록사항별 증명서의 발급사무는 인터넷을 이용하여 처리할 수 있다.

② 제1항에 따른 발급은 본인 또는 배우자, 부모, 자녀가 신청할 수 있다.

③ 제1항에 따른 발급의 범위, 절차 및 방법 등 필요한 사항은 대법원규칙으로 정한다.

[본조신설 2013.7.30]

제14조의3(무인증명서발급기에 의한 증명서 발급)

① 시·읍·면의 장은 신청인 스스로 입력하여 등록사항별 증명서를 발급받을 수 있는 장치를 이용하여 증명서의 발급사무를 처리할 수 있다.

② 제1항에 따른 발급은 본인에게만 할 수 있다.

③ 제1항에 따른 발급의 범위, 절차 및 방법 등 필요한 사항은 대법원규칙으로 정한다.

[본조신설 2013.7.30]

제15조(증명서의 종류 및 기록사항)

① 등록부등의 기록사항은 다음 각 호의 증명서별로 제2항에 따른 일반증명서와 제3항에 따른 상세증명서로 발급한다. 다만, 외국인의 기록사항에 관하여는 성명·성별·출생연월일·국적 및 외국인등록번호를 기재하여 증명서를 발급하여야 한다. 〈개정 2016.5.29〉

1. 가족관계증명서
   가. 삭제 〈2016.5.29〉
   나. 삭제 〈2016.5.29〉
   다. 삭제 〈2016.5.29〉
2. 기본증명서
   가. 삭제 〈2016.5.29〉
   나. 삭제 〈2016.5.29〉
3. 혼인관계증명서
   가. 삭제 〈2016.5.29〉
   나. 삭제 〈2016.5.29〉
   다. 삭제 〈2016.5.29〉
4. 입양관계증명서
   가. 삭제 〈2016.5.29〉
   나. 삭제 〈2016.5.29〉
   다. 삭제 〈2016.5.29〉
5. 친양자입양관계증명서
   가. 삭제 〈2016.5.29〉
   나. 삭제 〈2016.5.29〉
   다. 삭제 〈2016.5.29〉

② 제1항 각 호의 증명서에 대한 일반증명서의 기재사항은 다음 각 호와 같다. 〈개정 2016.5.29〉

1. 가족관계증명서

가. 본인의 등록기준지·성명·성별·본·출생연월일 및 주민등록번호

나. 부모의 성명·성별·본·출생연월일 및 주민등록번호(입양의 경우 양부모를 부모로 기록한다. 다만, 단독입양한 양부가 친생모와 혼인관계에 있는 때에는 양부와 친생모를, 단독입양한 양모가 친생부와 혼인관계에 있는 때에는 양모와 친생부를 각각 부모로 기록한다)

다. 배우자, 생존한 현재의 혼인 중의 자녀의 성명·성별·본·출생연월일 및 주민등록번호

2. 기본증명서

가. 본인의 등록기준지·성명·성별·본·출생연월일 및 주민등록번호

나. 본인의 출생, 사망, 국적상실에 관한 사항

3. 혼인관계증명서

가. 본인의 등록기준지·성명·성별·본·출생연월일 및 주민등록번호

나. 배우자의 성명·성별·본·출생연월일 및 주민등록번호

다. 현재의 혼인에 관한 사항

4. 입양관계증명서

가. 본인의 등록기준지·성명·성별·본·출생연월일 및 주민등록번호

나. 친생부모·양부모 또는 양자의 성명·성별·본·출생연월일 및 주민등록번호

다. 현재의 입양에 관한 사항

5. 친양자입양관계증명서

가. 본인의 등록기준지·성명·성별·본·출생연월일 및 주민등록번호

나. 친생부모·양부모 또는 친양자의 성명·성별·본·출생연월일 및 주민등록번호

다. 현재의 친양자입양에 관한 사항

③ 제1항 각 호의 증명서에 대한 상세증명서의 기재사항은 제2항에 따른 일반증명서의 기재사항에 다음 각 호의 사항을 추가한 것으로 한다.

〈신설 2016.5.29〉

1. 가족관계증명서 : 모든 자녀의 성명·성별·본·출생연월일 및 주민등록번호
2. 기본증명서 : 국적취득 및 회복 등에 관한 사항
3. 혼인관계증명서 : 혼인 및 이혼에 관한 사항
4. 입양관계증명서 : 입양 및 파양에 관한 사항
5. 친양자입양관계증명서 : 친양자입양 및 파양에 관한 사항

④ 제1항에도 불구하고 같은 항 각 호의 증명서 중 대법원규칙으로 정하는 증명서에 대해서는 해당 증명서의 상세증명서 기재사항 중 신청인이 대법원규칙으로 정하는 바에 따라 선택한 사항을 기재한 특정증명서를 발급한다.

〈신설 2016.5.29〉

⑤ 제2항부터 제4항까지의 규정에 따른 일반증명서·상세증명서·특정증명서, 가족관계에 관한 그 밖의 증명서 및 가족관계 기록사항에 관하여 필요한 사항은 대법원규칙으로 정한다. 〈개정 2009.12.29, 2016.5.29〉

[시행미지정] 제15조의 개정규정 중 특정증명서에 관한 부분은 이 법 공포 후 5년의 범위에서 대법원규칙으로 정하는 날부터 시행

제3장 등록부의 기록

제16조(등록부의 기록절차) 등록부는 신고, 통보, 신청, 증서의 등본, 항해일지의 등본 또는 재판서에 의하여 기록한다.

제17조(등록부가 없는 사람) 가족관계등록이 되어 있지 아니한 사람에 대하여 등록사항을 기록하여야 할 때에는 새로 등록부를 작성한다.

제18조(등록부의 정정)

① 등록부의 기록이 법률상 무효인 것이거나 그 기록에 착오 또는 누락이 있음을 안 때에는 시·읍·면의 장은 지체 없이 신고인 또는 신고사건의 본인에게 그 사실을 통지하여야 한다. 다만, 그 착오 또는 누락이 시·읍·면의 장의 잘못으로 인한 것인 때에는 그러하지 아니하다.

② 제1항 본문의 통지를 할 수 없을 때 또는 통지를 하였으나 정정신청을 하는 사람이 없는 때 또는 그 기록의 착오 또는 누락이 시·읍·면의 장의 잘못으로 인한 것인 때에는 시·읍·면의 장은 감독법원의 허가를 받아 직권으로 정정할 수 있다. 다만, 대법원규칙으로 정하는 경미한 사항인 경우에는 시·읍·면의 장이 직권으로 정정하고, 감독법원에 보고하여야 한다. 〈개정 2013.7.30〉

③ 국가 또는 지방자치단체의 공무원이 그 직무상 등록부의 기록에 착오 또는 누락이 있음을 안 때에는 지체 없이 신고사건의 본인의 등록기준지의 시·읍·면의 장에게 통지하여야 한다. 이 경우 통지를 받은 시·읍·면의 장은 제1항 및 제2항에 따라 처리한다.

제19조(등록부의 행정구역, 명칭 등의 변경)

① 행정구역 또는 토지의 명칭이 변경된 때에는 등록부의 기록은 정정된 것으로 본다. 이 경우 시·읍·면의 장은 그 기록사항을 경정하여야 한다.

② 시·읍·면의 장은 지번의 변경이 있을 때에는 등록부의 기록을 경정하여야 한다.

제4장 신 고

제1절 통 칙

제20조(신고의 장소)

① 이 법에 따른 신고는 신고사건 본인의 등록기준지 또는 신고인의 주소지나 현재지에서 할 수 있다. 다만, 재외국민에 관한 신고는 재외국민 가족관계등록사무소에서도 할 수 있다. 〈개정 2015.2.3〉

② 외국인에 관한 신고는 그 거주지 또는 신고인의 주소지나 현재지에서 할 수 있다. 〈개정 2010.5.4〉

제21조(출생·사망의 동 경유 신고 등)

① 시에 있어서 출생·사망의 신고는 그 신고의 장소가 신고사건 본인의 주민등록지 또는 주민등록을 할 지역과 같은 경우에는 신고사건 본인의 주민등록지 또는 주민등록을 할 지역을 관할하는 동을 거쳐 할 수 있다.

② 제1항의 경우 동장은 소속 시장을 대행하여 신고서를 수리하고, 동이 속하는 시의 장에게 신고서를 송부하며, 그 밖에 대법원규칙으로 정하는 등록사무를 처리한다.

제22조(신고 후 등록되어 있음이 판명된 때 등) 등록되어 있는지가 분명하지 아니한 사람 또는 등록되어 있지 아니하거나 등록할 수 없는 사람에 관한 신고가 수리된 후 그 사람에 관하여 등록되어 있음이 판명된 때 또는 등록할 수 있게 된 때에는 신고인 또는 신고사건의 본인은 그 사실을 안 날부터 1개월 이내에

수리된 신고사건을 표시하여 처음 그 신고를 수리한 시·읍·면의 장에게 그 사실을 신고하여야 한다.

제23조(신고방법)

① 신고는 서면이나 말로 할 수 있다.

② 신고로 인하여 효력이 발생하는 등록사건에 관하여 신고사건 본인이 시·읍·면에 출석하지 아니하는 경우에는 신고사건 본인의 주민등록증·운전면허증·여권, 그 밖에 대법원규칙으로 정하는 신분증명서(이하 이 항에서 "신분증명서"라 한다)를 제시하거나 신고서에 신고사건 본인의 인감증명서를 첨부하여야 한다. 이 경우 본인의 신분증명서를 제시하지 아니하거나 본인의 인감증명서를 첨부하지 아니한 때에는 신고서를 수리하여서는 아니 된다.

제23조의2(전자문서를 이용한 신고)

① 제23조에도 불구하고 대법원규칙으로 정하는 등록에 관한 신고(등록부의 정정신청을 포함한다. 이하 이 조에서 같다)는 전산정보처리조직을 이용하여 전자문서로 할 수 있다.

② 제1항에 따른 신고는 신고사건 본인의 등록기준지 시·읍·면의 장이 처리한다. 다만, 신고사건 본인의 등록기준지가 없는 경우에는 신고인의 주소지 시·읍·면의 장이 처리하고, 재외국민에 관한 신고인 경우에는 재외국민 가족관계등록사무소의 가족관계등록관이 처리하며, 외국인에 관한 신고인 경우에는 그 거주지 시·읍·면의 장이 처리한다. 〈개정 2015.2.3〉

③ 제1항에 따른 신고는 이 법 및 대법원규칙으로 정하는 정보가 전산정보처리조직에 저장된 때에 접수된 것으로 본다.

④ 제1항에 따른 신고의 불수리 통지는 제43조에도 불구하고 전산정보처리조직을 이용하여 전자문서로 할 수 있다.

[본조신설 2013.7.30]

제23조의3(첨부서류의 전자적 확인)

① 시·읍·면의 장이 등록사무를 처리하는 전산정보처리조직을 통하여 첨부서류에 대한 정보를 확인할 수 있는 경우에는 그 확인으로 해당 서류의 첨부를 갈음한다.

② 제1항에 따라 확인이 가능한 첨부서류의 종류는 대법원규칙으로 정한다.

[본조신설 2013.7.30]

제24조(신고서 양식) 신고서 양식은 대법원예규로 정한다. 이 경우 가족관계에 관한등록신고가 다른 법령으로 규정한 신고를 갈음하는 경우에 당해 신고서 양식을 정함에 있어서는 미리 관계부처의 장과 협의하여야 한다.

제25조(신고서 기재사항)

① 신고서에는 다음 사항을 기재하고 신고인이 서명하거나 기명날인하여야 한다.

1. 신고사건
2. 신고연월일
3. 신고인의 출생연월일·주민등록번호·등록기준지 및 주소
4. 신고인과 신고사건의 본인이 다른 때에는 신고사건의 본인의 등록기준지·주소·성명·출생연월일 및 주민등록번호와 신고인의 자격

② 이 법에 따라 신고서류를 작성한 경우 그 신고서류에 주민등록번호를 기재한 때에는 출생연월일의 기재를 생략할 수 있다.

제26조(신고하여야 할 사람이 미성년자 또는 피성년후견인인 경우)

① 신고하여야 할 사람이 미성년자 또는 피성년후견인인 경우에는 친권자, 미성년후견인 또는 성년후견인을 신고의무자로 한다. 다만, 미성년자 또는 피성년후견인 본인이 신고를 하여도 된다.

② 제1항 본문에 따라 친권자, 미성년후견인 또는 성년후견인이 신고하는 경우에는 신고서에 다음 각 호의 사항을 적어야 한다.

1. 신고하여야 할 미성년자 또는 피성년후견인의 성명·출생연월일·주민등록번호 및 등록기준지
2. 신고하여야 할 사람이 미성년자 또는 피성년후견인이라는 사실
3. 신고인이 친권자, 미성년후견인 또는 성년후견인이라는 사실

[전문개정 2013.7.30]

제27조(동의가 불필요한 미성년자 또는 피성년후견인의 신고)

① 미성년자 또는 피성년후견인이 그 법정대리인의 동의 없이 할 수 있는 행위에 관하여는 미성년자 또는 피성년후견인이 신고하여야 한다.

② 피성년후견인이 신고하는 경우에는 신고서에 신고사건의 성질 및 효과를 이해할 능력이 있음을 증명할 수 있는 진단서를 첨부하여야 한다.

[전문개정 2013.7.30]

제28조(증인을 필요로 하는 신고) 증인을 필요로 하는 사건의 신고에 있어서는 증인은 신고서에 주민등록번호 및 주소를 기재하고 서명하거나 기명날인하여야 한다.

제29조(부존재 또는 부지의 사항) 신고서에 기재하여야 할 사항으로서 존재하지 아니하거나 알지 못하는 것이 있을 때에는 그 취지를 기재하여야 한다. 다만, 시·읍·면의 장은 법률상 기재하여야 할 사항으로서 특히 중요하다고 인정되는 사항을 기재하지 아니한 신고서는 수리하여서는 아니 된다.

제30조(법령 규정사항 이외의 기재사항) 신고서에는 이 법 또는 다른 법령으로 정하는 사항 외에 등록부에 기록하여야 할 사항을 더욱 분명하게 하기 위하여 필요한 사항이 있으면 이러한 사항도 기재하여야 한다.

제31조(말로 하는 신고 등)

① 말로 신고하려 할 때에는 신고인은 시·읍·면의 사무소에 출석하여 신고서에 기재하여야 할 사항을 진술하여야 한다.

② 시·읍·면의 장은 신고인의 진술 및 신고연월일을 기록하여 신고인에게 읽어 들려주고 신고인으로 하여금 그 서면에 서명하거나 기명날인하게 하여야 한다.

③ 제1항 및 제2항의 경우에 신고인이 질병 또는 그 밖의 사고로 출석할 수 없는 때에는 대리인으로 하여금 신고하게 할 수 있다. 다만, 제55조, 제56조, 제61조, 제63조, 제71조 및 제74조의 신고는 그러하지 아니하다.

제32조(동의, 승낙 또는 허가를 요하는 사건의 신고)

① 신고사건에서 부모 또는 다른 사람의 동의나 승낙이 필요한 경우에는 신고서에 그 동의나 승낙을 증명하는 서면을 첨부하여야 한다. 이 경우 동의나 승낙을 한 사람으로 하여금 신고서에 그 사유를 적고 서명 또는 기명날인하게 함으로써 그 서면의 첨부를 갈음할 수 있다. 〈개정 2013.7.30〉

② 신고사건, 신고인 또는 신고사항 등에 있어서 재판 또는 관공서의 허가를 요하는 사항이 있는 경우에는 신고서에 그 재판서 또는 허가서의 등본을 첨부하여야 한다.

제33조(신고서에 관한 준용규정) 신고서에 관한 규정은 제31조 제2항 및 제32조 제1항의 서면에 준용한다.

제34조(외국에서 하는 신고) 재외국민은 이 법에서 정하는 바에 따라 그 지역을 관할하는 대한민국재외공관

(이하 "재외공관"이라 한다)의 장에게 신고하거나 신청을 할 수 있다. 〈개정 2015.2.3〉

제35조(외국의 방식에 따른 증서의 등본)

① 재외국민이 그 나라의 방식에 따라 신고사건에 관한 증서를 작성한 경우에는 3개월 이내에 그 지역을 관할하는 재외공관의 장에게 그 증서의 등본을 제출하여야 한다. 〈개정 2015.2.3〉

② 대한민국의 국민이 있는 지역이 재외공관의 관할에 속하지 아니하는 경우에는 3개월 이내에 등록기준지의 시·읍·면의 장 또는 재외국민 가족관계등록사무소의 가족관계등록관에게 증서의 등본을 발송하여야 한다. 〈개정 2015.2.3〉

제36조(외국에서 수리한 서류의 송부)

① 재외공관의 장은 제34조 및 제35조에 따라 서류를 수리한 때에는 1개월 이내에 외교부장관을 경유하여 재외국민 가족관계등록사무소의 가족관계등록관에게 송부하여야 한다. 〈개정 2013.3.23, 2015.2.3〉

② 제1항에 따른 서류의 송부는 대법원규칙으로 정하는 바에 따라 전산정보처리조직을 이용하여 할 수 있다. 이 경우 해당 서류 원본의 보존, 그 밖에 필요한 사항은 대법원규칙으로 정한다. 〈신설 2015.2.3〉

제37조(신고기간의 기산점)

① 신고기간은 신고사건 발생일부터 기산한다.

② 재판의 확정일부터 기간을 기산하여야 할 경우에 재판이 송달 또는 교부 전에 확정된 때에는 그 송달 또는 교부된 날부터 기산한다.

제38조(신고의 최고)

① 시·읍·면의 장은 신고를 게을리 한 사람을 안 때에는 상당한 기간을 정하여 신고의무자에 대하여 그 기간 내에 신고할 것을 최고하여야 한다.

② 신고의무자가 제1항의 기간 내에 신고를 하지 아니한 때에는 시·읍·면의 장은 다시 상당한 기간을 정하여 최고할 수 있다.

③ 제18조 제2항은 제2항의 최고를 할 수 없는 때 및 최고를 하여도 신고를 하지 아니한 때에, 같은 조 제3항은 국가 또는 지방자치단체의 공무원이 신고를 게을리 한 사람이 있음을 안 때에 준용한다.

제39조(신고의 추후 보완) 시·읍·면의 장은 신고를 수리한 경우에 흠이 있어 등록부에 기록을 할 수 없을 때에는 신고인 또는 신고의무자로 하여금 보완하게 하여야 한다. 이 경우 제38조를 준용한다.

제40조(기간경과 후의 신고) 시·읍·면의 장은 신고기간이 경과한 후의 신고라도 수리하여야 한다.

제41조(사망 후에 도달한 신고)

① 신고인의 생존 중에 우송한 신고서는 그 사망 후라도 시·읍·면의 장은 수리하여야 한다.

② 제1항에 따라 신고서가 수리된 때에는 신고인의 사망시에 신고한 것으로 본다.

제42조(수리, 불수리증명서와 서류의 열람)

① 신고인은 신고의 수리 또는 불수리의 증명서를 청구할 수 있다.

② 이해관계인은 시·읍·면의 장에게 신고서나 그 밖에 수리한 서류의 열람 또는 그 서류에 기재한 사항에 관하여 증명서를 청구할 수 있다.

③ 증명서를 청구할 때에는 수수료를 납부하여야 한다.

④ 이해관계인은 법원에 보관되어 있는 신고서류에 대한 열람을 청구할 수 있다.

⑤ 제2항 및 제4항의 이해관계인의 자격과 범위 등에 관하여는 제14조 제1항부터 제4항까지의 규정을 준용한다.

제43조(신고불수리의 통지) 시·읍·면의 장이 신고를 수리하지 아니한 때에는 그 사유를 지체 없이 신고인에게 서면으로 통지하여야 한다.

제2절 출 생

제44조(출생신고의 기재사항)

① 출생의 신고는 출생 후 1개월 이내에 하여야 한다.

② 신고서에는 다음 사항을 기재하여야 한다. 〈개정 2010.5.4〉

1. 자녀의 성명·본·성별 및 등록기준지
2. 자녀의 혼인 중 또는 혼인 외의 출생자의 구별
3. 출생의 연월일시 및 장소
4. 부모의 성명·본·등록기준지 및 주민등록번호(부 또는 모가 외국인인 때에는 그 성명·출생연월일·국적 및 외국인등록번호)
5. 「민법」 제781조 제1항 단서에 따른 협의가 있는 경우 그 사실
6. 자녀가 복수국적자(복수국적자)인 경우 그 사실 및 취득한 외국 국적

③ 자녀의 이름에는 한글 또는 통상 사용되는 한자를 사용하여야 한다. 통상 사용되는 한자의 범위는 대법원규칙으로 정한다.

④ 출생신고서에는 의사나 조산사가 작성한 출생증명서를 첨부하여야 한다. 다만, 다음 각 호의 어느 하나에 해당하는 서면을 첨부하는 경우에는 그러하지 아니하다. 〈개정 2016.5.29〉

1. 분만에 직접 관여한 자가 모의 출산사실을 증명할 수 있는 자료 등을 첨부하여 작성한 출생사실을 증명하는 서면
2. 국내 또는 외국의 권한 있는 기관에서 발행한 출생사실을 증명하는 서면

⑤ 제4항 단서에 따라 첨부하는 서면에 관한 구체적인 사항은 대법원규칙으로 정한다. 〈신설 2016.5.29〉

제44조의2(출생증명서가 없는 경우의 출생신고)

① 제44조 제4항에 따른 출생증명서 또는 서면을 첨부할 수 없는 경우에는 가정법원의 출생확인을 받고 그 확인서를 받은 날부터 1개월 이내에 출생의 신고를 하여야 한다.

② 가정법원은 제1항의 출생확인을 위하여 필요한 경우에는 직권으로 사실을 조사할 수 있으며, 지방자치단체의 장, 국가경찰관서의 장 등 행정기관이나 그 밖에 상당하다고 인정되는 단체 또는 개인에게 필요한 사항을 보고하게 하거나 자료의 제출을 요청할 수 있다.

③ 가정법원의 출생확인 절차와 신고에 필요한 사항은 대법원규칙으로 정한다.

[본조신설 2016.5.29]

제45조(출생신고의 장소)

① 출생의 신고는 출생지에서 할 수 있다.

② 기차나 그 밖의 교통기관 안에서 출생한 때에는 모가 교통기관에서 내린 곳, 항해일지가 비치되지 아니한 선박 안에서 출생한 때에는 그 선박이 최초로 입항한 곳에서 신고할 수 있다.

제46조(신고의무자)

① 혼인 중 출생자의 출생의 신고는 부 또는 모가 하여야 한다.

② 혼인 외 출생자의 신고는 모가 하여야 한다.

③ 제1항 및 제2항에 따라 신고를 하여야 할 사람이 신고를 할 수 없는 경우에는 다음 각 호의 어느

하나에 해당하는 사람이 각 호의 순위에 따라 신고를 하여야 한다.

1. 동거하는 친족
2. 분만에 관여한 의사·조산사 또는 그 밖의 사람

④ 신고의무자가 제44조 제1항에 따른 기간 내에 신고를 하지 아니하여 자녀의 복리가 위태롭게 될 우려가 있는 경우에는 검사 또는 지방자치단체의 장이 출생의 신고를 할 수 있다. 〈신설 2016.5.29〉

제47조(친생부인의 소를 제기한 때) 친생부인의 소를 제기한 때에도 출생신고를 하여야 한다.

제48조(법원이 부를 정하는 때)

①「민법」제845조에 따라 법원이 부(부)를 정하여야 할 때에는 출생의 신고는 모가 하여야 한다.

② 제46조 제3항은 제1항의 경우에 준용한다.

제49조(항해 중의 출생)

① 항해 중에 출생이 있는 때에는 선장은 24시간 이내에 제44조 제2항에서 정한 사항을 항해일지에 기재하고 서명 또는 기명날인하여야 한다.

② 제1항의 절차를 밟은 후 선박이 대한민국의 항구에 도착하였을 때에는 선장은 지체 없이 출생에 관한 항해일지의 등본을 그 곳의 시·읍·면의 장 또는 재외국민 가족관계등록사무소의 가족관계등록관에게 발송하여야 한다.

〈개정 2015.2.3〉

③ 선박이 외국의 항구에 도착하였을 때에는 선장은 지체 없이 제2항의 등본을 그 지역을 관할하는 재외공관의 장에게 발송하고 재외공관의 장은 지체 없이 외교부장관을 경유하여 재외국민 가족관계등록사무소의 가족관계등록관에게 발송하여야 한다. 〈개정 2013.3.23, 2015.2.3〉

④ 제3항에 따른 서류의 송부는 대법원규칙으로 정하는 바에 따라 전산정보처리조직을 이용하여 할 수 있다. 이 경우 해당 서류 원본의 보존, 그 밖에 필요한 사항은 대법원규칙으로 정한다. 〈신설 2015.2.3〉

제50조(공공시설에서의 출생) 병원, 교도소, 그 밖의 시설에서 출생이 있었을 경우에 부모가 신고할 수 없는 때에는 당해 시설의 장 또는 관리인이 신고를 하여야 한다.

제51조(출생신고 전에 사망한 때) 출생의 신고 전에 자녀가 사망한 때에는 출생의 신고와 동시에 사망의 신고를 하여야 한다.

제52조(기아)

① 기아를 발견한 사람 또는 기아발견의 통지를 받은 국가경찰공무원은 24시간 이내에 그 사실을 시·읍·면의 장에게 통보하여야 한다.

② 제1항의 통보를 받은 시·읍·면의 장은 소지품, 발견장소, 발견연월일시, 그 밖의 상황, 성별, 출생의 추정연월일을 조서에 기재하여야 한다. 이 경우 그 조서를 신고서로 본다.

③ 시·읍·면의 장은「민법」제781조 제4항에 따라 기아의 성과 본을 창설한 후 이름과 등록기준지를 정하여 등록부에 기록하여야 한다.

제53조(부모가 기아를 찾은 때)

① 부 또는 모가 기아를 찾은 때에는 1개월 이내에 출생의 신고를 하고 등록부의 정정을 신청하여야 한다.

② 제1항의 경우에는 시·읍·면의 장이 확인하여야 한다.

제54조(기아가 사망한 때) 제52조 제1항 또는 제53조의 절차를 밟기 전에 기아가 사망하였을 때에는 사망의

신고와 동시에 그 절차를 밟아야 한다.

제3절 인 지

제55조(인지신고의 기재사항)

① 인지의 신고서에는 다음 사항을 기재하여야 한다. 〈개정 2010.5.4〉

1. 자녀의 성명·성별·출생연월일·주민등록번호 및 등록기준지(자가 외국인인 때에는 그 성명·성별·출생연월일·국적 및 외국인등록번호)
2. 사망한 자녀를 인지할 때에는 사망연월일, 그 직계비속의 성명·출생연월일·주민등록번호 및 등록기준지
3. 부가 인지할 때에는 모의 성명·등록기준지 및 주민등록번호
4. 인지 전의 자녀의 성과 본을 유지할 경우 그 취지와 내용
5. 「민법」 제909조 제4항 또는 제5항에 따라 친권자가 정하여진 때에는 그 취지와 내용

② 제1항 제4호 및 제5호의 경우에는 신고서에 그 내용을 증명하는 서면을 첨부하여야 한다. 다만, 가정법원의 성·본 계속사용허가심판 또는 친권자를 정하는 재판이 확정된 때에는 제58조를 준용한다.

제56조(태아의 인지) 태내에 있는 자녀를 인지할 때에는 신고서에 그 취지, 모의 성명 및 등록기준지를 기재하여야 한다.

제57조(친생자출생의 신고에 의한 인지)

① 부가 혼인 외의 자녀에 대하여 친생자출생의 신고를 한 때에는 그 신고는 인지의 효력이 있다. 〈개정 2015.5.18〉

② 모의 성명·등록기준지 및 주민등록번호를 알 수 없는 경우에는 부의 등록기준지 또는 주소지를 관할하는 가정법원의 확인을 받아 제1항에 따른 신고를 할 수 있다. 〈신설 2015.5.18〉

③ 가정법원은 제2항에 따른 확인을 위하여 필요한 사항을 직권으로 조사할 수 있고, 지방자치단체, 국가경찰관서 및 행정기관이나 그 밖의 단체 또는 개인에게 필요한 사항을 보고하게 하거나 자료의 제출을 요구할 수 있다.

〈신설 2015.5.18〉

④ 다음 각 호의 어느 하나에 해당하는 경우에는 신고의무자가 1개월 이내에 출생의 신고를 하고 등록부의 정정을 신청하여야 한다. 이 경우 시·읍·면의 장이 확인하여야 한다. 〈신설 2015.5.18〉

1. 출생자가 제3자로부터 「민법」 제844조의 친생자 추정을 받고 있음이 밝혀진 경우
2. 그 밖에 대법원규칙으로 정하는 사유에 해당하는 경우

⑤ 확인절차 및 신고에 필요한 사항은 대법원규칙으로 정한다.

〈신설 2015.5.18〉

제58조(재판에 의한 인지)

① 인지의 재판이 확정된 경우에 소를 제기한 사람은 재판의 확정일부터 1개월 이내에 재판서의 등본 및 확정증명서를 첨부하여 그 취지를 신고하여야 한다.

② 제1항의 신고서에는 재판확정일을 기재하여야 한다.

③ 제1항의 경우에는 그 소의 상대방도 재판서의 등본 및 확정증명서를 첨부하여 인지의 재판이 확정된 취지를 신고할 수 있다. 이 경우 제2항을 준용한다.

제59조(유언에 의한 인지) 유언에 의한 인지의 경우에는 유언집행자는 그 취임일부터 1개월 이내에 인지에

관한 유언서등본 또는 유언녹음을 기재한 서면을 첨부하여 제55조 또는 제56조에 따라 신고를 하여야 한다.

제60조(인지된 태아의 사산) 인지된 태아가 사체로 분만된 경우에 출생의 신고의무자는 그 사실을 안 날부터 1개월 이내에 그 사실을 신고하여야 한다. 다만, 유언집행자가 제59조의 신고를 하였을 경우에는 유언집행자가 그 신고를 하여야 한다.

제4절 입 양

제61조(입양신고의 기재사항) 입양의 신고서에는 다음 사항을 기재하여야 한다. 〈개정 2010. 5.4〉

1. 당사자의 성명·본·출생연월일·주민등록번호·등록기준지(당사자가 외국인인 때에는 그 성명·출생연월일·국적 및 외국인등록번호) 및 양자의 성별
2. 양자의 친생부모의 성명·주민등록번호 및 등록기준지

제62조(입양의 신고)

① 양자가 13세 미만인 경우에는 「민법」 제869조 제2항에 따라 입양을 승낙한 법정대리인이 신고하여야 한다.

② 「민법」 제867조에 따라 미성년자를 입양하는 경우 또는 같은 법 제873조에 따라 피성년후견인이 입양을 하거나 양자가 되는 경우에는 가정법원의 허가서를 첨부하여야 한다.

③ 「민법」 제871조 제2항에 따라 부모의 동의를 갈음하는 심판이 있는 경우에는 가정법원의 심판서를 첨부하여야 한다.

[전문개정 2013.7.30]

제5절 파 양

제63조(파양신고의 기재사항) 파양의 신고서에는 다음 사항을 기재하여야 한다. 〈개정 2010.5.4〉

1. 당사자의 성명·본·출생연월일·주민등록번호 및 등록기준지(당사자가 외국인인 때에는 그 성명·출생연월일·국적 및 외국인등록번호)
2. 양자의 친생부모의 성명·등록기준지 및 주민등록번호

제64조 삭제 〈2013.7.30〉

제65조(준용규정)

① 제63조는 입양취소의 신고에 준용한다.

② 제58조는 입양취소의 재판이 확정된 경우에 준용한다.

제66조(준용규정) 제58조는 파양의 재판이 확정된 경우에 준용한다.

제6절 친양자의 입양 및 파양

제67조(친양자의 입양신고)

① 「민법」 제908조의2에 따라 친양자를 입양하고자 하는 사람은 친양자입양재판의 확정일부터 1개월 이내에 재판서의 등본 및 확정증명서를 첨부하여 제61조의 신고를 하여야 한다.

② 제1항의 신고서에는 재판확정일을 기재하여야 한다.

제68조(준용규정) 제58조는 친양자의 입양신고에 준용한다.

제69조(친양자의 파양신고)

① 「민법」 제908조의5에 따라 친양자 파양의 재판이 확정된 경우 소를 제기한 사람은 재판의 확정일부터 1개월 이내에 재판서의 등본 및 확정증명서를 첨부하여 제63조의 신고를 하여야 한다.

② 제1항의 신고서에는 재판확정일을 기재하여야 한다.

③ 제1항의 경우에는 그 소의 상대방도 재판서의 등본 및 확정증명서를 첨부하여 친양자 파양의 재판이 확정된 취지를 신고할 수 있다. 이 경우 제2항을 준용한다.

제70조(준용규정) 제69조는 친양자의 입양취소의 재판이 확정된 경우에 준용한다.

제7절 혼 인

제71조(혼인신고의 기재사항 등) 혼인의 신고서에는 다음 사항을 기재하여야 한다. 다만, 제3호의 경우에는 혼인당사자의 협의서를 첨부하여야 한다.
〈개정 2010.5.4〉

1. 당사자의 성명·본·출생연월일·주민등록번호 및 등록기준지(당사자가 외국인인 때에는 그 성명·출생연월일·국적 및 외국인등록번호)
2. 당사자의 부모와 양부모의 성명·등록기준지 및 주민등록번호
3. 「민법」 제781조 제1항 단서에 따른 협의가 있는 경우 그 사실
4. 「민법」 제809조 제1항에 따른 근친혼에 해당되지 아니한다는 사실

제72조(재판에 의한 혼인) 사실상 혼인관계 존재확인의 재판이 확정된 경우에는 소를 제기한 사람은 재판의 확정일부터 1개월 이내에 재판서의 등본 및 확정증명서를 첨부하여 제71조의 신고를 하여야 한다.

제73조(준용규정) 제58조는 혼인취소의 재판이 확정된 경우에 준용한다.

제8절 이 혼

제74조(이혼신고의 기재사항) 이혼의 신고서에는 다음 사항을 기재하여야 한다. 〈개정 2010.5.4〉

1. 당사자의 성명·본·출생연월일·주민등록번호 및 등록기준지(당사자가 외국인인 때에는 그 성명·국적 및 외국인등록번호)
2. 당사자의 부모와 양부모의 성명·등록기준지 및 주민등록번호
3. 「민법」 제909조 제4항 또는 제5항에 따라 친권자가 정하여진 때에는 그 내용

제75조(협의상 이혼의 확인)

① 협의상 이혼을 하고자 하는 사람은 등록기준지 또는 주소지를 관할하는 가정법원의 확인을 받아 신고하여야 한다. 다만, 국내에 거주하지 아니하는 경우에 그 확인은 서울가정법원의 관할로 한다.

② 제1항의 신고는 협의상 이혼을 하고자 하는 사람이 가정법원으로부터 확인서등본을 교부 또는 송달받은 날부터 3개월 이내에 그 등본을 첨부하여 행하여야 한다.

③ 제2항의 기간이 경과한 때에는 그 가정법원의 확인은 효력을 상실한다.

④ 가정법원의 확인 절차와 신고에 관하여 필요한 사항은 대법원규칙으로 정한다.

제76조(간주규정) 협의이혼신고서에 가정법원의 이혼의사확인서등본을 첨부한 경우에는 「민법」 제836조 제2항에서 정한 증인 2인의 연서가 있는 것으로 본다.

제77조(준용규정) 제74조는 혼인취소의 신고에 준용한다.

제78조(준용규정) 제58조는 이혼의 재판이 확정된 경우에 준용한다.

제9절 친권 및 미성년후견

제79조(친권자 지정 및 변경 신고 등)

① 부모가 「민법」 제909조 제4항에 따라 친권자를 정한 때에는 1개월 이내에 그 사실을 신고하여야 한다. 부모 중 일방이 신고하는 경우에는 그 사실을 증명하는 서면을 첨부하여야 한다.

② 다음 각 호의 재판이 확정된 경우에는 그 재판을 청구한 사람이나 그 재판으로 친권자 또는 그 임무를 대행할 사람으로 정하여진 사람이 그 내용을 신고하여야 한다. 이 경우 신고기간, 신고서의 첨부서류 등에 관하여는 제58조를 준용한다. 〈개정 2013.7.30, 2014.10.15〉

1. 「민법」 제909조 제4항부터 제6항까지의 규정에 따라 친권자를 정하거나 변경하는 재판
2. 「민법」 제909조의2(「민법」 제927조의2제1항에 따라 준용되는 경우를 포함한다), 제927조의2제2항 및 제931조 제2항에 따라 친권자 또는 그 임무를 대행할 사람을 지정하거나 선임하는 재판
3. 「민법」 제924조, 제924조의2 및 제926조에 따른 친권의 상실, 일시 정지, 일부 제한 및 그 회복에 관한 재판
4. 「민법」 제925조, 제926조 및 제927조에 따른 법률행위의 대리권이나 재산관리권의 상실·사퇴 및 그 회복에 관한 재판

제80조(미성년후견 개시신고의 기재사항)

① 미성년후견 개시의 신고는 미성년후견인이 그 취임일부터 1개월 이내에 하여야 한다.

② 신고서에는 다음 각 호의 사항을 적어야 한다.

1. 미성년자와 미성년후견인의 성명·출생연월일·주민등록번호 및 등록기준지(당사자가 외국인인 때에는 그 성명·출생연월일·국적 및 외국인등록번호)
2. 미성년후견 개시의 원인 및 연월일
3. 미성년후견인이 취임한 연월일

[전문개정 2013.7.30]

제81조(미성년후견인 경질신고 등

① 미성년후견인이 경질된 경우에는 후임자는 취임일부터 1개월 이내에 그 취지를 신고하여야 한다. 〈개정 2013.7.30〉

② 제1항의 신고에는 제80조 제2항을 준용한다.

③ 「민법」 제939조 또는 제940조에 따라 미성년후견인이 사임하거나 변경된 경우 신고인, 신고기간과 신고서의 첨부서류 등에 관하여는 제79조 제2항을 준용한다. 이 경우 "친권자 또는 그 임무를 대행할 사람으로 정하여진 사람"은 "선임된 미성년후견인"으로 본다. 〈개정 2013.7.30〉

[제목개정 2013.7.30]

제82조(유언 또는 재판에 따른 미성년후견인의 선정)

① 유언에 의하여 미성년후견인을 지정한 경우에는 지정에 관한 유언서 그 등본 또는 유언녹음을 기재한 서면을 신고서에 첨부하여야 한다.

〈개정 2013.7.30〉

② 미성년후견인 선임의 재판이 있는 경우에는 재판서의 등본을 신고서에 첨부하여야 한다. 〈개정

2013.7.30〉
[제목개정 2013.7.30]

제83조(미성년후견 종료신고)
① 미성년후견 종료의 신고는 미성년후견인이 1개월 이내에 하여야 한다. 다만, 미성년자가 성년이 되어 미성년후견이 종료된 경우에는 그러하지 아니하다.
② 신고서에는 다음 각 호의 사항을 적어야 한다.
1. 미성년자와 미성년후견인의 성명·등록기준지 및 주민등록번호(당사자가 외국인인 때에는 그 성명·국적 및 외국인등록번호)
2. 미성년후견 종료의 원인 및 연월일
[전문개정 2013.7.30]

제83조의2(미성년후견감독 개시신고)
① 미성년후견감독 개시의 신고는 미성년후견감독인이 그 취임일부터 1개월 이내에 하여야 한다.
② 신고서에는 다음 각 호의 사항을 적어야 한다.
1. 미성년후견감독인, 미성년후견인 및 미성년자의 성명·출생연월일·주민등록번호 및 등록기준지(당사자가 외국인인 때에는 그 성명·출생연월일·국적 및 외국인등록번호)
2. 미성년후견감독 개시의 원인 및 연월일
3. 미성년후견감독인이 취임한 연월일
[본조신설 2013.7.30]

제83조의3(미성년후견감독인의 경질신고 등)
① 미성년후견감독인이 경질된 경우에는 후임자는 취임일부터 1개월 이내에 그 취지를 신고하여야 한다.
② 제1항의 신고에 관하여는 제83조의2제2항을 준용한다.
③ 「민법」 제940조의7에 따라 준용되는 같은 법 제939조 또는 제940조에 따라 미성년후견감독인이 사임하거나 변경된 경우 신고인, 신고기간과 신고서의 첨부서류 등에 관하여는 제79조 제2항을 준용한다. 이 경우 "친권자 또는 그 임무를 대행할 사람으로 정하여진 사람"은 "선임된 미성년후견감독인"으로 본다.
[본조신설 2013.7.30]

제83조의4(유언 또는 재판에 따른 미성년후견감독인의 선정) 유언으로 미성년후견감독인을 지정한 경우 또는 미성년후견감독인 선임의 재판이 있는 경우에 신고서의 첨부서류에 관하여는 제82조를 준용한다.
[본조신설 2013.7.30]

제83조의5(미성년후견감독 종료신고)
① 미성년후견감독 종료의 신고는 미성년후견감독인이 1개월 이내에 하여야 한다. 다만, 미성년자가 성년이 되어 미성년후견감독이 종료된 경우에는 그러하지 아니하다.
② 신고서에는 다음 각 호의 사항을 적어야 한다.
1. 미성년후견감독인, 미성년후견인 및 미성년자의 성명·출생연월일·주민등록번호 및 등록기준지(당사자가 외국인인 경우에는 그 성명·출생연월일·국적 및 외국인등록번호)
2. 미성년후견감독 종료의 원인 및 연월일
[본조신설 2013.7.30]

제10절 사망과 실종

제84조(사망신고와 그 기재사항)

① 사망의 신고는 제85조에 규정한 사람이 사망의 사실을 안 날부터 1개월 이내에 진단서 또는 검안서를 첨부하여 하여야 한다.

② 신고서에는 다음 사항을 기재하여야 한다.

1. 사망자의 성명, 성별, 등록기준지 및 주민등록번호
2. 사망의 연월일시 및 장소

③ 부득이한 사유로 제2항의 신고서에 제1항의 진단서나 검안서를 첨부할 수 없는 때에는 사망의 사실을 증명할 만한 서면으로서 대법원규칙으로 정하는 서면을 첨부하여야 한다. 이 경우 제2항의 신고서에 진단서 또는 검안서를 첨부할 수 없는 사유를 기재하여야 한다. 〈개정 2016.5.29〉

제85조(사망신고의무자)

① 사망의 신고는 동거하는 친족이 하여야 한다.

② 친족·동거자 또는 사망장소를 관리하는 사람, 사망장소의 동장 또는 통·이장도 사망의 신고를 할 수 있다.

제86조(사망신고의 장소) 사망의 신고는 사망지·매장지 또는 화장지에서 할 수 있다. 다만, 사망지가 분명하지 아니한 때에는 사체가 처음 발견된 곳에서, 기차나 그 밖의 교통기관 안에서 사망이 있었을 때에는 그 사체를 교통기관에서 내린 곳에서, 항해일지를 비치하지 아니한 선박 안에서 사망한 때에는 그 선박이 최초로 입항한 곳에서 할 수 있다.

제87조(재난 등으로 인한 사망) 수해, 화재나 그 밖의 재난으로 인하여 사망한 사람이 있는 경우에는 이를 조사한 관공서는 지체 없이 사망지의 시·읍·면의 장에게 통보하여야 한다. 다만, 외국에서 사망한 때에는 사망자의 등록기준지의 시·읍·면의 장 또는 재외국민 가족관계등록사무소의 가족관계등록관에게 통보하여야 한다. 〈개정 2015.2.3〉

제88조(사형, 재소 중 사망)

① 사형의 집행이 있는 때에는 교도소장은 지체 없이 교도소 소재지의 시·읍·면의 장에게 사망의 통보를 하여야 한다.

② 제1항은 재소 중 사망한 사람의 사체를 찾아갈 사람이 없는 경우에 준용한다. 이 경우 통보서에 진단서 또는 검안서를 첨부하여야 한다.

제88조의2(무연고자 등의 사망) 「장사 등에 관한 법률」 제12조에 따라 시장등이 무연고 사망자 등을 처리한 경우에는 지체 없이 사망지·매장지 또는 화장지의 시·읍·면의 장에게 통보하여야 한다. [본조신설 2014.12.30]

제89조(통보서의 기재사항) 제87조, 제88조 및 제88조의2에서 규정한 통보서에는 제84조 제2항에서 정한 사항을 기재하여야 한다. 〈개정 2014.12.30〉

제90조(등록불명자 등의 사망)

① 사망자에 대하여 등록이 되어 있는지 여부가 분명하지 아니하거나 사망자를 인식할 수 없는 때에는 국가경찰공무원은 검시조서를 작성·첨부하여 지체 없이 사망지의 시·읍·면의 장에게 사망의 통보를 하여야 한다.

② 사망자가 등록이 되어 있음이 판명되었거나 사망자의 신원을 알 수 있게 된 때에는 국가경찰공무원은 지체 없이 사망지의 시·읍·면의 장에게 그 취지를 통보하여야 한다.

③ 제1항의 통보가 있은 후에 제85조에서 정한 사람이 사망자의 신원을 안 때에는 그 날부터 10일 이내에 사망의 신고를 하여야 한다.

제91조(준용규정) 제49조 및 제50조는 사망의 신고에 준용한다.

제92조(실종선고의 신고)
① 실종선고의 신고는 그 선고를 청구한 사람이 재판확정일부터 1개월 이내에 재판서의 등본 및 확정증명서를 첨부하여 하여야 한다.
② 실종선고의 신고서에는 다음 사항을 기재하여야 한다.
1. 실종자의 성명·성별·등록기준지 및 주민등록번호
2. 「민법」 제27조에서 정한 기간의 만료일
③ 제58조는 실종선고취소의 재판이 확정된 경우에 그 재판을 청구한 사람에게 준용한다.

제11절 국적의 취득과 상실

제93조(인지 등에 따른 국적취득의 통보 등)
① 법무부장관은 「국적법」 제3조 제1항 또는 같은 법 제11조 제1항에 따라 대한민국의 국적을 취득한 사람이 있는 경우 지체 없이 국적을 취득한 사람이 정한 등록기준지의 시·읍·면의 장에게 대법원규칙으로 정하는 사항을 통보하여야 한다.
② 제1항의 통보를 받은 시·읍·면의 장은 국적을 취득한 사람의 등록부를 작성한다.

제94조(귀화허가의 통보 등)
① 법무부장관은 「국적법」 제4조에 따라 외국인을 대한민국 국민으로 귀화허가한 경우 지체 없이 귀화허가를 받은 사람이 정한 등록기준지의 시·읍·면의 장에게 대법원규칙으로 정하는 사항을 통보하여야 한다.
② 제1항의 통보를 받은 시·읍·면의 장은 귀화허가를 받은 사람의 등록부를 작성한다.

제95조(국적회복허가의 통보 등)
① 법무부장관은 「국적법」 제9조에 따라 대한민국의 국적회복을 허가한 경우 지체 없이 국적회복을 한 사람이 정한 등록기준지의 시·읍·면의 장에게 대법원규칙으로 정하는 사항을 통보하여야 한다.
② 제1항의 통보를 받은 시·읍·면의 장은 국적회복을 한 사람의 등록부를 작성한다. 다만, 국적회복을 한 사람의 등록부등이 있는 경우에는 등록부등에 기재된 등록기준지의 시·읍·면의 장에게 그 사항을 통보하여야 한다.

제96조(국적취득자의 성과 본의 창설 신고)
① 외국의 성을 쓰는 국적취득자가 그 성을 쓰지 아니하고 새로이 성·본을 정하고자 하는 경우에는 그 등록기준지·주소지 또는 등록기준지로 하고자 하는 곳을 관할하는 가정법원의 허가를 받고 그 등본을 받은 날부터 1개월 이내에 그 성과 본을 신고하여야 한다.
② 대한민국의 국적을 회복하거나 재취득하는 경우에는 종전에 사용하던 대한민국식 성명으로 국적회복신고 또는 국적재취득신고를 할 수 있다.
③ 제2항의 경우 신고서에는 종전에 사용하던 대한민국식 성명을 소명하여야 한다.
④ 신고서에는 다음 사항을 기재하여야 한다.
1. 종전의 성
2. 창설한 성·본

3. 허가의 연월일

⑤ 제4항의 신고서에는 제1항에 따른 허가의 등본을 첨부하여야 한다.

⑥ 제1항의 경우에 가정법원은 심리를 위하여 국가경찰관서의 장에게 성·본 창설허가 신청인의 범죄경력 조회를 요청할 수 있고, 그 요청을 받은 국가경찰관서의 장은 지체 없이 그 결과를 회보하여야 한다. 〈신설 2013.7.30〉

제97조(국적상실신고의 기재사항)

① 국적상실의 신고는 배우자 또는 4촌 이내의 친족이 그 사실을 안 날부터 1개월 이내에 하여야 한다.

② 신고서에는 다음 각 호의 사항을 기재하여야 한다.

1. 국적상실자의 성명·주민등록번호 및 등록기준지
2. 국적상실의 원인 및 연월일
3. 새로 외국국적을 취득한 때에는 그 국적

③ 제2항의 신고서에는 국적상실을 증명하는 서면을 첨부하여야 한다.

④ 국적상실자 본인도 국적상실의 신고를 할 수 있다.

제98조(국적선택 등의 통보)

① 법무부장관은 다음 각 호의 어느 하나에 해당하는 사유가 발생한 경우 그 사람의 등록기준지(등록기준지가 없는 경우에는 그 사람이 정한 등록기준지)의 시·읍·면의 장에게 대법원규칙으로 정하는 사항을 통보하여야 한다.

〈개정 2010.5.4〉

1. 「국적법」 제13조에 따라 복수국적자로부터 대한민국의 국적을 선택한다는 신고를 수리한 때
2. 「국적법」 제14조 제1항에 따라 국적이탈신고를 수리한 때
3. 「국적법」 제20조에 따라 대한민국 국민으로 판정한 때

② 대한민국 국민으로 판정받은 사람이 등록되어 있지 아니한 때에는 그 통보를 받은 시·읍·면의 장은 등록부를 작성한다.

제12절 개명 및 성·본 변경

제99조(개명신고)

① 개명하고자 하는 사람은 주소지(재외국민의 경우 등록기준지)를 관할하는 가정법원의 허가를 받고 그 허가서의 등본을 받은 날부터 1개월 이내에 신고를 하여야 한다.

② 신고서에는 다음 사항을 기재하여야 한다.

1. 변경 전의 이름
2. 변경한 이름
3. 허가연월일

③ 제2항의 신고서에는 허가서의 등본을 첨부하여야 한다.

④ 제1항의 경우에 가정법원의 심리에 관하여는 제96조 제6항을 준용한다.

〈신설 2013.7.30〉

제100조(성·본 변경신고)

① 「민법」 제781조 제6항에 따라 자녀의 성·본을 변경하고자 하는 사람은 재판확정일부터 1개월 이내에 재판서의 등본 및 확정증명서를 첨부하여 신고하여야 한다.

② 신고서에는 다음 사항을 기재하여야 한다.

1. 변경 전의 성·본
2. 변경한 성·본
3. 재판확정일

제13절 가족관계 등록 창설

제101조(가족관계 등록 창설신고)

① 등록이 되어 있지 아니한 사람은 등록을 하려는 곳을 관할하는 가정법원의 허가를 받고 그 등본을 받은 날부터 1개월 이내에 가족관계 등록 창설(이하 "등록창설"이라 한다)의 신고를 하여야 한다.

② 신고서에는 제9조 제2항에 규정된 사항 외에 등록창설허가의 연월일을 기재하여야 한다.

③ 제2항의 신고서에는 등록창설허가의 등본을 첨부하여야 한다.

④ 제1항의 경우에 가정법원의 심리에 관하여는 제96조 제6항을 준용한다.
〈신설 2013.7.30〉

제102조(직계혈족에 의한 등록창설신고) 등록창설허가의 재판을 얻은 사람이 등록창설의 신고를 하지 아니한 때에는 배우자 또는 직계혈족이 할 수 있다.

제103조(판결에 의한 등록창설의 신고)

① 확정판결에 의하여 등록창설의 신고를 하여야 할 경우에는 판결확정일부터 1개월 이내에 하여야 한다.

② 신고서에는 제9조 제2항에 규정된 사항 외에 판결확정일을 기재하여야 한다.

③ 제2항의 신고서에는 판결의 등본 및 확정증명서를 첨부하여야 한다.

제5장 등록부의 정정

제104조(위법한 가족관계 등록기록의 정정)

① 등록부의 기록이 법률상 허가될 수 없는 것 또는 그 기재에 착오나 누락이 있다고 인정한 때에는 이해관계인은 사건 본인의 등록기준지를 관할하는 가정법원의 허가를 받아 등록부의 정정을 신청할 수 있다. 〈개정 2013.7.30〉

② 제1항의 경우에 가정법원의 심리에 관하여는 제96조 제6항을 준용한다.
〈신설 2013.7.30〉

제105조(무효인 행위의 가족관계등록기록의 정정)

① 신고로 인하여 효력이 발생하는 행위에 관하여 등록부에 기록하였으나 그 행위가 무효임이 명백한 때에는 신고인 또는 신고사건의 본인은 사건 본인의 등록기준지를 관할하는 가정법원의 허가를 받아 등록부의 정정을 신청할 수 있다. 〈개정 2013.7.30〉

② 제1항의 경우에 가정법원의 심리에 관하여는 제96조 제6항을 준용한다.
〈신설 2013.7.30〉

제106조(정정신청의 의무) 제104조 및 제105조에 따라 허가의 재판이 있었을 때에는 재판서의 등본을 받은 날부터 1개월 이내에 그 등본을 첨부하여 등록부의 정정을 신청하여야 한다.

제107조(판결에 의한 등록부의 정정) 확정판결로 인하여 등록부를 정정하여야 할 때에는 소를 제기한 사람은 판결확정일부터 1개월 이내에 판결의 등본 및 그 확정증명서를 첨부하여 등록부의 정정을 신청하여야 한다.

제108조(준용규정) 제20조 제1항, 제22조, 제25조부터 제27조까지, 제29조부터 제33조까지 및 제37조부터 제42조까지의 규정은 등록부의 정정신청에 준용한다.

제6장 불복절차

제109조(불복의 신청)

① 등록사건에 관하여 이해관계인은 시·읍·면의 장의 위법 또는 부당한 처분에 대하여 관할 가정법원에 불복의 신청을 할 수 있다.

② 제1항의 신청을 받은 가정법원은 신청에 관한 서류를 시·읍·면의 장에게 송부하며 그 의견을 구할 수 있다.

제110조(불복신청에 대한 시·읍·면의 조치)

① 시·읍·면의 장은 그 신청이 이유 있다고 인정하는 때에는 지체 없이 처분을 변경하고 그 취지를 법원과 신청인에게 통지하여야 한다.

② 신청이 이유 없다고 인정하는 때에는 의견을 붙여 지체 없이 그 서류를 법원에 반환하여야 한다.

제111조(불복신청에 대한 법원의 결정)

① 가정법원은 신청이 이유 없는 때에는 각하하고 이유 있는 때에는 시·읍·면의 장에게 상당한 처분을 명하여야 한다.

② 신청의 각하 또는 처분을 명하는 재판은 결정으로써 하고, 시·읍·면의 장 및 신청인에게 송달하여야 한다.

제112조(항고) 가정법원의 결정에 대하여는 법령을 위반한 재판이라는 이유로만 「비송사건절차법」에 따라 항고할 수 있다.

제113조(불복신청의 비용) 불복신청의 비용에 관하여는 「비송사건절차법」의 규정을 준용한다.

제7장 신고서류의 송부와 법원의 감독

제114조(신고서류 등의 송부) 시·읍·면의 장은 등록부에 기록할 수 없는 등록사건을 제외하고는 대법원규칙으로 정하는 바에 따라 등록부에 기록을 마친 신고서류 등을 관할 법원에 송부하여야 한다.

제115조(신고서류 등의 조사 및 시정지시)

① 법원은 시·읍·면의 장으로부터 신고서류 등을 송부받은 때에는 지체 없이 등록부의 기록사항과 대조하고 조사하여야 한다.

② 법원은 제1항의 조사결과 그 신고서류 등에 위법·부당한 사실이 발견된 경우에는 시·읍·면의 장에 대하여 시정지시 등 필요한 처분을 명할 수 있다.

③ 신고서류조사 또는 시정지시 및 신고서류 보관절차에 관하여 필요한 사항은 대법원규칙으로 정한다.

제116조(각종 보고의 명령 등) 법원은 시·읍·면의 장에 대하여 등록사무에 관한 각종 보고를 명하는 등 감독상 필요한 조치를 취할 수 있다.

제8장 벌 칙

제117조(벌칙) 다음 각 호의 어느 하나에 해당하는 사람은 3년 이하의 징역 또는 1천만원 이하의 벌금에 처한다. 〈개정 2013.7.30〉

1. 제11조 제6항을 위반한 사람
2. 제13조 제2항을 위반한 사람
3. 제14조 제1항·제2항·제7항, 제14조의2 및 제14조의3을 위반하여 거짓이나 그 밖의 부정한 방법으로 다른 사람의 등록부등의 기록사항을 열람하거나 증명서를 교부받은 사람

3의 2. 제42조를 위반하여 거짓이나 그 밖의 부정한 방법으로 다른 사람의 신고서류를 열람하거나 신고서류에 기재되어 있는 사항에 관한 증명서를 교부받은 사람

4. 이 법에 따른 등록사무처리의 권한에 관한 승인절차 없이 전산정보처리조직에 가족관계 등록정보를 입력·변경하여 정보처리를 하거나 기술적 수단을 이용하여 가족관계 등록정보를 알아낸 사람

[시행일 : 2014.7.31] 제117조(제14조 제7항과 관련한 사항에 한정한다)

제118조(벌칙)

① 등록부의 기록을 요하지 아니하는 사항에 관하여 거짓의 신고를 한 사람 및 등록의 신고와 관련된 사항에 관하여 거짓으로 보증을 한 사람은 1년 이하의 징역 또는 1천만원 이하의 벌금에 처한다. 〈개정 2014.1.7〉

② 외국인에 대한 사항에 관하여 거짓의 신고를 한 사람도 제1항과 같다.

제119조(양벌규정) 법인의 대표자나 법인 또는 개인의 대리인, 사용인, 그 밖의 종업원이 그 법인 또는 개인의 업무에 관하여 제117조 또는 제118조의 위반행위를 하면 그 행위자를 벌하는 외에 그 법인 또는 개인에게도 해당 조문의 벌금형을 과한다. 다만, 법인 또는 개인이 그 위반행위를 방지하기 위하여 해당 업무에 관하여 상당한 주의와 감독을 게을리하지 아니한 경우에는 그러하지 아니하다.
[전문개정 2010.5.4]

제120조(과태료) 다음 각 호의 어느 하나에 해당하는 시·읍·면의 장에게는 50만원 이하의 과태료를 부과한다.

1. 제115조 제2항에 따른 명령을 위반한 때
2. 제116조에 따른 명령을 위반한 때

제121조(과태료) 시·읍·면의 장이 제38조 또는 제108조에 따라 기간을 정하여 신고 또는 신청의 최고를 한 경우에 정당한 사유 없이 그 기간 내에 신고 또는 신청을 하지 아니한 사람에게는 10만원 이하의 과태료를 부과한다.

제122조(과태료) 이 법에 따른 신고의 의무가 있는 사람이 정당한 사유 없이 기간 내에 하여야 할 신고 또는 신청을 하지 아니한 때에는 5만원 이하의 과태료를 부과한다.

제123조(과태료 재판) 제120조의 과태료 재판은 과태료를 부과할 시·읍·면의 장의 사무소 소재지를 관할하는 가정법원이 「비송사건절차법」에 따라 행한다.

제124조(과태료 부과·징수)

① 제121조 및 제122조에 따른 과태료는 대법원규칙으로 정하는 바에 따라 시·읍·면의 장(제21조 제2항에 해당하는 때에는 출생·사망의 신고를 받는 동의 관할 시장·구청장을 말한다. 이하 이 조에서 같다)이 부과·징수한다. 다만, 재외국민 가족관계등록사무소의 가족관계등록관이 과태료 부과 대상이 있음을 안 때에는 신고의무자의 등록기준지 시·읍·면의 장에게 그 사실을 통지하고, 통지를 받은 시·읍·면의 장이

과태료를 부과·징수한다. 〈개정 2015.2.3〉
② 제1항에 따른 과태료 처분에 불복하는 사람은 30일 이내에 해당 시·읍·면의 장에게 이의를 제기할 수 있다.
③ 제1항에 따라 시·읍·면의 장으로부터 과태료 처분을 받은 사람이 제2항에 따라 이의를 제기한 때에는 당해 시·읍·면의 장은 지체 없이 과태료 처분을 받은 사람의 주소 또는 거소를 관할하는 가정법원에 그 사실을 통보하여야 하며, 그 통보를 받은 가정법원은 「비송사건절차법」에 따른 과태료 재판을 한다.
④ 제2항에 따른 기간 이내에 이의를 제기하지 아니하고 과태료를 납부하지 아니한 때에는 지방세 체납처분의 예에 따라 징수한다.

부 칙 〈제14169호, 2016.5.29〉

이 법은 공포 후 6개월이 경과한 날부터 시행한다. 다만, 제14조 제5항 전단 및 제15조의 개정규정 중 특정증명서에 관한 부분은 이 법 공포 후 5년의 범위에서 대법원규칙으로 정하는 날부터 시행한다.

부 칙 〈제14963호, 2017.10.31〉

이 법은 공포한 날부터 시행한다.

가족관계의 등록 등에 관한 규칙

개정 2018. 12. 4. 대법원규칙 제2814호

제1장 총 칙 ······ (제1조~제16조)
제2장 등록부 등 ······ (제17조~제28조)
제3장 신고와 최고 ······ (제29조~제39조)
제4장 신고서류의 접수 ······ (제40조~제50조)
제5장 등록부의 기록
　제1절 기록사항 ······ (제51조~제56조)
　제2절 기록절차 ······ (제57조~제62조)
　제3절 기록과 정정의 방법 ······ (제63조~제67조)
제6장 신고서류의 보존 ······ (제68조~제72조)
제7장 협의이혼의사의 확인 ······ (제73조~제80조)
제8장 국적관련 통보 ······ (제80조의2~제80조의4)
제9장 각종 부책과 서류 ······ (제81조~제86조)
제10장 비송사건 처리절차 ······ (제87조~제87조의2)
제11장 재외국민 가족관계등록사무소 ······ (제88조~제90조)
제12장 시행예규 ······ (제91조)

부 칙

제1장 총 칙

제1조(목적) 이 규칙은 「가족관계의등록등에관한 법률」에서 위임된 사항과 그 시행에 관하여 필요한 사항을 규정함을 목적으로 한다.

제2조(정의) 이 규칙에서 사용하는 용어의 뜻은 다음과 같다. 〈개정 2015.4.24〉

1. "가족관계등록부(이하 "등록부"라 한다)에 기록"이란 시(특별시 및 광역시와 구를 둔 시에 있어서 이 규칙 중 시, 시장 또는 시의 사무소란 각각 구, 구청장 또는 구의 사무소를 말한다. 다만, 도농복합형태의 시에 있어서 읍·면지역에 대하여는 읍·면, 읍·면의 장 또는 읍·면의 사무소를 말한다. 이하 같다)·읍·면의 장 또는 「가족관계의등록등에관한 법률」(이하 "법"이라 한다) 제4조의2 제1항의 가족관계등록관(이하 "가족관계등록관"이라 한다)이 법과 이 규칙이 정하는 사항을전산정보처리조직에 의하여 등록부에 기록하는 것을 말한다.
2. "등록부 부본자료(이하 "부본자료"라 한다)"란 등록부 또는 폐쇄등록부(이하 "등록부등"이라 한다)에 기록된 등록사항에 관한 전산정보자료(이하 "등록전산정보자료"라 한다)가 사고 등으로 인하여 훼손된 경우(이하 "손상"이라 한다)에 이를 복구하기 위하여 법 제11조와 제12조에 따라 보관·관리하는 장소 이외의 곳에 별도의 보조기억장치(자기디스크·자기테이프 그 밖의 전자적 정보저장매체를 포함한다. 이하 같다)를 이용하여 전산정보처리조직에 기록된 등록전산정보자료를 실시간, 주, 월단위로 복제한 것으로 등록부에 기록된 사항과 동일한 전산자료를 말한다.
3. "가족관계등록부사항"이란 등록기준지의 지정 또는 변경, 정정에 관한 사항, 가족관계등록부작성 또는 폐쇄에 관한 기록사항을 말한다.
4. "특정등록사항"이란 본인·부모(양부모 포함)·배우자·자녀(양자 포함)란에 기록되는 성명, 출생연월일, 주민등록번호, 성별, 본에 관한 기록사항을 말한다. 다만, 가족으로 기록할 자가 외국인인 경우에는 성명, 출생연월일, 국적, 외국인등록번호(외국인등록을 하지 아니한 외국국적동포의 경우에는 국내거소신고번호를 말한다. 이하 같다), 성별에 관한 기록사항을 말한다.
5. "일반등록사항"이란 출생에서부터 사망에 이르기까지 법과 이 규칙에 따라 본인의 등록부에 기록하는 가족관계등록부사항·특정등록사항 이외의 모든 신분변동에 관한 기록사항을 말한다.

제3조(비용의 부담) 법 제7조에 따라 가족관계의 발생과 변동사항의 등록과 그 증명에 관한 사무(이하 "등록사무"라 한다)에 드는 비용은 「보조금 관리에 관한 법률」에 따른 보조금으로 부담한다. 〈개정 2013.1.8.〉

제4조(등록기준지의 결정)

① 법 시행과 동시에 최초로 등록부를 작성하는 경우, 종전 호적이 존재하는 사람은 종전 호적의 본적을 등록기준지로 한다.

② 제1항에 해당되지 않는 사람에 대해서 법 제10조 제1항에 따라 처음 정하는 등록기준지는 다음 각 호에 따른다.

1. 당사자가 자유롭게 정하는 등록기준지
2. 출생의 경우에 부 또는 모의 특별한 의사표시가 없는 때에는, 자녀가 따르는 성과 본을 가진 부 또는 모의 등록기준지
3. 외국인이 국적취득 또는 귀화한 경우에 그 사람이 정한 등록기준지
4. 국적을 회복한 경우에 국적회복자가 정한 등록기준지
5. 가족관계등록창설의 경우에 제1호의 의사표시가 없는 때에는 가족관계등록창설하고자 하는 사람이 신고한 주민등록지

6. 부 또는 모가 외국인인 경우에 제1호의 의사표시가 없는 때에는 대한민국 국민인 부 또는 모의 등록기준지

③ 당사자는 등록기준지를 자유롭게 변경할 수 있다. 이 경우, 새롭게 변경하고자 하는 등록기준지 시·읍·면의 장에게 변경신고를 하여야 한다.

제5조(전산정보중앙관리소의 역할 등)

① 법 제12조에 따른 전산정보중앙관리소(이하 "중앙관리소"라 한다)의 역할과 기능은 다음 각 호와 같다.

1. 등록부등과 부본자료의 보관·관리
2. 등록부등 색인정보 관리
3. 사용자정보관리
4. 각종 코드와 기재례 관리
5. 유관기관과의 정보연계
6. 가족관계등록통계정보관리
7. 시스템 프로그램의 유지·보수
8. 정보처리 요구사항과 장애내용 접수 및 그 대응과 기술지원
9. 가족관계등록정보 보존관리
10. 가족관계등록정보 보안관리
11. 그밖에 법원행정처장이 필요하다고 인정한 사항

② 법원행정처장은 중앙관리소에 전산운영책임관을 두어 전산정보처리조직을 종합적으로 관리·운영하여야 한다.

제6조(전산운영책임관의 업무)

① 중앙관리소의 전산운영책임관은 법 제11조에 따라 등록부등 및 그 부본자료를 작성·보관·관리하고 전산정보처리조직에 기록되어 있는 사항을 실시간, 주, 월단위로 보존하여야 한다.

② 전산운영책임관은등록전산정보자료의 일부 또는 전부가 손상되었을 때에는 즉시 법원행정처장에게 보고하고 제1항의 부본자료에 의하여 복구하여야 한다. 이 경우 정상적인 전산정보처리조직의 운영이 불가능할 때에는 전산정보처리조직이 복구될 때까지 부본자료에 의하여 운영할 수 있다.

③ 등록전산정보자료와 부본자료의 각 일부 또는 전부가 동시에 손상된 경우에는 가족관계정보자료가 손상된 사람 또는 그 이해관계인에게 제20조의 멸실고시 등의 방법으로 등록 일제신고기간을 정하여 신고하도록 하고, 신고한 자료와 대법원의 등록정보자료, 시·읍·면의 제적 등을 기초로 전산정보처리조직을 복구하여야 한다. 그 밖의 복구절차에 필요한 사항은 대법원예규로 정한다.

④ 중앙관리소 소속 공무원이 법 제12조 제2항에 따라 등록사항별 증명서를 발급하는 경우에는 전산운영책임관 명의로 한다.

⑤ 법 제12조 제2항에 따른 증명서의 발급절차, 그 밖의 필요한 사항은 대법원예규로 정한다.

⑥ 전산운영책임관은 매년 1월 10일까지 등록전산정보자료의 보존방법과 부본자료의 보관·관리, 복구절차, 중앙관리소 소속직원의 업무배분, 그 밖의 전산정보처리조직의 안정적인 관리와 운영을 위한 지침을 마련하여 이를 비치하여야 한다.

제7조(취임보고 등)

① 시·읍·면의 장이 취임하거나 퇴임 등의 사유로 그 직을 면한 때에는 즉시 감독법원(지원을 포함한다. 이하 "법원"이라 한다)에 보고하여야 한다.

② 시·읍·면의 장이 사고 등으로 인하여 다른 사람이 그 직무를 대리(「지방자치법」 제111조에 따라 권한을 대행하는 경우를 포함한다. 이하 같다)하는 때에는 대리의 개시 및 종료에 관한 사항을 즉시 법원에 보고하여야 한다.

③ 등록사무처리에 관해서 시·읍·면의 장을 대리하는 경우에는 법 제5조 제1항을 준용한다.

제8조(등록사무담임자의 임면보고) 시·읍·면의 장이 소속 공무원 중에서 등록사무를 담당하는 사람(이하 "등록사무담임자"라 한다)을 임명하거나 그 직무를 면하게 한 때에는 즉시 법원에 보고하여야 한다.

제9조(직인의 보고)

① 시·읍·면의 장 또는 그 직무를 대리하는 사람(이하 "직무대리자"라 한다)이 취임한 때에는 5일 이내에 등록사무에 사용할 직인의 인감을 법원에 보고하여야 한다.

② 제1항은 새로운 인장을 사용하거나 개인한 때에도 준용한다.

제10조(시·읍·면장 등의 식별부호)

① 시·읍·면의 장 또는 그 직무대리자가 제7조에서 정한 취임 또는 직무대리 개시보고를 할 때에는 동시에 식별부호 사용신청을 하여 법원의 승인을 받아야 한다.

② 시·읍·면의 장 또는 그 직무대리자가 제7조에서 정한 퇴임 등 또는 직무대리 종료보고를 할 때에는 동시에 식별부호 사용 해지신청을 하여야 한다.

③ 시·읍·면의 장이 등록사무담임자 또는 그의 업무를 보조하는 사람을 임명하거나 그 직무를 면하게 한 경우에는 제1항과 제2항을 준용한다. 법 제21조 제2항의 업무를 처리하는 동의 장과 그의 업무를 보조하는 사람의 경우에도 같다.

제11조(가족관계등록공무원명부) 법원은 가족관계등록공무원명부를 비치하고 제7조 또는 제8조의 보고가 있거나 법 제21조 제2항의 업무를 처리하는 동의 장과 그의 업무를 보조하는 사람에게 식별부호의 사용승인을 하거나 해지를 한 때에는 그 사유를 기재하여야 한다.

제12조(출장소 개설 등 보고)

① 시·읍·면의 출장소에서 등록사무를 처리하려는 때에는 법원에 보고하여야 한다.

② 등록사무를 처리하던 출장소가 그 처리를 종료한 때에는 지체 없이 법원에 보고하여야 한다.

③ 법원이 제1항 또는 제2항의 보고를 받은 때에는 지체 없이 가정법원장을 거쳐 법원행정처장에게 이를 보고하여야 한다.

제13조(사무소이전의 보고) 시·읍·면의 사무소나 출장소를 이전한 때에는 5일 이내에 법원에 보고하여야 한다.

제14조(행정구역변경 등의 보고 및 부책 등의 인계)

① 행정구역, 토지의 명칭, 지번, 도로명 또는 건물번호가 변경된 때에는 그 시행일 15일 전까지 법원에 보고하여야 한다. 〈개정 2011.12.12〉

② 시·읍·면 또는 동이 신설·폐지되는 경우에는 신설·폐지되기 전에 그 지역에 소재한 시·읍·면의 장이 제1항의 보고를 한다.

③ 법원이 제1항 또는 제2항의 보고를 받는 경우 제12조 제3항을 준용한다.

④ 시·읍·면의 구역변경이 있는 경우에 부책과 서류는 그 목록 2통을 첨부하여 이를 해당 시·읍·면에 인계하여야 한다.

⑤ 시·읍·면의 장은 인수한 부책과 서류를 첨부된 목록과 대조한 후 그 목록 1통에 영수의 뜻을 덧붙여 인계한 시·읍·면의 장에게 송부하여야 한다.

⑥ 인수절차를 마친 시·읍·면의 장은 지체 없이 법원에 보고하여야 한다.

⑦ 종전 「호적법」(2007. 5. 17. 법률 제8435호로 폐지된 것) 제11조에 따라 시·읍·면의 장이 제적부를 반출한 때에는 그 사유를, 반출한 제적부를 원상회복한 때에는 그 일시와 이상 유무를 지체 없이 각각 법원에 보고하여야 한다.

제15조(보고서의 편철) 법원은 제7조부터 제9조까지, 제12조부터 제14조까지의 보고서를 가족관계등록보고서편철장에 편철하여 보존한다. 〈개정 2018.4.27〉

제16조(법원관할의 변경)

① 법원의 관할이 변경된 경우에는 제적부본과 그에 관한 부책 및 서류, 가족관계등록부에 관한 부책과 서류를 새 관할법원에 인계하고, 그 내용을 법원행정처장에게 보고하여야 한다.

② 제1항의 인계절차에 관해서는 제14조 제4항과 제5항의 규정을 준용한다.

제2장 등록부 등

제17조(등록부의 작성과 폐쇄)

① 법 제9조에 따른 등록부의 작성은 전산정보처리조직에 의하여야 한다.

② 등록부가 법 제11조 제2항에 규정된 사유 이외에 다음 각 호의 어느 하나에 해당하는 경우에는 이를 폐쇄한다.

1. 이중으로 작성된 경우
2. 착오 또는 부적법하게 작성된 경우
3. 정정된 등록부가 이해관계인에게 현저히 부당하다고 인정되어 재작성하는 경우

제18조(가족관계등록에 관한 부책 등의 보존) 가족관계등록에 관한 부책과 서류는 잠금장치가 있는 견고한 서고 또는 창고에 비치하고 철저하게 보존하여야 한다.

제19조(등록사항별 증명서 교부 등)

① 법 제15조에 규정된 등록부등의 기록사항에 관하여 발급할 수 있는 증명서(이하 "등록사항별 증명서"라 한다)의 교부신청은 "등록부 등의 기록사항 등에관한 증명신청서(이하 "신청서"라 한다)"에 그 사유를 기재하여 제출하여야 한다. 다만, 본인이 청구하는 경우에는 신청서를 작성하지 않을 수 있고, 대리인이 법 제14조 제1항의 본인 또는 배우자, 직계혈족(이하 이 조에서는 "본인등"이라 한다)의 위임을 받아 청구하는 때에는 본인등의 위임장과 주민등록증·운전면허증·여권 등의 신분증명서 사본을 제출하여야 한다. 〈개정 2016. 11.29〉

② 법 제14조 제1항 제4호의 "정당한 이해관계 있는 사람"이란 다음 각 호의 어느 하나에 해당하는 경우를 말한다.

1. 민법상의 법정대리인
2. 채권·채무의 상속과 관련하여 상속인의 범위를 확인하기 위해서 등록사항별 증명서의 교부가 필요한 사람
3. 그 밖에 공익목적상 합리적 이유가 있는 경우로서 대법원예규가 정하는 사람

③ 제1항의 신청서에는 대법원예규가 특별히 규정하고 있는 경우를 제외하고는 대상자의 성명과 등록기준지를 정확하게 반드시 기재하여야 하고 다음 각 호에 해당하는 서류를 제출하여야 한다.

1. 법 제14조 제1항 제1호의 경우에는 그 근거법령과 사유를 기재한 신청기관의 공문 및 관계공무원의 신분증명서

2. 법 제14조 제1항 제2호의 경우에는 법원의 보정명령서, 재판서, 촉탁서 등 이를 소명하는 자료
3. 법 제14조 제1항 제3호의 경우에는 이를 소명하는 자료 및 관계법령에 의한 정당한 권한이 있는 사람임을 확인할 수 있는 자료
4. 법 제14조 제1항 제4호의 경우에는 그 근거와 사유를 기재한 신청서 및 정당한 이해관계를 소명하는 자료와 신청인의 신분증명서

④ 제1항부터 제3항까지에 관하여 필요한 사항은 대법원예규로 정한다.

제20조(멸실고시) 법원행정처장은 제6조 제2항에 따른 전산운영책임관의 등록전산정보자료의 손상보고가 있는 때에 그 등록전산정보자료의 복구가 불가능한 경우와 제6조 제3항에 따른 등록전산정보자료와 등록전산정보부본자료의 각 일부 또는 전부가 동시에 손상된 경우에는 지체 없이 그 사실을 각 고시하여야 한다. 이 경우 법원행정처장은 등록부의 재작성에 관한 필요한 승인과 처분을 하여야 하며, 그 구체적인 내용과 절차는 대법원예규로 정한다.

제21조(증명서의 작성방법)

① 등록사항별 증명서에는 시·읍·면의 장의 직명(직무대리자의 경우에는 대리자격도 표시하여야 한다)과 성명을 기록한 후 그 직인을 찍어야 한다.
〈개정 2016.11.29〉

② 증명서에 공란이나 여백이 있는 때에는 그 뜻을 표시하여야 한다. 〈개정 2016.11.29〉

③ 증명서가 여러 장으로 이루어지는 때에는 각 장에 장수, 발행번호를 기록하고 각 장에 걸쳐 직인으로 간인하여야 한다. 〈개정 2016.11.29〉

④ 제1항 또는 제3항의 경우에는 인증기에 직인을 부착하여 인증할 수 있고, 자동천공방식으로 간인할 수 있다. 〈개정 2016.11.29〉

⑤ 본인, 부모(양부모 포함), 배우자, 자녀(양자 포함)의 가족관계등록부에 사망(실종선고·부재선고·국적상실 포함)사실이 기록된 경우에는 등록사항별 증명서의 사망한 사람의 성명란에 "사망(실종선고·부재선고·국적상실은 각 실종선고, 부재선고, 국적상실)" 표시되어야 한다. 〈개정 2016.11.29〉

⑥ 가족관계증명서는 제5항의 경우를 제외하고는 증명서 교부 당시의 유효한 사항만을 모아서 발급한다. 다만, 법 제15조 제2항 제1호의 가족관계증명서는 성명란에 사망(실종선고·부재선고 포함)이 표시되어 있는 자녀(양자 포함)의 특정등록사항을 제외하고 발급한다. 〈개정 2016.11.29〉

⑦ 시·읍·면의 장은 청구인이 등록사항별 증명서 중 두 가지 이상을 동시에 청구하는 경우에 제1항부터 제6항까지에 따라 개별증명서로 발급하여야 한다. 〈개정 2016.11.29〉

⑧ 법원행정처장이 등록사항별 증명서의 기재례를 정한 때에는 그에 따라 증명서를 발급하여야 한다.
〈개정 2016.11.29〉

⑨ 등록사항별 증명서의 서식 및 그 밖에 필요한 사항은 대법원예규로 정한다. 〈신설 2016.11.29〉

제21조의2(특정증명서의 작성방법) 법 제15조 제1항 제2호의 기본증명서에 대한 법 제15조 제4항의 특정증명서는 다음 각 호의 사항을 기재하여 작성한다.

1. 본인의 등록기준지·성명·성별·본·출생연월일 및 주민등록번호
2. 신청인이 선택한 현재의 친권·후견에 관한 사항

[전문개정 2016.11.29]

제22조(증명서의 교부청구)

① 법 제14조 제1항 제1호와 제3호에 따라 등록사항별 증명서의 교부를 청구하는 경우, 각 대상자 마다 등록사항별 증명서가 필요한 이유를 구체적으로 밝혀야 하며, 한번에 30통 이상을 청구할 때에는 교부청

구 기관 또는 단체의 소재지를 관할하는 시·읍·면에 하여야 한다.

② 법 제14조 제1항 제4호에 해당하는 경우에는 제19조 제3항 제4호의 요건을 갖추는 것 이외에 각각의 등록사항별 증명서가 필요한 이유를 별도로 밝혀야 한다.

③ 본인·배우자·직계혈족 이외의 사람이 등록사항별 증명서 중 가족관계증명서를 교부받고자 하는 경우에는 가족관계증명서가 필요한 이유를 별도로 밝혀야 한다.

제23조(증명의 범위 및 친양자입양관계증명서의 교부제한)

① 시·읍·면의 장은 등록사항별증명서를 교부할 때, 각 증명서의 본인 또는 가족의 주민등록번호란및일반등록사항란에기록된 주민등록번호(외국인인 경우에는 외국인등록번호를 말한다. 이하 같다) 중 그 일부를 공시하지 아니할 수 있다. 등록사항별 증명서의 주민등록번호 일부 공시제한에 관하여 필요한 사항은 대법원예규로 정한다. 〈개정 2010.7.30, 2016. 11.29〉

② 법 제14조 제2항에 따른 친양자입양관계증명서의 교부제한은 교부청구 대상 본인의 친양자입양 여부와 관계없이 적용된다.

③ 법 제14조 제2항 제4호에 따라 증명서를 청구할 수 있는 경우는 다음 각 호의 어느 하나에 해당하는 경우로 한정한다. 다만, 제1호와 제2호의 구체적인 소명자료는 대법원예규로 정한다. 〈개정 2013.1.8〉

1. 「민법」 제908조의4 또는 「입양특례법」 제16조에 따라 입양취소를 하거나 「민법」 제908조의5 또는 「입양특례법」 제17조에 따라 파양을 할 경우
2. 친양자의 복리를 위하여 필요함을 구체적으로 소명하여 신청하는 경우
3. 그 밖의 대법원예규가 정하는 정당한 이유가 있는 경우

④ 친양자입양에 관한 신고서류의 열람 등의 절차에는 제2항과 제3항을 준용한다.

⑤ 법 제14조 제2항 제3호에 따라 수사기관이 증명서를 교부청구하는 경우, 각 대상자마다 증명서가 필요한 사유를 구체적으로 기재하되, 관련사건명과 사건접수연월일을 밝혀 청구하여야 한다. 이 경우 제22조 제3항 후단을 준용한다.

제24조(재외공관에서의 증명서 교부)

① 법원행정처장이 정하는 재외공관은 증명서 교부신청의 접수와 교부사무를 처리할 수 있다.

② 제1항의 재외공관을 정하는 기준과 절차, 증명서 발급사무에 관한 업무처리절차 등 그 밖의 필요한 사항은 대법원예규로 정한다.

제25조(무인증명서발급기에 의한 증명서 발급)

① 시·읍·면의 장은 신청인 스스로 입력하여 등록사항별 증명서를 발급받을 수 있는 장치(이하 "무인증명서발급기"라 한다)를 이용하여 증명서의 발급사무를 처리할 수 있다.

② 제1항에 따른 등록사항별 증명서 발급은 본인에게만 할 수 있으며, 이 경우 그 본인임을 확인하는 절차를 거쳐야 한다.

③ 제1항의 경우 그 발급기관, 발급절차, 그 밖의 필요한 사항은 대법원예규로 정한다.

제25조의2(인터넷에 의한 등록부등의 기록사항 열람 및 증명서 발급)

① 등록부등의 기록사항 열람 및 등록사항별 증명서의 발급사무는 인터넷을 이용하여 처리할 수 있다. 〈개정 2014.5.30〉

② 제1항에 따른 사무는 중앙관리소에서 처리하고, 전산운영책임관이 이를 담당한다.

③ 제1항에 따른 열람 및 발급은 본인 또는 배우자, 부모, 자녀가 신청할 수 있다. 〈개정 2014.5.30〉

④ 제1항에 따른 열람 및 발급의 범위, 절차 및 방법 등 필요한 사항은 대법원예규로 정한다. 〈개정

2014.5.30〉
[본조신설 2013.1.8]

제26조(등록전산정보자료의 이용 등)
① 법 제13조에 따라 등록전산정보자료를 이용 또는 활용하려는 사람은 다음 각 호의 사항을 기재하여 관계중앙행정기관의 장에게 그 심사를 신청하여야 한다. 이 경우 신청할 수 있는 자료는 필요한 최소한의 범위에 한한다.
1. 자료의 이용 또는 활용의 목적과 근거
2. 자료의 범위
3. 자료의 제공방식·보관기관 및 안전관리대책
② 제1항에 따른 신청을 받은 관계중앙행정기관의 장은 다음 각 호 사항을 심사한 후 그 심사결과를 신청인에게 알려야 한다.
1. 신청내용의 타당성·적합성·공익성
2. 개인의 사생활 침해의 가능성 및 위험성 여부
3. 자료의 목적외 사용방지 및 안전관리대책 확보 여부
③ 등록전산정보자료를 이용 또는 활용하려는 사람은 제2항에 따른 심사결과를 첨부하여 법원행정처장에게 승인신청을 하여야 한다. 다만, 중앙행정기관의 장이 등록전산정보자료를 이용 또는 활용하려는 경우에는 법원행정처장에게 제1항 각 호의 사항을 기재한 서면을 제출하고 협의를 요청하여야 한다.
④ 법원행정처장이 제3항에 따른 승인신청 또는 협의요청을 받은 때에는 다음 각 호의 사항을 심사하여야 한다.
1. 제2항 각 호의 사항
2. 신청한 사항의 처리가 전산정보처리조직에 의하여 가능한지 여부
3. 신청한 사항의 처리가 등록사무처리에 지장이 없는지 여부
⑤ 제4항에 따라 심사한 결과 신청을 승인하거나 협의가 이루어진 때에는 법원행정처장은 전산정보자료제공대장에 그 내용을 기록·관리하여야 한다.

제27조(신고서류의 열람 및 기재사항 증명)
① 법 제42조 제2항의 이해관계인은 법 제1 6조에서 규정한 서류(이하 "신고서류"라 한다)를 등록사무담임자가 보는 앞에서 열람하여야 한다.
② 신고서류의 기재사항 증명은 별지 제6호 서식에 따른다.

제28조(증명서등의 수수료)
① 호적용지로 작성된 제적부와 시·읍·면에 있는 신고서류의 열람 수수료는 건당 200원으로 한다.
② 등록사항별 증명서 및 제적등본의 수수료는 통당 1,000원으로 하고, 제적초본의 수수료는 통당 500원으로 한다. 다만, 무인증명서발급기를 이용하여 발급되는 등록사항별 증명서 및 제적등본의 수수료는 통당 500원, 제적초본의 수수료는 통당 300원으로 하고, 인터넷에 의한 등록부등의 기록사항 열람, 등록사항별 증명서 발급, 제적부의 열람 및 제적 등·초본 발급 수수료는 무료로 한다. 〈개정 2016.11.29〉
③ 제27조의 기재사항 증명, 또는 제48조의 수리 또는 불수리의 증명 수수료는 건당 200원으로 한다.
④ 청구인이 다음 각 호의 어느 하나에 해당하는 경우에는 제1항부터 제3항까지의 수수료를 면제한다. 〈개정 2009.6.26〉
1. 국가나 지방자치단체의 공무원으로 직무상 필요에 의하여 청구하는 경우

2. 「국민기초생활보장법」 제22조 제2호의 수급자가 청구하는 경우
3. 「독립유공자예우에 관한 법률」 제6조에 따라 등록된 독립유공자와 그 유족(선순위자만 해당된다)이 청구하는 경우
4. 「국가유공자 등 예우 및 지원에 관한 법률」 제6조에 따라 등록된 국가유공자 등과 그 유족(선순위자만 해당된다)이 청구하는 경우
5. 「고엽제후유의증 환자지원 등에 관한 법률」 제4조에 따라 등록된 고엽제후유의증환자 등이 청구하는 경우
6. 「참전유공자예우 및 단체설립에 관한 법률」전용자제5조에 따라 등록된 참전군인 등이 청구하는 경우
7. 「5·18민주유공자 예우에 관한 법률」 제7조에 따라 등록 결정된 5·18민주유공자와 그 유족(선순위자만 해당된다)이 청구하는 경우
8. 「특수임무수행자 지원 및 단체설립에 관한 법률」 제3조 제3호에 따라 등록된 특수임무공로자와 그 유족(선순위자만 해당된다)이 청구하는 경우
9. 출생신고인에게 기록일부터 2주일 이내에 출생사건 본인의 기본증명서를 최초 1회 발급하는 경우
10. 다른 법률에 수수료를 면제하는 규정이 있는 경우

제3장 신 고

제29조(신고서의 양식 등) 각종 가족관계등록신고서의 양식과 이 규칙에서 정하지 않은 서식은 대법원예규로 정한다.

제30조(신고서의 문자)

① 신고서는 한글과 아라비아숫자로 기재하여야 한다. 다만, 사건본인의 성명은 한자로 표기할 수 없는 경우를 제외하고는 한자를 병기하여야 하고, 사건본인의 본은 한자로 표기할 수 없는 경우를 제외하고는 한자로 기재하여야 한다.

② 신고서의 첨부서류가 외국어로 작성된 것인 때에는 번역문을 첨부하여야 한다.

제31조(신고서의 기재방법)

① 신고서의 글자는 명확하게 기재하여야 한다.

② 신고서의 기재를 정정한 경우에는 여백에 정정한 글자의 수를 기재하고 신고인이 날인하여야 한다.

제32조(신고인 등의 확인)

① 시·읍·면·동의 장 또는 재외공관의 장은 신고서류를 접수하는 경우에 출석한 신고인 또는 제출인의 신분증명서에 의하여 반드시 그 신분을 확인하여야 하고, 신고인 또는 제출인이 법 제23조 제2항에 따라 불출석 신고사건 본인의 신분증명서를 제시한 때에는 그 신분을 확인한 후 신고서류의 뒤에 그 사본을 첨부하여야 한다.

② 법 제23조 제2항의 "그 밖에 대법원규칙으로 정하는 신분증명서"는 국제운전면허증, 외국국가기관 명의의 신분증 그 밖에 대법원예규가 정하는 신분증명서를 말한다. 〈개정 2018.4.27〉

③ 법 제23조 제2항에도 불구하고, 법 제62조 제1항의 법정대리인의 출석 또는 신분증명서의 제시가 있거나 인감증명서의 첨부가 있으면 신고사건 본인의 신분증명서의 제시 또는 인감증명서의 첨부가 있는 것으로 본다.

〈개정 2013.6.5〉

제33조(서명 또는 기명날인을 갈음하는 방법) 신고인, 증인, 동의자 등은 신고서에 서명하거나 기명날인할 수 있고, 서명 또는 기명날인을 할 수 없을 때에는 무인할 수 있다. 이 경우 담당공무원은 본인의 무인임을 증명한다는 문구를 기재하고 기명날인하여야 한다.

제34조(가족관계등록의 여부가 불분명한 경우 등의 표시)

① 신고인 그 밖의 사람이 가족관계등록이 되어 있지 않거나 분명하지 않은 경우에는 신고서류에 그 취지를 기재하여야 한다.

② 사건본인이나 그 부 또는 모가 외국인인 경우에는 신고서의 등록기준지란에 그 국적을 기재하여야 한다.

제35조(말로 하는 신고의 처리) 시·읍·면의 장이 법 제31조 제2항에 따라 신고서를 작성한 경우에는 신고서 여백에 그 취지를 기재하고 직명과 성명을 기재한 후 직인을 찍어야 한다.

제36조(대리인에 의한 신고) 법 제31조 제3항에 따라 대리인이 말로 신고하는 경우에는 대리권한을 증명하는 서면을 제출하여야 한다.

제36조의2(전자문서를 이용한 신고)

① 법 제23조의2에 따라 전산정보처리조직을 이용하여 전자문서로 할 수 있는 신고는 다음 각 호와 같다. 〈개정 2018.4.27〉

1. 법 제96조에 따른 국적취득자의 성과 본의 창설 신고
2. 법 제99조에 따른 개명 신고
3. 법 제101조에 따른 가족관계등록 창설 신고
4. 법 제104조 및 제105조에 따른 등록부정정 신청
5. 법 제44조 제4항 본문 및 제46조 제1항, 제2항에 따른 부 또는 모의 출생신고

② 제1항에 따른 신고는 법과 이 규칙이 정한 신고서 기재사항에 대한 정보와 첨부서류를 전자문서로 송신하거나 대법원예규로 정하는 바에 따라 제공하는 방법으로 하며, 이 경우 전자서명법 제2조 제3호에 의한 신고인의 공인전자서명 정보도 함께 송신하여야 한다.

③ 제2항의 첨부서류 중 다음 각 호에 해당하는 서류는 전산정보처리조직을 통한 확인으로 첨부를 갈음할 수 있다.

1. 제87조 제6항에 따른 가정법원의 재판서등본
2. 전산정보처리조직에서 확인할 수 있는 등록사항별 증명서
3. 그 밖에 대법원예규로 정한 서면

[본조신설 2014.5.30]

제37조(인명용 한자의 범위)

① 법 제44조 제3항에 따른 한자의 범위는 다음과 같이 한다.
〈개정 2009.12.31〉

1. 교육과학기술부가 정한 한문교육용 기초한자
2. 별표 1에 기재된 한자. 다만, 제1호의 기초한자가 변경된 경우에, 그 기초한자에서 제외된 한 자는 별표 1에 추가된 것으로 보고, 그 기초한자에 새로 편입된 한자 중 별표 1의 한자와 중복되는 한자는 별표 1에서 삭제된 것으로 본다.

② 제1항의 한자에 대한 동자·속자·약자는 별표 2에 기재된 것만 사용할 수 있다.

③ 출생자의 이름에 사용된 한자 중 제1항과 제2항의 범위에 속하지 않는 한자가 포함된 경우에 는 등록부

에 출생자의 이름을 한글로 기록한다.

제38조(출생증명서의 기재사항) 법 제44조 제4항에 따른 출생증명서에 기재할 사항은 다음과 같다.

1. 자녀의 성명 및 성별. 다만, 작명되지 아니한 때에는 그 취지
2. 출생의 연월일 및 장소
3. 자녀가 다태아인 경우에는 그 취지, 출생의 순위 및 출생시각
4. 모의 성명 및 출생연월일
5. 작성연월일
6. 작성자의 성명, 직업 및 주소

제38조의2(출생증명서를 대신하여 첨부할 수 있는 서면)

① 법 제44조 제4항 제1호에 따라 분만에 직접 관여한 자가 작성한 출생사실을 증명하는 서면에는 모의 출산사실을 증명할 수 있는 자료 등으로서 모의 진료기록 사본이나 자의 진료기록 사본 또는 예방접종증명서 등 모의 임신사실 및 자의 출생사실을 증명할 수 있는 자료를 첨부하여야 한다.

② 법 제44조 제4항 제2호의 국내 또는 외국의 권한 있는 기관에서 발행한 출생사실을 증명하는 서면은 다음 각 호와 같다.

1. 통일부장관이 발행한 북한이탈주민 신원 사실관계 확인서
2. 외국 관공서 등에서 발행한 출생신고사실을 증명하는 서면

③ 제1항 및 제2항에 관하여 필요한 사항은 대법원예규로 정한다.

[본조신설 2016.11.29]

제38조의3(진단서 등을 대신하여 첨부할 수 있는 서면) 법 제84조 제3항의 사망의 사실을 증명할 만한 서면은 다음 각 호와 같다.

1. 국내 또는 외국의 권한 있는 기관에서 발행한 사망사실을 증명하는 서면
2. 군인이 전투 그 밖의 사변으로 사망한 경우에 부대장 등이 사망 사실을 확인하여 그 명의로 작성한 전사확인서
3. 그 밖에 대법원예규로 정하는 사망의 사실을 증명할 만한 서면

[본조신설 2016.11.29]

제39조(준용규정) 신청·통보·촉탁은 신고에 관한 규정을 준용한다.

제4장 신고서류의 접수

제40조(신고서류의 접수방법)

① 시·읍·면·동의 장이나 재외공관의 장이 신고서류를 접수하거나 송부받은 때에는 그 첫장 표면의 여백에 접수인을 찍고 접수번호 및 접수연월일을 기재한 후 처리자가 날인하여야 한다.

② 신고서류를 접수하였을 때에 신고인이 청구하는 경우에는 접수증을 교부하여야 한다.

③ 제1항의 경우에 법 제23조 제2항과 이 규칙 제32조에 따른 본인, 신고인 또는 제출인의 신분확인절차를 거쳐야 한다.

④ 우편접수의 경우 신고인의 신분증명서 사본이 첨부된 때에는 이에 의하여 신분확인을 할 수 있다. 다만, 신고로 인하여 효력이 발생하는 등록사건에 있어서는 신고사건 본인의 인감증명서 또는 신고서의 서명에 대한 공증서가 첨부되거나 제32조 제3항에 따른 법정대리인의 인감증명서가 첨부된 때에 이에

의하여 신분확인을 할 수 있다. 〈개정 2013.6.5〉

⑤ 제4항에 따른 신분증명서 사본이나 인감증명서가 첨부되지 않은 경우에는 신고를 수리하여서는 아니 된다.

제41조(접수장)

① 시·읍·면·동의 장이나 재외공관의 장은 접수장에 접수 또는 송부받은 사건을 접수번호 순서대로 기록하여야 한다.

② 접수번호는 매년 갱신한다.

③ 접수장의 사건명은 신고의 종류에 따르되, 신고의 추후보완의 경우에는 원래의 신고의 접수번호도 부기한다.

④ 제1항의 경우, 제86조에도 불구하고 전산정보처리조직에 의하여 접수업무를 처리한 접수담당자가 매일 업무를 마친 때에 전산입력된 접수기록을 출력하여 비치하여야 한다.

제42조(신고서류의 처리상황표시) 접수된 신고서류에는 첫장 표면의 상부우측 여백에 처리상황란을 만들어 각 해당사항을 기재한 후 처리자가 날인하여야 한다.

제43조(수리 여부의 결정)

① 시·읍·면·동의 장이나 재외공관의 장이 신고서류를 접수한 때에는 지체 없이 그 수리 여부를 결정하여야 한다.

② 신고를 수리 또는 불수리한 경우에는 접수장의 수리사항란에 그 취지와 일자를 기록하여야 한다. 그러나, 접수 당일 수리한 신고사건에 대하여는 그러하지 아니하다.

제44조(심사자료의 요구)

① 시·읍·면·동의 장이나 재외공관의 장은 신고서류를 심사하기 위하여 필요한 때에는 등록부의 등록사항별 증명서나 그 밖의 서류를 제출하게 할 수 있다.

② 신고서류에 첨부하여야 할 제적 등·초본이나 등록사항별 증명서를 시·읍·면·동·재외공관에서 전산정보처리조직에 의하여 확인할 수 있는 경우에는 첨부하지 아니한다.

제45조(신고사건 수리 및 기록)

① 시·읍·면의 장이 신고서류 등을 수리한 때에는 그 신고사건에 무효사유가 없으면, 즉시 등록부에 기록을 하여야 한다.

② 일반등록사항란에는 해당사건을 처리한 시·읍·면을 표시하여야 한다. 다만, 법 시행 이전에 기재된 호적기재사항에 대하여는 그러하지 아니하다.

제46조(신고서류의 송부) 법 제21조 제2항과 법 제36조에 따라 송부하는 신고서류에는 첫장 표면의 여백에 발송인과 직인을 찍고 이미 과태료를 부과한 때에는 그 취지를 기재하여야 한다.

제47조(불수리한 경우의 처리) 불수리한 신고서류는 불수리신고서류편철장에 편철하되 신고서 이외의 첨부서류는 신고인의 청구에 따라 되돌려 줄 수 있다.

제48조(수리·불수리의 증명) 신고의 수리와 불수리의 증명은 별지 제7호 서식에 의한다.

제49조(사건표)

① 시·읍·면의 장은 매달 접수한 사건의 건수표를 작성하여 다음 달 10일까지 법원에 보고하여야 한다.

② 시·읍·면의 장은 매년 접수한 사건의 건수표를 제1항에 준하여 작성하여 다음 해 1월 10일까지 법원에 보고하여야 한다.

③ 시·읍·면의 장이 건수표를 전산정보처리조직에 의하여 보고하는 때에는 제1항과 제2항의 보고를 갈음할 수 있다.

제50조(과태료의 부과)

① 법 제124조 제1항에 따른 과태료의 부과는 신고 또는 신청을 수리하거나 이를 최고한 시·읍·면의 장이 한다. 다만, 가족관계등록관이 과태료 부과 대상이 있음을 통지한 경우에는 통지를 받은 시·읍·면의 장이 과태료를 부과한다. 〈개정 2015.4.24〉

② 제1항에 따라 과태료를 부과하고자 할 때에는 위반행위를 조사·확인하여야 하고 과태료처분대상자에게 말 또는 서면에 의한 의견진술의 기회를 주어야 한다.

③ 과태료를 부과하는 경우에는 위반사실과 과태료금액을 명시한 과태료납부통지서를 과태료처분 대상자에게 송부하여야 한다. 그러나 신고서 제출과 동시에 자진하여 과태료를 납부하는 경우에는 그러하지 아니하다.

④ 법 제21조에 따른 출생·사망의 신고를 받은 동의 장은 소속시장·구청장을 대행하여 과태료를 부과·징수한다.

⑤ 시·읍·면의 장은 별표 3의 과태료 부과기준에 의하여 과태료의 금액을 정하여야 한다.

⑥ 시·읍·면의 장은 과태료처분대상자의 위반행위의 동기와 결과를 참작하여 별표 3에 따른 과태료의 2분의 1에 해당하는 금액을 경감할 수 있다. 다만, 이 경우에는 과태료처분대상자가 작성한 위반행위에 대한 사유서를 첨부하여야 한다.

⑦ 제1항에 따라 과태료처분을 받은 사람이 이의를 제기하는 경우에는 과태료처분이의서를 과태료처분을 한 시·읍·면의 장에게 제출하여야 하며, 이를 접수한 시·읍·면의 장은 이의가 이유 없다고 인정되는 경우 통보서를 지체 없이 과태료처분을 받은 사람의 주소 또는 거소를 관할하는 가정법원에 송부하여야 한다.

제5장 등록부의 기록

제1절 기록사항

제51조(기록근거의 기록)

① 등록부에 기록할 때에는 법 제9조 제2항이 규정한 사항 외에 다음 사항도 기록하여야 한다. 〈개정 2009.6.26〉

1. 신고 또는 기록의 연월일
2. 신고인 또는 신청인이 사건본인과 다른 때에는 신고인 또는 신청인의 자격과 성명
3. 재외공관의 장이나 관공서로부터 신고서류의 송부가 있는 때에는 송부연월일과 송부자의 직명
4. 통보일자와 통보자의 직명
5. 증서·항해일지 등본 작성자의 직명과 제출 연월일
6. 가족관계등록에 관한 재판·허가·촉탁을 한 법원과 그 연월일
7. 등록사건을 처리한 시·읍·면의 명칭

② 제1항 제2호의 신고인 또는 신청인이 사건본인의 부 또는 모인 때에는 그 성명의 기록을 생략할 수 있다. 다만, 다음 각 호의 어느 하나에 해당하는 경우에는 그 성명의 기록을 생략하여야 한다. 〈개정 2016.11.29〉

1. 출생신고인이 부 또는 모인 경우

2. 출생신고인이 법 제46조 제4항에 따른 검사 또는 지방자치단체의 장인 경우

제52조(군사분계선 이북지역 재적자의 가족관계등록창설)
① 군사분계선 이북지역에 호적을 가졌던 사람이 가족관계등록창설하는 경우에는 등록부에 원적지를 기록하여야 한다.
② 군사분계선 이북지역에 호적을 가졌던 사람이 가족관계등록창설하는 경우, 군사분계선 이북지역에 거주하는 호주나 가족에 대한 가족관계등록창설허가도 신청할 수 있으며 그 등록부에는 원적지 및 군사분계선 이북지역에 거주한다는 취지를 기록한다.
③ 제1항과 제2항의 경우에 군사분계선 이북지역이 북위 38도선 이북인 경우에는 1945년 8월 15일을, 북위 38도선 이남인 경우에는 1950년 6월 25일을 기준으로 한다.

제53조(친권 등에 관한 사항의 기록) 친권·관리권 또는 미성년후견에 관한 사항은 미성년자의 등록부의 일반등록사항란에 각 기록한다. 〈개정 2013.6.5〉

제54조(배우자의 가족관계등록사항 등의 변동사유) 한쪽 배우자에 대하여 다음의 신고가 있는 때에는 다른 배우자의 등록부에도 그 취지를 기록하여야 한다.
1. 사망, 실종선고·부재선고 및 그 취소
2. 국적취득과 그 상실
3. 성명의 정정 또는 개명

제55조(자녀의 등록사항 등)
① 혼인 중의 출생자에 대한 출생신고 또는 인지의 효력이 있는 출생신고가 있는 때에는 법 제44조 제2항의 신고서 기재내용에 따라 출생자에 대한 등록부를 작성하되, 특정등록사항란에 그 부모 또는 인지한 부의 성명을 기록하고 그 부모 또는 인지한 부의 등록부에는 특정등록사항란에 그 출생자의 성명 등을 기록하여야 한다.
② 혼인외의 출생자가 혼인중의 출생자로 된 때 또는 부모의 혼인이 무효로 된 때에는 자녀의 등록부 일반등록사항란에 그 사유를 기록하여야 한다.
③ 시·읍·면의 장은 부 또는 모의 성과 본이 정정되거나 변경된 경우 그 부 또는 모의 성을 따르는 자녀의 성과 본을 직권으로 정정 또는 변경기록하고 그 사유를 등록부에 기록하여야 한다.

제56조(인지되지 않은 자녀의 등록부) 부가 인지하지 아니한 혼인외의 출생자라도 부의 성과 본을 알 수 있는 경우에는 부의 성과 본을 따를 수 있다. 다만, 부의 성명을 그 자녀의 일반등록사항란 및 특정등록사항란의 부란에 기록하여서는 아니된다.

제2절 기 록 절 차

제57조(신고가 경합된 경우)
① 동일한 사건에 수개의 신고가 수리된 경우에는 먼저 수리된 신고에 따라 등록부에 기록하여야 한다.
② 제1항의 경우에 뒤에 수리된 신고에 따라 등록부에 기록한 때에는 먼저 수리된 신고에 맞추어 등록부의 기록을 정정하여야 한다.
③ 제2항의 신고가 시·읍·면을 달리하여 수리된 때에는 뒤에 수리한 시·읍·면의 장이 이를 정정하되, 먼저 수리된 신고서류사본을 팩시밀리 등의 방법으로 받아서 직권 정정서에 첨부한 후 가족관계등록신고서류편철장에 편철하여야 한다.

第58조(기아의 발견과 가족관계등록) 법 제53조 제2항의 경우에 기아발견조서에 의하여 작성된 등록부의 기록과 출생신고의 내용이 동일하다고 인정되는 때에는 등록부정정신청서 여백에 그 취지를 기재하고 날인하여야 한다.

第59조(이중등록부의 정리) 동일한 사람이 성명이나 출생연월일의 일부 또는 전부를 달리하여 2개 이상의 등록부가 있음이 명백히 밝혀진 경우에는 시·읍·면의 장은 법 제18조에 따른 감독법원의 허가를 받아 직권으로 그 등록부를 폐쇄할 수 있다.

第60조(등록부의 정정)

① 법 제18조 제3항에 따른 통지를 받은 등록기준지의 시·읍·면의 장은 정정사건을 법 제18조 제1항과 제2항에 따라 처리하되, 그 과정에서 정정대상이 된 원래의 신고사건 신고서류를 조사할 필요가 있는 경우에는 해당 사건을 처리한 시·읍·면의 장에게 재통지하여야 한다. 이 경우 재통지를 받은 시·읍·면의 장은 법 제18조 제1항과 제2항에 따라 정정사건을 처리하여야 한다.

② 시·읍·면의 장이 법 제18조 제2항 단서에 따라 감독법원의 허가 없이 직권으로 정정 또는 기록할 수 있는 사항은 다음 각 호와 같다. 〈개정 2009.6.26〉

1. 등록부의 기록이 오기되었거나 누락되었음이 법 시행 전의 호적(제적)이나 그 등본에 의하여 명백한 때
2. 제54조 또는 제55조에 의한 기록이 누락되었음이 신고서류 등에 의하여 명백한 때
3. 한쪽 배우자의 등록부에 혼인 또는 이혼의 기록이 있으나 다른 배우자의 등록부에는 혼인 또는 이혼의 기록이 누락된 때
4. 부 또는 모의 본이 정정되거나 변경되었음이 등록사항별 증명서에 의하여 명백함에도 그 자녀의 본란이 정정되거나 변경되지 아니한 때
5. 신고서류에 의하여 이루어진 등록부의 기록에 오기나 누락된 부분이 있음이 해당 신고서류에 비추어 명백한 때
6. 그 밖의 정정 또는 기록할 사유가 있음이 명백하여 대법원예규로 정한 경우

第61조(직권정정·기록서) 제57조, 제60조 제2항에 따라 직권으로 정정 또는 기록할 때에는 직권정정·기록서를 작성하여야 한다. 다만, 법원행정처장이 직권정정·기록서 작성이 필요 없음을 명시하여 송부한 등록부정비목록에 따라 직권 정정·기록하는 경우에는 그러하지 아니하다.

第62조(신고서류에 관한 규정의 준용) 법 제18조 제2항, 법 제38조 제3항 및 제59조에 따른 직권정정·기록허가서와 제61조에 따른 직권정정·기록서는 이를 신고서류로 본다.

제3절 기록과 정정의 방법

第63조(등록부 기록의 문자)

① 등록부에 기록할 때에는 약자나 부호를 쓰지 못한다.

② 등록부에는 다음 각 호를 제외하고는 한글과 아라비아 숫자로 기록한다.

1. 등록부의 특정등록사항란 중 성명란은 한자로 표기할 수 없는 경우를 제외하고는 한글과 한자를 병기한다. 또한, 개명 또는 이름이 정정되어 본인의 일반등록사항란에 개명 또는 정정내용을 기록하는 경우에 이름을 기록하는 때에도 같다.
2. 등록부의 특정등록사항란 중 본란은 한자로 표기할 수 없는 경우를 제외하고는 한자로 기록한다. 또한, 본이 정정되어 본인의 일반등록사항란에 정정내용을 기록하는 때에도 같다.

제64조(식별부호의 기록) 시·읍·면의 장 또는 그 직무대리자는 등록부에 기록할 때마다 그 식별부호를 기록하여야 한다.

제65조(폐쇄의 방법) 시·읍·면의 장이 제17조 제2항에 따라 등록부를 폐쇄하는 때에는 가족관계등록부사항란 및 일반등록사항란에 그 취지와 사유를 기록하고, 등록사항별 증명서를 발급하는 경우에는 증명서의 우측상단에 "폐쇄"라고 표시한다.

제66조(등록부의 정정방법)

① 등록부의 기록사항을 정정하는 경우에는 정정할 부분에 새로운 사항을 기록하고, 정정내용과 사유를 가족관계등록부사항란이나 일반등록사항란에 기록한다.

② 가족관계등록부사항란이나 일반등록사항란의 사건 자체를 말소하는 경우에는 그 기록사항 전체에 하나의 선을 긋고, 말소내용과 사유를 각 해당 사항란에 기록한다.

[전문개정 2011.1.31]

제66조의2(제적부의 정정방법)

① 등록부를 정정할 때는 그 사항이 기재된 제적부도 정정한다.

② 제적부를 정정할 때는 제적부를 부활하지 않고 정정하며, 이에 따라 등록부를 정정할 때는 등록부 폐쇄없이 해당사항을 정정한다.

③ 제적부 정정에 관하여 구체적인 절차는 대법원예규로 정한다.

[본조신설 2009.6.26.]

제67조(행정구역 등의 변경에 따른 경정)

① 행정구역, 토지의 명칭, 지번, 도로명 또는 건물번호가 변경된 때에는 등록기준지란에 기록된 행정구역, 토지의 명칭, 지번, 도로명 또는 건물번호를 경정한다. 〈개정 2011.12. 12〉

② 법령의 변경 그 밖의 사유로 등록기준지 이외의 등록부의 기록을 경정하는 경우에는 제1항을 준용한다.

③ 제1항과 제2항에 따라 등록부의 기록을 경정하는 경우에는 제66조를 준용한다.

제6장 신고서류의 보존

제68조(신고서류의 정리와 송부)

① 등록부에 기록을 마친 신고서류는 1개월마다 다음 달 10일까지 접수순서에 따라 편철한 후 각 장마다 장수를 기재하여 그 목록과 함께 사건을 처리한 시·읍·면사무소를 감독하는 법원에 송부하여야 한다.

② 신고서류목록은 2부를 작성하여 그 중 1부는 신고서류에 첨부하고 나머지 1부는 신고서류송부목록편철장에 편철하여 보존한다.

③ 신고서류를 송부할 때에는 그 목록의 첫장 표면의 여백에 발송인과 직인을 찍어야 한다.

④ 동사무소 또는 재외공관에서 수리한 신고서류는 그 부본을 접수순서에 따라 편철한 후 각 장마다 장수를 기재하고 1개월마다 목록을 붙여 연도별로 제82조 제4항10호의 장부에 편철하여 보존한다. 다만 필요에 따라 분책하거나 합철할 수 있다.

제69조(가족관계등록을 할 수 없는 신고서류의 보존)

① 가족관계등록이 되어 있지 아니한 사람에 대한 신고서류 그 밖의 가족관계등록을 할 수 없는 신고서류는 시·읍·면의 장이 접수순서에 따라 특종신고서류편철장에 편철하여 보존한다.

② 제1항의 편철장에는 각 장마다 장수를 기재하고 목록을 붙인다.

③ 태아인지신고, 이혼의사 철회신고, 혼인신고수리불가신고 및 혼인신고를 하는 때에 자녀의 성과 본을 모의 성과 본으로 따르기로 한 협의서를 제출하는 경우에는 특종신고서류 등 접수장에도 접수에 관한 기록을 하여야 한다.

제70조(신고서류의 조사) 법원이 법 제114조에 따라 신고서류를 송부받은 때에는 지체 없이 그 신고서류와 해당 등록부를 조사하고, 법규에 위배된 것이 있을 때에는 해당 시·읍·면의 장에게 시정지시 그 밖의 필요한 처분을 명하여야 한다.

제71조(신고서류의 보존)

① 제70조에 의한 조사를 마친 신고서류는 시·읍·면별 및 연도별로 접수순서에 따라 신고서류편철부에 편철한다. 다만 필요에 따라 분책하거나 합철할 수 있다.

② 신고서류목록은 신고서류와 일치하는지 여부를 확인한 후 신고서류편철부에 신고서류와 함께 송부된 순서에 따라 편철하여 보존한다.

제72조(신고서류의 열람)

① 법 제42조 제4항의 이해관계인은 법원에 보관되어 있는 신고서류와 종전의 호적·제적부본의 열람을 청구할 수 있다.

② 제1항에 따른 열람의 경우 친양자의 입양관계에 관한 신고서류는 제23조 제3항을 준용한다.

③ 제1항의 열람은 관계공무원이 보는 앞에서 하여야 한다.

제7장 협의이혼의사의 확인

제73조(이혼의사확인신청)

① 법 제75조에 따라 협의상 이혼을 하려는 부부는 두 사람이 함께 등록기준지 또는 주소지를 관할하는 가정법원에 출석하여 협의이혼의사확인신청서를 제출하고 이혼에 관한 안내를 받아야 한다. 〈개정 2008.6.5〉

② 부부 중 한쪽이 재외국민이거나 수감자로서 출석하기 어려운 경우에는 다른 쪽이 출석하여 협의이혼의사확인신청서를 제출하고 이혼에 관한 안내를 받아야 한다. 재외국민이나 수감자로서 출석이 어려운 자는 서면으로 안내를 받을 수 있다. 〈신설 2008.6.5〉

③ 협의이혼의사확인신청서에는 다음 각 호의 사항을 기재하고 이혼하고자 하는 부부가 공동으로 서명 또는 기명날인하여야 한다. 〈개정 2010.7.30〉

1. 당사자의 성명·등록기준지(외국인인 경우에는 국적을 말한다)·주소 및 주민등록번호
2. 신청의 취지 및 연월일

④ 협의이혼의사확인신청서에는 부부 양쪽의 가족관계증명서와 혼인관계증명서 각 1통을 첨부하여야 한다. 미성년인 자녀(포태중인 자를 포함하되, 이혼에 관한 안내를 받은 날부터 「민법」 제836조의2제2항 또는 제3항에서 정한 기간 이내에 성년에 도달하는 자녀는 제외한다. 다음부터 이 장에서 같다)가 있는 경우 그 자녀의 양육과 친권자결정에 관한 협의서 1통과 그 사본 2통 또는 가정법원의 심판정본 및 확정증명서 각 3통을 제출하여야 한다. 〈개정 2009.6.26〉

⑤ 가정법원은 전문상담인을 상담위원으로 위촉하여 「민법」 제836조의2제1항의 상담을 담당하게 할 수 있고, 상담위원의 일당 및 수당은 매년 대법관회의에서 이를 정하여 국고 등에서 지급할 수 있다. 〈신설 2008.6.5〉

⑥ 확인기일, 보정명령, 불확인 결과는 전화, 팩시밀리 등 간이한 방법으로 통지할 수 있고, 이혼의사확인

절차에 필요한 송달료에 관하여는 송달료규칙을 준용한다. 〈개정 2009.6. 26〉

제74조(이혼의사 등의 확인)

① 제73조의 이혼의사확인신청이 있는 때에는 가정법원은 부부 양쪽이 이혼에 관한 안내를 받은 날부터 「민법」 제836조의2제2항 또는 제3항에서 정한 기간이 지난 후에 부부 양쪽을 출석시켜 그 진술을 듣고 이혼의사의 유무 및 부부 사이에 미성년인 자녀가 있는지 여부와 미성년인 자녀가 있는 경우 그 자녀에 대한 양육과 친권자결정에 관한 협의서 또는 가정법원의 심판정본 및 확정증명서(다음부터 이 장에서 "이혼의사 등"이라 한다)를 확인하여야 한다.

〈개정 2009.6.26〉

② 부부 중 한쪽이 재외국민이거나 수감자로서 출석하기 어려워 다른 한쪽이 출석하여 신청한 경우에는 관할 재외공관이나 교도소(구치소)의 장에게 이혼의사 등의 확인을 촉탁하여 그 회보서의 기재로써 그 당사자의 출석·진술을 갈음할 수 있다. 이 경우 가정법원은 부부 중 한쪽인 재외국민 또는 수감자가 이혼에 관한 안내를 받은 날부터 「민법」 제836조의2제2항 또는 제3항에서 정한 기간이 지난 후에 신청한 사람을 출석시켜 이혼의사 등을 확인하여야 한다. 〈개정 2009.6.26〉

③ 제1항의 협의이혼의사확인기일은 공개하지 아니한다. 다만, 법원이 공개함이 적정하다고 인정하는 자에게는 방청을 허가할 수 있다. 〈개정 2014.10.2〉

④ 제1항의 협의이혼의사확인기일에 참여한 법원서기관, 법원사무관, 법원주사 또는 법원주사보는 조서를 작성하여야 한다. 〈신설 2014.10.2〉

[전문개정 2008.6.5]

제75조(재외국민의 이혼의사 확인신청의 특례)

① 부부 양쪽이 재외국민인 경우에는 두사람이 함께 그 거주지를 관할하는 재외공관의 장에게 이혼의사확인신청을 할 수 있다. 다만, 그 지역을 관할하는 재외공관이 없는 때에는 인접하는 지역을 관할하는 재외공관의 장에게 이를 할 수 있다. 〈개정 2008.6.5〉

② 부부 중 한쪽이 재외국민인 경우에 재외국민인 당사자는 그 거주지를 관할하는 재외공관의 장에게 협의이혼의사확인신청을 할 수 있다. 다만, 그 거주지를 관할하는 재외공관이 없는 경우에는 제1항 단서를 준용한다.

③ 제2항은 부부 양쪽이 모두 재외국민으로서 서로 다른 국가에 거주하고 있는 경우에 준용한다.

④ 제1항부터 제3항까지의 신청을 받은 재외공관의 장은 당사자(제1항의 경우에는 부부 양쪽이고, 제2항과 제3항의 경우에는 신청서를 제출한 당사자이다. 다음부터 "신청당사자"라 한다)에게 이혼에 관한 안내서면을 교부한 후, 이혼의사의 유무와 미성년인 자녀가 있는지 여부 및 미성년인 자녀가 있는 경우에 그 자녀에 대한 양육과 친권자결정에 관한 협의서 1통 또는 가정법원의 심판정본 및 확정증명서 3통을 제출받아 확인하고 그 요지를 기재한 서면(다음부터 "진술요지서"라 한다)을 작성하여 기명날인한 후 신청서에 첨부하여 지체 없이 서울가정법원에 송부하여야 한다. 〈개정 2008.6.5〉

제76조(재외국민의 이혼의사의 확인의 특례)

① 제75조 제4항에 따라 서류를 송부받은 서울가정법원은 재외공관의 장이 작성한 진술요지서 및 첨부서류에 의하여 신청당사자의 이혼의사 등을 확인할 수 있다.

② 제75조 제2항에 따라 서류를 송부받은 서울가정법원은 국내에 거주하는 당사자를 출석하게 하여 이혼에 관한 안내를 한 후에 출석한 당사자의 이혼의사 등을 확인하여야 한다.

③ 제75조 제3항에 따라 서류를 송부받은 서울가정법원이 신청당사자가 아닌 상대방의 이혼의사 등을

확인하는 경우에는 제74조 제2항을 준용한다.

④ 서울가정법원은 제75조 제1항부터 제3항까지의 경우에 부부 양쪽이 이혼에 관한 안내를 받은 날부터 「민법」 제836조의2제2항 또는 제3항에서 정한 기간이 지난 후에 이혼의사 등을 확인하여야 한다.

⑤ 제75조 제2항의 경우에 서울가정법원은 국내에 거주하는 당사자의 신청이 있을 경우 주소지 관할 가정법원에 사건을 이송할 수 있다.

[전문개정 2009.6.26]

第77조(확인신청의 취하)

① 이혼의사확인신청인은 제74조에 따른 확인을 받기 전까지 신청을 취하할 수 있다.

② 부부 중 양쪽 또는 한쪽이 제74조 제1항에 따른 출석통지를 받고도 2회에 걸쳐 출석하지 아니한 때에는 확인신청을 취하한 것으로 본다.

③ 부부 중 양쪽 또는 한쪽이 제73조에 따라 이혼의사확인신청을 한 다음날부터 3개월 안에 이혼에 관한 안내를 받지 아니한 때에는 확인신청을 취하한 것으로 본다. 〈신설 2009.3.31〉

第78조(확인서 등의 작성·교부)

① 가정법원은 부부 양쪽의 이혼의사 등을 확인하면 확인서를 작성하여야 하고, 미성년인 자녀의 양육과 친권자결정에 관한 협의를 확인하면 그 양육비부담조서도 함께 작성하여야 한다. 다만, 그 협의가 자녀의 복리에 반함에도 가정법원의 보정명령에 불응하는 경우 가정법원은 확인서 및 양육비부담조서를 작성하지 아니한다.

② 제1항의 확인서에는 다음 각 호의 사항을 기재하고 확인을 한 판사 또는 사법보좌관이 기명날인하여야 한다. 〈개정 2018.4.27〉

1. 법원 및 사건의 표시
2. 당사자의 성명·주소 및 주민등록번호
3. 확인연월일
4. 이혼의사가 확인되었다는 취지

③ 제1항의 양육비부담조서에는 다음 각 호의 사항을 적고 확인을 한 판사 및 가정법원의 서기관·사무관·주사 또는 주사보(다음부터 "법원사무관등"이라 한다)가 기명날인하여야 한다.

1. 법원 및 사건의 표시
2. 부모의 성명·주소 및 주민등록번호
3. 미성년인 자녀의 성명 및 주민등록번호
4. 확인일시와 장소
5. 판사가 확인한 양육비 부담에 관한 협의 내용

④ 법원사무관등은 제2항의 확인서가 작성된 경우에 지체 없이 확인서등본과 미성년인 자녀가 있는 경우 협의서등본 및 양육비부담조서정본 또는 심판정본 및 확정증명서를 부부 양쪽에게 교부하거나 송달하여야한다. 다만, 당사자가 제74조 제2항과 제75조에 따른 재외국민인 경우 재외공관의 장에게 이를 송부하고, 재외공관의 장은 당사자에게 교부 또는 송달한 후 양육비부담조서 정본에 관하여는 영수증등본을 가정법원에 송부하여야 한다. 당사자가 제74조 제2항에 따른 수감자인 경우에는 교도소(구치소)의 장에게 송부하고, 교도소(구치소)의 장은 당사자에게 교부한 후 양육비부담조서정본에 관하여는 영수증등본을 가정법원에 송부하여야 한다.

⑤ 양육비부담조서의 집행문은 그 양육비부담조서가 작성된 협의이혼의사확인사건의 확인서에 따라 이혼

신고를 하였음을 소명한 때에만 내어준다.
[전문개정 2009.6.26]

第79조(이혼신고서의 제출) 가정법원의 확인서가 첨부된 협의이혼신고서는 부부 중 한쪽이 제출할 수 있다.

第80조(이혼의사의 철회)
① 이혼의사의 확인을 받은 당사자가 이혼의사를 철회하고자 하는 경우에는 이혼신고가 접수되기 전에 자신의 등록기준지, 주소지 또는 현재지 시·읍·면의 장에게 이혼의사확인서등본을 첨부한 이혼의사철회서를 제출하여야 한다. 다만, 재외국민의 경우 등록기준지시·읍·면의 장 또는 가족관계등록관에게 제출하여야 한다. 〈개정 2015.4.24〉
② 제1항의 경우에 이혼의사의 확인을 받은 다른 쪽 당사자가 이혼신고를 먼저 접수한 경우에는 그 이혼신고를 수리하여야 한다.

제8장 국적관련 통보

第80조의2(국적취득의 통보사항 등)
① 법무부장관이 법 제93조, 제94조, 제95조에 따라 대한민국의 국적을 취득한 사람이 정한 등록기준지의 시·읍·면의 장에게 통보할 사항은 다음 각 호와 같다.
1. 국적취득자의 성명, 생년월일, 성별, 주소, 국적취득자가 정한 등록기준지, 국적취득 전에 가졌던 국적, 국적취득 연월일 및 원인, 혼인관계·입양 등 기타 신분변동에 관한 사항, 국적회복자의 경우에는 한국 국적상실 연월일 및 원인
2. 부, 모, 배우자의 성명, 국적, 생년월일
3. 국적취득자의 가족관계등록부 또는 구 호적이 있는 경우 국적취득자의 등록기준지(본적), 주민등록번호, 본(한자)
4. 자녀의 가족관계등록부 또는 구 호적이 있는 경우 자녀의 성명, 등록기준지(본적), 주민등록번호
5. 부, 모, 배우자의 가족관계등록부 또는 구 호적이 있는 경우 부, 모, 배우자의 등록기준지(본적), 주민등록번호

② 법무부장관이 제1항의 통보와 함께 첨부할 서류는 다음 각 호와 같다. 가족관계등록부 또는 전산제적부로 통보사항을 소명할 수 있는 경우에는 가족관계등록사항별 증명서 또는 제적등본을 첨부하지 아니할 수 있다.
1. 국적취득사실을 증명하는 법무부장관 명의의 통지서 또는 관보 등 1부
2. 국적취득자의 부모, 배우자, 자녀, 혼인 또는 미혼, 입양 등의 신분사항을 기재하는 경우에는 그에 관한 소명자료 각 1부
3. 국적취득자가 조선족인 경우 성명을 원지음이 아닌 한국식 발음으로 기재할 때 조선족임을 소명하는 중화인민공화국 발행의 공문서

③ 수반국적취득자가 있는 경우 법무부장관이 대한민국의 국적을 취득한 사람이 정한 등록기준지의 시·읍·면의 장에게 통보할 사항은 다음 각 호와 같고, 수반국적취득자에 관한 첨부서류는 제2항을 준용한다.
1. 수반국적취득자의 성명, 생년월일, 성별, 주소, 국적취득자가 정한 등록기준지, 국적취득 전에 가졌던 국적, 국적취득 연월일 및 원인, 입양 등 기타 신분변동에 관한 사항
2. 수반국적취득자의 부, 모의 성명, 국적, 생년월일

3. 수반국적취득자의 가족관계등록부 또는 구 호적이 있는 경우 수반국적취득자의 등록기준지(본적), 주민등록번호, 본(한자)
4. 수반국적취득자의 부, 모의 가족관계등록부 또는 구 호적이 있는 경우 부, 모의 등록기준지(본적), 주민등록번호

④ 국적취득자(수반국적취득자 포함)의 성명은 외국어로 표기하되, 외국어의 원지음을 한글로 표기한다. 부, 모, 배우자의 성명이 외국어인 경우에는 원지음을 한글로 표기한다.

[본조신설 2008.7.7]

第80조의3(국적선택 등의 통보사항 등)

① 법무부장관이 법 제98조 제1항 제1호에 따라 복수국적자로부터 대한민국의 국적을 선택한다는 신고를 수리한 경우 그 사람의 등록기준지의 시·읍·면의 장에게 통보할 사항은 다음 각 호와 같고, 국적선택신고수리통지서를 첨부한다. 〈개정 2010.7.30〉

1. 국적선택자의 성명, 주민등록번호, 등록기준지
2. 국적선택신고수리의 연월일
3. 포기하거나 행사하지 아니하겠다는 뜻을 서약한 외국 국적

② 법무부장관이 법 제98조 제1항 제2호에 따라 국적이탈신고를 수리한 경우 그 사람의 등록기준지의 시·읍·면의 장에게 통보할 사항은 다음 각 호와 같고, 국적이탈신고수리통지서 또는 관보를 첨부한다.

1. 국적상실자의 성명, 주민등록번호, 등록기준지
2. 국적이탈신고수리의 원인 및 연월일
3. 취득한 외국 국적

③ 법무부장관이 법 제98조 제1항 제3호에 따라 대한민국 국민으로 판정한 경우 그 사람의 등록기준지의 시·읍·면의 장에게 통보할 사항은 다음 각 호와 같고, 국적판정통지서 또는 관보를 첨부한다.

1. 국적판정자의 성명, 주민등록번호, 등록기준지
2. 국적판정의 연월일

④ 대한민국 국민으로 판정받은 사람이 가족관계등록부가 없는 경우 법무부장관이 통보할 사항은 제80조의2를 준용한다.

[본조신설 2008.7.7]

第80조의4(국적관련 통보에 관한 업무)

① 법무부장관의 국적관련 통보는 법 제12조 제1항에 따라 전산정보처리조직에 의하여 처리한다.

② 등록기준지의 시·읍·면의 장은 법무부장관의 국적관련 통보로 가족관계등록부를 작성할 수 없는 경우 법무부장관에게 재통보를 요청하고, 국적관련 통보 대상자의 추후보완신고를 받아 가족관계등록부를 작성할 수 있다.

③ 등록기준지의 시·읍·면의 장은 제2항의 절차를 통해 가족관계등록부를 작성할 수 없는 경우 접수를 거부하고 국적관련 통보를 반송한다.

④ 법무부장관의 통보서는 보존과 관련하여 신고서류로 본다.

[본조신설 2008.7.7]

제9장 각종 부책과 서류

제81조(중앙관리소의 가족관계등록전산정보) 중앙관리소에서 보관 또는 관리하는 가족관계등록전산정보의 보존기간은 다음과 같다.

1. 영구
   가. 가족관계등록부
   나. 폐쇄등록부
2. 80년 가족관계등록공무원명부
3. 27년
   가. 가족관계등록사건접수장
   나. 특종신고서류 등 접수장
4. 2년 열람 및 증명청구접수부

제82조(시·읍·면의 부책과 서류)

① 시·읍·면에 비치할 부책·서류 및 그 보존 기간은 다음과 같다.

1. 영구
   가. 호적용지로 작성된 제적부
   나. 호적용지로 작성된 제적 색출장
   다. 특종신고서류편철장
   라. 가족관계등록부책보존부
   마. 예규문서편철장
2. 27년
   가. 가족관계등록사건접수장
   나. 신고서류송부목록편철장
   다. 특종신고서류 등 접수장
3. 10년 불수리신고서류편철장
4. 5년
   가. 고지부
   나. 과태료징수부
   다. 가족관계등록사건표편철장
   라. 왕복문서편철장
   마. 가정법원으로부터의 통지서편철장
   바. 식별부호 사용(해지)신청에 관한 기록
5. 2년
   가. 가족관계등록문서건명부
   나. 가족관계등록민원청구서편철장
   다. 열람 및 증명청구접수부
   라. 직권정정에 관한 서류편철장
   마. 가족관계등록예규집관리대장
   바. 협의이혼의사철회서편철장

사. 혼인신고수리불가신고서편철장

② 장부에는 표지를 붙여 매년 별책으로 하고 진행번호는 매년 이를 갱신한다. 그러나 필요에 따라 계속 사용하거나 분책 또는 합책할 수 있다.

③ 편철장에는 목록을 붙여야 한다.

④ 재외공관 및 동사무소에는 다음과 같은 장부를 비치하여야 하고, 그 보존기간에 관하여는 제1항을 준용한다. 다만, 제10호 장부의 보존기간은 2년으로 하고, 제8호의 장부는 동사무소에 비치하지 아니한다.

1. 가족관계등록사건접수장
2. 고지부
3. 가족관계등록문서건명부
4. 왕복문서편철장
5. 불수리신고서류편철장
6. 가족관계등록민원청구서편철장
7. 가족관계등록부책보존부
8. 가족관계등록예규집관리대장
9. 열람 및 증명청구접수부
10. 가족관계등록신고서류편철장

第82조의2(재외국민 가족관계등록사무소의 부책과 서류)

① 법 제4조의2제2항의 재외국민 가족관계등록사무소(이하 "재외국민 가족관계등록사무소"라 한다)에 비치할 부책·서류 및 그 보존 기간은 다음과 같다.

1. 영구
   가. 특종신고서류편철장
   나. 가족관계등록부책보존부
   다. 예규문서편철장
2. 27년
   가. 가족관계등록사건접수장
   나. 신고서류송부목록편철장
   다. 특종신고서류 등 접수장
3. 10년 불수리신고서류편철장
4. 5년
   가. 고지부
   나. 과태료부과대상통지부
   다. 가족관계등록사건표편철장
   라. 왕복문서편철장
5. 2년
   가. 가족관계등록문서건명부
   나. 가족관계등록민원청구서편철장
   다. 열람 및 증명청구접수부
   라. 직권정정에 관한 서류편철장
   마. 가족관계등록예규집관리대장

바. 협의이혼의사철회서편철장
사. 혼인신고수리불가신고서편철장
[본조신설 2015.4.24]

제83조(법원의 부책과 서류)
① 법원에 비치할 부책, 서류 및 그 보존기간은 다음과 같다.
1. 80년 가족관계등록공무원명부
2. 27년 가족관계등록신고서류편철부
3. 10년 이혼의사확인 사건부
4. 5년
가. 가족관계등록보고서편철장
나. 가족관계등록사무감독서류편철장
다. 직권정정, 기록허가에 관한서류편철장
라. 등록부 재작성에 관한 기록
마. 통계에 관한 기록
바. 문서건명부
사. 식별부호사용승인(해지)에 관한 기록
5. 2년
가. 가족관계등록민원청구서편철장
나. 잡사에 관한 기록
② 제1항의 부책 및 서류는 별도 규정이 없으면 매년 별책으로 하고 진행번호는 매년 갱신한다. 그러나 필요에 따라 계속 사용하거나 분책 또는 합책할 수 있다.

제84조(보존기간의 기산점) 제82조와 제83조에 따른 부책·서류의 보존기간은 그 연도의 다음 해부터 기산한다.

제85조(보존기간이 지난 후의 조치) 시·읍·면의 장은 부책 또는 서류의 보존기간이 경과한 때에는 폐기서류목록을 작성하고, 폐기인가신청을 제출하여 매년 4월까지 법원의 인가를 받아 폐기하여야 한다.

제86조(전산정보처리조직으로 작성한 부책 등의 보존) 이 장의 부책과 서류를 전산정보처리조직에 의하여 작성한 경우에는 그 전산기록을 보존하는 것으로 부책과 서류의 보존을 갈음할 수 있다.

제10장 비송사건 처리절차

제87조(허가사건의 처리절차)
① 다음 각 호의 사건의 처리절차에 관하여는 비송사건절차법을 준용한다. 〈개정 2018. 4.27〉
1. 법 제96조에 따른 국적취득자의 성과 본의 창설 허가
2. 법 제99조에 따른 개명허가
3. 법 제101조에 따른 가족관계등록창설허가
4. 법 제104조 및 제105조에 따른 등록기록정정허가
② 제1항 제1호부터 제3호까지의 허가신청은 미성년자도 할 수 있다.
③ 제1항 각 호의 허가신청서에는 사건본인의 성명·출생연월일·등록기준지 및 주소를 기재하여야 한다.

④ 주소지가 없는 사람은 법 제99조에 따른 개명허가 신청을 등록기준지를 관할하는 가정법원에 할 수 있다.

⑤ 제1항 각 호의 신청을 허가한 재판이 효력을 발생한 때에는 가정법원의 법원사무관등은 지체 없이 사건본인의 등록기준지의 시·읍·면의 장에게 그 뜻을 통지하여야 한다. 〈신설 2011.12.12〉

⑥ 제5항의 통지서에는 다음 각 호의 사항을 기재하여 법원사무관등이 기명날인하고, 그 통지서에 재판서의 등본을 첨부하여야 한다. 다만, 이 통지는 전산정보처리조직을 이용하여 「민사소송 등에서의 전자문서 이용 등에 관한 법률」 제2조 제1호의 전자문서로 할 수 있다. 〈신설 2011.12.12〉

1. 신청인 및 사건본인의 성명, 등록기준지, 주소
2. 통지의 원인 및 그 원인일자
3. 통지 연월일
4. 법원사무관등의 관직과 성명 및 소속법원의 표시

제87조의2(확인사건의 처리절차)

① 다음 각 호의 사건의 처리절차에 관하여는 비송사건절차법을 준용한다. 〈개정 2016.11.29〉

1. 법 제44조의2제1항에 따른 가정법원의 확인
2. 법 제57조 제2항에 따른 가정법원의 확인

② 전항의 확인을 받아 출생신고를 할 때에는 가정법원의 확인서등본을 첨부하여야 한다. 〈개정 2016.11.29〉

③ 법 제57조 제4항 제2호의 "그 밖에 대법원규칙으로 정하는 사유에 해당하는 경우"란 출생자가 대한민국 국적이 아니었음이 밝혀진 경우를 말한다.

④ 제1항 제1호의 확인이 효력을 발생한 때에는 가정법원의 법원사무관등은 지체 없이 부 또는 모의 등록기준지의 시·읍·면의 장에게 그 뜻을 통지하여야 한다. 〈신설 2016. 11.29〉

⑤ 제4항의 통지에 관하여는 제87조 제6항을 준용한다. 〈신설 2016.11.29〉

⑥ 제1항의 확인절차에 관하여는 제87조 제2항과 제3항의 규정을 준용한다. 〈개정 2016. 11.29〉

⑦ 제1항의 확인절차 및 제2항의 신고 등에 관하여 그 밖에 필요한 사항은 대법원예규로 정한다. 〈개정 2016.11.29〉

[본조신설 2015.10.7]

제11장 재외국민 가족관계등록사무소

제88조(재외국민 가족관계등록사무소의 구성 및 운영)

① 법 제4조의2에 따른 재외국민에 관한등록사무는 재외국민 가족관계등록사무소에서 근무하거나, 법원공무원규칙 제49조에 따라 재외공관에 파견된 법원서기관, 법원사무관, 법원주사 또는 법원주사보 중에서 법원행정처장이 지정하는 가족관계등록관이 처리한다.

② 재외국민 가족관계등록사무소에는 가족관계등록관인 소장을 둔다.

③ 소장은 재외국민에 관한등록사무를 총괄하고, 재외국민 가족관계등록사무소의 소속 직원을 지휘·감독한다.

④ 법원공무원규칙 제49조에 따라 재외공관에 파견된 법원공무원 중 가족관계등록관으로 지정된 자는 재외국민 가족관계등록사무소 소속으로 하고, 그 등록사무처리의 범위에 관해서는 대법원예규로 정한다.

⑤ 재외국민 가족관계등록사무소의 구성 및 운영 등에 관하여 그 밖에 필요한 사항은 대법원예규로

정한다.
[전문개정 2015.4.24]

제89조(서류 원본의 보존 등) 법 제36조 제2항, 제49조 제4항 및 「재외국민의 가족관계등록 창설, 가족관계등록부 정정 및 가족관계등록부 정리에 관한 특례법」 제5조 제6항에 따른 서류의 송부는 외교부와 전산정보처리조직을 연계하여 운영한다. 이 경우 전산정보처리조직을 이용한 서류의 송부, 서류 원본의 보존 및 그 밖에 필요한 사항에 대해서는 대법원예규로 정한다. [본조신설 2015.4.24]

제90조(등록사무처리)
① 재외국민 가족관계등록사무소 및 가족관계등록관의 등록사무처리에 관하여는 시·읍·면 및 시·읍·면의 장의 등록사무처리에 관한 규정 중 제13조, 제21조, 제23조, 제28조, 제32조, 제35조, 제40조, 제41조, 제43조부터 제45조까지, 제49조, 제51조, 제55조, 제57조, 제60조, 제64조, 제65조, 제69조부터 제71조까지, 제85조를 준용한다. 〈개정 2018.8.31.〉
② 제89조에 따라 송부받은 서류는 대법원예규로 정하는 바에 따라 전자적 방법으로 관리할 수 있다. 〈신설 2018.8.31.〉 [본조신설 2015.4.24.] [제목개정 2018.8.31.]

제12장 시 행 예 규

제91조(대법원예규) 등록사무처리절차 등에 관하여 이 규칙에서 정하지 않은 필요한 사항은 대법원예규로 정한다. [본조신설 2015.4.24]

부 칙 〈제2697호, 2016.11.29〉

이 규칙은 2016년 11월 30일부터 시행한다.

부 칙 〈제2788호, 2018.4.27〉

이 규칙은 2018년 5월 8일부터 시행한다. 다만, 제78조 제2항의 개정규정은 2018년 7월 1일부터 시행한다.

부 칙 〈제2800호, 2018.8.31〉

이 규칙은 2018년 9월 14일부터 시행한다.

부 칙 〈제2814호, 2018.12.4〉

이 규칙은 2018년 12월 28일부터 시행한다.

사항색인

ㄱ

가류 가사소송사건 ········ 3
가류사건 ········ 67
가사비송사건 ········ 419
가사비송사건의 종류 ········ 4
가사비송절차 ········ 1204
가사사건 ········ 3, 1201
가사사건의 부호 ········ 9
가사사건의 소가산정 기준 ········ 1230
가사소송 ········ 64
가사소송규칙에 의한 가사사건 ········ 8
가사소송법이 정한 가사사건 ········ 8
가사소송사건 ········ 64
가사소송사건의 종류 ········ 3
가사소송절차 ········ 1201
가사접수서류에 붙일 인지액 ········ 1246
가사조사관의 직무 ········ 11
가사조사관제도 ········ 11
가사조사절차 ········ 1135
가사조정의 의의 ········ 12
가사조정절차 ········ 12, 1215
가압류신청 진술서 ········ 219
가압류신청진술서 관련 유의사항 ········ 222
가장하여 신고한 협의이혼 ········ 97, 101
가정법원과 그 지원의 관할구역 ········ 66
가정보호사건의 조사 ········ 1136
가족관계등록 ········ 1189
가족관계등록기록의 정정허가신청서 (배우자가 누락됨) ········ 1096
가족관계등록기록의 정정허가신청서 (사망신고말소, 가족관계등록부 부활) ········ 1088
가족관계등록기록의 정정허가신청서 (성의 정정) ········ 1093
가족관계등록기록의 정정허가신청서 (성전환자) ········ 1099
가족관계등록기록의 정정허가신청서 (이름이 착오 기재된 경우) ········ 1094
가족관계등록기록의 정정허가신청서 (이중등록부 정정) ········ 1097
가족관계등록기록의 정정허가신청서 (일가창립으로 인한 가족관계등록 기록의 말소) ········ 1090
가족관계등록기록의 정정허가신청서 (출생월일 정정) ········ 1092
가족관계등록부가 없는 사람이 성본 창설 ········ 469
가족관계등록사항의 신고 ········ 1068
가족관계등록제도 ········ 1067
가족관계등록창설신고 ········ 1081
가족관계등록창설허가신청 ········ 1071
가족관계등록창설허가신청서 (6·25동란 당시 월남) ········ 1073
가족관계등록창설허가신청서(무적자로서 부모도 무적인 채 사망한 경우) ········ 1075
가족관계증명서의 종류 ········ 1067
간통한 배우자를 상대로 한 이혼 청구 ········ 201, 204
감치명령신청서 ········ 1021, 1023
감화 또는 교정기관에 위탁함에 대한 허가 ········ 515
강제조정에 대한 이의신청서 ········ 63
개명 ········ 1026
개명신고절차 ········ 1030
개명이 허가된 사례 ········ 1031
개명허가신청(건강상의 이유로) ········ 1060
개명허가신청(놀림의 대상) ········ 1048, 1050
개명허가신청(부르기 어려움) ········ 1052

개명허가신청(성명발음이 힘들고 의미가 좋지 않은 경우) ······ 1055
개명허가신청(실제 통칭명과 다른 경우 등) ······ 1032, 1036, 1040, 1042, 1044
개명허가신청(한글 발음상 적대적 의미) ······ 1046
개명허가신청(항렬자와 일치 않는 경우) ······ 1058
개명허가절차 ······ 1026
검인청구의 취하 ······ 855
격리 등에 관한 가정법원의 허가 ······ 691
공고의 기재사항 ······ 835
공동상속재산을 위한 관리인선임청구서 ······ 817, 818
공동상속재산을 위한 관리인의 선임 ······ 816
공시최고 ······ 451
과태료처분의 현실화 ······ 998
관할의 원칙 ······ 9
구정창의 처분에 대한 불복신청서 ······ 1102
국제가사사건 ······ 1109, 1110
국제재판관할권 ······ 1110
국제협의이혼 ······ 1113
국제혼인사건 ······ 1110
금전분할 ······ 387
금전임치신청서 ······ 1025
기아발견에 의한 성과 본의 창설 ······ 469
기여분 결정방법 ······ 1181
기여분결정 및 상속재산분할심판청구서 ······ 985, 989
기여분결정심판청구 ······ 975, 977
기여분의 결정 ······ 970
기타 혼인을 계속하기 어려운 중대한 사유 ······ 194

ㄴ

나류 가사소송사건 ······ 3
나류사건 ······ 158
남녀관계 해소로 인한 위자료 조정신청서 ······ 47
능력보충기관 ······ 599
능력보충기관(성년후견인) ······ 548

ㄷ

다류 가사소송사건 ······ 4
다류사건 ······ 334
다른 법률에 의한 가사사건 ······ 8
담보물 변경 ······ 1008
담보의 취소 ······ 1008
담보제공명령 변경신청서 ······ 218
담보제공명령 ······ 919
담보제공명령신청서 ······ 1009
담보제공의 방법 ······ 1008
담보취소(담보물변경)신청서 ······ 1010
당사자의 사망 ······ 16
대습상속 ······ 1174
대습상속의 상속분 ······ 1178
동성동본간의 혼인 ······ 1144
동의서 ······ 1064
등록기준지변경신고 ······ 1081
등록부정정허가신청 ······ 1082

ㄹ

라류 가사비송사건 ······ 4

ㅁ

마류 가사비송사건 ······ 7
면접교섭권의 심판 ······ 944
면접교섭권의 제한 ······ 946
면접교섭권의 제한 또는 배제 ······ 1170
면접교섭권허가청구서 ······ 948, 950, 952, 954

면접교섭의 사전처분신청서 ············ 24, 25
면접청구권의 형태 ································ 945
미국 영주권 취득목적으로 가장하여 신고한 협의이혼 ································ 103
미성년자를 위한 후견종료 ···················· 585
미성년후견(감독)인에 대한 보수의 수여청구서 ··· 707
미성년후견감독인 ························ 585, 644
미성년후견감독인 사임에 관한 허가청구서 ··· 677
미성년후견감독인 선임심판청구서 ········ 647
미성년후견감독인변경청구서 ················ 667
미성년후견감독인의 동의를 갈음하는 허가청구서 ··· 658
미성년후견인 ·· 584
미성년후견인 변경청구서 ······················ 589
미성년후견인 사임에 대한 허가청구서 ·· 592
미성년후견인 선임청구서 ············ 586, 588
미성년후견인의 순위 ···························· 584
미성년후견종료 및 친권자지정청구 ······ 594
미성년후견종료시 관리계산기간 연장허가청구서 ·································· 596
민법개정에 따른 상속지분의 변천 ······ 1244

ㅂ

반소장(이혼 등) ·························· 408, 413
반소장(혼인무효확인 청구사건) ·············· 92
발급권자 및 발급사유 제한 ················ 1067
배우자가 악의로 다른 일방을 유기 ······ 190
배우자의 부정한 행위 ·························· 188
배우자의 생사가 3년 이상 불분명 ········ 194
법정상속인의 상속순위 ······················ 1172
병합청구 ·· 1209
보통실종 ·· 450
보험금의 재산분할 ······························ 1162
부당한 대우 ································ 191, 193
부동산가압류신청서(이혼 및 재산분할 청구) ··· 214
부동산처분금지가처분신청서(이혼 및 재산분할 청구) ························ 231, 233
부부 중 한쪽에 입장의사가 없는 경우 ·· 152
부부의 동거심판청구 ···························· 895
부부의 동거에 관한 청구서 ········· 896, 898
부부의 부양·협조·생활비용 부담에 관한 처분 ··· 900
부부재산계약변경서 ······························ 506
부부재산계약서 ···································· 502
부부재산관리자의 변경심판청구서 · 507, 509
부부재산약정의 등기 ···························· 500
부부재산약정의 변경에 대한 허가청구서 ·· 503, 504
부부재산약정의 변경허가 ··········· 500, 1146
부양료 및 생활부담 심판청구서 ··········· 901
부양료 심판청구서 ······························ 903
부양에 관한 처분 ································ 966
부양의 방법 ·· 966
부재선고 등에 관한 특별조치법에 의한 부재선고 ··· 448
부재선고 심판청구서 ···························· 449
부재자 재산관리인 개임청구서 ····· 430, 432
부재자 재산관리인 권한초과행위 허가청구서 ·············· 436, 438, 440, 442
부재자 재산관리인 사임신고서 ············ 445
부재자 재산관리인 선임청구서 (1.4후퇴때 행불) ···························· 423
부재자 재산관리인 선임청구서 (10년 이상 행불) ···························· 421
부재자 재산관리인 선임청구서 (구직차 행불) ··································· 427
부재자 재산관리인 선임청구서(국적이탈) ·· 428

부재자 재산관리인 선임청구서 (무단 가출) ………… 425
부재자 재산관리인에 대한 보수지급청구서 ………… 444
부재자의 재산관리에 관한 처분 ………… 419
부재자의 재산목록 작성명령청구 ………… 435
부재자의 재산목록제출서 ………… 434
북한이탈주민 이혼소송 ………… 201

ㅅ

사건부호표 ………… 65
사실상 혼인관계 존부확인청구 ………… 158
사실상 혼인관계부존재 확인청구의 소장 (무단 가출) ………… 167
사실상 혼인관계존재 확인청구의 소장 (결혼식을 미루다가 사망) ………… 162
사실상 혼인관계존재 확인청구의 소장 (지병으로 인한 별거) ………… 164
사실에 반한 출생신고 ………… 127, 131
사실혼 관계해소 등 청구의 소장 ………… 347
사실혼 부당파기로 인한 손해배상 등 청구의 소장 ………… 345
사실혼 부당파기로 인한 손해배상 청구의 소장 ………… 340
사실혼 부당파기에 따른 손해배상청구의 조정신청서 ………… 53
사실확인서 ………… 1066
사해행위취소 및 원상회복 청구의 소장 ………… 353
사후양자 등 자격요건 결여 ………… 147
상속 ………… 1116, 1172
상속개시 전 상속포기의 효력 ………… 1183
상속분 상당 가액지급청구서 ………… 846
상속분에 상당한 가액의 상정기준 ………… 846
상속승인(포기)기간 연장허가청구서 ………… 715
상속승인기간 연장허가청구서 ………… 714
상속의 승인 또는 포기를 위한 기간의 연장에 대한 허가 ………… 712
상속인 수색공고청구 ………… 835
상속인 수색의 공고 ………… 836
상속인수색의 공고 ………… 834
상속인이 분명하지 않은 경우 관리인의 선임 및 그 공고와 재산관리에 관한 처분 ………… 825
상속재산 감정인 선임청구서 ………… 814
상속재산 보존명령청구서 ………… 718
상속재산 분여청구서 ………… 838, 840
상속재산관리인 선임공고 ………… 827
상속재산관리인 선임청구서 ‥ 828, 830, 832
상속재산분리청구서 ………… 821, 823
상속재산분할 및 기여분 청구 ………… 970
상속재산분할 및 기여분심판청구서 ………… 980, 983
상속재산분할심판청구서 ………… 971, 973
상속재산분할청구 ………… 1179
상속재산분할협의 불성립시 상속재산 분할방법 ………… 1182
상속재산의 보존을 위한 처분 ………… 717
상속재산의 분리 및 상속재산분리 후의 상속재산의 관리를 위한 처분 ………… 820
상속재산의 분여 ………… 837
상속포기 심판청구서 ………… 771, 775, 779, 784, 788, 792, 796, 800, 805
상속포기시 대습상속 ………… 1179
상속한정승인공고 ………… 770
상속한정승인심판청구서 ………… 721, 727, 730, 734, 738, 741, 745, 749, 753, 757, 761, 765
생계비지급처분신청 ………… 20
선임후견인 ………… 584
성 및 본의 창설허가심판청구서 ………… 481, 483, 485
성과 본의 계속사용허가 ………… 469

성과 본의 변경허가의 기준 ········ 469
성과 본의 창설 등에 관한 사건 ········ 468
성과 본의 창설 및 개명허가신청
(귀화자의 성과 본의 창설과 개명) ··· 488
성과 본의 창설허가심판청구서
········ 471, 476, 478
성년후견감독인 ········ 549, 645
성년후견감독인 사임에 관한 허가청구서 · 678
성년후견감독인 선임심판청구서 ········ 649
성년후견감독인변경청구서 ········ 669
성년후견감독인의 동의를 갈음하는
허가청구서 ········ 657
성년후견감독인의 의사표시를 갈음하는
재판청구서 ········ 662
성년후견개시심판청구서 ········ 554, 560
성년후견개시의 요건 ········ 547
성년후견의 종료 ········ 548
성년후견인 ········ 547
성년후견인 사임에 대한 허가청구서 ····· 579
성년후견인변경청구서 ········ 566
성년후견인선임심판청구서 ··· 549, 551, 552
성년후견인의 법정대리권의 범위변경
청구서 ········ 568
성년후견인의 임무수행에 필요한 처분
명령청구서 ········ 576
성년후견인의 재산목록 작성기간 연장
허가청구서 ········ 578
성년후견인이 피성년후견인의 신상에
관하여 결정할 수 있는 권한의
범위변경청구서 ········ 699
성년후견종료시 관리계산기간 연장
허가청구서 ········ 583
성년후견종료심판청구서 ········ 581
소가계산방법 ········ 1242
소년보호사건의 조사 ········ 1135
소득세원천징수의무자에 대한
진술최고신청서 ········ 1005
소득세원천징수의무자의 의무 ········ 997
소득세원천징수의무자의 진술 ······ 919, 996
소멸시효일람표 ········ 1237
손해배상 ········ 335
손해배상 청구의 소장(간통피해) ········ 406
송달료조견표 ········ 1239
수검명령 ········ 119
수검명령신청 ········ 254
숙려기간 ········ 720
시·읍·면장의 처분에 대한 불복신청 ···· 1101
신고서의 기재사항 ········ 720
신고인 ········ 719
신상결정(격리)관련 허가청구서 ········ 693
신상결정(신체침해 의료행위)관련
사후허가심판청구서 ········ 696
신상결정(신체침해 의료행위)관련
허가청구서 ········ 694
신상결정(주거용 부동산의 처분)관련
사후허가심판청구서 ········ 697
실종선고의 취소 ········ 451
실종선고청구서(무단 가출) ········ 453
실종선고청구서(행불) ·· 455, 456, 459, 460
실종선고취소청구서 ········ 462, 464, 466
실종의 선고와 그 취소 ········ 450
심리(사건처분) ········ 686
심판의 고지·불복 ········ 838

ㅇ

아버지 결정 ········ 246
아버지 결정 청구의 소장 ········ 249, 251
약혼해제 및 사실혼관계부당파기로
인한 손해배상 ········ 334
약혼해제로 인한 손해배상 조정신청서
········ 49, 50
약혼해제로 인한 손해배상 청구의 소장
········ 336, 338

약혼해제사유 ………………………………… 334
양육 및 친권자지정 및 유아인도청구서 ‥ 926
양육문제 ……………………………………… 1164
양육비 미지급시 이행확보 ………………… 384
양육비 이행확보수단 ……………………… 918
양육비 직접지급명령 취소신청서 ……… 1004
양육비 직접지급명령신청 ……………… 1168
양육비 직접지급명령신청서 ……… 999, 1002
양육비 직접지급명령의 취소 …………… 997
양육비 직접지급명령의 효과 …………… 997
양육비 직접지급명령제도 ………… 995, 1167
양육비 청구의 심판 ……………………… 918
양육비, 부양료지급처분신청 …………… 22
양육비를 정하는 기준 …………………… 1166
양육비부담조서의 이행확보 수단 ……… 1142
양육비부담조서제도 ……………………… 183
양육비심판청구서 ………………………… 920
양육비의무자에 대한 담보제공명령 …… 1007
양육비지급명령 …………………………… 918
양육비채무자 소득원 변경사유 통지서 ……………………………………………… 1006
양육에 관한 협의 ………………………… 182
양육자 결정 ……………………………… 182
양육자 부담책임 ………………………… 1165
양육자변경 및 양육비 심판청구서 ……… 936
양육자지정등 심판청구서 ……………… 924
양친자관계 존부의 확인 ………………… 120
어음·수표채권의 소멸시효 ……………… 1238
예물 반환청구의 문제 …………………… 334
예외적으로 유책배우자가 이혼청구를 할 수 있는 경우 ……………………… 198
외국거주 배우자와의 협의이혼 ………… 1139
외국법원에서 받은 이혼판결 …………… 1151
외국인 배우자에 대한 이혼 청구 ……… 200
외국인과의 협의이혼 …………………… 1139
원고의 의사에 반한 인지신고 ……………………………… 113, 115, 117
원고의 의사에 반한 혼인신고 … 85, 87, 90
위난실종 ………………………………… 450
위자료·재산분할 ………………………… 1152
위조된 혼인신고 ………………………… 76
유류분 반환 ……………………………… 890
유류분 반환소송의 관할 ………………… 1187
유류분 청구의 소장 ……………………… 893
유류분권리자 …………………………… 890
유류분반환청구의 행사방법 …………… 1187
유류분의 비율 …………………………… 891
유류분의 산정방법 ……………………… 891
유류분제도 ……………………………… 1187
유아인도 사전처분신청서 ……………… 19
유아인도청구서 ………………………… 27
유언 ……………………………… 1117, 1185
유언검인청구서 ……………… 849, 851, 853
유언검인청구서(녹음테이프) …………… 869
유언검인청구서(비밀증서) ……………… 861
유언검인청구서(자필증서) …… 856, 858, 860
유언무효확인 등 청구의 소장 ………… 888
유언서(부동산 등) ……………………… 863
유언서(부동산) ……………………… 867, 868
유언서(비밀증서, 부동산 등) …………… 865
유언의 검인 ……………………………… 848
유언의 방식 ……………………………… 1117
유언의 증서검인 ………………………… 855
유언의 집행 ……………………………… 1185
유언의 취소 ……………………………… 883
유언집행자 보수청구서 ………………… 875
유언집행자 사퇴허가청구서 …………… 877
유언집행자 선임청구서 …………… 871, 873
유언집행자 해임 ………………………… 878
유언집행자 해임청구서 …………… 879, 882
유언집행자에 대한 보수의 규정 ……… 874
유언집행자의 사퇴에 대한 허가 ……… 876
유언집행자의 선임 등 …………………… 871
유언취소청구서 …………………… 884, 886

유책배우자의 면접교섭권 …………………… 1170
유책배우자의 배우자의 이혼청구권 …… 197
유책배우자의 이혼청구 …… 201, 204, 1147
유책배우자의 재산분할청구권 ………… 1163
유체동산가압류신청서(이혼으로 인한 위자료 청구) ……………………………… 212
의견서 ……………………………………… 1063
이행명령 ……………………………… 919, 1014
이행명령신청서 ………… 1016, 1018, 1019
이행명령위반에 대한 제재 ……………… 1015
이혼 ………………………………………… 1111
이혼 청구의 소장 ………………… 1120, 1122
이혼, 양육자 지정 청구의 소장 ………… 391
이혼, 위자료 청구의 소장 ………… 393, 396
이혼, 위자료, 재산분할 청구의 소장 …… 399
이혼, 친권자 지정 및 재산분할청구 …… 355
이혼, 친권행사자·양육자 지정 청구의 소장 ……………………………………… 388
이혼, 친권행사자·양육자 지정, 위자료, 양육비 청구의 소장 ……………………… 374
이혼, 친권행사자·양육자 지정, 위자료, 양육비, 재산분할 청구의 소장 ……… 380
이혼, 친권행사자·양육자지정, 위자료, 재산분할 청구의 소장 …… 355, 362, 368
이혼소송시 준비서류 ……………………… 187
이혼소송청구절차 ………………………… 188
이혼숙려제도 ……………………………… 181
이혼의 무효 ………………………………… 95
이혼의 소 …………………………………… 186
이혼의 취소 ………………………………… 238
이혼의사 확인기일 불출석 …………… 1140
이혼의사의 합치 …………………………… 183
이혼조정신청서 ……………………… 39, 42, 44
이혼청구의 소장(배우자가 악의로 다른 일방을 유기한 때 등) ………… 202, 209
이혼청구의 소장(배우자에게 부정한 행위가 있었을 때 등) …………………… 198
이혼청구의 소장(자기의 직계존속이 배우자로부터 심히 부당한 대우를 받았을 때 등) ……………………………… 205
이혼취소 청구의 소장(피고의 기만으로 인한 협의이혼) ……………………… 240, 242
이혼판결확정 후 절차 ……………… 201, 204
이혼하기 전 재산분할 …………………… 1157
인우보증서 ………………………………… 458
인우인보증서 ……………………………… 1062
인장 등을 위조하여 한 협의이혼 ………… 99
인지무효의 사유 ………………………… 107, 265
인지무효의 소장 …………………………… 266
인지액산정방법 …………………………… 1241
인지의 무효 ………………………… 106, 264
인지의 취소 ………………………………… 262
인지청구 …………………………………… 267
인지청구의 소장(양육비 때문) ………… 278
인지청구의 소장(원고의 생부 사망) …… 283
인지청구의 소장(원고의 성만을 이어받음) ……………………………………… 272
인지청구의 소장(원고의 신분확인) …… 270
인지청구의 소장(인지를 하지 않고 사망) ………………………………………… 286
인지청구의 소장(혼인외 자) …………… 281
인지청구의 소장(혼인외 자로 출생신고) ……………………………………………… 275
인지취소의 소장 …………………………… 263
일방적인 혼인신고 ………… 71, 78, 80, 82
일시 동거를 이용한 인지신고 ………… 109
일시금지급명령 …………………………… 919
일시금지급명령신청서 ………………… 1013
일시금지급명령제도 …………………… 1012
임시후견인 선임 사전처분 ……………… 564
임의후견감독인 사임에 대한 허가청구서 ……………………………………………… 682
임의후견감독인 선임심판청구서 ……… 653
임의후견감독인변경청구서 ……………… 673

임의후견감독인에 대한 보수의 수여 청구서 ······ 708
임의후견감독인의 의사표시를 갈음하는 재판청구서 ······ 666
임의후견인 ······ 642
임의후견인해임청구서 ······ 643
입양 및 파양과 그 동의 ······ 1116
입양의 무효 ······ 144
입양의 부존재 ······ 120
입양의 존재 ······ 120
입양의 취소 ······ 289
입양취소 청구의 소장 ······ 292, 294
입영특례를 받고자 입양신고 ······ 149

ㅈ

자녀가 없는 관계로 입적 ······ 135
자동차가압류신청서(이혼 및 재산분할 청구) ······ 226
자의 감화 또는 교정기관에 위탁함에 대한 허가 ······ 514
자의 성과 본의 계속사용허가청구서 ······ 490, 492
자의 성과 본의 변경신고 ······ 1104
자의 성과 본의 변경허가심판청구서 ······ 494, 496
자의 성과 본의 변경허가심판청구서 (재혼한 모가 자녀를 새아버지의 성과 본으로 변경 청구하는 경우) ·· 1105
재산관리인 선임심판청구서 ······ 964
재산관리인선임 취소청구서 ······ 446
재산관리인선임심판청구서 ······ 517, 519
재산관리인의 개임 ······ 419
재산관리인의 선임 ······ 826
재산관리인의 선임 또는 개임과 재산관리에 관한 처분 ······ 516, 963
재산명시신청 ······ 993
재산명시와 재산조회 ······ 992
재산명시제도 ······ 992
재산분할 및 기여분결정조정신청서 ······ 58
재산분할 및 면접교섭 청구서 ······ 910, 913
재산분할 청구의 소장 ······ 403
재산분할의 심판 ······ 904
재산분할청구권의 포기 ······ 1159
재산분할청구서 ······ 907
재산조회신청서 ······ 994
재산조회제도 ······ 992
재판분할청구권 ······ 905
재판상 재산분할의 방법 ······ 387
재판상 파양 ······ 316
재판상이혼 ······ 1147
재혼한 어머니가 친권자가 될 수 있는지 여부 ······ 378
적출자로 출생신고 ······ 124
접근금지가처분신청서 ······ 29, 32, 34, 37
제3자이의의 소장(한정승인자의 대응) ······ 811
제척기간을 지난 재산분할의 청구 ······ 405
조사보고서의 작성 ······ 11
조정담당판사 ······ 13
조정신청의 각하 ······ 14
조정에 갈음하는 심판 ······ 15
조정위원회 ······ 13
조정을 하지 아니하는 심판 ······ 15
조정의 불성립 ······ 15
조정의 성립 ······ 15
조정의 취하·취하간주 ······ 14
조정전치주의 ······ 12, 966
중혼을 이유로 혼인취소 청구의 소 ······ 179
지정후견인 ······ 584
직권에 의한 등록부정정 ······ 1084
진술서 ······ 1065
진실에 반하는 인지신고 ······ 111

ㅊ

채권가압류신청서(이혼 및 재산분할 청구) ··· 223
처분금지가처분신청 진술서 ··· 228
청구이의의 소장(한정승인자의 대응) ··· 809
추완항소 ··· 416
추완항소장(이혼청구사건) ··· 416
취소할 수 없는 피성년후견인의 법률행위범위변경청구서 ··· 571
친권과 양육권의 관계 ··· 922
친권상실사유 ··· 956
친권상실선고 심판청구서 ··· 957, 959
친권의 상실선고 등 ··· 955
친권자 및 양육자변경 심판청구서 ··· 942
친권자 및 양육자지정 심판청구서 ··· 933
친권자와 양육권자의 다른 점 ··· 379, 386
친권자의 법률행위대리권 및 재산관리권의 사퇴 또는 회복에 대한 허가 ··· 961
친권자의 법률행위대리권 및 재산관리권의 사퇴허가청구서 ··· 962
친권자지정청구 ··· 1214
친권행사 및 양육자변경 심판청구서 ··· 939
친권행사방법의 결정 ··· 510
친권행사방법의 결정청구서 ··· 511, 512
친권행사자 및 양육자의 지정 및 변경 심판 ··· 922
친권행사자 및 양육자지정 심판청구서 · 930
친권행사정지 사전처분신청서 ··· 17, 968
친생관계부존재확인의 소장 ··· 1128
친생부인 ··· 255
친생부인 청구의 소장 ··· 256, 259
친생부인등의 소장 ··· 1123
친생부인의 소장 ··· 1126
친생자관계 부존재 ··· 143
친생자관계 존부의 확인 ··· 121
친양자의 파양 ··· 322
친양자입양 ··· 296
친양자입양 동의서 ··· 301
친양자입양 승낙서 ··· 302
친양자입양의 심판청구서(공동입양) ··· 298, 303
친양자입양의 심판청구서(단독입양) ··· 305
친양자입양의 심판청구서 (친모의 배우자 단독신청) ··· 307
친양자입양의 취소 ··· 309
친양자입양취소 청구의 소장(친생부모의 친양자입양에 동의한 사실이 없음) ··· 311
친양자파양 청구의 소장(친양자를 학대) ··· 324, 328, 330, 332
친양자파양 청구의 소장(친양자의 양친에 대한 패륜행위) ··· 326
친자감정신청서 ··· 288
친자관계 ··· 1115
친자관계사건의 감정신청 ··· 261

ㅌ

특별대리인 선임청구서(근저당권설정계약) ··· 536
특별대리인 선임청구서(재산상속포기) ·· 545
특별대리인 선임청구서(주택청약정기 예금에 대한 명의변경절차) ··· 538
특별대리인 선임청구서(증여계약) ··· 534
특별대리인 선임청구서(청약주택예금 통장에 대한 명의변경절차) ··· 543
특별대리인 선임청구서(친자관계부존재 확인의 소 제기시) ··· 541
특별대리인 선임청구서(협의분할계약) ··· 525, 527, 529, 532
특별대리인의 선임 ··· 520
특별연고자 등의 상속재산분여 ··· 1184
특별연고자에 대한 상속재산의 분여청구서 ··· 843

특별요양간호자의 기여분결정 청구 ···· 1180
특정후견감독인 ··························· 631, 646
특정후견감독인 사임에 대한 허가청구서 ·· 684
특정후견감독인 선임청구서 ················· 655
특정후견감독인변경청구서 ··················· 675
특정후견개시심판청구서 ······················ 634
특정후견개시의 요건 ··························· 630
특정후견심판청구서 ····························· 632
특정후견의 종료 ································· 631
특정후견인 ································· 630, 631
특정후견인 사임에 대한 허가청구서 ····· 639
특정후견인변경청구서 ·························· 635
특정후견인의 임무수행에 필요한 처분명령청구서 ······························· 637
특정후견종료시 관리계산기간 연장허가청구서 ······························· 641

ㅍ

파양 청구의 소장 ············· 318, 320, 1130
파양무효원인 ······································ 154
파양무효확인 청구의 소장 ··················· 156
파양의 무효 ······································· 154
파양취소 ··· 313
파양취소 청구의 소장 ························· 314
판결 후 가족관계등록부 정정 ··············· 68
피미성년후견인, 피성년후견인, 피한정후견인의 재산관리 등 후견임무 수행 ·· 705
피미성년후견인의 재산상황조사 및 임무수행에 관하여 필요한 처분명령 청구서 ·· 591
피성년후견인에 대한 의료행위의 동의에 대한 허가청구서 ···························· 573
피성년후견인의 격리에 대한 허가청구서 ·· 702
피성년후견인이 거주하는 건물 또는 대지의 매도청구 등에 대한 허가 청구서 ·· 575
피성년후견인이 입양을 허가하는 것에 대한 허가청구서 ···························· 570
피인지자 등의 상속분에 상당한 가액의 지급청구 ·· 845
피한정후견인의 격리에 대한 허가청구서 ·· 703
피한정후견인의 재산상황조사청구서 ····· 615
피후견인 또는 피한정후견인의 격리 등 ·· 691
피후견인의 신상결정 등에 관한 허가 ··· 691

ㅎ

한정승인 또는 상속포기신고 ··············· 719
한정승인·재산분할 또는 상속인 부존재의 경우의 감정인의 선임 ······················ 813
한정후견감독인 사임에 대한 허가청구서 ·· 680
한정후견감독인 선임청구서 ················· 651
한정후견감독인 ··························· 599, 646
한정후견감독인변경청구서 ··················· 671
한정후견감독인의 동의를 갈음하는 허가청구서 ···································· 660
한정후견감독인의 의사표시를 갈음하는 재판청구서 ···································· 663
한정후견개시심판청구서 ··············· 602, 608
한정후견개시의 요건 ··························· 597
한정후견의 종료 ································· 599
한정후견인 사임에 대한 허가청구서 ····· 624
한정후견인 ··· 597
한정후견인변경청구서 ·························· 622
한정후견인선임심판청구서 ··················· 600
한정후견인의 대리권의 범위변경청구서 ·· 617

한정후견인의 동의를 갈음하는 허가청구서 …… 610
한정후견인의 동의를 받아야 하는 행위의 범위변경청구서 …… 613
한정후견인의 동의를 필요로 하는 행위의 범위결정심판청구 …… 611
한정후견인의 임무수행에 필요한 처분명령 청구서 …… 621
한정후견종료시 관리계산 연장허가청구서 …… 628
한정후견종료심판청구서 …… 627
합의없이 한 혼인신고 …… 73
행방불명배우자에 대한 이혼청구 …… 200, 203
허위의 출생신고 …… 139
현물분할 …… 387
혈액형 등의 수검명령 …… 107
협의이혼 …… 180, 1137
협의이혼의 절차 …… 185
협의이혼의사의 철회 …… 183
협의이혼의사확인 후의 절차 …… 183
협의이혼의사확인신청서 …… 184
협의이혼의사확인신청취하서 …… 186
형부와 처제간에 혼인 …… 1144
호주상속을 이유로 사실상 혼인관계존재 확인청구의 소 …… 160
혼인 외 출생자 …… 1115
혼인 외의 친자관계 …… 1115
혼인 중의 친자관계 …… 1115
혼인관계 …… 1144
혼인금지가처분신청서(사실상혼인관계 존재확인청구) …… 237
혼인무효로 인한 손해배상 청구의 소장 …… 351
혼인무효확인의 소 …… 1111
혼인무효확인의 소장 …… 1118
혼인의 무효 …… 67
혼인의 취소 …… 169
혼인취소 청구의 소장(과격한 성격 등) …… 175
혼인취소 청구의 소장(성불구자) …… 171
혼인취소 청구의 소장(정신병자 등) …… 173
혼인취소 청구의 소장(허위의 혼인신고) …… 177
후견 및 상속 …… 1116
후견 …… 1116
후견감독인의 감독사항 …… 645
후견감독인의 선임 …… 645
후견감독인의 직무 …… 645
후견개시심판 …… 547
후견인 변경심판청구서 …… 687
후견인 사퇴허가청구서 …… 689
후견인의 변경 …… 686
후견인의 사임에 대한 허가 …… 688
후견인의 재산목록작성을 위한 기간의 연장허가 …… 709
후견인의 재산목록작성을 위한 기간의 연장허가청구서 …… 710
후견종료시의 관리계산기간의 연장허가 …… 712

편저약력

■ **김 덕 원** (이메일 kdb9004@naver.com)

- 광주지방법원 완도등기소 근무
- 광주지방법원 해남지원 근무
- 법무사 유재룡 사무소 외 사무장(11년)
- 법률사무소 율산 사무장
- 변호사 이철원 법률사무소 사무장

[주요 논저]

금융기관 민사사건실무(법률미디어)

유형별 답변서·준비서면 총서(진원사)

소가 및 인지 산정방법 실무(진원사)

계약서·내용증명·고소(발)장(진원사)

청구·신청취지 작성방법(진원사)

[제2판] **가사소송 서식대전**

저　　자	**김 덕 원**	2011년 4월 29일 초 판 발행
발 행 인	**양 진 수**	2019년 5월 22일 제2판 인쇄
발 행 처	**진 원 사**	2019년 5월 31일 제2판 발행

서울시 송파구 법원로 9길 26, C동 1107호 (문정동, H비즈니스파크)

전화 : 02) 916-1850 / 팩스 : 02) 916-3442

신고번호 제 2018 - 000026호

http://www.jinwonsa.co.kr

http://www.lawbookstore.co.kr

e-mail : hhansin@hanmail.net

ISBN : 978-89-6346-554-8　　93360　　　　**정가 90,000원**